2026 최신판

에듀윌 사회복지사 1급 단원별 기출문제집 +무료특강

합격자 수가 선택의 기준!

최신 기출이론 및 개정 법률 반영

❶권 | 7개년 기출문제

손용근 저

YES24 24년 12월
월별 베스트 기준
베스트셀러 1위

YES24 수험서 자격증
국가자격/전문사무 사회복지사
베스트셀러 1위

특급부록
2025~2022년
회차별 기출 4회분
(PDF 포함)

52개월 베스트셀러 1위 산출근거 후면표기
단원별+회차별 기출로 한 번에 빠르게 합격!

- 사회복지사 1급 입문특강(8강)+7개년 기출족보특강(8강) 제공
- 2025년 제23회 최신 기출문제+상세해설+자동채점&성적분석
- 7개년(2025~2019) 기출에서 뽑아낸 <과락 탈출 키워드> 제공

에듀윌과 함께 시작하면,
당신도 합격할 수 있습니다!

졸업을 앞두고 사회복지사 1급 자격증 취득을 위해
이전에 배운 내용을 되돌아보는 대학생

틈틈이 학점은행제를 수강하고 실습까지 마무리한 후
사회복지사로서 새로운 도전을 앞둔 직장인

더 좋은 환경에서 전문적인 실천을 위해
바쁜 와중에도 1급 시험에 도전하는 현업 사회복지사

누구나 합격할 수 있습니다.
해내겠다는 '열정' 하나면 충분합니다.

마지막 페이지를 덮으면,

에듀윌과 함께
사회복지사 1급 국가시험 합격이 시작됩니다.

사회복지사 1위

1위 에듀윌만의
사회복지사 합격 커리큘럼

강의 만족도 100%*의 전문 교수진이 제공하는
고퀄리티의 강의로 합격이 가까워집니다!

특강 1 입문특강 (8강)
※ 에듀윌 도서몰(book.eduwill.net) → 동영상강의실 → '사회복지사' 검색

특강 2 7개년 기출족보특강 (8강)
※ 에듀윌 도서몰(book.eduwill.net) → 동영상강의실 → '사회복지사' 검색

기초부터 심화까지 더 상세한 강의를 듣고 싶다면?
※ 에듀윌 홈페이지(eduwill.net) → 사회복지사 1급 → 페이지 내 강의 확인

합격패스 하나면 사회복지사 1급 준비는 끝!
평생수강 합격패스

① 전 과목 최신 강의 평생 무제한 수강
② 베스트셀러 교재 제공
③ 합격 필수 특강 추가 제공

쉽고 빠른 합격의 첫걸음 **합격필독서 무료** 신청
(표지는 변경될 수 있으며, 2025년 4월부터 신청 가능)

합격필독서
무료 신청

* 2023 대한민국 브랜드만족도 사회복지사1급 교육 1위 (한경비즈니스)
* 위 내용은 서비스 개선을 위해 예고 없이 변경될 수 있습니다.
* 에듀윌 강의 만족도 결과 손용근 대표 교수 만족도(설문자 124명, 설문기간 2020년 5월 4일~2020년 5월 31일)

에듀윌 사회복지사

75개월 베스트셀러 1위
합격생이 선택한 BEST 교재

사회복지사 전 교재 베스트셀러 1위!
1위의 비법이 담긴 교재로 누구든 합격할 수 있어요

통합이론서

영역별 필수이론부터
기출문제까지
8영역 단권화로
한 번에 합격!

단원별 기출문제집

최근 7개년
기출문제와
영역별 빈출이론으로
확실한 합격!

핵심요약집

8영역 빈출이론과
최신 기출문제까지
단 한 권으로
빠르게 합격!
(2025년 5월 출간 예정)

- 에듀윌 사회복지사 1급 단원별 기출문제집: YES24 수험서 자격증 국가자격/전문사무 사회복지사 베스트셀러 1위(2018년 12월, 2019년 1월, 9~12월, 2020년 1~3월, 7~12월, 2021년 1~4월, 7~12월, 2022년 1~4월, 7~12월, 2023년 1~2월, 7~12월, 2024년 1~2월, 6~12월 월별 베스트), 에듀윌 사회복지사 1급 통합이론서: YES24 수험서 자격증 법/인문/사회 사회복지사 베스트셀러 1위(2018년 5~6월, 2019년 4~8월, 2020년 5~6월, 2021년 5~6월, 2022년 6월, 2023년 3월, 5~6월, 2024년 5월 월별 베스트), 에듀윌 사회복지사 1급 핵심요약집: (2023년 7~12월, 2024년 2월 월별 베스트)

사회복지사 1위

에듀윌 사회복지사 1급
합격스토리

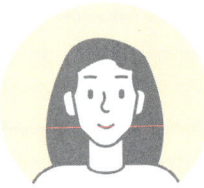

김O하 합격생

비전공자도 합격 가능해요!

이익을 따지지 않고 사람 자체를 위한 일이 하고 싶어 사회복지사 공부를 시작하게 되었습니다. 실질적인 공부 기간은 4개월 정도로, 처음 두 달은 진도를 나가고, 남은 두 달은 기출문제 풀이와 복습에 집중하였습니다. 공부하면서 압박감으로 힘들었는데, 꾸준히 운동도 하고 일주일에 한 번은 쉬면서 압박감을 풀려고 노력했습니다. 에듀윌과 함께 열심히 공부하고 문제를 많이 풀어 보면 누구나 다 합격할 수 있다고 제가 보증합니다.

전O현 합격생

40대 직장인도 해냈어요!

4년 가까이 2급 자격증을 가지고 활동하면서 한계를 느껴 더 나은 환경에서 더 많은 역할을 하고 싶었습니다. 그래서 에듀윌에 문을 두드렸고 열심히 공부하여 좋은 결과를 얻게 되었습니다. 반복해서 강의를 듣고 교수님이 중요하다고 강조한 것들을 빠짐없이 필기를 하고 암기한 것이 도움이 되었습니다. 1급 자격증을 취득하였으니 앞으로 더 좋은 곳에서 큰 역할을 할 수 있으리라 기대하고 있습니다.

이O석 합격생

2달 만에 합격했어요!

모든 전공자는 2급 자격증을 소지하고 있기 때문에 경쟁력과 전문성을 갖출 필요가 있다고 생각해 자연스럽게 1급 시험을 준비하게 되었습니다. 저는 시험 한두 달 전이 되어서야 하루 평균 6시간 정도로 본격적으로 공부를 시작하였습니다. 에듀윌 교수님들이 이해하기 쉽게 설명해 주셔서 수월했고, 이론이 한 권으로 정리되어 있어 공부하는 데 부담이 적었습니다. 다른 수험생 분들도 열심히 공부해서 다 합격하셨으면 좋겠습니다.

더 많은
합격 비법

다음 합격의 주인공은 당신입니다!

eduwill

언제 어디서든 실력점검
온라인 기출 모의고사

	1교시 사회복지기초	2교시 사회복지실천	3교시 사회복지정책과 제도
1회	QR	QR	QR
2회	QR	QR	QR

QR 코드를 통해 쉽고 빠르게
응시 – 채점 – 분석하기!

STEP 1	STEP 2	STEP 3	STEP 4
QR 코드 스캔	로그인 또는 회원가입	응시 & 채점 & 분석	이전 화면으로 이동(<) ▶ 채점 결과 클릭 ▶ 해설보기

※ 에듀윌 회원가입 후 이용하실 수 있는 서비스입니다.
※ 풀이 횟수에는 제한이 없으나 채점 결과에는 최종 성적이 반영됩니다.
※ 해당 서비스는 2026. 03. 31.까지 이용 가능합니다.

에듀윌
사회복지사 1급
단원별 기출문제집

7개년 단원별 기출문제

이 책의 구성
STRUCTURE

단원별 기출문제
출제 패턴을 파악하고, 문제 해결 능력을 향상시켜요.

7개년 출제 리포트
7년간의 시험 출제 현황과
영역별 학습전략을 알아보세요.

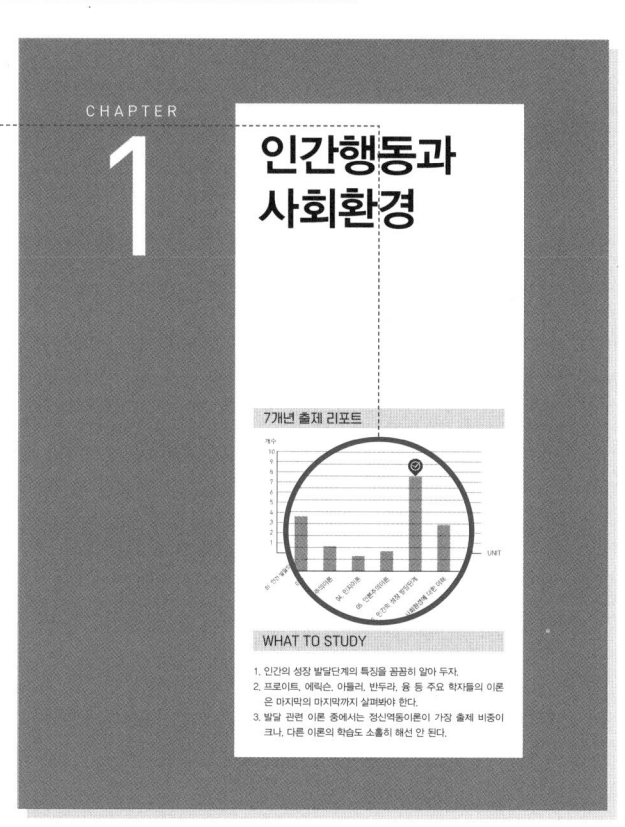

실력 점검 온라인 기출 모의고사
스마트폰으로 QR 코드를 인식하면
책에 수록되지 않은 과년도 기출문제를
추가로 풀어볼 수 있어요.
단원별 기출문제 학습을 마무리한 후
자신의 실력을 점검해 보세요!
❶ 응시 방법은 본 책의 맨 앞 페이지를 참조하세요.

최신기출 모의고사

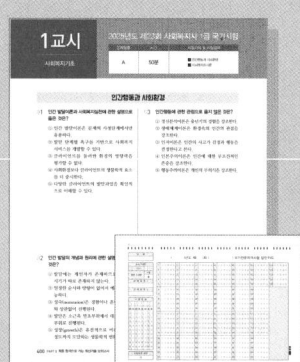

2025년도 제23회 기출문제를 모의고사 형식으로 수록했어요.
실제 시험을 보는 것처럼 긴장감을 가지고 시간을 재며 풀어 보세요.

POINT
- 문제 뒤에 수록되어 있는 OCR 답안카드에 직접 마킹하며 문제를 풀어 볼 수 있어요.
- 모바일 자동채점 서비스를 활용하면 시험 결과부터 성적분석까지 한눈에 확인할 수 있어요.

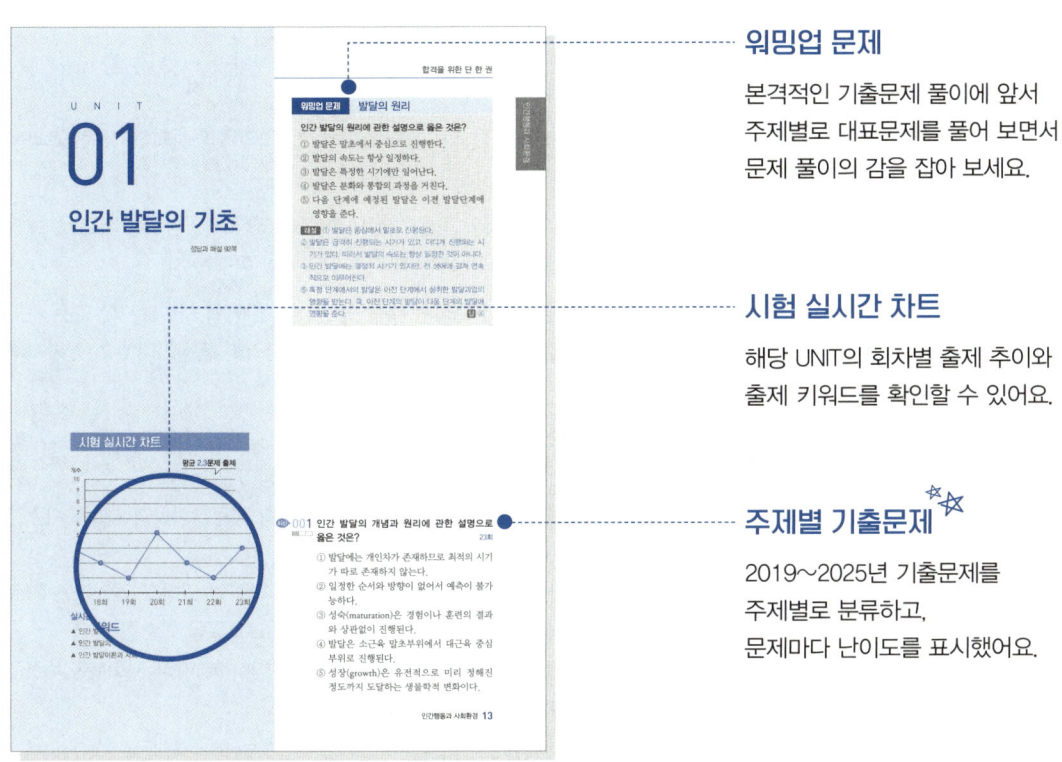

워밍업 문제
본격적인 기출문제 풀이에 앞서
주제별로 대표문제를 풀어 보면서
문제 풀이의 감을 잡아 보세요.

시험 실시간 차트
해당 UNIT의 회차별 출제 추이와
출제 키워드를 확인할 수 있어요.

주제별 기출문제
2019~2025년 기출문제를
주제별로 분류하고,
문제마다 난이도를 표시했어요.

과락 탈출 키워드

최근 7년간의 빈출 개념만 모아 수록했어요. 해당 키워드가 7년간 몇 번이나 출제되었는지 확인하고, 실제 기출문제 선지를 취합하여 정리한 개념을 꼼꼼히 살펴보세요.

POINT
단원별 기출문제와 최신기출 모의고사를 풀기 전 또는 풀고 나서, 언제든지 훑어보기 좋아요. 꾸준한 복습이 합격의 지름길이에요!

시험정보 GUIDE

응시자격

1. 고등교육법에 따른 대학원에서 사회복지학 또는 사회사업학을 전공하고 석사학위 또는 박사학위를 취득한 자
   ※ 다만, 대학에서 사회복지학 또는 사회사업학을 전공하지 아니하고 동 석사학위를 취득한 자는 보건복지부령이 정하는 사회복지학 전공교과목과 사회복지관련 교과목 중 사회복지현장실습을 포함한(2004. 7. 31. 이후 입학생부터 해당) 필수과목 6과목 이상(대학에서 이수한 교과목을 포함하되, 대학원에서 4과목 이상을 이수하여야 한다), 선택과목 2과목 이상을 각각 이수하여야 한다.
2. 고등교육법에 따른 대학에서 보건복지부령이 정하는 사회복지학 전공교과목과 사회복지관련 교과목을 이수하고 학사학위를 취득한 자
3. 법령에서 고등교육법에 따른 대학을 졸업한 자와 동등 이상의 학력이 있다고 인정하는 자로서, 보건복지부령으로 정하는 사회복지학 전공교과목과 사회복지관련 교과목을 이수한 자
4. 외국의 대학 또는 대학원(단, 보건복지부장관이 인정한 대학 또는 대학원)에서 사회복지학 또는 사회사업학을 전공하고 학사학위 이상을 취득한 자로서 위 1. 및 2.의 자격과 동등하다고 보건복지부장관이 인정하는 자
5. 다음에 해당하는 자로서 사회복지사 2급 자격증을 취득한 자 중에서, 그 자격증을 취득한 날부터 시험일까지의 기간 동안 1년(2,080시간) 이상 사회복지사업의 실무경험이 있는 자
   ① 고등교육법에 의한 전문대학에서 보건복지부령이 정하는 사회복지학 전공교과목과 사회복지관련 교과목을 이수하고 졸업한 자
   ② 법령에서 고등교육법에 따른 전문대학을 졸업한 자와 동등 이상의 학력이 있다고 인정하는 자로서 보건복지부령이 정하는 사회복지학 전공교과목과 사회복지관련 교과목을 이수한 자
   ③ 종전의 사회복지사업법(법률 제14923호로 개정되기 전의 것을 말한다)에 따라 사회복지사 3급 자격증을 취득한 이후 3년 이상 사회복지사업의 실무경험이 있는 자

소소한 Q&A

Q 사회복지사 1급 시험의 합격률은 어떻게 되나요?

A 최근 7년간 평균 합격률은 38.9%로, 1년에 1회만 실시되는 시험이라는 점을 고려하면 합격률이 높은 시험은 아닙니다.

Q 사회복지사의 근무 환경은 어떤가요?

A 사회복지사는 서비스를 제공하기 위해 대상자를 직접 방문하는 경우가 많고, 각종 야외 행사를 진행하기도 하기 때문에 기획, 행정, 외근 업무가 많은 편입니다. 뿐만 아니라, 일선 사회복지사의 직무만족도는 5점 만점 기준 3.1점으로 조사되었습니다(출처: 2023년 사회복지사 통계연감). 한국사회복지사협회는 지금도 꾸준히 처우 개선을 위한 정책 및 법령을 마련하고자 노력하고 있습니다.

시험과목

구분	시험과목	세부영역	배점	시험시간	시험 방식
1교시	사회복지기초 (50문항)	인간행동과 사회환경	50점	50분	객관식, 5지택일형
		사회복지조사론			
2교시	사회복지실천 (75문항)	사회복지실천론	75점	75분	
		사회복지실천기술론			
		지역사회복지론			
3교시	사회복지정책과 제도 (75문항)	사회복지정책론	75점	75분	
		사회복지행정론			
		사회복지법제론			

- 시험 관련 법령 등을 적용하여 정답을 구하여야 하는 문제는 시험 시행일 현재 시행 중인 법령을 기준으로 출제됩니다.

합격자 결정방법

- 매 과목 4할 이상, 전 과목 총점의 6할 이상을 득점한 자를 합격예정자로 결정합니다.
- 사회복지사 1급 국가시험 합격예정자는 한국사회복지사협회에서 응시자격 서류심사를 실시하며, 응시자격 서류를 정해진 기한 내에 제출하지 않거나 심사결과 부적격자인 경우에는 최종 불합격 처리합니다. 즉, 필기시험에 합격하고 응시자격 서류심사에 통과한 자를 최종 합격자로 결정합니다.
- 최종 합격자 발표 후라도 제출된 서류 등의 기재 사항이 사실과 다르거나 응시자격 부적격 사유가 발견될 때에는 합격이 취소됩니다.

Q 사회복지사의 향후 전망과 1급 자격증 취득 후 진로에 대해 알고 싶어요.

A 2021 한국직업전망에 따르면, 사회복지사는 향후 10년간 일자리 수요가 증가할 것으로 예상되는 직업입니다. 이는 사회복지가 고령인구 증가와 건강보험 적용 범위 확대에 따라 수요가 늘어날 것으로 예상되는 분야이기 때문입니다.

사회복지전담공무원의 수도 지속적으로 증가하고 있으며 사회복지가 국가의 주요 정책으로 부각되면서 사회복지 전문인력에 대한 필요성이 꾸준히 제기되고 있습니다.

사회복지사는 주로 사회복지관, 노인복지관, 장애인복지관, 지역아동센터 등의 이용시설이나 장애인생활시설, 아동양육시설, 노인요양시설 등 생활시설로 진출합니다. 결원이 발생하면 대체로 수시채용의 형태로 채용이 이루어지며, 장기적으로 관리자급으로의 승진 및 경력을 쌓고자 한다면 1급 자격증을 취득하여 경쟁력을 갖추는 것이 좋습니다.

병원이나 학교, 연구기관 등에서 근무하고자 한다면 석사 학위 이상 취득하는 것이 좋으며, 이 경우 공개채용의 형태가 많습니다.

이 책의 차례
CONTENTS

7개년 단원별 기출문제

PART I 단원별 기출문제

CHAPTER 1	인간행동과 사회환경	12
CHAPTER 2	사회복지조사론	60
CHAPTER 3	사회복지실천론	112
CHAPTER 4	사회복지실천기술론	152
CHAPTER 5	지역사회복지론	198
CHAPTER 6	사회복지정책론	244
CHAPTER 7	사회복지행정론	292
CHAPTER 8	사회복지법제론	344

PART II 최신기출 모의고사

1교시	사회복지기초	400
2교시	사회복지실천	411
3교시	사회복지정책과 제도	426
부록	OCR 답안카드	

빈출 개념+클리닉 해설

PART Ⅲ 과락 탈출 키워드

인간행동과 사회환경	6
사회복지조사론	16
사회복지실천론	25
사회복지실천기술론	33
지역사회복지론	43
사회복지정책론	53
사회복지행정론	66
사회복지법제론	76

PART Ⅳ 정답과 해설

단원별 기출문제

	CHAPTER 1	인간행동과 사회환경	92
	CHAPTER 2	사회복지조사론	115
	CHAPTER 3	사회복지실천론	141
	CHAPTER 4	사회복지실천기술론	166
	CHAPTER 5	지역사회복지론	193
	CHAPTER 6	사회복지정책론	219
	CHAPTER 7	사회복지행정론	245
	CHAPTER 8	사회복지법제론	271

최신기출 모의고사

1교시	사회복지기초	300
2교시	사회복지실천	306
3교시	사회복지정책과 제도	316

사회복지사 1급 국가시험의 **난이도**

언니~ 이번 시험 너무 어렵지 않았어요?
오후 2 : 42

우리가 같이 공부한 내용보다 심화된 문제가 출제된 것 같지?
오후 3 : 15

왜 하필 우리가 볼 때 이런 건지...
시험 보면서 완전 울 뻔했어요ㅠㅠ
오후 3 : 15

오후 6 : 24
작년엔 쉬웠다는데 운이 없다. ㅠㅠ

HOW TO STUDY

사회복지사 1급 국가시험은 매회 시험마다 난이도 편차가 있습니다. 어떤 해는 합격률이 무려 60%를 넘기도 하고 또 어떤 해는 20%대의 낮은 합격률을 기록하기도 합니다. 1년에 1회만 실시되는 시험인 만큼, 어려운 문제에도 대비가 필요합니다.

▰▱▱ 난이도 하	기본 개념을 단순히 묻는 문제입니다.
▰▰▱ 난이도 중	복합적인 개념이나 학습한 이론을 응용한 문제입니다.
▰▰▰ 난이도 상	다양한 이론이 융합되어 응용력이 필요한 문제입니다.

영역별, 단원별로 배열된 기출문제를 풀면서 난이도를 확인하고, 어려운 문제를 풀 때는 조금 더 신중하게 접근하며 출제 패턴을 파악해 보세요.

PART I

합격선을 넘는
단원별 기출문제

CHAPTER 1	인간행동과 사회환경
CHAPTER 2	사회복지조사론
CHAPTER 3	사회복지실천론
CHAPTER 4	사회복지실천기술론
CHAPTER 5	지역사회복지론
CHAPTER 6	사회복지정책론
CHAPTER 7	사회복지행정론
CHAPTER 8	사회복지법제론

CHAPTER 1

인간행동과 사회환경

7개년 출제 리포트

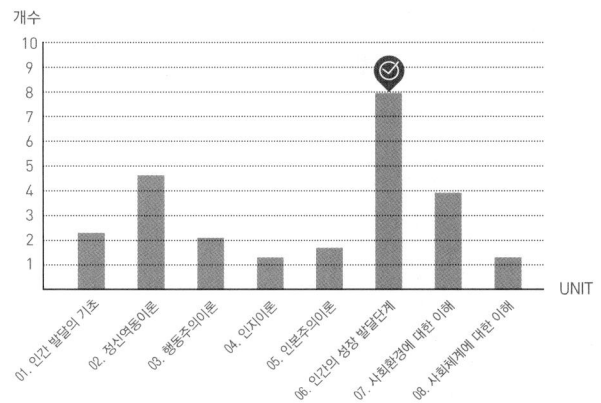

01. 인간 발달의 기초
02. 정신역동이론
03. 행동주의이론
04. 인지이론
05. 인본주의이론
06. 인간의 성장 발달단계
07. 사회환경에 대한 이해
08. 사회체계에 대한 이해

WHAT TO STUDY

1. 인간의 성장 발달단계의 특징을 꼼꼼히 알아 두자.
2. 프로이트, 에릭슨, 아들러, 반두라, 융 등 주요 학자들의 이론은 마지막의 마지막까지 살펴봐야 한다.
3. 발달 관련 이론 중에서는 정신역동이론이 가장 출제 비중이 크나, 다른 이론의 학습도 소홀히 해선 안 된다.

UNIT 01

인간 발달의 기초

정답과 해설 92쪽

시험 실시간 차트

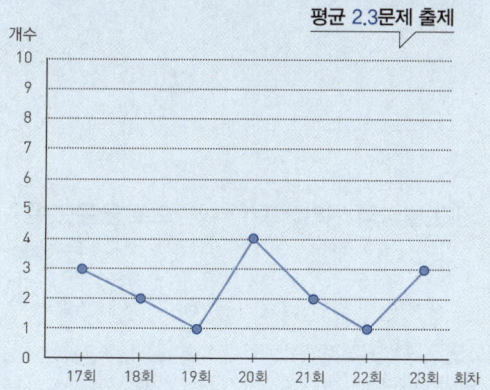

평균 2.3문제 출제

실시간 출제 키워드
▲ 인간 발달의 원리
▲ 인간 발달의 특징
▲ 인간 발달이론과 사회복지실천

워밍업 문제 | **발달의 원리**

인간 발달의 원리에 관한 설명으로 옳은 것은?
① 발달은 말초에서 중심으로 진행한다.
② 발달의 속도는 항상 일정하다.
③ 발달은 특정한 시기에만 일어난다.
④ 발달은 분화와 통합의 과정을 거친다.
⑤ 다음 단계에 예정된 발달은 이전 발달단계에 영향을 준다.

해설 ① 발달은 중심에서 말초로 진행된다.
② 발달은 급격히 진행되는 시기가 있고, 더디게 진행되는 시기가 있다. 따라서 발달의 속도는 항상 일정한 것이 아니다.
③ 인간 발달에는 결정적 시기가 있지만, 전 생애에 걸쳐 연속적으로 이루어진다.
⑤ 특정 단계에서의 발달은 이전 단계에서 성취한 발달과업의 영향을 받는다. 즉, 이전 단계의 발달이 다음 단계의 발달에 영향을 준다.
답 ④

최신 **001** 인간 발달의 개념과 원리에 관한 설명으로 옳은 것은? 23회

① 발달에는 개인차가 존재하므로 최적의 시기가 따로 존재하지 않는다.
② 일정한 순서와 방향이 없어서 예측이 불가능하다.
③ 성숙(maturation)은 경험이나 훈련의 결과와 상관없이 진행된다.
④ 발달은 소근육 말초부위에서 대근육 중심부위로 진행된다.
⑤ 성장(growth)은 유전적으로 미리 정해진 정도까지 도달하는 생물학적 변화이다.

002 생애주기별 특징에 관한 설명으로 옳은 것은?

23회

① 영아기(0~2세) – 성역할 인식 확립
② 아동기(7~2세) – 대상영속성 형성
③ 청소년기(13~19세) – 자아정체감 확립
④ 중년기(40~64세) – 자아통합 완성
⑤ 노년기(65세 이상) – 친밀감 형성

003 인간 발달의 원리로 옳지 <u>않은</u> 것은?

17회

① 유전과 환경의 영향을 모두 받는다.
② 일생에 걸친 예측 불가능한 변화이다.
③ 발달의 정도와 속도는 개인마다 다르다.
④ 일정한 순서와 방향성이 존재한다.
⑤ 멈추는 일 없이 지속된다.

004 다음의 설명으로 옳은 것을 모두 고른 것은?

18회

> ㉠ 성장은 키가 커지거나 몸무게가 늘어나는 등의 양적 변화를 의미한다.
> ㉡ 성숙은 유전 인자에 의해 발달 과정이 방향 지어지는 것을 의미한다.
> ㉢ 학습은 직·간접 경험 및 훈련과정을 통한 변화를 의미한다.

① ㉠
② ㉡
③ ㉠, ㉡
④ ㉡, ㉢
⑤ ㉠, ㉡, ㉢

005 인간 발달의 원리에 관한 설명으로 옳지 <u>않은</u> 것은?

18회

① 환경적 요인보다 유전적 요인을 중요시한다.
② 결정적 시기가 있다.
③ 일정한 순서가 있다.
④ 개인 차이가 존재한다.
⑤ 특정 단계의 발달은 이전의 발달과업 성취에 기초한다.

006 인간 발달의 원리에 관한 설명으로 옳은 것은?

19회

① 무작위적으로 발달이 진행되기 때문에 예측이 불가능하다.
② 발달에는 결정적 시기가 있다.
③ 안정적 속성보다 변화적 속성이 강하게 나타난다.
④ 신체의 하부에서 상부로, 말초 부위에서 중심 부위로 진행된다.
⑤ 순서와 방향성이 정해져 있으므로 발달 속도에는 개인차가 존재하지 않는다.

007 동갑 친구들 A~C의 대화에서 알 수 있는 인간 발달의 원리는? 20회

> A: 나는 50세가 되니 확실히 노화가 느껴져. 얼마 전부터 노안이 와서 작은 글씨를 읽기 힘들어.
> B: 나는 노안은 아직 안 왔는데 흰머리가 너무 많아지네. A는 흰머리가 거의 없구나.
> C: 나는 노안도 왔고 흰머리도 많아. 게다가 기억력도 예전 같지 않아.

① 발달에는 개인차가 있다.
② 발달의 초기단계가 일생에서 가장 중요하다.
③ 발달은 학습에 따른 결과이다.
④ 발달은 분화와 통합의 과정이다.
⑤ 발달은 이전의 발달과업 성취에 기초하여 이루어진다.

008 생애 주기에 따른 주요 발달과업의 연결이 옳은 것을 모두 고른 것은? 20회

> ㉠ 영아기(0~2세) - 신뢰감, 애착형성
> ㉡ 청소년기(13~19세) - 생산성, 서열화
> ㉢ 노년기(65세 이상) - 자아통합, 죽음수용

① ㉠
② ㉡
③ ㉠, ㉡
④ ㉠, ㉢
⑤ ㉡, ㉢

009 인간 발달의 원리에 관한 설명으로 옳지 않은 것은? 20회

① 발달에는 최적의 시기가 존재하지 않는다.
② 발달의 각 영역은 상호 밀접한 연관이 있다.
③ 일정한 순서와 방향이 있어서 예측 가능하다.
④ 대근육이 있는 중심 부위에서 소근육의 말초 부위 순으로 발달한다.
⑤ 연속적 과정이지만 발달의 속도는 일정하지 않다.

010 인간 발달 및 그 유사개념에 관한 설명으로 옳지 않은 것은? 20회

① 성장(growth)은 시간의 경과에 따라 나타나는 양적 변화이다.
② 성숙(maturation)은 환경과의 상호작용에 의한 사회적 발달이다.
③ 학습(learning)은 경험이나 훈련의 결과로 나타나는 행동변화이다.
④ 인간 발달은 유전과 환경의 상호작용 결과이다.
⑤ 인간 발달은 상승적 변화와 하강적 변화를 모두 포함한다.

011 인간 발달에 관한 설명으로 옳지 않은 것은? 21회

① 영아기에서 노년기까지 시간 흐름의 과정이다.
② 일정한 순서와 방향성이 있어 예측이 가능하다.
③ 생애 전 과정에 걸쳐 진행되는 환경적, 유전적 상호작용의 결과이다.
④ 각 발달단계별 인간행동의 특성이 있다.
⑤ 발달에는 개인차가 있다.

012 인간 발달에 관한 설명으로 옳은 것은? 22회

① 긍정적·상승적 변화는 발달로 간주하지만, 부정적·퇴행적 변화는 발달로 보지 않는다.
② 순서대로 진행되고 예측 가능하다는 특징이 있다.
③ 인간의 전반적 변화를 다루기 때문에 개인차는 중요하지 않다고 본다.
④ 키·몸무게 등의 질적 변화와 인지특성·정서 등의 양적 변화를 모두 포함하는 개념이다.
⑤ 각 발달단계에서의 발달 속도는 거의 일정한 것으로 알려져 있다.

| 워밍업 문제 | 인간 발달이론의 유용성 |

인간 발달이론의 유용성에 관한 설명으로 옳지 <u>않은</u> 것은?

① 개인의 적응과 부적응을 판단하기 위한 기준을 제공한다.
② 다양한 연령층의 클라이언트를 이해할 수 있는 기반을 제공한다.
③ 클라이언트의 발달과업과 문제를 파악할 수 있는 준거틀을 제공한다.
④ 발달에 영향을 미치는 사회적 영향력을 평가할 수 있는 준거틀을 제공한다.
⑤ 개인이 경험하는 사회문화적 요인들을 정형화하여 이해할 수 있는 시각을 제공한다.

[해설] 인간 발달이론은 개인이 경험하는 사회문화적 요인들의 다양성을 인정하고 개인을 총체적으로 이해할 수 있는 시각을 제공한다.

답 ⑤

013 인간 발달이론과 사회복지실천에 관한 설명으로 옳은 것은? 23회

① 인간 발달이론은 문제의 사정단계에서만 유용하다.
② 발달 단계별 욕구를 기반으로 사회복지서비스를 개발할 수 있다.
③ 클라이언트를 둘러싼 환경의 영향력을 평가할 수 없다.
④ 사회환경보다 클라이언트의 생물학적 요소를 더 중시한다.
⑤ 다양한 클라이언트의 발달과업을 획일적으로 이해할 수 있다.

014 인간행동과 성격에 관한 설명으로 옳지 <u>않은</u> 것은? 17회

① 인간행동은 개인의 성격 특성에 따라 다르게 표출된다.
② 성격을 이해하면 행동의 변화 추이를 예측할 수 있다.
③ 인간행동의 이해와 개입을 위해서는 성격의 이해가 필요하다.
④ 성격이론은 인간행동의 수정 방법을 찾는 데 도움이 된다.
⑤ 성격은 심리역동적 특성이 있어 일관된 행동을 기대할 수 없다.

015 인간 발달이론이 사회복지실천에 유용한 이유로 옳지 <u>않은</u> 것은? 17회

① 개인 적응과 부적응의 판단 기준이 된다.
② 모든 연령 계층의 클라이언트와 일할 수 있는 기반이 된다.
③ 생애 주기에 따른 변화와 안정 요인을 이해하게 한다.
④ 발달단계에 따라 신체, 심리, 사회적 기능을 분절적으로 이해하게 한다.
⑤ 발달단계별 욕구에 따른 사회복지제도의 기반을 제공한다.

016 인간 발달이론과 사회복지실천에 관한 설명으로 옳지 <u>않은</u> 것은? 21회

① 다양한 연령층의 클라이언트와 일할 수 있는 토대가 된다.
② 발달단계별 욕구를 기반으로 사회복지서비스를 개발할 수 있다.
③ 발달단계별 발달과제는 문제해결의 목표와 방법 설정에 유용하다.
④ 발달단계별 발달 저해 요소들을 이해하는 데 유용하다.
⑤ 인간 발달이론은 문제 사정단계에서만 유용하다.

UNIT 02

정신역동이론

정답과 해설 94쪽

| 워밍업 문제 | 학자별 이론과 인간관 |

성격이론을 인간의 발달단계와 연결시켜 설명한 학자가 아닌 것은?

① 융(C. Jung)
② 피아제(J. Piaget)
③ 콜버그(L. Kohlberg)
④ 에릭슨(E. Erikson)
⑤ 반두라(A. Bandura)

해설 반두라는 사회학습이론을 통해 사람들이 관찰과 모방으로 습득한 지식과 기술을 어떻게 행동으로 전환하는지를 자기효능감과 연결지어 설명하였으나, 특정 발달단계를 제시하지는 않았다. 답 ⑤

시험 실시간 차트

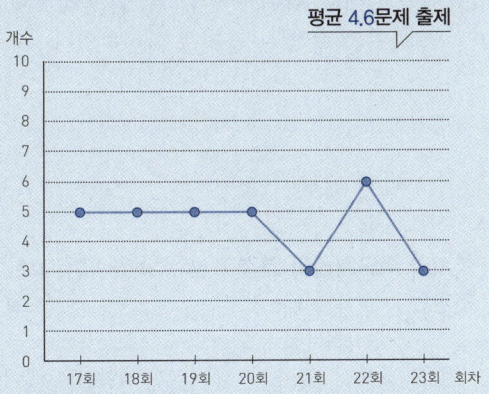

평균 4.6문제 출제

실시간 출제 키워드
▲ 프로이트의 이론
▲ 에릭슨의 이론
▲ 융의 이론
▲ 아들러의 이론

최신 017 성격이론, 학자 및 주요 개념의 연결이 옳은 것은? 23회

① 인본주의이론 – 융(C. Jung) – 동화
② 정신분석이론 – 매슬로우(A. Maslow) – 열등감
③ 인지발달이론 – 피아제(J. Piaget) – 결핍동기
④ 개인심리이론 – 아들러(A. Adler) – 생활양식
⑤ 분석심리이론 – 로저스(C. Rogers) – 아니마

018 다음 학자의 주요 이론과 개념의 연결이 옳지 않은 것은? 17회

① 에릭슨(E. Erikson) – 분석심리이론 – 원형, 집단무의식
② 프로이트(S. Freud) – 정신분석이론 – 원초아, 자아, 초자아
③ 아들러(A. Adler) – 개인심리이론 – 열등감과 보상, 생활양식
④ 반두라(A. Bandura) – 사회학습이론 – 자기강화, 관찰학습
⑤ 로저스(C. Rogers) – 인본주의이론 – 완전히 기능하는 사람, 현상학적 장

019 다음 학자의 주요 이론과 기법의 연결이 옳은 것은? 18회

① 스키너(B. Skinner) – 행동주의이론 – 강화계획
② 프로이트(S. Freud) – 정신분석이론 – 타임아웃기법
③ 피아제(J. Piaget) – 분석심리이론 – 합리정서치료
④ 매슬로우(A. Maslow) – 인본주의이론 – 자유연상
⑤ 융(C. Jung) – 개인심리이론 – 행동조성

020 인간 발달이론이 사회복지실천에 미친 영향으로 옳은 것은? 19회

① 아들러(A. Adler)의 이론은 인간을 하나의 통합된 유기체로 인식하는 데 공헌하였다.
② 피아제(J. Piaget)의 이론은 발달단계의 순서가 개인과 문화에 따라 다르게 나타날 수 있음을 인식하는 데 공헌하였다.
③ 프로이트(S. Freud)의 이론은 모방학습의 중요성을 인식하는 데 공헌하였다.
④ 스키너(B. Skinner)의 이론은 인간행동이 내적 동기에 의해 강화됨을 이해하는 데 공헌하였다.
⑤ 로저스(C. Rogers)의 이론은 클라이언트의 생애 발달단계를 파악하고 평가하는 데 공헌하였다.

021 다음 학자와 그의 주요 기법이 옳게 연결된 것은? 20회

① 반두라(A. Bandura) – 행동조성
② 로저스(C. Rogers) – 타임아웃
③ 스키너(B. Skinner) – 모델링
④ 피아제(J. Piaget) – 가족조각
⑤ 프로이트(S. Freud) – 자유연상

022 인간 발달이론이 사회복지실천에 미친 영향으로 옳지 않은 것은? 22회

① 스키너(B. Skinner) 이론은 행동결정요인으로 인지와 정서의 중요성을 이해하는 계기를 제공하였다.
② 융(C. Jung) 이론은 중년기 이후의 발달을 이해하는 데 도움을 제공하였다.
③ 에릭슨(E. Erikson) 이론은 생애주기별 실천개입의 기반을 제공하였다.
④ 프로이트(S. Freud) 이론은 인간행동의 무의식적 측면을 심층적으로 분석할 수 있는 기반을 제공하였다.
⑤ 매슬로우(A. Maslow) 이론은 인간의 욕구를 파악할 수 있는 근거를 마련하였다.

023 학자와 주요개념의 연결로 옳은 것을 모두 고른 것은? 22회

㉠ 로저스(C. Rogers) – 자기실현 경향성
㉡ 벡(A. Beck) – 비합리적인 신념
㉢ 반두라(A. Bandura) – 행동조성
㉣ 아들러(A. Adler) – 집단무의식

① ㉠
② ㉠, ㉡
③ ㉡, ㉢
④ ㉠, ㉡, ㉢
⑤ ㉡, ㉢, ㉣

워밍업 문제 　프로이트의 정신분석이론

프로이트(S. Freud)의 정신역동이론에서 사회문화적 규범과 가치를 습득하게 하는 것은?
① 자아 　　　　② 원초아
③ 무의식 　　　④ 초자아
⑤ 전의식

[해설] 초자아는 옳고 그름을 판단하는 부분으로, 사회문화적 규범과 가치가 내면화된 것이다. 초자아는 자신이 잘못한 행동에 대해 죄책감을 느끼는 양심과 자신이 잘한 행동에 대해 자부심을 느끼는 자아이상으로 구성된다. 　답 ④

025 방어 기제에 관한 설명으로 옳지 않은 것은?
17회

① 반동 형성(reaction formation): 어떤 충동이나 감정을 반대로 표현하는 것이다.
② 전치(displacement): 본능적 충동의 대상을 원래의 대상에서 덜 위협적인 대상으로 옮겨서 발산하는 것이다.
③ 전환(conversion): 심리적 갈등이 감각기관 또는 수의근계 기관의 증상으로 표출되는 것이다.
④ 투사(projection): 용납할 수 없는 자신의 충동, 생각, 행동을 무의식적으로 다른 사람의 탓으로 돌리는 것이다.
⑤ 해리(dissociation): 어떤 대상에 피해를 주었을 경우, 취소 또는 무효화하는 것이다.

최신 024 프로이트(S. Freud)의 이론에 관한 설명으로 옳지 않은 것은?
23회

① 초자아(superego)의 특질은 자아이상(ego ideal)과 양심(conscience)으로 구성된다.
② 프로이트(S. Freud)는 실수행위를 통해 무의식이 작용하는 증거를 파악하였다.
③ 내면화(introjection)는 심리적 갈등이 근육계통의 증상으로 나타나는 방어기제이다.
④ 자아(ego)는 2차적 사고과정과 현실원칙에 의해 지배된다.
⑤ 남자아이는 남근기에 오이디푸스 콤플렉스(Oedipus complex)로 인한 거세불안을 경험한다.

026 프로이트(S. Freud)의 정신분석이론에서 불안에 관한 설명으로 옳은 것을 모두 고른 것은?
17회

㉠ 불안: 공포상태로서 위급한 상황에 적합한 방법으로 반응하지 못하는 것이다.
㉡ 현실적 불안: 자아가 지각한 현실세계에 있는 위협 상황에 대한 두려움이다.
㉢ 신경증적 불안: 원초아의 충동이 의식될지도 모른다는 위협을 느낄 때 생기는 두려움이다.
㉣ 도덕적 불안: 원초아와 초자아 간의 갈등에서 느끼는 양심에 대한 두려움이다.

① ㉠, ㉢ 　　　② ㉡, ㉣
③ ㉠, ㉡, ㉢ 　④ ㉡, ㉢, ㉣
⑤ ㉠, ㉡, ㉢, ㉣

027 받아들일 수 없는 자신의 욕망이나 충동을 타인에게 돌리는 방어 기제는? 18회

① 전치(displacement)
② 억압(repression)
③ 투사(projection)
④ 합리화(rationalization)
⑤ 반동 형성(reaction formation)

028 프로이트(S. Freud)의 심리 성적 발달단계에 관한 설명으로 옳은 것은? 19회

① 남근기: 동성 부모에 대한 동일시의 기제가 나타나는 시기이다.
② 항문기: 양육자와의 상호작용 과정에서 최초로 갈등을 경험하는 시기이다.
③ 구강기: 자율성과 수치심을 주로 경험하는 시기이다.
④ 생식기: 오이디푸스·엘렉트라 콤플렉스가 강해지는 시기이다.
⑤ 잠복기: 리비도(libido)가 항문 부위로 집중되는 시기이다.

029 프로이트(S. Freud)의 정신분석이론에 관한 설명으로 옳은 것을 모두 고른 것은? 20회

> ㄱ. 자아(ego)는 일차적 사고과정과 현실원칙을 따른다.
> ㄴ. 잠복기에 원초아(id)는 약해지고 초자아(superego)는 강해진다.
> ㄷ. 신경증적 불안은 자아의 욕구를 초자아가 통제하지 못하고 압도될 때 나타난다.
> ㄹ. 방어기제는 외부세계의 요구로부터 스스로를 보호하고자 하는 무의식적 시도이다.

① ㄷ
② ㄱ, ㄷ
③ ㄴ, ㄹ
④ ㄱ, ㄴ, ㄹ
⑤ ㄱ, ㄴ, ㄷ, ㄹ

030 프로이트(S. Freud)의 정신분석이론에 관한 설명으로 옳은 것은? 21회

① 인간이 가진 자유의지의 중요성을 강조하였다.
② 거세불안과 남근선망은 주로 생식기(genital stage)에 나타난다.
③ 성격구조를 원초아, 자아, 초자아로 구분하였다.
④ 초자아는 현실원리에 지배되며 성격의 실행자이다.
⑤ 성격의 구조나 발달단계를 제시하지 않았다.

031 방어 기제와 그 예시로 옳지 않은 것은? 22회

① 합리화(rationalization): 지원한 회사에 불합격한 후 그냥 한번 지원해본 것이며 합격했어도 다니지 않았을 것이라 생각한다.
② 억압(repression): 시험을 망친 후 성적발표 날짜를 아예 잊어버린다.
③ 투사(projection): 자신이 싫어하는 직장 상사에 대해서 상사가 자기를 싫어하기 때문에 사이가 나쁘다고 여긴다.
④ 반동형성(reaction formation): 관심이 가는 이성에게 오히려 짓궂은 말을 하게 된다.
⑤ 전치(displacement): 낮은 성적을 받은 이유를 교수가 중요치 않은 문제만 출제한 탓이라 여긴다.

워밍업 문제 에릭슨의 심리사회이론

에릭슨(E. Erikson)의 심리사회적 위기와 주요 사회적 관계가 바르게 연결된 것은?

① 근면성 대 열등감 – 가족
② 자아정체감 대 역할 혼미 – 이성 친구
③ 친밀감 대 고립감 – 핵가족
④ 생산성 대 침체성 – 직장 동료
⑤ 자아통합 대 절망 – 학교

해설 ① 근면성 대 열등감은 아동기에 경험하는 심리사회적 위기로, 친구, 학교가 주요 사회적 관계이다.
② 자아정체감 대 역할 혼미는 청소년기에 경험하는 심리사회적 위기로, 또래 집단이 주요 사회적 관계이다.
③ 친밀감 대 고립감은 청년기(성인 초기)에 경험하는 심리사회적 위기로, 친구, 경쟁자, 협동 대상, 배우자가 주요 사회적 관계이다.
⑤ 자아통합 대 절망은 노년기에 경험하는 심리사회적 위기로, 인류, 동족이 주요 사회적 관계이다. **답** ④

최신 시험에 맞게 변형한 문제입니다.

032 에릭슨(E. Erikson)의 심리사회적 발달단계에서 긍정적 결과와 주요 관계의 연결이 옳지 않은 것은? 17회

① 영아기(0~2세, 신뢰감 대 불신감): 지혜 – 어머니
② 유아기(2~3세, 자율성 대 수치심과 의심): 의지 – 부모
③ 학령전기(4~6세, 주도성 대 죄의식): 목적 – 가족
④ 아동기(7~12세, 근면성 대 열등감): 능력 – 이웃, 학교
⑤ 청소년기(13~19세, 자아정체감 대 정체감 혼란): 성실 – 또래 집단

033 에릭슨(E. Erikson)의 이론에 관한 설명으로 옳지 않은 것은? 18회

① 사회적 관심, 창조적 자아, 가족 형상 등을 강조한다.
② 청소년기의 자아정체감 발달을 강조한다.
③ 성격 발달에 있어서 환경과의 상호작용이 중요하다고 본다.
④ 각 단계의 발달은 이전 단계의 심리사회적 갈등 해결과 통합을 토대로 이루어진다.
⑤ 발달은 점성의 원리에 기초한다.

034 에릭슨(E. Erikson)의 이론에 관한 설명으로 옳은 것은? 19회

① 발달에 영향을 미치는 유전적·생물학적 요인을 배제하였다.
② 발달에 영향을 미치는 사회적·문화적 요인을 인정하지 않았다.
③ 성인기 이후의 발달을 고려하지 않았다.
④ 자아(ego)의 자율적, 창조적 기능을 고려하지 않았다.
⑤ 과학적 근거나 경험적 증거가 미흡하다.

035 에릭슨(E. Erikson)의 심리사회이론에서 아동기(7~12세) 발달과업을 성취하지 못할 경우 경험하는 심리사회적 위기는? 20회

① 불신감   ② 절망감
③ 침체감   ④ 고립감
⑤ 열등감

036 에릭슨(E. Erikson)의 이론으로 옳지 않은 것은?
21회

① 개인의 성격은 전 생애를 통하여 발달한다.
② 청소년기의 주요 발달과업은 자아정체감 형성이다.
③ 각 단계의 발달은 이전 단계의 발달을 토대로 이루어진다.
④ 성격발달에 있어서 환경과의 상호작용이 중요하다고 본다.
⑤ 학령기(아동기)는 자율성 대 수치와 의심의 심리사회적 위기를 겪는다.

037 에릭슨(E. Erikson)의 심리사회적 발달단계 위기와 성취 덕목(virtue)이 옳게 연결된 것은? 22회

① 근면성 대 열등감 – 성실(fidelity)
② 주도성 대 죄의식 – 목적(purpose)
③ 신뢰 대 불신 – 의지(will)
④ 자율성 대 수치심과 의심 – 능력(competence)
⑤ 정체감 대 정체감 혼란 – 희망(hope)

워밍업 문제 — 아들러의 개인심리이론

아들러(A. Adler)의 개인심리이론의 주요 개념에 해당하지 않는 것은?

① 인생 각본
② 생활 양식
③ 가족 형상
④ 창조적 자아
⑤ 열등감과 보상

해설 인생 각본은 상담심리학 분야에서 주로 언급되는 학자인 에릭 번의 주요 개념이다.
답 ①

최신 038 아들러(A. Adler)의 이론에 관한 설명으로 옳지 않은 것은?
23회

① 인간은 사회적 관심에 의해 동기화된다.
② 출생순위는 성격형성에 영향을 준다.
③ 우월에 대한 추구는 선천적으로 타고 나는 것이다.
④ 성격유형을 태도와 기능의 조합에 따라 구분했다.
⑤ 가상적 목표(fictional finalism)는 어려움에 부딪힐 때 효과적으로 대처하는데 도움이 된다.

039 아들러(A. Adler)의 이론에 관한 설명으로 옳은 것을 모두 고른 것은?
18회

㉠ 인간을 사회적 존재로 보았다.
㉡ 인간의 성격 발달단계를 제시하였다.
㉢ 출생 순위, 가족과 형제관계에서의 경험은 생활 양식에 영향을 준다.

① ㉠
② ㉡
③ ㉢
④ ㉠, ㉡
⑤ ㉠, ㉢

040 아들러(A. Adler)의 이론에 관한 설명으로 옳지 않은 것은? 19회

① 개인이 지닌 창조성과 주관성을 강조한다.
② 위기와 전념을 기준으로 생활 양식을 4가지 유형으로 구분하였다.
③ 열등감은 모든 인간이 지닌 보편적인 감정이다.
④ 사회적 관심은 선천적으로 타고 나는 것이다.
⑤ 개인이 추구하는 목표는 현실에서 검증하기 어려운 가상적 목표이다.

041 아들러(A. Adler)의 개인심리이론에 관한 설명으로 옳지 않은 것은? 20회

① 지배형 생활 양식은 사회적 관심은 낮으나 활동수준이 높은 유형이다.
② 개인이 궁극적으로 추구하는 목적은 가상적 목표이다.
③ 인간은 목적론적 존재이다.
④ 아동에 대한 방임은 병적 열등감을 초래할 수 있다.
⑤ 사회적 관심은 선천적으로 타고나는 것이어서 의식적인 개발과 교육이 필요하지 않다.

042 아들러(A. Adler)의 이론에 관한 설명으로 옳은 것은? 22회

① 성격은 점성원리에 따라 발달한다.
② 개인의 창조성을 부정한다.
③ 무의식적 결정론을 고수하고 있다.
④ 유전적·환경적 요인의 중요성을 배제한다.
⑤ 인간을 목표지향적 존재로 본다.

워밍업 문제 융의 분석심리이론

융(C. Jung)의 분석심리이론의 주요 개념과 설명을 바르게 연결한 것은?

① 페르소나 – 자아의 가면
② 음영 – 무의식의 긍정적 측면
③ 아니무스 – 남성의 무의식 속 여성적인 면
④ 개성화 – 집단무의식
⑤ 원형 – 의식이 분리되는 과정

해설 ② 음영은 의식의 이면으로, 무시되고 도외시되는 마음의 부정적 측면이다.
③ 아니무스는 여성의 무의식 속에 있는 남성성이다.
참고 아니마는 남성의 무의식 속에 있는 여성성입니다.
④ 개성화는 무의식적인 내용을 의식화하고 통합해 고유한 자기 자신이 되는 것이다.
⑤ 원형은 집단무의식 속에 있는 인류 역사의 근원적 존재(이미지)이다.
답 ①

043 융(C. Jung)이 제시한 성격 특성에 관한 설명으로 옳은 것을 모두 고른 것은? 17회

㉠ 외향형: 정신에너지(리비도)가 외부세계를 향하고 있다.
㉡ 감정형: 구체적이고 사실적인 측면에 초점을 두고 매우 일관성 있는 현실수용을 중시한다.
㉢ 사고형: 객관적인 진실과 원리원칙에 의해 판단하며 논리적, 분석적이고 규범과 기준을 중시한다.
㉣ 직관형: 미래의 가능성과 육감에 초점을 두어 변화와 다양성을 중시하며 이성을 필요로 한다.

① ㉠, ㉢
② ㉡, ㉣
③ ㉠, ㉡, ㉢
④ ㉡, ㉢, ㉣
⑤ ㉠, ㉡, ㉢, ㉣

044 융(C. Jung)의 이론에 관한 설명으로 옳은 것은?
18회

① 남성의 여성적인 면은 아니무스(animus), 여성의 남성적인 면은 아니마(anima)이다.
② 원초아(id), 자아(ego), 초자아(superego)의 중요성을 강조한다.
③ 음영(shadow)은 자기나 자아상과 같은 개념으로 인간의 어둡고 동물적인 측면이다.
④ 페르소나(persona)는 개인이 외부세계에 보여 주는 이미지이며, 사회적 요구에 대한 반응이다.
⑤ 집단무의식(collective unconscious)은 다양한 콤플렉스에 기초한다.

045 융(C. Jung)의 이론에 관한 설명으로 옳은 것을 모두 고른 것은?
19회

㉠ 자기(self)는 중년기 이후에 나타나는 원형(archetype)이다.
㉡ 과거의 사건 및 미래에 대한 열망이 성격 발달에 동시에 영향을 미친다.
㉢ 리비도(libido)는 전반적인 삶의 에너지를 말한다.
㉣ 성격 발달은 개성화를 통한 자기실현의 과정이다.

① ㉡
② ㉠, ㉡
③ ㉢, ㉣
④ ㉠, ㉢, ㉣
⑤ ㉠, ㉡, ㉢, ㉣

046 융(C. Jung)의 분석심리이론에 관한 설명으로 옳은 것은?
20회

① 페르소나(persona)는 외부의 요구나 기대에 부응하는 과정에서 생긴 자아의 가면이라고 한다.
② 인간을 성(性)적 에너지인 리비도(libido)에 의해 지배되는 수동적 존재로 보았다.
③ 원형(archetype)이란 개인의 의식 속에 존재하는 유일한 정신기관이다.
④ 아니무스(animus)는 남성이 억압시킨 여성성이다.
⑤ 자아의 기능에서 감각(sensing)과 직관(intuiting)은 이성을 필요로 하는 합리적 기능이다.

047 융(C. Jung)의 이론으로 옳은 것을 모두 고른 것은?
21회

㉠ 무의식을 개인무의식과 집단무의식으로 구분하였다.
㉡ 그림자(shadow)는 인간에게 있는 동물적 본성을 포함하는 부정적인 측면이다.
㉢ 페르소나(persona)는 개인이 외부세계에 보여주는 이미지 혹은 가면이다.
㉣ 남성의 여성적 면은 아니무스(animus), 여성의 남성적 면은 아니마(anima)이다.

① ㉠, ㉡
② ㉢, ㉣
③ ㉠, ㉡, ㉢
④ ㉠, ㉡, ㉣
⑤ ㉠, ㉡, ㉢, ㉣

048 융(C. Jung)의 이론에 관한 설명으로 옳은 것은?
22회

① 정신분석(psychoanalysis)이론이라 불린다.
② 사회적 관심과 활동수준을 기준으로 심리적 유형을 8가지로 구분하였다.
③ 발달단계에 관하여 언급하지 않았다는 특징을 지니고 있다.
④ 개성화(individuation)를 통한 자기실현과정을 중요시하였다.
⑤ 성격 형성에 있어서 창조적 자기(creative self)의 역할을 강조하였다.

UNIT 03
행동주의이론

정답과 해설 99쪽

시험 실시간 차트

평균 2.1문제 출제

실시간 출제 키워드
- ▲ 스키너의 이론
- ▲ 반두라의 이론
- ▲ 행동주의이론의 주요 개념

워밍업 문제 | **스키너의 행동주의이론**

스키너(B. Skinner)의 이론에 관한 설명으로 옳은 것은?

① 인간의 인지적 능력을 중시한다.
② 어떠한 상황에서도 행동을 성공적으로 수행할 수 있다고 믿는다.
③ 인간의 행동에 대한 영향력을 행사할 수 있는 능력을 중요하게 생각한다.
④ 심리사회적 측면을 강조한다.
⑤ 인간은 내적 충동보다 외적 자극에 의해 동기화된다.

해설 ① 반두라의 이론에 관한 설명이다.
② 반두라의 자기효능감에 관한 설명이다.
③ 반두라의 자기조정 개념에 관한 설명이다.
④ 에릭슨의 이론에 관한 설명이다. **답** ⑤

049 인간행동에 관한 관점으로 옳지 <u>않은</u> 것은?
23회

① 정신분석이론은 유년기의 경험을 강조한다.
② 생태체계이론은 환경속의 인간의 관점을 강조한다.
③ 인지이론은 인간의 사고가 감정과 행동을 결정한다고 본다.
④ 인본주의이론은 인간에 대한 무조건적인 존중을 강조한다.
⑤ 행동주의이론은 개인의 무의식을 강조한다.

050 행동주의이론에 관한 설명으로 옳은 것을 모두 고른 것은?
23회

> ㉠ 인간을 주관적인 존재로 규정하였다.
> ㉡ 인간행동은 인간이 지닌 자유의지의 결과이다.
> ㉢ 선행조건과 결과에 따라 행동이 형성된다는 입장을 가지고 있다.
> ㉣ 경험주의에 근간을 두고 구체적으로 관찰할 수 있는 행동에 초점을 둔다.

① ㉠, ㉡   ② ㉠, ㉢   ③ ㉡, ㉢
④ ㉢, ㉣   ⑤ ㉠, ㉡, ㉣

051 스키너(B. Skinner)의 이론에 관한 설명으로 옳지 않은 것은? 23회

① 부적강화는 바람직한 행동의 빈도를 감소시킨다.
② 가변비율(variable-ratio) 계획이 강화계획 중에서 반응률이 가장 높다.
③ 인간행동은 내적 충동보다는 외적 자극에 반응하여 나타난다.
④ 고정간격(fixed-interval) 계획은 정해진 시간 간격이 지난 후 강화를 주는 것이다.
⑤ 인간행동은 예측 가능하며 통제할 수 있다.

052 행동주의이론의 주요 개념에 관한 설명으로 옳은 것을 모두 고른 것은? 18회

㉠ 인간의 행동은 환경적 자극에 의해 동기화된다.
㉡ 변별자극은 어떤 반응이 보상될 것이라는 단서 혹은 신호로 작용하는 자극이다.
㉢ 강화에는 즐거운 결과를 의미하는 정적 강화와 혐오적 결과를 제거하는 부적 강화가 있고, 이 두 가지는 모두 행동의 빈도를 증가시킨다.

① ㉠　　② ㉡
③ ㉠, ㉡　　④ ㉡, ㉢
⑤ ㉠, ㉡, ㉢

053 행동주의 이론에 관한 설명으로 옳은 것을 모두 고른 것은? 19회

㉠ 인간행동에 대한 환경의 결정력을 강조한다.
㉡ 강화계획은 행동의 반응 가능성을 증가시키고 유지시키기 위한 방법이다.
㉢ 행동조성(shaping)은 복잡한 행동의 점진적 습득을 설명하는 개념이다.
㉣ 고정간격 강화계획은 정해진 수의 반응이 일어난 후 강화를 주는 것이다.

① ㉠, ㉡　　② ㉠, ㉣
③ ㉡, ㉣　　④ ㉢, ㉣
⑤ ㉠, ㉡, ㉢

054 스키너(B. Skinner)의 이론에 관한 설명으로 옳은 것은? 19회

① 행동조성(shaping)은 복잡한 행동의 점진적 습득을 설명하는 개념이다.
② 조작적 행동보다 반응적 행동을 강조한다.
③ 변동간격 계획은 평균적으로 일정한 수의 반응이 일어난 후에 강화물을 제공하는 것을 말한다.
④ 인간행동은 인간이 지닌 자유의지의 결과이다.
⑤ 부적 강화는 특정 행동의 빈도를 감소시키는 효과를 지닌다.

055 고전적 조건형성의 학습 원리에 관한 설명으로 옳은 것을 모두 고른 것은? 20회

㉠ 시간의 원리: 무조건자극보다 조건자극이 늦게 제공되어야 조건형성이 이루어진다.
㉡ 강도의 원리: 무조건자극에 대한 반응이 조건자극에 대한 반응보다 약해야 한다.
㉢ 일관성의 원리: 무조건자극과 조건자극은 조건이 형성될 때까지 지속적으로 제시되어야 한다.
㉣ 계속성의 원리: 자극과 반응 과정의 반복 횟수가 많을수록 조건형성이 잘 이루어진다.

① ㉠, ㉡　　② ㉡, ㉣
③ ㉢, ㉣　　④ ㉠, ㉡, ㉢
⑤ ㉠, ㉢, ㉣

056 스키너(B. Skinner)의 조작적 조건형성을 위한 강화 계획 중 '가변(변동)간격 강화'에 해당하는 사례는? 20회

① 정시 출근한 아르바이트생에게 매주 추가 수당을 지급하여 정시 출근을 유도한다.
② 어린이집에서 어린이가 규칙을 지킬 때마다 바로 칭찬해서 규칙을 지키는 행동이 늘어나도록 한다.
③ 수강생이 평균 10회 출석할 경우 상품을 1개 지급하되, 출석 5회 이상 15회 이내에서 무작위로 지급하여 성실한 출석을 유도한다.
④ 영업사원이 판매 목표를 10%씩 초과 달성할 때마다 초과 달성분의 3%를 성과급으로 지급하여 의욕을 고취한다.
⑤ 1년에 6회 자체 소방안전점검을 하되, 불시에 실시하여 소방안전 관리를 철저히 하도록 장려한다.

057 이상행동과 사회복지실천에 관한 설명으로 옳지 않은 것은? 21회

① 사회문화적 규범에서 벗어나거나 개인과 타인에게 불편과 고통을 유발하는 행동이다.
② 유일한 진단분류체계로 '정신질환 진단 및 통계편람(DSM)'이 있다.
③ 이상행동의 개념은 사회문화, 역사진행과정의 영향을 받는다.
④ 정신건강사회복지사가 전문실천가로 활동한다.
⑤ 이상행동은 클라이언트들이 겪는 문제의 원인이나 결과가 되기도 한다.

058 스키너(B. Skinner)의 이론에 관한 설명으로 옳지 않은 것은? 22회

① 강화계획 중 반응율이 가장 높은 것은 가변비율(variable-ratio) 계획이다.
② 정적 강화물의 예시로 음식, 돈, 칭찬 등을 들 수 있다.
③ 인간행동은 예측 가능하며 통제될 수 있다고 본다.
④ 인간의 창조성과 자아실현을 강조한다.
⑤ 부적 강화는 바람직한 행동의 빈도를 증가시키는 데 초점을 둔다.

워밍업 문제 **반두라의 사회학습이론**

반두라(A. Bandura)의 자기효능감에 관한 설명으로 옳은 것은?

① 외적 기준에 따라 자신의 성과를 평가하는 것이다.
② 자신의 일 또는 특정 행동을 성공적으로 수행할 수 있다고 믿는 것이다.
③ 결과적인 보상 혹은 벌에 따라 행동하는 것이다.
④ 정보에 적응하기 위해 인지 구조를 능동적으로 변화하는 것이다.
⑤ 자신에게 자기 스스로 통제할 수 있는 보상을 주는 것이다.

[해설] 반두라는 관찰과 모방을 통해 습득한 지식과 기술을 어떻게 행동으로 전환하는지에 관심을 갖고 이를 자기효능감이라는 개념으로 설명하였다. 자기효능감은 개인이 상황이 요구하는 행동을 수행할 수 있다는 확신을 가지는 것으로, 개인의 행동에 영향을 미친다.

답 ②

---

059 반두라(A. Bandura)가 설명한 자기효능감의 형성요인이 아닌 것은? 17회

① 대리경험   ② 언어적 설득
③ 정서적 각성   ④ 행동조성
⑤ 성취경험

060 반두라(A. Bandura)의 사회학습이론으로 옳지 않은 것은? 18회

① 자기강화란 자기 스스로 목표한 일을 달성하고 자신에게 강화물을 주어서 행동을 유지하고 변화해 나가는 과정이다.
② 자기효능감은 자신이 바라는 목적을 이루기 위해 특정 행동을 성공적으로 수행할 수 있다는 신념이다.
③ 관찰학습은 단순한 환경적 자극에 대한 반응을 통하여 행동을 학습하는 것이 아니라 타인의 행동을 관찰함으로써 행동을 습득하는 것이다.
④ 관찰학습의 마지막 단계는 운동재생단계이다.
⑤ 인간의 성격은 개인적, 행동적, 환경적 요소들 간의 지속적인 상호작용에 의하여 발달한다.

061 반두라(A. Bandura)의 이론에 관한 설명으로 옳지 않은 것은? 19회

① 학습은 사람, 환경 및 행동의 상호작용에 의해 이루어짐을 강조한다.
② 특정 행동을 성공적으로 수행할 수 있다는 신념을 강조한다.
③ 개인이 지닌 인지적 요인의 영향력을 강조한다.
④ 관찰학습의 첫 번째 단계는 동기유발 과정이며, 학습한 내용의 행동적 전환을 강조한다.
⑤ 인간은 스스로 자신의 행동을 강화할 수 있음을 강조한다.

062 반두라(A. Bandura)의 사회학습이론의 주요 개념으로 옳지 않은 것은? 21회

① 모델이 관찰자와 유사할 때 관찰자는 모델을 더욱 모방하는 경향이 있다.
② 자신이 통제할 수 있는 보상을 자신에게 줌으로써 자기 행동을 유지시키거나 개선시킬 수 있다.
③ 학습은 사람, 환경 및 행동의 상호작용에 의해 이루어짐을 강조한다.
④ 조작적 조건화에 의해 행동은 습득된다.
⑤ 관찰학습은 주의집중과정 → 보존과정(기억과정) → 운동재생과정 → 동기화과정을 통해 이루어진다.

063 반두라(A. Bandura)의 이론에 관한 설명으로 옳은 것을 모두 고른 것은? 22회

㉠ 개인의 신념, 기대와 같은 인지적 요인을 중요시하였다.
㉡ 대리적 강화(vicarious reinforcement)의 중요성을 강조하였다.
㉢ 자기효능감을 높이는 가장 효과적인 방법으로 대리적 경험을 제시하였다.
㉣ 외부로부터 주어지는 강화의 중요성을 강조하는 자기강화(self reinforcement)의 개념을 제시하였다.

① ㉠
② ㉡
③ ㉠, ㉡
④ ㉡, ㉢, ㉣
⑤ ㉠, ㉡, ㉢, ㉣

UNIT 04 인지이론

정답과 해설 101쪽

워밍업 문제 — 피아제의 인지발달이론

피아제(J. Piaget)의 전조작기 시기에 논리적 사고 발달을 방해하는 요인을 모두 고른 것은?

> ㉠ 자아중심성
> ㉡ 형식성
> ㉢ 비가역성
> ㉣ 보존성

① ㉠, ㉡, ㉢ ② ㉠, ㉢
③ ㉡, ㉣ ④ ㉣
⑤ ㉠, ㉡, ㉢, ㉣

해설 전조작기 시기에 논리적 사고 발달을 방해하는 요인으로는 자아중심성, 비가역성, 중심화(집중성)가 있다. **답** ②

시험 실시간 차트

평균 1.3문제 출제

실시간 출제 키워드
▲ 피아제의 이론
▲ 콜버그의 이론

최신 064 피아제(J. Piaget)의 이론에서 '구체적 조작기'에 관한 설명으로 옳지 않은 것은? 23회

① 물활론적 사고를 한다.
② 논리적 사고가 가능해진다.
③ 보존개념을 획득한다.
④ 순서대로 나열하는 것이 가능해진다.
⑤ 자기중심성에서 벗어나 타인의 입장을 고려할 수 있게 된다.

065 피아제(J. Piaget)의 인지이론에 관한 설명으로 옳은 것은? 18회

① 구체적 조작기에는 추상적으로 사고하고 추론을 통해 가설을 검증할 수 있다.
② 인지능력의 발달은 아동과 환경 간의 상호작용에 의해 단계적으로 성취되며 발달단계의 순서는 변하지 않는다.
③ 인간의 무의식에 초점을 둔다.
④ 도덕발달단계를 1단계에서 6단계로 제시한다.
⑤ 보존 개념은 전조작기에 획득된다.

066 피아제(J. Piaget)가 제시한 인지발달의 촉진요인이 아닌 것은? 19회

① 성숙
② 애착 형성
③ 평형화
④ 물리적 경험
⑤ 사회적 상호작용

067 피아제(J. Piaget)의 인지발달이론에서 '전조작기'의 발달 특성으로 옳지 않은 것은? 20회

① 상징놀이를 한다.
② 비가역적 사고를 한다.
③ 물활론적 사고를 한다.
④ 직관에 의존해 판단한다.
⑤ 다중 유목화의 논리를 이해한다.

068 피아제(J. Piaget)의 인지발달이론에 관한 설명으로 옳은 것은? 21회

① 전 생애의 인지발달을 다루고 있다.
② 문화적·사회경제적·인종적 차이를 고려하였다.
③ 추상적 사고의 확립은 구체적 조작기의 특징이다.
④ 인지는 동화와 조절의 과정을 통하여 발달한다.
⑤ 전조작적 사고 단계에서 보존개념이 획득된다.

069 피아제(J. Piaget)의 이론에 관한 설명으로 옳지 않은 것은? 22회

① 인간은 자신과 환경 사이에 조화로운 관계인 평형화(equilibration)를 이루고자 하는 경향성이 있다.
② 감각운동기에 대상영속성(object permanence)을 획득한다.
③ 조절(accommodation)은 새로운 정보를 접했을 때 기존의 도식을 변경하는 것을 말한다.
④ 구체적 조작기에는 추상적 사고가 가능해진다.
⑤ 보존(conservation) 개념 획득을 위해서는 동일성, 가역성, 보상성의 원리를 이해해야 한다.

워밍업 문제 | 콜버그의 도덕성 발달이론

콜버그(L. Kohlberg)의 단계별 도덕성 발달의 연결로 옳지 않은 것은?

① 1단계: 도구적 목적과 교환의 단계로서의 도덕성
② 2단계: 욕구 충족 수단으로서의 도덕성
③ 3단계: 대인관계의 조화로서의 도덕성
④ 4단계: 법과 질서 준수로서의 도덕성
⑤ 5단계: 사회 계약 정신으로서의 도덕성

해설 1단계는 타율적 도덕성 – 처벌과 복종 지향으로서의 도덕성이다. 도구적 목적과 교환의 단계로서의 도덕성은 2단계로 욕구 충족 수단으로서의 도덕성이다. **답** ①

---

071 콜버그(L. Kohlberg)의 후인습적 수준의 도덕성에 관한 설명으로 옳은 것은? 17회

① 일반윤리에 의해 자신의 이익에 따라 행동을 판단한다.
② 개인 상호 간 대인관계의 조화를 바탕으로 행동한다.
③ 인간의 존엄성과 양심에 따라 자율적이고 독립적 판단이 가능하다.
④ 타인 중심에서 벗어나 개인의 욕구 충족을 위해 행동한다.
⑤ 도덕적으로 옳고 법적으로도 타당할 때 충족된다.

---

070 콜버그(L. Kohlberg)의 이론에 관한 설명으로 옳은 것은? 23회

① 전인습적 수준: 사회적인 인정에 관심을 가지고 착한 행동을 함으로써 타인의 인정을 받고자 한다.
② 인습적 수준: 개인의 양심에 비추어 옳고 그름을 판단한다.
③ 인습적 수준: 행동의 결과가 가져오는 보상이나 처벌에 의해 옳고 그름을 판단한다.
④ 후인습적 수준: 사회질서의 유지를 위해 법과 규칙은 준수되어야 하지만, 민주적인 절차를 통해 바뀔 수 있다고 생각한다.
⑤ 후인습적 수준: 규칙을 준수하고 사회질서를 유지하는 것이 도덕적 행동이라 생각한다.

---

072 콜버그(L. Kohlberg)의 도덕성 발달이론에 관한 설명으로 옳지 않은 것은? 20회

① 법과 질서 지향 단계는 인습적 수준에 해당한다.
② 피아제(J. Piaget)의 도덕성 발달이론에 기초를 제공하였다.
③ 전인습적 수준에서는 행동의 원인보다 결과에 따라 옳고 그름을 판단한다.
④ 보편적 윤리 지향 단계에서는 정의, 평등 등 인권적 가치와 양심적 행위를 지향한다.
⑤ 도덕적 딜레마가 포함된 이야기를 아동, 청소년 등에게 들려주고, 이야기 속 주인공의 행동에 대한 도덕적 판단과 그 근거를 질문한 후 그 응답에 따라 도덕성 발달 단계를 파악하였다.

UNIT 05 인본주의이론

정답과 해설 102쪽

워밍업 문제 | 로저스의 현상학이론

로저스(C. Rogers) 이론의 주요 개념으로 옳은 것은?
① 무조건적 긍정적 관심
② 창조적 자아
③ 비합리적 신념
④ 환경 속의 인간
⑤ 자아정체감

해설 ① 로저스가 개발한 내담자중심 치료인 비지시적 상담의 대표적인 요법이다. 비지시적 상담은 인간성에 대한 신뢰를 바탕으로 인간의 문제는 인간이 해결할 수 있다는 인간관을 가진다. 이에 따라 무조건적 긍정적 관심, 비심판적 태도, 안전한 환경과 같은 비지시적 방법을 사용하는 상담이 이루어진다.
② 아들러의 개인심리이론과 관련이 있다.
③ 엘리스의 합리적 정서치료와 관련이 있다.
④ 에릭슨의 심리사회이론과 관련이 있다.
⑤ 에릭슨의 심리사회이론과 관련이 있다.

답 ①

시험 실시간 차트

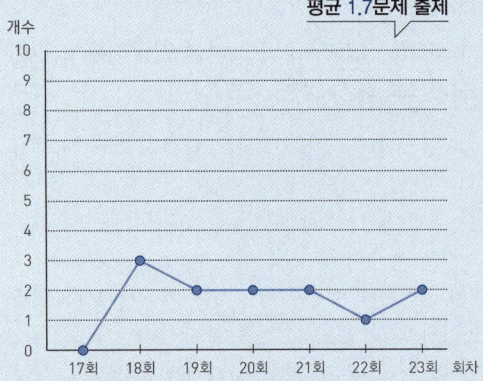

평균 1.7문제 출제

실시간 출제 키워드
▲ 로저스의 이론
▲ 매슬로우의 이론

최신 073 로저스(C. Rogers)의 이론에 관한 설명으로 옳지 <u>않은</u> 것은? 23회

① 인간의 내재된 잠재력을 강조한다.
② 인간의 욕구발달단계를 제시한다.
③ 인간의 자아실현 경향성을 강조한다.
④ 인간의 주관적 경험을 강조한다.
⑤ 인간을 통합적 존재로 본다.

074 로저스(C. Rogers)의 이론이 사회복지실천에 미친 영향으로 옳지 않은 것은? 18회

① 비지시적인 상담의 중요성을 강조한다.
② 공감적 상담의 중요성을 강조한다.
③ 비심판적 태도는 원조관계에 유용하다.
④ 클라이언트 자기결정권의 중요성을 강조한다.
⑤ 클라이언트의 과거 정신적 외상의 중요성을 강조한다.

075 로저스(C. Rogers)의 이론에 관한 설명으로 옳은 것을 모두 고른 것은? 18회

㉠ 인간은 합목적적이며 건설적인 존재이다.
㉡ 모든 인간에게는 객관적 현실만 존재한다.
㉢ 완전히 기능하는 사람은 자신의 경험에 대해 개방적이다.
㉣ 무조건적인 긍정적 관심이 건강한 성격 발달을 위한 중요한 요소이다.

① ㉠, ㉡ ② ㉡, ㉢
③ ㉠, ㉡, ㉢ ④ ㉠, ㉢, ㉣
⑤ ㉠, ㉡, ㉢, ㉣

076 로저스(C. Rogers)의 이론에 관한 설명으로 옳지 않은 것은? 19회

① 개입 과정에서 상담가의 진실성 및 일치성을 강조하였다.
② 자아실현을 하는 사람을 완전히 기능하는 인간(fully functioning person)이라는 용어로 정리하였다.
③ 인간이 지닌 보편적·객관적 경험을 강조하였다.
④ 무조건적 긍정적 관심과 수용을 강조하였다.
⑤ 인간 본성이 지닌 낙관적이고 긍정적인 측면을 강조하였다.

077 로저스(C. Rogers)의 이론에 관한 설명으로 옳은 것을 모두 고른 것은? 20회

㉠ 인간의 주관적 경험을 강조하였다.
㉡ 공감과 지시적인 상담을 강조하였다.
㉢ 인간을 통합적 존재로 규정하였다.
㉣ 인간의 욕구발달단계를 제시하였다.

① ㉠ ② ㉠, ㉢
③ ㉡, ㉣ ④ ㉡, ㉢, ㉣
⑤ ㉠, ㉡, ㉢, ㉣

078 로저스(C. Rogers)의 인본주의 이론에 관한 설명으로 옳은 것을 모두 고른 것은? 21회

> ㉠ 인간의 주관적 경험을 강조한다.
> ㉡ 인간은 자아실현경향을 가지고 있다.
> ㉢ 인간의 욕구발달단계를 제시했다.
> ㉣ 완전히 기능하는 사람은 자신의 경험에 개방적이다.

① ㉠, ㉣
② ㉡, ㉢
③ ㉠, ㉡, ㉣
④ ㉡, ㉢, ㉣
⑤ ㉠, ㉡, ㉢, ㉣

워밍업 문제 | **매슬로우의 욕구계층이론**

매슬로우(A. Maslow)의 이론에 관한 설명으로 옳은 것은?

① 인간은 본래 악하다.
② 욕구단계는 절대적이고 충족 정도의 순서가 절대 뒤바뀌지 않는다.
③ 욕구는 점성적인 원리에 따른다.
④ 최상위 욕구는 누구나 달성할 수 있다.
⑤ 욕구단계는 강도와 관련이 없다.

해설 ① 매슬로우는 인간은 본래 선하다고 본다.
② 욕구단계는 절대적이지만 충족 정도의 순서가 바뀔 수 있다는 예외를 인정하였다.
④ 최상위 욕구인 자아실현의 욕구는 이전 단계를 수행한 소수의 사람들만이 도달한다.
⑤ 욕구단계는 강도와 관련이 있는데, 하위의 욕구가 상위의 욕구보다 더 강하고 우선적이다. 가장 강한 욕구는 최하위 단계인 생리적 욕구이다. **답** ③

---

079 로저스(C. Rogers) 이론에 관한 설명으로 옳지 않은 것은? 22회

① 개인의 잠재력 실현을 위하여 조건적 긍정적 관심의 제공이 중요함을 강조하였다.
② 자기실현을 완성하는 사람의 특성을 완전히 기능하는 사람(fully functioning person)이라는 용어로 제시하였다.
③ 클라이언트에 대한 공감적 이해의 중요성을 강조하였다.
④ 주관적이고 사적인 경험 세계를 강조하였다.
⑤ 인간을 긍정적이며 창조적인 존재로 보았다.

최신 080 매슬로우(A. Maslow)의 이론에 관한 설명으로 옳은 것은? 23회

① 인간의 무의식을 강조하였다.
② 인간의 본성은 본래 선하다고 주장하였다.
③ 인간행동에 대한 환경결정론을 강조하였다.
④ 자기완성의 필수요인으로 열등감 극복을 강조하였다.
⑤ 모방학습의 중요성을 강조하였다.

081 매슬로우(A. Maslow)의 이론에 관한 설명으로 옳지 않은 것은? 18회

① 인간의 창조성은 잠재적 본성이다.
② 각 개인은 통합된 전체로 간주된다.
③ 안전의 욕구는 소속과 사랑의 욕구보다 상위단계의 욕구이다.
④ 인간의 욕구는 자신을 성장하도록 동기부여한다.
⑤ 인간 본성에 대해서 낙관적인 태도를 보이고 있다.

083 매슬로우(A. Maslow)의 이론에 관한 설명으로 옳은 것은? 20회

① 대부분의 사람들이 자아실현의 욕구를 달성한다.
② 자존감의 욕구는 소속과 사랑의 욕구보다 상위단계의 욕구이다.
③ 인간 본성에 대해 비관적인 태도를 갖고 있다.
④ 인간의 성격은 환경에 의해 수동적으로 결정된다.
⑤ 무조건적인 긍정적 관심을 강조하였다.

082 매슬로우(A. Maslow)의 욕구이론에 관한 설명으로 옳지 않은 것은? 19회

① 생리적 욕구는 가장 하위단계에 있는 욕구이다.
② 극소수의 사람들만이 자아실현을 달성할 수 있다.
③ 자아실현의 욕구는 가장 상위단계에 있는 욕구이다.
④ 상위단계의 욕구는 하위단계의 욕구가 완전히 충족된 이후에 나타난다.
⑤ 인간의 욕구는 강도와 중요도에 따라 위계적으로 구성되어 있다.

084 매슬로우(A. Maslow)의 이론으로 옳지 않은 것은? 21회

① 인간에 대해 희망적이고 낙관적인 관점을 갖는다.
② 자아존중감의 욕구는 욕구 위계에서 가장 높은 단계이다.
③ 일반적으로 욕구 위계서열이 높을수록 욕구의 강도가 낮다.
④ 인간은 삶을 유지하려는 동기와 삶을 창조하려는 동기를 가진다.
⑤ 인간은 자아실현을 이루려고 노력하는 존재이다.

UNIT 06 인간의 성장 발달단계

최빈출 주제

정답과 해설 103쪽

시험 실시간 차트

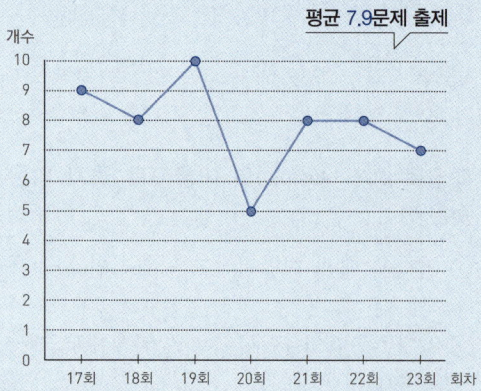

평균 7.9문제 출제

실시간 출제 키워드
▲ 태내기 / 영아기 / 유아기 / 아동기 / 청소년기 / 중년기 / 노년기
▲ 인간의 주요 발달과업

워밍업 문제 — 태내기(태아기)

임신 중 모체가 태아에게 영향을 미치는 요인을 모두 고른 것은?

㉠ 어머니의 연령
㉡ 어머니의 건강 상태
㉢ 어머니의 약물 복용
㉣ 어머니의 교육 정도

① ㉠, ㉡, ㉢
② ㉠, ㉢
③ ㉡, ㉣
④ ㉣
⑤ ㉠, ㉡, ㉢, ㉣

해설 ㉣ 어머니의 교육 정도는 태아에게 영향을 미치지 않는다. **답** ①

출제 의도에 맞게 변형한 문제입니다.

085 태아기에 관한 설명으로 옳지 <u>않은</u> 것은? 17회

① 태내 발달단계 중 배아기 이후의 시기를 말한다.
② 태내 발달은 어머니의 영양 상태, 학력, 질병 등으로부터 영향을 받는다.
③ 임신부 연령은 임신부와 태아 모두에게 영향을 미칠 수 있다.
④ 태아는 임신부의 정서 상태로부터 영향을 받을 수 있다.
⑤ 약물은 태아에게 치명적인 영향을 미칠 수 있다.

086 태내기(prenatal period)의 발달에 관한 설명으로 옳지 않은 것은? 18회

① 환경호르몬, 방사능 등 외부환경과 임신부의 건강 상태, 정서 상태, 생활습관 등이 태아의 발달에 영향을 미친다.
② 터너(Turner)증후군은 남아가 XXY, XXXY 등의 성염색체를 가져 외모는 남성이지만 사춘기에 여성적인 2차 성징이 나타난다.
③ 양수검사는 임신 초기에 할 경우 자연유산의 위험성이 있으므로 임신 중기에 실시하는 것이 좋다.
④ 융모막검사는 정확도가 양수검사에 비해 떨어지고 유산의 위험성이나 사지 기형의 가능성이 있어 염색체 이상이나 노산일 경우에 제한적으로 실시하는 것이 좋다.
⑤ 다운증후군은 23쌍의 염색체 중 21번 염색체가 하나 더 존재해서 유발된다.

087 출제 의도에 맞게 변형한 문제입니다.
태내기(수정~출산)에 관한 설명으로 옳지 않은 것은? 19회

① 성염색체 이상으로 발생하는 장애로, X염색체를 1개만 가지는 여성에게 나타나고 2차 성징이 거의 없는 것으로 터너증후군(Turner's syndrome)이 있다.
② 임산부의 심각하고 지속적인 불안은 높은 비율의 유산이나 난산, 조산, 저체중아 출산과 연관이 있다.
③ 태아의 성장, 발육을 위하여 칼슘, 단백질, 철분, 비타민, 엽산 등을 충분히 섭취하여야 한다.
④ 다운증후군은 남성이지만 사춘기에 여성의 2차 성징이 나타나는 발달장애로, X염색체를 더 많이 가진 남성에게 나타난다.
⑤ 기형발생물질이란 발육 중에 배아 혹은 태아에 신체적 결함을 야기시키는 인자 또는 물질로 생체에 섭취 또는 흡수되어 태아의 기형을 초래하는 물질을 말한다.

088 태내기(수정~출산)에 유전적 요인으로 인해 발생할 수 있는 장애에 관한 설명으로 옳은 것은? 20회

① 다운증후군은 지능 저하를 동반하지 않는다.
② 헌팅톤병은 열성 유전 인자 질병으로서 단백질의 대사장애를 일으킨다.
③ 클라인펠터증후군은 X염색체를 더 많이 가진 남성에게 나타난다.
④ 터너증후군은 Y염색체 하나가 더 있는 남성에게 나타난다.
⑤ 혈우병은 여성에게만 발병한다.

089 다음 중 태내기(수정~출산)에 관한 설명으로 옳지 않은 것은? 22회

① 배종기(germinal period)는 수정 후 수정란이 자궁벽에 착상할 때까지의 시기를 말한다.
② 임신 3개월이 지나면 태아의 성별구별이 가능해진다.
③ 양수검사(amniocentesis)를 통해서 다운 증후군 등 다양한 유전적 결함을 판별할 수 있다.
④ 임신 중 어머니의 과도한 음주는 태아알콜증후군(fetal alcohol syndrome)을 초래할 수 있다.
⑤ 배아의 구성은 외배엽과 내배엽으로 이루어지며, 외배엽은 폐, 간, 소화기관 등을 형성하게 된다.

워밍업 문제 — 영아기

영아기에 관한 설명으로 옳지 <u>않은</u> 것은?
① 빨기반사, 바빈스키반사 등과 같은 반사행동이 나타난다.
② 제1 성장 급등기이다.
③ 친숙한 사람과의 분리에서 오는 불안인 분리불안을 경험하게 된다.
④ 프로이트의 남근기, 피아제의 전조작기, 에릭슨의 초기 아동기에 해당한다.
⑤ 부모의 훈육 방식이 매우 중요한 시기이다.

해설 유아기에 관한 설명이다. 영아기는 프로이트의 구강기, 피아제의 감각운동기, 에릭슨의 영아기에 해당한다. **답** ④

---

090 영아기(0~2세)의 특징으로 옳은 것은? 23회
① 애착관계를 형성한다.
② 분류화 개념을 획득한다.
③ 서열화를 획득한다.
④ 오이디푸스 콤플렉스(Oedipus complex)를 경험한다.
⑤ 상징적 사고가 활발한 시기이다.

091 영아기(0~2세)의 발달 특성으로 옳은 것을 모두 고른 것은? 17회

> ㉠ 외부자극에 주로 반사운동을 한다.
> ㉡ 주 양육자와 관계를 바탕으로 신뢰감을 형성한다.
> ㉢ 대상 영속성이 발달한다.
> ㉣ 서열화 사고의 특징을 나타낸다.

① ㉠, ㉡   ② ㉢, ㉣
③ ㉠, ㉡, ㉢   ④ ㉠, ㉢, ㉣
⑤ ㉠, ㉡, ㉢, ㉣

092 영아기(0~2세)에 관한 설명으로 옳지 <u>않은</u> 것은? 18회
① 제1성장 급등기라고 할 정도로 일생 중 신체적으로 급격한 성장이 일어난다.
② 프로이트(S. Freud)의 구강기, 피아제(J. Piaget)의 감각운동기에 해당된다.
③ 생존반사로는 연하반사(삼키기반사), 빨기반사, 바빈스키반사, 모로반사 등이 있다.
④ 대상이 눈에 보이지 않아도 존재한다는 사실을 인식할 수 있는 대상 영속성이 습득된다.
⑤ 양육자와의 애착관계 형성은 사회·정서적 발달에 매우 중요하다.

093 영아기(0~2세)에 관한 설명으로 옳지 <u>않은</u> 것은? 19회
① 양육자와의 애착 형성은 사회·정서적 발달에 중요하다.
② 피아제(J. Piaget)의 감각운동기에 해당한다.
③ 프로이트(S. Freud)의 구강기에 해당한다.
④ 에릭슨(E. Erikson)의 자율성 대 수치심 단계에 해당한다.
⑤ 제1성장 급등기라고 할 정도로 일생 중 신체적으로 급격한 성장이 일어난다.

094 영아기(0~2세)에 관한 설명으로 옳지 <u>않은</u> 것은? 21회
① 인지발달은 감각기관과 운동기능을 통해 이루어지며 언어나 추상적 개념은 포함되지 않는다.
② 정서발달은 긍정적 정서를 표현하는 것에서 시작하여 점차 부정적 정서까지 표현하게 된다.
③ 언어발달은 인지 및 사회성 발달과 밀접한 관련이 있다.
④ 영아와 보호자 사이에 애착관계 형성이 중요하다.
⑤ 낯가림이 시작된다.

095 신생아기(출생~1개월)의 반사운동에 관한 설명으로 옳지 않은 것은? 21회

① 바빈스키반사(babinski reflect)는 입 부근에 부드러운 자극을 주면 자극이 있는 쪽으로 입을 벌리는 반사운동이다.
② 파악반사(grasping reflect)는 손에 닿는 것을 움켜쥐고 놓지 않으려는 반사운동이다.
③ 연하반사(swallowing reflect)는 입 속에 있는 음식물을 삼키려는 반사운동이다.
④ 모로반사(moro reflect)는 갑작스러운 외부 자극에 팔과 다리를 쭉 펴면서 껴안으려고 하는 반사운동이다.
⑤ 원시반사(primitive reflect)에는 바빈스키, 모로, 파악, 걷기 반사 등이 있다.

096 영아기(0~2세)에 관한 설명으로 옳은 것은? 22회

① 콜버그(L. Kohlberg): 전인습적 도덕기에 해당한다.
② 에릭슨(E. Erikson): 주 양육자와의 "신뢰 대 불신"이 중요한 시기이다.
③ 피아제(J. Piaget): 보존(conservation) 개념이 확립되는 시기이다.
④ 프로이트(S. Freud): 거세불안(castration anxiety)을 경험하는 시기이다.
⑤ 융(C. Jung): 생활 양식이 형성되는 시기이다.

워밍업 문제 **유아기**

유아기(3~6세)의 발달과제로 옳은 것은?
① 모성 보호   ② 자아 통합
③ 근면성 증진   ④ 친밀감 형성
⑤ 자율성 발달

해설 유아기의 주요 발달과제에는 자율성 발달, 자기통제 발달, 성역할 발달 등이 있다. **답** ⑤

---

097 유아기(3~6세)의 발달특성에 관한 설명으로 옳지 않은 것은? 23회 [최신]

① 성역할의 내면화가 이루어진다.
② 영아기(0~2세)보다 발달속도가 느려진다.
③ 에릭슨(E. Erikson)의 주도성 대 죄책감 단계에 해당된다.
④ 프로이트(S. Freud)의 남근기에 해당된다.
⑤ 피아제(J. Piaget)의 자율적 도덕성 단계에 도달한다.

098 유아기(3~6세)의 발달 특성에 관한 설명으로 옳지 않은 것은? 17회

① 피아제(J. Piaget)의 전조작기 시기로 분리불안이 나타난다.
② 프로이트(S. Freud)의 오이디푸스 콤플렉스 시기로 이성부모에게 관심을 갖게 된다.
③ 콜버그(L. Kohlberg)의 도덕발달단계에서는 보상 또는 처벌 회피를 위해 행동한다.
④ 에릭슨(E. Erikson)의 주도성 대 죄의식 단계로 부모와 가족이 가장 큰 영향을 미친다.
⑤ 성적 정체성(gender identity)이 발달하는 시기이다.

099 유아기(3~6세)의 발달에 관한 설명으로 옳은 것은? 18회

① 프로이트(S. Freud)의 오이디푸스 콤플렉스와 엘렉트라 콤플렉스가 일어나는 시기이다.
② 콜버그(L. Kohlberg)의 후인습적 단계의 도덕적 사고가 나타나는 시기이다.
③ 피아제(J. Piaget)의 자율적 도덕성의 단계이다.
④ 심리사회적 유예가 일어나는 시기이다.
⑤ 보존 기술, 분류 기술 등 기본적 논리체계가 획득된다.

100 유아기(3~6세)에 관한 설명으로 옳지 않은 것은?
19회

① 프로이트(S. Freud)의 오이디푸스·엘렉트라 콤플렉스가 나타나는 시기이다.
② 콜버그(L. Kohlberg)의 도덕발달단계에서는 보상 또는 처벌 회피를 위해 행동을 하는 시기이다.
③ 에릭슨(E. Erikson)의 주도성 대 죄의식 단계에 해당한다.
④ 성적 정체성(gender identity)이 발달하는 시기이다.
⑤ 영아기(0~2세)에 비해 성장 속도가 빨라지는 특성을 보인다.

101 유아기(3~6세)에 관한 설명으로 옳지 않은 것은?
20회

① 영아기(0~2세)보다 성장 속도가 느려진다.
② 성 역할의 내면화가 이루어진다.
③ 오로지 자신의 관점에 비추어 타인의 감정이나 사고를 예측하는 경향이 있다.
④ 피아제(J. Piaget)의 형식적 조작기에 해당한다.
⑤ 전환적 추론이 가능하다.

102 유아기(3~6세)에 관한 설명으로 옳은 것은?
21회

① 남아는 오이디푸스 콤플렉스를 경험하고 여아는 엘렉트라 콤플렉스를 경험한다.
② 콜버그(L. Kohlberg)에 의하면 인습적 수준의 도덕성 발달단계를 보인다.
③ 피아제의 구체적 조작기에 해당되며 상징적 사고가 가능하다.
④ 인지발달은 상위 개념과 하위 개념을 구분하여 완전한 수준의 분류능력을 보인다.
⑤ 영아기에 비해 성장 속도가 빨라지며 지속적으로 성장한다.

103 생애주기별 특징으로 옳은 것을 모두 고른 것은?
21회

> ㉠ 유아기(3~6세)는 성역할을 인식하기 시작한다.
> ㉡ 아동기(7~12세)는 자기중심성을 보이며 자신의 시각에서 사물을 본다.
> ㉢ 성인기(20~35세)는 신체적 기능이 최고조에 달하며 이 시기를 정점으로 쇠퇴하기 시작한다.
> ㉣ 노년기(65세 이상)는 단기기억보다 장기기억의 감퇴 속도가 느리다.

① ㉠, ㉡
② ㉠, ㉣
③ ㉡, ㉢
④ ㉠, ㉢, ㉣
⑤ ㉡, ㉢, ㉣

104 유아기(3~6세)에 관한 설명으로 옳지 않은 것은?
22회

① 자신의 성을 인식하는 성 정체성이 발달한다.
② 놀이를 통한 발달이 활발한 시기이다.
③ 신체적 성장이 영아기(0~2세)보다 빠른 속도로 진행된다.
④ 언어발달이 현저하게 이루어지는 시기이다.
⑤ 정서적 표현의 특징은 일시적이며 유동적이다.

워밍업 문제   **아동기**

아동기에 나타나는 발달 특성으로 옳은 것은?

① 성(性) 정체감이 확립된다.
② 부정적 정서에 자주 휩싸인다.
③ 부모로부터 정서적으로 독립한다.
④ 친구와 어울리는 능력이 발달한다.
⑤ 이성의 친구와 새로운 관계를 형성한다.

해설 아동기에는 가정에서 학교로 생활의 중심이 바뀌게 되면서 친구와 어울리는 능력이 발달한다. **답** ④

105 아동기(7~12세)의 발달에 관한 설명으로 옳지 않은 것은? 23회

① 가역적 사고가 발달한다.
② 단체놀이를 통해 분업의 원리를 학습한다.
③ 운동기술이나 근육의 협응능력이 정교해진다.
④ 형식적 조작사고에서 구체적 조작사고로 전환된다.
⑤ 에릭슨(E. Erikson)은 근면성의 발달을 중요한 과업으로 보았다.

106 아동기(7~12세)에 관한 설명으로 옳은 것은? 17회

① 자아중심적 사고 특성을 나타낸다.
② 동성 또래관계를 통해 사회화를 경험한다.
③ 신뢰감 대 불신감이 형성되는 시기이다.
④ 심리사회적 유예기간이다.
⑤ 경험하지 않고도 추론이 가능해진다.

107 생애 주기에 따른 주요 발달과업의 연결이 옳은 것은? 17회

① 영아기(0~2세): 대상 영속성, 자율적 도덕성
② 아동기(7~12세): 근면성, 보존개념
③ 청소년기(13~19세): 자아정체감, 분류화
④ 청년기(20~35세): 친밀감, 서열화
⑤ 중장년기(36~64세): 자아 통합, 노부모 부양

108 아동기(7~12세)의 발달에 관한 설명으로 옳은 것을 모두 고른 것은? 18회

㉠ 에릭슨(E. Erikson)의 심리사회적 위기 중 솔선성 대 죄의식(initiative vs guilt)이 해당된다.
㉡ 조합기술을 획득하기 위해서는 가역성, 보상성, 동일성의 원리에 대한 이해가 필요하다.
㉢ 단체놀이를 통해 개인의 목표가 단체의 목표에 속함을 인식하고 노동배분(역할분담)의 개념을 학습한다.
㉣ 추상적 사고가 가능해져서 미래의 사건을 예측할 수 있는 가설적, 연역적 사고가 발달한다.

① ㉠ ② ㉢
③ ㉠, ㉢ ④ ㉡, ㉢
⑤ ㉡, ㉣

출제 의도에 맞게 변형한 문제입니다.
109 아동기(7~12세)에 관한 설명으로 옳은 것을 모두 고른 것은? 19회

㉠ 보존개념을 획득한다.
㉡ 분류화·서열화가 가능하다.
㉢ 가설연역적 추리가 가능하다.
㉣ 자아정체감을 획득한다.

① ㉠ ② ㉡, ㉣
③ ㉠, ㉡ ④ ㉠, ㉢, ㉣
⑤ ㉡, ㉢, ㉣

110 아동기(7~12세)에 관한 설명으로 옳은 것을 모두 고른 것은? 21회

㉠ 제1의 반항기이다.
㉡ 조합기술의 획득으로 사칙연산이 가능해진다.
㉢ 객관적, 논리적 사고가 가능해진다.
㉣ 정서적 통제와 분화된 정서표현이 가능해진다.
㉤ 타인의 입장을 고려하지 못한다.

① ㉡, ㉢
② ㉠, ㉡, ㉣
③ ㉡, ㉢, ㉣
④ ㉢, ㉣, ㉤
⑤ ㉠, ㉢, ㉣, ㉤

111 생애주기와 발달적 특징의 연결로 옳지 않은 것은? 22회

① 영아기(0~2세) – 애착발달
② 아동기(7~12세) – 자아정체감 확립
③ 청소년기(13~19세) – 제2차 성징의 발달
④ 중년기(40~64세) – 신진대사의 저하
⑤ 노년기(65세 이상) – 내향성과 수동성의 증가

112 아동기(7~12세)의 발달에 관한 설명으로 옳은 것을 모두 고른 것은? 22회

㉠ 프로이트(S. Freud): 성 에너지(리비도)가 무의식 속에 잠복하는 잠재기(latency stage)
㉡ 피아제(J. Piaget): 보존, 분류, 유목화, 서열화 등의 개념을 점차적으로 획득
㉢ 콜버그(L. Kohlberg): 인습적 수준의 도덕성 발달단계로 옮겨가는 시기
㉣ 에릭슨(E. Erikson): "주도성 대 죄의식"의 발달이 중요한 시기

① ㉠, ㉡
② ㉡, ㉣
③ ㉠, ㉡, ㉢
④ ㉠, ㉢, ㉣
⑤ ㉡, ㉢, ㉣

워밍업 문제 **청소년기**

청소년기(13~18세)에 관한 설명으로 옳은 것은?

① 직업과 배우자 선택, 자녀 양육 등으로 스트레스를 받는다.
② 에릭슨은 이 시기를 친밀감 대 고립감의 위기로 표현했다.
③ 체벌적 훈육법은 내적 통제 능력을 길러 준다.
④ 이상적 자아와 현실적 자아의 괴리로 갈등과 고민이 많은 시기이다.
⑤ 또래 집단에서 단체 놀이를 통해 상대를 존중하고 규칙과 예절을 배운다.

[해설] ① 청년기에 관한 설명이다.
② 에릭슨은 청년기를 친밀감 대 고립감의 위기로 표현하였다. 청소년기는 자아정체감 대 자아정체감 혼란의 단계이다.
③ 내적 통제 능력을 길러 주는 시기는 아동기(학령기)이다. 그러나 체벌적 훈육법은 지양되어야 한다.
⑤ 아동기(학령기)에 관한 설명이다.
답 ④

113 청소년기(13~19세)의 발달에 관한 설명으로 옳은 것은? 23회

① 조합기술(combination skill)이 획득된다.
② 가설연역적 사고에서 경험귀납적 사고로 전환된다.
③ 마샤(J. Marcia)는 자아정체감을 4가지 유형으로 구분했다.
④ 2차 성징은 직접적인 생식기능과 관련된 성적 성숙이다.
⑤ 상상적 청중(imaginary audience)과 개인적 우화(personal fable)를 통해 자아중심성에서 벗어날 수 있다.

114 청소년기(13~19세)에 관한 설명으로 옳지 <u>않은</u> 것은?   17회

① 구체적 조작기에 해당한다.
② 부모의 권위에 도전하며 잦은 갈등을 겪는 시기이다.
③ 동년배 집단에 참여하여 다양한 경험을 한다.
④ 심리적 이유기라고도 한다.
⑤ 애착대상이 부모에서 친구로 이동한다.

115 청소년기(13~19세)에 관한 설명으로 옳지 <u>않은</u> 것은?   18회

① 신체적 성장이 급속히 이루어진다는 점에서 제2의 성장 급등기라고 한다.
② 어린이도 성인도 아니라는 점에서 주변인이라고 불린다.
③ 상상적 청중과 개인적 우화는 청소년기에 타인을 배려하는 사고가 반영된 예이다.
④ 피아제(J. Piaget)의 인지발달과정 중 형식적 조작기에 해당된다.
⑤ 정서적 변화가 급격히 일어난다는 점에서 질풍노도의 시기라고 한다.

116 마샤(J. Marcia)의 자아정체감 유형에 속하지 <u>않는</u> 것은?   18회

① 정체감 수행(identity performance)
② 정체감 혼란(identity diffusion)
③ 정체감 성취(identity achievement)
④ 정체감 유예(identity moratorium)
⑤ 정체감 유실(identity foreclosure)

출제 의도에 맞게 변형한 문제입니다.

117 청소년기(13~19세)의 성적 성숙에 관한 설명으로 옳은 것은?   19회

① 성적 성숙에는 개인차가 있고, 발달의 순서에도 차이가 있다.
② 여성은 난소에서 에스트로겐이 분비되어 초경, 가슴 발육, 음모, 겨드랑이 체모 등의 순으로 성적 성숙이 진행된다.
③ 남성은 고환에서 분비되는 안드로겐의 영향으로 음모, 고환과 음경 확대, 겨드랑이 체모, 수염 등의 순으로 성적 성숙이 진행된다.
④ 일차 성징은 성적 성숙의 생리적 징후로서 여성의 가슴 발달과 남성의 넓은 어깨를 비롯하여 변성, 근육 발달 등의 변화가 나타나는 것을 말한다.
⑤ 이차 성징은 여성의 난소, 나팔관, 자궁, 질, 남성의 고환, 음경, 음낭 등 생식을 위해 필요한 기관의 발달을 말한다.

118 엘킨드(D. Elkind)가 제시한 청소년기(13~19세) 자기중심성(egocentrism)에 관한 내용으로 옳지 않은 것은? 20회

① 다른 사람이 경험하는 위기가 자신에게는 일어나지 않으리라 믿는다.
② 상상적 관중을 의식하여 작은 실수에 대해서도 번민한다.
③ 자신의 감정이나 경험이 매우 특별하다고 생각한다.
④ 자신과 타인에 대해 객관적으로 이해하고 판단한다.
⑤ 자신이 타인으로부터 집중적인 관심의 대상이 된다고 믿는다.

워밍업 문제 청년기

청년기(성인 초기)의 과업으로 옳은 것을 모두 고른 것은?

| ㉠ 직업 선택 | ㉡ 폐경기 |
| ㉢ 결혼 | ㉣ 노인 부양 |

① ㉠, ㉡, ㉢
② ㉠, ㉢
③ ㉡, ㉢
④ ㉣
⑤ ㉠, ㉡, ㉢, ㉣

해설 ㉠, ㉢ 청년기의 발달과업은 직업 선택, 결혼, 자율성 확립, 자기 주장 능력, 친밀감 형성 능력 등이다.
㉡, ㉣ 중·장년기의 과업이다. **답** ②

119 청소년기(13~19세)에 관한 설명으로 옳지 않은 것은? 21회

① 친밀감 형성이 주요 발달과업이다.
② 신체적 발달이 활발하여 제2의 성장 급등기로 불린다.
③ 특징적 발달 중 하나로 성적 성숙이 있다.
④ 정서의 변화가 심하며 극단적 정서를 경험하기도 한다.
⑤ 추상적 이론과 관념적 사상에 빠져 때로 부정적 정서를 경험한다.

120 청소년기(13~19세)에 관한 설명으로 옳지 않은 것은? 22회

① 신체적 측면에서 제2의 급성장기이다.
② 심리적 이유기의 특징을 보인다.
③ 부모보다 또래집단의 영향력이 커진다.
④ 피아제(J. Piaget)에 의하면 비가역적 사고의 특징이 나타나는 시기이다.
⑤ 프로이트(S. Freud)의 심리성적발달단계에서 생식기에 해당한다.

최신 121 청년기(20~39세)의 발달에 관한 설명으로 옳은 것은? 23회

① 자아통합이 완성되는 시기로 삶 전체에 대한 평가를 시도한다.
② 전환적 추론이 가능해진다.
③ 부모로부터의 독립에 대한 양가감정에서 해방된다.
④ 피아제(J. Piaget)는 구체적 조작 사고가 발달한다고 보았다.
⑤ 에릭슨(E. Erikson)은 친밀감 대 고립의 심리사회적 위기가 발생한다고 보았다.

122 청년기(20~35세)에 관한 설명으로 옳지 않은 것은? 17회

① 부모로부터의 독립에 대한 양가감정에서 해방된다.
② 직업의 준비와 선택은 주요한 발달과업이다.
③ 사랑하고 보살피는 능력이 심화되는 시기이다.
④ 사회적 성 역할 정체감이 확립되는 시기이다.
⑤ 친밀감 형성과 성숙한 사회관계 성취가 중요하다.

123 하비거스트(R. Havighurst)의 청년기(20~35세) 발달과업으로 옳지 <u>않은</u> 것은? 19회

① 배우자 선택
② 직장생활 시작
③ 경제적 수입 감소에 따른 적응
④ 사회적 집단 형성
⑤ 직업의 준비와 선택

124 청년기(20~35세)에 관한 설명으로 옳지 <u>않은</u> 것은? 20회

① 자기 부양 능력을 갖추어야 하는 시기이다.
② 자아정체감 형성이 주요 발달과제인 시기이다.
③ 부모로부터 심리적, 경제적으로 독립하여 자율성을 성취하는 시기이다.
④ 개인적 욕구와 사회적 욕구 사이에 균형을 찾아 직업을 선택하는 시기이다.
⑤ 타인과의 관계에서 친밀감을 형성하면서 결혼과 부모 됨을 고려하는 시기이다.

125 청년기(20~39세)에 관한 설명으로 옳은 것은? 22회

① 에릭슨(E. Erikson)은 근면성의 발달을 중요한 과업으로 보았다.
② 다른 시기에 비하여 경제적으로 안정되어 있고 직업에서도 높은 지위와 책임을 갖게 된다.
③ 빈 둥지 증후군을 경험하는 시기이다.
④ 또래와의 상호작용을 통하여 자아개념이 발달하기 시작한다.
⑤ 직업 준비와 직업선택에 대한 의사결정을 하는 시기이다.

> **워밍업 문제 중년기**
>
> 중년기(40~64세)의 특성으로 옳은 것은?
> ① 신진대사의 둔화
> ② 친밀감 대 고립감
> ③ 근면성의 확대
> ④ 성적 성숙
> ⑤ 조심성, 경직성, 내향성 증가
>
> **해설** ② 청년기의 특성이다.
> ③ 아동기의 특성이다.
> ④ 청소년기의 특성이다.
> ⑤ 노년기의 특성이다.   답 ①

126 중년기(40~64세)에 관한 설명으로 옳은 것은? 23회

① 에릭슨(E. Erikson)의 정체성 대 침체 단계에 해당된다.
② 갱년기는 남성에게는 나타나지 않는다.
③ 여성은 에스트로겐 분비가 증가하고, 남성은 테스토스테론 분비가 감소한다.
④ 시각, 청각, 미각, 후각 등의 감각기능이 가장 좋은 시기이다.
⑤ 결정성(crystallized)지능은 계속 발달한다.

127 중장년기(36~64세)의 특성으로 옳은 것을 모두 고른 것은? 17회

> ㄱ. 생산성 대 침체성
> ㄴ. 전인습적 도덕기
> ㄷ. 빈 둥지 증후군
> ㄹ. 개성화

① ㄱ, ㄹ
② ㄴ, ㄷ
③ ㄱ, ㄷ, ㄹ
④ ㄴ, ㄷ, ㄹ
⑤ ㄱ, ㄴ, ㄷ, ㄹ

128 중년기(성인 중기, 40~64세)에 관한 설명으로 옳지 않은 것은? 18회

① 에릭슨(E. Erikson)의 생산성 대 침체성(generativity vs stagnation)의 단계에 해당된다.
② 아들러(A. Adler)는 외부에 쏟았던 에너지를 자기 내부로 돌리며 개성화 과정을 경험한다고 본다.
③ 결정성 지능은 계속 증가하지만 유동성 지능은 감소한다고 본다.
④ 성인병 같은 다양한 신체적 질환이 많이 나타나고 갱년기를 경험한다.
⑤ 남성은 테스토스테론이, 여성은 에스트로겐의 분비가 감소되는 호르몬의 변화과정을 겪는다.

129 중년기(40~64세)에 관한 설명으로 옳지 않은 것은? 19회

① 혼(J. Horn)은 유동적 지능은 증가하는 반면, 결정적 지능은 감소한다고 하였다.
② 레빈슨(D. Levinson)은 성인 초기의 생애구조에 대한 평가, 중년기에 대한 가능성 탐구, 새로운 생애 구조 설계를 위한 선택 등을 과업으로 제시하였다.
③ 굴드(R. Gould)는 46세 이후의 그릇된 가정을 모두 극복하고 진정한 자아를 찾는 시기라고 하였다.
④ 에릭슨(E. Erikson)은 생산성 대 침체성의 시기라고 하였다.
⑤ 융(C. Jung)은 중년기에 관한 구체적인 개념을 발전시킨 학자이다.

130 중년기(40~64세)에 관한 설명으로 옳은 것은? 20회

① 펙(R. Peck)은 신체 중시로부터 신체 초월을 중년기의 중요한 발달과제로 보았다.
② 결정성(crystallized) 지능은 감소하고 유동성(fluid) 지능은 증가한다.
③ 융(C. Jung)에 따르면, 외부세계에 쏟았던 에너지를 자신의 내부에 초점을 두며 개성화의 과정을 경험한다.
④ 여성은 에스트로겐의 분비가 감소되고 남성은 테스토스테론의 분비가 증가된다.
⑤ 갱년기는 여성만이 경험하는 것으로 신체적 변화와 동시에 우울, 무기력감 등 심리적 증상을 동반한다.

131 중년기(40~64세)에 관한 설명으로 옳은 것은? 21회

① 여성만이 우울, 무기력감 등 심리적 증상을 경험한다.
② 여성은 에스트로겐의 분비가 감소되고 남성은 테스토스테론의 분비가 증가된다.
③ 인지적 반응속도가 최고조에 달한다.
④ 외부세계에 쏟았던 에너지가 자신의 내부로 향한다.
⑤ 친밀감 형성이 주요 과업이며 사회관계망이 축소된다.

132 중년기(40~64세)의 설명으로 옳은 것은? 22회

① 에릭슨(E. Erikson)에 의하면 "생산성 대 침체"라는 심리사회적 위기를 극복하게 되면 돌봄(care)의 덕목을 갖추게 된다.
② 유동성 지능(fluid intelligence)은 높아지며 문제해결능력도 향상될 수 있다.
③ 자아통합이 완성되는 시기로 자신의 삶에 대한 평가를 시도한다.
④ 갱년기 증상은 여성에게 나타나고 남성은 경험하지 않는다.
⑤ 융(C. Jung)에 의하면 남성에게는 아니무스가, 여성에게는 아니마가 드러나는 시기이다.

워밍업 문제 | 노년기

노년기의 클라이언트에게 사회복지사가 개입해야 할 문제로 옳은 것을 모두 고른 것은?

㉠ 부양가족으로부터의 학대
㉡ 노화로 인한 의료비 증가
㉢ 퇴직으로 인한 역할 및 지위 상실
㉣ 민첩성 감소로 인한 범죄 피해 가능성 증가

① ㉠, ㉡, ㉢　② ㉠, ㉢
③ ㉡, ㉣　④ ㉣
⑤ ㉠, ㉡, ㉢, ㉣

해설 ㉠, ㉡, ㉢, ㉣ 모두 노년기의 클라이언트에 대한 사회복지실천 과제에 해당한다. **답** ⑤

---

133 노년기(65세 이상)에 관한 설명으로 옳지 않은 것은? 23회

① 외향성이 증가한다.
② 노년기 사회적 역할과 관계망의 축소는 고독과 소외를 초래할 수도 있다.
③ 친근한 사물에 대한 애착이 증가한다.
④ 생에 대한 회상경향이 증가한다.
⑤ 에릭슨(E. Erikson)은 심리사회적 위기를 극복하면 지혜라는 능력을 얻게 된다고 보았다.

134 퀴블러-로스(Kübler-Ross)의 죽음에 이르는 5단계에 관한 설명으로 옳지 않은 것은? 17회

① 1단계: 죽음을 사실로 받아들이지 않고 부정한다.
② 2단계: 주변 사람들에게 화를 내며 분노한다.
③ 3단계: 죽음의 연기를 위해 특정 대상과 타협을 시도한다.
④ 4단계: 의사의 오진이라고 생각하며 죽음을 회피한다.
⑤ 5단계: 죽음을 수용하고 임종을 준비한다.

135 노년기(성인 후기, 65세 이상)에 관한 설명으로 옳지 않은 것은? 18회

① 시각, 청각, 미각 등의 감각기능이 약화되고, 생식기능 또한 점차 약화된다.
② 퀴블러-로스(E. Kübler-Ross)는 인간이 죽음에 적응하는 5단계 중 마지막 단계를 타협단계라고 하였다.
③ 신체 변화에 대한 적응, 인생에 대한 평가, 역할 재조정, 죽음에 대한 대비 등이 주요 발달과업이다.
④ 에릭슨(E. Erikson)은 자아통합을 이루지 못하면 절망감을 느낀다고 보았다.
⑤ 신장기능이 저하되어 신장질환에 걸릴 가능성이 증가하고, 방광이나 요도기능의 저 하로 야간에 소변 보는 횟수가 증가한다.

136 다음이 설명하는 퀴블러 로스(E. Kübler-Ross)의 죽음과 상실에 대한 심리적 단계는? 19회

> 요양병원에 입원하고 있는 A씨는 간암 말기 진단을 받았다. 그는 자신이 죽는다는 것을 인정하고, 가족들이 받게 될 충격을 최소화하기 위해 만남과 헤어짐, 죽음, 추억 등의 이야기를 나누며 시간을 보내고 있다.

① 부정(denial)
② 분노(rage and anger)
③ 타협(bargaining)
④ 우울(depression)
⑤ 수용(acceptance)

137 노년기(65세 이상)에 관한 설명으로 옳지 않은 것은? 19회

① 분리이론은 노년기를 노인 개인과 사회가 동시에 상호분리를 시작하는 시기로 보는 이론이다.
② 활동이론은 노년기를 잘 보내기 위해서는 은퇴와 같은 종결되는 역할들을 대치할 수 있는 활동을 발견하는 것이 중요하다는 이론이다.
③ 에릭슨(E. Erikson)은 노년기의 발달과제로 자아통합이 중요하다고 주장하였다.
④ 퀴블러 로스(E. Kübler-Ross)는 죽음과 상실에 대한 심리적 5단계를 제시하였다.
⑤ 펙(R. Peck)의 발달과업이론은 생애 주기를 중년기와 노년기로 구분하여 설명하였다.

138 인생 주기별 특징에 관한 설명으로 옳지 않은 것은? 19회

① 영아기(0~2세)에는 주 양육자와의 안정된 정서적 신뢰관계가 다른 사람이나 사물과의 관계를 형성하는 데 영향을 미치고 이후의 사회적 발달의 밑바탕이 된다.
② 유아기(3~6세)는 사물을 정신적으로 표상할 수 있는 능력이 발달하여 가장놀이를 즐기며, 이는 사회정서 발달에 영향을 미친다.
③ 아동기(7~12세)는 또래 친구들과 함께 많은 시간을 보내면서 정서 및 사회적 발달에 영향을 받아 도당기라고도 한다.
④ 청소년기(13~19세)는 또래집단의 지지를 더 선호함으로써 부모로부터 독립하려는 경향을 보인다.
⑤ 노년기(65세 이상)는 생물학적으로 노화를 경험하는 시기이면서 경제적으로 안정된 시기이므로 심리적 위기를 경험하지 않는다.

139 노년기(65세 이상)에 관한 설명으로 옳지 않은 것은? 21회

① 주요 과업은 이제까지의 자신의 삶을 수용하는 것이다.
② 생에 대한 회상이 증가하고 사고의 융통성이 증가한다.
③ 친근한 사물에 대한 애착이 많아진다.
④ 치매의 발병 가능성이 다른 연령대에 비해 높아진다.
⑤ 내향성이 증가한다.

UNIT 07
사회환경에 대한 이해

정답과 해설 110쪽

시험 실시간 차트

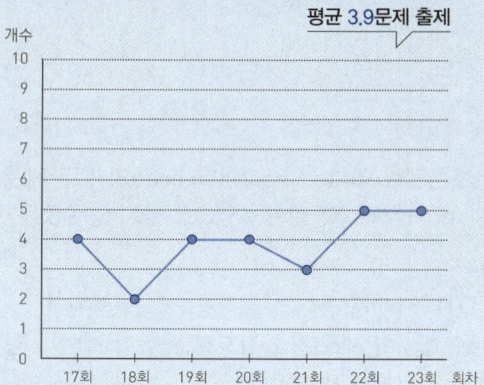

평균 3.9문제 출제

실시간 출제 키워드
▲ 일반체계이론의 주요 개념
▲ 브론펜브레너의 사회환경체계
▲ 생태체계이론의 주요 개념

워밍업 문제 생태학적 이론과 생태체계이론

생태체계이론에 관한 설명으로 옳은 것은?
① 일반체계이론이 등장하기 이전의 이론이다.
② 고무줄이론과 유사하다.
③ 생태체계이론은 생태체계모델로 발전하였다.
④ 인간과 환경의 상호 교류에 초점을 두며, 특히 환경적 측면의 사정이 중요하다.
⑤ 전통적 접근과 관련성이 있다.

해설 ①, ②, ③, ⑤ 생태체계이론은 일반체계이론이 등장한 이후의 이론으로, 생태체계모델로 제시되지는 못했으며 통합적 접근 방법과 관련이 깊다. 고무줄이론과 유사한 것은 탄력성모델을 강조하는 관점이다. **답** ④

최신 140 생태체계이론과 사회복지실천의 연관성으로 옳지 않은 것은? 23회

① 문제에 대한 총체적 이해와 접근을 용이하게 해준다.
② 사회복지실천을 위한 사정도구로서 유용성을 가진다.
③ 환경의 체계 수준별 개입 근거를 제시한다.
④ 각 체계들로부터 다양한 정보획득이 용이하다.
⑤ 원인과 결과의 단선적 인과관계를 강조한다.

최신 141 다음에 해당하는 사회환경 수준으로 옳은 것은? 23회

- 개인에게 영향을 주는 정부의 입법과 사회정책
- 방송매체를 통하여 형성된 외모, 의복, 문화 등에 관한 유행

① 미시체계 ② 중간체계
③ 거시체계 ④ 외체계
⑤ 시간체계

142 브론펜브레너(U. Bronfenbrenner)의 중간체계(meso system)에 관한 설명으로 옳은 것은?   23회

① 가족, 친구, 학교, 종교단체 등이 포함된다.
② 부모와 교사와의 관계, 형제관계 등을 말한다.
③ 신념, 태도, 전통을 통해 개인에게 영향을 준다.
④ 아동의 발달에 영향을 주는 학교위원회가 해당된다.
⑤ 개인이 어느 시대에 출생했는지에 관심을 둔다.

143 브론펜브레너(U. Bronfenbrenner)의 미시체계(micro system)에 관한 설명으로 옳은 것을 모두 고른 것은?   23회

㉠ 인간이 가장 밀접하게 상호작용하는 사회환경을 말한다.
㉡ 전 생애에 걸쳐 일어나는 개인의 변화와 사회역사적 환경을 포함한다.
㉢ 개인이 직접 참여하지 않으나, 부모의 직장, 형제가 속한 학급 등이 포함된다.

① ㉠
② ㉠, ㉡
③ ㉠, ㉢
④ ㉡, ㉢
⑤ ㉠, ㉡, ㉢

144 생태학의 주요 개념에 해당하는 것은?   17회

① 무의식 결정론
② 자아실현 경향성
③ 단선적 인과론
④ 개인의 창조적 힘
⑤ 개인 – 환경 간의 적합성

145 생태체계이론이 사회복지실천에 유용한 점으로 옳지 않은 것은?   17회

① 전체 체계를 고려하여 문제를 이해한다.
② 클라이언트와 사회복지사 간의 상호 교류를 중시한다.
③ 각 체계들로부터 풍부한 정보의 획득이 가능하다.
④ 환경적 수준에 개입하는 근거를 제시한다.
⑤ 개인의 심리역동적 변화 의지 향상에 초점을 둔다.

146 브론펜브레너(U. Bronfenbrenner)의 중간체계(meso-system)에 관한 설명으로 옳지 않은 것은?   17회

① 미시체계 간의 상호작용으로 구성된다.
② 개인이 새로운 환경으로 이동할 때마다 형성되거나 변화된다.
③ 개인이 다양한 역할을 동시에 수행한다는 의미가 내포된다.
④ 신념, 태도, 문화를 통해 인간에게 간접적으로 강력한 영향력을 행사한다.
⑤ 여러 미시체계가 각기 다른 가치관을 표방할 때 잠재적 갈등의 위험이 따른다.

147 생태학적 이론에 관한 설명으로 옳지 않은 것은?
18회

① 개인을 환경과 상황 속에서 이해한다.
② 성격은 개인과 환경 사이의 상호작용의 산물이다.
③ 적합성은 인간의 욕구와 환경자원이 부합되는 정도를 말한다.
④ 생활상의 문제는 전체적 생활공간 내에서 이해한다.
⑤ 환경과의 상호작용에서 인간을 수동적인 존재로 본다.

148 생태학이론에 관한 설명으로 옳지 않은 것을 모두 고른 것은?
19회

㉠ 인간과 환경을 서로 영향을 주고받는 단일 체계로 간주한다.
㉡ 인간 본성에 대한 정신적·환경적 결정론을 이론적 바탕으로 한다.
㉢ 성격을 개인과 환경 사이의 상호교류의 산물로 이해한다.
㉣ 타인과 관계를 맺는 인간의 능력은 환경과의 상호작용을 통하여 후천적으로 습득된다고 전제한다.

① ㉢
② ㉠, ㉢
③ ㉡, ㉣
④ ㉠, ㉡, ㉣
⑤ ㉠, ㉡, ㉢, ㉣

149 브론펜브레너(U. Bronfenbrenner)의 생태체계이론에 관한 설명이다. (   )의 내용으로 옳은 것은?
19회

• (㉠)는 개인이 참여하는 둘 이상의 미시체계 간의 상호작용으로서, 미시체계 간의 연결망을 의미한다.
• (㉡)는 개인이 직접 참여하고 있지는 않지만, 그 개인의 발달에 영향을 주는 사회적 환경을 의미한다.

① ㉠: 외체계, ㉡: 중간체계
② ㉠: 미시체계, ㉡: 외체계
③ ㉠: 중간체계, ㉡: 외체계
④ ㉠: 미시체계, ㉡: 중간체계
⑤ ㉠: 중간체계, ㉡: 미시체계

150 브론펜브레너(U. Bronfenbrenner)의 거시체계(macro system)에 관한 설명으로 옳은 것은?
19회

① 가족체계를 구성하는 요소는 개인이다.
② 역사적·사회적·문화적 요인에 의해서 형성되고 수정되는 특성이 있다.
③ 개인이 가장 밀접하게 상호작용하는 사회적·물리적 환경을 말한다.
④ 개인, 가족, 이웃, 소집단, 문화를 의미한다.
⑤ 인간의 삶과 행동에 일방적인 영향을 미친다.

151 생태체계이론에 관한 설명으로 옳지 않은 것은?
20회

① 인간은 목적 지향적이다.
② 적합성은 개인이 환경과 효과적으로 상호작용을 할 수 있는 능력이다.
③ 생활상의 문제는 전체 생활공간 내에서 이해해야 한다.
④ 스트레스는 개인과 환경 간 상호교류에서의 불균형이 야기하는 현상이다.
⑤ 환경 속의 인간을 강조한다.

153 브론펜브레너(U. Bronfenbrenner)의 거시체계(macro system) 수준에서 학교폭력 피해 청소년에게 개입한 사례는?
20회

① 피해 청소년과 개별상담을 실시한다.
② 피해 청소년의 성장사와 가족력 등을 파악한다.
③ 피해 청소년 부모의 근무 환경, 소득 등을 살펴본다.
④ 피해 청소년이 다시 피해를 입지 않도록 학교폭력에 대한 처벌을 강화하는 특별법을 제정한다.
⑤ 피해 청소년의 부모, 교사, 사회복지사가 함께 피해 청소년 보호를 위한 구체적 방법을 정기적으로 의논한다.

152 브론펜브레너(U. Bronfenbrenner)의 미시체계(micro system)에 관한 설명으로 옳은 것은?
20회

① 개인의 생활에 직접적으로 개입하지 않는다.
② 조직수준에서 영향을 미칠 수 있는 체계이다.
③ 개인의 성장 시기에 따라 달라지며 상호호혜성에 기반을 두는 체계이다.
④ 개인의 발달에 영향을 미치는 부모의 직업, 자녀의 학교 등을 중시한다.
⑤ 개인이 사회 관습과 유행을 통해 자신의 가치관을 표현한다.

154 생태체계이론의 유용성에 관한 설명으로 옳지 않은 것은?
21회

① 문제에 대한 총체적 이해와 조망을 제공한다.
② 각 체계들로부터 다양하고 객관적인 정보 획득이 용이하다.
③ 각 환경 수준별 개입의 근거를 제시한다.
④ 구체적인 방법과 기술 제시에는 한계가 있다.
⑤ 개인보다 가족, 집단, 공동체 등의 문제에 적용하는 데 유용하다.

155 브론펜브레너(U. Bronfenbrenner)의 사회환경체계에 관한 설명으로 옳은 것은? 21회

① 문화, 정치, 교육정책 등 거시체계는 개인의 삶에 직접적이고 강력한 영향을 미친다.
② 인간을 둘러싼 사회환경을 미시체계, 중간체계, 내부체계, 거시체계로 구분했다.
③ 중간체계는 상호작용하는 둘 이상의 미시체계 간의 관계로 구성된다.
④ 내부체계는 개인이 직접 참여하거나 관여하지는 않으나 개인에게 영향을 미치는 체계로 부모의 직장 등이 포함된다.
⑤ 미시체계는 개인이 새로운 환경으로 이동할 때마다 형성되거나 확대된다.

156 생태체계이론의 중간체계(meso system)에 관한 설명으로 옳은 것은? 22회

① 미시체계 간의 상호작용에 초점을 둔다.
② 개인이 직접적으로 대면하는 체계를 의미한다.
③ 신념, 태도, 전통 등을 통해 영향력을 행사한다.
④ 대표적인 중간체계로 가족과 집단을 들 수 있다.
⑤ 문화, 정치, 사회, 법, 종교 등이 해당된다.

157 브론펜브레너(U. Bronfenbrenner)의 생태체계이론에서 다음에 해당하는 개념으로 옳은 것은? 22회

- 전 생애에 걸쳐 발생하는 변화와 사회역사적인 환경을 포함한다.
- 인간의 생에 단일 사건뿐 아니라 시간의 경과와 함께 연속적으로 일어나는 사건들이 누적되어 영향을 미친다는 것을 보여주고 있다.

① 미시체계(micro system)
② 외체계(exo system)
③ 거시체계(macro system)
④ 환류체계(feedback system)
⑤ 시간체계(chrono system)

워밍업 문제 | 일반체계이론과 사회체계이론

사회체계의 주요 개념에 관한 설명으로 옳지 않은 것은?

① 시너지는 체계 내에 유용한 에너지가 증가하는 것이다.
② 경계는 모든 사회체계에서 볼 수 있는 사회적 구조를 말한다.
③ 엔트로피는 체계 내에 질서, 형태, 분화가 있는 상태를 말한다.
④ 항상성은 시스템이 지속적으로 안정적 균형을 유지하려는 경향이다.
⑤ 균형은 외부 환경으로부터 새로운 에너지의 투입 없이 현상을 유지하려는 속성이다.

해설 체계 외부의 에너지가 유입되어 내부의 유용하지 않은 에너지가 감소되며, 체계 내에 질서, 형태, 분화가 있는 상태는 넥엔트로피이다. **답** ③

158 사회체계이론에 관한 설명으로 옳은 것을 모두 고른 것은? 23회

> ㄱ. 엔트로피(entropy)는 폐쇄체계에서 주로 나타난다.
> ㄴ. 항상성(homeostasis)은 체계의 혼란과 무질서를 증가시킨다.
> ㄷ. 체계(system)의 속성은 경계의 개방성과 침투성에 따라 결정된다.
> ㄹ. 균형(equilibrium)은 주로 외부와의 교류가 활발한 개방체계에서 나타난다.

① ㄱ, ㄴ　　② ㄱ, ㄷ
③ ㄴ, ㄹ　　④ ㄷ, ㄹ
⑤ ㄴ, ㄷ, ㄹ

159 사회체계이론의 주요 개념에 관한 설명으로 옳은 것을 모두 고른 것은? 17회

> ㄱ. 폐쇄체계가 지속되면 엔트로피 속성이 나타난다.
> ㄴ. 환류(feedback)는 정보의 투입에 대한 반응으로 일종의 적응기제이다.
> ㄷ. 항상성은 외부체계로부터 투입이 없어 체계의 구조변화가 고정된 평형 상태를 말한다.
> ㄹ. 체계는 부분성과 전체성을 동시에 가지며 위계질서가 존재하는 경우가 많다.

① ㄱ, ㄴ　　② ㄷ, ㄹ
③ ㄱ, ㄴ, ㄹ　　④ ㄱ, ㄷ, ㄹ
⑤ ㄱ, ㄴ, ㄷ, ㄹ

160 사회체계이론의 개념 중 체계 내부 간 또는 체계 외부와의 상호작용이 증가함으로써 체계 내의 에너지 양이 증가하는 것을 의미하는 것은? 18회

① 엔트로피(entropy)
② 시너지(synergy)
③ 항상성(homeostasis)
④ 넥엔트로피(negentropy)
⑤ 홀론(holon)

161 체계이론의 개념에 관한 설명으로 옳은 것을 모두 고른 것은? 19회

> ㄱ. 균형(equilibrium): 환경과 상호작용하기 위하여 체계의 구조를 변화시키는 과정 또는 상태
> ㄴ. 넥엔트로피(negentropy): 체계 내부의 유용하지 않은 에너지가 감소되는 상태
> ㄷ. 공유영역(interface): 두 개 이상의 체계가 공존하는 부분으로 체계 간의 교류가 일어나는 장소
> ㄹ. 홀론(holon): 외부와의 상호작용으로 체계 내의 에너지가 증가하는 현상 또는 상태

① ㄱ　　② ㄱ, ㄹ
③ ㄴ, ㄷ　　④ ㄴ, ㄷ, ㄹ
⑤ ㄱ, ㄴ, ㄷ, ㄹ

162 사회체계이론의 주요 개념에 관한 설명으로 옳지 않은 것은? 20회

① 넥엔트로피(negentropy)는 폐쇄체계가 지속되면 나타나는 현상이다.
② 항상성(homeostasis)은 비교적 안정적이며 지속적인 균형 상태를 유지하기 위한 체계의 경향을 말한다.
③ 시너지(synergy)는 체계 내부 간 혹은 외부와의 상호작용이 증가함으로써 체계 내에서 유용한 에너지 양이 증가하는 현상이다.
④ 경계(boundary)란 체계와 환경 혹은 체계와 체계 간을 구분하는 일종의 테두리를 의미한다.
⑤ 균형(equilibrium)은 외부체계로부터의 투입이 없어 체계의 구조 변화가 거의 없이 고정된 평형 상태를 의미한다.

163 생태체계이론의 주요 개념에 관한 설명으로 옳은 것은? 21회

① 시너지는 폐쇄체계 내에서 체계 구성요소들 간 유용한 에너지의 증가를 의미한다.
② 엔트로피는 체계 내 질서, 형태, 분화 등이 정돈된 상태이다.
③ 항상성은 모든 사회체계의 기본 속성으로 체계의 목표와 정체성을 유지하려는 의도적 노력에 의해 수정된다.
④ 피드백은 체계의 순환적 성격을 반영하는 개념으로 안정 상태를 유지하는 데 필요하다.
⑤ 적합성은 인간의 적응욕구와 환경자원의 부합 정도로서 특정 발달단계에서 성취된다.

164 체계로서의 지역사회에 관한 설명으로 옳은 것을 모두 고른 것은? 22회

> ㄱ. 지역을 중심으로 형성된 공동체적 특징을 지닌다.
> ㄴ. 구성원에게 사회규범에 순응하도록 규제하는 사회통제의 기능을 지닌다.
> ㄷ. 사회가 향유하는 지식, 가치 등을 구성원에게 전달하는 기능을 지닌다.
> ㄹ. 외부와 상호작용을 통하여 엔트로피(entropy) 상태를 유지하는 것이 필요하다.

① ㄱ
② ㄱ, ㄴ
③ ㄱ, ㄴ, ㄷ
④ ㄴ, ㄷ, ㄹ
⑤ ㄱ, ㄴ, ㄷ, ㄹ

165 다음에 해당하는 개념으로 옳은 것은? 22회

> • 한 체계에서 일부가 변화하면 그 변화가 체계의 나머지 부분들의 변화를 초래하게 되는 개념을 말한다.
> • 예시로는 회사에서 간부 직원이 바뀌었을 때, 파생적으로 나타나는 조직의 변화 및 직원 역할의 변화 등을 들 수 있다.

① 균형(equilibrium)
② 호혜성(reciprocity)
③ 안정 상태(steady state)
④ 항상성(homeostasis)
⑤ 적합성(goodness of fit)

166 체계이론에 관한 설명으로 옳지 않은 것은?

22회

① 넥엔트로피(negentropy)란 체계를 유지하고, 발전을 도모하고, 생존하는 것을 의미한다.
② 항상성(homeostasis)은 비교적 안정적으로 균형 상태를 유지하기 위한 체계의 경향을 말한다.
③ 경계(boundary)는 체계를 외부 환경과 구분 짓는 둘레를 말한다.
④ 다중종결성(multifinality)은 서로 다른 경로와 방법을 통해 같은 결과에 도달할 수 있음을 말한다.
⑤ 부적 환류(negative feedback)는 체계가 목적 달성이 어려운 방식으로 움직이고 있다는 정보를 제공하여 체계의 변화를 도모한다.

UNIT 08 사회체계에 대한 이해

정답과 해설 114쪽

시험 실시간 차트

실시간 출제 키워드

▲ 스키너의 이론
▲ 반두라의 이론
▲ 행동주의이론의 주요 개념

워밍업 문제

사회체계 (가족, 집단, 조직, 지역사회)

폐쇄형 가족체계에 관한 설명으로 옳은 것을 모두 고른 것은?

> ㄱ. 외부체계의 간섭을 허용한다.
> ㄴ. 경계가 자유롭고 유동적이다.
> ㄷ. 지역사회와의 교류가 확대된다.
> ㄹ. 외부와의 상호작용을 제한한다.

① ㄱ, ㄴ, ㄷ ② ㄱ, ㄷ
③ ㄴ, ㄹ ④ ㄹ
⑤ ㄱ, ㄴ, ㄷ, ㄹ

[해설] 폐쇄체계는 다른 체계들과 상호작용하지 않고 고립되어 있어 다른 체계로부터 투입도 없고 다른 체계로 산출도 하지 않는다.

답 ④

---

167 다양한 사회체계에 관한 설명으로 옳은 것은? 17회

① 조직의 경계 속성은 조직의 유지 및 변화와 관련이 없다.
② 가족체계 내 반복적 상호작용은 구성원들의 행동에 영향을 미치지 않는다.
③ 집단체계의 전체는 하위체계인 개개인의 고유한 특성의 총합과 동일하다.
④ 지역사회는 완전개방체계의 속성을 유지한다.
⑤ 가상공간은 시공을 초월하여 새로운 공동체 형성을 가능하게 한다.

168 개방형 가족체계에 관한 설명으로 옳은 것은? 18회

① 외부체계와의 상호작용을 하지 않는다.
② 체계 내의 가족기능은 쇠퇴하게 된다.
③ 에너지, 정보, 자원을 다른 체계들과 교환한다.
④ 주변 환경으로부터 고립되어 있다.
⑤ 지역사회와의 교류가 제한된다.

169 집단에 관한 설명으로 옳은 것은? 18회

① 일차집단(primary group)은 목적 달성을 위해 인위적으로 만들어진 집단이다.
② 이차집단(secondary group)은 혈연이나 지연을 바탕으로 자연발생적으로 이루어진 집단이다.
③ 자연집단(natural group)은 특정 위원회나 팀처럼 일정한 목적을 갖는 것이 특징이다.
④ 자조집단(self-help group)은 유사한 어려움과 관심사를 가진 구성원들의 경험을 나누며 바람직한 변화를 추구한다.
⑤ 개방집단(open-end group)은 집단이 진행되는 동안 새로운 구성원의 입회가 불가능하다.

170 집단에 관한 설명으로 옳은 것은? 21회

① 2차집단은 인간의 성격형성을 목적으로 한다.
② 개방집단은 구성원의 개별화와 일정 수준 이상의 심도 깊은 목적 달성에 적합하다.
③ 구성원의 상호작용이 중요하므로 최소 단위는 4인 이상이다.
④ 형성집단은 특정 목적 없이 만들 수 있다.
⑤ 집단활동을 통해 집단에 관한 정체성인 '우리의식'이 형성된다.

171 사회체계로서 문화에 관한 설명으로 옳은 것은? 17회

① 미시체계에 해당된다.
② 후천적으로 습득되기보다는 타고 나는 것이다.
③ 구성원 간 공유되는 생활양식으로 다른 사회 구성원과 구별된다.
④ 규범적 문화는 종교적 신념, 신화, 사상 등으로 구성된다.
⑤ 문화는 외부의 요구와 무관하게 고정되어 있다.

워밍업 문제 문화

문화의 영향을 받지 않는 것은?

① 목표의 명확화
② 사회적 규범
③ 개인 무의식
④ 행동의 지침
⑤ 생활양식

해설 문화는 지식, 신앙, 예술, 도덕, 법률, 관습 그리고 사회 구성원으로서 인간이 획득한 모든 능력과 습성의 복합적인 총체라고 정의할 수 있다. 개인 무의식은 문화와는 관계없으며, 오히려 분석심리이론에 가까운 부분이다. **답** ③

---

172 문화에 관한 설명으로 옳지 않은 것은? 20회

① 사회체계로서 중간체계에 해당된다.
② 사회구성원들 간에 공유된다.
③ 문화변용은 둘 이상의 문화가 지속적으로 접촉하여 한쪽이나 양쪽에 변화가 일어나는 현상이다.
④ 세대 간에 전승되며 축적된다.
⑤ 사회화에 대한 지침을 제공한다.

173 문화에 관한 설명으로 옳은 것은? 21회

① 선천적으로 습득된다.
② 개인행동에 대한 규제와 사회통제의 기능은 없다.
③ 고정적이며 구체적이다.
④ 다른 사회의 구성원과 구별되는 공통적 속성이 있다.
⑤ 다양성은 차별을 의미한다.

174 다문화에 관한 설명으로 옳지 않은 것은? 21회

① 대표적인 사회문제로 인종차별이 있다.
② 다양한 문화를 수용하고 문화의 단일화를 지향한다.
③ 서구화, 근대화, 세계화는 다문화의 중요성을 표면으로 부상시켰다.
④ 동화주의는 이민을 받는 사회의 문화적 우월성을 전제로 한다.
⑤ 용광로 개념은 동화주의와 관련이 있다.

175 문화와 관련된 설명으로 옳지 않은 것은? 22회

① 문화는 인간집단의 생활양식의 총체로 정의할 수 있다.
② 다문화주의는 다양한 문화나 언어를 공유하고 상호 존중하여 적극 수용하려는 입장을 취한다.
③ 베리(J. Berry)의 이론에서 동화(assimilation)는 자신의 고유문화와 새로운 문화를 모두 존중하는 상태를 의미한다.
④ 문화는 학습되고 전승되는 특징이 있다.
⑤ 주류와 비주류 문화 사이의 권력 차이로 차별이 발생할 수 있다.

CHAPTER

2

사회복지
조사론

7개년 출제 리포트

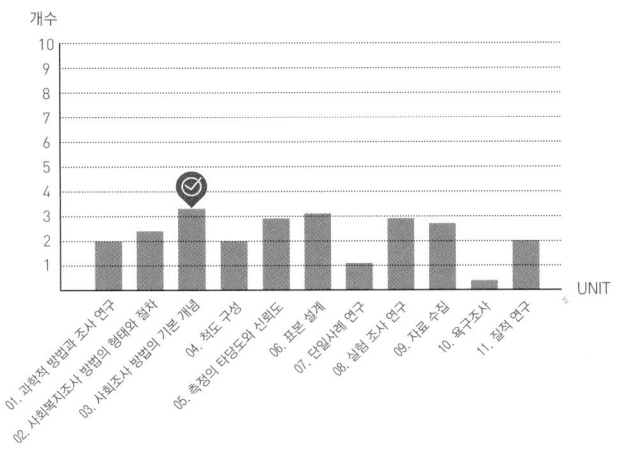

WHAT TO STUDY

1. 유기적으로 연결된 모든 주제에서 골고루 출제되고 있다.
2. 빈출 주제인 변수, 가설, 조작적 정의, 측정오류, 표집오차와 크기, 표집 방법, 내적·외적 타당도 저해 요인 등의 개념을 확실히 알고 있는지 점검하자.
3. 사례형 문제도 매해 출제되고 있으니 대비하자.

UNIT 01

과학적 방법과 조사 연구

정답과 해설 115쪽

실시간 출제 키워드
▲ 과학 철학의 특징
▲ 실증주의와 해석주의
▲ 사회조사과정에서의 연구 윤리

워밍업 문제 과학의 개념과 조사 및 과학 철학

과학적 조사에 관한 설명으로 옳지 않은 것은?
① 연구 결과에 대해 잠정적이다.
② 인과관계의 규명을 추구한다.
③ 조사자의 규범적 판단에 의거한다.
④ 관찰에 의한 증거에 바탕을 두고 있다.
⑤ 일정한 규칙과 절차를 통해 이루어진다.

[해설] 과학적 조사는 가치중립적이어야 하기 때문에 조사자의 규범적 판단에 의거하기보다는 오히려 규범적 판단을 배제하는 것이 바람직하다. 답 ③

---

001 실증주의에 관한 설명으로 옳지 않은 것은?
17회

① 인간행위를 예측할 수 있는 확률적 법칙을 강조한다.
② 과학과 비과학을 철저히 구분하려 한다.
③ 관찰결과의 일반화 가능성을 강조한다.
④ 연구결과를 잠정적인 지식으로 간주한다.
⑤ 사회적 행동을 행위자의 입장에서 이해하려 한다.

002 후기 실증주의 과학철학에 관한 설명으로 옳은 것은?
18회

① 실증주의가 주장하는 연역주의에 대한 대안이다.
② 관찰대상이 인간과 무관하게 존재할 수 있다고 본다.
③ 지식의 본질을 잠정적, 확률적으로 본다.
④ 관찰의 이론 의존성을 부인한다.
⑤ 과학은 혁명적으로 변화한다고 본다.

003 사회과학의 특성에 관한 설명으로 옳지 않은 것은? 19회

① 자연과학에 비해 인과관계에 대한 명확한 결론을 내리기 어렵다.
② 끊임없이 변화하는 사회현상을 규명한다.
③ 관찰대상물과 관찰자가 분명히 구분된다.
④ 인간의 행위를 연구대상으로 한다.
⑤ 사회문화적 특성의 영향을 받는다.

004 사회과학과 사회복지학에 관한 설명으로 옳은 것을 모두 고른 것은? 19회

> ㄱ. 사회복지학은 사회문제에 대처하기 위한 학문이다.
> ㄴ. 사회과학은 사회복지의 실천적 지식의 제공 및 이론적 발전에 기여할 수 있다.
> ㄷ. 사회복지학은 응용과학이 아닌 순수과학에 속한다.
> ㄹ. 사회복지학은 사회과학에 의해 발전된 개념들을 활용할 수 있다.

① ㄴ, ㄷ
② ㄷ, ㄹ
③ ㄱ, ㄴ, ㄷ
④ ㄱ, ㄴ, ㄹ
⑤ ㄱ, ㄷ, ㄹ

005 과학철학에 관한 설명으로 옳은 것은? 20회

① 논리적 실증주의에 가장 큰 영향을 미친 사람은 영국의 철학자 흄(D. Hume)이다.
② 상대론적인 입장에서는 경험에 의한 지식의 객관성을 추구한다.
③ 쿤(T. Kuhn)에 의하면 과학은 기존의 이론과 상충되는 현상을 관찰하는 데서 출발하여 기존의 이론에 엄격한 검증을 행한다.
④ 반증주의는 누적적인 진보를 부정하면서 역사적 사실들과 더 잘 부합하는 새로운 패러다임을 제시하였다.
⑤ 논리적 경험주의는 과학의 이론들이 확률적으로 검증되는 관찰에 의해서만 정당화될 수 있다고 주장한다.

006 실증주의의 특징과 가장 거리가 먼 것은? 20회

① 이론의 재검증
② 객관적 조사
③ 사회현상의 주관적 의미에 대한 해석
④ 보편적이고 적용가능한 통계적 분석도구
⑤ 연구결과의 일반화

007 사회과학의 패러다임에 관한 설명으로 옳지 않은 것은? 21회

① 실증주의는 연구결과를 해석할 때 정치적 가치나 이데올로기의 영향을 적극적으로 고려한다.
② 해석주의는 삶에 관한 심층적이고 주관적인 이해를 얻고자 한다.
③ 비판주의는 사회변화를 목적으로 사회의 본질적이고 구조적 측면의 파악에 주목한다.
④ 후기실증주의는 객관적인 지식에 대한 직접적 확증은 불가능하다고 본다.
⑤ 포스트모더니즘은 객관적 실재와 진리의 보편적 기준을 거부한다.

008 과학철학에 관한 설명으로 옳지 않은 것은? 22회

① 쿤(T. Kuhn)은 과학적 혁명에서 패러다임 전환을 제시하였다.
② 쿤(T. Kuhn)은 당대의 지배적 패러다임에서 벗어나지 않는 것을 정상과학이라고 지칭하였다.
③ 포퍼(K. Popper)는 쿤의 과학적 인식에 내재된 문제점을 극복하기 위하여 반증주의를 제시하였다.
④ 포퍼(K. Popper)의 반증주의는 연역법에 의존한다.
⑤ 포퍼(K. Popper)는 이론이란 증명되는 것이 아니라 반증되는 것이라고 하였다.

009 과학적 지식의 특성에 관한 설명으로 옳은 것을 모두 고른 것은?
22회

> ㉠ 경험적으로 검증 가능하여야 한다.
> ㉡ 연구결과는 잠정적이며 수정될 수 있다.
> ㉢ 연구자의 주관적 가치 판단이 연구과정이나 결론에 작용하지 않도록 객관성을 추구한다.
> ㉣ 같은 절차를 다른 대상에 반복적으로 적용하여 같은 결과가 나오는지 검토할 수 있다.

① ㉠, ㉢
② ㉡, ㉣
③ ㉠, ㉡, ㉢
④ ㉡, ㉢, ㉣
⑤ ㉠, ㉡, ㉢, ㉣

010 사회복지실천을 위한 조사연구의 필요성으로 옳지 <u>않은</u> 것은?
23회

① 문제해결을 위한 사회복지 개입방법의 타당성을 검증할 수 있다.
② 사회복지 서비스를 위한 지식과 기술을 제공할 수 있다.
③ 문제의 원인을 설명함으로써 사회복지사의 직관에 의한 실천지식을 강화할 수 있다.
④ 프로그램의 지속여부를 결정하는 객관적 근거를 제공할 수 있다.
⑤ 클라이언트의 욕구를 파악하여 문제해결의 방향을 제시할 수 있다.

워밍업 문제 — 사회복지조사의 윤리성과 과학적 연구방법

조사 연구의 윤리에 관한 설명으로 옳지 <u>않은</u> 것은?

① 조사대상자의 익명성을 보장한다.
② 수집된 정보에 대하여 비밀을 유지한다.
③ 동료집단의 조언을 통해 편견을 방지한다.
④ 조사대상자로부터 고지된 동의를 얻는다.
⑤ 긍정적인 연구 결과를 유도하는 질문 문항으로 설문지를 구성한다.

해설 긍정적인 연구 결과를 유도하는 질문 문항으로 설문지를 구성하는 것은 옳지 않다. 연구자는 객관적인 연구를 위하여 가치중립적 연구를 수행해야 한다. **답** ⑤

011 사회복지 조사연구에서 과학적 연구방법으로 옳은 것은?
23회

① 기술(description)연구에서 문제발생의 원인을 설명하고자 하였다.
② 연구결과의 일반화를 위해 모집단의 속성이 반영된 충분한 표본을 조사하였다.
③ 가설 검증 결과가 연구자의 기대와 달라서 가설을 연구결과에 맞추어 수정하였다.
④ 연구자의 주관적 판단에 입각하여 연구 결과를 해석하였다.
⑤ 조사를 통해 검증된 인과관계에 입각하여 문제의 발생을 단정적 결정론으로 예측하였다.

012 연구 윤리에 부합하는 사회복지조사로 옳은 것은? 18회

① 연구참여자가 평소와 다른 행동을 하지 않도록 연구자의 신분을 숨기고 자료를 수집하였다.
② 연구 결과의 확산을 위해 연구참여자의 신분을 다른 연구기관에 동의 없이 공개하였다.
③ 연구 결과에 영향을 미치지 않도록 연구 참여자에게 일어날 수 있는 이익을 미리 알리지 않았다.
④ 연구참여 여부를 성적평가와 연계하여 연구참여자의 참여동기를 높였다.
⑤ 연구참여자에게 연구 과정에서 발생할 수 있는 고통을 미리 알리고 사전 동의를 구하였다.

013 사회조사과정에서 준수해야 할 연구윤리로 옳지 않은 것은? 21회

① 참여자의 익명성과 비밀을 보장한다.
② 참여자가 원할 경우 언제든지 참여를 중단할 수 있음을 사전에 고지한다.
③ 일반적으로 연구의 공익적 가치가 연구윤리보다 우선해야 한다.
④ 참여자가 연구에 참여하여 얻을 수 있는 혜택은 사전에 고지한다.
⑤ 참여자의 연구 참여는 자발적이어야 한다.

014 과학적 탐구에서 제기되는 윤리적 문제에 관한 설명으로 옳지 않은 것은? 22회

① 어떤 경우라도 연구참여자 속이기는 허용되지 않는다.
② 고지된 동의는 조사대상자의 판단능력을 고려하여야 한다.
③ 연구자는 기대했던 연구결과와 다르더라도 그 결과를 사실대로 보고해야 한다.
④ 사회복지조사에서는 비밀유지가 엄격히 지켜질 수 없는 상황이 발생할 수 있다.
⑤ 연구자는 개인정보 유출 등으로 인해 연구참여자에게 피해를 주지 않도록 신중을 기해야 한다.

UNIT 02

사회복지조사 방법의 형태와 절차

정답과 해설 117쪽

시험 실시간 차트

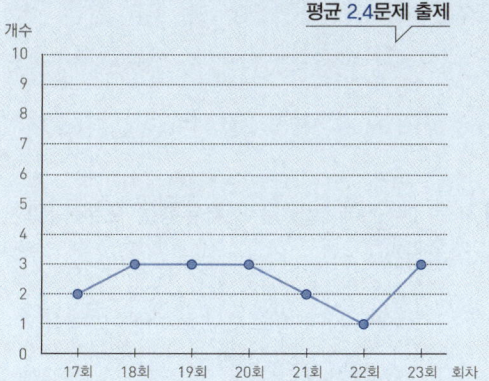

평균 2.4문제 출제

실시간 출제 키워드
▲ 사회복지조사의 유형
▲ 사회복지조사의 목적

워밍업 문제 — 사회복지조사 방법의 유형

조사 유형에 관한 설명으로 옳은 것은?
① 횡단조사는 조사대상을 두 번 이상 연속적으로 관찰하거나 자료를 수집하는 조사이다.
② 동년배집단조사는 같은 대상 집단을 일정한 시차를 두고 조사하는 것이다.
③ 경향분석은 각각 다른 시기에 일정한 연령 집단을 관찰하여 비교하는 조사이다.
④ 종단조사는 어느 한 시점에서 다수의 분석단위에 대한 자료를 수집하는 조사이다.
⑤ 패널조사는 각각 다른 시기와 서로 다른 대상이지만 일정한 연령 집단을 조사하는 것이다.

해설 ① 횡단조사는 일정한 시점에서 다수의 분석단위에 대한 자료를 수집하는 것이다.
② 동년배집단조사는 동일한 대상을 조사하는 것이 아니라 일정 연령이나 일정 연령 범위(또는 일정 조건) 내 사람들(다른 조사대상자)을 조사하는 것이다.
④ 종단조사는 조사대상을 두 번 이상 연속적으로 관찰하거나 자료를 수집하는 것이다.
⑤ 패널조사는 동일한 대상을 일정한 시차를 두고 조사하는 것이다. **답** ③

최신 015 "여성가족부는 2022년 전국가정폭력실태조사 결과를 이전에 실시한 동일한 조사내용과 비교하여 보고하였다. 2025년 조사에서도 전국의 가구 중 일부를 선정하여 동일한 조사 항목에서 어떠한 변화가 있는지를 보고할 것이다." 이에 관한 조사유형에 해당하는 것으로 모두 묶인 것은? 23회

| ㉠ 종단조사 | ㉡ 표본조사 |
| ㉢ 패널조사 | ㉣ 경향조사 |

① ㉢
② ㉠, ㉡
③ ㉡, ㉢
④ ㉠, ㉡, ㉣
⑤ ㉠, ㉡, ㉢, ㉣

016 양적 연구 방법에 관한 설명으로 옳지 않은 것은? 23회

① 논리실증주의에 기반한다.
② 주관적이며 직관적인 관점에서 접근한다.
③ 구조화된 조사표에 대한 활용 빈도가 높다.
④ 변인에 대한 통제와 측정이 가능하다.
⑤ 질적연구보다 일반화의 가능성이 높다.

017 다음 연구 상황에 유용한 조사유형은? 18회

> 일본 후쿠시마 원전 유출이 지역주민들의 삶에 초래한 변화를 연구하고자 하였으나 관련 연구나 선행 자료가 상당히 부족함을 발견하였다.

① 평가적 연구
② 기술적 연구
③ 설명적 연구
④ 탐색적 연구
⑤ 척도개발 연구

018 종단연구(longitudinal study)에 관한 설명으로 옳지 않은 것은? 18회

① 시간흐름에 따른 조사대상의 변화를 측정하는 연구이다.
② 일정 기간의 변화에 대해 가장 포괄적 자료를 제공하는 것은 동년배집단연구(cohort study)이다.
③ 조사대상의 추적과 관리 때문에 가장 많은 비용이 드는 것은 패널연구(panel study)이다.
④ 일정 주기별 인구변화에 대한 조사는 경향연구(trend study)이다.
⑤ 동년배집단연구는 언제나 동일한 대상을 조사하는 것은 아니다.

019 양적 조사와 질적 조사의 비교로 옳지 않은 것은? 19회

① 질적 조사에 비하여 양적 조사의 표본크기가 상대적으로 크다.
② 질적 조사에 비하여 양적 조사에서는 귀납법을 주로 사용한다.
③ 양적 조사에 비하여 질적 조사는 사회 현상의 주관적 의미에 관심을 갖는다.
④ 양적 조사는 가설검증을 지향하고 질적 조사는 탐색, 발견을 지향한다.
⑤ 양적 조사에 비하여 질적 조사는 조사결과의 일반화가 어렵다.

020 다음 ( )에 알맞은 조사유형을 모두 나열한 것은? 19회

> 일정한 시간간격을 두고 연구대상을 표본추출하여 반복적으로 조사하는 방법에는 ( ), ( ), 동년배조사 등이 있다.

① 패널조사, 경향조사
② 패널조사, 문헌조사
③ 전수조사, 경향조사
④ 전수조사, 표본조사
⑤ 문헌조사, 전문가조사

021 평가연구에 관한 설명으로 옳지 않은 것은?
20회

① 보고서의 형식은 의뢰기관의 요청에 따를 수 있다.
② 목표달성에 대한 해석이 다양한 이해관계에 영향을 받을 수 있다.
③ 질적 연구방법을 적용할 수 있다.
④ 프로그램의 실행과정도 평가할 수 있다.
⑤ 과학적 객관성을 저해하더라도 의뢰기관의 요구를 수용하여 평가결과를 조정할 수 있다.

022 다음에서 설명하는 조사 유형에 해당하는 것은?
20회

- 둘 이상의 시점에서 조사가 이루어진다.
- 동일대상 반복측정을 원칙으로 하지 않는다.

① 추세연구, 횡단연구
② 패널연구, 추세연구
③ 횡단연구, 동년배(cohort)연구
④ 추세연구, 동년배연구
⑤ 패널연구, 동년배연구

023 종단연구(longitudinal study)에 관한 설명으로 옳은 것은?
21회

① 베이비붐세대를 시간변화에 따라 연구하는 것은 추이연구(trend study)이다.
② 일정기간 센서스 자료를 비교하여 전국 인구의 성장을 추적하는 것은 동류집단연구(cohort study)이다.
③ 매번 동일한 집단을 관찰하는 연구는 패널연구(panel study)이다.
④ 시간에 따른 변화를 가장 정확하게 알려주는 것은 동류집단연구(cohort study)이다.
⑤ 일반 모집단의 변화를 시간변화에 따라 연구하는 것은 동류집단연구(cohort study)이다.

024 사회조사의 목적에 관한 설명으로 옳지 않은 것은?
21회

① 지난 해 발생한 데이트폭력사건의 빈도와 유형을 자세히 보고하는 것은 기술적 연구이다.
② 외상 후 스트레스로 퇴역한 군인을 위한 서비스 개발의 가능성을 파악하기 위한 초기면접은 설명적 연구이다.
③ 사회복지협의회가 매년 실시하는 사회복지기관 통계조사는 기술적 연구이다.
④ 지방도시에 비해 대도시의 아동학대비율이 높은 이유를 보고하는 것은 설명적 연구이다.
⑤ 지역사회대상 설문조사를 통해 사회복지서비스의 만족도를 조사하는 것은 기술적 연구이다.

025 다음에서 설명하는 조사유형을 바르게 짝 지은 것은? 22회

> ㉠ 동일한 표본을 대상으로 시간을 달리하여 추적 관찰하는 연구
> ㉡ 일정연령이나 일정연령 범위 내 사람들의 집단이 조사대상인 종단연구

① ㉠: 경향조사, ㉡: 코호트(cohort)조사
② ㉠: 경향조사, ㉡: 패널조사
③ ㉠: 코호트(cohort)조사, ㉡: 경향조사
④ ㉠: 패널조사, ㉡: 경향조사
⑤ ㉠: 패널조사, ㉡: 코호트(cohort)조사

워밍업 문제 — 사회복지조사 방법의 절차(과정)

조사의 목적을 달성하기 위한 전략, 즉 조사를 수행하고 통제하기 위한 전반적인 계획을 일컫는 것은?

① 문제 선정 ② 조작적 정의
③ 가설 설정 ④ 개념적 정의
⑤ 조사 설계

해설 조사 설계는 조사의 목적 달성을 위해 필요한 자료를 수집, 분석하도록 설계하는 단계이다.   답 ⑤

---

026 사회복지조사 과정을 순서대로 나열한 것은? 23회

> ㉠ 표집방법을 수립하였다.
> ㉡ 연구문제의 잠정적 결론으로 가설을 설정하였다.
> ㉢ 연구가 필요한 주제를 선정하였다.
> ㉣ 검증된 측정도구로 자료를 수집하였다.
> ㉤ 자료를 분석하고 가설의 지지여부를 결정하였다

① ㉠ → ㉡ → ㉤ → ㉢ → ㉣
② ㉡ → ㉠ → ㉢ → ㉣ → ㉤
③ ㉡ → ㉢ → ㉠ → ㉤ → ㉣
④ ㉢ → ㉠ → ㉡ → ㉣ → ㉤
⑤ ㉢ → ㉡ → ㉠ → ㉣ → ㉤

---

027 조사 연구 과정의 일부분이다. 이를 올바르게 나열한 것은? 17회

> ㉠ '대학생들의 전공에 따라 다문화 수용성이 다를 것이다'라는 가설 설정
> ㉡ 표본을 추출하여 자료 수집
> ㉢ 대학생들의 다문화 수용성에 관한 선행 연구 고찰
> ㉣ 구조화된 설문지 작성

① ㉠ → ㉡ → ㉢ → ㉣
② ㉠ → ㉢ → ㉡ → ㉣
③ ㉠ → ㉢ → ㉣ → ㉡
④ ㉢ → ㉠ → ㉡ → ㉣
⑤ ㉢ → ㉠ → ㉣ → ㉡

---

028 지역사회보장계획을 수립하기 위해 포함될 수 있는 조사를 모두 고른 것은? 17회

> ㉠ 자치단체장의 정책 공약 관련 자료의 내용 분석
> ㉡ 지역주민의 욕구파악을 위한 서베이
> ㉢ 복지 전문가 대상 초점집단면접
> ㉣ 질적 자료 수집을 위한 구청 업무담당자와의 심층면접

① ㉠
② ㉡, ㉣
③ ㉠, ㉡, ㉣
④ ㉡, ㉢, ㉣
⑤ ㉠, ㉡, ㉢, ㉣

029 조사 설계(research design)에 반드시 포함되어야 할 내용이 아닌 것은? 18회

① 구체적인 자료 수집 방법
② 모집단 및 표집 방법
③ 자료 분석 절차와 방법
④ 연구 문제의 의의와 조사의 필요성
⑤ 주요 변수의 개념 정의와 측정 방법

030 사회복지조사를 위한 수행단계로 옳은 것은? 19회

① 문제 설정 → 가설 설정 → 조사 설계 → 자료 수집 → 자료 분석 → 보고서 작성
② 문제 설정 → 가설 설정 → 자료 수집 → 자료 분석 → 조사 설계 → 보고서 작성
③ 가설 설정 → 문제 설정 → 자료 수집 → 조사 설계 → 자료 분석 → 보고서 작성
④ 가설 설정 → 문제 설정 → 자료 수집 → 자료 분석 → 조사 설계 → 보고서 작성
⑤ 가설 설정 → 문제 설정 → 조사 설계 → 자료 수집 → 자료 분석 → 보고서 작성

031 사회복지조사에 관한 설명으로 옳은 것을 모두 고른 것은? 20회

> ㄱ. 사회복지 관련 이론 개발에 사용된다.
> ㄴ. 여론조사나 인구센서스조사는 전형적인 탐색 목적의 조사 연구이다.
> ㄷ. 연구의 전 과정에서 결정주의적 성향을 지양해야 한다.
> ㄹ. 조사범위에 따라 횡단연구와 종단연구로 나뉘어진다.

① ㄱ, ㄷ
② ㄴ, ㄹ
③ ㄱ, ㄴ, ㄷ
④ ㄴ, ㄷ, ㄹ
⑤ ㄱ, ㄴ, ㄷ, ㄹ

UNIT 03

✓ 최빈출 주제

사회조사 방법의 기본 개념

정답과 해설 119쪽

시험 실시간 차트

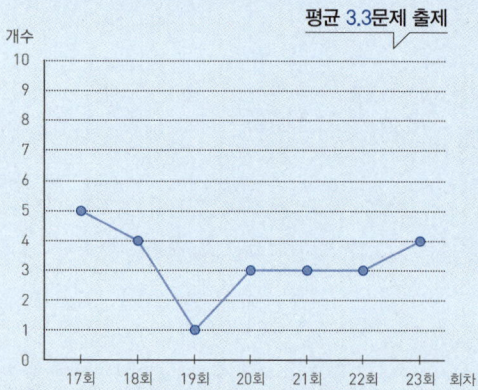

평균 3.3문제 출제

실시간 출제 키워드
▲ 변수의 개념과 분류
▲ 통제변수
▲ 통계적 가설검증

워밍업 문제 | 변수의 개념과 분류

변수에 관한 설명으로 옳지 않은 것은?
① 외생변수는 독립변수와 종속변수 간의 관계를 대안적으로 설명할 수 있다.
② 통제변수는 독립변수와 종속변수 간의 허위적 관계를 밝히는 데 활용된다.
③ 매개변수와 통제변수는 같은 의미이다.
④ 종속변수는 결과변수로서 독립변수에 의해 변이 값을 가진다.
⑤ 변수는 최소한 둘 이상의 변수값으로 구성된 변량이 있어야 한다.

해설 매개변수와 통제변수는 같지 않다. 매개변수는 독립변수와 종속변수 간의 중간 다리 역할을 하는 변수로, 독립변수에 영향을 받아 종속변수에 영향을 준다. 통제변수는 독립변수와 종속변수의 관계에 영향을 주는 변수들을 연구 과정에서 통제하는 변수이다.　　답 ③

최신 032 다음 가설에 포함된 변수에 관한 설명으로 옳은 것은? 　　23회

> 사회복지사가 느끼는 업무부담에 따른 소진 정도는 동료와의 친밀도에 따라 달라질 것이다.

① 소진정도: 통제변수
② 업무부담: 매개변수
③ 소진정도: 독립변수
④ 업무부담: 종속변수
⑤ 동료와의 친밀도: 조절변수

033 다음의 변수 중 산술평균의 산출이 적합한 변수를 모두 고른 것은? 23회

> ㉠ 만원 단위로 측정한 청소년의 월평균 용돈
> ㉡ 상·중·하 등급으로 평가한 국어 교과목의 성적
> ㉢ 연 단위로 측정한 청소년의 총 재학 기간
> ㉣ 가출 횟수로 측정한 청소년의 가출 경험

① ㉡
② ㉠, ㉢
③ ㉡, ㉣
④ ㉠, ㉢, ㉣
⑤ ㉠, ㉡, ㉢, ㉣

034 인과관계를 성립시키기 위한 요건에 해당하는 것을 모두 고른 것은? 17회

> ㉠ 독립변수가 종속변수를 시간적으로 앞서야 한다.
> ㉡ 독립변수와 종속변수가 일정한 방식으로 같이 변해야 한다.
> ㉢ 독립변수와 종속변수의 관계가 허위적 관계이어야 한다.

① ㉠
② ㉠, ㉡
③ ㉠, ㉢
④ ㉡, ㉢
⑤ ㉠, ㉡, ㉢

035 '사회복지사의 근무지역에 따른 직업만족도 차이의 연구'라는 논문의 제목에서 알 수 없는 것은? 17회

① 독립변수
② 종속변수
③ 통제변수
④ 분석단위
⑤ 독립변수의 측정수준

036 또래관계증진 프로그램이 결혼이민자 가정 자녀들의 자아정체감에 미치는 영향을 평가하는 연구를 실시하고자 한다. 이때 자아정체감의 차이를 불러올 수 있는 부모의 사회경제적 지위는 다음 중 무엇에 해당하는가? 17회

① 산출변수
② 외생변수
③ 투입변수
④ 종속변수
⑤ 전환변수

037 변수에 관한 설명으로 옳지 않은 것은? 17회

① 직접 관찰할 수 있는 것들만 측정한 것이다.
② 경험적으로 측정할 수 있는 개념이다.
③ 조작적 정의의 결과물이다.
④ 두 개 이상의 속성을 가져야만 한다.
⑤ 연속형 또는 비연속형으로 측정될 수 있다.

038 가정폭력이 피해 여성의 우울증에 미치는 영향은 여성이 맺고 있는 사회적 네트워크의 수준에 따라 달라진다는 연구 결과가 발표되었다. 이 연구에서 존재하지 않는 변수는? 18회

① 독립변수
② 매개변수
③ 종속변수
④ 조절변수
⑤ 내생변수

039 다음 연구주제를 검증하기 위하여 변수를 구성할 때 변수명(측정 방법), 해당 변수의 종류와 분석 가능한 통계 수치의 연결이 옳은 것은?
18회

> 학업중단 청소년의 아르바이트 경험이 삶의 만족에 미치는 영향은 또래 집단의 지지 정도에 따라 차이가 있을 것이다.

① 아르바이트 경험(유무) – 독립변수, 산술평균
② 아르바이트 경험(종류) – 독립변수, 최빈값
③ 아르바이트 경험(개월 수) – 조절변수, 중간값
④ 또래 집단의 지지(5점 척도) – 독립변수, 산술 평균
⑤ 삶의 만족(5점 척도) – 매개변수, 산술평균

040 다음 ( )에 알맞은 내용으로 옳은 것은? 19회

> • 독립변수 앞에서 독립변수에 영향을 주는 변수를 (㉠)라고 한다.
> • 독립변수의 결과인 동시에 종속변수의 원인이 되는 변수를 (㉡)라고 한다.
> • 다른 변수에 의존하지만 다른 변수에 영향을 미칠 수 없는 변수를 (㉢)라고 한다.
> • 독립변수와 종속변수 모두에 영향을 미치는 제3의 변수를 (㉣)라고 한다.

① ㉠: 외생변수, ㉡: 더미변수, ㉢: 종속변수, ㉣: 조절변수
② ㉠: 외생변수, ㉡: 매개변수, ㉢: 종속변수, ㉣: 더미변수
③ ㉠: 선행변수, ㉡: 조절변수, ㉢: 종속변수, ㉣: 외생변수
④ ㉠: 선행변수, ㉡: 매개변수, ㉢: 외생변수, ㉣: 조절변수
⑤ ㉠: 선행변수, ㉡: 매개변수, ㉢: 종속변수, ㉣: 외생변수

041 다음 〈사례〉에서 부모의 재산은 어떤 변수인가?
20회

> 한 연구에서 부모의 학력이 자녀의 대학 진학률에 영향을 미치는 것으로 나타났다. 그러나 부모의 재산이 비슷한 조사 대상에 한정하여 다시 분석해 본 결과, 부모의 학력과 자녀의 대학 진학률 사이에는 통계적으로 유의미한 관계가 없는 것으로 나타났다.

① 독립변수　　② 종속변수
③ 조절변수　　④ 억제변수
⑤ 통제변수

042 다음 변수의 측정 수준에 따른 분석 방법이 옳지 않은 것은? 21회

> ㉠ 출신지역: 도시, 도농복합, 농어촌, 기타
> ㉡ 교육수준: 무학, 초등학교 졸업, 중학교 졸업, 고등학교 졸업, 대졸 이상
> ㉢ 가출경험: 유, 무
> ㉣ 연간 기부금액: (　　　)만 원
> ㉤ 연령: 10대, 20대, 30대, 40대, 50대, 60대 이상

① ㉠: 최빈값　　② ㉡: 중위수
③ ㉢: 백분율　　④ ㉣: 범위
⑤ ㉤: 산술평균

043 변수에 관한 설명으로 옳지 않은 것은? 22회

① 매개변수(mediating variable)는 독립변수의 영향을 받아 종속변수에 영향을 미치는 변수이다.
② 통제변수(control variable)는 독립변수와 종속변수의 관계에 영향을 줄 수 있기 때문에 통제대상이 되는 변수이다.
③ 독립변수는 결과변수이고 종속변수는 설명변수이다.
④ 조절변수(moderating variable)는 독립변수와 종속변수 간의 관계의 강도에 영향을 미칠 수 있다.
⑤ 변수들 간의 관계는 그 속성에 따라 직선이 아닌 곡선의 형태로도 나타날 수 있다.

044 인과관계 추론에 관한 설명으로 옳은 것은? 22회

① 독립변수들 사이의 상관관계는 인과관계 추론의 일차적 조건이다.
② 독립변수와 종속변수 간의 관계는 두 변수 모두의 원인이 되는 제3의 변수로 설명되어서는 안 된다.
③ 종속변수가 독립변수를 시간적으로 앞서야 한다.
④ 횡단적 연구는 종단적 연구에 비해 인과관계 추론에 더 적합하다.
⑤ 독립변수의 변화는 종속변수의 변화와 관련성이 없어야 한다.

045 통계적 가설검증에 관한 설명으로 옳은 것은? 23회

① 가설의 지지여부는 연구가설을 직접 검증하여 반증한다.
② 신뢰수준을 95%에서 99로 높이면 제1종 오류의 가능성이 높아진다.
③ 연구가설은 두 변수 간의 관계가 오류에 의해 발생하였음을 가정한다.
④ 유의확률(p)이 설정한 유의수준(α)보다 낮으면 영가설을 기각한다.
⑤ 신뢰수준을 낮추면 제2종 오류의 가능성은 높아진다.

046 경험적으로 검증할 수 있는 가설의 예로 옳은 것은? 17회

① 불평등은 모든 사회에서 나타날 것이다.
② 대한민국에서 65세 이상인 노인이 전체 인구의 14% 이상이다.
③ 다양성이 존중되는 사회가 그렇지 않은 사회보다 더 바람직하다.
④ 여성의 노동참여율이 높을수록 출산율이 낮을 것이다.
⑤ 모든 행위는 비용과 보상에 의해 결정된다.

워밍업 문제 가설의 개념과 종류

가설에 관한 설명으로 옳지 않은 것은?
① 검증을 통해 문제 해결에 도움을 준다.
② 추상적이기보다는 구체적이어야 한다.
③ 2개 이상의 변수들 간의 관계를 서술한 것이다.
④ 이론이나 선행 연구에 기초해서 도출될 수 있다.
⑤ 사용되는 변수의 수에 따라 영가설과 대립가설로 구분된다.

해설 영가설과 대립가설은 사용되는 변수의 수에 따라 구분되는 것이 아니라, 검증 과정에 따라 구분되는 것이다.
참고 영가설과 대립가설
• 영가설: 연구가설을 기각하거나 부정하는 가설이다. 영가설이 틀렸음을 증명할 경우 연구가설이 채택될 수 있다.
• 대립가설: 일반적인 사실로 받아들일 수 있는 내용에 반대되는 가설로, 연구자가 새롭게 주장하는(검증하려는) 가설이다.

답 ⑤

---

047 영가설(null hypothesis)에 관한 설명으로 옳은 것은? 18회

① 변수 간의 관계가 존재한다는 가설이다.
② 변수 간 관계 없음이 검증된 가설이다.
③ 조사자가 검증하고자 하는 가설이다.
④ 영가설에 대한 반증가설이 연구가설이다.
⑤ 변수 간 관계가 우연임을 말하는 가설이다.

048 가설에 관한 설명으로 옳은 것을 모두 고른 것은? 18회

㉠ 이론적 배경을 가져야 한다.
㉡ 변수 간 관계를 가정한 문장이다.
㉢ 가설 구성을 통해 연구문제가 도출된다.
㉣ 창의적 해석이 가능하도록 개방적으로 구성되어야 한다.

① ㉠, ㉡
② ㉠, ㉢
③ ㉠, ㉡, ㉣
④ ㉡, ㉢, ㉣
⑤ ㉠, ㉡, ㉢, ㉣

049 통계적 가설검증에 관한 설명으로 옳지 않은 것은? 20회

① 영가설을 기각하면 연구가설이 잠정적으로 채택된다.
② 영가설은 연구가설과 대조되는 가설이다.
③ 통계치에 대한 확률(p)이 유의수준(α)보다 낮으면 영가설이 기각된다.
④ 연구가설은 표본의 통계치에 대한 가정이다.
⑤ 연구가설은 경험적으로 검증이 가능하여야 한다.

050 영가설에 관한 설명으로 옳은 것을 모두 고른 것은? 21회

㉠ 연구가설에 대한 반증가설이 영가설이다.
㉡ 영가설은 변수 간에 관계가 없음을 뜻한다.
㉢ 대안가설을 검증하여 채택하는 가설이다.
㉣ 변수 간의 관계가 우연이 아님을 증명한다.

① ㉠, ㉡
② ㉠, ㉣
③ ㉡, ㉢
④ ㉠, ㉢, ㉣
⑤ ㉡, ㉢, ㉣

051 영가설(null hypothesis)과 연구가설(research hypothesis)에 관한 설명으로 옳은 것은? 22회

① 연구가설은 연구의 개념적 틀 혹은 연구 모형으로부터 도출될 수 있다.
② 연구가설은 그 자체를 직접 검정할 수 있다.
③ 영가설은 연구가설의 검정 결과에 따라 채택되거나 기각된다.
④ 연구가설은 수집된 자료에서 나타난 차이나 관계가 표본추출에서 오는 우연에 의한 것으로 진술된다.
⑤ 연구가설은 영가설에 대한 반증의 목적으로 설정된다.

워밍업 문제   개념적 정의와 조작적 정의

개념의 조작화에 관한 설명으로 옳지 않은 것은?

① 양적 조사에서 매우 중요한 과정이다.
② 표준화된 척도는 조작화의 산물이다.
③ 명목적 정의로서 충분히 조작화가 가능하다.
④ 추상적 세계와 경험적 세계를 연결하는 작업이다.
⑤ 개념적으로 정의된 내용이 실제로 관찰되도록 정의하는 것이다.

[해설] 명목적 정의는 개념적 정의(사전적 정의)로서 조작화가 어렵다.   답 ③

---

053 양적 조사 방법에 관한 설명으로 옳은 것은?

20회

① 자료 수집을 완료한 후 가설을 설정해야 한다.
② 자료 수집 방법은 조사 설계에 포함할 수 없다.
③ 연구가설은 독립변수와 종속변수는 관계가 없다고 설정한다.
④ 개념적 정의는 측정가능성을 전제로 하지 않는다.
⑤ 사회과학에서 이론은 직접 검증을 원칙으로 한다.

---

052 측정의 개념적 정의와 조작적 정의에 관한 설명으로 옳은 것은?

23회

① 조작적 정의는 개념적 정의에 비해 주관적 해석의 수준이 낮다.
② 조작적 정의는 양적 조사에 비해 질적 조사에서 더욱 중요하다.
③ 측정하고자 하는 개념의 의미는 조작적 정의를 통해 확장된다.
④ '조작적 정의 → 개념적 정의 → 측정'의 순서로 이루어진다.
⑤ 개념적 정의를 통해 변수를 직접 측정할 수 있다.

---

054 변수의 조작적 정의에 관한 설명으로 옳은 것을 모두 고른 것은?

21회

ㄱ. 개념적 정의를 실제로 관찰할 수 있는 수준으로 전환시키는 것이다.
ㄴ. 조작적 정의를 하면 개념의 의미가 다양하고 풍부해진다.
ㄷ. 조작적 정의를 통해 개념이 더욱 추상화된다.
ㄹ. 조작적 정의가 없이도 가설 검증이 가능하다.

① ㄱ   ② ㄱ, ㄴ
③ ㄴ, ㄷ   ④ ㄱ, ㄴ, ㄷ
⑤ ㄱ, ㄷ, ㄹ

UNIT 04 척도 구성

정답과 해설 122쪽

워밍업 문제 — 측정 척도(변수)

척도에 관한 설명으로 옳은 것은?

① 명목척도의 숫자는 크기의 의미를 가진다.
② 서열척도의 숫자 간의 차이는 절대적 의미를 가진다.
③ 등간척도는 범주, 서열, 간격의 정보를 가진다.
④ 비율척도는 각각의 값에 절대적 의미가 없으며, 0을 포함한다.
⑤ 등간척도에서는 중심경향을 나타내는 값으로 평균만 사용할 수 있다.

해설 등간척도(양적변수)는 관찰대상의 속성값을 상대적 크기(상대적 0점을 가짐)로 나타낸 것으로, 서열 간의 거리가 같다. 덧셈, 뺄셈은 가능하지만 곱셈과 나눗셈은 불가능하다. 명목척도와 서열척도의 특징을 모두 가지고 있으면서 '크기의 정도(온도계, 리커트 5점 척도, IQ 및 EQ 점수, 물가지수, 사회지표 등)'를 말할 수 있는 척도이다. **답** ③

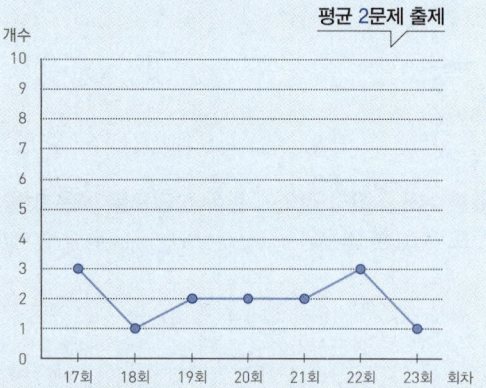

시험 실시간·차트

평균 2문제 출제

실시간 출제 키워드
▲ 척도의 종류와 특징
▲ 측정의 특징
▲ 변수의 측정 수준

055 측정의 4등급 – 사례 – 가능한 통계분석의 연결이 옳지 않은 것은? 17회

① 명목등급 – 베이비붐 세대 여부 – 백분율
② 서열등급 – 학점(A, B, C…) – 최빈치
③ 등간등급 – 온도(℃) – 중위수
④ 비율등급 – 시험점수(0~100점) – 산술평균
⑤ 명목등급 – 성별, 현재 흡연 여부 – 교차분석

056 다음 변수의 측정 수준을 고려하여 변수의 유형을 순서대로 나열한 것은? 18회

> - 장애 유형 – 정신장애, 지체장애 등
> - 장애 등록 후 기간 – 개월 수
> - 장애 등록 연령 – 나이
> - 장애인의 건강 정도 – 상, 중, 하

① 비율변수, 비율변수, 서열변수, 명목변수
② 명목변수, 비율변수, 비율변수, 서열변수
③ 명목변수, 등간변수, 명목변수, 서열변수
④ 등간변수, 비율변수, 서열변수, 비율변수
⑤ 명목변수, 비율변수, 비율변수, 명목변수

057 척도에 관한 설명으로 옳은 것을 모두 고른 것은? 19회

> ㄱ. 명목척도는 응답범주의 서열이 없는 척도이다.
> ㄴ. 비율척도의 대표적인 유형은 리커트척도이다.
> ㄷ. 비율척도는 절대0점이 존재하는 척도이다.
> ㄹ. 서열척도는 변수의 속성에 따라 일정한 범주로 분류한다.

① ㄱ, ㄴ ② ㄴ, ㄹ
③ ㄷ, ㄹ ④ ㄱ, ㄴ, ㄷ
⑤ ㄱ, ㄷ, ㄹ

058 측정수준이 서로 다른 변수로 묶인 것은? 20회

① 연령, 백신 접종률
② 학년, 이수과목의 수
③ 섭씨(℃), 화씨(℉)
④ 강우량, 산불 발생 건수
⑤ 거주지역, 혈액형

059 다음 연구과제의 변수들을 측정할 때 ㉠~㉣의 척도유형을 바르게 짝 지은 것은? 21회

> 장애인의 성별(㉠)과 임금수준의 관계를 정확하게 파악하기 위해서는 장애유형(㉡), 거주지역(㉢), 직업 종류(㉣)와 같은 변수들의 영향력을 적절히 통제해야 한다.

① ㉠: 명목, ㉡: 명목, ㉢: 명목, ㉣: 명목
② ㉠: 명목, ㉡: 서열, ㉢: 서열, ㉣: 명목
③ ㉠: 명목, ㉡: 서열, ㉢: 명목, ㉣: 비율
④ ㉠: 명목, ㉡: 등간, ㉢: 명목, ㉣: 명목
⑤ ㉠: 명목, ㉡: 등간, ㉢: 서열, ㉣: 비율

060 척도의 종류가 올바르게 짝 지어진 것은? 22회

> ㉠ 종교 – 기독교, 불교, 천주교, 기타
> ㉡ 교육연수 – 정규 학교 교육을 받은 기간(년)
> ㉢ 학점 – A, B, C, D, F

① ㉠: 명목척도, ㉡: 서열척도, ㉢: 비율척도
② ㉠: 명목척도, ㉡: 비율척도, ㉢: 서열척도
③ ㉠: 비율척도, ㉡: 등간척도, ㉢: 서열척도
④ ㉠: 서열척도, ㉡: 등간척도, ㉢: 비율척도
⑤ ㉠: 서열척도, ㉡: 비율척도, ㉢: 명목척도

061 측정의 수준이 서로 다른 변수로 묶인 것은? 22회

① 대학 전공, 아르바이트 경험 유무
② 복지비 지출 증가율, 월평균 소득(만원)
③ 온도(℃), 지능지수(IQ)
④ 생활수준(상, 중, 하), 혈액형
⑤ 성별, 현재 흡연여부

워밍업 문제   척도의 개념과 종류

다음에서 설명하고 있는 척도로 옳은 것은?

> - 각각의 문항은 측정하고자 하는 개념의 속성에 동일하게 기여한다.
> - 내적 일관성 검증으로 신뢰도가 낮은 항목은 삭제할 필요가 있다.
> - 각 문항별 응답 점수의 총합이 측정하고자 하는 개념을 대표한다는 가정에 근거한다.

① 리커트척도
② 거트만척도
③ 서스톤척도
④ 의미분화척도
⑤ 사회적 거리척도

해설 리커트척도는 알고자 하는 변수와 관련된 진술들을 수집하고, 각 질문에 5점 척도로 구성된 서열식 응답 범주를 설정한다. 다수의 문항을 하나의 척도로 구성하기 때문에 각각의 문항은 측정하고자 하는 개념의 속성에 동일하게 기여한다. 내적 일관성 검증이 필요하다는 점으로 보아 제시된 내용은 리커트척도에 관한 내용이다. **답** ①

---

062 ○○고등학교에서는 전교생을 대상으로 취약청소년 집단(A, B, C)에 대한 사회적 거리감을 조사하고자 한다. 아래에서 제시되는 척도로 옳은 것은?   23회

> ※ 각 대상에 관한 귀하의 생각에 해당 되는 칸에 "○"표 하십시오.
>
> | 문항 | A집단 청소년 | B집단 청소년 | C집단 청소년 |
> |---|---|---|---|
> | 1. 친밀한 동아리 구성원으로 받아들임 | | | |
> | 2. 같은 학교의 구성원으로 받아들임 | | | |
> | 3. 일시적인 방문객으로 받아들임 | | | |

① 리커트척도(Likert scale)
② 어의적 분화척도(semantic differential scale)
③ 보가더스척도(Bogardus scale)
④ 소시오매트릭스(sociomatrix)
⑤ 서스톤척도(Thurstone scale)

---

063 다음은 무엇에 관한 설명인가?   17회

> A 연구소가 정치적 보수성을 판단할 수 있는 문항들의 상대적인 강도를 11개의 점수로 평가자들에게 분류하게 한다. 다음 단계로 평가자들 간에 불일치도가 높은 항목들을 제외하고, 각 문항이 평가자들로부터 받은 점수의 중위수를 가중치로 하여 정치적 보수성 척도를 구성한다.

① 거트만(Guttman)척도
② 서스톤(Thurstone)척도
③ 리커트(Likert)척도
④ 보가더스(Borgadus)척도
⑤ 의미 차이(sematic differential)척도

---

064 측정 및 측정도구에 관한 설명으로 옳은 것을 모두 고른 것은?   17회

> ㄱ. 측정도구를 개발하기 위해서 조작화가 요구된다.
> ㄴ. 문화적 편견은 측정의 무작위 오류를 발생시킨다.
> ㄷ. 리커트척도 구성(scaling)은 서열척도 구성이다.
> ㄹ. 수능시험은 대학에서의 학업능력을 예비적으로 파악하는 측정도구이다.

① ㄴ, ㄷ   ② ㄴ, ㄹ
③ ㄱ, ㄷ, ㄹ   ④ ㄴ, ㄷ, ㄹ
⑤ ㄱ, ㄴ, ㄷ, ㄹ

065 다음이 설명하는 척도로 옳은 것은? 19회

- 사회복지사에 대해 느끼는 감정에 대해 해당 점수에 체크하시오.

  　　　　1점 2점 3점 4점 5점 6점 7점
  1. 친절한 |—|—|—|—|—|—| 불친절한
  2. 행복한 |—|—|—|—|—|—| 불행한

① 리커트척도(Likert scale)
② 거트만척도(Guttman scale)
③ 보가더스척도(Bogardus scale)
④ 어의적 분화척도(semantic differential scale)
⑤ 서스톤척도(Thurstone scale)

066 척도 유형에 관한 설명으로 옳지 않은 것은? 20회

① 리커트척도(Likert scale)는 문항 간 내적 일관성이 중요하다.
② 거트만척도(Guttman scale)는 누적척도이다.
③ 서스톤척도(Thurstone scale)의 장점은 개발의 용이성이다.
④ 보가더스척도(Borgadus scale)는 사회집단 간의 심리적 거리감을 측정하는 데 적절하다.
⑤ 의미 분화척도(semantic differential scale)의 문항은 한 쌍의 대조되는 형용사를 사용한다.

067 척도에 관한 설명으로 옳은 것은? 21회

① 리커트(Likert)척도는 개별문항의 중요도를 차등화한다.
② 보가더스(Bogardus)의 사회적 거리척도는 누적척도이다.
③ 평정(rating)척도는 문항의 적절성 평가가 용이하다.
④ 거트만(Guttman)척도는 다차원적 내용을 분석할 때 사용된다.
⑤ 의미 차별(semantic differential)척도는 느낌이나 감정을 나타내는 한 쌍의 유사한 형용사를 사용한다.

068 측정에 관한 설명으로 옳지 않은 것은? 22회

① 측정은 연구대상의 속성에 대하여 일정한 규칙에 따라 숫자나 기호를 부여하는 과정이다.
② 사회과학에서는 개념을 측정하기 위해 특질 자체를 측정하기보다는 특질을 나타내는 지표를 사용하여 간접적으로 측정하는 경우가 많다.
③ 보가더스(Bogardus)의 사회적 거리척도는 등간척도의 한 종류이다.
④ 리커트(Likert)척도는 각 문항의 점수를 합산하여 전체적인 경향이나 특성을 측정하는 방법이다.
⑤ 측정항목의 수를 많게 하면 신뢰도가 높아지는 경향이 있다.

UNIT 05

측정의 타당도와 신뢰도

정답과 해설 125쪽

워밍업 문제 | 타당도의 개념과 종류

타당도와 신뢰도의 관계를 기술한 설명으로 옳지 않은 것은?

① 타당도가 낮은 측정의 경우 신뢰도는 높을 수도 있고 낮을 수도 있다.
② 타당도가 낮은 측정은 항상 신뢰도가 낮다.
③ 신뢰도가 높다고 해서 반드시 타당도가 높은 것은 아니다.
④ 신뢰도가 낮은 측정은 항상 타당도가 낮다.
⑤ 타당도가 높은 측정은 항상 신뢰도가 높다.

[해설] 측정의 타당도와 신뢰도의 관계에서 기본적으로 타당도가 높으면 신뢰도도 높고, 신뢰도가 낮으면 타당도도 낮다. 그러나 타당도가 낮은 측정의 경우 신뢰도는 낮을 수도 있고, 높을 수도 있다.

답 ②

시험 실시간 차트

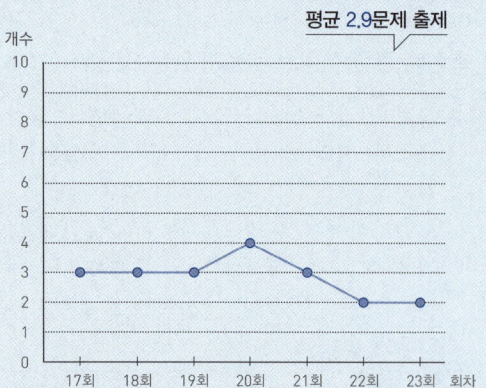

평균 2.9문제 출제

실시간 출제 키워드

▲ 타당도
▲ 신뢰도
▲ 측정

최신 069 다음의 사례에서 확인하고 있는 타당도로 옳은 것은? 23회

> A 사회복지사는 종합사회복지관 이용만족에 관한 측정도구의 타당도를 확인하고자 한다. 이를 위해 전문가들을 대상으로 프로그램, 사회복지사의 전문성 등의 요소가 측정문항에 충분히 포함되어 있는지에 대한 의견을 확인하였다.

① 내용타당도
② 판별타당도
③ 예측타당도
④ 동시타당도
⑤ 수렴타당도

070 외적 타당도와 내적 타당도에 관한 설명으로 옳지 않은 것은? 17회

① 사전검사의 실시가 내적 타당도에 부정적으로 영향을 미칠 수 있다.
② 외적 타당도를 높이는 중요한 전략 중 하나는 연구를 반복적으로 실시하여 결과를 축적하는 것이다.
③ 내적 타당도가 높으면 외적 타당도 또한 높다.
④ 자신이 연구대상자라는 인식이 외적 타당도를 낮출 수 있다.
⑤ 내적 타당도는 인과관계를 추론할 수 있는 정도를 의미한다.

071 다음에서 설명하는 타당도 유형은? 17회

최근에 개발된 불안척도를 사용하여 불안으로 치료 중인 집단과 일반인 집단의 불안수준을 측정하였다. 측정 결과 치료집단의 평균이 일반인 집단의 평균보다 통계적으로 유의미하게 높아 불안척도는 두 집단을 잘 구별하였다.

① 액면(face)타당도
② 내용(content)타당도
③ 기준(criterion)타당도
④ 이해(nomological)타당도
⑤ 수렴(convergent)타당도

072 다음에서 설명하고 있는 타당도는? 18회

측정되는 개념이 속한 이론 체계 내에서 다른 개념들과 논리적으로 어느 정도 관련성을 갖고 있는지를 경험적으로 검증하는 가장 수준이 높은 타당도

① 액면타당도(face validity)
② 기준타당도(criterion validity)
③ 동시타당도(concurrent validity)
④ 구성타당도(construct validity)
⑤ 예측타당도(predictive validity)

073 다음 〈사례〉에서 측정하고자 하는 타당도로 옳은 것은? 19회

연구자는 새로 개발한 우울척도 A의 타당도를 확인하기 위하여 자아존중감척도 B와의 상관계수를 산출하였다. 그 결과, A와 B의 상관관계가 매우 낮은 것을 확인하였다.

① 동시타당도(concurrent validity)
② 판별타당도(discriminant validity)
③ 내용타당도(content validity)
④ 수렴타당도(convergent validity)
⑤ 예측타당도(predictive validity)

074 척도의 타당도를 평가하는 기준이 아닌 것은?
20회

① 하나의 개념을 측정하는 개별 항목들 간의 일관성
② 이론적으로 관련성이 없는 두 개념을 측정한 두 척도 간의 상관관계
③ 어떤 척도와 기준이 되는 척도 간의 상관관계
④ 개념 안에 포함된 포괄적인 의미를 척도가 포함하는 정도
⑤ 개별 항목들이 연구자가 의도한 개념을 구성하는 요인으로 모이는 정도

워밍업 문제 신뢰도의 개념과 종류

조사의 신뢰도를 높이기 위한 방법으로 옳지 않은 것은?
① 측정 문항의 내용을 명확하게 한다.
② 측정 항목 수를 가능한 한 줄인다.
③ 측정자들의 측정 방식이나 태도에 일관성이 있어야 한다.
④ 동일한 질문이나 유사한 질문을 2회 이상 하여 응답자가 일관성 있는 응답을 하도록 유도한다.
⑤ 측정자에게 측정도구에 대한 교육과 훈련을 실시해 사전 준비를 철저히 한다.

해설 신뢰도를 높이기 위해서는 측정 항목 수가 많은 것이 좋다. 하지만 단순히 측정 항목의 수만 늘리는 것은 옳지 않으며, 그 항목들이 양질이어야 한다. **답** ②

---

075 타당도에 관한 설명으로 옳은 것을 모두 고른 것은?
21회

㉠ 특정 개념에 포함되어 있는 의미를 포괄하는 정도는 내용타당도(content validity)이다.
㉡ 개발된 측정도구의 측정값을 현재 사용되고 있는 측정도구와 비교하는 것은 동시타당도(concurrent validity)이다.
㉢ 예측타당도(predict validity)의 하위타당도는 기준관련타당도(criterion-related validity)와 동시타당도이다.
㉣ 측정하려는 개념이 포함된 이론체계 안에서 다른 변수와 관련된 방식에 기초한 타당도는 구성타당도(construct validity)이다.

① ㉠, ㉡ ② ㉡, ㉢
③ ㉢, ㉣ ④ ㉠, ㉡, ㉣
⑤ ㉠, ㉡, ㉢, ㉣

---

076 측정도구의 타당도와 신뢰도에 관한 설명으로 옳지 않은 것은?
23회

① 신뢰도는 측정값의 일관성 정도를 의미한다.
② 타당도는 측정하고자 하는 바를 반영하는 정도를 의미한다.
③ 측정항목의 수가 적어지면 신뢰도가 낮아지는 경향이 있다.
④ 신뢰도는 타당도의 필요충분조건이 된다.
⑤ 타당도가 높으면 신뢰도는 높은 경우가 많다.

077 측정도구의 신뢰도에 관한 설명으로 옳은 것은?

17회

① 일관성 또는 안정성으로 표현될 수 있는 개념이다.
② 측정도구가 의도하는 개념의 실질적 의미를 반영하는 정도와 관련이 있다.
③ 검사-재검사 신뢰도는 가장 널리 사용되는 신뢰도 유형이다.
④ 사회적 바람직성 편향은 신뢰도를 낮추는 주요 요인이다.
⑤ 특정 개념을 측정하는 문항 수가 많을수록 신뢰도는 낮아진다.

078 측정의 신뢰도와 타당도에 관한 설명으로 옳은 것은?

18회

① 신뢰도는 일관성으로 표현될 수 있는 개념이다.
② 측정도구의 문항 수가 적을수록 신뢰도는 높아진다.
③ 검사-재검사 방법은 타당도를 측정하는 방법이다.
④ 편향(bias)은 측정의 비체계적 오류와 관련된다.
⑤ 측정도구의 신뢰도가 높아지면 타당도도 높아진다.

079 측정에 관한 설명으로 옳지 <u>않은</u> 것은?

19회

① 일정한 규칙에 따라 측정대상에 값을 부여하는 과정이다.
② 이론적 모델과 사건이나 현상을 연결하는 방법이다.
③ 사건이나 현상을 세분화하고 통계적 분석에 활용할 수 있는 정보를 제공한다.
④ 측정도구의 신뢰도를 높이기 위해서는 설문 문항 수가 적을수록 좋다.
⑤ 측정의 수준에 따라 명목, 서열, 등간, 비율의 4가지 유형으로 분류한다.

080 신뢰도를 측정하는 방법으로 옳은 것을 모두 고른 것은?

19회

| ㄱ. 재검사법 |
| ㄴ. 대안법 |
| ㄷ. 반분법 |
| ㄹ. 내적 일관성 분석법 |

① ㄴ
② ㄱ, ㄷ
③ ㄴ, ㄹ
④ ㄱ, ㄷ, ㄹ
⑤ ㄱ, ㄴ, ㄷ, ㄹ

081 신뢰도에 관한 설명으로 옳은 것을 모두 고른 것은? 20회

> ㉠ 재검사법, 반분법은 신뢰도를 평가하는 방법이다.
> ㉡ 신뢰도는 타당도의 필요충분조건이다.
> ㉢ 측정할 때마다 실제보다 5g 더 높게 측정되는 저울은 신뢰도가 있다.

① ㉠
② ㉡
③ ㉠, ㉡
④ ㉠, ㉢
⑤ ㉠, ㉡, ㉢

082 신뢰도를 높이는 방법에 관한 설명으로 옳은 것은? 20회

① 측정 항목 수를 가능한 줄여야 한다.
② 유사한 질문을 2회 이상 하지 않는다.
③ 측정자에게 측정도구에 대한 교육을 사후에 실시한다.
④ 측정자들이 측정방식을 대상자에 맞게 유연하게 바꾸어야 한다.
⑤ 조사대상자가 알지 못하는 내용에 대해서는 측정하지 않는 것이 좋다.

083 신뢰도를 측정하는 방법으로 옳지 않은 것은? 21회

① 동일한 상황에서 동일한 측정도구로 동일한 대상을 다시 측정하는 방법
② 측정도구를 반으로 나누어 두 개의 독립된 척도로 구성한 후 동일한 대상을 측정하는 방법
③ 상관관계가 높은 문항들을 범주화하여 하위요인을 구성하는 방법
④ 동질성이 있는 두 개의 측정도구를 동일한 대상에게 측정하는 방법
⑤ 전체 척도와 척도의 개별항목이 얼마나 상호연관성이 있는지 분석하는 방법

084 내적 일관성 방법에 근거하여 신뢰도를 측정하는 방법으로 옳은 것을 모두 고른 것은? 22회

> ㉠ 검사-재검사법   ㉡ 조사자 간 신뢰도
> ㉢ 알파계수   ㉣ 대안법

① ㉠
② ㉢
③ ㉡, ㉢
④ ㉠, ㉢, ㉣
⑤ ㉡, ㉢, ㉣

085 신뢰도와 타당도에 관한 설명으로 옳은 것은? 22회

① 타당도가 있다면 어느 정도 신뢰도가 있다고 볼 수 있다.
② 신뢰도가 높을 경우 타당도도 높다고 할 수 있다.
③ 요인분석법은 신뢰도를 측정하는 방법이다.
④ 신뢰도는 측정하려고 의도된 개념을 얼마나 정확하게 측정하는가를 나타내는 것이다.
⑤ 주어진 척도가 측정하고자 하는 내용을 담고 있다고 일련의 전문가가 판단할 때 판별타당도가 있다고 한다.

워밍업 문제 | 측정 오류

측정 오류에 관한 설명으로 옳은 것을 모두 고른 것은?

> ㉠ 체계적 오류는 측정도구의 구성에서 발생할 수 있다.
> ㉡ 측정 오류의 정도는 측정대상과 측정도구의 성격에 따라 차이가 나타난다.
> ㉢ 측정 오류는 신뢰도와 타당도가 확보된 측정도구를 이용하여 예방할 수 있다.
> ㉣ 무작위 오류는 수집된 자료를 코딩하는 과정에서 잘못 입력하는 경우에 발생한다.

① ㉠, ㉡, ㉢   ② ㉠, ㉢
③ ㉡, ㉣   ④ ㉣
⑤ ㉠, ㉡, ㉢, ㉣

[해설] ㉠, ㉡, ㉢, ㉣ 모두 옳은 내용이다.
㉠ 체계적 오류는 측정도구의 구성에서 발생할 수 있으므로, 오류를 줄이기 위해서는 역문항을 적절히 배치하는 것이 좋다.
㉡ 측정 오류는 추상적 개념을 경험적 속성으로 변환하는 과정에서 나타나는 오류로, 측정대상, 측정도구, 측정자에 따라서 발생할 수 있다.
㉢ 측정 오류는 신뢰도와 타당도가 확보된 측정도구를 이용하여 예방할 수 있다. 신뢰도가 확보된 측정도구로는 비체계적 오류를 예방하고, 타당도가 확보된 측정도구로는 체계적 오류를 예방한다.
㉣ 무작위 오류는 수집된 자료를 코딩하는 과정에서 잘못 입력하는 경우에 발생하며, 코딩은 부호화의 과정으로 잘못 입력되면 일정한 경향 없이 무작위 배치될 가능성이 있다.

답 ⑤

---

087 측정에 관한 설명으로 옳지 <u>않은</u> 것은? 20회

① 측정은 연구대상에 대해 일정한 규칙에 따라 숫자나 기호를 부여하는 과정이다.
② 지표는 개념 속에 내재된 속성들이 표출되어 나타난 결과를 말한다.
③ 측정의 체계적 오류는 타당도와 관련이 없다.
④ 리커트척도는 각 항목의 단순 합산을 통해 서열성을 산출한다.
⑤ 조작적 정의는 실질적으로 측정하게 되는 연구대상의 세부적 속성이다.

---

086 측정 시 나타날 수 있는 체계적 오류에 관한 설명으로 옳지 <u>않은</u> 것은? 18회

① 코딩 왜곡은 체계적 오류를 발생시킨다.
② 익명의 응답은 체계적 오류를 최소화한다.
③ 편견 없는 단어는 체계적 오류를 최소화한다.
④ 척도 구성 과정의 실수는 체계적 오류를 발생시킨다.
⑤ 비관여적 관찰은 체계적 오류를 최소화한다.

---

088 측정의 오류에 관한 설명으로 옳지 <u>않은</u> 것은? 21회

① 연구자의 의도가 포함된 질문은 체계적 오류를 발생시킨다.
② 사회적으로 바람직한 응답은 체계적 오류를 발생시킨다.
③ 측정의 오류는 연구의 타당도를 낮춘다.
④ 타당도가 낮은 척도의 사용은 무작위 오류를 발생시킨다.
⑤ 측정의 다각화는 측정의 오류를 줄여 객관성을 높인다.

UNIT 06 표본 설계

정답과 해설 127쪽

워밍업 문제
표본 설계 절차와 표집오차 및 크기

표집에 관한 설명으로 옳지 않은 것은?
① 신뢰 수준은 표집오차와 관련된다.
② 표본의 크기를 결정한 후 모집단을 정한다.
③ 확률 표집은 조사자의 주관성을 배제할 수 있다.
④ 표집은 모집단으로부터 조사대상을 선정하는 과정이다.
⑤ 표집은 연구 목적, 문제 행동 등의 연구 과정을 고려하여 실시해야 한다.

해설 표본의 크기를 결정한 후 모집단을 정하는 것이 아니라, 모집단을 정한 이후 표본의 크기를 결정할 수 있다. 표집과정은 '모집단 선정 → 표집틀 선정 → 표집 방법 결정 → 표본 크기 결정 → 추출'의 순서로 이루어진다. **답** ②

시험 실시간 차트

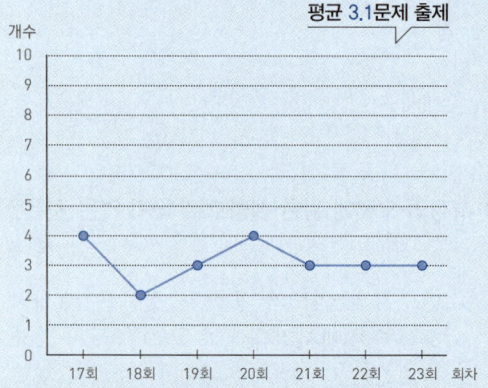

평균 3.1문제 출제

실시간 출제 키워드
▲ 표집방법
▲ 표집오차
▲ 표집의 종류

최신 089 표본 연구에 관한 설명으로 옳지 않은 것은?
23회

① 표본 연구는 전수 연구에 비해 시간과 비용 측면에서 효율적이다.
② 모집단이 큰 경우에는 표본 연구가 적합하다.
③ 표본 연구는 전수 연구에 비해 비표본오차가 크다.
④ 전수 연구에서 모수와 통계치의 구분은 필요하지 않다.
⑤ 확률표집은 비확률표집에 비해 정확한 표집틀이 필요하다.

090 표본의 크기에 관한 설명으로 옳은 것은? 23회

① 추정치가 모수에 근접할 확률은 표본의 크기에 반비례한다.
② 모집단 내 편차가 클수록 표본의 크기를 늘려야 한다.
③ 조사비용과 시간의 한계는 표본의 크기와 관련이 없다.
④ 표본의 크기와 표본오차는 비례한다.
⑤ 통계분석방법은 표본의 크기와 관련이 없다.

091 표본의 대표성에 관한 설명으로 옳지 않은 것은? 17회

① 무작위로 추출된 표본의 크기는 표본의 대표성과 관계가 있다.
② 층화표본추출은 단순무작위 표본추출보다 대표성이 높은 표본을 추출하는 방법으로 알려져 있다.
③ 표본의 대표성은 표본의 질을 판단하는 주요 기준이다.
④ 동일확률선정법으로 추출된 표본은 모집단을 완벽하게 대표한다.
⑤ 모집단의 동질성은 표본의 대표성과 관계가 있다.

092 표본크기에 관한 설명으로 옳지 않은 것은? 19회

① 표본의 크기가 클수록 시간과 비용이 많이 든다.
② 신뢰수준을 높이려면 표본의 크기도 커져야 한다.
③ 표본의 크기가 증가하면 표본오차(sampling error)도 커진다.
④ 모집단이 이질적인 경우에는 표본의 크기를 늘려야 한다.
⑤ 같은 표본추출방법을 사용한다면 표본의 크기가 클수록 대표성은 커진다.

093 다른 조건이 같다면, 확률표집에서 표집오차(sampling error)에 관한 설명으로 옳지 않은 것은? 20회

① 표준오차(standard error)가 커지면 표집오차도 커진다.
② 신뢰수준(confidence level)을 높이면 표집오차가 감소한다.
③ 표본의 수가 증가하면 표집오차가 감소한다.
④ 이질적인 모집단보다 동질적인 모집단에서 추출한 표본의 표집오차가 작다.
⑤ 층화를 통해 단순무작위추출의 표집오차를 줄일 수 있다.

094 표집오차(sampling error)에 관한 설명으로 옳지 않은 것은? 21회

① 신뢰수준을 높이면 표집오차는 감소한다.
② 모집단의 모수와 표본의 통계치 간의 차이이다.
③ 표본의 크기가 커지면 표집오차는 커진다.
④ 모집단의 동질성에 영향을 받는다.
⑤ 표본으로 추출될 기회가 동등하면 표집오차는 감소한다.

095 표집오차(sampling error)에 관한 설명으로 옳지 않은 것은? 22회

① 표본의 선정과정에서 발생하는 오차이다.
② 표집방법에 따라 달라질 수 있다.
③ 동일한 조건이라면 표본크기가 클수록 감소한다.
④ 모집단의 크기와 표본크기의 차이를 말한다.
⑤ 동일한 조건이라면 이질적 집단보다 동질적 집단에서 추출한 표본의 표집오차가 작다.

096 다음의 연구에서 활용한 표집방법에 관한 설명으로 옳은 것은? 23회

> 노인복지관 만족도 조사를 위해 지역 내 전체 노인복지관별 등록자명단에서 등록인원 수에 비례해서 난수표를 활용하여 표본을 선정하였다.

① 최종적인 표본 선정은 비확률표집 방법을 활용하여 이루어진다.
② 군집표집에 의한 조사에 비해 표집오차를 줄일 수 있다.
③ 표집단계에서의 편향성을 해결하기 위해 분석단계에서 가중치를 활용한다.
④ 표집틀의 부재로 상위군집에서 하위군집으로 이동하여 최종 표본을 추출한다.
⑤ 표본의 집단별 분포를 미리 정하고 할당된 수만큼의 표본을 임의로 선정한다.

워밍업 문제 표집 방법

표집 유형에 관한 설명으로 옳지 않은 것은?

① 눈덩이표집은 비확률표집이다.
② 할당표집은 표집오차의 추정이 가능하다.
③ 유의표집은 표본의 대표성을 보장할 수 없다.
④ 집락표집은 집락 간 표집오차가 발생할 수 있다.
⑤ 단순무작위표집은 모집단의 명부를 확보해야 한다.

[해설] 할당표집은 비확률표집 방법 중 하나로, 표집오차의 추정(모수 추정의 가능성)이 어려워 일반화에 한계가 있다.

답 ②

097 소득 주도 성장에 대한 국내 일간지의 사설을 내용분석할 때, 다음의 표본추출 방법 중 가능한 것을 모두 고른 것은? 17회

> ㄱ. 무작위표본추출
> ㄴ. 층화표본추출
> ㄷ. 체계적 표본추출
> ㄹ. 군집(집락)표본추출

① ㄱ, ㄴ　　② ㄱ, ㄹ
③ ㄴ, ㄷ　　④ ㄴ, ㄷ, ㄹ
⑤ ㄱ, ㄴ, ㄷ, ㄹ

098 할당표본추출에 관한 설명으로 옳지 않은 것은?

17회

① 연구자는 모집단에 대한 사전지식을 가지고 있어야 한다.
② 연구자의 편향적 선정이 이루어질 수 있다.
③ 모집단의 구성요소들이 표본으로 선정될 확률이 동일하지 않다.
④ 표본추출 시 할당틀을 만들어 사용한다.
⑤ 전체 모집단에서 직접 표본을 추출한다.

099 표본추출 과정을 올바르게 나열한 것은? 17회

㉠ 모집단 확정
㉡ 표본 크기 결정
㉢ 표본추출
㉣ 표본추출 방법 결정
㉤ 표집틀 선정

① ㉠ → ㉣ → ㉤ → ㉢ → ㉡
② ㉠ → ㉤ → ㉣ → ㉡ → ㉢
③ ㉡ → ㉤ → ㉠ → ㉣ → ㉢
④ ㉣ → ㉠ → ㉤ → ㉢ → ㉡
⑤ ㉤ → ㉠ → ㉣ → ㉡ → ㉢

100 다음에 해당하는 표집 방법은?

18회

> 빈곤노인을 위한 새로운 사회복지서비스 개발을 위해 사회복지관의 노인 사례관리담당자에게 의뢰하여 자신의 욕구를 잘 표현할 수 있는 빈곤노인을 조사대상으로 선정하였다.

① 층화표집
② 할당표집
③ 의도적 표집
④ 우발적 표집
⑤ 체계적 표집

101 확률표집에 관한 설명으로 옳지 않은 것은?

18회

① 무작위추출 방식으로 표본을 추출한다.
② 의식적이거나 무의식적인 편향(bias)을 방지할 수 있다.
③ 모집단의 규모와 특성을 알 때 사용할 수 있다.
④ 표본오차를 추정할 수 있다.
⑤ 질적 연구에서 주로 사용된다.

102 질적 조사에서 일반적으로 사용되는 표본추출 방법으로 옳지 않은 것은?   19회

① 이론적(theoretical) 표본추출
② 집락(cluster)표본추출
③ 눈덩이(snowball)표본추출
④ 극단적 사례(extreme case)표본추출
⑤ 최대변이(maximum variation)표본추출

103 다음 〈사례〉에서 설명하는 표본추출 방법은?   19회

> 사회복지사들의 감정노동 정도를 조사하기 위하여 설문조사를 실시하였다. 표본은 전국 사회복지관에 근무하는 사회복지사를 대상으로 연령(30세 미만, 30세 이상 50세 미만, 50세 이상)을 고려하여 연령 집단별 각각 100명씩 총 300명을 임의추출하였다.

① 비례층화표본추출
② 할당표본추출
③ 체계적 표본추출
④ 눈덩이표본추출
⑤ 집락표본추출

104 다음 〈사례〉의 표집에 관한 설명으로 옳은 것은?   20회

> 400명의 명단에서 80명의 표본을 선정하는 경우, 그 명단에서 최초의 다섯 사람 중에서 무작위로 한 사람을 뽑는다. 그 후 표집간격만큼을 더한 번호에 해당하는 사람을 표본으로 선택한다.

① 단순무작위표집이다.
② 표집틀이 있어야 한다.
③ 모집단의 배열에 일정한 주기성을 가지고 있어야 한다.
④ 비확률표집법을 사용하였다.
⑤ 모집단에 대한 대표성이 부족하다.

105 표집에 관한 설명으로 옳은 것은?   20회

① 할당표집(quota sampling)은 무작위표집을 전제로 한다.
② 유의표집(purposive sampling)은 확률표집이다.
③ 눈덩이표집(snowball sampling)은 모집단의 규모를 알아야만 사용할 수 있다.
④ 단순무작위표집(simple random sampling)은 모집단으로부터 표본으로 추출될 확률을 알 수 있다.
⑤ 임의표집(convenience sampling)은 모집단의 대표성이 높은 표본을 추출한다.

106 다음 조사에서 연구대상을 배정한 방법은?   20회

> 사회복지사협회에서 회보 발송 여부에 따라 회비 납부율에 차이가 있는지 알아보고자 한다. 이를 위해 전체 회원을 연령과 성별로 구성된 할당행렬의 각 칸에 배치하고, 절반에게는 회보를 보내고 나머지 절반은 회보를 보내지 않았다.

① 무작위표집(random sampling)
② 할당표집(quota sampling)
③ 매칭(matching)
④ 소시오매트릭스(sociomatrix)
⑤ 다중특질-다중방법(MultiTrait-Multi-Method)

107 표본추출에 관한 설명으로 옳은 것은? 21회

① 모집단을 가장 잘 대표하는 표본추출 방법은 유의표집이다.
② 모집단이 이질적인 경우에는 표본의 크기를 줄여야 한다.
③ 전수조사에서는 모수와 통계치의 구분이 필요하다.
④ 표집오류를 줄이기 위해 층화표집 방법(stratified sampling)을 사용할 수 있다.
⑤ 체계적 표집 방법(systematic sampling)은 모집단에서 유의표집을 실시한 후 일정한 표본추출간격으로 표본을 선정한다.

108 할당표집 방법에 관한 설명으로 옳지 않은 것은? 21회

① 모집단의 주요 특성에 대한 정보를 활용한다.
② 모집단을 구성하는 주요 변수별로 표본을 할당한 후 확률표집을 실시한다.
③ 지역주민 조사에서 전체주민의 연령대별 구성 비율에 따라 표본을 선정한다.
④ 표본추출 시 할당틀을 만들어 사용한다.
⑤ 우발적 표집보다 표본의 대표성이 높다.

109 다음 〈사례〉에 해당하는 표집용어와 관련한 내용으로 옳은 것은? 22회

> A 종합사회복지관을 이용하는 노인들을 대상으로 노인맞춤돌봄서비스에 관한 설문조사를 위하여 노인 이용자 명단에서 300명을 무작위 표본추출하였다.

① 모집단: 표본추출된 300명
② 표집방법: 할당표집
③ 관찰단위: 집단
④ 표집틀: 노인 이용자 명단
⑤ 분석단위: 집단

110 표집에 관한 설명으로 옳지 않은 것은? 22회

① 의도적 표집(purposive sampling)은 비확률표집이다.
② 할당표집(quota sampling)은 동일추출확률에 근거한다.
③ 눈덩이표집(snowball sampling)은 질적 연구나 현장연구에서 많이 사용된다.
④ 집락표집(cluster sampling)은 모집단에 대한 표집틀이 갖추어지지 않더라도 사용가능하다.
⑤ 체계적 표집(systematic sampling)은 주기성(periodicity)이 문제가 될 수 있다.

UNIT 07

단일사례 연구

정답과 해설 130쪽

워밍업 문제 — 단일사례 연구의 특성과 설계 구조

단일사례 연구설계의 특성으로 볼 수 없는 것은?
① 하나의 대상 또는 사례를 가지고 개입의 효과를 평가한다.
② 측정(관찰)의 반복을 필요로 한다.
③ 즉각적인 피드백은 가급적 통제된다.
④ 개입 방법의 효과를 규명하는 것이 주된 목적이다.
⑤ 가장 기본적인 방법으로 AB설계가 있다.

해설 단일사례 연구는 즉각적인 피드백이 가능하다. 답 ③

시험 실시간 차트

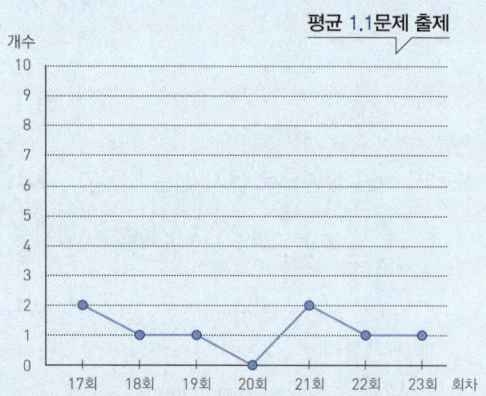

평균 1.1문제 출제

실시간 출제 키워드
▲ 단일사례설계
▲ 단일사례설계의 결과 분석 방법

최신 111 사회복지실천현장에서 단일사례설계에 관한 설명으로 옳은 것을 모두 고른 것은? 23회

㉠ AB설계는 기초선 단계(A)와 개입 단계(B)로 구성된다.
㉡ 복수기초선설계는 AB설계를 다양한 대상이나 상황 등에 적용하여 동일한 효과를 보이는지를 확인하는 설계방법이다.
㉢ 사례가 집단일 경우 개별 구성원의 정보들은 평균이나 전체 빈도 등으로 요약되어 단일사례로 취급될 수 있다.
㉣ 외적타당도가 높아 일반화의 가능성이 높다.

① ㉠
② ㉡, ㉢
③ ㉡, ㉣
④ ㉠, ㉡, ㉢
⑤ ㉠, ㉡, ㉢, ㉣

112 다음 설계에 관한 설명으로 옳은 것은? 17회

$$O_1 \quad X \quad O_2$$

O_1: 사전검사
X: 개입 프로그램
O_2: 사후검사

① 내적 타당도가 강한 설계이다.
② 검사효과를 통제하는 설계이다.
③ 진(순수)실험설계에 속하는 설계이다.
④ 통제집단을 확보하기 어려울 때 사용할 수 있는 설계이다.
⑤ 연구결과의 일반화가 용이한 설계이다.

113 단일사례설계 중 다중기초선설계에 관한 설명으로 옳지 않은 것은? 17회

① 내적 타당도 저해 요인을 통제하기 위한 주요 수단으로 개입의 철회를 사용한다.
② 일부 연구대상자에게 개입의 제공이 지연되는 문제를 갖는다.
③ 연구대상자의 수가 증가할수록 내적 타당도는 증가한다.
④ 동일한 개입을 특정 연구대상자의 여러 표적행동에 적용하여 개입의 효과를 평가할 수 있다.
⑤ 수집된 자료의 분석을 위해 통계적 방법이 사용되기도 한다.

114 단일사례설계의 개입효과에 관한 설명으로 옳지 않은 것은? 18회

① 개입 후 변화의 파동이 심하면 효과 판단이 어렵다.
② 기초선이 불안정할 경우 기초선의 경향선을 이용하여 통계적으로 개입효과를 판단한다.
③ 기초선에서 개입기간까지의 경향선을 통해 시각적으로 개입효과를 판단한다.
④ 기초선과 개입기간 두 평균값의 통계적 검증을 통해 개입효과를 판단한다.
⑤ 개입 후 상당한 기간이 지나 최초의 변화가 발생할 경우 개입효과가 있다고 판단한다.

115 단일사례설계 방법에 관한 설명으로 옳은 것은? 19회

① ABCD설계는 여러 개의 개입효과를 개별적으로 증명하기 위한 설계이다.
② AB설계는 외부 요인을 충분히 통제할 수 있기 때문에 여러 유형의 문제에 적용 가능하다.
③ 복수기초선설계는 기초선단계 이후 여러 개의 다른 개입 방법을 순차적으로 적용한다.
④ ABAB설계는 외부 요인을 통제할 수 있어 개입의 효과를 확인할 수 있다.
⑤ 평균 비교는 기초선이 불안정할 때 기초선의 변화의 폭과 기울기까지 고려하여 결과를 분석하는 방법이다.

116 단일사례설계의 결과 분석 방법에 관한 설명으로 옳지 <u>않은</u> 것은? 21회

① 시각적 분석은 변화의 수준, 파동, 경향을 고려해야 한다.
② 통계적 분석을 할 때 기초선이 불안정한 경우 평균비교가 적합하다.
③ 평균비교에서는 평균과 표준편차를 함께 고려해야 한다.
④ 경향선 분석에서는 기초선의 측정값을 두 영역으로 나누어 경향선을 구한다.
⑤ 임상적 분석은 결과 판단에 주관적 요소의 개입 가능성이 크다.

117 단일사례설계에 관한 설명으로 옳은 것을 모두 고른 것은? 21회

> ㉠ BA설계는 개입의 긴급성이 있는 상황에 적합하다.
> ㉡ ABAC설계는 선행효과의 통제가 가능하다.
> ㉢ ABAB설계는 AB설계에 비해 외부사건의 영향력에 대한 통제력이 크다.
> ㉣ 복수기초선디자인은 AB설계에 비해 외부사건의 영향력에 대한 통제력이 크다.

① ㉠, ㉡
② ㉡, ㉣
③ ㉢, ㉣
④ ㉠, ㉡, ㉢
⑤ ㉠, ㉢, ㉣

118 단일사례연구에 관한 설명으로 옳지 <u>않은</u> 것은? 22회

① 복수의 각기 다른 개입방법을 연속적으로 도입할 수 없다.
② 시계열설계의 논리를 개별사례에 적용한 것이다.
③ 윤리적인 문제가 발생할 수 있다.
④ 실천 과정과 조사연구 과정이 통합될 수 있다.
⑤ 다중기초선 설계의 적용이 가능하다.

UNIT 08 실험 조사 연구

정답과 해설 132쪽

워밍업 문제 — 내적·외적 타당도 저해 요인

사전검사와 사후검사의 측정도구가 상이하여 효과가 왜곡되는 현상을 보이는 내적 타당도 저해 요인은?

① 성숙 요인   ② 도구 요인
③ 통계적 회귀   ④ 사전검사
⑤ 우연한 사건

해설 도구 요인(도구 사용)은 사전검사와 사후검사에서 조사도구(측정도구)가 상이하거나 또는 동일한 조사도구를 사용하더라도 신뢰도가 낮을 때 발생하는 변화를 말한다. 답 ②

시험 실시간 차트

평균 2.9문제 출제

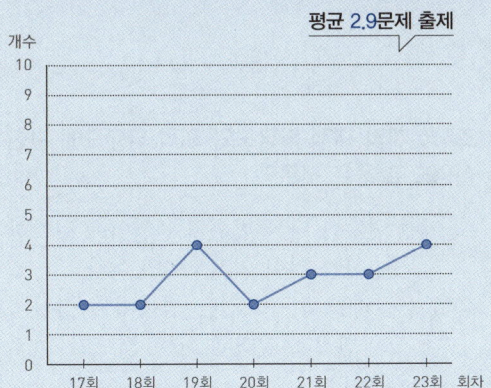

실시간 출제 키워드
▲ 유사(준)실험설계의 특징
▲ 순수실험설계의 인과성 검증

최신 119 실험설계에서의 내적타당도 저해요인으로 옳지 <u>않은</u> 것은? 23회

① 실험집단과 통제집단의 참여자간 프로그램 내용에 대해 소통하면서 상호작용이 이루어졌다.
② 프로그램 진행과정에서 일부 대상자가 참여를 중단하였다.
③ 사전검사 결과 학교 부적응 학생들이 실험집단에 과도하게 모인 것이 확인되었다.
④ 사전검사와 사후검사 척도가 동일하기 때문에 참여자의 학습효과가 발생하였다.
⑤ 일부 참여자들이 프로그램에 참여하고 있다는 것을 의식해서 평소와는 다르게 행동하였다.

120 실험설계의 내적 타당도에 관한 설명으로 옳은 것을 모두 고른 것은? 18회

> ㉠ 우연한 사건은 내적 타당도에 부정적 영향을 미칠 수 있다.
> ㉡ 사전점수가 매우 높은 집단을 선정하면 내적 타당도를 저해한다.
> ㉢ 내적 타당도가 높은 연구결과는 일반화 가능성이 높다.

① ㉠
② ㉡
③ ㉠, ㉡
④ ㉡, ㉢
⑤ ㉠, ㉡, ㉢

121 다음 ( )에 알맞은 내용으로 옳은 것은? 19회

> • 내적 타당도를 높이기 위해서는 (㉠) 이외의 다른 변수가 (㉡)에 개입할 조건을 통제하여야 한다.
> • 외적 타당도를 높이기 위해서는 (㉢)으로 연구대상을 선정하거나 표본크기를 (㉣) 하여야 한다.

① ㉠: 원인변수, ㉡: 결과변수,
  ㉢: 확률표집 방법, ㉣: 크게
② ㉠: 원인변수, ㉡: 결과변수,
  ㉢: 무작위할당, ㉣: 작게
③ ㉠: 원인변수, ㉡: 결과변수,
  ㉢: 확률표집 방법, ㉣: 작게
④ ㉠: 결과변수, ㉡: 원인변수,
  ㉢: 확률표집 방법, ㉣: 크게
⑤ ㉠: 결과변수, ㉡: 원인변수,
  ㉢: 무작위할당, ㉣: 작게

122 외적 타당도를 저해하는 요인으로 옳은 것은? 19회

① 실험대상의 탈락
② 외부사건(history)
③ 통계적 회귀
④ 개입의 확산 또는 모방
⑤ 연구참여자의 반응성

123 다음의 연구에서 활용한 연구설계에 관한 설명으로 옳은 것은? 21회

> 청소년의 자원봉사의식 향상 프로그램의 효과성을 검증하기 위하여 청소년 200명을 무작위로 두 개의 집단으로 나눈 후 A 측정도구를 활용하여 사전 검사를 실시하였다. 하나의 집단에만 프로그램을 실시한 후 두 개의 집단 모두를 대상으로 A 측정도구를 활용하여 사후 검사를 실시하였다.

① 테스트 효과의 발생 가능성이 낮다.
② 집단 간 동질성의 확인 가능성이 낮다.
③ 사전 검사와 프로그램의 상호작용 효과의 통제가 가능하다.
④ 자연적 성숙에 따른 효과의 통제가 가능하다.
⑤ 실험집단의 개입 효과가 통제집단으로 전이된다.

124 조사설계의 내적 타당도와 외적 타당도에 관한 설명으로 옳은 것은? 21회

① 어떤 변수가 다른 변수의 원인임을 정확하게 기술하는 것이 외적 타당도이다.
② 연구결과를 연구조건을 넘어서는 상황이나 모집단으로 일반화하는 정도가 내적 타당도이다.
③ 내적 타당도는 외적 타당도의 필요조건이지만 충분조건은 아니다.
④ 실험대상의 탈락이나 우연한 사건은 외적 타당도 저해요인이다.
⑤ 외적 타당도가 낮은 경우 내적 타당도 역시 낮다.

125 연구의 외적 타당도를 저해하는 상황으로 옳은 것은? 21회

① 연구대상의 건강 상태가 시간 경과에 따라 회복되는 상황
② 자아존중감을 동일한 측정도구로 사전 – 사후 검사하는 상황
③ 사회적 지지를 다른 측정도구로 사전 – 사후 검사하는 상황
④ 실험집단과 통제집단 간 연령 분포의 차이가 크게 발생하는 상황
⑤ 자발적 참여자만을 대상으로 연구표본을 구성하게 되는 상황

126 다음 〈사례〉에 관한 설명으로 옳지 않은 것은? 22회

> 다문화교육이 청소년들의 다문화수용성에 미치는 영향을 알아보기 위해 청소년 100명을 무작위로 두 집단으로 나누었다. 교육 실시 전 두 집단의 다문화수용성을 측정하고, 한 집단에만 다문화 교육을 실시한 후 다시 두 집단 모두 다문화수용성을 측정하였다.

① 전형적인 실험설계이다.
② 교육에 참여한 집단이 실험집단이다.
③ 외적 요인의 통제를 시도하지 않았다.
④ 내적 타당도의 저해 요인이 발생할 수 있다.
⑤ 두 집단 간의 사전, 사후 측정치를 비교하여 효과를 판단할 수 있다.

127 내적 타당도 저해 요인 중 통계적 회귀에 관한 설명으로 옳은 것은? 22회

① 프로그램의 개입 후 측정치가 기초선으로 돌아가려는 경향
② 프로그램 개입의 효과가 완전한 선형관계로 나타나는 경향
③ 프로그램의 개입과 관계없이 사후검사 측정치가 평균값에 근접하려는 경향
④ 프로그램 개입 전부터 이미 이질적인 두 집단이 사후조사 결과에서도 차이가 나타나는 경향
⑤ 프로그램의 개입 전후에 각각 다른 측정도구로 측정함으로써 차이가 나타나는 경향

워밍업 문제 — 실험조사설계의 유형

실험대상의 무작위 선정, 실험 변수의 조작, 외생변수의 통제 등 실험 조건을 모두 갖춘 실험설계 방법이 아닌 것은?

① 요인설계
② 통제집단 사후비교설계
③ 가실험 통제집단설계
④ 단일집단 전후비교설계
⑤ 솔로몬 4집단비교설계

해설 제시된 설명은 순수실험설계에 해당한다. 단일집단 전후비교설계는 전실험설계(원시실험설계)로, 내적·외적 타당도 저해 요인을 거의 통제하지 못한다. **답** ④

128 다음에서 활용된 조사설계로 옳은 것은? 23회

> 부모를 대상으로 한 아동학대 예방 프로그램의 효과성을 평가하기 위해 연구 참여자의 아동양육 태도 등을 여러 차례 측정하였다. 프로그램 개입 이후에도 여러 차례 측정하여 프로그램 개입 전후비교를 실시하였다.

① 비동일 비교집단설계(nonequivalent comparison group design)
② 분리표본 사전사후검사설계(separate-sample pretest-posttest design)
③ 솔로몬 4집단설계(Solomon four-group design)
④ 단순시계열설계(simple time-series design)
⑤ 단일집단 사전사후검사설계(one-group pretest-posttest design)

129 솔로몬 4집단설계에 관한 설명으로 옳지 않은 것은? 23회

① 사회복지 현장에서 실제 활용하기에 용이하다.
② 외부사건을 통제할 수 있다.
③ 내적타당도가 매우 높은 설계 유형이다.
④ 통제집단 사전사후검사 설계와 통제집단 사후검사 설계를 병행하는 방식이다.
⑤ 순수실험설계 유형이다.

130 다음의 조사설계에 관한 설명으로 옳은 것은? 23회

> A기관에서는 사회복지프로그램의 효과성을 측정하기 위한 조사설계를 진행하였다. 이를 위해 참여자를 실험집단과 통제집단에 무작위로 배정하여 종속변수의 변화를 측정하였다.

① 인과적 추론 정도가 무작위 배정을 하지 않은 실험설계보다 낮다.
② 외생변수 통제, 독립변수 조작, 종속변수의 비교 등에 한계가 있을 때 주로 활용한다.
③ 개입 전에 두 집단의 동질성을 가정할 수 없다.
④ 정태적 집단비교설계(static-group comparison design)에 해당된다.
⑤ 전실험설계(pre-experimental design)보다 내적타당도가 높다.

131 다음에 해당하는 설계로 옳은 것은? 17회

> 학교폭력 예방프로그램의 효과를 평가하기 위해 ○○시 소재 중학교 중에서 학교와 학생들의 특성이 유사한 A 학교와 B 학교를 선정하였다. 두 학교 학생들을 대상으로 사전검사를 실시한 다음 A 학교에서 학교폭력 예방프로그램을 실시한 후 다시 한 번 두 학교 학생들을 대상으로 사후검사를 실시하였다.

① 비동일 통제집단설계
② 통제집단 사후검사설계
③ 정태적 집단(고정집단)비교설계
④ 일회 검사사례 연구
⑤ 솔로몬 4집단설계

132 다음 중 옳지 않은 것은? 17회

① 우편설문: 원래 표본으로 추출된 응답자가 응답하지 않을 수 있다.
② 실험설계: 개입을 제공하기 전에는 종속변수의 측정이 사실상 불가능하다.
③ 관찰: 비언어적 자료 수집이 가능하다.
④ 비반응성 자료 수집: 연구대상의 반응성 오류를 피할 수 있다.
⑤ 대인면접설문: 방문 조사원에 의해 보충적인 자료가 수집될 수 있다.

133 다음 연구설계에 관한 설명으로 옳지 않은 것은? 18회

> 노인복지관의 노노케어 프로그램 자원봉사자 40명을 무작위로 골라 20명씩 두 집단으로 배치하고, 한 집단에는 자원봉사 교육을 실시하고 다른 집단에는 아무런 개입을 하지 않았다. 10주 후 두 집단 간 자원봉사 만족도를 비교·분석하였다.

① 사전조사를 실시하지 않아 내적 타당도를 저해하지 않는다.
② 무작위 선정으로 내적 타당도를 저해하지 않는다.
③ 통제집단을 확보하기 어려울 때 사용할 수 있는 설계이다.
④ 사전검사를 하지 않아도 집단 간 차이를 어느 정도 통제할 수 있다.
⑤ 통제집단 전후비교에 비해 설계가 간단하여 사회조사에서 많이 활용된다.

134 외부사건(history)을 통제할 수 있는 실험설계를 모두 고른 것은? 19회

> ㉠ 솔로몬 4집단설계
>   (solomon four-group design)
> ㉡ 단일집단 사전사후검사설계
>   (one-group pretest-posttest design)
> ㉢ 단일집단 사후검사설계
>   (one-group posttest-only design)
> ㉣ 통제집단 사후검사설계
>   (posttest-only control group design)

① ㉣
② ㉠, ㉣
③ ㉡, ㉢
④ ㉠, ㉡, ㉣
⑤ ㉡, ㉢, ㉣

135 실험설계의 유형에 관한 설명으로 옳지 않은 것은? 19회

① 다중시계열설계(multiple time-series design)는 통제집단을 설정하지 않는다.
② 단일집단 사전사후검사설계(one-group pretest-posttest design)는 검사효과를 통제하기 어렵다.
③ 통제집단 사후검사설계(posttest-only control group design)는 사전검사의 영향을 배제할 수 있다.
④ 시계열설계(time-series design)는 검사효과와 외부사건을 통제하기 어렵다.
⑤ 정태적 집단비교설계(static group design)는 두 집단의 본래의 차이를 확인하기 어렵다.

136 순수실험설계에서 인과성 검증에 관한 설명으로 옳지 않은 것은? 20회

① 사회복지 프로그램의 실행 여부가 독립변수로 설정될 수 있다.
② 사전조사에서 실험집단과 통제집단의 종속변수 측정치는 통계적으로 유의미한 차이가 없어야 한다.
③ 사전조사와 사후조사에서 통제집단의 종속변수 측정치는 통계적으로 유의미한 차이가 있어야 한다.
④ 실험집단과 통제집단의 동질성 확보가 필요하다.
⑤ 실험집단과 통제집단의 차이는 독립변수의 개입 유무이다.

137 다음과 같은 절차로 진행된 유사(준)실험설계의 특징으로 옳지 않은 것은? 20회

> - 우울예방 프로그램에 참여할 하나의 집단을 모집함.
> - 우울검사를 일정한 간격으로 여러 차례 실시함.
> - 우울예방 프로그램을 진행함.
> - 우울검사를 동일한 측정도구를 이용해 일정한 간격으로 여러 차례 실시함.

① 통제집단을 두기 어려울 때 사용할 수 있다.
② 검사효과가 발생할 수 없다.
③ 정태적 집단비교설계(static-group comparison design)보다 내적 타당도가 높다.
④ 개입효과는 사전검사와 사후검사 측정치의 평균을 비교해서 측정할 수 있다.
⑤ 사전검사와 개입의 상호작용 효과가 발생할 수 있다.

138 다음에서 설명하는 설계에 해당하는 것은? 22회

> 심리상담 프로그램이 시설입소노인의 정서적 안정감에 미치는 영향을 알아보기 위해 사전조사 없이 A 요양원의 노인들을 대상으로 프로그램을 실시하였다. 프로그램 종료 후, 인구사회학적 배경이 유사한 B 요양원 노인들을 비교집단으로 하여 두 집단의 정서적 안정감을 측정하였다.

① 비동일 통제집단설계
② 정태적 집단비교설계
③ 다중시계열설계
④ 통제집단 사후검사설계
⑤ 플라시보 통제집단설계

UNIT 09 자료 수집

정답과 해설 135쪽

워밍업 문제 면접법의 특징과 종류

자료 수집 방법으로서 면접법에 관한 설명으로 옳지 않은 것은?

① 표준화 면접은 비표준화 면접보다 타당도가 높다.
② 면접법은 질문지법보다 응답 범주의 표준화가 어렵다.
③ 면접법은 질문지법보다 제3자의 영향을 배제하기 용이하다.
④ 표준화 면접에는 개방형 및 폐쇄형 질문을 모두 사용할 수 있다.
⑤ 면접법은 면접 목적에 따라 진단적 면접과 조사 면접으로 구분된다.

해설 표준화 면접은 비표준화 면접보다 타당도가 낮다. 보다 많은 개방형 질문으로 대상자의 내용을 구체적으로 파악할 수 있는 비표준화 면접이 표준화 면접보다 더욱 응답의 정확성을 기할 수 있어 타당도가 높다. **답** ①

실시간 출제 키워드
▲ 면접조사와 우편설문
▲ 관찰
▲ 자료 수집 방법

139 질적 조사의 자료 수집에 관한 설명으로 옳은 것은? 17회

① 심층면접은 주요 자료 수집 방법 중 하나이다.
② 연구자는 자료 수집 과정에서 배제되는 것이 원칙이다.
③ 완전관찰자로서의 연구자는 먼저 자료 제공자들과 라포 형성이 요청된다.
④ 가설 설정은 자료 수집을 위해 필수적 요건이다.
⑤ 표준화된 측정도구를 갖추어야 자료 수집이 가능하다.

140 서베이(survey)조사에 관한 설명으로 옳은 것을 모두 고른 것은? 19회

> ㉠ 전화조사는 무작위 표본추출이 가능하다.
> ㉡ 우편조사는 심층규명이 쉽다.
> ㉢ 배포조사는 응답 환경을 통제하기 쉽다.
> ㉣ 면접조사는 우편조사에 비해 비용이 많이 든다.

① ㉠, ㉡
② ㉠, ㉣
③ ㉡, ㉢
④ ㉠, ㉢, ㉣
⑤ ㉡, ㉢, ㉣

위밍업 문제 　**관찰법**

관찰법에 관한 설명으로 옳지 않은 것은?
① 직접적으로 자료를 수집하므로 살아 있는 자료를 수집할 수 있다.
② 면접법에 비해 피조사자의 노력이 많이 든다.
③ 조사자가 관찰현장에 있기 때문에 그 사실(행위)의 발생을 정밀하게 관찰할 수 있다.
④ 피조사자가 느끼지 못하는 행위까지도 조사할 수 있다.
⑤ 자연적 환경에서 관찰하기 때문에 외생변수를 거의 통제하기 어렵다.

해설 관찰법은 면접법에 비해 상대적으로 피조사자(관찰 대상자)의 노력이 적게 든다. 　**답** ②

141 피면접자를 직접 대면하는 면접조사가 우편 설문에 비해 갖는 장점이 아닌 것은? 21회

① 응답자의 익명성 보장 수준이 높다.
② 보충적 자료 수집이 가능하다.
③ 대리 응답의 방지가 가능하다.
④ 높은 응답률을 기대할 수 있다.
⑤ 조사 내용에 대한 심층적 이해가 가능하다.

142 질문 내용 및 방법의 표준화 정도가 낮은 자료 수집 유형끼리 바르게 묶인 것은? 22회

> ㉠ 스케줄-구조화 면접
> ㉡ 설문지를 이용한 면접조사
> ㉢ 심층면접
> ㉣ 비구조화 면접

① ㉠, ㉡
② ㉠, ㉣
③ ㉡, ㉢
④ ㉡, ㉣
⑤ ㉢, ㉣

최신 143 자료수집방법에 관한 설명으로 옳은 것은? 23회

① 관찰법은 참여자가 면접에 비협조적인 경우에도 활용가능하다.
② 우편조사법은 대면면접법에 비해 조사자의 편견을 배제하기 힘들다.
③ 전화면접법은 대면면접법에 비해 익명성 보장이 어렵다.
④ 대면면접법은 복잡한 질문의 사용을 배제해야 한다.
⑤ 대면면접법 중 반구조화된 면접은 질문의 순서, 질문 문항 등을 명확하게 제시해야 한다.

144 관찰을 통한 자료 수집에 관한 설명으로 옳은 것은? 21회

① 피관찰자에 의해 자료가 생성된다.
② 비언어적 상황의 자료 수집이 용이하다.
③ 자료 수집 상황에 대한 통제가 용이하다.
④ 내면적 의식의 파악이 용이하다.
⑤ 수집된 자료를 객관화하는 최적의 방법이다.

워밍업 문제 내용분석법

내용분석에 관한 설명으로 옳지 않은 것은?

① 정보 제공자의 반응성이 높다.
② 비용과 시간을 절감할 수 있다.
③ 장기간의 종단연구가 가능하다.
④ 필요한 경우 재조사가 가능하다.
⑤ 역사 연구 등 소급조사가 가능하다.

해설 내용분석은 정보 제공자의 반응성이 잘 나타나지 않는 비관여적 조사 형태이다. 즉, 호손효과와 같은 반응효과가 나타나지 않는다.

답 ①

최신 146 내용분석과 내러티브 탐구에 관한 비교로 옳지 않은 것은? 23회

① 내용분석은 2차적 자료를 분석하고, 내러티브 탐구는 1차적 자료를 분석한다.
② 모두 비관여적 혹은 비반응성 연구이다.
③ 내용분석에 비해 내러티브 탐구는 과정 중심적으로 접근할 수 있다.
④ 내용분석은 내러티브 탐구에 비해 보다 많은 사례를 분석할 수 있다.
⑤ 모두 자료를 해석하고 구조화하는데 연구자의 객관성 유지가 필요하다.

---

145 완전참여자(complete participant)에 관한 설명으로 옳은 것은? 22회

① 연구대상이 관찰된다는 사실을 알기에 자연적인 상태에서의 관찰이 불가능하다.
② 관찰대상과 상호작용 없이 연구대상을 관찰할 수 있다.
③ 관찰대상의 승인을 받고 관찰대상과 어울리면서도 객관성을 유지할 수 있다.
④ 관찰대상의 승인을 받지 않고 관찰한다는 점에서 연구윤리문제가 제기될 수 있다.
⑤ 관찰 상황을 인위적으로 통제한 상황에서 관찰을 진행할 수 있다.

---

147 자료 수집에 관한 설명으로 옳지 않은 것은? 18회

① 질문지법은 문서화된 질문지를 사용한다.
② 면접법은 조사대상자에게 질문 내용을 구두로 전달한다.
③ 관찰법은 유형, 시기, 방법, 추론 정도에 따라 조직적 관찰과 비조직적 관찰로 구분된다.
④ 비관여적 조사는 기존의 기록물이나 역사 자료 등을 분석한다.
⑤ 내용분석법은 신문, 책, 일기 등의 직접자료를 수집하고 분석하는 방법이다.

148 내용분석에 관한 설명으로 옳지 <u>않은</u> 것은?
18회

① 역사적 분석과 같은 시계열 분석에 어려움이 있다.
② 인간의 의사소통 기록을 체계적으로 분석한다.
③ 분석상의 실수를 언제라도 수정할 수 있다.
④ 양적 조사와 질적 조사에 공통으로 사용할 수 있다.
⑤ 기존 자료를 활용하여 타당도 확보가 어렵다.

149 내용분석(content analysis)에 관한 설명으로 옳지 <u>않은</u> 것을 모두 고른 것은?
19회

㉠ 기존 자료에 의존하기 때문에 연구의 범위가 무제한적이다.
㉡ 선정 편향(selection bias)이 발생할 수 있다.
㉢ 연구대상자의 반응성을 배제할 수 있다.
㉣ 기존 자료를 활용하는 질적 조사이기 때문에 가설 검증은 필요하지 않다.

① ㉡
② ㉠, ㉡
③ ㉠, ㉣
④ ㉢, ㉣
⑤ ㉠, ㉡, ㉣

150 17개 시·도의 69개 사회복지기관에서 근무하는 사회복지사 396명을 대상으로 근무기관의 규모별 직무만족도를 설문조사할 때 독립변수와 종속변수의 관찰단위를 순서대로 옳게 짝지은 것은?
20회

① 개인 – 개인
② 기관 – 개인
③ 지역사회 – 개인
④ 지역사회 – 기관
⑤ 개인 – 지역사회

151 분석단위에 관한 설명으로 옳은 것을 모두 고른 것은?
22회

㉠ 이혼, 폭력, 범죄 등과 같은 분석단위는 사회적 가공물(social artifacts)에 해당한다.
㉡ 생태학적 오류는 집단에 대한 조사를 기초로 하여 개인을 분석단위로 주장하는 오류이다.
㉢ 환원주의는 특정 분석단위 또는 변수가 다른 분석단위 또는 변수에 비해 관련성이 높다고 설명하는 경향이 있다.

① ㉡
② ㉠, ㉡
③ ㉠, ㉢
④ ㉡, ㉢
⑤ ㉠, ㉡, ㉢

152 내용분석에 관한 설명으로 옳지 <u>않은</u> 것은?
22회

① 반응적(reactive) 연구 방법이다.
② 서베이(survey) 조사에서 사용하는 표본추출 방법을 사용할 수 있다.
③ 연구 과정에서 실수를 하더라도 재조사가 가능하다.
④ 숨은 내용(latent content)의 분석이 가능하다.
⑤ 양적 분석과 질적 분석 모두 적용 가능하다.

워밍업 문제 — 설문지법(질문지법)

설문지를 구성할 때 고려해야 할 사항이 아닌 것은?

① 편향적 문항을 피한다.
② 문항을 명료하게 만든다.
③ 가능한 한 짧은 문항을 만든다.
④ 복수 정답을 유발하는 질문을 피한다.
⑤ 부정적인 문항을 사용하여 응답자의 주의를 끈다.

[해설] 설문지 문항을 작성할 때 부정적인 문항은 가급적 피해야 한다. 답 ⑤

---

153 온라인 설문에 관한 설명으로 옳은 것은? 23회

① 표적집단 확인이 대면면접에 비해 제한적이다.
② 인터넷 접근에 상관없이 표집을 광범위하게 할 수 있다.
③ 대면설문보다 비용은 저렴하지만 시간이 더 많이 소요된다.
④ 복잡하거나 문항수가 많은 경우에 적합하다.
⑤ 동일인의 중복응답에 대한 통제가 용이하다.

154 A 대학교는 전체 재학생 중 5백 명을 선정하여 취업욕구조사를 하고자 한다. 비용 부담이 가장 적고 절차가 간편한 자료 수집 방법은? 18회

① 우편조사   ② 방문조사
③ 전화조사   ④ 온라인조사
⑤ 면접조사

155 설문지 작성에 관한 내용으로 옳지 않은 것은? 18회

① 개연성 질문(contingency questions)은 사고의 흐름에 따라 배치된다.
② 고정반응(response set)을 예방하기 위해 유사질문들은 분리하여 배치한다.
③ 민감한 주제나 주관식 질문은 설문지의 뒷부분에 배치한다.
④ 명목측정을 위한 질문은 단일차원성의 원칙을 지켜 내용을 구성한다.
⑤ 신뢰도 측정을 위한 질문들은 가능한 서로 가깝게 배치한다.

156 설문지 작성 방법에 관한 설명으로 옳은 것은? 19회

① 개방형 질문은 미리 유형화된 응답범주들을 제시해 놓은 질문 유형이다.
② 행렬식(matrix) 질문은 한 주제의 응답에 따라 부가질문을 연결해서 사용하는 질문이다.
③ 많은 정보가 필요할 경우 이중질문을 사용한다.
④ 신뢰도 측정을 위해 짝(pair)으로 된 문항들은 이어서 배치한다.
⑤ 다항선택식(multiple choice) 질문은 응답범주들 중에서 하나 또는 그 이상을 선택하도록 하는 질문이다.

157 자료 수집 방법에 관한 설명으로 옳은 것은?

20회

① 질문의 유형과 형태를 결정할 때 조사대상자의 응답 능력을 고려할 필요가 있다.
② 설문문항 작성 시 이중 질문(double-barreled question)을 넣어야 한다.
③ 비참여관찰법은 연구자가 관찰대상과 상호작용을 유지하는 것이 중요하다.
④ 설문지에서 질문 순서는 무작위 배치를 원칙으로 한다.
⑤ 우편조사는 프로빙(probing) 기술이 중요하다.

158 다음에서 설문조사 결과를 해석할 때 유의해야 할 사항을 모두 고른 것은?

20회

> ㉠ 표집방법이 확률표집인가 비확률표집인가?
> ㉡ 표본의 크기는 모집단을 대표하기에 적절한가?
> ㉢ 설문조사는 언제 이루어졌는가?
> ㉣ 측정도구가 신뢰할 만한 것인가?

① ㉠, ㉡
② ㉢, ㉣
③ ㉠, ㉡, ㉢
④ ㉠, ㉡, ㉣
⑤ ㉠, ㉡, ㉢, ㉣

UNIT 10 욕구조사

정답과 해설 138쪽

시험 실시간 차트

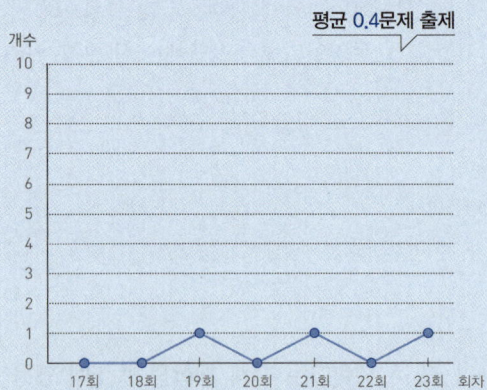

실시간 출제 키워드

▲ 델파이조사의 특징

| 워밍업 문제 | 욕구조사의 접근 방법과 자료 수집 방법 |

욕구조사의 유형에 관한 설명으로 옳지 않은 것은?

① 지역 주민 서베이는 수요자 중심의 욕구 사정에 적합하다.
② 지역 자원 재고조사는 지역사회서비스 자원에 대한 정보 획득이 용이하다.
③ 사회지표조사는 지역사회 주민 욕구의 장기적 변화를 파악하기 쉽다.
④ 지역사회 포럼은 조사대상자를 상대로 개별적으로 자료를 수집하는 데 유리하다.
⑤ 주요 정보 제공자 조사는 정보 제공자의 편향성이 나타날 수 있다.

[해설] 지역사회 포럼은 지역사회 공개 토론회와 같은 개념으로, 공개적인 모임을 주선하여 한 자리에서 욕구를 파악하는 것이기 때문에 집단적으로 자료를 수집하는 데 유리하다.

답 ④

160 초점집단(focus group)조사에 관한 설명으로 옳지 않은 것은?
19회

① 집단을 활용한 자료수집 방법이다.
② 익명의 전문가들을 패널로 활용한다.
③ 욕구조사에서 활용된다.
④ 직접적인 자료수집 방법이다.
⑤ 연구자의 개입에 의해 편향이 발생할 수 있다.

최신 159 델파이기법에 관한 설명으로 옳지 않은 것은?
23회

① 참여자의 다양한 아이디어를 수집할 수 있다.
② 기명으로 진행되기 때문에 참여자들의 책임성을 높일 수 있다.
③ 결과 도출을 위해 반복해서 진행할 수 있다.
④ 비대면을 원칙으로 한다.
⑤ 전문가들의 합의점을 찾는데 목표를 둔다.

161 델파이조사에 관한 설명으로 옳지 않은 것은?
21회

① 전문가 패널을 대상으로 견해를 파악한다.
② 되풀이 되는 조사 과정을 통해 합의를 도출한다.
③ 반대 의견에 대한 패널 참가자들의 감정적 충돌을 줄일 수 있다.
④ 패널 참가자의 익명성 보장에 어려움이 있다.
⑤ 조사 자료의 정리에 연구자의 편향이 발생할 수 있다.

UNIT 11
질적 연구

정답과 해설 138쪽

시험 실시간 차트

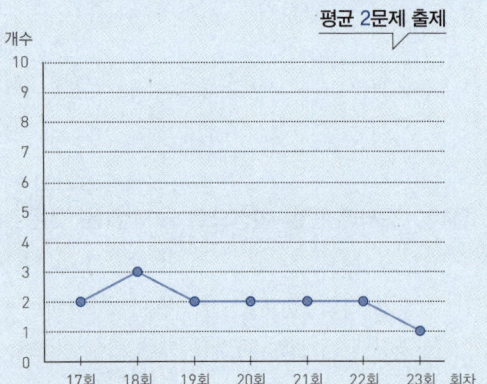

평균 2문제 출제

실시간 출제 키워드
▲ 축코딩
▲ 질적 연구의 종류

워밍업 문제 | **질적 연구**

질적 연구 방법에 관한 설명으로 옳지 <u>않은</u> 것은?
① 복잡한 현상을 가능한 한 있는 그대로 개방적인 상태에서 파악하려 한다.
② 귀납적 속성을 지닌다.
③ 객관적인 방법이면서 간주관적인 특성도 갖는다.
④ 연구 과정에서 연구자와 연구대상 모두 다른 사람으로 대체해서는 안 된다.
⑤ 양적 연구에 비해 일반화 가능성이 낮다.

해설 질적 연구는 주관적인 연구 방법으로, 연구 현장·대상에 대하여 전체론적인 관점으로 접근하여 연구자와 연구대상 사이의 상호작용을 통하여 형성된 간주관성을 토대로 해석·이해를 시도한다.
참고 간주관성이란 연구자들 각자의 주관이 달라도 같은 방법을 사용했을 때는 같은 결과에 도달해야 한다는 특성입니다.

답 ③

최신 **162** 다음의 사회복지 연구방법에서 성격이 다른 것은? 23회

① 근거이론(grounded theory) 연구
② 참여행동(participatory action) 연구
③ 서베이(survey) 연구
④ 민속학적(ethnographic) 연구
⑤ 현상학적(phenomenological) 연구

163 질적 조사에 관한 설명으로 옳지 않은 것은?

17회

① 실천, 이야기, 생활방식, 하위문화 등이 질적조사의 주제가 된다.
② 자연주의는 질적 조사의 오랜 전통이다.
③ 확률표본추출 방법이 사용될 수 있다.
④ 일반화 가능성이 양적 조사보다 높다.
⑤ 현장연구라고 명명되기도 한다.

164 질적 조사로 보기 어려운 것은?

17회

① 근거이론연구
② 문화기술지연구
③ 솔로몬설계연구
④ 내러티브연구
⑤ 현상학적 연구

165 질적 연구에 관한 설명으로 옳지 않은 것은?

18회

① 풍부하고 자세한 사실의 발견이 가능하다.
② 문제에 대한 통찰력을 제공한다.
③ 연구참여자의 상황적 맥락 안에서 이루어진다.
④ 다른 연구자들이 재연하기 용이하다.
⑤ 현상에 대해 심층적으로 기술한다.

166 혼합 연구 방법(mixed methodology)에 관한 설명으로 옳지 않은 것은?

18회

① 철학적, 개념적, 이론적 틀을 기반으로 한다.
② 설계 유형은 병합, 설명, 구축, 실험이 있다.
③ 양적 설계에 질적 자료를 단순히 추가하는 것은 아니다.
④ 각각의 연구 방법을 통해 얻은 결과가 서로 확증되는지 알아보기 위해 사용한다.
⑤ 질적 연구 방법으로 발견한 연구 주제를 양적 연구 방법을 이용하여 탐구하기도 한다.

167 질적 연구 방법과 적절한 연구 주제가 바르게 연결된 것을 모두 고른 것은? 18회

> ㉠ 현상학 – 늙어간다는 것이 어떤 의미인지를 이해할 수 있다.
> ㉡ 참여행동연구 – 이혼 가족이 경험한 가족해체 사례를 심층적으로 이해할 수 있다.
> ㉢ 근거이론 – 지속적 비교 기법을 통해 노인의 재취업경험을 이론화할 수 있다.
> ㉣ 생애사 – 위안부 피해자 할머니 삶의 중요한 사건을 이해할 수 있다.

① ㉠, ㉡
② ㉡, ㉢
③ ㉢, ㉣
④ ㉠, ㉢, ㉣
⑤ ㉠, ㉡, ㉢, ㉣

168 다음에서 설명하는 근거이론의 분석 방법은? 19회

> 수집된 자료에서 나타난 범주들 간의 관계를 파악하기 위해 범주들을 특정한 구조적 틀에 맞추어 연결하는 과정이다. 중심현상을 설명하는 전략들, 전략을 형성하는 맥락과 중재 조건, 그리고 전략을 수행한 결과를 설정하여 찾아내는 과정이다.

① 조건 매트릭스
② 개방 코딩
③ 축 코딩
④ 괄호치기
⑤ 선택 코딩

169 질적 조사의 엄격성(rigor)을 높이는 방법으로 옳은 것을 모두 고른 것은? 19회

> ㉠ 장기간 관찰
> ㉡ 표준화된 척도의 사용
> ㉢ 부정적 사례(negative cases)분석
> ㉣ 다각화(triangulation)

① ㉠, ㉡
② ㉠, ㉢
③ ㉡, ㉣
④ ㉠, ㉢, ㉣
⑤ ㉠, ㉡, ㉢, ㉣

170 다음 중 질적 연구와 가장 거리가 먼 것은? 20회

① 문화기술지(ethnography)연구
② 심층사례연구
③ 사회지표조사
④ 근거이론연구
⑤ 내러티브(narrative)연구

171 근거이론의 분석 방법에서 축 코딩(axial coding)에 관한 설명으로 옳은 것은? 20회

① 추상화시킨 구절에 번호를 부여한다.
② 개념으로 도출된 내용을 가지고 하위범주를 만든다.
③ 발견된 범주의 속성과 차원을 고려하여 유형화를 시도한다.
④ 이론 개발을 위해 핵심범주를 중심으로 다른 범주와의 통합과 정교화를 만드는 과정을 진행한다.
⑤ 발견된 범주를 가지고 중심현상을 중심으로 인과적 조건을 만든다.

172 다음의 연구에서 활용한 질적 연구방법에 관한 설명으로 옳은 것은? 21회

> A 사회복지사는 가정 밖 청소년들의 범죄피해와 정신건강의 문제를 당사자의 관점에서 이해하고 주체적으로 해결하기 위해 연구를 시작하였다. 연구에 참여한 가정 밖 청소년들은 A 사회복지사와 함께 범죄피해와 정신건강과 관련된 사회 구조적인 문제를 해결하기 위한 다양한 방안들을 스스로 만들고 수행하였다.

① 개방코딩 – 축코딩 – 선택코딩의 방법을 활용한다.
② 범죄피해와 정신건강을 설명하는 이론 개발에 초점을 둔다.
③ 단일사례에 대한 깊이 있는 분석에 초점을 둔다.
④ 관찰대상의 개인적 설화(narrative)를 만드는 것에 초점을 둔다.
⑤ 사회변화와 임파워먼트에 초점을 둔다.

173 「마을만들기 사업 참여경험에 관한 연구」의 엄격성을 높이는 방법으로 옳은 것을 모두 고른 것은? 21회

> ㉠ 삼각측정(triangulation)
> ㉡ 예외사례 표본추출
> ㉢ 장기적 관찰
> ㉣ 연구윤리 강화

① ㉠, ㉡
② ㉢, ㉣
③ ㉠, ㉡, ㉢
④ ㉠, ㉡, ㉣
⑤ ㉠, ㉡, ㉢, ㉣

174 질적 연구에서 일반적으로 사용되는 표집 방법이 아닌 것은? 22회

① 판단(judgemental) 표집
② 체계적(systematic) 표집
③ 결정적 사례(critical case) 표집
④ 극단적 사례(extreme case) 표집
⑤ 최대변이(maximum variation) 표집

175 질적 연구에 관한 설명으로 옳은 것은? 22회

① 변수중심의 분석이 이루어진다.
② 논리실증주의적 관점을 견지한다.
③ 인간행동의 규칙성과 보편성을 중시한다.
④ 모집단을 대표할 수 있는 표본을 추출한다.
⑤ 관찰로부터 이론을 도출하는 귀납적 방법을 활용한다.

CHAPTER 3

사회복지 실천론

7개년 출제 리포트

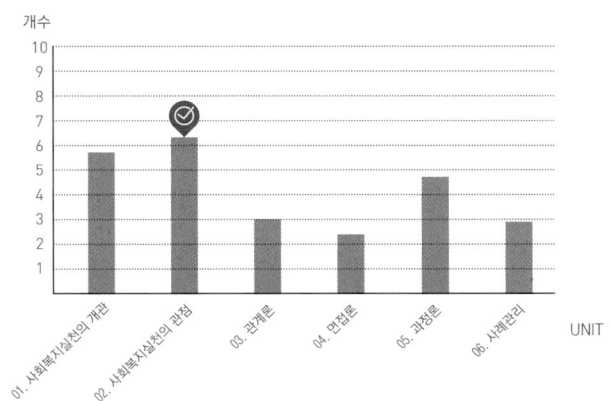

WHAT TO STUDY

1. 사회복지실천의 가치와 윤리, 발달과정, 실천현장, 통합적 접근, 실천 과정, 사례관리자의 역할을 중심으로 살펴보자.
2. 사회복지실천 과정은 꼼꼼히 확인하자.
3. 강점 관점 및 역량강화, 표적 문제 등 사회복지실천기술론에서 다루는 주제들이 출제되기도 하므로, 연계하여 효율적으로 학습하자.

UNIT 01

사회복지실천의 개관

정답과 해설 141쪽

| 워밍업 문제 | 사회복지실천의 정의와 목적 및 개념 |

사회복지실천 과정에서 목표설정 시 유의해야 할 사항으로 옳지 않은 것은?

① 달성 가능한 목표를 설정해야 한다.
② 사회복지기관의 기능을 초월할 수 있어야 한다.
③ 반드시 클라이언트의 욕구와 연결되어야 한다.
④ 사회복지사의 지식과 기술에 상응하는 것이어야 한다.
⑤ 클라이언트의 성장을 강조하는 긍정적 형태여야 한다.

해설 반드시 사회복지기관의 기능과 일치해야 한다. 답 ②

최신 001 인도주의와 박애사상이 사회복지실천에 미친 영향으로 옳은 것을 모두 고른 것은? 23회

> ㉠ 빈민에 대한 인도주의적 서비스 제공
> ㉡ 수혜자격의 축소
> ㉢ 타인을 위하여 봉사하는 정신으로 실천

① ㉠
② ㉡
③ ㉠, ㉢
④ ㉡, ㉢
⑤ ㉠, ㉡, ㉢

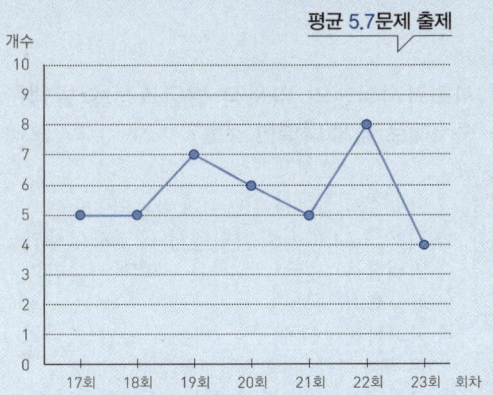

시험 실시간 차트

평균 5.7문제 출제

실시간 출제 키워드

▲ 사회복지실천의 윤리강령
▲ 사회복지실천의 역사적 발달과정
▲ 윤리적 의사결정의 우선순위
▲ 자선조직협회와 인보관 운동
▲ 사회복지실천의 가치
▲ 개인주의

002 사회복지실천의 목적과 기능으로 옳지 않은 것은? 17회

① 사회정의의 증진
② 클라이언트의 삶의 질 증진
③ 클라이언트의 가능성과 잠재력 개발
④ 개인과 사회 간 상호유익한 관계 증진
⑤ 개인이 조직에게 효과적으로 순응하도록 원조

003 사회복지실천의 이념적 배경을 모두 고른 것은? 19회

> ㉠ 인도주의
> ㉡ 민주주의
> ㉢ 개인주의
> ㉣ 문화 다양성

① ㉠, ㉡
② ㉡, ㉢
③ ㉢, ㉣
④ ㉠, ㉡, ㉣
⑤ ㉠, ㉡, ㉢, ㉣

004 개인주의가 사회복지실천에 미친 영향으로 옳은 것을 모두 고른 것은? 21회

> ㉠ 개별화
> ㉡ 개인의 권리와 의무 강조
> ㉢ 최소한의 수혜자격 원칙
> ㉣ 사회적 책임 중시

① ㉠, ㉡, ㉢
② ㉠, ㉡, ㉣
③ ㉠, ㉢, ㉣
④ ㉡, ㉢, ㉣
⑤ ㉠, ㉡, ㉢, ㉣

005 거시 수준의 사회복지실천에 관한 내용으로 옳지 않은 것은? 21회

① 다문화 청소년을 위한 조례 제정을 추진한다.
② 부모와 자녀의 관계증진을 위한 소집단 프로그램을 진행한다.
③ 피학대 노인 보호를 위한 제도 개선을 제안한다.
④ 장애인복지에 필요한 정부 예산 증액을 촉구한다.
⑤ 고독사 문제 해결을 위해 정책 토론회를 개최한다.

006 사회복지실천의 사회통제적 측면과 관련성이 가장 높은 이념은? 22회

① 인도주의
② 민주주의
③ 박애사상
④ 사회진화론
⑤ 다양화

워밍업 문제 **사회복지실천의 발달 과정**

우리나라 사회복지실천의 발달 과정에 관한 설명으로 옳지 않은 것은?

① 1921년 – 최초의 사회복지관인 '태화여자관' 설립
② 1927년 – 개별 사회사업의 기원이 된 방면위원 제도 실시
③ 1947년 – 서울대학교에 사회사업학과 최초 설치
④ 1970년 – 사회복지사업법 제정
⑤ 1982년 – 한국사회사업가협회가 사회복지사 윤리강령 제정

해설 1947년 이화여자대학교에 기독교사회사업학과가 개설되면서 우리나라 대학에서 사회복지학을 최초로 가르치기 시작하였다.

답 ③

---

007 사회복지실천의 역사적 발달과정을 발생한 순서대로 옳게 나열한 것은? 23회

> ㉠ 기능주의 학파와 진단주의 학파의 갈등
> ㉡ 밀포드(Milford) 회의에서 개별사회사업 방법론을 기본으로 하는 사회복지실천의 공통요소 제시
> ㉢ 사회복지실천에 관한 이론과 방법을 최초로 체계화한 「사회진단」 출간
> ㉣ 사회복지실천 방법으로 통합적방법론 등장

① ㉠ – ㉡ – ㉢ – ㉣
② ㉡ – ㉠ – ㉣ – ㉢
③ ㉡ – ㉢ – ㉣ – ㉠
④ ㉢ – ㉠ – ㉡ – ㉣
⑤ ㉢ – ㉡ – ㉠ – ㉣

008 사회복지 전문직에 관한 설명으로 옳은 것을 모두 고른 것은? 17회

> ㉠ 전문적인 이론체계를 갖고 있음.
> ㉡ 개인의 변화와 사회적 변혁에 관심을 둠.
> ㉢ 미시 및 거시적 개입방법을 모두 이해해야 함.
> ㉣ 타 분야 전문가와의 협업을 위해 고유한 정체성의 발전은 불필요함.

① ㉠, ㉡
② ㉠, ㉢
③ ㉡, ㉢
④ ㉠, ㉡, ㉢
⑤ ㉠, ㉢, ㉣

009 다음에서 설명하는 사회복지실천 접근이 등장하기 전의 일을 발생한 순서대로 바르게 연결한 것은? 17회

> • 사회복지실천의 공통된 원리에 기반하여 원조함.
> • 펄만(H. Perlman)의 문제해결모델이 대표적 예임.
> • 다양해지는 사회문제에 분화된 접근으로 대응할 수 없다는 인식에 기초함.

① 리치몬드(M. Richmond)의 《사회진단》 출간 – 기능주의 등장 – 진단주의 등장
② 리치몬드의 《사회진단》 출간 – 기능주의 등장 – 한국 사회복지사업법 제정
③ 일반주의 실천의 확대 – 리치몬드의 《사회진단》 출간 – 한국 사회복지사업법 제정
④ 기능주의 등장 – 사회복지실천 3대 방법론으로 분화 – 플렉스너(A. Flexner)의 사회복지직 전문성 비판
⑤ 플렉스너의 사회복지직 전문성 비판 – 리치몬드의 《사회진단》 출간 – 사회복지실천 3대 방법론으로 분화

010 자선조직협회(COS)에 관한 설명으로 옳은 것은? 18회

① 빈민 지원 시 중복과 누락을 방지하고자 시작되었다.
② 빈곤의 원인을 개인의 도덕 문제가 아니라 산업화의 결과로 보았다.
③ 연구 및 조사를 통하여 사회제도를 개혁하고자 설립되었다.
④ 빈민 지역의 주민들을 이웃으로 생각하여 함께 생활하였다.
⑤ 집단 및 지역사회복지의 태동에 영향을 주었다.

011 사회복지실천이 봉사활동에서 전문직으로 출발하게 된 계기가 아닌 것은? 18회

① 우애방문자들의 활동에 보수를 지급하기 시작하였다.
② 우애방문자를 지도·감독하는 체계를 마련하였다.
③ 자선조직협회는 교육 프로그램을 마련하였다.
④ 의사인 카보트(R. Cabot)가 매사추세츠 병원에 의료사회복지사를 정식으로 채용하였다.
⑤ 전통적 방법론의 한계로 인하여 통합적 방법론이 등장하였다.

012 한국 사회복지실천의 역사적 발달 과정을 발생한 순서대로 나열한 것은? 19회

㉠ 대학교에서 사회복지 전문 인력의 양성교육을 시작하였다.
㉡ 사회복지사업법에 따라 사회복지사 명칭을 사용하기 시작하였다.
㉢ 사회복지전문요원(이후 전담공무원)을 행정기관에 배치하기 시작하였다.
㉣ 정신건강증진 및 정신질환자 복지서비스 지원에 관한 법률에 따라 정신건강사회복지사 명칭을 사용하기 시작하였다.

① ㉠-㉡-㉢-㉣
② ㉡-㉠-㉣-㉢
③ ㉡-㉣-㉠-㉢
④ ㉢-㉡-㉣-㉠
⑤ ㉣-㉢-㉡-㉠

013 그린우드(E. Greenwood)가 제시한 전문직의 속성 중 다음 설명에 해당하는 것은? 19회

• 자기규제를 통해 클라이언트를 보호한다.
• 전문가가 지켜야 할 전문적 행동기준과 원칙을 기술해 놓은 것이다.

① 윤리강령
② 전문직 문화
③ 사회적인 인가
④ 전문적인 권위
⑤ 체계적인 이론

014 인보관 운동에 관한 내용으로 옳지 않은 것은? 20회

① 빈민을 통제하는 사회통제적 기능을 담당함.
② 인보관에서 일하는 사람은 지역사회에서 함께 살면서 활동함.
③ 지역사회 문제에 관한 연구와 조사를 실시함.
④ 빈민지역의 주택 개선, 공중보건 향상 등에 관심을 둠.
⑤ 사회문제에 대한 집합적이고 개혁적인 해결을 강조함.

015 기능주의 학파(functional school)에 관한 내용으로 옳지 않은 것은? 20회

① 개인의 의지 강조
② 인간의 성장가능성 중시
③ '지금-이곳'에 초점
④ 인간과 환경의 관계 분석
⑤ 과거경험 중심적 접근

016 자선조직협회 우애방문자의 활동에 해당하는 사회복지실천의 이념을 모두 고른 것은? 20회

㉠ 인도주의
㉡ 이타주의
㉢ 사회 개혁
㉣ 사회진화론

① ㉠
② ㉡, ㉢
③ ㉢, ㉣
④ ㉠, ㉡, ㉣
⑤ ㉠, ㉡, ㉢, ㉣

017 사회복지실천의 역사적 발달과정을 발생한 순서대로 옳게 나열한 것은? 21회

㉠ 밀포드(Milford) 회의에서 사회복지실천의 공통요소를 발표하였다.
㉡ 사회복지사업법에 따라 국내에서 사회복지사 명칭을 사용하기 시작하였다.
㉢ 태화여자관이 설립되었다.
㉣ 사회복지전문요원이 국내 행정기관에 배치되었다.

① ㉠ - ㉡ - ㉢ - ㉣
② ㉠ - ㉢ - ㉡ - ㉣
③ ㉠ - ㉢ - ㉣ - ㉡
④ ㉢ - ㉠ - ㉡ - ㉣
⑤ ㉢ - ㉠ - ㉣ - ㉡

018 자선조직협회(COS) 활동에 관한 설명으로 옳지 않은 것은? 21회

① 민간 사회복지기관의 활동을 체계적으로 조정하기 위해 등장하였다.
② 적자생존에 기반한 사회진화론을 구빈의 이론적 기반으로 삼았다.
③ 빈민지역에 거주하며 지역사회 문제에 대한 집합적이고 개혁적인 해결을 강조하였다.
④ 과학적이고 적절한 자선활동을 수행하기 위해 클라이언트 등록체계를 실시하였다.
⑤ 자선조직협회 활동은 개별사회사업의 초석이 되었다.

019 기능주의(functionalism)에서 강조한 내용으로 옳은 것을 모두 고른 것은? 22회

㉠ 개인의 의지
㉡ 개인에 대한 심리 내적 진단
㉢ 전문가와 클라이언트 사이의 원조관계
㉣ 기관의 기능

① ㉠, ㉡
② ㉢, ㉣
③ ㉠, ㉢, ㉣
④ ㉡, ㉢, ㉣
⑤ ㉠, ㉡, ㉢, ㉣

020 1960년대와 1970년대 외원단체 활동이 우리나라 사회복지발달에 미친 영향으로 옳지 않은 것은? 22회

① 사회복지가 종교와 밀접한 관련 하에 전개되도록 하였다.
② 전문 사회복지의 시작을 촉발하였다.
③ 시설 중심보다 지역사회 중심의 사회복지가 발전하는 계기를 만들었다.
④ 사회복지가 거시적인 사회정책보다는 미시적인 사회사업 위주로 발전하게 하였다.
⑤ 사람들이 사회복지를 구호사업 또는 자선사업과 같은 것으로 인식하게 하였다.

021 1929년 밀포드(Milford) 회의에서 발표한 사회복지사가 갖추어야 할 기본적인 지식 및 방법론에 관한 공통요소에 해당하지 않는 것은? 22회

① 사회에서 받아들여지는 규범적 행동에서 벗어난 행동에 관한 지식
② 인간관계 규범의 활용도
③ 클라이언트 사회력(social history)의 중요성
④ 사회치료(social treatment)에 지역사회자원 활용
⑤ 집단사회사업의 목적, 윤리, 의무를 결정하는 철학적 배경 이해

사회복지실천의 가치와 윤리

워밍업 문제

사회복지사 윤리강령에서 규정하고 있는 '사회복지사의 기본적 윤리기준'에 해당하는 것을 모두 고른 것은?

> ㉠ 전문가로서의 자세
> ㉡ 전문가로서의 실천
> ㉢ 전문성 개발을 위한 노력
> ㉣ 경제적 이득에 대한 태도

① ㉠, ㉡, ㉢   ② ㉠, ㉢, ㉣
③ ㉡, ㉣   ④ ㉣
⑤ ㉠, ㉡, ㉢, ㉣

[해설] ㉣ 경제적 이득에 대한 태도는 사회복지사 윤리강령 5차 개정 시 '경제적 이득에 대한 실천'으로 변경되었다.

답 ①

022 한국 사회복지사 윤리강령에서 '클라이언트에 대한 윤리기준'에 해당하지 않는 것은? 23회

① 서비스의 종결
② 클라이언트의 자기 결정권 존중
③ 클라이언트의 권익옹호
④ 인간 존엄성 존중
⑤ 기록·정보 관리

023 인권에 관한 설명으로 옳지 않은 것은? 23회

① 평등권은 국가의 적극적 책임과 의무를 강조하는 것으로 사회보장의 권리를 의미한다.
② 자유권은 국가의 통치와 간섭으로부터 자유를 보장하기 위한 권리이다.
③ 평화권은 국가들 간의 연대와 단결의 권리이다.
④ 자유권은 국가가 반드시 보호해 주어야 하는 권리이다.
⑤ 평등권은 구속 및 인신매매로부터의 보호를 의미한다.

024 사회복지사의 가치갈등이나 윤리적 딜레마에 관한 설명으로 옳지 않은 것은? 17회

① 윤리기준은 지속적으로 변화된다.
② 가치갈등에 대응하는 첫 단계는 가치갈등의 존재를 인식하는 것이다.
③ 윤리적 결정에 따른 결과의 모호성으로 윤리적 딜레마가 발생할 수 있다.
④ 기관의 목표가 클라이언트 이익에 위배될 때 가치상충으로 윤리적 딜레마가 발생할 수 있다.
⑤ 윤리적 결정을 위해 로웬버그와 돌고프 (F. Loewenberg & R. Dolgoff)의 일반결정 모델을 활용할 수 있다.

025 사회복지사 윤리에 관한 설명으로 옳은 것을 모두 고른 것은? 17회

㉠ 사회복지사는 원조과정에서 자신의 이익을 위해 행동해서는 안 됨.
㉡ 로웬버그와 돌고프의 윤리원칙 준거틀은 생명보호를 최우선으로 함.
㉢ 윤리강령은 윤리적 갈등이 생겼을 때 법적 제재의 근거를 제공함.
㉣ 사회복지사는 국가자격이므로 사회복지사 윤리강령은 국가가 채택함.

① ㉠, ㉡
② ㉠, ㉢
③ ㉠, ㉡, ㉢
④ ㉠, ㉡, ㉣
⑤ ㉡, ㉢, ㉣

026 다음은 '한국사회복지사 윤리강령' 중 어느 영역에 해당하는가? 18회

· 사회복지사는 자신이 일하는 지역사회를 이해하고, 클라이언트가 지역사회에서 서로 도우며 함께 살아가도록 지원해야 한다.
· 사회복지사는 정치적 영역이 클라이언트의 권익과 사회복지 실천에 미치는 영향을 인식하여 사회정의 실현을 위한 사회정책의 수립과 법령 제·개정을 지원·옹호해야 한다.

① 기본적 윤리기준
② 사회복지사의 동료에 대한 윤리기준
③ 사회에 대한 윤리기준
④ 클라이언트에 대한 윤리기준
⑤ 기관에 대한 윤리기준

027 돌고프, 로웬버그와 해링턴(R. Dolgoff, F. Lowenberg & D. Harrington)의 윤리적 의사결정 과정의 순서로 옳은 것은? 18회

㉠ 가장 적절한 전략이나 개입 방법을 선택한다.
㉡ 해당 문제와 관련된 사람과 제도를 확인한다.
㉢ 확인된 목표에 따라 설정된 개입 방안의 효과성과 효율성을 평가한다.
㉣ 문제를 해결하거나 문제의 정도를 경감할 수 있는 개입목표를 명확히 한다.

① ㉡ - ㉠ - ㉣ - ㉢
② ㉡ - ㉣ - ㉠ - ㉢
③ ㉡ - ㉣ - ㉢ - ㉠
④ ㉣ - ㉡ - ㉠ - ㉢
⑤ ㉣ - ㉢ - ㉡ - ㉠

028 사회복지사가 경험할 수 있는 윤리적 딜레마 상황을 모두 고른 것은? 18회

㉠ 실천 결과의 모호성
㉡ 사회복지사와 클라이언트 간의 힘의 불균형
㉢ 클라이언트체계의 다중성
㉣ 기관에 대한 의무와 클라이언트에 대한 의무의 상충

① ㉠, ㉣
② ㉡, ㉢
③ ㉡, ㉣
④ ㉠, ㉡, ㉢
⑤ ㉠, ㉡, ㉢, ㉣

029 소속기관의 예산 절감 요구로 클라이언트에게 필요한 서비스를 제공하지 못할 때, 사회복지사가 겪게 되는 가치갈등은? 19회

① 가치 상충
② 의무 상충
③ 결과의 모호성
④ 힘 또는 권력의 불균형
⑤ 클라이언트체계의 다중성

030 최신 시험에 맞게 변형한 문제입니다.
한국 사회복지사 윤리강령 중 다음 내용이 제시되어 있는 윤리기준은? 19회

> - 사회복지사는 클라이언트에게 제공되는 서비스가 더 이상 클라이언트의 이해나 욕구에 부합하지 않으면 업무상 관계와 서비스를 종결한다.
> - 사회복지사는 클라이언트의 고의적·악의적·상습적 민원 제기에 대해 소속 기관, 슈퍼바이저, 전문가 자문 등의 논의 과정을 거쳐 서비스를 중단하거나 거부권을 행사할 수 있다.

① 기본적인 윤리기준
② 클라이언트에 대한 윤리기준
③ 사회복지사의 동료에 대한 윤리기준
④ 사회에 대한 윤리기준
⑤ 기관에 대한 윤리기준

031 인권의 특성으로 옳은 것을 모두 고른 것은? 19회

> ㄱ. 모든 인간에게 해당되는 보편적인 권리이다.
> ㄴ. 개인, 집단, 국가가 상호 간에 책임을 동반하는 권리이다.
> ㄷ. 사회적 약자를 위하여 지켜지고 확보되어야 하는 권리이다.
> ㄹ. 법이 보장하고 있지 않다 해도 인간의 존엄성 보장에 필요한 권리이다.

① ㄱ, ㄴ
② ㄱ, ㄷ
③ ㄴ, ㄷ
④ ㄴ, ㄷ, ㄹ
⑤ ㄱ, ㄴ, ㄷ, ㄹ

032 전문적 관계의 특성으로 옳은 것은? 19회

① 전문가 윤리강령에 따른다.
② 기관의 입장에서 출발한다.
③ 시간에 제한을 두지 않는다.
④ 전문가 권위와 권한이 없다.
⑤ 클라이언트 동의가 필요 없다.

033 로웬버그와 돌고프(F. Loewenberg & R. Dolgoff)의 윤리적 원칙 심사표에서 '도움을 요청해 온 클라이언트의 의사를 존중해 주는 것'에 해당하는 윤리적 원칙은? 20회

① 자율성과 자유의 원칙
② 평등과 불평등의 원칙
③ 최소 손실의 원칙
④ 사생활과 비밀보장의 원칙
⑤ 진실성과 정보개방의 원칙

034 윤리강령의 기능으로 옳은 것을 모두 고른 것은? 20회

> ㄱ. 외부 통제로부터 전문직 보호
> ㄴ. 윤리적 갈등이 생겼을 때 지침과 원칙 제공
> ㄷ. 사회복지사의 자기규제를 통한 클라이언트 보호
> ㄹ. 전문가로서 사회복지사의 기본업무 및 자세 알림

① ㄱ, ㄷ
② ㄱ, ㄹ
③ ㄱ, ㄴ, ㄹ
④ ㄴ, ㄷ, ㄹ
⑤ ㄱ, ㄴ, ㄷ, ㄹ

035 '양로시설에서 생활하는 노인의 의사결정을 사회복지사가 대신할 수 없다'는 의미의 인권 특성은? 20회

① 천부성
② 불가양성·불가분성
③ 보편성
④ 사회성·문화성
⑤ 환경성·평화성

036 레비(C. Levy)가 제시한 사회복지전문직의 가치 중 결과 우선 가치에 해당하는 것은? 21회

① 자기 결정권 존중
② 인간 존엄성에 대한 믿음
③ 비심판적 태도
④ 동등한 사회 참여 기회 제공
⑤ 개별성에 대한 인정

037 특정 문제에 대해 어떠한 서비스를 제공할 것인가 결정할 때, 클라이언트의 의사를 존중해 주는 것을 의미하는 윤리적 쟁점은? 22회

① 비밀보장
② 진실성 고수와 알 권리
③ 제한된 자원의 공정한 분배
④ 전문적 관계 유지
⑤ 클라이언트의 자기결정권

038 인권에 관한 설명으로 옳지 않은 것은? 22회

① 천부성은 인간이 세상에 태어나면서부터 존엄성을 가지고 태어났다는 의미이다.
② 자유권은 시민적, 정치적 권리이다.
③ 평화권은 국가들 간의 연대와 단결의 권리이다.
④ 보편성은 자기의 인권은 자기만이 소유할 수 있다는 의미이다.
⑤ 평등권은 경제적, 사회적, 문화적 권리이다.

039 로웬버그와 돌고프(F. Loewenberg & R. Dolgoff)의 윤리적 원칙 중 다음 사례에서 아동학대 전담공무원이 결정을 할 때 최우선적으로 고려해야 할 원칙은? 22회

> 아동학대가 발생한 가정의 학대피해아동을 원가정에서 생활하도록 할 것인가 또는 학대피해아동쉼터에서 생활하도록 할 것인가에 대해 1차 결정을 해야 한다.

① 평등과 불평등의 원칙
② 최소 손실의 원칙
③ 사회정의 실현의 원칙
④ 진실성과 정보 개방의 원칙
⑤ 사생활 보호와 비밀보장의 원칙

040 한국 사회복지사 윤리강령에서 '사회복지사의 윤리기준' 중 '클라이언트에 대한 윤리기준' 영역에 해당하지 않는 것은? 22회

① 서비스의 종결
② 기록·정보 관리
③ 직업적 경계 유지
④ 정보에 입각한 동의
⑤ 이해 충돌에 대한 대처

UNIT 02 사회복지실천의 관점

✓ 최빈출 주제

정답과 해설 147쪽

시험 실시간 차트

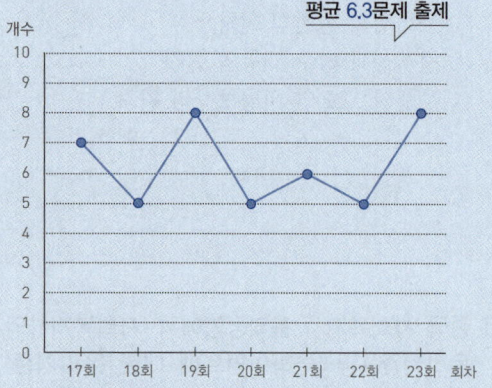

평균 6.3문제 출제

실시간 출제 키워드
▲ 사회복지실천현장
▲ 강점관점
▲ 통합적 접근
▲ 사회복지사의 역할

워밍업 문제 | **사회복지실천현장**

사회복지실천현장에 관한 설명으로 옳지 <u>않은</u> 것은?
① 사회복지서비스가 직·간접적으로 제공되는 장(setting)이다.
② 넓은 의미에서의 실천현장은 물리적인 '장소'의 개념을 초월한다.
③ 넓은 의미에서는 사회복지실천 분야 또는 서비스의 초점이 되는 문제영역을 포괄한다.
④ 좁은 의미에서는 클라이언트에게 서비스를 직·간접적으로 제공하는 사회복지기관을 의미한다.
⑤ 펄만(Perlman)은 사회복지실천의 구성요소로서 문제, 사람, 목적과 함께 서비스 제공 장소인 기관의 중요성을 강조하였다.

해설 펄만은 사회복지실천의 구성요소로 문제, 사람(개인), 과정, 장소를 제시하였다(4P). 이후 전문가, 제공물이 추가된 6P를 제시하였다.   **답** ⑤

최신 **041** 사회복지 실천현장의 예와 분류의 연결로 옳은 것은?   23회

① 지역아동센터 – 1차 현장, 이용시설
② 행정복지센터 – 1차 현장, 생활시설
③ 노인요양공동생활가정 – 1차 현장, 이용시설
④ 아동보호전문기관 – 2차 현장, 생활시설
⑤ 지역자활센터 – 2차 현장, 이용시설

042 이용시설 – 간접서비스기관 – 민간기관의 예를 순서대로 바르게 나열한 것은? 17회

최신 시험에 맞게 변형한 문제입니다.

① 지역아동센터 – 사회복지협의회 – 주민센터
② 장애인복지관 – 행정복지센터 – 지역사회보장협의체
③ 청소년쉼터 – 사회복지관 – 사회복지공동모금회
④ 사회복지관 – 노인보호전문기관 – 성폭력피해상담소
⑤ 다문화가족지원센터 – 사회복지공동모금회 – 한국사회복지사협회

043 다음 중 1차 현장이면서 이용시설에 해당하는 것은? 18회

① 장애인복지관, 보건소
② 노인복지관, 지역아동센터
③ 아동양육시설, 사회복지관
④ 노인요양시설, 장애인공동생활가정
⑤ 정신건강복지센터, 학교

044 이용시설에 해당하지 않는 것은? 19회

① 재가복지센터
② 아동상담소
③ 주간보호센터
④ 아동양육시설
⑤ 지역사회복지관

045 사회복지실천현장의 기능과 목적에 따른 분류에서 1차 현장에 해당하지 않는 것은? 20회

① 양로시설
② 교정시설
③ 사회복지관
④ 지역아동센터
⑤ 장애인 거주시설

046 사회복지실천현장과 분류의 연결로 옳지 않은 것은? 21회

① 사회복지관 – 1차 현장
② 종합병원 – 2차 현장
③ 발달장애인지원센터 – 이용시설
④ 노인보호전문기관 – 생활시설
⑤ 사회복지공동모금회 – 비영리기관

047 사회복지실천현장 분류의 예로 옳지 않은 것은? 22회

① 1차 현장: 노인복지관
② 이용시설: 아동보호치료시설
③ 생활시설: 장애인거주시설
④ 2차 현장: 교정시설
⑤ 생활시설: 노인요양원

사회복지사 1급

> **워밍업 문제** — 사회복지사의 역할
>
> 다음의 〈사례〉에서 수행하고 있는 사회복지사의 역할은?
>
> > 장기간의 무단결석과 비행으로 학교에서 퇴학 위기에 처한 학생의 선처를 위해 사회복지사는 부모와 학교 간의 의견이 타협 또는 해결될 수 있도록 조심스럽게 개입을 하고 있다.
>
> ① 중재자 ② 대변자
> ③ 교육자 ④ 중개자
> ⑤ 행동가
>
> **해설** 중재자(조정자)로서의 사회복지사의 역할은 클라이언트가 타인이나 어떤 조직과 갈등이 있을 때 이를 조정하여 공동의 합의점을 찾아내도록 하는 것이다. 이때 주의할 점은 클라이언트의 입장이 아닌, 중립적인 입장에서 개입이 이루어져야 한다는 것이다. **답** ①

---

048 사회복지사의 역할에 관한 설명으로 옳은 것은? 23회

① 협상가(negotiator): 갈등상황에 있는 사람들 간의 합의를 이끌어 내기 위해 어느 한쪽과 동맹을 맺고 타협하는 역할
② 중개자(broker): 불이익을 받는 집단을 위해 특정 제도를 변화, 개선하는 역할
③ 중재자(mediator): 흩어져 있는 서비스들을 조직적인 형태로 정리하는 역할
④ 조력자(enabler): 관심을 끌어오지 못한 문제에 대중이 관심을 갖도록 집중시키는 역할
⑤ 교육자(educator): 권리침해나 불평등 이슈에 관심을 갖고 연대를 통해 변화를 이끄는 역할

049 사회복지사의 역할에 관한 설명으로 옳지 않은 것은? 17회

① 옹호자: 클라이언트 권익 변호
② 계획가: 변화과정 기획
③ 연구자: 개입효과 평가
④ 교육자: 지식과 기술 전수
⑤ 중개자: 조직이나 집단의 갈등 해결

050 최신 시험에 맞게 변형한 문제입니다.
문화적 다양성과 사회복지실천에 관한 설명으로 옳은 것은? 17회

① 다문화주의는 문화절대주의이다.
② 다문화 사회복지실천에서 기술은 지식보다 중요하다.
③ 다문화주의는 사회통합을 위해 소수자의 동화를 유도한다.
④ 다문화 사회복지실천은 클라이언트의 차이점을 고려하지 않는 중립적 실천이다.
⑤ 한국사회복지사 윤리강령에 다문화적 인식과 존중이 규정되어 있다.

051 다문화 사회복지실천에서 사회복지사에게 요구되는 문화적 역량으로 옳지 않은 것은? 19회

① 문화적 상이성에 대한 수용과 존중
② 주류문화에 대한 동화주의적 실천 지향
③ 자신의 문화적 정체성과 편견에 대한 성찰적 분석
④ 다문화 배경의 클라이언트에 관한 지식의 필요성 인식
⑤ 다문화 배경의 클라이언트에게 개입하고 의사소통할 수 있는 능력

052 사회복지사의 옹호 활동으로 옳지 않은 것은? 19회

① 자신의 권리를 주장할 수 없는 영유아를 대변한다.
② 무국적 아동의 교육 평등권을 위한 법안을 제안한다.
③ 사회복지사가 클라이언트 집단의 대표로 나서서 협상을 주도한다.
④ 이주 노동자에게 최저 임금을 받을 권리를 교육한다.
⑤ 철거민들의 자체 회의를 위해 종합사회복지관의 공간을 제공한다.

053 다음 설명에서 사례관리자가 수행한 역할은?

19회

> 클라이언트는 경제적 지원과 건강 지원을 요구하지만, 현재 종합사회복지관, 노인복지관, 경로당, 무료 급식소에서 중복적으로 급식 지원을 제공받고 있으며, 정서 지원도 중복되고 있다. 사례관리자는 사례회의를 통해서 평일 중식은 경로당에서, 주말 중식은 무료 급식소를 이용하고, 종합사회복지관은 경제적 지원을, 노인복지관은 건강 지원을 제공하는 데 합의하였다.

① 중개자　② 훈련가
③ 중재자　④ 조정자
⑤ 옹호자

054 양자 간의 논쟁에 개입하여 중립을 지키면서 상호합의를 이끌어내는 사회복지사의 역할은?

21회

① 중개자　② 조정자
③ 중재자　④ 옹호자
⑤ 교육자

055 다음에서 설명하고 있는 것은?

21회

> 사회복지사가 자신의 가치, 신념, 행동습관, 편견 등이 사회복지실천에 어떤 영향을 미치는지 정확하게 이해하는 것이다.

① 자기지시　② 자기규제
③ 자기노출　④ 자기인식
⑤ 자기결정

워밍업 문제　**통합적 접근**

통합적 접근이 등장하게 된 배경으로 옳지 않은 것은?

① 비전문가들에 의한 사회복지 업무 수행에서 오는 부작용으로 전문 사회복지사를 필요로 하게 되었다.
② 사회변화에 따른 새롭고 복잡한 상황 속에서 문제 해결에 어려운 점이 많았다.
③ 다양한 문제와 욕구를 가진 클라이언트들이 여러 기관을 찾아다녀야 했다.
④ 전통적인 방법은 극히 제한된 특정 문제에만 적용할 수가 있었다.
⑤ 전통적 방법의 지나친 분화는 서비스의 파편화 현상을 초래하였다.

[해설] 서비스의 파편화 현상으로 다양한 문제와 욕구를 가지고 있는 클라이언트가 다양한 기관이나 사회복지사들을 찾아다녀야 하는 부담을 지게 됨으로써 사회복지사가 클라이언트에게 최선의 서비스를 제공할 수 없다는 점, 전문화 중심의 교육훈련이 사회복지사들의 분야별 직장 이동에 도움이 안 된다는 점, 공통기반을 전제로 하지 않은 분화와 전문화가 제각기 별개의 사고와 언어 및 과정을 보여 주어 사회복지 전문직의 정체성 확립에 장애가 된다는 점, 특정 문제 중심의 제한된 개입은 다양한 문제에 효과적으로 대처할 수 없다는 점이 통합적 접근의 등장 배경이 되었다.

답 ①

최신 056 핀커스와 미나한(A. Pincus & A. Minahan)이 제시한 사회복지실천의 목적을 설명한 것으로 옳지 않은 것은?

23회

① 개인의 문제해결과 대처능력을 향상한다.
② 개인을 사회자원, 서비스, 기회를 제공해 주는 환경체계와 연결한다.
③ 다양한 사회복지기관이나 조직의 효과적이고 효율적인 운영을 촉진한다.
④ 개인과 환경 간 불균형 발생 시 문제를 극대화하도록 돕는다.
⑤ 사회정책의 개발과 향상에 기여한다.

057 개인의 적응 욕구와 환경 또는 사회적 요구 사이의 조화와 균형의 정도를 의미하는 생태체계 관점의 개념은? 23회

① 경계 ② 엔트로피
③ 상호교류 ④ 적합성
⑤ 대처

058 통합적 접근방법의 등장배경에 관한 설명으로 옳은 것을 모두 고른 것은? 23회

㉠ 전통적 방법이 지나치게 분화되어 서비스의 파편화를 초래하였다.
㉡ 전통적 방법이 공통기반을 전제하지 않아 정체성 확립에 어려움이 발생하였다.
㉢ 전통적 방법이 복잡한 문제에 포괄적으로 개입하여 전문성이 부족하였다.
㉣ 전통적 방법이 전문화 중심으로 교육되어 사회복지사의 분야별 이동을 어렵게 하였다.

① ㉠, ㉡, ㉢
② ㉠, ㉡, ㉣
③ ㉠, ㉢, ㉣
④ ㉡, ㉢, ㉣
⑤ ㉠, ㉡, ㉢, ㉣

059 다음 사례에서 콤튼과 갤러웨이(B. Compton & B. Galaway)의 사회복지실천대상과 체계의 연결로 옳은 것은? 23회

학교사회복지사 A는 학교 징계위원회로부터 상담명령을 받은 학교폭력 가해자인 학생 B를 만났다. B는 비밀보장을 요청하며 상담을 해달라고 하였다. 그러나 담임교사와 학교는 학생과의 면담을 모두 보고하도록 요구하였다. 결국 A는 이 문제를 학교사회복지사협회와 의논하여 학교에 사회복지사의 비밀보장 의무에 대한 공문을 요청하였다. A는 가해자로 지목된 다른 학생 C, D와 B를 대상으로 집단 프로그램을 운영하였다.

① 학교 징계위원회 – 응답체계
② 학교사회복지사협회 – 전문가체계
③ 학교사회복지사 A – 행동체계
④ 담임교사 – 표적체계
⑤ 가해자 학생 C, D – 변화매개 체계

060 체계이론이 사회복지실천에 미친 영향으로 옳지 않은 것은? 17회

① 사고의 틀을 개인 중심에서 전체체계로 확대하도록 유도함.
② 경계, 환류, 엔트로피 등 기능적인 체계를 설명하는 개념을 제시함.
③ 문제현상에 대한 분석틀과 구체적 개입방법을 제시함으로써 적응적 변화를 유도함.
④ 사회현상을 분석함에 있어 체계를 둘러싼 변수들이 상호관련된 전체라는 시각을 갖게 함.
⑤ 동귀결성(equifinality)과 다중귀결성(multi-finality)은 실천의 다양한 영향을 설명할 수 있게 함.

061 콤튼과 갤러웨이(B. Compton & B. Galaway)의 6체계에 관한 설명으로 옳지 않은 것은? 17회

① 표적체계: 목표 달성을 위해 변화가 필요한 체계
② 클라이언트체계: 서비스나 도움을 필요로 하는 체계
③ 변화매개체계: 목표 달성을 위해 사회복지사가 상호작용하는 체계
④ 전문가체계: 변화매개체계에 영향을 미치는 교육체계나 전문가단체
⑤ 의뢰-응답체계: 서비스를 요청한 체계와 그러한 요청으로 서비스기관에 오게 된 체계

062 브론펜브레너(V. Bronfenbrenner)가 제시한 생태체계에 관한 설명으로 옳은 것은? 18회

① 미시체계: 개인의 일상생활에 존재하는 실제적인 환경
② 중간체계: 개인이 직접 상호작용을 하지는 않지만 간접적인 영향을 미치고 있는 환경
③ 내부체계: 개인 내면의 심리적인 상호작용
④ 외부체계: 개인이 속한 사회의 이념이나 제도의 일반적 형태
⑤ 거시체계: 개인이 적극적으로 참여하는 둘 이상의 환경 간의 상호관계

063 핀커스와 미나한(A. Pincus & A. Minahan)의 4체계모델에 관한 설명으로 옳은 것은? 18회

① 이웃이나 가족 등은 변화매개체계에 해당한다.
② 문제 해결을 위해 사회복지사와 상호작용하는 사람들은 행동체계에 해당한다.
③ 비자발적인 클라이언트는 의뢰-응답체계에 해당한다.
④ 목표 달성을 위해 변화가 필요한 사람들은 변화매개체계에 해당한다.
⑤ 전문가 육성 교육체계도 전문체계에 해당한다.

064 사회복지실천에서 통합적 방법에 관한 설명으로 옳은 것은? 18회

① 사례관리가 실천현장에서 일반화된 이후 등장하였다.
② 다양한 클라이언트체계와 수준에 접근할 수 있다.
③ 고도의 전문화를 통해 해당 실천영역 고유의 문제에 집중한다.
④ 전통적 방법에 비하여 다양하고 복잡한 문제 상황에 개입하기에 적합하지 않다.
⑤ 다양한 유형의 클라이언트를 통합한다는 의미를 가진다.

065 콤튼과 갤러웨이(B. Compton & B. Galaway)의 6체계모델을 다음 〈사례〉에 적용할 때 구성체계의 연결이 옳은 것은? 19회

> 사회복지사 A는 중학생 B가 동급생들로부터 상습적으로 집단폭력을 당하는 것을 알게 되었다. A는 이 문제를 해결하기 위하여 B가 다니는 학교의 학교사회복지사 C와 경찰서의 학교폭력담당자 D에게도 사건 내용을 알려, C와 D는 가해학생에게 개입하고 있다. A는 학교사회복지사협회(E)의 학교폭력 관련 워크숍에 참가하면서, C와 D를 만나 정기적으로 사례회의를 하고 있다.

① A(사회복지사) - 변화매개체계
② B(학생) - 행동체계
③ C(학교사회복지사) - 클라이언트체계
④ D(경찰) - 전문가체계
⑤ E(학교사회복지사협회) - 표적체계

066 통합적 접근에 관한 사회복지실천의 특징이 아닌 것은? 19회

① 생태체계 관점을 토대로 한다.
② 클라이언트의 자기결정을 최소화한다.
③ 문제에 대해 광범위하고 포괄적으로 접근한다.
④ 체계와 체계를 둘러싼 환경 간의 관계를 중시한다.
⑤ 사회복지실천 과정을 점진적 문제 해결 과정으로 본다.

067 사회복지실천에서 통합적 접근 방법에 관한 내용으로 옳지 않은 것은? 20회

① 전통적인 방법론의 한계로 인해 등장
② 클라이언트의 참여와 자기결정권 강조
③ 인간의 행동은 환경과 연결되어 있음을 전제
④ 이론이 아닌 상상력에 근거를 둔 해결 방법 지향
⑤ 궁극적으로 클라이언트의 삶의 질 향상을 돕고자 함.

068 일반체계이론에서 체계의 작용과정을 순서대로 옳게 나열한 것은? 20회

㉠ 투입　㉡ 산출　㉢ 환류　㉣ 전환

① ㉠ - ㉡ - ㉢ - ㉣
② ㉠ - ㉡ - ㉣ - ㉢
③ ㉠ - ㉣ - ㉡ - ㉢
④ ㉣ - ㉠ - ㉡ - ㉢
⑤ ㉣ - ㉢ - ㉠ - ㉡

069 펄만(H. Perlman)이 사회복지실천을 구성하는 요소로 제시한 4P에 관한 내용으로 옳은 것을 모두 고른 것은? 20회

㉠ 문제(Problem) - 해결하고자 하는 문제나 욕구
㉡ 프로그램(Program) - 문제 해결을 위해 시행되는 프로그램
㉢ 장소(Place) - 문제 해결을 위한 서비스가 제공되는 물리적 공간
㉣ 전문가(Professional) - 문제 해결을 위해 개입하는 전문가

① ㉠, ㉡
② ㉠, ㉢
③ ㉡, ㉣
④ ㉡, ㉢, ㉣
⑤ ㉠, ㉡, ㉢, ㉣

070 통합적 접근의 특징에 관한 내용으로 옳지 않은 것은? 21회

① 생태체계 관점에서 인간과 환경체계를 고려한다.
② 미시 수준에서 거시 수준에 이르는 다차원적 접근을 한다.
③ 개입에 적합한 이론과 방법을 폭넓게 활용한다.
④ 다양하고 복합적인 원인으로 발생하는 문제를 해결하기 위한 접근이다.
⑤ 서비스 영역별로 분화되고 전문화된 접근이다.

071 콤튼과 갤러웨이(B. Compton & B. Galaway)의 사회복지실천 구성체계 중 '사회복지사협회'가 해당되는 체계는? 21회

① 변화매개체계
② 클라이언트체계
③ 표적체계
④ 행동체계
⑤ 전문가체계

072 핀커스와 미나한(A. Pincus & A. Minahan)의 4체계 모델을 다음 사례에 적용할 때 대상과 체계의 연결로 옳은 것은?   22회

> 가족센터의 교육 강좌를 수강 중인 결혼이민자 A는 최근 결석이 잦아졌다. A의 이웃에 살며 자매처럼 친하게 지내는 변호사 B에게서 A의 근황을 전해들은 가족센터 소속의 사회복지사 C는 A와 연락 후 가정방문을 하여 A와 남편 D, 시어머니 E를 만나 이야기를 나누었다. C는 가족센터를 이용하면 '바람이 난다'라고 여긴 E가 A를 통제하고 있는 것을 알게 되었다. 또한 D는 A를 지지하고 싶지만 E의 눈치를 보느라 소극적으로 행동하는 것도 파악하였다. A의 도움 요청을 받은 C는 우선 E의 변화를 통해 상황을 개선해보고자 한다.

① 결혼이민자(A): 행동체계
② 변호사(B): 전문가체계
③ 사회복지사(C): 의뢰-응답체계
④ 남편(D): 변화매개체계
⑤ 시어머니(E): 표적체계

워밍업 문제 / 강점 관점

강점 관점에 관한 설명으로 옳은 것을 모두 고른 것은?

㉠ 클라이언트의 바람직한 변화를 위한 잠재력을 향상시킬 수 있다.
㉡ 문제 자체보다는 문제 해결에 초점을 둔다.
㉢ 클라이언트는 변화를 위한 자원과 역량을 이미 가지고 있다고 인정한다.
㉣ 행동, 감정, 관계의 부정적인 결과와 증상의 영향을 감소시키는 것이 개입의 목적이다.

① ㉠, ㉡, ㉢   ② ㉠, ㉢
③ ㉡, ㉣   ④ ㉣
⑤ ㉠, ㉡, ㉢, ㉣

해설 ㉠, ㉡, ㉢ 강점 관점이란 사회복지사가 클라이언트의 결점보다는 그들의 능력과 가치에 중점을 두는 관점으로, 개인의 강점에 관심을 두어 개인의 학습과 성장, 변화능력을 인정하며, 클라이언트의 결정 능력과 욕구에 초점을 둔 원조 과정이다.
㉣ 병리적 관점에 관한 설명이다.   **답** ①

073 통합적 접근 방법에 관한 설명으로 옳지 않은 것은?   22회

① 클라이언트의 참여와 개별성을 강조한다.
② 광범위하고 포괄적으로 문제를 규정한다.
③ 클라이언트의 잠재력에 대해 미래지향적 관점을 갖는다.
④ 전통적 접근 방법인 개별사회사업과 집단사회사업을 지역사회조직으로 통합하였다.
⑤ 사회복지실천 과정에서 공통적으로 적용 가능한 개념이나 원리 등이 있음을 전제한다.

074 임파워먼트모델에서 클라이언트와 사회복지사에 관한 설명으로 옳지 않은 것은?   23회

① 클라이언트가 원하는 변화를 위해 양자 간 협력적 관계를 형성한다.
② 클라이언트를 서비스에 대한 권리를 가진 소비자로 본다.
③ 클라이언트를 경험과 역량을 가진 원조과정의 파트너로 본다.
④ 클라이언트의 참여를 중시하고 자기결정권을 강조한다.
⑤ 사회복지사는 치료자이고, 클라이언트는 서비스의 수동적 수혜자로 여긴다.

075 임파워먼트모델의 각 단계와 실천과업을 연결한 것으로 옳은 것을 모두 고른 것은? 23회

> ㉠ 대화(dialogue)단계 – 성공의 확인
> ㉡ 발견(discovery)단계 – 자원역량 사정
> ㉢ 발달(development)단계 – 파트너십 형성
> ㉣ 발달(development)단계 – 강점의 확인

① ㉡
② ㉣
③ ㉡, ㉢
④ ㉠, ㉢, ㉣
⑤ ㉡, ㉢, ㉣

076 병리 관점과 비교한 강점 관점의 특징으로 옳은 것은? 17회

① 클라이언트의 문제에 초점을 둠.
② 사회복지사는 클라이언트 삶의 전문가임.
③ 변화를 위한 자원은 전문가의 지식과 기술임.
④ 실천의 초점을 과거에서 현재와 미래로 전환함.
⑤ 강점은 용기와 낙관주의 같은 개인 내적인 요소로 한정함.

077 임파워먼트모델에 관한 설명으로 옳은 것을 모두 고른 것은? 17회

> ㉠ 임파워먼트는 개인, 대인관계, 제도적 차원에서 이루어짐.
> ㉡ 클라이언트를 문제 해결의 협력적 파트너로 인정함.
> ㉢ 클라이언트를 위해 자원을 동원하거나 권리를 옹호함.
> ㉣ 모델의 이념적 근원은 레이놀즈(B. Reynolds)의 활동에서 찾을 수 있음.

① ㉠, ㉡
② ㉡, ㉢
③ ㉢, ㉣
④ ㉠, ㉡, ㉢
⑤ ㉠, ㉡, ㉢, ㉣

078 임파워먼트모델에 관한 설명으로 옳지 않은 것은? 18회

① 클라이언트와 문제 해결 방안을 함께 수립한다.
② 개인, 대인관계, 제도적 차원에서 임파워먼트가 이루어진다.
③ 클라이언트와 협력관계를 확립하는 것을 중요시한다.
④ 클라이언트의 문제와 부적응의 개입에 초점을 맞춘다.
⑤ 개입과정은 대화 – 발견 – 발달단계로 진행된다.

079 임파워먼트모델의 실천단계를 대화단계, 발견단계, 발전단계로 나눌 때, 대화단계에서 실천해야 할 과정을 모두 고른 것은? 19회

> ㉠ 방향 설정
> ㉡ 자원 활성화
> ㉢ 강점의 확인
> ㉣ 기회의 확대
> ㉤ 파트너십 형성
> ㉥ 현재 상황의 명확화

① ㉠, ㉡, ㉢
② ㉠, ㉢, ㉣
③ ㉠, ㉤, ㉥
④ ㉡, ㉢, ㉣
⑤ ㉡, ㉢, ㉣, ㉤, ㉥

080 사회복지사가 현장에서 활용할 수 있는 강점 관점 실천의 원리에 해당하지 않는 것은? 19회

① 모든 환경은 자원으로 가득 차 있다.
② 모든 개인·집단·가족·지역사회는 강점을 가지고 있다.
③ 클라이언트와 협동 작업이 이루어질 때 최선의 도움을 줄 수 있다.
④ 클라이언트의 성장과 변화는 제한적이다.
⑤ 클라이언트의 고난은 상처가 될 수 있지만, 동시에 도전과 기회가 될 수 있다.

081 강점 관점에 관한 설명으로 옳지 않은 것은? 20회

① 개입의 초점은 가능성에 있다.
② 클라이언트를 재능과 자원을 가진 사람으로 규정한다.
③ 개입의 핵심은 개인, 가족, 지역사회의 참여이다.
④ 사회복지사는 클라이언트의 진술에 대해 회의적이기 때문에 재해석하여 진단에 활용한다.
⑤ 돕는 목적은 클라이언트의 삶에 함께하며 가치를 확고히 하도록 지원하는 것이다.

082 다음에서 설명하고 있는 사회복지실천모델은? 21회

- 비장애인이 대부분인 사회에서 장애인 클라이언트의 취약한 권리에 주목하였다.
- 사회복지사와 클라이언트 집단은 장애인의 권익을 옹호하는 데 협력하였다.
- 대화, 발견, 발전의 단계를 통해 클라이언트 집단은 주도적으로 불평등한 사회제도를 개선하였다.

① 의료모델   ② 임파워먼트모델
③ 사례관리모델 ④ 생활모델
⑤ 문제해결모델

083 강점관점에 관한 설명으로 옳은 것을 모두 고른 것은? 22회

㉠ 개입의 핵심은 개인과 가족, 지역사회의 참여이다.
㉡ 클라이언트의 능력보다 전문가의 지식이 우선시된다.
㉢ 사회복지사는 클라이언트의 진술을 긍정적으로 재해석하여 활용한다.
㉣ 현재 강점을 갖게 된 어린 시절의 원인 사건에 치료의 초점을 맞춘다.

① ㉠   ② ㉠, ㉣
③ ㉡, ㉢   ④ ㉠, ㉢, ㉣
⑤ ㉠, ㉡, ㉢, ㉣

084 임파워먼트 모델에 관한 설명으로 옳은 것은? 22회

① 병리적 관점에 기초를 둔다.
② 어떤 경우에도 환경의 변화를 추구하지 않는다.
③ 클라이언트의 적극적인 참여를 강조한다.
④ 전문성을 기반으로 사회복지사는 클라이언트를 통제한다.
⑤ 클라이언트에 대한 정확한 진단을 최우선으로 한다.

UNIT

03

관계론

정답과 해설 154쪽

워밍업 문제
관계 형성에 대한 이해와 구성 요소

사회복지실천에서의 관계에 관한 설명으로 옳지 않은 것을 모두 고른 것은?

㉠ 사회복지사가 클라이언트에게 도움을 제공할 때에는 클라이언트와의 관계가 선행되어야 한다.
㉡ 클라이언트와 사회복지사의 관계는 자연적이며 영구적인 성격을 갖는다.
㉢ 개별 실천뿐만 아니라 집단 실천에서도 클라이언트와 사회복지사의 관계는 매우 중요한 요소이다.
㉣ 클라이언트와 사회복지사의 관계는 실천의 결과와는 연관성이 없다.

① ㉠, ㉡, ㉢
② ㉠, ㉢
③ ㉡, ㉣
④ ㉣
⑤ ㉠, ㉡, ㉢, ㉣

해설 ㉡ 클라이언트와 사회복지사의 관계는 전문적 관계이며 문제 해결을 위한 일시적 기간으로 한정되어야 한다.
㉣ 클라이언트와 사회복지사의 관계는 실천의 결과에 영향을 미칠 수 있는 매우 중요한 요소 중의 하나이다. **답** ③

시험 실시간 차트

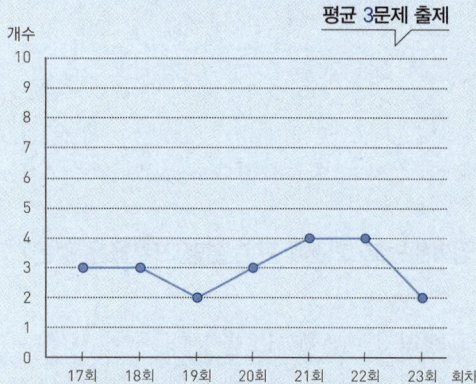

평균 3문제 출제

실시간 출제 키워드
▲ 사회복지실천의 관계
▲ 비스텍의 관계 형성의 7대 원칙

085 다음에서 설명하는 전문적 관계의 기본 요소는?
23회

- 사회복지사가 클라이언트의 입장에서 이해하는 것
- 반영 등의 기법을 사용하여 이해하고 있다는 것을 표현하는 것

① 공감
② 진실성
③ 문화적 민감성
④ 자기를 관찰하는 능력
⑤ 헌신

086 다음 내용을 모두 충족하는 원조관계의 기본 요소는? 17회

> - 사회복지사와 클라이언트의 책임감을 의미하는 것으로 관계의 목적을 이루기 위해 서로를 신뢰하고 일관된 태도를 유지함.
> - 클라이언트는 문제와 상황을 솔직하게 말해야 하고, 사회복지사는 클라이언트의 변화와 성장을 위해 노력해야 함.

① 수용 ② 존중
③ 일치성 ④ 헌신과 의무
⑤ 권위와 권한

087 전문적 원조관계의 특성으로 옳은 것은? 17회

① 사회복지사는 클라이언트에 비해 우월적 지위에 있다.
② 클라이언트에게 도움을 주기 위해 정해진 기간 동안 관계를 맺는다.
③ 사회복지사의 욕구에 부응하기 위해 상호 만족스러운 관계를 형성한다.
④ 관계의 전반적인 과정에 대해 사회복지사와 클라이언트가 공동으로 책임진다.
⑤ 전문적 관계를 통해 사회복지사는 클라이언트의 감정과 행동의 변화를 통제한다.

088 사회복지실천에서 전문적 관계의 특성에 관한 설명으로 옳지 않은 것은? 18회

① 클라이언트의 욕구가 중심이 된다.
② 시간적인 제한을 둔다.
③ 전문가 자신의 정서를 통제하는 관계이다.
④ 전문가가 설정한 목적 달성을 위해 형성된다.
⑤ 전문가는 전문성에 기반을 둔 권위를 가진다.

089 클라이언트를 개별화하기 위해 사회복지사에게 필요한 역량이 아닌 것은? 18회

① 언어적 표현에 대한 경청 능력
② 비언어적 표현에 대한 관찰 능력
③ 질환에 대해 진단할 수 있는 능력
④ 편견과 선입관에 대한 자기인식 능력
⑤ 감정을 민감하게 포착할 수 있는 능력

090 원조관계에서 책임감을 갖고 절차상의 조건을 따르는 관계형성의 기본 요소는? 19회

① 구체성 ② 헌신과 의무
③ 감정이입 ④ 자아노출
⑤ 수용과 기대

091 사회복지실천에서 전문적 관계의 특성으로 옳은 것은? 20회

① 사회복지사는 자신의 반응을 통제하면 안 된다.
② 클라이언트는 전문성에서 비롯된 권위를 가진다.
③ 사회복지사와 클라이언트 사이에 합의된 목적이 있다.
④ 문제가 해결되어야만 종결되는 관계이기 때문에 시간의 제한이 없다.
⑤ 사회복지사와 클라이언트는 반드시 상호 간의 이익에 헌신하는 관계이다.

092 사회복지실천에서 관계에 관한 설명으로 옳은 것은? 20회

① 비자발적인 클라이언트는 원천적으로 배제한다.
② 사회복지사는 전문성에 바탕을 둔 권위라도 가져서는 안 된다.
③ 클라이언트는 사회복지사와의 문화적 차이를 수용해야만 한다.
④ 사회복지사와 클라이언트 모두에게 요구되는 의무와 책임감이 있다.
⑤ 선한 목적을 위해 클라이언트에게 진실을 감추는 것은 필수적으로 허용된다.

093 다음에서 설명하고 있는 사회복지사의 자질은? 21회

- 클라이언트의 감정을 잘 관찰하는 것과 경청하는 과정에서 비롯된다.
- 클라이언트가 언어적으로 표현한 것뿐만 아니라 표현하지 않은 비언어적 내용들도 파악한다.

① 민감성 ② 진실성
③ 헌신 ④ 수용
⑤ 일치성

094 사회복지실천의 전문적 관계에 관한 설명으로 옳지 않은 것은? 21회

① 사회복지사와 클라이언트가 합의하여 목적을 설정한다.
② 사회복지사는 소속된 기관의 특성에 영향을 받는다.
③ 사회복지사의 이익과 욕구 충족을 위한 일방적 관계이다.
④ 사회복지사는 전문성에 바탕을 둔 권위를 가진다.
⑤ 계약에 의해 이루어지는 시간제한적인 특징을 갖는다.

095 원조관계에서 사회복지사의 태도에 관한 내용으로 옳은 것은? 21회

① 개선의 여지가 있다고 판단된 경우에 한해서 클라이언트와 전문적 관계를 형성하였다.
② 클라이언트의 감정에 이입되어 면담을 지속할 수 없었다.
③ 자신의 생각과 다른 클라이언트의 의견은 관계형성을 위해 즉시 수정하도록 지시하였다.
④ 법정으로부터 정보공개 명령을 받고 관련된 클라이언트 정보를 제공하였다.
⑤ 클라이언트 특성이나 상황이 일반적인 경우와 다르지만 획일화된 서비스를 그대로 제공하였다.

096 전문적 원조관계에 관한 설명으로 옳은 것은? 22회

① 클라이언트의 문제와 욕구가 중심이 된다.
② 시간적 제한을 두지 않는 관계이다.
③ 전문가의 권위는 부정적 작용을 한다.
④ 전문가가 자신과 원조 방법에 대해 통제해서는 안 된다.
⑤ 클라이언트는 전문가의 지시에 무조건 따라야 한다.

097 사회복지실천 관계의 요소인 헌신과 의무에 관한 설명으로 옳은 것을 모두 고른 것은? 22회

㉠ 일관성을 포함하는 개념이다.
㉡ 원조관계에서 책임감과 관련이 있다.
㉢ 원조관계의 목적을 달성하기 위해 필요하다.
㉣ 클라이언트는 헌신을 해야 하나 의무를 갖지는 않는다.

① ㉡
② ㉠, ㉡, ㉢
③ ㉠, ㉢, ㉣
④ ㉡, ㉢, ㉣
⑤ ㉠, ㉡, ㉢, ㉣

098 전문적 원조관계 형성의 장애요인이 아닌 것은?
22회

① 전문가의 권위
② 변화에 대한 저항
③ 클라이언트의 전문가에 대한 부정적 전이
④ 전문가의 클라이언트에 대한 역전이
⑤ 클라이언트의 불신

위밍업 문제 — 관계 형성의 7대 원칙

비스텍(F. Biestek)이 제시한 클라이언트의 욕구와 그에 따르는 사회복지실천의 관계 요소의 연결이 옳지 않은 것은?

① 개별적인 개인으로 취급되기를 바라는 욕구 - 개별화
② 가치 있는 인간으로 인정받고 싶은 욕구 - 수용
③ 사회복지사가 선택하고 결정하고자 하는 욕구 - 자기결정
④ 심판받고 싶지 않은 욕구 - 비심판적 태도
⑤ 문제에 대한 공감적 반응을 얻으려는 욕구 - 통제된 정서적 관여

[해설] 클라이언트의 자기결정 욕구란 클라이언트가 자신의 생활에 관해 스스로 선택 및 결정하려는 욕구이다. **답 ③**

---

099 비스텍(F. Biestek)의 관계원칙에 관한 내용으로 옳은 것을 모두 고른 것은?
23회

㉠ 수용: 클라이언트를 있는 그대로 인정해야 한다.
㉡ 비심판적 태도: 클라이언트를 비난하지 않아야 한다.
㉢ 통제된 정서적 관여: 클라이언트가 자신의 감정을 자유롭게 표현하도록 해야 한다.
㉣ 개별화: 클라이언트의 감정에 민감성과 이해로서 반응해야 한다.

① ㉣
② ㉠, ㉡
③ ㉡, ㉢
④ ㉠, ㉢, ㉣
⑤ ㉠, ㉡, ㉢, ㉣

---

100 전문적 관계의 기본 원칙 중 다음 내용 모두에 해당하는 것은?
17회

- 문제의 해결자가 사회복지사가 아닌 클라이언트임을 강조함.
- 법률에 따라 제한되는 경우를 제외하고 최대한 존중되어야 함.
- 사회복지사는 문제 해결을 위해 다양한 대안을 알고 있어야 함.

① 수용
② 비밀 보장
③ 비심판적 태도
④ 통제된 정서적 관여
⑤ 클라이언트의 자기결정권

---

101 '클라이언트의 자기결정'을 돕는 데 필요한 사회복지사의 역량으로 옳은 것을 모두 고른 것은?
18회

㉠ 경청하고 수용하는 태도
㉡ 클라이언트가 활용 가능한 자원을 찾고 분석하도록 지원하는 능력
㉢ 클라이언트의 잠재력을 개발하는 데 도움이 되는 환경조성 능력
㉣ 클라이언트에게 필요한 것들을 결정하여 이를 관철시키는 능력

① ㉠, ㉣
② ㉡, ㉢
③ ㉠, ㉡, ㉢
④ ㉡, ㉢, ㉣
⑤ ㉠, ㉡, ㉢, ㉣

---

102 다음에서 설명하는 전문적 관계의 기본 원칙은?
19회

- 클라이언트는 문제에 대한 공감적 반응을 얻고자 하는 욕구가 있다.
- 사회복지사는 클라이언트 감정에 대해 민감성, 공감적 이해로 의도적이고 적절한 반응을 한다.

① 수용
② 개별화
③ 비심판적 태도
④ 의도적인 감정표현
⑤ 통제된 정서적 관여

UNIT 04 면접론

정답과 해설 157쪽

103 비스텍(F. Biestek)이 제시한 사회복지실천의 관계 원칙에 해당하지 <u>않는</u> 것은? 20회

① 클라이언트의 비밀을 보장해야 한다.
② 클라이언트의 욕구를 범주화해야 한다.
③ 클라이언트를 비난하거나 심판하지 않아야 한다.
④ 클라이언트의 감정을 자유롭게 표현하도록 해야 한다.
⑤ 클라이언트를 있는 그대로 인정하고 받아들여야 한다.

104 비스텍(F. Biestek)의 관계의 원칙 중 '의도적 감정 표현'에 해당하는 것은? 21회

① 클라이언트의 부정적 감정을 자유롭게 표현할 수 있도록 지지한다.
② 클라이언트의 감정이나 태도를 있는 그대로 받아들이고 존중한다.
③ 목적달성을 위한 방안들의 장·단점을 설명하고 클라이언트가 스스로 선택하도록 한다.
④ 공감을 받고 싶어 하는 클라이언트의 욕구에 따라 클라이언트에게 공감하는 반응을 표현한다.
⑤ 사회복지사 자신의 생각과 느낌, 개인적인 경험을 이야기한다.

105 사회복지실천 관계의 요소인 수용에 관한 설명으로 옳지 <u>않은</u> 것은? 22회

① 클라이언트를 있는 그대로 이해한다.
② 클라이언트의 부정적인 감정도 받아들인다.
③ 사회규범에서 벗어난 행동도 허용할 수 있다.
④ 편견이나 선입관을 줄여나가면 수용에 도움이 된다.
⑤ 클라이언트가 안도감을 갖게 하여 현실적인 방법으로 문제 대처를 할 수 있도록 돕는다.

시험 실시간 차트

실시간 출제 키워드
▲ 면접
▲ 경청
▲ 질문

워밍업 문제 — 면접의 유형

사회복지실천 면접에 관한 설명으로 옳지 않은 것은?

① 특정한 목적을 갖는다.
② 클라이언트와 사회복지사 간의 합의에 의해 진행된다.
③ 특수한 역할 관계가 규정된다.
④ 맥락이나 장(setting)을 갖는다.
⑤ 가능한 한 화제 선택에 제한을 두지 않는다.

해설 사회복지실천의 면접은 목적지향적인 활동이다. 목적지향적이라는 것은 개입 목적에 관련된 내용(주제)로 의사소통이 제한된다는 것이다.

참고 면접은 맥락(또는 전후관계)이나 장을 가지고 있고, 목적과 방향이 있습니다. 또한 계약에 의하며, 관련자들 간에 특정한 역할 관계가 규정됩니다.

답 ⑤

---

106 다음 〈사례〉에서 사회복지사가 진행한 면접의 유형은? 17회

> 학대 의심 사례를 의뢰받은 노인보호전문기관의 사회복지사는 어르신을 만나 학대의 내용과 정도를 파악하고 어르신의 정서 상태와 욕구를 확인하는 면접을 진행하였다.

① 평가면접 ② 치료면접
③ 정보수집면접 ④ 계획수립면접
⑤ 정서지원면접

---

107 개방형 질문의 예시로 옳지 않은 것은? 18회

① 선생님은 어제 자녀와 대화를 나누셨나요?
② 부모님은 그 상황에서 무엇을 생각하셨을까요?
③ 그 상황에서 선생님의 기분은 어떠하셨나요?
④ 어떤 상황이 되면 문제가 해결되었다고 생각하세요?
⑤ 그러한 행동을 하게 되면 선생님의 가족들은 어떤 반응을 보이시나요?

---

108 면접에 관한 설명으로 옳지 않은 것은? 18회

① 사회복지사와 클라이언트 사이의 특정한 역할 관계가 있다.
② 시간과 장소 등 구체적인 요건이 필요하다.
③ 목적보다는 과정지향적 활동이므로 목적에 집착하는 것을 지양한다.
④ 클라이언트의 어려움을 극복하는 데 필요한 변화들을 가져오기도 한다.
⑤ 클라이언트를 이해하는 데 필요한 정보를 수집하기도 한다.

---

109 면접에서 피해야 할 질문 기술이 아닌 것은? 19회

① 개방형 질문
② 모호한 질문
③ 유도 질문
④ '왜?'라는 질문
⑤ 복합 질문

---

110 사회복지실천 면접에 관한 설명으로 옳지 않은 것은? 20회

① 개입에 필요한 자료를 수집하기 위한 도구가 될 수 있다.
② 사회복지사와 클라이언트 사이의 특정한 역할 관계가 있다.
③ 특정 상황이나 맥락에 관련하여 이루어진다.
④ 목적은 클라이언트의 삶의 질 향상을 위한 것이어야 한다.
⑤ 목적이 옳으면 기간이나 내용이 제한되지 않는 활동이다.

111 클라이언트와의 면접 중 질문에 관한 설명으로 옳은 것은? 20회

① 폐쇄형 질문은 클라이언트의 상세한 설명과 느낌을 듣기 위해 사용한다.
② 유도형 질문은 비심판적 태도로 상대방을 존중하기 위해 사용한다.
③ '왜'로 시작하는 질문은 클라이언트의 가장 개방적 태도를 이끌어낼 수 있다.
④ 개방형 질문은 '예', '아니요' 또는 단답형으로 한정하여 대답한다.
⑤ 중첩형 질문(stacking question)은 클라이언트를 혼란스럽게 만들 수 있다.

112 사회복지실천 면접의 질문기술에 관한 내용으로 옳은 것은? 21회

① 클라이언트가 방어적인 태도를 취할 수 있기에 '왜'라는 질문은 피한다.
② 클라이언트가 자유롭게 대답할 수 있도록 폐쇄형 질문을 활용한다.
③ 사회복지사가 의도하는 특정 방향으로 이끌기 위해 유도 질문을 사용한다.
④ 클라이언트에게 이중 또는 삼중 질문을 한다.
⑤ 클라이언트가 개인적으로 궁금해 하는 사적인 질문은 거짓으로 답한다.

113 면접의 유형에 관한 예로 옳은 것을 모두 고른 것은? 22회

> ㄱ. 정보수집면접: 갈등을 겪고 있는 부부를 대상으로 문제에 대한 과거력, 개인력, 가족력을 파악하는 면접을 진행함
> ㄴ. 사정면접: 클라이언트의 사회적응을 위해 환경변화를 목적으로 클라이언트와 관련 있는 중요한 사람과 면접을 진행함
> ㄷ. 치료면접: 학교폭력 피해학생의 자존감 향상을 위해 심리적 지지를 제공하는 면접을 진행함

① ㄱ   ② ㄱ, ㄴ   ③ ㄱ, ㄷ
④ ㄴ, ㄷ   ⑤ ㄱ, ㄴ, ㄷ

워밍업 문제 면접의 개입 기술

다음에서 설명하는 개입 기술로 옳은 것은?

> 합리적인 생각과 결정에 대해 클라이언트가 의구심을 갖거나 자신 없어 할 때 사용하는 기법

① 재보증   ② 재명명
③ 수용   ④ 환기
⑤ 일반화

해설 클라이언트가 의구심, 회의감을 느낄 때 사회복지사가 재보증(클라이언트의 능력 인정, 신뢰 표현) 기술을 사용하면 클라이언트의 자신감이 향상될 수 있다. **답** ①

---

114 관찰기술에 관한 내용으로 옳지 않은 것은? 23회

① 클라이언트의 행동과 외모, 몸짓, 태도 등에 주의를 기울이는 기술
② 클라이언트가 자신에 대해 미처 알지 못한 것을 깨달을 수 있도록 설명해 주는 기술
③ 클라이언트의 언어적, 비언어적 메시지의 차이를 파악할 수 있는 기술
④ 사회복지사의 편견에 의해 판단하지 않도록 주의를 기울여야 하는 기술
⑤ 클라이언트의 침묵이 언제, 어떤 이야기 도중 발생하였는지를 파악하는 기술

115 클라이언트와의 관계형성을 위해 사회복지사가 자신의 생각이나 경험을 공유하는 면담 기술은? 23회

① 직면   ② 경청
③ 자기노출   ④ 해석
⑤ 질문

116 다음에서 설명하는 의사소통기술은? 23회

- 클라이언트 혼자만이 겪는 문제가 아니라는 것을 인식하게 하는 기법
- 클라이언트의 생각과 느낌이 다른 사람과 비슷하다고 말해줌으로써 클라이언트의 소외감을 감소시켜 주는 기술

① 재명명 ② 초점화
③ 직면   ④ 일반화
⑤ 조언

117 다음에서 설명하는 면접 기술은? 17회

- 클라이언트가 보여 준 언행들의 의미와 관계에 대한 가설을 제시함.
- 클라이언트가 자신의 행동, 감정, 생각을 새로운 시각으로 볼 수 있게 함.

① 해석   ② 요약
③ 직면   ④ 관찰
⑤ 초점화

118 면접을 위한 의사소통기술 중 클라이언트의 혼란스럽고 갈등이 되는 느낌을 가려내어 분명히 해 주는 기술은? 18회

① 재명명 ② 재보증
③ 세분화 ④ 명료화
⑤ 모델링

119 초기단계에서 사용하는 면접 기술에 관한 설명으로 옳은 것을 모두 고른 것은? 19회

㉠ 공감적 태도와 적극적 반응으로 경청한다.
㉡ 표정, 눈 맞춤 등 비언어적 표현을 관찰한다.
㉢ 가벼운 대화로 시작하여 분위기를 조성한다.
㉣ 침묵을 허용하지 않고 그 이유에 대해 질문한다.

① ㉠, ㉡
② ㉡, ㉣
③ ㉠, ㉡, ㉢
④ ㉡, ㉢, ㉣
⑤ ㉠, ㉡, ㉢, ㉣

120 사회복지실천 면접에서 경청에 관한 설명으로 옳지 않은 것은? 20회

① 클라이언트의 진술을 즉각적으로 교정해 주는 것이 핵심이다.
② 클라이언트에 관한 중요한 정보를 얻는 방법 중 하나이다.
③ 클라이언트의 표정이나 몸짓도 관찰하여 의미를 파악한다.
④ 클라이언트의 사고와 감정을 이해하려는 적극적 활동이기도 하다.
⑤ 클라이언트와 사회복지사 사이의 신뢰 관계 형성에 도움이 된다.

UNIT 05 과정론

정답과 해설 159쪽

121 다음에서 설명하고 있는 면접 기술은? 21회

- 클라이언트가 말하는 것만으로도 치료효과를 얻을 수 있다.
- 클라이언트의 억압된 또는 부정적인 감정이 문제 해결을 방해하거나 감정 자체에 문제가 있는 경우 이를 표출하게 하여 감정을 해소시키려 할 때 활용한다.

① 해석
② 환기
③ 직면
④ 반영
⑤ 재보증

122 경청에 관한 내용으로 옳지 않은 것은? 22회

① 클라이언트와 시선을 맞추어야 한다.
② 클라이언트의 이야기에 반응하지 않아야 한다.
③ 클라이언트의 언어적·비언어적 표현을 함께 파악해야 한다.
④ 클라이언트의 감정과 사고를 이해하고 파악하는 것이다.
⑤ 클라이언트에 대한 열린 마음과 수용적인 태도가 필요하다.

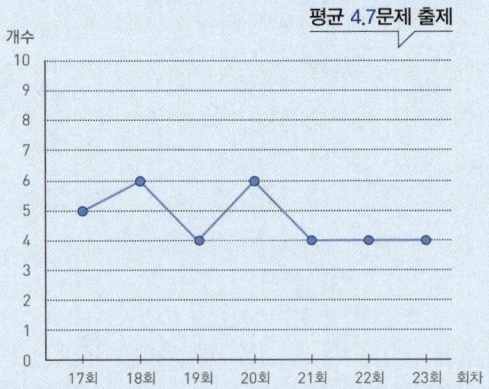

실시간 출제 키워드
▲ 종결단계
▲ 계획수립단계
▲ 접수단계
▲ 자료수집단계
▲ 사정도구

워밍업 문제 — 접수

접수단계에서의 사회복지사의 과제로 보기 어려운 것은?

① 관계 형성
② 개입 방법 결정
③ 의뢰 여부 결정
④ 문제 확인
⑤ 클라이언트의 양가감정 해소

해설 개입 방법은 자료수집과 사정이 이루어지고 나서 클라이언트와 함께 목표를 설정하고 계약을 하는 계획수립단계에서 결정되어야 한다. 답 ②

---

123 접수단계에서 수행할 수 있는 과업이 아닌 것은?   23회

① 의뢰
② 관계형성
③ 서비스 동의
④ 목표설정
⑤ 문제 확인

124 문제와 욕구를 확인하여 기관의 정책과 서비스에 부합하는지 판단하는 사회복지실천의 과정은?   17회

① 접수
② 사정
③ 평가
④ 자료수집
⑤ 목표 설정

125 의뢰에 관한 설명으로 옳은 것을 모두 고른 것은?   17회

> ㉠ 클라이언트가 거부감을 느끼지 않도록 정서적으로 지지함.
> ㉡ 의뢰하는 기관과 서비스의 정보를 클라이언트에게 제공함.
> ㉢ 반드시 클라이언트의 동의가 필요한 것은 아님.
> ㉣ 의뢰된 기관에서 클라이언트가 서비스를 적절히 받는지 확인함.

① ㉠, ㉡
② ㉠, ㉢
③ ㉠, ㉡, ㉣
④ ㉡, ㉢, ㉣
⑤ ㉠, ㉡, ㉢, ㉣

126 노인복지관의 사회복지사가 접수단계에서 수행하는 역할로 옳지 않은 것은?   18회

① 가족 간의 상호작용 유형을 조정한다.
② 기관 및 사회복지사 자신을 소개한다.
③ 원하는 서비스가 무엇인지 질문한다.
④ 이름과 나이를 확인한다.
⑤ 클라이언트의 저항감이 파악되면 완화시킨다.

127 접수단계에서 사회복지사가 수행해야 할 과제를 모두 고른 것은? 19회

> ㉠ 개입 목표의 우선순위 합의
> ㉡ 클라이언트의 강점과 자원 조사
> ㉢ 욕구에 적합한 기관으로 의뢰
> ㉣ 기관에서 제공하는 서비스 적격 여부 확인

① ㉠, ㉢　　② ㉡, ㉣
③ ㉢, ㉣　　④ ㉠, ㉡, ㉢
⑤ ㉠, ㉡, ㉢, ㉣

128 접수단계의 주요 과업에 해당하지 않는 것은? 20회

① 관계 형성을 통한 클라이언트의 참여 유도
② 클라이언트의 드러난 문제 확인
③ 서비스의 효율성과 효과성 측정
④ 서비스에 대한 클라이언트의 동의 확인
⑤ 클라이언트의 문제가 기관의 자원과 정책에 부합되는지 판단

워밍업 문제   자료수집

자료수집단계에서 수집하는 자료의 영역에 포함되는 내용을 모두 고른 것은?

> ㉠ 문제에 관한 정보
> ㉡ 원가족의 가족관계
> ㉢ 클라이언트의 기능
> ㉣ 클라이언트의 한계

① ㉠, ㉡, ㉢　　② ㉠, ㉢
③ ㉡, ㉣　　　　④ ㉣
⑤ ㉠, ㉡, ㉢, ㉣

해설 ㉠, ㉡, ㉢, ㉣ 모두 자료의 영역에 포함된다.　답 ⑤

129 사회복지실천 과정의 자료수집에 관한 예시로 옳은 것을 모두 고른 것은? 18회

> ㉠ 가출청소년의 가족관계 파악을 위해 부모와 면담 실시
> ㉡ 진로 고민 중인 청년의 진로탐색을 위해 적성검사 실시
> ㉢ 이웃의 아동학대 신고가 사실인지 여부를 확인하기 위해 가정방문 실시

① ㉠　　　　② ㉢
③ ㉠, ㉡　　④ ㉡, ㉢
⑤ ㉠, ㉡, ㉢

130 자료수집에 관한 설명으로 옳지 않은 것은? 19회

① 클라이언트의 참여가 필요하다.
② 실천의 전 과정을 통해 이루어진다.
③ 상반된 정보를 제공하는 자료는 폐기한다.
④ 문제와 욕구, 강점과 자원을 모두 포함한다.
⑤ 가정방문으로 자연스러운 상호작용을 관찰할 수 있다.

131 자료수집단계에 관한 설명으로 옳은 것은? 20회

① 클라이언트 개인에게만 초점을 두어 정보를 모은다.
② 다양한 정보원으로부터 자료를 수집하므로 검사 도구를 사용하면 안 된다.
③ 초기 면접은 비구조화된 양식만을 사용하여 기본적인 정보를 수집해야 한다.
④ 객관적인 자료뿐만 아니라 클라이언트의 주관적인 인식이 담긴 자료도 포함하여 수집한다.
⑤ 클라이언트로부터 얻은 정보가 가장 중요하므로 클라이언트가 직접 작성한 자료에만 의존한다.

132 자료수집을 위한 자료 출처에 해당하는 것을 모두 고른 것은? 21회

> ㉠ 문제, 사건, 기분, 생각 등에 관한 클라이언트 진술
> ㉡ 클라이언트와 직접 상호작용한 사회복지사의 경험
> ㉢ 심리검사, 지능검사, 적성검사 등의 검사 결과
> ㉣ 친구, 이웃 등 클라이언트의 중요한 타인으로부터 수집한 정보

① ㉠, ㉡, ㉢
② ㉠, ㉡, ㉢
③ ㉠, ㉢, ㉣
④ ㉡, ㉢, ㉣
⑤ ㉠, ㉡, ㉢, ㉣

워밍업 문제 **사정**

사정을 위한 자료가 될 수 있는 것을 모두 고른 것은?

> ㉠ 이웃의 의견
> ㉡ 클라이언트의 지능검사 결과
> ㉢ 사회복지사의 주관적 관찰 내용
> ㉣ 사회복지사를 대하는 클라이언트의 태도

① ㉠, ㉡, ㉢   ② ㉠, ㉢
③ ㉡, ㉢   ④ ㉣
⑤ ㉠, ㉡, ㉢, ㉣

해설 ㉠, ㉡, ㉢, ㉣ 모두 사정을 위한 자료가 될 수 있다.

답 ⑤

---

133 다음 사례에서 사회복지사가 자료수집 과정에서 사용한 정보의 출처가 아닌 것은? 22회

> 사회복지사는 결석이 잦은 학생 A에 대한 상담을 하기 전 담임선생님으로부터 A와 반 학생들 사이에 갈등관계가 있음을 들었다. 이후 상담을 통해 A가 반 학생들로부터 따돌림 당하고 있음을 알게 되었다. 상담 과정에서 A는 사회복지사와 눈을 맞추지 못하고 본인의 이야기를 하는 것에 주저하는 모습을 보이며 상담 내내 매우 위축된 모습이었다. 어머니와의 전화 상담을 통해 A가 집에서 가족들과 대화를 하지 않고 방안에서만 지내고 있다는 것을 알게 되었다.

① 클라이언트의 이야기
② 클라이언트의 비언어적 행동
③ 상호작용의 직접적 관찰
④ 주변인으로부터 정보 획득
⑤ 클라이언트와의 직접적 상호작용 경험

최신 134 사정의 특성으로 옳지 않은 것은? 23회

① 클라이언트의 생활 속에서 욕구를 발견하고 문제를 정의한다.
② 클라이언트와 사회복지사 양자가 참여하는 상호과정이다.
③ 환경 속의 클라이언트를 이해하고 계획의 근거를 마련하는 이중초점을 지닌다.
④ 클라이언트의 독특한 상황과 관련하여 개별화되어야 한다.
⑤ 클라이언트에 대한 서비스 제공여부를 판단한다.

최신 135 생태도를 통하여 파악할 수 없는 것은? 23회

① 클라이언트 가족의 세대 간 반복되는 정서적 유형
② 클라이언트에게 스트레스가 되는 체계
③ 클라이언트와 환경 간 자원교환의 정도
④ 클라이언트가 이용하는 서비스 기관
⑤ 클라이언트에게 유용한 자원이나 환경

136 사정단계에서 클라이언트가 제시한 '남편의 일 중독' 문제를 '자신이 남편에게 중요한 존재임을 느끼고 싶어 하는' 욕구로 바꾸어 진술하는 것은? 17회

① 문제 발견
② 문제 형성
③ 정보 발견
④ 자료 수집
⑤ 목표 설정

137 가계도에 관한 설명으로 옳지 않은 것은? 17회

① 가족과 환경의 상호작용을 볼 수 있다.
② 가족의 구조적 및 관계적 측면을 볼 수 있다.
③ 여러 세대의 가족에 대한 정보를 얻을 수 있다.
④ 가족의 문제를 체계적으로 이해할 수 있게 한다.
⑤ 세대 간 반복되는 관계유형을 찾고 통찰력을 갖게 한다.

138 생태도를 통하여 파악할 수 있는 내용에 해당되지 않는 것은? 18회

① 클라이언트·가족 구성원과 자원체계 간의 에너지 흐름
② 클라이언트·가족 구성원에게 스트레스가 되는 체계
③ 클라이언트·가족 구성원 간의 자원 교환 정도
④ 클라이언트·가족 구성원의 환경체계 변화가 필요한 내용
⑤ 클라이언트·가족 구성원의 생애 동안 발생한 문제의 발전 과정에 관한 정보

139 사정도구와 파악할 수 있는 정보의 연결이 옳지 않은 것은? 19회

① 생태도 – 개인과 가족에 영향을 미치는 주요 환경체계 확인
② 생활력도표 – 개인의 과거 주요한 생애 사건
③ DSM-V 분류체계 – 클라이언트의 정신장애 증상에 대한 진단
④ 소시오그램 – 집단성원 간 상호작용 및 하위 집단 형성 여부
⑤ PIE 분류체계 – 주변인과의 접촉 빈도 및 사회적 지지의 강도와 유형

140 세대 간 반복된 가족 특성을 파악하기 위한 사정도구는? 20회

① 가계도
② 생태도
③ 소시오그램
④ 생활력도표
⑤ 사회적 관계망 그리드

141 생태도 작성에 관한 내용으로 옳은 것을 모두 고른 것은? 21회

㉠ 용지의 중앙에 가족 또는 클라이언트체계를 나타내는 원을 그린다.
㉡ 중심원 내부에 클라이언트 또는 동거가족을 그린다.
㉢ 중심원 외부에 클라이언트 또는 가족과 상호작용하는 외부체계를 작은 원으로 그린다.
㉣ 자원의 양은 '선'으로, 관계의 속성은 '원'으로 표시한다.

① ㉣
② ㉠, ㉢
③ ㉡, ㉣
④ ㉠, ㉡, ㉢
⑤ ㉠, ㉡, ㉢, ㉣

142 사정(assessment)의 특성으로 옳지 않은 것은?
22회

① 클라이언트의 강점을 포함해야 한다.
② 사회복지사의 지식적 근거가 필요하다.
③ 사회복지사와 클라이언트의 상호작용 과정이다.
④ 클라이언트를 완전히 이해하는 것은 한계가 있다.
⑤ 사회복지실천의 초기 단계에서만 이루어진다.

143 다음은 사정결과를 요약한 것이다. 사회복지사가 이후 단계에서 가장 먼저 수행해야 할 과업은?
18회

> 경제적 도움을 요청하여 기관에 접수된 클라이언트는 성장기 학대경험과 충동적인 성격 때문에 가족 및 이웃과의 갈등문제를 심각하게 겪고 있다. 배우자와는 이혼 위기에 있고, 근로능력은 있으나 근로의지가 거의 없어서 실직한 상태이다.

① 이혼 위기에 접근하기 위해 부부 상담서비스를 제공한다.
② 이웃과의 갈등 문제 해결을 위하여 분쟁조정위원회에 의뢰한다.
③ 원인이 되는 성장기 학대경험에 관한 치료부터 시작한다.
④ 근로의욕을 높이기 위해 집단 프로그램에 참여하도록 한다.
⑤ 클라이언트와 함께 다루고자 하는 문제의 우선순위를 정한다.

워밍업 문제 계획수립

계획수립 과정에 관한 설명으로 옳지 않은 것은?
① 문제에 대한 사정 결과를 근거로 하여 개입 목표를 설정한다.
② 목표 설정 시 허황되고 실현 불가능한 것은 포함시키지 않아야 한다.
③ 설정된 목표는 그 개입 과정이 종결될 때까지 수정할 수 없다.
④ 클라이언트와 사회복지사 간의 상호 합의에 의해 목표가 설정되어야 한다.
⑤ 계약은 서면뿐만 아니라 구두로도 할 수 있다.

[해설] 사회복지실천 과정에서 설정된 목표는 필요에 따라 수정될 수 있으며, 처음 설정한 목표를 수정하거나 보완할 때에도 클라이언트와 사회복지사 간에 합의가 있어야 한다.

답 ③

144 사회복지서비스 계획수립단계에 관한 설명으로 옳지 않은 것은?
20회

① 계획의 목표는 기관의 기능과 일치해야 한다.
② 목표설정은 미시적 수준과 거시적 수준에서 클라이언트의 변화를 고려한다.
③ 계약서는 클라이언트만 작성하여 과업과 의무를 공식화한다.
④ 목표는 클라이언트가 원하는 결과를 포함하여 클라이언트의 적극적인 참여를 유도한다.
⑤ 계획단계의 목표는 클라이언트와 사회복지사가 함께 합의하여 결정한다.

145 사회복지실천 과정 중 계획수립단계에서 수행해야 하는 사회복지사의 과업은? 22회

① 서비스 효과 점검
② 실천활동에 대한 동료 검토
③ 개입효과의 유지와 강화
④ 개입 목표 설정
⑤ 평가 후 개입 계획 수정

워밍업 문제 개입

사회복지사의 사례관리 실천 과정 중 다음에서 설명하는 단계는?

- 내부자원 획득을 통해 직접적 서비스를 제공하고, 외부자원 획득을 위한 간접적 서비스를 제공하는 과정이다.
- 직접적 서비스 제공을 위해 이행자, 안내자, 교육자, 정보제공자, 지원자로서의 역할을 수행한다.
- 간접적 서비스 제공을 위해 중개자, 연결자, 옹호자로서의 역할을 수행한다.

① 욕구사정단계 ② 자료수집단계
③ 계획단계   ④ 개입단계
⑤ 평가단계

해설 사회복지사가 클라이언트에게 직접적·간접적 서비스를 제공하는 과정은 실질적인 원조 과정으로서 개입단계(실행단계)에 해당한다. **답** ④

최신 146 사회복지실천과정의 간접개입기법 중 환경조정이 필요한 상황에 해당하지 <u>않는</u> 것은? 23회

① 아동이 가정에서 성적 학대를 받을 때
② 화재로 장애청소년의 부모가 사망했을 때
③ 직장에서 성폭력 예방을 위한 교육프로그램을 제공할 때
④ 자연재해로 집을 잃었을 때
⑤ 고령의 노인이 가정에서 학대를 받을 때

---

147 사회복지실천 과정의 개입단계에서 사회복지사가 수행하는 과업으로 옳은 것을 모두 고른 것은? 18회

㉠ 계획된 방법으로 서비스를 제공
㉡ 서비스 제공 전략 및 우선순위 결정
㉢ 계획 수정 필요 시 재사정 실시
㉣ 제공된 서비스에 대한 과정 및 총괄평가

① ㉠   ② ㉠, ㉢
③ ㉡, ㉣   ④ ㉠, ㉡, ㉢
⑤ ㉡, ㉢, ㉣

---

148 사회복지사의 직접적인 개입 활동으로 옳은 것은? 20회

① 아동학대 예방 캠페인 진행
② 다른 기관과 협력체계 구축
③ 지역사회 전달체계 재정립
④ 가출청소년 보호 네트워크 형성
⑤ 역기능적 가족 규칙 재구성

---

149 사회복지실천 개입기술에 관한 설명으로 옳은 것을 모두 고른 것은? 21회

㉠ 재보증은 어떤 문제에 대해 클라이언트가 부여하는 의미를 수정해 줌으로써 클라이언트의 시각을 긍정적인 방향으로 변화시키려는 전략이다.
㉡ 모델링은 실제 다른 사람의 행동을 직접 관찰함으로써만 시행 가능하다.
㉢ 격려 기법은 주로 클라이언트 행동이 변화에 장애가 되거나 타인에게 위협이 될 때, 이를 인식하도록 하기 위한 목적으로 사용한다.
㉣ 일반화란 클라이언트 혼자만이 겪는 문제가 아니라는 것을 인식하게 하는 기법이다.

① ㉠   ② ㉣
③ ㉠, ㉣   ④ ㉠, ㉡, ㉢
⑤ ㉡, ㉢, ㉣

150 사회복지실천의 간접적 개입에 해당하는 것은?
21회

① 의사소통 교육   ② 프로그램 개발
③ 부모교육   ④ 가족상담
⑤ 사회기술훈련

151 클라이언트가 타인이 하는 바람직한 행동을 보고 모방함으로써 행동의 변화를 가져오는 개입 기술은?
22회

① 초점화   ② 모델링
③ 환기   ④ 직면
⑤ 격려

워밍업 문제   평가 및 종결

다음 중 사회복지실천에서 평가의 목적으로 옳은 것을 모두 고른 것은?

㉠ 프로그램의 효과성 검증
㉡ 이론의 형성에 기여
㉢ 서비스 전달체계의 개선
㉣ 합리적인 자원 배분

① ㉠, ㉡, ㉢   ② ㉠, ㉢
③ ㉡, ㉣   ④ ㉣
⑤ ㉠, ㉡, ㉢, ㉣

해설 ㉠, ㉡, ㉢, ㉣ 모두 옳다. 평가의 목적에는 프로그램의 계획이나 과정상의 환류적 정보 제공, 사회복지기관 운영의 책임성 제고, 프로그램 기획 및 개발에 필요한 지식과 정보 획득, 프로그램의 효과성 검증, 이론의 형성에 기여, 서비스 전달체계의 개선, 합리적인 자원 배분 등이 있다.   답 ⑤

152 종결단계의 사회복지사 과업으로 옳지 않은 것은?
17회

① 클라이언트가 이룬 성과를 확인한다.
② 종결에 의한 클라이언트의 상실감에 공감한다.
③ 클라이언트의 감정을 이해하고 있음을 전달한다.
④ 클라이언트의 비언어적 메시지에 민감하게 반응한다.
⑤ 종결에 대한 클라이언트의 부정적 감정은 다루지 않는다.

153 종결단계에서 사회복지사의 과업이 아닌 것은?
18회

① 사후관리 계획 수립
② 성과유지 전략 확인
③ 필요시 타 기관에 의뢰
④ 종결 기준 및 목표 수립
⑤ 종결에 대한 정서 다루기

154 클라이언트의 혼합된 정서적 반응을 정리하고 사후관리를 계획하는 단계는?
19회

① 접수   ② 사정
③ 계획   ④ 개입
⑤ 종결

155 종결단계에서 사회복지사의 과업으로 옳지 않은 것은?
20회

① 사후관리 계획 수립
② 목표달성을 위한 서비스 제공
③ 클라이언트 변화 결과에 대한 최종 확인
④ 다른 기관 또는 외부 자원 연결
⑤ 종결에 대한 클라이언트 반응 처리

UNIT 06 사례관리

정답과 해설 163쪽

시험 실시간 차트

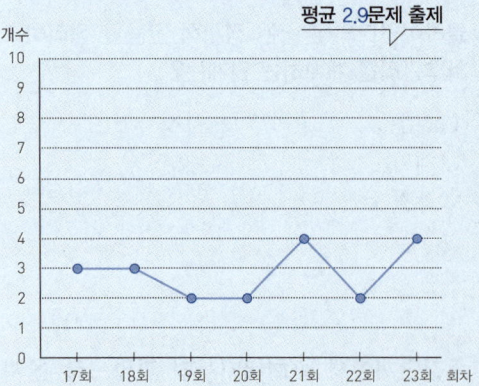

평균 2.9문제 출제

실시간 출제 키워드
▲ 사례관리의 목적
▲ 사례관리자의 역할

워밍업 문제 사례관리과정 및 사례관리자의 역할

사례관리에 관한 설명으로 옳지 않은 것은?

① 만성적이고 복합적인 문제를 가진 클라이언트를 대상으로 한다.
② 클라이언트와 서비스 전달체계 간의 연결고리이다.
③ 비공식적 서비스를 배제하고 공식적 서비스의 통합과 조정에 초점을 둔다.
④ 한 기관에서 제공하지만 여러 기관에서 제공하기도 한다.
⑤ 직접적 서비스와 간접적 서비스를 모두 제공한다.

해설 사례관리는 공식적 서비스뿐만 아니라 비공식적 서비스와도 병행하여 개인과 환경 간의 자원을 연결하고 조정하며, 통합시키는 활동이다. **답** ③

최신 156 사례관리과정에서 사정영역에 관한 내용으로 옳은 것을 모두 고른 것은? 23회

> ㄱ. 욕구에 대한 클라이언트의 능력
> ㄴ. 클라이언트의 욕구 및 문제
> ㄷ. 클라이언트 지원체계의 능력
> ㄹ. 지원체계 활용의 장애

① ㄱ, ㄴ, ㄷ   ② ㄱ, ㄴ, ㄹ
③ ㄱ, ㄷ, ㄹ   ④ ㄴ, ㄷ, ㄹ
⑤ ㄱ, ㄴ, ㄷ, ㄹ

최신 157 사례관리과정과 수행업무의 연결로 옳은 것은? 23회

① 인테이크 – 상담, 교육, 자원 제공
② 사정 – 사례관리 대상자의 적격성 판정
③ 서비스 계획 – 클라이언트의 욕구와 자원에 관한 정보수집
④ 점검 – 서비스가 계획대로 제공되고 있는지 확인
⑤ 평가 – 서비스가 필요한 클라이언트의 욕구 확인

158 사례관리의 등장배경으로 옳지 <u>않은</u> 것은?
23회

① 복합적인 서비스를 필요로 하는 대상자가 증가하였다.
② 복지국가 재정위기로 정책방향을 저비용·고효율로 전환하였다.
③ 시설중심의 통합적 서비스 제공에 대한 요구가 증가하였다.
④ 지역사회에서 서비스 조정이 필요하게 되었다.
⑤ 서비스 공급주체가 중앙정부에서 지방정부로 변화하였다.

159 사례관리자가 수행하는 직접실천기술은?
23회

① 클라이언트를 서비스나 자원에 연결한다.
② 클라이언트의 권리를 보호하고 클라이언트에게 서비스에 대한 자격이 주어지도록 옹호한다.
③ 클라이언트에게 제공되는 서비스와 자원의 전달상황을 점검한다.
④ 다양한 전문가들의 협력과 조정을 수행한다.
⑤ 클라이언트와 가족 간의 문제해결을 위해 가족상담을 진행한다.

160 사례관리에 관한 설명으로 옳지 <u>않은</u> 것은?
17회

① 통합적 방법을 활용한다.
② 직접 서비스와 간접 서비스를 결합한 것이다.
③ 포괄적이고 지속적인 서비스를 제공하는 것이다.
④ 전통적인 사회복지방법론과 전혀 다른 실천방법이다.
⑤ 기관의 범위를 넘은 지역사회 차원의 서비스 제공과 점검을 강조한다.

161 사례관리의 사정에 관한 설명으로 옳은 것을 모두 고른 것은?
17회

> ㉠ 클라이언트와 함께 문제 목록 작성
> ㉡ 클라이언트의 욕구 및 자원 확인
> ㉢ 계획된 서비스의 전달과정 추적

① ㉠
② ㉡
③ ㉠, ㉡
④ ㉡, ㉢
⑤ ㉠, ㉡, ㉢

162 사례관리의 점검(monitoring)에 관한 설명으로 옳지 <u>않은</u> 것은?
17회

① 서비스의 산출결과를 검토
② 서비스의 최종 효과성을 검토
③ 서비스 계획의 목표 달성 정도를 검토
④ 서비스 계획이 적절히 실행되고 있는지를 검토
⑤ 클라이언트의 욕구 변화를 점검하여 서비스 계획의 변경 필요성을 검토

163 사례관리에 관한 내용으로 옳지 <u>않은</u> 것은?
18회

① 중복서비스를 제공하는 전문기관의 확대로 등장
② 클라이언트의 자율성 극대화 및 역량강화
③ 주로 복합적인 욕구나 문제를 가진 사람이 대상
④ 계획 – 사정 – 연계·조정 – 점검의 순으로 진행
⑤ 다양한 욕구충족을 위해 포괄적인 서비스 제공

164 다음에서 사례관리자가 수행한 역할이 아닌 것은? 18회

> 사례관리자는 알코올, 가정폭력, 실직 문제가 있는 클라이언트를 면담하여 알코올 치료와 근로에 대한 동기를 부여하고, 지역자활센터 이용 방법을 설명하였다. 또한, 클라이언트의 배우자와 다른 알코올 중독자들의 배우자 5명으로 집단을 구성하고 알코올 중독의 영향에 대해서 체계적으로 가르쳐 주었으며, 가정폭력상담소에 연계하여 전문상담을 받도록 하였다.

① 상담가   ② 중재자
③ 교육자   ④ 중개자
⑤ 정보제공자

165 사례관리 실천과정 중 개입(실행)단계의 과업에 해당하는 것은? 18회

① 클라이언트와 서비스 제공자 간의 갈등 발생 시 조정
② 클라이언트의 욕구에 기초하여 구체적이고 명확한 목표 수립
③ 서비스 이용 대상자에 대한 적격성 여부 판별
④ 기관 내부 사례관리팀 구축 및 운영 능력 파악
⑤ 클라이언트가 달성한 변화, 성과, 영향 등을 측정하기 위한 도구 개발

166 사례관리의 원칙에 해당되지 않는 것은? 19회

① 다양한 욕구를 포괄
② 개별화된 서비스 제공
③ 클라이언트의 자율성 극대화
④ 충분하고 연속성 있는 서비스 제공
⑤ 임상적인 치료에 집중된 서비스 제공

167 사례관리의 등장 배경으로 옳지 않은 것은? 19회

① 가족의 보호 부담 증가
② 장기보호에서 단기개입 중심으로 전환
③ 통합적 서비스 지원의 필요성 증가
④ 복합적인 욕구를 가진 클라이언트 증가
⑤ 시설보호에서 지역사회보호로 전환

168 사례관리의 목적에 해당하는 것을 모두 고른 것은? 20회

> ㉠ 서비스의 통합성 확보
> ㉡ 서비스 접근성 강화
> ㉢ 보호의 연속성 보장
> ㉣ 사회적 책임성 제고

① ㉠, ㉡   ② ㉡, ㉣
③ ㉠, ㉢, ㉣   ④ ㉡, ㉢, ㉣
⑤ ㉠, ㉡, ㉢, ㉣

169 사례관리자의 역할에 관한 내용으로 옳지 않은 것은? 20회

① 중개자: 지역사회 자원이나 서비스체계를 연계
② 옹호자: 클라이언트의 권리를 대변하는 활동 수행
③ 정보제공자: 개인이나 집단의 갈등 파악과 조정
④ 위기개입자: 위기 사정, 계획 수립, 위기 해결
⑤ 교육자: 교육, 역할연습 등을 통한 클라이언트 역량 강화

170 다음에서 설명하고 있는 사례관리 개입 원칙은? 21회

> - 변화하는 클라이언트 욕구에 반응하여 장기적으로 서비스를 제공해야 한다.
> - 클라이언트에게 필요한 서비스를 중단하지 않고 제공해야 한다.

① 서비스의 체계성
② 서비스의 접근성
③ 서비스의 개별화
④ 서비스의 연계성
⑤ 서비스의 지속성

171 사례관리 등장 배경에 관한 설명으로 옳지 않은 것은? 21회

① 탈시설화로 인해 많은 정신장애인이 지역사회 내에서 생활하게 되었다.
② 지역사회 내 서비스 간 조정이 필요하게 되었다.
③ 복지비용 절감에 관심이 커지면서 저비용 고효율을 지향하게 되었다.
④ 인구·사회적 변화에 따라 다양하고, 복합적이며 만성적인 욕구를 가진 클라이언트가 증가하였다.
⑤ 사회복지서비스 공급주체가 지방정부에서 중앙정부로 변화하였다.

172 다음에서 설명하고 있는 사례관리 과정은? 21회

> - 계획 수정 여부 논의
> - 클라이언트 욕구변화 검토
> - 서비스 계획의 목표달성 정도 파악
> - 서비스가 효과적으로 제공되고 있는지 확인

① 점검
② 계획
③ 사후관리
④ 아웃리치
⑤ 사정

173 사례관리자 역할과 그 예의 연결로 옳지 않은 것은? 21회

① 조정자(coordinator): 사례회의를 통해 독거노인지원서비스가 중복 제공되지 않도록 하였다.
② 옹호자(advocate): 사례회의에서 장애아동의 입장을 대변하였다.
③ 협상가(negotiator): 사례회의를 통해 생활형편이 어려운 가정의 아동에게 재정 후원자를 연결해 주었다.
④ 평가자(evaluator): 사례 종결 여부를 결정하기 위해 목표 달성 여부를 확인하였다.
⑤ 기획가(planner): 욕구사정을 통해 클라이언트에게 필요한 자원을 설계하고 체계적인 개입 계획을 세웠다.

174 사례관리자의 역할에 관한 예로 옳은 것은? 22회

① 중개자: 독거노인의 식사지원을 위해 지역사회 내 무료급식소 연계
② 상담가: 욕구사정을 통해 클라이언트에 대한 체계적인 개입 계획을 세움
③ 조정자: 사례회의에서 시청각장애인의 입장을 대변하여 이야기함
④ 옹호자: 지역사회 기관 담당자들이 모여 난방비 지원사업에 중복 지원되는 대상자가 없도록 사례회의를 실시함
⑤ 평가자: 청소년기 자녀와 갈등을 겪고 있는 부모와 자녀 사이에 개입하여 상호 만족스러운 합의점을 도출

175 사례관리의 원칙에 해당하지 않는 것은? 22회

① 서비스의 개별화
② 서비스의 접근성
③ 서비스의 연계성
④ 서비스의 분절성
⑤ 서비스의 체계성

CHAPTER 4

사회복지 실천기술론

7개년 출제 리포트

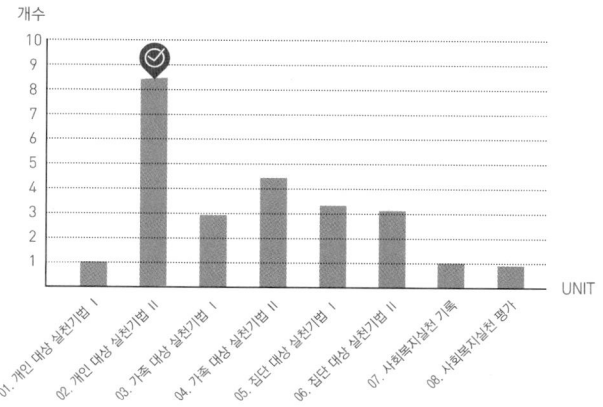

01. 개인 대상 실천기법 I
02. 개인 대상 실천기법 II
03. 가족 대상 실천기법 I
04. 가족 대상 실천기법 II
05. 집단 대상 실천기법 I
06. 집단 대상 실천기법 II
07. 사회복지실천 기록
08. 사회복지실천 평가

WHAT TO STUDY

1. 실천모델별 기법, 특히 개인 대상 실천기법 중 역량강화모델, 행동수정모델은 출제 빈도가 높은 주제이다.
2. 가족 및 집단 대상 실천 또한 중요하게 다루는 주제로, 가족 및 집단 관련 기본 개념과 실천기법들을 잘 알아 두어야 한다.
3. 다양한 기법들을 확실하게 구분할 수 있도록 하자.

UNIT 01

개인 대상 실천기법 I

정답과 해설 166쪽

시험 실시간 차트

실시간 출제 키워드
▲ 사회복지실천의 특징
▲ 실천지식의 구성수준
▲ 개인 대상 사회복지실천기술

워밍업 문제 — 사회복지실천의 전문적 기반 및 정체성

사회복지사와 클라이언트의 관계를 가장 적절하게 표현한 것은?
① 통제적 관계
② 친밀한 관계
③ 자연적 관계
④ 사회적 관계
⑤ 인간적 관계

해설 사회복지사와 클라이언트는 문제 해결이라는 분명한 목적을 가지고 제한된 시간 동안 이루어지는 전문적 관계이다. 전문적 관계는 일반적인 인간관계와 달리 클라이언트는 도움을 요청하고 사회복지사는 전문가의 입장에서 객관성을 유지하며, 자기 자신의 감정과 반응 및 충동을 자각하고 이에 대한 책임을 진다. 따라서 사회복지사와 클라이언트는 '통제적 관계'라고 할 수 있다. **답** ①

최신 001 실천지혜(practice wisdom)에 관한 설명으로 옳지 <u>않은</u> 것은? 23회

① 암묵적 지식과 같은 의미이다.
② 사회복지사의 직관에 영향을 받는다.
③ 실천 활동을 조작화하고 구조화한 것이다.
④ 개인의 가치체계와 경험으로부터 만들어진다.
⑤ 현장에서 유용하나 공인된 지식은 아니다.

002 사회복지실천의 지식과 기술을 습득하는 방법으로 옳은 것을 모두 고른 것은? 18회

> ㄱ. 사례회의(case conference)를 개최하여 통합적 지원방법에 대해 논의한다.
> ㄴ. 가족치료모델을 이해하기 위해 해결중심 가족치료 세미나에 참석한다.
> ㄷ. 윤리적 가치갈등의 문제에 대하여 직장 동료한테 자문을 구한다.
> ㄹ. 초점집단면접(focus group interview)을 실시하여 이용자 인식을 확인한다.

① ㄱ, ㄷ
② ㄴ, ㄹ
③ ㄱ, ㄴ, ㄷ
④ ㄴ, ㄷ, ㄹ
⑤ ㄱ, ㄴ, ㄷ, ㄹ

003 사회복지실천기술의 전문적 기반에 관한 설명으로 옳지 않은 것은? 19회

① 이론과 실천의 준거틀을 적절하게 이용하는 것은 예술적 기반에 해당된다.
② 연구자료를 수집하고 분석하는 것은 과학적 기반에 해당된다.
③ 사회복지 전문가로서 가지는 가치관은 예술적 기반에 해당된다.
④ 감정이입적 의사소통, 진실성, 융통성은 예술적 기반에 해당된다.
⑤ 사회복지사에게는 과학성과 예술성의 상호보완적이고 통합적인 실천역량이 요구된다.

004 사회복지실천에 관한 설명으로 옳지 않은 것은? 20회

① 과학성과 예술성을 통합적으로 활용한다.
② 사회복지의 관점과 이론을 토대로 한다.
③ 심리학, 사회학 등 타 학문과 배타적 관계에 있다.
④ 클라이언트의 특성을 반영한다.
⑤ 사회복지 가치와 윤리를 반영한다.

005 사회복지실천현장의 지식 유형에 관한 설명으로 옳지 않은 것은? 21회

① 이론은 현상을 설명하기 위한 가설이나 개념의 집합체이다.
② 관점은 개인과 사회에 관한 주관적 인식의 차이를 보여주는 사고체계이다.
③ 실천지혜는 실천 활동의 원칙과 방식을 구조화한 것이다.
④ 패러다임은 역사와 사상의 흐름에 영향을 받는 추상적 개념틀이다.
⑤ 모델은 실천과정에 직접적으로 필요한 기술적 적용방법을 제시한 것이다.

006 사회복지사가 가져야 할 지식의 내용으로 옳은 것을 모두 고른 것은? 22회

> ㄱ. 인간행동과 발달
> ㄴ. 인간관계와 상호작용
> ㄷ. 사회복지정책과 서비스
> ㄹ. 사회복지사 자신에 관한 지식

① ㄱ
② ㄱ, ㄴ
③ ㄴ, ㄷ
④ ㄱ, ㄷ, ㄹ
⑤ ㄱ, ㄴ, ㄷ, ㄹ

007 사회복지사가 비자발적 클라이언트와 공감하는 기술로 옳은 것을 모두 고른 것은? 22회

> ㄱ. 원하지 않는 면담이 클라이언트에게 힘들다는 것을 이해한다.
> ㄴ. 클라이언트의 행동을 사회복지사의 가치관에 맞추어 평가한다.
> ㄷ. 클라이언트의 어려움을 사회복지사가 도울 수 있다는 것을 알려준다.
> ㄹ. 클라이언트의 저항을 온화한 태도로 수용한다.

① ㄱ, ㄷ
② ㄴ, ㄹ
③ ㄱ, ㄴ, ㄹ
④ ㄱ, ㄷ, ㄹ
⑤ ㄴ, ㄷ, ㄹ

UNIT 02

개인 대상 실천기법 Ⅱ

✓ 최빈출 주제

정답과 해설 167쪽

시험 실시간 차트

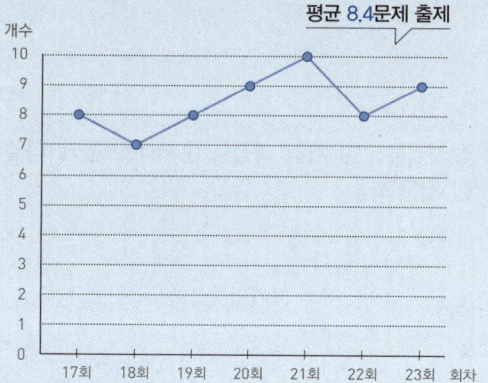

평균 8.4문제 출제

실시간 출제 키워드

▲ 정신역동모델 ▲ 심리사회모델
▲ 인지행동모델 ▲ 과제중심모델
▲ 역량강화모델 ▲ 행동수정모델
▲ 위기개입모델 ▲ 해결중심모델
▲ 동기강화모델

합격을 위한 단 한 권

워밍업 문제 　**정신역동모델**

정신역동모델에 관한 설명으로 옳지 않은 것은?
① 클라이언트의 무의식적 충동을 강조한다.
② 자기 분석이 가능한 클라이언트에게 적합하다.
③ 저항, 방어 기제, 전이에 대한 이해가 필요하다.
④ 훈습, 꿈의 분석 기술을 사용한다.
⑤ 사회구성주의적 관점에 근거한다.

해설 정신역동모델은 20세기 초 등장한 정신분석이론에 근거한다. 사회구성주의적 관점은 1960년대에 등장한 사회학적 관점으로, 해결중심모델과 관련이 있다.　　**답** ⑤

최신 008 정신역동모델의 개입기술에 관한 설명으로 옳은 것은?　　23회

① 전이는 현재의 인물에게 느끼는 사랑이나 증오의 감정을 과거의 인물에게 전치하는 것을 말한다.
② 훈습은 경험적 확신을 갖도록 전이와 저항에 대한 분석과 해석을 반복적으로 진행하는 것이다.
③ 직면은 클라이언트의 말과 행동 사이의 불일치나 모순이 있을 때에 우회적 방법으로 알리는 것이다.
④ 해석은 클라이언트의 공감능력을 키우는 효과가 있다.
⑤ 자유연상은 클라이언트가 수치스럽게 생각하거나 도움이 안 되는 내용을 선택할 수 있다.

009 정신역동모델의 개념과 개입 기술에 관한 설명으로 옳은 것을 모두 고른 것은?　　17회

㉠ 해석의 목적은 통찰력 향상에 있다.
㉡ 훈습은 모순이나 불일치를 직시하도록 원조하는 단회성 기법이다.
㉢ 전이는 반복적이며 퇴행하는 특징을 갖는다.
㉣ 자유연상을 시행하는 경우 주제와 관련 없는 내용은 억제시킨다.

① ㉠, ㉡　　② ㉠, ㉢
③ ㉡, ㉣　　④ ㉠, ㉡, ㉢
⑤ ㉠, ㉡, ㉢, ㉣

사회복지실천기술론　**155**

010 정신역동모델에 관한 설명으로 옳은 것은?
18회

① 통찰보다는 치료적 처방에 초점을 둔다.
② 무의식적 충동과 미래 의지를 강조한다.
③ 사회구성주의적 관점의 영향을 받았다.
④ 기능주의 학파의 이론적 기초가 되었다.
⑤ 자유연상, 훈습, 직면의 기술을 사용한다.

011 단기개입을 특징으로 하는 사회복지실천모델을 모두 고른 것은?
19회

> ㉠ 과제중심모델
> ㉡ 위기개입모델
> ㉢ 해결중심모델
> ㉣ 정신역동모델

① ㉠, ㉢
② ㉡, ㉣
③ ㉠, ㉡, ㉢
④ ㉡, ㉢, ㉣
⑤ ㉠, ㉡, ㉢, ㉣

012 정신역동모델의 개념과 개입기법에 관한 설명으로 옳은 것을 모두 고른 것은?
19회

> ㉠ 전이는 정신역동치료에 방해가 되므로 이를 이용해서는 안 된다.
> ㉡ 무의식적 갈등이나 불안을 표현하도록 하여 자신의 문제에 대해 이해하고 통찰할 수 있도록 한다.
> ㉢ 클라이언트와 라포가 형성되기 전에 해석을 제공하는 것이 관계 형성에 도움이 된다.
> ㉣ 훈습을 통해 클라이언트의 불안은 최소화되고 적합한 방법으로 자신의 문제를 이해할 수 있는 능력을 기르게 된다.

① ㉠, ㉢
② ㉡, ㉣
③ ㉠, ㉡, ㉢
④ ㉡, ㉢, ㉣
⑤ ㉠, ㉡, ㉢, ㉣

013 정신역동모델의 개입기법에 관한 설명으로 옳은 것을 모두 고른 것은?
21회

> ㉠ 직면: 클라이언트의 이야기와 행동 간 불일치를 보일 때 자기모순을 직시하게 한다.
> ㉡ 해석: 치료적 관계에서 나타나는 클라이언트의 특정 생각이나 행동의 의미를 설명한다.
> ㉢ 전이 분석: 클라이언트가 과거의 중요한 인물에 대해 느꼈던 감정을 치료사에게 재현하는 현상을 분석하여 과거 문제를 해석하고 통찰하도록 한다.
> ㉣ 명료화: 저항이나 전이에 대한 이해를 심화·확장하여 통합적으로 이해하도록 한다.

① ㉠
② ㉡, ㉣
③ ㉢, ㉣
④ ㉠, ㉡, ㉢
⑤ ㉠, ㉡, ㉢, ㉣

014 정신역동모델 개입 과정을 순서대로 옳게 나열한 것은?
22회

> ㉠ 동일시를 위한 자아구축 단계
> ㉡ 클라이언트의 자기이해를 원조하는 단계
> ㉢ 관계형성단계
> ㉣ 클라이언트가 독립된 자아정체감을 형성하도록 원조하는 단계

① ㉠ → ㉢ → ㉣ → ㉡
② ㉡ → ㉢ → ㉠ → ㉣
③ ㉢ → ㉣ → ㉢ → ㉠
④ ㉢ → ㉠ → ㉣ → ㉡
⑤ ㉢ → ㉡ → ㉠ → ㉣

워밍업 문제 　심리사회모델

심리사회모델에 관한 설명으로 옳은 것은?
① 정신분석이론, 자아 심리학, 대상관계이론에 영향을 미쳤다.
② 클라이언트의 현재와 미래에 초점을 둔다.
③ 클라이언트의 수용과 자기결정을 강조한다.
④ 외현화 및 인지 구조화 기술을 사용한다.
⑤ 인간의 내적 갈등보다는 환경을 강조한다는 비판을 받는다.

해설 ① 정신분석이론, 자아 심리학, 대상관계이론 등이 심리사회모델의 이론적 배경이 되었다.
② 클라이언트의 과거와 현재에 초점을 두었다. 현재의 행동을 이해하기 위해서는 과거를 파악해야 한다고 본다.
④ 외현화는 이야기치료모델에서 사용하는 기술이다. 인지 구조화 기술은 인지행동모델에서 사용한다.
⑤ 심리사회모델은 상황 속 인간을 고려하되 환경보다 개인의 내적 변화를 강조한다. **답** ③

015 다음 사례에서 활용한 심리사회모델의 개입기법은? 　23회

> 가까워지기 어려운 사람들과 친밀감을 높이기 위해 당신이 자주 사용하는 행동 패턴이 있다고 생각하십니까?

① 직접적 영향 주기
② 탐색 – 기술(묘사) – 환기
③ 지지하기
④ 유형 – 역동성 고찰
⑤ 발달적 고찰

016 음주문제와 가정불화로 직장에 적응하지 못해 의뢰된 클라이언트에게 심리사회모델을 적용할 때 그 개입기법으로 적절하지 <u>않은</u> 것은? 　17회

① 음주와 관련된 감정을 표출하도록 한다.
② 문제 해결을 위해 직접 충고한다.
③ 클라이언트의 인지오류와 신념체계를 탐색한다.
④ 직장 상사와의 갈등이 현재에 미친 영향을 파악한다.
⑤ 유년기 문제와 현재 행동의 인과관계를 지각하도록 한다.

017 심리사회모델의 기법에 관한 설명으로 옳지 <u>않은</u> 것은? 　18회

① 발달적 성찰: 현재 클라이언트 성격이나 기능에 영향을 미친 가족의 기원이나 초기 경험을 탐색한다.
② 지지하기: 클라이언트의 현재 또는 최근 사건을 고찰하게 하여 현실적인 해결방법을 찾는다.
③ 탐색-기술-환기: 클라이언트의 상황에 관한 사실을 드러내고 감정의 표현을 통해 감정의 전환을 제공한다.
④ 수용: 온정과 친절한 태도로 클라이언트의 감정이나 주관적인 상태에 감정이입을 하며 공감한다.
⑤ 직접적 영향: 사회복지사와 클라이언트 간의 신뢰관계를 바탕으로 클라이언트에게 제안과 설득을 제공한다.

018 심리사회모델의 개입기법에 관한 설명으로 옳지 <u>않은</u> 것은? 20회

① 직접적 개입과 간접적 개입으로 구분된다.
② 직접적 영향은 주변인에게 영향력을 행사하여 환경을 변화시키는 기법이다.
③ 탐색-기술(묘사)-환기는 자기 상황과 감정을 말로 표현하게 함으로써 감정전환을 도모하는 기법이다.
④ 지지는 이해, 격려, 확신감을 표현하는 기법이다.
⑤ 유형의 역동 성찰은 성격, 행동, 감정의 주요 경향에 관한 자기이해를 돕는다.

019 다음 〈사례〉에서 활용한 심리사회모델의 개입기법은? 21회

> "지금까지의 방법이 효과적이지 않다면 다른 방법을 시도해 보면 어떨까요? 제 생각에는 지금쯤 변화가 필요하니 가족상담에 참여해 보시면 어떨까 합니다."

① 지지하기
② 직접적 영향주기
③ 탐색-기술-환기
④ 인간-환경에 관한 고찰
⑤ 유형-역동성 고찰

020 클라이언트와의 면접 중에 주제를 전환하기 위한 목적으로 사용하는 실천기술은? 21회

① 반영 ② 요약
③ 해석 ④ 직면
⑤ 초점화

021 심리사회모델에 관한 설명으로 옳은 것을 모두 고른 것은? 22회

> ㄱ. 심리사회모델을 체계화하는 데 홀리스(F. Hollis)가 공헌하였다.
> ㄴ. "직접적 영향주기"는 언제나 사용 가능한 기법이다.
> ㄷ. "환기"는 클라이언트의 긍정적 감정을 표출시킨다.
> ㄹ. 간접적 개입기법으로 "환경조정"을 사용한다.

① ㄱ, ㄹ   ② ㄴ, ㄷ
③ ㄷ, ㄹ   ④ ㄴ, ㄷ, ㄹ
⑤ ㄱ, ㄴ, ㄷ, ㄹ

워밍업 문제 행동주의모델

인지행동모델에 관한 설명으로 옳지 <u>않은</u> 것은?
① 생각이 바뀌면 역기능이 해소될 수 있다고 가정한다.
② 합리적 정서행동치료를 사용한다.
③ 특정 상황에서 떠오르는 생각을 점검하기 위해 행동 기록 일지를 작성하도록 한다.
④ 클라이언트의 주관적 경험과 책임을 강조한다.
⑤ 클라이언트의 잠재 능력을 통해 클라이언트의 자원 및 기회를 확대시킨다.

해설 역량강화모델에 관한 설명이다. **답** ⑤

022 다음 사례에 해당하는 인지적 오류는? 23회

> 입사시험 면접을 잘 마쳤음에도 불구하고 K씨는 부모님께 시험에 떨어질 것이라고 말씀드렸다.

① 이분법적 사고 ② 개인화
③ 과잉 일반화   ④ 재앙화
⑤ 임의적 추론

023 인지행동모델의 개입기법에 관한 설명으로 옳지 <u>않은</u> 것은? 17회

① 행동형성은 강화원리를 따른다.
② 모델링은 관찰학습 과정을 통해 이루어진다.
③ 경험적 학습에는 인지불일치 원리가 적용된다.
④ 타임아웃은 정적 강화 원리를 이용한 것이다.
⑤ 체계적 탈감법은 고전적 조건화에 근거한다.

024 인지행동모델에 관한 설명으로 옳은 것은? 17회

① 탈이론적이다.
② 비구조화된 접근을 강조한다.
③ 주관적 경험과 인식을 중시한다.
④ 클라이언트가 수동적으로 참여한다.
⑤ 클라이언트의 무의식적 언행에 초점을 맞춘다.

025 사회기술훈련에서 활용되는 기법을 모두 고른 것은? 18회

> ㉠ 코칭
> ㉡ 과제 제시
> ㉢ 모델링
> ㉣ 자기옹호

① ㉠, ㉢
② ㉡, ㉣
③ ㉠, ㉡, ㉢
④ ㉡, ㉢, ㉣
⑤ ㉠, ㉡, ㉢, ㉣

026 인지적 왜곡이나 오류의 유형에 관한 설명으로 옳은 것은? 18회

① 과잉일반화는 정반대의 증거나 증거가 없음에도 불구하고 어떤 결론을 내리는 것이다.
② 임의적 추론은 상반된 사고의 경향성을 보이는 것이다.
③ 개인화는 하나 또는 별개의 사건들을 가지고 결론을 내린 후 비논리적으로 확장하는 것이다.
④ 선택적 사고는 상황에 대한 자신의 관점을 지지하기 위해 특정 자료들을 걸러 내거나 무시하는 것이다.
⑤ 과장과 축소는 하나의 사건 혹은 별개의 사건들의 결론을 주관적으로 내리는 것이다.

027 인지행동모델에 관한 설명으로 옳지 <u>않은</u> 것은? 19회

① 구조화된 접근을 한다.
② 클라이언트의 무의식적 행동에 관심을 둔다.
③ 교육적 접근을 강조한다.
④ 클라이언트의 주관적인 경험, 문제 및 관련 상황에 대한 인식을 중시한다.
⑤ 클라이언트와 사회복지사의 협조적인 노력을 중시하고, 클라이언트의 능동적인 참여를 권장한다.

028 인지행동모델의 개입 방법에 해당되는 것을 모두 고른 것은? 20회

> ㉠ 내적 의사소통의 명료화
> ㉡ 모델링
> ㉢ 기록과제
> ㉣ 자기지시

① ㉠, ㉡
② ㉢, ㉣
③ ㉠, ㉡, ㉢
④ ㉡, ㉢, ㉣
⑤ ㉠, ㉡, ㉢, ㉣

029 인지행동모델에서 비합리적인 사고에 대해 '실용성에 관한 논박기법'을 사용한 질문은?

20회

① 그 생각이 옳다는 것을 어떻게 아세요?
② 지금 느끼는 감정을 명확하게 설명할 수 있으세요?
③ 그 일이 실제로 일어날 가능성이 얼마나 될까요?
④ 그 생각이 문제해결에 얼마나 도움이 될까요?
⑤ 그 생각의 논리적 근거는 무엇입니까?

030 사회기술훈련에서 사용되는 행동주의모델 기법을 모두 고른 것은?

20회

> ㉠ 정적 강화
> ㉡ 역할 연습
> ㉢ 직면
> ㉣ 과제를 통한 연습

① ㉠, ㉡
② ㉠, ㉢
③ ㉠, ㉡, ㉣
④ ㉡, ㉢, ㉣
⑤ ㉠, ㉡, ㉢, ㉣

031 인지적 오류(왜곡)에 관한 예로 옳지 않은 것은?

21회

① 임의적 추론: 내가 뚱뚱해서 지나가는 사람들이 나만 쳐다봐.
② 개인화: 그때 내가 전화만 받았다면 동생이 사고를 당하지 않았을 텐데. 나 때문이야.
③ 이분법적 사고: 이 일을 완벽하게 하지 못하면 실패한 것이야.
④ 과잉일반화: 시험보는 날인데 아침에 미역국을 먹었으니 나는 떨어질 거야.
⑤ 선택적 요약: 지난번 과제에 나쁜 점수를 받았어. 이건 내가 꼴찌라는 것을 의미해.

032 인지행동모델에 관한 설명으로 옳지 않은 것은?

21회

① 개인의 주관적 경험의 독특성을 중시한다.
② 클라이언트의 강점과 자원이 문제해결의 주요 요소이다.
③ 제한된 시간 내에 특정 문제에 초점을 두고 접근한다.
④ 과제 활용과 교육적인 접근으로 자기 치료가 가능하도록 한다.
⑤ 클라이언트의 적극적 참여와 협조적 태도를 중시한다.

033 사회복지실천의 개입기법에 관한 설명으로 옳지 않은 것은?

21회

① 소거: 부적 처벌의 원리를 이용하여 바람직하지 않은 행동을 중단시키는 것
② 시연: 클라이언트가 힘들어하는 행동에 대해 실생활에서 실행 전에 반복적으로 연습하는 것
③ 행동조성: 특정 행동 수준까지 끌어올리기 위해 작은 단위의 행동으로 나누어 과제를 주는 것
④ 체계적 둔감법: 두려움이 적은 상황부터 큰 상황까지 단계적으로 노출시켜 문제를 극복하도록 하는 것
⑤ 내적 의사소통의 명료화: 클라이언트가 자신의 생각을 말로 표현하고, 피드백을 통해 사고의 명료화를 돕는 것

034 인지행동모델 개입기법에 관한 설명으로 옳은 것은? 22회

① 행동시연: 관찰학습 과정을 통해 클라이언트가 시행착오를 거치지 않고 행동할 수 있도록 한다.
② 유머사용: 인지적 기법의 하나로서 비합리적인 신념에서 오는 불안을 감소시키는 데 유용하다.
③ 내적 의사소통 명료화: 클라이언트 스스로 자신에 대해 독백하고 사고하는 과정이다.
④ 역설적 의도(paradoxical intention): 클라이언트의 역기능적 사고를 인식하고 이를 현실적인 사고로 대치한다.
⑤ 이완훈련: 클라이언트가 가장 덜 위협적인 상황에서 가장 위협적인 상황까지 순서대로 제시한다.

워밍업 문제 과제중심모델

과제중심모델에 관한 설명으로 옳은 것을 모두 고른 것은?

㉠ 시간 제한, 합의된 목표, 개입의 책무성을 강조한다.
㉡ 클라이언트의 성격 유형과 심리 내적 역동에 초점을 둔다.
㉢ 시작-표적 문제의 '규명-계약-실행-종결' 단계와 같은 구조화된 접근을 강조한다.
㉣ 단일 이론에 근거하여 실천의 효과성 및 효율성을 증진시킨다.

① ㉠, ㉡, ㉢   ② ㉠, ㉢
③ ㉡, ㉣   ④ ㉣
⑤ ㉠, ㉡, ㉢, ㉣

해설 ㉡ 심리사회모델에 관한 설명이다.
㉣ 과제중심모델은 다양한 이론에 근거하여 실천의 효과성 및 효율성을 증진시키는 절충적 접근이다. **답** ②

035 사회복지실천모델에 관한 설명으로 옳지 않은 것은? 22회

① 역량강화모델의 발견단계에서는 사정, 분석, 계획하기를 수행한다.
② 클라이언트중심모델은 문제해결에 대한 클라이언트의 책임을 강조한다.
③ 행동주의모델에서는 인간을 병리적인 관점에서 바라본다.
④ 위기개입모델에서 위기는 사건 자체보다 사건에 대한 개인의 주관적 현실에 기반을 두고 있다.
⑤ 해결중심모델은 사회구성주의 시각을 가진다.

036 과제중심모델에 관한 설명으로 옳은 것은? 23회

① 개인의 신념체계의 변화를 강조한다.
② 특정 이론보다는 경험적 자료를 통해 개입의 기초를 마련한다.
③ 인간의 신념이나 생각은 정서와 행동에 영향을 미친다고 가정한다.
④ 클라이언트가 무력한 상태에서 힘을 가진 상태로 이동하는 것을 목표로 한다.
⑤ 변화는 항상 일어나며 불가피한 것으로 본다.

037 철수는 무단결석과 친구를 괴롭히는 문제로 담임 선생님에 의해 학교사회복지사에게 의뢰되었다. 철수와의 상담을 과제중심모델로 진행할 때 그 개입 방법에 해당하지 않는 것은?

17회

① 철수의 성격 유형과 심리역동을 탐색한다.
② 지역사회에서 지원할 수 있는 방법을 확인한다.
③ 담임 선생님이 제시한 문제를 확인한다.
④ 철수의 노력으로 해결 가능한 문제를 선정한다.
⑤ 제시된 문제가 철수의 욕구와 일치하지 않은 경우 조정한다.

038 과제중심모델에 관한 설명으로 옳지 않은 것은?

19회

① 개입 초기에 빠른 사정을 한다.
② 구조화된 접근을 한다.
③ 다양한 이론과 모델을 절충적으로 활용한다.
④ 조사에 근거한 경험적 자료를 중심으로 진행한다.
⑤ 사회복지사는 적극적으로 개입하지 않고 클라이언트가 주체적인 역할을 하도록 한다.

039 과제중심모델에서 과제에 관한 설명으로 옳지 않은 것은?

20회

① 사회복지사보다 클라이언트가 제시하는 문제나 욕구를 고려하여 선정한다.
② 조작적 과제는 일반적 과제에 비해 구체적이다.
③ 과거보다 현재에 초점을 둔다.
④ 과제 수는 가급적 3개를 넘지 않게 한다.
⑤ 과제 달성 정도는 최종평가 시 결정되므로 과제 수행 도중에는 점검하지 않는다.

040 다음 설명에 해당하는 모델로 옳은 것은? 22회

- 구조화된 개입
- 개입의 책임성 강조
- 클라이언트의 자기결정권 강조
- 클라이언트의 환경에 대한 개입

① 심리사회모델
② 위기개입모델
③ 해결중심모델
④ 인지행동모델
⑤ 과제중심모델

041 사회복지실천모델과 기법으로 옳지 않은 것은?

22회

① 행동주의모델: 소거
② 해결중심모델: 대처질문
③ 과제중심모델: 유형-역동에 관한 고찰
④ 인지행동모델: 소크라테스식 문답법
⑤ 위기개입모델: 자살의 위험성 평가

워밍업 문제 | **역량강화모델**

역량강화모델에 대한 설명 중 틀린 것은?

① 면접, 문제 규명, 계약, 실행, 평가의 실천 과정을 거친다.
② 클라이언트와 사회복지사의 협력적 관계를 중시한다.
③ 병리적인 형태의 문제 확인보다 잠재력과 강점을 활용한 문제 해결을 더 중요시한다.
④ 생태체계적 관점, 즉 인간과 환경의 상호작용을 강조하는 관점을 지향한다.
⑤ 클라이언트 스스로 자신의 삶을 통제할 수 있는 능력을 가지도록 원조하는 것을 목적으로 한다.

해설 역량강화(임파워먼트)모델은 '대화 → 발견 → 발전'의 실천 과정을 거친다. '면접 → 문제 규명 → 계약 → 실행 → 평가 및 종결'은 과제중심모델의 실천 과정이다. **답** ①

최신 042 임파워먼트모델의 실천기법으로 옳은 것을 모두 고른 것은? 23회

> ㉠ 강점 사정하기
> ㉡ 자원 확보하기
> ㉢ 촉진적 개입하기
> ㉣ 합류하기

① ㉠, ㉡
② ㉡, ㉢
③ ㉠, ㉡, ㉢
④ ㉠, ㉢, ㉣
⑤ ㉠, ㉡, ㉢, ㉣

043 클라이언트를 문제 중심으로 보지 않고, 필요한 자원을 활용하거나 문제에 대처할 수 있도록 지지하여 자립을 가능하게 하는 실천모델은? 18회

① 과제중심모델
② 심리사회모델
③ 역량강화모델
④ 위기개입모델
⑤ 인지행동모델

044 역량강화모델(empowerment model)에 관한 설명으로 옳은 것을 모두 고른 것은? 19회

> ㉠ 클라이언트를 자신 문제의 전문가로 인정한다.
> ㉡ 사회복지사와 클라이언트 간의 상호 협력적 파트너십을 강조한다.
> ㉢ 클라이언트를 개입의 객체가 아닌 주체로 보기 때문에 자기결정권이 잘 보호될 수 있다.
> ㉣ 클라이언트가 가진 문제의 원인에 초점을 두고 개입한다.

① ㉠, ㉢
② ㉡, ㉣
③ ㉠, ㉡, ㉢
④ ㉠, ㉢, ㉣
⑤ ㉡, ㉢, ㉣

워밍업 문제 위기개입모델

위기개입모델에 관한 설명으로 옳지 않은 것은?

① 위기 상황에 즉각적으로 개입하여 단기 전문 원조를 제공하기 위한 모델이다.
② 위기개입모델에서의 위기는 사건에 대한 개인의 주관적 느낌보다는 사건 자체에 비중을 둔다.
③ 위기는 발달적 위기, 실존적 위기, 상황적 위기로 구분할 수 있다.
④ 위기는 위험 사건, 취약 상태, 촉발 요인, 실제 위기 상태, 재통합으로 구성되어 있다.
⑤ 위기개입은 매우 초점화된 단기개입으로서 위기개입의 목표는 제한적이다.

해설 위기개입모델에서의 위기는 사건 자체보다는 사건에 대한 개인의 주관적 현실에 기초한다. 같은 상황에서도 어떤 사람은 위기를 느끼는 반면, 다른 사람은 위기를 느끼지 않기 때문이다.   답 ②

최신 045 골란(N. Golan)의 위기발달 단계로 옳은 것은? 23회

① 위험사건 – 촉발요인 – 취약단계 – 위기단계 – 재통합
② 취약단계 – 위험사건 – 촉발요인 – 위기단계 – 재통합
③ 취약단계 – 위험사건 – 위기단계 – 촉발요인 – 재통합
④ 위험사건 – 취약단계 – 위기단계 – 촉발요인 – 재통합
⑤ 위험사건 – 취약단계 – 촉발요인 – 위기단계 – 재통합

046 위기개입모델에 관한 설명으로 옳지 않은 것은?
17회

① 다른 모델에 비해 상대적으로 단기 서비스를 제공한다.
② 위기개입의 표적문제는 구체적이어야 한다.
③ 위기에 대한 반응보다 위기사건 자체 해결에 일차적 목표를 둔다.
④ 절망하고 있는 클라이언트에게 희망을 고취시키는 것이 중요하다.
⑤ 위기에 개입하는 사회복지사는 적극적이고 직접적인 역할을 수행한다.

047 다음 〈사례〉에 적용한 실천모델은?
18회

성폭력 피해 대학생인 A씨는 심적 고통을 받고 있으며 서비스 제공자와의 만남도 거부하고 있다. 이에 사회복지사는 A씨가 절망감에 극단적인 선택을 할 가능성이 높다고 생각하여 안전 확보를 위한 지지체계를 구성하였다.

① 과제중심모델
② 심리사회모델
③ 해결중심모델
④ 위기개입모델
⑤ 역량강화모델

048 위기개입모델의 개입 원칙에 관한 설명으로 옳은 것은?
19회

① 장기적인 개입 방법을 사용한다.
② 개입 목표는 가능한 한 포괄적으로 설정한다.
③ 사회복지사는 비지시적인 역할을 수행한다.
④ 위기 이전의 기능수준으로 회복하도록 돕는다.
⑤ 문제의 원인에 대한 이해를 위해 클라이언트의 과거 탐색에 초점을 둔다.

049 다음 〈사례〉에 대한 위기개입으로 옳은 것은?
20회

20대인 A씨는 최근 코로나19에 감염되어 실직한 이후 경제적 어려움과 신체적 후유증으로 인해 일상을 유지하기 힘들 정도로 우울감을 경험하며 때때로 자살까지 생각하곤 한다.

① A씨의 문제를 발달적 위기로 사정한다.
② 코로나19 감염 이전 기능수준으로 회복하는 것을 목표로 잡는다.
③ 적절한 감정표현 행동을 습득하도록 장기 교육 프로그램을 실시한다.
④ A씨 스스로 도움을 요청할 때까지 개입을 유보한다.
⑤ 보다 긍정적인 인생관을 갖도록 삶의 태도를 근본적으로 재조직한다.

050 사회복지실천모델에 관한 설명으로 옳지 않은 것은?
20회

① 행동수정모델은 선행요인, 행동, 강화요소에 의해 인간행동을 예측하고 통제할 수 있다고 본다.
② 심리사회모델은 상황 속 인간을 고려하되 환경보다 개인의 내적 변화를 중시한다.
③ 인지행동모델은 왜곡된 사고에 의한 정서적 문제의 개입에 효과적이다.
④ 과제중심모델은 여러 모델들을 절충적으로 활용하며 개입의 책임성을 강조한다.
⑤ 위기개입모델은 위기에 의한 병리적 반응과 영구적 손상의 치료에 초점을 둔다.

051 위기개입모델에 관한 설명으로 옳지 <u>않은</u> 것은?
21회

① 클라이언트에게 실용적 정보를 제공하고 지지체계를 개발하도록 한다.
② 단기개입 서비스를 제공한다.
③ 구체적이고 관찰 가능한 문제에 초점을 둔다.
④ 위기 발달은 촉발요인이 발생한 후에 취약 단계로 넘어간다.
⑤ 사회복지사는 다른 개입모델에 비해 적극적이고 직접적인 역할을 수행한다.

워밍업 문제 **해결중심모델**

해결중심모델에서 사용하는 질문기법이 <u>아닌</u> 것은?

① 예외질문　　② 대처질문
③ 기적질문　　④ 순환질문
⑤ 관계성 질문

해설 순환질문은 헤일리가 제시한 전략적 가족치료모델에서 사용되는 기법이다. 해결중심모델에서는 면접 전 변화에 대한 질문, 예외질문(예외상황), 척도질문(수량화, 점수화), 기적질문(상상), 대처질문(과거에 극복했던 경험), 관계성 질문(중요한 타자의 생각을 묻는 것) 등의 질문기법이 사용된다. **답** ④

---

052 사회복지실천모델에 관한 설명으로 옳은 것을 모두 고른 것은?
21회

> ㉠ 위기개입모델에서는 사건에 대한 클라이언트의 주관적인 인식보다 사건 자체를 중시한다.
> ㉡ 클라이언트중심모델에서는 현재 직면한 문제와 앞으로의 문제를 극복할 수 있도록 성장 과정을 도와준다.
> ㉢ 임파워먼트모델에서는 클라이언트가 자신의 삶을 스스로 통제할 수 있도록 원조한다.
> ㉣ 과제중심모델에서는 클라이언트가 인식한 문제에 초점을 두고, 클라이언트의 욕구를 최대한 반영한다.

① ㉠
② ㉡, ㉢
③ ㉠, ㉡, ㉢
④ ㉡, ㉢, ㉣
⑤ ㉠, ㉡, ㉢, ㉣

---

053 위기개입모델의 중간단계 활동으로 옳지 <u>않은</u> 것은?
22회

① 위기상황에 대한 초기사정을 실시한다.
② 클라이언트의 일상생활에 활용할 수 있는 자원과 지지체계를 찾아낸다.
③ 목표달성을 위한 구체적인 과제들에 대해 작업한다.
④ 위기사건 이후 상황과 관련된 자료를 보충한다.
⑤ 현재 위기와 관련된 과거 경험을 탐색한다.

최신 054 해결중심모델의 주요 원리로 옳지 <u>않은</u> 것은?
23회

① 건강한 것에 초점을 둔다.
② 개입의 목적을 증상 감소에 둔다.
③ 현재에 초점을 맞추며 미래지향적이다.
④ 클라이언트와의 협력관계를 중요시한다.
⑤ 탈이론적이며 비규범적이다.

---

055 해결중심모델에 관한 설명으로 옳지 <u>않은</u> 것은?
17회

① 클라이언트 지향적 모델이다.
② 임시대응적 기법이라는 비판이 있다.
③ 메시지 작성과 전달, 과제를 활용한다.
④ 사회복지사와 클라이언트 간 협력적 관계를 중시한다.
⑤ 문제가 해결된 상태를 가정하는 대처질문을 활용할 수 있다.

056 해결중심모델에 관한 설명으로 옳은 것은?
18회

① 클라이언트의 문제의 원인을 심리 내부에서 찾는다.
② 의료모델을 기초로 문제 중심의 접근을 지향한다.
③ 다양한 질문기법들을 활용하여 클라이언트와 대화한다.
④ 클라이언트의 준거틀, 인식, 강점보다 문제 자체에 초점을 둔다.
⑤ 신속한 문제 해결을 위해 행동변화를 위한 새로운 전략을 가르친다.

057 해결중심모델에 관한 설명으로 옳지 않은 것은?
19회

① 사회복지사는 클라이언트를 변화시키는 전문가가 아니라 변화에 도움을 주는 자문가 역할을 한다.
② 문제의 원인과 발전과정에 관심을 두기보다 문제해결 방안을 모색하는 것이 더 효과적이라고 본다.
③ 모든 사람은 강점과 자원, 능력을 가지고 있다고 가정한다.
④ 클라이언트의 견해를 존중한다.
⑤ 클라이언트의 과거에 관해 깊이 탐색하여 현재와 미래에 적응하도록 돕는 데 관심을 둔다.

058 해결중심모델에서 사용하는 질문기법과 이에 관한 예로 옳은 것은?
19회

① 예외질문: 그 어려운 상황 속에서도 견딜 수 있었던 것은 무엇이라 생각합니까?
② 관계성 질문: 남편이 여기 있다면 당신이 어떻게 하는 것이 문제 해결에 도움이 된다고 할까요?
③ 기적질문: 잠이 안 와서 힘들다고 하셨는데, 잠을 잘 잤다고 느낄 때는 언제인가요?
④ 대처질문: 지난 1주일간 어떤 변화가 있었나요?
⑤ 척도질문: 문제가 발생하지 않았던 때는 언제인가요?

059 다음 전제에 해당되는 사회복지실천모델은?
20회

- 삶에서 변화는 불가피하며 작은 변화가 더 큰 변화로 이어진다.
- 모든 문제에는 예외가 존재한다.
- 클라이언트는 자기 삶의 주체이며, 자신에게 중요한 사람과 일에 대해 가장 잘 아는 전문가이다.

① 클라이언트중심모델
② 해결중심모델
③ 문제해결모델
④ 정신역동모델
⑤ 동기상담모델

060 해결중심모델에 관한 설명으로 옳은 것은? 21회

① 클라이언트에게 대처행동을 가르치고 훈련함으로써 부적응을 해소하도록 한다.
② 탈이론적이고 비규범적이며 클라이언트의 견해를 존중한다.
③ 문제의 원인을 클라이언트의 심리 내적 요인에서 찾는다.
④ 클라이언트의 문제를 자원 혹은 기술 부족으로 본다.
⑤ 문제와 관련이 있는 환경과 자원을 사정하고 개입 방안을 강조한다.

061 해결중심모델에서 사용하는 질문기법과 그에 관한 예로 옳은 것은? 21회

① 관계성 질문: 재혼하신 아버지는 이 문제를 어떻게 생각하실까요?
② 기적질문: 처음 상담했을 때와 지금의 스트레스 수준을 비교한다면 지금은 몇 점인가요?
③ 대처질문: 어떻게 하면 그 문제가 발생하지 않을 것 같나요?
④ 예외질문: 당신은 그 어려운 상황에서 어떻게 견딜 수 있었나요?
⑤ 척도질문: 처음 상담을 약속했을 때와 지금은 무엇이 어떻게 달라졌는지 말씀해 주세요.

062 해결중심모델의 개입목표 설정 원칙에 관한 설명으로 옳지 않은 것은? 22회

① 클라이언트에게 중요한 것을 목표로 하기
② 작은 것을 목표로 하기
③ 목표를 종료보다는 시작으로 간주하기
④ 있는 것 보다 없는 것에 관심두기
⑤ 목표수행은 힘든 일이라고 인식하기

워밍업 문제 — 동기강화모델

밀러와 롤닉(W. Miller & S. Rollnick, 1982)의 동기강화모델의 기본정신으로 옳지 않은 것은?

① 변화동기는 클라이언트로부터 나온다.
② 클라이언트는 자신의 양가감정을 인식하고 해결한다.
③ 사회복지사의 설득, 조언은 문제해결에 효과적이다.
④ 사회복지사는 클라이언트가 자신의 감정을 회피하지 않고 이해하고 받아들일 수 있도록 도와야 한다.
⑤ 클라이언트의 변화는 사람과 사람 간 관계에서 발생되는 상호작용이기 때문에 그 효과를 이해하고 두려워하지 않게 도와야 한다.

해설 ③ 동기강화모델은 클라이언트의 동기를 끌어내고 이를 강화하기 위한 모델로, 클라이언트에게는 자신의 변화정도를 결정할 수 있는 자기결정권이 있다. 따라서, 사회복지사의 설득, 조언은 문제해결에 효과적이지 않다. **답** ③

063 밀러와 롤닉(W. Miller & S. Rollnick)의 동기강화모델의 원리로 옳지 않은 것은? 23회

① 불일치감 인식하기
② 자기효능감 지지하기
③ 저항과 함께하기
④ 내적 의사소통 명료화하기
⑤ 공감 표현하기

워밍업 문제 — 클라이언트중심모델

클라이언트중심모델의 주요 개념에 해당하지 않는 것은?

① 자유
② 감정이입
③ 간헐적 강화
④ 자아와 경험의 일치
⑤ 무조건적 긍정적 존중

해설 간헐적 강화는 행동수정모델의 기술로, 행동을 통제하기 위해 정해진 계획에 따라 강화물을 제공하는 것이다.

답 ③

UNIT 03 가족 대상 실천기법 Ⅰ

정답과 해설 176쪽

064 클라이언트중심모델의 주요 개념으로 옳지 않은 것은? 23회

① 실현화 경향
② 자아실현 욕구
③ 인지적 개입
④ 조건부 가치
⑤ 긍정적 관심

065 사회복지실천모델에 관한 설명으로 옳은 것을 모두 고른 것은? 17회

> ㉠ 임파워먼트모델에서는 클라이언트를 일방적 수혜자로 인식하지 않는다.
> ㉡ 과제중심모델은 펄만(H. Perlman)의 문제해결요소의 영향을 받았다.
> ㉢ 위기개입모델에서는 클라이언트의 과거를 탐색하는 데 우선순위를 두지 않는다.
> ㉣ 클라이언트중심모델에서는 사회복지사의 권위적인 역할이 강조된다.

① ㉠, ㉢
② ㉡, ㉣
③ ㉢, ㉣
④ ㉠, ㉡, ㉢
⑤ ㉠, ㉡, ㉢, ㉣

066 다음 〈사례〉에 대한 초기 접근으로 옳은 것은? 20회

> 같은 반 친구를 때린 중학생 B는 학교폭력대책심의위원회의 결정에 따라 사회복지사가 진행하는 학교폭력가해자 프로그램에 의뢰되었다. 그러나 B는 억울함을 호소하며 비협조적인 태도를 보이고 있다.

① 클라이언트보다 의뢰자의 견해에 초점을 맞춰 개입한다.
② 비협조적 태도는 저항에서 비롯된 것으로 그 원인까지 탐색할 필요는 없다.
③ 원치 않는 의뢰과정에서 생긴 억눌린 감정을 표현할 수 있는 기회를 제공한다.
④ 비협조적 태도를 바꾸려고 시간을 소모하지 말고 곧바로 개입한다.
⑤ 비밀보장 원칙이나 학교에 보고해야 할 사항에 대해 설명하지 않는다.

시험 실시간 차트

실시간 출제 키워드
▲ 가족체계
▲ 가족 사정도구
▲ 가족생활 주기

워밍업 문제 가족의 변화와 가족생활 주기

가족생활 주기에 관한 설명으로 옳은 것을 모두 고른 것은?

> ㉠ 가족은 동일한 단계를 거쳐 발달한다.
> ㉡ 이혼 가족은 부모 자신의 적응과 자녀 양육의 과업 수행을 병행한다.
> ㉢ 청소년기 자녀를 둔 부모는 훈육을 통해 강화해야 한다.
> ㉣ 재혼 가족은 새로운 관계에 대한 적응 및 재조정 과업을 수행해야 한다.

① ㉠, ㉡, ㉢
② ㉠, ㉢
③ ㉡, ㉣
④ ㉣
⑤ ㉠, ㉡, ㉢, ㉣

해설 ㉠ 가족은 동일한 단계를 거쳐 발달하지 않는다.
㉢ 청소년기 자녀를 둔 부모는 훈육보다는 자녀가 또래 집단과의 관계를 올바르게 형성하도록 지원하고, 자립심을 길러주는 것이 좋다.

답 ③

최신 067 실천과정에서 "환류하기"에 관한 설명으로 옳은 것은? 23회

① 개입단계에서 그간의 문제해결 과정을 점검하는 활동이다.
② 사회복지사와 클라이언트 간 합의된 목표의 달성도를 측정하는 것이다.
③ 클라이언트의 문제해결에 필요한 자원을 적극적으로 끌어들이기 위한 전략이다.
④ 욕구를 재확인하여 서비스 계획이나 개입 전략을 수정하는 과정이다.
⑤ 클라이언트의 주변체계에 문제의 심각성을 알리고 적극적으로 옹호하는 활동이다.

최신 068 체계론적 관점에서 가족에 관한 설명으로 옳은 것은? 23회

① 가족의 항상성은 어떤 행동이 허용되는가를 결정하는 가족규칙을 통해 공고해진다.
② 일탈행동이나 갈등상황에 대해 부적 환류를 적용하면 최초의 일탈이나 갈등을 증폭시키는 작용을 한다.
③ 가족은 상위체계와는 독립적으로 존재하며 그 안에 다양한 하위체계를 포함한다.
④ 경직된 경계를 가진 가족은 독립성과 자율성이 결여되어 있다.
⑤ 부모-자녀하위체계는 가족을 이끄는 책임을 지는 하위체계로 권위를 갖는 것이 중요하다.

최신 069 가족의 구조와 기능에 관한 설명으로 옳은 것을 모두 고른 것은? 23회

> ㉠ 기능적인 가족은 가족규칙을 융통성 있게 적용한다.
> ㉡ 부모와 자녀 간의 밀착된 관계는 하위체계 간 균형을 유지하게 한다.
> ㉢ 밀착된 가족은 경계의 투과성이 높아 체계 간 구분이 어렵다.
> ㉣ 기능적 가족은 가족성원에게 고정된 역할을 부여하여 혼란을 감소시킨다.

① ㉠, ㉡
② ㉠, ㉢
③ ㉡, ㉢
④ ㉡, ㉢, ㉣
⑤ ㉠, ㉡, ㉢, ㉣

070 가족 사회복지실천의 개념에 관한 설명으로 옳은 것을 모두 고른 것은?   17회

> ㉠ 1차 수준 사이버네틱스(cybernetics) – 전문가가 가족 내부의 의사소통과 제어 과정을 객관적으로 발견한다.
> ㉡ 환류 고리(feedback loop) – 가족규범이 유지되거나 변화되는 과정을 설명한다.
> ㉢ 가족의사소통 – 내용기능이 관계기능보다 더 중요하다.
> ㉣ 가족규칙 – 암묵적인 규칙은 역기능적이므로 제거되어야 한다.

① ㉠
② ㉠, ㉡
③ ㉡, ㉢
④ ㉡, ㉢, ㉣
⑤ ㉠, ㉡, ㉢, ㉣

071 가족에 관한 설명으로 옳지 않은 것은?   17회

① 사회 변화에 따라 가족의 구조와 기능도 변화한다.
② 위기 시 가족은 역기능적 행동을 보일 수도 있지만 가족탄력성을 보일 수도 있다.
③ 가족은 생활주기를 따라 단계적으로 발달하고 변화한다.
④ 가족은 가족항상성을 통해 다른 가족과 구별되는 정체성을 갖는다.
⑤ 가족은 권력구조를 갖고 있지 않은 애정 공동체이다.

072 가족의 특성에 관한 설명으로 옳은 것을 모두 고른 것은?   18회

> ㉠ 사회변화에 민감한 체계이다.
> ㉡ 현대 가족은 점차 정서적 기능이 약화되고 있다.
> ㉢ 가족의 현재 모습은 세대 간 전승된 통합과 조정의 결과물이다.
> ㉣ 기능적인 가족은 응집성과 적응성, 문제해결력이 높은 가족이다.

① ㉠, ㉢
② ㉡, ㉣
③ ㉠, ㉡, ㉢
④ ㉡, ㉢, ㉣
⑤ ㉠, ㉡, ㉢, ㉣

073 알코올 중독자 당사자는 치료에 거부적이다. 우선적으로 동기화되어 있는 가족들을 알코올 중독자 가족모임이나 자녀모임에 참여하도록 하였다. 이때 사회복지사가 개입 시 고려한 내용으로 옳은 것은?   18회

① 가족항상성
② 가족모델링
③ 가족재구조화
④ 다세대 간 연합
⑤ 순환적 인과성

074 청소년의 정체성 위기, 결혼, 자녀의 출산, 중년기의 직업 변화, 은퇴 등 개인의 생애 주기에 따른 위기는?   18회

① 실존적 위기
② 상황적 위기
③ 발달적 위기
④ 부정적 위기
⑤ 환경적 위기

075 가족 대상 사회복지실천의 과정에 관한 설명으로 옳은 것을 모두 고른 것은? 19회

> ㉠ 가족과 함께 문제의 우선순위를 설정한다.
> ㉡ 사회복지사는 한 단계 낮은 자세를 취하여 가족의 정보를 얻는다.
> ㉢ 가족과의 관계 형성을 위해 가족이 있는 곳으로 합류할 필요가 있다.
> ㉣ 문제가 가족 모두에게 영향을 미치고 있고 가족 구성원이 그 문제의 발생과 유지에 영향을 주고 있을 경우 가족 단위의 개입을 고려한다.

① ㉣
② ㉠, ㉢
③ ㉡, ㉣
④ ㉠, ㉡, ㉢
⑤ ㉠, ㉡, ㉢, ㉣

076 가족 대상 사회복지실천에 관한 설명으로 옳은 것은? 19회

① 누가 가족문제를 일으키는 원인제공자인지 확인하기 위해 순환적 인과관계를 적용한다.
② 동귀결성을 적용하여 어떤 결과에 어떤 하나의 원인이 작용하였는지를 밝힌다.
③ 가족은 사회환경의 하위체계이나 그 내부는 하위체계가 없는 체계다.
④ 가족체계는 성장과 발전을 추구하면서도 지나친 변화는 제어하며 일정한 안정성을 유지하고자 한다.
⑤ 일차적 사이버네틱스에서 가족은 스스로 창조하고 독립된 실제이며 사회복지사를 가족과 완전히 분리된 사람으로 보지 않는다.

077 가족에 관한 체계론적 관점의 기술로 옳지 않은 것은? 20회

① 가족은 하위체계이면서 상위체계이다.
② 가족규칙은 가족항상성에 영향을 준다.
③ 가족 내 하위체계의 경계유형은 투과성 정도에 따라 나눌 수 있다.
④ 가족문제의 원인을 구성원 간 상호작용에서 찾는 것을 순환적 인과관계라고 한다.
⑤ 가족이 처한 상황을 구성원의 인식과 언어체계로 표현하면서 가족 스스로 문제 해결의 단서를 찾도록 한다.

078 가족 개입을 위한 전제조건에 관한 설명으로 옳지 않은 것은? 21회

① 한 사람의 문제는 가족 성원 모두에게 영향을 미친다.
② 한 가족 성원의 개입노력은 가족 전체에 영향을 준다.
③ 가족 성원의 행동은 순환적 인과성의 특성을 갖는다.
④ 가족문제의 원인은 단선적 관점으로 파악한다.
⑤ 한 가족 성원이 보이는 증상은 가족의 문제를 대신해서 호소하는 것으로 본다.

워밍업 문제 가족 사정

가족 사정도구에 관한 설명으로 옳은 것을 모두 고른 것은?

> ㄱ. 가계도: 세대 간 유형의 반복을 분석
> ㄴ. 생활 주기표: 가족 성원의 발달단계별 수행 과제 파악
> ㄷ. 생태도: 가족에게 부족한 자원과 보충되어야 할 자원 이해
> ㄹ. 생활력도표: 시기별 가족의 중요 사건이나 문제 발견

① ㄱ, ㄴ, ㄷ
② ㄱ, ㄷ
③ ㄴ, ㄹ
④ ㄹ
⑤ ㄱ, ㄴ, ㄷ, ㄹ

해설 ㄱ, ㄴ, ㄷ, ㄹ 모두 옳은 설명이다. 답 ⑤

---

079 가족 사정도구에 관한 설명으로 옳은 것을 모두 고른 것은? 17회

> ㄱ. 생태도는 진행 과정과 종결 과정에서도 활용한다.
> ㄴ. 생활력표를 활용하여 현재의 기능수행에 영향을 미치는 발달단계상 생활경험을 이해한다.
> ㄷ. 소시오그램은 가족 구성원의 사회적 활동을 측정하는 도구이다.
> ㄹ. 가족 조각은 가족역동을 시각적으로 표현하여 구성원의 인식을 파악하는 도구이다.

① ㄱ, ㄷ
② ㄱ, ㄹ
③ ㄴ, ㄷ
④ ㄱ, ㄴ, ㄹ
⑤ ㄱ, ㄴ, ㄷ, ㄹ

---

080 1인 가구의 가족 사정에 관한 내용으로 옳은 것을 모두 고른 것은? 18회

> ㄱ. 원가족 생활 주기 파악
> ㄴ. 원가족 스트레스와 레질리언스 탐색
> ㄷ. 구조적 관점으로 미분화된 경계 파악
> ㄹ. 역사적 관점으로 미해결된 과거 관계의 잔재 확인

① ㄹ
② ㄱ, ㄷ
③ ㄴ, ㄹ
④ ㄱ, ㄴ, ㄷ
⑤ ㄱ, ㄴ, ㄷ, ㄹ

---

081 가계도 분석에 관한 설명으로 옳은 것을 모두 고른 것은? 18회

> ㄱ. 세대를 통해 반복되는 패턴 분석
> ㄴ. 가족 구성원에 대한 객관적 정보를 파악
> ㄷ. 가족기능의 불균형과 그것에 기여하는 요인 분석
> ㄹ. 가족 구성원별 인생의 중요사건과 이에 대한 다른 가족 구성원의 역할 분석

① ㄹ
② ㄱ, ㄷ
③ ㄴ, ㄹ
④ ㄱ, ㄴ, ㄷ
⑤ ㄱ, ㄴ, ㄷ, ㄹ

---

082 가계도를 통한 분석 내용으로 옳은 것을 모두 고른 것은? 19회

> ㄱ. 가족 내 삼각관계
> ㄴ. 지배적인 주제와 가족구조의 변화
> ㄷ. 가족이 위치한 지역사회의 안정성과 쾌적성
> ㄹ. 가족 내 반복적으로 나타나고 있는 사건의 연결성

① ㄴ
② ㄱ, ㄴ
③ ㄱ, ㄹ
④ ㄱ, ㄴ, ㄹ
⑤ ㄱ, ㄴ, ㄷ, ㄹ

083 자녀 양육의 어려움을 호소하는 가족의 사정 도구에 관한 설명으로 옳지 않은 것은? 20회

① 가계도를 활용하여 구성원 간 관계를 파악한다.
② 생태도를 통해 회복탄력성과 문제 해결 능력을 확인한다.
③ 양육태도척도를 활용하여 문제가 되는 부분을 탐색한다.
④ 자녀 입장의 가족 조각으로 자녀가 인식하는 가족관계를 탐색한다.
⑤ 생활력표를 활용하여 현재 어려움에 영향을 주는 발달단계상의 경험을 이해한다.

084 가족사정에 관한 설명으로 옳은 것을 모두 고른 것은? 21회

㉠ 가족체계가 어떻게 기능하는지 발견하는 것이 목적이다.
㉡ 가족 상호작용 유형에 적합한 방법을 찾는 것이다.
㉢ 가족사정과 개입과정은 상호작용적이며 순환적이다.
㉣ 가족이 제시하는 문제, 생태학적 사정, 세대 간 사정, 가족 내부 간 사정으로 이루어진다.

① ㉠, ㉡
② ㉢, ㉣
③ ㉠, ㉡, ㉢
④ ㉠, ㉡, ㉣
⑤ ㉠, ㉡, ㉢, ㉣

085 다음 〈사례〉에서 사회복지사가 우선적으로 개입해야 하는 것은? 21회

A씨는 25세로 알코올 중독 진단을 받았으나 문제에 대한 본인의 인식은 부족한 상황이다. 현재 A씨는 부모와 함께 살고 있으나 몇 년 전부터 대화가 단절되어 있다. A씨가 술을 마실 때면 아버지로부터 학대도 발생하고 있는 상황이다.

① 경직된 가족경계를 재구조화한다.
② 단절된 의사소통의 문제를 해결한다.
③ 알코올 중독 문제에 관여한다.
④ 술 문제의 원인으로 보이는 부모를 대상으로 상담한다.
⑤ 부모 간 갈등으로부터 벗어나도록 자아분화를 촉진한다.

086 사회변화에 따라 달라지는 가족에 관한 설명으로 옳지 않은 것은? 22회

① 가족 형태가 다양해지는 경향이 있다.
② 저출산 시대에는 무자녀 부부가 증가한다.
③ 세대 구성이 단순화되면서 확대가족의 의미가 약화된다.
④ 단독으로 생계를 유지하는 경우는 가구의 범위에 속하지 않는다.
⑤ 양육, 보호, 교육, 부양 등에서 사회 이슈가 발생한다.

UNIT 04

가족 대상 실천기법 Ⅱ

정답과 해설 179쪽

워밍업 문제 | **가족 대상 실천기법**

가족치료모델과 주요 개념의 연결이 옳은 것은?

① 구조적 가족치료모델 – 경계선 만들기
② 행동적 가족치료모델 – 가족 조각
③ 전략적 가족치료모델 – 균형 깨뜨리기
④ 경험적 가족치료모델 – 자아분화
⑤ 다세대 가족치료모델 – 역설적 개입

해설 ① 미누친이 제시한 구조적 가족치료의 주요 개념인 경계선은 눈에 보이지 않지만 각 가족 구성원 혹은 하위체계들 간에는 경계가 있다는 것이다. 이때의 경계는 규칙이나 가족 성원들 간의 접근 정도 등을 포함하는 개념이다.
② 경험적 가족치료모델 – 가족 조각
③ 구조적 가족치료모델 – 균형 깨뜨리기
④ 세대 간 가족치료모델 – 자아분화
⑤ 전략적 가족치료모델 – 역설적 개입

답 ①

시험 실시간 차트

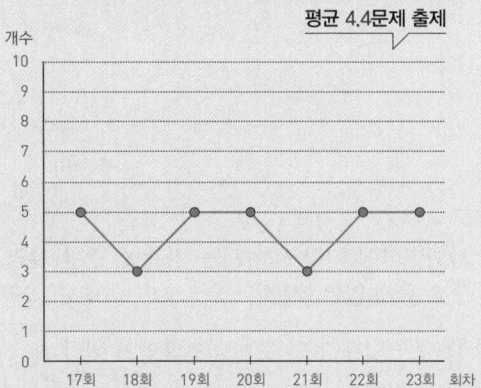

평균 4.4문제 출제

실시간 출제 키워드

▲ 미누친의 구조적 가족치료의 개입 기술
▲ 보웬의 가족치료의 개입 기법
▲ 사티어의 의사소통 유형
▲ 전략적 가족치료
▲ 해결 지향적 질문 유형

최신 **087** **가족치료모델의 개입 목표에 관한 설명으로 옳지 않은 것은?** 23회

① 해결중심 가족치료: 가족이 문제 중심에서 벗어나 해결방안을 모색하고 실행하도록 돕는다.
② 다세대 가족치료: 가족구성원의 불안 감소 및 미분화된 원가족과의 관계에서 자아분화를 증진시킨다.
③ 구조적 가족치료: 역기능적 가족구조를 재구조화한다.
④ 경험적 가족치료: 자아존중감 향상과 의사소통 방식의 변화를 통해 대처능력을 향상시킨다.
⑤ 전략적 가족치료: 다양한 전략을 활용하여 제시된 문제의 원인을 찾도록 돕는다.

088 미누친(S. Minuchin)의 구조적 가족치료의 대표적 기법을 옳게 나열한 것은? 23회

① 합류하기, 균형 깨뜨리기, 실연
② 합류하기, 경계 만들기, 가족그림
③ 경계 만들기, 탈삼각화, 과제부여
④ 과제부여, 균형 깨뜨리기, 역설적 지시
⑤ 균형 깨뜨리기, 경계 만들기, 순환적 질문

089 다음 사례에 해당하는 가족개입 기법은? 23회

끊임없는 잔소리로 말다툼이 잦아 갈등을 겪고 있는 부부에게 매일 1회 시간을 정해서 30분 동안 부부싸움을 하도록 하였다.

① 실연
② 재구성
③ 역설적 지시
④ 순환적 질문하기
⑤ 긍정적 의미부여

090 보웬(M. Bowen)의 다세대 가족치료의 주요 개념과 기법에 관한 설명으로 옳은 것을 모두 고른 것은? 23회

㉠ 자아분화 수준이 더 낮은 성원이 가족투사의 대상이 된다.
㉡ 가계도를 작성하고 해석하면서 가족의 정서적 과정을 이해한다.
㉢ 성공적인 치료를 위해 사회복지사는 치료적 삼각관계를 형성하여 개입한다.
㉣ 자아분화 수준이 낮을수록 가족원의 자율성이 증가하여 독립적으로 행동한다.

① ㉠, ㉡
② ㉡, ㉢
③ ㉠, ㉡, ㉢
④ ㉠, ㉢, ㉣
⑤ ㉠, ㉡, ㉢, ㉣

091 경험적 가족치료에 관한 설명으로 옳지 않은 것은? 23회

① 자아존중감을 높이는 것이 중요한 치료목표이다.
② 역기능적 의사소통 유형을 일치형으로 바꾸도록 돕는다.
③ 가족규칙을 합리적으로 바꾸고, 자기 인생에 대한 선택권을 스스로 갖도록 한다.
④ 역기능적인 상호작용의 개선이나 증상 제거보다 개인의 성장에 더 초점을 둔다.
⑤ 가족의 상호작용 유형을 확인하고 문제를 외현화한다.

092 다음 대화에서 사회복지사 B가 클라이언트 A에게 사용한 기법에 해당하는 것은? 17회

A: "저는 조그마한 어려움이 있어도 쉽게 좌절하는 사람이에요."
B: "좌절감이 당신으로 하여금 새로운 일을 하는 것을 방해하네요."

① 문제의 외현화
② 재보증
③ 코칭(coaching)
④ 가족지도
⑤ 체험기법

093 전략적 가족치료의 이중구속에 관한 설명으로 옳지 <u>않은</u> 것은? 17회

① 증상을 이용한다.
② 빙산기법을 이용한다.
③ 지시적 기법을 이용한다.
④ 역설적 기법을 이용한다.
⑤ 치료자의 지시를 따르지 않아도 문제가 해결될 수 있다.

094 구조적 가족치료의 모델로 개입하기에 적절하지 <u>않은</u> 것은? 17회

① 아픈 어머니, 철없는 아버지 대신 동생에게 부모 역할을 하며 자신에게 소홀한 맏딸의 문제
② 비난형 아버지와 감정표현을 통제하는 어머니의 영향으로 자기 감정을 억압하는 아들의 문제
③ 할머니와 어머니의 양육방식이 달라서 혼란스러운 자녀의 문제
④ 부부 불화로 아들에게 화풀이를 하자 반항행동이 증가한 아들의 문제
⑤ 밀착된 아내와 딸이 남편을 밀어내어 소외감을 느끼는 남편의 문제

095 가족실천기술과 예시의 연결로 옳은 것을 모두 고른 것은? 17회

> ㄱ. 합류 – 사회복지사가 가족의 말투나 몸짓을 따라한다.
> ㄴ. 관계성 질문 – "어머니가 여기 계신다고 가정하고, 제가 어머니께 당신의 문제가 해결되면 무엇이 달라지겠냐고 묻는다면 어머니는 뭐라고 말씀하실까요?"
> ㄷ. 경계 만들기 – 부모와 딸의 갈등상황에서 딸에게 부모의 '과도한 통제'를 '관심과 염려'의 의미로 인식하게 한다.
> ㄹ. 균형 깨뜨리기 – 지배적인 남편과 온순한 아내 사이에서 사회복지사는 아내의 편을 들어 자기주장을 할 수 있게 한다.

① ㄱ, ㄴ
② ㄱ, ㄷ
③ ㄴ, ㄹ
④ ㄱ, ㄴ, ㄹ
⑤ ㄱ, ㄴ, ㄷ, ㄹ

096 다음 〈사례〉에서 세대 간 반복되는 문제를 해결하기에 가장 적절한 기법은? 17회

> 이혼 이후 대인기피와 우울 증세를 보이는 클라이언트의 가계도를 통해 원가족을 살펴보니 이혼과 우울증이 되풀이되고 있다. 클라이언트는 어머니와 밀착적이면서 갈등적이고, 딸과도 지나치게 밀착되어 있다.

① 기적질문과 척도질문
② 지시와 역설
③ 문제의 내재화
④ 실연
⑤ 분화 촉진

097 다음 〈사례〉에서 사회복지사의 개입 방법에 관한 설명으로 옳은 것은? 18회

> 가정폭력으로 이혼한 영미 씨의 전남편은 딸의 안전을 확인해야 양육비를 주겠다며 딸의 휴대폰 번호도 못 바꾸게 하였다. 영미 씨는 아버지의 언어폭력으로 인한 고통을 호소하는 딸에게 전화를 계속하여 받도록 하였다. 사회복지사는 이에 대한 사정평가 후, 경제적 어려움에 대한 불안감이 가정폭력을 사실상 지속시킨다고 판단하여 양육비 이행 지원서비스를 받을 수 있도록 지원하고 아버지의 전화를 차단하도록 하였다.

① 가족옹호
② 가족 재구성
③ 재정의하기
④ 탈삼각화 기법
⑤ 균형 깨뜨리기

098 노인학대가 의심된다는 이웃의 신고로 노인보호전문기관에서 상황을 파악하고자 하였다. 어르신은 사회복지사의 개입을 거부하며 방어적이다. 이 상황에 관한 분석으로 적절하지 않은 것은? 18회

① 비난형 의사소통 유형이다.
② 스스로 해결하고자 하는 의지의 표현이다.
③ 현재의 상태를 유지하려고 하는 항상성이 있다.
④ 독립과 자립을 강조하는 사회문화적 영향으로 도움에 거부적이다.
⑤ 일방적 신고를 당해서 외부인에 대한 불신과 배신감을 느끼고 있다.

099 다음 〈사례〉에서 사회복지사가 우선적으로 계획할 내용으로 적절한 것은? 18회

> 은옥 씨는 심각한 호흡기 질환을 앓고 있으며, 28세 아들은 고교 졸업 후 게임에만 몰두하며 집에만 있다. 아들은 쓰레기를 건드리지도 못하게 하여 집은 쓰레기로 넘쳐나고, 이는 은옥 씨의 건강에 치명적인 위협이 되고 있다. 은옥 씨는 과거 자신의 잘못과 아들에 대한 죄책감을 호소하고 있으나, 서비스를 거부하며 특히 아들에 대한 접근을 막고 있다.

① 치료적 삼각관계 형성하기
② 가족 하위체계 간의 경계 만들기
③ 가족의 기능적 분화수준 향상시키기
④ 가족과 합류(joining)할 수 있는 방법 탐색하기
⑤ 역설적 개입으로 치료자의 지시에 저항하도록 하기

100 다음 예시에서 사회복지사가 활용한 실천기술은? 19회

> • 클라이언트: "저는 정말 나쁜 엄마예요. 저는 피곤하기도 하지만 성질이 나빠서 항상 아이들한테 소리를 지르고……"
> • 사회복지사: "선생님이 자녀에게 어떻게 하는지를 저에게 이야기할 수 있다는 사실은 자녀들과 더 좋은 관계를 가지고 싶다는 뜻이지요."

① 명료화하기
② 초점화하기
③ 재명명하기
④ 재보증하기
⑤ 해석하기

101 아무리 해도 말이 안 통한다고 하는 부부에게 "여기서 직접 한번 서로 말씀해 보도록 하겠습니까?"라고 하는 것은 어떤 기법을 활용한 것인가? 19회

① 실연
② 추적하기
③ 빙산치료
④ 치료 삼각관계
⑤ 경계선 만들기

102 어느 시점에서의 인간관계, 타인에 대한 느낌과 감정을 동작과 공간을 사용하여 표현하는 비언어적 기법은? 19회

① 연합
② 은유
③ 외현화
④ 가족 조각
⑤ 원가족 도표

103 가족의 문제가 개선될 때 체계의 항상성 균형이 위협하다고 판단되어 사용하는 전략으로, 변화의 속도가 빠르다고 지적하며 조금 천천히 변화하라고 하는 기법은? 19회

① 시련
② 제지
③ 재정의
④ 재구조화
⑤ 가족옹호

104 사티어(V. Satir)의 의사소통 유형에 관한 설명으로 옳은 것을 모두 고른 것은? 19회

> ㉠ 일치형 의사소통 유형이 치료의 목표다.
> ㉡ 의사소통 유형은 자존감과 연관하여 설명한다.
> ㉢ 가족 생활주기는 역기능적 의사소통 유형에 영향을 미친다.
> ㉣ 역기능적 의사소통 유형에서 공통적으로 발견되는 것은 언어적 메시지와 비언어적 메시지의 불일치다.

① ㉠, ㉡
② ㉢, ㉣
③ ㉠, ㉡, ㉢
④ ㉠, ㉡, ㉣
⑤ ㉠, ㉢, ㉣

105 사티어(V. Satir)의 의사소통 유형에 관한 설명으로 옳은 것은? 20회

① 회유형은 자신을 무시하고 타인을 떠받든다.
② 일치형은 자신을 보호하기 위해 타인을 비난한다.
③ 산만형은 자신과 타인을 무시하고 상황을 중요시한다.
④ 초이성형은 자신과 상황을 중시하고 상대를 과소평가한다.
⑤ 비난형은 자기 생각을 관철시키려고 어려운 말로 장황하게 설명한다.

106 보웬(M. Bowen)이 제시한 개념 중 다음 설명에 해당하는 것은? 20회

- 여러 세대에 거쳐 전수될 수 있다.
- 정신 내적 개념이면서 대인관계적 개념이다.
- 정신 내적 개념은 자신의 지적 측면과 정서적 측면의 구분을 의미한다.
- 대인관계적 개념은 타인과 친밀하면서도 독립성을 유지하는 능력을 말한다.

① 가족투사
② 삼각관계
③ 자아분화
④ 핵가족 정서
⑤ 다세대 전수

107 다음 〈사례〉에 대해 미누친(S. Minuchin)의 구조적 모델을 적용한 개입 방법이 아닌 것은? 20회

자녀교육 문제로 시어머니와 대립하는 며느리가 가족상담을 요청했다. 며느리는 남편이 모든 것을 어머니한테 맞추라고 한다며 섭섭함을 토로했다.

① 가족을 이해하고 수용하면서 합류한다.
② 가족문제를 더 정확히 이해하기 위해 실연을 요청한다.
③ 가족지도를 통해 가족구조와 가족역동을 이해하도록 돕는다.
④ 남편이 시어머니의 영향권에서 벗어나도록 탈삼각화를 진행한다.
⑤ 부부가 함께 부모역할을 수행하도록 하위체계의 경계를 명확하게 한다.

108 해결중심모델의 질문기법 예시로 옳지 않은 것은? 20회

① 관계성 질문: 두 분이 싸우지 않을 때는 어떠세요?
② 예외질문: 매일 싸운다고 하셨는데, 안 싸운 날은 없었나요?
③ 대처질문: 자녀에게 잔소리하는 횟수를 어떻게 줄일 수 있었나요?
④ 첫 상담 이전의 변화에 대한 질문: 상담 신청 후 지금까지 어떤 변화가 있었나요?
⑤ 기적질문: 밤새 기적이 일어나서 문제가 다 해결됐는데, 자느라고 기적이 일어난 걸 몰라요. 아침에 뭘 보면 기적이 일어났다는 걸 알 수 있을까요?

109 가족개입의 전략적 모델에 관한 설명으로 옳은 것은? 20회

① 역기능적인 구조의 재구조화를 개입 목표로 한다.
② 증상처방이나 고된 체험기법을 비지시적으로 활용한다.
③ 가족문제가 왜 일어났는지 파악하여 원인 제거에 필요한 전략을 사용한다.
④ 가족 내 편중된 권력으로 인해 고착된 불평등한 위계구조를 재배치한다.
⑤ 문제를 보는 시각을 변화시키고 새로운 의미를 발견하는 재명명기법을 사용한다.

110 다음 〈가족 사례〉에 적용된 실천기법은? 21회

> • 클라이언트: "저희 딸은 제 말은 안 들어요. 저희 남편이 뭐든 대신 다 해 주거든요. 아이가 남편 말만 들어요. 결국 아이 문제로 인해 부부싸움으로 번지거든요."
> • 사회복지사: "아버지가 아이를 대신해서 다 해 주시는군요. 어머니는 그 사이에서 소외된다고 느끼시네요. 자녀가 스스로 할 수 있도록 아버지는 기다려 주고 어머니와 함께 지켜보는 것이 어떨까요?"

① 합류
② 역설적 지시
③ 경계선 만들기
④ 증상처방
⑤ 가족조각

111 가족경계(boundary)에 관한 설명으로 옳은 것은? 21회

① 하위체계의 경계가 경직된 경우에는 지나친 간섭이 증가한다.
② 하위체계의 경계가 희미한 경우에는 감정의 합일 현상이 증가한다.
③ 하위체계의 경계가 경직된 경우에는 가족의 보호 기능이 강화된다.
④ 하위체계의 경계가 희미한 경우에는 가족 간 의사소통이 감소한다.
⑤ 하위체계의 경계가 경직된 경우에는 가족구성원이 독립적으로 행동하기 어렵다.

112 가족실천 모델과 주요개념, 기법의 연결로 옳지 않은 것은? 21회

① 보웬모델 – 자아분화 – 탈삼각화
② 구조적 모델 – 하위체계 – 균형깨뜨리기
③ 경험적 모델 – 자기대상 – 외현화
④ 전략적 모델 – 환류고리 – 재구성
⑤ 해결중심모델 – 강점과 자원 – 예외질문

113 생태체계적 관점에서 보는 가족에 관한 설명으로 옳지 않은 것은? 22회

① 항상성: 가족구성원들이 현재 상태를 유지
② 경직된 경계: 가족이 다수의 복지서비스를 이용
③ 하위체계: 가족구성원들이 경계를 가지고 각자의 기능을 수행
④ 피드백: 가족이 사회환경과 환류를 주고받으며 변화를 도모
⑤ 순환적 인과관계: 가족 한 사람의 행동이 다른 구성원에게 영향을 주어 가족 전체를 변화

114 알코올 의존을 겪는 가장과 그 자녀의 상황에 사티어(V. Satir)의 의사소통 유형을 적용한 것으로 옳은 것은?   22회

① 회유형: 모든 것이 자녀 때문이라며 자신이 외롭다고 함.
② 초이성형: 스트레스가 유해하다는 연구를 인용하며 술이라도 마셔서 스트레스를 풀겠다고 침착하게 말함.
③ 비난형: 어려서 고생을 많이 해서 그렇다며 벌떡 일어나 방 안을 왔다갔다 함.
④ 산만형: 살기 힘들어 술을 마신다며 자신의 술 문제가 자녀 학업을 방해했다고 인정함.
⑤ 일치형: 다른 사람들 말이 다 옳고 자신은 아무것도 아니라고 술 문제에 대한 벌을 달게 받겠다고 함.

115 가족치료모델의 개입 목표에 관한 설명으로 옳지 않은 것은?   22회

① 이야기 가족치료: 문제중심 이야기에서 벗어나 새롭고 건설적인 가족 이야기 작성
② 구조적 가족치료: 가족관계 역기능을 유발하는 가족 위계와 경계의 변화 도모
③ 경험적 가족치료: 가족이 미분화에서 벗어나 가족체계의 변화를 달성
④ 전략적 가족치료: 의사소통과 행동 문제의 순환 고리를 끊고 연쇄작용 변화
⑤ 해결중심 가족치료: 문제가 일어나지 않는 예외상황을 찾아서 확대

116 보웬(M. Bowen)의 다세대 가족치료의 기법이 적용된 사례에 관한 설명으로 옳지 않은 것은?   22회

① 자아분화: 가족의 빈곤한 상황에서도 아동 자녀가 자율적으로 생각하고 행동함.
② 삼각관계: 아동 자녀가 부모와의 갈등을 피하기 위해 경찰에 신고함.
③ 정서적 체계: 부모의 긴장관계가 아동 자녀에게 주는 정서적 영향을 파악함.
④ 가족투사 과정: 핵가족의 부부체계가 자신들의 불안을 아동 자녀에게 투영하는 과정을 검토함.
⑤ 다세대 전이: 가족의 관계 형성이나 정서, 증상이 여러 세대에 걸쳐 전수되는 것을 파악함.

117 다음과 같은 기법을 사용하는 가족치료모델은?   22회

- 가족구성원들 사이 힘의 우위에 따라 대칭적이거나 보완적 관계가 형성된다.
- 비언어적 의사소통이 가족의 욕구를 나타내므로 메타 의사소통이 중요하다.
- 가족이 문제행동을 유지하도록 지시함으로써 클라이언트가 통제력을 발휘한다.

① 전략적 가족치료모델
② 해결중심 가족치료모델
③ 구조적 가족치료모델
④ 다세대 가족치료모델
⑤ 경험적 가족치료모델

UNIT 05 집단 대상 실천기법 Ⅰ

정답과 해설 185쪽

워밍업 문제 — 집단 대상 실천기법

다음 〈사례〉에 해당하는 집단의 유형은?

> 알코올 중독 치료를 받은 후 퇴원한 A씨는 지역 알코올 상담 기관에서 매주 운영하는 알코올 중독 회복자 자조 모임에서 만나게 된 동료들의 도움으로 단주를 유지하며 회복에 대한 희망을 갖게 되었다.

① 과업 집단 ② 지지 집단
③ 교육 집단 ④ 사회화 집단
⑤ 감수성 훈련 집단

[해설] 알코올 중독 회복자 자조 모임에서 만나게 된 동료들의 도움으로 단주를 유지하며 회복에 대한 희망을 갖게 된 사례에 해당하는 집단의 유형은 자조 집단 또는 지지 집단이다.

답 ②

시험 실시간 차트

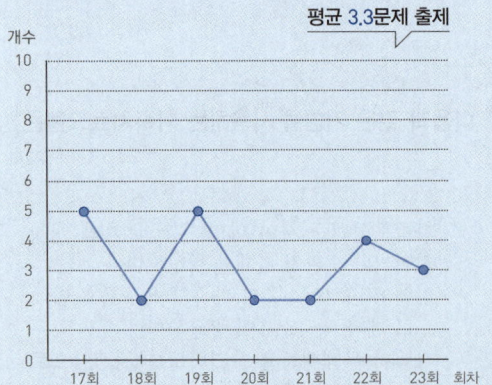

평균 3.3문제 출제

실시간 출제 키워드
▲ 지지집단
▲ 집단 응집력
▲ 집단 목표

최신 118 집단문화에 관한 설명으로 옳지 않은 것은?

23회

① 집단 고유의 스타일이나 독특성을 만들어 낸다.
② 집단응집력은 집단문화 형성에 영향을 미치는 요인이다.
③ 성원들의 가치가 혼합되면서 타 집단과 구분되는 특성이 만들어진다.
④ 다양한 성원들이 참여하는 개방형 집단에서 빠르게 형성된다.
⑤ 고정관념이나 편견이 많은 성원들은 집단문화 형성에 방해가 된다.

119 자조집단이 갖는 특징으로 옳은 것을 모두 고른 것은? 23회

㉠ 동병상련의 경험에 기반을 둔다.
㉡ 집단사회복지사의 주요 역할은 변화매개인이다.
㉢ 집단 내 원활한 의사소통과 상호작용을 위해 공동지도자를 둔다.
㉣ 노아방주의 원칙(Noah's ark principle)에 따라 성원을 모집한다

① ㉠
② ㉡, ㉢
③ ㉡, ㉣
④ ㉡, ㉢, ㉣
⑤ ㉠, ㉡, ㉢, ㉣

120 집단대상 실천의 치료적 효과에 해당하는 것을 모두 고른 것은? 23회

㉠ 정보 습득　㉡ 보편성
㉢ 이타심　　㉣ 정화

① ㉠
② ㉡, ㉢
③ ㉡, ㉣
④ ㉡, ㉢, ㉣
⑤ ㉠, ㉡, ㉢, ㉣

121 집단 사회복지실천에서 집단 구성과 구조에 관한 설명으로 옳지 <u>않은</u> 것은? 17회

① 일반적으로 사회적 목표모델보다 치료모델의 집단 규모가 더 작다.
② 아동 집단은 성인 집단에 비해 모임 시간은 더 짧게 빈도는 더 자주 설정한다.
③ 집단 구성원의 동질성이 강할수록 성원 간 방어와 저항도 더 많이 발생한다.
④ 물리적 공간을 결정할 때 좌석 배치까지 고려한다.
⑤ 개방형 집단이 폐쇄형 집단에 비해 위기상황에 처한 사람들에게 더 융통성 있는 참여 기회를 제공한다.

122 집단 사회복지실천기술에 관한 설명으로 옳은 것은? 17회

① 집단 과정의 명료화기술은 성원들이 어떻게 상호작용하고 있는지를 인식하도록 돕는 기술이다.
② 사회복지사와의 의사소통을 집단 성원들 간 의사소통보다 중시해야 한다.
③ 사회복지사는 특정한 집단 과정에 선택적으로 반응해서는 안 된다.
④ 직면은 집단 초반에 구성원의 참여를 촉진하는 기술이다.
⑤ 집단의 목표는 집단 과정을 통해 성취하면 되므로 처음부터 설명할 필요는 없다.

123 집단 사회복지실천에서 하위집단에 관한 설명으로 옳은 것을 모두 고른 것은? 17회

㉠ 집단 초기단계에 나타나 집단 응집력을 촉진한다.
㉡ 정서적 유대감을 갖게 된 집단 구성원 간에 형성된다.
㉢ 적게는 한 명에서 많게는 다수로 구성된다.
㉣ 소시오메트리를 통해 측정 가능하다.

① ㉠, ㉡
② ㉡, ㉣
③ ㉠, ㉢, ㉣
④ ㉡, ㉢, ㉣
⑤ ㉠, ㉡, ㉢, ㉣

124 집단을 활용한 사회복지실천의 치료적 효과 요인으로 옳지 <u>않은</u> 것은? 17회

① 고유성
② 이타성 향상
③ 실존적 요인
④ 재경험의 기회 제공
⑤ 희망 고취

125 집단 회기를 마무리하는 방식으로 옳은 것을 모두 고른 것은? 17회

> ㄱ. 회기에 대한 사회복지사의 관찰과 생각을 전달한다.
> ㄴ. 회기 중 제기된 이슈를 다 마무리하지 않고 회기를 마쳐도 된다.
> ㄷ. 회기에서 다룬 내용을 집단 밖에서 어떻게 적용할지에 대한 계획을 묻는다.
> ㄹ. 다음 회기에 다루기 원하는 주제나 문제를 질문한다.

① ㄱ, ㄷ
② ㄱ, ㄹ
③ ㄷ, ㄹ
④ ㄱ, ㄷ, ㄹ
⑤ ㄱ, ㄴ, ㄷ, ㄹ

126 집단 성원의 주도성이 높은 것부터 순서대로 나열한 것은? 18회

> ㄱ. 자조 집단
> ㄴ. 성장 집단
> ㄷ. 치료 집단
> ㄹ. 교육 집단

① ㄱ - ㄴ - ㄹ - ㄷ
② ㄱ - ㄷ - ㄴ - ㄹ
③ ㄱ - ㄹ - ㄷ - ㄴ
④ ㄴ - ㄱ - ㄹ - ㄷ
⑤ ㄴ - ㄹ - ㄱ - ㄷ

127 토스랜드와 리바스(R. Toseland & R. Rivas)가 분류한 성장 집단에 관한 설명으로 옳지 않은 것은? 18회

① 촉진자로서의 전문가 역할이 강조된다.
② 성원 간의 상호작용이 중요한 도구가 된다.
③ 개별 성원의 자기표출을 긍정적으로 인식한다.
④ 공동과업의 성공적 수행이 일차적인 목표이다.
⑤ 공감과 지지를 얻기 위해 동질성이 높은 성원으로 구성한다.

128 집단 역동에 관한 설명으로 옳지 않은 것은? 19회

① 하위집단은 집단에 부정적인 영향을 미치기 때문에 사회복지사가 개입하여 만들어지지 않도록 한다.
② 집단 성원 간 직접적 의사소통을 격려하여 집단 역동을 발달시킨다.
③ 집단 응집력이 강할 경우, 집단 성원들 사이에 상호 의존하려는 경향이 강해진다.
④ 개별 성원의 목적과 집단 전체의 목적의 일치 여부에 따라 집단 역동은 달라진다.
⑤ 긴장과 갈등을 적절하고 건설적인 방법으로 해결할 때 집단은 더욱 성장할 수 있다.

129 집단 유형별 특성에 관한 설명으로 옳지 않은 것은? 19회

① 지지 집단은 유사한 문제와 욕구를 가진 사람들로 구성하여 유대가 빨리 형성된다.
② 성장 집단은 집단 참여자의 자기인식을 증가시켜 개인의 잠재력을 최대화하는 데 초점을 둔다.
③ 치료 집단은 성원의 병리적 행동과 외상 후 상실된 기능을 회복하는 데 초점을 둔다.
④ 교육 집단은 지도자가 집단 성원의 문제와 욕구를 해결하기 위해 필요한 기술과 정보를 제공한다.
⑤ 자조 집단에서는 전문가가 의도적으로 집단을 구성하여 정서적 지지와 문제 해결을 지원한다.

130 다음에서 설명하는 집단의 치료적 효과는? 19회

> 집단 내 상호작용 과정에서 그동안 해결되지 않은 원가족과의 갈등에 대해 탐색하고 행동패턴을 수정할 기회를 갖게 된다.

① 정화
② 일반화
③ 희망 증진
④ 이타성 향상
⑤ 재경험의 기회 제공

131 집단 응집력을 향상하는 요인이 아닌 것은? 19회

① 이질적 집단으로 구성
② 집단에 대한 자부심 고취
③ 집단 성원 간의 다른 인식과 관점의 인정
④ 집단 성원 간 공개적이고 활발한 상호작용
⑤ 집단의 참여를 통해 얻게 되는 보상, 자원 제공

132 집단 구성에 관한 설명으로 옳지 않은 것은? 19회

① 집단이 커질수록 구성원의 참여의식이 증가하고 통제와 개입이 쉽다.
② 집단 상담을 위해 가능하면 원형으로 서로 잘 볼 수 있는 공간을 만들 수 있는 장소가 바람직하다.
③ 집단 성원의 유사함은 집단 소속감을 증가시킨다.
④ 개방 집단은 새로운 정보와 자원의 유입을 허용한다.
⑤ 비구조화된 집단에서는 집단 성원의 자발성이 더욱 요구된다.

133 지지 집단의 주요 목적으로 옳은 것은? 20회

① 구성원의 자기인식 증진
② 클라이언트의 병리적 행동 치료
③ 구성원에게 기술과 정보 제공
④ 사회 적응 지원
⑤ 동병상련의 경험으로 해결책 모색

134 집단 응집력에 관한 설명으로 옳은 것을 모두 고른 것은? 20회

> ㉠ 구성원 간 신뢰감이 높을수록 응집력이 높다.
> ㉡ 응집력이 높은 집단에서는 자기노출을 억제한다.
> ㉢ 구성원이 소속감을 가지면 응집력이 강화된다.
> ㉣ 응집력이 높은 집단이 낮은 집단보다 생산적인 작업에 더 유리하다.

① ㉠
② ㉠, ㉢
③ ㉡, ㉣
④ ㉠, ㉢, ㉣
⑤ ㉠, ㉡, ㉢, ㉣

135 집단 대상 실천의 장점으로 옳지 않은 것은? 21회

① 타인의 문제에 관심을 갖고 공감하면서 이타심이 커진다.
② 유사 경험을 가진 사람들을 만나면서 문제의 보편성을 경험한다.
③ 다양한 성원들로부터 새로운 행동을 학습하면서 정화 효과를 얻는다.
④ 사회복지사나 성원의 행동을 모방하면서 사회기술이 향상된다.
⑤ 성원 간 관계를 통해 원가족과의 갈등을 탐색하는 기회를 갖는다.

136 사회목표모델에 관한 내용에 해당하지 않는 것은? 21회

① 자원 개발의 과제
② 민주적 의사결정 방식
③ 인본주의이론에 근거
④ 사회복지사의 촉진자 역할
⑤ 성원 간 소속감과 결속력 강조

137 역기능적 집단의 특성으로 옳은 것은? 22회

① 자발적인 자기표출
② 문제 해결 노력의 부족
③ 모든 집단성원의 토론 참여
④ 집단성원 간 직접적인 의사소통
⑤ 집단 사회복지사를 존중

138 집단에 관한 설명으로 옳은 것은? 22회

① 개방형 집단은 폐쇄형 집단에 비해 집단성원의 중도 가입이 어렵다.
② 개방형 집단은 폐쇄형 집단에 비해 응집력이 강하다.
③ 개방형 집단은 폐쇄형 집단에 비해 집단성원의 역할이 안정적이다.
④ 폐쇄형 집단은 개방형 집단에 비해 집단 발달단계를 예측하기 어렵다.
⑤ 폐쇄형 집단은 개방형 집단에 비해 집단 규범이 안정적이다.

139 토스랜드와 리바스(R. Toseland & R. Rivas)가 분류한 집단 모델에 관한 설명으로 옳은 것은? 22회

① 치료모델은 집단의 사회적 목표를 강조한다.
② 상호작용모델은 개인 치료를 위한 수단으로 집단을 강조한다.
③ 상호작용모델은 개인의 역기능 변화가 목적이다.
④ 사회적 목표모델은 민주시민의 역량 개발에 초점을 둔다.
⑤ 사회적 목표모델은 집단성원 간 투사를 활용한다.

140 집단 사회복지실천의 장점에 관한 설명으로 옳지 않은 것은? 22회

① 모방행동: 기존의 행동을 고수한다.
② 희망의 고취: 문제가 개선될 수 있다는 희망을 갖게 한다.
③ 이타심: 위로, 지지 등으로 서로 도움을 주고 받는다.
④ 사회기술의 발달: 대인관계에 관한 사회기술을 습득한다.
⑤ 보편성: 다른 사람들도 비슷한 경험을 하는 것으로 위로를 받는다.

UNIT 06 집단 대상 실천기법 Ⅱ

정답과 해설 188쪽

워밍업 문제 — 집단 발달단계

집단의 초기단계에서 수행해야 하는 사회복지사의 과업으로 옳지 않은 것은?

① 집단 성원의 의무와 책임을 명확히 한다.
② 집단 활동에 대한 참여 동기를 확인한다.
③ 집단 구성요소를 고려하여 집단을 계획한다.
④ 상호 관심사와 집단에 대한 기대를 공유한다.
⑤ 집단 목표에 대해 성원들의 의견을 수렴한다.

해설 집단 구성요소를 고려하여 집단을 계획하는 것은 준비단계(계획단계)의 과업이다. **답** ③

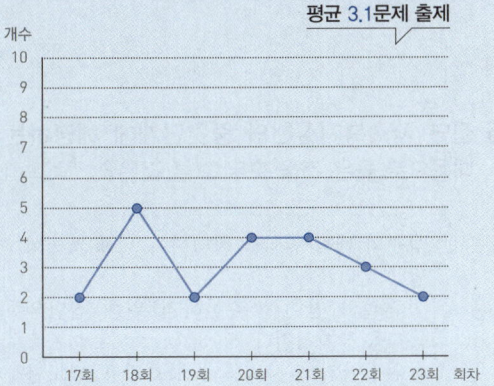

시험 실시간 차트

평균 3.1문제 출제

실시간 출제 키워드
▲ 저항
▲ 집단 사회복지실천 단계별 과업과 사회복지사의 역할
▲ 집단 사정도구
▲ 집단 성과 평가

최신 141 집단 사정도구의 활용 목적으로 옳은 것은?

23회

① 소시오메트리: 개별 성원의 행동패턴 분석
② 소시오그램: 성원 간 상호작용 빈도 측정
③ 사회적 관계망표: 집단성원 활동에 대한 상호 평가
④ 상호작용차트: 성원의 집단참여 수준 분석
⑤ 의의차별척도: 하위집단의 구성여부 파악

142 집단의 종결단계에서 수행하는 과업으로 옳은 것을 모두 고른 것은? 23회

> ㉠ 성원 간의 이해를 돕기 위해 자기 노출의 기회를 갖는다.
> ㉡ 집단경험을 통해 학습한 내용의 활용계획을 세운다.
> ㉢ 공통의 관심사를 찾기 위해 개방적 토론 시간을 늘린다.
> ㉣ 측정도구를 통해 성원 개인별 변화를 평가한다.

① ㉠
② ㉡, ㉢
③ ㉡, ㉣
④ ㉡, ㉢, ㉣
⑤ ㉠, ㉡, ㉢, ㉣

143 집단의 종결단계에서 집중적으로 수행해야 하는 과업으로 적절하지 <u>않은</u> 것은? 17회

① 집단 의존성 감소
② 의뢰의 필요성 검토
③ 변화 노력의 일반화
④ 구성원 간 피드백 교환
⑤ 집단 성원 간 공통점과 차이점 파악

144 집단 사정이 '개별 성원 – 전체 집단 – 집단 외부' 환경 차원에서 수행될 때 '전체 집단' 사정에 해당하는 것을 모두 고른 것은? 17회

> ㉠ 집단을 인가하고 지원하는 기관의 목표
> ㉡ 하위집단 형성
> ㉢ 집단 구성원의 변화와 성장
> ㉣ 집단 내 상호작용 방식

① ㉠
② ㉡
③ ㉡, ㉣
④ ㉡, ㉢, ㉣
⑤ ㉠, ㉡, ㉢, ㉣

145 집단 사회복지실천의 중간단계에 해당하는 내용으로 옳은 것을 모두 고른 것은? 18회

> ㉠ 성원의 내적 변화를 파악하기 위해 개별상담을 한다.
> ㉡ 성원들의 참여를 촉진하기 위해 집단의 목적을 상기시킨다.
> ㉢ 하위집단의 의사소통과 상호작용 빈도를 평가한다.
> ㉣ 집단에 대한 의존성을 감소시키기 위해 모임주기를 조절한다.

① ㉠, ㉢
② ㉡, ㉣
③ ㉠, ㉡, ㉢
④ ㉡, ㉢, ㉣
⑤ ㉠, ㉡, ㉢, ㉣

146 집단 성원 간의 관계를 파악하는 사정도구에 관한 설명으로 옳은 것은? 18회

① 소시오메트리: 성원 간의 상호작용 빈도를 기록한다.
② 상호작용차트: 집단 성원에 대한 다양한 측면의 인식 정도를 평가한다.
③ 소시오그램: 성원 간의 관계를 표현한 것으로 하위 집단의 유무를 알 수 있다.
④ 목적달성척도: 목적달성을 위한 집단 성원들의 협력과 지지 정도를 측정한다.
⑤ 의의차별척도: 가장 호감도가 높은 성원과 호감도가 낮은 성원을 파악할 수 있다.

147 가정폭력 피해 경험이 있는 사회복지사가 자기노출을 고려하는 목적으로 옳은 것은? 18회

① 역전이를 활용하기 위해
② 클라이언트의 표현을 촉진하기 위해
③ 자신과 비슷한 경험인지 알아보기 위해
④ 클라이언트의 자기합리화를 돕기 위해
⑤ 사회복지사가 자신의 문제를 극복했는지 확인하기 위해

148 초기면접을 위한 준비로 적절하지 않은 것은? 18회

① 면접 목적을 잠정적으로 설정한다.
② 모든 질문을 사전에 확정해 놓는다.
③ 슈퍼바이저나 동료에게 미리 조언을 구한다.
④ 클라이언트 특성을 고려하여 시설환경에 대한 준비를 한다.
⑤ 의뢰서에 있는 클라이언트의 문제와 관련한 전문 지식을 보완한다.

149 집단을 대상으로 한 실천의 내용으로 옳지 않은 것은? 18회

① 성원 간의 갈등이 심하여 조기종결을 하였다.
② 집단 과정을 촉진하기 위해 공동지도자를 두었다.
③ 적정 규모를 유지하기 위해 신규 회원을 받았다.
④ 집단 규칙은 사회복지사가 제공하였다.
⑤ 개별 성원의 의도적인 집단경험을 유도하였다.

150 집단 초기단계에 나타나는 특성으로 옳은 것을 모두 고른 것은? 19회

- ㉠ 집단 성원의 불안감과 저항이 높다.
- ㉡ 집단에 대한 오리엔테이션이 필요하다.
- ㉢ 사회복지사보다는 다른 집단 성원과 대화하려고 시도한다.
- ㉣ 문제 해결 과정에서 나타나는 갈등과 차이점을 적극적으로 표현한다.

① ㉣
② ㉠, ㉡
③ ㉡, ㉣
④ ㉢, ㉣
⑤ ㉠, ㉢, ㉣

151 집단 과정을 촉진하기 위한 직면하기에 관한 설명으로 옳은 것을 모두 고른 것은? 19회

- ㉠ 시작단계에서 가장 많이 쓰는 기법이다.
- ㉡ 집단 성원이 아직 인식하지 못했던 부분을 볼 수 있도록 한다.
- ㉢ 말과 행동의 불일치를 밝히고 이를 해결할 수 있도록 원조한다.
- ㉣ 행동을 구체적으로 지적하고 집단에 미치는 영향을 설명한다.

① ㉠, ㉡
② ㉡, ㉣
③ ㉠, ㉢, ㉣
④ ㉡, ㉢, ㉣
⑤ ㉠, ㉡, ㉢, ㉣

152 집단 초기단계에서 사회복지사의 역할을 모두 고른 것은? 20회

- ㉠ 집단과 구성원의 목표를 선정한다.
- ㉡ 지도자인 사회복지사를 소개하며 신뢰감을 형성한다.
- ㉢ 구성원 간 유사성을 토대로 응집력을 형성한다.
- ㉣ 구성원이 집단에 의존하는 정도를 감소시킨다.

① ㉠, ㉡
② ㉡, ㉢
③ ㉢, ㉣
④ ㉠, ㉡, ㉢
⑤ ㉠, ㉡, ㉢, ㉣

153 집단 활동 중 발생하는 저항에 관한 설명으로 옳지 않은 것은? 20회

① 구성원이 피하고 싶은 주제가 논의될 때 일어날 수 있다.
② 사회복지사가 제안한 과업의 실행 방법을 모를 때 발생할 수 있다.
③ 목표달성을 위해서는 저항 이유를 무시해야 한다.
④ 효과적으로 해결하면 집단 활동이 촉진될 수 있다.
⑤ 다른 구성원의 의견을 통해 해결방안을 찾을 수 있다.

154 집단 사정을 위한 소시오그램에 관한 설명으로 옳은 것은? 20회

① 구성원 간 호감도 질문은 하위집단을 형성하므로 피한다.
② 구성원 모두가 관심을 갖는 주제를 발견하는 데 목적이 있다.
③ 소시오메트리 질문을 활용하여 정보를 파악한다.
④ 구성원 간 상호작용을 문장으로 표현한다.
⑤ 특정 구성원에 대한 상반된 입장 중 하나를 선택하는 것이다.

155 집단목표에 관한 설명으로 옳은 것은? 20회

① 목표는 구체적으로 수립한다.
② 한 번 정한 목표는 혼란 방지를 위해 수정하지 않는다.
③ 집단 크기나 기간을 정할 때 목표는 고려하지 않는다.
④ 집단목표는 구성원의 목표와 관련 없다.
⑤ 목표는 집단과정에서 자연스럽게 형성되므로 의도적인 노력은 필요 없다.

156 집단을 준비 또는 계획하는 단계에서 고려할 사항으로 옳은 것을 모두 고른 것은? 21회

> ㄱ. 집단성원의 참여 자격
> ㄴ. 공동지도자 참여 여부
> ㄷ. 집단성원 모집방식과 절차
> ㄹ. 집단의 회기별 주제

① ㄱ
② ㄱ, ㄷ
③ ㄴ, ㄹ
④ ㄱ, ㄷ, ㄹ
⑤ ㄱ, ㄴ, ㄷ, ㄹ

157 집단의 성과를 평가하는 방법으로 옳지 않은 것은? 21회

① 사전사후검사
② 개별인터뷰
③ 단일사례설계
④ 델파이조사
⑤ 초점집단면접

158 사회기술훈련의 단계를 순서대로 옳게 나열한 것은? 21회

> ㄱ. 역할극   ㄴ. 적용
> ㄷ. 시연   ㄹ. 평가

① ㄱ → ㄷ → ㄴ → ㄹ
② ㄱ → ㄷ → ㄹ → ㄴ
③ ㄴ → ㄷ → ㄹ → ㄱ
④ ㄷ → ㄱ → ㄴ → ㄹ
⑤ ㄷ → ㄱ → ㄹ → ㄴ

159 집단발달의 초기단계에 적합한 실천기술에 해당하는 것을 모두 고른 것은? 21회

> ㉠ 집단 성원이 신뢰감을 갖고 참여할 수 있는 분위기를 조성한다.
> ㉡ 집단 성원이 수행한 과제에 대해 솔직하고 구체적인 피드백을 준다.
> ㉢ 집단역동을 촉진하기 위해 사회복지사가 의도적인 자기노출을 한다.
> ㉣ 집단 성원의 행동과 태도가 불일치하는 경우에 직면을 통해 지적한다.

① ㉠
② ㉠, ㉢
③ ㉡, ㉣
④ ㉠, ㉢, ㉣
⑤ ㉠, ㉡, ㉢, ㉣

160 집단 사회복지실천 사정에 활용되는 것을 모두 고른 것은? 22회

> ㉠ 집단 사회복지사의 관찰
> ㉡ 외부 전문가의 보고
> ㉢ 표준화된 사정도구
> ㉣ 집단 성원의 자기관찰

① ㉠, ㉡
② ㉠, ㉣
③ ㉡, ㉢
④ ㉠, ㉢, ㉣
⑤ ㉠, ㉡, ㉢, ㉣

161 집단 중간단계의 개입기술에 관한 설명으로 옳지 않은 것은? 22회

① 집단 성원 간 상호작용을 향상시킨다.
② 집단 성원을 사후관리한다.
③ 집단의 목표를 달성하도록 원조한다.
④ 집단의 응집력을 향상시킨다.
⑤ 집단 성원이 집단 과정에 적극 활동하도록 촉진한다.

162 집단 종결단계에서 사회복지사의 역할로 옳은 것을 모두 고른 것은? 22회

> ㉠ 집단 과정에서 성취한 변화를 지속적으로 유지하도록 돕는다.
> ㉡ 집단 성원의 개별 목표를 설정한다.
> ㉢ 종결을 앞두고 나타나는 다양한 감정을 토론하도록 격려한다.
> ㉣ 집단에 대한 의존성을 서서히 감소시켜 나간다.

① ㉠, ㉡
② ㉢, ㉣
③ ㉠, ㉡, ㉣
④ ㉠, ㉢, ㉣
⑤ ㉡, ㉢, ㉣

UNIT 07 사회복지실천 기록

정답과 해설 191쪽

시험 실시간 차트

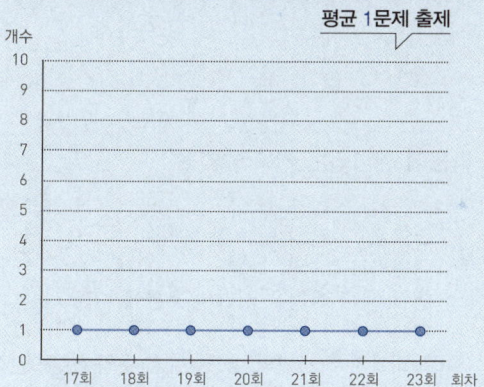

실시간 출제 키워드
▲ 사회복지실천 기록의 종류

워밍업 문제 사회복지실천 기록의 개념 및 종류

기록 유형별 장단점에 관한 설명으로 옳지 않은 것은?

① 과정기록 – 사회복지사와 클라이언트 사이의 활동을 개념화·조직화함으로써 사례에 대한 개입 기술을 향상시키는 데 도움이 된다.
② 문제중심기록 – 문제의 목록화와 진행을 중심으로 기록하는데, 서비스 전달의 복잡성을 간과하는 경향이 있다.
③ 이야기체기록 – 초점을 명확히 기술함으로써 체계적이고 전형적인 정보를 구축하는 데 유용하며 정보 복구가 용이하다.
④ 복지정보시스템을 이용한 기록 – 실천 과정에 따라 정해진 양식에 내용을 입력함으로써 정보 검색이 용이하고 관련 정보를 보다 수월하게 조회할 수 있다.
⑤ 시계열기록 – 사회복지실천 개입 전, 개입 중, 서비스 종결 후까지 클라이언트 상황을 파악·기록하여 서비스 목적이 달성되었는지를 보여 준다.

해설 이야기체기록은 사회복지사가 중요하다고 생각하는 내용을 선택하고 조직화하여 포괄적으로 기록할 수 있다. 하지만 초점이 모호할 수 있으며, 구성이 자유롭기 때문에 원하는 정보를 찾아내기 어렵다는 단점이 있다. **답** ③

최신 163 클라이언트의 개인정보 보호를 위한 기록 방법으로 옳지 않은 것은? 23회

① 정확한 정보를 기록하고, 부정확한 것으로 확인되면 삭제나 수정할 수 있다.
② 서비스 신청에 필요하더라도 민감한 사적 정보는 제외한다.
③ 개인정보가 담긴 사례기록을 방치하는 것은 위법 행위이다.
④ 클라이언트의 사생활이나 비밀스러운 내용은 일반적인 용어로 바꾸어 기록한다.
⑤ 전산화된 기록에 대한 접근 권한을 제한하기 위해 암호화한다.

164 다음을 문제중심기록의 'S-O-A-P' 순서대로 배치한 것은? 17회

> ㉠ 질문에만 겨우 답하고 눈물을 보이며 시선을 제대로 마주치지 못함.
> ㉡ "저는 이 문제를 해결할 수 없어요. 저를 도와줄 사람도 없고요."
> ㉢ 우울증 검사와 욕구에 따른 인적, 물적 자원 연결이 필요함.
> ㉣ 자기효능감이 저하된 상태로 지지체계가 빈약함.

① ㉠ - ㉡ - ㉢ - ㉣
② ㉠ - ㉣ - ㉡ - ㉢
③ ㉡ - ㉠ - ㉢ - ㉣
④ ㉡ - ㉠ - ㉣ - ㉢
⑤ ㉡ - ㉣ - ㉠ - ㉢

165 문제중심기록의 특성으로 옳지 않은 것은? 18회

① 현상의 복잡성을 단순화시키고 부분화를 강조하는 단점이 있다.
② 문제유형의 파악이 용이하며 책무성이 명확해진다.
③ 클라이언트의 주관적 진술과 사회복지사의 관찰과 같은 객관적 자료를 구분한다.
④ 클라이언트의 문제상황을 진단하고 개입계획을 제외한 문제의 목록을 작성한다.
⑤ 슈퍼바이저, 조사연구자, 외부자문가 등이 함께 검토하는 데 용이하다.

166 다음 설명에 해당하는 기록 방법은? 20회

> • 날짜와 클라이언트의 기본사항을 기입하고 개입 내용과 변화를 간단히 기록함.
> • 시간 흐름에 따라 변화된 상황, 개입 활동, 주요 정보 등의 요점을 기록함.

① 과정기록
② 요약기록
③ 이야기체기록
④ 문제중심기록
⑤ 최소기본기록

167 다음에 해당되는 기록 방법은? 21회

> • 교육과 훈련의 중요한 수단이며, 자문의 근거자료로 유용
> • 면담 전개 과정을 시간의 흐름에 따라 기술하는 방식
> • 사회복지사 자신의 행동분석을 통해 사례에 대한 개입능력 향상에 도움

① 과정기록
② 문제중심기록
③ 이야기체기록
④ 정보시스템을 이용한 기록
⑤ 요약기록

| 워밍업 문제 | 사회복지실천 기록의 목적 |

사회복지실천에서 기록이 갖는 유용성과 관련하여 가장 거리가 먼 것은?

① 서비스의 연속성을 도모할 수 있다.
② 클라이언트의 존엄성을 보장할 수 있다.
③ 실천의 주요 과정들을 검토할 수 있다.
④ 클라이언트의 욕구를 확인할 수 있다.
⑤ 실습생을 위한 교육 자료로 활용할 수 있다.

해설 클라이언트의 존엄성을 보장하는 것은 사회복지실천에서 기록이 갖는 유용성과 큰 관련이 없다. 답 ②

168 기록의 목적과 용도에 관한 설명으로 옳은 것을 모두 고른 것은? 19회

> ㉠ 사회복지사의 전문적 활동을 입증하는 자료로 활용한다.
> ㉡ 기관 내에서만 활용하고 다른 전문직과는 공유하지 않는다.
> ㉢ 기관의 프로그램 수행 자료로 보고하며 기금을 조성하는 근거로 활용한다.
> ㉣ 클라이언트와 정보를 공유하고 의사소통하는 도구로 활용한다.

① ㉢
② ㉠, ㉣
③ ㉠, ㉢, ㉣
④ ㉡, ㉢, ㉣
⑤ ㉠, ㉡, ㉢, ㉣

169 사회복지실천 과정의 개입단계 기록에 포함될 내용으로 옳지 않은 것은? 22회

① 클라이언트와의 활동
② 개입과정의 진전 상황
③ 클라이언트의 문제에 관한 추가 정보
④ 클라이언트에게 제공한 자원들
⑤ 클라이언트에 관한 사후지도 결과

UNIT 08 사회복지실천 평가

정답과 해설 192쪽

시험 실시간 차트

평균 0.9문제 출제

실시간 출제 키워드
▲ 단일사례설계의 유형

워밍업 문제 — 사회복지실천 평가 및 기법

단일사례설계에 관한 설명으로 옳은 것을 모두 고른 것은?

㉠ 개입 과정의 변화 정보를 제공한다.
㉡ 주로 하나의 클라이언트체계 변화를 측정한다.
㉢ 기초선은 안정화될 때까지 반복적으로 측정해야 한다.
㉣ 둘 이상의 문제에 대해 개입할 때 다중기초선 설계를 활용한다.

① ㉠, ㉡, ㉢   ② ㉠, ㉢
③ ㉡, ㉣   ④ ㉣
⑤ ㉠, ㉡, ㉢, ㉣

해설 ㉠, ㉡, ㉢, ㉣ 모두 단일사례설계에 관한 설명이다. 단일사례설계는 개입의 효과를 과학적으로 입증하는 조사설계 방법으로, 개입 과정의 변화 정보를 제공하며 주로 하나의 클라이언트체계 변화를 측정한다. 기초선은 안정화될 때까지 반복적으로 측정해야 하며, 둘 이상의 문제에 대해 개입할 때는 다중기초선설계(복수기초선설계)를 활용한다.   **답** ⑤

최신 170 단일사례설계에 관한 설명으로 옳지 <u>않은</u> 것은?

23회

① 동시에 여러 문제의 변화를 측정하는 것이 불가능하다.
② 개입의 효과성을 파악하기 위해 반복측정을 한다.
③ 기초선 자료수집은 개입 이전이나 이후에도 가능하다.
④ 개입과정에서 개입의 강도나 방식을 바꿀 수 있다.
⑤ 조사대상은 개인뿐 아니라 가족, 집단, 기관도 가능하다.

171 다음 〈사례〉에 해당되는 단일사례설계 평가 유형은? 17회

> 대인관계 문제로 어려움을 겪던 재훈이와 수지는 사회성 측정 후 사회기술훈련에 의뢰되었다. 재훈이는 곧바로 사회기술훈련을 시작하여 사회성의 변화추이를 측정해 오고 있으며, 수지는 3주간 시간차를 두고 사회기술훈련을 시작하면서 변화추이를 관찰하였다.

① AB설계
② ABAB설계
③ BAB설계
④ 다중(복수)기초선설계
⑤ 다중(복수)요소설계

172 다음 〈사례〉에 해당하는 단일사례설계의 유형은? 18회

> 노인복지관 사회복지사가 어르신들의 우울감 개선 프로그램을 계획하였다. 프로그램 시작 전에 참여하는 어르신들의 심리검사를 행하였고, 2주간의 정서지원 프로그램 실시 후 변화를 측정하였다. 1주일 후에는 같은 어르신들을 대상으로 2주간의 명상 프로그램을 진행하여 우울감을 개선하고자 한다.

① AB   ② BAB
③ ABA   ④ ABAB
⑤ ABAC

173 다음 〈사례〉에 해당되는 단일사례설계의 유형은? 20회

> 독거노인의 우울감 해소를 위해 5주간의 전화상담(주 1회)에 이어 5주간의 집단활동(주 1회)를 진행했다. 참가자 5명을 대상으로 프로그램 시작 3주 전부터 매주 1회 우울증검사를 실시했고, 프로그램 시작 전, 5주 후, 10주 후에 삶의 만족도를 조사했다.

① AB설계   ② ABC설계
③ ABAB설계   ④ ABAC설계
⑤ 다중(복수)기초선설계

174 다음에 해당하는 단일사례설계의 유형은? 21회

> 친구를 사귀는 데 어려움을 갖고 있는 여름이와 겨울이는 사회복지기관을 찾아가 대인관계 향상 프로그램에 참여하게 되었다. 먼저 두 사람은 대인관계 수준을 측정하였으며, 여름이는 곧바로 대인관계 훈련을 시작하여 변화 정도를 측정하고 있다. 3주간 시간차를 두고 겨울이의 대인관계 훈련을 시작하고 그 변화를 관찰하였다.

① AB   ② BAB
③ ABC   ④ ABAB
⑤ 다중기초선설계

175 다음에 해당하는 단일사례설계유형에 관한 설명으로 옳지 않은 것은? 22회

> 김 모 씨는 대인관계에 어려움이 있어서 지역사회복지관에서 실시하는 사회기술훈련프로그램에 참여하였다. 개입 전 4주간(주 2회) 조사를 실시하고 4주간(주 2회) 개입의 변화를 기록한 후 개입을 멈추고 다시 4주간(주 2회)의 변화를 기록하였다.

① 기초선을 두 번 설정한다.
② 통제집단을 활용한다.
③ 개입효과성에 대한 파악이 가능하다.
④ 표본이 하나다.
⑤ 조사기간이 길어진다.

CHAPTER

5

지역사회
복지론

7개년 출제 리포트

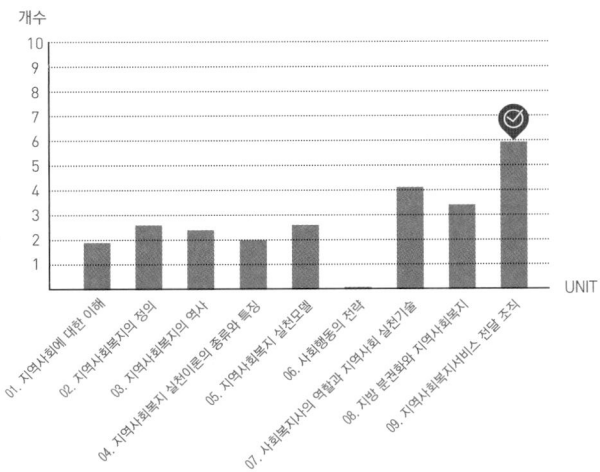

01. 지역사회에 대한 이해
02. 지역사회복지의 정의
03. 지역사회복지의 역사
04. 지역사회복지 실천이론의 종류와 특징
05. 지역사회복지 실천모델
06. 사회행동의 전략
07. 사회복지사의 역할과 지역사회 실천기술
08. 지방 분권화와 지역사회복지
09. 지역사회복지서비스 전달 조직

WHAT TO STUDY

1. 지역사회복지 실천을 둘러싼 이론이 주로 출제된다.
2. 실천 개념을 위주로 학습하되, 한국의 지역사회복지 역사도 놓치지 말아야 한다.
3. 해마다 난이도 차이가 있으므로 어렵게 출제될 경우를 대비해 탄탄하게 학습하자.

UNIT 01

지역사회에 대한 이해

정답과 해설 193쪽

시험 실시간 차트

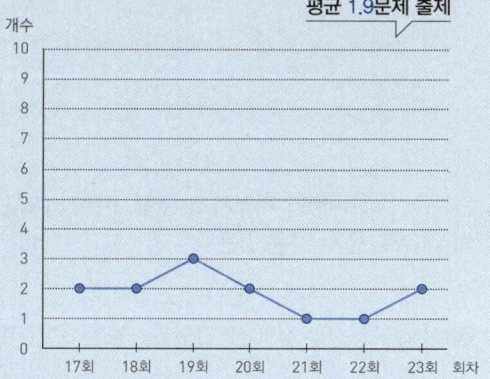

평균 1.9문제 출제

실시간 출제 키워드
▲ 학자별 지역사회의 개념
▲ 지역사회의 기능
▲ 지역사회를 보는 관점

워밍업 문제 지역사회의 개념과 구분

지역사회에 관한 설명으로 옳지 <u>않은</u> 것은?
① 지역사회의 개념에는 지리적 의미와 기능적 의미가 포함되어 있다.
② 산업사회 이후 공동사회(gemeinschaft)가 발전되어 왔다.
③ 정보통신 기술의 발달로 가상 공동체가 부상하였다.
④ 이익사회(gesellschaft)에서 개인들 간의 상호작용은 계약에 기초한다.
⑤ 지역사회는 사회적 동질성에 의해 형성될 수 있다.

해설 산업사회 이후 이익사회가 발전되어 왔다. 퇴니스는 '공동사회의 연합체 → 공동사회의 협의체 → 이익사회의 협의체 → 이익사회의 연합체' 순으로 서구의 지역사회가 발전하였다고 주장하였다.   **답** ②

최신▶ 001 던햄(A. Dunham)의 지역사회유형에 따른 예시로 옳은 것을 모두 고른 것은?   23회

> ㉠ 인구 크기 – 대도시, 중·소도시
> ㉡ 인구구성의 사회적 특수성 – 외국인촌, 저소득층 지역
> ㉢ 경제적 기반 – 농촌, 어촌, 광산촌
> ㉣ 행정구역 – 특별시, 광역시·도, 시·군·구, 읍·면·동

① ㉠, ㉡
② ㉠, ㉢
③ ㉡, ㉣
④ ㉠, ㉢, ㉣
⑤ ㉠, ㉡, ㉢, ㉣

002 힐러리(G. A. Hillery)가 제시한 지역사회의 기본 요소로 옳게 묶인 것은? 17회

① 지역주민, 사회계층, 전통적 가치체계
② 사회적 상호작용, 공동의 유대감, 지리적 영역의 공유
③ 경제, 종교, 교육, 보건과 사회복지
④ 역사적 유산의 공유, 지역 거주, 공동생활 양식
⑤ 사회적 유사성, 공동체 의식, 전통과 관습

003 지역사회의 역량을 향상시키는 요소로 옳은 것을 모두 고른 것은? 17회

> ㄱ. 다양성 존중과 사회가치의 공유
> ㄴ. 하위집단의 집합적인 동질성 강조
> ㄷ. 구성원의 자율성 유지와 공동 이익의 극대화
> ㄹ. 법적 테두리 내에서 공동선의 추구와 조정

① ㄱ, ㄴ
② ㄱ, ㄹ
③ ㄴ, ㄷ
④ ㄱ, ㄷ, ㄹ
⑤ ㄴ, ㄷ, ㄹ

004 지역사회에 관한 설명으로 옳지 않은 것은? 18회

① 지역사회에 대한 정의나 구분은 학자에 따라 매우 다양하다.
② 현대의 지역사회는 지리적 개념을 넘어 기능적 개념까지 포괄하는 추세이다.
③ 지역사회를 상호의존적인 집단들의 결합체로도 볼 수 있다.
④ 펠린(P. F. Fellin)은 역량있는 지역사회를 바람직한 지역사회로 보았다.
⑤ 로스(M. G. Ross)는 지역사회의 기능을 사회통제, 사회통합 등 다섯 가지로 구분하였다.

005 지역사회복지에 관한 내용으로 옳은 것은? 18회

① UN 지역사회개발 원칙은 정부의 적극적 지원을 받는 것이 아니라 민간 자원동원을 강조하였다.
② 던햄(A. Dunham)은 사회복지기관은 조직 운영과 실천을 민주적으로 해야 한다고 하였다.
③ 로스(M. G. Ross)는 추진회 활동 초기에는 소수집단을 위한 사업부터 전개하는 것이 좋다고 하였다.
④ 맥닐(C. F. McNeil)은 지역사회도 자기결정의 권리가 있어 자발적인 사업추진은 거부해야 한다고 하였다.
⑤ 워렌(R. L. Warren)은 지역사회조직사업의 주요 목적은 지역사회 이익 옹호, 폭넓은 권력 집중이라고 하였다.

006 던햄(A. Dunham)의 지역사회 유형 구분과 예시의 연결로 옳지 않은 것은? 19회

① 인구 크기 – 대도시, 중·소도시 등
② 산업구조 및 경제적 기반 – 농촌, 어촌, 산업단지 등
③ 연대성 수준 – 기계적 연대 지역, 유기적 연대 지역 등
④ 행정구역 – 특별시, 광역시·도, 시·군·구 등
⑤ 인구 구성의 사회적 특수성 – 쪽방촌, 외국인 밀집지역 등

워밍업 문제 — 지역사회의 기능

기능주의적 관점에 관한 설명으로 옳지 않은 것은?

① 사회는 성원들 간의 가치와 재화가 협동에 의해 합의된 조직적이며 안정적인 통합된 체계이다.
② 갈등을 사회악으로 보고, 사회의 통합과 발전을 위해서 분열적 요소를 제거하고 그에 적응하도록 하는 것이 사회복지의 가장 중요한 문제라고 본다.
③ 사회조건이 체계의 기능을 파괴, 위협하는 것을 문제시하지 않고 긍정적으로 본다.
④ 사회사업의 전통적 방법이나 심리 요법이 여기에 속한다.
⑤ 사회의 기능을 제한적으로 확대시키거나 안정을 위한 구조적 적응을 그 핵심으로 한다.

해설 ③ 갈등주의적 관점에 관한 설명이다. **답** ③

---

008 기능적 공동체에 관한 설명으로 옳은 것을 모두 고른 것은? _{19회}

> ㉠ 멤버십(membership) 공동체 개념을 말한다.
> ㉡ 외국인 근로자 공동체의 사례가 포함된다.
> ㉢ 가상 공동체인 온라인 커뮤니티도 포함된다.
> ㉣ 사회문화적 동질성이 기반이 된다.

① ㉠
② ㉡, ㉣
③ ㉢, ㉣
④ ㉠, ㉡, ㉢
⑤ ㉠, ㉡, ㉢, ㉣

---

009 사회적 자본에 관한 설명으로 옳지 않은 것은? _{19회}

① 지역사회 문제 해결 능력과는 무관하다.
② 네트워크는 사회적 자본의 전제가 된다.
③ 지역사회의 집합적 자산으로서 의미를 가진다.
④ 한 번 형성된 후에도 소멸될 수 있다.
⑤ 신뢰는 공동체의 문제를 해결할 수 있는 자원이다.

최신 007 다음에서 설명하는 길버트와 스펙트(N. Gilbert & H. Specht)의 지역사회 기능은? _{23회}

> 지역사회가 공유하는 지식, 사회적 가치, 행동양식을 지역사회 구성원들에게 전달하는 것

① 상부상조 기능
② 생산·분배·소비 기능
③ 사회화 기능
④ 사회통합 기능
⑤ 사회통제 기능

---

010 다음은 워렌(R. Warren)이 제시한 지역사회 비교 척도 중 어느 것에 해당하는가? _{20회}

> 지역사회 내 상이한 단위조직들 간의 구조적·기능적 관련 정도

① 지역적 자치성
② 서비스 영역의 일치성
③ 수평적 유형
④ 심리적 동일성
⑤ 시민통제

UNIT 02 지역사회복지의 정의

정답과 해설 195쪽

011 길버트 스펙트(N. Gilbert & H. Specht)가 제시한 지역사회의 기능으로 옳은 것은? 20회

- (㉠) 기능: 지역주민들이 필요한 재화와 서비스를 어느 정도 제공받을 수 있느냐를 결정하는 것
- (㉡) 기능: 구성원들이 사회의 규범에 순응하게 하는 것

① ㉠: 생산·분배·소비, ㉡: 사회통제
② ㉠: 사회통합, ㉡: 상부상조
③ ㉠: 사회통제, ㉡: 사회통합
④ ㉠: 생산·분배·소비, ㉡: 상부상조
⑤ ㉠: 상부상조, ㉡: 생산·분배·소비

012 다음은 길버트와 스펙트(N. Gilbert & H. Specht)의 지역사회 기능 중 무엇에 해당되는가? 21회

구성원들이 지역사회의 다양한 사회적 규범을 준수하고 순응하게 하는 것

① 생산·분배·소비 기능
② 의사소통 기능
③ 사회치료 기능
④ 상부상조 기능
⑤ 사회통제 기능

013 길버트와 스펙트(N. Gilbert & H. Specht, 1974)가 제시한 지역사회의 기능은? 22회

사회적 위험으로부터 어려움에 직면하게 되었을 때 구성원들 간에 서로 돕는 것

① 생산·분배·소비의 기능
② 사회화의 기능
③ 상부상조의 기능
④ 사회통합의 기능
⑤ 사회통제의 기능

시험 실시간 차트

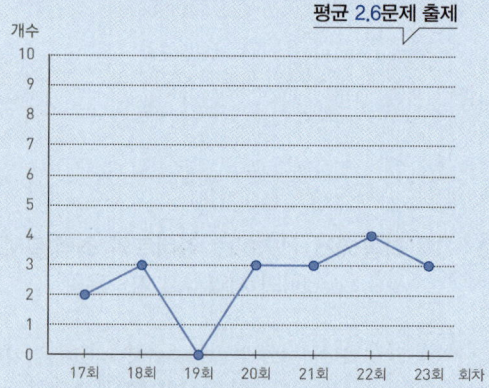

평균 2.6문제 출제

실시간 출제 키워드
▲ 지역사회복지 실천의 가치
▲ 지역사회복지 이념
▲ 지역사회복지 네트워크

워밍업 문제 — 지역사회복지의 이념과 특성

지역사회복지 이념에 관한 설명으로 옳지 않은 것은?

① 뒤르켐(E. Durkheim)은 사회통합에 대해 기계적 연대와 유기적 연대를 제시하였다.
② 사회적 연대는 사회적 자원의 분배를 가능하게 한다.
③ 가족주의에 따르면 사회복지서비스는 가족적 형태의 보호와 가장 근접하게 제공되어야 한다.
④ 가족주의에서 비가족적인 형태는 비정상적인 것으로 간주된다.
⑤ 국가주의는 가족주의에 비해 자율성을 강조한다.

[해설] 가족주의는 국가주의에 비해 개인의 자율성을 강조한다. 국가주의는 모든 국민에 대한 사회적 책임을 강조한다.

답 ⑤

---

015 다음의 설명에 해당하는 지역사회복지 이념은?
21회

- 개인의 자유와 권리 증진의 순기능이 있다.
- 의견수렴 과정을 통해 합리적 의사결정을 할 수 있다.
- 지역주민의 공동체의식을 강화한다.

① 정상화　　② 주민참여
③ 네트워크　　④ 전문화
⑤ 탈시설화

워밍업 문제 — 지역사회복지 실천의 가치와 원칙

지역사회복지 실천이 사회통합 가치에 따라 추구하는 방향을 모두 고른 것은?

㉠ 지역사회 역량 강화
㉡ 연계망 구축
㉢ 문화적 다양성 이해
㉣ 생활시설의 확충

① ㉠, ㉡, ㉢　　② ㉠, ㉢
③ ㉡, ㉣　　　 ④ ㉣
⑤ ㉠, ㉡, ㉢, ㉣

[해설] ㉣ 생활시설의 확충은 시설보호를 의미한다. 지역사회복지의 실천 방향은 사회통합 가치에 따라 재가복지를 강화하는 것이 바람직하다.

답 ①

최신 014 다음에서 설명하는 지역사회복지 이념은?
23회

- 지역주민은 지역사회복지의 이용자인 동시에 제공자라는 관점을 강조한다.
- 지역주민의 욕구 및 문제를 해결하기 위한 주민의 주체성에 초점을 둔다.

① 전문화　　② 정상화
③ 탈시설화　　④ 주민참여
⑤ 사회통합

---

016 지역사회복지 실천의 원칙으로 옳지 않은 것은?
17회

① 지역주민 간의 협력관계 구축
② 지역사회 구성원 중심의 목표 형성과 평가
③ 지역사회의 특성과 문제의 일반화
④ 사회문제의 구조적 요인을 반영한 개입 방안 마련
⑤ 지역사회 변화에 초점을 둔 단계적 개입

017 지역사회복지 실천 가치에 관한 설명으로 옳지 않은 것은? 18회

① 상호학습이 없으면 비판적 의식은 제한적으로 생성됨.
② 억압을 조장하는 사회구조 및 의사결정 과정을 주시하고 이해함.
③ 억압적이고 정의롭지 못한 사회현실 개혁을 위한 끊임없는 노력이 필요함.
④ 실천가가 주목해야 할 역량강화는 불리한 조건에 처한 주민들의 능력 고취임.
⑤ 다양한 문화에 대한 이해를 바탕으로 특수 문화가 있는 지역에서 일어나는 억압은 인정됨.

018 지역사회복지 실천의 원칙으로 옳지 않은 것은? 20회

① 지역사회 특성과 문제의 일반화
② 지역주민 간의 상생 협력화
③ 지역사회 특징을 반영한 실천
④ 지역사회 구성원 관점의 목표 형성
⑤ 지역사회 문제의 구조적 요인을 고려한 개입

019 지역사회복지 실천의 원칙으로 옳지 않은 것은? 21회

① 지역사회 기관 간 협력관계 구축
② 지역사회 특성을 반영한 계획 수립
③ 지역사회 문제 인식의 획일화
④ 욕구 가변성에 따른 실천과정의 변화 이해
⑤ 지역사회 변화에 초점을 둔 개입

020 다음 ( )에 들어갈 내용은? 22회

사회복지사는 자신이 가지고 있는 가치와 신념, 행동과 관습 등이 참여자보다 상위에 있는 전문가라고 생각할 수 있기 때문에 ( )을/를 통하여 참여자들의 문화적 배경에 대해 배우고자 하는 자세가 필요하다.

① 상호학습
② 의사통제
③ 우월의식
④ 지역의 자치성
⑤ 서비스 영역의 일치성

021 지역사회복지 실천 원칙으로 옳은 것을 모두 고른 것은? 22회

㉠ 지역사회 욕구 변화에 따른 유연한 대응
㉡ 지역사회 주민을 중심으로 개입 목표 설정과 평가
㉢ 지역사회 특성의 일반화
㉣ 지역사회의 자기결정권 강조

① ㉠, ㉡
② ㉢, ㉣
③ ㉠, ㉡, ㉢
④ ㉠, ㉡, ㉣
⑤ ㉠, ㉡, ㉢, ㉣

> **워밍업 문제** **지역사회복지 실천의 과정**
>
> 지역사회복지 실천과정에서 가장 나중에 수행해야 하는 것은?
>
> ① 자원 동원
> ② 욕구 사정
> ③ 목표 설정
> ④ 성과 측정
> ⑤ 실천 계획 수립 및 홍보
>
> **해설** 지역사회복지 실천과정은 '문제 확인 → 욕구 사정 → 목표 설정 → 실천 계획 수립 및 홍보 → 자원 동원 → 평가(성과 측정)'의 과정으로 이루어진다. '성과 측정'은 평가 시 이루어지므로 가장 나중에 수행한다. **답** ④

022 지역사회복지 실천과정에 관한 설명으로 옳지 않은 것은? 23회

① 지역사회문제 해결과정으로 볼 수 있다.
② 지역사회 사정은 지역사회의 욕구와 자원을 파악하는 단계이다.
③ 지역사회 문제나 욕구는 지역사회 상황에 따라 다양한 형태로 나타날 수 있다.
④ 자원동원, 재정집행, 네트워크는 실행단계에서 수행된다.
⑤ 총괄평가는 수행과정 중에 실시되어 실천과정의 문제점을 수정하는데 유용하다.

023 다음에서 설명하는 지역사회 욕구사정 방법에 관한 설명으로 옳은 것을 모두 고른 것은? 23회

┌─────────────────────────────────────┐
│ ㉠ 서베이 – 지역주민으로부터 설문조사를 통해 │
│   직접적으로 자료를 수집하는 방법   │
│ ㉡ 초점집단기법 – 전문가 패널을 대상으로   │
│   반복된 설문을 통해 합의에 이를 때까지 의 │
│   견을 수렴하는 방법   │
│ ㉢ 사회지표분석 – 정부기관이나 사회복지관련   │
│   조직에 의해 수집된 기존 자료를 활용하는   │
│   방법   │
│ ㉣ 명목집단기법 – 지역사회 내 다양한 의견   │
│   을 수렴하여 욕구의 우선순위를 결정하는   │
│   방법   │
└─────────────────────────────────────┘

① ㉠, ㉢   ② ㉠, ㉣
③ ㉠, ㉡, ㉢   ④ ㉠, ㉢, ㉣
⑤ ㉡, ㉢, ㉣

024 지역사회복지 실천과정에 관한 설명으로 옳지 않은 것은? 17회

① 지역사회 문제 해결 과정으로 볼 수 있다.
② 문제 발견은 다양한 정보 수집과 자료 수집 과정을 통해 이루어진다.
③ 문제를 어떻게 개념화하느냐에 따라 해결방안과 실천전략이 달라진다.
④ 총괄평가는 프로그램 수행 과정 중에 실시되어 프로그램의 문제점을 관찰·수정하는 데 유용하다.
⑤ 정책목표를 수립할 때 실현가능성을 고려할 필요가 있다.

025 지역사회복지 실천단계와 활동의 연결로 옳지 않은 것은? 18회

① 지역사회 욕구조사단계 – 초점집단면접(FGI) 진행
② 목적·목표 설정단계 – 스마트(SMART) 기법 활용
③ 실행 계획단계 – 프로젝트 활용
④ 자원 계획단계 – 실행예산 수립
⑤ 평가단계 – 저항과 갈등 관리

026 다음에서 설명하는 사회복지사의 활동 방법은? 18회

┌─────────────────────────────────────┐
│ • 업무 설계 기재   │
│ • 구체적인 실행 방법 명시   │
│ • 개별 사회복지기관이 다룰 수 있는 영역과   │
│   범위 안에 있는 이슈를 해결하기 위함.   │
└─────────────────────────────────────┘

① 사회지표 분석
② 프로그램 기획
③ 커뮤니티 프로파일링(community profiling)
④ 지역사회 지도 그리기
⑤ 청원

027 다음의 설명에 해당하는 지역사회복지 실천단계는? 20회

- 이슈의 개념화
- 이슈와 관련된 다양한 가치관 고려
- 이슈와 관련된 이론과 자료 분석

① 문제확인단계
② 자원동원단계
③ 실행단계
④ 모니터링단계
⑤ 평가단계

028 지역사회복지 실천의 '실행단계'에 해당하지 않는 것은? 20회

① 재정자원 집행
② 참여자 간의 갈등 관리
③ 클라이언트의 적응 촉진
④ 실천계획의 목표 설정
⑤ 협력과 조정을 위한 네트워크 구축

029 지역사회복지 실천과정에서 다음 과업이 수행되는 단계는? 21회

- 재정자원의 집행
- 추진인력의 확보 및 활용
- 협력과 조정을 위한 네트워크 구축

① 문제발견 및 분석단계
② 사정 및 욕구 파악단계
③ 계획단계
④ 실행단계
⑤ 점검 및 평가단계

030 지역사회 사정에 해당하지 않은 것은? 22회

① 지역사회의 욕구를 파악한다.
② 협력·조정을 위한 네트워크를 구축한다.
③ 지역 공청회를 통해 주민 의견을 수렴한다.
④ 명목집단 등을 활용한 욕구의 우선순위를 결정할 수 있다.
⑤ 서베이, 델파이 기법 등을 활용하여 자료를 수집한다.

031 지역사회복지 실천과정의 순서로 옳은 것은? 22회

㉠ 지역사회 사정
㉡ 실행
㉢ 성과평가
㉣ 실행계획 수립

① ㉠ → ㉡ → ㉢ → ㉣
② ㉠ → ㉣ → ㉡ → ㉢
③ ㉣ → ㉠ → ㉡ → ㉢
④ ㉣ → ㉠ → ㉢ → ㉡
⑤ ㉣ → ㉡ → ㉢ → ㉠

UNIT 03

지역사회복지의 역사

정답과 해설 198쪽

워밍업 문제

영국과 미국의 지역사회복지 역사

미국의 지역사회복지 역사에 관한 설명으로 옳은 것은?

① 1960년대 시봄(Seebohm) 보고서 이후, 지역사회 보호가 주류를 이루었다.
② 레이거노믹스 이후 복지예산 삭감에 대한 압력이 줄어들었다.
③ 미국의 지역공동모금회와 사회복지기관협의회의 조직 시기는 세계 대공황 이후이다.
④ 지역사회 조직사업은 1960년대 도입되어 사회사업 전문분야의 위치를 확고히 하였다.
⑤ 미국의 COS는 인보관 운동보다 15년 뒤에 시작되었다.

해설 ① 영국의 지역사회복지 역사에 관한 설명이다.
② 레이거노믹스 이후 복지예산 삭감에 대한 압력이 증가하였다.
③ 미국의 지역공동모금회와 사회복지기관협의회의 조직 시기는 1918~1928년이며, 세계 대공황은 그 이후인 1929년에 발생했다.
⑤ 미국의 COS(자선조직협회)는 1877년에 시작되었고, 인보관 운동은 1886년에 근린길드가 최초로 시작하였다. **답** ④

시험 실시간 차트

평균 2.4문제 출제

실시간 출제 키워드
▲ 영국 지역사회복지의 역사
▲ 한국 지역사회복지의 역사

최신 032 영국의 지역사회복지 역사에 영향을 준 사건을 과거부터 시대순으로 옳게 나열한 것은?

23회

> ㉠ 토인비 홀(Toynbee Hall) 설립
> ㉡ 시봄(Seebohm) 보고서
> ㉢ 정신보건법(Mental Health Act) 제정
> ㉣ 바클레이(Barclay) 보고서
> ㉤ 하버트(Harbert) 보고서

① ㉠ - ㉡ - ㉣ - ㉤ - ㉢
② ㉠ - ㉢ - ㉡ - ㉤ - ㉣
③ ㉠ - ㉢ - ㉣ - ㉤ - ㉡
④ ㉡ - ㉢ - ㉤ - ㉣ - ㉠
⑤ ㉢ - ㉠ - ㉤ - ㉣ - ㉡

033 영국 지역사회복지의 발달에 영향을 미친 주요 사건을 순서대로 나열한 것은? 17회

> ㉠ 토인비 홀(Toynbee Hall) 설립
> ㉡ 정신보건법(Mental Health Act) 제정
> ㉢ 그리피스(Griffiths) 보고서
> ㉣ 하버트(Harbert) 보고서
> ㉤ 시봄(Seebohm) 보고서

① ㉠ - ㉡ - ㉢ - ㉤ - ㉣
② ㉠ - ㉡ - ㉤ - ㉣ - ㉢
③ ㉠ - ㉤ - ㉣ - ㉡ - ㉢
④ ㉡ - ㉠ - ㉤ - ㉣ - ㉢
⑤ ㉡ - ㉢ - ㉤ - ㉣ - ㉠

034 영국의 지역사회복지 역사에 관한 설명으로 옳은 것은? 19회

① 헐 하우스(Hull house)는 빈민들의 도덕성 향상을 위해 노력하였다.
② 우애방문단은 기존 사회질서를 비판하고 개혁을 주장하였다.
③ 인보관 이념은 우애방문단 활동의 기반이 되었다.
④ 1960년대 존슨 행정부는 '빈곤과의 전쟁'을 선포하고 다양한 지역사회 개혁을 단행하였다.
⑤ 1980년대 그리피스(E. Griffiths) 보고서는 복지 주체의 다원화에 영향을 미쳤다.

035 영국의 지역사회복지 역사에 관한 설명으로 옳지 않은 것은? 20회

① 시설보호로부터 지역사회보호로 전환이 이루어졌다.
② 자선조직협회는 사회진화론의 영향을 받았다.
③ 지역사회보호가 강조되면서 민간서비스, 비공식서비스의 역할은 점차 감소하였다.
④ 1959년 정신보건법(mental health act) 제정으로 지역사회보호가 법률적으로 규정되었다.
⑤ 그리피스 보고서(Griffiths report)에서 지역사회보호의 권한과 재정을 지방정부로 이양할 것을 권고하였다.

036 영국의 지역사회복지 역사에 관한 설명으로 옳지 않은 것은? 21회

① 중복구호 방지를 위해 자선조직협회가 설립되었다.
② 1884년에 토인비홀(Toynbee Hall)이 설립되었다.
③ 정신보건법 제정에 따라 지역사회보호가 법률적으로 규정되었다.
④ 하버트(Harbert) 보고서는 헐하우스(Hull House) 건립의 기초가 되었다.
⑤ 그리피스(Griffiths) 보고서는 지역사회보호의 일차적 책임주체가 지방정부임을 강조하였다.

037 다음이 설명하는 것은? 22회

> 1950년대 영국의 정신장애인과 지적장애인 시설수용보호에 대한 문제제기로 등장하였으며, 지역사회복지의 가치인 정상화(normalization)와 관련이 있다.

① 지역사회보호
② 지역사회 사회·경제적 개발
③ 자원개발
④ 정치·사회행동
⑤ 주민조직

038 영국의 지역사회복지 역사에 해당하지 않는 것은? 22회

① 자선조직협회(COS)는 사회진화론에 영향을 받았다.
② 토인비홀은 사무엘 바네트(S. Barnett) 목사가 설립한 인보관이다.
③ 헐하우스는 제인 아담스(J. Adams)에 의해 설립되었다.
④ 시봄(Seebohm)보고서는 사회서비스의 협력과 통합을 제안하였다.
⑤ 그리피스(Griffiths)보고서는 지방정부의 책임을 강조하였다.

워밍업 문제 한국의 지역사회복지 역사

2000년대 이후에 이루어진 지역사회복지의 변화 내용으로 옳은 것을 모두 고른 것은?

> ㉠ 지역사회복지협의체 시행
> ㉡ 사회복지사무소 시범사업 실시
> ㉢ 지역아동센터 법제화
> ㉣ 사회복지시설 평가제도 법제화

① ㉠, ㉡, ㉢   ② ㉠, ㉢
③ ㉡, ㉣   ④ ㉣
⑤ ㉠, ㉡, ㉢, ㉣

해설 ㉠, ㉡, ㉢ 지역사회복지협의체 시행(2005), 사회복지사무소 시범사업 실시(2004), 지역아동센터 법제화(2004)
㉣ 사회복지시설 평가제도 법제화(1998)   **답** ①

039 한국의 지역사회복지 역사에 관한 설명으로 옳지 않은 것은? 23회

① 1950년대 - 외국민간원조한국연합회(KAVA) 결성
② 1980년대 - 사회복지관 운영·건립 국고보조사업 지침 마련
③ 1990년대 - 재가복지봉사센터 설치·운영
④ 2010년대 - 읍·면·동 복지허브화사업 실시
⑤ 2020년대 - 시·군·구 희망복지지원단 설치·운영

040 2000년대 이후 한국의 지역사회복지발달에 영향을 미친 주요 사건을 모두 고른 것은? 17회

> ㉠ 지방자치단체의 장 직접 선출
> ㉡ 시·군·구에 희망복지지원단 설치
> ㉢ 영구임대아파트단지 내 사회복지관 건립 의무화
> ㉣ 지역사회서비스투자사업 실시

① ㉠, ㉡   ② ㉡, ㉣
③ ㉢, ㉣   ④ ㉠, ㉡, ㉢
⑤ ㉡, ㉢, ㉣

041 한국 지역사회복지 역사에 관한 설명으로 옳은 것을 모두 고른 것은? 18회

> ㉠ 1970년대: 재가복지서비스 도입
> ㉡ 1990년대: 사회복지공동모금제도 실시
> ㉢ 2000년대: 지역사회복지계획 수립의 법제화

① ㉠   ② ㉠, ㉡
③ ㉠, ㉢   ④ ㉡, ㉢
⑤ ㉠, ㉡, ㉢

042 한국 지역사회복지 역사에 관한 설명으로 옳은 것은? 18회

① 2001년 국민기초생활 보장제도 시행으로 정부의 책임성 강화
② 2007년 협동조합 기본법의 제정으로 자활공동체가 보다 쉽게 협동조합을 결성할 수 있게 됨.
③ 2010년 사회복지통합관리망(행복e음) 구축
④ 2015년 시·군·구 희망복지지원단 운영으로 통합사례관리 시행
⑤ 2018년 주민자치센터를 행정복지센터로 명칭 변경

043 한국의 지역사회복지 역사에 관한 설명으로 옳지 않은 것은? 19회

① 새마을운동은 정부 주도적 지역사회 개발이었다.
② 사회복지관 운영은 지역사회 기반의 복지서비스를 촉진시켰다.
③ 복지 사각지대 발굴의 효과를 제고하고자 읍·면·동 복지허브화를 추진하였다.
④ 시·군·구 지역사회보장협의체는 지역사회복지협의체로 대체되었다.
⑤ 국민기초생활보장제도의 시행은 지역사회 중심의 자활사업을 촉진시켰다.

044 최근 지역사회복지의 변화 과정을 순서대로 옳게 나열한 것은? 19회

㉠ 사회서비스원 시범사업
㉡ 희망복지지원단 운영
㉢ 사회복지통합관리망(행복e음) 구축
㉣ 찾아가는 보건복지서비스

① ㉠-㉡-㉢-㉣
② ㉡-㉢-㉠-㉣
③ ㉡-㉢-㉣-㉠
④ ㉢-㉡-㉣-㉠
⑤ ㉢-㉣-㉡-㉠

045 우리나라 지역사회복지 역사를 과거부터 순서대로 옳게 나열한 것은? 20회

㉠ 영구임대주택단지 내에 사회복지관 건립이 의무화되었다.
㉡ 지역사회복지협의체가 지역사회보장협의체로 명칭이 변경되었다.
㉢ 국민기초생활 보장법 제정으로 공공의 책임성이 강화되었다.

① ㉠-㉡-㉢
② ㉠-㉢-㉡
③ ㉡-㉠-㉢
④ ㉡-㉢-㉠
⑤ ㉢-㉠-㉡

046 한국의 지역사회복지 역사에 관한 설명으로 옳은 것은? 21회

① 1960년대 - 지역자활센터 설치·운영
② 1970년대 - 사회복지관 운영 국고보조금 지원
③ 1980년대 - 희망복지지원단 설치·운영
④ 1990년대 - 재가복지봉사센터 설치·운영
⑤ 2010년대 - 사회복지사무소 시범 설치·운영

047 우리나라의 지역사회복지 역사에 관한 설명으로 옳지 않은 것은? 22회

① 향약은 주민 교화 등을 목적으로 한 지식인 간의 자치적인 협동조직이다.
② 오가통 제도는 일제강점기 최초의 인보제도이다.
③ 메리 놀스(M. Knowles)에 의해 반열방이 설립되었다.
④ 태화여자관은 메리 마이어스(M. D. Myers)에 의해 설립되었다.
⑤ 농촌 새마을운동에서 도시 새마을운동으로 확대되었다.

048 우리나라 지역사회복지 환경 변화의 순서로 옳은 것은? 22회

㉠ 희망복지지원단 설치·운영
㉡ 사회복지통합관리망(행복e음) 구축
㉢ 지역사회통합돌봄(커뮤니티 케어) 선도사업 시행
㉣ '읍·면·동 복지 허브화' 사업 시행

① ㉠-㉡-㉢-㉣
② ㉠-㉡-㉣-㉢
③ ㉡-㉠-㉢-㉣
④ ㉡-㉠-㉣-㉢
⑤ ㉡-㉢-㉠-㉣

UNIT
04

지역사회복지 실천이론의 종류와 특징

정답과 해설 200쪽

시험 실시간 차트

평균 2문제 출제

실시간 출제 키워드
▲ 사회복지실천의 주요 이론
▲ 생태체계이론
▲ 권력의존이론
▲ 갈등이론

워밍업 문제 지역사회복지 실천이론의 종류와 특징

사회교환이론에 관한 설명으로 옳은 것을 모두 고른 것은?

㉠ 교환자원이 고갈되면 지역사회 문제가 발생할 수 있다.
㉡ 교환자원에는 상담, 기부금, 정보, 의미, 힘 등이 포함된다.
㉢ 권력 균형 전략은 경쟁, 재평가, 호혜성, 연합, 강제 등이 있다.
㉣ 사회복지조직은 생존을 위해 외부의 재정적 자원에 의존한다.

① ㉠, ㉡, ㉢   ② ㉠, ㉢
③ ㉡, ㉣   ④ ㉣
⑤ ㉠, ㉡, ㉢, ㉣

해설 ㉣ 사회복지조직이 생존을 위해 외부의 재정적 자원에 의존한다는 것은 권력의존이론에 관한 설명이다. **답** ①

최신 049 다음 사례에 해당하는 지역사회복지이론은?
23회

A 사회복지기관은 지방정부로부터 보조금을 지원 받은 후 지방정부의 요구와 통제를 수용하였다.

① 갈등이론
② 엘리트주의이론
③ 사회체계이론
④ 권력의존이론
⑤ 사회자본이론

050 지역사회복지이론에 관한 설명으로 옳은 것을 모두 고른 것은? 23회

㉠ 사회체계이론 – 지역사회 내 갈등이 변화의 원동력이다.
㉡ 갈등이론 – 자원의 불평등한 분배로 인해 이해관계의 대립이 발생한다.
㉢ 자원동원이론 – 인간행동은 타인이나 사회환경과 상호작용하는 동안에 학습된다.
㉣ 사회자본이론 – 신뢰와 네트워크를 통해 지역사회 문제 해결을 위한 규범 등이 형성된다.

① ㉠, ㉢
② ㉡, ㉣
③ ㉢, ㉣
④ ㉡, ㉢, ㉣
⑤ ㉠, ㉡, ㉢, ㉣

051 다음 설명에 해당하는 지역사회복지 실천이론은? 17회

A 사회복지사는 결혼이주여성들을 지원하는 과정에서 그들의 행동에 영향을 미쳤던 자국의 사회, 경제 및 정치적 구조를 이해하고 그들의 문화적 가치와 규범에 대한 의미를 해석해야 한다.

① 사회연결망이론
② 사회교환이론
③ 사회구성론
④ 권력의존이론
⑤ 갈등이론

052 갈등이론에 관한 설명으로 옳은 것을 모두 고른 것은? 18회

㉠ 갈등현상을 사회적 과정의 본질로 간주한다.
㉡ 사회나 조직을 지배하는 특정 소수집단의 역할이 중요하다.
㉢ 사회관계는 교환적인 활동을 통해 이익이나 보상이 주어질 때 유지된다.
㉣ 사회문제는 사회변화가 아닌 개인의 사회적응을 통해 해결할 수 있다.

① ㉠
② ㉠, ㉡
③ ㉡, ㉢
④ ㉠, ㉡, ㉢
⑤ ㉡, ㉢, ㉣

053 다음 〈사례〉에 해당하는 지역사회복지 실천이론이 올바르게 짝 지어진 것은? 18회

A 사회복지관은 지역의 B 단체로부터 많은 후원금을 지원받았고 단체 회원들의 자원봉사 참여가 많았다. 그러나 최근에는 B 단체의 후원금과 자원봉사자가 감소하여 교육을 통해 주민들의 역량을 강화시켜 복지관 사업에 함께 참여하도록 하고 있다. 또한 다양한 후원기관을 발굴하고자 노력 중이다.

① 사회학습이론, 권력의존이론
② 권력의존이론, 사회구성이론
③ 사회구성이론, 다원주의이론
④ 다원주의이론, 엘리트이론
⑤ 엘리트이론, 사회학습이론

054 지역사회복지 관련 이론과 내용의 연결로 옳은 것은? 19회

① 다원주의이론: 인간과 환경과의 상호작용에 초점을 둔다.
② 구조기능론: 지역사회 내 갈등이 변화의 원동력이다.
③ 사회구성주의이론: 지역사회 문제를 객관적 사실로 인정하지 않고, 특정 집단에 의해 규정된다고 본다.
④ 권력관계이론: 지역사회는 구성 부분들의 조화와 협력으로 발전된다.
⑤ 사회자본이론: 지역사회 내 소수의 엘리트 집단의 권력이 정책을 좌우한다.

055 이론과 주요 개념의 연결이 옳지 않은 것은? 20회

① 사회체계이론 – 체계와 경계
② 생태학적 관점 – 분리(segregation), 경쟁, 침입, 계승
③ 사회자본이론 – 네트워크, 일반화된 호혜성 규범
④ 갈등이론 – 갈등전술, 내부결속
⑤ 사회교환이론 – 자기효능감, 집단효능감

056 이론과 관련 내용의 연결이 옳은 것은? 20회

① 지역사회 상실이론 – 전통사회가 가지고 있는 지역사회의 사회적 기능을 보존할 수 있다.
② 사회구성(주의)이론 – 가치나 규범, 신념, 태도 등은 다양한 문화적 집단에 따라 다르게 구성된다.
③ 자원동원이론 – 자원이 집단행동의 성패에 영향을 미치지 않는다.
④ 다원주의이론 – 집단 간 발생하는 갈등을 활용한다.
⑤ 권력의존이론 – 사회의 주류 이데올로기가 어떻게 만들어지고 있는지에 관심을 갖는다.

057 갈등이론에 관한 설명으로 옳은 것은? 21회

① 이익과 보상으로 사회적 관계가 유지된다.
② 특정집단이 지닌 문화의 의미를 해석한다.
③ 지역사회는 상호의존적인 부분들로 구성되어 있다.
④ 조직구조 개발에 자원동원 과정을 중요하게 여긴다.
⑤ 이해관계의 대립을 불평등한 분배로 설명한다.

058 다음 A 지역의 변화를 분석하기 위한 지역사회복지 실천이론은? 21회

A 지역은 외국인 노동자의 유입으로 특정 국적의 외국인 주거 공동체가 형성되기 시작하면서 주민 간 갈등이 발생하였다.

① 생태학이론
② 사회학습이론
③ 엘리트주의이론
④ 교환이론
⑤ 다원주의이론

059 지역사회복지를 권력의존이론의 관점에서 설명한 것을 모두 고른 것은? 21회

㉠ 장애인 편의시설 설치를 위해 다양한 장애인 단체가 의사결정에 참여하도록 한다.
㉡ 노인복지관은 은퇴 노인의 재능을 활용한 봉사활동을 기획한다.
㉢ 사회복지관은 지방정부로부터 보조금 집행에 대한 지도점검을 받았다.

① ㉠   ② ㉢
③ ㉠, ㉡   ④ ㉠, ㉢
⑤ ㉠, ㉡, ㉢

060 지역사회복지 이론에 관한 설명으로 옳은 것은? 22회

① 교환이론 – 자원의 교환을 통한 지역사회 발전 강조
② 자원동원이론 – 이익집단들 간의 갈등과 타협 강조
③ 다원주의이론 – 소수 엘리트에 의한 지역사회 발전 강조
④ 기능주의이론 – 지역사회 변화의 원동력을 갈등으로 간주
⑤ 사회자본이론 – 지역사회 하위체계의 기능과 역할 강조

061 사회자본이론과 관련된 개념을 모두 고른 것은? 22회

㉠ 신뢰   ㉡ 호혜성
㉢ 경계   ㉣ 네트워크

① ㉠, ㉡   ② ㉢, ㉣
③ ㉠, ㉡, ㉢   ④ ㉠, ㉡, ㉣
⑤ ㉠, ㉡, ㉢, ㉣

062 다음을 설명하고 있는 이론은? 22회

최근 A 지방자치단체와 B 지방자치단체는 중앙정부로부터 각각 100억 원의 복지 예산을 지원받았다. 노인복지단체가 많은 A 지방자치단체는 지역 노인회의 요구로 노인복지 예산 편성 비율이 전체 예산의 50%를 차지하게 되었고, 상대적으로 젊은 층이 많이 거주하고 있는 B 지방자치단체는 노인복지 예산의 편성비율이 20% 수준에 그쳤다.

① 교환이론
② 갈등주의이론
③ 사회체계이론
④ 사회자본이론
⑤ 다원주의이론

UNIT
05
지역사회복지 실천모델

정답과 해설 202쪽

시험 실시간 차트

평균 2.6문제 출제

실시간 출제 키워드
▲ 로스만의 모델 유형
▲ 웨일과 갬블의 모델
▲ 테일러와 로버츠의 모델

합격을 위한 단 한 권

워밍업 문제 지역사회복지 실천모델의 이해와 유형

로스만(J. Rothman)의 지역사회 개발모델에서 개입 목표는?
① 지역사회의 특정 문제 해결
② 지역사회 능력 향상과 통합
③ 표적 대상에 대항하는 주민 조직 및 동원
④ 구성원의 정치적 영향력 증대
⑤ 자료 수집과 분석에 근거한 최선의 대안 수립

해설 ① 지역사회의 특정 문제 해결은 사회계획모델의 개입 목표이다.
③ 표적 대상에 대항하는 주민조직 및 동원은 사회행동모델의 개입 전술이다.
④ 구성원의 정치적 영향력 증대는 사회행동모델에서의 과정 중심목표이다.
⑤ 자료 수집과 분석에 근거한 최선의 대안 수립은 사회계획모델의 개입 목표이다. 답 ②

최신 063 포플(K. Popple, 1996)의 지역사회복지 실천모델로 옳지 <u>않은</u> 것은? 23회

① 지역사회연계
② 지역사회교육
③ 지역사회개발
④ 지역사회행동
⑤ 인종차별철폐지역사회사업

064 로스만(J. Rothman)의 지역사회복지 실천모델에 관한 설명으로 옳은 것을 모두 고른 것은?

23회

> ㄱ. 지역사회개발모델은 지역사회 역량강화, 통합, 자조를 활동 목표로 둔다.
> ㄴ. 사회계획모델에서는 변화의 매개체로 과업지향적인 소집단을 활용한다.
> ㄷ. 사회행동모델에서 사회복지사의 핵심 역할은 옹호자, 선동가, 협상가이다.
> ㄹ. 지역사회개발모델은 지역사회 문제 해결을 위해 전문가의 주도적 개입을 강조한다.

① ㄱ, ㄷ
② ㄴ, ㄷ
③ ㄴ, ㄹ
④ ㄱ, ㄴ, ㄷ
⑤ ㄱ, ㄴ, ㄹ

065 웨일과 갬블(M. Weil & D. Gamble)의 근린지역사회조직모델에 관한 설명으로 옳지 않은 것은?

23회

① 조직화를 위한 구성원의 능력개발에 초점을 둔다.
② 일차적 구성원은 지역사회 이웃주민이다.
③ 사회복지사의 주요 역할은 조직가, 교육자, 촉진자, 코치이다.
④ 지방정부, 외부개발자, 지역주민을 변화의 표적체계로 본다.
⑤ 관심영역은 공통 관심사나 특정 이슈에 대한 정책, 행위, 인식의 변화이다.

066 다음에서 설명하는 테일러와 로버츠(S. Taylor & R. Roberts)의 지역사회복지 실천모델은?

23회

> • 지역사회의 문제해결을 위해 관계망을 형성하거나 조정
> • 사회복지사, 자원봉사자, 행정가 등 다양한 구성원이 참여
> • 지역사회복지 실천 과정에서 클라이언트와 후원자의 영향력이 동등

① 계획모델
② 지역사회연계모델
③ 지역사회개발모델
④ 정치적 역량강화모델
⑤ 프로그램 개발 및 조정모델

067 웨일과 갬블(M. Weil & D. Gamble)이 제안한 프로그램 개발과 지역사회 연계모델에서 사회복지사의 역할로 옳게 묶인 것은?

17회

① 대변자, 계획가, 중재자
② 계획가, 관리자, 프로포절 제안자
③ 대변자, 조직가, 촉진자
④ 관리자, 대변자, 교육자
⑤ 협상가, 전문가, 프로포절 제안자

068 다음 예시문의 (   )에 들어갈 내용을 옳게 나열한 것은? 17회

> 지역사회복지실천의 효과성을 높이기 위해 로스만(J. Rothman)의 모델을 순차적으로 적용해 볼 수 있다. 즉, (㉠)모델로 지역사회 내의 자원 배분과 권력 이양을 성취한 후, 고도의 복잡한 지역사회 문제를 조사·분석하고 해결방안을 모색하기 위해 (㉡)모델을 적용할 수 있다.

① ㉠: 사회행동
　㉡: 사회계획
② ㉠: 지역사회 개발
　㉡: 계획
③ ㉠: 사회행동
　㉡: 근린 지역의 지역사회 조직
④ ㉠: 근린 지역의 지역사회 조직
　㉡: 계획
⑤ ㉠: 연합
　㉡: 사회계획

069 지역사회복지 실천모델에 관한 설명으로 옳지 않은 것은? 18회

① 로스만(J. Rothman)의 사회행동모델은 불이익을 받거나 권리가 박탈당한 사람의 이익을 옹호한다.
② 로스만(J. Rothman)의 지역사회 개발모델은 지역사회나 문제의 아노미 또는 쇠퇴된 상황을 전제한다.
③ 로스만(J. Rothman)의 사회계획모델은 주택이나 정신건강 등의 이슈를 명확히 하고 권력구조에 대항한다.
④ 웨일과 갬블(M. Weil & D. Gamble)의 기능적 지역사회 조직모델은 발달장애 아동의 부모 모임과 같이 공통 이슈를 지닌 집단의 이해관계를 기반으로 한다.
⑤ 웨일과 갬블(M. Weil & D. Gamble)의 연합모델의 표적체계는 선출직 공무원이나 재단 및 정부 당국이 될 수 있다.

070 다음에서 설명하는 지역사회복지 실천모델은? 18회

> 주민의 관점에서 개발계획을 수립하고, 주민들이 사회·경제적 투자를 이용하도록 준비시킨다.

① 사회운동모델
② 정치·사회적 행동모델
③ 근린 지역사회 조직모델
④ 지역사회 사회·경제 개발모델
⑤ 프로그램 개발과 지역사회 연결모델

071 다음에서 설명하는 웨일과 갬블(M. Weil & D. Gamble)의 지역사회복지 실천모형에 해당하는 것은? 19회

> • 대면접촉이 이루어지는 가까운 지역사회에 초점을 둔다.
> • 조직화를 위한 구성원의 능력개발, 지역주민의 삶의 질 증진을 목표로 한다.
> • 사회복지사의 역할은 조직가, 촉진자, 교육자, 코치 등이다.

① 근린 지역사회 조직모형
② 프로그램 개발모형
③ 정치사회적 행동모형
④ 연합모형
⑤ 사회운동모형

072 다음 〈사례〉에 해당하는 지역사회복지 실천모형은? 19회

> 행복 사회복지관은 지역 내 노인, 장애인, 아동을 위해 주민 스스로 돌봄과 자원봉사활동을 활성화하도록 자조모임 지원 등 사회적 관계망을 확충하였다.

① M.Weil & D. Gamble의 연합모형
② J. Rothman의 합리적 계획모형
③ K. Popple의 커뮤니티 케어모형
④ J. Rothman의 연대조직모형
⑤ M.Weil & D. Gamble의 기능적 지역조직모형

073 테일러와 로버츠(S. Taylor & R. Roberts) 모델에 해당되는 것을 모두 고른 것은? 20회

> ㉠ 프로그램 개발 및 조정
> ㉡ 지역사회 개발
> ㉢ 정치적 권력(역량)강화
> ㉣ 연합
> ㉤ 지역사회 연계

① ㉠, ㉡
② ㉡, ㉢
③ ㉠, ㉣, ㉤
④ ㉠, ㉡, ㉢, ㉤
⑤ ㉠, ㉢, ㉣, ㉤

074 로스만(J. Rothman)의 지역사회 조직모델 중 지역사회 개발에 관한 설명으로 옳지 않은 것은? 20회

① 지역사회 변화를 위한 전술로 합의 방법을 사용한다.
② 변화의 매개체는 과업지향의 소집단이다.
③ 지역사회의 아노미 상황에 사용할 수 있다.
④ 정부조직을 경쟁자로 인식한다.
⑤ 변화를 위한 전략으로 문제 해결에 다수의 사람을 참여시킨다.

075 다음의 설명에 해당되는 웨일과 갬블(M. Weil & D. Gamble)의 실천모델은? 20회

> • 기회를 제한하는 불평등에 도전
> • 사회적·정치적·경제적 정의를 위한 행동
> • 표적체계에 선출직 공무원도 해당

① 근린·지역사회 조직화모델
② 지역사회 사회·경제 개발모델
③ 프로그램 개발과 지역사회 연계모델
④ 정치·사회행동모델
⑤ 사회계획모델

076 다음에서 설명하는 웨일과 갬블(M. Weil & D. Gamble)의 지역사회복지 실천모델은? 21회

- 공통 관심사나 특정 이슈에 대한 정책, 행위, 인식의 변화에 초점
- 일반 대중 및 정부기관을 변화의 표적체계로 파악
- 조직가, 촉진자, 옹호자, 정보전달자를 사회복지사의 주요 역할로 인식

① 사회계획
② 기능적 지역사회조직
③ 프로그램 개발과 지역사회 연계
④ 연합
⑤ 정치사회행동

077 로스만(J. Rothman)의 지역사회복지 실천모델에 관한 설명으로 옳은 것을 모두 고른 것은? 21회

㉠ 지역사회개발모델은 지역사회 구성원의 조직화를 주요 실천과정으로 본다.
㉡ 지역사회개발모델의 변화 매개체는 공식적 조직과 객관적 자료이다.
㉢ 사회계획모델에서 사회복지사의 핵심 역할은 협상가, 옹호자이다.
㉣ 사회행동모델에서는 지역사회 내 집단들이 갈등관계로 인해 타협과 조정이 어렵다고 본다.

① ㉠, ㉢
② ㉠, ㉣
③ ㉡, ㉢
④ ㉠, ㉡, ㉣
⑤ ㉠, ㉢, ㉣

078 테일러와 로버츠(S. Taylor & R. Roberts)의 지역사회복지 실천모델에 관한 설명으로 옳지 않은 것은? 21회

① 프로그램 개발과 조정: 지역주민의 역량강화 및 지도력 개발에 관심
② 계획: 구체적 조사전략 및 기술 강조
③ 지역사회연계: 지역사회 문제해결을 위한 관계망 구축 강조
④ 지역사회개발: 지역주민의 참여와 자조 중시
⑤ 정치적 역량강화: 상대적으로 권력이 약한 시민의 권한 강화에 관심

079 포플(K. Popple, 1996)의 지역사회복지 실천모델을 모두 고른 것은? 22회

㉠ 지역사회개발   ㉡ 지역사회보호
㉢ 지역사회조직   ㉣ 지역사회연계

① ㉠, ㉡
② ㉢, ㉣
③ ㉠, ㉡, ㉢
④ ㉠, ㉡, ㉣
⑤ ㉠, ㉡, ㉢, ㉣

080 로스만(J. Rothman)의 사회행동모델에 해당하지 않는 것은? 22회

① 클라이언트 집단을 소비자로 본다.
② 변화를 위한 기본 전략은 '억압자에 대항하기 위한 규합'을 추구한다.
③ 지역사회 내 불평등한 권력구조의 변화를 지향한다.
④ 변화 매개체로 대중조직을 활용한다.
⑤ 여성운동, 빈민운동, 환경운동 등 시민운동에도 활용될 수 있다.

UNIT 06 사회행동의 전략

정답과 해설 205쪽

시험 실시간 차트

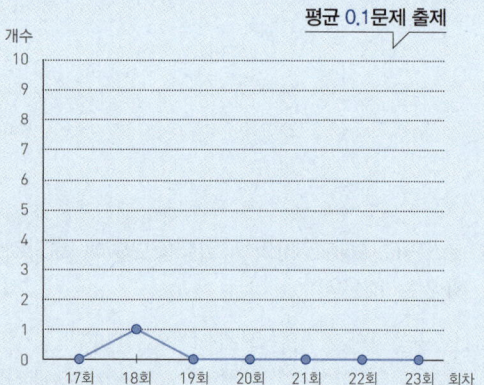

평균 0.1문제 출제

실시간 출제 키워드

▲ 협상 기술

워밍업 문제 사회행동의 전략

사회행동의 전술과 전략에 관한 설명으로 옳지 않은 것은?
① 피해를 입힐 수 있는 잠재력도 힘의 원천이 된다.
② 사회행동 전술들의 혼합 사용을 피해야 한다.
③ 추상적 논쟁이 아니라 대상 집단과의 힘겨루기이다.
④ 힘의 원천은 상대방의 약점을 들추어내어 수치감을 갖게 하는 것도 포함된다.
⑤ 다른 조직과의 협력 관계는 협조, 연합, 동맹 등의 유형이 있다.

해설 사회행동 전술들의 혼합 사용을 피하는 것이 아니라 여러 사회행동 전술들을 적절하게 혼합하여 사용해야 한다.

답 ②

---

081 협상(negotiation) 기술에 관한 설명으로 옳지 않은 것은? 18회

① 협상 범위를 면밀히 분석한다.
② 사회행동모델에 사용할 수 없다.
③ 협상 과정에 중재자가 개입할 수 있다.
④ 재원 확보와 기관 간 협력을 만드는 데 유리하다.
⑤ 협상 시 양쪽 대표들은 이슈와 쟁점에 대해 토의해야 한다.

UNIT
07
사회복지사의 역할과 지역사회 실천기술

정답과 해설 205쪽

시험 실시간 차트

평균 4.1문제 출제

실시간 출제 키워드
▲ 사회복지사의 역할
▲ 지역사회복지 실천기술
▲ 연계
▲ 지역사회 욕구사정

워밍업 문제   지역사회복지 실천과 사회복지사의 역할

다음 〈사례〉에 해당하는 사회복지사의 역할은?

> 지역 내 환경문제를 해결하기 위해 주부들을 모집하여 환경봉사단을 결성하고, 교육·훈련 프로그램에 참여하도록 하여 지역사회의 환경문제를 스스로 해결해 나갈 수 있도록 원조하였다.

① 행정가   ② 분석가
③ 조직가   ④ 옹호자
⑤ 계획가

해설 지역 내 환경문제를 해결하기 위해 주부들을 모집하여 환경봉사단을 결성하고 교육·훈련 프로그램에 참여하도록 하는 것은 조직가의 역할이다.
참고 조직가 외에 행정가(자원관리), 분석가(평가와 분석), 옹호자(대변, 정당성 주장, 권리 요구), 계획가(계획)의 각각의 역할을 알아두어야 합니다.   **답** ③

출제 의도에 맞게 변형한 문제입니다.

최신 082 로스만의 지역사회개발모델에서 사회복지사의 핵심 역할이 아닌 것은?   23회

① 치료자   ② 조력자
③ 촉진자   ④ 안내자
⑤ 교육자

최신 083 다음 사례에 제시된 사회복지사의 핵심 역할은?   23회

> A 사회복지사는 지역 내 복합적인 욕구를 가진 가구에 대한 사례관리 계획을 수립하였다. 이를 위해 지역사회의 다양한 기관들과 함께 서비스의 중복과 누락을 방지하기 위한 효율적인 개입 방안을 논의하였다.

① 옹호자   ② 교육자
③ 조정자   ④ 자원개발자
⑤ 협상가

084 지역사회복지 실천에서 조력자의 역할로 옳은 것을 모두 고른 것은? 17회

> ㄱ. 지역사회 내 다양한 집단들에 의해 표출된 불만의 집약
> ㄴ. 지역사회 문제의 조사 및 평가
> ㄷ. 지역사회 내 불이익을 당하는 주민의 옹호와 대변
> ㄹ. 지역사회조직 과정에서 지역주민들에게 공동의 목표 강조

① ㄱ, ㄴ ② ㄱ, ㄷ
③ ㄱ, ㄹ ④ ㄴ, ㄷ
⑤ ㄴ, ㄷ, ㄹ

085 조직가의 역할과 기술이 바르게 연결되지 않은 것은? 18회

① 교사 - 능력개발
② 옹호자 - 소송 제기
③ 연계자 - 모니터링
④ 평가자 - 자금 제공
⑤ 협상가 - 회의 및 회담 진행

086 다음 〈사례〉에 해당하는 사회복지사의 역할이 아닌 것은? 18회

> A 사회복지관에서는 클라이언트의 노후화된 주택의 개·보수를 위해 다양한 자원을 활용한 주거지원서비스를 제공하려고 한다.

① 관리자
② 후보자
③ 정보 전달자
④ 네트워커(networker)
⑤ 계획가

087 다음에 제시된 사회복지사의 핵심 역할은? 21회

> A 지역은 저소득가구 밀집지역으로 방임, 결식 등 취약계층 아동 비율이 높은 곳이다. 사회복지사는 지역사회 아동의 안전한 보호와 부모의 양육부담 완화를 위해 아동돌봄시설 확충을 위한 서명운동 및 조례제정 입법 활동을 하였다.

① 옹호자   ② 교육자
③ 중재자   ④ 자원연결자
⑤ 조정자

088 지역사회개발모델 중 조력자로서의 사회복지사 역할이 아닌 것은? 22회

① 좋은 대인관계를 조성하는 일
② 지역사회를 진단하는 일
③ 불만을 집약하는 일
④ 공동의 목표를 강조하는 일
⑤ 조직화를 격려하는 일

089 사회계획모델에서 샌더스(I. T. Sanders)가 주장한 사회복지사의 역할이 아닌 것은? 22회

① 분석가   ② 조직가
③ 계획가   ④ 옹호자
⑤ 행정가

워밍업 문제 지역사회 실천기술

서비스의 중복을 방지하고 자원을 효율적으로 관리하기 위하여 정기적인 회의를 통해 서비스 계획을 공동으로 수립한 후 개별 사회복지기관들이 각각 서비스를 제공하는 지역사회복지 실천기술은?

① 옹호 기술
② 조직화 기술
③ 자원개발 기술
④ 연계 기술
⑤ 임파워먼트 기술

[해설] ① 옹호 기술은 지역주민이나 지역사회를 대신하여 일을 진행하거나 대변하는 기술이다.
② 조직화 기술은 지역사회의 문제를 해결하기 위해 지역주민들의 대표를 뽑아 모임을 구성하고 스스로 목표를 성취하도록 돕는 기술이다.
③ 자원개발 기술은 지역사회 문제를 해결하는 데 자원이 부족하여 외부의 도움이 필요할 때 사용하는 기술이다.
⑤ 임파워먼트 기술은 지역사회의 집합적 목표 달성을 위해 지역사회 집단의 능력을 향상시키고자 할 때 사용하는 기술이다.

답 ④

최신 090 지역사회복지 실천기술 중 조직화 기술에 해당하지 않는 것은? 23회

① 주민의 효율적 통제 기술
② 주민회의, 토론 등을 통한 의사소통
③ 구성원 간 갈등조율을 위한 대인관계기술
④ 주민지도력 발굴 및 향상 교육
⑤ 지역사회 문제와 이슈에 대한 정보수집 및 분석

최신 091 다음 지역사회복지 실천과정에서 사회복지사가 활용한 기술은? 23회

> A 사회복지사는 사회적 고립가구 지원을 위해 OO복지재단에 신청서를 제출하여 사업에 필요한 예산을 확보하였으며 지역 대학교에 봉사자를 요청하였다.

① 협상
② 자원개발 및 동원
③ 옹호
④ 조직화
⑤ 지역사회 교육

092 다음 설명에 해당하는 지역사회복지 실천기술은? 17회

> A 사회복지사는 지역사회 내 저소득 장애인의 취업 문제를 해결하는 과정에서 당사자들이 문제의식을 갖게 하고, 그들 스스로 문제해결 능력을 향상시키기 위해 노력하였다.

① 중개
② 연계
③ 옹호
④ 조직화
⑤ 자원개발

093 지역사회복지 실천에서 연계 기술(networking)에 관한 설명으로 옳지 않은 것은? 17회

① 사회복지기관의 서비스 제공 과정에서 효율성 증대
② 사회복지사의 연계망 강화 및 확장
③ 이용자 중심의 통합적 서비스 제공
④ 서비스 계획의 공동 수립과 서비스 제공에서 팀 접근 수행
⑤ 지역사회 복지의제 개발과 주민 의식화

094 다음이 설명하는 지역사회복지 실천기술은?

17회

> A 지방자치단체가 별도의 조치를 해줄 것을 요청하기 위해 다수인의 서명지를 전달하는 활동

① 설득　　　　② 청원
③ 의뢰　　　　④ 지역사회 교육
⑤ 정보 제공

095 임파워먼트 기술에 해당하는 것을 모두 고른 것은?

18회

> ㉠ 권력 키우기
> ㉡ 의식 고양하기
> ㉢ 공공의제 만들기
> ㉣ 지역사회 사회자본 확장

① ㉣
② ㉠, ㉢
③ ㉡, ㉣
④ ㉠, ㉡, ㉢
⑤ ㉠, ㉡, ㉢, ㉣

096 네트워크 기술에 관한 설명으로 옳지 않은 것을 모두 고른 것은?

18회

> ㉠ 달성하고자 하는 목적을 위해서는 항상 강한 결속력이 필요하다.
> ㉡ 참여 기관들은 평등한 주체로서의 관계가 보장되어야 한다.
> ㉢ 구성원 사이의 신뢰와 호혜성이 형성되어야 네트워크가 지속될 수 있다.
> ㉣ 사회적 교환은 네트워크 형성과 유지의 작동 원리이다.

① ㉠
② ㉡, ㉢
③ ㉠, ㉡, ㉣
④ ㉡, ㉢, ㉣
⑤ ㉠, ㉡, ㉢, ㉣

097 지역사회복지실천에서 옹호(advocacy) 활동에 해당하지 않는 것은?

19회

① 지역사회 내 복지자원을 조정하고 연계한다.
② 시의원 등에게 정치적 압력을 행사한다.
③ 피케팅으로 해당 기관을 난처하게 한다.
④ 행정기관에 증언 청취를 요청한다.
⑤ 지역주민으로부터 탄원서에 서명을 받는다.

098 다음에서 설명하고 있는 지역사회복지실천 기술은?

19회

> 지역주민의 강점을 인정하고 스스로 삶을 결정할 수 있도록 역량을 강화하며, 지역구성원의 능력에 대한 신념을 중요시한다.

① 임파워먼트
② 자원개발과 동원
③ 조직화
④ 네트워크
⑤ 지역사회 연계

099 네트워크 기술의 특성으로 옳지 않은 것은?

19회

① 자원의 효율적 관리
② 사회정의 준수 및 유지
③ 서비스의 중복과 누락 방지
④ 참여를 통한 시민 연대의식 강화
⑤ 지역주민에게 필요한 자원이나 서비스 연결

100 지역사회복지 실천과정에서 사회복지사가 활용한 기술은? 19회

> 사회복지사 A는 가족캠핑을 희망하는 한부모가족 10세대를 대상으로 프로그램을 계획하고 있다. A는 개인적으로 참여하고 있는 수영클럽을 통해 프로그램 운영에 필요한 예산과 자원봉사자를 확보하고자 운영진에게 모임 개최를 요청하였고, 성공적인 결과를 얻었다.

① 옹호
② 조직화
③ 임파워먼트
④ 지역사회 교육
⑤ 자원개발 및 동원

101 다음에 제시된 지역사회복지 실천기술은? 20회

> • 소외되고, 억압된 집단의 입장을 주장한다.
> • 보이콧, 피케팅 등의 방법으로 표적을 난처하게 한다.
> • 지역주민이 정당한 처우나 서비스를 받지 못하는 경우에 활용된다.

① 프로그램 개발 기술
② 기획 기술
③ 자원동원 기술
④ 옹호 기술
⑤ 지역사회 사정 기술

102 조직화 기술에 관한 설명으로 옳은 것을 모두 고른 것은? 20회

> ㄱ. 지역주민이 주체가 되어 사회복지조직의 목표를 성취하도록 운영한다.
> ㄴ. 지역주민이 자신들의 문제를 함께 풀어나가는 과정을 포함한다.
> ㄷ. 지역사회 역량강화를 위해 지역사회복지 거버넌스 구조와 기능을 축소시킨다.

① ㄴ
② ㄱ, ㄴ
③ ㄱ, ㄷ
④ ㄴ, ㄷ
⑤ ㄱ, ㄴ, ㄷ

103 지역사회복지 실천기술 중 연계에 관한 내용으로 옳지 않은 것은? 21회

① 인적·물적 자원의 효율적 관리
② 사회복지사의 자원 네트워크 확장
③ 지역의 사회적 자본 확대
④ 클라이언트 중심의 통합적 서비스 제공
⑤ 지역주민 권익 향상을 위한 사회행동

104 다음 〈사례〉에서 사회복지사가 활용한 기술은? 21회

> A 사회복지사는 독거노인이 따뜻한 겨울을 보낼 수 있도록 지역 내 종교단체에 예산과 자원봉사자를 지원해 줄 것을 요청하였다.

① 조직화
② 옹호
③ 자원개발 및 동원
④ 협상
⑤ 교육

105 다음 사례에서 사회복지사가 활용한 기술은?

22회

> 행복시(市)에 근무하는 A사회복지사는 무력화 되어 있는 클라이언트의 잠재 역량 및 자원을 인정하고 삶을 스스로 결정할 수 있도록 북돋아주었다.

① 자원동원 기술
② 자원개발 기술
③ 임파워먼트 기술
④ 조직화 기술
⑤ 네트워크 기술

106 연계 기술에 해당하지 않는 것은?

22회

① 클라이언트 중심의 사회적 관계망을 강화시킬 수 있다.
② 이용자 중심의 통합적 서비스를 제공할 수 있다.
③ 새로운 인프라 구축에 필요한 시간과 비용을 줄일 수 있다.
④ 사회복지시설의 서비스 중복·누락을 방지할 수 있다.
⑤ 지역사회 공공의제를 개발하고 주민 의식화를 강화할 수 있다.

워밍업 문제 지역사회 욕구사정

다음에서 설명하는 지역사회 욕구 파악 방법은?

> 다양한 배경을 가진 지역사회 내 집단의 이익을 비교적 짧은 시간 안에 수렴하여 욕구조사와 우선순위를 결정할 수 있는 유용한 방법이다. 지역주민을 한 자리에 모아 지역에 영향을 미치는 문제나 이슈를 제시하도록 하고, 참가자들로 하여금 열거된 문제에 대한 우선순위를 매기도록 하는 과정을 거친다.

① 초점집단 기법
② 명목집단 기법
③ 델파이 기법
④ 대화 기법
⑤ 지역사회 포럼

해설 명목집단 기법은 다양한 배경을 가진 지역사회 내 집단의 이익을 비교적 짧은 시간 안에 수렴하여 욕구조사와 우선순위를 결정할 수 있는 방법이다.   **답** ②

107 다음에 제시된 지역사회 욕구사정 방법은?

17회

> • 지역사회 문제에 대한 전문지식을 갖고 있는 주요 정보제공자 구성
> • 응답 내용이 합의에 이르기까지 여러 번에 걸쳐 설문 과정 반복
> • 설문구성은 개방형으로 시작해서 이후에는 유사한 응답 내용을 폐쇄형으로 구성하여 질문

① 델파이 기법
② 초점집단 기법
③ 공청회
④ 지역포럼 기법
⑤ 사회지표 분석

108 다음 자료를 활용한 지역사회 사정(assessment) 유형에 해당하는 것은? 19회

- 사회복지시설 및 기관의 자원봉사자 수
- 관할 지방자치단체의 사회복지 분야 예산 규모
- 기업의 사회공헌 프로그램 유형과 이용자 수

① 하위체계 사정
② 포괄적 사정
③ 자원 사정
④ 문제중심 사정
⑤ 협력적 사정

109 다음에서 설명하는 지역사회 욕구사정 방법은? 20회

- 전문가 패널의 의견을 수렴하는 방법
- 합의에 이르기까지 여러 번 설문 실시
- 반복되는 설문을 통하여 패널의 의견 수정 가능

① 명목집단 기법
② 2차자료 분석
③ 델파이 기법
④ 지역사회포럼
⑤ 초점집단 기법

110 지역사회 욕구사정 방법에 관한 설명으로 옳은 것은? 21회

① 명목집단 기법: 지역주민으로부터 설문조사를 통해 직접적으로 자료를 획득
② 초점집단 기법: 전문가 패널을 대상으로 반복된 설문을 통해 합의에 이를 때까지 의견을 수렴
③ 델파이 기법: 정부기관이나 사회복지 관련 조직에 의해 수집된 기존 자료를 활용
④ 지역사회포럼: 지역주민이 참여할 수 있는 공개 모임을 개최하여 구성원의 의견을 모색
⑤ 사회지표분석: 지역사회 문제를 잘 파악하고 있는 사람들을 대상으로 정보를 확보

UNIT 08

지방 분권화와 지역사회복지

정답과 해설 210쪽

워밍업 문제 | 지방 분권화와 지역사회복지

지방자치가 지역사회복지에 미칠 수 있는 영향으로 옳은 것을 모두 고른 것은?

㉠ 주민의 참여가 더 높아진다.
㉡ 지방정부 간 복지 불균형이 심화된다.
㉢ 지역 욕구에 부합하는 복지서비스를 개발한다.
㉣ 기초생활 보장이 강화된다.

① ㉠, ㉡, ㉢   ② ㉠, ㉢
③ ㉡, ㉢   ④ ㉣
⑤ ㉠, ㉡, ㉢, ㉣

[해설] ㉠, ㉢ 긍정적 영향, ㉡ 부정적 영향으로 볼 수 있다. ㉣ 기초생활 보장의 강화는 주로 중앙정부인 보건복지부의 정책에 영향을 받는 부분으로서 지방자치가 지역사회복지에 미치는 영향으로 볼 수 없다.   답 ①

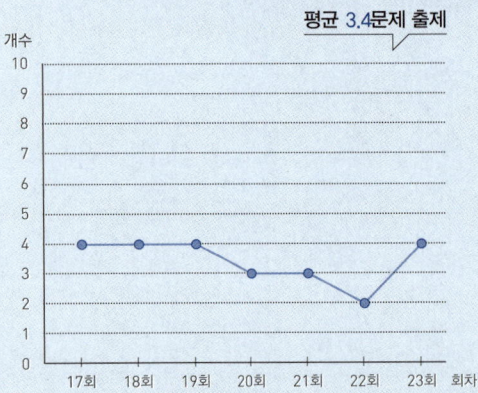

시험 실시간 차트

평균 3.4문제 출제

실시간 출제 키워드
▲ 지방자치제도
▲ 지역사회보장협의체
▲ 시·군·구 지역사회보장계획

최신 111 지방자치제도에 관한 설명으로 옳지 <u>않은</u> 것은?   23회

① 지역복지 활성화의 토대가 될 수 있다.
② 복지예산의 중앙집중화로 정책 효과성이 강화된다.
③ 우리나라는 지방자치법의 제정으로 도입되었다.
④ 지역복지 실현을 위해 중앙정부와 분담적 관계를 추구한다.
⑤ 사회복지서비스의 책임과 권한이 지방에 이양된다.

최신 112 지방분권화가 지역사회복지에 미치는 영향으로 옳지 <u>않은</u> 것은?   23회

① 지역 간의 경쟁이 심화되어 지역 이기주의가 나타날 수 있다.
② 지역사회복지에 대한 자기통치 원리가 중요시된다.
③ 지역주민의 의사를 반영한 행정서비스가 강화된다.
④ 지역 간 상대적 박탈감으로 사회적 형평성 문제가 발생된다.
⑤ 지방의회의 사회적 책임성이 약화된다.

113 지방자치 발달이 지역사회복지에 미치는 영향이 아닌 것은? 18회

① 지방정부 간 복지수준 불균형 초래
② 지역주민들의 주체적 참여 기회 제공
③ 중앙정부의 사회복지 책임과 권한 강화
④ 지역주민들의 지역사회복지에 대한 책임의식 향상
⑤ 지방자치단체장 후보의 사회복지 관련 선거공약 활성화

114 사회복지전담공무원에 관한 설명으로 옳지 않은 것은? 18회

① 2000년 별정직에서 일반직인 사회복지직렬로 전환
② 국민기초생활 보장제도의 시행으로 인원 확대
③ 1992년 서울, 부산, 대구 3곳에서 처음으로 임용·배치
④ 사회복지전문요원에서 사회복지전담공무원으로 명칭 변경
⑤ 취약계층에 대한 상담과 지도, 생활실태의 조사 등 사회보장급여 관련 업무 담당

115 지방분권에 관한 설명으로 옳지 않은 것은? 19회

① 주민참여 기회가 확대된다.
② 중앙정부의 책임성이 강화된다.
③ 지역 특성에 맞는 정책을 수립할 수 있다.
④ 지역 간 복지수준의 격차가 발생할 수 있다.
⑤ 지방자치단체의 역할과 책임을 강화시킬 수 있다.

116 지방자치제에 관한 설명으로 옳지 않은 것은? 19회

① 민주주의 사상에 기초를 두고 있다.
② 지방자치단체의 장은 선거로 선출한다.
③ 지역문제에 대한 자기통치 원리를 담고 있다.
④ 우리나라에서는 1990년에 처음으로 실시되었다.
⑤ 지방자치단체의 행정사무가 주민참여에 의해 이루어져야 한다.

117 지방자치제도에 관한 설명으로 옳은 것은? 20회

① 지방정부에 비해 중앙정부의 책임을 강조하고 있다.
② 지역 간 복지수준의 격차가 발생하지 않는다.
③ 복지예산의 지방 이양으로 지방정부의 책임이 강화된다.
④ 지방자치단체장은 중앙정부가 임명한다.
⑤ 지방정부의 복지예산 확대로 민간의 참여가 약화된다.

118 지방분권에 관한 설명으로 옳은 것은? 21회

① 사회보험제도의 지방분권이 확대되고 있다.
② 주민참여로 권력의 재분배가 이루어진다.
③ 지역주민의 욕구에 대한 민감성이 약화된다.
④ 복지수준의 지역 간 균형이 이루어진다.
⑤ 중앙정부의 사회적 책임성이 강화된다.

119 지방자치제에 관한 설명으로 옳은 것을 모두 고른 것은? 22회

㉠ 지방자치제는 자기통치원리를 담고 있다.
㉡ 지방자치는 주민자치와 단체자치를 일컫는다.
㉢ 지방자치단체는 사회복지시설을 평가할 수 있다.
㉣ 지방자치법을 제정함으로써 지방 분권을 위한 법적 장치가 만들어졌다.

① ㉠, ㉡
② ㉢, ㉣
③ ㉠, ㉡, ㉢
④ ㉠, ㉡, ㉣
⑤ ㉠, ㉡, ㉢, ㉣

120 시·군·구 지역사회보장계획 수립 및 시행절차에 관한 설명으로 옳은 것을 모두 고른 것은? 23회

㉠ 시·군·구는 4년마다 지역사회보장계획을 수립하여야 한다.
㉡ 사회보장위원회의 심의와 지방의회 보고를 거쳐 시·도지사에게 제출한다.
㉢ 지역사회보장계획에는 사회보험에 필요한 재원 규모와 조달방안이 포함된다.
㉣ 지역사회보장조사는 지역사회보장 욕구조사와 자원조사로 구성된다.

① ㉠, ㉡
② ㉠, ㉢
③ ㉠, ㉣
④ ㉡, ㉢
⑤ ㉡, ㉣

워밍업 문제 지역사회보장계획

지역사회보장계획에 관한 설명으로 옳지 않은 것은?
① 시장·군수·구청장은 지역사회보장계획을 수립해야 한다.
② 시·도 사회보장위원회는 시·도의 지역사회보장계획을 심의해야 한다.
③ 지역사회보장계획은 사회보장에 관한 기본계획과 연계되도록 하여야 한다.
④ 보건복지부장관은 시·군·구 지역사회보장계획의 시행 결과를 평가해야 한다.
⑤ 지역사회보장계획을 수립할 때는 지역주민 등 이해관계인의 의견을 들어야 한다.

[해설] 보건복지부장관은 시·도 지역사회보장계획의 시행 결과를, 시·도지사는 시·군·구 지역사회보장계획의 시행 결과를 각각 보건복지부령으로 정하는 바에 따라 평가할 수 있다.

답 ④

121 지역사회보장계획의 수립 과정을 순서대로 옳게 나열한 것은? 17회

㉠ 세부사업 계획 수립
㉡ 지역사회보장협의체 심의
㉢ 지역사회보장조사
㉣ 행·재정계획 수립
㉤ 의회 보고
㉥ 추진 비전 및 목표 수립

① ㉠ - ㉡ - ㉤ - ㉣ - ㉥ - ㉢
② ㉡ - ㉣ - ㉠ - ㉤ - ㉥ - ㉢
③ ㉢ - ㉣ - ㉥ - ㉠ - ㉡ - ㉤
④ ㉢ - ㉥ - ㉣ - ㉠ - ㉡ - ㉤
⑤ ㉢ - ㉥ - ㉠ - ㉣ - ㉡ - ㉤

122 시·군·구 지역사회보장계획의 내용에 포함될 수 없는 것은? 17회

① 지역사회보장의 수요 측정 내용
② 지역사회보장의 중점 추진사업 및 연계협력 방안
③ 지역사회보장 전달체계의 조직과 운영
④ 사회보장급여의 사각지대 발굴 및 지원 방안
⑤ 기초지방자치단체 간 사회보장의 균형 발전 노력

123 시·군·구 지역사회보장계획에 포함되어야 할 내용으로 옳은 것을 모두 고른 것은? 18회

> ㉠ 지역사회보장 전달체계의 조직과 운영
> ㉡ 지역 내 부정수급 발생 현황 및 방지대책
> ㉢ 사회보장급여의 사각지대 발굴 및 지원 방안
> ㉣ 지역사회보장의 분야별 추진전략, 중점 추진사업 및 연계협력 방안

① ㉠, ㉣
② ㉡, ㉣
③ ㉠, ㉡, ㉢
④ ㉠, ㉢, ㉣
⑤ ㉠, ㉡, ㉢, ㉣

124 지역사회보장계획에 관한 설명으로 옳은 것은? 19회

① 시·군·구 지역사회보장계획은 변경할 수 없다.
② 사회보장에 관한 기본계획과 연계되도록 하여야 한다.
③ 3년마다 수립하고, 매년 연차별 시행계획을 수립하여야 한다.
④ 시·군·구 지역사회보장계획은 사회보장위원회의 심의를 거쳐야 한다.
⑤ 지역사회보장계획의 평가, 지원 등을 위한 지역사회보장지원센터를 설치·운영할 수 있다.

125 시·군·구 지역사회보장계획에 포함되어야 하는 사항을 모두 고른 것은? 20회

> ㉠ 지역사회보장 전달체계의 조직과 운영
> ㉡ 사회보장급여의 사각지대 발굴 및 지원 방안
> ㉢ 지역사회보장에 관련한 통계 수집 및 관리 방안
> ㉣ 지역사회보장에 필요한 재원의 규모와 조달 방안

① ㉠, ㉡
② ㉠, ㉢
③ ㉡, ㉢
④ ㉠, ㉡, ㉣
⑤ ㉠, ㉡, ㉢, ㉣

126 시·군·구 지역사회보장계획에 관한 설명으로 옳은 것을 모두 고른 것은? 21회

> ㉠ 시·군·구 지역사회보장협의체의 보고와 의회의 심의를 거쳐야 한다.
> ㉡ 사회보장급여의 이용·제공 및 수급권자 발굴에 관한 법률에 의거한다.
> ㉢ 시행연도의 전년도 11월 30일까지 수립하여 제출하여야 한다.
> ㉣ 4년마다 수립하고 매년 연차별 시행계획을 수립해야 한다.

① ㉠, ㉡
② ㉠, ㉢
③ ㉡, ㉣
④ ㉠, ㉡, ㉣
⑤ ㉡, ㉢, ㉣

127 지역사회보장에 관한 계획(이하 '지역사회보장계획'이라 한다)에 관한 설명으로 옳은 것은? 22회

① 시장·군수·구청장은 4년마다 지역사회보장계획을 수립한 후 보건복지부장관에게 제출한다.
② 시·군·구의 지역사회보장계획은 시·도 사회보장위원회의 심의를 거친다.
③ 지역사회보장계획은 사회복지사업법에 의거 매년 연차별 시행계획을 수립한다.
④ 시·도의 지역사회보장계획은 지역사회보장협의체의 심의를 거친다.
⑤ 지역사회보장계획의 수립 및 지역사회보장조사의 시기·방법 등에 필요한 사항은 대통령령으로 정한다.

워밍업 문제 지역사회보장협의체 등

지역사회보장협의체의 구성 조직으로 옳은 것을 모두 고른 것은?

㉠ 대표협의체
㉡ 실무협의체
㉢ 실무분과
㉣ 읍·면·동 지역사회보장협의체

① ㉠, ㉡, ㉢
② ㉡, ㉣
③ ㉠, ㉢
④ ㉣
⑤ ㉠, ㉡, ㉢, ㉣

해설 지역사회보장협의체는 대표협의체(㉠), 실무협의체(㉡), 실무분과(㉢), 읍·면·동 지역사회보장협의체(㉣)로 구성되어 있다. **답** ⑤

129 지역사회보장협의체의 구성 조직 및 역할을 적절하게 연결하고 있는 것은? 17회

① 대표협의체: 통합사례관리 지원
② 실무협의체: 지역사회보장계획의 의회 보고
③ 실무분과: 사회복지법인 이사의 추천과 선임 조정
④ 실무분과: 지역사회보장계획의 연차별 시행계획 모니터링
⑤ 읍·면·동 지역사회보장협의체: 실무협의체 업무 지원

최신 128 지역사회보장협의체의 구성 및 역할에 관한 설명으로 옳은 것은? 23회

① 대표협의체는 사회보장급여 제공과 관련된 조례를 제정한다.
② 대표협의체 위원에는 공무원이 포함되지 않는다.
③ 실무협의체는 사회보장급여 제공에 관한 사항을 심의·자문한다.
④ 실무협의체 위원은 10명 이상 40명 이하로 구성한다.
⑤ 읍·면·동 지역사회보장협의체는 지역사회보장계획의 시행결과를 평가한다.

130 읍·면·동 지역사회보장협의체의 역할로 볼 수 없는 것은? 17회

① 복지대상자 발굴
② 지역특화사업 추진
③ 지역자원의 발굴 및 연계
④ 지역인적안전망 구축
⑤ 지역사회보장지표의 생성

131 시·군·구 지역사회보장협의체가 심의·자문하는 내용이 아닌 것은? 18회

① 시·군·구 사회보장 추진
② 시·군·구 사회보장급여 제공
③ 시·군·구 지역사회보장계획 수립·시행 및 평가
④ 읍·면·동 단위 지역사회보장협의체의 구성 및 운영
⑤ 특별자치시의 사회보장과 관련된 서비스를 제공하는 관계 기관·법인·단체·시설과의 연계·협력 강화

133 시·군·구 지역사회보장협의체 심의·자문 사항이 아닌 것은? 20회

① 시·군·구의 지역사회보장계획 수립·시행 및 평가에 관한 사항
② 시·군·구의 사회보장급여 제공에 관한 사항
③ 시·군·구의 사회보장 추진에 관한 사항
④ 읍·면·동 단위 지역사회보장협의체의 구성 및 운영에 관한 사항
⑤ 읍·면·동의 지역사회보장조사 및 지역사회보장지표에 관한 사항

132 지역사회보장협의체에 관한 설명으로 옳은 것은? 19회

① 사회복지사업법에 법적 근거를 두고 있다.
② 10명 이상 25명 이하의 위원으로 구성하고, 임기는 2년이다.
③ 관할 지역의 사회복지사업에 관한 중요 사항을 심의·건의한다.
④ 민·관 네트워크를 통한 지역복지 거버넌스 구조와 기능을 축소시킨다.
⑤ 실무협의체, 실무분과, 읍·면·동 협의체 간 수평적 네트워크 관계를 형성한다.

134 지역사회보장협의체의 실무협의체 운영에 관한 설명으로 옳은 것은? 21회

① 사회보장업무를 담당하는 공무원은 제외된다.
② 위원장 1명을 포함하여 10명 미만의 위원으로 구성한다.
③ 지역사회보장계획과 관련된 조례를 제정한다.
④ 시·군·구의 사회보장급여 제공에 관한 사항을 심의·자문한다.
⑤ 전문성 원칙에 따라 현장 전문가를 중심으로 구성한다.

UNIT 09 지역사회복지 서비스 전달 조직

✓ 최빈출 주제

정답과 해설 213쪽

시험 실시간 차트

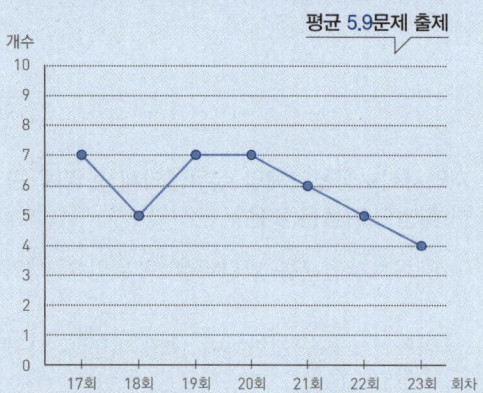

평균 5.9문제 출제

실시간 출제 키워드
▲ 재가복지봉사센터
▲ 지역사회복지 실천 기관
▲ 사회복지관
▲ 아른스테인의 주민참여 8단계
▲ 사회적 기업

워밍업 문제 ─ 사회복지관

지역사회복지관의 사업 내용 중 서비스 제공 기능에 해당하지 않는 것은?
① 가족기능강화사업
② 지역사회보호사업
③ 자활지원사업
④ 주민조직화사업
⑤ 교육문화사업

해설 주민조직화사업은 지역조직화 기능에 해당한다. 지역사회복지관의 사업내용은 사례관리 기능(사례발굴, 사례개입, 서비스개입), 서비스 제공 기능(가족기능강화, 지역사회보호, 교육문화, 자활지원), 지역조직화 기능(주민조직화, 자원개발 및 관리, 복지네트워크 구축)이다. **답** ④

[최신] 135 지역사회 복지기관의 역할로 옳지 않은 것은?
23회

① 사회복지협의회: 사회복지기관 간의 연계·협력·조정
② 자원봉사센터: 자원봉사 프로그램 개발·보급
③ 지역자활센터: 자활기금 설치·운영
④ 사회복지공동모금회: 모금 및 배분의 운용·관리
⑤ 사회복지관: 지역사회 복지문제 예방·해결

[최신] 136 사회복지관 사업 내용 중 서비스제공 기능에 해당하는 것은?
23회

① 지역욕구조사 실시
② 자원봉사자 개발 및 관리
③ 사회복지현장실습 교육 및 지도
④ 독거노인을 위한 일상생활 지원
⑤ 후원자 개발을 위한 기관 소식지 제작

137 다음 〈사례〉의 ㉠, ㉡과 관련한 사회복지관의 역할을 순서대로 옳게 나열한 것은? 17회

> ㉠ A 종합사회복지관은 인근 독거노인의 복합적이고 장기적인 욕구를 사정하고 통합적인 서비스 제공 및 점검계획을 수립하였다.
> ㉡ 이후 독거노인의 생활을 지원하기 위해 주민봉사단을 조직하여 정기적인 가정방문을 실시하고 있다.

① 지역사회보호, 주민조직화
② 사례개입, 당사자 교육
③ 서비스 연계, 자원 개발 및 관리
④ 서비스 제공, 복지네트워크 구축
⑤ 사례관리, 주민조직화

138 다음에서 사회복지관이 사회복지서비스를 우선 제공하여야 할 대상을 모두 고른 것은? 18회

> A씨는 국민기초생활 보장법에 따른 수급자로서, 75세인 어머니와 보호가 필요한 유아 자녀, 교육이 필요한 청소년 자녀, 취업을 희망하는 배우자와 함께 살고 있다.

① A씨
② A씨, 배우자
③ 어머니, 배우자
④ 배우자, 자녀
⑤ A씨, 어머니, 배우자, 자녀

139 다음 사회복지관에 관한 설명으로 옳지 않은 것은? 19회

> 행복시(市)에서 직영하고 있는 A 사회복지관은 노인, 장애인 등 취약계층의 욕구 충족과 사회적 지지체계 구축을 위한 자원봉사 프로그램을 개발하였고, 이를 심의하기 위해 운영위원회를 개최하였다.

① 운영위원회는 프로그램 개발, 평가에 관한 사항을 심의한다.
② 자원봉사자 개발·관리는 지역조직화 기능에 해당한다.
③ 취약계층 주민에게 우선적인 서비스를 제공하여야 한다.
④ 운영위원회는 5명 이상 15명 이하의 위원으로 구성한다.
⑤ 사회복지법인, 기타 비영리법인에 한하여 설치·운영할 수 있다.

140 사회복지관 사업 내용 중 서비스 제공기능에 해당하지 않는 것은? 20회

① 지역사회 보호
② 사례관리
③ 교육문화
④ 자활지원
⑤ 가족기능 강화

141 사회복지관 사업 내용 중 지역사회조직화 기능에 해당하는 것은? 21회

① 독거노인을 위한 도시락 배달
② 한부모 가정 아동을 위한 문화 프로그램 제공
③ 아동 자립생활 지원을 위한 후원자 개발
④ 학교 밖 청소년을 위한 직업기능 교육
⑤ 장애인 일상생활 지원을 위한 서비스 제공

142 사회복지사업법상 ( )에 들어갈 내용으로 옳은 것은? 22회

> 제34조의5(사회복지관의 설치 등) ① 제34조제1항과 제2항에 따른 시설 중 사회복지관은 지역복지증진을 위하여 다음 각 호의 사업을 실시할 수 있다.
> 1. 지역사회의 특성과 지역주민의 복지욕구를 고려한 (㉠) 사업
> 2. 국가·지방자치단체 및 민간 부문의 사회복지서비스를 연계·제공하는 (㉡) 사업
> 3. 지역사회 복지공동체 활성화를 위한 복지자원 관리, 주민교육 및 (㉢) 사업

① ㉠: 서비스 제공, ㉡: 사례관리, ㉢: 조직화
② ㉠: 서비스 제공, ㉡: 조직화, ㉢: 사례관리
③ ㉠: 사례관리, ㉡: 서비스 제공, ㉢: 조직화
④ ㉠: 조직화, ㉡: 사례관리, ㉢: 재가복지
⑤ ㉠: 조직화, ㉡: 지역사회보호, ㉢: 사례관리

워밍업 문제 사회복지협의회

한국사회복지협의회에 관한 설명으로 옳은 것은?
① 민간과 공공의 연계·협력·조정을 기초로 한 협력기관
② 복지수요 사정에 따른 지역사회보장계획 수립
③ 보건·복지 전달체계의 효율적 관리
④ 사회복지 관련 기관 및 단체 간의 연계·협력·조정
⑤ 사회복지사에 대한 전문지식 및 기술의 개발

해설 ④ 한국사회복지협의회는 민간 사회복지 관련 기관·단체 간의 연계·협력·조정을 도모하기 위한 조직으로, 지역사회의 복지 욕구를 효과적으로 달성하기 위해 상호 협력과 조정, 조사연구 등을 실시한다.
① 민간과 공공의 연계·협력·조정을 기초로 한 기관은 지역사회보장협의체이다. **답** ④

143 사회복지관의 사업 내용 중 기능이 다른 것은? 22회

① 지역 내 보호가 필요한 대상자 및 위기 개입 대상자 발굴
② 개입 대상자의 문제와 욕구에 맞는 맞춤형 서비스 제공을 위한 사례 개입
③ 지역 내 민간 및 공공자원 연계 및 의뢰
④ 발굴한 사례에 대한 개입계획 수립
⑤ 주민 협력 강화를 위한 주민의식 교육

최신 시험에 맞게 변형한 문제입니다.
144 사회복지협의회에 관한 설명으로 옳은 것은? 17회

① 읍·면·동 중심의 공공부문 전달체계와 지역사회보호체계를 구축하고 운영한다.
② 관계법령에 따라 10명 이상 40명 이하의 규모로 위원회를 구성해야 한다.
③ 필요한 경우 시·군·구 단위에도 설치할 수 있다.
④ 사회복지시설 및 기관 중심의 지역사회복지 증진을 위한 법정단체이다.
⑤ 사회보장급여의 이용·제공 및 수급권자 발굴에 관한 법률에 근거하여 설립된다.

최신 시험에 맞게 변형한 문제입니다.
145 사회복지협의회에 관한 설명으로 옳지 않은 것은? 18회

① 민간 사회복지 증진을 위한 법적 단체
② 사회복지 소외계층 발굴 및 민간 사회복지 자원과의 연계·협력
③ 시·도에만 의무 설치
④ 1970년 사회복지법인 한국사회복지협의회로 명칭 변경
⑤ 사회복지에 관한 조사·연구 및 정책 건의

146 사회복지협의회에 관한 설명으로 옳지 않은 것은? 19회

① 사회복지사업법에 근거를 둔 법정단체이다.
② 민·관 협력을 위해 시·군·구에 설치된 공공기관이다.
③ 한국사회복지협의회는 기타 공공기관으로 지정되었다.
④ 사회복지기관 간 연계·협력·조정 등의 업무를 수행한다.
⑤ 광역 및 지역 단위 사회복지협의회는 독립적인 사회복지법인이다.

147 한국사회복지협의회의 주요 사업이 아닌 것은? 20회

① 사회복지에 관한 교육훈련
② 사회복지에 관한 계몽 및 홍보
③ 자원봉사활동의 진흥
④ 사회복지사업에 관한 기부문화의 조성
⑤ 읍·면·동이 위탁하는 사회복지에 관한 업무

워밍업 문제 지역사회복지 분야별 조직

지역사회복지 영역에 관한 설명으로 옳지 않은 것은?

① 공동모금의 배분방법에는 기관 배분형, 문제 및 프로그램 배분형, 지역 배분형 등이 있다.
② 자활근로사업에는 근로유지형, 사회서비스형, 인턴·도우미형, 시장진입형 자활근로 네 가지가 있다.
③ 지역아동센터는 보호, 교육, 문화, 복지, 지역사회연계 프로그램을 운영한다.
④ 재가복지봉사센터의 운영의 원칙에는 적극성, 능률성, 연계성, 자립성, 중립성이 있다.
⑤ 사회적 경제의 주체는 사회적 기업, 마을기업, 자활기업, 협동조합이 대표적이다.

[해설] 재가복지봉사센터는 지역사회 내 취약계층이 거주하는 장소에서 가사, 간병, 의료, 결연 등의 재가복지서비스를 제공한다. '중립성'은 자원봉사활동 및 사회복지관 운영의 기본원칙에 해당한다. 답 ④

최신 148 사회적 경제에 관한 설명으로 옳은 것을 모두 고른 것은? 23회

㉠ 사회적 경제주체는 정부와 시장이다.
㉡ 사회통합과 공동체의식 증진에 기여할 수 있다.
㉢ 호혜와 연대에 기초한 사회적 자본으로 시장경제의 대안이 된다.
㉣ 사회적 경제조직의 유형에는 협동조합, 마을기업, 자활기업 등이 있다.

① ㉠
② ㉠, ㉡
③ ㉡, ㉢
④ ㉠, ㉢, ㉣
⑤ ㉡, ㉢, ㉣

149 자원 동원 기관에 관한 설명으로 옳지 않은 것은?
17회

① 사회복지공동모금회의 신청사업은 프로그램사업과 긴급지원사업으로 나누어 공모 형태로 진행된다.
② 기업의 사회공헌센터를 통한 기여 형태는 현금, 물품, 인력 등으로 다양하다.
③ 기부식품 등 제공사업은 이용자에게 기초푸드뱅크·마켓을 통해 기부물품을 제공하고 있다.
④ 자원봉사센터는 자원봉사활동 기본법에 근거하여 자원봉사자를 양성·배치하는 역할을 수행한다.
⑤ 사회복지공동모금회는 노블레스 오블리주 실천을 위한 아너 소사이어티(honor society)를 운영하고 있다.

150 사회적 경제 영역에 관한 설명으로 옳지 않은 것은?
17회

① 협동조합은 협동조합 기본법에 따라 조합원의 권익옹호와 지역사회에 공헌하는 사업조직을 말한다.
② 마을기업은 주민이 지역자원을 활용한 수익사업을 통해 지역공동체를 활성화한다.
③ 사회적 기업은 취약계층에게 일자리를 제공하며 사회적 기업육성법에 따라 영리를 추구하지 않는다.
④ 자활기업은 저소득층이 상호 협력하여 공동사업자의 형태로 탈빈곤을 도모한다.
⑤ 사회적 경제는 사회적 목적과 민주적 운영 원리를 가진 호혜적 경제활동조직이다.

151 사회적 경제에 관한 설명으로 옳은 것을 모두 고른 것은?
18회

> ㉠ 협동조합의 발기인은 5인 이상의 조합원 자격을 가진 자가 된다.
> ㉡ 마을기업은 회원 외에도 지역주민의 의견을 적극 반영한다.
> ㉢ 자활기업은 조합 또는 부가가치세법상의 사업자로 한다.

① ㉠
② ㉠, ㉡
③ ㉠, ㉢
④ ㉡, ㉢
⑤ ㉠, ㉡, ㉢

152 사회복지공동모금회에 관한 설명으로 옳지 않은 것은?
19회

① 기획, 홍보, 모금, 배분 업무를 수행한다.
② 사회복지사업법에 의한 사회복지법인이다.
③ 지정기부금 모금단체이다.
④ 사회복지 프로그램의 전문성 제고에 기여할 수 있다.
⑤ 지역사회의 자원을 동원하는 민간운동적인 특성이 있다.

153 사회적 경제 주체에 해당하는 것을 모두 고른 것은?
19회

> ㉠ 사회적 기업
> ㉡ 마을기업
> ㉢ 사회적 협동조합
> ㉣ 자활기업

① ㉠, ㉡
② ㉠, ㉢
③ ㉡, ㉢
④ ㉠, ㉢, ㉣
⑤ ㉠, ㉡, ㉢, ㉣

154 사회복지공동모금회법상 사회복지공동모금회에 관한 설명으로 옳지 않은 것은? 20회

① 회장, 부회장 및 이사의 임기는 3년으로 하며, 한 차례만 연임할 수 있다.
② 사회복지공동모금사업을 수행한다.
③ 모금회의 업무를 처리하기 위하여 사무총장 1명과 필요한 직원 및 기구를 둔다.
④ 특별시·광역시·특별자치시·도·특별자치도 단위 사회복지공동모금지회를 둔다.
⑤ 사회복지사업이나 그 밖의 사회복지활동 등을 지원하기 위한 재원을 조성하기 위하여 기획재정부장관의 승인을 받아 복권을 발행할 수 있다.

155 사회적 경제에 관한 설명으로 옳은 것을 모두 고른 것은? 20회

㉠ 사회적 기업은 경제적 이익을 추구한다.
㉡ 사회적 경제는 자본주의 시장경제의 대안모델이다.
㉢ 사회적협동조합의 목적은 취약계층에게 사회서비스 또는 일자리를 제공하는 것이다.

① ㉠
② ㉡
③ ㉠, ㉡
④ ㉡, ㉢
⑤ ㉠, ㉡, ㉢

156 자원봉사활동 추진체계의 역할로 옳지 않은 것은? 21회

① 보건복지부: 자원봉사활동의 진흥을 위한 국가기본계획 수립
② 지방자치단체: 자원봉사센터 운영을 위한 예산 지원
③ 중앙자원봉사센터: 자원봉사센터 정책 개발 및 연구
④ 시·도 자원봉사센터: 자원봉사 프로그램 개발 및 보급
⑤ 시·군·구 자원봉사센터: 지역 자원봉사 거점역할 수행

157 사회적 기업에 관한 설명으로 옳은 것을 모두 고른 것은? 21회

㉠ 유급근로자를 고용하여 영업활동을 해야 사회적 기업으로 인증받을 수 있다.
㉡ 조직형태는 민법에 따른 조합, 상법에 따른 회사, 특별법에 따른 법인 등이 있다.
㉢ 보건복지부로부터 사회적 기업으로 인증을 받아야 활동할 수 있다.
㉣ 서비스 수혜자, 근로자 등 이해관계자가 참여하는 의사결정 구조를 갖추어야 한다.

① ㉠, ㉡
② ㉠, ㉢
③ ㉡, ㉢
④ ㉠, ㉡, ㉣
⑤ ㉠, ㉢, ㉣

158 사회복지공동모금회법상 사회복지공동모금회에 관한 설명으로 옳지 않은 것은? 22회

① 사회복지공동모금회는 사회복지법인이다.
② 특별시·광역시·특별자치시·도·특별자치도 단위 사회복지공동모금지회를 둔다.
③ 임원의 임기는 2년으로 하며, 한 차례만 연임할 수 있다.
④ 모금회가 아닌 자는 사회복지공동모금 또는 이와 유사한 명칭을 사용하지 못한다.
⑤ 사회복지활동 등을 지원하기 위한 재원을 조성하기 위하여 복권을 발행할 수 있다.

159 다음 설명을 모두 충족하는 것은? 22회

- 지역공동체에 기반하여 활동한다.
- 도시재생 활성화 및 지원에 관한 특별법에 근거를 두고 있다.
- 주민이 지역자원을 활용한 수익사업을 통해 지역공동체를 활성화한다.

① 사회적 기업 ② 마을기업
③ 자활기업 ④ 협동조합
⑤ 자선단체

워밍업 문제 — 주민참여와 지역사회복지 운동

우리나라 지역사회복지 운동에 관한 설명으로 옳지 않은 것은?

① 1990년대 이후 활성화되었다.
② 지역 화폐 운동은 사회복지 운동이 아니다.
③ 지역사회복지서비스 이용자도 주체가 될 수 있다.
④ 마을 만들기는 지역사회복지 운동의 하나이다.
⑤ 생활 운동의 의미를 지니고 있다.

[해설] 우리나라 지역사회복지 운동은 1990년대 이후 활성화되었으며, 지역 화폐 운동(서비스 및 물품교환 운동), 마을 만들기 등의 사례가 있다. 답 ②

최신 160 지역사회복지 운동에 관한 설명으로 옳지 않은 것은? 23회

① 지역사회의 부당한 권력구조를 변화시키기 위해 노력한다.
② 지역주민 참여를 위한 수요자 중심의 활동이 이루어진다.
③ 지역사회복지운동의 주체로 사회복지 실무자도 포함된다.
④ 특정 계층에 국한된 수단지향적인 활동이다.
⑤ 조례제정운동과 같은 제도변화과정을 예로 들 수 있다.

161 지역사회복지 운동에 관한 설명으로 옳지 않은 것은? 17회

① 지역사회복지서비스 제공기관의 주도성을 강화하기 위해 필요하다.
② 지역주민, 지역사회활동가, 사회복지전문가 등이 운동의 주체가 될 수 있다.
③ 지역사회문제를 해결하기 위한 목적지향성을 가진다.
④ 국민기초생활 보장법 시행 이후 자활후견기관(지역자활센터)이 설치·운영되어 자활운동이 공적 전달체계에 편입되었다.
⑤ 지역주민의 삶의 질과 관련된 생활영역을 포함한다.

162 다음 설명은 아른스테인(S. Arnstein)이 분류한 주민참여단계 중 어디에 해당되는가? 17회

- 행정기관과 주민이 서로 간의 관계 확인
- 행정기관이 일방적으로 주민들을 교육, 설득시키고 주민은 단순히 참여하는 수준
- 주민참여에서 권력분배 정도가 가장 낮은 수준

① 주민회유(placation)
② 협동관계(partnership)
③ 정보제공(informing)
④ 권한위임(delegated power)
⑤ 조작(manipulation)

163 지역사회복지 운동이 갖는 의의에 관한 설명으로 옳은 것을 모두 고른 것은? 18회

> ㄱ. 복지권리의식과 시민의식을 배양하는 복지권 확립
> ㄴ. 지역사회의 다양한 자원활용 및 관련조직 간의 협력을 통한 지역자원 동원
> ㄷ. 지역사회의 정체성 확인과 역량강화를 통해 지역사회변화를 주도
> ㄹ. 사회복지가 추구하는 사회적 가치로서 사회정의 실현

① ㄱ
② ㄱ, ㄹ
③ ㄴ, ㄷ
④ ㄱ, ㄴ, ㄷ
⑤ ㄱ, ㄴ, ㄷ, ㄹ

164 공식 사회복지조직과 주민조직을 네 가지 차원에서 비교·제시하였다. 다음에서 옳은 것을 모두 고른 것은? 19회

	차원	공식 사회복지조직	주민조직
ㄱ	목표	조직의 미션 달성	지역사회 문제 해결
ㄴ	지역사회 개입모델	사회행동 모델이 주로 쓰임.	사회계획 모델이 주로 쓰임.
ㄷ	정부 통제로부터의 자율성	상대적으로 높음.	상대적으로 낮음.
ㄹ	주요 참여자	사회복지사 등의 전문직	일반 주민

① ㄱ, ㄴ
② ㄱ, ㄷ
③ ㄱ, ㄹ
④ ㄴ, ㄹ
⑤ ㄴ, ㄷ, ㄹ

165 지역사회복지 운동에 관한 설명으로 옳은 것은? 19회

① 계획되지 않은 조직적 활동이다.
② 사회복지 전문가 중심의 활동이다.
③ 개인의 성장과 변화에 우선적인 초점을 둔다.
④ 노동자, 장애인 등 일부 주민을 대상으로 한다.
⑤ 복지권리·시민의식을 배양하는 사회권 확립운동이다.

166 다음 〈사례〉에서 설명하는 아른스테인(S. Arnstein)의 주민참여 수준은? 19회

> A시(市)는 도시재생사업과 관련하여 주민들과 갈등을 겪고 있다. B씨는 A시의 추천으로 도시재생사업 추진위원회에 주민대표로 참여하였다. 하지만 회의는 B씨의 기대와는 달리 A시가 의도한 방향대로 최종 결정되었다.

① 조작
② 회유
③ 주민통제
④ 권한위임
⑤ 정보제공

167 지역사회복지 운동에 관한 설명으로 옳지 않은 것은? 20회

① 지역사회복지 운동의 계층적 기반은 노동운동이나 여성운동과 같이 뚜렷하다.
② 지역사회복지 운동의 주된 관심사는 주민 삶의 질과 관련된 생활영역에 있다.
③ 지역사회의 다양한 자원 활용 및 조직 간 유기적 협력이 이루어진다.
④ 지역사회복지 운동에는 다양한 이념이 사용될 수 있다.
⑤ 지역사회복지 운동의 주체는 사회복지전문가, 지역활동가, 지역사회복지 이용자 등 다양하다.

168 주민참여와 관련이 없는 것은? 20회

① 지방자치제도의 발달
② 마을만들기 사업(운동)
③ 지역사회 복지정책 결정과정
④ 공무원 중심의 복지정책 결정권한 강화
⑤ 아른스테인(S. Arnstein)의 주장

169 지역사회복지실천에서 지역주민 참여수준이 높은 것에서 낮은 것 순서로 옳게 나열한 것은? 21회

㉠ 계획단계에 참여
㉡ 조직대상자
㉢ 단순 정보수혜자
㉣ 의사결정권 행사

① ㉡ - ㉢ - ㉣ - ㉠
② ㉢ - ㉠ - ㉡ - ㉣
③ ㉢ - ㉡ - ㉠ - ㉣
④ ㉣ - ㉠ - ㉡ - ㉢
⑤ ㉣ - ㉡ - ㉠ - ㉢

170 지역사회복지 운동에 관한 설명으로 옳은 것은? 21회

① 사회복지전문가 중심의 활동으로 이루어진다.
② 목적지향적인 조직적 활동이다.
③ 운동의 초점은 정치권력의 장악이다.
④ 지역사회의 구조적 문제는 배제된다.
⑤ 지역사회복지 운동단체는 서비스 제공 활동을 하지 않는다.

171 아른스테인(S. Arnstein)이 분류한 주민참여단계에 해당하지 않는 것은? 22회

① 협동관계
② 정보제공
③ 주민회유
④ 주민동원
⑤ 권한위임

워밍업 문제 | 최근 지역사회복지 동향

최근 우리나라 사회복지 현장에서 나타나고 있는 현상으로 옳지 않은 것은?

① 시설보호보다 재가보호를 더 강조한다.
② 자활후견기관은 지역자활센터로 명칭이 변경되었다.
③ 사회복지공동모금회가 지역별로 독립 법인화되었다.
④ 이용권(voucher) 형태의 사회복지서비스가 증가하고 있다.
⑤ 사회복지사에 대한 보수교육이 의무화되었다.

[해설] 1997년 사회복지공동모금법이 제정되면서 사회복지공동모금회가 지역별로 독립 법인화되었다. 그러나 1999년 사회복지공동모금회법으로 전면 개정되면서 개별 독립 법인이던 사회복지공동모금회는 중앙회와 지회의 체계로 전환되었다.

답 ③

172 최근 공공 사회복지 전달체계가 읍·면·동 중심으로 개편됨에 따라 나타난 현상이 아닌 것은?
17회

① 찾아가는 보건·복지서비스 확대
② 읍·면·동에서 통합사례관리 직접 수행
③ 사회보장정보시스템(행복e음) 개시
④ 복지·보건·고용 연계 등 통합서비스 강화
⑤ 지역 인적 안전망 구성의 활성화

173 한국 지역사회복지의 최근 동향으로 옳은 것을 모두 고른 것은?
18회

> ㄱ. 중앙정부의 '사회서비스원' 운영
> ㄴ. '시·군·구 복지허브화' 실시
> ㄷ. '읍·면·동 찾아가는 보건복지서비스' 실시
> ㄹ. 사회적 경제 주체들의 다양화

① ㄱ, ㄴ   ② ㄴ, ㄹ
③ ㄷ, ㄹ   ④ ㄱ, ㄷ, ㄹ
⑤ ㄱ, ㄴ, ㄷ, ㄹ

174 최근 지역사회복지 동향으로 옳지 않은 것은?

20회

① '찾아가는 동주민센터' 사업 실시
② 읍·면·동 맞춤형 복지 전담팀 설치
③ 지역사회통합돌봄사업의 축소
④ 행정복지센터로의 행정조직 재구조화
⑤ 지역사회복지계획이 지역사회보장계획으로 변경

175 최근 복지전달체계의 동향으로 옳지 않은 것은?
21회

① 사회복지 전담인력의 확충
② 수요자 중심 복지서비스 제공
③ 통합사례관리의 축소
④ 민·관 협력의 활성화
⑤ 보건과 연계한 서비스의 통합성 강화

CHAPTER

6

사회복지 정책론

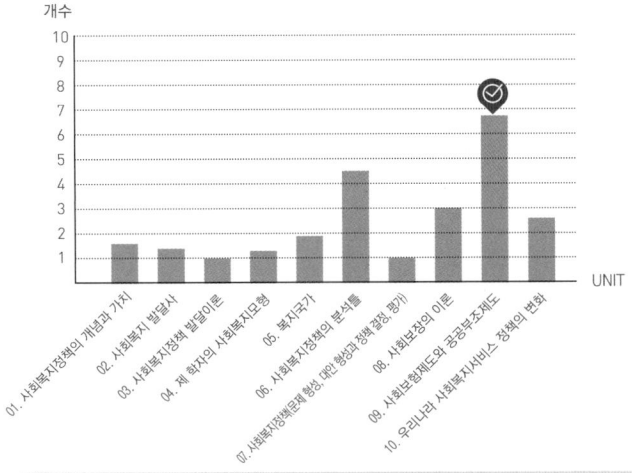

7개년 출제 리포트

WHAT TO STUDY

1. 우리나라 사회복지정책의 세부 내용이 주로 출제된다.
2. 현재 시행되고 있는 주요 사회복지정책의 개요는 꼼꼼히 정리하자.
3. 사회복지법제론과 함께 살펴보면 보다 효율적으로 학습할 수 있다.

UNIT 01

사회복지정책의 개념과 가치

정답과 해설 219쪽

워밍업 문제 사회복지정책의 개요

개인의 기여, 능력, 욕구에 따라 사회적 자원을 다르게 분배하는 것은?
① 수량적 평등 ② 기회의 평등
③ 비례적 평등 ④ 결과의 평등
⑤ 조건의 평등

해설 개인의 기여, 능력, 욕구에 따라 사회적 자원을 다르게 분배하는 것은 '비례적 평등'이다.   **답** ③

실시간 출제 키워드
▲ 사회복지정책의 필요성
▲ 평등

최신 001 사회복지정책의 목적으로 옳지 <u>않은</u> 것은? 23회

① 빈부 간 갈등 예방과 사회통합
② 개인의 자립과 성장
③ 소득재분배에 의한 평등 추구
④ 사회안전망 강화와 생존권 보장
⑤ 개인의 능력에 따른 분배구조 확대

최신 002 사회복지정책 가치인 연대에 관한 설명으로 옳지 <u>않은</u> 것은? 23회

① 사람들이 서로 의무감과 책임감을 느끼고 함께 하려는 상태를 의미한다.
② 일반적으로 동질성과 동등성을 갖지 못한 대상에 대한 배타성을 갖게 된다.
③ 이질성과 개인화가 강조되는 상태에서 유지되는 연대를 유기적 연대라고 한다.
④ 최근 우리나라에서는 노동시장의 변화로 노동자들 간 동질성이 더욱 강화되었다.
⑤ 장애인 의무고용은 연대를 제도화한 것이다.

003 우리나라 사회복지제도 중에서 보편주의 범주에 포함되는 것은? 17회

① 의료급여 ② 생계급여
③ 주거급여 ④ 실업급여
⑤ 기초연금

004 평등에 관한 설명으로 옳지 않은 것은? 17회

① 보험료 수준에 따라 급여를 차등하는 것은 비례적 평등으로 볼 수 있다.
② 드림스타트(dream start) 사업은 기회의 평등을 반영하는 것으로 볼 수 있다.
③ 공공부조의 급여는 산술적 평등을, 열등처우의 원칙은 비례적 평등을 반영하는 것이다.
④ 모든 사람에게 동등한 의료서비스를 제공하는 영국의 국민보건서비스(NHS)는 결과의 평등을 반영하는 것으로 볼 수 있다.
⑤ 비례적 평등은 결과의 평등이다.

005 사회적 연대(social solidarity)에 관한 설명으로 옳지 않은 것은? 17회

① 개인과 사회 간 이해의 대립현상이 발생할 경우 개인은 전체를 위하여 희생하여야 한다.
② 사회문제의 해결과정에서 조직 구성원 간 이타적 정신을 필요로 한다.
③ 특정한 사회적 위험으로 피해를 입은 소수를 위하여 다수가 그 비용을 공동으로 부담한다.
④ 사회문제에 대한 집단적 대처수단으로서 상부상조의 정신을 바탕으로 한다.
⑤ 공동체에 대한 개인의 연대 참여는 당사자의 자유의지에 달려 있다.

006 재분배와 파레토(Pareto) 효율에 관한 설명으로 옳지 않은 것은? 17회

① 파레토 개선이란 다른 사람들의 효용을 감소시키지 않으면서 어떤 사람들의 효용을 증가시키는 것이다.
② 파레토 효율의 정의상 소득 재분배는 매우 효율적이다.
③ 재분배를 통하여 빈곤층의 소득이 늘어나도 개인의 효용은 증가할 수 있다.
④ 파레토 개선의 예로 민간의 자선활동을 들 수 있다.
⑤ 파레토 효율은 완전경쟁시장에서 개인의 자발적인 선택을 전제로 한다.

007 사회복지의 가치 중 '자유'에 관한 설명으로 옳은 것은? 18회

① 자유지상주의 관점에서는 적극적 자유를 옹호한다.
② 소극적 자유 보장을 위해서는 국가의 역할이 많을수록 좋다.
③ 적극적 자유의 관점에서 자유의 침해는 개인에게 필요한 자원이나 기회를 박탈당한 것을 의미한다.
④ 적극적 자유의 관점에서는 임차인의 주거 안정을 위해 임대인의 자유를 제약할 수 없다.
⑤ 개인의 행동에 대한 외적 강제가 없는 상태는 적극적 자유의 핵심이다.

008 사회복지정책의 원칙과 기능에 관한 설명으로 옳지 않은 것은? 19회

① 능력에 비례한 배분을 원칙으로 한다.
② 소득을 재분배하는 기능을 한다.
③ 경제의 자동안정화 기능을 한다.
④ 국민의 최저생활을 보장하는 기능을 한다.
⑤ 사회통합과 정치적 안정화 기능을 한다.

009 사회복지정책의 가치에 관한 설명으로 옳은 것은? 19회

① 비례적 평등은 개인의 능력, 업적, 공헌에 따라 사회적 자원을 분배하는 것을 의미한다.
② 적극적 자유는 타인의 간섭 혹은 의지로부터의 자유를 의미한다.
③ 결과의 평등을 달성하기 위해 부자들의 소득을 재분배하더라도 소극적 자유를 침해하지 않는다.
④ 결과가 평등하다면 과정의 불평등은 상관없다는 것이 기회의 평등이다.
⑤ 기회의 평등은 적극적인 평등의 개념이다.

010 사회복지정책의 가치에 관한 설명으로 옳지 않은 것은? 20회

① 소극적 자유는 자신이 원하는 것을 할 수 있는 자유를 강조한다.
② 평등을 추구하는 사회복지정책은 선택의 자유를 제한한다는 비판이 있다.
③ 형평성이 신빈민법의 열등처우원칙에 적용되었다.
④ 적절성은 일정한 수준의 신체적·정신적 복리를 제공하는 것을 의미한다.
⑤ 기회의 평등의 예로 사회적으로 취약한 아동을 위한 적극적 교육 지원을 들 수 있다.

011 다음 중 사회복지정책이 필요한 이유를 모두 고른 것은? 21회

> ㉠ 국민의 생존권 보장
> ㉡ 사회통합의 증진
> ㉢ 개인의 자립성 증진
> ㉣ 능력에 따른 분배

① ㉠, ㉡
② ㉡, ㉢
③ ㉡, ㉣
④ ㉠, ㉡, ㉢
⑤ ㉠, ㉢, ㉣

UNIT 02

사회복지 발달사

정답과 해설 220쪽

시험 실시간 차트

평균 1.4문제 출제

실시간 출제 키워드

▲ 중상주의
▲ 베버리지 보고서
▲ 영국의 사회복지 역사
▲ 미국의 사회보장법
▲ 신빈민법

워밍업 문제 영국의 사회복지

다음 중 개정 구빈법(1834)의 제정 배경이 아닌 것은?
① 열등처우의 원칙
② 자유 방임주의의 영향
③ 과도한 산업화
④ 구빈 비용의 부담
⑤ 빈곤의 원인을 사회적인 문제로 인식

해설 빈곤은 개인적 결함에서 비롯된다고 보았다.   답 ⑤

최신 012 중상주의에 관한 설명으로 옳은 것을 모두 고른 것은? 23회

㉠ 15세기 중반부터 18세기 중반까지 유럽대륙을 지배하였던 경제사상을 지칭하는 용어이다.
㉡ 국가유지에 필요한 비용을 마련하기 위해 식민지 개척과 무역정책을 추진하였다.
㉢ 식량부족으로 인구증가 억제정책을 추진하였다.
㉣ 빈민들의 근면성을 위해 임금수준을 낮게 유지하고자 하였다.

① ㉠
② ㉡, ㉢
③ ㉠, ㉡, ㉣
④ ㉡, ㉢, ㉣
⑤ ㉠, ㉡, ㉢, ㉣

013 사회복지정책의 역사를 세 단계로 나눌 때 ( )에 들어갈 내용을 순서대로 나열한 것은?

23회

	대상자	사회복지 주체	권리수준
빈민법	걸인, 부랑인, 구제가치가 있는 빈민	(㉠)	무권리, 정책당국의 재량
사회 보험	노동자 계급	국가, 노동조합	(㉡)
복지 국가	(㉢)	국가, 시민단체	시민권

① ㉠: 노동조합
　㉡: 계약에 입각한 권리
　㉢: 노동자 계급
② ㉠: 국가, 노동조합
　㉡: 시민권
　㉢: 노동자 계급
③ ㉠: 국가, 교회, 영주
　㉡: 계약에 입각한 권리
　㉢: 시민, 개인
④ ㉠: 노동조합
　㉡: 정책 당국의 재량
　㉢: 시민, 개인
⑤ ㉠: 국가, 교회, 영주
　㉡: 시민권
　㉢: 노동자 계급

014 사회복지역사에 관한 내용 중 연결이 옳은 것은?

18회

① 엘리자베스 구빈법(1601) – 열등처우의 원칙
② 길버트법(1782) – 원외구제 허용
③ 비스마르크 3대 사회보험 – 질병보험, 실업보험, 노령폐질보험
④ 미국 사회보장법(1935) – 보편적 의료보험제도 도입
⑤ 베버리지 보고서(1942) – 소득비례방식의 사회보험 도입

015 베버리지(W. Beveridge)가 사회보장 프로그램의 성공을 위해 제시한 전제조건을 모두 고른 것은?

18회

㉠ 아동(가족)수당
㉡ 완전고용
㉢ 포괄적 의료 및 재활서비스
㉣ 최저임금

① ㉣
② ㉠, ㉢
③ ㉡, ㉣
④ ㉠, ㉡, ㉢
⑤ ㉠, ㉡, ㉢, ㉣

016 신빈민법(new poor law)에 관한 설명으로 옳지 않은 것은?

19회

① 1832년 왕립위원회(royal commission)의 조사를 토대로 1834년에 제정되었다.
② 국가의 도움을 받는 사람의 처우는 스스로 벌어서 생활하는 최하위 노동자의 생활수준보다 높지 않아야 한다는 원칙을 내용으로 하고 있다.
③ 원외구제를 인정하였다.
④ 구빈행정체계를 통일시키고자 하였다.
⑤ 빈민을 가치 있는 빈민과 가치 없는 빈민으로 분류하였다.

017 사회복지 역사에 관한 설명으로 옳은 것을 모두 고른 것은?

20회

㉠ 길버트법은 작업장 노동의 비인도적인 문제에 대응하여 원외구제를 실시하였다.
㉡ 신빈민법은 특권적 지주계급을 위한 법으로 구빈업무를 전국적으로 통일하였다.
㉢ 미국의 사회보장법(1935)은 연방정부의 책임을 축소하고 지방정부의 책임을 확대하였다.
㉣ 비스마르크는 독일제국의 사회통합을 위해 사회보험을 도입하였다.

① ㉠, ㉡
② ㉠, ㉢
③ ㉠, ㉣
④ ㉡, ㉢
⑤ ㉢, ㉣

018 1942년 베버리지 보고서에서 규정한 5대 악에 해당되지 않는 것은? 　21회

① 무지　　　② 질병
③ 산업재해　　④ 나태
⑤ 결핍(궁핍)

019 영국 구빈제도의 역사에 관한 설명으로 옳지 않은 것은? 　21회

① 1601년 엘리자베스 빈민법은 빈민을 노동능력 있는 빈민, 노동능력 없는 빈민, 빈곤 아동으로 분류하였다.
② 1662년 정주법은 부랑자들의 자유로운 이동을 금지하였다.
③ 1782년 길버트법은 원외구제를 허용하였다.
④ 1795년 스핀햄랜드법은 열등처우의 원칙을 명문화하였다.
⑤ 1834년 신빈민법은 노동능력이 있는 빈민에 대한 원외구제를 폐지하였다.

020 영국 사회복지정책의 역사에 관한 설명으로 옳은 것을 모두 고른 것은? 　22회

> ㉠ 길버트법은 빈민의 비참한 생활과 착취를 개선하기 위해 원외구제를 허용했다.
> ㉡ 스핀햄랜드법은 빈민의 임금을 보충하기 위해 가족 수에 따라 보조금을 지급할 수 있게 했다.
> ㉢ 신빈민법은 열등처우의 원칙을 적용하였고 원내구제를 금지했다.
> ㉣ 왕립빈민법위원회의 소수파보고서는 구빈법의 폐지보다는 개혁을 주장했다.
> ㉤ 베버리지보고서를 근거로 하여 가족수당법, 국민부조법 등이 제정되었다.

① ㉠, ㉢　　　② ㉢, ㉤
③ ㉠, ㉡, ㉤　　④ ㉡, ㉢, ㉣
⑤ ㉡, ㉣, ㉤

워밍업 문제　　**미국 및 독일의 사회복지**

미국의 사회복지정책에 관한 설명으로 옳은 것을 모두 고른 것은?

> ㉠ 1935년 사회복지에 대한 국가의 책임을 명시한 법령을 제정하였다.
> ㉡ 최근의 복지 개혁에서 한시부조 프로그램(TANF)은 요보호 아동 가족부조(AFDC)를 개편한 공공부조 제도이다.
> ㉢ 푸드 스탬프(food stamp)는 영양 공급을 위한 것이다.
> ㉣ 1935년 사회보장법은 전국민을 대상으로 한 의료보험 정책이 있다.

① ㉠, ㉡, ㉢　　② ㉠, ㉢
③ ㉡, ㉣　　　　④ ㉣
⑤ ㉠, ㉡, ㉢, ㉣

해설 ㉣ 미국의 1935년 사회보장법에는 전국민을 대상으로 한 의료보험은 없으며, 민간의 질병보험이 주된 역할을 수행하였다. 이후 2014년 오바마케어가 시행되어 전국민의 건강보험을 단계적으로 시행과 중단을 거쳐, 바이든 행정부에서 건강보험을 확대하고 있다.　　**답** ①

021 미국의 빈곤가족한시지원(TANF)에 관한 설명으로 옳지 않은 것은? 　22회

① 수급기간 제한
② 개인 책임 강조
③ 근로연계복지 강화
④ 요보호아동가족부조(AFDC)와 병행
⑤ 주정부의 역할과 기능 강화

UNIT 03 사회복지정책 발달이론

정답과 해설 222쪽

시험 실시간 차트

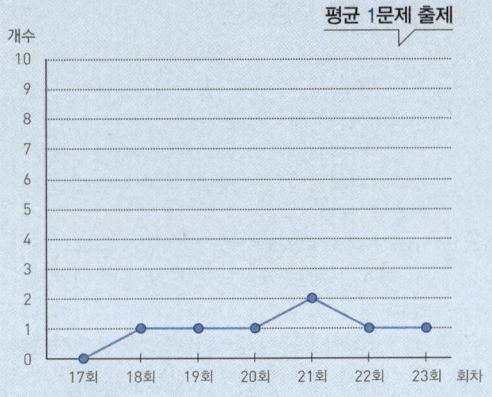

실시간 출제 키워드
- ▲ 사회복지정책 발달이론
- ▲ 산업화이론
- ▲ 전파이론
- ▲ 사회민주주의이론

워밍업 문제 | 사회복지정책 발달이론

시민권이론에 관한 설명으로 옳지 않은 것은?
① 시민권의 변천을 진화론적 입장에서 분석한다.
② 보편적 복지를 행하게 하는 논리적 근거이다.
③ 대표적 학자는 마샬(T. Marshall)이다.
④ 시민권의 요소를 공민적, 정치적, 사회적으로 구분한다.
⑤ 온정주의를 지향한다.

[해설] 시민권이론은 불평등한 계급구조와 평등주의적 시민권 이념이 양립할 수 있다고 본다.   답 ⑤

---

022 마이클 샌델(M. Sandel)의 정의에 관한 설명으로 옳지 않은 것은?   23회

① 절차적 장치로써 무지의 베일 활용
② 도덕에 기초하는 정치
③ 불평등 해소방법, 연대, 시민의 미덕
④ 시장의 도덕적 한계를 인정
⑤ 시민의식, 희생, 봉사

023 사회복지 발달이론에 관한 설명으로 옳지 않은 것은?   18회

① 사회양심이론 – 사회복지는 이타주의가 제도화된 것임.
② 수렴이론 – 산업화를 이룬 나라들은 사회복지제도를 도입하게 됨.
③ 시민권론 – 마샬(T. H. Marshall)은 사회권(social right)을 복지권(welfare right)이라 함.
④ 권력자원론 – 사회복지정책은 권력 엘리트의 산물임.
⑤ 구조기능주의론 – 사회복지는 산업화, 도시화에 따른 사회문제에 대한 적응의 결과임.

024 사회복지정책 발달이론에 관한 설명으로 옳지 않은 것은? 19회

① 사회양심론은 인도주의에 기초하고 있다.
② 음모이론은 사회복지정책을 사회안정과 질서유지를 위한 통제수단으로 보는 이론이다.
③ 확산이론은 한 지역의 사회복지정책이 다른 지역으로 전파되어 나간다는 이론이다.
④ 시민권론은 참정권, 공민권, 사회권 순으로 발전했다고 설명한다.
⑤ 산업화이론은 사회복지정책 발달은 그 사회의 산업화 정도에 따라 결정된다고 보는 이론이다.

025 사회복지정책의 발달이론에 관한 설명으로 옳지 않은 것은? 20회

① 산업화론 – 농경사회에서 산업사회로 변화하면서 사회문제가 발생하였고, 그 대책으로 사회복지정책이 발달하였다.
② 권력자원론 – 복지국가 발전의 중요 변수들은 노동조합의 중앙집중화 정도, 노동자정당의 영향력 등이다.
③ 수렴이론 – 사회적 양심과 이타주의의 확대에 따라 모든 국가는 복지국가로 수렴한다.
④ 시민권론 – 마샬(T. H. Marshall)에 따르며 시민권은 공민권, 참정권, 사회권 순서로 발전하였고, 사회복지정책은 사회권이 발달한 결과이다.
⑤ 국가중심적 이론 – 적극적 행위자로서 국가를 강조하고 사회복지정책의 발전을 국가 관료제의 영향으로 설명한다.

026 롤스(J. Rawls)의 정의론(공정으로서의 정의)에 관한 설명으로 옳은 것은? 21회

① 제1원칙은 기본적 자유에 대한 동등한 권리이다.
② 기회의 균등보다는 결과의 평등이 더 중요하다.
③ 사회경제적 불평등은 어떠한 경우라도 허용될 수 없다.
④ 최대 다수의 최대 행복을 추구한다.
⑤ 정당한 소유와 합법적인 이전은 정의로운 결과를 가져온다.

027 사회복지정책의 발달이론 중 의회 민주주의의 정착과 노동자계급의 조직화된 힘을 강조하는 이론은? 21회

① 산업화론
② 권력자원이론
③ 확산이론
④ 사회양심이론
⑤ 국가중심이론

028 사회복지정책의 발달을 설명하는 이론으로 옳은 것을 모두 고른 것은? 22회

㉠ 시민권이론은 정치권, 공민권, 사회권의 순서로 발달한 것으로 본다.
㉡ 권력자원이론은 노동조합의 중앙집중화 정도, 좌파정당의 집권을 복지국가 발달의 변수로 본다.
㉢ 이익집단이론은 다양한 이익집단들의 정치적 활동을 통해 복지국가가 발달한 것으로 본다.
㉣ 국가중심이론은 국가 엘리트들과 고용주들의 의지와 능력에 의해 결정된다고 본다.
㉤ 수렴이론은 그 사회의 기술수준과 산업화 정도에 따라 사회복지의 발달이 수렴된다고 본다.

① ㉠, ㉡, ㉣
② ㉠, ㉢, ㉤
③ ㉡, ㉢, ㉣
④ ㉡, ㉢, ㉤
⑤ ㉢, ㉣, ㉤

UNIT

04

제 학자의 사회복지모형

정답과 해설 223쪽

워밍업 문제 — 제 학자의 사회복지모형

에스핑-앤더슨의 복지국가 유형에 관한 설명으로 옳지 <u>않은</u> 것은?

① 이 모형의 유형화 기준은 탈상품화 또는 계층화이다.
② 사회민주주의 복지국가는 탈상품화가 가장 낮은 유형이다.
③ 자유주의 복지국가는 복지의 재분배 효과가 미약한 편이다.
④ 자유주의 복지국가는 공공부조 프로그램을 강조한다.
⑤ 보수주의 복지국가는 계층화가 남아 있다.

[해설] 에스핑-앤더슨의 사회복지모형의 유형화 기준은 탈상품화 또는 계층화이다. 탈상품화란 근로자가 자신의 노동력을 상품으로 시장에 내다 팔지 않고도 살 수 있는 정도를 말하며, 탈상품화가 높을수록 사회민주주의 복지국가에 가깝다.

답 ②

시험 실시간 차트

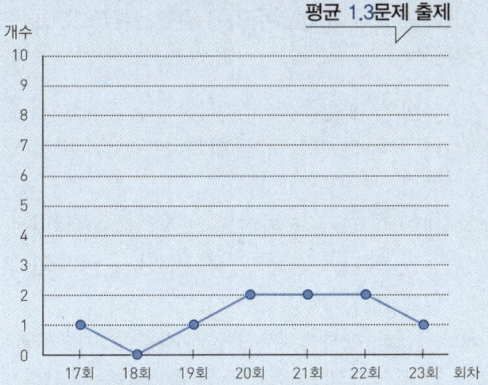

실시간 출제 키워드
▲ 에스핑-앤더슨의 복지국가
▲ 선별주의 정책과 보편주의 정책
▲ 조지와 윌딩의 복지국가

최신 029 길버트(N. Gilbert)가 주장한 권능부여국가(enabling state)의 주요 요소에 해당하는 것은?

23회

① 사회적 지원, 노동의 재상품화, 공공기관에 의한 제공, 권리의 공유를 통한 연대
② 사회적 포섭, 노동의 탈상품화, 민간기관에 의한 제공, 사회권으로서의 급여
③ 사회적 포섭, 노동의 재상품화, 민영화, 사회권으로서의 급여
④ 근로촉진, 선별적 표적화, 민영화, 사회적 의무와 연계된 급여
⑤ 근로촉진, 생활임금, 공적 운영, 사회적 의무와 연계된 급여

030 반집합주의가 선호하는 가치 영역이 아닌 것은?
17회

① 개인 ② 시장 ③ 평등
④ 가족 ⑤ 경쟁

031 에스핑-앤더슨(Esping-Andersen)의 복지국가 유형에 관한 설명으로 옳은 것을 모두 고른 것은?
19회

> ㄱ. 복지국가 유형을 탈상품화, 계층화 등을 기준으로 분류하였다.
> ㄴ. 자유주의 복지국가는 자산조사에 의한 공공부조의 비중이 큰 국가이다.
> ㄷ. 보수주의 복지국가는 사회보험에 의존하지 않는다.
> ㄹ. 사회민주주의 복지국가는 보편적 원칙과 사회권을 통한 탈상품화 효과가 크다.

① ㄱ, ㄴ ② ㄱ, ㄹ
③ ㄱ, ㄴ, ㄹ ④ ㄴ, ㄷ, ㄹ
⑤ ㄱ, ㄴ, ㄷ, ㄹ

032 조지와 윌딩(V. George & R. Wilding, 1976; 1994)의 사회복지모형에서 복지국가의 확대를 가장 지지하는 이념은?
20회

① 신우파
② 반집합주의
③ 마르크스주의
④ 페이비언 사회주의
⑤ 녹색주의

033 에스핑-앤더슨(G. Esping-Andersen)의 세 가지 복지체제에 관한 설명으로 옳지 않은 것은?
20회

① 보수주의 복지체제 국가는 가족의 중요성을 강조한다.
② 자유주의 복지체제 국가에서 탈상품화 정도가 가장 높다.
③ 사회민주주의 복지체제 국가는 보편주의를 강조한다.
④ 보수주의 복지체제 국가의 예로 독일, 프랑스, 이탈리아가 있다.
⑤ 자유주의 복지체제 국가의 사회보장급여는 잔여적 특성이 강하다.

034 조지(V. George)와 윌딩(P. Wilding)이 제시한 이념 중 소극적 집합주의에 관한 설명으로 옳은 것은?
21회

① 시장에 대한 국가 개입을 최소화하고 개인의 소극적 자유를 극대화하는 것이 바람직하다.
② 개인의 적극적 자유를 보장하기 위해서는 철저한 계획경제와 생산수단의 국유화가 필요하다.
③ 환경과 생태의 관점에서 자본주의의 성장과 복지국가의 확대는 지속가능하지 않다.
④ 복지국가는 노동의 성(gender) 분업과 자본주의 가부장제를 고착화시키는 역할을 한다.
⑤ 시장의 약점을 보완하고 불평등과 빈곤에 대응하기 위하여 실용적인 국가 개입이 필요하다.

035 에스핑-안데르센(G. Esping-Andersen)의 복지국가 유형에 관한 설명으로 옳지 않은 것은?

21회

① 탈상품화 정도, 계층화 정도 등에 따라 복지국가를 3가지 유형으로 분류하였다.
② 탈상품화는 돌봄이나 서비스 부담을 가족에게 의존하지 않는 정도를 의미한다.
③ 사회민주주의 복지국가는 탈상품화 정도가 높고 보편적 사회서비스를 제공한다.
④ 보수주의 복지국가에서 사회보험은 직업집단 등에 따라 분절적으로 운영된다.
⑤ 자유주의 복지국가는 공공부조의 역할이 크고 탈상품화 정도는 낮다.

036 사회복지의 잔여적 개념과 제도적 개념에 관한 설명으로 옳은 것을 모두 고른 것은? 22회

> ㉠ 잔여적 개념에 따르면 개인은 기본적으로 가족과 시장을 통해 욕구를 충족시킨다.
> ㉡ 제도적 개념에 따르면 가족과 시장에 의한 개인의 욕구 충족이 실패했을 때 국가가 잠정적·일시적으로 그 기능을 대신한다.
> ㉢ 잔여적 개념은 작은 정부를 옹호하고 시장과 민간의 역할을 중시하는 보수주의자들의 선호와 맥락을 같이한다.
> ㉣ 제도적 개념은 사회복지를 시혜나 자선으로 보지 않지만 국가에 의해 주어진 것이므로 권리성은 약하다.

① ㉠
② ㉣
③ ㉠, ㉢
④ ㉡, ㉢
⑤ ㉡, ㉢, ㉣

037 에스핑-안데르센(G. Esping-Andersen)의 복지국가 유형에 관한 설명으로 옳은 것은? 22회

① 복지국가 유형을 탈상품화, 계층화 등을 기준으로 분류하였다.
② 보수주의 복지국가는 탈가족주의와 통합적 사회보험을 강조한다.
③ 자유주의 복지국가는 공공부조의 비중과 탈상품화 수준이 낮은 편이다.
④ 사회민주주의 복지국가는 국가의 책임을 최소화하고 시장을 통해 문제해결을 한다.
⑤ 보수주의 복지국가의 예로는 프랑스, 영국, 미국을 들 수 있다.

UNIT 05 복지국가

정답과 해설 225쪽

시험 실시간 차트

평균 1.9문제 출제

실시간 출제 키워드
▲ 사회투자전략
▲ 복지국가의 특징
▲ 복지혼합경제

워밍업 문제 복지국가의 환경 변화

21세기 복지국가의 사회환경 변화로 옳은 것을 모두 고른 것은?

> ㉠ 신규 노동자의 감소
> ㉡ 여성의 사회 진출 증대
> ㉢ 고령화의 진행
> ㉣ 국가 간 노동인구의 교류 감소

① ㉠, ㉡, ㉢   ② ㉠, ㉢
③ ㉡, ㉣   ④ ㉣
⑤ ㉠, ㉡, ㉢, ㉣

해설 ㉣ 국제 관계가 긴밀하게 이루어지는 현대사회에서 국가 간 노동인구의 교류는 점점 증가하는 추세이다.   **답** ①

최신 038 제2차 세계대전 이후 서구 복지국가의 전개 과정에 관한 설명으로 옳은 것은? 23회

① 노동과 자본의 극단적인 대립
② 대규모 재분배를 가능하게 하는 케인즈주의 경제정책
③ 자유방임 자본주의를 옹호하는 사상 확산
④ 공공부조 위주의 사회보장체계 구축
⑤ 가족과 시장의 책임강조

039 국가가 시장에 개입하는 근거로 옳은 것을 모두 고른 것은? 17회

> ㉠ 긍정적 외부효과
> ㉡ 부정적 외부효과
> ㉢ 비대칭적 정보
> ㉣ 역선택

① ㉠, ㉢   ② ㉡, ㉣
③ ㉠, ㉢, ㉣   ④ ㉡, ㉢, ㉣
⑤ ㉠, ㉡, ㉢, ㉣

040 다음 설명에 해당하는 것은? 19회

> 비경합적이고 비배제적인 성격을 지니고 있기 때문에 구성원이 각각 생산에 기여했는지 여부에 관계없이 모든 구성원이 활용할 수 있는 재화를 말한다.

① 비대칭적 정보 ② 공공재
③ 외부효과 ④ 도덕적 해이
⑤ 역선택

041 사회복지 재화나 서비스를 국가가 제공해야 하는 이유가 아닌 것은? 20회

① 사회복지의 공공재적 성격
② 전염병에 대한 치료의 긍정적 외부효과 발생
③ 질병의 위험에 대한 보험방식의 역선택 문제 해결
④ 경제성장의 낙수효과 발생
⑤ 의료서비스에 대한 정보의 비대칭 문제 해결

042 사회복지정책의 주체 및 그 역할에 관한 설명으로 옳지 않은 것은? 21회

① 긍정적 외부효과가 큰 영역은 민간부문이 담당하는 것이 바람직하다.
② 사회복지정책의 주체는 국가, 지방자치단체, 공공복지기관 등 다양하다.
③ 공공재적 성격이 강한 재화나 서비스는 공공부문이 개입하는 것이 바람직하다.
④ 정보의 비대칭성이 강한 영역은 정부가 개입하는 것이 바람직하다.
⑤ 민간복지기관은 정부 및 공공기관에 의하여 권한을 위임받은 경우 사회복지정책의 주체가 될 수 있다.

043 국가가 주도적으로 사회복지를 제공해야 할 필요성으로 옳지 않은 것은? 22회

① 역선택
② 도덕적 해이
③ 규모의 경제
④ 능력에 따른 분배
⑤ 정보의 비대칭

워밍업 문제   복지국가의 특징

제3의 길에 관한 설명으로 옳지 않은 것은?
① 사회투자국가의 건설 지향
② 시장의 효율성과 인적 자본에 대한 국가의 투자 강화
③ 노동연계 복지정책 강조
④ 사회민주주의와 신자유주의의 단점을 보완하고 융화시킨 새로운 복지정책
⑤ 사회복지보다 경제 성장을 강조

해설 제3의 길은 인간 중심적 자본주의를 지향하며, 경제 성장과 사회복지를 동시에 추구한다.   **답** ⑤

최신 044 도덕적 해이에 관한 설명으로 옳지 않은 것은? 23회

① 도덕적 해이는 보험계약이 가입자들의 행동에 영향을 미치는 현상이다.
② 도덕적 해이는 보험가입 집단의 크기가 클수록 약화된다.
③ 도덕적 해이는 실업보험에서 발생할 가능성이 높다.
④ 도덕적 해이는 건강보험 진료비 본인부담을 정당화하는 논리로 사용된다.
⑤ 도덕적 해이가 심각해지면 민간보험사의 보험료 상승으로 이어질 수 있다.

045 복지국가의 이론적 기초가 되는 케인즈(J. M. Keynes) 경제이론에 관한 설명으로 옳지 않은 것은? 17회

① 고용이 증가하면 소득이 증가하고, 소득이 증가하면 유효수요가 증가한다.
② 유효수요가 감소하면 경기불황을 가져오고, 소득이 감소한다.
③ 저축이 증가하면 투자가 감소하고, 고용의 감소로 이어진다.
④ 유효수요가 증가하면 경기호황을 가져와 투자의 증가로 이어진다.
⑤ 소득이 증가하면 저축이 감소하고, 투자의 감소로 이어진다.

046 복지혼합(welfare-mix)의 유형 중 서비스 이용자의 선택권이 작은 것에서 큰 순서로 나열한 것은? 18회

① 세제혜택 – 계약 – 증서
② 세제혜택 – 증서 – 계약
③ 증서 – 계약 – 세제혜택
④ 계약 – 증서 – 세제혜택
⑤ 계약 – 세제혜택 – 증서

047 실업보험을 민간시장에서 제공할 때 발생할 수 있는 문제점을 모두 고른 것은? 18회

> ㉠ 역의 선택(adverse selection)이 나타난다.
> ㉡ 가입자의 도덕적 해이가 발생할 가능성이 크다.
> ㉢ 위험 발생이 상호의존적이기 때문에 보험료율 계산이 어렵다.
> ㉣ 무임승차자 문제가 발생한다.

① ㉣ ② ㉠, ㉢
③ ㉡, ㉣ ④ ㉠, ㉡, ㉢
⑤ ㉠, ㉡, ㉢, ㉣

048 민영화에 관한 설명으로 옳지 않은 것은? 18회

① 1980년대 등장한 신자유주의와 관련이 있다.
② 정부가 공급하는 재화와 서비스 비용을 절감하기 위해 도입되었다.
③ 소비자 선호와 소비자 선택을 중시한다.
④ 경쟁을 유발시켜 서비스 품질을 향상시키고자 한다.
⑤ 상업화를 통해 취약계층의 서비스 접근성이 높아진다.

049 사회투자전략에 관한 설명으로 옳은 것은? 20회

① 인적 자원에 대한 투자는 결과의 평등을 목적으로 한다.
② 사회적 약자 집단에 대한 현금이전을 중시한다.
③ 현재 아동세대에 대한 선제적 투자를 중시한다.
④ 사회정책과 경제정책을 분리한 전략이다.
⑤ 소득 재분배와 소비 지원을 강조한다.

050 복지다원주의 또는 복지혼합에 관한 설명으로 옳지 않은 것은? 22회

① 국가는 복지의 주된 공급자로 인정하면서도 불평등을 야기하는 시장은 복지 공급자로 수용하지 않는다.
② 국가를 포함한 복지제공의 주체를 재구성하는 논리로 활용된다.
③ 비공식부문은 제도적 복지의 발달에도 불구하고 존재하는 비복지 문제에 대응하는 복지주체이다.
④ 시민사회는 사회적 경제조직을 구성하여 지역사회에서 공급주체로 참여하는 역할을 한다.
⑤ 복지제공의 주체로 국가 외에 다른 주체를 수용한다는 점에서 복지국가를 비판하는 논리로 쓰인다.

UNIT 06
사회복지정책의 분석틀

정답과 해설 227쪽

워밍업 문제 | 사회복지정책 분석의 유형

길버트와 테렐(Gilbert & Terrell)이 제시한 정책 분석 유형 중, 특정한 정책 선택에 의해 실행된 프로그램이 낳은 결과를 기술하고 평가하는 정책 분석 접근 방법은?

① 과정분석 ② 성과분석
③ 산물분석 ④ 집행분석
⑤ 사후분석

해설 길버트와 테렐은 과정분석, 산물(산출)분석, 성과분석으로 구성된 3P 정책 분석 유형을 제시하였다. 이 중 성과분석은 프로그램 결과 분석 시 과정분석이나 산출분석보다 더욱 객관적이고 체계적인 관찰이 가능하다. **답** ②

시험 실시간 차트

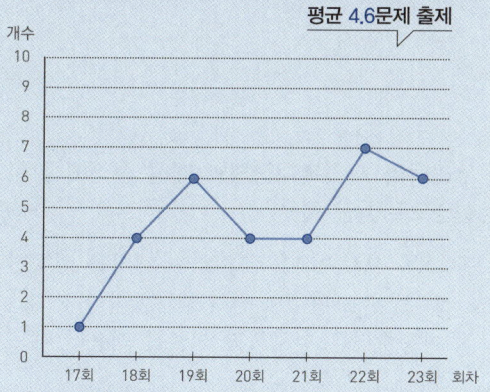

평균 4.6문제 출제

실시간 출제 키워드
▲ 길버트와 스펙트의 정책 분석 유형(3P)
▲ 사회복지의 급여 형태
▲ 사회적 할당
▲ 우리나라의 사회복지전달체계

---

051 사회복지정책을 분석하는 접근 방법에 관한 설명으로 옳은 것은? 18회

① 산물분석은 특정 정책이 실행된 이후 그 결과를 분석·평가하는 데 관심을 둔다.
② 산물분석은 정책이 형성되는 사회정치적 맥락을 고찰한다.
③ 성과분석은 정책 결정이라는 정책활동의 결과물에 대한 내용을 분석하는 것이다.
④ 과정분석은 정책 기획 과정(planning process)을 거쳐 이끌어 낸 여러 정책대안을 분석한다.
⑤ 과정분석은 정책사정(policy assessment)이 어떻게 이루어지는지를 이해하기 위한 목적에서 이루어진다.

052 길버트(N. Gilbert)와 스펙트(H. Specht) 등의 사회복지정책 분석에 관한 설명으로 옳지 않은 것은?
19회

① 과정분석은 정책형성에 영향을 미치는 사회정치적·기술적·방법적 변수를 중심으로 분석하는 접근 방법이다.
② 산물분석은 정책선택에 관련된 여러 가지 쟁점을 분석하는 접근 방법이다.
③ 성과분석은 실행된 정책이 낳은 결과를 기술하고 분석하는 접근 방법이다.
④ 산물분석은 할당, 급여, 전달체계, 재정차원으로 구분하여 분석한다.
⑤ 과정분석은 연구자의 주관을 배제해야 한다.

워밍업 문제 할당체계

다음 중 보편주의에 기초한 프로그램이 아닌 것은?
① 산재보험 ② 고용보험
③ 국민연금 ④ 기초연금
⑤ 건강보험

해설 보편주의에 기초한 프로그램은 평등주의에 입각해 전 국민을 대상으로 실시한다. 그러나 기초연금은 65세 이상의 노인 중 소득 하위 70%를 대상으로 하며, 이 중 특수직역연금(공무원, 사립학교교직원, 군인, 별정우체국) 대상자는 제외된다. 즉, 자산조사에 의거해 대상자를 선정하는 선별주의에 기초하고 있다.   **답** ④

054 현재 우리나라의 사회복지제도 중 보편주의적 성격에 해당하지 않는 것은?
23회

① 아동수당 ② 기초연금
③ 의무교육 ④ 무상급식
⑤ 건강보험

053 사회복지정책분석에서 산물(product)분석의 한계에 관한 설명으로 옳은 것은?
21회

① 정해진 틀에 따라 사회복지정책 내용을 분석함으로써 적용된 사회적 가치를 평가하기 쉽다.
② 사회복지정책의 방향성을 제시하기가 용이하다.
③ 현행 사회복지정책에서 배제되고 차별받는 사람들의 욕구를 파악하기 쉽다.
④ 산물분석 결과는 기존의 사회주류적 입장을 대변할 가능성이 높다.
⑤ 사회복지정책의 구체적인 대안을 담아내기 쉽다.

055 우리나라 사회복지정책의 대상 선정에 관한 설명으로 옳은 것은?
18회

① 소득이나 자산을 조사하여 대상을 선정하는 것은 보편주의 원칙에 부합한다.
② 아동수당은 인구학적 기준을 적용한 제도이다.
③ 장애수당은 전문가의 진단을 고려하지 않는다.
④ 긴급복지지원제도는 보편주의 원칙에 부합한다.
⑤ 기초연금의 대상 선정기준에는 부양의무자 유무가 포함된다.

056 선별주의에 근거한 제도에 해당하는 것을 모두 고른 것은? 19회

> ㉠ 장애인연금　　㉡ 아동수당
> ㉢ 기초연금　　　㉣ 의료급여

① ㉠, ㉡, ㉢
② ㉠, ㉡, ㉣
③ ㉠, ㉢, ㉣
④ ㉡, ㉢, ㉣
⑤ ㉠, ㉡, ㉢, ㉣

057 사회복지정책의 수급조건에 해당하지 않는 것은? 19회

① 연령
② 자산조사
③ 기여 여부
④ 진단평가
⑤ 최종 학력

058 우리나라 사회복지제도의 급여자격 조건에 관한 설명으로 옳은 것은? 20회

① 국민연금은 소득수준 하위 70%를 기준으로 급여자격이 부여되므로 자산조사 방식이 적용된다.
② 노인장기요양보험제도는 요양등급을 판정하여 급여를 제공하므로 진단적 구분이 적용된다.
③ 아동수당은 전체 아동이 적용대상이 아니므로 선별주의 제도이다.
④ 국민기초생활 보장제도는 부양의무자 조건을 완화하였으므로 보편주의 제도이다.
⑤ 장애인연금은 모든 장애인에게 지급하는 보편주의 제도이다.

059 우리나라의 건강보험제도를 할당, 급여, 전달체계, 재정의 영역으로 구분한 것이다. 내용 연결이 옳은 것을 모두 고른 것은? 20회

> ㉠ 할당 – 기여조건
> ㉡ 급여 – 현금급여, 현물급여
> ㉢ 전달체계 – 민간전달체계, 공공전달체계
> ㉣ 재정 – 보험료, 국고보조금, 이용료

① ㉠, ㉡
② ㉠, ㉢
③ ㉠, ㉡, ㉢
④ ㉡, ㉢, ㉣
⑤ ㉠, ㉡, ㉢, ㉣

060 길버트(N. Gilbert)와 테렐(P. Terrell)이 제시한 사회적 효과성에 관한 설명으로 옳은 것은? 21회

① 수급자격을 얻기 위해 개인의 특수한 욕구가 선별적인 세밀한 조사에 노출될 수밖에 없다.
② 사람들이 사회의 평등한 구성원으로 어느 정도나 대우받는가에 따라 판단하는 것이다.
③ 시민권은 수급권을 얻을 수 있는 자격이 안 된다.
④ 급여를 신청할 때 까다로운 행정절차가 반드시 필요하다.
⑤ 사회적 효과성은 단기적 비용절감을 목표로 한다.

061 보편주의와 선별주의에 관한 설명으로 옳은 것을 모두 고른 것은? 22회

㉠ 보편주의는 시민권에 입각해 권리로서 복지를 제공하므로 비납세자는 사회복지 대상에서 제외한다.
㉡ 보편주의는 기여자와 수혜자를 구별하지 않는다.
㉢ 선별주의는 수급자격이 제한된 급여를 제공하기 위해 자산조사 또는 소득조사를 한다.
㉣ 보편주의자와 선별주의자 모두 사회적 평등성 또는 사회적 효과성을 나름대로 추구한다.

① ㉢
② ㉠, ㉢
③ ㉡, ㉣
④ ㉠, ㉡, ㉣
⑤ ㉡, ㉢, ㉣

워밍업 문제   급여체계

급여에 관한 설명으로 옳지 않은 것은?
① 시장에서 소비자 선택권이 성숙되지 않았다면 현물급여가 낫다.
② 현금급여는 운영 효율성이 높다.
③ 현물급여는 목표 효율성이 높다.
④ 현물급여가 현금급여보다 비용이 적게 든다.
⑤ 증서나 현물급여보다 현금급여가 수급자 선택의 폭이 넓다.

[해설] 현물급여는 현물을 보관·관리·전달하는 데 많은 비용이 든다.   답 ④

최신 062 사회복지 급여형태 중 운영효율성이 가장 높은 급여와 목표효율성이 가장 높은 급여를 순서대로 짝지은 것은? 23회

㉠ 현금   ㉡ 증서(바우처)   ㉢ 현물   ㉣ 기회

① ㉠, ㉡
② ㉠, ㉢
③ ㉡, ㉢
④ ㉡, ㉣
⑤ ㉢, ㉣

최신 063 현물급여를 모두 고른 것은? 23회

㉠ 노인장기요양보험의 재가급여
㉡ 산업재해보상보험의 요양급여
㉢ 국민건강보험의 건강검진
㉣ 국민기초생활보장제도의 생계급여

① ㉠
② ㉡, ㉣
③ ㉠, ㉡, ㉢
④ ㉡, ㉢, ㉣
⑤ ㉠, ㉡, ㉢, ㉣

064 사회복지서비스와 다른 공공서비스들과의 차별성을 설명한 것으로 옳지 않은 것은? 17회

① 사회복지서비스는 주로 이차분배에 관여한다.
② 사회복지서비스는 사람들의 욕구를 직접적으로 충족하려는 경향이 있다.
③ 사회복지서비스는 개별적 욕구를 충족시키고자 한다.
④ 사회복지서비스에서의 교환은 쌍방적이며, 급여에 대한 대가를 반드시 지불해야 하는 이전(移轉)관계이다.
⑤ 사회복지서비스는 사람들의 욕구를 주로 공식적 기구나 제도를 통해 충족한다.

065 사회복지 급여 형태에 관한 설명으로 옳은 것은? 20회

① 현금급여는 사회적 통제를 강조한다.
② 현물급여는 자기결정권을 강조한다.
③ 바우처는 공급자에게 보조금을 직접 지원한다.
④ 기회를 제공하는 프로그램의 예로 장애인 의무고용제를 들 수 있다.
⑤ 소비자 선택권은 현금급여, 바우처, 현물급여 순서로 높아진다.

066 사회복지정책 급여의 적절성에 관한 설명으로 옳지 <u>않은</u> 것은? 21회

① 인간다운 생활을 할 수 있는 수준의 급여를 제공하는 것을 말한다.
② 기초연금 지급액 인상은 적절성 수준을 높여줄 수 있다.
③ 급여를 받는 사람의 삶의 질에 대한 관심의 표현이다.
④ 일정한 수준의 물질적, 정신적 복지를 제공해야 한다는 것과 관련된다.
⑤ 적절성에 대한 기준은 시간과 환경에 따라 변하지 않는다.

067 급여의 형태에 관한 설명으로 옳은 것을 모두 고른 것은? 22회

> ㉠ 현금급여는 선택의 자유를 보장하지만 사회적 통제가 부과된다.
> ㉡ 현물급여는 집합적 선을 추구하고 용도 외 사용을 방지하지만 관리비용이 많이 든다.
> ㉢ 서비스는 클라이언트를 위한 제반 활동을 말하며 목적 외 다른 용도로 사용할 수 없다.
> ㉣ 증서는 일정한 범위 내에서만 교환가치를 가지기 때문에 개인주의자와 집합주의자 모두 선호한다.
> ㉤ 기회는 재화와 자원을 통제할 수 있는 영향력을 의미하며 정책에 관한 의사결정권을 갖는 것을 말한다.

① ㉠, ㉣
② ㉡, ㉤
③ ㉠, ㉡, ㉢
④ ㉠, ㉢, ㉤
⑤ ㉡, ㉢, ㉣

068 사회서비스 전자바우처에 관한 설명으로 옳지 <u>않은</u> 것은? 22회

① 급여 형태는 신용카드 또는 체크카드로 구현한 증서이다.
② 공급자 중심의 직접지원 또는 직접지불 방식이다.
③ 서비스 제공자의 도덕적 해이를 방지하기 위해 도입되었다.
④ 수요자의 선택권을 보장하기 위한 수단으로 활용되고 있다.
⑤ 금융기관 시스템을 활용하여 재정흐름의 투명성이 높아졌다.

069 사회보장 급여 중 현물급여가 <u>아닌</u> 것은? 22회

① 산업재해보상보험의 요양급여
② 고용보험의 상병급여
③ 노인장기요양보험의 재가급여
④ 국민기초생활보장의 의료급여
⑤ 국민건강보험의 건강검진

워밍업 문제 **재원체계**

복지 공급 주체 중 비영리기관의 재원으로 옳은 것을 모두 고른 것은?

> ㉠ 사회보험료   ㉡ 민간 기부금
> ㉢ 사적 이전   ㉣ 정부 보조금

① ㉠, ㉡, ㉢
② ㉠, ㉢
③ ㉡, ㉣
④ ㉢, ㉣
⑤ ㉠, ㉡, ㉢, ㉣

해설 비영리기관인 사회복지법인을 예로 들면 그 재원에는 민간 기부금(㉡), 정부 보조금(㉣), 일부 실비 등이 있다. 사회보험료(㉠)는 국가의 사회보장세로서 공공재원이며, 사적 이전(가족 간 이전 등, ㉢)은 민간재원에 해당한다. **답** ③

070 사회복지 공공재원에 관한 설명으로 옳지 않은 것은?
23회

① 조세는 다른 재원에 비해서 평등을 구현하는데 용이하다.
② 사회보험료는 소득세에 비해 상대적으로 조세저항이 약하다.
③ 사회보험료는 조세와 비교해 상대적으로 소득재분배 효과가 약하다.
④ 소득세 누진성이 낮을수록 재분배효과가 크다.
⑤ 조세는 재원의 안정성과 지속성이 가장 강하다.

071 사회복지 재원에 관한 설명으로 옳지 않은 것은?
18회

① 일반세 중 재산세의 계층 간 소득 재분배 효과가 가장 크다.
② 목적세는 사용목적이 정해져 있어 재원 안정성이 높다.
③ 이용료는 저소득층의 서비스 이용을 저해할 수 있다.
④ 고용주가 부담하는 사회보험료는 수직적 소득 재분배 성격을 지닌다.
⑤ 기업이 직원들에게 제공하는 기업복지는 소득역진적 성격이 강하다.

072 사회보험료와 조세에 관한 설명으로 옳은 것을 모두 고른 것은?
18회

㉠ 정률의 사회보험료는 소득세에 비해 역진적이다.
㉡ 사회보험료는 조세에 비해 징수에 대한 저항이 적다.
㉢ 소득세와 사회보험료 모두 소득이 높은 사람이 더 많이 부담한다.
㉣ 조세는 지불능력(capacity to pay)과 관련되어 있다.

① ㉠, ㉡
② ㉠, ㉢
③ ㉡, ㉣
④ ㉠, ㉡, ㉢
⑤ ㉠, ㉡, ㉢, ㉣

073 사회복지정책의 재정에 관한 설명으로 옳은 것은?
19회

① 한국의 사회복지정책 재원은 주로 민간 기부금에 의존한다.
② 사회복지 재정이 수행하는 기능 가운데 하나는 소득 재분배이다.
③ 조세가 역진적일수록 소득 재분배의 기능이 크다.
④ 한국의 조세부담률은 OECD 회원국가의 평균보다 높다.
⑤ 사회복지 재원으로서 이용료는 연동제보다 정액제일 때 소득 재분배 효과가 크다.

074 사회복지의 민간재원에 관한 설명으로 옳은 것은?
22회

① 사회복지의 민간재원에는 조세지출, 기부금, 기업복지, 퇴직금 등이 포함된다.
② 기부금 규모는 국세청이 추산한 액수보다 더 적을 것으로 추정된다.
③ 이용료는 클라이언트가 직접 지불한 것을 제외하고 사회보장기관 등의 제3자가 서비스 비용을 지불한 것을 의미한다.
④ 기업복지는 기업이 그 피용자들에게 제공하는 임금과 임금 외 급여 또는 부가급여를 의미한다.
⑤ 기업복지의 규모가 커질수록 노동자들 사이의 불평등이 증가한다.

075 조세와 사회보험료에 관한 설명으로 옳은 것은?
22회

① 조세는 사회보험료에 비해 소득역진적이다.
② 조세와 사회보험료는 공통적으로 빈곤 완화, 위험분산, 소득유지, 불평등 완화의 기능을 수행한다.
③ 조세와 사회보험료는 공통적으로 상한선이 있어서 고소득층에 유리하다.
④ 사회보험료를 조세로 보기는 하지만 임금으로 보지는 않는다.
⑤ 개인소득세는 누진성이 강하고 일반소비세는 역진성이 강하다.

최신 076 사회복지서비스 공급주체로서 중앙정부에 관한 설명으로 옳은 것은?
23회

① 서비스 수혜자의 정책결정과정 참여가 용이하다.
② 지역주민의 욕구에 신속하게 대응할 수 있다.
③ 서비스의 지속성과 안정성 확보에 유리하다.
④ 사회통합의 저해 우려가 있고 규모의 경제 실현이 어렵다.
⑤ 이용자의 다양한 선택권을 보장하는데 유리하다.

워밍업 문제 전달체계

공적 전달체계와 사적 전달체계에 관한 설명으로 옳은 것은?
① 공사협동의 개념에서 공사분리의 개념으로 변화하고 있다.
② 공적 전달체계는 융통성이나 민감성이 장점이다.
③ 법인, 단체 등은 공적 전달체계의 대표적인 예이다.
④ 사적 전달체계는 재정에 취약하지만 지속이다.
⑤ 최근에는 공적 전달체계와 사적 전달체계의 혼합경제를 강조하고 있다.

해설 ① 공사협동의 개념으로 변화하고 있다.
② 사적 전달체계는 융통성이나 민감성이 장점이다.
③ 법인, 단체 등은 사적 전달체계의 대표적인 예이다.
④ 사적 전달체계는 재정이 취약하여 지속성을 기대하기 어렵다.
답 ⑤

최신 077 사회복지전달체계에 관한 설명으로 옳은 것을 모두 고른 것은?
23회

㉠ 사회복지서비스의 제공자들 사이 또는 공급자와 수급자 사이를 연결하기 위한 조직적, 구조적, 기능적 장치이다.
㉡ 사회복지전달체계의 운영주체는 크게 공공과 민간으로 나눌 수 있다.
㉢ 사회복지전달체계를 발전시키기 위해서는 서비스의 분열성, 불연속성, 무책임성, 비접근성을 배제해야 한다.
㉣ 비영리 민간사회복지기관은 공공부문과 연계하여 서비스를 제공하기도 한다.

① ㉠
② ㉠, ㉣
③ ㉡, ㉢
④ ㉡, ㉢, ㉣
⑤ ㉠, ㉡, ㉢, ㉣

078 사회복지 전달체계에 관한 설명으로 옳은 것을 모두 고른 것은? 19회

> ㉠ 공급자와 수요자가 가격기구를 매개로 상호 작용하는 것을 원칙으로 한다.
> ㉡ 공급자와 수요자를 이어주는 매개체 역할을 한다.
> ㉢ 클라이언트에게 사회복지서비스를 제공하기 위한 조직 및 인력이다.
> ㉣ 공급자들을 공간적으로 분산 배치하면 전달체계에 대한 접근성을 높일 수 있다.

① ㉠, ㉡
② ㉡, ㉢
③ ㉢, ㉣
④ ㉠, ㉢, ㉣
⑤ ㉡, ㉢, ㉣

079 사회복지 전달체계에서 제공되는 재화나 서비스의 속성 등에 관한 설명으로 옳은 것은? 19회

① 사회복지 재화나 서비스는 단일한 전달체계에서 독점적으로 제공하는 것이 바람직하다.
② 공공재적인 성격이 강한 재화나 서비스는 민간에서 제공하는 것이 바람직하다.
③ 사회복지의 재화나 서비스는 정보의 불완전성으로 인해 소비자들의 합리적 선택에 차이가 난다.
④ 공공부문의 전달체계는 경쟁체제가 이루어지기 때문에 효율적이다.
⑤ 사회복지 재화나 서비스는 수급자들에 의한 오용과 남용의 문제가 발생하지 않는다.

080 사회복지 전달체계에서 민간 영리기관이 사회서비스를 전달하는 사례는? 20회

① 지역자활센터가 사회적 기업을 창업하는 사례
② 지방자치단체가 장애인복지관을 설치하고 민간위탁하는 사례
③ 광역 지방자치단체가 사회서비스원을 설치하는 사례
④ 사회복지법인이 지역아동센터를 운영하는 사례
⑤ 개인 사업자가 노인요양시설을 운영하는 사례

081 길버트(N. Gilbert)와 테렐(P. Terrell)이 주장한 사회복지전달체계 재구조화 전략으로 옳지 않은 것은? 21회

① 수급자 수요 강화
② 기관들의 동일 장소 배치
③ 사례별 협력
④ 관료적 구조로부터의 전문가 이탈
⑤ 시민 참여

082 길버트와 테렐(Gilbert & Terrell)이 주장한 전달체계의 개선전략 중 서비스에 대한 접근성 자체를 중요하게 간주하여 독자적인 서비스를 제공하려는 재구조화 전략은 무엇인가? 22회

① 중앙집중화(centralization)
② 사례수준 협력(case-level cooperation)
③ 시민참여(citizen participation)
④ 전문화된 접근구조(specialized access structure)
⑤ 경쟁(competition)

UNIT 07

사회복지정책
(문제 형성, 대안 형성과 정책 결정, 평가)

정답과 해설 231쪽

워밍업 문제 | 사회복지정책의 과정

정책 대안 형성 시 고려해야 할 점을 모두 고른 것은?

㉠ 현재 시행되고 있는 정책
㉡ 정치적 실현 가능성
㉢ 재정
㉣ 행정기술

① ㉠, ㉡, ㉢ ② ㉠, ㉢
③ ㉡, ㉣ ④ ㉣
⑤ ㉠, ㉡, ㉢, ㉣

해설 ㉠, ㉡, ㉢, ㉣ 모두 정책 대안 형성 시 고려해야 할 요소이다. **답** ⑤

시험 실시간 차트

실시간 출제 키워드
▲ 사회복지정책 과정
▲ 정책 결정 이론모형
▲ 쓰레기통모형

최신 083 다음에서 설명하고 있는 정책결정모형은?

23회

- 큰 범위에서의 기본적인 결정은 합리적으로 이루어지지만, 세부적 결정은 기본적 결정을 보완·수정하여 점증적으로 이루어진다고 주장하는 정책결정모형이다.
- 기본적 결정은 전체적인 방향을 설정하기 위해 중요한 대안을 탐색한 후에 이루어진다.
- 두 개의 대립되는 극단의 모형들을 절충한 것에 지나지 않는다는 비판이 있다.

① 쓰레기통모형 ② 점증모형
③ 혼합모형 ④ 만족모형
⑤ 최적모형

사회복지정책론 **267**

084 킹돈(J. Kingdon)의 쓰레기통모형에 관한 설명으로 옳은 것을 모두 고른 것은? 17회

> ㉠ 정책 결정은 조직화된 상태 속에서 나타나는 몇 가지 흐름에 의하여 체계적으로 이루어진다.
> ㉡ 정치의 흐름, 문제의 흐름, 정책 대안의 흐름이 각각 따로 존재하며, 그 과정의 참여자도 다르다.
> ㉢ 정책의 흐름 속에 떠다니던 정책 대안이 연결되어 정책 결정의 기회를 맞는다.
> ㉣ 정치의 흐름 및 문제의 흐름 각각에 의하여 또는 이들의 결합에 의하여 정책 아젠다가 결정된다.

① ㉠, ㉡
② ㉠, ㉢
③ ㉡, ㉢
④ ㉡, ㉢, ㉣
⑤ ㉠, ㉡, ㉢, ㉣

085 정책 결정 이론모형에 관한 설명으로 옳은 것을 모두 고른 것은? 20회

> ㉠ 합리모형은 인간의 이성과 합리성을 믿고 주어진 상황에서 목표 달성을 극대화하는 최선의 정책 대안을 찾아낼 수 있다고 본다.
> ㉡ 점증모형은 조직화된 무정부 상태 속에서 점진적으로 질서를 찾아가는 과정을 정책 결정 과정으로 설명한다.
> ㉢ 쓰레기통모형은 문제의 흐름, 정책 대안의 흐름, 정치의 흐름이 우연히 결합하여 정책의 창이 열릴 때 정책이 결정된다고 본다.
> ㉣ 혼합모형은 합리모형과 최적모형을 혼합하여 최선의 정책 결정에 도달하는 정책 결정 모형이다.

① ㉠, ㉢
② ㉠, ㉣
③ ㉡, ㉣
④ ㉠, ㉡, ㉢
⑤ ㉠, ㉡, ㉢, ㉣

086 정책 결정 모형 중 드로어(Y. Dror)가 제시한 최적모형에 관한 설명으로 옳은 것을 모두 고른 것은? 21회

> ㉠ 합리모형과 점증모형의 단순혼합이 아닌 정책 성과를 최적화하려는 데 초점을 둔다.
> ㉡ 합리적 요소와 초합리적 요소를 다 고려하는 질적 모형이다.
> ㉢ 초합리성의 구체적인 달성 방법에 대한 명확한 설명이 제시되었다.
> ㉣ 정책 결정을 체계론적 시각에서 파악한다.
> ㉤ 정책 결정 과정에서 실현가능성이 낮다는 비판이 있다.

① ㉠, ㉡
② ㉠, ㉢, ㉣
③ ㉠, ㉡, ㉣, ㉤
④ ㉠, ㉢, ㉣, ㉤
⑤ ㉡, ㉢, ㉣, ㉤

워밍업 문제 사회복지정책의 평가

정책 평가의 목적으로 옳지 않은 것은?

① 정책의 효과성을 증진하기 위해
② 책임의 근거를 마련하기 위해
③ 자료나 미래 연구의 기초를 마련하기 위해
④ 사업 책임자의 자율성을 확보하기 위해
⑤ 학문적인 기여를 위해

해설 정책 평가를 실시하면 사업 책임자의 책임은 강조되고 자율성은 위축된다. 답 ④

087 사회복지정책 평가가 필요한 이유를 모두 고른 것은? 17회

> ㉠ 문제 해결을 위한 정책 결정에 필요한 정보를 얻기 위함.
> ㉡ 기존 정책의 개선에 필요한 정보를 얻기 위함.
> ㉢ 정책의 정당성 근거를 확보하기 위함.
> ㉣ 정책 평가는 사회복지정책이론의 형성에 기여함.

① ㉠, ㉡, ㉢
② ㉠, ㉡, ㉣
③ ㉠, ㉢, ㉣
④ ㉡, ㉢, ㉣
⑤ ㉠, ㉡, ㉢, ㉣

088 사회복지정책 평가 유형에 관한 설명으로 옳은 것은? 19회

① 과정평가는 정책집행 후에 평가하는 활동을 말한다.
② 결과평가는 정책집행 중간의 평가로 전략 설계의 수정·보완을 하지 못한다.
③ 총괄평가는 정책이 집행되고 난 후 정책이 사회에 미친 영향을 평가하는 것이다.
④ 효율성평가는 정책집행의 결과에 따라 정책의 목적이 달성되었는지를 평가하는 것이다.
⑤ 효과성평가는 정책의 효과를 투입된 자원과 대비하는 평가이다.

089 사회복지정책 평가가 갖는 특징으로 옳지 않은 것은? 21회

① 정치적이다.
② 실용적이다.
③ 종합학문적이다.
④ 기술적이다.
⑤ 가치중립적이다.

UNIT 08

사회보장의 이론

정답과 해설 232쪽

워밍업 문제 — 사회보장의 주요 형태 및 소득 재분배

사회보장제도의 용어 정의 중 ( ) 안에 들어갈 말로 알맞은 것은?

> 우리나라의 사회보장은 사회보험, 공공부조, ( )(으)로 이루어져 있다.

① 사회부조
② 평생사회안전망
③ 맞춤형 복지서비스
④ 사례관리
⑤ 사회서비스

[해설] 우리나라의 사회보장제도는 사회보험(연금제도, 국민건강보험, 고용보험, 산재보험, 노인장기요양보험), 공공부조(국민기초생활 보장제도, 의료급여, 기초연금, 장애인연금, 긴급복지지원제도), 사회서비스(장애인, 노인, 아동, 청소년, 영유아 등 대상)가 있다. 답 ⑤

실시간 출제 키워드
▲ 사회보장
▲ 소득 재분배 유형
▲ 빈곤
▲ 로렌츠 곡선과 지니 계수

최신 090 재분배에 관한 설명으로 옳은 것은? 23회

① 건강보험은 건강한 사람으로부터 질병을 겪는 사람에게 자원을 재분배한다.
② 고용보험은 수직적 재분배효과가 가장 크다.
③ 정부는 최소극대화의 원칙에 따라 불평등을 완화하기 위해 모든 대상자에게 동일한 보험료를 부과한다.
④ 민간에서 이루어지는 자선활동에서는 파레토 개선 효과가 나타나지 않는다.
⑤ 사회민주주의에서는 개인의 효용관점에서 재분배를 정당화한다.

270 PART I 합격선을 넘는 단원별 기출문제

091 우리나라 사회보장제도 운영주체의 책임에 관한 원칙으로 옳은 것은? 17회

① 사회보험은 국가의 책임으로 시행한다.
② 공공부조는 지방자치단체가 전적으로 책임지고 시행한다.
③ 사회서비스는 지방자치단체만의 책임으로 시행한다.
④ 국가는 사회보장에 관하여 민간단체의 참여를 제한한다.
⑤ 사회보험에 드는 비용은 국가가 전담한다.

092 사회서비스에 관한 설명으로 옳은 것은? 17회

① 사회복지기관의 운영을 지원하는 서비스이다.
② 이윤추구를 일차적 목적으로 한다.
③ 사회적 욕구 충족에 초점을 둔다.
④ 사회서비스 대상자의 노동시장 참여를 강조하지 않는다.
⑤ 사회서비스의 수요자보다 공급자 지원을 증가시켰다.

093 이용료(본인부담금) 부과 방식에 따른 소득 재분배 효과가 작은 것에서 큰 순서로 나열한 것은? 18회

① 정액제 – 정률제 – 연동제(sliding scale)
② 정률제 – 연동제(sliding scale) – 정액제
③ 정률제 – 정액제 – 연동제(sliding scale)
④ 연동제(sliding scale) – 정액제 – 정률제
⑤ 연동제(sliding scale) – 정률제 – 정액제

094 소득 재분배에 관한 설명으로 옳은 것을 모두 고른 것은? 19회

㉠ 조세를 재원으로 하는 공공부조제도에서 일반적으로 나타난다.
㉡ 사회적 취약계층을 대상으로 하는 사회복지서비스는 수직적 재분배 효과가 있다.
㉢ 위험 미발생집단에서 위험 발생집단으로 소득이 이전되는 것은 수평적 소득 재분배에 해당한다.
㉣ 재원조달 측면에서 부조방식이 보험방식보다 재분배 효과가 크다.

① ㉠, ㉡
② ㉠, ㉡, ㉢
③ ㉠, ㉢, ㉣
④ ㉡, ㉢, ㉣
⑤ ㉠, ㉡, ㉢, ㉣

095 소득 재분배에 관한 설명으로 옳은 것은? 20회

① 소득 재분배는 1차적으로 시장을 통해서 발생한다.
② 세대 내 재분배에서는 한 세대에서 다음 세대로 소득이 이전된다.
③ 수직적 재분배의 예로 공공부조제도를 들 수 있다.
④ 수평적 재분배는 누진적 재분배의 효과가 가장 크다.
⑤ 세대 간 재분배는 적립방식을 통해 운영된다.

096 소득 재분배에 관한 설명으로 옳은 것은? 22회

① 수평적 재분배는 공공부조를 들 수 있다.
② 세대 간 재분배는 부과방식 공적연금을 들 수 있다.
③ 수직적 재분배는 아동수당을 들 수 있다.
④ 단기적 재분배는 적립방식 공적연금을 들 수 있다.
⑤ 소득 재분배는 조세를 통해서만 발생한다.

097 사회보장기본법상 사회서비스에 관한 설명으로 옳지 않은 것은? 22회

① 주체는 민간부문을 제외한 국가와 지방자치단체이다.
② 대상은 도움이 필요한 모든 국민이다.
③ 분야는 복지, 보건, 의료, 교육, 고용, 주거, 문화, 환경 등이다.
④ 상담, 재활, 돌봄, 정보의 제공, 관련시설의 이용, 역량 개발, 사회참여 지원 등을 내용으로 한다.
⑤ 인간다운 생활을 보장하고 국민의 삶의 질이 향상되도록 지원하는 제도이다.

워밍업 문제 빈곤과 소득 불평등

'빈곤의 함정'에 관한 설명으로 옳은 것은?
① 빈곤을 보장받으려는 현상이다.
② 빈곤에서 벗어나려는 현상이다.
③ 빈곤에서 탈피할 수 없는 제도이다.
④ 빈곤에서 탈피하기 어려운 현상이다.
⑤ 빈곤이 노동의욕을 고취한다는 이론이다.

해설 빈곤의 함정(빈곤의 덫)이란 높은 수준의 사회보장 급여가 있을 경우 자립하여 빈곤에서 탈피하려고 하기보다는 복지에 의존하고 안주하려는 현상으로, 사회복지가 노동유인을 저하시킨다는 논리이다. **답** ④

---

098 사회보장의 특성에 관한 설명으로 옳은 것을 모두 고른 것은? 22회

ㄱ. 공공부조는 사회보험에 비해 권리성이 약하다.
ㄴ. 사회보험과 비교할 때 공공부조는 비용효과성이 높다.
ㄷ. 사회수당과 사회보험은 기여 여부를 급여 지급 요건으로 한다.
ㄹ. 사회보험과 공공부조는 방빈제도이고 사회수당은 구빈제도이다.

① ㄱ
② ㄱ, ㄴ
③ ㄴ, ㄷ
④ ㄷ, ㄹ
⑤ ㄱ, ㄴ, ㄹ

---

099 사회적 배제에 관한 설명으로 옳지 않은 것은? 23회

① 생활수준은 소득이나 재화뿐만 아니라 개인 역량의 실현을 중심으로 판단되어야 한다.
② 사회적 배제의 범위에는 빈곤, 저학력, 열악한 주거환경 등 다양한 영역을 포괄한다.
③ 사회적 배제는 기본적으로 소득빈곤 개념의 협소성에 대한 비판으로 이해될 수 있다.
④ 사회적 배제 개념은 빈곤에 이르는 과정보다는 빈곤이라는 결과적인 상태에 초점을 둔다.
⑤ 불평등과 빈곤 개념은 소득의 차원을 넘어 다양한 차원으로 확대되어야 한다.

100 빈곤 또는 불평등의 측정에 관한 설명으로 옳지 않은 것은? 17회

① 로렌츠 곡선은 가로축에는 소득이 낮은 인구로부터 가장 높은 순으로 비율을 누적하여 표시하고, 세로축에는 각 인구의 소득수준을 누적한 비율을 표시한 후 그 대응점을 나타낸 곡선이다.
② 지니 계수가 1에 가까울수록 평등한 상태를 의미한다.
③ 10분위 분배율에서는 수치가 클수록 평등한 상태를 의미한다.
④ 5분위 분배율에서는 수치가 작을수록 평등한 상태를 의미한다.
⑤ 빈곤율은 빈곤인구가 전체 인구에서 차지하는 비율로 정의된다.

101 빈곤과 불평등 측정에 관한 설명으로 옳은 것은? 18회

① 완전 평등 사회에서 로렌츠 곡선은 45° 각도의 직선과 거리가 가장 멀어진다.
② 지니 계수의 최댓값은 1, 최솟값은 −1이다.
③ 빈곤 갭은 빈곤선 이하에 속하는 인구가 전체인구에서 차지하는 비율을 의미한다.
④ 빈곤율은 빈곤선과 실제소득과의 격차를 반영한다.
⑤ 센(Sen) 지수는 빈곤집단 내의 불평등 정도를 반영한다.

102 빈곤의 개념에 관한 설명으로 옳지 않은 것은? 18회

① 절대적 빈곤은 육체적 효율성을 유지하기 위한 최소한의 생활필수품을 소비하지 못하는 상태이다.
② 최저생계비를 계측하여 빈곤선을 설정하는 방식은 절대적 빈곤개념을 적용한 것이다.
③ 국민기초생활 보장제도는 절대적 빈곤 개념을 적용하고 있다.
④ 상대적 빈곤은 한 사회의 평균적인 생활수준과 비교하여 빈곤을 규정한다.
⑤ 중위소득을 활용하여 상대적 빈곤선을 설정할 수 있다.

103 사회적 배제의 개념적 특성에 관한 설명으로 옳지 않은 것은? 18회

① 개인과 집단의 다차원적 불이익에 초점을 두고, 다층적 대책을 촉구한다.
② 특정 집단이 경험하는 배제는 정태적 사건이 아니라 동태적 과정으로 본다.
③ 사회적 배제 개념은 열등처우의 원칙으로부터 등장하였다.
④ 소득의 결핍 그 자체보다 다양한 배제 행위가 발생하는 과정에 초점을 둔다.
⑤ 사회적 관계망으로부터의 단절과 차별 문제를 제기한다.

104 새로운 사회적 위험(new social risk)에 관한 설명이 아닌 것은? 19회

① 여성들의 유급 노동시장으로의 참여 증가로 일과 가정의 양립 문제가 확산되고 있다.
② 노인인구 증가로 인한 복지비용 증가와 노인 돌봄이 중요한 문제로 대두되고 있다.
③ 노동시장의 불안정으로 근로 빈곤층이 증가하고 있다.
④ 국가 간의 노동인구 이동이 줄어들고 있다.
⑤ 새로운 사회적 위험으로 인한 수요증가에 필요한 복지재정의 부족 현상이 심화되고 있다.

105 빈곤의 기준을 정하는 방법에 관한 설명으로 옳은 것은? 19회

① 전(숲)물량 방식은 식료품비를 계산하고 엥겔수의 역을 곱해서 빈곤선을 기준으로 측정하는 방식이다.
② 기초생활 보장제도의 수급자 선정기준은 상대적 빈곤 개념을 반영하고 있다.
③ 라이덴 방식은 상대적 빈곤 측정 방식이다.
④ 반물량 방식은 소득분배 분포상에서 하위 10%나 20%를 빈곤한 사람들로 간주한다.
⑤ 중위소득 또는 평균소득을 근거로 빈곤선을 측정하는 것은 절대적 빈곤 측정 방식이다.

106 빈곤의 개념에 관한 설명으로 옳지 않은 것은? 20회

① 상대적 빈곤은 한 사회의 평균적인 생활수준을 기준으로 정한다.
② 절대적 빈곤은 최소한의 생필품을 구입하는 데 필요한 비용으로 정한다.
③ 반물량 방식은 모든 항목의 생계비를 계산하지 않고 엥겔계수를 활용하여 생계비를 추정한다.
④ 중위소득의 50%를 빈곤선으로 책정할 경우, 사회구성원 99명을 소득액 순으로 나열하여 이 중 50번째 사람의 소득 50%를 빈곤선으로 한다.
⑤ 상대적 박탈은 인간의 기본적 욕구의 기준을 생물학적 요인에만 초점을 둔다.

107 소득 불평등과 빈곤 측정에 관한 설명으로 옳은 것을 모두 고른 것은? 20회

> ㉠ 로렌츠 곡선의 가로축은 소득을 기준으로 하위에서 상위 순서로 모든 인구의 누적분포를 표시한다.
> ㉡ 지니 계수는 불평등도가 증가할수록 수치가 커져 가장 불평등한 상태는 1이다.
> ㉢ 빈곤율은 모든 빈곤층의 소득을 빈곤선 수준으로 끌어올리는 데에 필요한 총소득으로 빈곤의 심도를 나타낸다.
> ㉣ 5분위 배율에서는 수치가 작을수록 평등한 상태를 나타낸다.

① ㉠, ㉡
② ㉠, ㉢
③ ㉡, ㉢
④ ㉠, ㉡, ㉣
⑤ ㉠, ㉢, ㉣

108 다음 중 상대적 빈곤선을 설정(측정)하는 방식으로 옳은 것을 모두 고른 것은? 21회

> ㉠ 중위소득의 일정 비율
> ㉡ 라이덴(Leyden) 방식
> ㉢ 반물량 방식
> ㉣ 라운트리(Rowntree) 방식
> ㉤ 타운센드(Townsend) 방식

① ㉠, ㉡
② ㉠, ㉤
③ ㉡, ㉤
④ ㉢, ㉣
⑤ ㉠, ㉢, ㉣

109 빈곤과 소득 불평등의 측정에 관한 설명으로 옳은 것은? 22회

① 반물량 방식은 엥겔계수를 활용하여 빈곤선을 추정한다.
② 상대적 빈곤은 생존에 필요한 생활수준이 최소한의 수준에 도달하지 못한 상태를 말한다.
③ 라이덴 방식은 객관적 평가에 기초하여 빈곤선을 측정한다.
④ 빈곤율은 빈곤층의 소득을 빈곤선 수준으로 끌어올리는 데 필요한 총소득을 나타낸다.
⑤ 지니 계수가 1일 경우는 완전 평등한 분배 상태를 의미한다.

110 사회적 배제의 특성에 관한 설명으로 옳지 않은 것은? 22회

① 문제의 초점을 소득의 결핍으로 제한한다.
② 빈곤에 대해 다차원적으로 접근하는 개념이다.
③ 빈곤의 역동성과 동태적 과정을 강조한다.
④ 개인과 집단의 박탈과 불평등을 유발하는 다양한 영역을 포괄한다.
⑤ 사회적 관계망으로부터의 단절 문제를 제기한다.

UNIT 09

✓ 최빈출 주제

사회보험제도와 공공부조제도

정답과 해설 235쪽

시험 실시간 차트

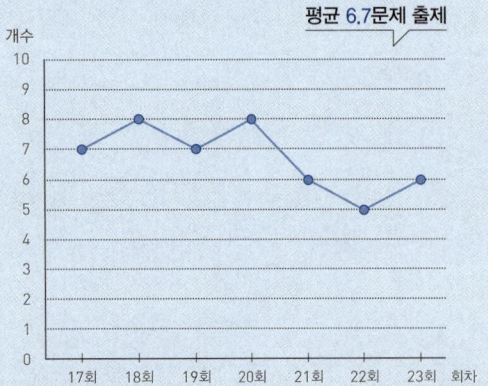

평균 6.7문제 출제

실시간 출제 키워드

▲ 사회보험
▲ 국민기초생활 보장제도
▲ 자활사업
▲ 사회서비스
▲ 소득보장제도

워밍업 문제   사회보험제도

사회보험에 관한 설명으로 옳은 것은?

① 시장 경제 원리를 중시한다.
② 계약자유주의에 입각한다.
③ 자산 조사에 의해 급여를 제한한다.
④ 선별주의 원칙을 적용한다.
⑤ 사회적 연대성 원리에 입각한다.

[해설] 사회보험은 사회적 연대의 원칙에 따라 강제 가입을 기본으로 한다.   답 ⑤

최신 111 산업재해보상보험에서 업무상 재해 인정기준에 해당하는 것을 모두 고른 것은?   23회

> ㉠ 사업주가 주관한 행사준비 중에 발생한 사고
> ㉡ 휴게시간 중 사업주의 지배관리하에 있다고 볼 수 있는 행위로 발생한 사고
> ㉢ 통상적인 경로와 방법으로 출·퇴근하는 중 발생한 사고
> ㉣ 직장 내 괴롭힘으로 인한 업무상 정신적 스트레스가 원인이 되어 발생한 질병

① ㉠, ㉡
② ㉠, ㉢
③ ㉡, ㉣
④ ㉡, ㉢, ㉣
⑤ ㉠, ㉡, ㉢, ㉣

112 국민연금제도에 관한 설명으로 옳은 것을 모두 고른 것은?
23회

㉠ 국민연금공단은 관리운영과 보험료 징수를 담당한다.
㉡ 기본연금액의 균등부분은 연금수급 전 3년간 전체 가입자 평균소득월액의 평균액이다.
㉢ 기본연금액의 균등부분에서 소득재분배 효과가 나타난다.
㉣ 기본연금액의 소득비례부분은 전체 가입자의 기준소득월액의 평균액이다.
㉤ 2028년 이후 국민연금의 소득대체율은 40년 가입 기준 40%이다.

① ㉠, ㉢
② ㉡, ㉣
③ ㉠, ㉣, ㉤
④ ㉡, ㉢, ㉤
⑤ ㉠, ㉡, ㉢, ㉣, ㉤

113 건강보험 진료비 지불제도에 관한 설명으로 옳은 것은?
23회

① 행위별 수가제는 질병 범주별로 구분하여 고정금액을 보수로 지불하는 방식이다.
② 포괄수가제는 의사가 담당하는 환자 수에 비례하여 일정 금액을 지급하는 방식이다.
③ 행위별 수가제는 행정절차가 간소하여 비용 절감효과가 있다.
④ 우리나라는 포괄수가제를 일부 질병군에 적용하고 있다.
⑤ 포괄수가제는 의료기관의 1년간 운영비를 포괄적으로 지불하는 제도이다.

114 노인장기요양보험제도에 관한 설명으로 옳지 않은 것은?
23회

① 가족요양비는 신체·정신 등의 사유로 인하여 가족에게 요양을 받아야 하는 자에게 지급할 수 있다.
② 재가급여로 분류되는 단기보호의 급여기간은 월 9일 이내를 원칙으로 하되 특별한 사유가 있는 경우 연장 가능하다.
③ 장기요양등급판정을 받은 65세 이상 노인은 소득수준과 상관없이 장기요양보험 급여를 받을 수 있다.
④ 일반 노인장기요양보험 가입자는 재가급여를 이용할 경우 15%의 본인부담금을 부담하여야 한다.
⑤ 노인요양공동생활가정은 5인 이상 15인 이하로 운영된다.

115 공공부조와 사회보험의 차이에 관한 설명으로 옳은 것은?
23회

① 사회보험은 주로 보험료로 재정을 충당하며, 공공부조는 조세로 충당한다.
② 사회보험은 사후적인 성격이 강한 반면 공공부조는 예방적인 성격이 강하다.
③ 사회보험과 공공부조 모두 빈곤을 예방하는데 목적이 있다.
④ 공공부조가 사회보험보다 계약적 권리성이 강하다.
⑤ 사회보험은 중앙과 지방정부가, 공공부조는 정부가 위임한 관리운영기구가 운영주체이다.

116 사회보험과 민간보험에 관한 설명으로 옳은 것은? 23회

① 사회보험은 조세를 주된 재원으로 한다.
② 민간보험은 사회보험보다 사회적 적절성이 중요하다.
③ 사회보험은 개인에게 발생할 수 있는 모든 위험을 대상으로 한다.
④ 민간보험은 물가상승에 따른 실질가치의 변동을 보장한다.
⑤ 사회보험 급여는 민간보험 급여보다 법적 권리성이 강하다.

117 우리나라 산업재해보상보험제도에서 업무상 재해의 인정 기준을 모두 고른 것은? 17회

㉠ 출퇴근 재해	㉡ 업무상 질병
㉢ 업무상 사고	㉣ 장애등급

① ㉡, ㉣
② ㉠, ㉡, ㉢
③ ㉠, ㉢, ㉣
④ ㉡, ㉢, ㉣
⑤ ㉠, ㉡, ㉢, ㉣

118 사회보험과 민영보험에 관한 설명으로 옳은 것은? 17회

① 사회보험급여는 철저한 보험수리원칙에 따라 납부한 보험료에 비례한다.
② 민영보험의 보험료는 평균적인 위험에 비례하여 결정된다.
③ 사회보험은 가입자의 개별 위험에 따라 보험료가 책정된다.
④ 사회보험의 보험료와 급여는 개별적 공평성과 사회적 적절성을 반영한다.
⑤ 민영보험의 재정운영방식으로 적립방식과 부과방식이 있다.

119 국민연금의 가입기간 추가 산입에 관한 내용으로 옳지 않은 것은? 17회

① 병역법에 따라 현역병으로 병역의무를 수행한 경우 가입기간을 추가 산입한다.
② 가입기간의 추가 산입에 따른 비용은 국가와 사용자가 2분의 1씩 부담한다.
③ 자녀가 두 명인 경우 12개월을 추가 산입한다.
④ 고용보험법에 따른 구직급여를 받는 경우 구직급여를 받는 기간을 가입기간에 추가 산입한다.
⑤ 사용자가 근로자의 임금에서 기여금을 공제하고 연금보험료를 내지 아니한 경우에는 그 내지 아니한 기간의 2분의 1에 해당하는 기간을 근로자의 가입기간으로 산입하되, 1개월 미만의 기간은 1개월로 한다.

120 노인장기요양보험의 급여를 제공하는 장기요양기관이 아닌 것은? 17회

① 노인요양시설
② 주·야간보호시설
③ 노인요양병원
④ 단기보호시설
⑤ 노인요양공동생활가정

121 산업재해보상보험제도에 관한 설명으로 옳지 않은 것은? 18회

① 근로복지공단은 보험급여를 결정하고 지급한다.
② 업무상의 재해란 업무상의 사유에 따른 근로자의 부상·질병·장해 또는 사망을 말한다.
③ 직장 내 괴롭힘, 고객의 폭언 등으로 인한 업무상 정신적 스트레스가 원인이 되어 발생한 질병은 업무상 재해로 인정되지 않는다.
④ 업무상 질병의 인정 여부를 심의하기 위하여 근로복지공단 소속기관에 업무상 질병 판정위원회를 둔다.
⑤ 국민건강보험공단이 보험료를 징수한다.

122 국민건강보험제도에 관한 설명으로 옳지 않은 것은? 18회

① 사립학교교원의 보험료는 가입자 본인, 사용자, 국가가 분담한다.
② 직장가입자의 보수월액은 직장가입자가 지급받는 보수를 기준으로 하여 산정한다.
③ 직장가입자의 보험료율은 건강보험정책심의위원회에서 심의·의결한다.
④ 부가급여로 임신·출산 진료비, 장제비, 상병수당을 지급하고 있다.
⑤ 국민건강보험공단의 회계연도는 정부의 회계연도에 따른다.

123 고용보험제도에 관한 설명으로 옳은 것은? 18회

① 실업급여를 받을 권리는 양도 또는 압류하거나 담보로 제공할 수 없다.
② 구직급여의 급여일수는 대기기간을 포함하여 산정한다.
③ 육아휴직 시작일로부터 3개월까지는 월 통상임금의 100분의 50에 해당하는 금액을 지급한다.
④ 자영업자인 피보험자의 실업급여에는 구직급여, 연장급여, 조기재취업 수당이 포함된다.
⑤ 65세 이후에 자영업을 개시한 사람에게도 구직급여를 적용한다.

124 노인장기요양보험제도에 관한 설명으로 옳은 것은? 18회

① 장기요양보험사업의 보험자는 보건복지부장관이다.
② 등급판정에 따른 장기요양인정의 유효기간은 최소 6개월 이상으로서 대통령령으로 정한다.
③ 통합징수한 장기요양보험료와 건강보험료를 각각의 독립회계로 관리하여야 한다.
④ 재가급여 비용은 수급자가 해당 장기요양급여 비용의 100분의 20을 부담한다.
⑤ 수급자는 시설급여와 특별현금급여를 중복하여 받을 수 있다.

125 사회보험제도의 급여와 급여형태에 관한 설명으로 옳지 않은 것은? 19회

① 고용보험법상 구직급여는 현물급여이다.
② 산업재해보상보험법상 요양급여는 현물급여이다.
③ 노인장기요양보험법상 재가급여는 현물급여이다.
④ 국민연금법상 노령연금은 현금급여이다.
⑤ 국민건강보험법상 장애인 보조기기에 대한 보험급여는 현금급여이다.

126 사회보험제도에 관한 설명으로 옳지 않은 것은? 19회

① 사회보험제도는 위험의 분산이라는 보험기술을 사용한다.
② 사회보험 급여를 받을 권리 여부는 자산조사 결과에 근거하여 결정된다.
③ 한국의 사회보험제도는 의무가입 원칙을 적용한다.
④ 사회보험은 위험이전과 위험의 광범위한 공동분담에 기초하고 있다.
⑤ 사회보험은 피보험자의 욕구에 기초하지 않고 사전에 결정된 급여를 제공한다.

127 연금제도의 적립방식과 부과방식에 관한 설명으로 옳은 것을 모두 고른 것은? 19회

> ㉠ 적립방식은 부과방식에 비해 세대 내 소득 재분배 효과가 크다.
> ㉡ 부과방식은 적립방식에 비해 자본축적 효과가 크다.
> ㉢ 부과방식은 적립방식에 비해 기금확보가 더 용이하다.

① ㉠
② ㉡
③ ㉢
④ ㉠, ㉡
⑤ ㉠, ㉢

128 고용보험제도에 관한 설명으로 옳은 것은? 19회

① 고용보험료는 고용보험위원회에서 부과·징수한다.
② 고용보험의 가입대상은 모든 국민과 국내에 거주하는 외국인이다.
③ 고용보험 구직급여는 30일 동안의 구직기간에는 지급되지 않는다.
④ 보험가입자는 사업주와 근로자 모두 포함한다.
⑤ 고용보험의 재원은 사용자가 단독으로 부담한다.

129 국민건강보험제도에 관한 설명으로 옳은 것은? 19회

① 본인의 의사에 따라 임의 가입할 수 있다.
② 조합방식 의료보험제도가 통합방식으로 전환되어 국민건강보험제도로 변경되었다.
③ 건강보험료는 수직적 소득 재분배 기능을 하지 않는다.
④ 국민건강보험의 보험자는 보건복지부이다.
⑤ 직장가입자의 보험료는 평균보수월액에 보험료율을 곱하여 얻은 금액이다.

130 국민연금의 연금 크레딧제도 중 가장 최근에 시행된 것은? 20회

① 실업 크레딧
② 고용 크레딧
③ 양육 크레딧
④ 군복무 크레딧
⑤ 출산 크레딧

131 진료비 지불방식 중 행위별수가제와 포괄수가제에 관한 설명으로 옳은 것을 모두 고른 것은? 20회

> ㉠ 행위별수가제는 의료기관의 과잉진료를 유도할 수 있다.
> ㉡ 행위별수가제에서는 의료진의 진료행위에 대한 자율성이 확보된다.
> ㉢ 포괄수가제는 주로 발생빈도가 높은 질병군에 적용한다.
> ㉣ 포괄수가제를 적용함으로써 환자의 본인부담금이 감소할 수 있다.

① ㉠
② ㉠, ㉢
③ ㉠, ㉡, ㉢
④ ㉡, ㉢, ㉣
⑤ ㉠, ㉡, ㉢, ㉣

132 우리나라의 노인장기요양보험에 관한 설명으로 옳지 않은 것은? 20회

① 가족의 부담을 덜어 줌으로써 국민의 삶의 질을 향상하는 것을 목적으로 한다.
② 노인장기요양보험 기금과 국민건강보험 기금은 통합하여 관리한다.
③ 노인장기요양보험료는 국민건강보험료와 통합하여 징수한다.
④ 65세 이상의 노인은 소득수준과 상관없이 적용대상자이다.
⑤ 재가급여를 시설급여에 우선하여 제공하여야 한다.

133 우리나라의 고용보험에 관한 설명으로 옳은 것을 모두 고른 것은? 20회

> ㄱ. 직업능력개발훈련을 실시하는 사업주를 지원할 수 있다.
> ㄴ. 예술인은 고용보험 가입대상이 아니다.
> ㄷ. 실업 신고를 한 이후에 질병·부상 또는 출산으로 취업이 불가능하여 구직활동을 할 수 없는 경우 상병급여를 지급할 수 있다.
> ㄹ. 고용안정 및 직업능력개발사업의 보험료는 사업주와 근로자가 공동으로 부담한다.

① ㄱ, ㄴ
② ㄱ, ㄷ
③ ㄷ, ㄹ
④ ㄴ, ㄷ, ㄹ
⑤ ㄱ, ㄴ, ㄷ, ㄹ

134 사회보험과 민영보험의 차이점에 관한 설명으로 옳지 않은 것은? 20회

① 사회보험은 현금급여를 원칙으로 하고, 민영보험은 현물급여를 원칙으로 한다.
② 사회보험은 대부분 국가 또는 공법인이 운영하지만 민영보험은 사기업이 운영한다.
③ 사회보험은 강제로 가입되지만 민영보험은 임의로 가입한다.
④ 사회보험은 국가가 주로 독점하지만 민영보험은 사기업들이 경쟁한다.
⑤ 사회보험은 사회적 적절성을 강조하지만 민영보험은 개별 형평성을 강조한다.

135 우리나라 산업재해보상보험의 급여가 아닌 것은? 20회

① 요양급여
② 상병수당
③ 유족급여
④ 장례비
⑤ 직업재활급여

136 우리나라 의료보장제도(국민건강보험, 의료급여)에서 시행하고 있는 것 중 의료비 절감효과와 관련이 가장 적은 것은? 21회

① 포괄수가제
② 의료급여 사례관리제도
③ 건강보험급여 심사평가제도
④ 행위별 수가제
⑤ 본인일부부담금

137 우리나라 고용보험과 산업재해보상보험에 관한 설명으로 옳은 것은? 21회

① 소득활동 중 발생할 수 있는 소득상실 위험에 대한 사회안전망이라는 공통점을 가지고 있다.
② 구직급여는 구직활동 여부와 관계없이 지급된다.
③ 고용형태 및 근로시간에 관계없이 모든 근로자는 두 보험의 적용을 받는다.
④ 장해급여는 산업재해를 입은 모든 근로자에게 지급된다.
⑤ 두 보험의 가입자 보험료율은 동일하다.

138 우리나라 사회보험의 운영 원리에 관한 설명으로 옳지 <u>않은</u> 것은? 21회

① 수익자 부담 원칙을 전제로 하고 있다.
② 사회보험은 수평적 또는 수직적 재분배 기능이 있다.
③ 가입자의 보험료율은 사회보험 종류별로 다르다.
④ 사회보험 급여는 피보험자와 보험자 간 계약에 의해 규정된 법적 권리이다.
⑤ 모든 사회보험 업무가 통합되어 1개 기관에서 운영된다.

139 우리나라 사회보험방식의 공적연금에 관한 설명으로 옳은 것을 모두 고른 것은? 21회

> ㄱ. 국민연금과 특수직역연금으로 구분하여 운영되고 있다.
> ㄴ. 국민연금이 가장 먼저 시행되었다.
> ㄷ. 2022년 12월 말 기준 공적연금 수급개시 연령은 동일하다.
> ㄹ. 가입자의 노령(퇴직), 장애(재해), 사망으로 인한 소득중단 시 급여를 지급한다.

① ㄱ, ㄴ   ② ㄱ, ㄹ
③ ㄱ, ㄴ, ㄹ   ④ ㄱ, ㄷ, ㄹ
⑤ ㄴ, ㄷ, ㄹ

최신 시험에 맞게 변형한 문제입니다.

140 우리나라 사회보험제도에 관한 설명으로 옳은 것은? 22회

① 기여방식 공적연금은 국민연금, 특수직역연금, 기초연금으로 구분하여 운영된다.
② 고용보험의 고용안정 및 직업능력개발사업 보험료는 노사가 1/2씩 부담한다.
③ 노인장기요양보험의 시설급여 제공기관에는 노인요양공동생활가정과 노인전문요양병원이 포함된다.
④ 국민건강보험의 직장가입자 보험료는 노사가 1/2씩 부담하지만 사립학교 교원은 국가가 20% 부담한다.
⑤ 산업재해보상보험의 급여에는 상병수당과 상병보상연금이 있다.

141 보건복지부장관이 관장하는 사회보험제도를 모두 고른 것은? 22회

> ㄱ. 국민연금
> ㄴ. 국민건강보험
> ㄷ. 산업재해보상보험
> ㄹ. 고용보험
> ㅁ. 노인장기요양보험

① ㄱ, ㄴ   ② ㄴ, ㄷ
③ ㄱ, ㄴ, ㅁ   ④ ㄱ, ㄷ, ㄹ
⑤ ㄷ, ㄹ, ㅁ

| 워밍업 문제 | 공공부조제도 |

국민기초생활 보장제도의 특징으로 옳지 않은 것은?
① 국가 책임
② 자활 우선
③ 개인 단위 차원
④ 기준 중위소득 적용
⑤ 자산 조사 실시

해설 국민기초생활 보장제도는 가구 단위 보장을 원칙으로 한다.
답 ③

142 우리나라의 사회보장급여 중에서 공공부조에 해당되는 것은?
17회

① 장애연금
② 장해연금
③ 장애인연금
④ 상병보상연금
⑤ 노령연금

143 사회보험과 공공부조의 차이에 관한 설명으로 옳지 않은 것을 모두 고른 것은?
17회

		사회보험	공공부조
ㄱ	재원	사회보험료	조세
ㄴ	대상자 범주	보편주의	선별주의
ㄷ	권리성	추상적이고 약함.	구체적이고 강함.
ㄹ	수급자격	기여금	자산 조사
ㅁ	특징	사후적	사전적

① ㄱ, ㄴ
② ㄷ, ㅁ
③ ㄱ, ㄴ, ㄷ
④ ㄴ, ㄷ, ㄹ
⑤ ㄷ, ㄹ, ㅁ

최신 시험에 맞게 변형한 문제입니다.

144 국민기초생활 보장제도에 관한 설명으로 옳은 것은?
17회

① 차상위계층이란 수급권자(급여의 특례에 해당하는 수급권자로 보는 사람은 제외)에 해당하지 아니하는 계층으로서 소득인정액이 기준 중위소득의 100분의 50 이하인 사람이다.
② 생계급여 수급권자의 선정기준은 기준 중위소득의 100분의 40 이상으로 한다.
③ 주거급여는 보건복지부가 주관한다.
④ 교육급여 수급권자의 선정기준은 기준 중위소득의 100분의 30 이상으로 한다.
⑤ 생계급여는 타인의 가정에 위탁하여 실시할 수 없다.

145 국민기초생활 보장제도에 관한 설명으로 옳지 않은 것은?
18회

① 국민기초생활 보장제도는 보충성의 원칙에 기반하고 있다.
② 북한이탈주민의 보호 및 정착지원에 관한 법률상의 북한이탈주민과 그 가족은 의료급여 2종 수급권자에 속한다.
③ 급여는 개별가구 단위로 실시하되, 특히 필요하다고 인정하는 경우에는 개인 단위로 실시할 수 있다.
④ 수급권자와 그 친족, 그 밖의 관계인은 관할 시장·군수·구청장에게 수급권자에 대한 급여를 신청할 수 있다.
⑤ 생계급여는 수급자의 소득인정액 등을 고려하여 차등지급할 수 있다.

146 최신 시험에 맞게 변형한 문제입니다.
국민기초생활 보장 대상 가구의 월 생계급여액은? (단, 다음에 제시된 2025년 기준으로 계산한다.)
18회

- 전세주택에 거주하는 부부(45세, 42세)와 두 자녀(15세, 12세)로 구성된 가구로 소득인정액은 월 100만 원으로 평가됨(부양의무자는 없음).
- 2025년 가구 규모별 기준 중위소득은 다음과 같이 가정함.
  1인: 2,000,000원, 2인: 4,000,000원,
  3인: 5,000,000원, 4인: 6,000,000원

① 800,000원 ② 920,000원
③ 1,800,000원 ④ 1,920,000원
⑤ 3,600,000원

147 기초연금제도에 관한 설명으로 옳은 것은?
18회

① 65세 이상 모든 고령자에게 제공하는 사회수당이다.
② 무기여방식의 노후 소득보장제도이다.
③ 기초연금액의 산정 시 국민연금 급여액을 고려하지 않는다.
④ 기초연금액은 가구유형, 소득과 상관없이 동일하다.
⑤ 기초연금의 수급권자가 사망하면 유족급여를 지급한다.

148 공공부조, 사회보험, 사회수당의 특성에 관한 설명으로 옳지 않은 것은?
18회

① 공공부조는 다른 두 제도에 비해 권리성이 약하다.
② 사회수당은 수평적 재분배 효과가 있다.
③ 사회보험의 급여조건은 보험료 기여조건과 함께 사회적 위험에 직면해야 하는 조건이 부가된다.
④ 사회수당은 기여 여부와 무관하게 지급된다.
⑤ 운영 효율성은 세 제도 중 공공부조가 가장 높다.

149 자활지원사업에 관한 설명으로 옳지 않은 것은?
19회

① 자활급여는 근로능력이 있는 국민기초생활보장 수급자의 자활을 위한 각종 지원을 제공하는 급여이다.
② 자활기업은 조합 또는 부가가치세법상의 사업자로 한다.
③ 자활기관협의체의 구성 및 운영 등에 필요한 사항은 보건복지부령으로 정한다.
④ 자산형성지원으로 형성된 자산은 수급자의 소득환산액 산정 시 이를 포함한다.
⑤ 지역자활센터는 참여자의 자활의욕 고취를 위한 교육을 행한다.

150 긴급복지지원제도에 관한 설명으로 옳지 않은 것은? 19회

① 주소득자가 사망, 가출, 행방불명, 구금시설에 수용되는 등의 사유로 소득을 상실한 경우 긴급지원대상자가 될 수 있다.
② 긴급지원은 위기상황에 처한 사람에게 일시적으로 신속하게 지원하는 것을 기본원칙으로 한다.
③ 긴급지원의 종류에는 금전 또는 현물 등의 직접지원과 민간기관·단체와의 연계 등의 지원이 있다.
④ 사회복지사업법에 따른 사회복지시설의 종사자는 긴급지원을 요청할 수 있다.
⑤ 국민기초생활 보장법에 따른 지원을 받고 있는 경우에 긴급복지지원법을 우선 적용한다.

151 우리나라의 의료급여에 관한 설명으로 옳지 않은 것은? 20회

① 의료급여 수급권자는 1종과 2종으로 구분한다.
② 의료급여기금에는 지방자치단체의 출연금도 포함된다.
③ 의료급여 수급권자의 1촌 직계혈족 및 그 배우자는 원칙적으로 부양의무가 있다.
④ 국민기초생활 보장제도 수급자 중 보장시설에서 급여를 받는 자는 2종 수급자로 구분된다.
⑤ 약사법에 따라 개설등록된 약국은 의료급여를 실시하는 의료기관이다.

152 우리나라의 국민기초생활 보장제도에 관한 설명으로 옳은 것은? 20회

① 의료급여 선정기준은 기준 중위소득의 100분의 50 이상으로 한다.
② 교육급여 선정기준은 기준 중위소득의 100분의 40 이상으로 한다.
③ "수급권자"란 국민기초생활 보장법에 따른 급여를 받는 사람을 말한다.
④ 국민기초생활 보장제도에서의 "보장기관"은 사회복지서비스를 제공하는 사회복지기관을 말한다.
⑤ 사회복지전담공무원은 수급권자의 동의를 받아 수급권자에 대한 급여를 직권으로 신청할 수 있다.

153 최근 10년간 국민기초생활 보장제도의 변화에 관한 설명으로 옳은 것을 모두 고른 것은? 21회

> ㉠ 수급자격 중 부양의무자 기준은 완화되었다.
> ㉡ 기준중위소득은 2015년 이후 지속적으로 인상되었다.
> ㉢ 교육급여가 신설되었다.
> ㉣ 근로능력평가 방식이 변화되었다.

① ㉠, ㉡ ② ㉠, ㉢
③ ㉠, ㉣ ④ ㉡, ㉣
⑤ ㉠, ㉡, ㉣

154 사회보험과 비교하여 공공부조제도의 장점으로 옳은 것은? 21회

① 대상효율성이 높다.
② 가입률이 높다.
③ 수급자에 대한 낙인을 예방할 수 있다.
④ 행정비용이 발생하지 않는다.
⑤ 수평적 재분배 효과가 크다.

155 최신 시험에 맞게 변형한 문제입니다.
다음에서 ㉠, ㉡을 순서대로 옳게 나열한 것은? 22회

> 2025년 국민기초생활 보장제도 수급자 선정 소득기준은 다음과 같다. 생계급여는 기준 중위소득의 (㉠)% 이하, 주거급여는 기준 중위소득의 48% 이하, 의료급여는 기준 중위소득의 (㉡)% 이하, 교육급여는 기준 중위소득의 50% 이하이다.

① 30, 30 ② 30, 40 ③ 32, 30
④ 32, 40 ⑤ 35, 40

156 우리나라 공공부조제도에 관한 설명으로 옳지 않은 것은? 22회

① 긴급복지지원제도는 현금급여와 민간기관 연계 등의 지원을 제공한다.
② 국민기초생활 보장제도 부양의무자 기준은 복지사각지대 해소를 위해 단계적으로 완화되고 있다.
③ 긴급복지지원제도는 단기 지원의 원칙, 선심사 후지원의 원칙, 다른 법률 지원 우선의 원칙이 적용된다.
④ 의료급여 수급권자에는 「입양특례법」에 따라 국내 입양된 18세 미만의 아동이 포함된다.
⑤ 국민기초생활 보장제도 급여 신청은 신청주의와 직권주의를 병행하고 있다.

157 다음에서 ㉠, ㉡을 합한 값은? 22회

> 긴급복지지원제도의 생계급여 지원은 최대 (㉠)회, 의료급여 지원은 최대 (㉡)회, 주거급여는 최대 12회, 복지시설 이용은 최대 6회 지원된다.

① 4 ② 6 ③ 8
④ 10 ⑤ 12

UNIT 10
우리나라 사회복지서비스 정책의 변화

정답과 해설 242쪽

워밍업 문제 — 우리나라 사회복지서비스 정책

최근 우리나라 사회복지서비스 정책의 변화에 관한 내용으로 옳지 않은 것은?

① 장애인등급제 폐지에 따라 공급자 중심의 서비스 지원이 확대되었다.
② 취약계층의 개별적 욕구에 맞는 서비스를 누리고 지역사회와 함께 어울려 살아갈 수 있도록 지역주도형 사회서비스 정책인 커뮤니티 케어가 실시되고 있다.
③ 고령사회로 진입하면서 치매 노인과 그 가족이 떠안아야 했던 고통과 부담을 정부가 책임지는 치매국가책임제가 시행되고 있다.
④ 선제적으로 사각지대를 발굴하고 대상자에게 필요한 서비스를 맞춤형으로 제공하기 위한 읍·면·동 복지허브화가 2016년부터 시행되었다.
⑤ 월 10만 원 이상의 근로·사업소득이 발생하는 만 15~39세로서 소득인정액이 기준 중위소득 50% 이하인 주거·교육 수급가구 및 차상위계층 및 가구에 해당하는 청년에게 청년내일저축계좌가 시행되고 있다.

해설 장애인등급제 폐지에 따라 기존 공급자 중심의 서비스 지원체계에서 수요자 중심 장애인 지원체계로 강화되었다. 즉, 장애인의 욕구나 환경에 따른 필요 서비스를 이용할 수 있는 수요자 중심의 서비스 지원체계가 확대되고 있다. **답** ①

시험 실시간 차트

평균 2.6문제 출제

실시간 출제 키워드
▲ 근로장려세제
▲ 사회적 기업
▲ 사회복지운동

158 사회서비스에 관한 설명으로 옳은 것은? 23회

① 수급자 등 빈곤층만을 대상으로 한다.
② 주로 바우처 방식으로 수요자를 지원한다.
③ 전액 국비로 지원한다.
④ 단일 기관이 독점하여 공급한다.
⑤ 주로 획일화된 서비스를 제공한다.

159 최저임금제에 관한 설명으로 옳지 않은 것은?

23회

① 우리나라에서는 최저임금제가 2000년부터 실시되었다.
② 최저임금제는 정신장애로 근로능력이 현저히 낮은 사람에게는 적용되지 않는다.
③ 최저임금제는 근로자에게 최저한의 생계를 유지할 수 있는 수준의 임금을 보장하기 위한 제도이다.
④ 최저임금제는 저임금 근로자의 증가를 억제하는 장치로 작용할 수 있다.
⑤ 최저임금제는 사회보장 급여수준에 영향을 미칠 수 있다.

160 민간의 사회복지에 대한 우리나라 사회복지정책의 내용이 아닌 것은?

17회

① 국가와 지방자치단체는 국가 및 지방자치단체의 사회복지사업과 민간부문의 사회복지 증진활동이 원활하게 연계될 수 있도록 노력하여야 한다.
② 국가와 지방자치단체는 사회복지를 필요로 하는 사람의 인권이 충분히 존중되는 방식으로 사회복지서비스를 제공하여야 한다.
③ 보건복지부장관은 사회복지시설에서 제공하는 사회복지서비스의 최저기준을 마련하여야 한다.
④ 국가나 지방자치단체가 설치한 사회복지시설은 사회복지법인이나 비영리법인에 위탁하여 운영하게 할 수 있다.
⑤ 국가나 지방자치단체는 사회복지법인에 우선하여 사회복지시설을 설치·운영할 수 없다.

161 우리나라 아동복지정책의 내용이 아닌 것은?

17회

① 국가와 지방자치단체는 건전한 요보호아동의 국외입양을 활성화하며, 아동이 입양 후의 가정생활에 원만하게 적응할 수 있도록 하여야 한다.
② 시·도지사 또는 시장·군수·구청장은 그 관할 구역에서 보호대상아동을 발견한 때에는 아동의 최상의 이익을 위하여 보호조치를 하여야 한다.
③ 교육부장관은 아동학대의 조기 발견과 신속한 보호조치를 위하여 장기결석 학생의 정보를 보건복지부장관과 공유하여야 한다.
④ 영유아에 대한 보육의 내용 및 범위를 정하여 국가와 지방자치단체는 보육을 무상으로 한다.
⑤ 국가 및 지방자치단체는 빈곤아동의 안전·건강 및 복지증진을 위하여 빈곤아동과 그 보호자 및 가정을 지원하기 위한 정책을 수립·시행하여야 한다.

162 사회적 기업에 관한 설명으로 옳지 않은 것은?

17회

① 사회적 목적 달성을 위하여 시장에서 영리활동을 하는 조직이다.
② 사회적 기업에는 자활공동체, 협동조합, 사회적 회사 등이 있다.
③ 사회적 기업 육성법에 따라 사회적 기업을 인증한다.
④ 사회적 기업은 사회복지사업법에 따른 사회복지시설이다.
⑤ 사회적 취약계층에 대한 일자리 창출 방안의 하나이다.

163 확정급여식 연금과 확정기여식 연금에 관한 설명으로 옳은 것을 모두 고른 것은? 17회

> ㉠ 확정급여식 연금의 재정은 완전적립방식에서 부과방식까지 다양하게 운용될 수 있다.
> ㉡ 확정기여식 연금의 급여액은 기본적으로 적립한 기여금과 기여금의 투자수익에 의해서 결정된다.
> ㉢ 확정급여식 연금제도에서는 투자위험에 대해서 개인이 전적으로 책임진다.
> ㉣ 확정기여식 연금제도에서는 물가상승, 경기침체 등의 위험을 사회 전체적으로 분산 대응하는 장점이 있다.

① ㉠, ㉡
② ㉠, ㉢
③ ㉡, ㉣
④ ㉠, ㉡, ㉢
⑤ ㉠, ㉡, ㉢, ㉣

164 우리나라 비정규직 노동자에 관한 설명으로 옳은 것을 모두 고른 것은? 17회

> ㉠ 비정규직 고용은 노동자의 인적자본 형성 기회를 줄인다.
> ㉡ 정규직과 비정규직 노동자의 사회보험 가입률에는 차이가 없다.
> ㉢ 비정규직의 증가 원인에는 기업 규제완화를 통한 노동의 유연성 증가가 포함된다.

① ㉠
② ㉡
③ ㉠, ㉢
④ ㉡, ㉢
⑤ ㉠, ㉡, ㉢

165 우리나라 근로장려세제에 관한 설명으로 옳지 않은 것은? 18회

① 근로장려금 신청 접수는 보건복지부에서 담당한다.
② 근로능력이 있는 빈곤층에 대해 근로의욕을 고취한다.
③ 미국의 EITC를 모델로 하였다.
④ 근로장려금은 근로소득 외에 재산보유상태 등을 반영하여 지급한다.
⑤ 근로빈곤층에게 실질적 혜택을 제공하여 빈곤탈출을 지원한다.

166 최근 논의되는 사회복지정책 이슈들에 관한 설명으로 옳지 않은 것은? 18회

① 생태주의 관점에서는 복지국가의 '성장' 패러다임을 옹호한다.
② 4차 산업혁명, 일자리 감소, 소득 양극화 심화 등의 이슈는 '기본소득' 도입의 필요성과 관련되어 있다.
③ 민달팽이유니온, 복지국가청년네트워크 등은 청년세대 운동조직이 출현한 사례에 해당한다.
④ '마을만들기' 사업은 주민참여형 복지라고 할 수 있다.
⑤ '커뮤니티 케어'는 탈시설화와 관련되어 있다.

167 사회복지운동에 관한 설명으로 옳지 않은 것은? 19회

① 민간이 사회복지정책의 방향·내용에 대해 특정한 견해를 가지고 이를 관철시키기 위한 실천이다.
② 여러 사회복지정책 실천 중의 하나라고 할 수 있다.
③ 사회복지시설 종사자는 사회복지운동의 주체가 될 수 없다.
④ 사회복지운동을 통해 특정 사회복지정책이 선거 정치의 의제가 되도록 촉구할 수 있다.
⑤ 1990년대 국민 최저선 확보운동, 사회복지 입법 청원운동 등이 사회복지운동의 예이다.

168 아동학대의 예방 및 방지에 관한 설명으로 옳은 것을 모두 고른 것은? 19회
최신 시험에 맞게 변형한 문제입니다.

> ㉠ 아동학대를 예방하고 수시로 신고를 받을 수 있도록 아동보호전문기관은 긴급전화(1391)를 설치하여야 한다.
> ㉡ 아동학대의 예방과 방지에 관한 관심을 높이기 위하여 아동학대 예방의 날을 지정하였다.
> ㉢ 지역아동보호전문기관은 아동학대 신고 접수, 현장조사 및 응급보호 등의 역할을 한다.
> ㉣ 아동보호전문기관의 장은 피해아동의 가족에게 상담, 교육 및 의료적·심리적 치료 등의 필요한 지원을 제공하여야 한다.

① ㉠, ㉣
② ㉡, ㉣
③ ㉠, ㉡, ㉢
④ ㉡, ㉢, ㉣
⑤ ㉠, ㉡, ㉢, ㉣

169 우리나라의 사회보장기본법에 근거한 사회보장제도가 아닌 것은? 20회

① 고용보험
② 국민연금
③ 최저임금제
④ 국민기초생활 보장
⑤ 보육서비스

170 기업복지의 장점에 해당하지 않는 것은? 20회

① 조세방식보다 재분배 효과가 크다.
② 노사관계의 안정화 기능을 수행한다.
③ 근로의욕을 고취하여 생산성이 향상하는 효과가 있다.
④ 기업에 대한 사회적 이미지를 제고하는 기능이 있다.
⑤ 기업의 입장에서 임금을 높여주는 것보다 조세부담의 측면에 유리하다.

171 조세특례제한법상의 '총급여액 등'을 기준으로 근로장려금 산정방식을 다음과 같이 설계하였다고 가정할 때, 총급여액 등에 따른 근로장려금 계산 결과로 옳지 않은 것은? 21회

> • 총급여액 등 1,000만 원 미만: 근로장려금 = 총급여액 등×100분의 20
> • 총급여액 등 1,000만 원 이상 1,200만 원 미만: 근로장려금 200만원
> • 총급여액 등 1,200만 원 이상 3,200만 원 미만: 근로장려금 = 200만 원-(총급여액 등-1,200만 원)×100분의 10
> ※ 재산, 가구원 수, 부양아동 수, 소득의 종류 등 다른 조건은 일체 고려하지 않음.

① 총급여액 등이 500만 원 일 때, 근로장려금 100만 원
② 총급여액 등이 1,100만 원 일 때, 근로장려금 200만 원
③ 총급여액 등이 1,800만 원 일 때, 근로장려금 150만 원
④ 총급여액 등이 2,200만 원 일 때, 근로장려금 100만 원
⑤ 총급여액 등이 2,700만 원 일 때, 근로장려금 50만 원

172 우리나라가 시행하고 있는 취약계층 취업지원 제도에 관한 설명으로 옳은 것은? 21회

① 노인 일자리사업의 총괄 운영기관은 대한 노인회이다.
② 장애인 고용의무제도는 모든 사업체에 적용된다.
③ 맞춤형 취업지원서비스로 국민취업지원제도가 운영되고 있다.
④ 모든 국민기초생활 보장 수급자는 반드시 자활사업에 참여해야 한다.
⑤ 고령자를 채용하지 않는 기업은 정부에 부담금을 납부해야 한다.

173 사회복지운동에 관한 설명으로 옳은 것을 모두 고른 것은? 21회

㉠ 민간이 사회복지에 대한 특정 견해를 가지고 이를 관철시키려는 실천이다.
㉡ 노동운동·시민운동·여성운동 단체 등 다양한 주체들이 관심과 역량을 투여하는 사회운동의 한 분야이다.
㉢ 사회복지종사자들이 갖고 있는 전문성을 실현하는 중요한 통로의 하나이다.
㉣ 우리나라의 사회복지역사에서 정부는 사회복지운동단체의 의견을 모두 수용하였다.

① ㉠, ㉢
② ㉡, ㉣
③ ㉠, ㉡, ㉢
④ ㉡, ㉢, ㉣
⑤ ㉠, ㉡, ㉢, ㉣

174 우리나라에서 시행 중인 소득보장제도에 관한 설명으로 옳지 않은 것은? 21회

① 기초연금은 노인의 생활안정 지원을 목적으로 한다.
② 장애 정도가 심하지 않은 장애인은 장애인 연금을 받을 수 없다.
③ 장애수당은 장애로 인해 발생하는 추가비용을 보전하기 위해 도입되었다.
④ 만 10세 아동은 아동수당을 받을 수 있다.
⑤ 저소득 한부모가족에게는 아동양육비가 지급될 수 있다.

175 우리나라 근로장려세제(EITC)에 관한 설명으로 옳지 않은 것은? 22회

① 소득 재분배 효과를 기대할 수 있다.
② 근로능력이 있는 저소득층의 근로유인을 제고한다.
③ 소득과 재산보유상태 등을 반영하여 지급한다.
④ 근로장려금 모형은 점증구간, 평탄구간, 점감구간으로 되어 있다.
⑤ 사업자는 근로장려금을 받을 수 없다.

CHAPTER

7

사회복지 행정론

7개년 출제 리포트

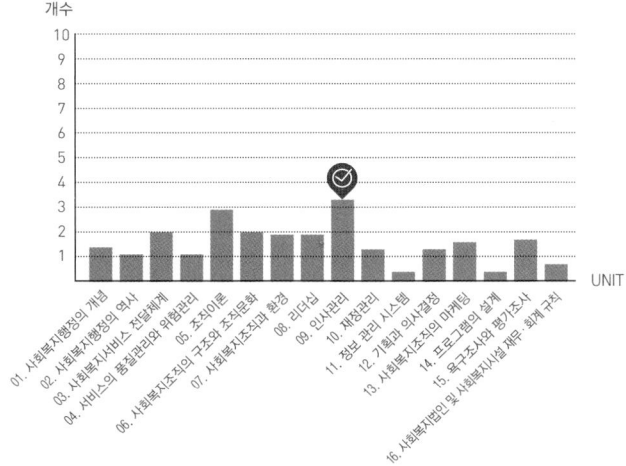

WHAT TO STUDY

1. 전체적인 개념이 골고루 출제되고 있다.
2. 전달체계 및 사회복지행정의 역사, 기획과 의사결정, 욕구조사 등은 특히 눈여겨보자.
3. 사회복지행정의 역사는 지역사회복지론과 연계해서 학습하는 것이 좋다.

UNIT 01

사회복지행정의 개념

정답과 해설 245쪽

워밍업 문제 사회복지행정의 개념

사회복지행정과 일반 행정의 공통점으로 옳지 않은 것은?
① 목표를 설정하고 목표 달성을 위해서 인적·물적 자원을 동원한다.
② 관리자에 의해 수행되는 기획 및 의사결정과 평가 과정을 거친다.
③ 대안을 모색하고 실행하고 평가하는 문제 해결 과정이다.
④ 일선 직원과 수혜자와의 관계가 조직 효과성을 좌우한다.
⑤ 조직 부서 간 업무의 조정이 요구되고 직무 평가가 이루어진다.

[해설] 일선 직원과 수혜자와의 관계, 즉 라포 형성 여부가 조직 효과성을 좌우하는 것은 사회복지행정이 가지고 있는 고유한 특징이다. 답 ④

시험 실시간 차트

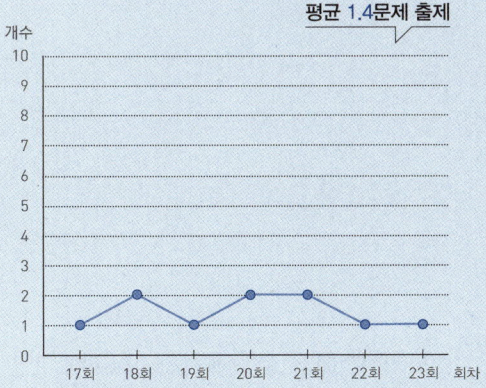

평균 1.4문제 출제

실시간 출제 키워드
▲ 사회복지행정 원칙과 특성
▲ 사회복지조직의 특징

최신 001 사회복지행정의 개념에 관한 설명으로 옳은 것은? 23회

① 정부조직만을 대상으로 한다.
② 조직의 효과성보다 효율성이 중요하다.
③ 정부 재정 외에 민간자원 활용은 배제한다.
④ 사회문제 해결과정에서 가치판단을 배제한다.
⑤ 사회복지정책을 서비스로 전환하는 과정이다.

002 사회복지조직의 특성으로 옳은 것은? 17회
① 클라이언트와 직접 접촉을 피한다.
② 정부 이외의 지원을 받지 않는다.
③ 조직 성과의 객관적 증명이 쉽지 않다.
④ 법률과 규칙에 의해 운영되므로 전문성은 중요하지 않다.
⑤ 기업조직과 비교할 때 대표적 차별성은 효율성을 중요하게 여긴다는 점이다.

003 사회복지행정의 개념에 관한 설명으로 옳지 않은 것은? 18회
① 사회복지정책을 개별적이고 구체적인 서비스로 전환시키는 과정이다.
② 사회서비스 활동으로 민간조직을 제외한 공공조직이 수행한다.
③ 관리자가 조직목표를 달성하기 위해서 수행하는 과정, 기능 그리고 활동이다.
④ 사회복지 과업수행을 위해서 인적·물적 자원을 체계적으로 결합·운영하는 합리적 행동이다.
⑤ 사회복지제도와 정책을 서비스 급여, 프로그램으로 전환시키기 위한 전달체계이다.

004 사회복지행정의 특성에 관한 설명으로 옳지 않은 것은? 18회
① 조직들 간의 통합과 연계를 중시한다.
② 지역사회 욕구를 충족시키기 위한 조직관리 기술을 필요로 한다.
③ 모든 구성원들이 조직운영 과정에 참여하여 일정 부분 영향을 미친다.
④ 조직 내부 부서 간의 관료적이고 위계적인 조직관리 기술을 필요로 한다.
⑤ 사회복지조직의 관리자는 조직의 운영을 지역사회와 연관시킬 책임이 있다.

005 사회복지행정에서 효과성(effectiveness)에 관한 설명으로 옳은 것은? 19회
① 조직의 목표 달성 정도
② 투입에 대한 산출의 비율
③ 사회복지기관의 지역적 집중도
④ 서비스 이용의 편의성 정도
⑤ 서비스 자원의 활용 가능성 정도

006 사회복지행정의 실행과정을 순서대로 나열한 것은? 20회

> ㉠ 과업 평가
> ㉡ 과업 촉진
> ㉢ 과업 조직화
> ㉣ 과업 기획
> ㉤ 환류

① ㉠ - ㉢ - ㉣ - ㉤ - ㉡
② ㉢ - ㉠ - ㉣ - ㉡ - ㉤
③ ㉢ - ㉣ - ㉤ - ㉡ - ㉠
④ ㉣ - ㉡ - ㉢ - ㉠ - ㉤
⑤ ㉣ - ㉢ - ㉡ - ㉠ - ㉤

007 사회복지행정가가 가져야 할 능력이 아닌 것은? 20회

① 배타적 사고
② 대안 모색
③ 조직이론 이해
④ 우선순위 결정
⑤ 권한위임과 권한실행

008 사회복지행정의 특징에 관한 설명으로 옳은 것은? 21회

① 서비스 성과를 평가하기 어렵다.
② 사회복지행정가는 가치중립적이어야 한다.
③ 서비스 효율성은 고려하지 않는다.
④ 재정관리는 사회복지행정에 포함되지 않는다.
⑤ 직무환경에 관계없이 획일적으로 운영된다.

009 하센펠트(Y. Hasenfeld)가 제시한 휴먼서비스 조직의 특성으로 옳지 않은 것은? 21회

① 인간을 원료(raw material)로 한다.
② 클라이언트와의 직접적 관계 속에서 활동한다.
③ 조직의 목표가 불확실하며 모호해지기 쉽다.
④ 조직의 업무과정에서 주로 전문가에 의존한다.
⑤ 목표 달성을 위해 명확한 지식과 기술을 사용한다.

010 사회복지조직의 특성에 관한 설명으로 옳지 않은 것은? 22회

① 사회복지사의 전문성과 자율성을 인정한다.
② 클라이언트와 사회복지사의 관계에 따라 서비스의 효과성이 좌우된다.
③ 서비스의 효과성을 객관적으로 입증하기가 용이하다.
④ 다양한 상황에서 윤리적 딜레마와 가치 선택에 직면한다.
⑤ 조직의 목표가 명확하거나 구체적이기 어렵다.

UNIT 02 사회복지행정의 역사

정답과 해설 247쪽

워밍업 문제 — 한국과 미국의 사회복지행정의 역사

2000년 이후 우리나라 사회복지행정의 제도적 환경의 변화에 관한 설명으로 옳은 것을 모두 고른 것은?

- ㄱ. 지방자치단체의 사회복지서비스 기획 및 집행 기능 강화
- ㄴ. 경쟁력 강화를 위한 사회복지법인 간 합병 활성화
- ㄷ. 소비자 중심의 평가 시스템 강화
- ㄹ. 매 3년마다 표본추출에 의한 시설평가제도 도입

① ㄱ, ㄴ, ㄷ ② ㄱ, ㄷ
③ ㄴ, ㄹ ④ ㄹ
⑤ ㄱ, ㄴ, ㄷ, ㄹ

해설 ㄴ 경쟁력 강화를 위해 사회복지법인 간 합병이 활성화되고 있지는 않다.
ㄹ 3년마다 전수조사가 의무적으로 실시되고 있다. **답** ②

시험 실시간 차트

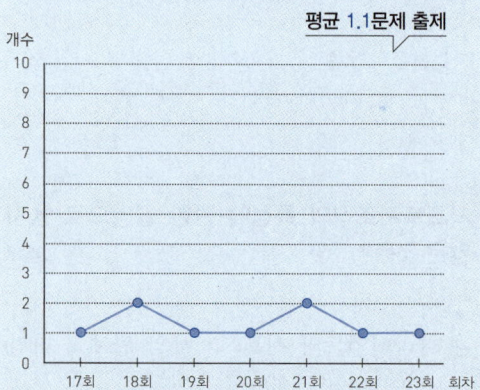

평균 1.1문제 출제

실시간 출제 키워드
- ▲ 사회복지시설 평가제
- ▲ 사회복지전문요원
- ▲ 사회보장정보시스템

최신 011 한국 사회복지행정 역사에 관한 설명으로 옳지 않은 것은? 23회

① 1950년대에는 긴급구호와 생활(수용)시설에서의 보호가 주를 이루었다.
② 1970년 사회복지사업법 제정으로 사회복지시설 운영에 관한 법적 근거가 마련되었다.
③ 1997년 사회복지사업법 개정을 통해 사회복지시설 평가가 법제화되었다.
④ 1998년 사회복지공동모금회가 설립되었다.
⑤ 2008년 노인장기요양보험제도 도입으로 민간기관의 서비스 제공이 금지되었다.

012 1950년대 우리나라 사회복지행정 역사에 관한 설명으로 옳지 않은 것은? 18회

① 외국민간원조기관협의회(KAVA, Korea Association of Voluntary Agencies)는 구호물자의 배분을 중심으로 사회복지행정 활동을 하였다.
② KAVA는 구호 활동과 관련된 조직관리 기술을 도입했다.
③ 사회복지기관들은 수용·보호에 바탕을 둔 행정관리 기술을 사용하였다.
④ KAVA는 서비스 중복, 누락, 서비스 제공자 간의 협력체계 구축에 초점을 두었다.
⑤ KAVA는 지역사회 조직화나 공동체 형성을 위한 조직관리 기술을 적극적으로 활용하였다.

013 사회복지서비스 전달체계의 도입을 시대 순으로 나열한 것은? 18회

㉠ 사회복지사무소 시범사업
㉡ 희망복지지원단
㉢ 사회복지전문요원
㉣ 보건복지사무소 시범사업
㉤ 지역사회보장협의체

① ㉣ - ㉢ - ㉡ - ㉠ - ㉤
② ㉢ - ㉣ - ㉠ - ㉡ - ㉤
③ ㉣ - ㉠ - ㉢ - ㉡ - ㉤
④ ㉠ - ㉢ - ㉣ - ㉤ - ㉡
⑤ ㉢ - ㉣ - ㉤ - ㉠ - ㉡

014 우리나라 사회복지 전달체계의 변화 과정을 순서대로 나열한 것은? 19회

㉠ 사회복지사무소 시범사업
㉡ 지역사회 통합돌봄
㉢ 읍·면·동 복지허브화
㉣ 사회복지통합관리망(행복e음) 개통
㉤ 보건복지사무소 시범사업

① ㉠ - ㉤ - ㉢ - ㉣ - ㉡
② ㉡ - ㉠ - ㉣ - ㉤ - ㉢
③ ㉢ - ㉡ - ㉤ - ㉣ - ㉠
④ ㉣ - ㉤ - ㉢ - ㉠ - ㉡
⑤ ㉤ - ㉠ - ㉣ - ㉢ - ㉡

015 사회복지서비스 전달체계 도입 순서가 올바르게 제시된 것은? 20회

㉠ 희망복지지원단 설치
㉡ 지역사회복지협의체 설치
㉢ 읍면동 복지허브화 사업 실행

① ㉠ - ㉡ - ㉢   ② ㉠ - ㉢ - ㉡
③ ㉡ - ㉠ - ㉢   ④ ㉡ - ㉢ - ㉠
⑤ ㉢ - ㉠ - ㉡

016 한국 사회복지행정의 역사에 관한 설명으로 옳지 않은 것은? 21회

① 1950~1960년대 사회복지서비스는 주로 외국 원조단체들에 의해 제공되었다.
② 1970년대 사회복지사업법 제정으로 사회복지시설에 대한 제도적 지원과 감독의 근거가 마련되었다.
③ 1980년대에 사회복지전문요원제도가 도입되었다.
④ 1990년대에 사회복지시설 평가제도가 도입되었다.
⑤ 2000년대에 사회복지관에 대한 정부 보조금 지원이 제도화되었다.

UNIT 03
사회복지서비스 전달체계

정답과 해설 248쪽

017 한국의 사회복지전달체계 개편 순서를 올바르게 나열한 것은? 21회

> ㉠ 주민생활지원서비스 전달체계
> ㉡ 사회복지통합관리망(행복e음) 개통
> ㉢ 읍·면·동 복지허브화
> ㉣ 지역사회 통합돌봄

① ㉠ - ㉡ - ㉢ - ㉣
② ㉠ - ㉡ - ㉣ - ㉢
③ ㉠ - ㉢ - ㉡ - ㉣
④ ㉡ - ㉠ - ㉢ - ㉣
⑤ ㉡ - ㉢ - ㉠ - ㉣

018 한국 사회복지행정의 역사에 관한 설명으로 옳지 <u>않은</u> 것은? 22회

① 6.25 전쟁 이후 외국원조기관을 중심으로 사회복지시설이 설립되었다.
② 1960년대 외국원조기관 철수 후 자생적 사회복지단체들이 성장했다.
③ 1980년대 후반부터 지역사회 이용시설 중심의 사회복지기관이 증가했다.
④ 1980년대 후반부터 사회복지전문요원이 배치되기 시작했다.
⑤ 1990년대 후반에 사회복지시설 설치기준이 허가제에서 신고제로 바뀌었다.

시험 실시간 차트

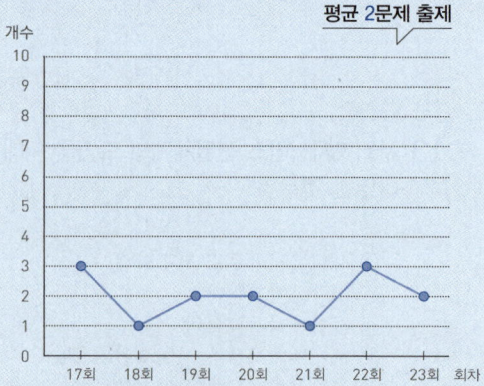

실시간 출제 키워드
▲ 사회복지서비스 전달체계의 원칙
▲ 공공 전달체계와 민간 전달체계의 비교

| 워밍업 문제 | 사회복지서비스 전달체계의 개념과 구축을 위한 주요 원칙 |

서비스의 통합성을 증진시키기 위한 전달체계 개선 전략으로 옳지 않은 것은?

① 종합적 서비스를 제공하는 별도의 기관을 설치한다.
② 지역사회 수준에서 사례관리 체계를 도입한다.
③ 클라이언트의 서비스 이력 정보를 공유한다.
④ 서비스별로 인테이크 창구를 마련한다.
⑤ 통합 정보망을 구축하여 서비스 연계를 강화한다.

해설 서비스의 통합성을 증진시키기 위해서는 인테이크(intake, 접수) 창구를 단일화하는 것이 옳다. 답 ④

---

020 다음에서 나타나지 않은 현상은? 17회

> A 지역자활센터는 대상자의 취업 성공률을 높이기 위해 전담직원을 신규 채용해서 맞춤형 프로그램 기획을 담당하도록 하였다. 또한 대상자를 개별적으로 사정, 상담하여 취업 방해요인을 분석하였다. 몇몇 대상자들은 A 센터의 취업 성공률을 낮출 것이라고 보고 타기관으로 보낼 방안을 검토하고 이를 요청하였다.

① 서비스 과활용   ② 크리밍
③ 의뢰   ④ 사례관리
⑤ 스태핑(staffing)

---

021 독거노인을 위한 복지서비스 전달체계 구축 원칙과 내용이 옳지 않은 것은? 17회

① 충분성: 치매예방서비스 양을 증가시킴.
② 연속성: 치매예방 및 관리서비스를 중단 없이 이용하게 함.
③ 접근성: 치매예방서비스 비용을 낮춤.
④ 책임성: 치매예방서비스 불만사항 파악 절차를 마련함.
⑤ 통합성: 치매예방서비스를 적극적으로 홍보함.

최신 019 다음에서 설명하는 사회복지 전달체계 구축 원칙은? 23회

> • 지역사회통합돌봄(커뮤니티 케어)
> • 원스탑서비스 제공
> • 서비스 단편성과 비연속성 문제를 해결

① 책임성   ② 접근성
③ 지속성   ④ 통합성
⑤ 적절성

---

022 사회복지조직의 책임성을 확보하기 위한 노력이 아닌 것은? 18회

① 개인정보 보호를 위해 사회복지조직 후원금 사용 정보의 미공개
② 사회복지사업법에 따른 사회복지법인이사회 구성
③ 사회복지법인 및 사회복지시설 재무·회계 규칙에 근거한 예산 편성
④ 배분사업 공모를 통한 사회복지 프로그램 재정지원 시행
⑤ 사회복지예산 수립을 위한 주민참여제도 시행

023 사회복지전달체계 구축 시 고려해야 할 사항으로 옳지 않은 것은? 19회

① 통합성: 서비스의 중복과 누락을 방지하고 다양한 서비스를 통합적으로 제공해야 한다.
② 포괄성: 클라이언트의 다양한 욕구 중 한 가지 욕구를 해결하기 위하여 전문가 집단이 개입하는 방식이다.
③ 적절성: 사회복지서비스의 양과 질이 서비스 수요자의 욕구 충족과 서비스 목표 달성에 적합해야 한다.
④ 접근성: 서비스 이용자에게 공간, 시간, 정보, 재정 등의 제약이 없는 서비스 제공을 의미한다.
⑤ 전문성: 충분한 사회복지전문가의 확보가 필요하다.

024 사회복지조직의 책임성에 관한 설명으로 옳지 않은 것은? 20회

① 업무수행 결과에 대한 책임뿐만 아니라 업무 과정에 대한 정당성을 의미한다.
② 책임성 이행 측면에서 효율성을 배제하고 효과성을 극대화해야 한다.
③ 지역사회와의 관계뿐만 아니라 조직 내 상호작용에서도 정당성을 확보해야 한다.
④ 정부 및 재정 자원 제공자, 사회복지조직, 사회복지전문직, 클라이언트 등에게 책임성을 입증해야 한다.
⑤ 클라이언트집단의 욕구를 충족시키고 당면한 사회문제를 해결하고 있다는 증거를 보여줘야 한다.

025 사회복지전달체계 구축 원칙에 관한 설명으로 옳지 않은 것은? 22회

① 서비스 비용 부담을 낮춤으로써 접근성을 높일 수 있다.
② 서비스 간 연계성을 강화함으로써 연속성을 높일 수 있다.
③ 양·질적으로 이용자 욕구에 부응함으로써 적절성을 높일 수 있다.
④ 최소 비용으로 최대 효과를 얻음으로써 전문성을 높일 수 있다.
⑤ 이용자의 요구나 불만을 파악함으로써 책임성을 높일 수 있다.

026 다음 설명에 해당되는 것은? 22회

- 비(非)표적 인구가 서비스에 접근하여 나타나는 문제
- 사회적 자원의 낭비 유발

① 서비스 과활용   ② 크리밍
③ 레드테이프   ④ 기준행동
⑤ 매몰비용

| 워밍업 문제 | **사회복지서비스 전달체계의 유형** |

우리나라 사회복지 전달체계에 관한 설명으로 옳은 것은?

① 사회복지 관련 중앙부처는 보건복지부, 고용노동부, 여성가족부뿐이다.
② 모든 사회복지서비스는 지방정부 조직을 통해 전달된다.
③ 보육서비스 업무는 교육부가 관장한다.
④ 고용노동부는 자체 지방조직을 통해 실업급여를 전달한다.
⑤ 여성가족부는 자체 지방조직을 통해 사회복지 관련 급여를 전달한다.

[해설] ① 사회복지 관련 중앙부처에는 기타 중앙 행정기관 등도 포함된다.
② 중앙정부, 지방정부 조직, 민간 사회복지조직을 통해 사회복지서비스가 전달된다.
③ 보육서비스 업무는 보건복지부에서 정책을 발표하고, 시·군·구의 감독하에 이루어진다.
⑤ 여성가족부는 자체 지방조직이 없으며, 사회복지 관련 급여는 시·도 및 시·군·구에서 전달한다. 답 ④

027 사회복지 전달체계에 관한 설명으로 옳지 <u>않은</u> 것은? 23회

① 공공 전달체계, 민간 전달체계, 공공과 민간 혼합 전달체계로 구분한다.
② 집행체계는 수급자와 대면 관계를 통해 서비스를 제공한다.
③ 행정복지센터, 공단, 사회복지법인은 공공 전달체계이다.
④ 사회복지서비스 공급자와 소비자를 연결하는 조직적·체계적 장치이다.
⑤ 우리나라 사회복지서비스는 공공과 민간의 혼합 전달체계로 제공된다.

028 한국의 민간 사회복지조직에 관한 설명으로 옳지 <u>않은</u> 것은? 17회

① 사회적 기업은 사회서비스 공급에 참여할 수 없다.
② 사회서비스 공급에 영리기관도 참여하고 있다.
③ 사회복지법인 이외에도 사회복지시설을 운영할 수 있다.
④ 지방자치단체와의 위·수탁 계약을 통해 서비스를 제공하는 경우가 있다.
⑤ 정부보조금, 후원금, 이용료 등 재원이 다양하다.

029 한국의 사회복지 행정체계에 관한 설명으로 옳지 <u>않은</u> 것은? 19회

① 공공 행정체계와 민간 행정체계로 구성된다.
② 중앙정부의 사회복지 담당 부처는 보건복지부이다.
③ 지방자치단체의 사회복지 행정체계는 일반 행정체계에 포함되어 있다.
④ 민간 사회복지기관은 국가나 지방자치단체의 보조금을 받지 않는다.
⑤ 사회복지 행정체계에는 영리 사업자도 참여하고 있다.

030 사회복지서비스 전달체계에 관한 설명으로 옳지 <u>않은</u> 것은? 20회

① 구조·기능 차원에서 행정체계와 집행체계로 구분할 수 있다.
② 운영주체에 따라서 공공체계와 민간체계로 구분할 수 있다.
③ 전달체계의 접근성을 높이기 위해서는 서비스 이용의 장애요인을 줄여야 한다.
④ 사회복지서비스 급여의 유형과 전달체계 특성은 관련이 없다.
⑤ 서비스 제공기관을 의도적으로 중복해서 만드는 것이 전달체계를 개선해 줄 수도 있다.

UNIT 04
서비스의 품질관리와 위험관리

정답과 해설 250쪽

031 한국 사회복지 행정체계에 관한 설명으로 옳지 않은 것은? 21회

① 읍·면·동 중심의 서비스 제공에 노력하고 있다.
② 사회서비스는 단일한 공급주체에 의해 제공된다.
③ 위험관리는 위험의 사전예방과 사후관리를 모두 포함한다.
④ 지역사회 통합돌봄(커뮤니티 케어) 시행으로 지역사회 내 보건복지서비스 제공이 확대되고 있다.
⑤ 사회서비스의 개념이 기존의 사회복지서비스를 포괄하고 있다.

032 공공 사회복지 전달체계에 관한 설명으로 옳은 것은? 22회

① 사회복지전담공무원 제도 이후 사회복지전문요원 제도가 실시되었다.
② 보건복지사무소와 사회복지사무소 시범사업은 동시에 진행되었다.
③ 읍·면·동 복지허브화 사업 이후 읍·면·동사무소가 주민자치센터로 변경되었다.
④ 지역사회복지협의체가 지역사회보장협의체로 명칭이 변경되었다.
⑤ 사회서비스원 설치 후 전자바우처 방식의 사회서비스 사업이 시작되었다.

시험 실시간 차트

평균 1.1문제 출제

실시간 출제 키워드

▲ 총제적 품질관리(TQM)

워밍업 문제 — 서비스 품질관리 기법

총체적 품질관리(Total Quality Management)에 관한 설명으로 옳은 것을 모두 고른 것은?

> ㉠ 투입과 산출에 관한 전반적인 과정을 포함한다.
> ㉡ 개인 간 경쟁이 품질 향상에 기여하는 바가 크다.
> ㉢ 전체 조직 구성원의 사명감이 투철해야 한다.
> ㉣ 사회복지조직의 생존과 소멸 현상을 설명한다.

① ㉠, ㉡, ㉢ ② ㉠, ㉢
③ ㉡, ㉣ ④ ㉣
⑤ ㉠, ㉡, ㉢, ㉣

해설 ㉠ 총체적 품질관리를 통해 제품과 서비스를 향상시키기 위해서는 투입과 산출에 관한 전반적인 과정을 지속적으로 개선해야 한다.
㉢ 전체 조직 구성원의 헌신과 사명감을 필요로 한다.
㉡ 총체적 품질관리는 개인 간 경쟁보다는 조직 내 다양한 구성원의 협력이 품질 향상에 더 많이 기여한다고 본다.
㉣ 총체적 품질관리는 고객 중심의 품질관리를 통해 제품과 서비스의 품질을 향상시키고자 한다. 사회복지조직의 목표 설정에 적용하기에는 적합하지만 생존과 소멸 현상과는 거리가 멀다. **답** ②

---

033 패러슈라만 등(A. Parasuraman, V. A. Zeithaml & L. L. Berry)의 서비스 질 구성 차원 중 다음에 해당하는 것은? 23회

> • 직원의 지식수준과 정중함, 신뢰와 확신을 심어줄 수 있는 능력
> • 긍정적 의사소통기법을 사용, 제품과 서비스를 정확히 설명

① 즉응성(responsiveness)
② 확신성(assurance)
③ 신뢰성(reliability)
④ 유형성(tangible)
⑤ 공감성(empathy)

034 패러슈라만 등(A. Parasuraman, V. A. Zeithaml & L. L. Berry)이 주장한 서비스 질 측정도구인 SERVQUAL 구성 차원이 아닌 것은? 17회

① 중립성 ② 신뢰성
③ 확신성 ④ 유형성
⑤ 공감성

035 총체적 품질관리(TQM) 원칙에 관한 설명으로 옳은 것은? 18회

① 조직 구성원들의 집단적 노력을 강조한다.
② 현상 유지가 조직의 중요한 관점이다.
③ 의사결정은 전문가의 직관을 기반으로 한다.
④ 구성원들과 각 부서는 경쟁체제를 형성한다.
⑤ 품질 결정은 전문가가 주도한다.

036 사회복지기관의 서비스 질에 관한 설명으로 옳지 않은 것은? 19회

① 서브퀄(SERVQUAL)에는 신뢰성과 확신성이 포함된다.
② 서비스 질은 사회복지평가의 기준이 될 수 없다.
③ 위험관리(risk management)는 이용자에 대한 서비스관리 측면과 조직관리 측면을 모두 포함한다.
④ 총체적 품질관리(TQM)에서 서비스의 질은 고객의 결정에 의한다.
⑤ 서비스 이용자와 제공자 관점에서 질적 평가가 중요시되고 있다.

037 패러슈라만 등(A. Parasuraman, V. A. Zeithaml & L. L. Berry)의 SERVQUAL 구성 차원에 관한 설명으로 옳은 것은? 20회

① 신뢰성: 이용자의 요구에 선제적으로 응대할 수 있는 능력
② 유형성: 시설, 장비 및 서비스 제공자 용모 등의 적합성
③ 확신성: 이용자에 대한 관심이나 상황이해 능력
④ 공감성: 전문적 지식과 기술, 정중한 태도로 이용자를 대하는 능력
⑤ 대응성: 저렴한 비용으로 서비스를 제공할 수 있는 능력

038 총체적 품질관리(TQM)에 관한 설명으로 옳지 않은 것은? 20회

① 지속적인 품질 개선을 강조하는 일련의 과정이다.
② 자료와 사실에 기반한 의사결정을 중시한다.
③ 좋은 품질이 무엇인지는 고객이 결정한다.
④ 집단의 노력보다는 개인의 노력이 품질 향상에 더 기여한다고 본다.
⑤ 조직 구성원에 대한 훈련을 강조한다.

039 사회복지조직의 서비스 질 관리에 관한 설명으로 옳은 것은? 21회

① 서비스 질 관리를 위하여 위험관리가 필요하다.
② 총체적 품질관리(TQM)는 기업의 소비자 만족을 극대화하기 위한 기법이므로 사회복지기관에 적용하기에는 적합하지 않다.
③ 총체적 품질관리는 지속적인 개선보다는 현상유지에 초점을 둔다.
④ 서브퀄(SERVQUAL)의 요소에 확신성(assurance)은 포함되지 않는다.
⑤ 서브퀄에서 유형성(tangible)은 고객 요청에 대한 즉각적 반응을 말한다.

040 패러슈라만 등(A. Parasuraman, V. A. Zeithaml & L. L. Berry)의 SERVQUAL 구성 차원에 해당하는 질문을 모두 고른 것은? 22회

㉠ 약속한 대로 서비스를 제공했는가?
㉡ 안전하게 서비스를 제공했는가?
㉢ 자신감을 가지고 정확하게 서비스를 제공했는가?
㉣ 위생적이고 정돈된 시설에서 서비스를 제공했는가?

① ㉠, ㉣
② ㉡, ㉢
③ ㉡, ㉣
④ ㉠, ㉡, ㉢
⑤ ㉠, ㉢, ㉣

UNIT 05 조직이론

정답과 해설 251쪽

워밍업 문제 — 사회복지조직이론

사회복지조직의 이론에 관한 설명으로 옳은 것은?

① 관료제이론은 사회 구성원의 사회 심리적 욕구를 중요시한다.
② 상황이론은 조직 상황에 적응적인 조직구조 구축을 강조한다.
③ 인간관계이론은 조직 내의 비정의적 관계를 중요시한다.
④ 과학적 관리론은 환경과 조직 간의 관계를 중요시한다.
⑤ 구조주의이론은 개인과 조직의 갈등을 역기능으로 본다.

해설 ① 인간관계이론은 사회 구성원의 사회 심리적 욕구를 중요시한다.
③ 고전모형(관료제이론)은 조직 내의 비정의적 관계를 중요시한다. 비정의적 관계란 개인적인 요소가 배제된 관계로, 고전모형에서는 조직의 생산성을 높이기 위해 구성원 개인의 성향과 특성 등을 배제한다.
④ 상황이론을 비롯한 개방체계적 조직이론은 환경과 조직 간의 관계를 중요시한다.
⑤ 구조주의이론은 개인과 조직의 갈등을 순기능으로 본다.

답 ②

시험 실시간 차트

평균 2.9문제 출제

실시간 출제 키워드
▲ 관료제이론
▲ 과학적 관리론
▲ 다섯 가지 하위체계(생산·적응·유지·경계·관리 하위체계)

최신 041 사회복지조직 이론에 관한 설명으로 옳은 것을 모두 고른 것은? 23회

> ㄱ. 과학적 관리론: 직무에 관한 과학적 연구와 분석
> ㄴ. 관료제이론: 표준 운영 절차를 통한 합리성과 전문성 추구
> ㄷ. 인간관계론: 조직 내 인간을 심리적, 사회적 욕구를 가진 전인격적 존재로 파악
> ㄹ. 상황이론: 조직의 상황에 관계없이 효율성을 극대화할 수 있는 이상적 방법 추구

① ㄱ, ㄴ
② ㄷ, ㄹ
③ ㄱ, ㄴ, ㄷ
④ ㄴ, ㄷ, ㄹ
⑤ ㄱ, ㄴ, ㄷ, ㄹ

042 신공공관리(New Public Management)에 관한 설명으로 옳지 않은 것은? 23회

① 공공부문 조직운영에 시장원리를 적용한다.
② 조직규모 확장과 중앙집권화를 지향한다.
③ 행정 효율성과 고객에 대한 대응성을 중시한다.
④ 규제완화와 조직원 참여를 중시한다.
⑤ 시민과 고객을 중심으로 서비스의 질적 수준 제고에 중점을 둔다.

043 다음에서 공통적으로 설명하는 것은? 17회

- 사회복지서비스 평가로 인해 발생 가능한 부정적 현상이다.
- 양적 평가지표가 많을 때 증가되기 쉽다.
- 평가지표 충족에만 관심이 집중되어 서비스 효과성이 낮아질 수 있다.

① 레드테이프 ② 모듈화
③ 옴부즈맨 ④ 기준행동
⑤ 분절성

044 관료제의 주요 특성으로 옳은 것을 모두 고른 것은? 17회

㉠ 조직 내 권위는 수평적으로 구조화된다.
㉡ 조직 운영에서 구성원 개인의 사적 감정은 배제된다.
㉢ 직무 배분과 인력 배치는 공식적 규칙과 규정에 의해서 이루어진다.
㉣ 업무와 활동을 분업화함으로써 전문화를 추구한다.

① ㉠, ㉡   ② ㉢, ㉣
③ ㉠, ㉡, ㉢   ④ ㉡, ㉢, ㉣
⑤ ㉠, ㉡, ㉢, ㉣

045 다음에서 설명하는 이론은? 17회

조직 구성원은 비공식집단의 성원으로 행동하며, 이러한 비공식집단이 개인의 생산성에 영향을 준다.

① 인간관계이론
② 생산집단이론
③ 과학적 관리론
④ 상황생태이론
⑤ 개방구조이론

046 사회복지조직에서 활용되고 있는 관료제의 역기능으로 옳지 않은 것은? 18회

① 조직 운영규정 자체가 목적으로 인식될 수 있다.
② 조직변화가 어렵다.
③ 부서 이기주의가 나타날 수 있다.
④ 서비스가 최저수준에 머무를 수 있다.
⑤ 조직의 복잡한 규칙을 적용하면서 창조성이 향상된다.

047 다음에서 설명하고 있는 이론은? 18회

- 서비스 전달체계에서 업무환경을 강조한다.
- 생존을 위해서 환경으로부터 합법성을 부여받아야 한다.
- 조직의 내·외부 환경의 역학관계가 서비스 전달체계에 영향을 미친다.

① 관료제이론
② 정치경제이론
③ 인간관계이론
④ 목표관리이론(MBO)
⑤ 총체적 품질관리(TQM)

048 과학적 관리론(scientific management)에 관한 설명으로 옳은 것을 모두 고른 것은? 19회

> ㄱ. 조직 구성원의 업무를 과학적으로 분석하여 활용한다.
> ㄴ. 집권화를 통한 위계구조 설정이 조직 성과의 결정적 요인이다.
> ㄷ. 호손(Hawthorne) 공장에서의 실험결과를 적극 반영하였다.
> ㄹ. 경제적 보상을 통해 생산성을 극대화할 수 있다.

① ㄱ, ㄴ
② ㄱ, ㄷ
③ ㄱ, ㄹ
④ ㄴ, ㄷ
⑤ ㄷ, ㄹ

049 다음에서 설명하고 있는 조직이론은? 19회

> • 효과적인 조직관리 방법은 조직이 처한 환경과 조건에 따라 달라진다.
> • 경직된 규칙과 구조를 가진 조직이 효과적일 경우도 있다.
> • 어느 경우에나 적용되는 최선의 조직관리 이론은 없다.

① 상황이론
② 관료제이론
③ 논리적합이론
④ 인지이론
⑤ 인간관계이론

050 다음의 ( )에 들어갈 내용으로 옳은 것은? 20회

> 테일러(F. W. Taylor)가 개발한 과학적 관리론은 (ㄱ)에게만 조직의 목표를 설정할 수 있는 (ㄴ)을 부여하기 때문에 (ㄷ)의 의사결정 (ㄹ)을(를) 지향하는 사회복지조직에 적용하는 데는 한계가 있을 수 있다.

① ㄱ: 직원 ㄴ: 책임 ㄷ: 직원 ㄹ: 과업
② ㄱ: 관리자 ㄴ: 책임 ㄷ: 직원 ㄹ: 참여
③ ㄱ: 관리자 ㄴ: 과업 ㄷ: 관리자 ㄹ: 참여
④ ㄱ: 직원 ㄴ: 과업 ㄷ: 직원 ㄹ: 과업
⑤ ㄱ: 직원 ㄴ: 과업 ㄷ: 관리자 ㄹ: 참여

051 현대 조직운영기법에 관한 설명으로 옳지 않은 것은? 20회

① 리스트럭처링(restructuring): 중복 사업을 통합하여 조직 경쟁력 확보
② 리엔지어링(re-engineering): 업무시간을 간소화시켜 서비스 시간 단축
③ 벤치마킹(benchmarking): 특수 분야에서 우수한 대상을 찾아 뛰어난 부분 모방
④ 아웃소싱(outsourcing): 계약을 통해 외부 전문가에게 조직기능 일부 의뢰
⑤ 균형성과표(balanced score card): 공정한 직원 채용을 위해서 만든 면접평가표

052 학습조직 구축 요인에 관한 설명으로 옳은 것은? 20회

① 자기숙련(personal mastery): 명상 활동
② 공유비전(shared vision): 개인적 비전 유지
③ 사고모형(mental models): 계층적 수직구조 이해
④ 팀 학습(team learning): 최고관리자의 감독과 통제를 통한 학습
⑤ 시스템 사고(systems thinking): 전체와 부분 간 역동적 관계 이해

053 사회복지행정의 기능에 관한 설명으로 옳은 것을 모두 고른 것은? 21회

㉠ 기획(planning): 조직의 목적과 목표달성 방법을 설정하는 활동
㉡ 조직화(organizing): 조직의 활동을 이사회와 행정기관 등에 보고하는 활동
㉢ 평가(evaluating): 설정된 목표에 따라 성과를 평가하는 활동
㉣ 인사(staffing): 직원 채용, 해고, 교육, 훈련 등의 활동

① ㉠, ㉡
② ㉠, ㉢
③ ㉠, ㉢, ㉣
④ ㉡, ㉢, ㉣
⑤ ㉠, ㉡, ㉢, ㉣

054 다음에서 설명하는 조직이론은? 21회

- 인간의 사회적, 심리적, 정서적 욕구 강조
- 조직 내 비공식 집단의 중요성 인식
- 조직 내 개인은 감정적이며 비물질적 보상에 민감하게 반응

① 과학적 관리론
② 관료제론
③ 인간관계론
④ 행정관리론
⑤ 자원의존론

055 다음 〈사례〉에 해당하는 현상은? 21회

A 사회복지기관은 프로그램 운영 성과를 높이기 위해 기부금 모금실적을 직원 직무평가에 반영하기로 했다. 직원들이 직무평가에서 높은 점수를 받기 위해 모금활동에 더 많은 시간과 노력을 기울이게 되면서 오히려 프로그램 운영 성과는 저조하게 되었다.

① 리스트럭쳐링(restructuring)
② 목적전치(goal displacement)
③ 크리밍(creaming)
④ 소진(burn out)
⑤ 다운사이징(downsizing)

056 신공공관리론(New Public Management)에 관한 설명으로 옳지 않은 것은? 21회

① 공공서비스 공급에 있어 정부실패를 해결하기 위해 대두하였다.
② 신자유주의에 이론적 기반을 둔다.
③ 시장의 경쟁원리를 공공행정에 도입하였다.
④ 민간이 공급하던 서비스를 정부가 직접 공급하도록 하였다.
⑤ 정부, 시장, 시민사회의 협치를 추구한다.

057 베버(M. Weber)가 제시한 이상적 관료제형으로 옳지 않은 것은? 21회

① 공식적 위계와 업무처리 구조
② 전문성에 근거한 분업구조
③ 전통적 권위에 의한 조직 통제
④ 직무 범위와 권한의 명확화
⑤ 조직의 기능은 규칙에 의해 제한

058 메이요(E. Mayo)가 제시한 인간관계이론에 관한 설명으로 옳은 것은? 22회

① 생산성은 근로조건과 환경에 의해서만 좌우된다.
② 심리적 요인은 생산성 향상에 영향을 미친다.
③ 사회적 상호작용은 생산성 향상에 부정적인 영향을 미친다.
④ 공식적인 부서의 형성은 생산성 향상으로 이어진다.
⑤ 근로자는 집단 구성원이 아닌 개인으로서 행동하고 반응한다.

059 조직이론에 관한 설명으로 옳지 않은 것은? 22회

① 학습조직이론: 개인 및 조직의 학습공유를 통해 역량강화
② 정치경제이론: 경제적 자원과 권력 간 상호작용 강조
③ 상황이론: 조직을 폐쇄체계로 보며, 조직 내부의 상황에 초점
④ 총체적 품질관리론: 지속적이고 총체적인 서비스 질 향상을 통한 고객만족 극대화
⑤ X이론: 생산성 향상을 위해 조직 구성원에 대한 감독, 보상과 처벌, 지시 등이 필요

060 테일러(F. W. Taylor)의 과학적 관리론에 관한 설명으로 옳은 것을 모두 고른 것은? 22회

> ㄱ. 직무의 과학적 분석: 업무시간과 동작의 체계적 분석
> ㄴ. 권위의 위계구조: 권리와 책임을 수반하는 권위의 위계
> ㄷ. 경제적 보상: 직무성과에 따른 인센티브 제공
> ㄹ. 사적 감정의 배제: 공식적인 원칙과 절차 중시

① ㄱ, ㄴ ② ㄱ, ㄷ
③ ㄴ, ㄹ ④ ㄱ, ㄴ, ㄷ
⑤ ㄱ, ㄷ, ㄹ

UNIT 06
사회복지조직의 구조와 조직문화

정답과 해설 254쪽

시험 실시간 차트

평균 2문제 출제

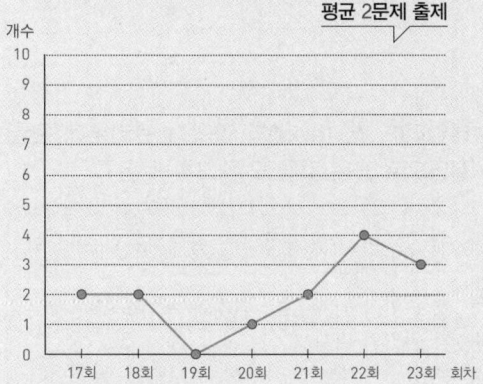

실시간 출제 키워드
▲ 공식조직과 비공식조직
▲ 학자별 사회복지조직의 유형
▲ 태스크 포스

워밍업 문제 사회복지조직의 구조

사회복지조직 내의 다양한 비공식조직에 대해서 기관장이 취해야 할 일반적 관리 지침으로 적절한 것은?

① 공식적인 조직구조와 조직 과정에 해가 되기 때문에 허용해서는 안 된다.
② 사적인 관심이나 연고로 만들어진 것이므로 관심을 두어서는 안 된다.
③ 공식 업무와 관련한 정보 교환을 금지하고 벌칙 규정을 마련한다.
④ 공식적 명령 계통에 위배될 경우 설득, 경고, 전보 등의 조치를 취할 수 있다.
⑤ 비공식조직을 통한 의사결정이 공식조직의 의사결정을 대체하도록 허용한다.

해설 ① 비공식조직이 공식적인 조직구조와 조직 과정에 반드시 해가 되는 것은 아니므로, 일반적으로 허용적인 태도가 적절하다.
② 사적인 관심이나 연고로 만들어진 조직 내 인간관계가 공적 업무에 어떤 영향을 미치는지 관심을 두는 것이 좋다.
③ 공식 업무와 관련한 정보 교환을 금지하고 벌칙 규정을 마련하는 등의 강제 규정은 바람직하지 않다.
⑤ 비공식조직을 통한 의사결정이 공식조직의 의사결정을 대체하도록 허용해서는 안 된다.   답 ④

최신 061 민간 비영리조직의 특성에 관한 설명으로 옳지 않은 것은?   23회

① 이윤이 발생하면 구성원에게 균등하게 배당한다.
② 시장과 정부 실패를 보완할 수 있다.
③ 최소한의 조직 구조와 운영 공식성을 갖는다.
④ 지방자치단체 보조금을 받을 수 있다.
⑤ 비영리조직 회원은 자발적으로 가입한다.

062 조직 분권화의 특성에 관한 설명으로 옳지 않은 것은? 23회

① 최고관리자의 업무와 책임을 감소시킬 수 있다.
② 직원들의 자발적 협조를 유도할 수 있다.
③ 부서 간 협조가 늘어날 수 있다.
④ 위기와 갈등을 신속하게 해결할 수 있다.
⑤ 하위부서 재량권을 강화하는 효과가 있다.

063 다음에서 설명하는 조직구조는? 23회

- 특정 사업이나 활동수행을 위해 기존 부서에서 인력을 파견하여 구성함
- 조직구성원의 역량을 최대한 활용할 수 있음
- 임시적으로 활동하고 과업이 종료되면 해체됨

① 라인-스탭(line-staff)
② 태스크포스(task force)
③ 감사(audit)조직
④ 거버넌스(governance)조직
⑤ 위계(hierarchy)조직

064 행렬조직(matrix organization)에 관한 설명으로 옳은 것은? 17회

① 직무 배치가 위계와 부서별 구분에 따라 이루어지는 전형적 조직이다.
② 조직 운영을 지원하는 비공식조직을 의미한다.
③ 합리성을 강조하기 때문에 조직 유연성을 저하시킬 수 있다.
④ 직무별 분업을 인정하면서 동시에 사업별 협력을 강조한다.
⑤ 현실에서 작동하지 않는 가상의 사업조직을 일컫는다.

065 조직의 구성요소에 관한 설명으로 옳지 않은 것은? 17회

① 예산, 구성원 수 등으로 조직의 규모를 나타낼 수 있다.
② 직무표준화 정도가 지나치게 높으면 구성원의 재량권은 낮아진다.
③ 사업의 종류가 많을수록 조직의 복잡성이 증가한다.
④ 집권화는 구성원의 자발적 참여와 재량권을 확대시킨다.
⑤ 분권화는 책임과 권한을 조직 내에 분산하는 전략이다.

066 조직 내 비공식조직의 순기능으로 옳은 것은? 18회

① 조직의 응집력을 높인다.
② 공식 업무의 신뢰성과 일관성을 높인다.
③ 정형화된 구조로 조직의 안정성을 높인다.
④ 파벌이나 정실인사의 부작용이 나타난다.
⑤ 의사결정이 하층부에 위임되어 직원들의 참여의식을 높인다.

067 조직구조 유형 중 태스크 포스(TF)에 관한 설명으로 옳은 것을 모두 고른 것은? 20회

> ㉠ 팀 형식으로 운영하는 조직이다.
> ㉡ 특정 목표달성을 위한 업무에 전문가들을 배치한다.
> ㉢ 환경의 변화에 대응하기 위해서 만든 조직의 성격이 강하다.

① ㉠
② ㉡
③ ㉠, ㉢
④ ㉡, ㉢
⑤ ㉠, ㉡, ㉢

068 조직구조에 관한 설명으로 옳은 것은? 21회

① 조직규모가 커질수록 공식화 정도가 낮아진다.
② 공식화 정도가 높을수록 직원의 재량권이 줄어든다.
③ 과업의 종류가 많을수록 수직적 분화가 늘어난다.
④ 분권화 정도가 높을수록 최고관리자에게 조직 통제권한이 집중된다.
⑤ 집권화 정도가 높을수록 직원의 권한과 책임의 범위가 모호해진다.

069 비영리 사회복지조직에 관한 설명으로 옳지 않은 것은? 21회

① 수익성과 서비스 질을 고려하지 않고 조직을 운영한다.
② 정부조직에 비해 관료화 정도가 낮다.
③ 국가와 시장이 공급하기 어려운 서비스를 제공할 수 있다.
④ 특정 이익집단을 위한 서비스를 제공할 수 있다.
⑤ 개입대상 선정과 개입 방법을 특화할 수 있다.

070 조직 구성요소에 관한 설명으로 옳은 것은? 22회

① 집권화 수준을 높이면 의사결정의 권한이 분산된다.
② 업무가 복잡할수록 공식화의 효과는 더 크다.
③ 공식화 수준을 높이면 직무의 사적 영향력이 높아진다.
④ 과업분화가 적을수록 수평적 분화가 더 이루어진다.
⑤ 수직적 분화가 많아질수록 의사소통의 절차가 복잡해진다.

071 다음에서 설명하는 조직구조는? 22회

- 일상 업무수행기구와는 별도로 구성
- 특별과업이나 문제 해결을 위한 전문가 중심 조직
- 낮은 수준의 수직적 분화와 공식화

① 기계적 관료제 구조
② 사업부제 구조
③ 전문적 관료제 구조
④ 단순구조
⑤ 위원회 구조

072 사회복지조직 혁신의 방해 요인으로 옳지 않은 것은? 22회

① 무사안일주의
② 비전의 영향력을 과소평가
③ 비전에 대한 불충분한 의사소통
④ 핵심리더의 변화노력에 대한 구성원의 공개 지지
⑤ 변화를 막는 조직구조나 보상체계의 유지

워밍업 문제 조직문화

조직문화와 조직 성과의 연관성에 관한 설명으로 옳지 않은 것은?

① 조직의 핵심가치를 공유하는 조직 구성원이 많을수록 조직 성과가 향상된다.
② 조직문화가 조직의 전략과 일치할수록 조직 성과를 향상시킨다.
③ 조직문화는 변화가 쉬워 조직 성과에 긍정적 영향을 준다.
④ 환경적응적 조직문화는 조직 외부 이해당사자들의 기대실현을 적절한 수준으로 고려하여 조직 성과를 향상시킨다.
⑤ 조직문화와 조직 성과는 긴밀한 관계를 갖는다.

해설 조직문화는 한번 형성이 되면 쉽게 변화하지 않고, 조직 성과에 긍정적·부정적 영향을 모두 미칠 수 있다. **답** ③

073 사회복지조직의 조직문화에 관한 설명으로 옳은 것을 모두 고른 것은? 18회

㉠ 사회복지서비스 체계의 규범과 가치로서 역할을 한다.
㉡ 사회복지서비스 제공자의 상황 인식에 중요한 역할을 한다.
㉢ 조직 구성원의 행태와 인식 그리고 태도를 통해서 조직 효과성과 연결하는 역할을 한다.

① ㉠　　　　② ㉢
③ ㉠, ㉡　　　④ ㉡, ㉢
⑤ ㉠, ㉡, ㉢

074 조직문화에 관한 설명으로 옳지 않은 것은? 22회

① 조직의 정체성을 결정하는 일련의 가치와 신념이다.
② 조직과 일체감을 갖게 함으로써 구성원의 정체감 형성에 기여한다.
③ 조직의 믿음과 가치가 깊게 공유될 때 조직문화는 더 강해진다.
④ 경직된 조직문화는 불확실한 환경에 대처하도록 돕는다.
⑤ 조직 내에서 자연적으로 생길 수 있다.

UNIT 07

사회복지조직과 환경

정답과 해설 256쪽

시험 실시간 차트

평균 1.9문제 출제

실시간 출제 키워드

▲ 일반환경과 과업환경
▲ 하센펠트의 사회복지조직의 환경관리전략
▲ 지역복지 거버넌스

워밍업 문제 사회복지조직의 환경

다음 중 과업환경에 해당하는 것을 모두 고른 것은?

- ㉠ 재정자원의 공급자
- ㉡ 경제적 요인
- ㉢ 합법성 및 권위 제공자
- ㉣ 사회·인구학적 요인

① ㉠, ㉡, ㉢   ② ㉠, ㉢
③ ㉡, ㉣   ④ ㉣
⑤ ㉠, ㉡, ㉢, ㉣

[해설] 경제적 요인과 사회·인구학적 요인은 일반환경에 해당한다.   답 ②

최신 075 최근 사회복지행정환경 변화에 관한 설명으로 옳은 것은? 23회

① 기업경영 방식 활용이 늘어나고 있다.
② 국가가 직접 제공하는 서비스가 늘어나고 있다.
③ 성과(outcome) 중심 평가에서 산출(output) 중심 평가로 전환되고 있다.
④ 사회복지행정의 이론적 준거틀이 필요 없게 되었다.
⑤ 사회복지서비스가 다양화되면서 전문가 활용이 감소하고 있다.

076 최근 한국 사회복지행정의 추세에 관한 설명으로 옳지 않은 것은? 17회

① 민간부문과 공공부문의 협력이 강조되고 있다.
② 이용시설보다는 생활시설 중심의 보호가 강조된다.
③ 공공성 강화 방향으로 전달체계 개편이 이루어지고 있다.
④ 영리기관의 전달체계 참여가 증가하고 있다.
⑤ 지역사회를 중심으로 서비스를 통합하려고 한다.

077 사회복지조직의 환경에 관한 설명으로 옳은 것을 모두 고른 것은? 17회

㉠ 인구사회학적 조건은 사회문제와 욕구를 가늠할 수 있게 한다.
㉡ 빈곤이나 실업에 대한 사람들의 태도는 정책 수립과 실행에 영향을 미친다.
㉢ 과학기술 발전 정도는 사회복지조직 운영에 영향을 미친다.
㉣ 조직에 미치는 영향에 따라 일반환경과 과업환경으로 구분할 수 있다.

① ㉢, ㉣
② ㉠, ㉡, ㉢
③ ㉠, ㉡, ㉣
④ ㉡, ㉢, ㉣
⑤ ㉠, ㉡, ㉢, ㉣

078 하센펠트(Y. Hasenfeld)가 주장하는 조직환경 대응전략이 아닌 것은? 18회

① 권위주의전략
② 경쟁전략
③ 협동전략
④ 방해전략
⑤ 전문화전략

079 최근 사회복지행정의 환경 변화로 옳지 않은 것은? 18회

① 지역사회 주민운동의 활성화
② 사회서비스 공급의 주체로서 영리부문의 참여
③ 지역사회보장협의체를 통한 민·관 협력 체계 구축
④ 사회적 경제에 의한 비영리조직의 시장경쟁력 강화 필요
⑤ 복지다원주의 패러다임 등장으로 국가 주도의 복지서비스 공급

080 사회복지관 운영에 관한 설명으로 옳은 것은? 19회

① 기초 지방자치단체마다 설치해야 한다.
② 사회복지전담공무원을 의무적으로 고용해야 한다.
③ 지역사회를 기반으로 운영되는 사회복지기관이다.
④ 중산층 주민은 이용할 수 없다.
⑤ 프로젝트 팀 구조를 활용할 수 없다.

081 비영리조직의 특성을 설명한 것으로 옳지 않은 것은? 19회

① 사적 이익보다는 공동체의 이익을 우선적으로 추구한다.
② 필요에 따라 수익사업을 실시하기도 한다.
③ 회원조직도 비영리조직에 포함된다.
④ 기부금이나 후원금이 조직의 중요한 재원이다.
⑤ 한국에는 비영리조직에 대한 세제혜택이 없다.

082 사회복지조직의 환경에 관한 설명으로 옳지 않은 것은? 19회

① 다른 기관과의 경쟁은 고려하지 않는다.
② 과학기술의 발전은 사회복지기관의 서비스에도 영향을 미친다.
③ 사회인구적 특성은 사회문제와 밀접한 관계가 있다.
④ 경제적 상황은 서비스 수요에 영향을 미친다.
⑤ 법적 규제가 많을수록 서비스에 대한 클라이언트의 접근이 제한된다.

083 다음에 해당하는 사회복지조직 구조의 변화는? 19회

A 지방자치단체는 아동학대 문제에 적극 대처하기 위해 'A 지역 아동보호네트워크'를 발족했다. 이 네트워크에는 지역 내 공공기관, 아동보호전문기관, 초등학교, 지역아동센터, 병원, 시민단체, 편의점 등이 참여하여 학대가 의심되는 아동을 발견했을 때 신속하게 신고, 접수 및 대응할 수 있도록 했다.

① 지역복지 거버넌스 구축
② 사업성과 평가체계 구축
③ 서비스 경쟁체계 도입
④ 복지시설 확충
⑤ 서비스 품질인증제 도입

084 사회복지행정 환경의 동향에 관한 설명으로 옳지 않은 것은? 19회

① 사회서비스 확대로 사회적 일자리가 창출되고 있다.
② 지방자치단체에서 주민참여를 활성화하고 있다.
③ 주민센터를 행정복지센터로 개편하는 추세이다.
④ 지역사회 통합돌봄 추진에 따라 생활시설 거주자의 퇴소를 금지하고 있다.
⑤ 지역사회 통합돌봄 도입으로 전문직종 간 서비스를 연계하여 제공한다.

085 최근 사회복지조직의 환경변화로 옳은 것을 모두 고른 것은? 20회

㉠ 사회복지 공급주체의 다양화
㉡ 행정관리능력 향상으로 거주시설 대규모화
㉢ 성과에 대한 강조와 마케팅 활성화
㉣ 기업의 경영관리 기법 도입

① ㉠, ㉡
② ㉠, ㉢
③ ㉡, ㉣
④ ㉠, ㉢, ㉣
⑤ ㉡, ㉢, ㉣

086 사회복지관에서 제공해야 하는 서비스의 최저기준에 포함되지 않는 것은? 20회

① 시설의 환경
② 시설의 규모
③ 시설의 안전관리
④ 시설의 인력관리
⑤ 시설 이용자의 인권

087 사회복지행정 환경의 변화에 관한 설명으로 옳지 않은 것은? 21회

① 책임성 요구가 높아지고 있다.
② 서비스 이용자의 소비자주권이 강해지고 있다.
③ 빅데이터 활용이 증가하고 있다.
④ 사회서비스 공급에 민간의 참여가 증가하고 있다.
⑤ 기업의 경영관리 기법 도입이 줄어들고 있다.

UNIT 08
리더십

정답과 해설 257쪽

워밍업 문제 리더십이론

지시적 리더십과 비교하여 참여적 리더십이 갖는 장점으로 옳은 것은?
① 정책의 해석과 집행에 일관성이 있다.
② 명령과 복종을 강조하므로 통제와 조정이 쉽다.
③ 신속한 결정이 가능하므로 위기에 도움이 된다.
④ 보상과 처벌을 중심으로 통제하고 관리한다.
⑤ 구성원들 간 정보 교환이 활발해질 수 있다.

해설 참여적 리더십은 의사결정 과정에 구성원들을 참여시키는 민주적 리더십 유형으로, 구성원들 간 정보 교환이 활발하게 이루어진다. **답** ⑤

시험 실시간 차트

평균 1.9문제 출제

실시간 출제 키워드
▲ 학자별 리더십이론
▲ 변혁적 리더십
▲ 참여적 리더십

최신 088 블레이크와 무톤(R. Blake & J. Mouton)의 관리격자(Managerial Grid) 리더십유형 분류에 관한 설명으로 옳은 것은? 23회

① 효과성과 효율성에 대한 관심을 교차하여 유형화하였다.
② 이상적 유형은 컨트리클럽형(1.9)이다.
③ 팀형(9.9)은 과업성과보다는 구성원의 사기와 공동체의식을 중시한다.
④ 중도형(5.5)은 인간적 요소와 조직성과 간의 타협과 균형을 추구한다.
⑤ 무기력형(1.1)은 인간적 요소에 최대의 관심을 갖는다.

089 리더십이론에 관한 설명으로 옳은 것은? 17회

① 블레이크와 머튼(R. Blake & J. Mouton)의 관리격자이론에 의하면 과업형(1, 9)이 가장 이상적인 리더이다.
② 피들러(F. E. Fiedler)의 상황이론에 의하면 상황의 호의성이 모두 불리하면 리더가 인간 중심의 행동을 해야 효과적이다.
③ 허시와 블랜차드(P. Hersey&K. H. Blanchard)의 상황이론에 의하면 구성원의 성숙도가 낮을 경우 위임형 리더십이 적합하다.
④ 퀸(R. Quinn)의 경쟁적 가치 리더십에 의하면 동기부여형 리더십은 목표 달성가 리더십과 상반된 가치를 추구한다.
⑤ 배스(B. M. Bass)의 변혁적 리더십에 의하면 변혁적 리더는 구성원의 욕구와 보상에 주된 관심을 갖는다.

090 리더십이론에 관한 설명으로 옳지 않은 것은? 18회

① 관리격자이론은 조직원의 특성과 같은 상황적 요소를 고려하고 있다.
② 특성이론의 비판적 대안으로 행동이론이 등장하였다.
③ 섬김의 리더십(servant leadership)은 힘과 권력에 의한 조직 지배를 지양한다.
④ 거래적 리더십은 교환관계를 기반으로 하여 조직 성과를 높이고자 한다.
⑤ 상황이론은 과업환경에 따라 적합하게 대응하는 리더십이 효과적이라고 가정한다.

091 변혁적 리더십에 관한 설명으로 옳은 것을 모두 고른 것은? 18회

> ㄱ. 새로운 비전제시 및 지적 자극, 조직문화 창출을 지향한다.
> ㄴ. 성과에 대한 금전적인 보상이 구성원의 높은 헌신을 가능하게 한다.
> ㄷ. 조직목표 중 개인의 사적 이익을 가장 우선시한다.

① ㄱ
② ㄴ
③ ㄱ, ㄷ
④ ㄴ, ㄷ
⑤ ㄱ, ㄴ, ㄷ

092 관리격자(managerial grid)이론에 따르면 다음에 해당하는 리더십 유형은? 19회

> A 사회복지관의 관장은 직원 개인의 문제와 상황에 관심을 갖고 적극적으로 지원한다. 관장은 조직 내 인간관계도 중요하게 여겨서 공식·비공식적 방식으로 직원들의 공동체의식을 키우기 위해 노력한다. 사회복지관 사업관리는 서비스 제공 팀장에게 일임하고 있으며, 자신은 화기애애한 조직 분위기를 조성하는 역할에 전념한다.

① 무력형(impoverished management)
② 과업형(task management)
③ 팀형(team management)
④ 중도형(middle of the road management)
⑤ 컨트리클럽형(country club management)

093 다음에 해당하는 리더십 유형은? 19회

> • 조직의 목표에 대한 구성원의 참여 동기가 증대될 수 있다.
> • 조직의 리더와 구성원 간 의사소통이 활발해질 수 있다.
> • 집단의 지식, 경험, 기술의 활용이 용이하다.

① 지시적 리더십
② 참여적 리더십
③ 방임적 리더십
④ 과업형 리더십
⑤ 위계적 리더십

094 사회복지조직 관리자가 상황이론(contingency theory)을 활용할 경우 고려해야 할 것을 모두 고른 것은? 20회

ㄱ. 계층적 승진제도를 통해서 직원의 성취 욕구를 고려한다.
ㄴ. 시간과 동작 분석을 활용하여 표준시간과 표준동작을 정한다.
ㄷ. 사회복지조직을 둘러싸고 있는 사회, 정치, 경제, 문화 변수 등을 고려한다.

① ㄱ
② ㄴ
③ ㄷ
④ ㄱ, ㄷ
⑤ ㄴ, ㄷ

095 리더십이론에 관한 설명으로 옳은 것은? 20회

① 블레이크와 머튼(R. Blake & J. Mouton)의 관리격자모형은 자질이론 중 하나이다.
② 블레이크와 머튼의 관리격자모형에서 가장 바람직한 행동유형은 극단에 치우치지 않은 중도형이다.
③ 허시와 블랜차드(P. Hersey & K. H. Blanchard)의 상황적 리더십모형에서는 구성원의 성숙도를 중요하게 고려한다.
④ 퀸(R. Quinn)의 경쟁가치 리더십모형은 행동이론의 대표적 모형이다.
⑤ 퀸의 경쟁가치 리더십모형에서는 조직환경의 변화에 따라 리더십이 달라져서는 안 된다는 것을 강조한다.

096 변혁적 리더십에 관한 설명으로 옳은 것을 모두 고른 것은? 20회

ㄱ. 구성원들에게 봉사하는 것을 핵심적 가치로 한다.
ㄴ. 구성원들에 대한 상벌체계를 강조한다.
ㄷ. 구성원들 스스로 혁신할 수 있도록 비전을 제시해 주는 것을 강조한다.

① ㄱ
② ㄴ
③ ㄷ
④ ㄱ, ㄴ
⑤ ㄴ, ㄷ

097 참여적 리더십에 관한 설명으로 옳지 않은 것은? 20회

① 의사결정의 시간과 에너지가 절약될 수 있다.
② 하급자가 의사결정에 참여하는 것을 강조한다.
③ 동기부여 수준이 높은 업무자로 구성된 조직에서 효과적이다.
④ 책임성 소재가 모호해질 수 있다.
⑤ 사회복지의 가치와 부합한다.

098 리더십이론에 관한 설명으로 옳지 않은 것은? 21회

① 상황이론에 의하면 상황에 따라 적합하게 대응하는 리더십이 효과적이다.
② 행동이론에서 컨트리클럽형(country club management)은 사람에 대한 관심과 일에 대한 관심이 모두 높은 리더이다.
③ 행동이론에서 과업형은 일에만 관심이 있고 사람에 대해서는 전혀 관심이 없는 리더이다.
④ 서번트 리더십(servant leadership)은 사회복지조직 관리에 적합한 리더십이 될 수 있다.
⑤ 생산성 측면에서 서번트 리더십은 자발적 행동의 정도를 중시한다.

UNIT 09 인사관리

✓ 최빈출 주제

정답과 해설 260쪽

099 사회복지조직의 혁신에 관한 설명으로 옳은 것은? 21회

① 변혁적 리더십은 부하 직원의 변화를 필요로 하지 않는다.
② 혁신은 목표를 더 효과적으로 달성하기 위한 인위적이고 계획적인 활동이다.
③ 사회환경 변화와 조직 혁신은 무관하다.
④ 조직 내부환경을 고려하지 않고 변화를 추진할 때 혁신이 성공한다.
⑤ 변혁적 리더십은 조직보다는 개인의 사적 이익을 강조한다.

100 섬김 리더십(servant leadership)에 관한 설명으로 옳은 것을 모두 고른 것은? 22회

> ㉠ 인간 존중, 정의, 정직성, 공동체적 윤리성 강조
> ㉡ 가치의 협상과 계약
> ㉢ 청지기(stewardship) 책무 활동
> ㉣ 지능, 사회적 지위, 교육 정도, 외모 강조

① ㉠, ㉢
② ㉡, ㉣
③ ㉢, ㉣
④ ㉠, ㉡, ㉢
⑤ ㉠, ㉡, ㉢, ㉣

시험 실시간 차트

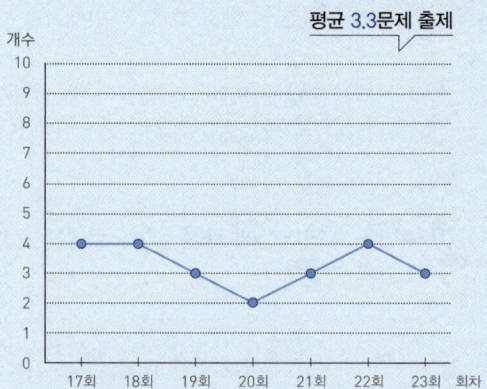

평균 3.3문제 출제

실시간 출제 키워드
▲ 슈퍼비전
▲ 직무수행평가
▲ 인적자원관리의 구성요소
▲ 동기부여이론과 주요 학자

워밍업 문제 — 인사관리와 소진 및 슈퍼비전

일선 슈퍼바이저의 슈퍼비전에 관한 내용으로 옳지 않은 것은?

① 개별 사례에 대한 목표 및 과업을 결정한다.
② 일선 사회복지사가 제공하는 서비스를 감독한다.
③ 업무에 대한 조정과 통제의 임무를 수행한다.
④ 일선 사회복지사의 동기와 사기를 진작시킨다.
⑤ 일선 사회복지사의 지식과 기술을 향상시킨다.

[해설] 슈퍼비전이란 직무를 수행하는 과정에서 상위자가 하위자에게 실시하는 지도·감독의 과정을 말한다. 개별 사례에 대한 목표 및 과업을 결정하는 것은 일선 사회복지사(슈퍼바이지)의 업무에 해당되는 부분이다. 답 ①

---

101 인적자원관리체계에 관한 설명으로 옳은 것은? 23회

① 직무설계 – 직무 내용, 수행방법, 직무간의 관계 등 설정
② 직무분석 – 일의 종류, 난이도, 책임수준이 유사한 직급으로 묶음
③ 직무평가 – 평가대상 직무에 종사하는 직원들 평가
④ 직무기술서 – 직무수행자 자격요건 기술
⑤ 직무명세서 – 직무 성격, 내용, 수행방법 등 기술

102 사회복지조직에서 수행되는 슈퍼비전에 관한 설명으로 옳지 않은 것은? 23회

① 조직구성원 훈련 및 개발에 유용한 도구이다.
② 교육적 기능은 직원의 정신적, 심리적 부담을 완화한다.
③ 행정적 기능은 효율적으로 일하는 구조와 자원을 제공한다.
④ 슈퍼바이저는 관리자, 중재자, 멘토 역할을 한다.
⑤ 슈퍼비전 구성요소는 슈퍼바이지, 슈퍼바이저, 클라이언트, 조직 등이다.

103 사회복지조직의 인적자원관리에 관한 설명으로 옳은 것은? 17회

① 직무만족은 조직몰입에 부정적인 영향을 미친다.
② 신규채용은 비공개모집을 원칙으로 한다.
③ 브레인스토밍은 제시된 아이디어의 양보다는 질을 더욱 중시한다.
④ 갈등은 조직 내에 비능률을 가져오는 역기능만을 갖는다.
⑤ 소진은 일반적으로 열성 → 침체 → 좌절 → 무관심의 단계로 진행된다.

104 다음에서 공통적으로 설명하는 인적자원관리 방식은? 17회

- 인적자원관리의 기초가 된다.
- 직무에 대한 업무 내용과 책임을 종합적으로 분류한다.
- 직무명세서 작성의 전 단계이다.

① 직무평가 ② 직무분석
③ 직무순환 ④ 직무수행평가
⑤ 직무충실

105 직무수행평가에 관한 설명으로 옳은 것은? 18회

① 기준의 확립은 평가의 마지막단계에서 이루어진다.
② 조직원들에게 직무수행의 기대치를 전달하는 목적을 지니고 있다.
③ 도표 평정식 평가(graphic rating scale)는 관대화 오류(leniency error)가 발생되지 않는다.
④ 자기평가는 서비스 이용자에 의한 평가보다 많은 비용이 소모되는 어려움이 있다.
⑤ 동료평가는 직무에 대해서 평가 대상자보다 넓은 지식과 이해를 하고 있다는 전제를 바탕으로 실시한다.

106 다음에서 설명하는 직원능력 개발 방법은? 18회

- 지속적이고 새로운 전문지식 습득 방법
- 지역사회의 필요 및 구성원의 욕구에 따라 융통성 있게 실시 가능
- 사회복지사에게 직무연수 방식으로 제공

① 패널토의(panel discussion)
② 순환보직(job rotation)
③ 계속교육(continuing education)
④ 역할연기(role playing)
⑤ 분임토의(syndicate)

107 직무소진(burnout)에 관한 설명으로 옳은 것을 모두 고른 것은? 18회

㉠ 직무에서 비롯되는 스트레스에 대한 반응이다.
㉡ 목적의식이나 관심을 점차적으로 상실하는 과정이다.
㉢ 감정이입이 업무의 주요 기술인 직무현장에서 발생하는 현상이다.

① ㉠
② ㉡
③ ㉠, ㉢
④ ㉡, ㉢
⑤ ㉠, ㉡, ㉢

108 인적자원관리의 영역에 해당하지 않는 것은? 19회

① 채용
② 배치
③ 평가
④ 승진
⑤ 재무

109 직무를 통한 연수(OJT)에 관한 설명으로 옳은 것을 모두 고른 것은? 19회

㉠ 직원이 지출한 자기계발 비용을 조직에서 지원한다.
㉡ 일반적으로 조직의 상사나 선배를 통해 이루어진다.
㉢ 일상적인 업무를 통해 이루어지는 경우가 많다.
㉣ 조직 외부의 전문교육기관에서 제공된다.

① ㉠, ㉡
② ㉠, ㉢
③ ㉠, ㉣
④ ㉡, ㉢
⑤ ㉢, ㉣

110 직무기술서에 포함되어야 할 내용으로 옳지 않은 것은?   19회

① 급여 수준
② 직무 명칭
③ 직무 내용
④ 직무 수행 방법
⑤ 핵심 과업

111 인적자원관리에 관한 설명으로 옳은 것을 모두 고른 것은?   20회

㉠ 직무분석은 직무명세 이후 가능하다.
㉡ 직무명세는 특정 직무수행을 위해 필요한 지식과 기능, 능력 등을 작성하는 것이다.
㉢ 직무평가에서는 조직목표 달성에 대한 구성원의 기여도를 고려한다.

① ㉡
② ㉠, ㉡
③ ㉠, ㉢
④ ㉡, ㉢
⑤ ㉠, ㉡, ㉢

112 사회복지조직의 인적자원관리에 관한 설명으로 옳지 않은 것은?   21회

① 동기부여를 위한 보상관리는 해당되지 않는다.
② 직원채용, 직무수행 평가, 직원개발을 포함한다.
③ 목표관리법(MBO)으로 직원을 평가할 수 있다.
④ 직무수행 과정에서 경력을 개발해 나갈 수 있도록 한다.
⑤ 직무만족도 개선과 소진관리가 포함된다.

113 직무기술서에 관한 설명으로 옳은 것을 모두 고른 것은?   21회

㉠ 작업조건을 파악해서 작성한다.
㉡ 직무수행을 위한 책임과 행동을 명시한다.
㉢ 종사자의 교육수준, 기술, 능력 등을 포함한다.
㉣ 직무의 성격, 내용, 수행 방법 등을 정리한 문서이다.

① ㉠, ㉡
② ㉠, ㉢
③ ㉠, ㉡, ㉣
④ ㉡, ㉢, ㉣
⑤ ㉠, ㉡, ㉢, ㉣

114 사회복지 슈퍼비전에 관한 설명으로 옳지 않은 것은?   21회

① 행정적 기능, 교육적 기능, 지지적 기능이 있다.
② 소진 발생 및 예방에 영향을 미친다.
③ 동료집단 간에는 슈퍼비전이 수행되지 않는다.
④ 슈퍼바이저는 직속상관이나 중간관리자가 주로 담당한다.
⑤ 직무를 수행하면서 훈련을 받을 수 있다는 장점이 있다.

115 인적자원관리의 구성요소에 관한 설명으로 옳지 않은 것은?   22회

① 확보: 직원모집, 심사, 채용
② 개발: 직원훈련, 지도, 감독
③ 보상: 임금, 복리후생
④ 정치: 승진, 근태관리
⑤ 유지: 인적자원 유지, 이직관리

116 다음에서 설명하는 인적자원 개발 방법은? 22회

- 짧은 시간에 많은 사람을 대상으로 교육내용을 체계적으로 전달할 때 사용
- 직원들에게 사회복지시설 평가제도에 대한 이해를 높여서 기관평가에 좋은 결과를 얻도록 하기 위하여 사용

① 멘토링 ② 감수성 훈련
③ 역할연기 ④ 소시오 드라마
⑤ 강의

117 직무수행평가 순서로 옳은 것은? 22회

㉠ 실제 직무수행을 직무수행 평가기준과 비교
㉡ 직원과 평가결과 회의 진행
㉢ 평가도구를 사용하여 직원의 실제 직무수행을 측정
㉣ 직무수행 기준 확립
㉤ 직무수행 기대치를 직원에게 전달

① ㉢ - ㉣ - ㉤ - ㉠ - ㉡
② ㉣ - ㉢ - ㉡ - ㉤ - ㉠
③ ㉣ - ㉤ - ㉢ - ㉠ - ㉡
④ ㉤ - ㉠ - ㉢ - ㉡ - ㉣
⑤ ㉤ - ㉡ - ㉣ - ㉢ - ㉠

워밍업 문제 동기부여이론

동기부여이론에 관한 설명으로 옳지 않은 것은?
① 매슬로우의 욕구이론에서는 하위 욕구가 충족되어야 상위 욕구가 나타난다.
② 아담스의 형평성이론에서는 노력과 보상 간의 공정성이 동기부여의 핵심 요소이다.
③ 알더퍼의 ERG이론에서 존재 욕구, 관계 욕구, 성장 욕구는 동시에 추구될 수 있다.
④ 허즈버그의 동기-위생이론에서 봉급과 근무환경은 위생요인이다.
⑤ 맥클리랜드의 성취동기이론은 X·Y이론에 바탕을 두고 있다.

[해설] 맥클리랜드의 성취동기이론은 매슬로우의 욕구이론과 관련이 있다. [답] ⑤

118 허즈버그(F. Herzberg)의 동기-위생이론에 따른 동기유발요인에 해당하는 것은? 23회

① 성취에 대한 인정(recognition)
② 기술적 감독(technical supervision)
③ 급여(salary)
④ 근로조건(working condition)
⑤ 인간관계(interpersonal relations)

119 다음 ( )에 들어갈 내용으로 옳은 것은? 17회

맥클리랜드(D. McClelland)의 성취동기이론을 자원봉사자 관리에 적용할 경우 자원봉사자의 욕구 유형에 따라 배정할 업무가 다를 것이다. 가령 (㉠) 욕구가 강한 자원봉사자에게는 말벗되기 등 대면서비스를 담당하도록 배정하고, (㉡) 욕구가 강한 자원봉사자에게는 팀장 등 관리 업무를 맡기고, (㉢) 욕구가 강한 자원봉사자에게는 후원자 개발 등 다소 어려운 업무를 배정한다.

① ㉠: 인간관계, ㉡: 성취, ㉢: 권력
② ㉠: 친교, ㉡: 권력, ㉢: 성취
③ ㉠: 관계, ㉡: 성장, ㉢: 자아실현
④ ㉠: 사회적, ㉡: 권력, ㉢: 성장
⑤ ㉠: 친교, ㉡: 존경, ㉢: 권력

120 동기부여이론에 관한 설명으로 옳지 않은 것은?
17회

① 매슬로우(A. Maslow)의 욕구단계이론에서 최상위 단계는 자아실현 욕구이다.
② 알더퍼(C. Alderfer)의 ERG이론은 인간의 욕구를 세 가지 범주로 나누었다.
③ 허즈버그(F. Herzberg)의 동기-위생이론에 의하면 감독, 안전은 위생요인에 해당한다.
④ 맥클리랜드(D. McClelland)의 성취동기이론에 의하면 성장 욕구는 관계 욕구보다 상위 단계이다.
⑤ 아담스(J. S. Adams)는 공평성이론에서 조직이 공평성을 실천함으로써 구성원을 동기부여할 수 있다고 하였다.

121 다음 〈사례〉에서 설명하는 동기이론은?
18회

> A는 자신보다 승진이 빠른 입사 동기인 사회복지사 B와의 비교로, 보충해야 할 업무역량을 분석하였다. A는 B가 가진 프로그램 기획력과 사례관리 역량의 필요성을 알게 되었고, 직무 향상과 승진을 위해 대학원 진학을 결정하였다.

① 욕구위계이론(A. Maslow)
② 동기위생이론(F. Herzberg)
③ ERG이론(C. Alderfer)
④ 형평성이론(J. S. Adams)
⑤ 기대이론(V. H. Vroom)

122 동기부여이론에 관한 설명으로 옳은 것은?
20회

① 알더퍼(C. Alderfer)의 ERG이론은 고순위 욕구가 충족되지 못하면 저순위 욕구를 더욱 원하게 된다는 좌절 퇴행(frustration regression) 개념을 제시한다.
② 맥그리거(D. McGregor)의 X·Y이론은 조직에 대한 기대와 현실 간 차이가 동기 수준을 결정한다는 점을 강조한다.
③ 허즈버그(F. Herzberg)의 동기·위생요인 이론은 불만초래요인을 동기요인으로 규정한다.
④ 맥클리랜드(D. McClelland)의 성취동기이론은 조직 공정성을 성취동기 고취를 위한 핵심요소로 간주한다.
⑤ 매슬로우(A. Maslow)의 욕구단계이론은 욕구가 존재, 관계, 성장 욕구의 세 단계로 구성된다고 주장한다.

123 사회복지행정가 A는 직원의 불만족 요인을 낮추기 위하여 급여를 높이고, 업무환경 개선을 위한 사무실 리모델링을 진행하여 조직의 성과를 높이고자 하였다. 이때 적용한 이론은?
22회

① 브룸(V. H. Vroom)의 기대이론
② 허즈버그(F. Herzberg)의 동기위생이론
③ 스위스(K. E. Swiss)의 TQM이론
④ 맥그리거(D. McGregor)의 XY이론
⑤ 아담스(J. S. Adams)의 형평성 이론

UNIT

10

재정관리

정답과 해설 263쪽

워밍업 문제 | 재정관리의 개념

사회복지조직의 예산 과정과 관련하여 (　)에 들어갈 내용으로 옳은 것은?

> 예산 편성 → 심의·의결 → (　) → 결산 및 회계 감사

① 예산 결정　　② 예산 집행
③ 예산 평가　　④ 예산 승인
⑤ 서비스 제공

해설 사회복지조직의 예산 과정은 '예산 편성 → 심의·의결 → 예산 집행 → 결산 및 회계 감사'의 순서로 이루어진다.

답 ②

시험 실시간 차트

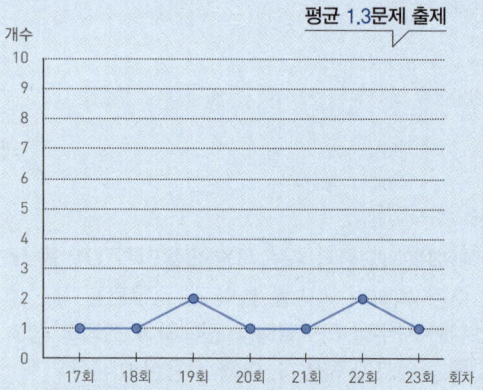

평균 1.3문제 출제

실시간 출제 키워드
▲ 사회복지조직의 재원
▲ 품목별 예산과 성과주의 예산

124 사회복지조직의 예산 수립 원칙으로 옳은 것은?
17회

① 회계연도 개시와 동시에 결정되어야 한다.
② 수지 균형을 맞춰 흑자 예산이 되어야 한다.
③ 회계연도가 중첩되도록 다년도로 수립하여야 한다.
④ 예산이 집행된 후 즉시 심의·의결을 거쳐야 한다.
⑤ 세입과 세출은 모두 예산에 계상하여야 한다.

125 사회복지조직의 재원에 관한 설명으로 옳은 것은?
19회

① 국가와 지방자치단체의 보조금은 포함되지 않는다.
② 후원금은 증가하거나 감소하는 유동적인 재원이다.
③ 서비스 이용료로 재정을 충당할 수 없다.
④ 별도의 재원 확보를 위한 모금 전략은 불필요하다.
⑤ 사회복지법인 등 비영리법인의 전입금은 공적 재원이다.

126 사회복지조직의 재정관리에 관한 설명으로 옳지 않은 것은? 22회

① 사회복지법인 및 사회복지시설 재무·회계 규칙을 따른다.
② 사회복지법인과 시설은 매년 1회 이상 감사를 실시한다.
③ 시설운영 사회복지법인인 경우, 시설회계와 법인회계는 통합하여 관리한다.
④ 사회복지법인의 회계연도는 정부의 회계연도를 따른다.
⑤ 사회복지법인이 설치·운영하는 시설의 경우 시설운영위원회에 보고하고 법인 이사회의 의결을 통해 예산편성을 확정한다.

127 예산 유형에 관한 설명으로 옳지 않은 것은? 23회

① 품목별 예산은 수입과 지출목록마다 예상되는 금액을 명시한다.
② 영기준 예산은 전년도 예산을 고려하지 않고 편성한다.
③ 기획예산제도(PPBS)는 장기적 기획과 단기적 예산 편성을 프로그램 작성을 통해 결합한다.
④ 프로그램 예산은 사업 목적보다 지출 품목을 강조한다.
⑤ 성과주의 예산은 '단위원가 × 업무량 = 예산액'으로 편성한다.

워밍업 문제 — 예산 편성 방식 및 통제와 집행

예산모형에 관한 설명으로 옳은 것은?

① 품목별 예산은 회계 책임을 명확히 하고, 기관 운영이나 활동 내용을 명확하게 보여준다.
② 성과주의 예산은 지출과 조직의 장기적 목표를 연동시켜 목표를 합리적으로 달성하는 데 유용하다.
③ 영기준 예산은 모든 사업 예산을 효과성과 효율성의 관점에서 재평가하여 장기적 계획 수립에 유용하다.
④ 프로그램 기획 예산은 예산 제도의 편성과 운영에서 분권을 강화하여 조직 목표 달성을 극대화할 수 있다.
⑤ 품목별 예산은 다른 예산모형과 결합하여 사회복지조직에서 널리 활용되고 있다.

해설 ① 품목별 예산은 기관 운영이나 활동 내용(프로그램 내용)을 명확하게 알기 어렵다는 단점이 있다.
② 지출(예산)과 조직의 장기적 목표를 연동시켜 목표를 합리적으로 달성하는 데 유용한 예산 편성 방식은 프로그램 기획 예산이다.
③ 영기준 예산은 장기적 계획 수립에 의한 프로그램 수행이 곤란하다.
④ 프로그램 기획 예산은 사업 계획의 결정권이 최고 관리자에게 있기 때문에 권한이 집중된다는 단점이 있다. 답 ⑤

128 품목별 예산에 관한 설명으로 옳지 않은 것은? 18회

① 예산의 남용을 방지할 수 있다.
② 회계 책임을 명백히 할 수 있다.
③ 신축성 있게 예산을 집행할 수 있다.
④ 급여와 재화 및 서비스 구매에 효과적이다.
⑤ 정책 및 사업의 우선순위를 소홀히 할 수 있다.

129 예산에 관한 설명으로 옳지 <u>않은</u> 것은? 19회

① 영기준 예산(Zero Based Budgeting)은 예산의 효율성을 중요시한다.
② 영기준 예산(Zero Based Budgeting)은 전년도 예산을 고려하지 않는다.
③ 성과주의 예산(Performance Budgeting)은 업무에 중점을 두는 관리지향의 예산제도이다.
④ 기획예산제도(Planning Brogramming Budgeting Ssystem)는 미래의 비용을 고려하지 않는다.
⑤ 품목별 예산(Line Item Budgeting)은 전년도 예산을 근거로 한다.

130 예산 통제의 원칙으로 옳지 <u>않은</u> 것은? 20회

① 강제의 원칙
② 개별화의 원칙
③ 접근성의 원칙
④ 효율성의 원칙
⑤ 예외의 원칙

131 예산에 관한 설명으로 옳은 것은? 21회

① 영기준 예산(Zero Based Budgeting)은 전년도 예산 내역을 반영하여 수립한다.
② 계획 예산(Planning Programming Budgeting System)은 국가의 단기적 계획 수립을 위한 장기적 예산편성 방식이다.
③ 영기준 예산(Zero Based Budgeting)은 비용-편익분석, 비용-효과분석을 거치지 않고 수립한다.
④ 성과주의 예산(Performance Budgeting)은 전년도 사업의 성과를 고려하지 않고 수립한다.
⑤ 품목별 예산(Line Item Budgeting)은 수입과 지출을 항목별로 명시하여 수립한다.

132 예산집행의 통제 기제에 관한 설명으로 옳지 <u>않은</u> 것은? 22회

① 개별 기관의 제약조건, 요구사항 및 기대사항에 맞게 고안되어야 한다.
② 예외적 상황에 적용되는 규칙을 명시해야 한다.
③ 보고의 규정을 두어야 한다.
④ 강제성을 갖는 규정은 두지 않는다.
⑤ 필요할 경우 규칙은 새로 개정할 수 있다.

UNIT 11
정보 관리 시스템

정답과 해설 265쪽

워밍업 문제 정보 관리 시스템의 개요

사회복지조직에서 정보 관리 시스템이 필요한 이유로 옳지 <u>않은</u> 것은?
① 사회복지서비스와 관련한 방대한 자료의 효율적인 관리
② 현실에 근거한 지식과 기술의 개발
③ 사회복지행정 업무 처리의 효율성과 서비스 제공의 효과성 제고
④ 사회복지조직의 책임성 제고
⑤ 사회복지서비스 대상자들의 욕구 부응

해설 사회복지서비스 대상자들의 욕구에 부응하기 위해 정보 관리 시스템이 필요한 것은 아니다. 사회복지조직이 정보 관리 시스템을 도입한 것은 체계적인 복지서비스를 통해 누락이나 중복을 방지하여 제한된 복지 재원을 효율적으로 제공하기 위함이다. **답** ⑤

시험 실시간 차트

평균 0.4문제 출제

실시간 출제 키워드
▲ 정보 관리 시스템의 장단점
▲ 사회보장정보시스템

최신 133 사회복지조직에서 정보관리가 중요하게 된 이유에 관한 설명으로 옳지 <u>않은</u> 것은?   23회
① 사회복지조직의 책임성을 강화할 수 있기 때문이다.
② 사회복지조직에서 정보관리가 최우선이기 때문이다.
③ 업무수행을 위한 적절한 정보체계를 구축할 수 있기 때문이다.
④ 종사자의 전문성을 강화할 수 있기 때문이다.
⑤ 사회복지조직의 효과성을 높이기 때문이다.

UNIT 12 기획과 의사결정

정답과 해설 265쪽

134 다음에서 설명하는 사회복지정보시스템 명칭은?
20회

- 사회복지사업 정보와 지원대상자의 자격정보, 수급이력정보 등을 통합관리하는 시스템
- 대상자의 소득, 재산, 인적자료, 수급이력정보 등을 연계하여 정확한 사회복지 대상자 선정 및 효율적 복지업무 처리 지원

① 복지로
② 사회보장정보시스템(범정부)
③ 사회복지시설정보시스템
④ 사회서비스 전자바우처시스템
⑤ 보건복지정보시스템

135 사회복지정보화에 관한 설명으로 옳지 않은 것은?
21회

① 조직의 업무효율성을 증대시킬 수 있다.
② 대상자 관리의 정확성, 객관성을 확보할 수 있다.
③ 클라이언트에 대한 사생활 침해 가능성이 높아졌다.
④ 학습조직의 필요성이 감소하였다.
⑤ 사회복지행정가가 정보를 체계적으로 다룰 수 있다.

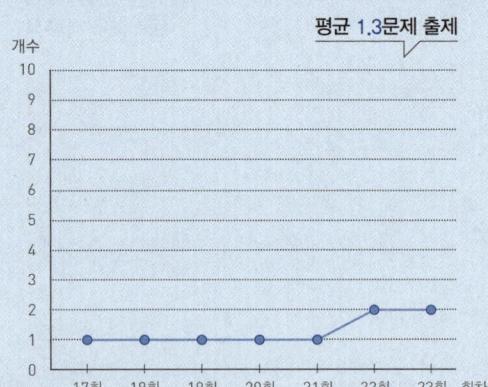

시험 실시간 차트

평균 1.3문제 출제

실시간 출제 키워드
▲ PERT / gantt chart
▲ 스키드모어의 7단계 기획 과정
▲ 의사결정의 유형 및 기술

워밍업 문제 | 기획

전략적 기획에서 기관의 장단점에 대한 내부 분석과 현재와 미래의 기관 활동에 영향을 줄 수 있는 외부환경에 대한 분석을 할 때 유용한 기법은?

① PERT ② SWOT
③ Gantt chart ④ shed-u graph
⑤ MBO

해설 ① 프로그램 평가 검토 기법(PERT)은 목표달성의 기한을 정해 놓고 목표달성을 위해 설정된 주요 세부 목표 또는 활동의 상호 관계와 시간 관계를 연결시켜 도표로 나타낸다.
③ 시간별 활동계획 도표(Gantt chart)는 사업의 시작 또는 완료 시까지의 기간 동안 계획된 세부 목표 및 활동 기간과 그것의 실제 수행현황을 병행하여 막대 모양으로 표시한 도표이다.
④ 월별 활동계획 카드(shed-u graph)는 바탕 종이(24×42)의 위쪽 가로줄에 월을 기록하고, 특정 활동이나 업무를 작은 카드(3×5)에 기입하여 월별 아래 공간에 삽입하거나 붙인다.
⑤ 목표 관리제(MBO)는 조직 구성원의 활발한 참여를 통해 명확한 목표를 설정하고, 그에 따라 생산 활동을 수행하도록 한 뒤 업적을 측정·평가함으로써 관리의 효율화를 기하려는 포괄적 조직관리 체제이다.

답 ②

136 기획에 활용되는 기법에 관한 설명으로 옳지 않은 것은? 23회

① 간트차트(Gantt Chart)는 사업을 계획할 때 쉽고 간단하게 작성할 수 있다.
② 간트차트(Gantt Chart)는 일정계획 변경을 유연하게 수용하기 어렵다.
③ 프로그램평가검토기법(PERT)은 업무를 체계적으로 수행하는 데 도움이 된다.
④ 프로그램평가검토기법(PERT)은 일정변경 등 유동적인 상황을 대처하는 데 어렵다.
⑤ 총괄진행표(Flow Chart)는 프로그램 제공 과정을 시작부터 종료까지 한눈에 볼 수 있다.

137 사회복지 기획과 관리 기법에 관한 설명으로 옳은 것은? 17회

① PERT는 최초로 시도되는 프로그램 관리에는 유용하지 않다.
② 간트 차트는 임계통로에 대한 정확한 정보 파악에 유용하다.
③ 책임행렬표는 목표, 활동, 책임유형을 구성원별로 제시한다.
④ 사례 모델링이란 클라이언트의 서비스 이용경로를 제시하는 것이다.
⑤ 마일스톤은 월별 활동내용을 파악하는 주된 기법이다.

138 시간별 활동계획 도표(Gantt chart)의 설명으로 옳은 것을 모두 고른 것은? 18회

㉠ 시간별 활동계획의 설계는 확인-조정-계획-실행의 순환적 과정으로 이루어진다.
㉡ 헨리 간트(H. Gantt)에 의해 최초로 개발되었다.
㉢ 목표 달성 기한을 정해 놓고 목표 달성을 위해 설정된 주요 활동과 시간계획을 연결시켜 도표로 나타낸 것이다.
㉣ 활동과 활동 사이의 상관관계를 파악하기 힘들다.

① ㉠, ㉡ ② ㉠, ㉢
③ ㉡, ㉢ ④ ㉡, ㉣
⑤ ㉢, ㉣

139 기획의 모델과 기법에 관한 설명으로 옳지 <u>않은</u> 것은?
19회

① 논리모델은 투입 – 활동 – 산출 – 성과로 도식화하는 방법이다.
② 전략적 기획은 과정을 강조하므로 우선순위를 설정하고 단계적인 계획을 수립한다.
③ 방침관리기획(PDCA)은 체계이론을 적용한 모델이다.
④ 간트 도표(Gantt chart)는 사업별로 진행 시간을 파악하여 각각 단계별로 분류한 시간을 단선적 활동으로 나타낸다.
⑤ 프로그램 평가 검토 기법(PERT)은 일정한 기간에 추진해야 하는 행사에 필요한 복잡한 과업의 순서가 보이도록 하고 임계통로를 거친다.

140 스키드모어(R. A. Skidmore)의 기획 과정을 순서대로 나열한 것은?
20회

> ㉠ 대안 모색
> ㉡ 가용자원 검토
> ㉢ 대안결과 예측
> ㉣ 최종대안 선택
> ㉤ 구체적 목표 설정
> ㉥ 프로그램 실행계획 수립

① ㉠ – ㉡ – ㉢ – ㉤ – ㉥ – ㉣
② ㉠ – ㉢ – ㉣ – ㉡ – ㉤ – ㉥
③ ㉠ – ㉢ – ㉡ – ㉣ – ㉥ – ㉤
④ ㉤ – ㉡ – ㉠ – ㉢ – ㉣ – ㉥
⑤ ㉤ – ㉥ – ㉡ – ㉠ – ㉢ – ㉣

141 다음 설명에 해당하는 프로그램 관리 기법은?
22회

> • 프로그램 진행 일정을 관리하는 목적으로 많이 활용됨
> • 프로그램을 구성하는 활동들 간 상호관계와 연계성을 명확하게 보여줌
> • 임계경로와 여유시간에 대한 정보를 파악할 수 있음

① 프로그램 평가 검토 기법(PERT)
② 간트 차트(Gantt Chart)
③ 논리모델(Logic Model)
④ 임팩트모델(Impact Model)
⑤ 플로우 차트(Flow Chart)

워밍업 문제 **의사결정**

문제 해결을 위해 선택 가능한 대안들을 놓고, 각 대안별로 그 대안을 선택할 경우와 선택하지 않을 경우에 나타날 결과를 분석하여 각 대안의 장단점에 대해 균형 있는 시각을 갖도록 돕는 의사결정 기법은?

① 의사결정나무 분석   ② 대안선택 흐름도표
③ 델파이 기법   ④ 명목집단 기법
⑤ 동의달력

해설 ② 대안선택 흐름도표란 어떤 사항의 연속적 진행 과정에서 '예'와 '아니요'로 답변할 수 있는 질문을 연속적으로 하여 예상되는 결과를 결정하도록 하는 도표이다.
③ 델파이 기법은 우편조사로 익명의 전문가들의 의견을 모으고 교환하며 발전시킴으로써 미래를 예측하고 미래에 대한 광범위한 지식을 얻을 수 있는 방법이다.
④ 명목집단 기법은 지역사회 내 다양한 집단의 의견을 수렴하여 욕구를 조사하고 우선순위를 결정하는 방법이다.
⑤ 동의달력은 제안 기획 과정에서 사용하는 것으로, 응답자를 통해 충분한 논의를 한다.   **답** ①

142 쓰레기통 모형(Garbage can Model)에 관한 설명으로 옳은 것은? 23회

① 문제 진단과 의사결정 과정이 체계적이고 논리적으로 이루어진다.
② 결정자의 행동보다는 객관적인 상황적 조건에 더 많은 주의를 기울인다.
③ 가장 합리적인 대안을 선택하는 모형이다.
④ 합리성과 비합리성을 절충한 모형이다.
⑤ 조직화된 무질서 속에서 우연히 의사결정이 이루어진다.

143 사회복지조직의 의사결정모형에 관한 설명으로 옳은 것은? 21회

① 점증모형은 여러 대안을 평가하여 합리적 평가 순위를 정하는 모형이다.
② 연합모형은 경제적·시장 중심적 시각에서 이루어지는 모형이다.
③ 만족모형은 주로 해결해야 할 문제가 분명하고 단순한 의사결정에 적용된다.
④ 쓰레기통모형은 조직의 목표가 모호하고, 조직의 기술이 막연한 경우에 적용되는 모형이다.
⑤ 공공선택모형은 시민들을 공공재의 생산자로 규정하고 정부를 소비자로 규정한다.

144 다음 설명에 해당하는 의사결정 기법은? 22회

- 대면하여 의사결정
- 집단적 상호작용의 최소화
- 민주적 방식으로 최종 의사결정

① 명목집단 기법
② 브레인스토밍
③ 델파이 기법
④ SWOT 기법
⑤ 초점집단면접

UNIT 13

사회복지조직의 마케팅

정답과 해설 267쪽

시험 실시간 차트

평균 1.6문제 출제

실시간 출제 키워드
- ▲ 고객관계관리 마케팅
- ▲ 마케팅 믹스 4P
- ▲ 기업(공익)연계 마케팅(CRM)

워밍업 문제 사회복지조직의 마케팅

사회복지 마케팅에서 시장을 세분화하는 정도가 가장 높은 것은?

① 대량 마케팅 ② 틈새 마케팅
③ 미시적 마케팅 ④ 세분화 마케팅
⑤ 표적시장 마케팅

해설 세분화 정도는 '대량 마케팅 < 표적시장 마케팅 < 세분화 마케팅 < 틈새 마케팅 < 미시적 마케팅' 순으로 높다. **답** ③

최신 145 비영리조직 마케팅에 관한 설명으로 옳은 것은?

23회

① 고객 욕구충족보다는 판매에 집중한다.
② 이윤을 남기는 것이 최우선 목표이다.
③ 비영리조직의 책임성과 효과성이 강조되면서 중요성이 커졌다.
④ 후원자에게만 초점이 맞춰져 있다.
⑤ 비영리조직 마케팅 목적은 프로그램을 알리는 것이지 재정확충은 아니다.

최신 146 사회복지마케팅전략에 관한 설명으로 옳은 것은?

23회

① 생산과 소비의 동시성을 고려한다.
② 세분화(segmentation)는 시장을 임의로 구분한다.
③ 클라이언트 집단은 마케팅전략의 대상이 될 수 없다.
④ 시장조사를 하지 않는다.
⑤ 영리마케팅에 비하여 상품의 내구성을 고려한 전략을 수립한다.

147 일반적인 마케팅 믹스(4P) 전략에 포함되지 않는 것은? 17회

① 가격(Price)
② 촉진(Promotion)
③ 성과(Performance)
④ 유통(Place)
⑤ 상품(Product)

148 사회복지관에서 우편으로 잠재적 후원자에게 기관의 현황이나 정보 등을 제공하여 후원자를 개발하는 마케팅 방법은? 18회

① 고객관계관리 마케팅
② 데이터베이스 마케팅
③ 다이렉트 마케팅
④ 소셜 마케팅
⑤ 크라우드 펀딩

149 마케팅 믹스(marketing mix)의 4P에 해당하지 않는 것은? 19회

① 제품(Product)
② 가격(Price)
③ 판매촉진(Promotion)
④ 입지(Place)
⑤ 성과(Performance)

150 비영리조직 마케팅에 관한 설명으로 옳은 것은? 19회

① 영리추구의 목적으로만 마케팅을 추진한다.
② 비영리조직 간의 경쟁에 대한 대응은 필요없다.
③ 공익사업과 수익사업의 적절한 운영을 위하여 필요하다.
④ 사회복지조직이 제공하는 비물질적인 서비스는 마케팅 대상이 아니다.
⑤ 비영리조직의 재정자립은 마케팅의 목표가 될 수 없다.

151 다음에서 설명하는 마케팅 방법은? 20회

> A 초등학교의 학부모들이 사회복지사에게 본인들의 자녀와 연령대가 비슷한 아이들을 돕고 싶다고 이야기하였다. 이에 사회복지사들은 월 1회 아동문화체험 프로그램을 기획하여 이들을 후원자로 참여할 수 있도록 요청하였다.

① 사회 마케팅
② 공익연계 마케팅
③ 다이렉트 마케팅
④ 데이터베이스 마케팅
⑤ 고객관계관리 마케팅

152 비영리조직 마케팅의 특성으로 옳지 않은 것은? 21회

① 이윤추구보다는 사회적 가치 실현에 주안점을 둔다.
② 마케팅에서 교환되는 것은 유형의 재화보다는 무형의 서비스가 대부분이다.
③ 영리조직에 비해 인간의 태도나 행동을 변화시키는 것이 어렵다.
④ 서비스의 생산과 소비의 동시성을 고려한다.
⑤ 조직의 목표달성과 측정이 용이하다.

UNIT 14 프로그램의 설계

정답과 해설 268쪽

153 마케팅 믹스 4P에 관한 설명으로 옳은 것을 모두 고른 것은? 21회

> ㉠ 유통(Place): 고객이 서비스를 쉽게 이용할 수 있도록 하는 조직적 활동
> ㉡ 가격(Price): 판매자가 이윤 극대화를 위하여 임의로 설정하는 금액
> ㉢ 제품(Product): 고객의 욕구를 충족시키기 위하여 제공하는 재화나 서비스
> ㉣ 촉진(Promotion): 판매 실적에 따라 직원을 승진시키는 제도

① ㉠, ㉡
② ㉠, ㉢
③ ㉠, ㉡, ㉢
④ ㉡, ㉢, ㉣
⑤ ㉠, ㉡, ㉢, ㉣

154 사회복지서비스 마케팅 과정을 옳게 연결한 것은? 22회

> ㉠ STP 전략 설계
> ㉡ 고객관계관리(CRM)
> ㉢ 마케팅 믹스
> ㉣ 고객 및 시장 조사

① ㉠ - ㉡ - ㉢ - ㉣
② ㉠ - ㉣ - ㉡ - ㉢
③ ㉢ - ㉣ - ㉠ - ㉡
④ ㉣ - ㉠ - ㉡ - ㉢
⑤ ㉣ - ㉠ - ㉢ - ㉡

155 사회복지 마케팅 기법에 관한 설명으로 옳지 않은 것은? 22회

① 다이렉트 마케팅은 방송이나 잡지 등 대중매체를 활용하는 방식이다.
② 기업연계 마케팅은 명분 마케팅이라고도 한다.
③ 데이터베이스 마케팅은 이용자에 대한 각종 정보를 수집, 분석하여 활용하는 방식이다.
④ 사회 마케팅은 대중에 대한 캠페인 등을 통해 행동변화를 유도하는 방식이다.
⑤ 고객관계관리 마케팅은 개별 고객특성에 맞춘 서비스를 지속적으로 제공하는 방식이다.

시험 실시간 차트

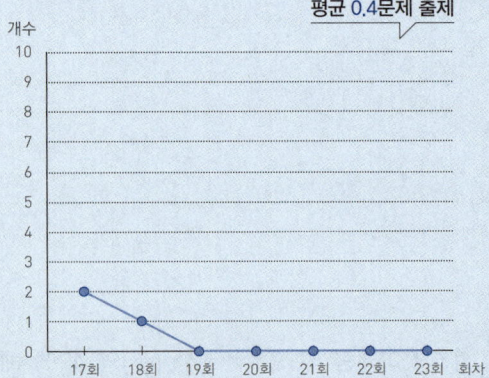

실시간 출제 키워드

▲ 논리모델(logic model)
▲ 사회복지 프로그램의 대상인구
▲ 프로그램의 목표와 평가 요소

워밍업 문제   프로그램의 설계

논리모형(logic model)에서 프로그램의 성과로 볼 수 없는 것은?

① 참여자의 재취업
② 참여자의 생활 만족도 향상
③ 참여자의 출석률
④ 참여자의 기술 습득
⑤ 참여자의 지위 변화

[해설] 성과는 프로그램 활동 중 또는 활동 이후 참여자들이 얻은 이익 등을 말한다. 참여자의 출석률은 프로그램 활동의 직접적 결과물 및 실적인 산출에 해당한다.   **답** ③

---

157 논리모델을 적용하여 치매부모 부양 가족원 스트레스 완화 프로그램을 설계했을 때, 옳은 것을 모두 고른 것은?   17회

> ㉠ 투입: 스트레스 완화 프로그램 실행 비용 1,500만 원
> ㉡ 활동: 프로그램 참여자의 스트레스 완화
> ㉢ 산출: 상담전문가 10인
> ㉣ 성과: 치매부모 부양 가족원 삶의 질 향상

① ㉠
② ㉠, ㉣
③ ㉡, ㉢
④ ㉢, ㉣
⑤ ㉡, ㉢, ㉣

---

156 사회복지 프로그램 기획 과정에서 대상인구 규정에 관한 설명으로 옳은 것은?   17회

① 위험인구란 프로그램 수급 자격을 갖춘 사람을 말한다.
② 클라이언트인구란 프로그램에 실제 참여하는 사람을 말한다.
③ 일반인구란 프로그램이 해결하려는 문제에 취약성이 있는 사람을 말한다.
④ 일반적으로 표적인구가 일반인구보다 많다.
⑤ 자원이 부족하면 클라이언트인구가 표적인구보다 많아진다.

---

158 사회복지 프로그램 목표에서 성과목표로 옳은 것은?   18회

① 1시간씩 학습지도를 제공한다.
② 월 1회 요리교실을 진행한다.
③ 자아존중감을 10% 이상 향상한다.
④ 10분씩 명상훈련을 실시한다.
⑤ 주 2회 물리치료를 제공한다.

UNIT 15

욕구조사와 평가조사

정답과 해설 269쪽

워밍업 문제 — 욕구조사

6~12명 정도의 이해관계자를 모아 구성원 간 활발한 토의와 상호작용으로 정보를 찾아내는 면접조사 방법은?

① 델파이조사
② 지역사회 공청회
③ 명목집단 기법
④ 일반집단 서베이
⑤ 초점집단조사

해설
① 관련 전문가를 대상으로 몇 차례 익명의 우편조사를 사용해 자료를 수집하는 방법이다.
② 공개적 토론회를 통해 지역사회에 거주하는 다양한 계층의 사람들로부터 욕구나 문제를 직접 청취하여 파악하는 방법이다.
③ 한 장소에 모이지만 대화 없이 무기명으로 의견을 제출한 후 아이디어를 공유, 토론하는 방법이다.
④ 일정한 지역 내 거주하는 주민 가운데 추출된 표본으로부터 설문지나 면접을 통해 자료를 수집하는 방법이다.

답 ⑤

시험 실시간 차트

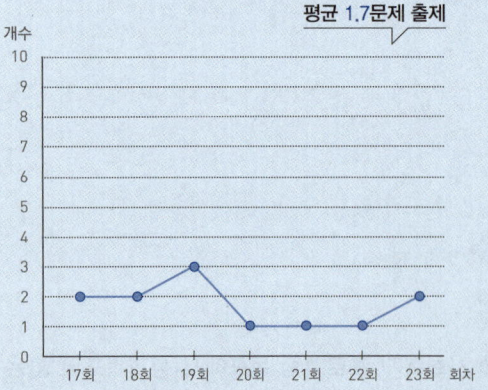

평균 1.7문제 출제

실시간 출제 키워드

▲ 비용-편익분석 / 비용-효과분석
▲ 프로그램 평가의 기준
▲ 사회복지 평가의 의의
▲ 사회복지서비스 성과 평가

---

159 중·장년 고독사 예방 프로그램을 기획하기 위해 사회복지관에서 근무하는 사회복지사, 사회복지전담공무원, 보건소 간호사 등이 모여 상호 간 질의와 응답을 통해 자료를 수집하는 방법은? 18회

① 패널조사
② 초점집단조사
③ 델파이 기법
④ 사회지표조사
⑤ 서베이조사

워밍업 문제   평가조사

사회복지조직 평가 방법에 관한 설명으로 옳은 것은?

① 형성평가는 성과 발생 여부에 초점을 둔다.
② 총괄평가는 프로그램 개발 과정에서 이루어진다.
③ 형성평가는 프로그램이 종결된 이후에 수행된다.
④ 총괄평가는 목표 지향적인 평가이다.
⑤ 총괄평가는 형성평가에 비해 융통성이 요구된다.

해설 ① 총괄평가는 성과 발생 여부에 초점을 둔다.
② 형성평가는 프로그램 개발 과정에서 이루어진다.
③ 총괄평가는 프로그램이 종결된 이후에 수행된다.
⑤ 형성평가는 총괄평가에 비해 융통성이 요구된다.   **답 ④**

---

160 프로그램 평가에 관한 설명으로 옳은 것을 모두 고른 것은?   23회

㉠ 비용-편익분석은 효율성 평가이다.
㉡ 비용-효과분석은 효과성 평가이다.
㉢ 프로그램 종결 후 실시하는 성과평가는 총괄평가이다.
㉣ 효과발생의 인과 경로를 밝히는 것은 형성평가이다.

① ㉠, ㉡
② ㉠, ㉢
③ ㉠, ㉢, ㉣
④ ㉡, ㉢, ㉣
⑤ ㉠, ㉡, ㉢, ㉣

---

161 사회복지조직 책임성에 관한 설명으로 옳지 않은 것은?   23회

① 획일적 기준으로 책임성을 규명하기 어렵다.
② 사회복지 공급주체가 다양해지면서 책임성 요구가 늘어나고 있다.
③ 사회복지시설 민간위탁으로 책임성 요구가 커졌다.
④ 사회복지사업법 개정으로 사회복지시설 평가는 법으로 제도화되었다.
⑤ 책임성 요구가 증가하면서 사회복지서비스에 대한 질적평가는 제외되었다.

---

162 사회복지 평가 기준과 내용이 바르게 연결된 것은?   17회

① 노력: 클라이언트의 변화 정도로 측정됨.
② 효율성: 목표 달성 정도로 측정됨.
③ 효과성: 대안 비용과의 비교로 측정됨.
④ 영향: 서비스가 인구집단에 형평성 있게 배분된 정도로 측정됨.
⑤ 과정: 절차나 규정준수 여부 등으로 측정됨.

---

163 사회복지 평가의 유형에 관한 설명으로 옳은 것은?   17회

① 총괄평가는 주로 프로그램 개발을 목적으로 한다.
② 형성평가의 대표적인 예는 효과성 평가이다.
③ 총괄평가는 모니터링 평가라고도 한다.
④ 형성평가는 목표 달성도에 주된 관심을 갖는다.
⑤ 총괄평가는 성과와 비용에 관심이 크다.

164 사회복지시설 평가에 관한 설명으로 옳지 않은 것은?   18회

① 평가의 근거는 1997년 개정된 사회복지사업법이다.
② 평가의 목적은 시설운영의 효율화 등을 위한 것이다.
③ 이용자의 권리에 관한 지표의 경우 거주시설(생활시설)에 한해서 적용하여 평가한다.
④ 개별 사회복지시설의 고유성이 반영되지 못하는 점은 평가의 한계점으로 여겨진다.
⑤ 평가지표 선정 시 현장의견수렴 절차가 필요하다.

165 사회복지의 책임성 평가에 관한 설명으로 옳지 않은 것은?   19회

① 효과성 평가를 위하여 비용편익분석을 실시한다.
② 형성평가는 과정을 파악하는 동태적 분석으로 프로그램 진행 중에 실시할 수 있다.
③ 사회복지 프로그램 평가를 통하여 프로그램 수정과 정책 개발 등에 활용한다.
④ 사회복지전달체계는 사회복지의 책임성을 이행할 수 있도록 구축되어야 한다.
⑤ 우리나라의 사회복지시설 평가는 사회복지사업법에 근거하여 실시한다.

166 우리나라의 사회복지시설 평가제도에 관한 설명으로 옳은 것은?   19회

㉠ 3년마다 평가 실시
㉡ 5년마다 평가 실시
㉢ 평가 결과의 비공개원칙
㉣ 평가 결과를 시설 지원에 반영

① ㉠, ㉢   ② ㉠, ㉣
③ ㉡, ㉢   ④ ㉡, ㉣
⑤ ㉢, ㉣

167 사회복지평가의 기준이 되는 효율성에 관한 설명으로 옳지 않은 것은?   19회

① 사회복지조직의 책임성 평가 방식이다.
② 투입한 자원과 산출된 결과의 비율을 측정한다.
③ 자금이나 시간의 투입과 서비스 제공 실적의 비율을 파악한다.
④ 비용 절감은 서비스 이용자의 욕구 충족을 위한 목표와 관련성이 없다.
⑤ 최소한의 비용으로 최대한의 효과를 거둘 수 있도록 한다.

168 다음에서 설명하는 프로그램 평가의 기준은?

20회

- 서비스를 받은 클라이언트 수
- 목표달성을 위해 투입된 시간 및 자원의 양
- 프로그램 담당자의 제반활동

① 노력   ② 영향
③ 효과성   ④ 효율성
⑤ 서비스의 질

169 프로그램 평가에 관한 설명으로 옳은 것을 모두 고른 것은?

21회

㉠ 비용-효과분석은 프로그램의 비용과 결과의 금전적 가치를 고려하지 않는다.
㉡ 비용-편익분석은 프로그램의 비용과 결과를 금전적 가치로 환산하여 평가한다.
㉢ 노력성 평가는 프로그램 수행에 투입된 인적·물적 자원 등을 기준으로 평가한다.
㉣ 효과성 평가는 프로그램의 목표 달성 정도를 평가한다.

① ㉠, ㉡
② ㉠, ㉢
③ ㉡, ㉣
④ ㉡, ㉢, ㉣
⑤ ㉠, ㉡, ㉢, ㉣

170 사회복지 프로그램 평가의 목적과 그 설명으로 옳은 것은?

22회

① 정책개발: 사회복지실천 이념 개발
② 책임성 이행: 재무·회계적, 전문적 책임 이행
③ 이론 형성: 급여의 공평한 배분을 위한 여론 형성
④ 자료수집: 종사자의 기준행동 강화
⑤ 정보관리: 민간기관의 행정협상력 약화

UNIT 16

사회복지법인 및 사회복지시설 재무·회계 규칙

정답과 해설 270쪽

시험 실시간 차트

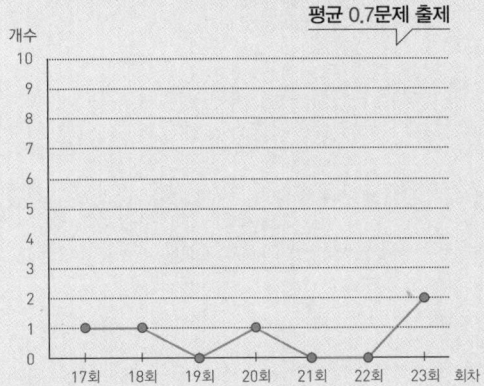

평균 0.7문제 출제

실시간 출제 키워드
▲ 준예산
▲ 예산 서류
▲ 결산보고서 서류

워밍업 문제 사회복지법인 및 사회복지시설 재무·회계 규칙

사회복지법인 및 사회복지시설 재무·회계 규칙상 다음에 해당하는 내용에 첨부하여야 할 예산 서류로만 이루어진 것은?

> 국가·지방자치단체·법인 외의 자가 설치·운영하는 시설로서 거주자 정원 또는 일일평균 이용자가 20명 이하인 시설

① 예산총칙, 세입·세출명세서
② 세입·세출명세서, 추정대차대조표
③ 추정대차대조표, 추정수지계산서
④ 추정수지계산서, 임직원 보수 일람표
⑤ 세입·세출명세서, 예산을 의결한 이사회 회의록 또는 예산을 보고받은 시설운영위원회 회의록 사본

해설 예산에는 예산총칙, 세입·세출명세서, 추정대차대조표, 추정수지계산서, 임직원 보수 일람표, 예산을 의결한 이사회 회의록 또는 예산을 보고받은 시설운영위원회 회의록 사본이 첨부되어야 한다. 제시된 시설(소규모 시설)의 경우 세입·세출명세서, 예산을 의결한 이사회 회의록 또는 예산을 보고받은 시설운영위원회 회의록 사본만을 첨부할 수 있다. 단, 제시된 시설 중 노인장기요양기관의 경우 임직원 보수 일람표도 첨부할 수 있다. **답** ⑤

최신 171 사회복지조직의 재무·회계에 관한 설명으로 옳지 않은 것은? 23회

① 보건복지부는 국가재정법을 적용한다.
② 사회복지시설은 사회복지법인 및 사회복지시설 재무·회계규칙을 적용한다.
③ 사회복지법인 회계는 법인회계, 시설회계, 수익사업회계로 구분한다.
④ 법인회계와 수익사업회계는 필요시 복식부기도 할 수 있다.
⑤ 사회복지법인 대표이사는 관·항·목간 예산을 전용할 수 없다.

172 사회복지시설 예산 편성 및 결정 절차를 순서대로 나열한 것은? 23회

> ㉠ 시설운영위원회 보고
> ㉡ 예산 공고
> ㉢ 예산 편성
> ㉣ 이사회 의결
> ㉤ 지방자치단체 제출

① ㉠ - ㉤ - ㉣ - ㉡ - ㉢
② ㉡ - ㉢ - ㉠ - ㉣ - ㉤
③ ㉢ - ㉠ - ㉣ - ㉤ - ㉡
④ ㉢ - ㉠ - ㉤ - ㉣ - ㉡
⑤ ㉤ - ㉠ - ㉣ - ㉢ - ㉡

173 사회복지법인 및 사회복지시설 재무·회계 규칙상 준예산 체제하에서 집행할 수 있는 항목을 모두 고른 것은? 17회

> ㉠ 직원 급여
> ㉡ 전기요금
> ㉢ 한국사회복지관협회 회비
> ㉣ 국민연금 보험료 사용자 부담분

① ㉠, ㉡
② ㉠, ㉢
③ ㉠, ㉡, ㉣
④ ㉡, ㉢, ㉣
⑤ ㉠, ㉡, ㉢, ㉣

174 사회복지법인 및 사회복지시설 재무·회계 규칙상 사회복지관의 결산보고서에 첨부해야 하는 서류가 아닌 것은? 18회

① 과목 전용조서
② 사업수입명세서
③ 사업비명세서
④ 세입·세출명세서
⑤ 인건비명세서

175 사회복지법인 및 시설 재무·회계 규칙상 사회복지관에서 예산 서류를 제출할 때 첨부하는 서류가 아닌 것은? 20회

① 예산총칙
② 세입·세출명세서
③ 사업수입명세서
④ 임직원 보수 일람표
⑤ 예산을 의결한 이사회 회의록 또는 예산을 보고받은 시설운영위원회 회의록 사본

CHAPTER

8

사회복지 법제론

7개년 출제 리포트

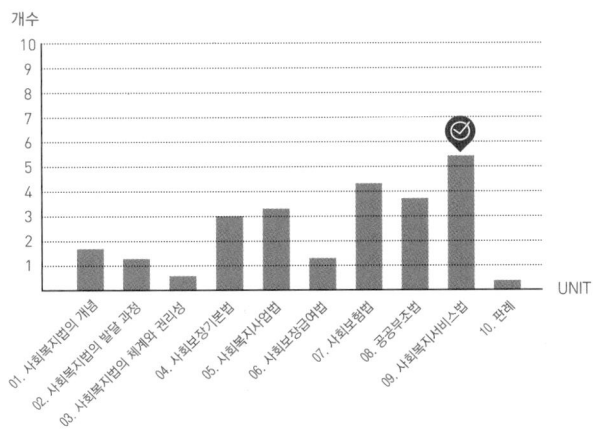

WHAT TO STUDY

1. 최근 개정된 주요 사회복지법의 내용을 알아 두자.
2. 특히 사회보험법, 공공부조법, 사회복지서비스법이 자주 출제되니 문제풀이 후 관련 개념을 다시 한 번 짚고 넘어가자.
3. 학습 범위는 넓지만 시험에 나오는 유형은 매해 유사하므로, 자주 출제되는 법 조항 위주로 암기해 두는 것이 좋다.

UNIT 01 사회복지법의 개념

정답과 해설 271쪽

시험 실시간 차트

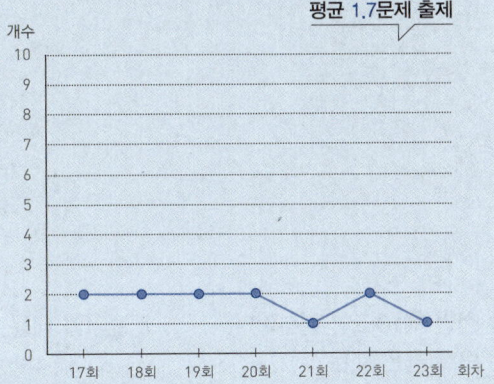

평균 1.7문제 출제

실시간 출제 키워드
- ▲ 사회복지법의 개념
- ▲ 헌법에 나타난 사회적 기본권
- ▲ 외국과의 사회보장협정

워밍업 문제 헌법과 사회복지법의 의의

사회복지법의 개념 및 성격에 관한 설명으로 옳지 않은 것은?

① 관점에 따라 개념이 다양할 수 있다.
② 사회복지법은 헌법을 구체화한 법이다.
③ 사회복지법은 공·사법의 성격이 혼재된 사회법 영역에 속한다.
④ 헌법에는 사회보장과 사회복지라는 용어가 사용되고 있다.
⑤ 우리 실정법상 사회보장의 정의 규정은 존재하지 아니한다.

해설 우리 실정법에는 사회보장의 정의 규정이 존재한다. 사회보장기본법 제3조 제1호에서 '사회보장'이란 출산, 양육, 실업, 노령, 장애, 질병, 빈곤 및 사망 등의 사회적 위험으로부터 모든 국민을 보호하고 국민 삶의 질을 향상시키는 데 필요한 소득·서비스를 보장하는 사회보험, 공공부조, 사회서비스라고 정의하고 있다. **답** ⑤

---

001 헌법 규정의 내용 중 사회적 기본권으로 보기 어려운 것은? 17회

① 모든 국민은 신체의 자유를 가진다.
② 모든 국민은 근로의 권리를 가진다.
③ 모든 국민은 인간다운 생활을 할 권리를 가진다.
④ 모든 국민은 능력에 따라 균등하게 교육을 받을 권리를 가진다.
⑤ 모든 국민은 건강하고 쾌적한 환경에서 생활할 권리를 가진다.

002 헌법 규정 중 ( )에 들어갈 내용이 순서대로 옳은 것은? 17회

- 신체장애자 및 질병·노령 기타의 사유로 생활능력이 없는 국민은 ( )이 정하는 바에 의하여 국가의 보호를 받는다.
- 지방자치단체는 주민의 복리에 관한 사무를 처리하고 재산을 관리하며, ( )의 범위 안에서 자치에 관한 규정을 제정할 수 있다.

① 대통령령, 법률　② 법률, 대통령령
③ 법률, 법령　④ 법령, 법률
⑤ 대통령령, 법령

003 헌법 제34조 규정의 일부이다. ( )에 들어갈 내용이 순서대로 옳은 것은? 18회

- 국가는 사회보장·( )의 증진에 노력할 의무를 진다.
- 신체장애자 및 질병·노령 기타의 사유로 생활능력이 없는 국민은 ( )이 정하는 바에 의하여 국가의 보호를 받는다.

① 공공부조, 헌법　② 공공부조, 법률
③ 사회복지, 헌법　④ 사회복지, 법률
⑤ 자원봉사, 법률

004 헌법 규정의 사회적 기본권에 관한 설명으로 옳지 않은 것은? 20회

① 국가는 근로자의 고용의 증진과 적정임금의 보장에 노력하여야 한다.
② 국가는 여자의 복지와 권익의 향상을 위하여 노력하여야 한다.
③ 국가는 모든 공무원인 근로자의 단결권·단체교섭권 및 단체행동권을 보장하여야 한다.
④ 국가는 평생교육을 진흥하여야 한다.
⑤ 국가는 모성의 보호를 위하여 노력하여야 한다.

005 헌법 제34조 규정의 일부이다. ㉠~㉢에 들어갈 내용으로 옳은 것은? 21회

- 국가는 (㉠)·(㉡)의 증진에 노력할 의무를 진다.
- 신체장애자 및 질병·노령 기타의 사유로 생활능력이 없는 국민은 (㉢)이 정하는 바에 의하여 국가의 보호를 받는다.

① ㉠: 사회보장, ㉡: 사회복지, ㉢: 법률
② ㉠: 사회보장, ㉡: 공공부조, ㉢: 법률
③ ㉠: 사회복지, ㉡: 공공부조, ㉢: 헌법
④ ㉠: 사회복지, ㉡: 사회복지서비스, ㉢: 헌법
⑤ ㉠: 공공부조, ㉡: 사회복지서비스, ㉢: 법률

006 헌법 제10조의 일부이다. ( )에 들어갈 내용으로 옳은 것은? 22회

모든 국민은 인간으로서의 존엄과 가치를 가지며, ( )을 추구할 권리를 가진다.

① 자유권　② 생존권
③ 인간다운 생활　④ 행복
⑤ 인권

| 워밍업 문제 | 사회복지법의 법원(法源) |

사회복지법의 성문법원이 될 수 있는 것을 모두 고른 것은?

> ㉠ 관습법
> ㉡ 헌법에 의해 체결, 공포된 조약
> ㉢ 조리
> ㉣ 대통령령

① ㉠, ㉡, ㉢
② ㉠, ㉢
③ ㉡, ㉣
④ ㉣
⑤ ㉠, ㉡, ㉢, ㉣

해설: ㉡, ㉣은 성문법이고 ㉠, ㉢은 불문법이다. 답 ③

008 사회복지법의 성문법원에 해당하는 것끼리 묶은 것은? 19회

① 관습법, 판례법
② 헌법, 판례법
③ 헌법, 명령
④ 관습법, 법률
⑤ 법률, 조리

007 우리나라 사회복지법 체계와 법원에 관한 설명으로 옳은 것은? 23회

① 성문법원의 종류로 관습법, 판례법, 조리가 있다.
② 시행령과 시행규칙은 국회의 의결을 거쳐 제정, 공포된 법원이다.
③ 시행령보다 시행규칙이 상위 법규범이다.
④ 대통령은 법률에서 구체적으로 위임받은 사항과 법률을 집행하기 위하여 필요한 사항에 관하여 대통령령을 발할 수 있다.
⑤ 정부는 법률안을 제출할 수 없다.

009 우리나라 법체계에 관한 설명으로 옳지 않은 것은? 19회

① 법규범 위계에서 최상위 법규범은 헌법이다.
② 법률은 법규범의 위계에서 헌법 다음 단계의 규범이다.
③ 법률은 국회에서 제정하거나 행정부에서 제출하여 국회의 의결을 거쳐 제정된다.
④ 시행령은 국무총리나 행정 각 부의 장이 발(發)하는 명령이다.
⑤ 명령에는 시행령과 시행규칙이 있다.

010 우리나라 사회복지법의 법원에 해당하는 것을 모두 고른 것은? 20회

> ㉠ 대통령령
> ㉡ 조례
> ㉢ 일반적으로 승인된 국제법규
> ㉣ 규칙

① ㉠
② ㉠, ㉡
③ ㉠, ㉡, ㉣
④ ㉡, ㉢, ㉣
⑤ ㉠, ㉡, ㉢, ㉣

워밍업 문제 | 법률의 제정

우리나라의 법령 제정에 관한 설명으로 옳은 것은?

① 시행령은 행정 각 부의 장이 발하는 명령이다.
② 법률을 제정하기 위해서는 반드시 국회의 의결을 거쳐야 한다.
③ 대통령은 법률에서 구체적으로 범위를 정하여 위임받은 사항에 대해서만 대통령령을 발할 수 있다.
④ 국무총리는 소관 사무에 관하여 법률의 위임 없이 직권으로 총리령을 발할 수 없다.
⑤ 법률안 제출은 국회의원만 할 수 있다.

해설 ① 시행령은 대통령이 발하는 명령이다.
③ 대통령은 법률에서 구체적인 범위를 정하여 위임받은 사항과 법률의 집행을 위하여 필요한 사항에 관하여 대통령령을 발할 수 있다.
④ 국무총리는 소관 사무에 관하여 직권으로 총리령을 발할 수 있다.
⑤ 국회의원과 정부는 법률안을 제출할 수 있다. 답 ②

011 우리나라 사회복지법의 법원에 관한 설명으로 옳은 것은? 22회

① 관습법은 사회복지법의 법원이 될 수 없다.
② 법률은 정부의 의결을 거쳐 제정·공포된 법을 말한다.
③ 지방자치단체의 조례는 성문법원이다.
④ 명령은 행정기관이 제정한 법규로 국회의 의결을 거쳐야 한다.
⑤ 일반적으로 승인된 국제법규는 사회복지법의 법원에 포함되지 않는다.

012 법령의 제정에 관한 헌법의 내용으로 옳은 것은? 18회

① 국무총리는 총리령을 발할 수 없다.
② 지방자치단체의 장은 부령을 발할 수 있다.
③ 정부는 법률안을 제출할 수 없다.
④ 법률안은 국무회의의 심의를 거쳐야 한다.
⑤ 법률은 특별한 규정이 없는 한 공포한 날로부터 90일을 경과함으로써 효력이 발생한다.

UNIT 02

사회복지법의 발달 과정

정답과 해설 273쪽

워밍업 문제 — 한국 사회복지법의 발달 과정

사회복지법의 역사적 변천에 관한 설명으로 옳은 것은?

① 사회복지사업법 제정 시 사회복지사 자격에 관한 규정은 있었으나 국가시험은 도입되지 않았다.
② 사회보장기본법 제정 시 사회보장사업이 국민의 자립정신을 저해하지 아니하도록 규정하였으나 1997년 외환위기 이후 이 규정은 폐지되었다.
③ 1961년 제정된 생활보호법의 목적은 생활유지능력이 없는 사람에 대한 최저생활의 보장과 자활의 조성이었다.
④ 국민기초생활 보장법의 목적은 최저생활의 보장과 자활의 조성이다.
⑤ 사회복지사업법은 2003년 개정 법률부터 사회복지시설 평가제를 도입하였다.

[해설] ① 사회복지사업법은 1970년에 제정되었으며, 사회복지사 자격이 아닌 사회복지사업 종사자에 관한 규정이 있었다. 사회복지사 1급 국가시험은 1997년 사회복지사업법 개정을 통해 규정이 마련되어 2003년부터 시행되었다.
② 1995년 사회보장기본법 제정 시 사회보장사업이 국민의 자립정신을 저해하지 아니하도록 최저생활 보장원칙을 규정하였으며, 현재까지 계속 유지되고 있다.
③ 1961년 제정된 생활보호법의 목적은 생활유지능력이 없는 사람에 대한 보호와 그 방법을 규정하는 것이다. 생활유지능력이 없는 사람에 대한 최저생활의 보장과 자활의 조성을 목적으로 한 것은 1982년 개정된 생활보호법이다.
⑤ 사회복지사업법은 1997년 개정 법률부터 사회복지시설 평가제를 도입하였다.

답 ④

시험 실시간 차트

평균 1.3문제 출제

실시간 출제 키워드
▲ 한국 사회복지법의 역사

최신 013 법률의 제정 연도가 가장 빠른 것은?   23회

① 산업재해보상보험법
② 국민기초생활 보장법
③ 고용보험법
④ 국민연금법
⑤ 국민건강보험법

014 우리나라 사회복지관련법의 입법 변천사에 관한 설명으로 옳은 것을 모두 고른 것은? 23회

> ㉠ 1981년 노인복지법이 제정되었다.
> ㉡ 2007년 노인장기요양보험법이 제정되었다.
> ㉢ 1961년 제정된 아동복리법은 1989년 아동복지법으로 개정되었다.
> ㉣ 1981년 제정된 심신장애자복지법은 1989년 장애인복지법으로 개정되었다.

① ㉠
② ㉡, ㉢
③ ㉠, ㉡, ㉣
④ ㉡, ㉢, ㉣
⑤ ㉠, ㉡, ㉢, ㉣

015 법률의 제정 연도가 빠른 순서대로 나열된 것은? 17회

> ㉠ 국민연금법
> ㉡ 고용보험법
> ㉢ 국민건강보험법
> ㉣ 산업재해보상보험법

① ㉠ - ㉡ - ㉢ - ㉣
② ㉠ - ㉢ - ㉣ - ㉡
③ ㉣ - ㉠ - ㉡ - ㉢
④ ㉣ - ㉠ - ㉢ - ㉡
⑤ ㉣ - ㉡ - ㉠ - ㉢

016 제정 연도가 가장 빠른 것과 가장 늦은 것을 순서대로 짝 지은 것은? 18회

> ㉠ 긴급복지지원법
> ㉡ 고용보험법
> ㉢ 노인복지법
> ㉣ 기초연금법

① ㉡, ㉠
② ㉡, ㉣
③ ㉢, ㉠
④ ㉢, ㉡
⑤ ㉢, ㉣

017 법률과 그 제정연대의 연결이 옳은 것은? 19회

① 산업재해보상보험법, 장애인복지법 - 1970년대
② 사회복지사업법, 국민기초생활 보장법 - 1980년대
③ 고용보험법, 사회복지공동모금회법 - 1990년대
④ 국민연금법, 노인복지법 - 2000년대
⑤ 아동복지법, 국민건강보험법 - 2010년대

018 법률의 제정 연도가 가장 빠른 것은? 20회

① 사회보장기본법
② 국민건강보험법
③ 고용보험법
④ 영유아보육법
⑤ 노인복지법

019 법률의 제정 연도가 빠른 순서대로 옳게 나열된 것은? 　21회

> ㉠ 국민기초생활 보장법
> ㉡ 산업재해보상보험법
> ㉢ 사회복지사업법
> ㉣ 고용보험법
> ㉤ 노인복지법

① ㉠ - ㉡ - ㉢ - ㉣ - ㉤
② ㉡ - ㉠ - ㉤ - ㉢ - ㉣
③ ㉡ - ㉢ - ㉤ - ㉣ - ㉠
④ ㉢ - ㉠ - ㉣ - ㉤ - ㉡
⑤ ㉢ - ㉤ - ㉡ - ㉣ - ㉠

020 사회복지법의 역사적 변천에 관한 설명으로 옳은 것을 모두 고른 것은? 　21회

> ㉠ 2014년 기초노령연금법이 제정되면서 기초연금법은 폐지되었다.
> ㉡ 1999년 제정된 국민의료보험법은 국민건강보험법을 대체한 것이다.
> ㉢ 1973년 제정된 국민복지연금법은 1986년 국민연금법으로 전부개정되었다.

① ㉠
② ㉡
③ ㉢
④ ㉠, ㉡
⑤ ㉡, ㉢

021 법률의 제정 연도가 가장 최근인 것은? 　22회

① 아동복지법
② 노인복지법
③ 장애인복지법
④ 한부모가족지원법
⑤ 다문화가족지원법

UNIT 03

사회복지법의 체계와 권리성

정답과 해설 274쪽

시험 실시간 차트

평균 0.6문제 출제

실시간 출제 키워드
▲ 사회복지법의 체계
▲ 조례와 자치법규의 구분

워밍업 문제 행정 입법과 사회복지 관련 조례 및 규칙(자치 입법)

조례와 규칙에 관한 설명으로 옳은 것은?

① 조례는 판례법을 지방자치단체에서 재해석한 것이다.
② 조례는 사물의 도리, 합리성, 본질적 법칙을 의미한다.
③ 조례와 규칙 모두 지방의회의 의결을 거쳐야 한다.
④ 규칙은 법령 또는 조례가 위임한 범위 내에서 그 권한에 속하는 사무에 관하여 정립하는 것이다.
⑤ 규칙은 법원(法源)으로서 인정되기 위하여 중앙 정부의 승인을 필요로 한다.

해설 ① 조례는 지방자치단체가 법률에 의하여 인정된 자치권 내에서 제정한 자치에 관한 규칙이다. 판례법은 유사한 사건에 대한 판례의 방향이 확정되며 형성되는 불문법이다.
② 사물의 도리, 합리성, 본질적 법칙을 의미하는 것은 불문법 상의 조리에 해당한다.
③ 조례는 지방자치단체가 지방의회의 의결을 거쳐 제정하는 것이며, 규칙은 지방자치단체의 장이 제정하는 것이다.
⑤ 규칙은 법원(法源)으로서 인정되기 위해서 법령 및 조례의 범위 내에서 그 권한에 속하는 사무에 관하여 정해야 한다.

참고 지방자치단체는 법령의 범위 안에서 그 사무에 관하여 조례를 제정할 수 있다. 다만, 주민의 권리 제한 또는 의무 부과에 관한 사항이나 벌칙을 정할 때에는 법률의 위임이 있어야 한다(지방자치법 제28조 제1항). **답** ④

최신 022 조례와 규칙에 관한 설명으로 옳지 않은 것은?
23회

① 조례는 지방의회의 의결을 거쳐 제정한다.
② 규칙은 지방자치단체의 장이 제정한 법규범이다.
③ 지방자치단체는 법령의 범위에서 그 사무에 관하여 조례를 제정할 수 있다.
④ 시·군 및 자치구의 규칙은 시·도의 규칙보다 상위 법규범이다.
⑤ 조례는 규칙보다 상위 법규범이다.

023 자치법규에 관한 설명으로 옳지 않은 것은?
19회

① 조례는 지방의회에서 제정하는 자치법규이다.
② 지방자치단체는 법령의 범위와 무관하게 조례를 제정할 수 있다.
③ 규칙은 지방자치단체의 장이 법령이나 조례가 위임한 범위에서 그 권한에 속하는 사무에 관하여 제정할 수 있는 자치법규이다.
④ 시·군 및 자치구의 조례나 규칙은 시·도의 조례나 규칙을 위반하여서는 아니 된다.
⑤ 조례안이 지방의회에서 의결되면 의장은 의결된 날부터 5일 이내에 그 지방자치단체의 장에게 이를 이송하여야 한다.

024 자치법규에 관한 설명으로 옳지 않은 것은?
21회

① 지방의회는 규칙 제정권을 갖고 지방자치단체의 장은 조례 제정권을 갖는다.
② 시·군 및 자치구의 조례는 시·도의 조례를 위반해서는 아니 된다.
③ 사회복지시설의 설치·운영 및 관리는 주민의 복지증진과 관련된 지방자치단체의 사무이다.
④ 지방자치단체는 법령의 범위 안에서 자치에 관한 규정을 제정할 수 있다.
⑤ 주민은 지방자치단체의 조례를 제정할 것을 청구할 수 있다.

워밍업 문제　권리구제

권리구제에 관한 설명으로 옳은 것은?

① 국민기초생활 보장급여 수급자 결정 처분에 이의가 있는 경우, 사회복지전담공무원을 거쳐 시장·군수·구청장에게 이의신청을 할 수 있다.
② 장애인복지 조치에 이의가 있을 때 그 장애인의 법정대리인은 이의신청을 할 수 없다.
③ 한부모가족지원법의 지원대상자가 복지급여에 이의가 있을 때 보건복지부장관 또는 지방자치단체의 장에게 심사청구를 할 수 있다.
④ 기초연금 수급자의 지급 결정에 관하여 이의가 있는 사람은 보건복지부장관 또는 지방자치단체의 장에게 이의신청을 할 수 있다.
⑤ 장기요양인정 처분에 관하여 이의가 있는 사람은 국민건강보험공단 장기요양심사위원회에 심사청구를 할 수 있고, 이 결정에 불복하는 자는 장기요양재심사위원회에 재심사청구를 할 수 있다.

[해설] ① 국민기초생활 보장급여 수급자 결정 처분에 이의가 있는 경우 해당 보장기관을 거쳐 시·도지사에게 서면 또는 구두로 이의를 신청할 수 있다.
② 해당 장애인복지실시기관에 이의신청을 할 수 있다.
③ 해당 복지실시기관에 심사를 청구할 수 있다.
④ 특별자치시장·특별자치도지사·시장·군수·구청장에게 이의신청을 할 수 있다.
답 ⑤

025 각 법률의 권리구제 절차 내용으로 옳은 것은?
19회

① 국민연금법에 따르면 심사청구와 재심사청구의 순으로 진행된다.
② 국민건강보험법에 명시되어 있는 권리구제 절차는 심사청구이다.
③ 고용보험법에 명시되어 있는 권리구제 절차는 이의신청이다.
④ 한부모가족지원법에 따르면 이의신청과 심판청구의 순으로 진행된다.
⑤ 기초연금법에 명시되어 있는 권리구제 절차는 이의신청과 재심사청구이다.

UNIT 04 사회보장기본법

정답과 해설 274쪽

워밍업 문제 사회보장기본법의 개요

사회보장기본법에 관한 설명으로 옳지 않은 것은?
① 국내에 거주하는 외국인에게는 상호주의 원칙이 적용된다.
② 사회보장수급권은 다른 사람에게 양도할 수 없다.
③ 모든 국민은 관계 법령이 정하는 바에 따라 사회보장급여를 받을 권리가 있다.
④ 사회보장위원회는 보건복지부장관 소속으로 둔다.
⑤ 국가와 지방자치단체는 가정이 건전하게 유지되고 그 기능이 향상되도록 노력하여야 한다.

해설 사회보장에 관한 주요 시책을 심의·조정하기 위하여 국무총리 소속으로 사회보장위원회를 둔다(사회보장기본법 제20조 제1항). **답** ④

시험 실시간 차트

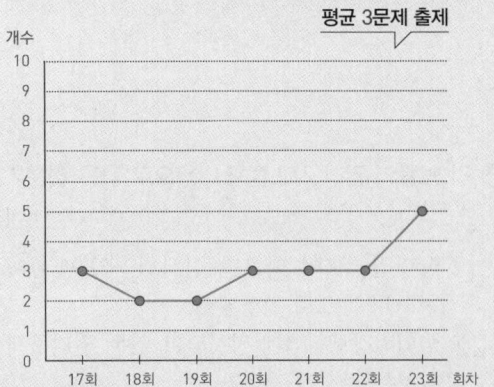

평균 3문제 출제

실시간 출제 키워드
▲ 사회보장위원회
▲ 사회보험, 공공부조, 사회서비스
▲ 사회복지수급권

최신 026 사회보장기본법상 용어의 정의에 관한 설명이다. ㉠, ㉡에 들어갈 용어로 옳은 것은? 23회

(㉠): 국민에게 발생하는 사회적 위험을 보험의 방식으로 대처함으로써 국민의 건강과 소득을 보장하는 제도
(㉡): 국가와 지방자치단체의 책임 하에 생활 유지 능력이 없거나 생활이 어려운 국민의 최저생활을 보장하고 자립을 지원하는 제도

① ㉠: 사회보험, ㉡: 사회서비스
② ㉠: 사회보험, ㉡: 공공부조
③ ㉠: 공공부조, ㉡: 사회보장
④ ㉠: 사회보장, ㉡: 사회서비스
⑤ ㉠: 사회서비스, ㉡: 공공부조

027 사회보장기본법상 사회보장위원회에 관한 설명으로 옳지 않은 것은? 23회

① 사회보장에 관한 주요시책을 심의·조정하기 위해 국무총리 소속으로 두고 있다.
② 실무위원회를 두며 실무위원회에 분야별 전문위원회를 둘 수 있다.
③ 위원은 30명 이내로 구성한다.
④ 위원의 임기는 4년이다.
⑤ 관계 중앙행정기관의 장과 지방자치단체의 장은 위원회의 심의·조정 사항을 반영하여 사회보장제도를 운영해야 한다.

028 사회보장기본법상 국가와 지방자치단체가 구축·운영하여야 하는 사회보장급여의 관리체계로 명시되지 않은 것은? 17회

① 사회보장제도의 평가 및 개선
② 사회보장수급권자 권리구제
③ 사회보장급여의 사각지대 발굴
④ 사회보장급여의 부정·오류 관리
⑤ 사회보장급여의 과오지급액의 환수 등 관리

029 사회보장기본법의 내용으로 옳지 않은 것은? 17회

① 국내에 거주하는 외국인에게 사회보장제도를 적용할 때에는 상호주의의 원칙에 따르되, 관계 법령에서 정하는 바에 따른다.
② 보건복지부장관은 사회보장정보시스템의 구축·운영을 총괄한다.
③ 사회보장정보의 보호 및 관리는 사회보장위원회의 심의·조정 사항이 아니다.
④ 모든 국민은 자신의 능력을 최대한 발휘하여 자립·자활할 수 있도록 노력하여야 한다.
⑤ 국가와 지방자치단체는 사회보장에 관한 책임과 역할을 합리적으로 분담하여야 한다.

030 사회보장기본법의 내용으로 옳지 않은 것은? 18회

① 사회보장위원회의 위원장은 보건복지부장관이 된다.
② 사회보장위원회는 30명 이내의 위원으로 구성한다.
③ 사회보장 기본계획은 5년마다 수립하여야 한다.
④ 보건복지부장관은 사회보장정보시스템의 구축·운영을 총괄한다.
⑤ 모든 국민은 사회보장 관계 법령에서 정하는 바에 따라 사회보장급여를 받을 권리를 가진다.

031 사회보장기본법상 용어의 정의에 관한 내용으로 옳은 것을 모두 고른 것은? 19회

> ㉠ "사회보험"이란 국민에게 발생하는 사회적 위험을 보험의 방식으로 대처함으로써 국민의 건강과 소득을 보장하는 제도를 말한다.
> ㉡ "공공부조(公共扶助)"란 국가와 지방자치단체의 책임하에 생활 유지 능력이 없거나 생활이 어려운 국민의 최저생활을 보장하고 자립을 지원하는 제도를 말한다.
> ㉢ "평생사회안전망"이란 생애주기에 걸쳐 보편적으로 충족되어야 하는 기본욕구와 특정한 사회위험에 의하여 발생하는 특수욕구를 동시에 고려하여 소득·서비스를 보장하는 맞춤형 사회보장제도를 말한다.

① ㉠
② ㉠, ㉡
③ ㉠, ㉢
④ ㉡, ㉢
⑤ ㉠, ㉡, ㉢

032 최신 시험에 맞게 변형한 문제입니다.
사회보장기본법상 국가와 지방자치단체에 관한 설명으로 옳지 않은 것은? 20회

① 국가와 지방자치단체는 모든 국민의 인간다운 생활을 유지·증진하는 책임을 가진다.
② 국가와 지방자치단체는 사회보장에 관한 책임과 역할을 합리적으로 분담하여야 한다.
③ 국가와 지방자치단체는 사회보장제도의 안정적인 운영을 위하여 중장기 사회보장 재정추계를 격년 실시하고 이를 공표하여야 한다.
④ 국가와 지방자치단체는 지속가능한 사회보장제도를 확립하고 매년 이에 필요한 재원을 조달하여야 한다.
⑤ 국가와 지방자치단체는 가정이 건전하게 유지되고 그 기능이 향상되도록 노력하여야 한다.

033 사회보장기본법상 사회보장위원회 위원으로 포함되어야 하는 중앙행정기관의 장을 모두 고른 것은? 20회

> ㉠ 행정안전부장관
> ㉡ 고용노동부장관
> ㉢ 기획재정부장관
> ㉣ 국토교통부장관

① ㉠, ㉡, ㉢
② ㉠, ㉡, ㉣
③ ㉠, ㉢, ㉣
④ ㉡, ㉢, ㉣
⑤ ㉠, ㉡, ㉢, ㉣

034 사회보장기본법상 국가와 지방자치단체의 사회보장 운영원칙에 관한 설명으로 옳지 않은 것은? 21회

① 사회보험은 지방자치단체의 책임으로 시행하는 것을 원칙으로 한다.
② 공공부조와 사회서비스는 국가와 지방자치단체의 책임으로 시행하는 것을 원칙으로 한다.
③ 사회보장제도의 급여 수준과 비용 부담 등에서 형평성을 유지하여야 한다.
④ 사회보장제도를 필요로 하는 모든 국민에게 적용하여야 한다.
⑤ 국민의 다양한 복지욕구를 효율적으로 충족시키기 위하여 연계성과 전문성을 높여야 한다.

035 사회보장기본법상 사회보장위원회에 관한 설명으로 옳은 것은? 21회

① 대통령 소속의 위원회이다.
② 위원장 1명, 부위원장 2명과 행정안전부장관, 고용노동부장관을 포함한 40명 이내의 위원으로 구성한다.
③ 위원의 임기는 3년으로 하되, 공무원인 위원의 임기는 그 재임기간으로 한다.
④ 고용노동부에 사무국을 둔다.
⑤ 관계 중앙행정기관의 장은 위원회의 심의·조정 사항을 반영하여 사회보장제도를 운영 또는 개선하여야 한다.

036 사회보장기본법상 사회보장에 관한 국민의 권리에 대한 설명으로 옳지 않은 것을 모두 고른 것은? 22회

㉠ 지방자치단체는 최저보장수준과 최저임금을 매년 공표하여야 한다.
㉡ 사회보장수급권은 구두로 통지하여 포기할 수 있다.
㉢ 사회보장수급권이 제한되는 경우에는 제한하는 목적에 필요한 최소한의 범위에 그쳐야 한다.
㉣ 사회보장수급권을 포기하는 것이 다른 사람에게 피해를 주게 되는 경우 사회보장수급권을 포기할 수 없다.

① ㉠, ㉡
② ㉡, ㉣
③ ㉠, ㉢, ㉣
④ ㉡, ㉢, ㉣
⑤ ㉠, ㉡, ㉢, ㉣

037 사회보장기본법상 사회보장제도의 운영에 관한 설명으로 옳은 것은? 22회

① 사회보험은 국가와 지방자치단체의 책임으로 시행한다.
② 국가는 사회보장 관계 법령에서 정하는 바에 따라 사회보장에 관한 상담에 응하여야 한다.
③ 일정 소득 수준 이하의 국민에 대한 사회서비스에 드는 비용은 수익자 부담을 원칙으로 한다.
④ 통계청장은 제출된 사회보장통계를 종합하여 사회보장위원회에 제출하여야 한다.
⑤ 지방자치단체의 장은 사회보장제도를 신설할 경우 보건복지부장관과 합의하여야 한다.

038 사회보장기본법의 내용으로 옳지 않은 것은? 22회

① 사회보장위원회의 위원 임기는 3년으로 한다.
② 국가와 지방자치단체는 평생사회안전망을 구축하여야 한다.
③ 사회보장 기본계획에는 사회보장 관련 기금 운용방안이 포함되어야 한다.
④ 사회보장제도를 운영하는 자는 불법행위의 책임이 있는 자에 대하여 구상권을 행사할 수 있다.
⑤ 사회보장에 관한 다른 법률을 개정하는 경우에는 이 법에 부합되도록 하여야 한다.

워밍업 문제 — 사회보장수급권

사회보장기본법상 사회보장수급권에 관한 설명으로 옳지 않은 것은?

① 사회보장수급권은 관계 법령에서 정하는 바에 따라 사회보장급여를 받을 권리를 말한다.
② 사회보장수급권은 관계 법령에서 정하는 바에 따라 다른 사람에게 양도하거나 이를 압류할 수 없다.
③ 사회보장수급권은 정당한 권한이 있는 기관에 구두로 포기할 수 있다.
④ 사회보장수급권은 관계 법령이 정하는 바에 따라 다른 사람에게 담보로 제공할 수 없다.
⑤ 사회보장수급권은 관계 법령에서 따로 정하고 있는 경우에는 제한되거나 정지될 수 있다.

[해설] 수급권은 정당한 권한이 있는 기관에 서면으로 통지하여 포기할 수 있다(사회보장기본법 제14조 제1항).   답 ③

최신 039 사회보장기본법상 사회보장수급권의 보호와 포기에 관한 설명으로 옳지 않은 것은? 23회

① 사회보장수급권은 다른 사람에게 양도할 수 없다.
② 사회보장수급권은 담보로 제공할 수 없다.
③ 사회보장수급권은 정당한 권한이 있는 기관에 서면으로 통지하여 포기할 수 있다.
④ 사회보장수급권의 포기는 취소할 수 없다.
⑤ 사회보장수급권을 포기하는 것이 다른 사람에게 피해를 주는 경우에는 이를 포기할 수 없다.

---

040 사회보장기본법상 사회보장에 관한 국민의 권리의 내용으로 옳지 않은 것은? 17회

① 사회보장수급권의 포기는 취소할 수 있다.
② 모든 국민은 사회보장 관계 법령에서 정하는 바에 따라 사회보장급여를 받을 권리를 가진다.
③ 국가는 관계 법령에서 정하는 바에 따라 최저보장수준과 최저임금을 매년 공표하여야 한다.
④ 사회보장수급권은 다른 사람에게 양도하거나 담보로 제공할 수 있다.
⑤ 사회보장수급권은 제한되거나 정지될 수 없다. 다만, 관계 법령에서 따로 정하고 있는 경우에는 그러하지 아니하다.

---

041 사회보장기본법상 사회보장수급권에 관한 내용으로 옳은 것을 모두 고른 것은? 19회

㉠ 모든 국민은 사회보장 관계 법령에서 정하는 바에 따라 사회보장급여를 받을 권리인 사회보장수급권을 가진다.
㉡ 사회보장수급권은 정당한 권한이 있는 기관에게 구두로 통지하여 포기할 수 있다.
㉢ 사회보장수급권은 수급자 임의로 다른 사람에게 양도할 수 있다.
㉣ 사회보장수급권의 포기는 취소할 수 없다.

① ㉠
② ㉠, ㉣
③ ㉢, ㉣
④ ㉠, ㉡, ㉣
⑤ ㉠, ㉢, ㉣

042 사회보장기본법상 사회보장수급권에 관한 설명으로 옳지 않은 것은? 21회

① 사회보장급여를 받으려는 사람은 국가나 지방자치단체에 신청하는 것을 원칙으로 하고 있다.
② 사회보장수급권은 다른 사람에게 양도하거나 담보로 제공할 수 없다.
③ 사회보장수급권은 원칙적으로 제한되거나 정지될 수 없다.
④ 사회보장수급권은 구두로 통지하여 포기할 수 있다.
⑤ 사회보장수급권의 포기는 취소할 수 있다.

워밍업 문제 사회보장제도의 운영 및 사회보장 기본계획

사회보장기본법상 사회보장비용의 부담에 관한 설명으로 옳지 않은 것은?

① 사회보험에 드는 비용은 관계 법령에서 정하는 바에 따라 국가가 그 비용의 일부를 부담할 수 있다.
② 부담 능력이 있는 국민에 대한 사회서비스에 드는 비용은 그 수익자가 부담하는 것을 원칙으로 한다.
③ 일정 소득 수준 이하의 국민에 대한 사회서비스에 드는 비용의 전부 또는 일부는 국가와 지방자치단체가 부담한다.
④ 사회보험에 드는 비용은 사용자, 피용자 및 자영업자가 부담하는 것을 원칙으로 한다.
⑤ 공공부조의 비용은 지방자치단체가 전부를 부담한다.

해설 공공부조 및 관계 법령에서 정하는 일정 소득 수준 이하의 국민에 대한 사회서비스에 드는 비용의 전부 또는 일부는 국가와 지방자치단체가 부담한다(사회보장기본법 제28조 제3항). 답 ⑤

043 사회보장기본법과 사회보장급여의 이용·제공 및 수급권자 발굴에 관한 법률에 명시되어 있는 사회보장 관련 계획에 관한 설명으로 옳은 것은? 23회

① 사회보장 기본계획은 7년 주기로 수립된다.
② 보건복지부장관은 관계 중앙행정기관의 장과 협의하여 사회보장 기본계획을 수립하여야 한다.
③ 사회보장 기본계획은 사회보장위원회의 심의사항이 아니다.
④ 지방자치단체의 장은 지역사회보장계획을 5년마다 수립해야 한다.
⑤ 시·도 지역사회보장협의체와 시·군·구의 사회보장위원회는 지역사회보장계획을 심의·의결한다.

044 사회보장기본법상 사회보장 비용의 부담에 관한 설명으로 옳지 않은 것은? 23회

① 사회보장 비용의 부담은 국가, 지방자치단체 및 민간부문 간에 합리적으로 조정되어야 한다.
② 공공부조에 드는 비용은 지방자치단체가 전부 부담한다.
③ 부담 능력이 있는 국민에 대한 사회서비스에 드는 비용은 그 수익자가 부담함을 원칙으로 한다.
④ 사회보험에 드는 비용은 사용자, 피용자 및 자영업자가 부담함을 원칙으로 한다.
⑤ 사회보험에 드는 비용의 일부를 관계 법령에서 정하는 바에 따라 국가가 부담할 수 있다.

UNIT 05 사회복지사업법

정답과 해설 277쪽

045 사회보장기본법상 사회보장제도의 신설 또는 변경에 따른 협의 및 조정에 관한 내용으로 옳지 <u>않은</u> 것은? 18회

> 최신 시험에 맞게 변형한 문제입니다.

① 국가와 지방자치단체는 기존 제도와의 관계, 사회보장 전달체계와 재정 등에 미치는 영향 등을 사전에 충분히 검토하여야 한다.
② 지방자치단체의 장은 국무조정실장과 협의하여야 한다.
③ 중앙행정기관의 장은 보건복지부장관과 협의하여야 한다.
④ 국가와 지방자치단체는 사회보장급여가 중복 또는 누락되지 아니하도록 하여야 한다.
⑤ 중앙행정기관의 장은 협의에 관련된 자료의 수집·조사 및 분석에 관한 업무를 한국사회보장정보원에 위탁할 수 있다.

046 사회보장기본법상 사회보장제도의 운영원칙에 관한 사항이다. ( )에 들어갈 내용으로 옳은 것은? 20회

> 사회보험은 (㉠)의 책임으로 시행하고, 공공부조와 사회서비스는 (㉡)의 책임으로 시행하는 것을 원칙으로 한다.

① ㉠: 국가
   ㉡: 국가
② ㉠: 지방자치단체
   ㉡: 지방자치단체
③ ㉠: 국가와 지방자치단체
   ㉡: 국가
④ ㉠: 국가
   ㉡: 국가와 지방자치단체
⑤ ㉠: 국가와 지방자치단체
   ㉡: 국가와 지방자치단체

시험 실시간 차트

평균 3.3문제 출제

실시간 출제 키워드

▲ 사회복지의 날
▲ 사회복지서비스
▲ 사회복지사업 관련 법률
▲ 사회복지법인
▲ 사회복지시설의 설치 및 운영

| 워밍업 문제 | 복지의 책임과 원칙 |

사회복지사업법상 사회복지사업에 해당하지 않는 것은?

① 사회복지관 운영　② 국민연금
③ 무료 숙박　　　　④ 사회복지 상담
⑤ 직업 지원

해설 '사회복지사업'이란 국민기초생활 보장법, 아동복지법, 노인복지법, 장애인복지법 등의 법률에 따른 보호·선도 또는 복지에 관한 사업과 사회복지 상담, 직업 지원, 무료 숙박, 지역사회복지, 의료복지, 재가복지, 사회복지관 운영, 정신질환자 및 한센병력자의 사회 복귀에 관한 사업 등 각종 복지사업과 이와 관련된 자원봉사활동 및 복지시설의 운영 또는 지원을 목적으로 하는 사업을 말한다. 국민연금은 사회복지사업법상 규정된 사회복지사업에 해당되지 않는다.　답 ②

047 사회복지사업법상 사회복지사에 관한 설명으로 옳지 않은 것은? 23회

① 피성년후견인 또는 피한정후견인은 사회복지사가 될 수 없다.
② 보건복지부장관은 사회복지사가 거짓이나 그 밖의 부정한 방법으로 자격을 취득한 경우 사회복지사 자격을 취소하여야 한다.
③ 보건복지부장관은 사회복지사가 자격정지 처분 기간에 자격증을 사용하여 자격 관련 업무를 수행한 경우 그 자격을 취소하거나 1년의 범위에서 정지시킬 수 있다.
④ 보건복지부장관은 자격이 취소된 사람에게는 그 취소된 날부터 2년 이내에 자격증을 재교부하지 못한다.
⑤ 사회복지법인에 종사하는 사회복지사는 정기적으로 인권에 관한 내용이 포함된 보수교육을 받아야 한다.

048 사회복지사업법의 내용으로 옳지 않은 것은? 17회

① 사회복지서비스를 제공하는 자는 사회복지서비스를 이용하는 사람의 선택권을 보장하여야 한다.
② 사회복지서비스를 필요로 하는 사람에 대한 사회복지서비스 제공은 현금으로 제공하는 것이 원칙이다.
③ 국가는 매년 9월 7일을 사회복지의 날로 한다.
④ 보건복지부장관은 사회복지사가 법원의 판결에 따라 자격이 정지된 경우에는 그 자격을 취소하여야 한다.
⑤ 시장·군수·구청장은 정당한 이유 없이 사회복지시설의 설치를 지연시키는 조치를 하여서는 아니 된다.

049 사회복지사업법에서 열거하고 있는 사회복지사업 관련 법률에 해당하지 않는 것은? 18회

① 아동복지법
② 노인복지법
③ 입양특례법
④ 국민건강보험법
⑤ 사회복지공동모금회법

050 사회복지사업법상 기본이념에 해당하는 것은?　19회

① 사회통합과 행복한 복지사회의 실현
② 국민의 복지증진에 이바지
③ 어려운 사람의 자활을 지원
④ 사회 참여와 평등을 통한 사회통합
⑤ 사회복지서비스를 이용하는 사람의 선택권 보장

051 사회복지사업법의 내용으로 옳은 것은?　19회

① 사회보장기본법상 사회서비스는 사회복지서비스의 범위에 포함되는 개념이다.
② 사회복지서비스 제공은 현물 제공이 원칙이다.
③ 사회복지사 자격은 1년을 초과하여 정지시킬 수 있다.
④ 사회복지법인은 보건복지부장관의 허가를 받아 설립한다.
⑤ 보건복지부장관은 시설에서 제공하는 서비스의 적정기준을 마련하여야 한다.

052 사회복지사업법에 명시된 날에 해당하는 것은?　19회

① 장애인의 날 4월 20일
② 노인의 날 10월 2일
③ 아동학대 예방의 날 11월 19일
④ 사회복지의 날 9월 7일
⑤ 어버이 날 5월 8일

053 사회복지사업법상 사회복지서비스 제공의 원칙에 관한 설명으로 옳지 않은 것은?　21회

① 사회복지서비스는 현물로 제공하는 것이 원칙이다.
② 지방자치단체는 사회복지서비스의 품질향상을 위하여 필요한 시책을 마련하여야 한다.
③ 지방자치단체는 사회복지시설의 서비스 환경 등을 평가할 수 있다.
④ 시장·군수·구청장은 보호대상자에게 사회복지서비스 이용권을 지급할 수 있다.
⑤ 보건복지부장관은 사회복지서비스 품질평가를 위한 전문기관을 직접 설치·운영해야 하며, 관계 기관 등에 위탁하여서는 아니 된다.

054 사회복지사업법령상 보건복지부장관이 시설에서 제공하는 서비스의 최저기준을 마련하지 않아도 되는 시설은?　21회

① 사회복지관
② 자원봉사센터
③ 아동양육시설
④ 장애인 지역사회재활시설
⑤ 부자가족복지시설

055 사회복지사업법상 사회복지사업 관련 법률을 모두 고른 것은?　22회

| ㄱ. 아동복지법 |
| ㄴ. 장애인복지법 |
| ㄷ. 국민기초생활 보장법 |
| ㄹ. 기초연금법 |

① ㄱ, ㄴ
② ㄷ, ㄹ
③ ㄱ, ㄴ, ㄷ
④ ㄱ, ㄴ, ㄹ
⑤ ㄱ, ㄴ, ㄷ, ㄹ

056 사회복지사업법의 내용으로 옳은 것은? 22회

① 사회복지서비스는 현금과 현물로 제공하는 것을 원칙으로 한다.
② 국가는 사회복지 자원봉사활동을 지원·육성하기 위하여 자원봉사활동의 홍보 및 교육을 실시하여야 한다.
③ 사회복지에 관한 조사·연구 및 정책 건의를 위하여 한국사회복지사협회를 둔다.
④ 사회복지사 자격증을 다른 사람에게 빌려주거나 빌린 사람은 10년 이하의 징역 또는 1억원 이하의 벌금에 처한다.
⑤ 시·도지사는 사회복지에 관한 전문지식과 기술을 가진 사람에게 사회복지사 자격증을 발급할 수 있다.

057 사회복지사업법상 사회복지법인 설립허가를 반드시 취소하여야 하는 경우를 모두 고른 것은? 23회

㉠ 설립허가 조건을 위반하였을 때
㉡ 목적 달성이 불가능하게 되었을 때
㉢ 거짓이나 그 밖의 부정한 방법으로 설립허가를 받았을 때
㉣ 법인 설립 후 기본재산을 출연하지 아니한 때

① ㉠, ㉡
② ㉠, ㉢
③ ㉡, ㉢
④ ㉡, ㉣
⑤ ㉢, ㉣

워밍업 문제 사회복지법인

다음 ( )에 들어갈 내용이 올바르게 나열된 것은?

㉠ 사회복지법인을 설립하려는 자는 시·도지사의 (A)를 받아야 한다.
㉡ 매년 (B)을 사회복지의 날로 한다.
㉢ 사회복지법인이 아닌 자는 사회복지법인이라는 명칭을 사용(C).

	A	B	C
①	인가	9월 7일	할 수 있다
②	허가	9월 7일	하지 못한다
③	인가	9월 7일	하지 못한다
④	허가	5월 30일	할 수 있다
⑤	허가	5월 30일	하지 못한다

해설 ㉠ 사회복지법인을 설립하려는 자는 대통령령으로 정하는 바에 따라 시·도지사의 허가를 받아야 한다(사회복지사업법 제16조 제1항).
㉡ 매년 9월 7일을 사회복지의 날로 한다(동법 제15조의2 제1항).
㉢ 사회복지법인이 아닌 자는 사회복지법인이라는 명칭을 사용하지 못한다(동법 제31조). **답** ②

058 사회복지사업법상 사회복지법인(이하 '법인'이라 한다)에 관한 설명으로 옳은 것은? 17회

① 법인을 설립하려는 자는 시장·군수·구청장의 허가를 받아야 한다.
② 법인은 대표이사를 제외하고 이사 7명 이상을 두어야 한다.
③ 이사의 임기는 4년으로 하고 연임할 수 있다.
④ 법인은 수익사업에서 생긴 수익을 법인 또는 법인이 설치한 사회복지시설의 운영 외의 목적에 사용할 수 없다.
⑤ 이사는 법인이 설치한 사회복지시설의 장 또는 그 시설의 직원을 겸할 수 있다.

059 사회복지사업법상 사회복지법인(이하 '법인'이라 한다)에 관한 내용으로 옳은 것은? 18회

① 법인 설립 허가자는 보건복지부장관이다.
② 법인 설립은 시장·군수·구청장에 신고한다.
③ 해산한 법인의 남은 재산은 설립자에 귀속된다.
④ 이사는 법인이 설치한 사회복지시설의 장을 겸직할 수 있다.
⑤ 주된 사무소가 서로 다른 시·도에 소재한 법인이 합병할 경우 시·도지사에게 신고하여야 한다.

060 사회복지사업법의 내용으로 옳지 않은 것은? 20회

① 보건복지부장관은 사회복지사가 거짓으로 자격을 취득한 경우 그 자격을 취소하여야 한다.
② 사회복지법인을 설립하려는 자는 대통령령으로 정하는 바에 따라 시·도지사의 허가를 받아야 한다.
③ 사회복지법인이 설립 후 기본재산을 출연하지 아니한 때 시·도지사는 시정명령을 내릴 수 있다.
④ 누구든지 정당한 이유 없이 사회복지시설의 설치를 방해하여서는 아니 된다.
⑤ 사회복지를 필요로 하는 사람은 누구든지 자신의 의사에 따라 서비스를 신청하고 제공받을 수 있다.

061 사회복지사업법상 사회복지법인(이하 '법인'으로 한다)에 관한 설명으로 옳지 않은 것은? 20회

① 법인이 설치한 사회복지시설의 장과 직원은 그 법인의 이사를 겸할 수 없다.
② 파산선고를 받고 복권되지 아니한 사람은 임원이 될 수 없다.
③ 법인은 대표이사를 포함한 이사 7명 이상과 감사 2명 이상을 두어야 한다.
④ 이사회는 안건, 표결수 등을 기재한 회의록을 작성하여야 한다.
⑤ 해산한 법인의 남은 재산은 정관으로 정하는 바에 따라 국가 또는 지방자치단체에 귀속된다.

062 사회복지사업법상 사회복지법인(이하 '법인'으로 한다)에 관한 설명으로 옳지 않은 것은? 22회

① 정관에는 회의에 관한 사항이 포함되어야 한다.
② 법인은 사회복지사업의 운영에 필요한 재산을 소유하여야 한다.
③ 감사 중에 결원이 생겼을 때 3개월 이내에 보충하여야 한다.
④ 법인은 임원을 임면하는 경우에 지체 없이 시·도지사에게 보고하여야 한다.
⑤ 법인이 목적사업 외의 사업을 하였을 때 설립허가가 취소될 수 있다.

워밍업 문제 — 사회복지시설

사회복지사업법상 사회복지시설(이하 '시설'이라 한다)의 설치에 관한 내용으로 옳지 않은 것은?

① 둘 이상의 사회복지사업은 하나의 시설에서 통합하여 수행할 수 없다.
② 국가나 지방자치단체가 설치한 시설은 필요한 경우 사회복지법인이나 비영리법인에 위탁하여 운영하게 할 수 있다.
③ 시설 위탁운영의 기준·기간 및 방법 등에 관하여 필요한 사항은 보건복지부령으로 정한다.
④ 국가 또는 지방자치단체 외의 자가 시설을 설치·운영하려는 경우에는 시장·군수·구청장에게 신고하여야 한다.
⑤ 시설의 운영자는 화재 또는 화재 외의 안전사고로 인하여 생명·신체에 피해를 입은 보호대상자에 대한 손해배상책임을 이행하기 위하여 손해보험회사의 책임보험에 가입하거나 한국사회복지공제회의 책임공제에 가입하여야 한다.

해설 ① 시설을 설치·운영하려는 경우에는 지역특성과 시설분포의 실태를 고려하여 시설을 통합하여 하나의 시설로 설치·운영하거나 하나의 시설에서 둘 이상의 사회복지사업을 통합하여 수행할 수 있다. 이 경우 국가 또는 지방자치단체 외의 자는 통합하여 설치·운영하려는 각각의 시설이나 사회복지사업에 관하여 해당 관계 법령에 따라 신고하거나 허가 등을 받아야 한다(사회복지사업법 제34조의2 제1항).
② 동법 제34조 제5항에 명시되어 있다.
③ 동법 제34조 제6항에 명시되어 있다.
④ 동법 제34조 제2항에 명시되어 있다.
⑤ 동법 제34조의3 제1항에 명시되어 있다.

답 ①

---

063 [최신] 사회복지사업법상 사회복지시설(이하 '시설'이라고 한다)에 관한 설명으로 옳은 것은? 23회

① 사회복지관은 사회복지서비스를 직업 및 취업 알선이 필요한 사람에게 우선 제공할 수 없다.
② 시설의 장은 시설의 운영에 관한 사항을 의결하기 위하여 시설에 운영위원회를 두어야 한다.
③ 국가 또는 지방자치단체 외의 자가 시설을 설치·운영하려는 경우에는 시장·군수·구청장에게 신고하여야 한다.
④ 대통령령으로 정하는 경우를 제외하고, 각 시설의 수용인원은 200명을 초과할 수 없다.
⑤ 시설의 장은 비상근을 겸직할 수 있다.

064 사회복지사업법상 사회복지시설(이하 '시설'이라 한다)에 관한 설명으로 옳은 것은? 17회

① 국가가 시설을 설치·운영하려는 경우에는 소재지 관할 시·도지사에게 신고하여야 한다.
② 화재로 인한 손해배상책임을 이행하기 위하여 시설의 운영자는 손해보험회사의 책임보험 및 한국사회복지공제회의 책임공제에 각각 가입하여야 한다.
③ 시·도지사의 해임명령에 따라 사회복지법인의 임원에서 해임된 자는 해임된 날부터 7년 이내에는 시설의 장이 될 수 없다.
④ 시장·군수·구청장은 시설에 대하여 정기 및 수시 안전점검을 실시한 후 그 결과를 시·도지사에게 제출하여야 한다.
⑤ 국가나 지방자치단체가 설치·운영하는 시설 중 사회복지관은 지역사회의 특성과 지역주민의 복지욕구를 고려하여 서비스 제공 등 지역복지증진을 위한 사업을 실시할 수 있다.

065 사회복지사업법상 사회복지시설(이하 '시설'이라 한다)의 운영위원회에 관한 내용으로 옳은 것은?
18회

① 시설의 장은 운영위원이 될 수 없다.
② 운영위원회의 위원은 시설의 장이 위촉한다.
③ 시설 거주자 대표는 운영위원이 될 수 없다.
④ 운영위원회는 시설 운영에 관하여 의결권을 갖는다.
⑤ 시설 거주자의 보호자 대표는 운영위원이 될 수 있다.

066 사회복지사업법상 사회복지시설(이하 '시설'이라고 한다)에 관한 설명으로 옳은 것은?
20회

① 지방자치단체가 시설을 설치·운영하려는 경우에는 보건복지부에 신고하여야 한다.
② 사회복지법인의 대표는 시설에 대하여 정기 및 수시 안전점검을 실시하여야 한다.
③ 시설을 설치·운영하는 자는 시설에 근무할 종사자를 채용할 수 있다.
④ 시설의 장은 시설의 운영에 관한 사항을 의결하기 위하여 시설에 운영위원회를 두어야 한다.
⑤ 지방자치단체는 시설의 책임보험 가입에 드는 비용의 전부를 보조하여야 한다.

067 사회복지사업법상 사회복지사에 관한 설명으로 옳지 않은 것은?
21회

① 사회복지사의 등급은 1급·2급으로 한다.
② 보건복지부장관은 정신건강사회복지사·의료사회복지사·학교사회복지사의 자격을 부여할 수 있다.
③ 보건복지부장관은 사회복지사가 거짓이나 그 밖의 부정한 방법으로 자격을 취득한 경우 그 자격을 1년의 범위에서 정지할 수 있다.
④ 사회복지법인에 종사하는 사회복지사는 정기적으로 보수교육을 받아야 한다.
⑤ 자신의 사회복지사 자격증은 타인에게 빌려주어서는 아니 된다.

068 사회복지사업법상 사회복지시설에 관한 설명으로 옳은 것은?
21회

① 사회복지시설 운영위원회는 심의·의결 기구이다.
② 사회복지시설은 손해배상책임의 면책사업자이다.
③ 사회복지시설의 장은 비상근으로 근무할 수 있다.
④ 사회복지시설은 둘 이상의 사회복지사업을 통합하여 수행할 수 있다.
⑤ 지방자치단체는 사회복지시설을 설치·운영하여서는 아니 된다.

069 사회복지사업법상 사회복지시설(이하 '시설'이라 한다)에 관한 설명으로 옳지 않은 것은?
22회

① 사회복지관은 직업 및 취업 알선이 필요한 지역주민에게 사회복지서비스를 우선 제공하여야 한다.
② 지방자치단체는 시설의 책임보험 가입에 드는 비용의 전부를 보조할 수 없다.
③ 국가는 시설을 운영할 수 있다.
④ 시설 종사자의 근무환경 개선에 관한 사항은 운영위원회에서 심의한다.
⑤ 회계부정이 발견되었을 때 보건복지부장관은 시설의 폐쇄를 명할 수 있다.

UNIT

06

사회보장급여법

정답과 해설 282쪽

시험 실시간 차트

평균 1.3문제 출제

실시간 출제 키워드
▲ 사회복지전담공무원
▲ 한국사회보장정보원
▲ 사회보장급여 지원대상자

워밍업 문제 사회보장급여

사회보장급여법상 사회보장급여를 필요로 하는 사람(보호대상자)에 대한 서비스 제공에 관한 설명으로 옳지 않은 것은?

① 사회보장급여의 신청은 그 친족도 할 수 있다.
② 보장기관의 업무 담당자는 관할 지역에 거주하는 지원대상자에 대한 사회보장급여의 제공을 직권으로 신청할 수 있다.
③ 사회보장급여는 현금을 제공하는 것을 원칙으로 한다.
④ 사회보장급여의 신청을 받으면 지원대상자와 그 부양의무자에 대하여 사회보장급여의 수급자격을 확인한다.
⑤ 보장기관의 장은 급여 제공이 결정된 수급권자를 자신의 가정에서 돌보는 사람의 부담을 줄이기 위하여 상담을 실시하거나 금전적 지원을 할 수 있다.

해설 사회보장급여의 종류에는 현금, 현물, 서비스 및 그 이용권이 있다. 사회보장급여법에서는 제공되는 급여의 종류를 원칙적으로 특별히 정하고 있지는 않다. **답** ③

---

070 사회보장급여의 이용·제공 및 수급권자 발굴에 관한 법률의 내용으로 옳은 것을 모두 고른 것은? 17회

> ㉠ '지원대상자'란 사회보장급여를 필요로 하는 사람을 말한다.
> ㉡ '보장기관'이란 관계 법령 등에 따라 사회보장급여를 제공하는 국가기관과 지방자치단체를 말한다.
> ㉢ 통합사례관리를 실시하기 위하여 필요한 경우에는 특별자치시 및 시·군·구에 통합사례관리사를 둘 수 있다.

① ㉠
② ㉢
③ ㉠, ㉡
④ ㉡, ㉢
⑤ ㉠, ㉡, ㉢

071
최신 시험에 맞게 변형한 문제입니다.
사회보장급여의 이용·제공 및 수급권자 발굴에 관한 법률상 한국사회보장정보원에 관한 내용으로 옳지 않은 것은? 18회

① 한국사회보장정보원은 법인으로 한다.
② 정부는 한국사회보장정보원의 설립에 필요한 비용을 출연할 수 있다.
③ 한국사회보장정보원의 운영에 필요한 비용은 정부가 지원할 수 없으며 정보이용자가 지불하는 부담금으로 충당한다.
④ 한국사회보장정보원에 관하여 이 법에서 규정한 사항 외에는 민법 중 재단법인에 관한 규정을 준용한다.
⑤ 한국사회보장정보원의 임직원은 그 직무상 알게 된 비밀을 다른 용도로 사용하여서는 아니 된다.

072
사회보장급여의 이용·제공 및 수급권자 발굴에 관한 법률상 사회복지전담공무원에 관한 내용으로 옳지 않은 것을 모두 고른 것은? 18회

㉠ 시·군·구, 읍·면·동에 사회복지전담공무원을 둘 수 있고 시·도에는 둘 수 없다.
㉡ 사회복지전담공무원은 사회복지사업법에 따른 사회복지사의 자격을 가진 사람으로 한다.
㉢ 시·도지사 및 시장·군수·구청장은 지방공무원 교육훈련법에 따라 사회복지전담공무원의 교육훈련에 필요한 시책을 수립·시행하여야 한다.

① ㉠
② ㉡
③ ㉠, ㉡
④ ㉠, ㉢
⑤ ㉡, ㉢

073
사회보장급여의 이용·제공 및 수급권자 발굴에 관한 법률의 설명으로 옳은 것은? 19회

① 2017년 12월 30일에 제정, 2018년 7월 1일부터 시행되었다.
② 지원대상자가 누락되지 않도록 하기 위해 보장기관의 업무담당자는 지원대상자의 동의를 받지 않고도 직권으로 사회보장급여의 제공을 신청할 수 있다.
③ 수급자란 사회보장급여를 받고 있는 사람을 말한다.
④ 보건복지부 장관은 사회보장급여 부정수급 실태조사를 5년마다 실시하고 그 결과를 공개해야 한다.
⑤ 이 법에 따른 처분에 이의가 있는 수급권자 등은 그 처분을 받은 날부터 30일 이내에 처분을 결정한 보장기관의 장에게 이의신청을 해야 한다.

074
사회보장급여의 이용·제공 및 수급권자 발굴에 관한 법률의 내용으로 옳지 않은 것은? 20회

① 보장기관의 장은 긴급복지지원법 제7조의2에 따른 발굴조사를 실시한 경우를 제외하고 지원대상자에 대한 발굴조사를 1년마다 정기적으로 실시하여야 한다.
② 보장기관은 지역의 사회보장 수준이 균등하게 실현될 수 있도록 노력하여야 한다.
③ 누구든지 사회적 위험으로 인하여 사회보장급여를 필요로 하는 지원대상자를 발견하였을 때에는 보장기관에 알려야 한다.
④ 이의신청은 그 처분을 받은 날로부터 90일 이내에 처분을 결정한 보장기관의 장에게 할 수 있다.
⑤ 사회서비스 제공기관의 운영자는 위기가구의 발굴 지원업무 수행을 위해 사회서비스정보시스템을 이용할 수 있다.

075 사회보장급여의 이용·제공 및 수급권자 발굴에 관한 법률상 수급자격 확인을 위해 지원대상자와 그 부양의무자에 대하여 조사할 수 있는 사항을 모두 고른 것은? 20회

> ㉠ 인적사항 및 가족관계 확인에 관한 사항
> ㉡ 소득·재산·근로능력 및 취업상태에 관한 사항
> ㉢ 사회보장급여 수급이력에 관한 사항
> ㉣ 수급권자를 선정하기 위하여 보장기관의 장이 필요하다고 인정하는 사항

① ㉠, ㉡
② ㉢, ㉣
③ ㉠, ㉡, ㉢
④ ㉡, ㉢, ㉣
⑤ ㉠, ㉡, ㉢, ㉣

076 사회보장급여의 이용·제공 및 수급권자의 발굴에 관한 법률의 내용으로 옳은 것은? 21회

① 시장·군수·구청장은 중앙생활보장위원회를 둔다.
② 보건복지부장관은 사회보장급여 부정수급 실태조사를 3년마다 실시하고 그 결과를 공개하여야 한다.
③ "수급권자"란 사회보장급여를 제공하는 국가기관과 지방자치단체를 말한다.
④ 보장기관의 업무담당자는 지원대상자가 심신미약 등 대통령령으로 정하는 경우에 해당하면 지원대상자의 동의하에서만 직권으로 사회보장급여의 제공을 신청할 수 있다.
⑤ 보장기관의 장은 지원대상자 발굴체계의 운영 실태를 3년마다 점검하고 개선방안을 마련하여야 한다.

077 사회보장급여의 이용·제공 및 수급권자 발굴에 관한 법률의 내용으로 옳지 않은 것은? 22회

① 보장기관은 지역의 사회보장 수준이 균등하게 실현될 수 있도록 노력하여야 한다.
② 청소년 기본법에 따른 청소년상담사는 지원대상자의 사회보장급여를 신청할 수 있다.
③ 보장기관의 장은 위기가구를 발굴하기 위하여 노력하여야 한다.
④ 정부는 한국사회보장정보원의 설립·운영에 필요한 비용을 출연할 수 없다.
⑤ 특별자치시 지역사회보장계획은 사회보장급여 담당 인력의 양성 및 전문성 제고 방안을 포함하여야 한다.

078 사회보장급여의 이용·제공 및 수급권자 발굴에 관한 법률상 지원대상자의 발굴에 관한 설명으로 옳은 것은? 22회

① "지원대상자"란 사회보장급여를 제공받을 권리를 가진 사람을 말한다.
② 사회복지시설의 장은 사회보장급여의 제공을 직권으로 신청할 수 있다.
③ 국민건강보험공단 이사장은 보험료를 7개월 이상 체납한 사람의 가구정보를 사회보장정보시스템을 통하여 처리할 수 있다.
④ 시·도지사는 지원대상자에 대한 발굴조사를 1년마다 정기적으로 실시하여야 한다.
⑤ 보장기관의 장은 지원대상자를 발굴하기 위하여 사회보장급여의 제공규모에 대한 정보의 제공과 홍보에 노력하여야 한다.

UNIT 07 사회보험법

정답과 해설 283쪽

워밍업 문제 국민연금법

다음에서 설명하는 국민연금법상 가입자는?

> 가입기간이 20년 미만인 홍길동이 60세에 달한 때에 65세 때까지 연금가입자가 되기 원하여 국민연금공단에 가입신청서를 제출하였다.

① 사업장가입자 ② 임의계속가입자
③ 임의가입자   ④ 직장가입자
⑤ 지역가입자

[해설] 국민연금 가입기간이 20년 미만인 가입자로서 60세가 된 자는 65세가 될 때까지 국민연금공단에 가입을 신청하면 임의계속가입자가 될 수 있다. 이 경우 가입 신청이 수리된 날에 그 자격을 취득한다(국민연금법 제13조 제1항). **답** ②

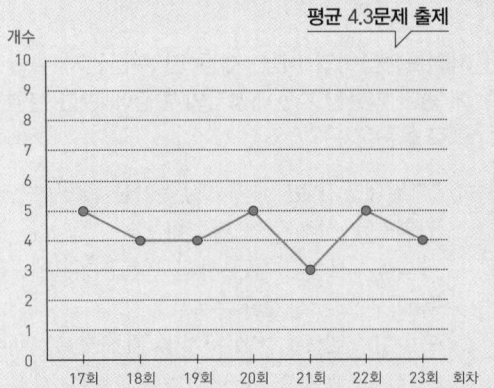

시험 실시간 차트 — 평균 4.3문제 출제

실시간 출제 키워드
▲ 산업재해보상보험법
▲ 노인장기요양보험법
▲ 국민연금법
▲ 고용보험법
▲ 국민건강보험법

079 국민연금법의 내용으로 옳은 것은? 17회

① 이 법을 적용할 때 배우자의 범위에는 사실상의 혼인관계에 있는 자를 제외한다.
② 수급권을 취득할 당시 가입자였던 자의 태아가 출생하면 그 자녀는 가입자였던 자에 의하여 생계를 유지하고 있던 자녀로 본다.
③ 가입자의 종류는 사업장가입자와 지역가입자의 2가지로 구분된다.
④ 지역가입자가 사업장가입자의 자격을 취득한 때에는 그에 해당하게 된 날의 다음 날에 지역가입자의 자격을 상실한다.
⑤ 수급권자가 사망한 경우 그 수급권자에게 미지급 급여가 있으면 그 급여를 받을 순위는 자녀, 배우자, 부모의 순으로 한다.

080 국민연금법상 급여의 종류에 해당하는 것을 모두 고른 것은? 19회

> ㄱ. 노령연금
> ㄴ. 장해급여
> ㄷ. 유족연금
> ㄹ. 반환일시금

① ㄱ, ㄴ, ㄷ　　② ㄱ, ㄴ, ㄹ
③ ㄱ, ㄷ, ㄹ　　④ ㄴ, ㄷ, ㄹ
⑤ ㄱ, ㄴ, ㄷ, ㄹ

081 국민연금법상 급여의 종류에 해당하는 것을 모두 고른 것은? 20회

> ㄱ. 노령연금
> ㄴ. 장애인연금
> ㄷ. 장해급여
> ㄹ. 장애연금
> ㅁ. 반환일시금

① ㄱ, ㄴ, ㄹ　　② ㄱ, ㄴ, ㅁ
③ ㄱ, ㄷ, ㅁ　　④ ㄱ, ㄹ, ㅁ
⑤ ㄴ, ㄷ, ㄹ

082 국민연금법의 내용으로 옳은 것은? 22회

① 가입자의 가입 종류가 변동되면 그 가입자의 가입기간은 각 종류별 가입기간을 합산한 기간으로 한다.
② 국민연금사업은 기획재정부장관이 맡아 주관한다.
③ "수급권자"란 이 법에 따른 급여를 받을 권리를 말한다.
④ 국내에 거주하는 국민으로서 18세 이상 65세 미만인 자는 국민연금 가입 대상이 된다.
⑤ 국민연금법을 적용할 때 배우자에는 사실상의 혼인관계에 있는 자는 포함되지 않는다.

워밍업 문제　**산업재해보상보험법**

산업재해보상보험법상 급여에 관한 설명으로 옳지 않은 것은?

① 근로자 5인 미만을 고용하는 사업장에는 적용하지 않는다.
② 업무상의 재해란 업무상의 사유에 따른 근로자의 부상·질병·장해 또는 사망을 말한다.
③ 업무상 부상이 3일 이내의 요양으로 치유될 수 있는 경우에는 요양급여를 지급하지 아니한다.
④ 근로자의 자해행위로 인한 부상이나 질병은 업무상 재해로 보지 않는다.
⑤ 장해급여는 업무상 부상을 당하거나 질병에 걸려 치유된 후 신체 등에 장해가 있는 경우에 지급한다.

해설 산업재해보상보험법은 근로자를 사용하는 모든 사업 또는 사업장에 적용한다(산업재해보상보험법 제6조). **답** ①

083 산업재해보상보험법상 보험급여의 종류가 아닌 것은? 23회

① 요양급여
② 휴업급여
③ 예방·재활급여
④ 상병보상연금
⑤ 직업재활급여

084 산업재해보상보험법상 보험급여의 종류로 명시되지 않은 것은? 17회

① 휴업급여　　② 구직급여
③ 유족급여　　④ 상병보상연금
⑤ 장해급여

085 산업재해보상보험법상 업무상 사고에 해당하지 않는 것은? 18회

① 출장기간 중 발생한 모든 사고
② 근로자가 근로계약에 따른 업무나 그에 따르는 행위를 하던 중 발생한 사고
③ 휴게시간 중 사업주의 지배관리하에 있다고 볼 수 있는 행위로 발생한 사고
④ 사업주가 주관하거나 사업주의 지시에 따라 참여한 행사나 행사준비 중에 발생한 사고
⑤ 사업주가 제공한 시설물 등을 이용하던 중 그 시설물 등의 결함이나 관리소홀로 발생한 사고

086 산업재해보상보험법상 '업무상 사고'에 해당하지 않는 것은? 19회

① 근로자가 근로계약에 따른 업무나 그에 따르는 행위를 하던 중 발생한 사고
② 사업주가 제공한 시설물 등을 이용하던 중 그 시설물 등의 결함이나 관리소홀로 발생한 사고
③ 사업주가 주관하거나 사업주의 지시에 따라 참여한 행사나 행사준비 중에 발생한 사고
④ 비통상적인 경로와 방법으로 출퇴근하는 중 발생한 사고
⑤ 휴게시간 중 사업주의 지배관리하에 있다고 볼 수 있는 행위로 발생한 사고

087 산업재해보상보험법의 내용으로 옳지 않은 것은? 20회

① "업무상의 재해"란 업무상의 사유에 따른 근로자의 부상·질병·장해 또는 사망을 말한다.
② 보험급여에는 간병급여, 상병보상연금, 실업급여 등이 있다.
③ 근로복지공단은 법인으로 한다.
④ "출퇴근"이란 취업과 관련하여 주거와 취업장소 사이의 이동 또는 한 취업장소에서 다른 취업장소로의 이동을 말한다.
⑤ 요양급여는 근로자가 업무상의 사유로 부상을 당하거나 질병에 걸린 경우에 그 근로자에게 지급한다.

088 산업재해보상보험법령상 유족급여에 관한 설명으로 옳지 않은 것은? 21회

① 근로자가 업무상의 사유로 사망한 경우 유족에게 지급한다.
② 유족보상연금 수급권자가 2명 이상 있을 때 그중 1명을 대표자로 선임할 수 있다.
③ 근로자와 주민등록법상 세대를 같이 하고 동거하던 유족으로서 근로자의 소득으로 생계의 상당 부분을 유지하고 있던 사람은 유족에 해당한다.
④ 근로자의 소득으로 생계의 전부를 유지하고 있던 유족으로서 학업으로 주민등록을 달리하였거나 동거하지 않았던 사람은 유족에 해당되지 않는다.
⑤ 유족보상연금 수급 권리는 배우자·자녀·부모·손자녀·조부모 및 형제자매의 순서로 한다.

워밍업 문제 　**고용보험법**

고용보험법상 구직급여에 관한 설명으로 옳지 않은 것은?

① 급여를 지급받으려는 자는 이직 후 지체 없이 직업안정기관에 출석하여 실업을 신고하여야 한다.
② 급여를 받으려면 이직일 이전 18개월간 피보험기간이 합산하여 180일 이상이어야 한다.
③ 자기 사정으로 자영업을 하기 위하여 이직한 경우에는 수급자격이 있다.
④ 직무와 관련된 법률을 위반하여 금고 이상의 형을 선고받고, 그 사유로 해고된 자는 수급자격이 없는 것으로 본다.
⑤ 직업안정기관의 장은 부정한 방법으로 급여를 받은 자에게 그 급여의 반환을 명할 수 있다.

[해설] 구직급여 수급은 근로의 의사와 능력이 있음에도 불구하고 취업(영리를 목적으로 사업을 영위하는 경우 포함)하지 못한 상태에 있어야 한다. 따라서 자기 사정으로 자영업을 하기 위하여 이직한 경우는 수급자격이 없다. 답 ③

089 고용보험법상 명시되어 있는 고용보험사업을 모두 고른 것은? 　23회

　㉠ 고용안정·직업능력개발 사업
　㉡ 실업급여
　㉢ 육아휴직 급여
　㉣ 자활급여

① ㉠, ㉡
② ㉠, ㉢
③ ㉡, ㉢
④ ㉠, ㉡, ㉢
⑤ ㉡, ㉢, ㉣

090 고용보험법의 내용으로 옳지 않은 것은? 　17회

① '일용근로자'는 1개월 미만 동안 고용되는 사람을 말한다.
② 실업급여에는 취업촉진 수당이 포함되지 않는다.
③ '실업'이란 근로의 의사와 능력이 있음에도 불구하고 취업하지 못한 상태에 있는 것을 말한다.
④ 구직급여를 지급받으려는 자는 이직 후 지체없이 직업안정기관에 출석하여 실업을 신고하여야 한다.
⑤ 65세 이후에 고용되거나 자영업을 개시한 자에 대한 고용안정·직업능력개발사업에 관하여는 이 법을 적용한다.

091 고용보험법의 내용으로 옳은 것은? 　18회

① 고용노동부장관은 보험사업에 대하여 3년마다 평가를 하여야 한다.
② 국가는 매년 보험사업에 드는 비용의 20%를 특별회계에서 부담하여야 한다.
③ 피보험자는 이 법이 적용되는 사업에 고용된 날의 다음 달부터 피보험자격을 취득한다.
④ 실업급여로서 지급된 금품에 대하여 국가는 국세기본법에 따른 모든 공과금을 부과하여야 한다.
⑤ 고용보험사업으로 고용안정·직업능력개발사업, 실업급여, 육아휴직급여 및 출산전후휴가급여 등을 실시한다.

092 고용보험법의 내용으로 옳은 것은? 19회

① 구직급여를 지급받으려는 사람은 이직 후 지체없이 직업안정기관에 출석하여 실업을 신고하여야 한다.
② 농업·임업 및 어업 중 법인이 아닌 자가 상시 4명의 근로자를 사용하는 사업에 종사하는 근로자에 대하여 고용보험법은 적용된다.
③ 구직급여의 수급 요건으로서 기준기간은 피보험자의 이직일 이전 36개월로 한다.
④ 실업 신고일부터 계산하기 시작하여 14일간의 대기기간 중에는 구직급여를 지급하지 않는다.
⑤ 이주비는 구직급여의 종류에 해당한다.

093 고용보험법의 내용으로 옳은 것은? 20회

① 고용보험기금은 기획재정부장관이 관리·운용한다.
② 국가는 매년 보험사업에 드는 비용의 일부를 일반회계에서 부담하여야 한다.
③ 취업촉진 수당의 종류로는 구직급여, 직업능력개발 수당 등이 있다.
④ "실업"이란 근로의 의사와 능력이 없어 취업하지 못한 상태에 있는 것을 말한다.
⑤ "일용근로자"란 6개월 미만 동안 고용되는 사람을 말한다.

094 고용보험법령상 중대한 귀책사유로 해고된 피보험자로서 구직급여 수급자격의 제한사유에 해당되는 것을 모두 고른 것은? 21회

> ㉠ 형법을 위반하여 금고 이상의 형을 선고받은 경우
> ㉡ 정당한 사유 없이 근로계약을 위반하여 장기간 무단 결근한 경우
> ㉢ 사업기밀을 경쟁관계에 있는 사업자에게 제공한 경우

① ㉠
② ㉢
③ ㉠, ㉡
④ ㉡, ㉢
⑤ ㉠, ㉡, ㉢

095 고용보험법의 내용으로 옳은 것은? 22회

① "실업의 인정"이란 근로의 의사와 능력이 있음에도 불구하고 취업하지 못한 상태에 있는 것을 말한다.
② "일용근로자"란 3개월 미만 동안 고용되는 사람을 말한다.
③ 지방자치단체는 매년 보험사업에 드는 비용의 일부를 일반회계에서 부담하여야 한다.
④ 고용보험기금은 고용노동부장관이 관리·운용한다.
⑤ 실업급여를 받을 권리는 양도 또는 압류하거나 담보로 제공할 수 있다.

096 고용보험법상 실업급여의 종류로 취업촉진 수당에 해당하는 것을 모두 고른 것은? 22회

> ㉠ 이주비
> ㉡ 광역 구직활동비
> ㉢ 직업능력개발 수당
> ㉣ 조기재취업 수당

① ㉠, ㉡, ㉢
② ㉠, ㉡, ㉣
③ ㉠, ㉢, ㉣
④ ㉡, ㉢, ㉣
⑤ ㉠, ㉡, ㉢, ㉣

워밍업 문제   국민건강보험법

국민건강보험법상 요양기관에서 제외할 수 있는 기관으로 옳은 것은?

① 의료법에 따라 개설된 의료기관
② 약사법에 따라 등록된 약국
③ 약사법에 따라 설립된 한국희귀·필수의약품센터
④ 지역보건법에 따른 보건소
⑤ 사회복지사업법에 따른 사회복지시설에 수용된 사람의 진료를 주된 목적으로 개설된 의료기관

해설 사회복지사업법에 따른 사회복지시설에 수용된 사람의 진료를 주된 목적으로 개설된 의료기관은 국민건강보험법상 요양기관에 해당하지 않는다.   **답** ⑤

최신 097 국민건강보험법상 국민건강보험공단에 관한 설명으로 옳지 않은 것은?   23회

① 요양급여 외에 임신·출산 진료비, 장제비, 상병수당, 그 밖의 급여를 실시할 수 있다.
② 가입자와 피부양자에 대하여 질병의 조기발견과 그에 따른 요양급여를 하기 위하여 건강검진을 실시한다.
③ 회계연도마다 예산안을 독자적으로 편성하고 지출할 수 있다.
④ 고의 또는 중대한 과실로 인한 범죄행위에 그 원인이 있는 경우 보험급여를 하지 아니한다.
⑤ 보험료등의 납부의무자가 납부기한까지 보험료등을 내지 아니하면 그 납부기한이 지난 날부터 매 1일이 경과할 때마다 연체금을 징수한다.

098 국민건강보험법상 가입자가 자격을 상실하는 시기로 옳은 것은?   17회

① 사망한 날의 다음 날
② 국적을 잃은 날
③ 국내에 거주하지 아니하게 된 날
④ 직장가입자의 피부양자가 된 다음 날
⑤ 수급권자가 된 다음 날

099 국민건강보험법상 요양급여에 해당하지 않는 것은?   18회

① 예방·재활
② 이송(移送)
③ 요양병원간병비
④ 처치·수술 및 그 밖의 치료
⑤ 약제(藥劑)·치료재료의 지급

100 국민건강보험법상 국민건강보험공단이 관장하는 업무에 해당하지 않는 것은?   19회

① 가입자 및 피부양자의 자격관리
② 자산의 관리·운영 및 증식사업
③ 의료시설의 운영
④ 건강보험에 관한 교육훈련 및 홍보
⑤ 요양급여 비용의 심사

101 국민건강보험법상 건강보험심사평가원의 업무에 해당하는 것은?   20회

① 요양급여의 적정성 평가
② 가입자의 자격 관리
③ 보험급여의 관리
④ 보험급여 비용의 지급
⑤ 보험료의 부과·징수

102 국민건강보험법의 내용으로 옳지 않은 것은?

22회

① 「의료급여법」에 따라 의료급여를 받는 사람은 건강보험의 가입자가 될 수 없다.
② 보건복지부장관은 국민건강보험종합계획에 따라 연도별 시행계획에 따른 추진실적을 매년 평가하여야 한다.
③ 건강보험 가입자는 국내에 거주하지 아니하게 된 날에 그 자격을 잃는다.
④ 건강보험정책에 관한 사항을 심의·의결하기 위하여 보건복지부장관 소속으로 건강보험정책심의위원회를 둔다.
⑤ 건강보험 지역가입자는 직장가입자와 그 피부양자를 제외한 가입자를 말한다.

위밍업 문제 **노인장기요양보험법**

노인장기요양보험법에 관한 내용으로 옳지 않은 것은?

① 수급자로 판정받기 위해서는 신청자격요건을 충족하고 6개월 이상 동안 혼자서 일상생활을 수행하기 어렵다고 인정되어야 한다.
② 장기요양보험료는 소득에 관계없이 일정액을 징수한다.
③ 수급자가 가족으로부터 장기요양급여를 받은 때 대통령령으로 정하는 기준에 따라 해당 수급자에게 가족요양비를 지급할 수 있다.
④ 장기요양인정의 유효기간은 최소 1년 이상으로서 대통령령으로 정한다.
⑤ 국민건강보험공단은 수급자가 요양병원에 입원하는 경우, 비용의 일부를 요양병원간병비로 지급할 수 있다.

해설 장기요양보험료는 소득에 따라 부과되는 건강보험료에 장기요양보험료율(2025년 기준 12.95%)을 곱하여 산정한 금액을 징수한다. **답** ②

최신 103 노인장기요양보험법상 장기요양인정에 관한 설명으로 옳지 않은 것은?

23회

① 장기요양기관은 수급자를 대리하여 장기요양인정을 신청한다.
② 대통령령으로 정하는 경우를 제외하고, 장기요양인정을 신청하는 자는 국민건강보험공단의 장기요양인정신청서에 의사 또는 한의사가 발급하는 소견서를 첨부하여 제출하여야 한다.
③ 국민건강보험공단은 장기요양인정 신청서를 접수한 때 소속 직원으로 하여금 신청인의 심신상태, 신청인에게 필요한 장기요양급여의 종류 및 내용 등에 대하여 조사하게 하여야 한다.
④ 등급판정위원회는 신청인이 신청자격요건을 충족하고 6개월 이상 동안 혼자서 일상생활을 수행하기 어렵다고 인정하는 경우 등급판정기준에 따라 수급자로 판정한다.
⑤ 국민건강보험공단은 등급판정위원회가 장기요양인정 및 등급판정의 심의를 완료한 경우 지체없이 장기요양인정서를 작성하여 수급자에게 송부하여야 한다.

---

104 노인장기요양보험법상 장기요양인정을 신청할 수 있는 자격을 갖춘 자를 모두 고른 것은?

17회

> ㉠ 65세 미만의 자로서 대통령령으로 정하는 노인성 질병을 가진 자로 의료급여법 제3조 제1항에 따른 수급권자
> ㉡ 대통령령으로 정하는 노인성 질병이 없는 65세 미만의 외국인으로서 국민건강보험법 제109조에 따른 건강보험의 가입자
> ㉢ 65세 이상의 노인으로 국민건강보험법 제5조에 따른 건강보험 가입자의 피부양자

① ㉠ ② ㉡
③ ㉠, ㉡ ④ ㉠, ㉢
⑤ ㉠, ㉡, ㉢

105 노인장기요양보험법상 장기요양급여 제공의 기본원칙에 해당하는 것을 모두 고른 것은?
　　　　　　　　　　　　　　　　　　　　18회

> ㉠ 노인 등의 심신상태나 건강 등이 악화되지 아니하도록 의료서비스와 연계하여 이를 제공하여야 한다.
> ㉡ 노인 등이 자신의 의사와 능력에 따라 최대한 자립적으로 일상생활을 수행할 수 있도록 제공하여야 한다.
> ㉢ 노인 등이 가족과 함께 생활하면서 가정에서 장기요양을 받는 재가급여를 우선적으로 제공하여야 한다.
> ㉣ 노인 등의 심신상태·생활환경과 노인 등 및 그 가족의 욕구·선택을 종합적으로 고려하여 필요한 범위 안에서 이를 적정하게 제공하여야 한다.

① ㉡, ㉣
② ㉠, ㉡, ㉢
③ ㉠, ㉢, ㉣
④ ㉡, ㉢, ㉣
⑤ ㉠, ㉡, ㉢, ㉣

106 노인장기요양보험법의 내용으로 옳은 것은?
　　　　　　　　　　　　　　　　　　　　20회

① 장기요양보험사업은 보건복지부장관이 관장한다.
② "장기요양급여"란 장기요양등급판정 결과에 따라 1개월 이상 동안 혼자서 일상생활을 수행하기 어렵다고 인정되는 자에게 신체활동·가사활동의 지원 또는 간병 등의 서비스를 말한다.
③ 장기요양기관은 수급자에게 재가급여 또는 시설급여를 제공한 경우 시·도지사에게 장기요양급여 비용을 청구하여야 한다.
④ "노인 등"이란 60세 이상의 노인 또는 60세 미만의 자로서 치매·뇌혈관성질환 등 대통령령으로 정하는 노인성 질병을 가진 자를 말한다.
⑤ 재가급여에는 방문요양, 방문목욕, 특별현금급여가 있다.

107 다음의 역할을 하는 노인장기요양보험법상 기구는?
　　　　　　　　　　　　　　　　　　　　21회

> • 장기요양요원의 권리 침해에 관한 상담 및 지원
> • 장기요양요원의 역량강화를 위한 교육지원
> • 장기요양요원에 대한 건강검진 등 건강관리를 위한 사업

① 장기요양위원회
② 등급판정위원회
③ 장기요양심사위원회
④ 장기요양요원지원센터
⑤ 공표심의위원회

108 노인장기요양보험법의 내용으로 옳지 않은 것은?
　　　　　　　　　　　　　　　　　　　　22회

① "노인 등"이란 65세 이상의 노인 또는 65세 미만의 자로서 치매·뇌혈관성질환 등 대통령령으로 정하는 노인성 질병을 가진 자를 말한다.
② 장기요양급여는 노인등이 가족과 함께 생활하면서 가정에서 장기요양을 받는 재가급여를 우선적으로 제공하여야 한다.
③ 장기요양보험사업은 보건복지부장관이 관장한다.
④ 장기요양급여를 받고 있는 수급자는 장기요양등급의 내용을 변경하여 장기요양급여를 받고자 하는 경우 국민건강보험공단에 변경신청을 하여야 한다.
⑤ 재가급여에는 방문요양, 방문목욕, 특별현금급여가 포함된다.

UNIT 08

공공부조법

정답과 해설 288쪽

워밍업 문제 국민기초생활 보장법

다음 중 국민기초생활 보장법상의 급여로만 묶인 것은?
① 생계급여, 주거급여, 재가급여
② 해산급여, 자활급여, 장제급여
③ 생계급여, 자활급여, 시설급여
④ 재가급여, 의료급여, 교육급여
⑤ 주거급여, 시설급여, 해산급여

해설 국민기초생활 보장법 제7조 제1항에 규정된 급여에는 생계급여, 주거급여, 의료급여, 교육급여, 해산급여, 장제급여, 자활급여가 있다. 또한 동법 시행규칙 제41조에 긴급급여가 규정되어 있지만, 시행하고 있지는 않다. **답** ②

시험 실시간 차트

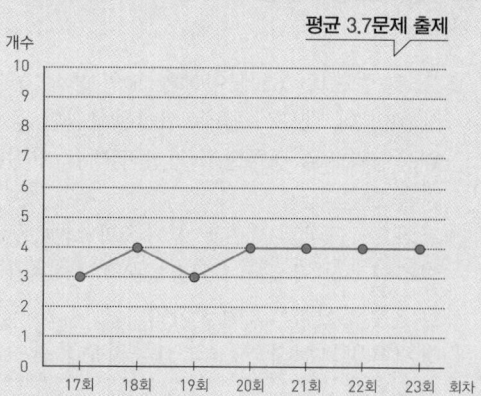

평균 3.7문제 출제

실시간 출제 키워드
▲ 기초연금법
▲ 국민기초생활 보장법
▲ 의료급여법
▲ 긴급복지지원법

최신 109 국민기초생활 보장법상 국내에 체류하고 있는 외국인에 대한 특례를 적용할 수 <u>없는</u> 자는?

23회

① 대한민국 국민과 혼인하여 본인 또는 배우자가 임신 중인 자
② 대한민국 국적의 미성년 자녀를 양육하고 있는 자
③ 배우자의 대한민국 국적인 직계존속과 생계를 같이하고 있는 자
④ 배우자의 대한민국 국적인 직계존속과 주거를 같이하고 있는 자
⑤ 대한민국 국적의 성인 장애인과 함께 생활하고 있는 자

110 국민기초생활 보장법상 자활지원사업 수행기관에게 요구되는 개인정보보호에 관한 설명으로 옳지 않은 것은? 23회

① 보건복지부장관은 수행기관의 통합정보전산망 사용 요청에 대하여 특별한 사정이 없는 한 모든 정보를 제공하여야 한다.
② 수행기관은 보건복지부장관에게 통합정보전산망 사용을 요청하는 경우 보안교육 등 자활지원사업 참여자의 개인정보에 대한 보호대책을 마련하여야 한다.
③ 수행기관은 통합정보전산망을 이용하고자 하는 경우 사전에 정보주체의 동의를 받아야 한다.
④ 사회보장급여 수급이력 등 개인정보는 수행기관에서 자활지원사업을 담당하는 자 중 해당 기관의 장으로부터 개인정보 취급승인을 받은 자만 취급할 수 있다.
⑤ 자활지원사업 업무에 종사하였던 자는 자활지원사업 업무 수행과 관련하여 알게 된 개인·법인의 정보를 다른 용도로 사용해서는 아니 된다.

111 국민기초생활 보장법의 내용으로 옳지 않은 것은? 17회

① 수급자에 대한 급여는 정당한 사유 없이 수급자에게 불리하게 변경할 수 없다.
② '수급자'란 이 법에 따른 급여를 받는 사람을 말한다.
③ 이 법에 따른 급여는 건강하고 문화적인 최저생활을 유지할 수 있는 것이어야 한다.
④ 수급자 및 차상위자는 상호 협력하여 자활기업을 설립·운영할 수 있다.
⑤ 교육급여는 보건복지부장관의 소관으로 한다.

112 국민기초생활 보장법상 용어의 정의로 옳은 것은? 18회

① 수급권자란 이 법에 따른 급여를 받는 사람을 말한다.
② 기준 중위소득이란 국민 가구소득의 평균값을 말한다.
③ 보장기관이란 이 법에 따른 급여를 실시하는 사회복지시설을 말한다.
④ 소득인정액이란 보장기관이 급여의 결정 및 실시 등에 사용하기 위하여 산출한 개별가구의 소득평가액과 재산의 소득환산액을 합산한 금액을 말한다.
⑤ 최저생계비란 국민이 쾌적한 문화생활을 유지하기 위하여 필요한 적정선의 비용을 말한다.

113 국민기초생활 보장법상 자활지원에 관한 내용으로 옳지 않은 것은? 18회

① 보장기관은 자활지원사업의 원활한 추진을 위하여 자활기금을 적립한다.
② 보장기관은 지역자활센터에 국유·공유재산의 무상임대 지원을 할 수 있다.
③ 보장기관은 수급자 및 차상위자가 자활에 필요한 자산을 형성할 수 있도록 재정적인 지원을 할 수 있다.
④ 보장기관은 수급자 및 차상위자의 자활 촉진에 필요한 사업을 수행하게 하기 위하여 법인 등의 신청을 받아 지역자활센터를 지정할 수 있다.
⑤ 수급자 및 소득인정액이 기준 중위소득의 100분의 70 이상인 자는 상호 협력하여 자활기업을 설립·운영할 수 있다.

114 국민기초생활 보장법상 외국인에 대한 특례 규정이다. ( )에 들어갈 내용이 옳지 않은 것은? 19회

> 국내에 체류하고 있는 외국인 중 (㉠)하여 본인 또는 배우자가 임신 중이거나 (㉡)하고 있거나 (㉢)과 (㉣)으로서 (㉤)으로 정하는 사람이 이 법에 따른 급여를 받을 수 있는 자격을 가진 경우에는 수급권자가 된다.

① ㉠: 대한민국 국민과 혼인
② ㉡: 대한민국 국적의 미성년 자녀를 양육
③ ㉢: 배우자의 대한민국 국적인 직계비속
④ ㉣: 생계나 주거를 같이하고 있는 사람
⑤ ㉤: 대통령령

115 국민기초생활 보장법상 5년 이하의 징역 또는 5천만 원 이하의 벌금에 처해지는 경우는? 19회

① 부정한 방법으로 급여를 받은 경우
② 수급권자의 금융정보를 사용·제공한 경우
③ 지급받은 급여를 용도 외로 사용한 경우
④ 직무상 알게 된 비밀을 누설한 경우
⑤ 종교상의 행위를 강제한 경우

116 국민기초생활 보장법상 보장기관과 보장시설에 대한 예시이다. '보장기관 – 보장시설'을 순서대로 옳게 짝 지은 것은? 20회

> ㉠ 장애인복지법 제58조 제1항 제1호의 장애인 거주시설
> ㉡ 사회복지사업법 제2조 제4호의 사회복지시설 중 결핵 및 한센병요양시설
> ㉢ 대전광역시장
> ㉣ 전라남도지사
> ㉤ 인천광역시 교육감

① ㉠ – ㉡
② ㉡ – ㉤
③ ㉢ – ㉠
④ ㉣ – ㉢
⑤ ㉤ – ㉡

117 국민기초생활 보장법상 급여의 종류와 방법에 관한 설명으로 옳은 것은? 21회

① 부양의무자가 병역법에 따라 징집되거나 소집된 경우 부양능력이 있는 것으로 본다.
② 보장기관은 차상위자의 가구별 생활여건을 고려하여 예산의 범위에서 급여의 전부 또는 일부를 실시할 수 있다.
③ 생계급여 선정기준은 기준 중위소득의 100분의 50 이상으로 한다.
④ 생계급여는 상반기·하반기로 나누어 지급하여야 한다.
⑤ 주거급여는 주택 매입비, 수선유지비 등이 포함된다.

118 국민기초생활 보장법상 급여의 기본원칙을 모두 고른 것은? 21회

> ㉠ 근로능력 활용
> ㉡ 보충급여
> ㉢ 타법 우선
> ㉣ 수익자부담

① ㉠, ㉡
② ㉢, ㉣
③ ㉠, ㉡, ㉢
④ ㉡, ㉢, ㉣
⑤ ㉠, ㉡, ㉢, ㉣

119 국민기초생활 보장법상 보장기관에 관한 설명으로 옳은 것은? 21회

① 교육급여 및 의료급여는 시·도교육감이 실시한다.
② 생계급여는 수급자의 거주지를 관할하는 시·도지사와 시장·군수·구청장이 실시한다.
③ 보장기관은 위기개입상담원을 배치하여야 한다.
④ 생활보장위원회는 자문기구이다.
⑤ 소관 중앙행정기관의 장은 5년마다 기초생활보장 시행계획을 수립하여야 한다.

120 국민기초생활 보장법상 급여의 종류와 방법에 관한 설명으로 옳은 것은? 22회

① 생계급여는 물품으로는 지급할 수 없다.
② 생계급여는 수급자에게 주거 안정에 필요한 임차료, 수선유지비, 그 밖의 수급품을 지급하는 것으로 한다.
③ 장제급여는 자활급여를 받는 수급자가 사망한 경우 장제조치를 하는 것으로 한다.
④ 자활급여는 관련 비영리법인에 위탁하여 실시할 수 있다.
⑤ 교육급여는 보건복지부장관의 소관으로 한다.

121 국민기초생활 보장법상 지역자활센터의 사업이 아닌 것은? 22회

① 자활을 위한 사업자금 융자
② 자활을 위한 정보제공, 상담, 직업교육 및 취업알선
③ 생업을 위한 자금융자 알선
④ 자활기업의 설립·운영 지원
⑤ 자영창업 지원 및 기술·경영 지도

워밍업 문제 의료급여법

의료급여법령에 관한 설명으로 옳은 것은?

① 의료급여기관별 진료 범위가 규정되어 있지 않다.
② 급여비용의 일부를 본인에게 부담하게 할 수 있다.
③ 건강검진은 의료급여에 해당하지 않는다.
④ 건강권 보장을 위해 의료급여는 제한을 받지 않는다.
⑤ 국민기초생활 보장 수급자는 적용대상에서 제외된다.

해설 ① 의료급여법 제9조 제2항에 제1차, 제2차, 제3차 의료급여기관별 진료 범위가 규정되어 있다.
③ 건강검진은 의료급여에 해당한다.
④ 의료급여는 고의 또는 중대한 과실로 인한 범죄행위, 의료급여기관의 진료에 관한 지시 위반 시 제한할 수 있다(동법 제15조).
⑤ 국민기초생활 보장 수급자는 의료급여 1종 수급권자와 2종 수급권자가 될 수 있다(동법 시행령 제3조). **답** ②

최신 시험에 맞게 변형한 문제입니다.

최신 122 의료급여법의 내용으로 옳은 것은? 23회

① 국내입양에 관한 특별법에 따라 국내에 입양된 아동은 25세까지 수급권자로 특례 적용된다.
② 수급권자가 업무 또는 공무로 생긴 질병·부상·재해로 다른 법령에 따른 급여나 보상을 받게 되는 경우에는 이 법에 따른 의료급여를 하지 아니한다.
③ 의료급여에 관한 업무는 수급권자의 출생지를 관할하는 시장·군수·구청장이 한다.
④ 지역보건법에 따라 설치된 보건소는 의료급여기관이 될 수 없다.
⑤ 시장·군수·구청장은 수급권자가 정당한 이유 없이 의료급여기관의 진료에 관한 지시에 따르지 아니한 경우에도 의료급여를 제한해서는 아니 된다.

123 의료급여법상 의료급여의 내용에 해당하지 않는 것은? 20회

① 진찰·검사
② 예방·재활
③ 입원
④ 간호
⑤ 화장 또는 매장 등 장제 조치

124 의료급여법의 내용으로 옳은 것은? 22회

① 시·도지사는 의료급여증을 발급하여야 한다.
② 급여비용의 재원을 충당하기 위하여 보건복지부에 의료급여기금을 설치한다.
③ 보건복지부에 두는 의료급여심의위원회는 의료급여의 수가에 관한 사항을 심의한다.
④ 시·도지사는 상환받은 대지급금을 의료급여기금에 납입하여야 한다.
⑤ 수급권자가 의료급여를 거부한 경우 시·도지사는 의료급여를 중지해야 한다.

위밍업 문제 긴급복지지원법

긴급복지지원법에 대한 설명으로 옳지 않은 것은?

① 위기상황에 처한 사람을 신속하게 지원하기 위한 제도이다.
② 2006년 3월부터 시행된 한시적 제도였으나, 2009년 5월 28일 일부 개정되면서 한시법 조항이 삭제되었다.
③ 국민기초생활 보장법상의 수급권자를 대상으로 한다.
④ 생계지원, 의료지원, 주거지원, 사회복지시설 이용 지원 등을 제공한다.
⑤ 긴급지원은 1개월간의 생계유지 등에 필요한 지원으로 한다.

[해설] 긴급복지지원법은 '타법 우선의 원칙'에 따라 다른 법률에서 지원을 받고 있는 경우라면, 긴급복지지원법에서는 지원하지 않는다(긴급복지지원법 제3조 제2항). 따라서 국민기초생활 보장법상의 수급권자는 대상이 될 수 없다. 답 ③

125 긴급복지지원법상 긴급지원의 종류 중 직접지원에 해당하지 않는 것은? 17회

① 생계지원
② 의료지원
③ 교육지원
④ 정보제공 지원
⑤ 사회복지시설 이용 지원

126 긴급복지지원법의 내용으로 옳지 않은 것은? 18회

① 주거지가 불분명한 자도 긴급지원대상자가 될 수 있다.
② 국내에 체류하는 모든 외국인은 긴급지원대상자가 될 수 없다.
③ 위기상황에 처한 사람에게 일시적으로 신속하게 지원하는 것을 기본원칙으로 한다.
④ 누구든지 긴급지원대상자를 발견한 경우에는 관할 시장·군수·구청장에게 신고하여야 한다.
⑤ 국가 및 지방자치단체는 위기상황에 처한 사람에 대한 발굴조사를 연 1회 이상 정기적으로 실시하여야 한다.

127 긴급복지지원법상 직무수행 과정에서 긴급지원대상자가 있음을 알게 된 경우 이를 신고하고, 긴급지원대상자가 신속하게 지원을 받을 수 있도록 노력하여야 하는 자에 해당하지 않는 것은? 20회

① 의료법에 따른 의료기관의 종사자
② 고등교육법에 따른 직원
③ 지방공무원법에 따른 공무원
④ 무형문화재 보전 및 진흥에 관한 법률에 따라 지정된 국가무형문화재의 보유자
⑤ 사회복지사업법에 따른 사회복지시설의 종사자

128 긴급복지지원법상 "위기상황"에 해당하는 사유를 모두 고른 것은? 21회

㉠ 주소득자가 사망, 가출, 행방불명 등으로 소득을 상실하여 생계유지가 어렵게 된 경우
㉡ 본인이 중한 질병 또는 부상을 당하여 생계유지가 어렵게 된 경우
㉢ 본인이 가구구성원으로부터 방임 등을 당하여 생계유지가 어렵게 된 경우
㉣ 본인이 가구구성원으로부터 성폭력을 당하여 생계유지가 어렵게 된 경우

① ㉠, ㉡, ㉢
② ㉠, ㉡, ㉣
③ ㉠, ㉢, ㉣
④ ㉡, ㉢, ㉣
⑤ ㉠, ㉡, ㉢, ㉣

최신 129 기초연금법상 기초연금 수급권을 상실하게 되는 경우가 아닌 것을 모두 고른 것은? 23회

㉠ 사망한 때
㉡ 국적을 상실한 때
㉢ 장기요양등급판정을 받은 때
㉣ 국외로 이주한 때

① ㉡
② ㉢
③ ㉠, ㉡
④ ㉢, ㉣
⑤ ㉠, ㉢, ㉣

워밍업 문제 기초연금법

기초연금법상 기초연금에 관한 설명으로 옳지 않은 것은?

① 연금지급 대상은 만 65세 이상으로 소득인정액이 일정 금액 이하인 자이다.
② 연금 지급에 드는 비용은 지방자치단체가 모두 부담한다.
③ 기초연금 수급권자에 대한 기초연금의 금액은 기준연금액과 국민연금 급여액 등을 고려하여 산정한다.
④ 국외로 이주할 때에는 수급권을 상실한다.
⑤ 연금수급희망자의 연금지급 신청은 그 친족이 대신할 수 있다.

[해설] 기초연금법 제25조에 따라 연금 지급에 드는 비용은 국가가 지방자치단체의 재정자립도와 노인인구비율을 고려하여 40~90%를 부담하고 나머지를 지방자치단체가 부담한다.
[참고] 기준연금액은 보건복지부장관이 그 전년도의 기준연금액에 대통령령으로 정하는 바에 따라 전국소비자물가변동률을 반영하여 매년 고시합니다(기초연금법 제5조 제2항). 이 경우 고시한 기준연금액의 적용기간은 해당 조정연도 1월부터 12월까지로 합니다.
답 ②

130 기초연금법의 내용으로 옳은 것은? 17회

① '소득인정액'이란 본인 및 배우자의 소득평가액과 재산의 소득환산액을 합산한 금액을 말한다.
② 기초연금 수급권자가 국외로 이주하더라도 기초연금 수급권을 상실하지 않는다.
③ 기초연금으로 지급받은 금품은 압류할 수 있다.
④ 기초연금은 기초연금의 지급을 신청한 날이 속하는 달의 다음 달부터 지급한다.
⑤ 본인과 그 배우자가 모두 기초연금 수급권자인 경우에는 각각의 기초연금액에서 기초연금액의 100분의 50에 해당하는 금액을 감액한다.

131 기초연금법의 내용이다. ( )에 들어갈 숫자가 순서대로 옳은 것은? 18회

- 보건복지부장관은 선정기준액을 정하는 경우 65세 이상인 사람 중 기초연금 수급자가 100분의 ( ) 수준이 되도록 한다.
- 본인과 그 배우자가 모두 기초연금 수급권자인 경우에는 각각의 기초연금액에서 기초연금액의 100분의 ( )에 해당하는 금액을 감액한다.

① 60, 40 ② 60, 50
③ 70, 20 ④ 70, 30
⑤ 80, 10

132 기초연금법상 수급권자의 범위에 관한 내용이다. ( )에 들어갈 숫자가 옳은 것은? 19회

- 기초연금은 (㉠)세 이상인 사람으로서 소득인정액이 보건복지부장관이 정하여 고시하는 금액(이하 "선정기준액"이라 한다) 이하인 사람에게 지급한다.
- 보건복지부장관은 선정기준액을 정하는 경우 (㉠)세 이상인 사람 중 기초연금 수급자가 100분의 (㉡) 수준이 되도록 한다.

① ㉠: 60, ㉡: 70
② ㉠: 65, ㉡: 70
③ ㉠: 65, ㉡: 80
④ ㉠: 70, ㉡: 70
⑤ ㉠: 70, ㉡: 80

133 기초연금법상 기초연금의 지급정지 사유에 해당하는 것을 모두 고른 것은? 20회

㉠ 기초연금 수급자가 금고 이상의 형을 선고받고 교정시설 또는 치료감호시설에 수용되어 있는 경우
㉡ 기초연금 수급자가 행방불명되거나 실종되는 등 대통령령으로 정하는 바에 따라 사망한 것으로 추정되는 경우
㉢ 기초연금 수급권자가 국적을 상실한 때
㉣ 기초연금 수급자의 국외 체류기간이 60일 이상 지속되는 경우

① ㉠, ㉡ ② ㉢, ㉣
③ ㉠, ㉡, ㉢ ④ ㉠, ㉡, ㉣
⑤ ㉠, ㉡, ㉢, ㉣

134 기초연금법의 내용으로 옳은 것을 모두 고른 것은? 22회

㉠ 본인과 그 배우자가 모두 기초연금 수급권자인 경우에는 각각의 기초연금액에서 기초연금액의 100분의 20에 해당하는 금액을 감액한다.
㉡ 기초연금 수급자의 권리는 3년간 행사하지 아니하면 시효의 완성으로 소멸한다.
㉢ 기초연금 수급자가 대통령령으로 정하는 바에 따라 사망한 것으로 추정되는 경우 수급권을 상실한다.

① ㉠ ② ㉠, ㉡
③ ㉠, ㉢ ④ ㉡, ㉢
⑤ ㉠, ㉡, ㉢

UNIT 09 사회복지서비스법

✓ 최빈출 주제

정답과 해설 292쪽

워밍업 문제 　장애인복지법

장애인복지법에 관한 내용으로 옳은 것은?

① 장애인정책조정위원회는 보건복지부 소속하에 둔다.
② 장애실태조사는 5년마다 실시한다.
③ 보건복지부장관은 장애인의 권익과 복지 증진을 위하여 관계 중앙행정기관의 장과 협의하여 5년마다 장애인정책종합계획을 수립·시행하여야 한다.
④ 장애는 크게 신체적 장애, 정신적 장애, 사회적 장애로 구분한다.
⑤ 국가는 대학에서 사용하는 교양도서에 장애인에 대한 인식개선을 위한 내용이 포함되도록 하여야 한다.

해설 ① 장애인정책조정위원회는 국무총리 소속하에 둔다.
② 장애실태조사는 3년마다 실시한다.
④ 장애는 신체적 장애, 정신적 장애로 구분한다.
⑤ 국가는 초·중등교육법에 따른 학교에서 사용하는 교과용 도서에 장애인에 대한 인식개선을 위한 내용이 포함되도록 하여야 한다.

답 ③

시험 실시간 차트

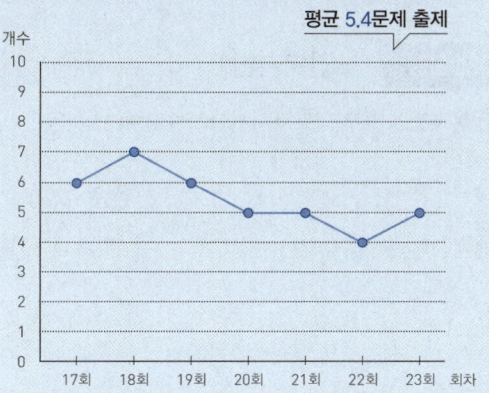

평균 5.4문제 출제

실시간 출제 키워드
▲ 장애인복지법
▲ 노인복지법
▲ 한부모가족지원법
▲ 아동복지법
▲ 영유아보육법

최신 135 장애인복지법의 내용으로 옳은 것은? 23회

① 보건복지부장관 소속하에 장애인정책조정위원회를 둔다.
② 장애실태조사는 5년마다 실시하여야 한다.
③ 재외동포 및 외국인은 장애인 등록을 할 수 없다.
④ 장애인의 날은 매년 5월 20일이다.
⑤ 장애인연금법상의 중증장애인에게는 장애수당을 지급하지 아니한다.

136 장애인복지법상 벌칙에 관한 내용이다. ( )에 들어갈 숫자가 순서대로 옳은 것은? 17회

> 장애인의 신체에 폭행을 가한 사람은 ( )년 이하의 징역 또는 ( )천만 원 이하의 벌금에 처한다.

① 1, 1 ② 3, 3
③ 5, 5 ④ 7, 7
⑤ 10, 7

137 장애인복지법에 근거하여 설치 또는 설립하는 것이 아닌 것은? 18회

① 장애인 거주시설
② 한국장애인개발원
③ 장애인권익옹호기관
④ 발달장애인지원센터
⑤ 장애인자립생활지원센터

138 학대에 관한 설명으로 옳은 것을 모두 고른 것은? 19회

> ㉠ 장애인복지법상 장애인학대에 경제적 착취는 포함되지 않는다.
> ㉡ 아동학대범죄의 처벌 등에 관한 특례법에 따른 아동학대범죄는 아동복지법상 아동학대관련범죄에 해당한다.
> ㉢ 노인복지법상 노인학대라 함은 노인에 대하여 신체적·정신적·정서적·성적 폭력 및 경제적 착취 또는 가혹행위를 하거나 유기 또는 방임을 하는 것을 말한다.

① ㉢
② ㉠, ㉡
③ ㉠, ㉢
④ ㉡, ㉢
⑤ ㉠, ㉡, ㉢

139 장애인복지법의 내용으로 옳은 것은? 20회

① 난민법 제2조 제2호에 따른 난민인정자는 장애인등록을 할 수 있다.
② 보건복지부장관은 3년마다 장애인정책종합계획을 수립·시행하여야 한다.
③ 보건복지부장관은 5년마다 장애실태조사를 실시하여야 한다.
④ 보건복지부장관은 피해장애인의 임시 보호 및 사회복귀 지원을 위하여 장애인 쉼터를 설치·운영할 수 있다.
⑤ 장애인복지시설의 장은 장애인 거주시설에서 제공하여야 하는 서비스의 최저기준을 마련하여야 한다.

워밍업 문제 노인복지법

노인복지법상 노인의료복지시설에 해당하는 것은?

> ㉠ 노인요양시설
> ㉡ 양로시설
> ㉢ 노인요양공동생활가정
> ㉣ 노인전문병원

① ㉠, ㉡, ㉢ ② ㉠, ㉢
③ ㉡, ㉣ ④ ㉣
⑤ ㉠, ㉡, ㉢, ㉣

해설 노인의료복지시설에는 노인요양시설(㉠), 노인요양공동생활가정(㉢)이 있다(노인복지법 제34조 제1항). ㉡ 양로시설은 노인주거복지시설에 해당한다. ㉣ 노인전문병원은 노인의료복지시설로 규정되어 있지 않다.

답 ②

140 노인복지법상 금지행위에 해당하는 것을 모두 고른 것은? 23회

> ㉠ 노인에게 성적 수치심을 주는 성폭행·성희롱 등의 행위
> ㉡ 노인에게 구걸을 하게 하거나 노인을 이용하여 구걸하는 행위
> ㉢ 노인을 위하여 증여 또는 급여된 금품을 그 목적 외의 용도에 사용하는 행위

① ㉠
② ㉢
③ ㉠, ㉡
④ ㉡, ㉢
⑤ ㉠, ㉡, ㉢

141 노인복지법상 노인학대에 관한 내용으로 옳지 않은 것은? 18회

① 119구조·구급에 관한 법률에 따른 119구 급대의 구급대원은 65세 이상의 사람에 대한 노인학대 신고의무자에 속한다.
② 노인학대를 알게 된 때에는 신고의무자만 신고할 수 있다.
③ 법원이 노인학대 관련 범죄자에 대하여 취업제한명령을 하는 경우, 취업제한기간은 10년을 초과하지 못한다.
④ 노인학대신고를 접수한 노인보호전문기관의 직원은 지체없이 노인학대의 현장에 출동하여야 한다.
⑤ 국가와 지방자치단체는 노인학대를 예방하고 수시로 신고를 받을 수 있도록 긴급전화를 설치하여야 한다.

142 노인복지법상 노인복지시설의 종류에 해당하지 않는 것은? 19회

① 노인주거복지시설
② 독거노인종합지원센터
③ 노인보호전문기관
④ 학대피해노인 전용쉼터
⑤ 노인일자리지원기관

143 노인복지법의 내용으로 옳지 않은 것은? 20회

① 노인복지주택 입소자격자는 60세 이상의 노인이다.
② 보건복지부장관은 요양보호사가 거짓으로 자격증을 취득한 경우 그 자격을 취소하여야 한다.
③ 누구든지 노인학대를 알게 된 때에는 노인보호전문기관 또는 수사기관에 신고할 수 있다.
④ 노인일자리전담기관에는 노인인력개발기관, 노인취업알선기관, 노인일자리지원기관이 있다.
⑤ 지방자치단체는 65세 이상의 자에 대하여 건강진단과 보건교육을 실시할 수 있다.

144 노인복지법의 내용으로 옳은 것은? 22회

① 노인복지주택에 입소할 수 있는 자는 65세 이상의 노인으로 한다.
② 국가는 지역 간의 연계체계를 구축하고 노인학대를 예방하기 위하여 중앙노인보호전문기관을 설치·운영하여야 한다.
③ 노인취업알선기관은 지역사회 등에서 노인에 의한 재화의 생산·판매 등을 직접 담당하는 기관이다.
④ 노인요양공동생활가정은 노인들에게 일상생활에 필요한 편의를 제공함을 목적으로 하는 노인주거복지시설이다.
⑤ 지역노인보호전문기관은 시·군·구에 둔다.

| 워밍업 문제 | 아동복지법 |

아동복지법에 관한 내용으로 옳지 않은 것은?

① 국가 또는 지방자치단체 외의 자가 아동복지시설을 설치하려는 경우에는 관할 시장·군수·구청장에게 신고하여야 한다.
② 지방자치단체는 학대받은 아동의 치료, 아동학대의 재발 방지 등 사례관리 및 아동학대예방을 담당하는 아동보호전문기관을 시·군·구에 3개소씩 두어야 한다.
③ 아동관련기관의 장이 아동학대 관련범죄 전력을 확인하지 아니하는 경우에는 500만 원 이하의 과태료를 부과한다.
④ 누구든지 아동을 위하여 증여 또는 급여된 금품을 그 목적 외의 용도에 사용하는 행위를 하여서는 아니 된다.
⑤ 자립지원시설은 아동복지시설에서 퇴소한 자에게 취업준비기간 동안 보호함으로써 자립을 지원하는 것을 목적으로 하는 시설을 말한다.

해설 ② 지방자치단체는 학대받은 아동의 치료, 아동학대의 재발 방지 등 사례관리 및 아동학대예방을 담당하는 아동보호전문기관을 시·도 및 시·군·구에 1개소 이상 두어야 한다(아동복지법 제45조 제2항). 답 ②

최신 145 아동복지법령상 아동보호전문기관의 업무가 아닌 것은? 23회

① 아동학대 신고접수, 현장조사 및 응급보호
② 피해아동, 피해아동의 가족 및 아동학대행위자를 위한 상담·치료 및 교육
③ 아동학대예방 교육 및 홍보
④ 피해아동 및 피해아동 가정의 기능 회복 서비스 제공
⑤ 피해아동 가정의 사후관리

146 아동복지법의 내용으로 옳지 않은 것은? 17회

① '아동'이란 18세 미만인 사람을 말한다.
② 보건복지부장관은 5년마다 아동정책기본계획을 수립하여야 한다.
③ 국가 또는 지방자치단체 외의 자는 관할 시장·군수·구청장에게 신고하고 아동복지시설을 설치할 수 있다.
④ 아동정책조정위원회는 국무총리 소속으로 둔다.
⑤ 국가기관은 아동학대 예방교육을 연 2회 이상 실시하여야 한다.

147 아동복지법의 내용이다. ( )에 들어갈 내용이 순서대로 옳은 것은? 18회

- 국무총리 소속으로 ( )를 둔다.
- 시·도지사, 시장·군수·구청장 소속으로 ( )를 각각 둔다.
- 보건복지부장관은 아동정책기본계획을 ( )년마다 수립하여야 한다.
- 보건복지부장관은 아동종합실태를 ( )년마다 조사하여 그 결과를 공표하여야 한다.

① 아동복지심의위원회, 아동정책조정위원회, 3, 5
② 아동정책조정위원회, 아동복지심의위원회, 3, 5
③ 아동복지심의위원회, 아동정책조정위원회, 5, 3
④ 아동정책조정위원회, 아동복지심의위원회, 5, 3
⑤ 아동정책조정위원회, 아동복지심의위원회, 5, 5

148 아동복지법의 내용으로 옳은 것은? 20회

① 시장·군수·구청장은 보호조치 중인 보호대상아동의 양육상황을 3년마다 점검하여야 한다.
② 시·군·구에 두는 아동위원은 명예직으로 수당을 지급할 수 없다.
③ 보건복지부장관 소속으로 아동정책조정위원회를 둔다.
④ 아동권리보장원의 장은 아동학대가 종료된 이후에도 아동학대의 재발 여부를 확인하여야 한다.
⑤ 아동복지시설의 장은 보호하고 있는 12세 이상의 아동을 대상으로 자립지원계획을 수립하여야 한다.

149 다음과 같은 역할을 하는 사회복지시설은? 21회

- 아동의 안전한 보호
- 안전하고 균형 있는 급식 및 간식의 제공
- 등·하교 전후, 야간 또는 긴급상황 발생 시 돌봄서비스 제공
- 체험활동 등 교육·문화·예술·체육 프로그램의 연계·제공
- 돌봄 상담, 관련 정보의 제공 및 서비스의 연계

① 장애인 지역사회재활시설
② 다함께돌봄센터
③ 아동보호전문기관
④ 지역장애아동지원센터
⑤ 노인공동생활가정

150 아동복지법상 보호가 필요한 아동을 발견하고 양육환경을 개선할 수 있도록 지원하기 위하여 이용할 수 있는 자료와 정보에 해당하는 것을 모두 고른 것은? 21회

㉠ 국민건강보험법 제41조제1항 각 호에 따른 요양급여 실시 기록
㉡ 국민건강보험법 제52조에 따른 영유아건강검진 실시 기록
㉢ 초·중등교육법 제25조에 따른 학교생활기록 정보
㉣ 전기사업법 제14조에 따른 단전 가구정보

① ㉠, ㉡, ㉢
② ㉠, ㉡, ㉣
③ ㉠, ㉢, ㉣
④ ㉡, ㉢, ㉣
⑤ ㉠, ㉡, ㉢, ㉣

151 아동복지법의 내용으로 옳지 않은 것은? 22회

① 지방자치단체는 아동이 항상 이용할 수 있는 아동전용시설을 설치하도록 노력하여야 한다.
② 시·도지사 또는 시장·군수·구청장은 보호조치 중인 보호대상아동의 양육상황을 분기별로 점검하여야 한다.
③ 아동정책조정위원회 위원장은 국무총리가 된다.
④ 아동위원은 명예직으로 하되, 아동위원에 대하여는 수당을 지급할 수 있다.
⑤ 보건복지부장관은 아동정책의 효율적인 추진을 위하여 5년마다 아동정책기본계획을 수립하여야 한다.

> **워밍업 문제** 한부모가족지원법
>
> 한부모가족지원법상 한부모가족복지시설에 해당되지 않는 것은?
> ① 일시지원시설
> ② 출산지원시설
> ③ 외국인가족복지시설
> ④ 양육지원시설
> ⑤ 생활지원시설
>
> 해설 한부모가족복지시설로 외국인가족복지시설은 운영되지 않는다.   답 ③

최신 152 한부모가족지원법의 내용으로 옳은 것은? 23회

① 보건복지부장관은 한부모가족 지원을 위하여 한부모가족 정책에 관한 기본계획을 5년마다 수립하여야 한다.
② 청소년 한부모란 25세 이하의 모 또는 부를 말한다.
③ 아동이란 18세 미만의 자를 말하되, 병역면제인 자가 취학 중인 경우에는 22세 미만을 말한다.
④ 혼인 관계에 있지 아니한 자로서 출산 전 임신부는 출산지원시설을 이용할 때에도 이 법에 따른 지원대상자가 될 수 없다.
⑤ 이 법에 따른 복지 급여는 생계비, 아동수당, 아동교육비, 아동양육비이다.

최신 시험에 맞게 변형한 문제입니다.

153 실태조사의 주체와 조사주기를 올바르게 짝 지은 것은? 17회

① 장애인복지법상 장애실태조사: 보건복지부장관, 5년
② 아동복지법상 아동종합실태조사: 보건복지부장관, 5년
③ 한부모가족지원법상 한부모가족 실태조사: 여성가족부장관, 3년
④ 노인복지법상 노인실태조사: 여성가족부장관, 3년
⑤ 다문화가족지원법상 다문화가족 실태조사: 보건복지부장관, 5년

154 사회복지법상 연령 규정이 옳지 않은 것은? 19회

① 다문화가족지원법상 "아동·청소년"이란 24세 이하인 사람을 말한다.
② 아동복지법상 "아동"이란 18세 미만인 사람을 말한다.
③ 한부모가족지원법상 "청소년 한부모"란 24세 이하의 모 또는 부를 말한다.
④ 한부모가족지원법상 "취학 중인 경우의 아동"은 24세 미만인 사람을 말한다.
⑤ 노인복지법상 노인의 정의에 대한 연령 규정은 없다.

155 한부모가족지원법의 내용으로 옳지 않은 것은? 20회

① "청소년 한부모"란 24세 이하의 모 또는 부를 말한다.
② 한부모가족의 모 또는 부와 아동은 한부모가족 관련 정책결정과정에 참여할 권리가 있다.
③ 여성가족부장관은 자녀양육비 산정을 위한 자녀양육비 가이드라인을 마련하여 법원이 이혼 판결 시 적극 활용할 수 있도록 노력하여야 한다.
④ 국가와 지방자치단체는 청소년 한부모의 건강증진을 위하여 건강진단을 실시할 수 있다.
⑤ 국가나 지방자치단체는 아동양육비를 대여할 수 있다.

156 다음이 설명하는 한부모가족지원법상의 한부모가족복지시설은? 21회

> 배우자(사실혼 관계에 있는 사람을 포함한다)가 있으나 배우자의 물리적·정신적 학대로 아동의 건전한 양육이나 모의 건강에 지장을 초래할 우려가 있을 경우 일시적 또는 일정 기간 동안 모와 아동, 부와 아동, 모 또는 부에게 주거 등을 지원하는 시설

① 일시지원시설
② 출산지원시설
③ 양육지원시설
④ 한부모가족복지상담소
⑤ 생활지원시설

워밍업 문제 **다문화가족지원법**

다문화가족지원법상 다문화가족정책에 관한 기본계획의 수립에 대한 설명으로 옳지 않은 것은?

① 여성가족부장관은 5년마다 기본계획을 수립하여야 한다.
② 여성가족부장관은 관계 기관의 장에게 기본계획의 수립에 필요한 자료의 제출을 요구할 수 있다.
③ 기본계획에는 다문화가족 지원을 위한 재원 확보 및 배분에 관한 사항이 포함되어야 한다.
④ 여성가족부장관이 기본계획을 수립할 때에는 미리 지방자치단체의 장과 협의하여야 한다.
⑤ 기본계획은 다문화가족정책위원회의 심의를 거쳐 확정한다.

해설 여성가족부장관이 기본계획을 수립할 때에는 미리 중앙행정기관의 장과 협의하여야 한다(다문화가족지원법 제3조의2 제3항). **답** ④

---

157 한부모가족지원법의 내용으로 옳은 것은? 22회

① 여성가족부장관은 5년마다 한부모가족에 대한 실태조사를 실시하고 그 결과를 공표하여야 한다.
② "청소년 한부모"란 18세 이하의 모 또는 부를 말한다.
③ 교육부장관은 청소년 한부모가 학업을 계속할 수 있도록 여성가족부장관에게 협조를 요청하여야 한다.
④ "모" 또는 "부"에는 아동인 자녀를 양육하는 미혼자(사실혼 관계에 있는 자는 제외한다)도 해당된다.
⑤ 한부모가족에 대한 국민의 이해와 관심을 제고하기 위하여 매년 9월 7일을 한부모가족의 날로 한다.

---

158 다문화가족지원법의 내용으로 옳지 않은 것은? 18회

① 다문화가족은 대한민국 국적을 취득한 자로 이루어진 가족이어야 한다.
② 다문화가족이 이혼 등의 사유로 해체된 경우에도 그 구성원이었던 자녀에 대하여 이 법을 적용한다.
③ 다문화가족지원센터는 결혼이민자 등에 대한 한국어 교육 업무를 수행한다.
④ 국가와 지방자치단체는 다문화가족에 대해 가족생활교육 등을 추진하는 경우, 문화의 차이를 고려한 전문적인 서비스가 제공될 수 있도록 노력하여야 한다.
⑤ 여성가족부장관은 5년마다 다문화가족정책에 관한 기본계획을 수립하여야 한다.

| 워밍업 문제 | 가정폭력방지 및 피해자보호 등에 관한 법률 |

가정폭력방지 및 피해자보호 등에 관한 법률에 관한 내용으로 옳지 않은 것은?

① 여성가족부장관은 3년마다 가정폭력에 대한 실태조사를 실시하여 그 결과를 발표하고, 이를 가정폭력을 예방하기 위한 정책수립의 기초자료로 활용하여야 한다.
② 피해자를 고용하고 있는 자는 누구든지 가정폭력범죄와 관련하여 피해자를 해고하거나 그 밖의 불이익을 주어서는 아니 된다.
③ 국가나 지방자치단체는 가정폭력 관련 상담소를 설치·운영할 수 있다.
④ 국가나 지방자치단체는 가정폭력피해자 보호시설을 설치·운영하여야 한다.
⑤ 국가와 지방자치단체는 가정폭력의 예방·방지와 피해자의 보호·지원을 위하여 조치를 취하여야 한다.

해설 국가나 지방자치단체는 가정폭력피해자 보호시설을 설치·운영할 수 있다(가정폭력방지법 제7조 제1항).
참고 임의 규정과 의무 규정을 알고 있는지 묻는 문제로, 둘을 구분할 수 있어야 합니다. **답** ④

최신 159 가정폭력방지 및 피해자보호 등에 관한 법률의 내용으로 옳지 않은 것은? 23회

① 피해자란 가정폭력으로 인하여 직접적으로 피해를 입은 자를 말한다.
② 사회복지법인과 그 밖의 비영리법인은 시장·군수·구청장의 인가를 받아 보호시설을 설치·운영할 수 있다.
③ 국가나 지방자치단체는 피해자나 피해자가 동반한 가정구성원이 아동인 경우 주소지 외의 지역에서 취학할 필요가 있을 때에는 그 취학이 원활히 이루어지도록 지원하여야 한다.
④ 유치원의 장, 어린이집의 원장, 초·중등학교의 장은 가정폭력의 예방과 방지를 위하여 필요한 교육을 실시하고, 그 결과를 여성가족부장관에게 제출하여야 한다.
⑤ 단기보호시설은 피해자등을 6개월의 범위에서 보호하는 시설이다.

---

160 가정폭력방지 및 피해자보호 등에 관한 법률의 내용으로 옳지 않은 것은? 17회

① 단기보호시설은 피해자 등을 6개월의 범위에서 보호하는 시설이다.
② 국가는 가정폭력 관련 상담소의 설치·운영에 드는 경비의 전부를 보조하여야 한다.
③ 여성가족부장관 또는 시·도지사는 긴급전화센터를 설치·운영하여야 한다.
④ 가정폭력의 예방과 방지에 관한 교육 및 홍보는 가정폭력 관련 상담소의 업무에 해당한다.
⑤ 사회복지법인은 시장·군수·구청장의 인가를 받아 가정폭력피해자 보호시설을 설치·운영할 수 있다.

---

161 가정폭력방지 및 피해자보호 등에 관한 법률의 내용으로 옳지 않은 것은? 18회

① 이 법에서의 '아동'이란 18세 미만인 자를 말한다.
② 국가인권위원회 위원장은 3년마다 가정폭력에 대한 실태조사를 실시하여야 한다.
③ 시·도지사는 외국어 서비스를 제공하는 긴급전화센터를 따로 설치·운영할 수 있다.
④ 지방자치단체는 가정폭력 관련 상담소를 외국인, 장애인 등 대상별로 특화하여 운영할 수 있다.
⑤ 지방자치단체는 가정폭력 관련 상담원 교육훈련시설을 설치·운영할 수 있다.

워밍업 문제 — 성폭력방지 및 피해자보호 등에 관한 법률

성폭력방지 및 피해자보호 등에 관한 법률의 내용에 대한 설명으로 옳지 않은 것은?

① 여성가족부장관은 성폭력 실태를 파악하고 성폭력방지에 관한 정책을 수립하기 위하여 5년마다 성폭력 실태조사를 하고 그 결과를 발표하여야 한다.
② 국가는 촬영물 또는 복제물이 정보통신망에 유포되어 피해를 입은 사람에 대하여 촬영물 등의 삭제를 위한 지원을 할 수 있다.
③ 국가가 촬영물 등 삭제 지원에 소요되는 비용을 지출한 경우 성폭력행위자에 대하여 구상권(求償權)을 행사할 수 있다.
④ 국가 또는 지방자치단체는 성폭력피해상담소를 설치·운영할 수 있다.
⑤ 국가 또는 지방자치단체는 성폭력피해자보호시설을 설치·운영할 수 있다.

해설 ① 여성가족부장관은 성폭력 실태를 파악하고 성폭력방지에 관한 정책을 수립하기 위하여 3년마다 성폭력 실태조사를 하고 그 결과를 발표하여야 한다(성폭력방지법 제4조 제1항).

답 ①

---

162 성폭력방지 및 피해자보호 등에 관한 법률상 국가와 지방자치단체의 책무에 해당하는 것을 모두 고른 것은? 17회

㉠ 성폭력 신고체계의 구축·운영
㉡ 성폭력 예방을 위한 유해환경 개선
㉢ 성폭력 예방을 위한 조사·연구, 교육 및 홍보
㉣ 피해자에 대한 직업훈련 및 법률구조 등 사회복귀 지원

① ㉠, ㉡
② ㉡, ㉢
③ ㉠, ㉢, ㉣
④ ㉡, ㉢, ㉣
⑤ ㉠, ㉡, ㉢, ㉣

---

163 성폭력방지 및 피해자보호 등에 관한 법률상 성폭력피해자보호시설의 종류가 아닌 것은? 18회

① 일반보호시설
② 상담지원시설
③ 외국인보호시설
④ 특별지원 보호시설
⑤ 자립지원 공동생활시설

---

164 성폭력방지 및 피해자보호 등에 관한 법률의 내용으로 옳지 않은 것은? 19회

① 피해자의 의사에 반하여 피해자 상담을 할 수 있다.
② 보호시설의 장이나 종사자는 업무상 알게 된 비밀을 누설해서는 아니 된다.
③ 보호시설에 대한 보호비용의 지원 방법 및 절차 등에 필요한 사항은 여성가족부령으로 정한다.
④ 시장·군수·구청장은 민간의료시설을 피해자 등의 치료를 위한 전담의료기관으로 지정할 수 있다.
⑤ 국가 또는 지방자치단체는 이 법 제27조 제2항에 따른 치료 등 의료 지원에 필요한 경비의 전부 또는 일부를 지원할 수 있다.

사회복지사 1급

> **워밍업 문제** 　**사회복지공동모금회법**
>
> 사회복지공동모금회법의 재원으로 옳지 않은 것은?
>
> ① 사회복지공동모금에 의한 기부금품
> ② 법인이 출연하는 현금
> ③ 복권 및 복권기금법에 따라 배분받은 복권수익금
> ④ 기금 운용 수익금
> ⑤ 단체가 출연하는 물품
>
> **해설** 기금 운용 수익금은 국민연금법 등의 재원으로, 사회복지공동모금회법의 재원에 해당하지 않는다. **답** ④

165 사회복지공동모금회법의 내용으로 옳은 것은?　17회

① 사회복지공동모금회에는 20명 이상 25명 이하의 이사를 둔다.
② 사회복지공동모금회는 보건복지부장관의 승인 없이 복권을 발행할 수 있다.
③ 사회복지공동모금회는 모금창구로 지정된 언론기관의 명의로 모금계좌를 개설할 수 없다.
④ 사회복지공동모금회의 회계연도는 1월 1일부터 12월 31일까지로 한다.
⑤ 기부금품의 기부자는 사용 용도를 지정할 수 없다.

166 사회복지공동모금회법상 공동모금재원 배분기준에 포함되어야 하는 사항으로 명시되지 않은 것은?　18회

① 배분한도액
② 배분심사기준
③ 배분신청자의 재산
④ 공동모금재원의 배분대상
⑤ 배분신청기간 및 배분신청서 제출 장소

167 사회복지공동모금회법의 내용으로 옳지 않은 것은?　19회

① 기부하는 자의 의사에 반하여 기부금품을 모집하여서는 아니 된다.
② 공동모금재원은 지역·단체·대상자 및 사업별로 복지수요가 공정하게 충족되도록 배분하여야 한다.
③ 공동모금재원의 배분은 객관적인 기준에 따라 효율적으로 이루어지도록 하고, 그 결과를 공개하여야 한다.
④ 이 법 또는 모금회의 정관으로 규정하지 아니한 사항은 민법 중 사단법인에 관한 규정을 준용한다.
⑤ 국가나 지방자치단체는 모금회에 기부금품 모집에 필요한 비용과 모금회의 관리·운영에 필요한 비용을 보조할 수 있다.

168 사회복지공동모금회법의 내용으로 옳은 것은?　20회

① 배분분과실행위원회는 위원장 1명을 포함하여 20명 이내의 위원으로 구성한다.
② 국가나 지방자치단체는 모금회의 관리·운영에 필요한 비용을 보조할 수 있다.
③ 기부금품의 기부자는 배분지역, 배분대상자 또는 사용 용도를 지정할 수 없다.
④ 사회복지공동모금회는 언론기관을 모금창구로 지정할 수 있으나 지정된 언론기관의 명의로 모금계좌를 개설할 수 없다.
⑤ 모금회의 정관으로 규정하지 아니한 사항은 민법 중 사단법인에 관한 규정을 준용한다.

169 사회복지공동모금회법상 사회복지공동모금회(이하 '모금회'라 한다)에 관한 설명으로 옳지 않은 것은?   22회

① 모금회는 사회복지사업을 지원하기 위하여 연중 기부금품을 모집할 수 있다.
② 지방자치단체는 모금회에 기부금품 모집에 필요한 비용을 보조할 수 있다.
③ 배분분과실행위원회는 20명 이상의 위원으로 구성된다.
④ 모금회는 정관을 작성하여 보건복지부장관의 허가를 받아 등기함으로써 설립된다.
⑤ 모금회는 매년 8월 31일까지 다음 회계연도의 공동모금재원 배분기준을 정하여 공고하여야 한다.

워밍업 문제 기타 사회복지서비스 관련법

자원봉사활동 기본법상 기본 방향에 해당하지 않는 것은?

① 보수성   ② 자발성
③ 공익성   ④ 비영리성
⑤ 비정파성

해설 자원봉사활동은 무보수성, 자발성, 공익성, 비영리성, 비정파성, 비종파성의 원칙 아래 수행될 수 있도록 하여야 한다(자원봉사활동 기본법 제2조 제2호).   답 ①

---

170 자원봉사활동의 기본방향에 관한 자원봉사활동 기본법 제2조 제2호 규정이다. ( )에 들어갈 내용이 아닌 하나는?   19회

> 자원봉사활동은 무보수성, 자발성, ( ), ( ), ( ), ( )의 원칙 아래 수행될 수 있도록 하여야 한다.

① 공익성
② 비영리성
③ 비정파성(非政派性)
④ 비종파성(非宗派性)
⑤ 무차별성

---

171 건강가정기본법에 관한 설명으로 옳지 않은 것은?   21회

① "가족"이라 함은 혼인·혈연·입양으로 이루어진 사회의 기본단위를 말한다.
② 모든 국민은 혼인과 출산의 사회적 중요성을 인식하여야 한다.
③ "1인가구"라 함은 성인 1명 또는 그와 생계를 같이 하는 미성년자녀로 구성된 생활단위를 말한다.
④ 국가는 양성이 평등한 육아휴직제 등의 정책을 적극적으로 확대 시행하여야 한다.
⑤ 국가는 생애주기에 따르는 가족구성원의 종합적인 건강증진대책을 마련하여야 한다.

---

172 정신건강증진 및 정신질환자 복지서비스 지원에 관한 법률상 정신질환자의 보호의무자가 될 수 있는 사람은?   21회

① 후견인
② 파산선고를 받고 복권되지 아니한 사람
③ 해당 정신질환자를 상대로 소송 중인 사람
④ 행방불명자
⑤ 미성년자

UNIT 10 판례

정답과 해설 298쪽

시험 실시간 차트

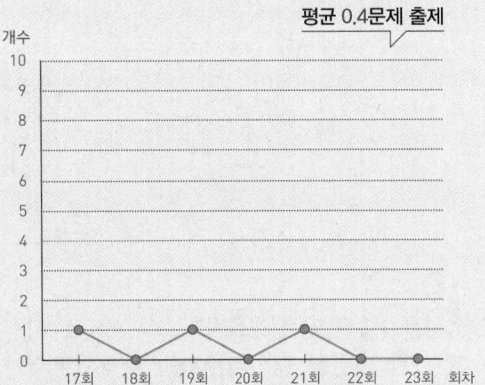

실시간 출제 키워드
▲ 헌법재판소 결정
▲ 대법원 판례

워밍업 문제 헌법재판소 및 대법원 판례

최근 사회복지법과 정부의 조치가 헌법상 보장된 국민의 기본권을 침해하였다는 소송이 종종 제기되고 있다. 이에 대하여 헌법재판소가 국민의 기본권 보호를 위해 행사하는 재판권은?

① 위헌법률심판   ② 탄핵심판
③ 권한쟁의심판   ④ 헌법소원심판
⑤ 정당해산심판

해설 헌법소원심판이란, 공권력의 행사 또는 불행사로 헌법상 보장된 국민의 기본권이 침해되는 경우에 국민이 헌법재판소에 자신의 기본권을 구제하여 줄 것을 청구하는 제도이다.

답 ④

---

173 사회보장과 관련한 헌법재판소 결정의 내용으로 옳은 것은? 17회

① 국민연금법상 연금보험료의 강제징수는 헌법상 재산권 보장에 위배된다.
② 국민건강보험료 체납으로 인하여 보험급여가 제한되는 기간 중에 발생한 보험료에 대한 강제징수는 건강보험가입자의 재산권을 침해한다.
③ 국민기초생활 보장법령상 수급자 등의 금융자산을 확인할 수 있는 자료의 제출요구는 급여신청자의 평등권을 침해한다.
④ 60세 이상의 국민에 대한 국민연금제도 가입을 제한하는 것은 헌법상의 인간다운 생활을 할 권리를 침해하는 것이라고 볼 수 없다.
⑤ 사회복지사업법의 규정 내용 중 사회복지법인의 재산을 기본재산과 보통재산으로 구분하도록 한 것은 명확성의 원칙에 위반된다.

174 장애인고용부담금 부과처분과 관련한 헌법재판소 결정(2001헌바96)의 내용으로 옳지 않은 것은? 19회

① 기업의 경제상 자유는 공공복리를 위해 법률로 제한할 수 있다.
② 국가는 경제주체 간의 조화를 통한 경제민주화를 위해 규제와 조정을 할 수 있다.
③ 고용부담금제도는 장애인고용의무제의 실효성을 확보하는 수단이므로 입법목적의 정당성이 인정된다.
④ 고용부담금제도는 그 자체가 고용의무를 성실히 이행하는 사업주와 그렇지 않은 사업주 간의 경제적 부담의 불균형을 조정하는 기능을 하기 때문에 고용부담금제도 자체의 차별성은 문제가 되지 않는다.
⑤ 대통령령이 정하는 일정수 이상의 근로자를 고용하는 사업주는 기준고용률 이상에 해당하는 장애인을 고용해야 한다고 규정한 구 장애인 고용촉진 등에 관한 법률 제35조 제1항 본문은 헌법에 불합치한다.

175 의족 파손에 따른 요양급여 청구사건 대법원 판례(2012두20991)의 내용으로 옳지 않은 것은? 21회

> (개요) 의족을 착용하고 아파트 경비원으로 근무하던 갑이 제설작업 중 넘어져 의족이 파손되는 등의 재해를 입고 요양급여를 신청하였으나, 근로복지공단이 '의족 파손'은 요양급여 기준에 해당하지 않는다는 이유로 요양불승인처분을 한 사안에 대하여 요양불승인처분 취소

① 업무상 재해로 인한 부상의 대상인 신체를 반드시 생래적 신체에 한정할 필요는 없다.
② 의족 파손을 업무상 재해로 보지 않을 경우 장애인 근로자에 대한 보상과 재활에 상당한 공백을 초래한다.
③ 신체 탈부착 여부를 기준으로 요양급여 대상을 가르는 것이 합리적이라 할 수 없다.
④ 의족 파손을 업무상 재해에서 제외한다면, 사업자들로 하여금 의족 착용 장애인들의 고용을 소극적으로 만들 우려가 있다.
⑤ 업무상의 사유로 근로자가 장착한 의족이 파손된 경우는 산업재해보상보험법상 요양급여의 대상인 근로자의 부상에 포함되지 않는다.

사회복지사 1급 국가시험의 **시험 시간**

 방금 시험 끝났다~ 에휴 오후 2:24

오후 3:14 오 어땠어?

 막판에 시간 모자라서 다 찍었다 오후 3:18

내년에 또 봐야 돼ㅋㅋㅋㅋㅋㅋㅋㅋㅋ 오후 3:18

오후 3:19 ㅠㅠ 힘내...

HOW TO STUDY

사회복지사 1급 국가시험은 제한된 시간 내에 200개의 문제를 풀어야 합니다. 1년에 단 한 번인 시험이기에 실수하면 안 된다는 부담감을 느끼고 집중해서 문제를 풀다 보면 자칫 시험 시간이 부족할 수 있습니다.

1교시	사회복지기초(50분)
2교시	사회복지실천(75분)
3교시	사회복지정책과 제도(75분)

부록으로 수록된 OCR 답안카드를 활용하여 실제 시험처럼 시간을 재면서 2025년도 제23회 기출문제를 풀고, 마킹까지 완료하는 연습을 해 보세요.

PART II

최종 합격으로 가는

최신기출 모의고사

자동으로 채점하고,
성적결과분석까지 한 번에!

스마트폰으로 QR 코드를 인식해 보세요.
답안을 입력하면 과락 및 합격 여부, 취약 영역
까지 한눈에 확인할 수 있습니다.

1교시	사회복지기초
2교시	사회복지실천
3교시	사회복지정책과 제도

1교시

사회복지기초

2025년도 제23회 사회복지사 1급 국가시험

문제형별	시간	시험과목 및 시험영역
A	50분	1 인간행동과 사회환경 2 사회복지조사론

인간행동과 사회환경

01 인간 발달이론과 사회복지실천에 관한 설명으로 옳은 것은?

① 인간 발달이론은 문제의 사정단계에서만 유용하다.
② 발달 단계별 욕구를 기반으로 사회복지서비스를 개발할 수 있다.
③ 클라이언트를 둘러싼 환경의 영향력을 평가할 수 없다.
④ 사회환경보다 클라이언트의 생물학적 요소를 더 중시한다.
⑤ 다양한 클라이언트의 발달과업을 획일적으로 이해할 수 있다.

02 인간 발달의 개념과 원리에 관한 설명으로 옳은 것은?

① 발달에는 개인차가 존재하므로 최적의 시기가 따로 존재하지 않는다.
② 일정한 순서와 방향이 없어서 예측이 불가능하다.
③ 성숙(maturation)은 경험이나 훈련의 결과와 상관없이 진행된다.
④ 발달은 소근육 말초부위에서 대근육 중심부위로 진행된다.
⑤ 성장(growth)은 유전적으로 미리 정해진 정도까지 도달하는 생물학적 변화이다.

03 인간행동에 관한 관점으로 옳지 <u>않은</u> 것은?

① 정신분석이론은 유년기의 경험을 강조한다.
② 생태체계이론은 환경속의 인간의 관점을 강조한다.
③ 인지이론은 인간의 사고가 감정과 행동을 결정한다고 본다.
④ 인본주의이론은 인간에 대한 무조건적인 존중을 강조한다.
⑤ 행동주의이론은 개인의 무의식을 강조한다.

04 성격이론, 학자 및 주요 개념의 연결이 옳은 것은?

① 인본주의이론 – 융(C. Jung) – 동화
② 정신분석이론 – 매슬로우(A. Maslow) – 열등감
③ 인지발달이론 – 피아제(J. Piaget) – 결핍동기
④ 개인심리이론 – 아들러(A. Adler) – 생활양식
⑤ 분석심리이론 – 로저스(C. Rogers) – 아니마

05 행동주의이론에 관한 설명으로 옳은 것을 모두 고른 것은?

> ㄱ. 인간을 주관적인 존재로 규정하였다.
> ㄴ. 인간행동은 인간이 지닌 자유의지의 결과이다.
> ㄷ. 선행조건과 결과에 따라 행동이 형성된다는 입장을 가지고 있다.
> ㄹ. 경험주의에 근간을 두고 구체적으로 관찰할 수 있는 행동에 초점을 둔다.

① ㄱ, ㄴ
② ㄱ, ㄷ
③ ㄴ, ㄷ
④ ㄷ, ㄹ
⑤ ㄱ, ㄴ, ㄹ

06 스키너(B. Skinner)의 이론에 관한 설명으로 옳지 않은 것은?

① 부적강화는 바람직한 행동의 빈도를 감소시킨다.
② 가변비율(variable-ratio) 계획이 강화계획 중에서 반응률이 가장 높다.
③ 인간행동은 내적 충동보다는 외적 자극에 반응하여 나타난다.
④ 고정간격(fixed-interval) 계획은 정해진 시간 간격이 지난 후 강화를 주는 것이다.
⑤ 인간행동은 예측 가능하며 통제할 수 있다.

07 아들러(A. Adler)의 이론에 관한 설명으로 옳지 않은 것은?

① 인간은 사회적 관심에 의해 동기화된다.
② 출생순위는 성격형성에 영향을 준다.
③ 우월에 대한 추구는 선천적으로 타고 나는 것이다.
④ 성격유형을 태도와 기능의 조합에 따라 구분했다.
⑤ 가상적 목표(fictional finalism)는 어려움에 부딪힐 때 효과적으로 대처하는데 도움이 된다.

08 프로이트(S. Freud)의 이론에 관한 설명으로 옳지 않은 것은?

① 초자아(superego)의 특질은 자아이상(ego ideal)과 양심(conscience)으로 구성된다.
② 프로이트(S. Freud)는 실수행위를 통해 무의식이 작용하는 증거를 파악하였다.
③ 내면화(introjection)는 심리적 갈등이 근육계통의 증상으로 나타나는 방어기제이다.
④ 자아(ego)는 2차적 사고과정과 현실원칙에 의해 지배된다.
⑤ 남자아이는 남근기에 오이디푸스 콤플렉스(Oedipus complex)로 인한 거세불안을 경험한다.

09 로저스(C. Rogers)의 이론에 관한 설명으로 옳지 않은 것은?

① 인간의 내재된 잠재력을 강조한다.
② 인간의 욕구발달단계를 제시한다.
③ 인간의 자아실현 경향성을 강조한다.
④ 인간의 주관적 경험을 강조한다.
⑤ 인간을 통합적 존재로 본다.

10 피아제(J. Piaget)의 이론에서 '구체적 조작기'에 관한 설명으로 옳지 않은 것은?

① 물활론적 사고를 한다.
② 논리적 사고가 가능해진다.
③ 보존개념을 획득한다.
④ 순서대로 나열하는 것이 가능해진다.
⑤ 자기중심성에서 벗어나 타인의 입장을 고려할 수 있게 된다.

11 매슬로우(A. Maslow)의 이론에 관한 설명으로 옳은 것은?

① 인간의 무의식을 강조하였다.
② 인간의 본성은 본래 선하다고 주장하였다.
③ 인간행동에 대한 환경결정론을 강조하였다.
④ 자기완성의 필수요인으로 열등감 극복을 강조하였다.
⑤ 모방학습의 중요성을 강조하였다.

12 생태체계이론과 사회복지실천의 연관성으로 옳지 않은 것은?

① 문제에 대한 총체적 이해와 접근을 용이하게 해준다.
② 사회복지실천을 위한 사정도구로서 유용성을 가진다.
③ 환경의 체계 수준별 개입 근거를 제시한다.
④ 각 체계들로부터 다양한 정보획득이 용이하다.
⑤ 원인과 결과의 단선적 인과관계를 강조한다.

13 사회체계이론에 관한 설명으로 옳은 것을 모두 고른 것은?

> ㉠ 엔트로피(entropy)는 폐쇄체계에서 주로 나타난다.
> ㉡ 항상성(homeostasis)은 체계의 혼란과 무질서를 증가시킨다.
> ㉢ 체계(system)의 속성은 경계의 개방성과 침투성에 따라 결정된다.
> ㉣ 균형(equilibrium)은 주로 외부와의 교류가 활발한 개방체계에서 나타난다.

① ㉠, ㉡
② ㉠, ㉢
③ ㉡, ㉣
④ ㉢, ㉣
⑤ ㉡, ㉢, ㉣

14 콜버그(L. Kohlberg)의 이론에 관한 설명으로 옳은 것은?

① 전인습적 수준: 사회적인 인정에 관심을 가지고 착한 행동을 함으로써 타인의 인정을 받고자 한다.
② 인습적 수준: 개인의 양심에 비추어 옳고 그름을 판단한다.
③ 인습적 수준: 행동의 결과가 가져오는 보상이나 처벌에 의해 옳고 그름을 판단한다.
④ 후인습적 수준: 사회질서의 유지를 위해 법과 규칙은 준수되어야 하지만, 민주적인 절차를 통해 바뀔 수 있다고 생각한다.
⑤ 후인습적 수준: 규칙을 준수하고 사회질서를 유지하는 것이 도덕적 행동이라 생각한다.

15 다음에 해당하는 사회환경 수준으로 옳은 것은?

> - 개인에게 영향을 주는 정부의 입법과 사회정책
> - 방송매체를 통하여 형성된 외모, 의복, 문화 등에 관한 유행

① 미시체계 ② 중간체계
③ 거시체계 ④ 외체계
⑤ 시간체계

16 브론펜브레너(U. Bronfenbrenner)의 중간체계(meso system)에 관한 설명으로 옳은 것은?

① 가족, 친구, 학교, 종교단체 등이 포함된다.
② 부모와 교사와의 관계, 형제관계 등을 말한다.
③ 신념, 태도, 전통을 통해 개인에게 영향을 준다.
④ 아동의 발달에 영향을 주는 학교위원회가 해당된다.
⑤ 개인이 어느 시대에 출생했는지에 관심을 둔다.

17 브론펜브레너(U. Bronfenbrenner)의 미시체계(micro system)에 관한 설명으로 옳은 것을 모두 고른 것은?

> ㄱ. 인간이 가장 밀접하게 상호작용하는 사회환경을 말한다.
> ㄴ. 전 생애에 걸쳐 일어나는 개인의 변화와 사회역사적 환경을 포함한다.
> ㄷ. 개인이 직접 참여하지 않으나, 부모의 직장, 형제가 속한 학급 등이 포함된다.

① ㄱ   ② ㄱ, ㄴ
③ ㄱ, ㄷ   ④ ㄴ, ㄷ
⑤ ㄱ, ㄴ, ㄷ

18 영아기(0~2세)의 특징으로 옳은 것은?

① 애착관계를 형성한다.
② 분류화 개념을 획득한다.
③ 서열화를 획득한다.
④ 오이디푸스 콤플렉스(Oedipus complex)를 경험한다.
⑤ 상징적 사고가 활발한 시기이다.

19 유아기(3~6세)의 발달특성에 관한 설명으로 옳지 않은 것은?

① 성역할의 내면화가 이루어진다.
② 영아기(0~2세)보다 발달속도가 느려진다.
③ 에릭슨(E. Erikson)의 주도성 대 죄책감 단계에 해당된다.
④ 프로이트(S. Freud)의 남근기에 해당된다.
⑤ 피아제(J. Piaget)의 자율적 도덕성 단계에 도달한다.

20 아동기(7~12세)의 발달에 관한 설명으로 옳지 않은 것은?

① 가역적 사고가 발달한다.
② 단체놀이를 통해 분업의 원리를 학습한다.
③ 운동기술이나 근육의 협응능력이 정교해진다.
④ 형식적 조작사고에서 구체적 조작사고로 전환된다.
⑤ 에릭슨(E. Erikson)은 근면성의 발달을 중요한 과업으로 보았다.

21 청소년기(13~19세)의 발달에 관한 설명으로 옳은 것은?

① 조합기술(combination skill)이 획득된다.
② 가설연역적 사고에서 경험귀납적 사고로 전환된다.
③ 마샤(J. Marcia)는 자아정체감을 4가지 유형으로 구분했다.
④ 2차 성징은 직접적인 생식기능과 관련된 성적 성숙이다.
⑤ 상상적 청중(imaginary audience)과 개인적 우화(personal fable)를 통해 자아중심성에서 벗어날 수 있다.

22 청년기(20~39세)의 발달에 관한 설명으로 옳은 것은?

① 자아통합이 완성되는 시기로 삶 전체에 대한 평가를 시도한다.
② 전환적 추론이 가능해진다.
③ 부모로부터의 독립에 대한 양가감정에서 해방된다.
④ 피아제(J. Piaget)는 구체적 조작 사고가 발달한다고 보았다.
⑤ 에릭슨(E. Erikson)은 친밀감 대 고립의 심리사회적 위기가 발생한다고 보았다.

23 중년기(40~64세)에 관한 설명으로 옳은 것은?

① 에릭슨(E. Erikson)의 정체성 대 침체 단계에 해당된다.
② 갱년기는 남성에게는 나타나지 않는다.
③ 여성은 에스트로겐 분비가 증가하고, 남성은 테스토스테론 분비가 감소한다.
④ 시각, 청각, 미각, 후각 등의 감각기능이 가장 좋은 시기이다.
⑤ 결정성(crystallized) 지능은 계속 발달한다.

24 노년기(65세 이상)에 관한 설명으로 옳지 않은 것은?

① 외향성이 증가한다.
② 노년기 사회적 역할과 관계망의 축소는 고독과 소외를 초래할 수도 있다.
③ 친근한 사물에 대한 애착이 증가한다.
④ 생에 대한 회상경향이 증가한다.
⑤ 에릭슨(E. Erikson)은 심리사회적 위기를 극복하면 지혜라는 능력을 얻게 된다고 보았다.

25 생애주기별 특징에 관한 설명으로 옳은 것은?

① 영아기(0~2세) - 성역할 인식 확립
② 아동기(7~12세) - 대상영속성 형성
③ 청소년기(13~19세) - 자아정체감 확립
④ 중년기(40~64세) - 자아통합 완성
⑤ 노년기(65세 이상) - 친밀감 형성

사회복지조사론

26 사회복지실천을 위한 조사연구의 필요성으로 옳지 <u>않은</u> 것은?

① 문제해결을 위한 사회복지 개입방법의 타당성을 검증할 수 있다.
② 사회복지 서비스를 위한 지식과 기술을 제공할 수 있다.
③ 문제의 원인을 설명함으로써 사회복지사의 직관에 의한 실천지식을 강화할 수 있다.
④ 프로그램의 지속여부를 결정하는 객관적 근거를 제공할 수 있다.
⑤ 클라이언트의 욕구를 파악하여 문제해결의 방향을 제시할 수 있다.

27 사회복지 조사연구에서 과학적 연구방법으로 옳은 것은?

① 기술(description)연구에서 문제발생의 원인을 설명하고자 하였다.
② 연구결과의 일반화를 위해 모집단의 속성이 반영된 충분한 표본을 조사하였다.
③ 가설 검증 결과가 연구자의 기대와 달라서 가설을 연구결과에 맞추어 수정하였다.
④ 연구자의 주관적 판단에 입각하여 연구결과를 해석하였다.
⑤ 조사를 통해 검증된 인과관계에 입각하여 문제의 발생을 단정적 결정론으로 예측하였다.

28 "여성가족부는 2022년 전국가정폭력실태조사 결과를 이전에 실시한 동일한 조사내용과 비교하여 보고하였다. 2025년 조사에서도 전국의 가구 중 일부를 선정하여 동일한 조사 항목에서 어떠한 변화가 있는지를 보고할 것이다." 이에 관한 조사유형에 해당하는 것으로 모두 묶인 것은?

| ㉠ 종단조사 | ㉡ 표본조사 |
| ㉢ 패널조사 | ㉣ 경향조사 |

① ㉢
② ㉠, ㉡
③ ㉡, ㉢
④ ㉠, ㉡, ㉣
⑤ ㉠, ㉡, ㉢, ㉣

29 사회복지조사 과정을 순서대로 나열한 것은?

㉠ 표집방법을 수립하였다.
㉡ 연구문제의 잠정적 결론으로 가설을 설정하였다.
㉢ 연구가 필요한 주제를 선정하였다.
㉣ 검증된 측정도구로 자료를 수집하였다.
㉤ 자료를 분석하고 가설의 지지여부를 결정하였다

① ㉠ - ㉡ - ㉤ - ㉢ - ㉣
② ㉡ - ㉠ - ㉢ - ㉣ - ㉤
③ ㉡ - ㉢ - ㉠ - ㉤ - ㉣
④ ㉢ - ㉠ - ㉡ - ㉤ - ㉣
⑤ ㉢ - ㉡ - ㉠ - ㉣ - ㉤

30 통계적 가설검증에 관한 설명으로 옳은 것은?

① 가설의 지지여부는 연구가설을 직접 검증하여 반증한다.
② 신뢰수준을 95%에서 99%로 높이면 제1종 오류의 가능성이 높아진다.
③ 연구가설은 두 변수 간의 관계가 오류에 의해 발생하였음을 가정한다.
④ 유의확률(p)이 설정한 유의수준(α)보다 낮으면 영가설을 기각한다.
⑤ 신뢰수준을 낮추면 제2종 오류의 가능성은 높아진다.

31 다음 가설에 포함된 변수에 관한 설명으로 옳은 것은?

> 사회복지사가 느끼는 업무부담에 따른 소진 정도는 동료와의 친밀도에 따라 달라질 것이다.

① 소진정도: 통제변수
② 업무부담: 매개변수
③ 소진정도: 독립변수
④ 업무부담: 종속변수
⑤ 동료와의 친밀도: 조절변수

32 다음의 사례에서 확인하고 있는 타당도로 옳은 것은?

> A 사회복지사는 종합사회복지관 이용만족에 관한 측정도구의 타당도를 확인하고자 한다. 이를 위해 전문가들을 대상으로 프로그램, 사회복지사의 전문성 등의 요소가 측정문항에 충분히 포함되어 있는지에 대한 의견을 확인하였다.

① 내용타당도   ② 판별타당도
③ 예측타당도   ④ 동시타당도
⑤ 수렴타당도

33 ○○고등학교에서는 전교생을 대상으로 취약청소년 집단(A, B, C)에 대한 사회적 거리감을 조사하고자 한다. 아래에서 제시되는 척도로 옳은 것은?

> ※ 각 대상에 관한 귀하의 생각에 해당 되는 칸에 "○"표 하십시오.
>
> | 문항 | A집단 청소년 | B집단 청소년 | C집단 청소년 |
> |---|---|---|---|
> | 1. 친밀한 동아리 구성원으로 받아들임 | | | |
> | 2. 같은 학교의 구성원으로 받아들임 | | | |
> | 3. 일시적인 방문객으로 받아들임 | | | |

① 리커트척도(Likert scale)
② 어의적 분화척도(semantic differential scale)
③ 보가더스척도(Bogardus scale)
④ 소시오매트릭스(sociomatrix)
⑤ 서스톤척도(Thurstone scale)

34 측정도구의 타당도와 신뢰도에 관한 설명으로 옳지 <u>않은</u> 것은?

① 신뢰도는 측정값의 일관성 정도를 의미한다.
② 타당도는 측정하고자 하는 바를 반영하는 정도를 의미한다.
③ 측정항목의 수가 적어지면 신뢰도가 낮아지는 경향이 있다.
④ 신뢰도는 타당도의 필요충분조건이 된다.
⑤ 타당도가 높으면 신뢰도는 높은 경우가 많다.

35 측정의 개념적 정의와 조작적 정의에 관한 설명으로 옳은 것은?

① 조작적 정의는 개념적 정의에 비해 주관적 해석의 수준이 낮다.
② 조작적 정의는 양적 조사에 비해 질적 조사에서 더욱 중요하다.
③ 측정하고자 하는 개념의 의미는 조작적 정의를 통해 확장된다.
④ '조작적 정의 → 개념적 정의 → 측정'의 순서로 이루어진다.
⑤ 개념적 정의를 통해 변수를 직접 측정할 수 있다.

36 표본 연구에 관한 설명으로 옳지 <u>않은</u> 것은?

① 표본 연구는 전수 연구에 비해 시간과 비용 측면에서 효율적이다.
② 모집단이 큰 경우에는 표본 연구가 적합하다.
③ 표본 연구는 전수 연구에 비해 비표본오차가 크다.
④ 전수 연구에서 모수와 통계치의 구분은 필요하지 않다.
⑤ 확률표집은 비확률표집에 비해 정확한 표집틀이 필요하다.

37 다음의 변수 중 산술평균의 산출이 적합한 변수를 모두 고른 것은?

> ㉠ 만원 단위로 측정한 청소년의 월평균 용돈
> ㉡ 상·중·하 등급으로 평가한 국어 교과목의 성적
> ㉢ 연 단위로 측정한 청소년의 총 재학 기간
> ㉣ 가출 횟수로 측정한 청소년의 가출 경험

① ㉡ ② ㉠, ㉢
③ ㉡, ㉣ ④ ㉠, ㉢, ㉣
⑤ ㉠, ㉡, ㉢, ㉣

38 다음의 연구에서 활용한 표집방법에 관한 설명으로 옳은 것은?

> 노인복지관 만족도 조사를 위해 지역 내 전체 노인복지관별 등록자명단에서 등록인원 수에 비례해서 난수표를 활용하여 표본을 선정하였다.

① 최종적인 표본 선정은 비확률표집 방법을 활용하여 이루어진다.
② 군집표집에 의한 조사에 비해 표집오차를 줄일 수 있다.
③ 표집단계에서의 편향성을 해결하기 위해 분석단계에서 가중치를 활용한다.
④ 표집틀의 부재로 상위군집에서 하위군집으로 이동하여 최종 표본을 추출한다.
⑤ 표본의 집단별 분포를 미리 정하고 할당된 수만큼의 표본을 임의로 선정한다.

39 표본의 크기에 관한 설명으로 옳은 것은?

① 추정치가 모수에 근접할 확률은 표본의 크기에 반비례한다.
② 모집단 내 편차가 클수록 표본의 크기를 늘려야 한다.
③ 조사비용과 시간의 한계는 표본의 크기와 관련이 없다.
④ 표본의 크기와 표본오차는 비례한다.
⑤ 통계분석방법은 표본의 크기와 관련이 없다.

40 다음에서 활용된 조사설계로 옳은 것은?

> 부모를 대상으로 한 아동학대 예방 프로그램의 효과성을 평가하기 위해 연구 참여자의 아동양육 태도 등을 여러 차례 측정하였다. 프로그램 개입 이후에도 여러 차례 측정하여 프로그램 개입 전후비교를 실시하였다.

① 비동일 비교집단설계(nonequivalent comparison group design)
② 분리표본 사전사후검사설계(separate-sample pretest-posttest design)
③ 솔로몬 4집단설계(Solomon four-group design)
④ 단순시계열설계(simple time-series design)
⑤ 단일집단 사전사후검사설계(one-group pretest-posttest design)

41 온라인 설문에 관한 설명으로 옳은 것은?

① 표적집단 확인이 대면면접에 비해 제한적이다.
② 인터넷 접근에 상관없이 표집을 광범위하게 할 수 있다.
③ 대면설문보다 비용은 저렴하지만 시간이 더 많이 소요된다.
④ 복잡하거나 문항수가 많은 경우에 적합하다.
⑤ 동일인의 중복응답에 대한 통제가 용이하다.

42 실험설계에서의 내적타당도 저해요인으로 옳지 <u>않은</u> 것은?

① 실험집단과 통제집단의 참여자간 프로그램 내용에 대해 소통하면서 상호작용이 이루어졌다.
② 프로그램 진행과정에서 일부 대상자가 참여를 중단하였다.
③ 사전검사 결과 학교 부적응 학생들이 실험집단에 과도하게 모인 것이 확인되었다.
④ 사전검사와 사후검사 척도가 동일하기 때문에 참여자의 학습효과가 발생하였다.
⑤ 일부 참여자들이 프로그램에 참여하고 있다는 것을 의식해서 평소와는 다르게 행동하였다.

43 솔로몬 4집단설계에 관한 설명으로 옳지 <u>않은</u> 것은?

① 사회복지 현장에서 실제 활용하기에 용이하다.
② 외부사건을 통제할 수 있다.
③ 내적타당도가 매우 높은 설계 유형이다.
④ 통제집단 사전사후검사 설계와 통제집단 사후검사 설계를 병행하는 방식이다.
⑤ 순수실험설계 유형이다.

44 다음의 조사설계에 관한 설명으로 옳은 것은?

> A 기관에서는 사회복지프로그램의 효과성을 측정하기 위한 조사설계를 진행하였다. 이를 위해 참여자를 실험집단과 통제집단에 무작위로 배정하여 종속변수의 변화를 측정하였다.

① 인과적 추론 정도가 무작위 배정을 하지 않은 실험설계보다 낮다.
② 외생변수 통제, 독립변수 조작, 종속변수의 비교 등에 한계가 있을 때 주로 활용한다.
③ 개입 전에 두 집단의 동질성을 가정할 수 없다.
④ 정태적 집단비교 설계(static-group comparison design)에 해당된다.
⑤ 전실험설계(pre-experimental design)보다 내적타당도가 높다.

45 델파이기법에 관한 설명으로 옳지 <u>않은</u> 것은?

① 참여자의 다양한 아이디어를 수집할 수 있다.
② 기명으로 진행되기 때문에 참여자들의 책임성을 높일 수 있다.
③ 결과 도출을 위해 반복해서 진행할 수 있다.
④ 비대면을 원칙으로 한다.
⑤ 전문가들의 합의점을 찾는데 목표를 둔다.

46 양적 연구 방법에 관한 설명으로 옳지 않은 것은?

① 논리실증주의에 기반한다.
② 주관적이며 직관적인 관점에서 접근한다.
③ 구조화된 조사표에 대한 활용 빈도가 높다.
④ 변인에 대한 통제와 측정이 가능하다.
⑤ 질적연구보다 일반화의 가능성이 높다.

47 사회복지실천현장에서 단일사례설계에 관한 설명으로 옳은 것을 모두 고른 것은?

> ㉠ AB설계는 기초선 단계(A)와 개입 단계(B)로 구성된다.
> ㉡ 복수기초선설계는 AB설계를 다양한 대상이나 상황 등에 적용하여 동일한 효과를 보이는지를 확인하는 설계방법이다.
> ㉢ 사례가 집단일 경우 개별 구성원의 정보들은 평균이나 전체 빈도 등으로 요약되어 단일사례로 취급될 수 있다.
> ㉣ 외적타당도가 높아 일반화의 가능성이 높다.

① ㉠
② ㉡, ㉢
③ ㉡, ㉣
④ ㉠, ㉡, ㉢
⑤ ㉠, ㉡, ㉢, ㉣

48 자료수집방법에 관한 설명으로 옳은 것은?

① 관찰법은 참여자가 면접에 비협조적인 경우에도 활용가능하다.
② 우편조사법은 대면면접법에 비해 조사자의 편견을 배제하기 힘들다.
③ 전화면접법은 대면면접법에 비해 익명성 보장이 어렵다.
④ 대면면접법은 복잡한 질문의 사용을 배제해야 한다.
⑤ 대면면접법 중 반구조화된 면접은 질문의 순서, 질문 문항 등을 명확하게 제시해야 한다.

49 다음의 사회복지 연구방법에서 성격이 다른 것은?

① 근거이론(grounded theory) 연구
② 참여행동(participatory action) 연구
③ 서베이(survey) 연구
④ 민속학적(ethnographic) 연구
⑤ 현상학적(phenomenological) 연구

50 내용분석과 내러티브 탐구에 관한 비교로 옳지 않은 것은?

① 내용분석은 2차적 자료를 분석하고, 내러티브 탐구는 1차적 자료를 분석한다.
② 모두 비관여적 혹은 비반응성 연구이다.
③ 내용분석에 비해 내러티브 탐구는 과정 중심적으로 접근할 수 있다.
④ 내용분석은 내러티브 탐구에 비해 보다 많은 사례를 분석할 수 있다.
⑤ 모두 자료를 해석하고 구조화하는데 연구자의 객관성 유지가 필요하다.

사회복지실천론

01 임파워먼트모델에서 클라이언트와 사회복지사에 관한 설명으로 옳지 <u>않은</u> 것은?

① 클라이언트가 원하는 변화를 위해 양자 간 협력적 관계를 형성한다.
② 클라이언트를 서비스에 대한 권리를 가진 소비자로 본다.
③ 클라이언트를 경험과 역량을 가진 원조과정의 파트너로 본다.
④ 클라이언트의 참여를 중시하고 자기결정권을 강조한다.
⑤ 사회복지사는 치료자이고, 클라이언트는 서비스의 수동적 수혜자로 여긴다.

02 사례관리과정에서 사정영역에 관한 내용으로 옳은 것을 모두 고른 것은?

ㄱ. 욕구에 대한 클라이언트의 능력
ㄴ. 클라이언트의 욕구 및 문제
ㄷ. 클라이언트 지원체계의 능력
ㄹ. 지원체계 활용의 장애

① ㄱ, ㄴ, ㄷ
② ㄱ, ㄴ, ㄹ
③ ㄱ, ㄷ, ㄹ
④ ㄴ, ㄷ, ㄹ
⑤ ㄱ, ㄴ, ㄷ, ㄹ

03 핀커스와 미나한(A. Pincus & A. Minahan)이 제시한 사회복지실천의 목적을 설명한 것으로 옳지 <u>않은</u> 것은?

① 개인의 문제해결과 대처능력을 향상한다.
② 개인을 사회자원, 서비스, 기회를 제공해 주는 환경체계와 연결한다.
③ 다양한 사회복지기관이나 조직의 효과적이고 효율적인 운영을 촉진한다.
④ 개인과 환경 간 불균형 발생 시 문제를 극대화하도록 돕는다.
⑤ 사회정책의 개발과 향상에 기여한다.

04 임파워먼트모델의 각 단계와 실천과업을 연결한 것으로 옳은 것을 모두 고른 것은?

ㄱ. 대화(dialogue)단계 – 성공의 확인
ㄴ. 발견(discovery)단계 – 자원역량 사정
ㄷ. 발달(development)단계 – 파트너십 형성
ㄹ. 발달(development)단계 – 강점의 확인

① ㄴ
② ㄹ
③ ㄴ, ㄷ
④ ㄱ, ㄷ, ㄹ
⑤ ㄴ, ㄷ, ㄹ

05 사회복지실천의 역사적 발달과정을 발생한 순서대로 옳게 나열한 것은?

> ㉠ 기능주의 학파와 진단주의 학파의 갈등
> ㉡ 밀포드(Milford) 회의에서 개별사회사업 방법론을 기본으로 하는 사회복지실천의 공통요소 제시
> ㉢ 사회복지실천에 관한 이론과 방법을 최초로 체계화한 「사회진단」 출간
> ㉣ 사회복지실천 방법으로 통합적방법론 등장

① ㉠ - ㉡ - ㉢ - ㉣
② ㉡ - ㉠ - ㉣ - ㉢
③ ㉡ - ㉢ - ㉣ - ㉠
④ ㉢ - ㉠ - ㉡ - ㉣
⑤ ㉢ - ㉡ - ㉠ - ㉣

06 개인의 적응 욕구와 환경 또는 사회적 요구 사이의 조화와 균형의 정도를 의미하는 생태체계 관점의 개념은?

① 경계
② 엔트로피
③ 상호교류
④ 적합성
⑤ 대처

07 사회복지 실천현장의 예와 분류의 연결로 옳은 것은?

① 지역아동센터 - 1차 현장, 이용시설
② 행정복지센터 - 1차 현장, 생활시설
③ 노인요양공동생활가정 - 1차 현장, 이용시설
④ 아동보호전문기관 - 2차 현장, 생활시설
⑤ 지역자활센터 - 2차 현장, 이용시설

08 인도주의와 박애사상이 사회복지실천에 미친 영향으로 옳은 것을 모두 고른 것은?

> ㉠ 빈민에 대한 인도주의적 서비스 제공
> ㉡ 수혜자격의 축소
> ㉢ 타인을 위하여 봉사하는 정신으로 실천

① ㉠
② ㉡
③ ㉠, ㉢
④ ㉡, ㉢
⑤ ㉠, ㉡, ㉢

09 관찰기술에 관한 내용으로 옳지 않은 것은?

① 클라이언트의 행동과 외모, 몸짓, 태도 등에 주의를 기울이는 기술
② 클라이언트가 자신에 대해 미처 알지 못한 것을 깨달을 수 있도록 설명해 주는 기술
③ 클라이언트의 언어적, 비언어적 메시지의 차이를 파악할 수 있는 기술
④ 사회복지사의 편견에 의해 판단하지 않도록 주의를 기울여야 하는 기술
⑤ 클라이언트의 침묵이 언제, 어떤 이야기 도중 발생하였는지를 파악하는 기술

10 클라이언트와의 관계형성을 위해 사회복지사가 자신의 생각이나 경험을 공유하는 면담 기술은?

① 직면
② 경청
③ 자기노출
④ 해석
⑤ 질문

11 비스텍(F. Biestek)의 관계원칙에 관한 내용으로 옳은 것을 모두 고른 것은?

> ㉠ 수용: 클라이언트를 있는 그대로 인정해야 한다.
> ㉡ 비심판적 태도: 클라이언트를 비난하지 않아야 한다.
> ㉢ 통제된 정서적 관여: 클라이언트가 자신의 감정을 자유롭게 표현하도록 해야 한다.
> ㉣ 개별화: 클라이언트의 감정에 민감성과 이해로서 반응해야 한다.

① ㉣
② ㉠, ㉡
③ ㉡, ㉢
④ ㉠, ㉢, ㉣
⑤ ㉠, ㉡, ㉢, ㉣

12 한국 사회복지사 윤리강령에서 '클라이언트에 대한 윤리기준'에 해당하지 않는 것은?

① 서비스의 종결
② 클라이언트의 자기 결정권 존중
③ 클라이언트의 권익옹호
④ 인간 존엄성 존중
⑤ 기록·정보 관리

13 사회복지사의 역할에 관한 설명으로 옳은 것은?

① 협상가(negotiator): 갈등상황에 있는 사람들 간의 합의를 이끌어 내기 위해 어느 한쪽과 동맹을 맺고 타협하는 역할
② 중개자(broker): 불이익을 받는 집단을 위해 특정 제도를 변화, 개선하는 역할
③ 중재자(mediator): 흩어져 있는 서비스들을 조직적인 형태로 정리하는 역할
④ 조력자(enabler): 관심을 끌어오지 못한 문제에 대중이 관심을 갖도록 집중시키는 역할
⑤ 교육자(educator): 권리침해나 불평등 이슈에 관심을 갖고 연대를 통해 변화를 이끄는 역할

14 인권에 관한 설명으로 옳지 않은 것은?

① 평등권은 국가의 적극적 책임과 의무를 강조하는 것으로 사회보장의 권리를 의미한다.
② 자유권은 국가의 통치와 간섭으로부터 자유를 보장하기 위한 권리이다.
③ 평화권은 국가들 간의 연대와 단결의 권리이다.
④ 자유권은 국가가 반드시 보호해 주어야 하는 권리이다.
⑤ 평등권은 구속 및 인신매매로부터의 보호를 의미한다.

15 통합적 접근방법의 등장배경에 관한 설명으로 옳은 것을 모두 고른 것은?

> ㄱ. 전통적 방법이 지나치게 분화되어 서비스의 파편화를 초래하였다.
> ㄴ. 전통적 방법이 공통기반을 전제하지 않아 정체성 확립에 어려움이 발생하였다.
> ㄷ. 전통적 방법이 복잡한 문제에 포괄적으로 개입하여 전문성이 부족하였다.
> ㄹ. 전통적 방법이 전문화 중심으로 교육되어 사회복지사의 분야별 이동을 어렵게 하였다.

① ㄱ, ㄴ, ㄷ ② ㄱ, ㄴ, ㄹ
③ ㄱ, ㄷ, ㄹ ④ ㄴ, ㄷ, ㄹ
⑤ ㄱ, ㄴ, ㄷ, ㄹ

16 다음 사례에서 콤튼과 갤러웨이(B. Compton & B. Galaway)의 사회복지실천대상과 체계의 연결로 옳은 것은?

> 학교사회복지사 A는 학교 징계위원회로부터 상담명령을 받은 학교폭력 가해자인 학생 B를 만났다. B는 비밀보장을 요청하며 상담을 해 달라고 하였다. 그러나 담임교사와 학교는 학생과의 면담을 모두 보고하도록 요구하였다. 결국 A는 이 문제를 학교사회복지사협회와 의논하여 학교에 사회복지사의 비밀보장 의무에 대한 공문을 요청하였다. A는 가해자로 지목된 다른 학생 C, D와 B를 대상으로 집단 프로그램을 운영하였다.

① 학교 징계위원회 – 응답체계
② 학교사회복지사협회 – 전문가체계
③ 학교사회복지사 A – 행동체계
④ 담임교사 – 표적체계
⑤ 가해자 학생 C, D – 변화매개 체계

17 다음에서 설명하는 전문적 관계의 기본 요소는?

> • 사회복지사가 클라이언트의 입장에서 이해하는 것
> • 반영 등의 기법을 사용하여 이해하고 있다는 것을 표현하는 것

① 공감
② 진실성
③ 문화적 민감성
④ 자기를 관찰하는 능력
⑤ 헌신

18 다음에서 설명하는 의사소통기술은?

> • 클라이언트 혼자만이 겪는 문제가 아니라는 것을 인식하게 하는 기법
> • 클라이언트의 생각과 느낌이 다른 사람과 비슷하다고 말해줌으로써 클라이언트의 소외감을 감소시켜 주는 기술

① 재명명   ② 초점화
③ 직면   ④ 일반화
⑤ 조언

19 사회복지실천과정의 간접개입기법 중 환경조정이 필요한 상황에 해당하지 않는 것은?

① 아동이 가정에서 성적 학대를 받을 때
② 화재로 장애청소년의 부모가 사망했을 때
③ 직장에서 성폭력 예방을 위한 교육프로그램을 제공할 때
④ 자연재해로 집을 잃었을 때
⑤ 고령의 노인이 가정에서 학대를 받을 때

20 사례관리과정과 수행업무의 연결로 옳은 것은?

① 인테이크 – 상담, 교육, 자원 제공
② 사정 – 사례관리 대상자의 적격성 판정
③ 서비스 계획 – 클라이언트의 욕구와 자원에 관한 정보수집
④ 점검 – 서비스가 계획대로 제공되고 있는지 확인
⑤ 평가 – 서비스가 필요한 클라이언트의 욕구 확인

21 접수단계에서 수행할 수 있는 과업이 아닌 것은?

① 의뢰　　　② 관계형성
③ 서비스 동의　　　④ 목표설정
⑤ 문제 확인

22 사정의 특성으로 옳지 않은 것은?

① 클라이언트의 생활 속에서 욕구를 발견하고 문제를 정의한다.
② 클라이언트와 사회복지사 양자가 참여하는 상호과정이다.
③ 환경 속의 클라이언트를 이해하고 계획의 근거를 마련하는 이중초점을 지닌다.
④ 클라이언트의 독특한 상황과 관련하여 개별화되어야 한다.
⑤ 클라이언트에 대한 서비스 제공여부를 판단한다.

23 사례관리의 등장배경으로 옳지 않은 것은?

① 복합적인 서비스를 필요로 하는 대상자가 증가하였다.
② 복지국가 재정위기로 정책방향을 저비용·고효율로 전환하였다.
③ 시설중심의 통합적 서비스 제공에 대한 요구가 증가하였다.
④ 지역사회에서 서비스 조정이 필요하게 되었다.
⑤ 서비스 공급주체가 중앙정부에서 지방정부로 변화하였다.

24 사례관리자가 수행하는 직접실천기술은?

① 클라이언트를 서비스나 자원에 연결한다.
② 클라이언트의 권리를 보호하고 클라이언트에게 서비스에 대한 자격이 주어지도록 옹호한다.
③ 클라이언트에게 제공되는 서비스와 자원의 전달상황을 점검한다.
④ 다양한 전문가들의 협력과 조정을 수행한다.
⑤ 클라이언트와 가족 간의 문제해결을 위해 가족상담을 진행한다.

25 생태도를 통하여 파악할 수 없는 것은?

① 클라이언트 가족의 세대 간 반복되는 정서적 유형
② 클라이언트에게 스트레스가 되는 체계
③ 클라이언트와 환경 간 자원교환의 정도
④ 클라이언트가 이용하는 서비스 기관
⑤ 클라이언트에게 유용한 자원이나 환경

사회복지실천기술론

26 실천지혜(practice wisdom)에 관한 설명으로 옳지 않은 것은?

① 암묵적 지식과 같은 의미이다.
② 사회복지사의 직관에 영향을 받는다.
③ 실천 활동을 조작화하고 구조화한 것이다.
④ 개인의 가치체계와 경험으로부터 만들어진다.
⑤ 현장에서 유용하나 공인된 지식은 아니다.

27 정신역동모델의 개입기술에 관한 설명으로 옳은 것은?

① 전이는 현재의 인물에게 느끼는 사랑이나 증오의 감정을 과거의 인물에게 전치하는 것을 말한다.
② 훈습은 경험적 확신을 갖도록 전이와 저항에 대한 분석과 해석을 반복적으로 진행하는 것이다.
③ 직면은 클라이언트의 말과 행동 사이의 불일치나 모순이 있을 때에 우회적 방법으로 알리는 것이다.
④ 해석은 클라이언트의 공감능력을 키우는 효과가 있다.
⑤ 자유연상은 클라이언트가 수치스럽게 생각하거나 도움이 안 되는 내용을 선택할 수 있다.

28 다음 사례에서 활용한 심리사회모델의 개입 기법은?

> 가까워지기 어려운 사람들과 친밀감을 높이기 위해 당신이 자주 사용하는 행동 패턴이 있다고 생각하십니까?

① 직접적 영향 주기
② 탐색-기술(묘사)-환기
③ 지지하기
④ 유형-역동성 고찰
⑤ 발달적 고찰

29 다음 사례에 해당하는 인지적 오류는?

> 입사시험 면접을 잘 마쳤음에도 불구하고 K씨는 부모님께 시험에 떨어질 것이라고 말씀드렸다.

① 이분법적 사고   ② 개인화
③ 과잉 일반화   ④ 재앙화
⑤ 임의적 추론

30 클라이언트중심모델의 주요 개념으로 옳지 않은 것은?

① 실현화 경향
② 자아실현 욕구
③ 인지적 개입
④ 조건부 가치
⑤ 긍정적 관심

31 과제중심모델에 관한 설명으로 옳은 것은?

① 개인의 신념체계의 변화를 강조한다.
② 특정 이론보다는 경험적 자료를 통해 개입의 기초를 마련한다.
③ 인간의 신념이나 생각은 정서와 행동에 영향을 미친다고 가정한다.
④ 클라이언트가 무력한 상태에서 힘을 가진 상태로 이동하는 것을 목표로 한다.
⑤ 변화는 항상 일어나며 불가피한 것으로 본다.

32 해결중심모델의 주요 원리로 옳지 않은 것은?

① 건강한 것에 초점을 둔다.
② 개입의 목적을 증상 감소에 둔다.
③ 현재에 초점을 맞추며 미래지향적이다.
④ 클라이언트와의 협력관계를 중요시한다.
⑤ 탈이론적이며 비규범적이다.

33 밀러와 롤닉(W. Miller & S. Rollnick)의 동기강화모델의 원리로 옳지 않은 것은?

① 불일치감 인식하기
② 자기효능감 지지하기
③ 저항과 함께하기
④ 내적 의사소통 명료화하기
⑤ 공감 표현하기

34 임파워먼트모델의 실천기법으로 옳은 것을 모두 고른 것은?

> ㉠ 강점 사정하기
> ㉡ 자원 확보하기
> ㉢ 촉진적 개입하기
> ㉣ 합류하기

① ㉠, ㉡
② ㉡, ㉢
③ ㉠, ㉡, ㉢
④ ㉠, ㉢, ㉣
⑤ ㉠, ㉡, ㉢, ㉣

35 골란(N. Golan)의 위기발달 단계로 옳은 것은?

① 위험사건 – 촉발요인 – 취약단계 – 위기단계 – 재통합
② 취약단계 – 위험사건 – 촉발요인 – 위기단계 – 재통합
③ 취약단계 – 위험사건 – 위기단계 – 촉발요인 – 재통합
④ 위험사건 – 취약단계 – 위기단계 – 촉발요인 – 재통합
⑤ 위험사건 – 취약단계 – 촉발요인 – 위기단계 – 재통합

36 실천과정에서 "환류하기"에 관한 설명으로 옳은 것은?

① 개입단계에서 그간의 문제해결 과정을 점검하는 활동이다.
② 사회복지사와 클라이언트 간 합의된 목표의 달성도를 측정하는 것이다.
③ 클라이언트의 문제해결에 필요한 자원을 적극적으로 끌어들이기 위한 전략이다.
④ 욕구를 재확인하여 서비스 계획이나 개입 전략을 수정하는 과정이다.
⑤ 클라이언트의 주변체계에 문제의 심각성을 알리고 적극적으로 옹호하는 활동이다.

37 가족치료모델의 개입 목표에 관한 설명으로 옳지 않은 것은?

① 해결중심 가족치료: 가족이 문제 중심에서 벗어나 해결방안을 모색하고 실행하도록 돕는다.
② 다세대 가족치료: 가족구성원의 불안 감소 및 미분화된 원가족과의 관계에서 자아분화를 증진시킨다.
③ 구조적 가족치료: 역기능적 가족구조를 재구조화한다.
④ 경험적 가족치료: 자아존중감 향상과 의사소통 방식의 변화를 통해 대처능력을 향상시킨다.
⑤ 전략적 가족치료: 다양한 전략을 활용하여 제시된 문제의 원인을 찾도록 돕는다.

38 미누친(S. Minuchin)의 구조적 가족치료의 대표적 기법을 옳게 나열한 것은?

① 합류하기, 균형 깨뜨리기, 실연
② 합류하기, 경계 만들기, 가족그림
③ 경계 만들기, 탈삼각화, 과제부여
④ 과제부여, 균형 깨뜨리기, 역설적 지시
⑤ 균형 깨뜨리기, 경계 만들기, 순환적 질문

39 다음 사례에 해당하는 가족개입 기법은?

> 끊임없는 잔소리로 말다툼이 잦아 갈등을 겪고 있는 부부에게 매일 1회 시간을 정해서 30분 동안 부부싸움을 하도록 하였다.

① 실연
② 재구성
③ 역설적 지시
④ 순환적 질문하기
⑤ 긍정적 의미부여

40 보웬(M. Bowen)의 다세대 가족치료의 주요 개념과 기법에 관한 설명으로 옳은 것을 모두 고른 것은?

> ㉠ 자아분화 수준이 더 낮은 성원이 가족투사의 대상이 된다.
> ㉡ 가계도를 작성하고 해석하면서 가족의 정서적 과정을 이해한다.
> ㉢ 성공적인 치료를 위해 사회복지사는 치료적 삼각관계를 형성하여 개입한다.
> ㉣ 자아분화 수준이 낮을수록 가족원의 자율성이 증가하여 독립적으로 행동한다.

① ㉠, ㉡
② ㉡, ㉢
③ ㉠, ㉡, ㉢
④ ㉠, ㉢, ㉣
⑤ ㉠, ㉡, ㉢, ㉣

41 경험적 가족치료에 관한 설명으로 옳지 않은 것은?

① 자아존중감을 높이는 것이 중요한 치료목표이다.
② 역기능적 의사소통 유형을 일치형으로 바꾸도록 돕는다.
③ 가족규칙을 합리적으로 바꾸고, 자기 인생에 대한 선택권을 스스로 갖도록 한다.
④ 역기능적인 상호작용의 개선이나 증상 제거보다 개인의 성장에 더 초점을 둔다.
⑤ 가족의 상호작용 유형을 확인하고 문제를 외현화한다.

42 체계론적 관점에서 가족에 관한 설명으로 옳은 것은?

① 가족의 항상성은 어떤 행동이 허용되는가를 결정하는 가족규칙을 통해 공고해진다.
② 일탈행동이나 갈등상황에 대해 부적 환류를 적용하면 최초의 일탈이나 갈등을 증폭시키는 작용을 한다.
③ 가족은 상위체계와는 독립적으로 존재하며 그 안에 다양한 하위체계를 포함한다.
④ 경직된 경계를 가진 가족은 독립성과 자율성이 결여되어 있다.
⑤ 부모-자녀하위체계는 가족을 이끄는 책임을 지는 하위체계로 권위를 갖는 것이 중요하다.

43 가족의 구조와 기능에 관한 설명으로 옳은 것을 모두 고른 것은?

> ㉠ 기능적인 가족은 가족규칙을 융통성 있게 적용한다.
> ㉡ 부모와 자녀 간의 밀착된 관계는 하위체계 간 균형을 유지하게 한다.
> ㉢ 밀착된 가족은 경계의 투과성이 높아 체계 간 구분이 어렵다.
> ㉣ 기능적 가족은 가족성원에게 고정된 역할을 부여하여 혼란을 감소시킨다.

① ㉠, ㉡ ② ㉠, ㉢
③ ㉡, ㉢ ④ ㉡, ㉢, ㉣
⑤ ㉠, ㉡, ㉢, ㉣

44 집단문화에 관한 설명으로 옳지 <u>않은</u> 것은?

① 집단 고유의 스타일이나 독특성을 만들어낸다.
② 집단응집력은 집단문화 형성에 영향을 미치는 요인이다.
③ 성원들의 가치가 혼합되면서 타 집단과 구분되는 특성이 만들어진다.
④ 다양한 성원들이 참여하는 개방형 집단에서 빠르게 형성된다.
⑤ 고정관념이나 편견이 많은 성원들은 집단문화 형성에 방해가 된다.

45 자조집단이 갖는 특징으로 옳은 것을 모두 고른 것은?

> ㉠ 동병상련의 경험에 기반을 둔다.
> ㉡ 집단사회복지사의 주요 역할은 변화매개인이다.
> ㉢ 집단 내 원활한 의사소통과 상호작용을 위해 공동지도자를 둔다.
> ㉣ 노아방주의 원칙(Noah's ark principle)에 따라 성원을 모집한다.

① ㉠ ② ㉡, ㉢
③ ㉡, ㉣ ④ ㉡, ㉢, ㉣
⑤ ㉠, ㉡, ㉢, ㉣

46 집단대상 실천의 치료적 효과에 해당하는 것을 모두 고른 것은?

> ㉠ 정보 습득 ㉡ 보편성
> ㉢ 이타심   ㉣ 정화

① ㉠
② ㉡, ㉢
③ ㉡, ㉣
④ ㉡, ㉢, ㉣
⑤ ㉠, ㉡, ㉢, ㉣

47 집단 사정도구의 활용 목적으로 옳은 것은?

① 소시오메트리: 개별 성원의 행동패턴 분석
② 소시오그램: 성원 간 상호작용 빈도 측정
③ 사회적 관계망표: 집단성원 활동에 대한 상호 평가
④ 상호작용차트: 성원의 집단참여 수준 분석
⑤ 의의차별척도: 하위집단의 구성여부 파악

48 집단의 종결단계에서 수행하는 과업으로 옳은 것을 모두 고른 것은?

> ㉠ 성원 간의 이해를 돕기 위해 자기 노출의 기회를 갖는다.
> ㉡ 집단경험을 통해 학습한 내용의 활용계획을 세운다.
> ㉢ 공통의 관심사를 찾기 위해 개방적 토론 시간을 늘린다.
> ㉣ 측정도구를 통해 성원 개인별 변화를 평가한다.

① ㉠
② ㉡, ㉢
③ ㉡, ㉣
④ ㉡, ㉢, ㉣
⑤ ㉠, ㉡, ㉢, ㉣

49 단일사례설계에 관한 설명으로 옳지 않은 것은?

① 동시에 여러 문제의 변화를 측정하는 것이 불가능하다.
② 개입의 효과성을 파악하기 위해 반복측정을 한다.
③ 기초선 자료수집은 개입 이전이나 이후에도 가능하다.
④ 개입과정에서 개입의 강도나 방식을 바꿀 수 있다.
⑤ 조사대상은 개인뿐 아니라 가족, 집단, 기관도 가능하다.

50 클라이언트의 개인정보 보호를 위한 기록 방법으로 옳지 않은 것은?

① 정확한 정보를 기록하고, 부정확한 것으로 확인되면 삭제나 수정할 수 있다.
② 서비스 신청에 필요하더라도 민감한 사적 정보는 제외한다.
③ 개인정보가 담긴 사례기록을 방치하는 것은 위법 행위이다.
④ 클라이언트의 사생활이나 비밀스런 내용은 일반적인 용어로 바꾸어 기록한다.
⑤ 전산화된 기록에 대한 접근 권한을 제한하기 위해 암호화한다.

지역사회복지론

51 다음에서 설명하는 지역사회복지 이념은?

- 지역주민은 지역사회복지의 이용자인 동시에 제공자라는 관점을 강조한다.
- 지역주민의 욕구 및 문제를 해결하기 위한 주민의 주체성에 초점을 둔다.

① 전문화 ② 정상화
③ 탈시설화 ④ 주민참여
⑤ 사회통합

52 다음에서 설명하는 길버트와 스펙트(N. Gilbert & H. Specht)의 지역사회 기능은?

지역사회가 공유하는 지식, 사회적 가치, 행동양식을 지역사회 구성원들에게 전달하는 것

① 상부상조 기능
② 생산·분배·소비 기능
③ 사회화 기능
④ 사회통합 기능
⑤ 사회통제 기능

53 던햄(A. Dunham)의 지역사회유형에 따른 예시로 옳은 것을 모두 고른 것은?

㉠ 인구 크기 – 대도시, 중·소도시
㉡ 인구구성의 사회적 특수성 – 외국인촌, 저소득층 지역
㉢ 경제적 기반 – 농촌, 어촌, 광산촌
㉣ 행정구역 – 특별시, 광역시·도, 시·군·구, 읍·면·동

① ㉠, ㉡   ② ㉠, ㉢
③ ㉡, ㉣   ④ ㉠, ㉢, ㉣
⑤ ㉠, ㉡, ㉢, ㉣

54 한국의 지역사회복지 역사에 관한 설명으로 옳지 않은 것은?

① 1950년대 – 외국민간원조한국연합회(KAVA) 결성
② 1980년대 – 사회복지관 운영·건립 국고보조사업 지침 마련
③ 1990년대 – 재가복지봉사센터 설치·운영
④ 2010년대 – 읍·면·동 복지허브화사업 실시
⑤ 2020년대 – 시·군·구 희망복지지원단 설치·운영

55 영국의 지역사회복지 역사에 영향을 준 사건을 과거부터 시대순으로 옳게 나열한 것은?

㉠ 토인비홀(Toynbee Hall) 설립
㉡ 시봄(Seebohm)보고서
㉢ 정신보건법(Mental Health Act) 제정
㉣ 바클레이(Barclay)보고서
㉤ 하버트(Harbert)보고서

① ㉠ – ㉡ – ㉣ – ㉤ – ㉢
② ㉠ – ㉢ – ㉡ – ㉤ – ㉣
③ ㉠ – ㉢ – ㉣ – ㉤ – ㉡
④ ㉡ – ㉢ – ㉤ – ㉣ – ㉠
⑤ ㉢ – ㉠ – ㉤ – ㉣ – ㉡

56 다음 사례에 해당하는 지역사회복지이론은?

> A 사회복지기관은 지방정부로부터 보조금을 지원 받은 후 지방정부의 요구와 통제를 수용하였다.

① 갈등이론
② 엘리트주의이론
③ 사회체계이론
④ 권력의존이론
⑤ 사회자본이론

57 지역사회복지이론에 관한 설명으로 옳은 것을 모두 고른 것은?

> ㉠ 사회체계이론 – 지역사회 내 갈등이 변화의 원동력이다.
> ㉡ 갈등이론 – 자원의 불평등한 분배로 인해 이해관계의 대립이 발생한다.
> ㉢ 자원동원이론 – 인간행동은 타인이나 사회환경과 상호작용하는 동안에 학습된다.
> ㉣ 사회자본이론 – 신뢰와 네트워크를 통해 지역사회 문제 해결을 위한 규범 등이 형성된다.

① ㉠, ㉢   ② ㉡, ㉣
③ ㉢, ㉣   ④ ㉡, ㉢, ㉣
⑤ ㉠, ㉡, ㉢, ㉣

58 포플(K. Popple, 1996)의 지역사회복지 실천모델로 옳지 않은 것은?

① 지역사회연계
② 지역사회교육
③ 지역사회개발
④ 지역사회행동
⑤ 인종차별철폐지역사회사업

59 로스만(J. Rothman)의 지역사회복지 실천모델에 관한 설명으로 옳은 것을 모두 고른 것은?

> ㉠ 지역사회개발모델은 지역사회 역량강화, 통합, 자조를 활동 목표로 둔다.
> ㉡ 사회계획모델에서는 변화의 매개체로 과업지향적인 소집단을 활용한다.
> ㉢ 사회행동모델에서 사회복지사의 핵심 역할은 옹호자, 선동가, 협상가이다.
> ㉣ 지역사회개발모델은 지역사회 문제 해결을 위해 전문가의 주도적 개입을 강조한다.

① ㉠, ㉢   ② ㉡, ㉢
③ ㉡, ㉣   ④ ㉠, ㉡, ㉢
⑤ ㉠, ㉡, ㉣

60 웨일과 갬블(M. Weil & D. Gamble)의 근린지역사회조직모델에 관한 설명으로 옳지 않은 것은?

① 조직화를 위한 구성원의 능력개발에 초점을 둔다.
② 일차적 구성원은 지역사회 이웃주민이다.
③ 사회복지사의 주요 역할은 조직가, 교육자, 촉진자, 코치이다.
④ 지방정부, 외부개발자, 지역주민을 변화의 표적체계로 본다.
⑤ 관심영역은 공통 관심사나 특정 이슈에 대한 정책, 행위, 인식의 변화이다.

61 다음에서 설명하는 테일러와 로버츠(S. Taylor & R. Roberts)의 지역사회복지 실천모델은?

- 지역사회의 문제해결을 위해 관계망을 형성하거나 조정
- 사회복지사, 자원봉사자, 행정가 등 다양한 구성원이 참여
- 지역사회복지 실천 과정에서 클라이언트와 후원자의 영향력이 동등

① 계획모델
② 지역사회연계모델
③ 지역사회개발모델
④ 정치적 역량강화모델
⑤ 프로그램 개발 및 조정모델

62 출제 의도에 맞게 변형한 문제입니다.
로스만의 지역사회개발모델에서 사회복지사의 핵심 역할이 아닌 것은?

① 치료자   ② 조력자
③ 촉진자   ④ 안내자
⑤ 교육자

63 지역사회복지 실천과정에 관한 설명으로 옳지 않은 것은?

① 지역사회문제 해결과정으로 볼 수 있다.
② 지역사회 사정은 지역사회의 욕구와 자원을 파악하는 단계이다.
③ 지역사회 문제나 욕구는 지역사회 상황에 따라 다양한 형태로 나타날 수 있다.
④ 자원동원, 재정집행, 네트워크는 실행단계에서 수행된다.
⑤ 총괄평가는 수행과정 중에 실시되어 실천과정의 문제점을 수정하는데 유용하다.

64 다음에서 설명하는 지역사회 욕구사정 방법에 관한 설명으로 옳은 것을 모두 고른 것은?

㉠ 서베이 – 지역주민으로부터 설문조사를 통해 직접적으로 자료를 수집하는 방법
㉡ 초점집단기법 – 전문가 패널을 대상으로 반복된 설문을 통해 합의에 이를 때까지 의견을 수렴하는 방법
㉢ 사회지표분석 – 정부기관이나 사회복지관련 조직에 의해 수집된 기존 자료를 활용하는 방법
㉣ 명목집단기법 – 지역사회 내 다양한 의견을 수렴하여 욕구의 우선순위를 결정하는 방법

① ㉠, ㉢   ② ㉠, ㉣
③ ㉠, ㉡, ㉢   ④ ㉠, ㉢, ㉣
⑤ ㉡, ㉢, ㉣

65 지역사회복지 실천기술 중 조직화 기술에 해당하지 않는 것은?

① 주민의 효율적 통제 기술
② 주민회의, 토론 등을 통한 의사소통
③ 구성원 간 갈등조율을 위한 대인관계기술
④ 주민지도력 발굴 및 향상 교육
⑤ 지역사회 문제와 이슈에 대한 정보수집 및 분석

66 다음 지역사회복지 실천과정에서 사회복지사가 활용한 기술은?

> A 사회복지사는 사회적 고립가구 지원을 위해 ○○복지재단에 신청서를 제출하여 사업에 필요한 예산을 확보하였으며 지역 대학교에 봉사자를 요청하였다.

① 협상
② 자원개발 및 동원
③ 옹호
④ 조직화
⑤ 지역사회교육

67 다음 사례에 제시된 사회복지사의 핵심 역할은?

> A 사회복지사는 지역 내 복합적인 욕구를 가진 가구에 대한 사례관리 계획을 수립하였다. 이를 위해 지역사회의 다양한 기관들과 함께 서비스의 중복과 누락을 방지하기 위한 효율적인 개입 방안을 논의하였다.

① 옹호자 ② 교육자
③ 조정자 ④ 자원개발자
⑤ 협상가

68 지방자치제도에 관한 설명으로 옳지 않은 것은?

① 지역복지 활성화의 토대가 될 수 있다.
② 복지예산의 중앙집중화로 정책 효과성이 강화된다.
③ 우리나라는 지방자치법의 제정으로 도입되었다.
④ 지역복지 실현을 위해 중앙정부와 분담적 관계를 추구한다.
⑤ 사회복지서비스의 책임과 권한이 지방에 이양된다.

69 지방분권화가 지역사회복지에 미치는 영향으로 옳지 않은 것은?

① 지역 간의 경쟁이 심화되어 지역 이기주의가 나타날 수 있다.
② 지역사회복지에 대한 자기통치 원리가 중요시된다.
③ 지역주민의 의사를 반영한 행정서비스가 강화된다.
④ 지역 간 상대적 박탈감으로 사회적 형평성 문제가 발생된다.
⑤ 지방의회의 사회적 책임성이 약화된다.

70 지역사회보장협의체의 구성 및 역할에 관한 설명으로 옳은 것은?

① 대표협의체는 사회보장급여 제공과 관련된 조례를 제정한다.
② 대표협의체 위원에는 공무원이 포함되지 않는다.
③ 실무협의체는 사회보장급여 제공에 관한 사항을 심의·자문한다.
④ 실무협의체 위원은 10명 이상 40명 이하로 구성한다.
⑤ 읍·면·동 지역사회보장협의체는 지역사회보장계획의 시행결과를 평가한다.

71 시·군·구 지역사회보장계획 수립 및 시행절차에 관한 설명으로 옳은 것을 모두 고른 것은?

> ㉠ 시·군·구는 4년마다 지역사회보장계획을 수립하여야 한다.
> ㉡ 사회보장위원회의 심의와 지방의회 보고를 거쳐 시·도지사에게 제출한다.
> ㉢ 지역사회보장계획에는 사회보험에 필요한 재원 규모와 조달방안이 포함된다.
> ㉣ 지역사회보장조사는 지역사회보장 욕구조사와 자원조사로 구성된다.

① ㉠, ㉡ ② ㉠, ㉢
③ ㉠, ㉣ ④ ㉡, ㉢
⑤ ㉡, ㉣

72 지역사회 복지기관의 역할로 옳지 않은 것은?

① 사회복지협의회: 사회복지기관 간의 연계·협력·조정
② 자원봉사센터: 자원봉사 프로그램 개발·보급
③ 지역자활센터: 자활기금 설치·운영
④ 사회복지공동모금회: 모금 및 배분의 운용·관리
⑤ 사회복지관: 지역사회 복지문제 예방·해결

73 사회복지관 사업 내용 중 서비스제공 기능에 해당하는 것은?

① 지역욕구조사 실시
② 자원봉사자 개발 및 관리
③ 사회복지현장실습 교육 및 지도
④ 독거노인을 위한 일상생활 지원
⑤ 후원자 개발을 위한 기관 소식지 제작

74 사회적 경제에 관한 설명으로 옳은 것을 모두 고른 것은?

> ㉠ 사회적 경제주체는 정부와 시장이다.
> ㉡ 사회통합과 공동체의식 증진에 기여할 수 있다.
> ㉢ 호혜와 연대에 기초한 사회적 자본으로 시장경제의 대안이 된다.
> ㉣ 사회적 경제조직의 유형에는 협동조합, 마을기업, 자활기업 등이 있다.

① ㉠ ② ㉠, ㉡
③ ㉡, ㉢ ④ ㉠, ㉢, ㉣
⑤ ㉡, ㉢, ㉣

75 지역사회복지운동에 관한 설명으로 옳지 않은 것은?

① 지역사회의 부당한 권력구조를 변화시키기 위해 노력한다.
② 지역주민 참여를 위한 수요자 중심의 활동이 이루어진다.
③ 지역사회복지운동의 주체로 사회복지 실무자도 포함된다.
④ 특정 계층에 국한된 수단지향적인 활동이다.
⑤ 조례제정운동과 같은 제도변화과정을 예로 들 수 있다

3교시

사회복지정책과 제도

2025년도 제23회 사회복지사 1급 국가시험

문제형별	시간	시험과목 및 시험영역
A	75분	① 사회복지정책론 ② 사회복지행정론 ③ 사회복지법제론

사회복지정책론

01 사회복지정책의 목적으로 옳지 <u>않은</u> 것은?

① 빈부 간 갈등 예방과 사회통합
② 개인의 자립과 성장
③ 소득재분배에 의한 평등 추구
④ 사회안전망 강화와 생존권 보장
⑤ 개인의 능력에 따른 분배구조 확대

02 사회복지정책 가치인 연대에 관한 설명으로 옳지 <u>않은</u> 것은?

① 사람들이 서로 의무감과 책임감을 느끼고 함께 하려는 상태를 의미한다.
② 일반적으로 동질성과 동등성을 갖지 못한 대상에 대한 배타성을 갖게 된다.
③ 이질성과 개인화가 강조되는 상태에서 유지되는 연대를 유기적 연대라고 한다.
④ 최근 우리나라에서는 노동시장의 변화로 노동자들 간 동질성이 더욱 강화되었다.
⑤ 장애인의무고용은 연대를 제도화한 것이다.

03 마이클 샌델(M. Sandel)의 정의에 관한 설명으로 옳지 <u>않은</u> 것은?

① 절차적 장치로써 무지의 베일 활용
② 도덕에 기초하는 정치
③ 불평등 해소방법, 연대, 시민의 미덕
④ 시장의 도덕적 한계를 인정
⑤ 시민의식, 희생, 봉사

04 사회복지정책의 역사를 세 단계로 나눌 때 ( )에 들어갈 내용을 순서대로 나열한 것은?

	대상자	사회복지 주체	권리수준
빈민법	걸인, 부랑인, 구제가치가 있는 빈민	(㉠)	무권리, 정책당국의 재량
사회보험	노동자 계급	국가, 노동조합	(㉡)
복지국가	(㉢)	국가, 시민단체	시민권

① ㉠: 노동조합
㉡: 계약에 입각한 권리
㉢: 노동자 계급
② ㉠: 국가, 노동조합
㉡: 시민권
㉢: 노동자 계급
③ ㉠: 국가, 교회, 영주
㉡: 계약에 입각한 권리
㉢: 시민, 개인
④ ㉠: 노동조합
㉡: 정책 당국의 재량
㉢: 시민, 개인
⑤ ㉠: 국가, 교회, 영주
㉡: 시민권
㉢: 노동자 계급

05 제2차 세계대전 이후 서구 복지국가의 전개 과정에 관한 설명으로 옳은 것은?

① 노동과 자본의 극단적인 대립
② 대규모 재분배를 가능하게 하는 케인즈주의 경제정책
③ 자유방임 자본주의를 옹호하는 사상 확산
④ 공공부조 위주의 사회보장체계 구축
⑤ 가족과 시장의 책임강조

06 중상주의에 관한 설명으로 옳은 것을 모두 고른 것은?

> ㉠ 15세기 중반부터 18세기 중반까지 유럽 대륙을 지배하였던 경제사상을 지칭하는 용어이다.
> ㉡ 국가유지에 필요한 비용을 마련하기 위해 식민지 개척과 무역정책을 추진하였다.
> ㉢ 식량부족으로 인구증가 억제정책을 추진하였다.
> ㉣ 빈민들의 근면성을 위해 임금수준을 낮게 유지하고자 하였다.

① ㉠
② ㉡, ㉢
③ ㉠, ㉡, ㉣
④ ㉡, ㉢, ㉣
⑤ ㉠, ㉡, ㉢, ㉣

07 재분배에 관한 설명으로 옳은 것은?

① 건강보험은 건강한 사람으로부터 질병을 겪는 사람에게 자원을 재분배한다.
② 고용보험은 수직적 재분배효과가 가장 크다.
③ 정부는 최소극대화의 원칙에 따라 불평등을 완화하기 위해 모든 대상자에게 동일한 보험료를 부과한다.
④ 민간에서 이루어지는 자선활동에서는 파레토 개선 효과가 나타나지 않는다.
⑤ 사회민주주의에서는 개인의 효용관점에서 재분배를 정당화한다.

08 사회적 배제에 관한 설명으로 옳지 않은 것은?

① 생활수준은 소득이나 재화뿐만 아니라 개인 역량의 실현을 중심으로 판단되어야 한다.
② 사회적 배제의 범위에는 빈곤, 저학력, 열악한 주거환경 등 다양한 영역을 포괄한다.
③ 사회적 배제는 기본적으로 소득빈곤 개념의 협소성에 대한 비판으로 이해될 수 있다.
④ 사회적 배제 개념은 빈곤에 이르는 과정보다는 빈곤이라는 결과적인 상태에 초점을 둔다.
⑤ 불평등과 빈곤 개념은 소득의 차원을 넘어 다양한 차원으로 확대되어야 한다.

09 길버트(N. Gilbert)가 주장한 권능부여국가(enabling state)의 주요 요소에 해당하는 것은?

① 사회적 지원, 노동의 재상품화, 공공기관에 의한 제공, 권리의 공유를 통한 연대
② 사회적 포섭, 노동의 탈상품화, 민간기관에 의한 제공, 사회권으로서의 급여
③ 사회적 포섭, 노동의 재상품화, 민영화, 사회권으로서의 급여
④ 근로촉진, 선별적 표적화, 민영화, 사회적 의무와 연계된 급여
⑤ 근로촉진, 생활임금, 공적 운영, 사회적 의무와 연계된 급여

10 다음에서 설명하고 있는 정책결정모형은?

> • 큰 범위에서의 기본적인 결정은 합리적으로 이루어지지만, 세부적 결정은 기본적 결정을 보완·수정하여 점증적으로 이루어진다고 주장하는 정책결정모형이다.
> • 기본적 결정은 전체적인 방향을 설정하기 위해 중요한 대안을 탐색한 후에 이루어진다.
> • 두 개의 대립되는 극단의 모형들을 절충한 것에 지나지 않는다는 비판이 있다.

① 쓰레기통모형　② 점증모형
③ 혼합모형　　　④ 만족모형
⑤ 최적모형

11 사회복지 급여형태 중 운영효율성이 가장 높은 급여와 목표효율성이 가장 높은 급여를 순서대로 짝지은 것은?

```
㉠ 현금        ㉡ 증서(바우처)
㉢ 현물        ㉣ 기회
```

① ㉠, ㉡   ② ㉠, ㉢
③ ㉡, ㉢   ④ ㉡, ㉣
⑤ ㉢, ㉣

12 사회복지 공공재원에 관한 설명으로 옳지 <u>않은</u> 것은?

① 조세는 다른 재원에 비해서 평등을 구현하는데 용이하다.
② 사회보험료는 소득세에 비해 상대적으로 조세저항이 약하다.
③ 사회보험료는 조세와 비교해 상대적으로 소득재분배 효과가 약하다.
④ 소득세 누진성이 낮을수록 재분배효과가 크다.
⑤ 조세는 재원의 안정성과 지속성이 가장 강하다.

13 사회복지서비스 공급주체로서 중앙정부에 관한 설명으로 옳은 것은?

① 서비스 수혜자의 정책결정과정 참여가 용이하다.
② 지역주민의 욕구에 신속하게 대응할 수 있다.
③ 서비스의 지속성과 안정성 확보에 유리하다.
④ 사회통합의 저해 우려가 있고 규모의 경제 실현이 어렵다.
⑤ 이용자의 다양한 선택권을 보장하는데 유리하다.

14 사회복지전달체계에 관한 설명으로 옳은 것을 모두 고른 것은?

```
㉠ 사회복지서비스의 제공자들 사이 또는 공급자와 수급자 사이를 연결하기 위한 조직적, 구조적, 기능적 장치이다.
㉡ 사회복지전달체계의 운영주체는 크게 공공과 민간으로 나눌 수 있다.
㉢ 사회복지전달체계를 발전시키기 위해서는 서비스의 분열성, 불연속성, 무책임성, 비접근성을 배제해야 한다.
㉣ 비영리 민간사회복지기관은 공공부문과 연계하여 서비스를 제공하기도 한다.
```

① ㉠   ② ㉠, ㉣
③ ㉡, ㉢   ④ ㉡, ㉢, ㉣
⑤ ㉠, ㉡, ㉢, ㉣

15 현물급여를 모두 고른 것은?

```
㉠ 노인장기요양보험의 재가급여
㉡ 산업재해보상보험의 요양급여
㉢ 국민건강보험의 건강검진
㉣ 국민기초생활보장제도의 생계급여
```

① ㉠   ② ㉡, ㉣
③ ㉠, ㉡, ㉢   ④ ㉡, ㉢, ㉣
⑤ ㉠, ㉡, ㉢, ㉣

16 현재 우리나라의 사회복지제도 중 보편주의적 성격에 해당하지 <u>않는</u> 것은?

① 아동수당   ② 기초연금
③ 의무교육   ④ 무상급식
⑤ 건강보험

17 산업재해보상보험에서 업무상 재해 인정기준에 해당하는 것을 모두 고른 것은?

> ㄱ. 사업주가 주관한 행사준비 중에 발생한 사고
> ㄴ. 휴게시간 중 사업주의 지배관리하에 있다고 볼 수 있는 행위로 발생한 사고
> ㄷ. 통상적인 경로와 방법으로 출·퇴근하는 중 발생한 사고
> ㄹ. 직장 내 괴롭힘으로 인한 업무상 정신적 스트레스가 원인이 되어 발생한 질병

① ㄱ, ㄴ
② ㄱ, ㄷ
③ ㄴ, ㄹ
④ ㄴ, ㄷ, ㄹ
⑤ ㄱ, ㄴ, ㄷ, ㄹ

18 국민연금제도에 관한 설명으로 옳은 것을 모두 고른 것은?

> ㄱ. 국민연금공단은 관리운영과 보험료 징수를 담당한다.
> ㄴ. 기본연금액의 균등부분은 연금수급 전 3년간 전체 가입자 평균소득월액의 평균액이다.
> ㄷ. 기본연금액의 균등부분에서 소득재분배 효과가 나타난다.
> ㄹ. 기본연금액의 소득비례부분은 전체 가입자의 기준소득월액의 평균액이다.
> ㅁ. 2028년 이후 국민연금의 소득대체율은 40년 가입 기준 40%이다.

① ㄱ, ㄷ
② ㄴ, ㄹ
③ ㄱ, ㄹ, ㅁ
④ ㄴ, ㄷ, ㅁ
⑤ ㄱ, ㄴ, ㄷ, ㄹ, ㅁ

19 건강보험 진료비 지불제도에 관한 설명으로 옳은 것은?

① 행위별 수가제는 질병 범주별로 구분하여 고정금액을 보수로 지불하는 방식이다.
② 포괄수가제는 의사가 담당하는 환자 수에 비례하여 일정 금액을 지급하는 방식이다.
③ 행위별 수가제는 행정절차가 간소하여 비용 절감효과가 있다.
④ 우리나라는 포괄수가제를 일부 질병군에 적용하고 있다.
⑤ 포괄수가제는 의료기관의 1년간 운영비를 포괄적으로 지불하는 제도이다.

20 노인장기요양보험제도에 관한 설명으로 옳지 않은 것은?

① 가족요양비는 신체·정신 등의 사유로 인하여 가족에게 요양을 받아야 하는 자에게 지급할 수 있다.
② 재가급여로 분류되는 단기보호의 급여기간은 월 9일 이내를 원칙으로 하되 특별한 사유가 있는 경우 연장 가능하다.
③ 장기요양등급판정을 받은 65세 이상 노인은 소득수준과 상관없이 장기요양보험 급여를 받을 수 있다.
④ 일반 노인장기요양보험 가입자는 재가급여를 이용할 경우 15 %의 본인부담금을 부담하여야 한다.
⑤ 노인요양공동생활가정은 5인 이상 15인 이하로 운영된다.

21 공공부조와 사회보험의 차이에 관한 설명으로 옳은 것은?

① 사회보험은 주로 보험료로 재정을 충당하며, 공공부조는 조세로 충당한다.
② 사회보험은 사후적인 성격이 강한 반면 공공부조는 예방적인 성격이 강하다.
③ 사회보험과 공공부조 모두 빈곤을 예방하는데 목적이 있다.
④ 공공부조가 사회보험보다 계약적 권리성이 강하다.
⑤ 사회보험은 중앙과 지방정부가, 공공부조는 정부가 위임한 관리운영기구가 운영주체이다.

22 사회서비스에 관한 설명으로 옳은 것은?

① 수급자 등 빈곤층만을 대상으로 한다.
② 주로 바우처 방식으로 수요자를 지원한다.
③ 전액 국비로 지원한다.
④ 단일 기관이 독점하여 공급한다.
⑤ 주로 획일화된 서비스를 제공한다.

23 최저임금제에 관한 설명으로 옳지 않은 것은?

① 우리나라에서는 최저임금제가 2000년부터 실시되었다.
② 최저임금제는 정신장애로 근로능력이 현저히 낮은 사람에게는 적용되지 않는다.
③ 최저임금제는 근로자에게 최저한의 생계를 유지할 수 있는 수준의 임금을 보장하기 위한 제도이다.
④ 최저임금제는 저임금 근로자의 증가를 억제하는 장치로 작용할 수 있다.
⑤ 최저임금제는 사회보장 급여수준에 영향을 미칠 수 있다.

24 도덕적 해이에 관한 설명으로 옳지 않은 것은?

① 도덕적 해이는 보험계약이 가입자들의 행동에 영향을 미치는 현상이다.
② 도덕적 해이는 보험가입 집단의 크기가 클수록 약화된다.
③ 도덕적 해이는 실업보험에서 발생할 가능성이 높다.
④ 도덕적 해이는 건강보험 진료비 본인부담을 정당화하는 논리로 사용된다.
⑤ 도덕적 해이가 심각해지면 민간보험사의 보험료 상승으로 이어질 수 있다.

25 사회보험과 민간보험에 관한 설명으로 옳은 것은?

① 사회보험은 조세를 주된 재원으로 한다.
② 민간보험은 사회보험보다 사회적 적절성이 중요하다.
③ 사회보험은 개인에게 발생할 수 있는 모든 위험을 대상으로 한다.
④ 민간보험은 물가상승에 따른 실질가치의 변동을 보장한다.
⑤ 사회보험 급여는 민간보험 급여보다 법적 권리성이 강하다.

사회복지행정론

26 사회복지행정의 개념에 관한 설명으로 옳은 것은?

① 정부조직만을 대상으로 한다.
② 조직의 효과성보다 효율성이 중요하다.
③ 정부 재정 외에 민간자원 활용은 배제한다.
④ 사회문제 해결과정에서 가치판단을 배제한다.
⑤ 사회복지정책을 서비스로 전환하는 과정이다.

27 한국 사회복지행정 역사에 관한 설명으로 옳지 않은 것은?

① 1950년대에는 긴급구호와 생활(수용)시설에서의 보호가 주를 이루었다.
② 1970년 사회복지사업법 제정으로 사회복지시설 운영에 관한 법적 근거가 마련되었다.
③ 1997년 사회복지사업법 개정을 통해 사회복지시설 평가가 법제화되었다.
④ 1998년 사회복지공동모금회가 설립되었다.
⑤ 2008년 노인장기요양보험제도 도입으로 민간기관의 서비스 제공이 금지되었다.

28 사회복지조직 이론에 관한 설명으로 옳은 것을 모두 고른 것은?

㉠ 과학적 관리론: 직무에 관한 과학적 연구와 분석
㉡ 관료제이론: 표준 운영 절차를 통한 합리성과 전문성 추구
㉢ 인간관계론: 조직 내 인간을 심리적, 사회적 욕구를 가진 전인격적 존재로 파악
㉣ 상황이론: 조직의 상황에 관계없이 효율성을 극대화할 수 있는 이상적 방법 추구

① ㉠, ㉡
② ㉢, ㉣
③ ㉠, ㉡, ㉢
④ ㉡, ㉢, ㉣
⑤ ㉠, ㉡, ㉢, ㉣

29 신공공관리(New Public Management)에 관한 설명으로 옳지 않은 것은?

① 공공부문 조직운영에 시장원리를 적용한다.
② 조직규모 확장과 중앙집권화를 지향한다.
③ 행정 효율성과 고객에 대한 대응성을 중시한다.
④ 규제완화와 조직원 참여를 중시한다.
⑤ 시민과 고객을 중심으로 서비스의 질적 수준 제고에 중점을 둔다.

30 민간 비영리조직의 특성에 관한 설명으로 옳지 않은 것은?

① 이윤이 발생하면 구성원에게 균등하게 배당한다.
② 시장과 정부 실패를 보완할 수 있다.
③ 최소한의 조직 구조와 운영 공식성을 갖는다.
④ 지방자치단체 보조금을 받을 수 있다.
⑤ 비영리조직 회원은 자발적으로 가입한다.

31 조직 분권화의 특성에 관한 설명으로 옳지 않은 것은?

① 최고관리자의 업무와 책임을 감소시킬 수 있다.
② 직원들의 자발적 협조를 유도할 수 있다.
③ 부서 간 협조가 늘어날 수 있다.
④ 위기와 갈등을 신속하게 해결할 수 있다.
⑤ 하위부서 재량권을 강화하는 효과가 있다.

32 다음에서 설명하는 조직구조는?

- 특정 사업이나 활동수행을 위해 기존 부서에서 인력을 파견하여 구성함
- 조직구성원의 역량을 최대한 활용할 수 있음
- 임시적으로 활동하고 과업이 종료되면 해체됨

① 라인-스탭(line-staff)
② 태스크포스(task force)
③ 감사(audit)조직
④ 거버넌스(governance)조직
⑤ 위계(hierarchy)조직

33 허즈버그(F. Herzberg)의 동기-위생이론에 따른 동기유발요인에 해당하는 것은?

① 성취에 대한 인정(recognition)
② 기술적 감독(technical supervision)
③ 급여(salary)
④ 근로조건(working condition)
⑤ 인간관계(interpersonal relations)

34 블레이크와 무톤(R. Blake & J. Mouton)의 관리격자(Managerial Grid) 리더십유형 분류에 관한 설명으로 옳은 것은?

① 효과성과 효율성에 대한 관심을 교차하여 유형화하였다.
② 이상적 유형은 컨트리클럽형(1,9)이다.
③ 팀형(9,9)은 과업성과보다는 구성원의 사기와 공동체의식을 중시한다.
④ 중도형(5,5)은 인간적 요소와 조직성과 간의 타협과 균형을 추구한다.
⑤ 무기력형(1,1)은 인간적 요소에 최대의 관심을 갖는다.

35 인적자원관리체계에 관한 설명으로 옳은 것은?

① 직무설계 - 직무 내용, 수행방법, 직무간의 관계 등 설정
② 직무분석 - 일의 종류, 난이도, 책임수준이 유사한 직급으로 묶음
③ 직무평가 - 평가대상 직무에 종사하는 직원들 평가
④ 직무기술서 - 직무수행자 자격요건 기술
⑤ 직무명세서 - 직무 성격, 내용, 수행방법 등 기술

36 사회복지조직에서 수행되는 슈퍼비전에 관한 설명으로 옳지 않은 것은?

① 조직구성원 훈련 및 개발에 유용한 도구이다.
② 교육적 기능은 직원의 정신적, 심리적 부담을 완화한다.
③ 행정적 기능은 효율적으로 일하는 구조와 자원을 제공한다.
④ 슈퍼바이저는 관리자, 중재자, 멘토 역할을 한다.
⑤ 슈퍼비전 구성요소는 슈퍼바이지, 슈퍼바이저, 클라이언트, 조직 등이다.

37 예산 유형에 관한 설명으로 옳지 않은 것은?

① 품목별 예산은 수입과 지출목록마다 예상되는 금액을 명시한다.
② 영기준 예산은 전년도 예산을 고려하지 않고 편성한다.
③ 기획예산제도(PPBS)는 장기적 기획과 단기적 예산 편성을 프로그램 작성을 통해 결합한다.
④ 프로그램 예산은 사업 목적보다 지출 품목을 강조한다.
⑤ 성과주의 예산은 '단위원가 × 업무량 = 예산액'으로 편성한다.

38 사회복지조직의 재무·회계에 관한 설명으로 옳지 않은 것은?

① 보건복지부는 국가재정법을 적용한다.
② 사회복지시설은 사회복지법인 및 사회복지시설 재무·회계규칙을 적용한다.
③ 사회복지법인 회계는 법인회계, 시설회계, 수익사업회계로 구분한다.
④ 법인회계와 수익사업회계는 필요시 복식부기도 할 수 있다.
⑤ 사회복지법인 대표이사는 관·항·목간 예산을 전용할 수 없다.

39 사회복지시설 예산 편성 및 결정 절차를 순서대로 나열한 것은?

> ㉠ 시설운영위원회 보고
> ㉡ 예산 공고
> ㉢ 예산 편성
> ㉣ 이사회 의결
> ㉤ 지방자치단체 제출

① ㉠ - ㉤ - ㉣ - ㉡ - ㉢
② ㉡ - ㉢ - ㉠ - ㉣ - ㉤
③ ㉢ - ㉠ - ㉣ - ㉤ - ㉡
④ ㉢ - ㉠ - ㉤ - ㉣ - ㉡
⑤ ㉤ - ㉠ - ㉣ - ㉢ - ㉡

40 패러슈라만 등(A. Parasuraman, V. A. Zeithaml & L. L. Berry)의 서비스 질 구성 차원 중 다음에 해당하는 것은?

- 직원의 지식수준과 정중함, 신뢰와 확신을 심어줄 수 있는 능력
- 긍정적 의사소통기법을 사용, 제품과 서비스를 정확히 설명

① 즉응성(responsiveness)
② 확신성(assurance)
③ 신뢰성(reliability)
④ 유형성(tangible)
⑤ 공감성(empathy)

41 다음에서 설명하는 사회복지 전달체계 구축 원칙은?

- 지역사회통합돌봄(커뮤니티 케어)
- 원스탑서비스 제공
- 서비스 단편성과 비연속성 문제를 해결

① 책임성   ② 접근성
③ 지속성   ④ 통합성
⑤ 적절성

42 사회복지 전달체계에 관한 설명으로 옳지 않은 것은?

① 공공 전달체계, 민간 전달체계, 공공과 민간 혼합 전달체계로 구분한다.
② 집행체계는 수급자와 대면 관계를 통해 서비스를 제공한다.
③ 행정복지센터, 공단, 사회복지법인은 공공 전달체계이다.
④ 사회복지서비스 공급자와 소비자를 연결하는 조직적·체계적 장치이다.
⑤ 우리나라 사회복지서비스는 공공과 민간의 혼합 전달체계로 제공된다.

43 기획에 활용되는 기법에 관한 설명으로 옳지 않은 것은?

① 간트차트(Gantt Chart)는 사업을 계획할 때 쉽고 간단하게 작성할 수 있다.
② 간트차트(Gantt Chart)는 일정계획 변경을 유연하게 수용하기 어렵다.
③ 프로그램평가검토기법(PERT)은 업무를 체계적으로 수행하는 데 도움이 된다.
④ 프로그램평가검토기법(PERT)은 일정변경 등 유동적인 상황을 대처하는 데 어렵다.
⑤ 총괄진행표(Flow Chart)는 프로그램 제공 과정을 시작부터 종료까지 한눈에 볼 수 있다.

44 사회복지조직에서 정보관리가 중요하게 된 이유에 관한 설명으로 옳지 않은 것은?

① 사회복지조직의 책임성을 강화할 수 있기 때문이다.
② 사회복지조직에서 정보관리가 최우선이기 때문이다.
③ 업무수행을 위한 적절한 정보체계를 구축할 수 있기 때문이다.
④ 종사자의 전문성을 강화할 수 있기 때문이다.
⑤ 사회복지조직의 효과성을 높이기 때문이다.

45 쓰레기통 모형(Garbage can Model)에 관한 설명으로 옳은 것은?

① 문제 진단과 의사결정 과정이 체계적이고 논리적으로 이루어진다.
② 결정자의 행동보다는 객관적인 상황적 조건에 더 많은 주의를 기울인다.
③ 가장 합리적인 대안을 선택하는 모형이다.
④ 합리성과 비합리성을 절충한 모형이다.
⑤ 조직화된 무질서 속에서 우연히 의사결정이 이루어진다.

46 비영리조직 마케팅에 관한 설명으로 옳은 것은?

① 고객 욕구충족보다는 판매에 집중한다.
② 이윤을 남기는 것이 최우선 목표이다.
③ 비영리조직의 책임성과 효과성이 강조되면서 중요성이 커졌다.
④ 후원자에게만 초점이 맞춰져 있다.
⑤ 비영리조직 마케팅 목적은 프로그램을 알리는 것이지 재정확충은 아니다.

47 사회복지조직 책임성에 관한 설명으로 옳지 않은 것은?

① 획일적 기준으로 책임성을 규명하기 어렵다.
② 사회복지 공급주체가 다양해지면서 책임성 요구가 늘어나고 있다.
③ 사회복지시설 민간위탁으로 책임성 요구가 커졌다.
④ 사회복지사업법 개정으로 사회복지시설 평가는 법으로 제도화되었다.
⑤ 책임성 요구가 증가하면서 사회복지서비스에 대한 질적평가는 제외되었다.

48 최근 사회복지행정환경 변화에 관한 설명으로 옳은 것은?

① 기업경영 방식 활용이 늘어나고 있다.
② 국가가 직접 제공하는 서비스가 늘어나고 있다.
③ 성과(outcome) 중심 평가에서 산출(output) 중심 평가로 전환되고 있다.
④ 사회복지행정의 이론적 준거틀이 필요 없게 되었다.
⑤ 사회복지서비스가 다양화되면서 전문가 활용이 감소하고 있다.

49 프로그램평가에 관한 설명으로 옳은 것을 모두 고른 것은?

> ㉠ 비용-편익분석은 효율성 평가이다.
> ㉡ 비용-효과분석은 효과성 평가이다.
> ㉢ 프로그램 종결 후 실시하는 성과평가는 총괄평가이다.
> ㉣ 효과발생의 인과 경로를 밝히는 것은 형성평가이다.

① ㉠, ㉡
② ㉠, ㉢
③ ㉠, ㉢, ㉣
④ ㉡, ㉢, ㉣
⑤ ㉠, ㉡, ㉢, ㉣

50 사회복지마케팅전략에 관한 설명으로 옳은 것은?

① 생산과 소비의 동시성을 고려한다.
② 세분화(segmentation)는 시장을 임의로 구분한다.
③ 클라이언트 집단은 마케팅전략의 대상이 될 수 없다.
④ 시장조사를 하지 않는다.
⑤ 영리마케팅에 비하여 상품의 내구성을 고려한 전략을 수립한다.

사회복지법제론

51 법률의 제정 연도가 가장 빠른 것은?

① 산업재해보상보험법
② 국민기초생활 보장법
③ 고용보험법
④ 국민연금법
⑤ 국민건강보험법

52 우리나라 사회복지법 체계와 법원에 관한 설명으로 옳은 것은?

① 성문법원의 종류로 관습법, 판례법, 조리가 있다.
② 시행령과 시행규칙은 국회의 의결을 거쳐 제정, 공포된 법원이다.
③ 시행령보다 시행규칙이 상위 법규범이다.
④ 대통령은 법률에서 구체적으로 위임받은 사항과 법률을 집행하기 위하여 필요한 사항에 관하여 대통령령을 발할 수 있다.
⑤ 정부는 법률안을 제출할 수 없다.

53 우리나라 사회복지관련법의 입법 변천사에 관한 설명으로 옳은 것을 모두 고른 것은?

┌─────────────────────────────────┐
㉠ 1981년 노인복지법이 제정되었다.
㉡ 2007년 노인장기요양보험법이 제정되었다.
㉢ 1961년 제정된 아동복리법은 1989년 아동복지법으로 개정되었다.
㉣ 1981년 제정된 심신장애자복지법은 1989년 장애인복지법으로 개정되었다.
└─────────────────────────────────┘

① ㉠
② ㉡, ㉢
③ ㉠, ㉡, ㉣
④ ㉡, ㉢, ㉣
⑤ ㉠, ㉡, ㉢, ㉣

54 사회보장기본법상 사회보장수급권의 보호와 포기에 관한 설명으로 옳지 않은 것은?

① 사회보장수급권은 다른 사람에게 양도할 수 없다.
② 사회보장수급권은 담보로 제공할 수 없다.
③ 사회보장수급권은 정당한 권한이 있는 기관에 서면으로 통지하여 포기할 수 있다.
④ 사회보장수급권의 포기는 취소할 수 없다.
⑤ 사회보장수급권을 포기하는 것이 다른 사람에게 피해를 주는 경우에는 이를 포기할 수 없다.

55 사회보장기본법과 사회보장급여의 이용·제공 및 수급권자 발굴에 관한 법률에 명시되어 있는 사회보장 관련 계획에 관한 설명으로 옳은 것은?

① 사회보장 기본계획은 7년 주기로 수립된다.
② 보건복지부장관은 관계 중앙행정기관의 장과 협의하여 사회보장 기본계획을 수립하여야 한다.
③ 사회보장 기본계획은 사회보장위원회의 심의사항이 아니다.
④ 지방자치단체의 장은 지역사회보장계획을 5년마다 수립해야 한다.
⑤ 시·도 지역사회보장협의체와 시·군·구의 사회보장위원회는 지역사회보장계획을 심의·의결한다.

56 사회보장기본법상 용어의 정의에 관한 설명이다. ㉠, ㉡에 들어갈 용어로 옳은 것은?

> (㉠): 국민에게 발생하는 사회적 위험을 보험의 방식으로 대처함으로써 국민의 건강과 소득을 보장하는 제도
> (㉡): 국가와 지방자치단체의 책임 하에 생활 유지 능력이 없거나 생활이 어려운 국민의 최저생활을 보장하고 자립을 지원하는 제도

① ㉠: 사회보험, ㉡: 사회서비스
② ㉠: 사회보험, ㉡: 공공부조
③ ㉠: 공공부조, ㉡: 사회보장
④ ㉠: 사회보장, ㉡: 사회서비스
⑤ ㉠: 사회서비스, ㉡: 공공부조

57 사회보장기본법상 사회보장위원회에 관한 설명으로 옳지 않은 것은?

① 사회보장에 관한 주요시책을 심의·조정하기 위해 국무총리 소속으로 두고 있다.
② 실무위원회를 두며 실무위원회에 분야별 전문위원회를 둘 수 있다.
③ 위원은 30명 이내로 구성한다.
④ 위원의 임기는 4년이다.
⑤ 관계 중앙행정기관의 장과 지방자치단체의 장은 위원회의 심의·조정 사항을 반영하여 사회보장제도를 운영해야 한다.

58 조례와 규칙에 관한 설명으로 옳지 않은 것은?

① 조례는 지방의회의 의결을 거쳐 제정한다.
② 규칙은 지방자치단체의 장이 제정한 법규범이다.
③ 지방자치단체는 법령의 범위에서 그 사무에 관하여 조례를 제정할 수 있다.
④ 시·군 및 자치구의 규칙은 시·도의 규칙보다 상위 법규범이다.
⑤ 조례는 규칙보다 상위 법규범이다.

59 사회보장기본법상 사회보장 비용의 부담에 관한 설명으로 옳지 않은 것은?

① 사회보장 비용의 부담은 국가, 지방자치단체 및 민간부문 간에 합리적으로 조정되어야 한다.
② 공공부조에 드는 비용은 지방자치단체가 전부 부담한다.
③ 부담 능력이 있는 국민에 대한 사회서비스에 드는 비용은 그 수익자가 부담함을 원칙으로 한다.
④ 사회보험에 드는 비용은 사용자, 피용자 및 자영업자가 부담함을 원칙으로 한다.
⑤ 사회보험에 드는 비용의 일부를 관계 법령에서 정하는 바에 따라 국가가 부담할 수 있다.

60 사회복지사업법상 사회복지사에 관한 설명으로 옳지 않은 것은?

① 피성년후견인 또는 피한정후견인은 사회복지사가 될 수 없다.
② 보건복지부장관은 사회복지사가 거짓이나 그 밖의 부정한 방법으로 자격을 취득한 경우 사회복지사 자격을 취소하여야 한다.
③ 보건복지부장관은 사회복지사가 자격정지 처분 기간에 자격증을 사용하여 자격 관련 업무를 수행한 경우 그 자격을 취소하거나 1년의 범위에서 정지시킬 수 있다.
④ 보건복지부장관은 자격이 취소된 사람에게는 그 취소된 날부터 2년 이내에 자격증을 재교부하지 못한다.
⑤ 사회복지법인에 종사하는 사회복지사는 정기적으로 인권에 관한 내용이 포함된 보수교육을 받아야 한다.

61 사회복지사업법상 사회복지법인 설립허가를 반드시 취소하여야 하는 경우를 모두 고른 것은?

> ㉠ 설립허가 조건을 위반하였을 때
> ㉡ 목적 달성이 불가능하게 되었을 때
> ㉢ 거짓이나 그 밖의 부정한 방법으로 설립허가를 받았을 때
> ㉣ 법인 설립 후 기본재산을 출연하지 아니한 때

① ㉠, ㉡
② ㉠, ㉢
③ ㉡, ㉢
④ ㉡, ㉣
⑤ ㉢, ㉣

62 사회복지사업법상 사회복지시설(이하 '시설'이라고 한다)에 관한 설명으로 옳은 것은?

① 사회복지관은 사회복지서비스를 직업 및 취업 알선이 필요한 사람에게 우선 제공할 수 없다.
② 시설의 장은 시설의 운영에 관한 사항을 의결하기 위하여 시설에 운영위원회를 두어야 한다.
③ 국가 또는 지방자치단체 외의 자가 시설을 설치·운영하려는 경우에는 시장·군수·구청장에게 신고하여야 한다.
④ 대통령령으로 정하는 경우를 제외하고, 각 시설의 수용인원은 200명을 초과할 수 없다.
⑤ 시설의 장은 비상근을 겸직할 수 있다.

63 아동복지법령상 아동보호전문기관의 업무가 아닌 것은?

① 아동학대 신고접수, 현장조사 및 응급보호
② 피해아동, 피해아동의 가족 및 아동학대 행위자를 위한 상담·치료 및 교육
③ 아동학대예방 교육 및 홍보
④ 피해아동 및 피해아동 가정의 기능 회복 서비스 제공
⑤ 피해아동 가정의 사후관리

64 노인복지법상 금지행위에 해당하는 것을 모두 고른 것은?

> ㉠ 노인에게 성적 수치심을 주는 성폭행·성희롱 등의 행위
> ㉡ 노인에게 구걸을 하게 하거나 노인을 이용하여 구걸하는 행위
> ㉢ 노인을 위하여 증여 또는 급여된 금품을 그 목적 외의 용도에 사용하는 행위

① ㉠
② ㉢
③ ㉠, ㉡
④ ㉡, ㉢
⑤ ㉠, ㉡, ㉢

65 장애인복지법의 내용으로 옳은 것은?

① 보건복지부장관 소속하에 장애인정책조정위원회를 둔다.
② 장애실태조사는 5년마다 실시하여야 한다.
③ 재외동포 및 외국인은 장애인 등록을 할 수 없다.
④ 장애인의 날은 매년 5월 20일이다.
⑤ 장애인연금법상의 중증장애인에게는 장애수당을 지급하지 아니한다.

66 한부모가족지원법의 내용으로 옳은 것은?

① 보건복지부장관은 한부모가족 지원을 위하여 한부모가족 정책에 관한 기본계획을 5년마다 수립하여야 한다.
② 청소년 한부모란 25세 이하의 모 또는 부를 말한다.
③ 아동이란 18세 미만의 자를 말하되, 병역면제인 자가 취학 중인 경우에는 22세 미만을 말한다.
④ 혼인 관계에 있지 아니한 자로서 출산 전 임신부는 출산지원시설을 이용할 때에도 이 법에 따른 지원대상자가 될 수 없다.
⑤ 이 법에 따른 복지 급여는 생계비, 아동수당, 아동교육비, 아동양육비이다.

67 가정폭력방지 및 피해자보호 등에 관한 법률의 내용으로 옳지 않은 것은?

① 피해자란 가정폭력으로 인하여 직접적으로 피해를 입은 자를 말한다.
② 사회복지법인과 그 밖의 비영리법인은 시장·군수·구청장의 인가를 받아 보호시설을 설치·운영할 수 있다.
③ 국가나 지방자치단체는 피해자나 피해자가 동반한 가정구성원이 아동인 경우 주소지 외의 지역에서 취학할 필요가 있을 때에는 그 취학이 원활히 이루어지도록 지원하여야 한다.
④ 유치원의 장, 어린이집의 원장, 초·중등학교의 장은 가정폭력의 예방과 방지를 위하여 필요한 교육을 실시하고, 그 결과를 여성가족부장관에게 제출하여야 한다.
⑤ 단기보호시설은 피해자등을 6개월의 범위에서 보호하는 시설이다.

68 국민기초생활 보장법상 국내에 체류하고 있는 외국인에 대한 특례를 적용할 수 없는 자는?

① 대한민국 국민과 혼인하여 본인 또는 배우자가 임신 중인 자
② 대한민국 국적의 미성년 자녀를 양육하고 있는 자
③ 배우자의 대한민국 국적인 직계존속과 생계를 같이하고 있는 자
④ 배우자의 대한민국 국적인 직계존속과 주거를 같이하고 있는 자
⑤ 대한민국 국적의 성인 장애인과 함께 생활하고 있는 자

69 국민기초생활 보장법상 자활지원사업 수행기관에게 요구되는 개인정보보호에 관한 설명으로 옳지 않은 것은?

① 보건복지부장관은 수행기관의 통합정보전산망 사용 요청에 대하여 특별한 사정이 없는 한 모든 정보를 제공하여야 한다.
② 수행기관은 보건복지부장관에게 통합정보전산망 사용을 요청하는 경우 보안교육 등 자활지원사업 참여자의 개인정보에 대한 보호대책을 마련하여야 한다.
③ 수행기관은 통합정보전산망을 이용하고자 하는 경우 사전에 정보주체의 동의를 받아야 한다.
④ 사회보장급여 수급이력 등 개인정보는 수행기관에서 자활지원사업을 담당하는 자 중 해당 기관의 장으로부터 개인정보 취급 승인을 받은 자만 취급할 수 있다.
⑤ 자활지원사업 업무에 종사하였던 자는 자활지원사업 업무 수행과 관련하여 알게 된 개인·법인의 정보를 다른 용도로 사용해서는 아니 된다.

70 기초연금법상 기초연금 수급권을 상실하게 되는 경우가 아닌 것을 모두 고른 것은?

> ㉠ 사망한 때
> ㉡ 국적을 상실한 때
> ㉢ 장기요양등급판정을 받은 때
> ㉣ 국외로 이주한 때

① ㉡
② ㉢
③ ㉠, ㉡
④ ㉢, ㉣
⑤ ㉠, ㉢, ㉣

71 의료급여법의 내용으로 옳은 것은?
최신 시험에 맞게 변형한 문제입니다.

① 국내입양에 관한 특별법에 따라 국내에 입양된 아동은 25세까지 수급권자로 특례 적용된다.
② 수급권자가 업무 또는 공무로 생긴 질병·부상·재해로 다른 법령에 따른 급여나 보상을 받게 되는 경우에는 이 법에 따른 의료급여를 하지 아니한다.
③ 의료급여에 관한 업무는 수급권자의 출생지를 관할하는 시장·군수·구청장이 한다.
④ 지역보건법에 따라 설치된 보건소는 의료급여기관이 될 수 없다.
⑤ 시장·군수·구청장은 수급권자가 정당한 이유 없이 의료급여기관의 진료에 관한 지시에 따르지 아니한 경우에도 의료급여를 제한해서는 아니 된다.

72 국민건강보험법상 국민건강보험공단에 관한 설명으로 옳지 <u>않은</u> 것은?

① 요양급여 외에 임신·출산 진료비, 장제비, 상병수당, 그 밖의 급여를 실시할 수 있다.
② 가입자와 피부양자에 대하여 질병의 조기 발견과 그에 따른 요양급여를 하기 위하여 건강검진을 실시한다.
③ 회계연도마다 예산안을 독자적으로 편성하고 지출할 수 있다.
④ 고의 또는 중대한 과실로 인한 범죄행위에 그 원인이 있는 경우 보험급여를 하지 아니한다.
⑤ 보험료등의 납부의무자가 납부기한까지 보험료등을 내지 아니하면 그 납부기한이 지난 날 부터 매 1일이 경과할 때마다 연체금을 징수한다.

73 산업재해보상보험법상 보험급여의 종류가 <u>아닌</u> 것은?

① 요양급여
② 휴업급여
③ 예방·재활급여
④ 상병보상연금
⑤ 직업재활급여

74 고용보험법상 명시되어 있는 고용보험사업을 모두 고른 것은?

㉠ 고용안정·직업능력개발 사업
㉡ 실업급여
㉢ 육아휴직 급여
㉣ 자활급여

① ㉠, ㉡
② ㉠, ㉢
③ ㉡, ㉢
④ ㉠, ㉡, ㉢
⑤ ㉡, ㉢, ㉣

75 노인장기요양보험법상 장기요양인정에 관한 설명으로 옳지 <u>않은</u> 것은?

① 장기요양기관은 수급자를 대리하여 장기요양인정을 신청한다.
② 대통령령으로 정하는 경우를 제외하고, 장기요양인정을 신청하는 자는 국민건강보험공단의 장기요양인정신청서에 의사 또는 한의사가 발급하는 소견서를 첨부하여 제출하여야 한다.
③ 국민건강보험공단은 장기요양인정 신청서를 접수한 때 소속 직원으로 하여금 신청인의 심신상태, 신청인에게 필요한 장기요양급여의 종류 및 내용 등에 대하여 조사하게 하여야 한다.
④ 등급판정위원회는 신청인이 신청자격요건을 충족하고 6개월 이상 동안 혼자서 일상생활을 수행하기 어렵다고 인정하는 경우 등급판정기준에 따라 수급자로 판정한다.
⑤ 국민건강보험공단은 등급판정위원회가 장기요양인정 및 등급판정의 심의를 완료한 경우 지체 없이 장기요양인정서를 작성하여 수급자에게 송부하여야 한다.

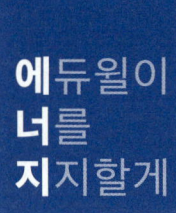

끝이 좋아야 시작이 빛난다.

– 마리아노 리베라(Mariano Rivera)

국가전문자격시험 답안카드

2025년 23회 1교시

인간행동과 사회환경

문항	맞힘	틀림	
		암기부족	이해부족
1			
2			
3			
4			
5			
6			
7			
8			
9			
10			
11			
12			
13			
14			
15			
16			
17			
18			
19			
20			
21			
22			
23			
24			
25			

사회복지조사론

문항	맞힘	틀림	
		암기부족	이해부족
26			
27			
28			
29			
30			
31			
32			
33			
34			
35			
36			
37			
38			
39			
40			
41			
42			
43			
44			
45			
46			
47			
48			
49			
50			

맞힘 점수(개수)

과락 여부
(20점 미만은 과락)

문제풀이 시간

___분

검을 운영하게
사용한다면, 어떤 일도
시간 낭비는 아닙니다.

국가전문자격시험 답안카드

2025년 23회 2교시

사회복지실천론

문항	맞힘	틀림 암기부족	틀림 이해부족
1			
2			
3			
4			
5			
6			
7			
8			
9			
10			
11			
12			
13			
14			
15			
16			
17			
18			
19			
20			
21			
22			
23			
24			
25			

사회복지실천기술론

문항	맞힘	틀림 암기부족	틀림 이해부족
26			
27			
28			
29			
30			
31			
32			
33			
34			
35			
36			
37			
38			
39			
40			
41			
42			
43			
44			
45			
46			
47			
48			
49			
50			

지역사회복지론

문항	맞힘	틀림 암기부족	틀림 이해부족
51			
52			
53			
54			
55			
56			
57			
58			
59			
60			
61			
62			
63			
64			
65			
66			
67			
68			
69			
70			
71			
72			
73			
74			
75			

맞힘 점수(개수)

과락 여부
(30점 미만은 과락)

문제풀이 시간
____분

단 하나의 중요한 용기는
당신을 다음 순간으로
나아가게 하는 용기이다.

국가전문자격시험 답안카드

2025년 23회 3교시

사회복지정책론

문항	맞힘	틀림	
		암기부족	이해부족
1			
2			
3			
4			
5			
6			
7			
8			
9			
10			
11			
12			
13			
14			
15			
16			
17			
18			
19			
20			
21			
22			
23			
24			
25			

사회복지행정론

문항	맞힘	틀림	
		암기부족	이해부족
26			
27			
28			
29			
30			
31			
32			
33			
34			
35			
36			
37			
38			
39			
40			
41			
42			
43			
44			
45			
46			
47			
48			
49			
50			

사회복지법제론

문항	맞힘	틀림	
		암기부족	이해부족
51			
52			
53			
54			
55			
56			
57			
58			
59			
60			
61			
62			
63			
64			
65			
66			
67			
68			
69			
70			
71			
72			
73			
74			
75			

맞힘 점수(개수)	
과락 여부 (30점 미만은 과락)	
문제풀이 시간	___ 분

미래는 현재 우리가 무엇을 하는가에 달려 있다.

에듀윌
사회복지사 1급
단원별 기출문제집

빈출 개념 + 클리닉 해설

이 책의 차례
CONTENTS

7개년 단원별 기출문제

PART I 단원별 기출문제

CHAPTER 1	인간행동과 사회환경	12
CHAPTER 2	사회복지조사론	60
CHAPTER 3	사회복지실천론	112
CHAPTER 4	사회복지실천기술론	152
CHAPTER 5	지역사회복지론	198
CHAPTER 6	사회복지정책론	244
CHAPTER 7	사회복지행정론	292
CHAPTER 8	사회복지법제론	344

PART II 최신기출 모의고사

1교시	사회복지기초	400
2교시	사회복지실천	411
3교시	사회복지정책과 제도	426
부록	OCR 답안카드	

빈출 개념+클리닉 해설

PART III 과락 탈출 키워드

인간행동과 사회환경	6
사회복지조사론	16
사회복지실천론	25
사회복지실천기술론	33
지역사회복지론	43
사회복지정책론	53
사회복지행정론	66
사회복지법제론	76

PART IV 정답과 해설

단원별 기출문제

CHAPTER 1	인간행동과 사회환경	92
CHAPTER 2	사회복지조사론	115
CHAPTER 3	사회복지실천론	141
CHAPTER 4	사회복지실천기술론	166
CHAPTER 5	지역사회복지론	193
CHAPTER 6	사회복지정책론	219
CHAPTER 7	사회복지행정론	245
CHAPTER 8	사회복지법제론	271

최신기출 모의고사

1교시	사회복지기초	300
2교시	사회복지실천	306
3교시	사회복지정책과 제도	316

사회복지사 1급 국가시험의 과락 기준

 오늘 시험 고생 많았어~. 잘 봤어? 오후 5 : 32

응! 가채점 해보니 1교시에서 17점밖에 못 받아서 큰일났다 싶었는데 다행히 3교시에서 만회했어. ^^ 122점 턱걸이야ㅋㅋ
오후 7 : 14

 음? 1교시 17점이면 과락 아니야? 오후 7 : 16

오후 7 : 16 뭐? 그럴리가

오후 7 : 41 아... 맞네......

HOW TO STUDY

사회복지사 1급 국가시험에는 '과락 제도'가 존재합니다. 이는 교시별로 요구하는 최저 점수를 획득하지 못하면, 합격 기준 점수인 총점 120점을 획득했더라도 불합격하는 제도입니다.

과락의 기준은 다음과 같습니다.

1교시	2교시	3교시
20점/50점 만점	30점/75점 만점	30점/75점 만점

모든 과목에서 만점을 받을 필요는 없지만, 과락을 방지하기 위해서 과목별 필수 개념은 반드시 숙지하고 시험장에 들어가도록 합시다.

PART III

빈출개념만 꾹 눌러 담은
과락 탈출 키워드

인간행동과 사회환경
사회복지조사론
사회복지실천론
사회복지실천기술론
지역사회복지론
사회복지정책론
사회복지행정론
사회복지법제론

과락 탈출 키워드

인간행동과 사회환경

> 인간 발달의 과정과 각 학자별 이론, 인간과 환경과의 상호작용을 다루는 영역입니다.
> 최근 7년간 출제 빈도가 가장 높았던 영역은 일반체계·생태체계·환경체계입니다.
> 매년 7~8문제가 출제되니 인간의 발달단계별 특징을 정확하게 이해하고 구분할 수 있어야 합니다.

001 [7년간 12번 출제]
인간의 발달 원리

- **유전과 환경의 상호작용**: 인간 발달은 선천적으로 타고난 유전 요인과 후천적으로 습득되는 환경 요인이 상호작용하여 이루어진다.
- **일정한 순서와 방향성**: 전체 운동에서 세밀한 운동으로, 머리에서 하체로, 중심에서 말초로 일정한 순서와 방향성에 따라 발달이 진행된다.
- **개인차**: 발달은 보편적인 과정을 거치며 전 생애에 걸쳐 지속적으로 일어나지만, 환경과 유전적 요인에 따라 개인차가 존재한다. 환경 등의 외적인 변수가 많을수록 개인차가 커지고 발달의 예측이 어렵다.
- **점성 원리**: 각 단계의 발달은 이전 단계의 발달을 토대로 이루어진다.
- **그 밖의 인간의 발달 원리**: 연속성, 분화·통합성, 순서성(일정 방향성), 주기성(동요성), 결정적 시기(적기성), 기초성, 누적성

002 [7년간 4번 출제]
인간 발달이론의 의의

- 개인이 경험하는 사회·문화적 요인들의 다양성을 이해할 수 있는 총체적 시각을 제공한다.
- 사회복지실천에서 클라이언트를 '환경 속의 인간'의 맥락에서 이해하고 개입하도록 한다.
  참고 '환경 속의 인간'이란 인간을 이해하기 위해서는 인간의 심리 내적 특성뿐만 아니라 환경 및 상황까지도 고려해야 한다는 관점이다.

003 [7년간 2번 출제]
인생 주기별 발달 과업

구분	내용	
영아기	• 애착관계 형성 • 제1차 성장 급등기	• 대상 영속성 습득
걸음마기	• 자기중심적 사고 • 상징적 사고	• 물활론적 사고 • 자기통제력 및 자율성 발달
학령전기	• 직관적 사고	• 타율적 도덕성
아동기	• 또래 집단과의 상호작용 • 자율적 도덕성	• 자기개념 발달 • 분류화, 서열화, 근면성, 보존개념
청소년기	• 자율성 및 자아 정체감 형성 • 추상적 사고	• 또래 집단과의 교류 증가 • 제2차 성장 급등기
청년기	• 부모로부터 독립	• 직업 선택 및 결혼
중년기	• 개성화 • 만족스러운 직업 성취 및 직업 전환 모색	• 노부모 부양
노년기	• 가족 내 역할 변화에 적응	

004 학자별 발달이론
7년간 5번 출제

구분	이론	대표 학자
정신역동이론	정신분석이론	프로이트
	심리사회이론	에릭슨
	개인심리이론	아들러
	분석심리이론	융
행동주의이론	행동주의이론	파블로프, 스키너
	사회학습이론	반두라
인지이론	인지발달이론	피아제
	도덕성 발달이론	콜버그
인본주의이론	현상학이론	로저스
	욕구계층이론	매슬로우

005 학자별 발달단계
7년간 4번 출제

학자	발달단계
프로이트	구강기 → 항문기 → 남근기 → 잠복기 → 생식기
에릭슨	영아기(유아기) → 유아기(초기 아동기, 걸음마기) → 아동기 전기(학령전기) → 아동기 후기(학령기) → 청소년기 → 청년기(성인 초기) → 장년기(성인기) → 노년기
융	아동기 → 청년 및 성인 초기 → 중년기 → 노년기
피아제	감각운동기 → 전조작기 → 구체적 조작기 → 형식적 조작기
콜버그	전인습기 → 인습기 → 후인습기
헐로크	출산 전기(임신~출생) → 신생아기(출생~2주) → 유아기(2주~2세) → 아동 초기(2~6세) → 아동 후기(6~10·12세) → 사춘기(10·12~14세) → 청년 초기(14~17세) → 청년 후기(17~21세) → 성년기(21~60세) → 노년기(60세 이후)

참고 에릭슨의 심리사회적 발달단계와 프로이트의 심리 성적 발달단계 비교
프로이트는 성인 초기까지만 발달단계를 제시한 반면, 에릭슨은 성인기 이후 발달단계도 다루며 생산성 대 침체(중년기), 자아통합 대 절망(노년기)의 심리사회적 위기단계를 제시하였다.

시기	에릭슨	프로이트
영아기	신뢰감 대 불신감	구강기
유아기	자율성 대 수치심	항문기
학령전기	주도성 대 죄의식	남근기
아동기	근면성 대 열등감	잠복기
청소년기	자아 정체감 대 역할 혼미	생식기
성인 초기(청년기)	친밀감 대 고립감	
성인기(중년기)	생산성 대 침체	–
노년기	자아통합 대 절망	–

006 방어 기제
7년간 8번 출제

- 보상 예 가난에 대한 콤플렉스가 있는 사람이 과하게 사치를 하는 것
- 억압 예 본인에게 고통스러운 사건을 잊어버리는 것
- 신체화 예 사촌이 땅을 사면 배가 아프다.
- 반동 형성 예 미운 놈 떡 하나 더 준다.
- 퇴행 예 동생이 태어나면서 부모의 관심을 상대적으로 적게 받게 된 아이가 다시 대소변을 가리지 못하는 경우

참고 발달이 정상적으로 이루어진 후에도 이전 발달단계로 퇴행할 수 있다.

- 저항 **예** 내담자가 피하고 싶은 주제는 이야기하지 않고 그대로 침묵하는 것
- 전치 **예** 종로에서 뺨 맞고 한강에서 눈 흘긴다.
- 전환 **예** 도둑질을 한 후 자신의 팔이 저려오는 경우
- 격리 **예** 부모님이 돌아가신 그 당시에는 너무나 고통스러웠으나, 지금 떠올리면 그 기억에 수반된 감정은 떠오르지 않는 경우
- 부정 **예** 말기 암 환자가 자신의 병을 의사의 오진이라 생각하는 경우
- 투사 **예** 바람을 피우고 싶은 충동이 들 때 배우자를 이유 없이 의심하는 경우
- 해리 **예** 이중인격, 몽유병 등
- 합리화 **예** 사랑하기 때문에 떠난다고 말하는 경우

007 프로이트의 정신분석이론
7년간 8번 출제

- 인간의 의식 수준을 의식, 전의식, 무의식의 세 측면으로 구분하였다.
- 인간행동의 단서는 무의식에 있다고 보아 사회복지실천에서 무의식적 동기의 중요성을 인식하는 데 기여하였다.
- 인간의 성격 구조를 원초아(id), 자아(ego), 초자아(superego)의 세 가지 수준으로 구분하여 본능의 중요성을 인식하는 데 기여하였다.
- **심리 성적 발달단계**

구강기 (출생~18개월)	양육자와의 상호작용을 통해 애착관계를 형성함과 동시에 젖을 떼는 이유 과정에서 느끼는 욕구불만으로 양육자에 대한 최초의 양가감정을 경험한다.
항문기 (18개월~3세)	리비도가 항문에 집중되며 배변 훈련이 이루어진다.
남근기 (3세~6세)	• 오이디푸스·엘렉트라 콤플렉스를 경험한다. • 거세불안과 남근 선망이 나타난다.
잠복기 (6세~사춘기)	신체적·지적 발달이 이루어지며, 성 본능이 잠재한다.
생식기 (사춘기~성인기 이전)	정신적·신체적 성숙이 거의 완성되며 이성에 대한 관심이 증가한다.

- 프로이트는 '구강기 → 항문기 → 남근기'의 세 단계가 성격을 형성하는 데 결정적 역할을 한다고 본다.
- 각 발달단계에서 적절한 발달이 이루어지지 않으면 고착에 빠지고, 이를 해결하기 위해 방어 기제를 사용하게 된다.

008 에릭슨의 심리사회이론
7년간 6번 출제

- 인간 발달은 점성 원리에 입각해 발달한다. 즉, 이전 단계의 갈등을 해결하고 긍정적 특질을 형성했는지가 다음 단계에 영향을 미친다.
- 각 단계마다 개인은 심리사회적 위기를 경험한다.

참고 에릭슨의 심리사회적 발달단계

시기	심리적 위기	덕목	시기	심리적 위기	덕목
영아기	신뢰감 vs 불신감	희망	청소년기	자아정체감 vs 역할혼란	충실
걸음마기	자율성 vs 수치심	의지	청년기	친밀감 vs 고립감	사랑
학령전기	주도성 vs 죄의식	목적	중년기	생산성 vs 침체	배려
학령기	근면성 vs 열등감	능력	노년기	자아통합 vs 고립	지혜

- 자아는 신체·심리·사회적 상호작용을 통해 전 생애에 걸쳐 발달한다.
- 과학적 근거나 경험적 증거가 미흡하다는 비판을 받는다.

009 아들러의 개인심리이론
7년간 5번 출제

- 인간은 누구나 열등감을 가지고 태어나며, 열등감을 극복하려는 시도에서 행동의 동기가 유발된다. 열등감은 새로움을 추구하는 동기가 되기 때문에 긍정적으로 여긴다.
- 인간은 열등감을 보상하려는 욕구에서 우월성을 추구하게 된다. 우월의 목표에는 긍정적 경향과 부정적 경향 모두가 포함될 수 있다.
- 인간은 현실을 주관적으로 지각하며 목표 지향적, 전진적 인간관을 가진다.
- 인간을 사회적 존재로 보았다.
- 인간을 하나의 통합된 유기체로 인식하는 데 공헌하였다.
- 특정한 발달단계는 제시하지 않았다. 대신 가족 구성원들 사이의 정서적 유대, 가족 크기, 성비 등에 따른 가족 분위기가 인간 발달에 매우 중요한 역할을 한다고 주장한다.
- **창조적 자기**: 인간은 자신의 삶을 만들어 가며 자신에게 적합하게 환경을 창조하는 존재이다.
- '활동 수준'과 '사회적 관심'을 기준으로 기본적인 생활 양식을 분류하였다. 생활 양식은 4~5세경에 형성되며, 그 이후에는 변하지 않는다.

참고 **생활 양식 유형**

구분	내용
지배형	사회적 관심은 낮지만 활동 수준이 높은 유형으로, 타인을 지배하거나 통제하려는 성격을 가진다. 독단적·공격적이며, 타인의 안녕은 아랑곳하지 않는다.
획득형	사회적 관심이 낮고 활동 수준은 중간인 유형으로, 기생적인 방법으로 외부 세계와 관계를 맺는다. 타인에게 의존하여 대부분의 욕구를 충족한다.
회피형	사회적 관심과 활동 수준이 모두 낮으며, 소극적이고 부정적인 태도를 보인다. 실패를 두려워하여 인생 과업으로부터 도피하는 유형이다.
사회적으로 유용한 유형	사회적 관심과 활동 수준이 모두 높으며, 긍정적이고 적극적인 성격을 보인다. 심리적으로 건강한 사람의 표본이다. 사회적 관심이 많아 자신과 타인의 욕구를 충족시키거나 인생 과업을 완수하기 위해 타인과 협력하는 유형이다.

010 융의 분석심리이론
7년간 6번 출제

- 자기실현은 인간 발달의 궁극적 목표이다.
- 성격 발달은 개성화(자기실현)의 과정이라 본다.
- 생애 주기에서 중년기와 노년기를 강조하였다.
- 인간의 성격은 과거에 일정 부분 영향을 받으면서 미래의 목표와 가능성에 의해 조정된다.
- 정신 기능을 '사고, 감정, 감각, 직관'의 네 가지로 구분하였다.
- 원형(archetype)은 인간의 정신에 존재하는 보편적이고 근원적인 핵이다.

참고 **원형의 종류**

구분	내용
페르소나	개인이 외부 세계에 표출하는 이미지로 자아의 가면이라고도 한다. 사회에 보이는 개인의 공개적인 얼굴로서, 사회적 역할과 연관이 있다.
음영 (그림자)	스스로 인식하고 싶지 않은 자신의 부정적인 측면으로, 동물적 본능을 포함한다.
아니마	무의식 속에 존재하는 남성의 여성적 측면이다.
아니무스	무의식 속에 존재하는 여성의 남성적 측면이다.
자기	집단 무의식 내에 존재하는 핵심적인 원형으로, 성격의 조화와 통일을 추구한다. 개성화를 통해 성격이 충분히 발달되어야 드러난다.

011 행동주의이론
7년간 9번 출제

■ **파블로프의 행동주의이론(고전적 조건형성)**
- 파블로프의 개 실험 → 자동적(무조건적·반사적) 반응을 일으키는 자극과 연합된 중립자극도 나중에는 반응을 유발하게 된다고 본다.
- **고전적 조건형성의 학습 원리**: 시간의 원리, 강도의 원리, 일관성의 원리, 계속성의 원리

■ **스키너의 행동주의이론(조작적 조건형성)**
- 인간행동은 외적인 동기에 의해 강화된다.
- 인간행동은 조작을 통해 통제될 수 있다고 보아 조작적 행동을 중요시한다.
- 인간은 자신의 행동을 통제할 수 있는 힘을 가지고 있지 않으며 환경에 의해 좌우된다. 따라서 인간행동에 대한 환경의 결정력을 강조한다.
- 강화

정적 강화	긍정적인 결과를 제공해 바람직한 행동의 빈도를 증가시킨다.
부적 강화	부정적인 결과를 제거해 바람직한 행동의 빈도를 증가시킨다.

- 강화계획

고정비율 강화계획	특정 행동이 일정 수준에 도달하면 강화물을 제시한다. 예 목표 성과를 달성하면 성과급을 지급한다.
변동비율 강화계획 (가변비율 강화계획)	평균적으로 정해진 횟수만큼 반응이 일어나야 강화물을 제시한다. 다음 강화에 대한 규칙은 알 수 없다. 예 도박장의 슬롯 머신(일정 확률 및 빈도로 당첨되도록 설정)
고정간격 강화계획	시간을 정해놓고 그 시간이 지나면 강화물을 제시한다. 예 1시간에 한 번씩 규칙적으로 칭찬 스티커를 제공한다.
변동간격 강화계획 (가변간격 강화계획)	미리 계획한 평균적인 시간이 지나면 강화물을 제시한다. 예 1시간 안에 아무 때나 칭찬 스티커를 제공한다.

- **행동주의 치료 기법**: 이완훈련, 체계적 둔감법, 토큰경제, 자기주장훈련, 타임아웃(격리), 과잉교정, 반응대가, 혐오기법

012 반두라의 사회학습이론
7년간 5번 출제

- 인간은 환경적 자극이 없어도 동기화가 가능한 자율적인 존재이다.
- 인간행동은 관찰학습을 통해 습득될 수 있다. 관찰학습은 '주의 집중(관심 집중) → 보존(기억, 파지) → 운동 재생(행동 수행) → 동기화(자기강화)'의 과정을 거친다.
- 모델이 되는 다른 사람의 행동을 보고 그 행동을 따라하는 모방(모델링) 개념을 강조하였으며, 이 외에도 주요 개념으로 관찰학습, 자기강화, 자기효능감이 있다.
- **자기효능감 형성 요인**: 대리경험, 정서적 각성, 성취경험, 언어적 설득

013 피아제의 인지발달이론
7년간 6번 출제

- 의사결정 과정에서 의식적인 사고 과정을 중요시한다.
- 아동의 인지발달을 위한 프로그램 개발 및 적용에 영향을 미쳤다.
- 인지 능력의 발달은 타고난 유전적 기질과 환경 간의 상호작용에 의해 단계적으로 성취되며, 발달단계의 순서는 변하지 않는다고 본다.
- **인지발달 촉진 요소**: 유전적 요인, 신체적 경험, 평형화, 사회적 상호작용

참고 피아제의 인지발달단계별 주요 특징

시기	특징
감각운동기 (0~2세)	대상 영속성 습득
전조작기 (2~7세)	상징놀이, 자아중심성, 물활론적 사고, 비가역적 사고
구체적 조작기 (7~11·12세)	보존개념 획득, 가역적 사고, 서열화, 분류화, 탈중심화, 자아중심성 극복
형식적 조작기 (11·12세~성인기)	가설-연역적 추론 발달, 추상적 사고, 변인 간의 관련성 파악, 가설 설정과 검증, 미래 사건 예측

014 콜버그의 도덕성 발달이론 (7년간 3번 출제)

- 인간의 도덕성은 '전인습적 수준(4~9세 이전) → 인습적 수준(10세 이상) → 후인습적 수준(20세 이상)'의 과정을 거쳐 발달하여 성인기에 완성된다.
- 도덕성 발달단계의 순서는 변하지 않는다고 본다. 도덕성 발달의 하위단계에 있는 사람은 상위단계의 도덕적 추론을 능동적으로 표현하기 어렵다.
- 아동은 동일한 순서의 도덕성 발달을 거치지만, 개인이 도달하는 최종 도덕성 발달단계는 동일하지 않다.
- 백인 남성(중상류층)만을 연구의 대상으로 삼아 성차별적 관점을 지닌다.

015 로저스의 현상학이론 (7년간 7번 출제)

- 개인이 현실을 지각하는 방식에 초점을 둔다.
- 인간의 주관적 경험, 자기결정권, 인간 본성이 지닌 낙관이고 긍정적인 측면에 관심을 두고 사회복지실천에서 감정이입, 무조건적 긍정적 관심과 수용, 진실성(일치성), 비심판적 태도 등을 강조한다.
- 사회복지사는 클라이언트에 대한 이해와 관심을 통해 클라이언트의 긍정적 성장을 촉진한다.
- **주요 개념**: 현상학적 장, 자기(self), 자기실현 경향성, 무조건적 긍정적 관심, 완전히(충분히) 기능하는 사람, 통합된 유기체

016 매슬로우의 욕구계층이론 (7년간 5번 출제)

- **인간의 욕구단계**: 생리적 욕구 → 안전의 욕구 → 소속과 사랑의 욕구 → 자기존중의 욕구 → 자아실현의 욕구
- 욕구의 위계는 고정되어 있지 않고 상대적으로 나타나는 것으로서 하위 단계의 욕구가 어느 정도 충족되면 상위단계의 욕구가 의식될 수 있다. 즉, 하위단계의 욕구가 완전히 충족되어야만 상위단계의 욕구가 출현하는 것은 아니다.
- 자아실현을 이룬 사람은 관대하고 타인을 수용한다. 개방적이고 솔직하며 자연스럽고, 자율적이며 실수를 두려워하지 않는다. 사람과 주변 환경을 객관적이고 명확하게 지각한다.

017 태내기 (태아기) (7년간 5번 출제)

- 인간 발달의 토대가 이루어지는 시기로, 기본적 신체 구조와 기관이 형성된다.
- **태아에게 영향을 주는 요인**: 임신부의 영양 상태, 약물 복용과 치료, 음주와 흡연, 나이, 정서 상태, 질병, 기타 사회·경제적인 요인 등이 있다.

- 유전적 요인에 의한 주요 발달장애

다운증후군	• 21번 염색체가 하나 더 있어 총 47개의 염색체를 가진다. • 특징적 외견을 가지며 지적 장애를 동반한다.
터너증후군	여성이지만 X염색체가 1개밖에 없다. 2차 성징이 거의 나타나지 않는다.
클라인펠터증후군	남성이지만 X염색체를 2개 이상 가져 여성의 2차 성징이 나타난다.
헌팅톤병	• 치매를 유발하는 유전성·퇴행성 신경계 질환이다. • 일반적으로 35~40세에 발병한다.

- 배아 세포의 분화

구분	배아의 구성
외배엽	• 가장 바깥에 위치한 조직 • 뇌, 척수, 귀, 코, 피부 등의 신경조직과 피부조직을 만들어 냄.
중배엽	• 가운데 위치한 조직 • 뼈, 지방, 연골, 근육 등의 결합조직성분을 만들어 냄.
내배엽	• 가장 안쪽에 위치한 조직 • 폐, 간, 허파, 방광, 이자 등의 소화기관, 배설기관에 해당하는 조직을 만들어 냄.

018 영아기 (0~2세) `7년간 7번 출제`

- 프로이트의 구강기, 에릭슨의 신뢰감 대 불신감 단계, 피아제의 감각운동기에 해당한다.
- 제1차 성장 급등기로, 신체뿐만 아니라 운동 능력, 언어, 감각이 발달한다.
- 외부자극에 대한 반사운동, 주 양육자와 신뢰 형성, 대상 영속성의 습득이 주된 특징이다.
- 사회성 발달에 영향을 미치는 애착관계가 형성된다. 애착을 느끼는 대상과 분리될 때 분리불안이 나타나며, 분리불안은 대상 영속성이 확립되는 2세경 없어진다.

참고 아인스워드의 4가지 애착 유형: 인간애착, 회피애착, 저항애착, 혼란애착
- **원시반사**: 모로반사, 걷기반사, 쥐기반사, 바빈스키반사
- **생존반사**: 빨기반사, 젖찾기반사(근원반사), 삼키기반사(연하반사)

참고 생존반사는 적응이나 생존을 위해 필요한 반사행동이다.

019 유아기 (3~6세) `7년간 8번 출제`

- 프로이트의 남근기(오이디푸스·엘렉트라 콤플렉스, 성적 정체성 형성), 에릭슨의 주도성 대 죄의식의 단계, 피아제의 전조작기(직관적 사고, 타율적 도덕성)에 해당한다.
- 콜버그의 전인습적 도덕성 발달단계 중, 벌과 복종 지향으로서의 도덕성(타율적 도덕성) 및 욕구충족 수단으로서의 도덕성(개인적·도구적 도덕성)에 해당한다. 이 시기에는 외부의 권위나 사회적 규칙을 통해 기본적인 도덕성이 발달한다.
- 자아개념과 자아존중감이 형성된다.
- 상징적 사고, 물활론적 사고, 자기중심적 사고를 한다.

020 아동기 (7~12세) `7년간 8번 출제`

- 피아제의 구체적 조작기, 에릭슨의 근면성 대 열등감 단계에 해당한다.
- 프로이트의 잠복기에 해당하며, 성(性)에너지가 무의식 속으로 잠복한다.
- 또래 친구들과 사회적 관계를 형성한다.
- 자기중심적 사고에서 벗어나 논리적·가역적 사고가 가능해진다.

021 청소년기 (13~19세)
7년간 8번 출제

- 프로이트의 생식기, 피아제의 형식적 조작기, 에릭슨의 자아정체감 대 역할 혼미의 단계에 해당한다.
- 이상적 자아와 현실적 자아의 괴리로 갈등과 고민이 많은 시기이다.
- 애착대상이 부모에서 친구로 이동하고 부모의 권위에 도전하며 갈등을 겪는 시기이다.
- 또래집단에 속해 다양한 경험을 한다. 부모에게서 벗어나 또래집단(동년배 집단)에게 더 많이 의존하여 심리적 이유기라고도 한다.
- 구체적 사물에 한정되지 않고 추상적 개념을 다룰 수 있다.
- 가설을 세울 수 있고 인과관계를 추론할 수 있는 연역적 사고가 가능해진다.
- 자기중심성을 보이며, 상상적 청중 현상과 개인적 우화 현상이 나타난다.
- 제2차 성장 급등기로, 성적 성숙이 이루어지고 자아정체감이 형성되며 정서적 변화가 일어난다.

참고 마샤의 자아정체감의 네 가지 범주

자아정체감 혼란	자아정체감 확립을 위한 노력을 하지 않고 기존의 가치관에 대한 의문도 제기하지 않는 상태이다.
자아정체감 유실	부모나 사회의 가치관을 자신의 것으로 받아들여 위기도 경험하지 않고 쉽게 의사결정을 내리지만 독립적인 의사결정을 하지 못하는 상태이다.
자아정체감 유예	현재 자아정체감 위기를 경험하며 자아정체감 형성을 위해 여러 가지 대안을 시도하는 상태이다.
자아정체감 성취	자아정체감의 위기를 성공적으로 극복하여 성취 욕구가 높으며, 목적 의식이 분명한 단계이다.

022 청년기 (20~34세)
7년간 5번 출제

- 에릭슨의 친밀감 대 고립감 단계에 해당한다.
- 부모에게서 독립하여 경제적으로 자립하며, 다른 사람과 가정을 이루고 자녀를 양육하는 시기이다.
- 신체적·심리적·사회적으로 성숙해지며 일생에서 신체적 기능이 가장 활발한 시기이다.
- 직업 선택, 결혼, 자율성 확립, 친밀감 형성 등이 주요한 발달 과업이다.

참고 스턴버그의 애정발달이론에 따르면 사랑은 친밀감, 열정, 헌신으로 구성되어 있다.

023 중년기 (35~64세)
7년간 7번 출제

- 에릭슨의 생산성 대 침체 단계에 해당하며, 신체 구조상 전반적인 신진대사의 둔화가 일어난다.
- 융은 중년기의 개성화를 강조하였다. 개성화 기간에 페르소나, 음영, 아니마, 아니무스에 변화가 나타난다.

참고 개성화란 에너지의 방향을 외부 세계에서 내면 세계로 전환하는 것이다.

- 호르몬의 변화로 남녀의 성적 능력이 저하되며, 남성과 여성 모두 갱년기를 경험한다.
- 자녀의 독립과 업무로 인한 배우자의 부재로 주로 여성에게 빈 둥지 증후군이 나타날 수 있다.
- 새로운 것에 대한 학습 능력은 저하되지만, 문제 해결 능력은 향상된다.

참고 혼과 카텔은 중년기에는 유동성 지능은 점차 감소하지만, 실제적인 문제 해결 능력의 발달로 결정성 지능은 증가한다고 설명하였다.

024 노년기 (65세 이상)
7년간 7번 출제

- 에릭슨의 자아통합 대 절망 단계에 해당한다.
- 연령이 증가함에 따라 수면 시간이 감소한다.
- 단기 기억보다 장기 기억의 감퇴 속도가 느리다.
- 제도적 지위와 역할은 줄어들고 비공식적 역할은 증가한다.
- 조심성, 경직성, 수동성, 내향성이 증가한다.
- **분리이론**: 노년기를 노인 개인과 사회가 동시에 상호분리를 시작하는 시기라 보는 이론으로, 노년기에 본인을 사회로부터 분리하는 것은 인생의 만족감을 증가시킨다고 본다.
- **활동이론**: 노년기를 잘 보내기 위해서는 은퇴 등으로 종결되는 역할들을 대치할 수 있는 활동을 발견하는 것이 중요하다고 보는 이론이다.
- **퀴블러-로스의 비애의 과정(죽음에 직면하는 단계)**: 부정 → 분노 → 타협 → 우울 → 수용

025 일반체계, 생태체계, 환경체계, 가족체계, 사회체계, 문화체계 등
7년간 36번 출제

■ 일반체계

시너지	체계 내에 유용한 에너지가 증가하고 구성요소 간 상호작용이 증가하는 것
경계	체계를 외부로부터 구분하는 눈에 보이지 않는 선 혹은 테두리
엔트로피	체계 구성요소 간의 상호작용이 감소함에 따라 유용한 에너지가 감소하는 상태
넥엔트로피	체계 외부의 에너지가 유입되어 내부의 유용하지 않은 에너지가 감소되는 상태
항상성	균형을 위협받았을 때 회복하고자 하는 체계의 경향
균형	외부 환경으로부터 새로운 에너지의 투입 없이 현상을 유지하려는 속성
홀론	하나의 체계는 상위체계에 속한 하위체계이면서 동시에 다른 것의 상위체계가 된다는 개념
공유영역	두 개 이상의 체계가 공존하는 부분으로 체계 간의 교류가 일어나는 장소
안정상태	체계 자체를 변화시키려는 노력을 통해 외부자극을 받아들이는 것
호혜성	체계의 일부가 변화하면서 그 변화가 다른 부분들과 상호작용해서 나머지 부분도 변화한다는 것
동등결과성	서로 다른 경로와 방법을 통해 같은 결과에 도달할 수 있다는 것
다중결과성	처음의 조건과 수단이 비슷하다고 할지라도 다른 결과가 나타난다는 것

■ 생태체계
- 개인-환경 간의 적합성, 상호교류, 적응을 지지하거나 방해하는 요소를 통해 '환경 속의 인간'을 설명한다.
- **브론펜브레너의 생태학이론**
  - 인간과 환경을 서로 영향을 주고받는 단일체계로 간주한다.
  - 인간 본성에 대한 정신적·환경적 결정론을 모두 배척한다.
  - 성격을 개인과 환경 사이의 상호 교류의 산물로 이해한다.
  - 인간과 환경 사이의 상호보완성에 관심을 둔다.

- 인간의 발달에 직접적인 영향을 주는 네 가지 변인은 다음과 같다.

미시체계	개인의 일상생활에 존재하는 실제적인 환경이다.
중간체계	개인이 적극적으로 참여하는 둘 이상의 환경 간의 상호관계로서, 두 가지 이상의 미시체계 간의 관계 혹은 특정 시점에서 미시체계들 간의 상호작용이다.
외부체계	개인과 직접 상호작용을 하지는 않지만 간접적인 영향을 미치고 있는 환경이다.
거시체계	개인이 속한 사회와 관련된 체계이다. 법률, 규칙, 법칙 등 형태를 가진 것도 있지만, 대부분은 비형식적이고 묵시적인 관습과 같은 이데올로기이다.

▣ 환경체계
- **가족체계**
  - 외부경계에 따른 분류: 개방형 가족체계, 폐쇄형 가족체계, 임의형 가족체계
  - 내부경계에 따른 분류: 부부체계, 형제체계, 부모-자녀체계 등
  - 가족체계 내의 반복적 상호작용은 구성원의 행동에 영향을 미친다.
- **사회체계**
  - 서로 관련을 맺고 상호작용하는 부분들로 구성된 일련의 단위이다.
  - 사회체계의 한 성원에게 일어나는 변화는 사회체계 전체에 영향을 미친다.
  - 집단체계의 전체는 하위체계인 개개인의 고유 특성의 총합보다 크다.
  - 지리적·기능적 지역사회는 부분폐쇄체계의 속성을 더 크게 가진다.
- **문화체계**
  - 인간행동에 영향을 주는 거시체계이다.
  - 학습을 통해 전수되며, 구성원 간에 공유되는 생활 양식이다.
  - 복합적인 전체이며 축적의 결과로서, 항상 변화하는 역동성을 가진다.
  - 사회 변화에 따라 환경에 적합한 방식으로 수정·조정되며, 새로운 특성이 추가된다.
  - 베리의 문화적응이론: 개인이 모국의 고유문화를 유지하느냐 여부와 이주사회의 주류문화에 적극적으로 참여하고 그 관계를 유지하느냐의 여부에 따라서 다음과 같이 4가지 적응 유형으로 구분할 수 있다.

동화	기존 문화를 포기하고 새로운 문화를 수용함을 의미
분리	기존 문화만을 고수
주변화	기존 문화와 새로운 문화 모두에 거리를 둠
통합	기존 문화를 유지하면서 동시에 새로운 문화적 정체성을 수용함으로써 두 문화가 공존

▣ 다문화체계
- 다문화란 인종적·문화적 다양성을 설명하는 개념이다.
- 인종의 다양성과 생활방식의 존중 및 문화의 공존을 지향한다.

사회복지조사론

> 사회복지실천에 필요한 조사연구 방법을 다루는 영역입니다.
> 최근 7년간 출제빈도가 높은 영역은 사회조사 유형, 표집방법, 신뢰도, 질적 연구 영역입니다.
> 사회복지조사의 기초지식부터 실천현장에서 사용되는 전문지식까지 골고루 출제되고 있습니다.

026 [7년간 1번 출제] 과학적 방법

- 일반적 사실에서 특수한 사실을 추론해 내는 연역법과 관찰에서 시작해 일반적 원리나 이론을 전개하는 귀납법의 상호 보완적 관계를 중시한다.
- 과학적 방법은 연구의 반복을 요구한다.
- 과학적 지식은 시대, 상황, 현상에 따라 수정·보완될 수 있고 잠정적(임시적)인 성격을 지닌다.
- **일상적 지식 습득 과정의 오류**: 부정확한 관찰, 과도한 일반화, 선별적 관찰, 꾸며진 지식, 사후소급가설, 비논리적 추론, 자아의 개입, 탐구의 성급한 종료, 신비화

027 [7년간 9번 출제] 과학 철학

- **실증주의와 해석주의**

실증주의	• 인간 행위를 예측할 수 있는 확률적 법칙을 강조한다. • 관찰 결과의 일반화 가능성을 강조한다. • 연구 결과를 잠정적 지식으로 간주한다. • 경험적으로 검증되지 않은 지식은 의미 있는 지식으로 보지 않는다. • 양적·객관적 성격을 지닌다.

해석주의	• 삶의 주관적 의미에 관해 깊이 있게 탐구한다.
	• 말이나 행위의 사회적 맥락을 고찰한다.
	• 질적·주관적 성격을 지닌다.
	• **기본적 가정**
	  - 실재란 다양할 수 있으며 구성되는 것이고, 전체적인 것이며 다를 수 있다.
	  - 일반화란 가능하지 않거나 혹은 가능하더라도 바람직하지 않다. 이는 실재가 갖는 맥락 및 시간 제한성 때문이다.
	  - 인과관계가 아닌 서로 영향을 주고받는 상호 구성 과정을 발견한다.

- **쿤의 과학적 패러다임**
  - 패러다임이란 현상에 대한 우리의 관점을 조직하는 근본적인 도식이다.
  - 기존 패러다임의 위기가 명백해지면 새로운 패러다임으로 전환한다.
  - 패러다임의 우열을 비교할 수 있는 객관적 기준은 존재하지 않는다.
  - 과학은 기존의 패러다임을 부정하고 새로운 출발을 할 때 급진적·혁명적으로 발전한다.

028 [7년간 4번 출제] 사회조사의 윤리

- 고지된 동의, 비밀 보장, 익명성 유지, 보고의 의무 등을 고려해 사회복지조사의 윤리성을 유지한다.
- 조사대상자의 익명성이 보장되지 않더라도 조사 내용은 비밀에 부쳐야 한다. 다만, 로웬버그와 돌고프의 윤리적 의사결정 우선순위에 따라 비밀 보장의 원칙보다 우선순위가 높을 경우 상위 원칙을 준수해야 한다.

- 조사에 참여함으로써 받을 혜택은 조사 전에 알리는 것이 윤리적이다.
- 조사대상을 관찰하기에 앞서 그들의 동의를 구해야 한다.
- 연구에 공익적 가치가 있더라도, 연구 윤리보다 우선할 수 없다.

029 사회조사의 유형 (7년간 11번 출제)

- **연구 목적에 따른 분류**

탐색적 조사 (예비조사)	• 조사설계 확정 전, 즉 명확한 연구 가설이 수립되기 전에 실시한다. • 문헌조사, 특례조사, 경험자조사, 전문가조사 등이 해당한다.
기술적 조사	현상의 빈도, 비율 등을 기술한다. 변수 간의 상관관계 이해를 목적으로 한다.
설명적 조사	현상의 인과관계를 규명하려는 목적으로 사용된다.

- **연구 시점에 따른 분류**

횡단연구	• 어느 한 시점에서 특정 표본을 조사하는 것이다. • 탐색, 기술, 설명의 목적을 가진다.
종단연구	• 일정한 간격을 두고 여러 번에 걸쳐 반복적으로 조사하는 것이다. • 장기간에 걸쳐 반복적으로 조사하는 연구로, 질적 연구로 이어질 수 있다.

참고 **종단연구의 종류**

구분	조사대상	내용
패널조사	동일	특정 모집단의 변화를 관찰하기 위하여 동일한 조사대상자를 장기간 반복적으로 조사하는 것이다.
경향조사 (추이조사)	비동일	새로운 경향을 확인하기 위하여 동일한 질문을 가지고 해마다 다른 조사대상자를 선정하여 조사하는 것이다.
동년배조사		시간의 흐름에 따라 동년배 집단의 변화를 조사하는 것이다.

030 사회조사의 과정 (7년간 6번 출제)

연구 주제 선정 ➡ 가설 구성 ➡ 자료 수집 방법 결정 ➡ 설문지 문항 검토 ➡ 자료 수집 ➡ 자료 분석 및 해석 ➡ 보고서 작성

031 변수 (7년간 14번 출제)

- **독립변수**: 다른 변수의 발생에 대한 원인이 되는 변수이다.
- **종속변수**: 독립변수의 영향을 받아 일정하게 변화된 결과를 나타내는 변수이다.
  참고 **독립변수와 종속변수의 관계**
  - 독립변수가 종속변수를 시간적으로 앞서야 한다.
  - 독립변수와 종속변수가 일정한 방식으로 같이 변해야 한다.
- **조절변수**: 독립변수가 종속변수에 미치는 영향의 정도를 조절하는 변수이다.
- **매개변수**: 독립변수의 결과인 동시에 종속변수의 원인이 되는 변수이다. 독립변수와 종속변수 간의 징검다리 역할을 하는 변수이다.
- **통제변수**: 두 변수의 관계에 영향을 미칠 가능성이 있어 조사자가 통제하려는 제3의 변수이다.
- **외생변수**: 표면상 독립변수가 종속변수에 영향을 미쳐 관계가 있는 것처럼 보이지만 그 변화가 제3의 변수로 인한 것일 때, 그 제3의 변수이다.

032 가설
`7년간 7번 출제`

- **가설의 특성**: 상호연관성, 검증가능성, 추계성, 문제 해결성, 구체성, 명확성
- **가설의 종류**

영가설 (귀무가설)	• 독립변수가 종속변수에 영향을 미치지 않으며, 변수 간 관계가 우연인 것으로 간주한다. • 영가설은 연구가설과 대조되는 가설이다. 즉 영가설이 거짓으로 증명되면 연구가설이 옳은 가설인 것이므로, 연구자는 영가설이 거짓으로 증명되어 기각되기를 기대한다.
연구가설 (대립가설)	조사과정을 통해 연구자가 검증하고자 하는 가설이다.

참고 가설검증의 오류
- **제1종 오류**: 영가설이 참인데도 기각하는 오류이다.
- **제2종 오류**: 영가설이 거짓인데도 채택하는 오류이다.

033 조작적 정의
`7년간 2번 출제`

- 개념적 정의를 벗어나지 않는 범위 내에서 추상적 개념들을 실증적, 경험적, 구체적으로 측정 가능하도록 한 것이다.
- **개념화**: 동의어 또는 이미 알고 있는 다른 용어로 개념을 설명하는 것이다.
- **조작화**: 추상적인 용어를 관찰 가능한 용어로 설명하는 것이다.

034 척도
`7년간 7번 출제`

- **명목척도**: 연구대상을 구분하거나 분류할 목적으로 사용하는 척도이다(예 성별, 인종, 종교).
- **서열척도**: 측정대상이 지닌 속성의 순서적 특성만을 나타내는 척도이다(예 반 석차, 학점). 평정척도, 리커트척도, 거트만척도, 사회적 거리척도, 의미분화척도가 있다.
- **등간척도**: 측정대상이 지닌 속성의 차이를 의도적으로 측정하기 위해 균일한 간격을 두고 분할하여 측정하는 척도이다(예 온도). 서스톤척도가 있다.
- **비율척도**: 측정대상이 가지고 있는 속성을 양적 차이로 표현하는 척도이다(예 중량, 투표율). 절대 영(0)점이 존재하며 사칙연산이 가능하다.
- **척도별 특징**

구분	명목척도	서열척도	등간척도	비율척도
비교 방법	확인, 분류	순위 비교	간격 비교	절대적 크기 비교
평균 측정	최빈치	중앙값 (중위수)	산술평균	산술평균, 기하평균, 조화평균
분석 방법	빈도 분석, 비모수 통계, 교차 분석	서열 상관관계, 비모수 통계	모수 통계	모수 통계
순위	×	○	○	○
등간격	×	×	○	○
절대 영점	×	×	×	○

035 척도의 종류
7년간 7번 출제

- **사회적 거리척도**: 사람들 간의 사회적 관계의 거리감을 파악하기 위한 척도로, 누적적인 문항으로 구성된다.
- **의미 분화척도(어의적 분화척도)**: 양극단에 서로 상반되는 형용사를 배치하여 속성에 대한 평가를 내린다.
- **리커트척도**: 주로 개인의 태도나 성향을 측정할 때 사용한다. 하나의 개념을 측정하기 위한 여러 문항에 응답하게 하며, 각 문항은 동등한 가치를 부여받는다.
- **거트만척도**: 각 문항이 강도에 따라 일관성 있게 서열을 이루도록 구성한다.
- **서스톤척도**: 가장 긍정적·부정적인 태도를 양극단에 배치하고 등간격으로 구분해 수치를 부여함으로써 등간척도를 구성하는 방법이다.

036 타당도
7년간 7번 출제

- 측정도구가 측정하고자 하는 개념을 얼마나 정확히 측정하였는가를 말한다.
- 타당도의 종류
  - 내용타당도: 측정도구의 항목들이 측정하고자 하는 내용을 얼마나 잘 포함하고 있는지 검토하는 것이다.
  - 기준타당도: 하나의 측정지표를 사용하여 측정한 결과를 객관적인 외부의 기준지표를 사용해 측정한 결과와 비교하여 나타난 관련성의 정도이다.

예측타당도	측정한 결과가 미래의 행동을 얼마나 정확하게 예측할 수 있는지를 보여 주는 것이다.
동시타당도	측정 기준이 되는 측정이 현재 상황을 얼마나 잘 반영하는지 정도를 알아보기 위해 기존에 입증된 기준과 비교하는 방법이다.

  - 구성타당도: 측정하고자 하는 추상적 개념이 이론적 틀 내에서 다른 개념과 실제적이고 논리적으로 관련성을 가지고 있는지 정도이다.

이해타당도	측정도구가 특정 구성개념을 체계적·논리적으로 이해하고 있는지 정도이다.
수렴타당도	동일한 개념을 다른 방법으로 측정하더라도 측정값이 하나의 차원으로 수렴되어야 한다는 내용이다.
변별타당도	다른 개념을 같은 방법으로 측정했을 때 나타나는 측정값을 비교하여 상관관계를 확인하는 방법이다.

037 신뢰도
7년간 10번 출제

- 측정도구가 측정하고자 하는 현상을 일관되게 측정하였는가를 말한다.
- 처음 측정한 결과와 이후 측정한 결과가 일관성을 보이지 않는 비체계적 오류(무작위 오류)와 관련이 있다.
- 재검사법을 사용하여 신뢰도를 평가할 경우 측정대상이 동일해야 한다.
- 측정도구의 신뢰도를 높이기 위해서는 양질의 검사 문항이 많아야 한다.
- **신뢰도 측정 방법**: 검사-재검사법, 대안법, 반분법(복수양식법), 크론바흐 알파(내적 일관성 분석), 상호관찰자기법
- 타당도와 신뢰도의 관계
  - 타당도가 높으면 신뢰도도 높고, 신뢰도가 낮으면 타당도도 낮다. 신뢰도가 높은 측정이 반드시 타당도가 높은 것은 아니다.

참고 **타당도와 신뢰도의 비교**

타당도	신뢰도
• 측정값의 정확성을 의미한다. • 측정값과 대상의 진정한 값이 일치하는 정도를 말한다.	• 측정값의 일관성을 의미한다. • 같은 대상을 반복적으로 측정할 때 어느 정도 동일한 측정값을 산출하는지의 정도를 말한다.

038 측정 오류 (7년간 3번 출제)

- **체계적 오류**: 측정도구 관련 오류로서, 잘못된 측정 방법이 변수에 체계적으로 영향을 주어 발생한다. 타당도가 확보된 측정도구를 사용하여 예방할 수 있다.

  참고 조사대상자의 선정 편향으로 체계적 오류가 발생할 경우
  - 내적 타당도에 영향을 준다.
  - 표본의 대표성에 영향을 준다.
  - 결과의 일반화 정도가 떨어진다.
  - 실험집단과 통제집단에 이질성이 발생할 수 있다.

- **비체계적 오류**: 측정대상 관련 오류로서, 일관적이지 않게 오류가 나타나는 경우이다. 측정자, 측정대상자, 측정상황, 측정도구에 의해 오류가 무작위적으로 발생하는 경우에 나타난다. 비체계적 오류는 신뢰도가 확보된 측정도구를 사용하여 예방할 수 있다.

  참고 비체계적 오류를 발생시키는 코딩 왜곡: 부호화 과정에서 자료를 잘못 입력하면 일정한 경향 없이 무작위로 배치될 가능성이 있다.

039 표집오차 및 표본 크기 (7년간 6번 출제)

- **표집(표본)오차**: 표본의 통계치와 모수 간의 차이를 의미한다. 표본의 선정 과정에서 발생하는 오차이다. 일반적으로 표본 크기가 클수록 감소한다.
- **비표집오차**: 표본추출 과정에서 유발되는 오차가 아닌 설문지의 작성, 인터뷰 과정에서 비롯되는 오류, 잘못된 해석 등으로 발생하는 오차이다.
- **표본 크기**: 표본집단의 크기는 표집(표본)오차가 작아질수록 커진다. 즉, 표본집단의 크기와 표집(표본)오차는 반비례 관계이다. 표집 비용과 시간에 영향을 받는다. 동질적인 모집단은 이질적인 모집단보다 오차가 줄어들 수 있다.
- **표본추출 과정**: 모집단의 확정 → 표집틀 선정 → 표집 방법 결정 → 표본의 크기 결정 → 표본추출
- **신뢰수준**
  - 통계적 추정에서 구간 추정치가 실제 모집단의 모수를 포함하고 있을 가능성의 범위를 말하는 것으로, 표본이 모집단의 특성을 반영하고 있는 정도를 의미한다.
  - 95% 신뢰수준은 같은 조사를 100번 하면 5번 정도는 오차가 발생할 수 있다는 의미이다.

  참고 표본 크기, 신뢰수준, 정확도, 표집(표본)오차 간의 관계
  - 표본 크기가 클수록 표집(표본)오차는 작아진다.
  - 정확도가 높을수록 표집(표본)오차는 작아진다.
  - (다른 조건이 같은 경우) 신뢰수준이 높을수록 표집(표본)오차는 커진다.
  - 신뢰수준이 높을수록 정확도는 낮아진다.

040 표집 방법
7년간 15번 출제

- **확률표집 방법**: 단순무작위표집, 체계적 표집, 층화표집(비례적 층화표집, 비비례적 층화표집), 집락표집
- **비확률표집 방법**: 할당표집, 편의표집, 유의표집, 눈덩이표집

041 단일사례연구
7년간 8번 출제

- 단일대상 또는 단일사례의 상태를 비교하는 것이다.
- 반복 측정이 가능하다.
- 즉각적인 환류가 가능하다.
- 하나의 대상 또는 사례를 가지고 반복적인 측정을 하기 때문에 외적 타당도가 낮다.
- 사회복지사의 개입 전과 개입 후 클라이언트의 상태를 비교함으로써 개입의 효과를 과학적으로 증명할 수 있다.
- 단일사례설계의 유형

AB설계	기초선 → 개입
ABA설계	기초선 → 개입 → 2차 기초선
ABAB설계	기초선 → 개입 → 2차 기초선 → 2차 개입
BAB설계	개입 → 기초선 → 2차 개입
ABCD설계	기초선 → 개입(B/C/D) 연속적 도입

- **경향선 접근**: 기초선이 불안정하게 형성되어 있어 단순 평균비교가 힘들 경우 사용한다. 기초선에 있는 관찰점들을 반으로 나누어 전반부와 후반부 관찰점으로 분리하고 각각의 평균점을 구한 뒤, 두 평균을 연결하여 경향선을 만든다.

042 내적 타당도
7년간 6번 출제

- 각 변수 사이의 인과관계를 추론하여 그것이 실험에 의한 진정한 변화인지 판단하는 인과 조건의 충족 정도를 말한다.
- 사전검사의 실시는 내적 타당도에 부정적 영향을 미칠 수 있다.
- 내적 타당도가 높아도 외적 타당도는 낮을 수 있다.
- **내적 타당도 저해 요인**: 성숙효과, 실험대상의 상실, 외부사건, 도구효과, 검사효과, 통계적 회귀 등
    > **참고** 외부사건을 통제할 수 있는 실험설계: 솔로몬 4집단설계, 통제집단 사전사후검사설계, 통제집단 사후검사설계, 요인설계
- 내적 타당도 저해 요인을 통제하기 위한 주요 수단으로 개입의 철회를 사용한 단일사례설계 유형인 ABA설계, ABAB설계가 있다.

043 외적 타당도
7년간 3번 출제

- 연구의 결과에 의해 기술된 인과관계가 연구대상 이외의 경우에도 확대·일반화될 수 있는 정도를 말한다.
- 외적 타당도를 높이기 위해 연구를 반복적으로 실시하여 결과를 축적한다.
- 연구대상자라는 인식이 외적 타당도를 낮출 수 있다.
- **외적 타당도 저해 요인**: 표본의 대표성, 연구환경과 절차, 실험조사에 대한 반응성, 위약효과 등

044 실험조사설계
7년간 11번 출제

- 실험조사설계의 유형

순수실험설계	통제집단 사전사후검사설계, 통제집단 사후검사설계, 솔로몬 4집단 설계, 요인설계, 가실험 통제집단설계 등이 있다. 참고 요인설계: 여러 개의 독립변수의 모든 수준들이 조합을 이루어 만들어 내는 처치들의 효과를 동시에 검정할 수 있다.
유사실험설계 (준실험설계)	단순시계열설계, 복수시계열설계, 비동일 통제집단설계 등이 있다.
선실험설계 (전실험설계)	1회(검사)사례설계, 단일집단 사전사후검사설계, 정태적 집단비교 설계 등이 있다.
비실험설계	독립변수의 조작과 대상 선정이 불가능할 경우 실시하는 실험설계이다.

- 실험조사설계 유형의 분류 기준
  - 데이터의 성격: 양적 조사(수량화함) / 질적 조사(수량화하지 않음)
  - 원인의 조작 여부: 순수실험설계(조작 있음) / 비실험설계(조작 없음)
  - 연구의 목적: 기술적 연구(상관관계 규명) / 설명적 연구(인과관계 규명)
  - 동일 표본의 반복 측정 여부: 코호트조사(동일 표본 반복 측정 안 함) / 패널조사(동일 표본 반복 측정함)
  - 표본추출 여부: 전수조사(표본추출 안 함) / 표본 조사(표본추출 함)

045 자료 수집
7년간 5번 출제

- 자료의 분류

1차 자료	현재 수행 중인 조사연구 문제를 해결하기 위해 직접 수집하는 자료이다.
2차 자료	기존에 수집된 자료를 활용하여 모은 자료이다.

- 자료 수집의 방법

양적 연구	설문지법, 우편설문법, 대인면접법, 전화면접법, 인터넷(전자)조사법, 집단조사법, 배포조사법, 델파이 기법 참고 양적 연구의 일반적 과정: 문제 제기 → 가설 설정 → 조사 설계 → 자료 수집 → 자료 분석 및 해석 → 보고서 작성
질적 연구	면접법, 관찰법, 내용분석법

046 관찰법, 대인면접법, 설문지법
7년간 7번 출제

■ 관찰법
- 행위가 일어나는 현장에서 즉시 어떠한 사실을 포착해 자료 수집이 가능하다.
- 비언어적 상황에 대한 자료 수집이 가능하다.
- 질적 연구나 탐색적 연구에 사용하기 용이하다.
- 관찰자의 주관이 개입될 수 있고, 서베이에 비해 자료의 계량화가 어렵다.

■ 대인면접법
- 조사자가 응답자와 면대면 접촉을 통해 자료를 수집하는 방법이다.
- 비언어적 행위의 관찰이 가능하고, 대리응답의 가능성이 낮으며, 질문 과정에서의 유연성이 높다.
- 조사자를 교육시켜야 하므로 시간과 비용이 많이 든다. 조사자의 편견이 개입될 수 있고, 민감한 사항은 질문하기 어려우며, 현실적으로 모든 대상자를 면접할 수 없다.

■ 설문지법
- 폐쇄형 질문의 응답 범주는 상호 배타적이어야 한다.
- 신뢰도 측정을 위해 짝(pair)으로 된 문항들은 떨어뜨려 배치하는 것이 좋다.

047 내용분석 (7년간 7번 출제)

- 조사자가 새로운 자료를 수집하는 것이 아닌, 기존 자료를 분석해 자료를 수집하는 방법이다(2차 자료 수집).
- 내용분석의 결과를 양적 분석에 사용할 수 있다.
- 기존 자료를 활용하는 양적 조사이자 질적 조사로, 가설검증이 필요하며 연구의 범위가 제한적이다.
- 하나의 단락 안에 두 개 이상의 주제가 들어 있는 경우, 주제를 기록 단위로 한다. 자료 수집의 양은 기록 단위가 주제일 때가 단어일 때보다 더 적다.
- **표본추출 방법**: 무작위표본추출, 층화표본추출, 체계적 표본추출, 군집(집락)표본추출 등
- **분석단위(관찰단위)의 종류**: 개인, 집단, 사회적 생성물, 조직 또는 제도, 지역사회·지자체·국가 등

048 욕구조사 (7년간 3번 출제)

- 사회 욕구를 파악하기 위해 실행한다.
- 욕구조사 방법

면접조사	조사대상자와 연구자가 대면하여 조사한다.
질문지법	• 다수의 대상자에게 질문지를 배부하고 취합하여 조사한다. • 비용과 시간이 절감된다.
델파이조사	• 익명의 전문가에게 우편 또는 이메일로 설문조사를 보내 합의에 이를 때까지 조사를 반복 실시한다. • 응답자의 시간을 효율적으로 사용할 수 있지만 합의까지 시간이 많이 걸리고 연구자의 의도대로 전문가의 의견이 유도될 위험이 있다.
초점집단조사	• 조사대상집단 중에서 대표를 추출하여 심층적으로 면접하는 방법이다. • 연구자의 주관적 개입에 의해 편향이 발생할 수 있다.
2차 자료 분석	논문, 문헌 등 조사와 관련된 자료를 기초로 조사하는 것이다.

사회복지사 1급

049 질적 연구
7년간 14번 출제

- 복잡한 현상을 가능한 한 있는 그대로 개방적인 상태에서 파악하려 한다.
- 연구의 체계를 인위적으로 설계하지 않고 현상이 전개되는 자연적인 체계 또는 일상적인 체계에 연구자가 참여하는 접근 방식을 취한다.
- 주관적인 연구 방법이면서 상호 주관적인 특성도 갖는다.
- 연구 과정에서 연구자와 연구대상 모두를 다른 사람으로 대체해서는 안 된다.
- 양적 연구에 비해 규범적 시각이 연구의 질을 저하시킨다고 생각한다.
- 표본 크기가 상대적으로 작고, 귀납법을 주로 사용한다.
- 학문적 지식과 이해를 높이는 것을 중요시하고 탐색과 발견을 지향하며 사회현상의 주관적 의미에 관심을 둔다.
- 조사결과의 일반화가 어렵다.
- 민속지학 연구, 근거이론(현실기반이론), 현상학적 연구, 사례연구 등이 있다.
- **질적 연구의 엄격성을 높이기 위한 방법**

삼각측정	정해진 혹은 고정된 하나의 점 또는 사항에 대해 포괄적인 이해를 얻고자 다양한 자원을 활용한다.
예외사례 표본 추출	예외적인 사례분석을 통해 연구자는 자료 분석 과정에서 스스로 미비점을 찾아낼 수 있다.
장기적 관찰	연구자와 연구대상 간의 장기간에 걸친 관계형성은 연구대상의 반응성과 연구자의 편견을 줄이는 데 도움이 된다.
연구윤리 강화	연구가 올바른 방향으로 나아가고 있는지 확인하고, 연구자의 편견을 줄일 수 있다.
동료집단의 조언 및 지지	동료집단은 연구자가 편견에 빠지지 않게 하는 감시기제로서의 역할을 한다.
감사자료 남기기	연구자는 다른 사람이 자신의 연구결과를 살펴볼 수 있도록 자료 수집 및 분석 과정을 기록으로 남기고, 이를 공개함으로써 연구의 엄격성을 높일 수 있다.

050 정규 분포
7년간 4번 출제

- 자료들이 어떠한 유형으로 분포되어 있는지 보는 것으로, 표본을 통해 모집단을 추정하거나 가설을 검증하는 통계학의 기초가 된다.
- 정규 분포 곡선은 좌우대칭의 종 모양이다. 최빈값, 중위수, 산술평균이 한 점에 일치하며, 표준 정규 분포 곡선의 평균은 0이고, 표준 편차는 1이다.

참고 중심경향 척도

최빈값	최고로 빈도수가 높은 값이다.
중위수(중앙값)	자료를 크기 순으로 나열했을 때 중앙에 있는 값으로, 전체 자료의 중심 성향을 나타내는 대표값이다.
산술평균	변량의 총합을 변량의 개수로 나눈 값이다(산술평균은 합의 평균이고, 기하평균은 곱의 평균).

과락 탈출 키워드

사회복지실천론

> 사회복지실천에서 사회복지사의 역할과 실천현장 등에 대해 다루는 영역입니다.
> 최근 7년간 출제 빈도가 가장 높았던 영역은 전문적 관계, 통합적 접근, 사례관리 영역입니다.
> 사회복지실천가로서 어떤 역할을 해야 할지 생각해 보아야 합니다.

051 [7년간 2번 출제] 사회복지실천의 수준

- **미시적 수준**: 사회복지사의 직접적 개입이다.
- **중간 수준**: 클라이언트와 관련된 의미 있는 소집단에의 개입과 실천 활동이다.
- **거시적 수준**: 간접적 실천으로, 지역사회 대상의 사회복지실천 활동이다.

052 [7년간 4번 출제] 사회복지실천의 이념

- **인도주의**: 사회복지실천의 근간이 되는 이념으로, 인간애적 사상인 박애주의와 유사하다. 봉사정신과 이타주의를 토대로 한다.
- **사회진화론**: 사회복지실천의 사회통제적인 이념으로, 사회 적응이 어려운 존재는 자연스럽게 도태되는 적자생존 원리를 말한다.
- **민주주의**: 인간 평등을 전제로 클라이언트의 자기결정권에 가치를 부여하며, 빈곤에 대한 사회적 책임을 중시한다.
- **개인주의**: 인간 복지 증진 차원의 국가개입은 개인의 자유를 침해하지 않는 선에서 최소화해야 한다고 본다.
- **다원주의**: 개인의 고유성을 중시한다.
- **다문화주의**: 각자의 문화는 존중받아야 한다는 관점이다. 인종, 계층, 성별, 문화, 이념 등을 상대적 관점에서 바라보고 인정하는 문화적 다양성과 관용, 통합을 중요한 가치로 여긴다.

참고 동화주의: 이주민 등의 소수 문화가 주류 문화에 적응하고 통합되어야 한다는 입장으로, 사회복지실천의 이념과 맞지 않다.

053 [7년간 11번 출제] 사회복지실천의 발전 과정

- **서구 사회복지실천**

시기	내용
태동기(19세기 말~1900년)	자선조직협회, 인보관 운동
성장기(1900~1920년)	플렉스너의 비판, 리치몬드의 「사회진단」, 전문적 실천활동(우애방문원에게 보수 지급, 자선조직협회 교육프로그램 마련, 매사추세츠 병원 의료사회복지사 정식 채용 등)
분화기(1921~1950년)	전문직으로의 분화, 사회복지실천의 세분화(개별사회사업, 집단사회사업, 지역사회조직사업), 진단주의와 기능주의
통합기(1951~1960년)	통합적 실천의 중요성 부각, 펄만의 문제해결모델
발전기(1961~1990년)	사회체계이론을 활용한 통합방법론 개발(핀커스와 미나한, 골드스타인, 콤튼과 갤러웨이, 저메인과 기터만)
확장기(1990~현재)	신자유주의 경향에 따른 사회복지재원 축소로 단기 개입에 의존, 포스트모더니즘 등장

참고 플렉스너의 비판(1915년): 사회복지실천을 위한 환경 미조성, 과학적·학문적 이론과 기술 부족, 윤리강령 부재, 전문직을 위한 단체가 구성되어 있지 않음을 비판하며 사회복지사는 전문직이 아니라 하였다.

- 한국 사회복지실천

연도	내용
1921	태화여자관 설립(최초의 사회복지관)
1947	이화여자대학교 기독교사회사업과 개설(전문인력 양성)
1965	한국사회사업교육연합회 창립(한국사회복지교육협의회의 전신)
1967	한국사회사업가협회 창립(한국사회복지사협회의 전신)
1983	사회복지사업법 개정에 따라 '사회복지사' 명칭 사용
1987	사회복지전문요원제도 신설
1996	정신보건사회복지사제도 시행(2016년 정신건강사회복지사로 명칭 변경)
1999	사회복지전담공무원제도 전환지침 마련(2000년 전환)
2003	사회복지사 1급 국가시험 실시
2018	정신건강사회복지사, 의료사회복지사, 학교사회복지사 국가자격 신설(2020년 시행)

054 7년간 4번 출제
자선조직협회, 인보관 운동

자선조직협회	인보관 운동
• 개별사회사업의 태동에 영향을 주었다. • 도덕적 의무를 강조하였다. • 빈곤으로부터 벗어나려는 노력을 하는, 즉 가치 있는 빈민에게만 원조를 제공하였다.	• 집단사회사업의 태동에 영향을 주었다. • 지역주민과 함께 거주하면서 사회개혁을 시도하였다.

055 7년간 3번 출제
윤리적 의사결정의 우선순위

■ 로웬버그와 돌고프의 윤리적 의사결정의 우선순위

생명보호 → 평등 → 자율과 자유(자기결정) → 최소손실(최소해악) → 생활의 질(삶의 질) 향상 → 비밀 보장 → 진실을 알리는 것(정보개방)

056 7년간 6번 출제
전문직 가치, 인권

■ 전문직 가치
- 존슨의 사회복지실천의 가치: 궁극적 가치, 수단적 가치, 차등의 가치
- 레비의 사회복지전문직의 가치: 사람우선 가치, 결과우선 가치, 수단우선 가치
- 그린우드의 전문직의 속성: 전문적 권위, 전문적 지식(이론), 사회적 인정(승인), 전문직 문화, 윤리강령

■ 인권
- 기본적 권리(기본권), 보편적 권리, 약자를 위한 권리, 책임성 동반, 개인과 집단을 포괄하는 권리, 정당성을 기준으로 국가 권력을 제한하는 권리, 사회 변화를 요구하는 권리
- 기본적 권리(기본권)의 종류

자유권	자유롭게 생각하고 행동할 수 있는 권리
평등권	성별, 종교, 사회적 지위 등에 따라 누구도 차별을 받지 않을 권리
참정권	정치에 참여할 수 있는 권리
청구권	자신의 권리가 침해된 경우 국가에 요구할 수 있는 권리
사회권	국민이 진정 인간다운 생활을 할 수 있는 권리

057 사회복지사 윤리강령, 윤리적 딜레마
7년간 10번 출제

■ 사회복지사 윤리강령

기본적 윤리기준	전문가로서의 자세, 전문성 개발을 위한 노력, 전문가로서의 실천
클라이언트에 대한 윤리기준	클라이언트의 권익옹호, 클라이언트의 자기결정권 존중, 클라이언트의 사생활 보호 및 비밀보장, 정보에 입각한 동의, 기록·정보 관리, 직업적 경계 유지, 서비스의 종결
사회복지사의 동료에 대한 윤리기준	동료, 슈퍼바이저
기관에 대한 윤리기준	기관의 부당한 정책이나 요구에 대해 전문직의 가치와 지식을 근거로 대응하고 제반 법령과 규정에 따라 해결하도록 노력해야 한다.
사회에 대한 윤리기준	인간과 자연이 서로 떨어져 살 수 없음을 깨닫고, 인간과 자연환경·생명 등 생태에 미칠 영향을 생각하며 실천해야 한다.

■ 윤리적 딜레마: 가치의 상충, 의무의 상충, 클라이언트체계의 다중성, 결과의 모호성, 능력 또는 권력의 불균형

058 사회복지실천현장
7년간 7번 출제

- 1차현장과 2차현장

1차현장	사회복지서비스 제공을 주된 기능으로 하는 기관이다. 예 노인복지관, 아동상담소, 사회복지관, 청소년쉼터, 부랑인시설 등
2차현장	기관의 주된 기능은 따로 있으며, 필요시 사회복지서비스를 제공한다. 예 종합병원, 주민센터, 학교, 노인전문병원, 보건소, 보호관찰소 등

- 생활시설과 이용시설

생활시설	주거서비스를 포함한 사회복지서비스를 제공한다. 예 노인전문병원, 아동양육시설, 청소년쉼터, 부랑인시설 등
이용시설	거주지가 있는 클라이언트를 대상으로 사회복지서비스를 제공한다. 주거서비스는 제공하지 않는다. 예 노인복지관, 아동상담소, 사회복지관

059 사회복지사의 역할과 자기성찰, 사회복지사 국가자격제도
7년간 8번 출제

- **사회복지사의 역할**: 조력자, 중개자, 중재자, 옹호자, 행동가, 협상가, 교육자, 조정자, 조사자, 촉진자, 훈련가, 기획가, 분석가 및 평가자, 프로그램 개발자
- **사회복지사의 자기성찰 증진 방안**: 슈퍼비전, 인간 발달 및 인간행동 학습, 자신에 대한 이해 증진(감정·사고·행동체계 이해, 개인적 욕구 이해, 클라이언트에 대한 영향, 개인적 가치와 문화적 가치에 대한 인식) 등이 있다.
- **사회복지사 국가자격제도**
  - 1급, 2급으로 운영되고 있다(2019년 3급 폐지).
  - 사회복지사 1급 국가시험은 보건복지부에서 관장하며, 한국산업인력공단에 위탁해 시행하고 있다.
  - 자격증의 발급은 한국사회복지사협회가 담당한다.

  참고 정신건강사회복지사, 의료사회복지사, 학교사회복지사: 사회복지사 1급 자격 소지자 중 보건복지부장관 지정 수련기관에서 일정 기간 수련한 자에 한해 자격이 주어진다.

060 체계의 주요 개념
7년간 2번 출제

엔트로피	외부로부터의 에너지 유입 없이 점차 소멸되어 가는 상태를 말한다.
항상성	기존 평형상태의 균형을 유지하기 위해 변화에 저항하는 성향을 말한다.
전환	투입된 에너지를 적절하게 변형시켜 활용하는 과정을 말한다.
환류	체계가 산출물을 모니터링하여 체계의 기능을 점검하고, 새로운 행위를 산출하거나 기존의 행위를 조절함으로써 체계의 상태를 유지하거나 체계의 목적을 향해 나아가도록 하는 과정을 말한다.
부적응적 교류	외부와 지속적으로 교류하는 체계 내에서 발생하는 스트레스 상태를 말한다.

061 통합방법론 (통합적 접근)

7년간 7번 출제

- 사회복지실천에서 본질적 개념, 활동, 기술, 과업 등에 공통된 기반이 있음을 전제한다.
- 클라이언트의 잠재성을 인정하고 계속적인 성장을 통해 잠재성 계발이 가능하다고 본다.
- 클라이언트의 강점에 의존하고 클라이언트의 참여와 자기결정을 중시하며, 개별화를 극대화할 것을 강조한다.
- 인간과 환경의 상호작용에 초점을 두고 '환경 속의 인간'의 관점에서 이해한다.
- **사회복지실천의 구성 요소(펄만의 4P)**

문제(Problem)	개인과 환경 간 상호작용 과정에서 충족되지 않은 개인의 욕구, 대인관계상의 부적응, 주변환경과 개인 간 부적응 등의 문제를 말한다.
사람(Person)	개인과 환경 간 상호작용 내용의 변화를 위해 조정을 필요로 하는 사람(클라이언트)이다.
장소(Place)	사회복지사가 소속된 기관, 클라이언트의 문제 해결을 위해 동원할 수 있는 모든 기관을 말한다.
과정(Process)	'의식적인 조정'으로, 목적을 갖고 합리적 절차와 이론에 입각해 신중히 이루어지는 활동이다.

참고 펄만은 이후 전문가(Professional), 제공물(Provisions)을 추가한 사회복지실천의 6P를 제시하였다.

062 생태체계 관점

7년간 2번 출제

- 인간과 환경의 상호 교류를 중시하여 문제가 환경과 어떠한 관련이 있는지에 관심을 두며, 상호 교류적인 측면에 개입하여 인간의 적응을 중요시한다.
- 문제에 대한 포괄적인 이해의 틀을 제공하며, 맥락적 사고 및 다체계적 접근을 가능하게 한다.
- 브론펜브레너는 생태학이론을 통해 체계론적 관점에서 인간 발달 과정을 분석하면서 네 가지 변인(미시체계, 중간체계, 외부체계, 거시체계)이 인간행동에 직접적 영향을 준다고 보았다.

063 통합적 실천모델

7년간 18번 출제

- **4체계모델(핀커스와 미나한)**

변화매개체계	사회복지사와 사회복지사가 속한 기관이다.
클라이언트체계	서비스나 도움을 필요로 하는 사람들이다.
표적체계	목표 달성을 위해 변화시킬 필요가 있는 대상이다.
행동체계	목표 달성을 위해 사회복지사와 공동으로 노력하는 모든 체계이다.

- **6체계모델(콤튼과 갤러웨이)**: 핀커스와 미나한의 4체계에 전문체계, 문제인식체계를 추가한 모델이다.

전문체계	전문가 단체, 전문적 실천의 가치 등이다.
문제인식체계	변화가 필요한 체계를 강제로 의뢰한 기관, 사람들이다.

- **생활모델**: 인간과 환경 간 상호교류 속의 적응 균형에 초점을 둔 통합적 모델이다.

- **임파워먼트모델**: 개인, 대인관계, 제도적 관점에서 실천되며, 클라이언트의 능력을 신뢰하고 클라이언트와 협력관계를 확립한다. 강점 관점으로 접근한다.
  참고 강점 관점: 모든 인간은 성장하고 변화할 능력, 즉 문제 해결 능력을 내면에 갖추고 있다고 보는 관점이다.
- **사례관리모델**: 다양하고 복합적인 문제를 가진 클라이언트가 자신의 문제를 스스로 해결할 수 있도록 서비스를 발굴·연계·조정하여 클라이언트에게 지속적이고 포괄적인 도움을 제공하는 실천모델이다.
- **문제해결모델**: 인간의 삶 자체를 문제해결의 과정으로 보며, 클라이언트 스스로 자신의 문제를 해결할 수 있도록 원조하는 것을 목표로 한다. 진단주의의 입장에서 기능주의를 부분적으로 통합한 절충모델로서 펄만이 제안하였다.

064 사회복지실천의 전문적 관계 (7년간 13번 출제)

- 사회복지사는 관계의 전반적 과정에 대하여 전문적 책임을 진다.
- 사회복지사는 목적 의식을 가지고 클라이언트와 합의된 관계를 유지한다.
- 사회복지사와 클라이언트의 초기 관계는 다음 단계로의 진행에 영향을 미친다.
- 시간적 제한을 가진다.
- **전문적 관계(원조관계)의 기본 요소**: 타인에 대한 관심과 원조의지, 헌신과 의무, 권위와 권한, 진실성과 일치성, 수용, 감정이입(공감), 존경심과 신뢰, 통제적 관계, 전문가로서의 자질(성숙함), 창조성, 자기를 관찰하는 능력, 타인을 도우려는 열망, 용기, 민감성, 인간적 자질

065 관계 형성의 7대 원칙 (7년간 7번 출제)

- **개별화**: 클라이언트는 특별한 개인으로 처우받고 싶은 욕구가 있다. 사회복지사는 내담자의 문제를 파악할 때 내담자만이 보유한 특별한 상황이 있었음을 인정해야 한다.
- **의도적 감정 표현**: 클라이언트는 자신의 감정을 표현하고 싶은 욕구가 있다. 사회복지사는 클라이언트가 편안하게 자신의 감정을 표현할 수 있도록 의도적으로 노력해야 한다.
- **통제된 정서적 관여**: 클라이언트는 문제(또는 표현된 감정)에 대해 공감적 이해와 반응을 얻고 싶은 욕구가 있다. 사회복지사는 이들의 감정에 의도적 목적을 가지고 적절히 반응해야 한다.
- **수용**: 클라이언트는 가치 있는 인간으로서 인정받고 싶은 욕구가 있다. 사회복지사는 클라이언트의 행동, 감정 등을 있는 그대로 받아들여야 한다.
- **비심판적 태도**: 클라이언트는 자신의 처지와 곤란에 대해 심판이나 비난을 받지 않고 싶은 욕구가 있다. 사회복지사는 클라이언트를 심판하거나 비난하지 않아야 한다.
- **자기결정**: 클라이언트는 자신의 문제에 관한 결정을 스스로 하고 싶은 욕구가 있다. 사회복지사는 클라이언트가 처한 상황에 따라 적절한 제한을 가하면서도 클라이언트의 권리와 결정을 존중해야 한다.
- **비밀 보장**: 클라이언트는 자신에 관한 비밀을 지켜주기를 바라는 욕구가 있다. 사회복지사는 클라이언트의 동의 없이 클라이언트의 비밀을 누설해서는 안 된다. 단, 절대적 의무는 아니므로 상위 권리나 의무를 우선시해야 할 때도 있다. 예 법정으로부터 클라이언트의 정보공개명령을 받았을 때

066 면접의 유형
7년간 6번 출제

- 면접의 유형

표준화된 면접	• 면접조사표를 이용하여 동일한 절차와 방법으로 수행한다. • 비교가 가능하고, 신뢰도가 높다.
비표준화된 면접	• 면접 상황에 맞춰 질문하는 것으로 비조직화, 비구조화, 비통제화, 비지시적, 융통적 성격을 띤다. • 타당성이 높다.
반표준화된 면접	일정 수의 질문이나 지침이 있으면서 비표준화된 면접으로 진행한다.

- 면접의 질문 유형

적절한 질문	상황에 맞는 폐쇄형·개방형 질문 • 폐쇄형 질문: 면접 초기에 사실 확인 위주 • 개방형 질문: 라포 형성 이후 클라이언트의 생각, 감정, 신념 등 확인
바람직하지 않은 질문	• 유도형 질문 　　　　　　• 중첩형(폭탄형) 질문 • 모호한 질문 　　　　　　• '왜'를 사용한 질문

067 면접의 종류
7년간 2번 출제

- **정보 수집 면접**: 클라이언트의 일반적 사항, 개인적·사회적 배경, 성장 정보를 수집하기 위한 면접이다.
- **사정 면접**: 클라이언트의 문제와 그 원인은 무엇인지, 무엇이 변화되어야 하는지 알기 위한 면접이다.
- **치료적 면접**: 클라이언트의 변화를 돕거나 사회 적응을 위한 환경 변화를 유도하고자 실시하는 면접이다.

068 면접의 기술
7년간 9번 출제

- **해석**: 클라이언트의 행동 저변의 단서를 발견하고 결정적 요인을 찾도록 돕는 기술이다.
- **직면**: 클라이언트의 감정, 사고, 행동의 모순을 지적해 주어 그것이 클라이언트의 문제와 어떻게 관련되는지를 깨닫게 하는 기술이다.
- **경청**: 클라이언트의 감정과 사고가 어떤 것인지 이해하며 주의깊게 듣는 기술이다.
- **관찰**: 클라이언트의 비언어적 행동에 주의를 기울이는 기술이다.

참고 이 밖의 면접 기술에는 명료화, 재보증, 환기, 초점화, 재명명 등이 있다.

069 접수
7년간 6번 출제

- 도움을 요청한 사람의 문제와 욕구가 기관의 정책과 서비스에 부합하는지 여부를 확인하는 과정이다(스크리닝).
- 의뢰 경위를 파악하여 접수 기록을 작성하고 기본적인 인적 정보를 수집한다.
- 사회복지사는 클라이언트와 라포를 형성하고 동기를 부여하며 저항감을 해소해야 한다.
- 클라이언트의 욕구를 해당 기관에서 해결할 수 없거나 새로운 서비스가 더 필요할 때 클라이언트의 동의하에 타 기관에 의뢰하기도 한다.
- **주요 과업**: 만남, 문제 확인(의사소통), 기본 정보 수집, 관계 형성(라포 형성) 및 참여 유도, 원조 과정에 대한 오리엔테이션, 의뢰 여부 결정

070 자료 수집
7년간 5번 출제

- 클라이언트의 문제를 해결하는 데 필요한 자료를 모으는 과정으로, 클라이언트의 현재 상황, 가족관계, 장점, 한계 등에 대한 정보를 수집한다.
- **자료의 출처**

클라이언트	자기진술, 태도와 반응 등 비언어적 행동 관찰
클라이언트의 가족	가족 성원과의 면접 자료, 가족방문을 통한 관찰
클라이언트의 주변 관계	친구, 주변인의 진술 등
객관적 자료	심리학자, 의사, 사회복지사, 행정기관 등으로부터 얻는 자료 및 심리검사 결과

071 사정
7년간 9번 출제

- 클라이언트에 관한 정보를 수집·분석하고 종합하여 클라이언트와의 관계를 공식화하는 과정이다.
- 사회복지실천 과정 동안 계속되는 지속적·개별적 과정이다.
- 환경 속의 인간에 따른 이중 초점을 가지며 클라이언트와 사회복지사의 상호작용 과정이다.
- **주요 과업**: 문제 발견, 정보 수집, 문제 형성, 개입계획 수립

072 계획
7년간 3번 출제

- 사회복지사와 클라이언트가 표적문제를 선정하고 목표를 설정하여 이를 달성하기 위해 의무와 실천 활동 등을 약속하는 과정이다.
- 에간은 목표 설정 지침으로 '구체성(Specific), 측정가능성(Measurable), 성취가능성(Achievable), 현실성(Realistic), 시기적절성(Timely)'으로 구성된 SMART 원칙을 제시하였다.
- **목표 설정 우선순위**: 시급하게 해결해야 할 문제 → 단기간에 달성하여 만족감을 느낄 수 있는 문제 → 클라이언트가 목표를 달성하기 위해 전력을 다할 동기를 가지고 있는 문제 → 기관의 기능과 사회복지사의 능력에 준하여 달성 가능한 문제

073 개입
7년간 6번 출제

- 수립된 계획에 따라 의도적인 변화가 일어날 수 있도록 구체적인 행동(서비스 제공, 치료, 원조)을 하는 과정이다.
- **개입 순서**: 표적문제 선정 → 문제의 우선순위 결정 → 개입의 성과 목표 설정 → 클라이언트의 과업 구체화

참고 **직접적 개입과 간접적 개입**

직접적 개입	문제 해결을 위해 사회복지사와 클라이언트가 상호 합의하여 결정한 구체적인 행동을 실천하는 단계로서, 변화를 유발하는 과정이다.
간접적 개입	클라이언트의 문제에 영향을 미치는 외적·환경적·인간관계적 억압이나 장애를 완화시킴으로써 간접적으로 클라이언트의 적응을 용이하게 하여 문제를 해결해 나가도록 하는 과정이다.

074 평가 및 종결
7년간 4번 출제

- **평가단계**: 개입의 효과를 평가하기 위해 기초선 자료를 수집한다.
- **종결단계**: 클라이언트와의 접촉빈도를 줄여간다.
  참고 종결단계에서의 사회복지사의 과업: 진전 수준 검토, 종결 시점의 결정, 목표 달성 평가, 사후관리 계획, 정서적 반응 처리, 결과의 안정화, 의뢰

075 사례관리 〔7년간 19번 출제〕

- **등장 배경**: 탈시설화의 영향, 복잡하고 분산된 서비스체계의 연계 필요성 증가, 클라이언트와 그 가족에게 부과되는 과도한 책임 완화의 필요성, 다양한 문제와 욕구를 가진 클라이언트 증가 등
- **목적**: 서비스의 접근성 향상, 개인 및 환경의 변화, 공식적 또는 비공식적 자원의 연계 및 조정, 복합적인 문제를 가진 개인의 자원 획득 및 활용 능력 강화
- **과정**: 접수 → 조사 및 사정 → 계획 → 개입(또는 실행) → 점검 및 재사정 → 평가 및 종결
- **개입 원칙**: 연계성, 포괄성, 지속성, 개별화, 자율성(자기결정권 존중), 책임성, 접근성, 경제적 효율성(체계성)
- **사례관리자의 개입 방법**

직접적 개입	관계 형성을 위한 기술, 상담과 치료, 지지 제공, 인터뷰 기술
간접적 개입	공식적·비공식적 네트워크에 클라이언트 연계

과락 탈출 키워드

사회복지실천기술론

> 사회복지실천모델, 사회복지실천의 기록과 평가에 관한 기초지식을 묻는 영역입니다.

> 최근 7년간 개인대상(정신역동모델, 심리사회모델과 인지행동모델), 가족대상(가족체계, 가족 사정), 집단대상(집단발달단계 및 구성 시 고려 사항, 학자별 치료모델)이 골고루 출제되고 있습니다.

> 사회복지실천현장에서 적용 가능한 실천기술에 주목하여야 합니다.

076 7년간 7번 출제

사회복지실천의 전문성

■ **사회복지 전문적 기반**
- 사회복지사에게는 과학성과 예술성의 상호보완적이고 통합적인 실천역량이 요구된다.
  - 과학적 기반: 연구 자료를 수집하고 분석하는 것으로, 이론과 실천의 준거 틀을 적절하게 이용하는 것이다.
  - 예술적 기반: 사회복지 전문가로서 가지는 가치관으로, 감정이입적 의사소통, 진실성, 융통성의 기반이다.

■ **사회복지사의 면접 기술**
- **바꾸어 말하기(재진술)**: 사회복지사가 클라이언트에게서 들은 내용과 의미를 확인하는 것으로, 클라이언트가 말한 내용이나 의미를 반복하거나 바꾸어서 말하는 것이다.
- **반영**: 클라이언트의 말에 담긴 감정을 파악하고 비춰 보이는 기술로, 클라이언트가 표현한 감정을 사회복지사가 이해하는 데 도움을 주면서 클라이언트가 자신의 감정을 파악하고 수용하는 데 도움을 준다.
- **정보 제공**: 클라이언트에게 유용한 내용을 전달할 때 사용하는 기술이다.
- **명료화(명확화)**: 클라이언트의 생각이나 감정, 경험을 명확히 이해하기 위한 기법으로서, 클라이언트의 메시지가 추상적이거나 혼란스러운 경우에 보다 구체적으로 표현하도록 클라이언트에게 요청하는 기술이다.
- **요약**: 면접 중에 특정 주제에 초점을 맞추거나 다른 주제로 전환하고자 할 때 사용하는 기술로, 클라이언트의 정서와 메시지를 사회복지사의 언어로 축약하는 것이다.
- **해석**: 문제를 새로운 방식 또는 객관적인 시선으로 바라보도록 도와줌으로써, 클라이언트가 표현한 문제의 숨은 의미를 발견할 수 있도록 돕는 기술이다.
- **직면**: 클라이언트가 언급한 내용과 행동 또는 언급한 내용들 간에 일치하지 않는 부분이 있을 때 왜곡된 부분을 살피며 상황을 명확히 인식하도록 돕는 기술이다.
- **초점화**: 클라이언트가 두서 없이 말을 장황하게 하거나 어떤 주제를 회피하려고 할 때, 사회복지사가 간단한 질문을 하거나 문제를 다시 언급함으로써 초점을 맞추는 기술이다.
- **재명명(재구성)**: 문제 상황에 대한 클라이언트의 관점을 변화시키기 위해 클라이언트가 부여하는 부정적 의미를 긍정적 의미로 수정하는 기술이다.
- **재보증**: 사회복지사가 신뢰를 표현함으로써 클라이언트의 자신감을 향상시키는 기술이다.
- **환기**: 남에게 말하지 못한 문제, 감정적인 문제 등을 클라이언트가 표현할 수 있도록 도와주는 기술이다.

077 정신역동모델, 심리사회모델

〔7년간 14번 출제〕

■ **정신역동모델**
- 심리적 결정론에 근거한다.
- 클라이언트의 무의식적 충동을 강조한다.
- 현재의 문제를 과거의 경험에서 찾는다.
- 자기분석이 가능한 클라이언트일수록 효과적이다.
- **방어 기제**: 억압, 부정, 반동 형성, 동일시, 투사, 합리화, 퇴행, 승화, 취소, 자기에게로 향함, 전치, 보상
- **개입 기법**: 전이 해석, 자유연상, 훈습(재가), 꿈의 분석, 직면

■ **심리사회모델**
- 사회복지사는 클라이언트가 자신의 사고, 감정, 행동 등을 이해하고 고찰할 수 있도록 도와줌으로써 클라이언트의 문제 해결 능력을 향상시키고자 한다.
- 상황 속 인간을 고려한다. 즉, 인간의 심리적인 측면뿐만 아니라 사회적인 측면, 그리고 양자의 상호작용에 의한 결과도 동시에 고려하며 접근한다.
- 개입 기법

지지하기	클라이언트의 감정과 행동을 지지한다.
직접적 영향주기	사회복지사가 제안이나 조언을 함으로써 클라이언트의 행동을 변화시킨다.
발달적 고찰	성인기 이전의 생애 경험이 현재의 기능에 미치는 영향에 대해 고찰한다.
탐색–기술(묘사)–환기	클라이언트와 환경의 상호작용에 대한 사실을 기술하고 감정을 탐색하며 환기할 수 있도록 한다.
개인–환경에 대한 고찰	사건에 대한 클라이언트의 지각 방식 및 행동에 대한 신념, 외적 영향력 등을 고찰한다.
유형–역동성 고찰	성격과 행동, 심리 내적 역동을 이해하도록 한다.

078 인지행동모델

〔7년간 10번 출제〕

- 클라이언트의 주관적 경험, 문제 및 관련 상황에 대하여 느끼는 주관적 의미를 중요시한다.
- 인간은 외부환경이나 자극을 통해 학습한다고 보고, 클라이언트의 역기능적 행동은 부정적인 행동을 모방한 결과라 본다.
- **인지적 오류**: 임의적 추론, 개인화, 이분법적 사고, 선택적 요약, 과잉일반화, 재앙화
- **개입 기법**: 인지 재구조화, 경험적 학습, 체계적 둔감법, 모델링, 이완훈련, 사회기술훈련, 시연, 자기지시기술, 자기대화 관리훈련
- **엘리스의 합리적 정서치료**: 부정적 감정과 심리적 증상들은 비합리적 신념에서 기인한다고 본다. 합리적 정서치료를 통해 비합리적인 신념체계를 변화시킨다. 클라이언트가 문제에 대하여 파악하며 인지행동치료의 개념을 이해하는 것이 중요하다.
- **벡의 인지치료**: 클라이언트의 심리사회적 문제를 해결하기 위해서는 인지적 측면의 왜곡을 수정하는 것이 가장 효과적이라 본다. 인간의 사고 과정을 자동적 사고, 스키마, 인지적(체계적) 오류 등의 개념으로 설명하였다.

079 과제중심모델
7년간 7번 출제

- 개입 과정

시작	면접	• 자발적 클라이언트: 서비스를 제공하기 적합한 대상이라면 면접 단계를 생략한다. • 의뢰된 클라이언트: 의뢰 기관의 의뢰 이유와 목표 및 목표 달성을 위한 의뢰 기관의 자원을 확인한다.
초기	제1단계: 문제규명	클라이언트의 표적문제 설정 및 우선순위 결정, 신속한 초기사정 등을 실시한다.
	제2단계: 계약	목표, 주요 표적문제(최대 3개), 일반적 과제, 기간, 일정, 참가자 등의 내용을 담아 계약을 진행한다.
중기	제3단계: 실행	대안 마련(모색), 과제 개발 및 수행, 진행 시 어려움 조사(점검) 등을 실시한다.
종결	제4단계: 종결	• 개입 과정을 통해 성취한 것을 점검한다. • 필요한 경우 개입을 연장하거나 사후 지도를 실시한다.

080 역량강화모델
7년간 3번 출제

- 클라이언트가 삶에 대한 결정을 내리거나 행동할 때 힘을 가질 수 있도록 돕는 것이다.
- '대화단계 → 발견단계 → 발전단계'를 거쳐 개입하며, 사회복지사는 각 단계마다 다음의 과제를 갖는다.

단계	사회복지사의 과제
대화단계	파트너십 형성, 현재 상황 명확화, 방향 설정
발견단계	강점 확인, 자원역량 사정, 해결 방안 수립
발전단계	기회 확대, 동맹관계 창출, 자원 활성화, 성공 확인, 성과 집대성

081 행동주의모델
7년간 4번 출제

- 관찰 가능한 행동에 초점을 두고 '선행조건 - 행동 - 후속 결과'의 관계로 이해한다.
- 정적 강화, 부적 강화, 처벌 등을 활용해 현재의 문제 행동을 변화시킴으로써 바람직하지 못한 행동은 제거하고 바람직한 행동을 양성하려는 것이다.
- **처벌**: 불쾌 자극을 제공하거나(정적 처벌), 긍정적 자극을 철회해(부적 처벌) 부정적인 행동을 감소시킨다.

082 위기개입모델
7년간 9번 출제

- 위기 상황에 즉각적으로 개입하여 단기 전문 원조를 제공한다.
- **골란의 위기반응단계**: '사회적 위험(위험한 사건) → 취약단계 → 위기 촉진 요인 발생 → 실제 위기단계 → 재통합단계'의 순서를 거친다.
- **위기개입의 기본 원리**: 신속한 개입, 사회복지사의 적극적인 행동, 제한된 목표, 긍정적인 희망과 기대, 현실적인 지지, 초점적 문제 해결, 클라이언트 자기상(self-image)의 이해, 자립성의 촉진
- **위기의 유형**: 발달적 위기, 상황적 위기, 실존적 위기, 환경적 위기

083 클라이언트중심모델, 해결중심모델, 동기강화모델
7년간 12번 출제

■ **클라이언트중심모델**
- 치료적인 측면보다는 클라이언트의 태도와 감정을 중요시하며, 사회복지사와 클라이언트의 관계를 통한 클라이언트의 성장적 변화를 추구한다.
- 현재의 문제에 집중하기보다는 미래에 닥칠 문제를 잘 대처하는 것에 초점을 둔다.

■ **해결중심모델**
- 메시지 작성과 전달, 과제를 활용하며, 사회복지사와 클라이언트 간의 협력적 관계를 중시한다.
- 클라이언트가 과거에 문제를 극복했던 경험을 활용하도록 하고, 자신의 자원과 강점을 발견하도록 돕는다.

■ **동기강화모델**
- 변화를 위한 동기를 강화하는 대화방법으로, 동기 수준이 낮고 비자발적인 클라이언트가 많은 경우에는 더욱 유용하게 활용될 수 있다.
- **기본원리**: 공감 표현하기, 불일치감 만들기, 저항과 함께 구르기, 자기효능감 지지해 주기
- **주요개념**: 전문적 관계에 대한 이해, 변화에 대한 이해, 저항에 대한 이해

084 현대 가족의 특징
7년간 2번 출제

- 평균 수명의 연장으로 가족의 생애 주기가 길어지고 있다.
- 청년 실업이 늘면서 자녀가 독립하는 시기가 늦어지고 있다.
- 초혼 연령이 높아지면서 가족을 형성하는 시점이 늦어지고 있다.
- 단독가구 및 무자녀가구가 증가하면서 비전통적인 가족 유형이 늘고 있다.

085 가족의 기능
7년간 1번 출제

- 구성원 양육 및 보호 기능
- 사회화 기능
- 성적 욕구 충족의 기능
- 가족원의 안전을 위한 기능
- 오락을 통한 사회적 기능
- 새로운 가족원에게 사회적 신분을 부여하는 기능
- 정서적 교류 기능
- 가족의 문화와 전통 계승 기능
- 자녀 출산의 기능
- 경제적 기능

086 가족체계
7년간 9번 출제

- 가족은 하위체계이면서 상위체계이다.
- **가족 항상성**: 체계로서의 가족이 구조와 기능에서 균형을 유지하려는 속성이다. 가족 규칙은 가족 항상성에 영향을 미친다.
- **경계**: 체계의 내부와 외부 또는 체계와 체계를 구분하는 보이지 않는 선으로, 경직된 경계선, 명확한 경계선, 혼돈된 경계선으로 구분할 수 있다.
- 가족 내 하위체계의 경계 유형은 투과성 정도에 따라 나뉠 수 있다.

경직된 경계선	• 나는 나, 너는 너 • 소외감, 거리감(상호작용 부족) • 무관심(관심 결여, 유리된 가족)
명확한 경계선	• 우리 그리고 나 자신 • 자율적, 독립적
혼돈된(모호한) 경계선	• 너도 나, 나도 너 • 과도한 소속감, 충성심 요구, 획일적인 생각 강요 • 지나친 관심(간섭, 밀착된 가족)

- **순환적 인과성**: 가족 내 한 성원의 변화는 다른 성원이 반응하게 되는 자극이 되고, 이 자극은 또 다른 가족의 변화를 일으켜 결국 가족 전체에 영향을 미친다.
- **환류 고리**: 가족 규범이 유지되거나 변화하는 과정으로, 정적 환류와 부적 환류로 나뉜다.

정적 환류	현재의 변화가 지속되거나 증폭되도록 하는 환류이다.
부적 환류	어떤 상태나 변화, 새로운 행동이 부적절하므로 원래의 상태로 돌아가게 하는 환류이다.

- **비총합성**: 전체는 부분의 합보다 크다는 것이다.
- **실천기법**

자기노출	사회복지사가 자신의 생각과 감정, 삶의 경험을 적절하게 노출함으로써 클라이언트의 표현을 촉진시킨다.
가족 옹호	가족에게 정당한 권리가 있음에도 불구하고 권리보장이 이루어지지 않거나 서비스가 확대되어야 할 필요가 있는 경우, 가족의 권리를 대변하고 서비스를 확충하도록 노력한다.
문제의 외현화	개별 성원 혹은 가족을 문제라 보지 않고 문제만을 문제라 보는 것이다. 인간이 지닌 잠재력과 가능성을 인식하고 인정하게 하며, 강점을 개발할 수 있도록 촉진한다.

087 가족 사정도구 (7년간 8번 출제)

- 소시오그램, 생활력표, 가족 그림, 사회적 관계망표, 가계도, 생태도
- **가족 조각**: 가족 구성원들의 몸을 이용해 가족의 상호작용 양상을 표현하는 방법으로, 성원 간의 친밀도, 규칙, 감정을 파악할 수 있다. 역기능적 가족 연합을 보여 주고 관계를 재조정해야 함을 인식시킬 때 효과적이다.
  참고 가족 역기능의 종류: 이중 구속, 위장, 대칭적 관계, 보완적 관계, 밀착된 가족, 유리된 가족, 속죄양, 지속적 가족 신화 등

088 사티어의 경험적 가족치료 (7년간 11번 출제)

- 가족 내 의사소통의 명확화를 강조한다. 모호하고 간접적인 의사소통은 가족 성원의 자존감에 영향을 미친다고 주장한다.
- **의사소통 유형**: 기능적 의사소통(일치형), 역기능적 의사소통(비난형, 회유형, 초이성형, 혼란형)
- **주요 개념**: 자아 존중감, 기능적·역기능적 의사소통
- **개입 기법**: 가족 조각, 역할극 및 역할 연습, 역할 반전, 가족 그림, 빙산치료, 비유·은유

089 미누친의 구조적 가족치료 (7년간 12번 출제)

- **가족 구조**: 가족 내에서 발생하는 견고하고 반복적인 상호작용 패턴을 말한다.
- **재구조화**: 가족 구조 패턴을 재조직하고 새로운 구조와 상호작용 형태로 대체시키는 작업이다.
- **주요 개념**: 경계, 하위체계(제휴), 세력(권력), 가족 구조
- **개입 기법**: 경계 만들기, 합류하기, 실연, 긴장 고조시키기, 과제 부여, 균형 깨뜨리기, 추적하기

090 [7년간 4번 출제]
보웬의 세대 간 가족치료

- 가족의 다세대적 분석을 통해 현재의 가족 문제를 파악한다. 미분화된 가족 자아 덩어리로부터 벗어나도록 돕고, 불안을 경감시켜 자아분화를 촉진한다.
- **주요 개념**: 자아분화, 삼각관계, 핵가족 정서 과정, 가족 투사 과정, 출생 순위, 정서적 단절
- **개입 기법**: 탈삼각화, 가계도

091 [7년간 1번 출제]
해결중심 단기 가족치료

- 클라이언트를 문제를 해결할 수 있는 힘과 자원을 이미 가지고 있는 존재로 보며, 문제의 내용보다는 해결에 초점을 둔다.
- **주요 개념**: 강점과 자원, 해결중심 접근, 긍정적 관점 지향(임파워먼트, 소속감, 탄력성, 치유, 대화와 협동적 관계, 불신 종식)
- **개입 기법**: 치료 면담 전 변화에 대한 질문, 예외질문, 기적질문, 척도질문, 대처·극복질문, 관계성질문, 보람질문, 호기심 갖기, 초대하기

092 [7년간 4번 출제]
헤일리의 전략적 가족치료

- 이론보다는 문제 해결에 초점을 두고 다양한 전략을 시도한다.
- **주요 개념**: 가족 항상성과 증상, 가족 규칙, 이중구속, 환류고리
- **개입 기법**: 역설적 개입(증상 처방, 변화 제지, 시련), 재정의·재명명, 순환적 질문, 긍정적 의미 부여, 가족 중재, 문제의 외현화, 시연

> **참고** 전략적 가족치료학파의 기초적 가정: 사이버네틱스이다, 구조적인 것이다, 기능적인 것이다.

093 [7년간 10번 출제]
토스랜드와 리바스의 집단 유형

종류	목표	자기노출의 정도	예
지지집단	스트레스 대처 능력 향상	대체로 높다.	한부모, 이혼집단
교육집단	지식과 정보 제공	가장 낮다.	성교육, 예비부모집단
성장집단	• 자기인식 증진 • 사고 변화	아주 높다.	참만남, 퇴직준비집단
치료집단	• 문제 행동 변화 • 상실된 기능 회복	지지집단보다 낮지만 비교적 높다.	약물중독자집단
사회화집단	사회적 기술 습득	중간 수준이다.	사회기술훈련집단

094 [7년간 5번 출제]
집단 역동성과 집단 응집력, 집단 구성

- **집단 역동성**: 성원 간 또는 집단 성원과 집단 지도자가 함께 만들어 내는 역동적 상호작용을 말한다.
- **집단 응집력**: 개별 성원이 집단에 가지는 소속감과 매력으로, 동질적인 집단일수록 집단 응집력이 향상된다.
- **집단 역동 요인**: 집단 규범, 지위와 역할, 집단 응집력, 집단 의사소통과 상호작용(정서적 유대, 하위집단, 집단의 크기와 물리적 환경), 집단문화, 피드백

> **참고** 하위집단은 둘 이상의 구성원 간 상호작용으로 형성된다. 하위집단은 성원 간 친밀감을 증가시키기도 하고 집단 역동에 부정적 영향을 끼치기도 한다.

- **집단 규칙**: 집단 내 적절한 행동에 대한 성원들 간의 합의로, 구체적인 행위뿐 아니라 집단 내에서 허용 가능한 전반적 행동패턴을 규정한 것이다.
- **집단 구성 시 고려 사항**
  - 집단 응집력을 높이기 위해 참여 동기가 유사한 성원을 모집한다.
  - 집단 성원의 동질성을 높이기 위해 사전에 욕구 수준을 파악한다.
  - 집단의 목표에 따라 집단의 크기와 성격 등을 융통성 있게 고려한다.
  - 집단의 정서적 안정감을 높이기 위해 쾌적한 장소를 선정한다.
  - 노아방주의 원칙(Noah's ark principle)에 따라 다양성과 공통성 사이에 균형을 이루어 성원을 모집한다.

095 집단 목표, 집단의 발달단계, 집단 사정

7년간 10번 출제

■ 집단 목표
- 성원들이 개인 및 집단으로서 추구하는 것으로, 성원과 기관, 사회복지사가 각각 기대하는 바의 공통점을 찾는 과정을 통해 체계적으로 설정된다.
- 자연스럽고 의도적인 과정을 거쳐 성원들의 의견을 수렴하고, 구체적으로 목표를 수립한다.
- 집단 목표는 필요할 경우 수정할 수 있다.

■ 집단의 발달단계
- **준비단계**: 집단 성원 간 동질성과 이질성을 파악한다.
- **초기단계**: 집단 압력에 대해 저항이 나타날 수 있으나, 집단 구성원의 동질성이 강할수록 성원 간 방어와 저항은 줄어든다.
- **사정단계**: 개별 성원 사정, 전체 집단의 기능 사정, 집단 환경 사정을 한다.
- **중간단계**: 과제나 의제 준비, 역할극 개발, 프로그램 활동 선정, 지난 회합의 검토 및 평가를 하며, 다음 회합의 일정을 제시하고 집단 모임을 준비한다.
- **종결단계**: 집단 의존성을 감소시키고 의뢰의 필요성을 검토한다. 변화한 상태를 유지 및 일반화하고, 구성원 간 피드백을 교환한다.

■ 집단 사정
- **집단 사정단계별 특징**

초기단계	집단 및 성원의 기능 수행에 대한 체계적 사정을 한다.
중기단계	초기 사정 내용에 대한 타당성을 검토하여 그에 기반하여 개입계획을 수정한다.
말기단계	집단 및 성원의 기능 달성 정도를 사정하고, 추가적인 개입이 필요한 영역에 주목한다.

- **사정도구**: 소시오메트리, 상호작용차트, 표준화된 척도(우울증 진단척도, 자존감척도, 부모-자녀관계 측정척도, 스트레스척도 등), 소시오그램, 의의차별척도 등
- **집단 환경에 대한 사정**: 집단을 인가하고 지원하는 기관에 대한 사정, 상호 조직 간의 환경 사정, 지역사회 환경 사정

096 파벨과 로스만의 집단 사회복지 실천모델

7년간 2번 출제

- **사회적 목표모델**

집단의 목적	• 민주주의와 지역사회 정의 유지 및 개발, 구성원의 사회의식과 사회적 책임 향상이다. • 지역사회 내 범죄, 빈곤과 같은 문제를 다룬다.
활동의 초점	개인의 성숙과 민주시민의 역량을 개발한다.
집단 지도자의 역할	촉진자(영향력을 끼치는 자)
집단 성원의 이미지	시민이나 이웃
대표적 집단·조직	청소년 유해환경 감시단, 지역사회 환경감시단

- **상호작용모델**

집단의 목적	• 집단 지도자와 성원의 상호작용을 통하여 목표를 형성한다. • 집단 성원에게 기술과 정보를 제공한다.
활동의 초점	• 인본주의이론에 근거한다. • 집단 성원 간의 공생적이며 상호적인 관계를 통해 문제를 해결한다.
집단 지도자의 역할	중재자, 조력자
집단 성원의 이미지	공동의 목표를 달성하기 위하여 협력하는 구성원
대표적 집단·조직	지지집단, 가정폭력 피해자 집단

- **치료모델**

집단의 목적	• 개인의 치료와 재활을 위한 도구로 집단을 활용한다. • 사회적 기능 수행상 문제가 있는 개인의 회복을 위해 임상에서 사용한다.
활동의 초점	개인적인 역기능을 변화시킨다.
집단 지도자의 역할	변화 매개자
집단 성원의 이미지	문제 해결을 원하는 자
대표적 집단·조직	치유집단, 알코올중독 회복집단, 정신치료를 위한 집단

097 치료집단과 과업집단

7년간 2번 출제

구분	치료집단	과업집단
목적	성원의 사회·정서적 욕구 충족이다.	특수한 과업이나 목표 달성이다.
결속	집단 성원의 개별적 욕구에 따라 상호작용을 통하여 발달한다.	수행해야 할 과업이나 임명을 통하여 발달한다.
의사소통	공개적인 의사소통과 적극적 상호작용이 이루어진다.	특정한 과업에 대한 토론에 초점을 둔다.
절차	집단에 따라 유연하거나 형식적·공식적이다.	형식적인 일정과 규칙, 공식적인 안건이나 규정이 존재한다.
구성	공동의 관심사, 문제, 특성 등에 근거한다.	필요한 재능, 전문성, 노동 분화에 따라 구성된다.
자기노출	높다.	낮다.
비밀 보장	개인적 수준에서 처리되거나 집단 내에서 유지된다.	개인적으로 처리될 수 있지만 공개되기도 한다.
평가	집단 성원의 치료적 목적 성취 정도에 따라 평가한다.	집단 성원이 성취한 과업이나 의무사항, 결과물에 따라 평가한다.

참고 얄롬과 말레코프가 제시한 집단치료의 효과

얄롬	• 희망 고취 • 이타심 • 대인관계학습 • 실존적 요인	• 보편성 • 사회화 기술발달 • 집단 응집력 • 초기 가족의 교정적 재현	• 정보 전달(공유) • 모방행동 • 감정정화
말레코프	• 상호지지 • 이타성 향상 • 정화의 기능	• 일반화 • 새로운 지식과 기술습득 • 재경험의 기회 제공	• 희망증진 • 집단의 통감감 및 소속감 • 현실감의 테스트효과

098 기록의 목적과 용도 〈7년간 4번 출제〉

- **기록의 목적**: 책임성(서비스의 연속성), 정보 제공, 서비스 개입 및 과정의 점검과 평가, 클라이언트에 대한 이해 증진, 지도 감독 및 교육의 활성화, 근거 자료로 활용, 효과적 사례관리, 다른 전문직과의 의사소통 시 활용, 자료화
- **기록의 용도**: 클라이언트의 욕구를 파악하고 개입을 위한 기초자료를 얻으며 서비스 수급 자격을 입증할 문서로 사용된다.

099 기록의 유형 〈7년간 4번 출제〉

- **문제중심기록(SOAP 방식)**
  - 'S(주관적 정보) – O(객관적 정보) – A(사정) – P(계획)'에 따라 기록한다.
  - 문제를 목록화하여 책무성을 향상시키고 질 높은 기록 검토가 가능하지만, 서비스 전달의 복잡성을 간과하는 경향이 있다.
- **과정기록**: 사회복지 실습이나 교육 수단으로 유용하다. 그러나 시간이 많이 소요되어 비효율적이다.
- **이야기체기록**
  - 면담 혹은 서비스 제공 과정에서 이야기한 것을 대화 형태 그대로 표현하는 것이 아니라 내용을 정리(재구성)하여 서술한다.
  - 사회복지실천 분야에서 보편적으로 활용하는 방법의 하나이다.
- **요약기록**
  - 클라이언트와의 면담 내용, 시간의 경과에 따른 변화 상황, 개입 활동, 중요 정보 등을 요약한다. 주로 클라이언트에게 일어난 변화에 초점을 두어 기록한다.
  - 기록의 간격이 일정하게 정해져 있으므로 사례가 장기간 지속될 경우 유용하다.

참고 좋은 기록의 특징
- 제공될 서비스의 결정과 행동에 초점을 둔다.
- 기록이 구조화되어 있어 정보를 효과적으로 문서화할 수 있고 필요한 기록을 쉽게 찾아낼 수 있다.
- 서비스 제공 과정이 잘 묘사되고 모든 기록의 자료가 정확하여 유용하다.
- 사회복지 전문가적 윤리를 바탕으로 한다.
- 서비스 신청 시 개인정보가 필요한 경우, 민감한 사적 정보도 동의를 받아 포함되어야 한다.

100 사회복지실천 평가 〔7년간 6번 출제〕

- 사회복지실천 활동의 효과성을 평가하는 것이다.
- 기관·클라이언트·전문가 집단·사회에 대한 책무성 향상에 긍정적 영향을 미친다.
- **총괄평가와 형성평가**

총괄평가	• 프로그램의 최종 목표 달성 여부를 파악할 수 있으며, 효과성과 효율성 측면을 중시한다. • 개입의 지속과 관련이 있다.
형성평가	• 개입이 이루어지는 동안 발생하는 자료를 수집하여 환류하는 것을 중시한다. • 개입 내용의 변경·수정과 관련이 있다. • 환류적 정보를 제공한다.

- **단일사례설계**: 사회복지실천 평가 기법으로 표적행동에 대한 개입의 효과성을 규명하는 것이다.

  > 참고 **단일사례설계의 종류**
  > - AB설계: 기초선 → 개입
  > - ABAB설계: 기초선 → 개입 → 2차 기초선 → 2차 개입
  > - BAB설계: 개입 → 기초선 → 2차 개입
  > - ABCD설계(복수요소설계): 하나의 기초선 형성 후 서로 다른 개입 방법을 연속적으로 도입한다.
  > - 복수기초선설계: AB설계를 여러 문제, 상황, 사람에게 적용한다.

과락 탈출 키워드

지역사회복지론

> 지역사회를 둘러싼 사회복지실천에 관해 다루고 있는 영역입니다.
> 최근 7년간 지방분권화와 지역사회복지, 지역사회복지 서비스 전달 조직에서 출제비중이 높아지고 있습니다.
> 지역사회복지의 개념정리와 함께 최근 지역사회복지 동향을 확인할 필요가 있습니다.

101 [7년간 6번 출제] 학자별 지역사회의 개념

로스	지역사회를 지리적인 의미의 지역사회(공간 중심)와 기능적인 의미의 지역사회(사회관계 중심)로 구분하였다.
메키버	인간의 공동생활이 영위되는 일정한 지역을 공동생활권으로 설명하였다.
워렌	지역사회를 지역적 접합성을 가지는 주요한 사회적 기능 수행의 단위와 체계의 결합으로 설명하였다.
길버트와 스펙트	지역사회의 기능을 경제제도, 정치제도, 종교제도, 가족제도, 사회복지제도와 연결하여 설명하였다.
던함	지역사회의 유형을 인구의 크기, 경제적 기반 등의 기준으로 구분하였다.
맥닐	지역사회도 자기결정의 권리를 가지므로, 자발적인 사업추진에의 적극적인 참여를 목표로 하고 이를 실천해야 한다고 하였다.
힐러리	지역사회의 세 가지 요소로 공간 단위로서의 지역사회(지리적 영역의 공유), 사회적 상호작용 단위로서의 지역사회, 심리적·문화적 공동의 유대감이 있는 지역사회를 제시하였다.

102 [7년간 7번 출제] 지역사회의 기능

- **지역사회의 기능(길버트와 스펙트)**
  - 생산·분배·소비의 기능 → 경제제도
  - 사회통제의 기능 → 정치제도
  - 사회통합의 기능 → 종교제도
  - 사회화 기능 → 가족제도
  - 상부상조의 기능 → 사회복지제도

  참고 지역사회 기능의 비교척도(워렌): 지역적 자치성, 서비스 영역의 일치성, 지역에 대한 주민들의 심리적 동일시, 수평적 유형

- **지역사회의 역량을 향상시키는 요소**
  - 다양성에 대한 존중과 사회적 가치 공유
  - 구성원의 자율성 유지와 공동의 이익을 극대화하기 위한 구성원의 참여
  - 법적 테두리 안에서 공동선의 추구와 조정

  참고 기능적 공동체: 멤버십 공동체 개념으로, 지역주민들의 공동 관심과 상호 유대감이 조성되어야만 그 교류단위를 지역사회라고 할 수 있다.

103 [7년간 1번 출제] 지역사회에 관한 기능주의 관점

- 지역사회가 다양한 사회제도로 구성되어 있다고 본다.
- 조화, 적응, 안정, 균형을 중시한다.
- 사회문제가 발생한 경우, 사회의 변화보다는 그 문제를 해결하고 사회의 안정을 유지하는 데 관심을 둔다.
- 사회문제의 원인을 사회 자체보다는 개인 등 지역사회 하위체계의 책임으로 돌린다.

104 (7년간 2번 출제) 지역사회복지의 이념

- **정상화**: 지역사회 내에서 인간으로서 존엄성을 지키고 정상적인 생활을 유지할 수 있도록 하는 것이다.
- **탈시설화**: 클라이언트가 자신의 집에서 생활하면서 시설 내에서 받던 서비스를 그대로 받는 것이다. 지역사회 내의 보호를 지향한다.
- **네트워크**: 지역주민의 욕구에 맞는 서비스를 제공하기 위해 자원 연계, 지역의 개방성을 지향한다.
- **사회통합**: 세대 간, 지역 간 차이에서 발생하는 격차를 감소시킨다.
- **사회적 자본**: 지역사회의 집합적 자산, 공동체의 문제를 해결할 수 있는 자원이다. 이는 한번 형성된 후에도 소멸할 수 있다.

105 (7년간 1번 출제) 지역사회복지의 특성

- **예방성**: 주민참여의 활성화로 지역사회의 욕구와 문제를 조기에 발굴하고 대처하여야 한다.
- **통합성**: 지역주민의 욕구는 다양하기 때문에 통합적이고 포괄적인 서비스를 제공하여 복지의 효율성을 높인다.
- **연대성(공동성)**: 개인이 해결하기 어려운 문제는 연대를 형성하여 공동으로 해결한다.
- **포괄성**: 지역주민의 욕구를 해결하기 위하여 생활 전반의 문제를 포괄적으로 다루어야 한다.
- **지역성**: 지역주민의 생활공간을 기반으로 복지체계를 구축한다.

106 (7년간 6번 출제) 지역사회복지 실천 원칙

- 지역주민들의 불만을 집약하고, 지역사회의 능력을 탐색해야 한다.
- 지역사회에서 달성하려는 공동의 목표와 실천 방법을 수립한다.
- 지역주민들이 자유롭게 의사를 표현하도록 한다.
- 지역주민의 공감을 얻을 수 있는 풀뿌리 지도자를 발굴한다.
- 지역주민 간의 협력관계를 구축한다.
- 지역사회 구성원 중심의 목표를 형성하고 평가한다.
- 사회문제의 구조적 요인을 반영한 개입 방안을 마련한다.
- 지역사회 변화에 초점을 둔 단계적인 개입을 한다.

107 (7년간 10번 출제) 지역사회복지 실천 과정

- **문제 발견 및 분석단계**: 지역사회의 문제를 진단하고, 표적집단을 이해하는 과정이다.
- **지역사회 사정단계**: 지역사회의 욕구와 자원을 파악하는 과정이다.
- **실행계획 수립 및 자원동원단계**: 계획 수립, 홍보, 자원동원, 조직화를 하는 과정이다.
- **실행단계**: 재원, 추진인력, 추진기관의 리더십 확보가 이루어지는 과정이다.
- **점검 및 평가단계**: 변화의 장점이나 가치에 대해 판단을 내리는 점검과 평가의 과정이다.

108 지역사회 사정 방법
`7년간 2번 출제`

- **지역사회 사정의 유형**: 포괄적 사정, 탐색적 사정, 문제 중심 사정, 하위체계 사정, 자원 사정, 협력 사정
- **지역사회의 욕구 사정을 위한 자료 수집 방법**: 공식적·비공식적 인터뷰, 공청회, 서베이, 델파이 기법, 지역사회 포럼, 민속학적 기법, 명목집단 기법, 초점집단 기법, 사회지표 분석 및 2차 자료 분석

109 한국의 지역사회복지 발달
`7년간 10번 출제`

- 한국의 지역사회복지 발달 과정

연도	내용
1921	최초의 인보관인 태화사회복지관(태화여자관) 설립
1952	외국민간원조단체 한국연합회(KAVA) 조직
1983	사회복지사업법 개정에 따른 사회복지관 설립 및 운영 규정 마련
1989	영구임대아파트 단지 내 사회복지관의 건립 의무화
1991	지방분권화의 시작(지방의회 의원 선거 실시)
1992	재가복지봉사센터 설치 및 운영
1995	• 보건복지사무소 시범사업 실시 • 지방자치단체의 장(시장·군수·구청장, 광역시·도지사)을 직접 선출
2004	사회복지사무소 시범사업 실시
2006	주민생활지원서비스 전달체계 실시(2007년 3단계 완성)
2010	사회복지통합관리망(행복e음) 출범
2011	사회서비스 이용 및 이용권 관리에 관한 법률 제정·공포
2012	• 시·군·구 희망복지지원단 설치·운영으로 통합사례관리 시행 • 협동조합 기본법 제정
2015	사회보장급여법(2014년 제정) 시행에 따라 지역사회보장협의체 운영
2016	• 읍·면·동 복지허브화 실시 • 주민센터를 행정복지센터로 명칭 변경(일부 지역만 시행, 2018년 전국적 시행)
2018	• 아동수당 도입 • 동주민센터를 행정복지센터로 명칭 변경(전국적 시행)
2019	• 지역사회 통합돌봄사업(커뮤니티 케어) 추진 • 사회서비스원 4개 지역(서울, 경기, 경남, 대구)에서 시범사업 시행 • 제4기 지역사회보장계획 시행(2019~2022년) • 장애등급제 폐지
2023	제5기 지역사회보장계획 실시

- 사회복지전담공무원의 연혁

연도	내용
1987	읍·면·동에 별정직 사회복지전문요원 배치
1992	사회복지사업법에 사회복지전담공무원의 법적 근거 마련(1999년 구체적 전환지침 마련, 2000년 전환). 참고 사회복지전담공무원은 지방직 공무원으로, 시·도, 시·군·구, 읍·면·동 또는 사회보장사무전담기구에 배치될 수 있다.
2000	사회복지전문요원의 직렬이 별정직에서 일반직(사회복지직)으로 전환

110 영국의 지역사회복지 발달

7년간 7번 출제

- **자선조직협회와 인보관 운동**

구분	자선조직협회	인보관 운동
최초	런던 자선조직협회(1869) 참고 미국은 뉴욕 버팔로(1877)	토인비 홀(1884) 참고 미국은 근린길드(1886)
주도 인물	로크	바네트
주 활동층	신흥 자본가들과 사회 상류층	엘리트 청년들
이념	사회진화론	자유주의, 급진주의
빈곤의 책임	개인적 관점(빈민의 책임)	사회구조적 관점(국가의 책임)
활동 방향	개인(빈민)의 변화	사회 개혁(입법)
원조 형태	우애방문원의 가정 방문	빈곤지역에 직접 거주
목적	• 중복 구호를 방지하기 위한 자선 활동의 조정 • 환경조사(사례조사)와 적절한 원조의 제공	• 빈민의 교육과 문화 발전 • 빈민의 생활 환경에 관한 정보와 긴밀한 사회적 욕구 파악 • 사회·건강문제 및 사회 입법에 대한 국민의 관심 촉구

- **시봄 보고서**: 지역사회를 사회서비스의 수혜자이자 서비스 제공자로 인식한다. 사회서비스의 행정적인 재조직에 초점을 두고 클라이언트의 욕구에 대응할 수 있도록 여러 부서에 분리되어 있는 서비스 통합의 중요성을 강조한다.
- **그리피스 보고서**: 지역사회복지의 일차적 책임은 지방정부가 가지며, 지방정부는 대인서비스를 직접 제공하기보다는 계획, 조정, 구매자의 역할만 수행한다. 주거 보호에 대한 욕구는 지방정부가 조사하고 결정한다.
- **주요 연혁**

연도	내용
1884	토인비 홀 설립
1959	정신보건법 제정
1968	시봄 보고서
1971	하버트 보고서
1988	그리피스 보고서

111 지역사회복지 이론

7년간 14번 출제

- **갈등주의이론**: 사회적 불만의 팽배를 사회운동의 직접적 원인으로 본다.
- **생태(생태체계)이론**: 지역사회와 환경 간의 상호 교류와 생태체계로서 지역사회의 변화 과정에 초점을 두며, 지역사회의 신뢰, 네트워크, 호혜성을 강조한다.
- **자원동원이론**: 사회복지조직은 생존을 위해 외부의 재정적 자원에 의존한다. 사회운동의 성패는 조직원 충원, 자원 조달 등에 달려 있다.
- **다원주의이론**: 각 집단들은 자신의 이익을 위해 정책에 영향력을 행사할 수 있다고 보는 이론으로, 집단의 대표를 정치권에 보냄으로써 집단의 생각을 정책 과정에 반영시킬 수 있다고 본다.
- **사회구성주의이론**: 한 사회를 지배하는 주류 이데올로기가 어떻게 생성·유지되고 내재화되는지에 초점을 맞추며, 사회체계는 상호 역동적 관계에 있는 개인들 사이에서 창조되고 건설된다고 본다.

- **권력(힘)의존이론**: 지역주민이나 집단의 힘의 소유 여부가 지역사회 발전에 영향을 미친다고 본다. 사회복지기관은 외부의 재정지원에 의존할 수밖에 없다는 전제에서 출발한다.
- **사회자본이론**: 사회자본이란 사회적 교환관계에 내재된 자본으로, 관습이나 문화의 영향을 받으며 수평적 관계에서 형성된다. 자본의 총량은 고정되어 있지 않고, 구성원 일부가 아닌 모두에게 공유된다.
- **사회학습이론**: 주변 환경에 대한 학습을 통해 지역주민이나 집단 구성원들의 역량이 강화되고 지역사회도 발전한다고 본다.

> 참고 이 외에도 지역사회복지 이론에는 사회교환이론, 엘리트이론, 상호조직이론, 사회연결망이론, 사회체계이론이 있다.

112 로스만의 지역사회복지 실천모델
7년간 6번 출제

- **실천모델의 목표**

과업 중심 목표	사업 완성과 기능 강화에 관심을 두고, 서비스 제공과 입법화·정책화에 역점을 두며, 지역사회의 기능과 관련된 문제를 해결하는 데 관심을 가진다.
과정 중심 목표	지역사회에 있는 여러 집단 간의 협동관계를 수립하고, 지역사회의 문제 해결을 위한 자치적인 구조를 창조하며, 체제의 유지와 기능을 강화한다.

- **로스만의 지역사회복지실천모델 유형**

사회계획모델	• 과업 중심의 목표를 강조한다. • 자료 수집과 분석에 근거한 최선의 대안을 수립한다. • 클라이언트를 소비자로 간주한다. • 조사와 분석 기술이 주로 사용되는 전술이다.
지역사회 개발모델	• 과정 중심의 목표를 강조한다. • 토론회 개최 등을 통해 지역주민의 참여를 장려하며 문제 해결 방안을 모색한다. • 클라이언트를 아직 완전히 개발되지 않은 잠재력을 가진 정상인으로 간주한다. • 권력을 가진 사람들도 지역사회의 향상 및 발전을 위해 공동의 노력을 해야 한다고 본다.
사회행동모델	• 과업 중심 목표: 특정 입법, 정책 변경 등 • 과정 중심 목표: 구성원의 정치적 영향력 증대 등 • 표적대상에 대항하는 주민이나 조직을 동원한다.

113 웨일과 갬블의 지역사회복지 실천모델
7년간 7번 출제

근린지역사회 조직모델	• 지역사회 조직화와 주민의 삶의 질 향상이 목적이다. • 사회복지사는 조직가, 교육자, 촉진자의 역할을 수행한다.
기능적인 지역사회 조직모델	• 지역사회 및 지역주민의 역량 강화와 특정 관심사에 대한 사회적 변화가 목적이다. • 사회복지사는 옹호자, 조직가, 촉진자, 정보전달자의 역할을 수행한다.
지역사회의 사회·경제적 개발모델	• 지역사회의 사회개발과 경제개발이 동시에 이루어지도록 내적·외적 자원의 개발을 강조하며, 지역주민의 삶의 질 향상이 목적이다. • 사회복지사는 교육자, 계획가, 관리자, 협상가의 역할을 수행한다.

	프로그램 개발과 지역사회 연계모델	• 특정 대상을 위한 서비스를 개발하는 것이 목적이다. • 지역사회와 연계된 다양한 수준의 프로그램을 개발하고 확대한다. • 사회복지사는 계획가, 프로포절 제안자, 대변자, 중재자, 촉진자의 역할을 수행한다.
	연합모델	• 한 집단만으로는 변화가 어렵기 때문에 분리되어 있는 집단이 연합하여 문제 해결에 동참할 것을 강조한다. • 사회복지사는 중개자, 협상가, 대변자의 역할을 수행한다.
	사회운동모델	• 대상 집단이나 이슈에 대한 사회정의를 실현하는 것이 목적이다. • 사회복지사는 옹호자, 촉진자의 역할을 수행한다.
	사회계획모델	• 지역사회의 사회적 욕구 통합과 사회서비스 관계망 조정 등이 관심 영역이다. • 사회복지사는 계획자의 역할을 수행한다.
	정치·사회행동모델	• 정책, 정책 입안자의 변화와 사회정의 실현이 목적이다. • 사회복지사는 옹호자, 조직가, 조사자, 조정자의 역할을 수행한다. 참고 사회행동전술 중 협상은 사회행동모델에도 사용되며, 자신의 결정이 상대방의 선택권에 어떤 효과를 주는지 분석하는 것이 중요하다.

114 테일러와 로버츠의 지역사회복지 실천모델
7년간 3번 출제

	프로그램 개발 및 조정모델	• 공공기관, 지리적 지역사회 대상의 민간기관, 기능적 지역사회, 기관협의회 등에서 수행하는 실천에 초점을 둔다. • 후원자가 100%의 결정 권한을 가진다.
	계획모델	• 로스만의 초기 사회계획모델의 인간지향적 측면을 강조하며 수정한 모델이다. • 후원자가 7/8의 결정 권한을 가진다.
	지역사회 연계모델	• 사회복지기관의 일선 직원이나 행정가들이 수행하는 기능을 중심으로 설명한다. • 후원자와 클라이언트가 각각 50%씩 결정 권한을 가진다.
	지역사회 개발모델	• 조력, 리더십 개발, 자조, 상호 부조, 지역성에 기초한다. • 클라이언트가 7/8의 결정 권한을 가진다.
	정치적 권력 강화모델	• 로스만의 사회행동모델과 관련이 있으며, 다양한 이익집단의 경쟁 원리에 기초한다. • 클라이언트가 100%의 결정 권한을 가진다.

115 사회행동 전략
7년간 1번 출제

- **협조**: 유사한 목표를 가진 조직들이 일시적으로 연결된 상태로, 언제든지 어느 한쪽에 의해 중단될 수 있다.
- **연합**: 조직의 자율성을 중시하면서 힘을 증대시키는 방식이다. 공동의 목적이 있을 때는 하나의 조직처럼 행동하지만, 공동의 목적이 아닐 경우에는 각 조직이 모든 행동에 참여할 필요는 없다.
- **동맹**: 공동의 목적을 두고 동일한 행동을 하기로 약속한 조직으로, 전문가를 둔 영속적 조직 구조를 가진다.

116 사회복지사의 역할과 활동 방법
7년간 8번 출제

- 지역사회복지실천모델별 사회복지사의 역할

사회계획모델	• 계획가: 계획 • 분석가: 평가와 분석 • 행정가: 자원관리
지역사회개발모델	• 조력자: 불만의 집약, 도움, 인식, 환기 • 조정자: 욕구에 따른 자원 조정·배분
사회행동모델	• 조력자: 도움, 인식, 환기 • 옹호자: 대변, 정당성 주장, 권리 요구 • 중개자: 연결, 연계, 중개

- 사회복지사의 활동(자료 수집) 방법: 프로그램 기획, 사회지표 분석, 커뮤니티 프로파일링, 지역사회 지도 그리기, 청원 등

117 지역사회 실천기술
7년간 17번 출제

- **계획·프로그램**: 욕구 분석, 대안 모색, 단계별 실행 계획, 평가 활동을 한다.
- **연계(네트워크)**: 참여 조직들의 업무 배분 및 조정에 초점을 둔다.
- **옹호**: 지역주민이나 지역사회를 대신하여 일을 진행하거나 대변한다.
- **조직화**: 지역사회의 문제를 해결하기 위해 지역주민들의 대표를 뽑아 모임을 구성한다. 지역사회복지 의제 개발, 주민 의식화 등의 기술을 사용한다.
- **자원개발**: 지역사회 문제를 해결하는 데 자원이 부족하여 외부의 도움이 필요할 때 사용한다.
- **임파워먼트**: 지역사회의 집합적 목표 달성을 위해 지역사회 집단의 능력을 향상시키고자 할 때 사용한다.

118 지방분권화가 지역사회에 미치는 영향
7년간 9번 출제

긍정적 영향	부정적 영향
• 주민의 참여 기회 제공 • 주민 욕구 맞춤형 복지 프로그램 제공 • 지방 행정 부서의 역할 강화 • 민간 자원 활용	• 경쟁이 심화되어 지역 이기주의 발생 • 재정 능력의 차이로 인한 상이한 복지 수준으로 지방정부 간 복지 불균형 심화 • 지방정부 권한 이양에 따른 중앙정부의 책임성 약화

119 지역사회보장계획과 지역사회보장협의체
7년간 15번 출제

- **지역사회보장계획**: 기존 사회복지사업법에 따른 지역사회복지계획을 더 확대한 계획으로, 사회보장급여법에 따라 사회복지뿐만 아니라 보건, 의료, 고용, 주택, 문화, 보육, 교육 등을 통하여 인간다운 생활을 할 권리를 최대한 보장하는 계획이다.
  > **참고** 시·도 지역사회보장계획의 수립절차: 지역사회보장조사 실시 → 지역사회보장계획(안) 마련 → 시·도 사회보장위원회 심의 및 시·도 의회 보고 → 보건복지부에 계획 제출 → 시행 및 평가
- **지역사회보장협의체**: 지역사회보장계획을 심의·자문하는 역할을 하며, 지역사회보장협의체의 구성 조직에는 대표협의체, 실무협의체, 실무분과, 읍·면·동 단위 지역사회보장협의체가 있다.
  > **참고** 민간 사회복지기관에 대한 감사 및 평가는 실시하지 않는다.

120 사회복지관 (7년간 9번 출제)

- 사회복지관의 운영은 사회복지사업법에 근거한다.
- 모든 주민을 대상으로 서비스를 제공하되, 서비스가 우선적으로 제공되어야 하는 대상(국민기초생활보장 수급자 및 차상위 계층, 장애인, 노인, 한부모가족 및 다문화가족, 직업 및 취업알선이 필요한 사람, 유아·아동 및 청소년)도 규정하고 있다.
- **운영 원칙**: 지역성, 자율성, 전문성, 책임성, 중립성, 투명성, 통합성, 자원활용성
- **기능과 역할**

사례관리 기능	사례 발굴, 사례 개입, 서비스 연계
서비스 제공 기능	가족기능 강화, 지역사회 보호, 교육문화, 자활지원 등
지역 조직화 기능	복지네트워크 구축, 주민 조직화, 자원개발 및 관리

121 사회복지협의회, 사회복지공동모금회, 자원봉사센터 (7년간 8번 출제)

■ 사회복지협의회
- 사회복지사업법에 의거하여 의무적으로 설립된 법정단체(민간기관)이다.
- 1970년 사회복지법인 한국사회복지협의회(중앙협의회)로 명칭이 변경되었다.
- 사회복지시설 및 기관 중심의 민간 지역사회복지 증진에 기여한다.
- 사회복지 소외계층 발굴 및 민간 사회복지기관의 연계·협력의 기능을 한다.
- 사회복지에 관한 조사·연구 및 정책을 건의한다.

■ 사회복지공동모금회

모금 방식	연말집중모금, 연중모금
모금 방법	지역배분형, 개별형, 기업중심형, 단체형, 특별사업형
신청사업	프로그램 사업, 기능보강 사업

■ 자원봉사센터
- 자원봉사활동기본법(2005년 제정)에 따라 자원봉사활동의 진흥을 위해 행정안전부에서 국가기본계획을 5년마다 수립하여 2006년부터 시행하고 있다.
- 2010년 사단법인 중앙자원봉사센터중앙회를 출범(행정안전부 위탁)하였고, 이를 변경하여 2020년 재단법인 중앙자원봉사센터를 출범하였다.
- 국가기관 및 지방자치단체는 자원봉사센터를 설치할 수 있다. 이 경우 자원봉사센터를 법인으로 하여 운영하거나 비영리법인에 위탁하여 운영하여야 한다.
- 자원봉사활동을 효율적으로 추진하기 위하여 필요하다고 인정할 경우에는 국가기관 및 지방자치단체가 자원봉사센터를 운영할 수 있다.

참고 자원봉사센터는 법인 설립, 민간 위탁, 관 직영이라는 세 가지 유형의 운영방식이 있다.

122 사회적 경제조직 (7년간 6번 출제)

- **사회적 경제**: 양극화 해소, 일자리 창출 등 공동 이익과 사회적 가치의 실현을 위해 사회적 경제조직이 상호 협력과 사회 연대를 바탕으로 사업체를 통해 수행하는 모든 경제적 활동이다.

- 사회적 경제조직의 종류

사회적 기업	• 공공의 이익에 부합하는 사회적 가치를 추구하면서 영업활동을 하는 기업이다. • 담당 부처: 고용노동부 • 법적 근거: 사회적기업 육성법
협동조합	• 공공 소유, 민주적 운영을 통하여 경제적·사회적·문화적 필요와 욕구를 이루려는 사람들이 자발적으로 결성한 기업이다. • 담당 부처: 기획재정부 • 법적 근거: 협동조합기본법
마을기업	• 마을공동체에 기반을 두고 주민의 자발적 참여와 협동적 관계망에 기초해 주민의 욕구와 지역문제 해결을 추구하는 기업이다. • 담당 부처: 행정안전부 • 법적 근거: 도시재생활성화 및 자원에 관한 특별법
자활기업	• 2인 이상의 수급자 또는 차상위계층이 상호 협력하여 조합 또는 사업자의 형태로 탈빈곤을 위한 자활사업을 운영하는 기업이다. • 담당 부처: 보건복지부 • 법적 근거: 국민기초생활 보장법

123 주민참여와 지역사회복지 운동
7년간 9번 출제

- 의의
  - 지역사회의 변화를 주도하는 조직 운동이다.
  - 지역사회복지의 확산과 발전을 위한 생활 운동이다.
  - 복지 권리의식과 시민의식을 배양하는 사회권 확립 운동이다.
  - 지역사회 관련 조직 간의 유기적인 협력이 이루어지는 연대 운동이다.

  참고 공식 사회복지조직과 주민조직

구분	공식 사회복지조직	주민조직
목표	조직의 미션 달성	지역사회 문제 해결
지역사회복지실천모델	사회계획모델	사회행동모델
정부 통제로부터의 자율성	상대적으로 낮다.	상대적으로 높다.
주요 참여자	사회복지사 등 전문직	일반 지역주민

- 특징
  - 지역주민, 지역사회 활동가, 사회복지 전문가 등이 주체가 된다.
  - 지역사회문제를 해결하기 위한 목적지향적 성격을 가진다.
  - 지역주민의 삶의 질과 관련된 생활영역을 포함한다.
  - 국민기초생활 보장법 시행 이후 지역자활센터(자활지원센터)이 설치·운영되어 공적 전달체계에 자활 운동이 편입되었다.
    참고 지역자활센터: 근로 능력이 있는 저소득층에게 노동의 기회 및 다양한 서비스를 제공함으로써 스스로 빈곤에서 벗어날 수 있도록 하기 위한 일련의 원조 활동을 제공하는 기관이다.

124 아른스테인의 주민참여 8단계
7년간 3번 출제

비참여	형식적 참여	주민권력
• 1단계: 조작 • 2단계: 치료	• 3단계: 정보제공 • 4단계: 상담 • 5단계: 회유(유화)	• 6단계: 협동관계 • 7단계: 권한위임 • 8단계: 주민통제

125 최근 지역사회복지 동향

7년간 4번 출제

- 최근 지역사회복지의 해결 과제
  - 지역사회보장계획(4년 중장기 계획)의 실효성 제고
  - 복지 재정 분권화로 발생하는 지역 간 사회복지 재정의 불균형 해소
  - 민간 복지전달체계의 네트워크 강화
- 최근의 동향
  - 사회적 경제의 대두
  - 통합사례관리의 강화
- 공공 사회복지전달체계의 읍·면·동 중심 개편에 따라 나타난 현상
  - 찾아가는 보건·복지서비스 확대(아웃리치)
  - 읍·면·동에서 통합사례관리 직접 수행
  - 복지·보건·고용 연계 등 통합서비스 강화
  - 지역 인적 안전망 구성 활성화
  - 지역사회통합돌봄사업 확대
  - 사회적 경제 주체들의 다양화

과락 탈출 키워드

사회복지정책론

> 사회복지에 영향을 미치는 사회복지정책의 특성과 발달 과정 등을 다루는 영역입니다.
> 최근 7년간 사회복지정책의 분석틀, 사회보험제도, 공공부조제도 및 빈곤 등이 많이 출제되고 있습니다.
> 기출문제뿐만 아니라 최근 사회제도의 변화와 정책 이슈가 함께 출제되는 영역이니 꼼꼼하게 확인해야 합니다.

---

126 `7년간 7번 출제`

사회복지정책의 가치

- **사회복지정책의 목적**: 국민의 삶의 질 향상, 사회적 안전망 구축, 사회통합 촉진, 소득재분배에 의한 평등 추구, 개인의 자립과 성장 등
- **사회복지정책의 필요성**: 생존권 보장, 빈곤의 경감, 평등의 증진, 사회 통합 증진, 사회 안전 증진, 자립성 증진
- **평등**

수량적 평등	비례적 평등	기회의 평등
• 결과의 평등 • 모든 사람을 똑같이 취급	• 형평 • 보험방식의 사회보장 • 열등처우의 원칙	결과를 얻을 수 있는 과정상의 기회만을 동등하게 부여

　참고　적극적 우대 조치: 사회적 약자 등에게 호의적 조치를 취함으로써 실질적 평등을 이루려는 것으로, 형평의 가치를 실현하는 것이다(예 장애인 의무고용제도).

- **자유**

소극적 자유	적극적 자유
타인의 간섭이나 구속으로부터의 자유	복지혜택을 누릴 수 있는 자유(사회적 권리)

- **효율**

수단으로서의 효율	배문으로서의 효율
목표 효율성, 운영 효율성, 대상 효율성	파레토 효율(최적의 효율)

---

127 `7년간 3번 출제`

사회복지정책의 이념

- **자유주의**: 개인이나 가족의 욕구는 개인의 비용과 자유 선택에 의해서 충당되어야 한다고 본다. 스스로 욕구를 충족시킬 수 없는 사람에 대해서는 국가가 최저 생계비나 최저 생활수준을 보장한다.
- **수정자본주의**: 자본주의의 발전은 독점의 횡포, 빈부격차, 실업, 공황 등의 사회적 모순을 초래하였다. 수정자본주의는 이러한 사회적 모순을 해결하기 위해 자본주의 체제 자체의 본질적인 변혁은 거치지 않고 일부 원리를 수정 또는 개량한 자본주의이다.
- **사회민주주의**: 모든 국민들에게 비차별적인 복지서비스를 제공하는 보편적 복지국가모형을 강조한다.
- **마르크스주의**: 복지국가를 자본주의 사회의 구조에 기인하는 부산물로 간주한다. 그러므로 사회정책을 통해 사회정책과 이타주의라는 근본적인 변화를 가져오기는 힘들다고 본다.
- **신자유주의**: 복지국가의 위기 이후 등장한 이념으로, 국가의 복지서비스를 축소하고 자유시장경제의 원리를 복원해야 한다고 주장한다.

　참고　조지 & 윌딩의 6분법 중 신우파(반집합주의, 신보수주의)와도 유사하다.

- **신마르크스주의**: 국가를 자본가 계급의 지배도구로 간주하는 전통적인 마르크스주의에 기초를 두고, 복지국가 발전을 독점자본주의의 속성과 관련지어 분석하였다. 복지정책을 자본축적의 위기나 정치적 도전을 수정하기 위한 수단으로 본다.

128 영국, 미국, 독일의 사회복지 발달

7년간 9번 출제

- 영국의 사회복지 발달

엘리자베스 구빈법 (엘리자베스 빈민법, 1601)	공공부조의 효시이다.
정주법(1662)	빈민의 교구 정착을 시행하였다.
작업장법(1722)	노동 능력이 있는 빈민을 고용하였다.
길버트법(1782)	비인도적인 작업장 노동 문제에 대응해 원외구제를 실시하였다.
스핀햄랜드법 (버크셔 빵법, 1795)	• 가족수당의 효시이다. • 임금의 부족분 보충제도를 시행하였다.
공장법(1833)	최초의 아동 노동복지법이다.
개정 구빈법 (개정 빈민법, 신구빈법, 1834)	• 전국적 행정 통일 원칙(전국 균일처우 원칙) • 작업장 수용의 원칙(작업장 재설립 원칙, 원내구제 원칙) • 열등처우의 원칙
베버리지 보고서(1942)	포괄성, 평등성, 국민 최저 수준의 3대 원리를 제시하였다.
자선조직협회(1869)	가치 있는 빈민과 가치 없는 빈민으로 구분해 원조하였다.
인보관 운동(1884)	빈곤의 책임을 사회구조 및 국가로 확대하였다.
국민보험법(1911)	건강보험과 실업보험으로 구성되었다.

- 미국의 사회복지 발달

사회보장법(1935)	• 연방정부 차원의 최초 사회복지 프로그램으로서 미국 사회보장제도의 역사적 근간이 되었다. • 연방정부와 주정부의 책임이 강화되었다.

- 독일의 사회복지 발달

비스마르크의 사회보험 입법 추진	• 사회통합을 위해 사회보험을 도입하였다. • 사회보험의 근원은 공제조합에서 시작되었다. • 사회보험 중 질병보험을 가장 먼저 도입하였다. • 3대 사회보험: 질병보험법(1883), 재해보험법(1884), 폐질 및 노령연금법(1889)

129 사회복지정책의 발달이론

7년간 7번 출제

산업화이론	산업화가 심화되면 복지 요구가 증가해 복지정책이 발달하고 국가의 역할이 증대된다. 참고 수렴이론: 국가의 경제발전이 일정 수준에 도달하게 되면, 궁극적으로 특정 사회복지모형으로 수렴된다는 이론이다.
사회민주주의이론 (권력자원이론)	노동의 정치적 세력 확대의 결과로 복지정책이 결정된다.

전파이론(확산이론)	• 한 나라의 정책이 다른 나라에 확산되어 복지정책이 결정된다. • 확산의 유형에는 위계적 확산, 공간적 확산이 있다.	
독점자본이론	경제적 관점에 따라 복지정책이 결정된다.	
이익집단이론 (다원주의이론)	이익집단이나 노동자 계급의 정치적인 힘이 국가 차원에서 결합되어 복지정책이 결정된다.	
음모이론	사회복지정책의 주된 목적은 사회 안정, 질서 유지, 사회 통제이다.	
엘리트이론	사회복지정책은 소수의 엘리트에 의해 집행되며, 대중의 요구는 수용되지 않는다.	
국가중심적 이론	공급자로서의 국가의 역할을 강조하였다.	
사회양심이론	사회적 양심과 이타주의의 확대에 따라 모든 국가는 복지국가로 수렴한다.	
시민권이론	• 시민권의 요소를 공민권, 정치권, 사회권(복지권)으로 구분한다. • 사회권이 바로 복지국가의 이념적 기초가 된다.	
사회정의론	• 롤스는 사회정의론을 통해 자유주의적 전통의 가치인 자유와 사회주의적 전통의 가치인 평등의 통합을 시도하였다. • 제1원칙(평등한 자유의 원칙)과 제2원칙(차등의 원칙: 최소 극대화 원칙, 공정한 기회 균등의 원칙)이 있다. 참고 공정으로서의 정의: 제1원칙(평등한 자유의 원칙)이 도출될 수 있도록 원초적 입장(상황), 무지의 베일이 전제되어야 한다고 본다.	

130 윌렌스키와 르보, 안토넨과 시필라의 사회복지모형 등
7년간 1번 출제

• 윌렌스키와 르보의 사회복지모형

구분	보충적(잔여적) 모형	제도적 모형
지향점	• 간섭받지 않을 자유 • 개인주의, 자본주의	• 평등의 구현 • 빈곤으로부터의 자유
기본 가치	시장경제 원칙	우애
빈곤의 책임	개인	사회 구조
국가의 책임	국가의 책임 축소(또는 최소화)	국가의 책임 확대
원칙	선별주의	보편주의
낙인	발생한다.	발생하지 않는다.
성격	보완적·선별적·선택적·한정적·제한적·임시적·응급조치적·사후적·소극적 성격	보편적·일반적·사전적·예방적·적극적 성격

• **안토넨과 시필라의 사회서비스 제공체계모형**: 공공서비스모델, 보충주의모델, 자산조사-시장의존모델, 가족주의모델

131 조지와 윌딩의 사회복지모형
7년간 4번 출제

4분법		6분법	
• 소극적 집합주의 • 반집합주의	• 페이비언 사회주의 • 마르크스주의	• 신우파 • 사회민주주의 • 녹색주의	• 중도 노선 • 마르크스주의 • 페미니즘

132 에스핑-앤더슨의 사회복지모형
7년간 4번 출제

에스핑-앤더슨은 탈상품화 정도, 국가와 사회 계층제의 형태, 시장 및 가족과의 관계라는 세 가지 기준을 가지고 복지국가의 유형을 구분하였다.

자유주의 복지국가	• 엄격한 선별주의 원칙이 적용된다. • 자산조사에 의한 공공부조 프로그램이 상대적으로 중시된다.
조합주의 복지국가	• 민간보험이나 기업 복지의 역할이 상대적으로 적게 강조된다. 즉, 시장의 역할이 상대적으로 적게 강조된다. • 전통적 가족의 기능을 유지하는 데 중점을 둔다.
사회민주주의 복지국가	최소한의 생활 수준 보장을 넘어서 가능한 한 최대 수준에서의 평등을 추구한다.

133 복지국가
7년간 12번 출제

- **복지국가의 필요성**: 사회복지 재화의 공공재적 성격, 외부효과, 불완전한 정보(정보의 비대칭성), 위험발생의 상호의존, 소득분배의 불공정성(불평등), 불완전 경쟁시장(독과점), 규모의 경제 등이 있다.
- **케인즈주의**
  - 유효수요를 증가시키기 위해 금리 인하(통화 정책), 정부의 인프라 투자(재정 정책)를 제시하였다.
  - 소득수준이 높아질수록 한계소비성향을 체감한다.
  - 소득수준이 높아짐에 따라 소득이 한 단위 증가하면 소비지출로 나가는 부문의 비중이 줄어든다.
- **복지국가 위기의 원인**
  - 석유 파동으로 경기 침체와 국가 재정 위기가 닥쳤다.
  - 석유 파동 이후 물가 상승, 경제성장률 하락, 실업률 증가에 따라 관료 및 행정 기구가 팽창하고 비효율성이 증가하였다.
  - 포디즘적 생산방식(대량생산과 대량소비)의 비효율성이 증가하였다.
  - 독점자본주의의 자본 축적과 정당화 기능 간의 모순이 생겼다.
- **민영화**
  - 1980년대 등장한 신자유주의와 관련이 있다.
  - 정부가 공급하는 재화와 서비스 비용을 절감하기 위해 도입되었다.
  - 소비자의 선호와 선택을 중시한다.
  - 경쟁을 유발시켜 서비스 품질을 향상시키고자 한다.
  - 지불 능력이 없거나 부족한 취약계층은 서비스 접근성이 낮다.

> **참고** 시장 실패의 원인과 정부 실패의 원인

시장 실패 원인	정부 실패 원인
• 공공재 • 외부효과 • 위험발생의 상호의존 • 불완전한 경쟁(독과점) • 정보의 비대칭성: 역의 선택, 도덕적 해이 • 소득분배 불평등 • 규모의 경제	• 정부조직의 내부성(내부목표와 사회목표와의 괴리) • X-비효율성(비용체증) • 비용과 편익의 절연(수익자 부담주의 미적용) • 파생적 외부효과(부작용) • 권력의 편재에 의한 분배의 불평등(불공정) • 경쟁의 결여(독점성)

- **사회투자국가의 특징**
  - 과세와 지출 대신 사회투자를 강조한다. 사회투자의 핵심은 인적 자본 및 사회적 자본에 대한 투자이다.
  - 경제정책과 사회정책의 통합을 강조한다.

- 사회 지출을 소비적 지출과 투자적 지출로 나누고, 소비적 지출은 가능한 한 억제한다.
- 시민의 권리는 의무와 균형을 이루어야 한다.
- 결과의 평등보다는 기회의 평등을 중시하며, 불평등의 해소보다는 사회적 포섭에 더 관심을 가진다.
- **복지혼합경제(복지다원주의)**: 사회복지에 대한 국가의 책임과 역할이 시장, 가족, 지역사회, 자원조직 등 다양한 공급주체들에 의하여 대체되어야 한다고 주장한다.

134 길버트와 테렐의 사회복지정책의 분석 유형
(7년간 3번 출제)

- **과정분석(studies of process)**
  - 사회복지정책 형성의 역동성에 주목하여 정책 계획과 관련된 각종 정보와 조직들의 관계, 상호작용 등을 분석한다.
  - 정책이 형성되는 사회정치적 맥락을 고찰한다.
  - 정책 사정이 어떻게 이루어지는지를 이해하기 위한 목적에서 이루어진다.
- **산출분석(산물분석, studies of product)**
  - 정책 기획 과정을 거쳐 이끌어 낸 여러 정책 대안을 분석한다.
  - 프로그램이나 법률의 형태로 만들어진 일련의 정책 선택을 분석한다.
  - 정책 결정이라는 정책 활동의 결과물에 대한 내용을 분석한다.
- **성과분석(효과분석, studies of performance)**
  - 실행된 프로그램이 만들어 낸 결과를 기술하고 평가한다.
  - 특정 정책이 실행된 이후 그 결과를 분석·평가하는 데 관심을 둔다.

135 할당체계
(7년간 8번 출제)

- 사회적 급여를 받을 자격을 가진 사람이 누구인가를 결정한다.
- **보편주의**: 모든 국민이 사회복지의 대상(사회적 권리에 해당)이며, 사회적 효과성을 강조한다. 예 사회보험, 아동수당, 부모급여 등
- **선별주의**: 주로 자산조사에 의해 판별되는 개인의 욕구에 기초하여 대상자를 선정하며, 비용효과성을 강조한다. 예 공공부조, 장애수당 등
- **할당의 세부 원칙**

귀속적 욕구	• 보편주의(사회복지의 제도적 개념) • 사회적·경제적 제도하에서 충족되지 않는 공통적 욕구를 가진 사람들의 집단에 속하는가 여부에 따라 주어진다.
보상	국가유공자나 사회보험 기여자 등 사회적·경제적으로 공헌한 사람 또는 부당한 사회적 행위에 의하여 피해를 입은 사람들을 대상으로 한다.
진단적 구분	신체적 또는 정신적으로 결함이 있는 경우와 같이 전문가가 특별한 재화 혹은 서비스가 필요하다고 판단을 내린 개인을 대상으로 한다.
자산조사	• 선별주의(사회복지의 잔여적 개념) • 재화나 서비스를 구매할 수 없는 개인을 대상으로 한다.

참고 '귀속적 욕구 → 보상 → 진단적 구분 → 자산조사' 순으로 자격 조건이 보편주의(제도적 복지)에서 선별주의(잔여적·제한적 복지)로의 경향이 강해진다.

136 급여체계
(7년간 8번 출제)

- 선정된 수혜자가 무엇을 받을 것인가를 결정한다.
- **급여대상의 자격 조건**: 귀속적 욕구, 인구학적 조건, 기여의 조건, 근로 능력 조건, 자산조사(소득)의 조건, 전문가의 진단

- **급여의 종류**: 현금, 현물, 바우처, 기회, 서비스 등이 있다.
  > 참고 실제 지급되는 급여는 현금과 현물의 형태가 대부분이며, 점차 바우처의 형태가 증가하고 있다.
- **현금급여와 현물급여**

구분	현금급여	현물급여
특징	• 복지서비스가 현금의 형태로 전달된다. • 개인의 자유와 선택을 중시한다.	• 복지서비스가 현물의 형태로 전달된다. • 사회 통제와 집합적 선을 중시한다.
장점	• 선택의 자유를 극대화하여 수급자의 자기결정권을 보장한다. • 행정관리비용이 낮아 운영효율성이 높다.	• 필요 대상자에게만 분배하여 대상 효율성이 높고, 낭비가 적다. • 용도 외의 사용을 막을 수 있어 목표 효율성 높다.
단점	• 불필요 대상자에게까지 분배하여 대상효율성이 낮고, 낭비를 초래한다. • 용도 외의 사용을 막을 수 없어 목표효율성이 낮다.	• 선택의 자유를 제한하고 수급자에게 낙인감을 부여한다. • 행정관리비용이 높아 운영효율성이 낮다.

- **증서(바우처)**: 일정한 용도 내에서 수급자가 원하는 재화나 서비스를 자유롭게 선택할 수 있도록 한다.

137 재원체계 (7년간 6번 출제)

- 사회복지정책에 사용되는 재원은 정책을 집행하는 데 쓰이는 재원으로서, 크게 공공부문과 민간부문으로 나눌 수 있다.

공공부문	일반 예산(조세), 사회보험료, 조세비용 > 참고 조세비용: 국가가 조세를 거두어 직접적인 사회복지 급여를 제공하지 않는 대신, 사람들이 내야 할 조세를 감면시켜 사회복지정책상의 목표를 달성할 수 있는 방법이다. 예 소득 공제, 세액 공제
민간부문	사용자 부담, 자발적 기여, 기업 복지

- **정부 보조금**: 범주적 보조금, 포괄적 보조금, 일반 교부세가 있다.

138 전달체계 (7년간 7번 출제)

- 급여 지원 결정이 이루어진 후 전달 방법을 결정한다.
- **전달체계의 주체**

공적 전달체계	• **중앙정부**
	  – 공공재적 성격이 강한 서비스나 재화 공급, 프로그램의 통합·조정·안정적 유지에 유리하다.
	  – 독점적 공급에 따른 서비스 질 저하의 가능성이 있으며, 변화하는 욕구에 융통성 있게 대응하는 데 한계가 있다.
	• **지방정부**
	  – 지역주민의 욕구에 신속하게 대응할 수 있다.
	  – 지역 간 불평등으로 인해 사회통합을 저해할 우려가 있다.

사적 전달체계	• 서비스 공급의 다양화, 공급자 간 경쟁 유도를 통하여 서비스 질 확보, 이용자의 다양한 선택권 보장이 가능하다. • 공공재 제공과 규모의 경제 실현이 어렵고 평등을 추구하는 데 한계가 있다.

139 사회복지정책의 결정
7년간 4번 출제

- 권위 있는 정책 결정자가 문제 해결을 위한 여러 대안들 가운데 하나를 선택하는 행위 또는 과정이다.
- 정책 결정에 관한 이론모형

합리모형	• 주어진 상황에서 목표 달성을 극대화하는 최선의 정책 대안이다. • 객관적 합리성
만족모형	• 인간의 제한적 합리성을 전제로 하여 정책 대안을 선택한다. • 주관적 합리성
최적모형	• 합리적 요소와 초합리적 요소를 바탕으로 한 질적 모형이다. • 경제적 합리성, 초합리성
점증모형	• 합리모형과 정반대로 인간의 비합리성을 전제한다. • 정치적 합리성
혼합모형	• 기본적인 결정에서는 합리성이 작용하지만, 세부적인 결정에서는 점증적인 결정이 이루어진다. • 종합적 합리성
쓰레기통모형	• 조직화된 무정부 상태 속에서 정책이 우연히 결정된다. • 4가지 요소(문제, 해결책, 선택 기회, 참여자)와 3가지 흐름(정치적 흐름, 문제의 흐름, 정책대안의 흐름)이 쓰레기통 안에서 각자 떠다니다가 우연히 동시에 한 곳에서 모일 때 비로소 결정이 이루어진다.

- **사회복지정책 결정에 영향을 미치는 요인**: 정책 과정의 참여자, 정책 결정 구조, 정책 대안의 존재 여부, 다른 정책과의 관계, 정치·경제·사회적 상황 등이 영향을 미친다.

140 사회복지정책의 평가
7년간 3번 출제

- 정책 평가의 의미

좁은 의미	정책이 원래 의도한 문제 해결에 얼마나 영향을 미쳤는가에 대해 평가한다.
넓은 의미	정책 결정 이전부터 정책 집행 이후까지 모든 정책 활동에 대해 평가한다.

- **정책 평가의 특징**: 가치지향적·정치적·실용적·종합 학문적·기술적·개별 사례적
- **정책 평가의 필요성**
  - 정책 결정에 필요한 정보를 획득한다.
  - 사회복지정책의 효과성을 증진한다.
  - 책임성 및 정당성을 확보한다.
  - 정책이론의 형성 및 발전에 기여한다.

141 사회보장

7년간 5번 출제

- 사회보장기본법에 명시된 정의(제3조)

사회보장	출산, 양육, 실업, 노령, 장애, 질병, 빈곤 및 사망 등의 사회적 위험으로부터 모든 국민을 보호하고 국민의 삶의 질을 향상시키는 데 필요한 소득·서비스를 보장하는 사회보험, 공공부조, 사회서비스
사회보험	국민에게 발생하는 사회적 위험을 보험의 방식으로 대처함으로써 국민의 건강과 소득을 보장하는 제도
공공부조	국가와 지방자치단체의 책임하에 생활 유지 능력이 없거나 생활이 어려운 국민의 최저 생활을 보장하고 자립을 지원하는 제도
사회서비스	국가·지방자치단체 및 민간부문의 도움이 필요한 모든 국민에게 복지, 보건의료, 교육, 고용, 주거, 문화, 환경 등의 분야에서 인간다운 생활을 보장하고 상담, 재활, 돌봄, 정보의 제공, 관련 시설의 이용, 역량 개발, 사회참여 지원 등을 통하여 국민의 삶의 질이 향상되도록 지원하는 제도 참고 **사회서비스의 운영** • 사회적 욕구 충족에 초점을 두며, 국가와 지방자치단체가 운영을 지원한다. • 일차적 목적은 비영리이며, 부담 능력이 있는 국민은 수익자 부담을 원칙으로 한다. • 사회서비스 대상자의 노동시장 참여를 강조한다. • 사회서비스의 수요자 지원을 증가시켰다.
평생사회안전망	생애 주기에 걸쳐 보편적으로 충족되어야 하는 기본 욕구와 특정한 사회위험에 의하여 발생하는 특수욕구를 동시에 고려하여 소득·서비스를 보장하는 맞춤형 사회보장제도 참고 **사회안전망**: 모든 국민을 실업, 빈곤, 재해, 노령, 질병 등의 사회적 위험으로부터 보호하기 위한 제도적 장치로서, 1차 안전망(사회보험)과 2차 안전망(공공부조) 등 기존 사회보장제도에 공공근로사업, 취업훈련 등을 포괄한다.
사회보장 행정데이터	국가, 지방자치단체, 공공기관 및 법인이 법령에 따라 생성 또는 취득하여 관리하고 있는 자료 또는 정보로서 사회보장 정책 수행에 필요한 자료 또는 정보

- **사회보장제도의 운영원칙**: 보편성, 형평성, 민주성, 효율성, 연계성, 전문성, 책임성
- 사회보험의 주관 및 보험자, 피보험자

주관	사회보험	보험자	피보험자
보건복지부장관	국민연금	국민연금공단	가입자
	건강보험	국민건강보험공단	가입자 및 피부양자 (본인부담금 있음)
	노인장기요양보험	국민건강보험공단	가입자 및 피부양자 (본인부담금 있음)
고용노동부장관	산재보험	근로복지공단	가입자
	고용보험	근로복지공단	가입자

- **사회보험과 공공부조**

구분	사회보험	공공부조
대상	소득 능력자(피용자, 사용자, 자영업자)	소득 무능력자 또는 소득이 불충분한 자
원칙	보편주의	선별주의
수급요건	보험료 납부, 보험 사고 발생	불충분한 소득 또는 욕구의 발견
급여수준	이전 소득과 연계된 수준 또는 정액 급여 ➡ 높다.	최저 생계를 위한 보충 급여 ➡ 낮다.
재정부담	피용자, 사용자(정부)	국가 및 지방자치단체
전달체계	국가	국가 및 지방자치단체
수급절차	사고 발생의 확인	자산조사
낙인	발생하지 않는다.	발생한다.
제도	국민연금, 건강보험, 고용보험, 산재보험, 노인장기요양보험	국민기초생활 보장, 기초연금, 장애인연금, 긴급복지지원

- **사회보험과 민영보험**

사회보험	민영보험
• 강제적 가입	• 자발적 가입
• 최저 수준의 소득 보장	• 개인의 의사와 지불 능력에 좌우된다.
• 법적 권리(가변성)	• 계약 권리(계약 준수)
• 사회적 적절성(충분성) – 복지	• 개인적 공평성 – 형평
• 정부 독점	• 자유 경쟁
• 비용 지출 예측이 곤란하다.	• 비용 지출 예측이 가능하다.
• 재정의 완전 적립이 불필요하다.	• 재정의 완전 적립이 필요하다.
• 목적·결과에 대한 의견이 다양하다.	• 목적·결과에 대한 의견이 일치한다.
• 물가 상승에 적절히 대응할 수 있다.	• 물가 상승에 대응이 어렵다.
• 평균적 위험 또는 소득 수준에 따라 차등 부과한다.	• 개별적 위험 또는 급여 수준에 따라 차등 부과한다.
• 중앙정부의 통제하에 투자한다.	• 사적 경로를 통해 투자한다.

142 소득 재분배
7년간 4번 출제

- 소득 재분배는 고소득자로부터 저소득자로, 건강한 사람으로부터 질병이 있는 사람으로, 근로자로부터 실업자 및 퇴직자로 소득을 이전하는 형태를 취할 수 있다.
- **소득 재분배의 형태**

세대 간 재분배		• 근로세대 → 노령세대(퇴직세대) • 미래세대 → 현재세대 • 대표적인 제도: 연금제도(부과방식)
세대 내 재분배	수직적 재분배	• 고소득층 → 저소득층(소득계층 간 재분배) • 대표적인 제도: 공공부조제도
	수평적 재분배	• 위험 미발생 집단 → 위험 발생 집단 • 대표적인 제도: 사회보험제도

143 빈곤과 소득 불평등
7년간 12번 출제

- 빈곤

객관적 빈곤	• 절대적 빈곤: 전물량방식, 반물량방식 • 상대적 빈곤: 평균 또는 중위소득
주관적 빈곤	주관적 판단에 의해 정의되는 빈곤이다.

- **사회적 배제**: 빈곤을 포함한 다차원적인 배제를 경험하는 것이다.
- **신사회적 위험**: 후기 산업사회로의 이행에 따른 경제·사회변동과 연관된 결과로서 사람들의 생애기간에 직면하는 위험들이다. 일과 가족생활의 양립, 노동시장 유연화, 민영화 영역에서 사회적 취약계층의 발생 등의 이유로 새로운 사회적 위험에 노출될 가능성이 높다.
- 소득 분배의 불평등도 측정

로렌츠곡선	대각선에 가까울수록 평등(1), 대각선에서 멀수록(우하향으로 볼록할수록) 불평등(0)
지니계수	'0' 평등, '1' 불평등
5분위 분배율	'1' 평등, '∝' 불평등
10분위 분배율	'2' 평등, '0' 불평등
센(Sen)지수	'0' 평등, '1' 불평등

144 국민건강보험제도
7년간 6번 출제

- 건강보험공단은 정관을 변경하려면 보건복지부장관의 인가를 받아야 한다.
- 건강보험공단의 회계연도는 정부의 회계연도에 따른다.
- 건강보험공단은 직장가입자와 지역가입자의 재정을 통합하여 운영한다.
- **가입자 종류**: 직장가입자, 지역가입자
- **보험급여의 종류**: 현물급여(요양급여, 건강검진), 현금급여(요양비, 장애인 보조기기 구입비, 본인부담금 상한제, 임신·출산진료비)
- 운영방식의 변화

2000년	행정통합	국민의료보험관리공단(공무원, 군인, 사립학교 교직원)과 직장의료보험조합이 통합되었다.
2003년	재정통합	직장의료보험과 지역의료보험이 통합되었다.
2011년	징수통합	건강보험, 고용보험, 산재보험, 국민연금 업무 중 유사하고 중복성이 높은 보험료 징수 업무를 국민건강보험공단이 통합 운영하기 시작했다.

- 우리나라는 국민건강보험방식(NHI)으로 의료보장제도를 운영한다.
- **건강보험 진료비 지불제도**: 행위별 수가제를 원칙으로 하며, 4개 진료과목과 7개 질병군에 대해서는 질병군별 포괄수가제와 병행함으로써 국민의 의료비 지출을 감소시킨다.

145 노인장기요양보험제도
7년간 4번 출제

- **장기요양급여의 종류**: 재가급여(방문요양, 방문목욕, 방문간호, 주·야간보호, 단기보호, 기타 재가급여), 시설급여, 특별현금급여(가족요양비, 특례요양비, 요양병원 간병비)

- 장기요양기관
  - 노인복지법에 따른 재가노인복지시설(재가급여): 방문요양, 주·야간보호, 단기보호, 방문목욕, 그 밖의 서비스 제공을 목적으로 하는 곳
  - 노인복지법에 따른 노인의료복지시설(시설급여): 노인요양시설, 노인요양공동생활가정
- **장기요양인정 유효기간**: 최소 1년 이상
- 장기요양인정의 갱신 결과 직전 등급과 같은 등급으로 판정된 경우에는 그 갱신된 장기요양인정의 유효기간은 다음과 같다.

장기요양 1등급	4년
장기요양 2등급~4등급	3년
장기요양 5등급 및 인지지원등급	2년

146 산업재해보상보험제도 (7년간 5번 출제)

- 보험료는 사용자가 부담한다.
- 근로자를 사용하는 모든 사업장을 대상으로 한다.
- **업무상 재해 인정기준**: 업무상 사고, 업무상 질병, 출퇴근 재해
  > 참고 근로자의 고의·자해행위나 범죄행위 또는 그것이 원인이 되어 발생한 부상·질병·장해 또는 사망은 업무상 재해로 보지 않는다.
- **급여의 종류**: 요양급여, 휴업급여, 장해급여, 간병급여, 유족급여, 상병보상연금, 장례비, 직업재활급여

147 국민연금제도 (7년간 10번 출제)

- 우리나라는 적립방식과 부과방식의 중간 형태인 수정적립방식을 취하고 있다.
  > 참고 공적 연금의 운영 방식

적립방식	수지상등의 원칙에 입각하여 별도의 재분배 기능은 배제한 수평적 재분배의 기능이다.
부과방식	연도별 수지균형의 원칙에 따라 매년의 급여 총액을 매년 조달하는 방식이다.
수정 적립 방식	시행 초기 낮은 보험료로 출발해 보험료를 단계적으로 인상함으로써 다음 세대에 일정한 부담을 전가하는 것이다.

- **국민연금 소득의 하한선과 상한선**: 국민연금은 세금과 달리 소득의 하한선과 상한선으로 구성되어 있다.
  > 참고 2024.7.1.~2025.6.30. 기준으로 국민연금 가입 시 무조건 월 39만 원(소득 하한선)~617만 원(소득 상한선)을 버는 것으로 간주된다.
- **소득대체율**: 2008년 이후부터 매년 0.5%씩 감소한다.
- **비례상수**: 2008년 이후부터 매년 0.015씩 감소한다.
- **국민연금 가입 기간 인정(연금 크레딧) 제도**

군 복무 크레딧	육군 18개월, 해군 20개월, 공군 21개월 등 전체 현역 복무 기간 추가 산입(재원은 국가가 전부 부담)
출산 크레딧	첫째 아이부터 12개월씩 추가 산입(재원은 국가가 전부 또는 일부 부담)
실업 크레딧	구직급여 기간 최대 1년 추가 산입(본인 25%, 국가 75% 부담)

148 고용보험제도
7년간 4번 출제

- 고용안정·직업능력개발사업의 보험료는 사업주가 모두(100%) 부담한다.
- 구직급여를 받기 위해서는 이직일 이전 18개월 동안 180일 이상 근무해야 한다.
- **구직급여의 소정급여일수**: 보험가입 기간과 연령에 따라 120일에서 270일까지이다. 참고 자영업자의 구직급여 소정급여일수는 120일~210일이다.
- **실업의 인정**: 근로의 의사와 능력을 가지고 적극적으로 구직 노력을 했으나 취업이 되지 않았음을 인정하는 것이다.
- **육아휴직 급여의 육아휴직대상자**: 남녀근로자 모두 해당한다.

149 공공부조제도 (국민기초생활 보장제도 등)
7년간 17번 출제

- 생활이 어려운 저소득 가구의 가구원, 그 친족 및 그 밖의 관계인이 해당 가구의 급여를 신청하는 것이 원칙이다.
- 신청급여와 직권급여 병행의 원칙이 있다.
- 자산조사를 통해 대상자를 선정한다.
- 비용의 전부 또는 일부는 국가와 지방자치단체가 부담한다.
- 공공부조(일반조세)는 사회보험과는 달리 투입재원 대비(수직적) 소득 재분배 효과가 가장 크다.
- **국민기초생활 보장제도의 급여의 종류와 지급 기준**
    - 생계급여: 기준 중위소득 32% 이하 참고 부양의무자 기준 조건부 폐지
    - 의료급여: 기준 중위소득 40% 이하
        참고 2024년부터 부양의무자 가구 중 중증장애인이 있는 경우 미적용(단계적 완화 예정)
    - 주거급여: 기준 중위소득 48% 이하 참고 부양의무자 기준 폐지, 국토교통부 주관
    - 교육급여: 기준 중위소득 50% 이하 참고 부양의무자 기준 폐지, 교육부 주관, 바우처로 지급
    - 기타 급여의 종류에는 해산급여, 장제급여, 자활급여가 있다.
- **긴급복지지원제도**
    - 원칙: 선지원 후조사, 단기지원, 가구단위 지원, 타법률 지원 우선의 원칙
    - 종류 및 내용

종류			지원내용	최대 횟수
금전·현물지원	위기상황주지원	생계	식료품비, 의복비 등 3개월 생계유지비 제공	6개월
		의료	각종 검사, 치료 등 의료서비스 지원	2회
		주거	국가·지자체 소유 임시 거소 제공 또는 타인 소유의 임시 거소 1개월 제공	12개월
		복지시설 이용	사회복지시설 입소 또는 이용서비스 1개월 제공	6개월
	부가급여	교육	초·중·고등학교 중 수업료 등이 필요하다고 인정되는 사람에게 학비 1회 지원	4회
		그 밖의 지원	위기사유 발생으로 생계유지가 곤란한 자에게 1개월 지원	연료비 6개월
민간기관·단체 연계지원 등			사회복지공동모금회, 대한적십자사 등 민간 긴급지원프로그램과 연계 상담 등 기타 지원	횟수 제한 없음

150 〔7년간 17번 출제〕
우리나라 사회복지정책의 환경

- 지방분권화에 따른 지방자치단체의 자체적인 복지 사업이 증가하는 추세이다.
- **저출산 등 보육정책**: 부모급여(0~2세 미만, 차등지급), 공통과정(3~5세, 보육·교육과정 통합), 임신·출산진료비(건강보험), 출산 크레딧제도(국민연금), 육아휴직, 출산전후휴가, 직장 내 어린이집 설치(고용보험), 아동수당(만 8세 미만, 가구소득과 상관없는 보편적 서비스) 등이 있다.
- **아동복지정책**
  - 국가 및 지방자치단체는 빈곤아동의 안전·건강 및 복지증진을 위하여 빈곤아동과 그 보호자 및 가정을 지원하기 위한 정책을 수립·시행해야 한다.
  - 교육부장관은 아동학대의 조기 발견과 신속한 보호조치를 위하여 장기결석 학생의 정보를 보건복지부장관과 공유하여야 한다.
  - 시·도지사 또는 시장·군수·구청장은 그 관할 구역에서 보호대상아동을 발견한 때에는 아동의 최상의 이익을 위하여 보호조치를 하여야 한다.
  - 국가 및 지방자치단체는 입양 의뢰된 아동의 양친될 사람을 국내에서 찾기 위한 시책을 최우선적으로 시행하여야 한다.
- **고령화 등 소득 및 의료보장정책**: 국민연금(노령연금)·노인장기요양보험과 같은 사회보험, 기초연금·의료급여와 같은 공공부조 등이 있다.
- **근로장려세제**: 주무 부처는 국세청이다(조세특례제한법). 자녀수별로 급여액, 급여의 증가율, 급여의 감소율 등을 차등화하고, 가구별 총급여액에 따라 점증 구간·평탄 구간·점감 구간으로 되어 있다.
- **아동학대 예방**: 지역아동보호전문기관(교육, 홍보 및 예방), 아동학대전담공무원(신고접수, 현장조사, 응급보호 등)

  참고 시·도지사 또는 시장·군수·구청장은 신고접수, 현장조사, 응급보호 등의 업무를 수행하기 위하여 아동학대전담공무원을 두어야 한다.

- **취업 지원정책**

지원 대상	저소득자, 실직자 등 취업 취약 계층(예 장애인 등) 및 일반 구직자
지원 내용	취업 지원 서비스를 제공하는 민간기관을 활용하여 취업 취약 계층에게 채용박람회 등 채용 행사, 맞춤형 취업지원서비스(취업성공패키지), 심리안정 지원프로그램, 집단상담 등 구직자 취업역량강화 프로그램을 제공한다.

- **사회복지운동**
  - 민간이 사회복지에 대한 특정 견해를 가지고 이를 관철시키려는 실천운동이다.
  - 노동운동·시민운동·여성운동 단체 등 다양한 주체들이 관심과 역량을 투여하는 사회운동의 한 분야이다.
  - 사회복지종사자들의 전문성을 실현하는 중요한 통로의 하나이다.
  - 과거 중앙집권화된 시기에는 사회복지운동단체의 의견이 수용되지 못했지만, 최근 점차 사회복지운동단체의 의견이 일부 수용되고 있다.

사회복지행정론

> 사회복지행정의 역사와 특징과 전달체계 등을 알아보는 영역입니다.
> 최근 7년간 사회복지행정의 특성, 조직이론, 환경변화, 리더십이론의 출제비중이 높습니다.
> 사회복지행정론은 지역사회복지론과 연계하여 학습하면 효과적입니다.

151 사회복지행정
7년간 18번 출제

- **사회복지행정의 원칙**: 효과성(목표 달성 정도), 효율성(투입에 대한 산출비율), 공평성(동일한 서비스), 접근성(서비스 이용)
- **사회복지행정의 특성(하센펠트)**
  - 사람을 직접 다루므로 도덕적 정당성이 요구되며, 도덕적 모호성이 존재하여 윤리적 딜레마가 발생한다.
  - 핵심적인 활동은 기관 직원과 클라이언트의 상호작용이며, 일선 조직 성원들의 활동이 중요하다.
  - 사용하는 기술이 다양하며 불확실하다.
  - 목표가 모호하고 애매하며 효과성·효율성을 측정하는 척도가 거의 없기 때문에 결과 평가에 논란이 많고, 변화와 혁신에 대한 저항이 다른 조직보다 크다.
  - 주로 전문가와 사회적 환경에 의존한다.
  - 사회복지서비스는 조직적 과정을 통해 전달된다.
  - 공공의 이익을 위해서 사회적·물질적·비물질적 후원을 받는다.
  - 외부의 공공·민간조직과 연관되어 활동하며, 주로 외부의 재정원천에 의존하므로 가치와 이해관계에서 갈등이 발생할 수 있고, 환경과의 관계에 많은 어려움이 야기된다.

  > 참고 사회복지행정의 특성을 결정하는 요소: 환경에의 의존, 대립적 가치의 상존, 조직 간 연계, 인본주의적 가치 지향

- **사회복지행정의 실행과정**: 기획 → 조직화 → 촉진 → 평가 → 환류
- **귤릭과 어윅의 사회복지행정의 과정**: 기획 → 조직 → 인사 → 지시 → 조정 → 보고 → 재정 → 평가
- **사회복지행정가가 가져야 할 능력**
  - 기관의 목표, 정책, 서비스에 대한 지식
  - 인간행동의 역동성에 관한 지식
  - 지역사회 자원, 특히 기관과 관련되어 있는 자원에 대한 지식
  - 기관에서 활용 가능한 대안 모색, 우선순위 결정 등 사회복지방법론에 대한 지식
  - 권한위임과 권한실행에 필요한 관리의 원칙, 과정, 기술에 관한 지식
  - 사회복지 관련 전문단체 및 협회들에 관한 지식
  - 조직이론에 대한 지식
  - 평가 과정과 기법에 관한 지식

- **한국 사회복지행정의 역사**

1950년대	외국민간원조기관협의회(KAVA) 설립(1952)
1980년대	• 사회복지관의 양적 팽창(1985) • 사회복지전문요원 제도 도입(1987)
1990년대	• 보건복지사무소 시범사업 실시(1995) • 사회복지시설의 설치가 허가제에서 신고제로 변경(1997) • 사회복지시설평가제 도입(1997) • 사회복지공동모금회 설립(1998)
2000년대	• 제1회 사회복지사 1급 국가시험 시행(2003) • 사회복지사무소 시범사업 실시(2004) • 지역사회복지협의체 설치(2005) • 주민생활지원서비스로의 개편 및 주민생활지원국 설치(2006) • 지역사회복지계획 시행(2007) • 드림스타트사업 실시(2008)
2010년대	• 사회복지통합관리망(행복e음) 구축(2010) • 희망복지지원단 출범(2012) • 사회보장정보시스템 개통(2013) • 지역사회보장협의체 도입, 분권교부세 폐지(2015) • 읍·면·동 복지허브화 시행(2016) • 사회복지통합관리망과 사회보장정보시스템을 통합한 사회보장정보시스템 개통(2018) • 지역사회 통합돌봄사업(커뮤니티 케어) 추진(2019)

152 사회복지서비스 전달체계의 원칙 (7년간 8번 출제)

- **통합성**: 상호 연관된 서비스를 종합적으로 고려한다.
- **전문성**: 핵심 업무는 반드시 전문가가 담당한다.
- **지속성**: 문제 해결에 필요한 여러 서비스를 상호 연계하여 일정 기간 계속적으로 제공한다.
- **적절성**: 서비스의 양과 질, 제공 기간이 욕구 충족을 위한 수준이어야 한다.
- **평등성**: 소득이나 지위 등에 관계없이 평등하게 서비스를 제공한다.
- **포괄성**: 클라이언트의 욕구와 문제 해결을 위해 다양한 서비스를 제공한다.
  참고 이 외에도 책임성, 접근성의 원칙이 있다.

153 지역복지 네트워크 (조직화) (7년간 1번 출제)

- 지역 네트워크는 지역사회의 역량 강화를 통해 지역사회 문제를 해결하고 지역주민들의 욕구 충족을 목적으로 하는 조직이다.
- **조직화**: 전략을 통해 문제 해결 능력의 강화라는 목표를 지니고 지역주민들의 삶의 질 향상을 위한 주체적 노력의 과정이다.
- **한계**: 사회복지서비스 조직의 수를 늘리면 조직 간 경쟁구도가 형성되면서 조직 간 갈등이 야기되거나 혼란이 가중될 수 있다.

154 사회복지서비스 전달체계 (7년간 6번 출제)

공공 전달체계	민간 전달체계
• 정부나 공공기관이 직접 관리·운영한다. • 재정을 안정적으로 운영할 수 있다. • 사회보험제도는 보건복지부 또는 고용노동부 산하 공공기관에서, 공공부조제도는 중앙정부 또는 지방자치단체에서 운영한다.	• 다양한 서비스 제공이 가능하다. • 서비스 이용자의 선택 기회를 넓힌다. • 선도적인 서비스 개발과 보급에 유리하다. • 민간의 사회복지 참여 욕구를 수렴할 수 있다.

155 위험관리와 품질관리
7년간 8번 출제

- **위험관리**: 사업의 지속과 안정적 발전을 확보해 나가는 경영상의 기법으로 위험을 확인(발견), 분석, 평가하여 최적의 위험 처리 방법을 선택하는 것이다.
- **총체적 품질관리(TQM)**: 서비스의 품질관리는 리더가 의지를 가지고 주도해야 하지만, 조직 내 다양한 직원들의 협력적 활동의 결과로 나타나기 때문에 직원들의 적극적인 참여가 전제되어야 한다.

참고 파라슈라만 등의 서비스 질 측정도구(SERVQUAL): 유형성, 신뢰성, 반응성(즉응성), 확신성, 공감성

156 조직이론
7년간 20번 출제

이론	주요 내용

고전이론	• 관료제이론: 효율성을 위한 전문화된 명확한 분업을 실시하고, 위계(수직적 구조), 권위, 통제, 안정성을 지향한다.
	참고 지배 수단에 따라 가산관료제(전근대적 사회), 근대관료제(근대사회)로 구분할 수 있다.
	참고 관료제의 역기능: 비민주성, 비인격성, 목적 전치, 할거주의(파벌), 무사안일주의, 번문욕례(형식주의, 레드 테이프), 동조 과잉
	• 과학적 관리론
	  - 합리성·효율성을 위한 노동 분업, 동작에 따른 소요 시간의 표준화를 실시하고, 과업의 달성 정도에 따라 임금 및 성과급을 차등 지급한다.
	  - 관리자에게만 조직의 목표를 설정할 수 있는 책임을 부여하기 때문에 직원의 의사결정 참여를 지향하는 사회복지조직에 적용하는 데 한계가 있다.

인간관계이론	• 메이요의 호손실험: 인간관계, 구성원 간 상호작용, 비공식 집단을 강조한다. 과학적 관리론에 반대하며, 사회복지조직에 적용하기 적절하다.
	• 맥그리거의 X·Y이론
	  - X이론: 인간은 일하는 것을 좋아하지 않으므로 통제와 지시가 필요하다.
	  - Y이론: 인간은 일하는 것을 좋아하므로 잠재력을 인정하고 상상력과 창의력을 발휘하도록 해야 한다.
	• 룬트슈테트의 Z이론: 과학자, 학자에 대한 관리이론으로, 관리자는 자유 방임적 행동을 하도록 분위기만 조성한다.

체계이론	• 특수한 기능을 수행하는 여러 형태의 역동성과 기제에 기반을 둔 다섯 가지의 하위체계를 중심으로 조직되어 있다.
	• 하위체계의 종류
	  - 생산 하위체계: 클라이언트에게 서비스를 제공하는 것이다.
	  - 유지 하위체계: 조직의 계속성을 확보하고 조직을 안정 상태로 유지하는 것이다.
	  - 경계 하위체계: 외부환경의 변화에 대해 적절히 대응하는 것을 목표로 하는 것이다.
	  - 적응 하위체계: 조직변화를 위한 최적의 대안을 찾기 위한 연구·평가를 실시하는 것이다.
	  - 관리 하위체계: 네 가지 하위체계를 조정·통합하는 것이다.

조직환경이론	• 신제도이론: 법과 정책, 여론의 조직 구조와 속성에 대한 영향력을 설명한다. • 상황이론: 조직관리는 조직이 처한 상황에 따라 결정된다. • 신공공관리론: 신자유주의 영향으로 공공부문 조직운영을 경쟁원리가 도입되어, 주요 정책 수단으로 인력감축, 민영화, 재정지출 억제, 책임운영기관, 규제완화를 중시한다.

참고 현대조직이론: 목표관리제(MBO), 학습조직이론, 총체적 품질관리(TQM), 에드호크라시, 벤치마킹, 다운사이징, 리스트럭처링, 리엔지니어링, 아웃소싱

157 조직 구조의 구성요소 및 사회복지조직
(7년간 12번 출제)

- **조직구조의 구성요소**

공식화	조직 내 직무, 규칙, 절차, 지시 및 의사전달이 명세화(명문화·표준화)된 정도
전문화	직무가 개별업무로 세분화된 정도로, 업무를 과업단위로 구분하여 생산의 효율성을 높인다.
집권화	권한의 배분 정도로, 의사결정 권한이 조직의 상위기관(위)에 집중된다 (공식화되면 높아진다).
분권화	의사결정 권한이 하급기관(아래)에 분산된 정도
부문화	전체의 목표 달성을 위해 전문화된 직무를 부문단위로 통합하는 과정
복잡화	조직(과업)의 분화 정도, 즉 조직이 여러 하위단위로 세분화되는 과정이나 상태

- **조직 구조의 형태**

공식조직	조직 목표를 달성하기 위하여 법령 등에 의해 인위적으로 만들어진 조직이다.
비공식조직	공식조직 내에서 인간관계에 따라 자연적으로 성립된 조직이다.
집권형조직	중요한 의사결정 권한이 상부에 집중되어 있는 조직이다.
분권형조직	의사결정 권한이 각 계층에 위임되어 있는 조직이다.
계층제조직	전통적 조직구조의 대표적인 형태로, 기능조직, 라인-스태프조직이 있다.
위원회조직	조직의 목표를 달성하는 데 있어 특별한 과업이나 문제를 해결하기 위하여 조직의 일상적인 업무를 수행하는 기구와는 별도로 구성한 전문가 또는 업무관계자들의 활동조직이다.
사업부제조직	대규모 조직에서 사업부 단위로 조직을 편성하고, 각 사업부 단위의 독자적 생산·마케팅·관리 등의 권한을 부여하는 형태이다.
동태적 조직	전통적 계층제 조직이 환경변화에 적응하는 과정을 거치면서 사업부제 조직, 프로젝트 조직, 행렬(매트릭스) 조직, 태스크포스(Tf, Task Force) 등과 같이 역동적으로 변화하였다.

- 조직 구조에서 정보가 과다하게 집중되어 있는 상황이라면, 의사결정의 집권화는 실패 가능성이 높다.

158 외부 환경 및 사회복지행정의 환경 변화
(7년간 13번 출제)

- **일반 환경**: 경제적 조건, 사회·인구·통계학적 조건, 문화적 조건, 정치적·법적 조건, 기술적 조건들을 의미한다.
- **과업 환경**: 재정 자원의 제공자, 정당성과 권위의 제공자, 클라이언트 제공자, 보충적 서비스 제공자, 조직 산출물의 소비·인수자, 경쟁조직과 같은 집단을 의미한다.
- **사회복지행정의 환경 변화**
  - 민간부문과 공공부문의 협력이 강조된다.
  - 공공성 강화 방향으로 전달체계가 개편되었다.
  - 지역사회를 중심으로 서비스 통합이 이루어진다.
  - 시설복지에서 탈시설화 관점으로 변화하였다.
  - 지역사회 주민운동이 활성화되었다.
  - 사회서비스 공급의 주체로서 영리부문의 참여가 증가하였다.
  - 지역사회보장협의체를 통한 민·관 협력체계가 구축되었다.
  - 사회적 경제에 의한 비영리조직의 시장경쟁력 강화 필요성이 증가하였다.
  - 공공과 민간의 협력체계를 통해 복지공급의 다원화가 이루어졌다.
  - 사회복지기관 설립 시 '신고제'로 전환됨에 따라 사회복지기관이 증가하면서 타 기관과의 경쟁이 증가하였다.

- **사회복지조직 구조의 변화**
  - 지역복지 거버넌스 구축: 지역복지서비스 공급 시 지방정부와 지역기업, 학계, 비정부기구(NGO), 언론 등 지역사회 구성인자 간 협력적 네트워크를 구축하는 것을 의미한다.
  - 지역사회 통합돌봄(커뮤니티 케어): 돌봄이 필요한 주민(예 노인, 장애인 등)이 살던 곳에서 개개인의 욕구에 맞는 복지서비스를 누리고, 지역사회와 함께 어울려 살아갈 수 있도록 주거, 보건의료, 요양, 돌봄, 일상생활의 지원이 통합적으로 확보되는 지역 주도형 정책이다.

159 리더십이론 (7년간 13번 출제)

- **특성이론(1940~1950년대)**: 리더십은 타고나야 한다.
- **행동이론(1950~1960년대)**: 바람직한 리더십 행동은 훈련을 통해서 개발된다(오하이오연구, 미시간연구, 관리격자이론).
- **상황이론(1970년대)**: 업무의 환경 특성에 따라 적합하게 대응하는 리더십이 효과적이라고 가정한다(상황적합이론, 경로-목표이론).
- **변혁이론(1980~1990년대)**: 리더십은 지도자와 추종자가 협력하는 과정에서 형성된다.
- **리더십의 유형**: 지시적 리더십, 참여적 리더십, 자율적 리더십

  참고 서번트 리더십과 경쟁가치 리더십
  - 서번트 리더십: 부하들의 성장을 도모하면서, 리더와 부하 간 신뢰를 형성하여 궁극적으로 조직의 성과를 달성하는 리더십이다.
  - 경쟁가치 리더십: 퀸이 여러 경영이론을 정리하여 제안한 포괄적 리더십모델로, 리더십의 초점을 '외부 지향, 내부 지향'으로 구분한 축과 '통제성 위주, 유연성 위주'로 구분한 축을 조합한 경쟁가치모형을 제시하였다.

160 조직문화 (7년간 2번 출제)

- 조직문화는 지속성과 안정성을 가지고 있어 변화가 쉽지 않다.
- **조직문화이론**: 조직의 신념, 관습 등은 조직 구성원의 소속감 및 정체성 형성에 영향을 미치는 요인이다.

161 인적 자원관리 (7년간 14번 출제)

- **인적 자원관리**: 직무를 수행하는 과정에서 윗사람으로부터 직무에 관한 지도·감독을 받는 것을 말한다.
- **인적 자원관리의 영역**: 채용, 배치, 교육, 승진, 평가
- **인적 자원관리의 순서**: 직무분석 → 직무기술서 작성 → 직무명세서 작성 → 모집·선발
- **직무수행평가**
  - 객관적 직무수행평가: 다양한 행동(예 결근, 지각, 생산성 등), 직무행동의 결과치(예 실적, 성과, 판매량 등)로 평가한다.
  - 주관적 직무수행평가: 구성원의 직무수행 결과에 대하여 평가자가 '아주 잘했다, 잘했다, 못했다, 아주 못했다' 등으로 평가한다.
- **직무소진**: 직무와 관련된 스트레스에 효과적으로 대처하지 못함으로써 표출되는 정서적, 육체적, 태도적 고갈상태이다. '열성 → 침체 → 좌절 → 무관심' 단계를 거친다.
- **직원능력 개발 방법**: 계속교육, 사례 발표, 현장훈련(OJT), 역할 연기, 신디케이트(분임 토의), 포럼

162 슈퍼비전 [7년간 2번 출제]

- 사회복지기관의 슈퍼비전에 사회복지사의 가치와 감정의 문제를 배제해서는 안 되며, 전문적 기술의 전수도 필요하다.
- **동료 슈퍼비전모델**: 슈퍼바이지(supervisee) 간 동료 슈퍼비전도 인정된다.
- **퀸의 혁신적 슈퍼바이저**: 유연한 변화를 만들기 위한 의사소통 능력, 비판적·창의적 사고 능력, 조직을 둘러싼 변화를 판단할 수 있는 능력, 조직 구성원과 이해관계자들 간의 갈등을 예방할 수 있는 능력을 가지고 있다.

163 동기부여이론 [7년간 6번 출제]

동기부여이론에는 매슬로우의 욕구계층이론, 인간관계이론(맥그리거의 X·Y이론), 허즈버그의 동기-위생이론, 알더퍼의 ERG이론, 맥클리랜드의 성취욕구이론(권력·친화·성취 욕구) 등이 있다.

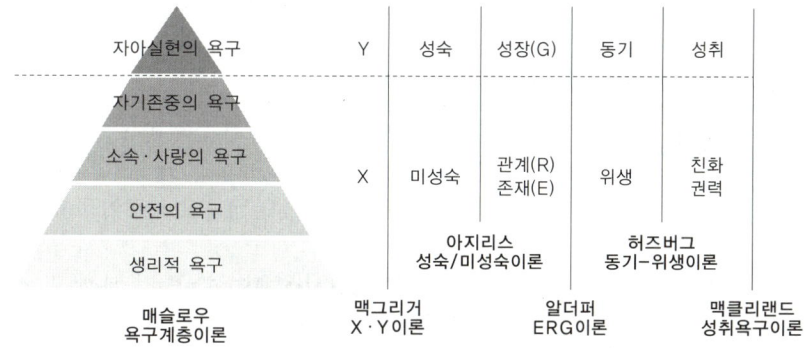

164 사회복지조직의 재정관리 [7년간 3번 출제]

- 사회복지조직은 일반적으로 재원 조달에 대한 직접적인 통제력이 약하다.
- 정부 보조금, 재단 지원금, 기부금, 상품 판매 등의 다양한 재원을 가지고 있다.
- 재원 확보를 위해서 의도적 연계를 하고, 사업 제안서, 모금 행사, 정부와 계약관계 맺기 등 다양한 전략을 추진해야 한다.
- 법적으로 위탁받은 서비스를 제공할 때는 그 재정을 전적으로 임의 할당할 수 없다.
- **예산 수립의 원칙**: 공개의 원칙, 회계연도 독립의 원칙, 건전재정 운영의 원칙, 예산의 목적 외 사용금지 원칙, 예산 총계주의 원칙, 예산 사전의결 원칙, 예산 한정성의 원칙, 예산 사전절차 이행의 원칙
- **예산 통제의 원칙**: 개별화의 원칙, 강제의 원칙, 예외의 원칙, 보고의 원칙, 개정의 원칙, 효율성의 원칙, 의미의 원칙, 환류의 원칙, 생산성의 원칙

165 사회복지조직의 예산 [7년간 6번 출제]

- **품목별 예산**

장점	단점
• 지출 근거가 명확하여 예산 통제가 용이하다. • 회계 책임이 명백하다. • 급여와 재화 및 서비스 구매에 효과적이다.	• 예산의 신축성을 저해할 수 있다(효율성 무시). • 예산 증대에 대한 근거가 희박하다. • 결과나 목표 달성에 대한 고려가 부족하다. • 프로그램 내용을 알기 어렵다.

- **성과주의 예산**

장점	단점
• 목표와 프로그램을 분명히 이해할 수 있다. • 예산 집행에 신축성을 부여할 수 있다. • 프로그램별 통제가 가능하다. • 프로그램의 효율성이 높다.	• 예산 통제에 어려움이 있다. • 비용 지출의 단위 설정과 비용 책정이 어렵다. • 효과성이 무시된다.

- **계획(기획) 예산**: 장기적 계획을 수립하고 기본계획을 연차적으로 실행하기 위해 프로그램별로 예산을 편성한다.
- **영기준 예산**: 전년도 예산을 전혀 고려하지 않고 기존 프로그램 또는 신규 프로그램의 정당성을 매년 새로이 마련하여, 최적의 대안을 선택하기 위해 비용-편익분석, 비용-효과분석을 거쳐 수립한다.

166 정보 관리 시스템
7년간 3번 출제

- **사회보장정보시스템(행복e음)**: 각종 사회복지 급여 및 서비스 지원 대상자의 자격과 이력에 관한 정보를 통합 관리하고, 지방자치단체의 복지업무 처리를 지원하기 위해 기존 시·군·구별 새올행정시스템의 31개 업무 지원시스템 중 복지분야를 분리하여 개인별, 가구별 DB로 중앙에 통합 구축한 정보시스템이다.
- **사회보장정보시스템(범정부)**: 각 부처 및 정보 보유기관에서 제공하고 있는 복지사업정보와 지원 대상자의 자격 정보, 수급 이력 정보를 통합·관리하는 시스템이다. 복지 업무 담당자는 관리 정보를 기반으로 민원 대응, 업무 처리, 복지사업 설계 등 효율적 복지행정 업무를 수행하고, 복지 대상자에게 꼭 필요한 복지서비스를 맞춤형으로 제공할 수 있도록 지원하기 위해 마련되었다.
- **사회복지시설정보시스템**: 사회복지시설 업무의 표준화, 투명화 및 사회복지 업무의 전자화를 위한 사회복지시설 통합업무관리시스템이다.
- **사회서비스전자바우처시스템**: 돌봄, 일상생활 지원, 사회 적응 지원, 문화체험 등 정부와 지방자치단체의 사회서비스에 대한 신청, 이용, 비용 지불정산 등의 전 과정을 전산으로 처리하는 수단이다.
- **복지로**: 보건복지부가 운영하는 복지 포털 사이트로, 복지서비스 소개 및 찾기, 온라인 신청, 복지시설 검색, 복지소식 등을 제공한다.

167 기획
7년간 1번 출제

- 미래 지향적·계속적·동태적·과정 지향적 과정이다. 결정을 내려야 하는 의사결정과 연결되어 있다. 목표 지향적이며 목표를 위한 수단적 과정의 특성을 가진다.
- **기획 과정의 위계 수준**: 최고관리층(장기적·전략적 기획) – 중간관리층(운영 기획) – 감독관리층(구체적 프로그램 기획) – 관리실무자(일상적 업무)
- **스키드모어의 기획의 과정**: 목표 설정 → 자원 고려 → 대안 모색 → 결과 예측 → 계획 결정 → 구체적 프로그램 수립 → 개방성 유지

168 프로그램 기획 기법
7년간 5번 출제

- **프로그램 평가 검토 기법(PERT)**
  - 활동에 걸리는 기대 시간을 산정하는 기법으로, 기획의 전체 과정을 쉽게 파악할 수 있다.
  - 임계 경로: 조사의 시작에서 종료에 이르는 경로 가운데 가장 오랜 시간이 걸리는 경로이다. 이는 조사활동을 수행하기 위해 확보해야 할 최소한의 시간을 의미한다.
- **시간별 활동계획 도표(Gantt chart)**: 사업의 시작 또는 완료 시까지의 기간 동안 계획된 세부 목표 및 활동 기간과 그것의 실제 수행 현황을 병행하여 막대 모양으로 표시한 도표이다. 세로에는 사업(행사)을 위한 주요 세부 목표 및 관련 활동을 기입하고, 가로에는 월별/주별/일별 시간을 기입한다.
- **책임할당모델(책임행렬표)**: 프로젝트 혹은 비즈니스 프로세스에서 업무를 수행하기 위한 구성원별 책임과 역할을 식별하는 방법이다. 누가 책임, 책무, 컨설팅, 정보를 필요로 하는지 명확히 해야 한다.
- **방침관리기획(PDCA)**: '계획(Plan) – 실행(Do) – 확인(Check) – 조정(Act)'에 따른 프로그램 기획 기법이다.

169 의사결정
7년간 2번 출제

- **개인 의사결정 기술**: 의사결정나무 분석, 대안선택 흐름도표 등이 있다.
- **집단 의사결정 기술**: 델파이 기법, 명목집단 기법(소집단 투표 의사결정법), 브레인스토밍(집단 토의), 변증법적 토의 등이 있다.
- **정형적 의사결정**: 절차, 규정, 방침에 따라 규칙적인 의사결정 행위가 전개된다.
- **비정형적 의사결정**: 사전에 결정된 기준 없이 이루어지며, 대부분 단발적이고 예상하지 못한 상황에 대한 결정이다.

  참고 사회복지조직의 의사결정모형으로 합리모형, 만족모형, 점증모형, 혼합모형, 최적모형, 쓰레기통모형, 공공선택모형이 있다.

170 마케팅 기법
7년간 11번 출제

- **마케팅 과정**: 고객 및 시장 조사 → STP전략 설계 → 마케팅 믹스(4P 전략) → 마케팅 기법 활용

  참고 STP전략은 시장을 세분화(Segmentation)하여 표적시장을 선정(Targeting)한 후 기관의 서비스 등을 표적시장 및 고객에게 위치(Positioning)시키는 것이다.

- **기업(공익) 연계 마케팅**: 기업의 이미지가 제고되면 기업의 상품 판매에 긍정적 영향을 미치는 동시에 사회복지기관의 후원자 개발에도 기여할 수 있는 마케팅이다.
- **사회 마케팅**: 사회문제로부터 도출된 사회적 목표를 달성하기 위해 사회적 아이디어를 개발하여 공익을 실현하고자 하는 마케팅이다.
- **마케팅 전략의 4P**

상품(제품, Product)	어떤 상품(서비스)을 제공할 것인가?
가격(Price)	가격(서비스 비용)을 어떻게 결정할 것인가?
유통(장소, Place)	클라이언트가 조직을 얼마나 쉽게 찾을 수 있는가?
촉진(판촉, Promotion)	서비스의 유용성을 어떻게 전달할 것인가?

171 프로그램 설계 〔7년간 3번 출제〕

- **논리모델**: 사회복지 프로그램 개발 과정에서 체계이론의 개념을 적용하여 '투입 → 전환(활동) → 산출(서비스 종료) → 성과(효과, 만족, 변화) → 영향 또는 환류' 간의 관계를 논리적으로 설명하는 도식을 활용함으로써 프로그램의 성과를 체계적으로 평가하는 모델이다.
- **프로그램 설계**: 대상자를 일반인구, 위험인구(위기인구), 표적인구, 클라이언트 인구로 구분한다.
  > 참고 일반적으로 표적인구가 일반인구보다 적으며, 자원이 부족하면 표적인구가 클라이언트 인구보다 많아진다.
- **목표들의 위계**: 소비자 목표(받게 될 사람의 수) – 활동 목표(시간) – 산출 목표(받은 사람의 수) – 성과 목표(변화, 효과) – 영향 목표(지역사회)

172 욕구조사 〔7년간 1번 출제〕

욕구조사 방법에는 델파이 기법, 지역사회포럼(지역사회 공개 토론회), 지역주민 서베이, 사회지표조사, 초점집단조사, 패널조사, 주요 정보 제공자조사, 지역사회 2차 자료 조사가 있다.

173 평가 〔7년간 11번 출제〕

- **사회복지 평가의 의의**: 환류 기능, 행정관리 수단의 역할, 책무성 강화, 기관의 외부자원 확보
- **프로그램 평가 기준**: 노력성(프로그램의 투입량 등), 효율성(프로그램의 투입과 산출의 비율), 효과성(프로그램의 목표 달성 여부), 책임성, 질(서비스의 질), 영향력(프로그램의 파급 효과)을 고려해 평가한다.
- **효율성 평가**

비용-효과 분석	비용은 화폐 가치로 환산하고, 효과는 재화나 용역으로 환산하여 비교·분석하는 방법이다.
비용-편익 분석	프로그램의 효율성 평가를 위하여 모든 비용과 편익을 화폐 가치로 환산해서 비용과 대비해 보는 방법이다.

- **성과평가**: 구성원 또는 집단의 업무 수행 결과를 객관적인 평가지표에 의해 측정·평가하고 이를 다시 구성원들에게 피드백함으로써 수행 결과가 조직에 어떻게 기여하였는지를 인지시키는 과정이다.

174 사회복지법인 및 사회복지시설 예산 〔7년간 2번 출제〕

- **예산에 첨부하여야 할 서류**
  - 단식부기로 회계를 처리하는 경우: 예산총칙, 세입·세출명세서, 임·직원 보수 일람표, 예산을 의결한 이사회 회의록 또는 예산을 보고받은 시설운영위원회 회의록 사본
  - 국가·지방자치단체·법인 외의 자가 설치·운영하는 시설로서 거주자 정원 또는 일일평균 이용자가 20명 이하인 시설(소규모 시설): 세입·세출명세서, 예산을 의결한 이사회 회의록 또는 예산을 보고받은 시설운영위원회 회의록 사본
    > 참고 소규모 시설 중 노인장기요양기관은 임직원 보수 일람표도 첨부한다.
- **준예산**: 임·직원의 보수, 법인 및 시설운영에 직접 사용되는 필수적인 경비, 법령상 지급의무가 있는 경비를 전년도 예산에 준하여 집행할 수 있다.

175 사회복지법인 및 사회복지시설 회계관리와 회계감사

`7년간 2번 출제`

- **사회복지조직의 회계(사회복지법인 및 사회복지시설 재무·회계 규칙)**

회계의 구분	법인회계는 법인의 업무전반에 관한 회계, 시설회계는 시설 운영에 관한 회계, 수익사업회계는 법인이 수행하는 수익사업에 관한 회계이다.
회계의 방법	회계는 단식부기를 원칙으로 하되, 법인회계와 수익사업회계에서 복식부기의 필요가 있는 경우에는 복식부기를 한다.
회계장부	법인 및 시설에는 현금출납부, 총계정원장, 재산대장, 비품관리대장을 둔다.

- **회계감사**

내부감사	조직의 최고행정책임자와 같은 조직 내부의 관리자가 감사한다.
외부감사	정부의 감독관이나 공인회계사가 감사한다.
규정준수(순응)감사	기관의 재정운영이 적절한 절차에 따라 시행되며, 조직에 적용된 각종 규칙과 규제들을 잘 준수하고 있는지를 확인하는 과정이다.
운영감사	예산과 관련하여 바람직한 프로그램 운영의 산출 여부, 조직 목표 달성의 효과성과 능률성 등의 문제에 관심을 갖는 감사를 말한다.

과락 탈출 키워드

사회복지법제론

> 헌법 및 법체계, 사회복지 관련 법률에 관해 다루는 영역입니다.
> 최근 7년간 사회보장기본법, 사회복지사업법 및 사회보험, 공공부조법에서 많이 출제되고 있습니다.
> 사회복지 관련법의 제정연도, 특징 및 급여의 종류 등을 학습하여야 합니다.

176 (7년간 10번 출제)
사회복지법의 법원(法源)

- 사회복지법은 단일 법전 형식이 아니라 개별 법체계로 구성되어 있다.
- **성문법원**: '헌법 – 법률 – 시행령(명령) – 시행규칙(명령) – 조례(자치 입법) – 규칙(자치 입법)'이 있다.

참고 불문법원에는 관습법, 판례법, 조리 등이 있다.

- **법률**
  - '법률안 제안 → 심의·의결 → 이송 → 공포'의 과정을 거친다.
  - 정부가 법률안을 제출하고자 할 경우 국무회의의 심의를 거쳐 국무총리와 관계 국무위원의 부서를 받은 후, 대통령이 국회의장에게 제출한다.
  - 법률은 특별한 규정이 없는 한 공포한 날로부터 20일을 경과함으로써 효력이 발생한다.
  - 입법권은 국회에 속하며, 국회의원과 정부는 법률안을 제출할 수 있다.
- **명령**
  - 국회의 의결을 거치지 아니하고 행정기관이 단독으로 제정하는 것이다.
  - 시행령(대통령령): 대통령이 발하는 명령이다.
  - 시행규칙(총리령, 부령): 국무총리(총리령)와 행정 각부 장관(부령)이 발하는 명령이다.
- **자치법규**
  - 사회복지 조례는 지방정부에 대해 법적 구속력을 가진다.
  - 조례: 지방자치단체가 법령의 범위 내에서 지방의회의 의결을 거쳐 제정한다.
  - 규칙: 지방자치단체의 장이 법령 또는 조례가 위임한 범위 내에서 제정한다.

참고 우리나라 사회복지법령의 특징
- 생존권 보장은 사회복지법의 이념 중 하나이다.
- 헌법에 의하여 체결·공포된 사회복지 관련 조약은 사회복지법의 법원에 포함된다.

177 (7년간 6번 출제)
헌법에 나타난 사회복지

- 헌법 전문에는 사회복지와 관련된 내용이 있다.
- 모든 국민은 인간으로서의 존엄과 가치를 가지며 행복을 추구할 권리를 가진다. 국가는 개인이 가지는 불가침의 기본적 인권을 확인하고 이를 보장할 의무를 진다.
- **사회적 기본권**: 인간다운 생활권, 사회보장수급권, 교육권, 근로권, 노동3권, 환경권, 보건권

참고 헌법 제34조
① 모든 국민은 인간다운 생활을 할 권리를 가진다.
② 국가는 사회보장·사회복지의 증진에 노력할 의무를 진다.

③ 국가는 여자의 복지와 권익의 향상을 위하여 노력하여야 한다.
④ 국가는 노인과 청소년의 복지 향상을 위한 정책을 실시할 의무를 진다.
⑤ 신체장애자 및 질병·노령 기타의 사유로 생활 능력이 없는 국민은 법률이 정하는 바에 의하여 국가의 보호를 받는다.
⑥ 국가는 재해를 예방하고 그 위험으로부터 국민을 보호하기 위하여 노력하여야 한다.

178 한국의 사회복지법의 발달

7년간 8번 출제

- **연도별 사회복지 관련법**

연도	법률
1960년대	산업재해보상보험법(1963)
1970년대	사회복지사업법(1970)
1980년대	• 아동복지법, 노인복지법(1981) • 국민연금법(1986) • 장애인복지법(1989)
1990년대	• 영유아보육법(1991) • 고용보험법(1993) • 사회보장기본법(1995) • 가정폭력방지 및 피해자보호 등에 관한 법률(1997) • 국민기초생활 보장법, 국민건강보험법(1999)
2000년대	• 의료급여법(2001) • 청소년복지지원법(2004) • 긴급복지지원법(2005) • 노인장기요양보험법, 한부모가족지원법(2007) • 다문화가족지원법(2008)
2010년대	• 장애인연금법, 성폭력방지 및 피해자보호 등에 관한 법률(2010) • 기초연금법, 사회보장급여의 이용·제공 및 수급권자 발굴에 관한 법률(2014) • 정신건강증진 및 정신질환자 복지서비스 지원에 관한 법률(2016) • 아동수당법(2018)

- **연도별 폐지된 사회복지법과 신법**

연대	폐지된 법	신법
1960년대	• 아동복리법(1961) • 생활보호법(1961) • 사회보장에 관한 법률(1963) • 의료보험법(1963)	• 아동복지법(1981) • 국민기초생활 보장법(1999) • 사회보장기본법(1995) • 국민의료보험법(1997, 폐지)
1970년대	• 사립학교교원연금법(1973) • 국민복지연금법(1973) • 의료보호법(1977)	• 사립학교교직원연금법(2000) • 국민연금법(1986) • 의료급여법(2001)
1980년대	• 심신장애자복지법(1981) • 모자복지법(1989)	➡ • 장애인복지법(1989) • 모·부자복지법(2002, 폐지)
1990년대	• 정신보건법(1995) • 사회복지공동모금법(1997) • 국민의료보험법(1997)	• 정신건강증진 및 정신질환자 복지서비스지원에 관한 법률(2016) • 사회복지공동모금회법(1999) • 국민건강보험법(1999)
2000년대	• 모·부자복지법(2002) • 기초노령연금법(2007)	• 한부모가족지원법(2007) • 기초연금법(2014)

179 권리구제 〈7년간 1번 출제〉

- 사회보장기본법상 위법 또는 부당한 처분을 받거나 필요한 처분을 받지 못함으로써 권리 또는 이익을 침해받은 국민은 행정심판법에 따른 행정심판을 청구할 수 있다.
- **사회보험법의 권리구제**
  - 국민건강보험법

이의신청	심판청구
이의신청위원회(국민건강보험공단 또는 건강보험심사평가원)	건강보험분쟁조정위원회 (보건복지부)

  - 국민연금법, 산업재해보상보험법, 고용보험법, 노인장기요양보험법

구분	심사청구	재심사청구
국민연금법	국민연금심사위원회(국민연금공단) 또는 징수심사위원회 (국민건강보험공단)	국민연금재심사위원회 (보건복지부)
산업재해보상보험법	산업재해보상보험심사위원회 (근로복지공단)	산업재해보상보험재심사위원회 (고용노동부)
고용보험법	고용보험심사관 (고용노동부 소속 공무원)	고용보험심사위원회 (고용노동부)
노인장기요양보험법	장기요양심사위원회 (국민건강보험공단)	장기요양재심사위원회 (보건복지부)

  - 기초연금법, 장애인연금법: 처분에 대하여 이의가 있는 사람은 특별자치시장·특별자치도지사·시장·군수·구청장에게 이의신청을 할 수 있다.

180 사회보장기본법 〈7년간 21번 출제〉

- **사회보장제도**
  - 보편성, 형평성, 민주성, 효율성, 연계성, 전문성, 공공 책임성을 운영 원칙으로 한다.
  - 사회보장에 관한 기본계획을 5년마다 수립한다.
  - 보건복지부 장관은 사회보장제도의 안정적인 운영을 위하여 중장기 사회보장 재정추계를 3년 실시하고 이를 공표하여야 한다.
  - 사회보장 비용 부담은 각각의 사회보장제도의 목적에 따라 국가, 지방자치단체 및 민간부문 간에 합리적으로 조정되어야 한다.
- **사회보장수급권**
  - 모든 국민은 사회보장 관계 법령에서 정하는 바에 따라 사회보장급여를 받을 권리를 가진다.
  - 국가는 관계 법령에서 정하는 바에 따라 최저 보장 수준과 최저 임금을 매년 공표하여야 한다.
  - 다른 사람에게 양도하거나 담보로 제공할 수 없으며, 이를 압류할 수 없다.
  - 사회보장수급권은 제한되거나 정지될 수 없다.
  - 사회보장수급권은 서면으로 통지하여 포기할 수 있고, 포기는 취소할 수 있다.
- **비용의 부담**
  - 사회보험: 사용자, 피용자 및 자영업자, 국가가 그 비용의 일부를 부담한다.
  - 공공부조: 비용의 전부 또는 일부를 국가와 지방자치단체가 부담한다.

- **사회보장급여의 관리**: 사회보장수급권자 권리구제, 사회보장급여의 사각지대 발굴, 사회보장급여의 부정·오류 관리, 사회보장급여의 과·오지급액의 환수 등 관리
- **사회보장위원회**: 사회보장에 관한 주요 시책을 심의·조정하기 위하여 국무총리 소속으로 사회보장위원회를 두며, 위원회는 위원장 1명(국무총리), 부위원장 3명(기획재정부장관, 교육부장관, 보건복지부장관) 등이다. 관계 중앙행정기관의 장과 지방자치단체의 장은 위원회의 심의·조정 사항을 반영한다.

181 사회보장급여법
7년간 9번 출제

- **정의**

수급권자	사회보장급여를 제공받을 권리를 가진 사람을 말한다.
수급자	사회보장급여를 받고 있는 사람을 말한다.
지원대상자	사회보장급여를 필요로 하는 사람을 말한다.
보장기관	관계 법령 등에 따라 사회보장급여를 제공하는 국가기관과 지방자치단체를 말한다.

- **통합사례관리**: 통합사례관리를 실시하기 위하여 필요한 경우에는 특별자치시 및 시·군·구에 통합사례관리사를 둘 수 있다.
- **지역사회보장에 관한 계획의 수립**: 특별시장·광역시장·특별자치시장·도지사·특별자치도지사 및 시장·군수·구청장은 지역사회보장계획을 4년마다 수립한다.
- **시·도사회보장위원회**: 시·도지사는 시·도의 사회보장 증진을 위하여 시·도사회보장위원회를 둔다.
- **지역사회보장협의체**: 시장·군수·구청장은 지역의 사회보장을 증진하고 사회보장과 관련된 서비스를 제공하는 관계 기관·법인·단체·시설과 연계 및 협력을 강화하기 위하여 해당 시·군·구에 지역사회보장협의체를 둔다.
- **발굴조사의 실시**: 보장기관의 장은 지원대상자에 대한 발굴조사를 분기마다 정기적으로 실시하여야 한다.
- **수급자격의 조사**: 보장기관의 장은 사회보장급여의 신청을 받으면 지원대상자와 그 부양의무자(배우자와 1촌의 직계혈족 및 그 배우자)에 대하여 사회보장급여의 수급자격 확인을 위하여 다음의 자료 또는 정보를 제공받아 조사하고 처리할 수 있다.
    - 인적사항 및 가족관계 확인에 관한 사항
    - 소득·재산·근로능력 및 취업상태에 관한 사항
    - 사회보장급여 수급이력에 관한 사항
    - 그 밖에 수급권자를 선정하기 위하여 보장기관의 장이 필요하다고 인정하는 사항

182 사회복지사업법
7년간 23번 출제

- **주요 내용**

사회복지사	• 사회복지법인 또는 사회복지시설에 종사하는 사회복지사는 정기적으로 인권에 관한 내용이 포함된 보수교육을 받아야 한다. • 사회복지사 의무채용 제외시설: 노인여가복지시설(노인복지관 제외), 수화통역센터, 점자도서관, 점자도서 및 녹음서 출판시설, 어린이집, 성매매피해상담소, 정신요양시설 및 정신재활시설, 성폭력피해상담소
사회복지법인	• 사회복지법인의 설립은 시·도지사의 허가를 받아야 한다. • 사회복지법인은 대표이사를 포함한 이사 7명 이상과 감사 2명 이상을 두어야 하고, 이사 정수의 3분의 1 이상을 시·도사회보장위원회 또는 지역사회보장협의체에서 3배수로 추천한 사람 중에서 선임하여야 한다. • 이사의 임기는 3년으로 하고 감사의 임기는 2년으로 하며, 각각 연임할 수 있다. • 이사는 법인이 설치한 사회복지시설의 장을 제외한 그 시설의 직원을 겸할 수 없다. • 감사는 법인의 이사, 법인이 설치한 사회복지시설의 장 또는 그 직원을 겸할 수 없다.
사회복지시설	• 국가 또는 지방자치단체 외의 자가 시설을 설치·운영하려는 경우에는 시장·군수·구청장에게 신고하여야 한다. • 사회복지시설의 장은 상근하여야 한다. • 시·도지사의 해임명령에 따라 해임된 날부터 5년이 지나지 아니한 사람은 시설의 장이 될 수 없다. • 각 시설의 수용인원은 300명을 초과할 수 없다. 　참고　300명 초과인원 허용 시설: 노인복지법상 노인주거복지시설(양로시설, 노인복지주택), 노인의료복지시설(노인요양시설) 등

- 사회복지서비스를 필요로 하는 사람에 대한 사회복지서비스는 현물로 제공하는 것을 원칙으로 한다.
- 보건복지부장관은 사회복지서비스의 품질관리에 따른 평가를 위하여 평가기관을 설치·운영하거나, 평가의 전부 또는 일부를 관계 기관 또는 단체에 위탁할 수 있다.

183 국민연금법
7년간 4번 출제

- **급여의 종류**
  - 연금급여(매월 지급): 노령연금, 분할연금, 장애연금, 유족연금
    참고　분할연금: 혼인 기간이 5년 이상인 자가 배우자와 이혼하였고, 배우자였던 사람이 노령연금 수급권자이고 60세가 되면, 그때부터 그가 생존하는 동안 배우자였던 자의 노령연금을 분할한 일정한 금액의 연금을 받을 수 있다.
  - 일시금급여: 반환일시금, 사망일시금, 장애일시보상금
- **외국과의 사회보장협정**: 국민연금 이중 납부 방지 및 연금 혜택 확대를 위해 규정을 두고 있다.
- **가입자의 종류**: 사업장가입자, 지역가입자, 임의가입자 및 임의계속가입자
- **유족연금 수급권 소멸 사유**
  - 수급권자가 사망한 때
  - 배우자인 수급권자가 재혼한 때
  - 자녀나 손자녀인 수급권자가 파양된 때
  - 장애등급 2급 이상에 해당하지 아니한 자녀인 수급권자가 25세가 된 때 또는 장애등급 2급 이상에 해당하지 아니한 손자녀인 수급권자가 19세가 된 때

184 산업재해보상보험법
7년간 6번 출제

- **업무상 재해 인정 기준**

업무상 사고	• 근로자가 근로계약에 따른 업무나 그에 따르는 행위를 하던 중 발생한 사고 • 사업주가 제공한 시설물 등을 이용하던 중 그 시설물 등의 결함이나 관리소홀로 발생한 사고 • 사업주가 주관하거나 사업주의 지시에 따라 참여한 행사나 행사준비 중에 발생한 사고 • 휴게시간 중 사업주의 지배관리하에 있다고 볼 수 있는 행위로 발생한 사고 • 그 밖에 업무와 관련하여 발생한 사고
업무상 질병	• 업무수행 과정에서 물리적 인자, 화학물질, 분진, 병원체, 신체에 부담을 주는 업무 등 근로자의 건강에 장해를 일으킬 수 있는 요인을 취급하거나 그에 노출되어 발생한 질병 • 업무상 부상이 원인이 되어 발생한 질병 • 근로기준법에 따른 직장 내 괴롭힘, 고객의 폭언 등으로 인한 업무상 정신적 스트레스가 원인이 되어 발생한 질병 • 그 밖에 업무와 관련하여 발생한 질병
출퇴근 재해	• 사업주가 제공한 교통수단이나 그에 준하는 교통수단을 이용하는 등 사업주의 지배관리하에서 출퇴근하는 중 발생한 사고 • 그 밖에 통상적인 경로와 방법으로 출퇴근하는 중 발생한 사고

- **급여의 종류**: 요양급여, 휴업급여, 장해급여, 간병급여, 유족급여, 상병보상연금, 장례비, 직업재활급여

185 고용보험법
7년간 8번 출제

- **실업급여의 분류**

실업급여				
구직급여	취업촉진 수당			
	이주비	광역 구직활동비	직업능력개발수당	조기재취업 수당

- **자영업자의 실업급여 종류**: 구직급여, 취업촉진 수당(직업능력개발 수당, 광역 구직활동비, 이주비)이 있다. 다만, 연장급여(훈련연장급여, 개별연장급여, 특별연장급여)와 조기재취업 수당은 제외된다.
- 보험의 목적을 이루기 위하여 고용보험사업으로 고용안정·직업능력개발 사업, 실업급여, 육아휴직 급여 및 출산전후휴가 급여 등을 실시하며, 보험사업의 보험연도는 정부의 회계연도에 따른다.
- 국가는 매년 보험사업에 드는 비용의 일부를 일반회계에서 부담해야 하며, 매년 예산의 범위에서 보험사업의 관리·운영에 드는 비용을 부담할 수 있다.
- 고용노동부장관은 보험사업에 대하여 상시적, 체계적 평가를 하여야 한다.
- 피보험자는 이 법이 적용되는 사업에 고용된 날에 피보험자격을 취득한다.

186 국민건강보험법
7년간 6번 출제

- **요양기관**: 의료기관, 약국, 한국희귀·필수의약품센터, 보건소·보건의료원 및 보건지소, 보건진료소
- **가입자의 자격 상실 시기**

다음 날	사망한 날의 다음 날, 국적을 잃은 날의 다음 날, 국내에 거주하지 아니하게 된 날의 다음 날
당일	직장가입자의 피부양자가 된 날, 수급권자가 된 날, 건강보험을 적용받고 있던 사람이 유공자 등 의료보호대상자가 되어 건강보험의 적용배제신청을 한 날

- **외국인 등에 대한 특례**: 국내에 체류하는 재외국민 또는 외국인 중 요건이 갖춰진 자는 국민건강보험법의 혜택을 받는다.
- **건강보험가입자의 피부양자가 될 수 없는 자**
  - 의료급여법에 따라 의료급여를 받는 사람
  - 독립유공자예우에 관한 법률 및 국가유공자 등 예우 및 지원에 관한 법률에 따라 의료보호를 받는 사람

187 노인장기요양보험법 (7년간 6번 출제)

- **자격 및 대상, 요양등급**

자격	장기요양보험가입자 및 그 피부양자, 의료급여법에 따른 수급권자
대상	만 65세 이상의 노인 또는 만 65세 미만의 자로서 노인성 질병을 가진 자
요양등급	1~5등급, 인지지원등급

- **급여의 종류**

재가급여	방문요양, 방문목욕, 방문간호, 주·야간보호(하루 중 일정 시간 동안), 단기보호(일정 기간 내), 기타 재가급여(복지용구 등) 참고 단기보호 기간: 월 9일 이내이며 연 4회 연장 가능하다.
시설급여	장기요양기관에 장기간 입소한 수급자에게 신체활동 지원 및 심신 기능의 유지와 향상을 위한 교육과 훈련 등을 제공하는 장기요양급여
특별현금급여	가족요양비, 특례요양비, 요양병원간병비

- **장기요양급여 제공의 기본원칙**
  - 노인 등이 자신의 의사와 능력에 따라 최대한 자립적으로 일상생활을 수행할 수 있도록 제공하여야 한다.
  - 노인 등의 심신상태·생활환경과 노인 등 및 그 가족의 욕구·선택을 종합적으로 고려하여 필요한 범위 안에서 이를 적정하게 제공하여야 한다.
  - 노인 등이 가족과 함께 생활하면서 가정에서 장기요양을 받는 재가급여를 우선적으로 제공하여야 한다.
  - 노인 등의 심신상태나 건강 등이 악화되지 아니하도록 의료서비스와 연계하여 이를 제공하여야 한다.
  - 장기요양보험사업은 보건복지부장관이 관장한다. 장기요양보험사업의 보험자는 국민건강보험공단으로 한다.
- 국가와 지방자치단체는 장기요양요원의 권리를 보호하기 위하여 장기요양요원지원센터를 설치·운영할 수 있다.

188 국민기초생활 보장법 (7년간 12번 출제)

- **소득의 범위**: 근로소득, 사업소득, 재산소득, 이전소득
- **차상위계층**: 수급권자에 해당하지 아니하는 계층으로서 소득인정액이 기준 중위소득의 100분의 50 이하인 사람
- **기준 중위소득의 산정**: 통계청이 공표하는 통계자료의 가구 경상소득(근로소득, 사업소득, 재산소득, 이전소득을 합산한 소득)의 중간값에 최근 가구소득 평균 증가율, 가구규모에 따른 소득수준의 차이 등을 반영하여 가구 규모별로 산정한다.

- **소득인정액**: 개별가구의 소득평가액과 재산의 소득환산액을 합산한 금액이다.
- **급여의 종류**

생계급여	기준 중위소득 32% 이하의 가구가 그 대상으로, 부양의무자 기준이 조건부로 폐지되었다.
의료급여	기준 중위소득 40% 이하로, 2024년부터 부양의무자 가구 중 중증장애인이 있는 경우 미적용(단계적 완화 예정)
주거급여	기준 중위소득 48% 이하로, 부양의무자 기준이 폐지되었다. 국토교통부장관이 주관한다.
교육급여	기준 중위소득 50% 이하로, 부양의무자 기준이 폐지되었다. 교육부장관이 주관하며, 바우처로 지급한다.
해산급여	출산 시 1인당 70만 원이 지급되며, 교육급여만 받는 수급자는 제외된다.
장제급여	사망 시 1구당 80만 원이 지급되며, 교육급여만 받는 수급자는 제외된다.
자활급여	근로능력이 있는 수급자의 자활을 돕기 위한 급여이며, 차상위자에게 지급하는 급여는 자활급여로 한다.

189 의료급여법 (7년간 3번 출제)

- **1종 수급권자와 2종 수급권자**

1종 수급권자	• 국민기초생활 보장법에 따른 의료급여 수급자 중 다음 어느 하나에 해당하는 사람만으로 구성된 세대의 구성원 - 18세 미만인 사람, 65세 이상인 사람 - 중증장애인 - 질병, 부상 또는 그 후유증으로 치료나 요양이 필요한 사람 중에서 근로능력 평가를 통하여 특별자치시장·특별자치도지사·시장·군수·구청장이 근로능력이 없다고 판정한 사람 - 근로가 곤란하다고 보건복지부장관이 정하는 사람 - 임신 중에 있거나 분만 후 6개월 미만의 여자 - 병역 의무를 이행 중인 사람 - 국민기초생활 보장법에 따른 보장시설에서 급여를 받고 있는 자 - 결핵질환, 희귀난치성질환 또는 중증질환을 가진 사람 • 타법 적용자: 이재민, 의사상자, 입양아동(18세 미만), 독립유공자, 국가유공자, 국가무형문화재의 보유자, 북한이탈주민, 5·18민주화운동 관련자, 노숙인 등 • 행려환자 • 보건복지부장관이 1종 의료급여가 필요하다고 인정하는 사람
2종 수급권자	• 국민기초생활 보장법에 따른 의료급여 수급자 중 1종 수급권자가 아닌 사람 • 보건복지부장관이 2종 의료급여가 필요하다고 인정하는 사람

190 긴급복지지원법 (7년간 4번 출제)

- 타법 우선의 원칙에 따라 다른 법률에서 지원을 받고 있다면 긴급복지지원법에서 지원하지 않는다.
- **지원의 종류**: 생계지원, 의료지원, 주거지원, 사회복지시설이용지원, 교육지원, 그 밖의 지원
- **기본원칙**: 선지원 후처리, 단기 지원, 타법상 지원 우선, 가구단위 지원

> **참고** 긴급지원대상자 신고의무자
> - 의료기관의 종사자
> - 교원, 직원, 산학겸임교사, 강사
> - 사회복지시설의 종사자
> - 공무원
> - 장애인활동지원기관의 장 및 그 종사자와 활동지원인력
> - 학원의 운영자·강사·직원 및 교습소의 교습자·직원
> - 건강가정지원센터의 장과 그 종사자
> - 청소년시설 및 청소년단체의 장과 그 종사자
> - 청소년 보호·재활센터의 장과 그 종사자
> - 평생교육기관의 장과 그 종사자
> - 그 밖에 긴급지원대상자를 발견할 수 있는 자로서 보건복지부령으로 정하는 자

191 기초연금법 (7년간 6번 출제)

- **수급권자의 범위**: 65세 이상인 사람으로서 소득인정액이 보건복지부장관이 정하여 고시하는 금액(선정기준액) 이하인 사람이다.
- **선정기준액**: 보건복지부장관은 선정기준액을 정하는 경우 65세 이상인 사람 중 기초연금 수급자가 100분의 70 수준이 되도록 한다.
- **소멸 시효**: 기초연금 수급권자의 권리는 5년간 행사하지 아니하면 시효의 완성으로 소멸한다.
- **기초연금액의 적정성 평가**: 보건복지부장관은 5년마다 기초연금액의 적정성을 평가하고 그 결과를 반영하여 기준연금액을 조정하여야 한다.
- **기초연금액의 감액**: 본인과 그 배우자가 모두 기초연금 수급권자인 경우에는 각각의 기초연금액에서 기초연금액의 100분의 20에 해당하는 금액을 감액한다.
- **지급 시기**: 기초연금의 지급을 신청한 날이 속하는 달부터 기초연금 수급권을 상실한 날이 속하는 달까지 매월 정기적으로 기초연금을 지급한다.
- **수급권 상실**
  - 기초연금 수급권자가 사망한 때
  - 국적을 상실하거나 국외로 이주한 때

192 장애인복지법 (7년간 5번 출제)

- 보건복지부장관은 5년마다 장애인정책종합계획을 수립·시행하여야 한다.
- **장애인 등록**
  - 장애인, 법정대리인, 보호자는 특별자치시장·특별자치도지사·시장·군수 또는 구청장에게 등록하여야 한다.
  - 재외동포 및 외국인 중 국내거소신고를 한 사람, 재외국민으로 주민등록을 한 사람, 외국인등록을 한 사람으로서 대한민국에 영주할 수 있는 체류자격을 가진 사람, 결혼이민자, 난민인정자는 장애인 등록을 할 수 있다.
- **장애인복지 전문인력**: 의지·보조기 기사, 언어재활사, 장애인재활상담사, 한국수어 통역사, 점역·교정사
- 장애인을 성희롱·성폭행하는 행위는 금지행위 중 처벌 수위가 가장 높다.

193 노인복지법
7년간 5번 출제

- **노인복지시설**: 노인주거복지시설(양로시설, 노인공동생활가정, 노인복지주택), 노인의료복지시설(노인요양시설, 노인요양공동생활가정), 노인여가복지시설(노인복지관, 경로당, 노인교실), 재가노인복지시설, 노인보호전문기관, 노인일자리지원기관, 학대피해노인 전용쉼터
- 누구든지 노인학대를 알게 된 때에는 노인보호전문기관 또는 수사기관에 신고할 수 있다.
- 노인의 신체에 폭행을 가하거나 상해를 입히는 행위는 금지행위 중 처벌 수위가 가장 높다.

194 아동복지법
7년간 7번 출제

- 정의

아동	18세 미만인 사람을 말한다.
보호자	친권자, 후견인, 아동을 보호·양육·교육하거나 그러한 의무가 있는 자 또는 업무·고용 등의 관계로 사실상 아동을 보호·감독하는 자를 말한다.
보호대상아동	보호자가 없거나 보호자로부터 이탈된 아동 또는 보호자가 아동을 학대하는 경우 등 그 보호자가 아동을 양육하기에 적당하지 아니하거나 양육할 능력이 없는 경우의 아동을 말한다.
지원대상아동	아동이 조화롭고 건강하게 성장하는 데에 필요한 기초적인 조건이 갖추어지지 아니하여 사회적·경제적·정서적 지원이 필요한 아동을 말한다.

- **아동정책조정위원회, 아동복지심의위원회**
  - 아동정책조정위원회(심의·조정): 아동의 권리증진과 건강한 출생 및 성장을 위하여 종합적인 아동정책을 수립하고 관계 부처의 의견을 조정하며 그 정책의 이행을 감독하고 평가하기 위하여 국무총리 소속으로 아동정책조정위원회를 둔다.
  - 아동복지심의위원회(심의): 시·도지사, 시장·군수·구청장은 그 소속으로 아동복지심의위원회를 각각 둔다.
- **아동권리보장원, 아동보호전문기관**
  - 아동권리보장원: 보건복지부장관은 아동정책에 대한 종합적인 수행과 아동복지 관련 사업의 효과적인 추진을 위하여 필요한 정책의 수립을 지원하고 사업평가 등의 업무를 수행할 수 있도록 아동권리보장원을 설립한다.
  - 아동보호전문기관: 지방자치단체는 학대받은 아동의 치료, 아동학대의 재발 방지 등 사례관리 및 아동학대예방을 담당하는 아동보호전문기관을 시·도 및 시·군·구에 1개소 이상 두어야 한다. 보건복지부장관은 업무실적에 대하여 3년마다 성과평가를 실시하여야 한다.
- **다함께돌봄센터, 지역아동센터**
  - 다함께돌봄센터: 시·도지사 및 시장·군수·구청장은 초등학교의 정규교육 이외의 시간 동안 방과 후 돌봄서비스를 실시하기 위하여 다함께돌봄센터를 설치·운영할 수 있다.
  - 지역아동센터: 지역사회 아동의 보호·교육, 건전한 놀이와 오락의 제공, 보호자와 지역사회의 연계 등 아동의 건전육성을 위하여 종합적인 아동복지서비스를 제공하는 시설이다.

> **참고** 다함께돌봄센터의 방과 후 돌봄서비스
> - 아동의 안전한 보호
> - 안전하고 균형 있는 급식 및 간식의 제공
> - 등·하교 전후, 야간 또는 긴급상황 발생 시 돌봄서비스 제공
> - 체험활동 등 교육·문화·예술·체육 프로그램의 연계·제공
> - 돌봄 상담, 관련 정보의 제공 및 서비스의 연계
> - 그 밖에 보건복지부령으로 정하는 방과 후 돌봄서비스의 제공

195 한부모가족지원법, 다문화가족지원법 (7년간 7번 출제)

■ **한부모가족지원법**
- **청소년 한부모**: 24세 이하의 모 또는 부를 말한다.
- 미혼인 자로서 출산 전 임산부와 출산 후 해당 아동을 양육하지 않는 '모'가 출산지원시설을 이용할 때에는 이 법에 따른 지원대상자가 된다.
- **모 또는 부에 해당하는 자**
  - 배우자와 사별 또는 이혼하거나 배우자로부터 유기된 자
  - 정신이나 신체의 장애로 장기간 노동 능력을 상실한 배우자를 가진 자
  - 교정시설·치료감호시설에 입소한 배우자 또는 병역복무 중인 배우자를 가진 자
  - 미혼자(사실혼 관계에 있는 자는 제외)
- **지원대상자 아동의 범위**: 18세 미만(취학 중인 경우에는 22세 미만)
- **한부모가족지원시설**: 출산지원시설, 양육지원시설, 생활지원시설, 일시지원시설, 한부모가족복지상담소

■ **다문화가족지원법**
- **다문화가족**
  - 결혼이민자와 대한민국 국적을 취득한 자로 이루어진 가족
  - 2명 이상의 대한민국 국적을 취득한 자로 이루어진 가족
- 다국어에 의한 서비스 제공의 규정이 마련되어 있다.
- 여성가족부장관은 3년마다 다문화가족에 대한 실태조사를 실시하고 그 결과를 공표하여야 한다.

196 가정폭력방지법, 성폭력방지법 (7년간 6번 출제)

■ **가정폭력방지 및 피해자보호 등에 관한 법률**
- **시설의 종류**: 단기보호시설(6개월이 원칙, 3개월의 범위에서 두 차례 연장 가능), 장기보호시설(2년의 범위), 외국인보호시설(2년의 범위), 장애인보호시설(2년의 범위)
- 국가나 지방자치단체는 보호시설을 설치·운영할 수 있다.
- 사회복지법인과 그 밖의 비영리법인은 시장·군수·구청장의 인가를 받아 보호시설을 설치·운영할 수 있다.
- 국가나 지방자치단체는 가정폭력 관련 상담소나 보호시설의 설치·운영에 드는 경비의 일부를 보조할 수 있다.

■ **성폭력방지 및 피해자보호 등에 관한 법률**
- **상담소의 설치·운영**: 국가 또는 지방자치단체 외의 자가 상담소를 설치·운영하려면 특별자치시장·특별자치도지사 또는 시장·군수·구청장에게 신고하여야 한다.

- **보호시설의 설치·운영**: 사회복지사업법에 따른 사회복지법인이나 그 밖의 비영리법인은 특별자치시장·특별자치도지사 또는 시장·군수·구청장의 인가를 받아야 한다.
- **보호시설의 종류**: 일반보호시설, 장애인보호시설, 특별지원 보호시설, 외국인보호시설, 자립지원 공동생활시설, 장애인 자립지원 공동생활시설

197 사회복지공동모금회법, 자원봉사활동 기본법 〔7년간 7번 출제〕

■ 사회복지공동모금회법
- **재원**: 사회복지공동모금에 의한 기부금품, 법인이나 단체가 출연하는 현금·물품 또는 그 밖의 재산, 복권 및 복권기금법에 따라 배분받은 복권수익금, 그 밖의 수입금
- **배분기준**: 공동모금재원의 배분대상, 배분한도액, 배분신청기간 및 배분신청서 제출 장소, 배분심사기준, 배분재원의 과부족 시 조정방법, 배분신청 시 제출할 서류, 그 밖에 공동모금재원의 배분에 필요한 사항

■ 자원봉사활동 기본법상 자원봉사활동의 원칙
무보수성, 자발성, 공익성, 비영리성, 비정파성(非政派性), 비종파성(非宗派性)

198 정신건강복지법, 건강가정기본법 〔7년간 2번 출제〕

■ 정신건강증진 및 정신질환자 복지서비스 지원에 관한 법률
- 정의

정신건강증진사업	정신건강 관련 교육·상담, 정신질환의 예방·치료, 정신질환자의 재활, 정신건강에 영향을 미치는 사회복지·교육·주거·근로 환경의 개선 등을 통하여 국민의 정신건강을 증진시키는 사업을 말한다.
정신건강복지센터	정신건강증진시설, 사회복지사업법에 따른 사회복지시설, 학교 및 사업장과 연계체계를 구축하여 지역사회에서의 정신건강증진사업 및 정신질환자 복지서비스 지원사업을 하는 기관 또는 단체를 말한다.
정신건강증진시설	정신의료기관, 정신요양시설 및 정신재활시설을 말한다.

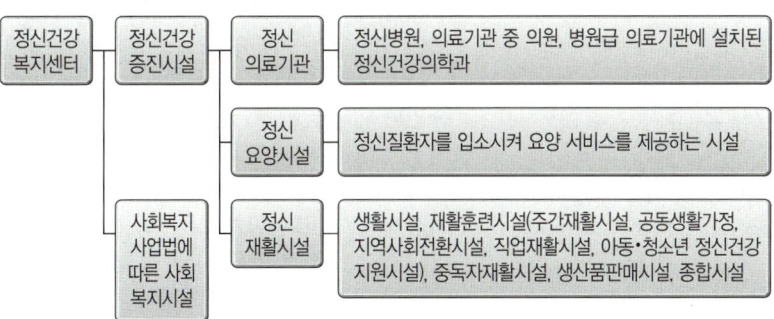

- 민법에 따른 후견인 또는 부양의무자는 정신질환자의 보호의무자가 된다.
- 정신건강전문요원은 그 전문분야에 따라 정신건강 간호사, 정신건강 사회복지사, 정신건강 임상심리사, 정신건강 작업치료사로 구분한다.

■ 건강가정기본법상 정의

가족	혼인·혈연·입양으로 이루어진 사회의 기본단위이다.
가정	가족구성원이 생계 또는 주거를 함께 하는 생활공동체로서 구성원의 일상적인 부양·양육·보호·교육 등이 이루어지는 생활단위이다.
1인 가구	1명이 단독으로 생계를 유지하고 있는 생활단위이다.
건강가정	가족구성원의 욕구가 충족되고 인간다운 삶이 보장되는 가정이다.
건강가정사업	건강가정을 저해하는 문제의 발생을 예방하고 해결하기 위한 여러 가지 조치와 가족의 부양·양육·보호·교육 등의 가정기능을 강화하기 위한 사업이다.

199 판례 (7년간 3번 출제)

■ 주요 헌법재판소 결정
- 국민연금제도는 현재 세대에서 다음 세대로 국민 간에 소득 재분배의 기능을 한다.
- 국민연금보험료는 조세로 볼 수 없다.
- 국민연금의 소득 재분배 기능은 고소득자의 재산권을 침해하는 것이 아니다.
- 국민연금제도는 헌법상의 시장 경제 질서에 위배되지 않는다.
- 공적연금 수급권은 재산권 보호의 대상이 된다.
- 국민연금법상 연금보험료의 강제징수는 헌법상 재산권 보장에 위배되지 않는다.
- 국민건강보험료 체납으로 인하여 보험급여가 제한되는 기간 중에 발생한 보험료에 대한 강제징수는 건강보험가입자의 재산권을 침해한다고 볼 수 없다.
- 국민기초생활 보장법령상 수급자 등의 금융자산을 확인할 수 있는 자료의 제출요구는 급여 신청자의 평등권을 침해한다고 볼 수 없다.
- 60세 이상의 국민에 대한 국민연금제도 가입을 제한하는 것은 헌법상의 인간다운 생활을 할 권리를 침해하는 것이라고 볼 수 없다.
- 사회복지사업법의 규정 내용 중 사회복지법인의 재산을 기본재산과 보통재산으로 구분하도록 한 것은 명확성의 원칙에 위반되지 않는다.
- 기업의 경제상 자유는 공공복리를 위해 법률로 제한할 수 있다.
- 국가는 경제 주체 간의 조화를 통한 경제민주화를 위해 규제와 조정을 할 수 있다.
- 장애인고용부담금제도는 장애인고용의무제의 실효성을 확보하는 수단이므로 입법목적의 정당성이 인정된다.
- 장애인고용부담금제도는 그 자체가 고용의무를 성실히 이행하는 사업주와 그렇지 않는 사업주 간의 경제적 부담의 불균형을 조정하는 기능을 하기 때문에 고용부담금제도 자체의 차별성은 문제가 되지 않는다.

■ 대법원 판례 중 의족 파손에 따른 요양급여 청구사건
- 업무상 재해로 인한 부상의 대상인 신체를 반드시 생래적(생물학적) 신체에 한정할 필요는 없다.
- 근로자가 착용 중인 의족 또는 의수 등의 신체 탈부착 여부를 기준으로 요양급여 대상을 가르는 것이 합리적이라 할 수 없다.
- 업무상의 사유로 근로자가 장착한 의족이 파손된 경우는 산업재해보상보험법상 요양급여의 대상인 근로자의 부상에 포함된다.

200 사회복지서비스법 관련 실태조사 주기 및 기념일

7년간 5번 출제

■ 사회복지 관련법의 기본계획·종합계획 수립 주기

3년마다	• 기초생활보장계획(국민기초생활 보장법) • 협동조합기본계획(협동조합기본법)
4년마다	지역사회보장계획(사회보장급여법)
5년마다	사회복지 관련법의 기본계획·종합계획

■ 사회복지관련법의 실태조사 주기

2년마다	• 청년 실태조사(청년기본법) • 협동조합 실태조사(협동조합기본법)
3년마다	• 노인 실태조사(노인복지법) • 보육 실태조사(영유아보육법) • 성폭력 실태조사(성폭력방지법) • 성매매 실태조사(성매매방지법) • 가족 실태조사(건강가정기본법) • 장애인 실태조사(장애인복지법) • 한부모가족 실태조사(한부모가족법) • 다문화가족 실태조사(다문화가족법) • 가정폭력 실태조사(가정폭력방지법) • 사회보장급여 부정수급 실태조사(사회보장급여법) • 아동종합 실태조사, 자립지원 실태조사(아동복지법) • 장애아동·가족의 복지지원 실태조사(장애아동복지지원법) • 발달장애인과 그 가족의 실태조사(발달장애인권리보장 및 지원법)
5년마다	• 자살 실태조사(자살예방법) • 노숙인 실태조사(노숙인자립지원법) • 정신질환자 실태조사(정신건강복지법)

■ 사회복지 관련 기념일
- **장애인복지법상의 장애인의 날**: 4월 20일
- **한부모가족지원법상의 한부모가족의 날**: 5월 10일
- **건강가정기본법상의 가정의 날**: 5월 15일
- **노인복지법상의 노인학대예방의 날**: 6월 15일
- **사회복지사업법상의 사회복지의 날**: 9월 7일
- **자살예방 및 생명존중문화 조성을 위한 법률상의 자살예방의 날**: 9월 10일
- **노인복지법상의 노인의 날**: 10월 2일
- **정신건강증진법상의 정신건강의 날**: 10월 10일
- **아동복지법상의 아동학대예방의 날**: 11월 19일

■ 사회복지관련 연령 기준
- **영유아보육법상 영유아**: 7세 이하의 취학 전 아동
- **청소년보호법상 청소년**: 만 19세 미만인 사람
- **청소년기본법상 청소년**: 9세 이상 24세 이하인 사람
- **청년기본법상 청년**: 19세 이상 34세 이하인 사람
- **소년법상 소년**: 19세 미만인 자
- **한부모가족지원법상 아동**: 18세 미만(취학 중인 경우 22세 미만, 병역의무를 이행하고 취학 중인 경우에는 병역의무를 이행한 기간을 가산한 연령 미만)의 자

PART IV

실력을 진단하는
정답과 해설

단원별 기출문제	CHAPTER 1	인간행동과 사회환경
	CHAPTER 2	사회복지조사론
	CHAPTER 3	사회복지실천론
	CHAPTER 4	사회복지실천기술론
	CHAPTER 5	지역사회복지론
	CHAPTER 6	사회복지정책론
	CHAPTER 7	사회복지행정론
	CHAPTER 8	사회복지법제론

최신기출 모의고사	1교시	사회복지기초
	2교시	사회복지실천
	3교시	사회복지정책과 제도

정답 & 해설

PART I 단원별 기출문제

CHAPTER 1 | 인간행동과 사회환경

UNIT 01 인간 발달의 기초

001	③	002	③	003	②	004	⑤	005	①
006	②	007	①	008	④	009	①	010	②
011	①	012	②	013	①	014	⑤	015	④
016	⑤								

001 ▶ ③

| 오답 해설 |
① 발달에는 개인차가 존재하므로 최적의 시기(결정적 시기)가 존재한다.
② 발달은 일정한 순서와 방향성을 가지고 진행되므로 예측이 가능하다.
④ 발달은 상부에서 하부, 대근육에서 소근육, 중심부위에서 말초부위로 진행된다.
⑤ 성숙에 관한 설명이다. 성장은 시간의 흐름에 따른 신체나 지적 능력의 양적 증가를 포함한다.

002 ▶ ③

| 오답 해설 |
① 유아기(3~6세)에 해당하는 특징이다. 영아기(0~2세)에는 애착관계가 형성되는 특징이 있다.
② 영아기(0~2세)에 해당하는 특징이다. 아동기(7~12세)에는 보존개념 확립, 분류화, 서열화, 조합기술 획득 등의 특징이 있다.
④ 노년기(65세 이상)에 해당하는 특징이다. 중년기(40~64세)에는 결정성 지능의 발달, 개성화 등의 특징이 있다.
⑤ 청년기(20~35세)에 해당하는 특징이다. 노년기(65세 이상)에는 노화로 인한 변화가 발생하는 특징이 있다.

003 ▶ ②

| 정답 해설 |
② 인간 발달은 멈추지 않고 지속적으로 일생에 걸쳐 이루어지며, 일정한 순서와 방향성을 가지고 발달하기 때문에 예측이 가능하다.

004 ▶ ⑤

| 정답 해설 |
⑤ ㉠ 성장은 키나 몸무게 등의 수치 증가와 같은 양적 변화를 의미하며, 지적 능력의 증가(인지의 확장) 역시 성장에 포함된다.
㉡ 성숙은 경험이나 훈련과 무관하게 유전 인자가 지닌 정보에 따라 나타나는 변화를 의미한다.
㉢ 학습은 직·간접 경험 및 훈련과정의 산물로 나타나는 개인의 내적 변화를 의미한다.

005 ▶ ①

| 정답 해설 |
① 인간 발달은 유전적 요인과 환경적 요인이 상호작용하며 이루어지므로 어느 하나의 요인을 더 중요시하지는 않는다.

006 ▶ ②

| 정답 해설 |
② 인간 발달에는 신체 및 심리 발달이 이루어지는 결정적 시기가 있다.

| 오답 해설 |
①, ⑤ 발달은 정해진 순서와 방향성을 가지고 일정하게 진행되므로 예측이 가능하지만, 발달 속도에는 개인차가 있다.
> 참고 한 개인의 일생에서도 발달의 속도는 일정하지 않습니다. (예 제1차 성장 급등기, 제2차 성장 급등기)
③ 인간 발달은 변화적 속성보다 안정적 속성이 강하게 나타난다.
④ 발달은 상부에서 하부로, 중심 부위에서 말초 부위로 진행된다.

007 ▶ ①

| 정답 해설 |

① 동갑 친구들 간에도 신체 노화의 정도에 차이가 있는 점으로 미루어 보아 발달에는 개인차가 있음을 알 수 있다.

참고 발달은 상승적 변화뿐만 아니라 노화와 같은 퇴행적(하강적) 변화도 포함하는 개념입니다.

008 ▶ ④

| 오답 해설 |

ⓒ 생산성은 중년기에, 서열화는 아동기에 획득한다. 청소년기의 주요 발달과업에는 자아정체감 형성, 체계적·조합적 사고, 가설-연역적 추론 등이 있다.

009 ▶ ①

| 정답 해설 |

① 인간 발달에는 신체 및 심리 발달이 이루어지는 최적의 시기(결정적 시기)가 있다.

010 ▶ ②

| 정답 해설 |

② 사회화에 관한 설명이다. 성숙은 유전 인자가 지니고 있는 정보에 따른 변화를 말한다.

011 ▶ ①

| 정답 해설 |

① 인간 발달은 태내기부터 죽음에 이르는 시점까지 전 생애에 걸쳐 이루어지는 과정이다.

012 ▶ ②

| 오답 해설 |

① 긍정적·상승적 변화뿐만 아니라 부정적·퇴행적 변화도 발달로 본다.
③ 환경과 유전적 요인에 따라 발생하는 개인차는 인간 발달에 큰 영향을 미친다.
④ 키·몸무게 등의 양적 변화와 인지특성·정서 등의 질적 변화를 모두 포함하는 개념이다.
⑤ 각 발달 단계에서의 발달 속도는 일정하지 않다.

013 ▶ ②

| 오답 해설 |

① 인간 발달단계마다, 특히 영아기부터 노년기까지는 수행해야 할 역할이나 해결해야 할 중요한 과업이 있기 때문에, 인간 발달이론은 사회복지실천의 모든 단계에서 유용하다.
③ 인간 발달이론은 클라이언트를 둘러싼 환경의 영향력을 평가할 수 있다.
④ 개인의 신체적·심리적·사회적 영역과 사회환경이 상호작용하며 인간 발달이 이루어지므로 특정 요인을 더 중시하지 않는다.
⑤ 발달과업은 사회에서 요구하는 각 연령에 따른 사회·정서발달을 제시하기 때문에 획일적이지 않다.

014 ▶ ⑤

| 정답 해설 |

⑤ 인간의 성격은 심리역동적 측면이 있으면서도 연속성과 일관성을 보인다. 이를 통해 사회복지사는 클라이언트의 이상행동 또는 부적응 행동을 확인하고 문제행동에 개입할 수 있다.

015 ▶ ④

| 정답 해설 |

④ 인간 발달이론은 전 생애에 걸쳐 연속적으로 발달이 이루어진다는 점에 바탕을 두고 발달단계에 따른 신체, 심리, 사회적 기능을 통합하여 이해할 수 있도록 도움을 준다.

016 ▶ ⑤

| 정답 해설 |

⑤ 인간 발달단계마다, 특히 영아기부터 노년기까지는 수행해야 할 역할이나 해결해야 할 중요한 과업이 있기 때문에, 인간 발달이론은 사회복지실천의 모든 단계에서 유용하다.

UNIT 02 정신역동이론

017	④	018	①	019	①	020	①	021	⑤
022	①	023	①	024	③	025	⑤	026	④
027	③	028	①	029	③	030	③	031	⑤
032	①	033	①	034	⑤	035	③	036	⑤
037	②	038	④	039	⑤	040	②	041	⑤
042	⑤	043	①	044	④	045	⑤	046	①
047	③	048	④						

017 ▶ ④

| 오답 해설 |

① 인본주의이론의 대표적인 학자는 매슬로우(욕구이론)와 로저스(현상학이론)이다. 융은 분석심리이론을 주장한 학자이며, 동화는 피아제의 인지발달이론의 주요 개념이다.
② 정신분석이론의 대표적인 학자는 프로이트이다. 매슬로우는 욕구이론을 주장한 학자이며, 열등감은 아들러의 개인심리이론의 주요개념이다.
③ 결핍동기는 매슬로우가 주장한 욕구(계층)이론의 주요 개념으로, 1단계 생리적 욕구에서 4단계 자기존중의 욕구 영역에 해당한다.
⑤ 분석심리이론의 대표적 학자인 융은 아니마·아니무스 등에 대한 주요 개념을 제시하였고, 로저스는 현상학이론을 주장한 학자이다.

018 ▶ ①

| 정답 해설 |

① 분석심리이론으로 원형, 집단무의식을 제시한 학자는 융이다. 에릭슨은 심리사회이론을 통해 각 발달단계별로 경험하는 심리사회적 갈등 혹은 위기를 해결하는 과정에서 획득하는 긍정적인 특질 및 능력을 제시하였다.

019 ▶ ①

| 오답 해설 |

② 프로이트는 정신분석이론에서 꿈의 분석, 전이, 저항, 자유연상, 해석, 훈습을 주요 기법으로 제시하였다.
③ 피아제는 인지발달이론에서 정서적 안정, 반복 학습 기법을 제시하였다.
④ 매슬로우는 욕구(계층)이론에서 욕구 충족 지원을 주요 기법으로 제시하였다.
⑤ 융은 분석심리이론에서 단어 연상 검사, 재구성 기법을 주요 기법으로 제시하였다.

020 ▶ ①

| 정답 해설 |

① 아들러의 개인심리이론은 인간을 총체적이고 사회적인 존재로 보면서, 인간을 하나의 통합된 유기체로 인식하는 데 공헌하였다.

> 참고 통합된 유기체는 로저스가 주장한 현상학이론의 주요 개념이기도 합니다.

| 오답 해설 |

② 피아제의 인지발달이론은 각 발달단계에 도달하는 개인 간 연령의 차이는 있을 수 있지만, 발달단계의 순서는 모든 문화에서 동일하게 나타난다고 보았다.
③ 인간의 행동은 타인의 행동을 관찰하고 모방함으로써 학습된다고 보아 모방학습의 중요성을 인식하는 데 공헌한 것은 반두라의 사회학습이론이다. 프로이트의 이론은 방어기제와 본능의 중요성을 인식하는 데 공헌하였다.
④ 스키너의 이론은 인간행동이 내적 동기보다는 외적 자극(환경적 자극)에 의해 강화된다고 보았다.
⑤ 클라이언트의 생애 발달단계를 파악하고 평가하는 데 공헌한 학자는 프로이트, 에릭슨 등이다. 로저스의 현상학이론은 구체적인 생애 발달단계를 제시하지는 않았다.

021 ▶ ⑤

| 오답 해설 |

①, ② 행동조성, 타임아웃은 스키너가 제시한 기법이다.
③ 모델링은 반두라가 제시한 기법이다.
④ 가족조각은 사티어가 제시한 기법이다.

022 ▶ ①

| 정답 해설 |

① 피아제의 인지발달이론에 관한 설명이다. 스키너 이론은 자율적 인간이란 존재할 수 없다는 전제하에 인간의 행동결정요인은 내적 자극보다 외적 자극에 의해 동기화되기 때문에 환경이 중요하다고 보았다.

023 ▶ ①

| 오답 해설 |

ⓛ 비합리적인 신념은 엘리스가 합리적 정서치료에서 제시한 개념이다. 벡은 인간의 사고과정을 자동적 사고, 스키마(도식), 인지적 오류(체계적 오류, 왜곡)로 구분하는 인지치료를 주장하였다.
ⓒ 행동조성은 스키너가 행동주의이론에서 제시한 개념이다. 반두라는 사회학습이론을 주장하면서 자기강화, 자기효율성(자기효능감) 등의 개념을 제시하였다.
ⓔ 집단무의식은 융이 분석심리이론에서 제시한 개념이다. 아들러는 개인심리이론을 주장하면서 열등감과 보상, 우월성, 생활 양식 등의 개념을 제시하였다.

024 ▶ ③

| 정답 해설 |

③ 방어기제 중 신체화에 대한 설명이다. 내면화는 투입이라고도 하며, 외부의 대상을 자기 내면의 자아체계로 받아들이는 방어기제이다.

025 ▶ ⑤

| 정답 해설 |

⑤ 취소에 관한 설명이다. 해리는 의식 세계에서 받아들이기 힘든 성격의 일부가 자아의 지배를 벗어나 하나의 독립된 기능을 수행하는 것으로, '지킬 박사와 하이드'가 대표적인 예다.

026 ▶ ④

| 오답 해설 |

㉠ 프로이트에 따르면 받아들여지지 않는 무의식의 충동이 의식으로 표출되려는 위협에 대해 자아가 방어 체제를 갖추는 과정에서 불안이 일어나게 된다. 즉 불안은 공포상태로서, 위급한 상황이 아닌 사회적·도덕적으로 용납되지 않는 갈등상태에서 발생하는 부정적 감정을 의미한다.

관/련/개/념

프로이트가 제시한 불안의 종류

현실적 불안	자아가 우리 주변의 실재적 위험에 대해 느끼는 두려움이다.
신경증적 불안	자아와 원초아의 갈등으로 발생하는 불안으로, 본인의 욕망을 표현했을 때 받게 될 처벌에 대한 무의식적 두려움이다.
도덕적 불안	도덕적 규칙에 위배되는 등의 행위에 대한 죄책감으로 나타나는 불안으로, 자아가 초자아로부터의 처벌을 예감할 때 발생하는 두려움이다.

027 ▶ ③

| 정답 해설 |

③ 투사는 관계망상이나 피해망상의 주요 기제로, 용납할 수 없는 자신의 충동, 생각 등을 무의식적으로 다른 사람의 것이라고 믿는 것이다.

| 오답 해설 |

① 전치는 어떤 대상에 대한 생각이나 감정을 덜 위험하거나 편안한 대상에게 표출하는 것이다.
② 억압은 의식에서 용납하기 어려운 생각, 욕망, 충동 등이 무의식 속에 머물도록 눌러 놓는 것이다.
④ 합리화는 자신의 불합리한 충동이나 욕구, 행동에 사회적으로 그럴듯한 설명이나 이유를 붙이는 것이다.
⑤ 반동 형성은 무의식 속의 받아들일 수 없는 생각, 욕구, 충동 등을 정반대의 것으로 표현하는 것이다. 즉, 겉으로 드러나는 태도나 언행이 마음속의 생각과 정반대로 나타나는 방어 기제이다.

028 ▶ ①

| 오답 해설 |

② 구강기에 관한 설명이다. 이 시기 유아는 이유(離乳) 과정에서 욕구불만을 느끼고 양육자에게 양가감정을 가진다.
  참고 이유란 젖먹이에게 젖을 그만 먹게 하는 것을 뜻합니다.
③, ⑤ 항문기에 관한 설명이다.
④ 남근기에 관한 설명이다.

029 ▶ ③

| 오답 해설 |

㉠ 원초아는 일차적 사고과정과 쾌락원칙에 지배되고, 자아는 이차적 사고과정과 현실원칙에 지배된다.
㉢ 신경증적 불안은 자아와 원초아의 갈등으로 발생한다. 원초아의 충동이 너무나 위협적이어서 자아가 이를 통제하지 못해 처벌을 받을 것 같다는 두려움이 불안으로 이어지는 것이다.

030 ▶ ③

| 오답 해설 |

① 정신분석이론에서는 인간을 무의식적인 충동에 의해 움직이는 지극히 수동적인 존재로 보았다.
② 거세불안과 남근선망은 주로 남근기에 나타난다. 생식기는 정신적·신체적 성숙이 거의 완성된 단계이며, 이성에 대한 관심이 나타난다.
④ 초자아는 현실적인 것보다는 이상적인 것을 추구하며, 옳고 그름을 판단한다. 현실원리에 지배되며 성격의 실행자는 자아이다.
⑤ 정신분석이론에서는 성격의 구조를 원초아, 자아, 초자아로 제시하였고, '구강기-항문기-남근기-잠복기-생식기'의 심리 성적 발달단계를 제시하였다.

031 ▶ ⑤

| 정답 해설 |

⑤ 제시된 내용은 투사의 예시이다. 전치는 어떤 대상에 대한 부정적인 감정을 덜 위험하거나 편안한 대상에게 표출하는 방어 기제로, 속담 '종로에서 뺨 맞고 한강에서 눈 흘긴다.'가 대표적인 예시이다.

032 ▶ ①

| 정답 해설 |

① 에릭슨에 따르면 영아기에 신뢰감 대 불신감의 심리사회적 위기를 극복하고 획득할 수 있는 능력은 희망이다. 지혜는 노년기에 통합성(자아통일감) 대 절망감의 위기를 거쳐 획득되는 긍정적 자아강점이다.

참고 노년기의 주요 관계는 인류, 동족입니다.

관/련/개/념

에릭슨의 심리사회이론의 발달단계

시기	심리적 위기	덕목
영아기 (0~2세)	신뢰감 대 불신감	희망
유아기 (걸음마기: 2~3세)	자율성 대 수치심과 의심	의지
유아기 (학령전기: 4~6세)	주도성, 솔선성 대 죄의식	목적
학령기 (7~12세)	근면성 대 열등감	능력
청소년기 (13~19세)	자아정체감 대 역할혼란	충실
청년기 (성인초기: 20~39세)	친밀감 대 고립감	사랑
중년기 (성인기: 40~64세)	생산성 대 침체	배려
노년기 (65세~)	자아통합, 자기완성 대 절망	지혜

033 ▶ ①

| 정답 해설 |

① 아들러의 개인심리이론에 관한 설명이다.

034 ▶ ⑤

| 정답 해설 |

⑤ 에릭슨의 이론은 발달단계의 구분에 대한 과학적 근거를 제시하지 못하였으며, 개념이 불명확하고 이론의 실증적 연구가 부족하여 경험적 증거가 미흡하다는 비판을 받는다.

| 오답 해설 |

① 에릭슨은 사회적 힘이 성격의 발달에 미치는 영향을 강조하는 심리사회이론을 주장하였으나, 유전적·생물학적 요인의 영향력을 배제하지는 않았다.
② 사회적·문화적 요인은 성격 발달에 영향을 미치기 때문에 환경과의 상호작용이 중요하다고 주장하였다.
③ 성인 초기까지만 다루는 프로이트의 이론을 확장하여 중년기 및 노년기까지의 발달을 고려하였다.
④ 인간행동은 의식 수준에서 통제 가능한 자아에 의해 동기화된다고 하여 자아의 자율적, 창조적 기능을 고려하였다.

035 ▶ ⑤

| 정답 해설 |

⑤ 에릭슨에 따르면 아동기에는 근면성 대 열등감의 심리사회적 위기를 겪는다. 이를 성공적으로 극복하지 못한 아동은 열등감을 경험한다.

036 ▶ ⑤

| 정답 해설 |

⑤ 자율성 대 수치와 의심의 심리사회적 위기를 겪는 시기는 유아기(걸음마기)이다. 학령기(아동기)에는 근면성 대 열등감의 심리사회적 위기를 겪으며, 능력과 유능성을 획득하는 시기이다.

037 ▶ ②

| 정답 해설 |

② 주도성 대 죄의식은 유아기(학령전기)의 심리사회적 위기로, 이를 잘 극복하면 목적이라는 덕목이 발달한다.

| 오답 해설 |

① 근면성 대 열등감은 학령기의 심리사회적 위기로, 이를 잘 극복하면 능력(유능)이라는 덕목이 발달한다.
③ 신뢰 대 불신은 영아기의 심리사회적 위기로, 이를 잘 극복하면 희망이라는 덕목이 발달한다.
④ 자율성 대 수치심과 의심은 유아기의 심리사회적 위기로, 이를 잘 극복하면 의지라는 덕목이 발달한다.
⑤ 정체감 대 정체감 혼란은 청소년기의 심리사회적 위기로, 이를 잘 극복하면 성실(충실)이라는 덕목이 발달한다.

038 ▶ ④

| 정답 해설 |

④ 융의 분석심리이론에 관한 설명이다. 융은 기본적인 태도와 기능을 제시하고, 그 태도와 기능을 조합하여 인간의 모든 성격 유형을 설명하려 하였다.

039 ▶ ⑤

| 오답 해설 |

ⓒ 아들러는 인간 성격의 구조나 발달단계를 제시하지 않았다. 대신 인간의 생활양식(성격 유형)을 제시하였는데, 부모와 자녀의 관계, 가족 크기, 출생순위 등이 생활양식에 영향을 준다고 설명하였다. 인간의 성격 발달단계를 제시한 학자는 프로이트, 융, 에릭슨, 피아제, 콜버그 등이다.

040 ▶ ②

| 정답 해설 |

② 위기와 전념은 마샤가 제시한 자아정체감의 4가지 범주의 기준이다. 아들러는 활동수준과 사회적 관심을 기준으로 지배형, 획득형, 회피형, 사회적으로 유용한 유형으로 생활양식(성격 유형)을 나누었다.

041 ▶ ⑤

| 정답 해설 |

⑤ 사회적 관심이란 이상적인 공동사회의 목표를 달성하고자 할 때 개인이 사회에 기여하려는 성향을 말한다. 아들러는 사회적 관심은 선천적으로 타고나는 것이지만 의식적인 개발과 교육을 필요로 한다고 보았다.

042 ▶ ⑤

| 정답 해설 |

⑤ 아들러는 인간은 사회적이고 목적론적인 존재이며, 열등감과 보상을 위한 노력이 모든 발달의 근원이라고 보았다.

| 오답 해설 |

① 에릭슨의 심리사회이론에 관한 설명이다.
② 아들러는 개인의 창조성을 인정하고, 개인의 창조적 자아를 중요시한다.
③ 프로이트의 정신분석이론에 관한 설명이다.
④ 아들러는 유전적·환경적 요인이 성격발달에 미치는 영향을 인정하고, 이를 기반으로 자신의 생활양식을 만들어 간다고 보았다.

043 ▶ ①

| 오답 해설 |

ⓒ 감각형에 관한 설명이다. 감정형은 상황적·우호적인 판단을 한다.
ⓔ 직관형은 미래의 가능성과 육감에 초점을 두어 변화와 다양성을 중시하며, 이성보다는 무의식적 과정과 잠재적 내용에 의한 자각을 필요로 한다.

관련/개념

융의 사고 유형(성격 특성)
융은 자아 태도와 정신 기능이라는 두 가지 기준으로 사고 유형을 구분하였다.
- **자아 태도**

외향형	• 폭넓은 대인관계를 맺으며 사교적이고 활동적이다. • 리비도가 객관적 세계를 지향한다.
내향형	• 깊이 있는 대인관계를 맺고 조용하며 신중하다. • 리비도가 주관적 세계를 지향한다.

- **자아의 정신 기능**

비합리적 기능	감각형	일을 정확하게 처리하며, 구체적이고 사실적인 측면에 초점을 두고 실제 경험을 중요하게 생각한다.
	직관형	일을 빠르게 처리하며 육감이나 영감에 의존하고 가능성과 의미를 추구한다.
합리적 기능	사고형	객관적 기준에 따라 논리적이고 분석적으로 판단하며 진실과 사실에 관심을 가진다.
	감정형	상황에 따라 판단하며 정상을 참작한 설명을 한다. 사람과의 관계에 중심을 둔다.

044 ▶ ④

| 오답 해설 |

① 남성의 무의식 속 여성적인 측면은 아니마, 여성의 무의식 속 남성적인 측면은 아니무스이다.
② 프로이트의 이론에 관한 설명이다. 융은 인간행동이 의식과 무의식의 힘으로 구성된다고 보고, 특히 집단무의식을 강조하였다.
③ 음영(그림자)은 동물적 본성을 포함해 의식하기 싫은 부정적 측면(의식의 이면)을 말한다. 자기나 자아상은 의식과 무의식을 모두 포괄한 개념이다.
⑤ 집단무의식은 인류에 유전되어 모든 개인의 정신이 공통으로 가지고 있는 원형이다. 콤플렉스는 개인무의식에 여러 기억을 축적하는 과정에서 발생한다.

045 ▶ ⑤

| 정답 해설 |

⑤ ㉠ 자기는 거의 드러나지 않다가 개성화를 통해 성격이 충분히 발달되는 중년기 이후에 나타난다.
㉡ 융은 인간이 역사적이면서도 미래 지향적인 측면을 모두 지니고 있다고 보며, 이것이 성격 발달에 동시에 영향을 미친다고 보았다.
㉢ 융이 제시한 리비도는 삶 전반에 걸쳐 작동하는 생활에너지로서, 자아 태도가 외향형이면 외부(객관적 세계)로, 내향형이면 내부(주관적 세계)로 향한다.
  참고 프로이트는 리비도를 종족 보존의 본능에 따른 성적 에너지라고 제시하였습니다.
㉣ 개성화의 목표는 완전한 자기인식에 있으며 성격 발달은 개성화를 통한 자기실현의 과정이라 보았다.

046 ▶ ①

| 오답 해설 |

② 프로이트의 이론에 관한 설명이다. 융은 리비도를 삶 전반에 걸쳐 작동하는 생활 에너지로 보았다.
③ 원형이란 인간의 무의식에 존재하는 보편적이고 근원적인 핵이다. 융은 원형 외에도 개성화, 정신 기능 등 인간 정신을 구성하는 다양한 개념을 다루었다.
④ 남성이 억압시킨 여성성은 아니마, 여성이 억압시킨 남성성은 아니무스이다.
⑤ 융이 제시한 자아의 정신 기능에는 감각, 직관, 사고, 감정이 있다. 그중 감각과 직관은 비합리적 기능이며, 사고와 감정은 합리적 기능이다.

047 ▶ ③

| 오답 해설 |

ⓔ 남성이 억압시킨 여성적 면은 아니마, 여성이 억압시킨 남성적 면은 아니무스이다.

048 ▶ ④

| 오답 해설 |

① 프로이트의 이론에 관한 설명이다. 융은 프로이트의 결정론에 반대하여 인간 정신에 대한 분석을 주관적 체험과 현상학을 바탕으로 체계화하여 보다 새롭고 정교한 분석심리이론을 정립하였다.

② 아들러는 사회적 관심과 활동수준을 기준으로 생활양식 유형을 4가지로 나누었다.
③ 융은 분석심리이론에 의해 발달단계별 과업을 4단계(아동기-청년 및 성인초기-중년기-노년기)로 구분하였다.
⑤ 아들러는 인간을 목표를 향해 움직이는 창조적이고 책임감 있는 존재로 보고, 자신에게 적합하게 환경을 창조한다는 창조적 자기의 역할을 강조하였다.

UNIT 03 행동주의이론

049	⑤	050	④	051	①	052	⑤	053	⑤
054	①	055	③	056	⑤	057	②	058	④
059	④	060	④	061	④	062	④	063	③

049 ▶ ⑤

| 정답 해설 |

⑤ 개인의 무의식을 강조하는 이론은 융의 분석심리이론이다. 융은 인간행동이 의식과 무의식의 두 가지 힘으로 구성되며, 무의식에는 개인 무의식과 집단 무의식이 있다고 보았다. 반면, 행동주의이론에서는 인간행동은 내적 자극보다 외적 자극에 의해 동기화되기 때문에 환경이 중요하다고 보았다.

관/련/개념

융의 개인무의식과 집단무의식

개인 무의식	• 의식에 인접해 있는 부분으로 쉽게 의식화될 수 있는 경험이나 감각경험으로 구성된다. • 프로이트의 전의식과 유사한 개념이지만 무의식까지 포함한 개념이라고 할 수 있다.
집단 무의식	• 가장 핵심적인 개념으로, 개인의 경험이 아니라 사람들이 역사화 문화, 종교, 신화 등을 통해 공유해 온 모든 정신적 자료의 저장소이다. • 개인적 경험과는 상관없이 조상 또는 종족 전체의 경험 및 생각과 연관된 원시적 감정, 공포, 사고, 원시적 성향 등을 포함한다.

050 ▶ ④

| 오답 해설 |

㉠ 피아제의 인지발달이론에 해당하는 내용이다.
㉡ 매슬로우의 욕구이론에 해당하는 내용이다.

051 ▶ ①

| 정답 해설 |

① 부적강화는 바람직한 행동의 빈도를 증가시킨다.

052 ▶ ⑤

| 정답 해설 |

⑤ ㉠ 인간행동은 환경적 자극에 의해 동기화되며, 제시되는 강화에 의해 행동이 결정된다.
㉡ 변별자극은 어떤 반응이 보상될 것이라는 단서 혹은 신호로 작용하는 자극으로, 인간은 변별자극으로 외적 세계를 예측하고 통제할 수 있다.
㉢ 강화는 보상을 제공함으로써 행동을 유발하는 자극으로, 정적 강화와 부적 강화 모두 행동의 발생 빈도를 증가시키기 위한 자극이다.

053 ▶ ⑤

| 오답 해설 |

㉣ 가변비율 강화계획에 관한 설명이다. 고정간격 강화계획은 시간을 정해놓고 그 시간이 지나면 강화물을 제시하는 것이다.

054 ▶ ①

| 정답 해설 |

① 행동조성(행동형성)은 복잡한 행동을 학습시키는 데 유용한 방법으로, 기대하는 반응이나 행동을 학습할 수 있도록 학습목표로 삼는 행동을 강화하며 점진적으로 행동을 만들어가는 과정이다.

| 오답 해설 |
② 파블로프식 고전적 조건 형성에 관한 설명이다. 스키너는 조작적 조건형성을 강조하였다.
③ 가변비율 강화계획에 관한 설명이다. 가변간격(변동간격) 계획은 미리 계획한 평균적인 시간이 지나면 강화물을 제공한다.
④ 스키너는 인간행동을 내적 자극인 자유의지보다는 외적인 환경적 자극에 의한 결과라고 보았다.
⑤ 처벌에 관한 설명이다. 부적 강화는 부정적인 자극(결과)을 제거하여 특정 행동의 빈도를 증가시킨다.

055 ▶ ③

| 오답 해설 |
㉠ 시간의 원리는 조건자극은 무조건자극과 시간적으로 동시에 혹은 약간 앞서 주어져야 한다는 것이다. 일반적으로 조건자극을 0.5초 정도 먼저 제시했을 때 조건반응이 가장 강하게 연결된다.
㉡ 강도의 원리는 무조건자극은 나중에 제공되는 자극물의 강도가 처음에 제시되는 자극물의 강도보다 강하거나 동일하여야 한다는 것이다. 즉, 나중의 자극이 먼저의 자극보다 강하거나 동일하여야 조건형성이 용이하다.

056 ▶ ⑤

| 정답 해설 |
⑤ 가변(변동)간격 강화는 강화의 시간 간격은 일정하지 않지만 평균적인 시간이 지나면 강화를 시행한다. 소방안전점검을 1년이라는 기간으로 한정하되, 불시에 6회 실시하는 것에서 가변(변동)간격 강화에 해당하는 사례임을 알 수 있다.

| 오답 해설 |
① 매주 추가수당을 지급하는 것은 강화의 시간 간격이 일정한 고정간격 강화계획이다.
② 어린이가 규칙을 지킬 때마다 칭찬을 하는 것은 행동이 일어날 때마다 강화물을 제시하는 연속적 강화이다.

③ 수강생이 평균 10회 출석할 경우 상품을 1개 지급하는 것은 특정 행동이 일정한 수만큼 일어났을 때 강화를 주는 고정비율 강화계획이다. 출석 5회 이상 15회 이내에서 무작위로 지급하는 것은 강화에 필요한 반응의 수가 어떤 정해진 평균치 범위 안에서 무작위로 변하는 가변비율 강화계획이다.
④ 판매 목표를 10%씩 초과 달성할 때마다 성과급을 지급하는 것은 특정 행동이 일정한 수만큼 일어났을 때 강화를 주는 고정비율 강화계획이다.

057 ▶ ②

| 정답 해설 |
② 정신질환 진단 및 통계편람(DSM)은 현재 세계적으로 가장 널리 사용되지만 유일한 진단 분류체계는 아니다.

관/련/개/념

DSM 다축적(5축) 진단분류체계

DSM-Ⅰ	임상적 장애와 임상적 관심의 초점이 되는 기타 상태
DSM-Ⅱ	성격장애, 지적장애, 습관적으로 사용하는 특정 방어 기제
DSM-Ⅲ	정신장애와 함께 나타나는 신체질환, 일반적인 의학적 상태
DSM-Ⅳ	정신장애의 발병 또는 악화에 작용한 심리사회적·환경적인 문제
DSM-Ⅴ	특정 기간동안 임상적으로 판단되는 전반적인 기능 평가

058 ▶ ④

| 정답 해설 |
④ 아들러의 개인심리이론에 관한 설명이다. 스키너는 인간을 보상과 처벌에 따라 강화되는 기계적 존재로 보고 인간행동의 결정 요인으로 외적 자극, 즉 환경을 강조하였다.

059 ▶ ④

| 정답 해설 |
④ 행동조성은 스키너가 행동주의이론에서 제시한 개념이다.

060 ▶ ④

| 정답 해설 |

④ 관찰학습의 마지막 단계는 동기화단계이다.

> **관/련/개/념**
> **반두라의 관찰학습 과정**
> 1. **주의집중**: 관찰을 통한 학습이 이루어지기 위해 모델의 행동이나 상황이 관찰자의 주의를 끄는 단계이다.
> 2. **보존(파지)**: 관찰을 통해 학습한 정보를 기억하는 단계이다.
> 3. **운동재생**: 모델을 모방하기 위해 기억한 이미지나 언어를 외형적인 행동으로 전환하는 단계이다.
> 4. **동기화(동기유발)**: 동기를 강화하여 학습한 내용의 행동화를 강조하는 단계로, 동기는 행동 수행 여부 결정에 중요한 역할을 한다.

061 ▶ ④

| 정답 해설 |

④ 관찰학습의 첫 번째 단계는 주의집중 과정이다.

062 ▶ ④

| 정답 해설 |

④ 스키너의 행동주의이론에 관한 내용으로, 행동과 결과의 연합으로 행동이 조건화된다고 본다. 즉, 행동함으로써 발생하는 결과에 따라 행동이 달라진다고 보았다.

063 ▶ ③

| 오답 해설 |

ⓒ 대리적 경험은 자기효능감(자기효율성)의 형성요인 중 하나이지만, 가장 효과적인 것은 아니다.

> **참고** 자기효능감이란 특정 행동을 잘 수행하여 좋은 결과를 도출할 수 있다는 믿음입니다. 형성요인으로는 직접적인 성취경험, 대리적 성취경험, 언어적(사회적) 설득, 정서적 각성 등이 있습니다.

ⓔ 자기강화는 외부로부터 주어지는 강화가 아니라 스스로 수행과 성취에 대한 기준을 설정하고 달성 정도에 따라 보상이나 처벌을 내리는 것을 의미한다.

UNIT 04 인지이론

| 064 | ① | 065 | ② | 066 | ② | 067 | ⑤ | 068 | ④ |
| 069 | ④ | 070 | ④ | 071 | ③ | 072 | ② |

064 ▶ ①

| 정답 해설 |

① 물활론적 사고는 전조작기의 대표적인 사고이다. 전조작기의 대표적인 사고에는 물활론적 사고 외에도 상징놀이, 자아중심성 등이 있다.

065 ▶ ②

| 오답 해설 |

① 형식적 조작기에 추상적으로 사고하고 추론을 통해 가설을 검증할 수 있다.
③ 프로이트의 정신분석이론에 관한 설명이다.
④ 피아제는 도덕발달단계를 전도덕기, 타율적 도덕성, 자율적 도덕성 3단계로 제시하였다. 피아제의 이론을 바탕으로 도덕발달단계를 3수준 6단계로 제시한 학자는 콜버그이다.
⑤ 보존 개념은 구체적 조작기에 획득된다.

066 ▶ ②

| 정답 해설 |

② 애착 형성은 프로이트의 심리 성적 발달단계 중 구강기에 해당하는 특징이다.

067 ▶ ⑤

| 정답 해설 |

⑤ 다중 유목화의 논리를 이해하는 시기는 구체적 조작기이다.

> **참고** 다중 유목화란 두 개 이상의 속성에 따라 분류하는 것입니다.

068 ▶ ④

| 오답 해설 |

① 피아제는 인지발달단계를 '감각운동기(0~2세) → 전조작기(2~7세) → 구체적 조작기(7~11·12세) → 형식적 조작기(11·12세~성인기)'로 설명한다. 즉, 성인기 이후의 인지발달은 다루고 있지 않다.
② 피아제는 인지발달에서 문화적·사회경제적·인종적 차이를 고려하지 않았다는 한계를 지닌다.
③ 추상적 사고의 확립은 형식적 조작기의 특징이다.
⑤ 구체적 사고 단계에서 보존개념이 획득된다. 전조작적 사고 단계에서는 상징놀이와 물활론, 자아중심성이 특징이다.

069 ▶ ④

| 정답 해설 |

④ 추상적 사고는 형식적 조작기에 가능해진다. 구체적 조작기에는 논리적 사고의 발달, 조합 기술, 보존개념, 분류화, 서열화, 탈중심화, 가역적 사고, 자율적 도덕성 등이 발달한다.

070 ▶ ④

| 오답 해설 |

① 인습적 수준(3단계)에 해당하는 내용이다.
② 후인습적 수준(6단계)에 해당하는 내용이다.
③ 전인습적 수준(1단계)에 해당하는 내용이다.
⑤ 인습적 수준(4단계)에 해당하는 내용이다.

071 ▶ ③

| 오답 해설 |

① 후인습적 수준의 도덕성은 정의의 원리, 일반윤리에 따라 옳고 그름을 판단하므로 자신의 이익에 따라 행동을 판단하지는 않는다.
② 인습적 수준의 3단계인 개인과 상호 간의 규범적 도덕성에 관한 설명이다.
④ 전인습적 수준의 2단계인 개인적·도구적 도덕성에 관한 설명이다.
⑤ 인습적 수준의 4단계인 사회체계 도덕성에 관한 설명이다.

072 ▶ ②

| 정답 해설 |

② 피아제의 인지발달단계 이론이 콜버그의 도덕성 발달 이론에 기초를 제공하였다.

참고 콜버그는 피아제 학파의 전통을 이은 학자입니다.

UNIT 05 인본주의이론

073	②	074	⑤	075	④	076	③	077	②
078	③	079	①	080	②	081	③	082	④
083	②	084	②						

073 ▶ ②

| 정답 해설 |

② 매슬로우의 욕구계층이론에 관한 설명이다. 로저스는 인간의 욕구발달단계를 제시하지 않았다.

074 ▶ ⑤

| 정답 해설 |

⑤ 클라이언트의 과거 정신적 외상(트라우마)을 강조하는 것은 프로이트의 정신분석이론과 관련이 있다. 로저스의 현상학이론에서는 개인이 현실을 지각하는 방식에 초점을 둔다.

075 ▶ ④

| 오답 해설 |

ㄴ. 로저스에 따르면 인간은 주관적 경험들을 통해 자신을 형성하고, 개인의 성격이 만들어진다. 모든 인간에게는 개인이 주관적으로 인식한 현실세계(현상학적 장)만이 존재하며, 객관적 현실세계는 존재하지 않는다고 본다.

076 ▶ ③

| 정답 해설 |

③ 로저스의 현상학이론은 개인이 주관적으로 인식하는 현실세계(현상학적 장)를 중시하면서 대상자 중심의 개입을 강조했다.

077 ▶ ②

| 오답 해설 |
ⓒ 로저스는 클라이언트가 스스로 문제를 해결할 수 있는 능력을 가지고 있다고 보며, 공감적 상담의 중요성과 클라이언트의 결정을 지지하는 비지시적 상담을 강조하였다.
ⓔ 매슬로우의 욕구계층이론에 관한 설명이다. 로저스는 인간의 욕구발달단계를 제시하지 않았다.

078 ▶ ③

| 오답 해설 |
ⓒ 매슬로우의 욕구계층이론에 관한 설명이다.

079 ▶ ①

| 정답 해설 |
① 로저스는 현상학이론에서 개인의 잠재력 실현을 위하여 개인을 있는 그대로 수용하고 존중하는 무조건인 긍정적 관심의 제공이 중요함을 강조하였다. 무조건적인 긍정적 존중을 경험한 개인은 자기 및 자신이 체험한 것에 일치감을 느끼고 완전히 기능하게 된다.

080 ▶ ②

| 정답 해설 |
② 매슬로우는 인본주의학자로, 인간을 긍정적이고 성장 지향적인 인간의 본질에 초점을 두었고, 인간의 본성은 본래 선하다고 주장하였다.

| 오답 해설 |
① 프로이트의 정신분석이론에 관한 설명이다.
③ 스키너의 행동주의이론에 관한 설명이다.
④ 아들러의 개인심리이론에 관한 설명이다.
⑤ 반두라의 사회학습이론에 관한 설명이다.

081 ▶ ③

| 정답 해설 |
③ 안전의 욕구는 소속과 사랑의 욕구보다 하위단계의 욕구이다.

082 ▶ ④

| 정답 해설 |
④ 하위단계의 욕구가 어느 정도 충족되어야 상위단계의 욕구가 의식될 수 있지만, 하위단계의 욕구가 완전히 충족되어야만 상위단계의 욕구가 나타나는 것은 아니다.

083 ▶ ②

| 오답 해설 |
① 극소수의 사람들만이 자아실현의 욕구를 달성한다고 보았다.
③ 인간의 본성이 선하다고 보는 낙관적인 태도를 가지고 있다.
④ 스키너의 행동주의이론에 관한 설명이다. 매슬로우는 인간의 성격에는 유전적 요소가 중요하게 작용하며, 유전구조에 따라 잠재적 재능이나 흥미가 결정된다고 보았다.
⑤ 로저스의 현상학이론에 관한 설명이다.

084 ▶ ②

| 정답 해설 |
② 매슬로우가 제시한 욕구 위계에서 가장 높은 단계는 자아실현 욕구이다.

UNIT 06 인간의 성장 발달단계									
085	②	086	②	087	④	088	③	089	⑤
090	①	091	③	092	③	093	④	094	②
095	①	096	②	097	⑤	098	①	099	①
100	⑤	101	④	102	①	103	④	104	③
105	④	106	②	107	②	108	②	109	③
110	③	111	②	112	③	113	③	114	①
115	②	116	①	117	⑤	118	④	119	①
120	④	121	⑤	122	①	123	③	124	②
125	⑤	126	⑤	127	③	128	②	129	①
130	③	131	④	132	①	133	①	134	④
135	②	136	⑤	137	⑤	138	⑤	139	②

085 ▶ ②

| 정답 해설 |
② 태내 발달은 어머니의 영양 상태, 질병 등으로부터 영향을 받지만, 학력은 영향을 미치지 않는다.

> **참고** 이 문제는 출제오류로 중복 정답 처리된 문제입니다. 본책은 출제의도를 살리는 방향으로 문제를 변형하여 수록하였습니다.

086 ▶ ②

| 정답 해설 |
② 클라인펠터증후군에 관한 설명이다. 터너증후군은 X염색체를 하나만 가진 여성에게 나타나는 질환으로, 2차 성징이 거의 나타나지 않는다.

087 ▶ ④

| 정답 해설 |
④ 클라인펠터증후군에 관한 설명이다. 다운증후군은 21번 염색체가 1개 더 존재하여 총 염색체 수가 47개일 때 나타난다.

> **참고** 이 문제는 출제오류로 전항 정답 처리된 문제입니다. 본책은 출제의도를 살리는 방향으로 문제를 변형하여 수록하였습니다.

088 ▶ ③

| 오답 해설 |
① 다운증후군은 21번 염색체가 1개 더 존재하여 발생하는 선천성 질환으로, 지능 저하를 동반한다.
② 페닐케톤뇨증에 관한 설명이다. 헌팅톤병은 치매를 유발하는 유전성, 퇴행성 신경계 질환이다.
④ 터너증후군은 X염색체를 하나만 가진 여성에게 나타나며, 2차 성징이 거의 나타나지 않는다는 특징이 있다.
⑤ 혈우병은 남성에게서 주로 발병한다. 여성은 보인자가 되거나 태아 상태에서 사망하는 경우가 많다.

> **참고** 보인자란 발병되지는 않으나 유전 형질(유전 인자)을 가지고 있는 사람을 말합니다.

089 ▶ ⑤

| 정답 해설 |
⑤ 배아는 정자와 난자가 만나 결합된 수정란을 의미하며, 외배엽, 중배엽, 내배엽으로 구성되어 있다. 내배엽은 폐, 간, 소화기관 등을 형성한다.

관/련/개/념

태아기 배아의 세포층
배아란 수정된 후 세포분열을 하기 시작하여 하나의 완전한 개체가 되기 전까지의 발생 초기 단계를 말한다.

구분	배아의 구성
외배엽	• 초기 배아 시기의 가장 바깥쪽의 것 • 주로 척추, 말초신경, 뇌, 눈, 귀 등의 신경조직과 피부조직을 만들어 냄
중배엽	• 가운데 위치한 조직 • 뼈, 지방, 연골, 근육 등의 결합조직성분을 생성함
내배엽	• 가장 안쪽의 것 • 폐, 간, 허파, 방광, 이자 등의 소화기관, 배설기관에 해당하는 조직을 만들어 냄

090 ▶ ①

| 정답 해설 |
① 영아기 정서발달에는 정서분화, 애착관계 형성, 낯가림과 분리불안 등을 경험하게 된다.

| 오답 해설 |
②, ③ 아동기에 해당한다.
④ 유아기(학령전기)에 해당한다.
⑤ 유아기(걸음마기)에 해당한다.

091 ▶ ③

| 오답 해설 |
ㄹ 아동기(학령기)의 발달 특성이다.

092 ▶ ③

| 정답 해설 |
③ 신생아의 반사행동은 생존반사와 원시반사로 구분된다. 그중 생존반사에는 근원반사(젖찾기 반사), 빨기반사, 연하반사(삼키기 반사)가 있다. 원시반사에는 모로반사, 걷기반사, 쥐기반사, 바빈스키반사가 있다.

093 ▶ ④

| 정답 해설 |

④ 걸음마기에 관한 설명이다. 영아기는 에릭슨이 제시한 신뢰감 대 불신감의 심리사회적 위기를 겪는 시기이다.

094 ▶ ②

| 정답 해설 |

② 정서발달은 일반적으로 긍정적 정서보다 불쾌와 같은 부정적 정서가 더 빨리 나타나며, 유아기에 두드러진다. 영아기에는 기쁨, 슬픔, 놀람, 공포 등의 1차 정서가 나타나고, 첫돌 이후 수치심, 죄책감 등의 2차 정서가 나타난다.

> **관/련/개/념**
>
> **유아기 정서발달**
> - 두드러진 정서분화가 나타나며 정서가 복잡하고 다양해진다.
> - 정서 이해능력이 발달해 감정을 표현하는 단어를 사용하거나 이해하는 능력이 급속히 증가한다.
> - 정서는 강렬하지만 변화하기 쉽다. 즉, 정서의 지속기간이 짧다.
> - 정서표현을 통제하는 정서 규제능력이 발달해 본인의 부정적 감정을 덜 표현하거나 숨기기도 한다.

095 ▶ ①

| 정답 해설 |

① 근원반사(젖찾기반사)에 관한 설명이다. 바빈스키반사는 발바닥을 간질이면 엄지발가락을 구부리면서 다른 네 발가락은 쫙 펴는 반응을 보이는 반사운동이다.

096 ▶ ②

| 오답 해설 |

① 콜버그의 도덕성 발달이론에서는 영아기를 적용하지 않았으며, 전인습적 도덕기는 4~9세 이전에 해당한다.
③ 피아제의 인지발달이론에서 영아기는 감각운동기에 해당하며, 보존 개념이 확립되는 시기는 구체적 조작기(7~12세)에 해당한다.
④ 거세불안을 경험하는 시기는 남근기(3~6세)이다. 영아기는 프로이트의 정신분석이론에서 구강기와 항문기에 해당한다.
⑤ 생활양식이 형성되는 시기를 규정한 학자는 아들러이며, 개인심리이론에서 4~5세경에 기본적인 생활양식이 형성된다고 하였다. 융은 분석심리이론에서 아동기보다는 성인기의 발달에 비중을 두었다.

097 ▶ ⑤

| 정답 해설 |

⑤ 피아제의 자율적 도덕성 단계는 아동기(구체적 조작기)에 해당한다. 유아기(걸음마기)는 피아제의 전개념적 사고단계(전조작기 전기)에 해당한다.

098 ▶ ①

| 정답 해설 |

① 피아제의 전조작기(2~7세)는 분리불안을 극복한 시기이다. 분리불안은 대상 영속성이 나타나는 생후 9개월경 발생하여 첫돌~15개월 즈음에 절정에 달하고 점차 감소하다 대상 영속성이 확립되는 2세 즈음에 없어진다.

099 ▶ ①

| 오답 해설 |

② 유아기는 콜버그의 전인습적 수준의 도덕기(4~9세 이전)에 해당한다. 후인습적 수준의 도덕기는 20세 이상에서 나타난다.
③ 유아기는 피아제의 전조작기(2~7세)에 해당하는 시기로, 타율적 도덕성의 단계이다. 자율적 도덕성은 7세 이후 아동에게서 나타난다.
④ 심리사회적 유예란 성인의 역할과 책임을 일정 기간 연기하는 것으로, 자아정체감을 확립하는 시기인 청소년기(13~19세)에 나타난다.
⑤ 보존 기술, 분류 기술 등은 아동기에 획득한다.

100 ▶ ⑤

| 정답 해설 |

⑤ 영아기는 제1성장 급등기로 신체적으로 급격한 성장이 이루어진다. 따라서 유아기는 영아기에 비해 성장 속도는 느리지만 지속적으로 성장이 이루어진다.

101 ▶ ④

| 정답 해설 |

④ 유아기는 피아제의 전조작기에 해당한다.

102 ▶ ①

| 오답 해설 |

② 아동기에 관한 설명이다. 콜버그에 의하면 유아기는 전인습적 수준의 도덕성 발달단계를 보인다.
③ 유아기는 피아제의 전조작기에 해당되며 상징적 사고가 가능하다. 구체적 조작기는 아동기에 해당되며 체계적 사고가 가능하다.
④ 아동기에 관한 설명이다.
⑤ 유아기는 제1성장 급등기인 영아기에 비해 성장 속도는 느리지만 지속적으로 성장한다.

103 ▶ ④

| 오답 해설 |

ⓒ 유아기(걸음마기)의 특징이다. 아동기는 왕성한 신체적 활동, 구체적 조작사고, 학습능력과 기술 습득, 사회적 규범의 학습, 팀놀이, 도덕성 발달이 이루어지는 시기이다.

104 ▶ ③

| 정답 해설 |

③ 영아기(0~2세)는 급격한 신체발달이 이루어져 제1성장 급등기라고 하며, 신체적 성장이 유아기보다 빠른 속도로 진행된다.

105 ▶ ④

| 정답 해설 |

④ 아동기(7~12세)에는 피아제의 구체적 조작사고가 진행된다. 구체적 조작사고란 논리적 사고의 발달, 조합기술, 보존개념 확립, 분류화, 서열화, 탈중심화, 가역적 사고, 자율적 도덕성 등을 포함한다. 형식적 조작사고는 청소년기(13~19세)에 들어서면서 진행된다.

106 ▶ ②

| 오답 해설 |

① 유아기(걸음마기, 2~3세)에 관한 설명이다.
③ 영아기(출생~2세)에 관한 설명이다.
④, ⑤ 청소년기(13~19세)에 관한 설명이다.

참고 자아중심적 사고와 또래 간 교류 증가는 아동기뿐만 아니라 청소년기의 특징이기도 합니다.

107 ▶ ②

| 오답 해설 |

① 자율적 도덕성은 아동기의 발달과업이다.
③ 분류화는 아동기의 발달과업이다.
④ 서열화는 아동기의 발달과업이다.
⑤ 자아 통합은 노년기의 발달과업이다.

108 ▶ ②

| 오답 해설 |

㉠ 유아기(학령전기)의 발달에 관한 설명이다. 아동기에 경험하는 에릭슨의 심리사회적 위기는 근면성 대 열등감이다.
㉡ 아동기에 보존 개념을 획득하기 위해서는 가역성, 보상성, 동일성에 대한 이해가 필요하다.
㉣ 청소년기의 발달에 관한 설명이다.

109 ▶ ③

| 오답 해설 |

㉢, ㉣ 청소년기에 관한 설명이다.

참고 이 문제는 출제오류 처리된 문제입니다. 본책은 출제의도를 살리는 방향으로 문제를 변형하여 수록하였습니다.

110 ▶ ③

| 오답 해설 |

㉠ 유아기에 관한 설명이다.
㉥ 자기중심성 사고로 타인의 입장을 고려하지 못하는 시기는 유아기이다. 아동기에는 자기중심성을 극복해 타인의 입장과 감정을 추론할 수 있다.

111 ▶ ②

| 정답 해설 |

② 자아정체감 확립은 청소년기의 주요 발달과업이다. 아동기의 발달적 특징으로는 보존개념 확립, 분류화, 서열화, 조합기술 획득 등이 있다.

112 ▶ ③

| 오답 해설 |

㉣ 유아기(학령전기)에 관한 설명이다. 아동기는 '근면성 대 열등감'의 발달이 중요한 시기이다.

113 ▶ ③

| 정답 해설 |

③ 마샤는 청소년기 주요 발달과업인 자아정체감을 4가지 유형(성취, 유예, 유실, 혼란)으로 구분하였다.

| 오답 해설 |

① 아동기에 해당한다.
② 논리적 사고발달은 경험-귀납적 사고에서 가설-연역적 사고로 전환된다.
④ 2차 성징은 생식기능의 발달과 관련된 성적 성숙의 결과이다.
⑤ 상상적 청중과 개인적 우화를 통해 급격한 변화를 겪으면서 자신에게 몰두하는 자아중심성이 커지게 된다.

관/련/개/념

경험-귀납적 사고와 가설-연역적 사고의 특성

경험-귀납적 사고	• 유사한 행동, 사물 그리고 관찰할 수 있는 특성을 위해 필요한 관련물이다. • 사고가 관찰로 시작된다. • 긴 과정에서 단계적 교육이 필요하다. • 다양한 진술 사이에 일관성이 없거나 달리 알려진 사실과 대조적이며, 자기 자신의 사고 패턴을 알지 못한다.
가설-연역적 사고	• 이차적 순서 관계, 가설적 특성, 기본원리, 이론으로 논증할 수 있으며, 상징을 사용하여 사고를 표현한다. • 상상된 가능성으로 사고를 시작할 수 있다. • 어떤 전체적인 목표와 자원을 주어진 긴 과정으로 설계할 수 있다. • 달리 주어진 정보에 호소함으로써 결론의 타당성을 실제적으로 검토하고 자신의 사고패턴을 인식하고 비평한다.

114 ▶ ①

| 정답 해설 |

① 아동기에 관한 설명이다. 청소년기는 형식적 조작기에 해당한다.

115 ▶ ③

| 정답 해설 |

③ 청소년기의 상상적 청중과 개인적 우화는 자기 중심성에 따른 사고가 반영된 예이다.

관/련/개/념

상상 속의 청중과 개인적 우화

- **상상 속의 청중**: 청소년들이 머릿속에서 상상적 청중을 만들어 내고, 자신은 무대 위의 주인공처럼 행동하며 강한 자의식을 갖는 것이다.
- **개인적 우화**: 자신의 감정과 사고는 너무나 독특해서 다른 사람들이 이해할 수 없을 것이라고 생각하는 것이다.

116 ▶ ①

| 정답 해설 |

① 정체감 수행은 마샤의 자아정체감 유형에 속하지 않는다.

관/련/개/념

마샤(Marcia)가 제시한 자아정체감의 네 가지 범주(유형)

자아정체감 혼란	목표를 탐색하지도 않고 기존의 가치관에 의문을 제기하지도 않는 상태이다.
자아정체감 유실	자신의 미래에 대해 고민하지 않고 다른 사람의 가치관에 따르는 상태이다.
자아정체감 유예	자신의 목표를 탐색 중에 있으나 의사결정을 내리지 못한 상태이다.
자아정체감 성취	자아정체감의 위기를 극복하고 스스로 결정을 내릴 수 있는 상태이다.

117 ▶ ⑤

| 오답 해설 |

① 성적 성숙에는 개인차가 있지만, 발달의 순서는 동일하다.
② 여성은 일반적으로 가슴 발육, 음모 발생, 초경, 겨드랑이 체모 순으로 성적 성숙이 진행된다.

③ 남성은 정소와 음낭 발달, 음모 발생, 음경이 성장한 후 겨드랑이 체모, 수염이 자라난다.
④ 이차 성징에 관한 설명이다.

참고 이 문제는 출제오류 처리된 문제입니다. 본책은 출제의도를 살리는 방향으로 문제를 변형하여 수록하였습니다.

118 ▶ ④

| 정답 해설 |
④ 자기중심성이란 자기 자신에게 강하게 몰두하며 자신과 타인의 관심사를 적절하게 구분하지 못하는 인지적 경향성이다. 청소년기에는 자기중심성이 강해 자신과 타인을 객관적으로 이해하고 판단하기 어렵다.

119 ▶ ①

| 정답 해설 |
① 성인 초기(청년기)에 관한 설명이다. 청소년기의 주요 발달과업은 자아정체감 확립이다.

120 ▶ ④

| 정답 해설 |
④ 전조작기(2~7세)에 관한 설명이다. 청소년기(13~19세)에는 형식적 조작기로 추상적 사고, 체계적·조합적 사고, 가설-연역적 추론 등이 나타난다.

121 ▶ ⑤

| 오답 해설 |
① 노년기(에릭슨의 통합성)에 해당한다.
② 유아기(걸음마기)에 해당한다.
③ 부모로부터 독립에 대한 양가감정을 가진다.
④ 아동기에 해당한다.

122 ▶ ①

| 정답 해설 |
① 청년기에는 부모로부터 경제적·정서적인 독립을 원하면서도 현실적 제약과 심리적 두려움이라는 양가감정을 느끼기도 한다.

123 ▶ ③

| 정답 해설 |
③ 노년기의 발달과업이다.

124 ▶ ②

| 정답 해설 |
② 청소년기에 관한 설명이다. 청년기는 친밀감 대 고립감의 심리사회적 위기를 겪는 시기로, 친밀감 형성이 주요 발달과제이다.

125 ▶ ⑤

| 오답 해설 |
① 학령기(아동기)에 관한 설명이다. 에릭슨이 청년기의 발달과업으로 제시한 것은 친밀감 형성이다.
②, ③ 중년기에 관한 설명이다.
④ 유아기(학령전기)에 관한 설명이다.

126 ▶ ⑤

| 정답 해설 |
⑤ 중년기(40~64세)는 새로운 것을 학습하는 능력은 저하되지만, 실제적인 문제해결능력은 향상되어 결정성 지능이 계속 발달한다.

| 오답 해설 |
① 중년기는 에릭슨의 심리사회적 위기 중 생산성 대 침체 단계에 해당된다.
② 중년기의 갱년기는 남녀 모두에게 나타나며, 이 시기에는 신진대사가 둔화되고 성적 능력이 저하된다.
③ 여성은 에스트로겐 분비가 감소되고, 남성은 테스토스테론 분비가 감소한다.
④ 영아기에 해당하는 내용이다.

127 ▶ ③

| 오답 해설 |
ㄴ 콜버그가 제시한 전인습적 도덕기는 유아기(4~9세 이전)에 해당한다.

관/련/개/념

중년기의 특징
- **인생의 황금기**: 경제적 안정, 삶의 지혜, 직장 내 높은 지위 등을 획득한다.
- **샌드위치 세대**: 부모 봉양과 자녀 양육을 하는 시기이다.
- **빈 둥지 증후군**: 자녀의 독립으로 상실감을 겪는다.
- **상실감의 시기**: 중년의 위기를 겪는다.
- **제2의 사춘기**: 중년 부부의 갈등이 초래되는 시기이다.
- **정체감 위기**: 페르소나, 음영, 아니마, 아니무스가 표출된다.
- **갱년기**: 남녀 모두에게 성적 능력의 저하 및 심리적 증상이 나타난다.
- **창조적 생산성**: 통합적 사고능력이 향상되고 문제 해결 능력의 정점이다.
- **개성화**: 자아가 외적·물질적 차원에서 내적·정신적 차원으로 전환된다.

128 ▶ ②

| 정답 해설 |

② 중년기에 개성화 과정을 경험한다고 본 것은 융의 분석심리이론이다. 융은 성격 발달이 전 생애에 걸쳐 일어나는 개성화 또는 자기실현의 과정이라 보며, 그중 중년기의 개성화를 강조하였다.

129 ▶ ①

| 정답 해설 |

① 혼은 중년기에 생물학적으로 타고난 유동적 지능은 감소하고, 사회화 과정에서 형성된 지식체계인 결정적 지능은 증가한다고 하였다.

130 ▶ ③

| 오답 해설 |

① 펙은 신체 중시로부터 신체 초월을 노년기의 중요한 발달과제로 보았다.
② 유전적 요인으로 형성된 유동성 지능은 감소하지만, 사회화 과정에서 형성된 결정성 지능은 증가한다.
④ 여성은 에스트로겐의 분비가 감소되고, 남성은 테스토스테론의 분비가 감소된다.
⑤ 중년기에는 여성과 남성 모두 갱년기를 경험하며 신체적 변화와 심리적 증상을 함께 겪는다.

131 ▶ ④

| 정답 해설 |

④ 융의 분석심리이론에 따르면 중년기는 외부세계를 정복하는 데 쏟았던 에너지를 자신의 내부에 초점을 맞추도록 자극받으며 자신의 잠재력에 깊은 관심을 갖게 되는 시기이다.

| 오답 해설 |

① 중년기에는 남성과 여성 모두 우울, 무기력감 등 심리적 증상을 경험한다.
② 중년기에 여성은 에스트로겐의 분비가 감소되고 남성은 테스토스테론의 분비가 감소된다.
③ 중년기에는 일반적으로 인지적 반응속도가 감소하기 시작한다.
⑤ 친밀감 형성이 주요 과업인 시기는 성인 초기(청년기)이며, 사회관계망이 축소되는 시기는 노년기이다.

132 ▶ ①

| 오답 해설 |

② 중년기에는 유전적 요인에 의해 형성되는 지능인 유동성 지능은 저하되지만, 실제적인 문제해결능력은 향상되어 후천적 경험이나 학습경험에 의해 발달하는 지능인 결정성 지능이 높아진다.
③ 노년기에 대한 설명이다.
④ 갱년기 증상은 여성과 남성 모두 경험하는 것으로, 신체적 변화와 심리적 증상을 함께 겪는다.
⑤ 융에 의하면 중년기 후기의 남성에게는 여성적인 측면인 아니마가, 여성에게는 남성적인 측면인 아니무스가 드러난다.

133 ▶ ①

| 정답 해설 |

① 노년기는 조심성, 경직성, 수동성, 내향성이 증가한다.

134 ▶ ④

| 정답 해설 |

④ 의사의 오진이라고 생각하며 죽음을 회피하는 것은 1단계인 부정(부인)에 관한 설명이다. 4단계에서는 죽음과 이별에 대해 우울감을 느끼게 된다.

135 ▶ ②

| 정답 해설 |

② 퀴블러-로스는 인간이 죽음에 적응하는 5단계 중 마지막 단계를 수용단계라 하였다. 타협단계는 3단계이다.

136 ▶ ⑤

| 정답 해설 |

⑤ A씨는 자신에게 닥쳐올 죽음을 인정하고 가족들과 시간을 보내고 있으므로 마지막 단계인 수용단계에 이르렀음을 알 수 있다.

137 ▶ ⑤

| 정답 해설 |

⑤ 펙의 발달과업이론은 생애 주기를 중년기와 노년기를 통합한 7단계로 구분하였다.

138 ▶ ⑤

| 정답 해설 |

⑤ 노년기에는 생물학적 노화뿐만 아니라, 인지 변화, 성격 변화, 사회적 관계 변화, 은퇴 및 경제적 수입 감소 등으로 인한 심리적 위기를 경험한다.

139 ▶ ②

| 정답 해설 |

② 노년기에는 생에 대한 회상이 증가하지만, 일반적으로 새로운 것을 받아들이는 학습능력이 감소하며 사고의 융통성이 감소해 새로운 환경에 적응하기를 거부하는 경향을 보인다.

UNIT 07 사회환경에 대한 이해

140	⑤	141	③	142	②	143	①	144	⑤
145	⑤	146	④	147	⑤	148	③	149	③
150	②	151	②	152	③	153	④	154	⑤
155	③	156	①	157	⑤	158	②	159	③
160	②	161	③	162	①	163	④	164	④
165	②	166	④						

140 ▶ ⑤

| 정답 해설 |

⑤ 원인과 결과의 상호적(순환적) 인과관계를 강조한다.

141 ▶ ③

| 오답 해설 |

① 미시체계는 개인이 속한 가장 직접적인 사회적·물리적 환경으로, 개인의 성장과 활동범위에 따라 달라질 수 있다. 인간에게 영향력을 미치며 미시체계 내의 각 구성원 간의 직접적 상호작용이 이루어진다.
② 중간체계는 두 가지 이상의 미시체계 간의 관계 혹은 특정 시점에서 미시체계들 간의 상호작용을 의미한다.
④ 외체계는 개인과 직접 상호작용하지는 않지만, 미시체계에 영향을 주는 사회적 환경이다.
⑤ 시간체계는 개인의 생애에 걸쳐 일어나는 변화와 역사적 환경을 포함하는 체계로, 언제 태어났는지에 따라 개인의 삶은 큰 영향을 받는다.

142 ▶ ②

| 오답 해설 |

① 미시체계에 대한 내용이다.
③ 거시체계에 대한 내용이다.
④ 외체계에 대한 내용이다.
⑤ 시간체계에 대한 내용이다.

관/련/개/념

브론펜브레너(Bronfenbrenner)의 생태체계구성

- 거시체계: 제도, 신념, 가치, 법, 문화, 이데올로기, 관습, 태도
- 외체계: 직접 참여×·영향 (이웃 사람들, 대중매체, 교통체제, 부모 직장, 법률 서비스, 보건 서비스, 통신 시설, 일상 생활 습관)
- 중간체계: 미시체계의 연결
- 미시체계: 개인·가족, 학교, 유치원, 놀이터, 교회, 병원, 형제 학교
- 시간체계
  - 전 생애에 걸쳐 일어나는 변화
  - 사회·역사적 환경

143 ▶ ①

| 오답 해설 |

ⓒ 시간체계에 대한 내용이다.
ⓒ 외체계에 대한 내용이다.

144 ▶ ⑤

| 오답 해설 |

① 프로이트의 정신분석이론과 관련이 있다.
② 로저스의 현상학이론과 관련이 있다.
③ 생태학에서는 순환적 인과론을 따른다.
④ 아들러의 개인심리이론과 관련이 있다.

145 ▶ ⑤

| 정답 해설 |

⑤ 생태체계이론은 실생활 속 인간의 문제에 관심을 두고 인간과 주변 환경 간의 관계를 설명한다. 개인의 심리역동적 변화 의지 향상에 초점을 두지는 않는다.

146 ▶ ④

| 정답 해설 |

④ 거시체계에 관한 설명이다.

147 ▶ ⑤

| 정답 해설 |

⑤ 생태학적 이론에서는 인간과 환경이 상호보완성을 갖고 있으며, 인간을 환경과 적극적으로 상호작용하는 능동적인 존재라 여긴다.

148 ▶ ③

| 정답 해설 |

③ ⓒ 생태학이론은 인간 본성에 대한 정신적·환경적 결정론을 모두 배척한다.

> 참고 정신적 결정론은 프로이트의 정신역동이론과 관련이 있으며, 환경적 결정론은 스키너의 인지행동이론과 관련이 있습니다.

ⓔ 생태학이론을 주장한 브론펜브레너는 타인과 관계를 맺는 인간의 능력이 선천적으로 타고난 것이라고 본다.

149 ▶ ③

| 정답 해설 |

③ 미시체계 간의 연결망은 중간체계(ⓒ), 개인이 직접 참여하고 있지는 않지만 개인의 발달에 영향을 주는 사회적 환경은 외체계(ⓒ)이다.

150 ▶ ②

| 오답 해설 |

①, ③ 미시체계에 관한 설명이다.
④ 개인, 가족, 이웃, 소집단은 미시체계에 속하고, 문화는 거시체계에 속한다.
⑤ 거시체계는 인간의 삶, 행동과 상호작용을 하며 지속적인 영향을 미친다.

151 ▶ ②

| 정답 해설 |

② 유능성에 관한 설명이다. 적합성은 적응에 대한 욕구와 환경 자원이 부합되는 정도로, 개인적 욕구와 사회적 욕구 사이의 조화와 균형 정도를 말한다.

152 ▶ ③

| 정답 해설 |
③ 미시체계 내에서 요인들 간 상호작용이 이루어지며, 개인의 성장 시기에 따라 영향을 미치는 미시체계가 달라진다.

| 오답 해설 |
①, ⑤ 거시체계에 관한 설명이다.
② 외체계에 관한 설명이다.
④ 부모의 직업은 외체계, 자녀의 학교는 중간체계에 속한다.

153 ▶ ④

| 정답 해설 |
④ 거시체계는 사회의 가치관, 제도, 법률, 사회정책과 연결되어 미시·중간·외부체계에 영향을 주는 체계이다. 특별법을 제정하여 학교폭력 피해 청소년이 다시 피해를 입지 않도록 간접적으로 영향을 미치는 것은 거시체계 수준에서의 개입이다.

| 오답 해설 |
① 개인에게 직접적으로 개입하는 미시체계 수준의 활동이다.
②, ⑤ 청소년의 발달에 크게 영향을 미치는 가정, 학교, 친구, 이웃 등의 환경과 상호작용을 하는 것은 미시체계 수준에서의 개입이다.
③ 외부체계 수준에서의 개입이다. 청소년의 외부체계로는 부모의 직장, 형제의 학교, 청소년 기관 등이 있다.

154 ▶ ⑤

| 정답 해설 |
⑤ 생태체계이론은 '환경 속의 인간'을 설명하는 데 유용한 이론으로, 집단뿐만 아니라 개인의 문제에도 유용하게 적용할 수 있다.

155 ▶ ③

| 오답 해설 |
① 문화, 정치, 교육정책 등 거시체계는 개인의 삶에 간접적이고 강력한 영향을 미친다.
② 브론펜브레너는 인간을 둘러싼 사회환경을 미시체계, 중간체계, 외부체계(외체계), 거시체계로 구분했다.
④ 외부체계에 관한 설명이다.
⑤ 중간체계에 관한 설명이다.

156 ▶ ①

| 오답 해설 |
② 미시체계에 대한 설명이다.
③, ⑤ 거시체계에 대한 설명이다.
④ 가족과 집단은 미시체계에 속한다. 중간체계는 미시체계 간의 상호작용을 의미하며, 대표적인 예시로 가정과 학교, 가정과 이웃 간의 상호작용을 들 수 있다.

157 ▶ ⑤

| 정답 해설 |
⑤ 시간체계는 개인의 생애에 걸쳐 일어나는 변화와 역사적 환경을 포함하는 체계로, 언제 태어났는지에 따라 개인의 삶은 큰 영향을 받는다.

| 오답 해설 |
① 미시체계는 개인이 속한 가장 직접적인 사회적·물리적 환경으로 개인의 성장과 활동범위에 따라 달라질 수 있다. 인간에게 영향력을 미치며, 미시체계 내의 각 구성원 간의 직접적 상호작용이 이루어진다.
② 외체계(외부체계)는 개인과 직접 상호작용하지는 않지만, 미시체계에 영향을 주는 사회적 환경이다.
③ 거시체계는 사회제도 등 일반적인 형태, 개인에게 영향을 주는 환경요소, 사회적 맥락 등으로, 개인의 생활에 간접적으로 영향력을 발휘하며 하위체계에 대한 지지기반과 가치 준거틀을 제공한다.
④ 환류체계는 사전조사, 요구분석, 정책 수립, 실행, 평가의 단계로, 환류가 이루어지는 체계를 말한다.

158 ▶ ②

| 오답 해설 |
ⓒ 항상성은 균형을 위협받았을 때 회복하고자 하는 체계의 경향으로 안정적이며 지속적인 균형상태를 유지하기 위한 체계의 속성이 있다.
ⓔ 균형은 체계의 구조 변화가 거의 없고 현상 유지를 바람직한 상태로 여기는 폐쇄체계에서 나타난다.

159 ▶ ③

| 오답 해설 |

ⓒ 균형에 관한 설명이다. 항상성은 체계가 균형을 위협받을 때 안정적이고 지속적인 균형 상태를 유지하고자 하는 체계의 경향을 말한다.

160 ▶ ②

| 오답 해설 |

① 엔트로피는 체계 구성요소 간의 상호작용이 감소함에 따라 유용한 에너지가 감소하는 상태이다.
③ 항상성은 체계가 균형을 위협받았을 때, 안정적인 균형 상태로 회복하고자 하는 경향이다.
④ 넥엔트로피는 체계 외부에서 에너지가 유입되면서 체계 내부의 유용하지 않은 에너지가 감소되며 체계의 질서와 법칙이 유지되는 상태이다.
⑤ 홀론은 하나의 체계는 상위체계에 속한 하위체계이면서 동시에 다른 것의 상위체계가 된다는 개념이다.

161 ▶ ③

| 정답 해설 |

ⓒ 넥엔트로피는 체계 외부의 에너지가 유입되어 내부의 유용하지 않은 에너지가 감소됨으로써 체계 내의 질서와 법칙이 유지되는 상태를 말한다.
ⓒ 공유영역은 두 개 이상의 체계가 공존하는 부분으로 체계 간의 교류를 의미한다. 공유영역은 서로 다른 체계가 공동의 이익이나 관심을 추구하기 위해 필요하다.

| 오답 해설 |

㉠ 균형은 주로 폐쇄체계에서 나타나며, 외부체계로부터 투입이 없어 체계의 구조변화가 거의 없고 현상 유지를 바람직한 상태로 여긴다.
㉣ 홀론은 하나의 체계는 상위체계에 속한 하위체계이면서 동시에 다른 것의 상위체계가 된다는 개념이다.

162 ▶ ①

| 정답 해설 |

① 폐쇄체계가 지속되면 나타나는 현상은 엔트로피로, 외부의 에너지가 투입되지 않아 내부의 유용한 에너지가 감소하는 것이다. 넥엔트로피는 체계 외부로부터 에너지가 유입되면서 체계 내부의 유용하지 않은 에너지가 감소되며 체계의 질서와 법칙이 유지되는 상태이다.

163 ▶ ④

| 오답 해설 |

① 시너지는 개방체계 내에서 체계 구성요소들 간 유용한 에너지의 증가하는 상태를 말한다.

> 참고 폐쇄체계는 에너지의 투입과 산출이 거의 없는 상태로, 이 상태가 지속되면 엔트로피 속성이 나타납니다. 엔트로피란 체계 구성요소 간의 상호작용이 감소됨에 따라 유용한 에너지가 감소하는 상태를 말합니다.

② 넥엔트로피에 관한 설명이다. 엔트로피는 체계가 서서히 무질서와 혼돈 상태로 가는 것을 말한다.
③ 안정 상태에 관한 설명이다.
⑤ 적합성은 개인의 적응적 욕구와 환경의 질이 어느 정도 부합되는가 하는 것으로 특정 발달단계가 아닌 일생에 걸쳐 인간과 환경 사이의 상호 교류를 통해 성취된다.

164 ▶ ③

| 오답 해설 |

㉣ 외부와 상호작용을 통하여 넥엔트로피(네겐트로피) 상태를 유지하는 것이 필요하다. 넥엔트로피는 체계 외부의 에너지가 유입되어 내부의 유용하지 않은 에너지가 감소되는 상태로, 체계 내의 질서와 법칙이 유지되는 것을 말한다. 엔트로피는 체계 구성요소 간의 상호작용이 감소함에 따라 유용한 에너지가 감소하는 상태를 말하며, 체계가 서서히 무질서와 혼돈상태로 가는 것을 말한다.

165 ▶ ②

| 오답 해설 |

① 균형은 주로 폐쇄체계에서 나타나며, 체계의 구조 변화가 거의 없고 현상 유지를 바람직한 상태로 여긴다.
③ 안정 상태는 체계가 고정되어 있지 않고 지속적으로 변화하는 상태로, 적절한 양의 에너지를 외부와 주고받는다. 균형이나 항상성에 비해 개방적이다.
④ 항상성은 안정적이며 지속적인 균형상태를 유지하기 위한 체계의 속성이며, 체계의 일관성을 유지하기 위해 일정한 범위 내에서만 변화하려고 한다.

⑤ 적합성은 생태체계이론의 주요 개념이다. 적응에 대한 욕구와 환경자원이 부합하는 정도로, 개인의 욕구와 사회의 욕구 사이의 조화와 균형의 정도를 말한다.

> 관/련/개/념
>
> **가족체계**
> - 가족은 변화와 안정성의 균형을 맞추려고 노력한다.
> - 한 가족 성원의 변화는 가족 전체에 영향을 미친다.
> - 가족은 더 큰 사회체계에 속하며 여러 하위체계를 포함한다.
> - 가족은 기존의 규칙에 따라 움직인다.

166 ▶ ④

| 정답 해설 |

④ 동등결과성에 관한 설명이다. 다중종결성(다중결과성)은 처음의 조건과 수단이 비슷해도 각기 다른 결과가 야기된다는 체계이론의 주요 개념이다.

169 ▶ ④

| 오답 해설 |

① 이차집단에 관한 설명이다.
② 일차집단에 관한 설명이다.
③ 형성집단은 외부의 영향이나 개입을 통하여 인위적으로 만들어진 집단으로, 특정 위원회나 팀처럼 일정한 목적을 갖는다. 자연집단은 일차집단을 말한다.
⑤ 폐쇄집단에 관한 설명이다. 개방집단은 집단 과정이 진행되는 동안에도 새로운 성원이 들어올 수 있다.

UNIT 08 사회체계에 대한 이해

| 167 | ⑤ | 168 | ③ | 169 | ④ | 170 | ⑤ | 171 | ③ |
| 172 | ① | 173 | ④ | 174 | ② | 175 | ③ | | |

170 ▶ ⑤

| 오답 해설 |

① 1차집단에 관한 설명이다. 2차집단은 목적 달성을 위해 모이거나 인위적인 계약에 의해 만들어진다.
② 개방집단은 집단이 진행되는 동안 언제든지 새로운 성원의 입회가 가능한 집단이다. 새로운 생각과 신념, 가치관이 유입될 수 있다는 장점이 있지만, 새로운 성원이 유입될 때마다 그동안 일정한 목표를 향해 노력해 온 기존 성원들의 성장을 정체시키거나 불안을 유발할 수도 있다. 그러므로 개방집단은 구성원의 개별화와 일정 수준 이상의 심도 깊은 목적을 달성하기에는 적합하지 않다.
③ 최소 2인 이상의 사회적 집합체를 집단이라고 한다.
④ 형성집단은 특정한 목적을 가지고 만들어지는 반면, 자연집단은 자연적으로 발생하는 사건이나 대인관계상의 매력 또는 상호 인지된 욕구에 기반을 둔 자연발생적인 집단이다.

167 ▶ ⑤

| 오답 해설 |

① 조직의 경계 속성은 조직의 유지 및 변화와 관련이 있다.
② 가족체계 내 반복적 상호작용은 구성원들의 행동에 영향을 미친다.
③ 집단체계의 전체는 하위체계인 개개인의 고유한 특성의 총합보다 크다.
④ 지역사회는 대부분 개방체계에 가까우나 완전개방체계의 속성을 계속 유지하지는 않는다.

168 ▶ ③

| 오답 해설 |

① 폐쇄형 가족체계에 관한 설명이다. 개방형 가족체계는 외부체계와의 상호작용을 스스로 결정하고 통제할 수 있다.
② 개방형 가족체계 내의 가족기능은 강화된다.
④ 개방형 가족체계는 주변 환경과의 왕래를 스스로 결정할 수 있다.
⑤ 개방형 가족체계는 지역사회와의 교류가 활발하다.

171 ▶ ③

| 오답 해설 |

① 문화는 거시체계에 해당한다.
② 문화는 학습 등을 통해 후천적으로 전수·습득된다.

④ 관념적 문화에 관한 설명이다. 규범적 문화는 인간행동의 가치를 제시하고, 옳고 그름을 판단하게 하는 행위의 기준이 되는 문화이다. 전통적인 행동 양식(민습), 구체화된 행동 규범(원규), 법률 등이 규범적 문화에 해당한다.
⑤ 문화는 사회환경의 변화에 따라 환경에 적합한 방식으로 수정되고 조정되며 추가된다.

172 ▶ ①

| 정답 해설 |
① 문화는 사회체계로서 거시체계에 해당한다.

173 ▶ ④

| 오답 해설 |
① 문화는 후천적인 습득의 과정을 통해 얻어진다.
② 문화는 사회규범이나 관습을 통해 개인의 행동을 적절히 규제함으로써 사회통제의 기능을 수행한다.
③ 문화는 시대적 환경에 따라 끊임없이 변화한다.
⑤ 문화 다양성이란 각 집단의 문화가 고루 반영돼 사회의 문화가 구성되어야 한다는 것을 말한다. 이는 차별이 아니라 다양한 문화를 존중하는 것과 관련이 있다.

174 ▶ ②

| 정답 해설 |
② 다문화란 인종적·문화적 다양성을 설명하는 개념으로, 다양한 문화를 수용하고 여러 문화의 공존을 지향한다.

175 ▶ ③

| 정답 해설 |
③ 통합에 대한 설명이다. 동화는 고유문화의 문화적 정체성과 특성을 포기하고 새로운 문화를 수용함을 의미한다.

CHAPTER 2 사회복지조사론

UNIT 01 과학적 방법과 조사 연구

001	⑤	002	③	003	③	004	④	005	⑤
006	③	007	①	008	③	009	⑤	010	③
011	②	012	⑤	013	③	014	①		

001 ▶ ⑤

| 정답 해설 |
⑤ 해석주의에 관한 설명이다.

002 ▶ ③

| 오답 해설 |
① 실증주의가 주장하는 귀납주의에 대한 대안이다.
② 관찰대상은 인간과 무관하게 존재할 수 없다고 본다.
④ 관찰의 이론 의존성을 인정한다.
⑤ 쿤의 과학적 패러다임에 관한 설명이다. 후기 실증주의는 보편적인 법칙을 먼저 구성하고 논리적 추론을 통해 실증적 현상을 설명한다. 이에 따라 과학은 점진적으로 발달한다고 본다.

003 ▶ ③

| 정답 해설 |
③ 인간의 행위를 연구하는 사회과학은 자연과학과 달리 관찰대상물(인간)과 관찰자(인간)를 분명히 구분할 수 없다.

004 ▶ ④

| 오답 해설 |
ⓒ 사회복지학은 순수과학이 아닌 응용과학에 속한다.

005 ▶ ⑤

| 오답 해설 |
① 논리적 실증주의에 가장 큰 영향을 미친 사람은 비트겐슈타인이다. 흄은 경험론을 주장한 철학자이다.

② 상대론적인 입장에서는 각 개인의 주관적 경험에 의한 지식의 상대성을 강조한다.
③ 반증주의에 관한 설명이다.
④ 쿤의 과학적 패러다임에 관한 설명이다.

006 ▶ ③

| 정답 해설 |

③ 사회현상의 주관적 의미에 대한 해석은 해석주의의 특징이다. 해석주의는 삶의 주관적 의미에 관해 깊이 있게 탐구하며 개인의 일상 경험을 해석하고 이해하는 것을 주된 목적으로 한다.

007 ▶ ①

| 정답 해설 |

① 해석주의에 관한 설명이다. 실증주의는 연구자와 연구대상을 분리하여 가치중립성을 확보함으로써 사회적 실재를 파악할 수 있다고 본다.

008 ▶ ③

| 정답 해설 |

③ 포퍼는 반증주의를 주장하면서 반증될 수 없다면 과학이론이 될 수 없다는 논리로 과학의 진보에서 중요한 것은 검증 가능성이 아닌 반증 가능성이라고 하였다. 쿤은 과학적 혁명론을 주장하면서 패러다임의 변화는 점진적인 것이 아니라 혁신적·혁명적인 것이라고 하였다. 포퍼와 쿤은 과학적 탐구에 대한 접근방법이 다른 것일 뿐, 쿤의 과학적 인식에 내재된 문제점을 극복하기 위해 포퍼의 반증주의가 등장한 것은 아니다.

009 ▶ ⑤

| 정답 해설 |

⑤ ㉠, ㉡, ㉢, ㉣ 모두 과학적 지식의 특성에 관한 설명으로 옳다.

010 ▶ ③

| 정답 해설 |

③ 사회복지실천을 위한 조사연구는 과학적인 절차와 타당한 논리적 원칙에 입각하여 기존의 지식을 기각 또는 강화하거나 새로운 지식을 만들어내려는 실천적인 지식 탐구활동이다.

011 ▶ ②

| 오답 해설 |

① 설명연구(설명적 조사)에 관한 설명이다. 기술연구(기술적 조사)는 현상의 모양이나 분포, 크기, 비율 등 단순 통계적인 것에 대한 조사이다. 연구문제와 가설을 설정한 이후에 실시되며, 어떤 정책을 결정하기 위해 필요한 정보를 얻고자 할 때 많이 사용된다.
③ 가설 검증 결과가 연구자의 기대와 달라서 가설을 연구결과에 맞추어 수정할 경우, 연구윤리 및 결과의 왜곡을 발생시킨다.

  참고 만약 연구가설이 거짓인 상황 즉, 영가설이 참인데도 이를 부정하여 기각하면 '제1종 오류'가 되며, 영가설이 거짓인데도 이를 채택하면 '제2종 오류'가 된다.

④ 연구자의 객관적 논리에 입각하여 연구결과를 해석하여야 한다.
⑤ 조사를 통해 검증된 인과관계에 입각하여 문제의 발생을 확률적 결정론으로 예측하여야 한다.

012 ▶ ⑤

| 오답 해설 |

① 연구자는 자신의 신분을 숨기는 등의 연구참여자를 속이는 행위로 자료를 수집하여서는 안 된다.
② 연구자는 동의 없이 다른 연구기관에 연구참여자의 신분을 공개하여서는 안 된다.
③ 연구자는 연구참여자가 연구에 참여함으로써 받을 수 있는 이익(혜택)을 미리 알려주어야 한다.
④ 연구대상자의 참여 동기를 높이기 위해 성적평가와 연계한 조건을 거는 등의 연구는 지양해야 한다.

013 ▶ ③

| 정답 해설 |

③ 연구 과정에서는 공익적 가치와 연구 윤리의 가치를 모두 고찰하여야 하는데, 일반적으로 연구의 공익적 가치보다 연구 윤리를 준수하여야 한다.

014 ▶ ①

| 정답해설 |

① 원칙적으로 연구참여자 속이기는 허용되지 않고, 연구자는 고지의 의무를 이행하여 연구참여자의 자발적인 참여가 이루어지도록 해야 한다. 그러나 질적연구의 참여관찰 중 완전관찰자와 같이 연구참여자를 속이는 경우가 허용되기도 한다.

UNIT 02 사회복지조사 방법의 형태와 절차

015	④	016	②	017	④	018	②	019	②
020	①	021	⑤	022	④	023	③	024	②
025	⑤	026	⑤	027	⑤	028	⑤	029	④
030	①	031	①								

015 ▶ ④

| 정답 해설 |

㉠ 종단조사는 시간간격을 두고 반복적으로 조사하는 연구방법이다. 2022년과 2025년에 전국가정폭력실태조사를 진행한 점에서 종단조사에 해당한다.
㉡ 표본조사는 표본추출과정을 거쳐 모집단의 일부를 표본으로 선정한 후 그 표본에 대해서만 실시되는 조사이다. 전국의 가구 중 일부를 선정했다는 점에서 표본조사에 해당한다.
㉣ 경향조사는 동일한 주제로 장기간 반복적인 조사를 하지만, 매번 다른 응답자를 대상으로 하는 연구방법이다. 지문에 2022년과 2025년의 조사 대상이 동일하다는 내용이 없으므로 경향조사에 해당한다.

| 오답 해설 |

㉢ 패널조사는 동일한 주제에 대해 동일한 대상을 일정한 시간 간격을 두고 반복적으로 조사하는 연구방법이다. 지문에 '동일한 대상'이라는 내용이 없기 때문에 해당하지 않는다.

016 ▶ ②

| 정답 해설 |

② 질적연구에 관한 설명이다. 양적연구는 객관적이고 논리적인 관점에서 접근한다.

017 ▶ ④

| 정답 해설 |

④ 관련 연구나 선행 자료가 상당히 부족한 상황이므로 탐색적 연구(예비조사)를 실시하는 것이 적절하다. 탐색적 연구는 주로 잘 알려지지 않은 주제에 대한 연구를 할 경우 유용하다.

018 ▶ ②

| 정답 해설 |

② 패널연구에 관한 설명이다.

> 관/련/개/념
>
> **연구의 시간적 차원에 따른 분류**
> - **횡단연구**: 한 시점에 한 번 연구하는 것이다. 일정 시점에서 특정 표본이 가지고 있는 특성을 파악할 수 있다.
> - **종단연구**: 일정한 시간 간격을 두고 두 번 이상 반복적으로 연구하는 것이다. 시간의 흐름에 따라 조사대상이나 상황의 변화를 파악할 수 있다.
>   - **추이연구(경향연구)**: 연구 시점에 동일 조건을 만족하는 사람들을 조사하는 방법으로, 동일한 질문을 가지고 매번 다른 사람들을 조사한다.
>   - **코호트연구(동년배집단연구)**: 동시대에 태어난 조건을 만족하는 집단의 사람들을 매번 새로 표집한다.
>   - **패널연구**: 동일한 사람을 계속 연구하는 것이다. 동일한 사람을 반복적으로 조사하기 때문에 종단적 조사 중 가장 포괄적인 자료를 제공한다.

019 ▶ ②

| 정답 해설 |
② 양적 조사는 연역법을 주로 사용하고, 질적 조사는 귀납법을 주로 사용한다.

020 ▶ ①

| 정답 해설 |
① 일정한 시간간격을 두고 연구대상을 표본추출하여 반복적으로 조사하는 방법은 종단적 조사이다. 종단적 조사에는 패널조사, 경향조사, 동년배조사 등이 있다.
- 패널조사는 같은 조사대상자를 반복적으로 조사하는 방법이다.
- 경향조사는 새로운 경향을 확인하기 위해 동일한 질문으로 매번 다른 조사대상자를 조사하는 방법이다.

021 ▶ ⑤

| 정답 해설 |
⑤ 과학적 객관성을 저해하면서까지 의뢰기관의 요구를 수용하여 평가결과를 조정해서는 안 된다. 평가연구는 이해관계에 따르지 않고 누구에게나 동일하게 인식될 수 있는 객관적 사실에 기초를 두어야 한다.

022 ▶ ④

| 정답 해설 |
④ 둘 이상의 시점에서 동일대상을 반복측정하지 않는 조사 유형은 추세연구와 동년배연구이다.
- 추세연구는 동일한 질문을 가지고 다른 조사대상자에게 실시한다.
- 동년배연구는 동시대에 태어난 조건을 만족한 조사대상자를 매번 새로 표집하여 실시한다.

| 오답 해설 |
- 횡단연구는 일정한 한 시점에서 조사가 이루어진다.
- 패널연구는 동일 주제를 가지고 동일 대상자에 대한 조사를 장기간 반복적으로 수행하는 연구이다.

023 ▶ ③

| 오답 해설 |
① 동년배집단연구(코호트조사)에 관한 설명이다.
② 경향연구에 관한 설명이다.
④, ⑤ 패널연구에 관한 설명이다.

참고 동년배집단연구, 경향연구, 패널연구는 모두 종단연구 방법입니다.

024 ▶ ②

| 정답 해설 |
② 외상 후 스트레스로 퇴역한 군인을 위한 서비스 개발의 가능성을 파악하기 위한 초기면접은 탐색적 연구이다. 탐색적 연구는 연구문제에 대한 사전 지식이 결여된 경우나 연구되지 않았던 새로운 영역을 연구할 때 실시한다.

025 ▶ ⑤

| 정답 해설 |
⑤ 사회복지조사는 자료수집시점에 따라 횡단조사와 종단조사로 나뉜다. 종단조사는 같은 주제에 대해 조사대상을 일정한 시간 간격을 두고 반복적으로 조사하는 연구 방법이다. 종단조사의 유형으로는 패널조사(㉠), 코호트조사(㉡, 동년배집단조사), 경향조사가 있다.

026 ▶ ⑤

| 정답 해설 |
⑤ 사회복지조사 과정은 문제설정(㉢) → 가설 설정(㉡) → 조사 설계(㉠) → 자료 수집(㉣) → 자료 분석 및 해석(㉤) → 보고서 작성 순으로 진행된다.

027 ▶ ⑤

| 정답 해설 |
⑤ 조사 연구의 과정은 '조사 문제 형성 → 가설 형성 → 조사 설계 → 자료 수집 → 자료 분석 및 해석 → 보고서 작성' 순서로 진행된다. 대학생들의 다문화 수용성에 관한 선행 연구 고찰(㉢ 조사 문제 형성)을 통해 대학생들의 전공에 따라 다문화 수용성이 다를 것이라는

가설을 설정(㉠ 가설 형성)하고, 구조화된 설문지를 작성(㉣ 조사 설계)한 뒤 표본을 추출하여 자료를 수집(㉡ 자료 수집)하는 순서로 조사 연구를 진행한다.

UNIT 03 사회조사 방법의 기본 개념

032	⑤	033	④	034	②	035	③	036	②
037	①	038	②	039	②	040	⑤	041	⑤
042	⑤	043	③	044	②	045	④	046	④
047	⑤	048	①	049	④	050	①	051	①
052	①	053	④	054	①				

028 ▶ ⑤

| 정답 해설 |
⑤ ㉠, ㉡, ㉢, ㉣ 모두 지역사회보장계획을 수립하기 위한 조사에 포함할 수 있다. 제시된 내용들은 지역사회보장계획 수립 전 이해관계인의 의견을 파악하기 위해 실시하는 욕구조사이다.

029 ▶ ④

| 정답 해설 |
④ 연구 주제 선정 및 문제 형성 단계에서 다뤄야 할 내용이다.

030 ▶ ①

| 정답 해설 |
① 사회복지조사는 '문제 설정 → 가설 설정 → 조사 설계 → 자료 수집 → 자료 분석 및 해석 → 보고서 작성' 순으로 이루어진다.

031 ▶ ①

| 오답 해설 |
㉡ 여론조사나 인구센서스조사는 현상의 특성을 있는 그대로 기술하기 위해 실시하는 전형적인 기술적 조사 연구이다. 탐색적 조사는 잘 알려지지 않았거나 연구되지 않았던 문제를 다룰 때 실시한다.
㉣ 사회복지조사는 조사범위에 따라 전수조사, 표본조사, 단일사례조사로 나눌 수 있다. 횡단연구와 종단연구는 시간적 차원에 따라 나눈 것이다.

032 ▶ ⑤

| 오답 해설 |
①, ③ 종속변수(Y)에 속한다.
②, ④ 독립변수(X)에 속한다.

참고 **기타 변수**
- 통제변수: 독립변수의 영향력을 정확히 알기 위하여 통제되는 변수이다.
- 매개변수: 독립변수와 종속변수 사이에서 둘의 관계를 맺어주는 변수이다.
- 조절변수: 독립변수와 종속변수 사이에 강하면서도 불확정적인 영향을 미치는 변수이다.

033 ▶ ④

| 정답 해설 |
④ ㉠, ㉢, ㉣ 산술평균의 산출이 적합한 비율변수에 해당한다.

| 오답 해설 |
㉡ 서열변수에 해당한다.

관/련/개/념
산술평균
주어진 수의 합을 수의 개수로 나눈 값이다. 또는 자료값(전체변량)의 총합을 자료(변량)의 총 개수로 나눈 값이다. 주로 등간변수와 비율변수에서 사용된다.

034 ▶ ②

| 정답 해설 |
② ㉠, ㉡ 시간적 우선성과 공변성은 인과관계를 성립시키기 위한 요건이다.

참고 공변성은 원인변수와 결과변수가 동시에 존재하며, 상호 연관성을 가지고 함께 변화하는 것을 말합니다.

| 오답 해설 |
ⓒ 독립변수와 종속변수의 관계가 허위적 관계이면 인과관계가 성립되지 않는다.

035 ▶ ③

| 정답 해설 |
③ 통제변수란 연구자들이 독립변수와 종속변수 사이의 명백한 관계를 조사하기 위하여 도입한 변수를 말한다. 제시된 논문 제목에서는 어떠한 변수를 통제하였는지 확인할 수 없다.

| 오답 해설 |
①, ⑤ 해당 연구의 독립변수는 사회복지사의 근무지역이므로 측정수준은 명목척도이다.
② 종속변수는 직업만족도이다.
④ 분석단위는 지역이다.

036 ▶ ②

| 정답 해설 |
② 외생변수란 종속변수에 영향을 미치는 독립변수 이외의 변수이다. 부모의 사회경제적 지위(외생변수, 제3의 변수)를 통제하지 않으면 또래관계증진 프로그램(독립변수)과 자녀들의 자아정체감(종속변수)의 관계가 잘못 설명되어 그 결과인 자아정체감의 차이를 불러올 수 있다.

037 ▶ ①

| 정답 해설 |
① 직접 관찰하기 어려운 속성이나 특성도 변수가 될 수 있다.

038 ▶ ②

| 정답 해설 |
② 매개변수는 독립변수와 종속변수 사이에서 둘의 관계를 맺어주는 변수로, 제시된 연구에는 존재하지 않는다.

| 오답 해설 |
① 독립변수는 가정폭력 피해 여성이다.

③, ⑤ 종속변수, 내생변수는 가정폭력 피해 여성의 우울증이다.
④ 조절변수는 가정폭력 피해 여성이 맺고 있는 사회적 네트워크의 수준이다.

039 ▶ ②

| 오답 해설 |
① 아르바이트 경험(유무)은 독립변수이며, 산술평균은 알 수 없다.
③ 아르바이트 경험(개월 수)은 독립변수이다.
④ 또래 집단의 지지(5점 척도)는 조절변수이다.
⑤ 삶의 만족(5점 척도)은 종속변수이다.

040 ▶ ⑤

| 정답 해설 |
⑤ 순서대로 선행변수(㉠), 매개변수(㉡), 종속변수(㉢), 외생변수(㉣)에 대한 설명이다.

041 ▶ ⑤

| 정답 해설 |
⑤ 부모의 재산은 통제변수이다. 독립변수와 종속변수 간의 인과관계를 정확히 파악하기 위해 두 변수의 관계에 영향을 미칠 수 있는 제3의 변수를 통제할 경우, 이러한 제3의 변수를 통제변수라고 한다.

| 오답 해설 |
① 독립변수는 부모의 학력이다.
② 종속변수는 자녀의 대학 진학률이다.
③, ④ 제시된 〈사례〉에 나타나 있지 않다.

042 ▶ ⑤

| 정답 해설 |
⑤ 산술평균은 한 변수의 모든 사례의 값을 합한 후 전체 사례의 수로 나눈 값으로, 등간변수와 비율변수에서 주로 사용된다. 연령대는 산술평균으로 측정할 수 없다.

관/련/개/념
척도별 특징과 활용 예

구분	비교 방법	평균 측정	적용가능 분석방법	활용 예
명목 척도	확인, 분류	최빈값	빈도분석, 비모수통계, 교차분석	성별, 종교, 인종, 지역, 결혼유무, 직업유형, 장애유형 등
서열 척도	순위비교	중앙값 (중위수)	서열상관관계, 비모수통계	교육수준, 선호도, 석차, 학점, 사회계층, 자격등급, 장애등급 등
등간 척도	상대적 크기 비교	산술평균	모수통계	지능지수(IQ), 시험점수, 온도, 물가지수 등
비율 척도	절대적 크기 비교	산술평균, 기하평균, 조화평균	모수통계	연령, 무게, 신장, 수입, 매출액, 출생률, 사망률 등

043 ▶ ③

| 정답 해설 |

③ 독립변수는 원인변수(설명변수)이고, 종속변수는 결과변수(피설명변수)이다.

044 ▶ ②

| 오답 해설 |

① 독립변수들 사이의 상관관계는 인과관계 추론의 일차적 조건이 아니다. 오히려 독립변수 간 상관관계가 너무 큰 경우 일부 변수를 조사설계에서 제외해야 하는 상황이 발생한다.
③ 독립변수(원인)가 종속변수(결과)보다 시간적으로 앞서야 한다.
④ 종단적 연구는 같은 주제에 대해 조사대상을 일정한 시간 간격을 두고 반복적으로 조사하기 때문에 횡단적 연구보다 인과관계 추론에 더 적합하다.
⑤ 독립변수의 변화에 따라 종속변수도 일관된 방향으로 함께 변해야 한다.

045 ▶ ④

| 오답 해설 |

① 가설의 지지여부는 영가설(귀무가설)을 직접 검증하여 반증한다.
② 신뢰수준을 95%에서 99%로 높이면 제1종 오류를 줄일 수 있다. 제1종 오류는 영가설이 참인데도 이를 부정·기각하는 오류이다.
③ 영가설(귀무가설)에 관한 설명이다. 연구가설은 조사과정을 통해 연구자가 검증하고자 하는 가설이다.
⑤ 신뢰수준을 낮추면 유의수준이 높아지고, 제1종 오류의 가능성은 높아진다. 반면, 신뢰수준을 높이면 제1종 오류를 줄일 수 있다.

> 참고 신뢰수준과 유의수준은 서로 상충됩니다.

046 ▶ ④

| 정답 해설 |

④ 가설은 변수들 간의 관계를 나타낼 수 있도록 2개 이상의 변수로 구성되어야 하며, 명확하고 구체적이어야 한다. '여성의 노동참여율이 높을수록 출산율은 낮을 것이다.'라는 가설은 '여성의 노동참여율'과 '출산율'이라는 2개의 변수로 구성되어 변수 간의 관계를 나타내고 있으며, 명확하고 구체적이므로 경험적으로 검증이 가능하다.

047 ▶ ⑤

| 정답 해설 |

⑤ 영가설이란 조사자가 검증하고자 하는 변수 간의 관계를 기각하거나 부정하는 가설로, 변수 간 관계가 우연이라고 설명한다.

048 ▶ ①

| 오답 해설 |

ⓒ 연구문제 선정 후 연구 가설을 설정한다.
ⓔ 가설을 설정하는 목적은 연구문제를 해결하기 위함으로, 가능한 한 광범위한 적용 범위를 가지고 있어야 하지만 경험적으로 검증이 가능하여야 한다. 창의적으로 해석하는 데 목적을 두어서는 안 된다.

049 ▶ ④

| 정답 해설 |

④ 연구가설은 독립변수가 종속변수에 영향을 미친다고 가정하며, 영가설은 표본의 통계치를 우연에 의한 것이라고 가정한다.

050 ▶ ①

| 오답 해설 |

ⓒ 대안가설(대립가설)은 영가설과 반대되는 가설을 설정하는 것으로, 영가설이 거짓일 때 채택하기 위해 설정하는 가설이다.
ⓔ 영가설은 변수 간의 관계가 우연에 의한 것이라 간주한다.

051 ▶ ①

| 오답 해설 |

② 영가설(귀무가설)에 관한 설명이다. 연구가설(대립가설)은 그 자체를 직접 검정할 수 없으며, 연구자가 조사 과정을 통해 검정할 수 있다.
③ 연구가설은 영가설의 검정 결과에 따라 채택되거나 기각된다.
④ 영가설에 관한 설명이다.
⑤ 영가설은 연구가설에 대한 반증의 목적으로 설정된다.

052 ▶ ①

| 오답 해설 |

② 조작적 정의는 질적 조사에 비해 양적 조사에서 더욱 중요하다.
③ 측정하고자 하는 개념의 의미는 개념적 정의를 통해 확장된다.
④ '개념적 정의 → 조작적 정의 → 측정'의 순서로 이루어진다.
⑤ 조작적 정의를 통해 변수를 직접 측정할 수 있다.

| 관/련/개/념 |

개념의 구체화 과정

개념 → 개념적 정의 → 조작적 정의 → 측정(도구)
← (주관적, 추상적)　　　(객관적, 구체화) →

053 ▶ ④

| 오답 해설 |

① 가설을 설정한 이후 자료를 수집해야 한다.
② 자료 수집 방법은 조사 설계에 포함할 수 있다.

③ 영가설에 관한 설명이다. 연구가설은 독립변수와 종속변수는 관계가 있다고 설정한다.
⑤ 사회과학에서 양적 조사를 실시할 경우 통계 분석으로 내용을 밝혀내기 때문에 직접적으로 검증하지 않을 수 있다. 또한 이론은 영가설을 통해 간접적으로 검증되기도 한다.

054 ▶ ①

| 오답 해설 |

ⓛ 조작적 정의를 하면 개념의 의미가 명료해진다.
ⓒ 조작적 정의를 통해 개념이 더욱 구체화된다.
ⓔ 조작적 정의가 없다면 가설 검증이 불가능하다.

UNIT 04 척도 구성

055	④	056	②	057	⑤	058	②	059	①
060	②	061	④	062	③	063	②	064	③
065	④	066	③	067	②	068	③		

055 ▶ ④

| 정답 해설 |

④ 0~100점으로 구분되는 시험점수는 등간등급(변수)에 해당하며, 산술평균의 값을 측정할 수 있다. 비율등급(변수)은 변수 간의 범주 간격이 등간격일 뿐만 아니라 범주 간에 몇 배나 크거나 작은지 측정할 수 있다.

참고　시험점수의 0점은 절대영값이 아닙니다. 시험점수가 0점이라고 해서 해당 학습성취도가 아예 없다고는 볼 수 없기 때문입니다.

| 관/련/개/념 |

통계분석 수치 관련 개념

산술평균	• 한 변수의 모든 사례의 값을 합한 후 전체 사례의 수로 나눈 값이다. • 등간·비율척도(변수)에서 주로 사용된다.
중앙값 (중간값)	• 자료를 크기순으로 나열했을 때, 중앙에 있는 값(50%)이다. • 서열척도(변수)로 순위비교에서 주로 사용된다.
최빈값	• 빈도수가 가장 높은 값이다. • 명목척도(변수)에서 주로 사용된다.

056 ▶ ②

| 정답 해설 |

② • 장애 유형은 순위나 간격을 나타낼 수 없는 명목변수이다.
• 장애 등록 후 기간, 장애 등록 연령은 간격을 나타내며 절대영값이 존재하는 비율변수이다.
• 장애인의 건강 정도는 각각의 상대적 위치에 따른 순위를 나타낼 수 있는 서열변수이다.

057 ▶ ⑤

| 오답 해설 |

ⓒ 리커트척도는 서열척도의 대표적인 유형으로, 한 사건 또는 현상을 서로 연관된 여러 개의 문항으로 측정한다.

058 ▶ ②

| 정답 해설 |

② 학년은 등간변수, 이수과목의 수는 비율변수이다.

| 오답 해설 |

① 연령, 백신 접종률 모두 비율변수이다.
③ 섭씨(℃), 화씨(℉) 모두 등간변수이다.
④ 강우량, 산불 발생 건수 모두 비율변수이다.
⑤ 거주지역, 혈액형 모두 명목변수이다.

059 ▶ ①

| 정답 해설 |

① ㉠, ㉡, ㉢, ㉣ 모두 명목척도이다. 장애인의 성별(남, 여), 장애유형(지체장애, 시각장애, 청각장애 등), 거주지역(서울, 경기, 강원 등), 직업군(전문직, 사무직, 기술직 등)은 모두 몇 개의 범주로 나눌 수 있을 뿐, 서열이나 수치로 나타낼 수 없는 변수로서 명목척도에 해당한다.

060 ▶ ②

| 정답 해설 |

㉠ 명목척도는 가장 기본적 요건을 갖춘 척도 유형으로, 범주 내 기호를 부여하지만 각 항목을 구분하는 용도일 뿐 서열이나 순서는 없다.

ⓒ 비율척도는 명목성, 서열성, 등간성 등 모든 속성을 갖춘 가장 높은 차원의 척도이며 절대영점이 존재한다.
ⓒ 서열척도는 명목성, 변수 내 순서와 서열이 존재하는 척도이다. 하지만 서열 간격이 동일한 등간성은 갖추고 있지 않다.

061 ▶ ④

| 정답 해설 |

④ 생활수준(상, 중, 하)은 서열척도이고, 혈액형은 명목척도이다.

| 오답 해설 |

①, ⑤ 모두 명목척도이다.
② 모두 비율척도이다.
③ 모두 등간척도이다.

062 ▶ ③

| 정답 해설 |

③ 보가더스척도는 연구자가 측정하고자 하는 특정 현상이나 사회 이슈에 대해 개인이 어느 정도의 수준까지 수용할 수 있는지를 측정하는 척도로, 사회집단 간 심리적 거리감을 측정하는 데 적절하다.

| 오답 해설 |

① 리커트척도는 하나의 개념을 측정하기 위해 여러 개의 문장을 이용하는 척도로, 각 항목의 단순 합산을 통해 서열성을 산출하며 보통 3~7점으로 구성된다.
② 어의적 분화척도는 의미 분화척도라고도 하며, 한 쌍의 대조되는 형용사를 사용하여 응답자들이 평소 자신의 생각이나 태도, 느낌 등의 정도(위치)를 표현하게 하는 척도이다.
④ 소시오매트릭스는 소시오매트릭 테스트에 의하여 밝혀진 소시오매트릭 매트릭스(일정범위의 사람들의 집합 내에서 상호적인 선택이나 배척의 배치)를 양적 처리가 용이하도록 행렬형으로 정리한 것이다.
⑤ 서스톤척도는 가장 부정적인 생각(1점)부터 가장 긍정적인 생각(11점)까지 등간격으로 구분하여 만든 척도이다.

063 ▶ ②

| 정답 해설 |

② 11점 척도를 활용한 문항 분류 결과를 분석하고, 각 평가자들로부터 받은 점수의 중위수를 가중치로 하여 척도를 구성하였으므로 이는 서스톤척도임을 알 수 있다. 서스톤척도는 어떤 사실에 대하여 가장 긍정적인 태도와 가장 부정적인 태도를 양극단에 두고 등간격으로 수치를 부여함으로써 등간척도를 구성한다.

| 오답 해설 |

① 거트만척도는 일정한 기준에 의해 일련의 문항들을 강도에 따라 누적적으로 구성하는 척도이다.
③ 리커트척도는 여러 문항으로 응답자의 태도를 측정하고 해당 항목에 대한 측정치를 합산하여 대상자의 태도 점수를 얻어내는 척도이다.
④ 보가더스척도는 사람들과의 친밀성에 대하여 사람들이 어떻게 반응하는지를 측정하는 척도로, 사회적 거리척도라고도 한다. 응답자가 자신이 속하지 않은 다른 집단에 대해 느끼는 친밀감 또는 혐오감 등의 느낌을 확인할 수 있다.
⑤ 의미 차이척도(어의적 분화척도)는 상반되는 의미를 갖는 형용사를 양극단에 배치시켜 인상을 평가하는 것이다.

064 ▶ ③

| 오답 해설 |

ⓒ 문화적 편견은 편향에 따른 체계적 오류를 발생시킨다. 측정의 무작위 오류는 비체계적 오류로서 측정자, 측정대상자, 측정상황, 측정도구에 의해 발생한다.

관/련/개/념

측정오류의 유형

체계적 오류	• 오류의 패턴과 경향이 있을 때, 타당도에 문제를 일으킨다. • 인구학적 혹은 사회·경제적 특성, 개인적 성향, 편향으로 인한 오류이다.
비체계적 오류 (무작위 오류)	• 일정한 패턴 없이 나타나는 오류로, 신뢰도에 문제를 일으킨다. • 측정자, 측정대상자, 측정상황, 측정도구에 의한 오류이다.

065 ▶ ④

| 정답 해설 |

④ 어의적 분화척도는 상반되는 의미를 갖는 형용사를 양극단에 배치시켜 그 속성에 대해 평가를 내리도록 한다. 항목을 서로 상반된 형용사로 구성한 것에서 어의적 분화척도임을 알 수 있다.

066 ▶ ③

| 정답 해설 |

③ 서스톤척도는 평가를 위한 문항의 수가 많고 동원되는 평가자가 많기 때문에 척도 개발에 많은 시간과 인원, 노력이 소요된다. 따라서 개발이 용이하지 않다.

> **참고** 질문 문항들에 대한 평가자의 우호성의 정도를 측정하는 것이므로 항목에 따라 구체성이 결여된 경우도 있다는 점이 서스톤척도의 또 다른 단점입니다.

067 ▶ ②

| 오답 해설 |

① 리커트척도는 한 사건 또는 현상을 서로 연관된 여러 개의 문항에 의해 측정하는 척도로, 개별문항의 중요도는 동등하다.
③ 평정척도는 어떤 측정 대상에 판단의 연속적 개념을 부여하는 측정방법이다. 여러 단계로 분류하여 해당 단계에 응답하도록 하는 질문형태로 구성되어 있으며, 문항의 적절성 평가에 용이하지 않다.
④ 거트만척도는 일정한 기준에 의해 일련의 문항들을 강도에 따라 누적적으로 구성하는 척도로, 단일한 내용을 분석할 때 사용한다.
⑤ 의미 차별척도는 양극단에 서로 상반되는 형용사를 배치하여 속성에 대한 평가를 내리도록 하는 척도이다.

068 ▶ ③

| 정답 해설 |

③ 보가더스의 사회적 거리척도는 서열척도이자 누적척도이다.

UNIT 05 측정의 타당도와 신뢰도

069	①	070	③	071	③	072	④	073	②
074	①	075	④	076	④	077	①	078	①
079	④	080	⑤	081	④	082	⑤	083	③
084	②	085	①	086	①	087	③	088	④

069 ▶ ①

| 정답 해설 |

① 내용타당도는 측정도구에 포함된 설문 문항들이나 관찰 내용들이 측정하려고 하는 속성이나 개념을 얼마나 대표성 있게 포함하고 있는가에 대해 주관적 또는 상호 주관적으로 판단하는 것이다.

| 오답 해설 |

② 판별타당도는 서로 다른 개념을 측정할 경우 측정결과가 상이해야 한다는 것이다.
③ 예측타당도는 척도가 미래에 발생할 어떤 사건(기준변수)을 얼마나 잘 예측하는가에 관한 것이다.
④ 동시타당도는 척도가 현재의 어떤 사건을 얼마나 잘 나타내는가에 관한 것이다.
⑤ 수렴타당도는 동일한 개념을 측정하기 위하여 서로 다른 측정방법을 사용하여 측정한 결과는 높은 상관관계를 보여야 한다는 것이다.

070 ▶ ③

| 정답 해설 |

③ 내적 타당도가 높다 하더라도 외적 타당도는 낮을 수 있다. 즉, 내적 타당도와 외적 타당도의 결과가 반드시 같은 것은 아니다.

참고 내적 타당도의 핵심이 '인과관계'라면, 외적 타당도의 핵심은 '일반화'입니다.

071 ▶ ③

| 정답 해설 |

③ 새로운 불안척도를 사용하여 치료집단과 일반집단의 불안수준을 측정한 결과, 치료집단의 평균이 일반집단의 평균보다 통계적으로 유의미하여 두 집단을 잘 구별하였다고 한다. 이는 측정도구의 측정값을 외적인 기준과 동시적인 시점에서 비교하여 타당도를 평가하는 방법이다. 타당도를 평가하고자 하는 측정도구의 측정값이 기준이 되는 다른 측정도구의 측정값과 얼마나 일치하는가를 따짐으로써 측정도구의 타당도를 평가한다. 제시된 사례에서 사용된 타당도 유형은 기준타당도 중 동시타당도(동시발생적 기준타당도)에 해당한다.

072 ▶ ④

| 정답 해설 |

④ 구성타당도는 측정하려는 개념이 전반적인 이론적 체계 내에서 다른 개념들과 실제적·논리적으로 적절한 관련성을 가지는지를 경험적으로 검증하는 방법으로, 이해타당도, 수렴타당도, 판별타당도로 구성되어 있다.

073 ▶ ②

| 정답 해설 |

② 우울척도와 자아존중감척도의 상관관계를 산출한 것은 판별타당도와 관련이 있다. 판별타당도란 A와 B가 서로 다른 개념을 측정하는 도구라면 동일한 대상을 측정했을 때에는 측정결과 간의 상관관계가 낮아야 한다는 것이다.

| 오답 해설 |

① 동시타당도는 측정도구가 상황을 얼마나 잘 반영하는지 알아보기 위해 기존에 입증된 측정도구와 비교하여 그 정도를 알아보는 것이다.
③ 내용타당도는 측정도구가 측정하고자 하는 개념의 내용을 얼마나 충분히 대표하고 있는지를 말하는 것으로, 액면타당도, 논리타당도라고도 불린다.
④ 수렴타당도는 동일한 개념을 측정하기 위해 서로 다른 측정도구를 사용하여 측정했을 때 측정결과 간에 높은 상관관계를 가져야 한다는 것이다.
⑤ 예측타당도는 측정도구가 미래의 사건을 얼마나 잘 예측하는지를 말하는 것이다.

참고 예를 들어 기업의 인적성검사에서 높은 점수를 받은 신규 입사자가 실제로 업무능력이 뛰어났다면, 이는 인적성검사의 예측타당도가 높았다고 할 수 있습니다.

074 ▶ ①

| 정답 해설 |

① 척도의 신뢰도를 평가하는 기준이다.

075 ▶ ④

| 오답 해설 |

ⓒ 기준관련타당도의 하위타당도에는 예측타당도, 동시타당도가 있다.

076 ▶ ④

| 정답 해설 |

④ 신뢰도는 타당도를 위한 필요조건이지만, 충분조건은 아니다. 반면, 타당도는 신뢰도를 확보하기 위한 충분조건이다.

077 ▶ ①

| 오답 해설 |

② 측정도구가 의도하는 개념의 실질적 의미의 반영 정도는 측정의 타당도와 관련이 있다.
③ 일반적으로 가장 널리 사용되는 신뢰도 유형은 크론바흐 알파 계수를 이용한 방법이다.
④ 사회적 바람직성 편향은 체계적 오류에 속하며, 체계적 오류는 측정의 타당도와 관련이 있다.
⑤ 특정 개념을 측정하는 문항 수가 많을수록 그 개념에 대한 신뢰도는 높아진다.

078 ▶ ①

| 오답 해설 |

② 측정도구의 문항 수가 적을수록 신뢰도는 낮아진다.
③ 검사-재검사 방법은 신뢰도를 측정하는 방법이다.
④ 편향은 측정의 체계적 오류와 관련된다.
⑤ 측정도구의 신뢰도가 높다고 해서 타당도도 높은 것은 아니다.

079 ▶ ④

| 정답 해설 |

④ 신뢰도를 높이기 위해서는 양질의 문항 수가 많을수록 좋다. 단순히 문항 수가 많다고 반드시 신뢰도가 높아지는 것은 아니다.

080 ▶ ⑤

| 정답 해설 |

⑤ ㉠, ㉡, ㉢, ㉣ 모두 신뢰도를 측정하는 방법이다.

관/련/개/념

신뢰도 측정 방법

검사-재검사법	동일한 측정대상에 대하여 동일한 측정도구를 사용하여 일정한 시간 간격을 두고 측정하여 그 측정결과를 서로 비교한다.
대안법 (복수양식법)	동일한 측정대상에 대하여 유사한 형태의 두 가지 척도를 가지고 거의 동시에 측정한다.
반분법	측정도구(문항)를 양분하여 서로 다른 집단을 측정하고, 양분된 집단 간의 상관관계를 확인한다.
내적 일관성 분석법	동일한 개념을 측정하기 위하여 척도 문항들 간의 상관관계를 확인한다. 반분법은 내적 일관성 분석법에 포함된다.

081 ▶ ④

| 오답 해설 |

ⓒ 신뢰도는 타당도를 위한 필요조건이지만 충분조건은 아니다.

관/련/개/념

신뢰도와 타당도의 관계
- 타당도가 높은 측정도구는 항상 신뢰도가 높다.
- 신뢰도가 높은 측정도구가 반드시 타당도가 높은 것은 아니다.
- 신뢰도는 타당도를 높이기 위한 필요조건이다.

082 ▶ ⑤

| 오답 해설 |

① 양질의 측정 항목 수를 늘려야 한다.
② 유사한 질문을 2회 이상 하면 신뢰도가 높아진다.
③ 측정자에게 측정도구에 대한 교육을 사전에 실시해야 한다.
④ 측정자들은 일관적인 측정방식을 유지해야 한다.

083 ▶ ③

| 정답 해설 |

③ 구성타당도(개념타당도) 내 요인분석에 관한 설명이다.

| 오답 해설 |

① 재조사법(검사-재검사법)에 관한 설명이다.
② 반분법에 관한 설명이다.
④ 대안법(복수양식법)에 관한 설명이다.
⑤ 크론바흐 알파에 관한 설명이다.

084 ▶ ②

| 오답 해설 |

㉠ 검사-재검사법은 일정한 시간 간격을 두고 같은 대상자들에게 같은 측정도구로 조사를 두 번 실시한 뒤, 결과값 간 일관성을 평가하는 방법이다.
㉡ 조사자 간 신뢰도는 둘 이상의 조사자가 동일한 내용을 측정했을 때 그 결과가 동일·유사하거나 상관관계가 높을 경우 신뢰도가 확보되었다고 평가하는 방법이다.
㉣ 대안법은 유사한 측정도구를 두 세트로 구성하여, 같은 응답자가 두 세트의 측정도구에 응답하도록 하고, 관찰값 간 상관관계를 통해 신뢰도를 평가하는 방법이다.

085 ▶ ①

| 오답 해설 |

② 신뢰도가 높다고 해서 타당도도 반드시 높다고 할 수 없다.
③ 요인분석법은 구성타당도 측정에 유용하다.
④ 타당도에 대한 설명이다. 신뢰도는 척도의 일관성 또는 안정성과 관련된 개념이다.
⑤ 내용타당도에 대한 설명이다. 판별타당도는 다른 개념을 같은 방법으로 측정했을 때 나타나는 측정값을 비교하여 상관관계를 확인하는 방법이다.

086 ▶ ①

| 정답 해설 |

① 코딩 왜곡은 사전에 알 수 없고 통제할 수 없는 오류로, 측정 과정에서 우연히 또는 일시적인 사정에 의해 나타나는 오류이다. 이는 비체계적 오류(무작위적 오류)와 관련된다.

087 ▶ ③

| 정답 해설 |

③ 측정의 체계적 오류는 타당도를 저해한다.

088 ▶ ④

| 정답 해설 |

④ 타당도가 낮은 척도의 사용은 체계적 오류를 발생시킨다. 무작위 오류(비체계적 오류)는 신뢰도와 관련된 개념이다.

UNIT 06 표본 설계

089	③	090	②	091	④	092	③	093	②
094	③	095	④	096	②	097	⑤	098	⑤
099	②	100	③	101	⑤	102	②	103	②
104	②	105	④	106	③	107	④	108	②
109	④	110	②						

089 ▶ ③

| 정답 해설 |

③ 전수 연구는 표본 연구에 비해 비표본오차가 큰 반면, 표본 연구는 전수 연구에 비해 표본오차가 크다.

관/련/개/념

표본오차와 비표본오차

표본오차	비표본오차
• 표본조사시 발생하는 오차 • 모수치와 통계치 사이에서 발생하는 오차 • 확률표본추출 방법에서 발생 • 표본크기가 커질수록 감소	• 표집하는 과정에서 발생하는 실수 • 전수조사와 표본조사 모두 발생 • 표본의 크기에 비례하여 증가

090 ▶ ②

| 오답 해설 |

① 추정치가 모수에 근접할 확률은 표본의 크기에 비례한다.
③ 조사비용과 시간의 한계는 표본의 크기와 관련이 있다. 즉, 표본의 크기가 크면 조사비용과 시간이 증가하고, 표본의 크기가 작으면 조사비용과 시간이 감소한다.
④ 표본의 크기와 표본오차는 반비례한다. 즉, 표본의 크기가 클수록 표본오차는 작아지고, 표본의 크기가 작을수록 표본오차는 커진다.

⑤ 통계분석방법은 분석 방법에 따라 표본의 크기가 다르다. 즉, 서로 관련이 있다. 예를 들어, 변량분석의 경우는 표본의 크기로 10~15명 정도, 다변량분석의 경우는 표본의 크기로 20명 정도가 필요하다.

091 ▶ ④

| 정답 해설 |

④ 동일확률선정법이란 모집단을 구성하는 각 요소들이 표본으로 추출될 확률이 동일한 상태에서 표본을 추출하는 방법을 말한다. 모집단 구성요소를 추출했을 뿐이므로 동일확률선정법으로 추출된 표본이더라도 모집단을 완벽하게 대표할 수는 없다.

092 ▶ ③

| 정답 해설 |

③ 표본크기가 증가하면 표본오차는 작아진다.

관/련/개/념

표준오차와 표집오차
- **표준오차**(standard error): 표본의 참값인 모평균에서 얼마나 떨어져 있는지를 표현하는 것으로, 통계의 표본분포의 표준편차이다.
- **표집오차**(=표본오차, sampling error): 표본을 추출하는 과정에서 발생하는 오차이다. 즉, 표본의 통계치와 모수치 간의 차이로 정의되는데, 통계치를 통해 모수치를 추론할 때 발생하는 오차를 말한다.

093 ▶ ②

| 정답 해설 |

② 확률표집이란 모집단 구성요소가 표본으로 선정될 확률이 동일한 표본추출방법으로, 표본으로부터 얻어진 결과를 모집단으로 일반화할 수 있다. 즉, 확률표집(무작위할당)과 같이 모든 조건들을 동일하게 적용할 경우, 신뢰수준을 80%에서 95%로 높이면, 유의수준과 정확도는 감소하고 표집오차는 증가한다.

참고
- 모집단의 동질성이 높으면, 표본의 대표성이 증가하고 표집(표본)오차는 감소합니다.
- 모집단의 이질성이 높으면, 표본의 대표성은 낮아지고 표집(표본)오차는 증가합니다.
- 표본의 크기가 늘어나면 표본의 대표성과 정확도가 증가하고 표집(표본)오차는 감소합니다.

094 ▶ ③

| 정답 해설 |

③ 표본의 크기가 커지면 표집오차는 줄어든다.

참고 ①이 옳은 이유는 93번 문제와 달리 '다른 조건이 같다면' 이라는 전제가 없기 때문입니다. 표본의 크기에서 변동이 생겨 크기가 증가한다면, 표집오차는 실제로 감소할 수 있기 때문에 ①은 옳은 선지입니다.

095 ▶ ④

| 정답 해설 |

④ 표집오차(표본오차)는 모수치(모집단의 값)와 통계치(표본의 값) 간의 차이를 말한다.

096 ▶ ②

| 정답 해설 |

② 노인복지관별 등록자명단에서 등록인원 수에 비례하여 난수표(무작위 할당)를 활용했다는 점에서 확률표집방법, 그중에서도 비례층화표집으로 연구가 진행되었다는 것을 알 수 있다. 이러한 층화표집은 군집표집보다 표집오차가 적게 발생한다.

| 오답 해설 |

① 해당 연구에서 최종적인 표본 선정은 난수표를 활용한 확률표집방법(무작위 할당)으로 이루어졌다.
③ 해당 연구는 비례층화표집으로 진행되어 편향성이 발생하지 않는다. 반면, 비비례층화표집은 비율을 고려하지 않고 추출하기 때문에 편향성이 발생한다. 그래서 분석단계에서 가중치를 활용할 수밖에 없다.
④ 노인복지관별 등록자명단이라는 표집틀이 존재하기 때문에 표집틀의 부재는 해당되지 않는다.
⑤ 비확률표집방법 중 할당표집에 대한 설명이다.

097 ▶ ⑤

| 정답 해설 |

⑤ 내용분석은 질적인 내용을 양적으로 전환하여 자료를 분석하는 방법으로, 소득 주도 성장과 관련된 내용을 표본으로 추출할 때 확률표본추출 방법을 사용할 수 있다. 무작위표본추출(㉠), 층화표본추출(㉡), 체계적 표본추출(㉢), 군집(집락)표본추출(㉣) 모두 확률표본추출 방법에 해당한다.

관/련/개/념

확률표집 방법과 비확률표집 방법
- **확률표본추출법**: 단순무작위표집, 층화표집, 집락표집, 체계적 표집
- **비확률표본추출법**: 편의표집, 유의표집, 눈덩이표집, 할당표집

098 ▶ ⑤

| 정답 해설 |

⑤ 할당표본추출은 전체 모집단에서 직접 표본을 추출하지 않는다. 할당표본추출은 모집단의 속성 중 조사(연구) 내용에 영향을 주는 요소를 정해서 이를 기준으로 몇 개의 범주로 구분한다. 그 다음 각 범주에 해당하는 표본을 모집단에서 차지하는 범주의 비율에 따라 할당하고, 각 범위로부터 할당된 수의 표본을 임의로 추출한다.

참고 할당표본추출법은 층화표집법과 유사하지만, 할당된 표본의 수를 무작위표집이 아닌 임의표집한다는 점에서 층화표집과 차이가 있습니다.

099 ▶ ②

| 정답 해설 |

② 표본추출은 '모집단 확정(㉠) → 표집틀 선정(㉢) → 표본추출 방법 결정(㉣) → 표본 크기 결정(㉤) → 표본추출(㉡)'의 순서로 이루어진다.

100 ▶ ③

| 정답 해설 |

③ 자신의 욕구를 잘 표현할 수 있는 빈곤노인을 조사 대상으로 선정하는 것은 비확률표집 방법 중 하나인 의도적 표집이다. 이는 연구자 및 전문가의 주관적인 판단으로 조사의 목적과 의도에 맞는 대상을 표본으로 선정하는 방법이다.

101 ▶ ⑤

| 정답 해설 |

⑤ 확률표집은 양적 연구에서 주로 사용된다. 질적 연구에서 주로 사용하는 것은 비확률표집이다.

102 ▶ ②

| 정답 해설 |

② 집락표본추출은 양적 조사에서 주로 사용되는 확률표집 방법 중 하나로, 모집단을 여러 집락(군집)으로 분류하고 그중에서 표집의 대상이 되는 집락을 뽑고, 그렇게 뽑은 집락 안에서만 표본을 추출한다.

103 ▶ ②

| 정답 해설 |

② 대상의 연령을 구간별로 나누고, 각 구간당 100명씩 표본을 추출하였으므로 할당표본추출에 해당한다. 할당표본추출은 비확률표본추출 방법으로, 미리 정해진 기준에 따라서 전체 표본을 여러 집단으로 구분하고 각 집단별로 필요한 대상을 사전에 정해진 비율로 임의 추출하는 방법이다.

| 오답 해설 |

① 비례층화표본추출은 소집단 내에서 추출되는 표본의 수가 소집단의 크기에 비례하는 방법이다.
③ 체계적 표본추출은 모집단 목록에서 매 n번째의 사례를 표본으로 추출하는 방법으로, 모집단의 크기가 클수록 효과적이다.

참고 체계적 표본추출 시 최초의 사례는 무작위로 뽑습니다.

④ 눈덩이표본추출은 눈덩이를 굴리는 것처럼 소수의 표본에서 점차 표본을 확대해 나가는 방법으로, 특정한 모집단의 구성원을 모집하기 어려울 경우 매우 유용하게 사용할 수 있다.
⑤ 집락표본추출은 모집단에서 표본들을 여러 집락(군집)으로 분류하여, 그중 표본의 대상이 되는 집락을 선택하고, 선택된 집락 안에서만 표본을 추출하는 방법이다.

104 ▶ ②

| 정답 해설 |

② 제시된 〈사례〉는 확률표집 방법 중 체계적 표집에 관한 내용이다. 체계적 표집은 표집틀인 모집단 목록이 있어야 한다.

105 ▶ ④

| 오답 해설 |

① 할당표집은 비확률표집 방법으로, 미리 정해진 기준에 따라서 전체 표본을 여러 집단으로 구분하고 각 집단별로 필요한 대상을 사전에 정해진 비율로 추출하는 방법이다. 따라서 할당된 표본의 수를 작위적으로 표집한다.
② 유의표집은 비확률표집 방법으로, 표본의 선택기준을 정해 놓고 선택된 표본에 대한 자료를 검토하여 조사의 목적에 맞는 가장 적합한 대상을 선별하는 방법이다.
③ 눈덩이표집은 비확률표집 방법으로, 모집단을 파악하기 곤란한 대상을 표집할 경우 유용하게 사용할 수 있는 표본추출 방법이다.
⑤ 임의표집은 비확률표집 방법으로, 조사자가 임의로 조사대상을 추출하기 때문에 일반화가 어렵다. 비확률표집에 비해 확률표집이 모집단의 대표성이 높은 표본을 추출할 수 있다.

106 ▶ ③

| 정답 해설 |

③ 전체 회원의 절반은 실험집단, 나머지 절반은 통제집단에 배정한 것에서 매칭임을 알 수 있다. 매칭은 서로 적합하다고 간주되는 모든 특성, 요인, 조건, 변수 등에서 정확하게 서로 똑같은 대상들을 둘씩 골라 하나는 실험집단에, 다른 하나는 통제집단에 배정함으로써 두 집단의 동질성을 확보하는 방법이다.

107 ▶ ④

| 오답 해설 |

① 모집단을 가장 잘 대표하는 표본추출 방법은 무작위 표본추출이다. 유의표집은 전문가의 주관적인 판단에 따라 조사의 목적과 의도에 맞는 대상을 표본으로 선정하는 방법으로, 모집단의 대표성을 알기 어렵다.
　참고　유의표집은 비확률표집 방법입니다.
② 모집단이 이질적인 경우에는 표본의 크기를 키워야 한다.
③ 전수조사에서는 모수와 통계치의 구분이 불필요하다.
⑤ 체계적 표집 방법은 확률표집 방법으로서, 모집단 목록에서 일정한 순서에 따라 매 n번째 요소를 추출하는 방법이다.

108 ▶ ②

| 정답 해설 |

② 확률표집 방법인 층화표본추출에 관한 설명이다. 할당 표집은 비확률표집 방법으로, 미리 정해진 기준에 따라서 전체 표본을 여러 집단으로 구분하고 각 집단별로 필요한 대상을 사전에 정해진 비율로 추출하는 방법이다. 따라서 할당된 표본의 수를 작위적으로 표집한다.

109 ▶ ④

| 정답해설 |

④ 표집틀은 표본을 추출할 수 있는 전체 모집단의 구성 목록인 노인 이용자 명단이다.

| 오답 해설 |

① 모집단은 A 종합사회복지관을 이용하는 노인 전체이다. 표본추출된 300명은 표본에 해당한다.
② 300명을 무작위 표본추출하는 것은 확률표집 중 단순무작위표집 방법이다. 할당표집은 비확률표집 방법으로, 할당틀을 적용하여 표본을 추출하는 방식이다.
③, ⑤ 관찰단위와 분석단위 모두 개인이다.

110 ▶ ②

| 정답 해설 |

② 확률표집에 대한 설명이다. 할당표집은 비확률표집 방법으로, 조사대상의 성별, 지역 등으로 이루어진 할당틀을 적용하여 표본을 추출한다.

UNIT 07	단일사례 연구								
111	④	112	④	113	①	114	⑤	115	④
116	②	117	⑤	118	①				

111 ▶ ④

| 오답 해설 |

㉣ 단일사례설계는 실험설계 유형 중 하나로, 하나의 사례를 기반으로 연구를 진행하여 내적타당도가 높아

개입의 효과를 검증하는 데 도움이 된다. 즉, 단일사례설계는 외적타당도가 낮아 일반화의 가능성이 낮다.

112 ▶ ④

| 정답 해설 |

④ 제시된 설계는 단일집단 사전사후검사설계로, 통제집단을 확보하기 어려울 때 사용할 수 있다.

| 오답 해설 |

①, ③, ⑤ 단일집단 사전사후검사설계는 전실험설계에 속한다. 전실험설계는 내적 타당도와 외적 타당도 저해 요인을 거의 통제하지 못하여 연구결과의 일반화가 어렵다.
② 단일집단 사전사후검사설계는 검사효과를 통제하지 못한다.

113 ▶ ①

| 정답 해설 |

① 다중기초선설계(복수기초선설계)는 하나의 동일한 개입 방법을 여러 문제, 대상, 상황에 적용하여 개입의 효과성을 파악하는 설계 유형이다. 내적 타당도 저해 요인을 통제하기 위한 주요 수단으로 개입의 철회를 사용하는 단일사례설계 유형에는 ABA설계, ABAB설계가 있다.

114 ▶ ⑤

| 정답 해설 |

⑤ 최초의 변화가 발생한 시점이 개입 후 상당한 기간이 지났을 때라면, 이는 시간적 경과(성숙) 혹은 우연한 사건에 의한 결과일 수 있으므로 개입효과가 있다고 섣불리 판단할 수 없다.

115 ▶ ④

| 오답 해설 |

① ABCD설계는 기초선 형성 후 서로 다른 복수의 개입 방법을 연속적으로 도입하여 각각의 효과를 비교한다. 융통성이 있으며 클라이언트에게 적합한 새로운 개입 방법을 적용해 볼 수 있지만, 이월효과, 순서효과 등으로 개입 방법 중 어떤 것이 효과적인지 개별적으로 증명하기 어렵다는 단점이 있다.

② AB설계는 하나의 기초선단계(A)와 하나의 개입단계(B)의 두 부분으로 이루어진 가장 기본적인 설계 유형으로, 인과관계를 추론할 때 외부 요인의 영향을 통제하지 못하는 단점이 있다.
③ ABCD설계에 관한 설명이다.
⑤ 경향선 접근에 관한 설명이다. 평균 비교란 기초선이 안정적일 때 기초선단계(A)와 개입단계(B) 자료의 평균을 비교하는 방법이다.

116 ▶ ②

| 정답 해설 |

② 통계적 분석을 할 때 기초선이 불안정한 경우에는 경향선 분석을 이용하여 통계적으로 개입효과를 판단하는 것이 적합하다.

> 관/련/개/념
>
> **단일사례조사 통계적 분석방법**
>
> ① **평균 비교**: 기초선이 비교적 안정적일 경우, 기초선과 개입단계의 자료를 평균하여 비교한다.
> ② **경향선 접근**
>   - 기초선이 다소 불안정한 경우, 사용하는 방법이다.
>   - 기초선(A)의 관찰점을 전반부와 후반부로 나눠 각 평균을 구해 두 점을 잇는 직선을 그어 개입단계(B)부분까지 연장하는 경향선을 긋는다.
>   - 이때 개입단계에서의 관찰점이 모두 경향선 아래 또는 위에 있으면 그 개입은 효과적이라 할 수 있다.

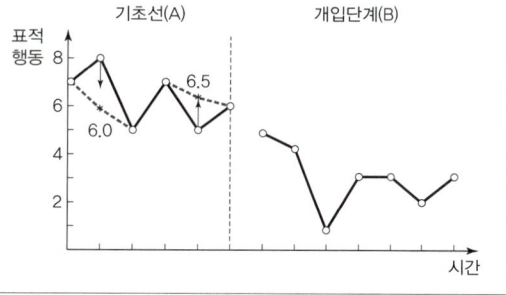

117 ▶ ⑤

| 오답 해설 |

ⓒ ABAC설계는 '기초선(A) → 개입(B) → 기초선(A) → 새로운 개입(C)'으로 진행되는 설계로, 하나의 기초선에 다른 개입 방법을 사용하기 때문에 선행효과를 통제하기 어렵다.

118 ▶ ①

| 정답 해설 |

① 단일사례연구의 유형 중 ABCD설계(다중요소설계)는 하나의 기초선 단계에 각자 다른 개입을 연속적으로 도입할 수 있다.

UNIT 08 실험 조사 연구

119	⑤	120	③	121	①	122	⑤	123	④
124	③	125	⑤	126	③	127	③	128	④
129	①	130	⑤	131	①	132	②	133	③
134	②	135	①	136	③	137	②	138	②

119 ▶ ⑤

| 정답 해설 |

⑤ 외적 타당도(일반화 정도)에서 실험에 대한 반동효과(호손효과)에 해당한다.

| 오답 해설 |

① 모방에 해당한다.
② 실험대상의 상실(탈락)에 해당한다.
③ 조사대상자의 선정편향에 해당한다.
④ 검사효과에 해당한다.

120 ▶ ③

| 오답 해설 |

ⓒ 내적 타당도를 높이기 위해 실험조건을 엄격히 통제한다면 현실 상황과 동떨어져 연구결과를 일반화시키기 어렵다. 반면에 외적 타당도가 높은 연구 결과는 일반화 가능성이 높다.

121 ▶ ①

| 정답 해설 |

① ㉠, ㉡ 내적 타당도란 결과변수가 원인변수에 의해 변화된 것이라고 얼마나 확신할 수 있는가의 정도, 즉 인과관계의 정도를 의미한다. 내적 타당도를 높이기 위해서는 원인변수(독립변수) 이외의 다른 변수가 결과변수(종속변수)에 개입할 조건을 통제하여야 한다. 즉, 원인변수 외의 나머지 변수가 모두 통제되면 내적 타당도는 높아진다.

㉢, ㉣ 외적 타당도란 조사결과를 얼마나 많은 상황이나 사례에 일반화할 수 있는가 정도를 의미하는 것으로, 외적 타당도를 높이기 위해서는 확률표집 방법으로 연구대상을 선정하거나 표본크기를 크게 하여야 한다.

122 ▶ ⑤

| 오답 해설 |

①, ②, ③, ④ 내적 타당도를 저해하는 요인이다.

참고 이 외에도 내적 타당도를 저해하는 요인에는 성숙효과, 시험효과, 표본선택의 편향 등이 있습니다.

123 ▶ ④

| 정답 해설 |

④ 사전검사와 사후검사를 실시하는 과정에서 시간상의 성숙효과가 발생할 수 있다. 성숙효과란 실험집단의 육체적·심리적 특성이 자연적으로 변화해 종속변수에 영향을 미치는 효과이다. 두 집단의 사후검사 결과를 비교하여 성숙효과를 통제할 수 있다.

| 오답 해설 |

① 테스트효과는 두 번 이상의 테스트를 실시하는 연구에서 나타나는 현상으로, 사전검사와 사후검사를 실시하였으므로 테스트 효과의 발생 가능성이 높다.
② 청소년 200명을 대상으로 실시하였기 때문에 청소년이라는 집단 간 동질성을 확인할 수 있다.
③ 무작위로 나눈 두 개의 집단에 A 측정도구를 활용하여 사전검사를 실시하고, 하나의 집단(실험집단)에만 프로그램을 실시하고, 통제집단에는 프로그램을 실시하지 않았기 때문에 사전검사와 프로그램의 상호작용 효과를 통제하기 어렵다.
⑤ 실험집단의 개입 효과가 통제집단으로 전이된다는 내용은 제시된 연구에서 파악할 수 없다.

124 ▶ ③

| 오답 해설 |
① 어떤 변수가 다른 변수의 원인임을 정확하게 기술하는 것은 내적 타당도(인과관계)이다.
② 연구결과를 연구조건을 넘어서는 상황이나 모집단으로 일반화하는 정도는 외적 타당도이다.
④ 실험대상의 탈락이나 우연한 사건은 내적 타당도 저해 요인이다.
⑤ 일반적으로 내적 타당도가 낮은 경우 외적 타당도 역시 낮다. 내적 타당도가 낮으면 독립변수와 종속변수의 인과관계를 확증할 수 없으므로 일반화(외적 타당도) 하기 어렵다.

125 ▶ ⑤

| 오답 해설 |
① 시간적 경과(성숙)에 관한 상황이다.
② 검사효과에 관한 상황이다.
③ 도구효과에 관한 상황이다.
④ 편향된 선별에 관한 상황이다.

참고 시간적 경과, 검사효과, 도구효과, 편향된 선별은 모두 내적 타당도를 저해하는 요인입니다.

126 ▶ ③

| 정답 해설 |
③ 제시된 〈사례〉는 순수실험설계 유형인 통제집단 사전사후검사설계이다. 무작위할당으로 실험집단과 통제집단을 나누고, 사전검사를 실시하여 집단 간 동질성을 확인하는 등 외적 요인의 통제를 시도하였다.

| 오답 해설 |
① 실험집단과 통제집단을 활용한 전형적인 실험설계이다.
② 한 집단에만 다문화교육을 실시하였기 때문에 교육에 참여한 집단이 실험집단이다.
④ 교육 전후에 동일한 다문화수용성 측정도구를 사용하여 내적 타당도의 저해 요인(검사효과)이 발생할 수 있다.
⑤ 두 집단 간의 사전·사후 측정치를 비교하여 다문화수용성의 효과를 판단할 수 있다.

127 ▶ ③

| 오답 해설 |
① 과거로의 회귀에 관한 설명이다.
② 상관계수(-1 또는 +1)에 관한 설명이다.
④ 조사대상의 선정편향에 관한 설명이다.
⑤ 도구효과에 관한 설명이다.

128 ▶ ④

| 정답 해설 |
④ 단순시계열설계는 실험처치를 기준으로 최소 3번 이상 사전검사와 사후검사를 실시하여 실험효과를 검증한다.

| 오답 해설 |
① 비동일 비교집단설계는 순수실험설계의 통제집단 사전·사후검사설계와 유사하지만, 무작위 할당에 의해 실험집단과 통제집단이 선택되지 않는 점이 다르며, 임의적인 방법으로 양 집단을 선정하고 사전·사후검사를 실시하여 종속변수의 변화를 비교한다.
② 분리표본 사전사후검사설계는 유사실험설계(준실험설계)로, 무작위 할당을 통해 통제집단과 실험집단을 배치하며, 통제집단에 대해서는 사전검사만을 실시한다.
③ 솔로몬 4집단설계는 순수실험설계로, 통제집단 사전·사후검사설계와 통제집단 사후검사설계를 합하여 상호작용 검사효과를 제거한 완벽한 설계디자인이다.
⑤ 단일집단 사전사후검사설계는 원시실험설계(전 실험설계)로, 조사 대상자에 대해서 사전검사를 실시하고 독립변수를 도입한 후 사후검사를 실시하여 인과관계를 추정하려는 연구이다.

129 ▶ ①

| 정답 해설 |
① 솔로몬 4집단설계란 통제집단 사전사후검사설계와 통제집단 사후검사설계가 결합된 연구방법이다. 현실적으로 4집단을 무작위할당하기가 어렵고, 비용이 많이 소요되기 때문에 사회복지 현장에서 실제 활용하기에 부적합하다.

130 ▶ ⑤

| 정답 해설 |
⑤ 해당 조사설계는 순수실험설계이다. 순수실험설계는 실험설계의 기본 조건인 무작위 할당, 독립변수의 조작, 종속변수의 비교, 외생변수 통제가 가능할 때 성립하며 전실험설계(원시실험설계)보다 내적타당도가 높다.

| 오답 해설 |
① 인과적 추론 정도가 무작위 배정을 하지 않은 실험설계보다 높다.
② 외생변수 통제, 독립변수 조작, 종속변수의 비교 등이 모두 가능할 때 사용되는 것이 순수실험설계이다.
③ 유사실험설계에 관한 설명이다. 순수실험설계는 무작위 할당이 가능하기 때문에 개입 전에 두 집단(실험집단과 통제집단)의 동질성을 가정할 수 있다.
④ 전실험설계(원시실험설계)에 관한 설명이다.

131 ▶ ①

| 정답 해설 |
① A 학교(실험집단)와 B 학교(통제집단)를 임의로 선정한 후, 사전검사와 사후검사를 실시하였으므로 비동일 통제집단설계에 해당한다. 비동일 통제집단설계란 임의로 실험집단과 통제집단을 선정하고, 사전검사와 사후검사를 실시하여 종속변수의 변화를 비교하는 설계를 말한다.

| 오답 해설 |
② 통제집단 사후검사설계란 실험설계에서 실험처치가 가해진 실험집단과 실험처치가 가해지지 않은 통제집단 간의 사후검사 결과만을 비교하는 연구 방법이다.
③ 정태적 집단(고정집단)비교설계란 실험집단과 통제집단을 임의로 선정하여 실험집단에는 독립변수를 도입하고 통제집단에는 도입하지 않은 채 사후검사를 실시하는 연구 방법이다.
④ 일회 검사사례 연구란 어떤 단일집단에 실험처치를 한 후에 그 집단의 종속변수의 특성을 검사하여 결과를 평가하는 연구 방법이다.
⑤ 솔로몬 4집단설계란 통제집단 사전사후검사설계와 통제집단 사후검사설계가 결합된 연구 방법이다.

132 ▶ ②

| 정답 해설 |
② 실험설계는 개입을 제공하기 전에도 종속변수의 측정이 가능하여 실험 전후 종속변수의 측정을 통해 그 차이를 비교할 수 있다.

133 ▶ ③

| 정답 해설 |
③ 단일집단 사전사후검사설계는 통제집단에 관한 설명이다. 제시된 〈사례〉에서는 무작위할당으로 대상자를 골라 실험집단과 통제집단을 분리하고 있고 사전검사는 실시하지 않았으므로 통제집단 사후검사설계에 해당한다.

134 ▶ ②

| 정답 해설 |
② ㉠, ㉢ 외부사건을 통제할 수 있는 실험설계는 순수실험설계이다. 순수실험설계는 통제집단과 실험집단을 무작위 선정하고, 변수와 검사 시기 등을 통제할 수 있는 실험설계이다. 따라서 외생변수의 영향을 효율적으로 제거할 수 있다.

| 오답 해설 |
㉡, ㉣ 전실험설계에 해당한다. 전실험설계는 내적·외적 타당도 저해 요인을 거의 통제하지 못한다.

135 ▶ ①

| 정답 해설 |
① 통제집단을 설정하지 않는 실험설계 유형은 단순시계열설계이다. 다중시계열설계(복수시계열설계)는 단순시계열설계에 통제집단을 포함하여 비교하는 설계이다.

136 ▶ ③

| 정답 해설 |
③ 순수실험설계는 실험집단과 통제집단을 두고, 실험집단에 대해서는 독립변수를 작용시키고, 통제집단에는 작용시키지 않음으로써 실험 전후 두 집단의 차이를 비교하여 독립변수의 효과를 파악하는 것이다. 통제

집단에는 독립변수를 작용시키지 않으므로 사전조사와 사후조사에서 통제집단의 종속변수 측정치에 차이가 있어서는 안 된다.

137 ▶ ②

| 정답 해설 |
② '우울검사를 동일한 측정도구를 이용해 일정한 간격으로 여러 차례 실시함.'에서 사전검사가 사후검사에 영향을 미치는 검사효과가 발생할 수 있음을 알 수 있다.

| 오답 해설 |
① 유사(준)실험설계는 실험설계의 기본적 요소(통제집단, 무작위할당, 독립변수의 조작, 사전·사후검사) 중 한두 가지가 결여된 설계이다. 따라서 통제집단을 두기 어려울 때 사용할 수 있다.
③ 유사(준)실험설계의 내적 타당도는 순수실험설계에 비해서는 떨어지지만, 전실험설계에 속하는 정태적 집단비교설계보다는 높다. 전실험설계는 내적·외적 타당도 저해 요인을 거의 통제하지 못하기 때문이다.

138 ▶ ②

| 정답 해설 |
② 제시된 〈사례〉는 선실험설계(전실험설계) 중 정태적 집단비교설계 유형에 속한다. 이는 연구자가 임의로 실험집단과 통제집단을 배치하고 실험집단에 실험처치를 한 후, 두 집단 모두 사후검사를 실시하여 관찰결과를 비교하는 방법이다.

| 오답 해설 |
① 비동일 통제집단설계는 유사실험설계 중 하나로, 연구자가 임의로 실험집단과 통제집단으로 나누고 두 집단 모두 사전검사를 실시한다.
③ 다중시계열설계(복수시계열설계)는 유사실험설계 중 하나로, 단순시계열설계에 통제집단을 추가하여 구성한 설계이다. 실험집단과 통제집단 모두 실험처치를 기준으로 최소 3회 이상 사전·사후검사를 실시한다.
④ 통제집단 사후검사설계는 순수실험설계 중 하나로, 통제집단 사전사후검사설계에서 사전검사를 실시하지 않고 실험처치를 하는 설계이다.
⑤ 플라시보 통제집단설계는 플라시보 효과가 강하게 의심되는 시험연구에서 활용되며, 사전·사후검사 통제집단이나 사후검사 통제집단에 플라시보 효과를 측정할 수 있는 한 집단을 추가로 배치하는 설계이다.

UNIT 09	자료 수집								
139	①	140	②	141	①	142	⑤	143	①
144	②	145	④	146	②	147	⑤	148	①
149	③	150	①	151	⑤	152	①	153	①
154	④	155	⑤	156	⑤	157	①	158	⑤

139 ▶ ①

| 오답 해설 |
② 질적 조사의 자료 수집 과정에서는 연구자도 중요한 도구로 활용된다. 연구자의 관찰과 통찰 등을 통해 자료를 수집하고 분석한다.
③ 완전관찰자는 제3자의 입장에서 자료 제공자들을 관찰한다. 즉, 자료 제공자들과 상호작용을 하지 않으므로 자료 제공자들과 라포를 형성할 필요는 없다.
④, ⑤ 양적 조사의 자료 수집에 관한 설명이다.

140 ▶ ②

| 오답 해설 |
ⓒ 우편조사는 심층규명이 어렵다. 심층규명이 쉬운 방법에는 조사자와 피조사자가 얼굴을 맞대고 상호작용하면서 필요한 자료를 얻어내는 면접법이 있다.
ⓒ 배포조사는 응답자에게 질문지를 배포한 후, 일정기간 내에 질문지를 회수하는 방법이다. 응답자 본인의 의견이 기입되었는지, 제3자의 영향을 받았는지 등을 확인할 수 없기 때문에 응답 환경을 통제하기 어렵다는 단점이 있다.

141 ▶ ①

| 정답 해설 |
① 면접조사는 피면접자를 직접 대면하므로, 직접 대면하지 않는 우편설문에 비해 응답자의 익명성 보장 수준이 낮다.

142 ▶ ⑤

| 정답해설 |

ⓒ 심층면접은 연구자가 참여자와 깊게 상호작용하며 참여자의 감정, 태도, 생각 등에 대한 내용을 수집하는 방법으로 질적연구의 주요 자료수집 방법 중 하나이다.

ⓔ 비구조화 면접은 질문을 사전에 결정하지 않고 응답자의 반응에 따라 면접의 형식과 내용을 조절하는 면접으로, 표준화 정도가 낮은 방법이다.

> 참고 표준화(구조화)란 규격에 맞춰 무언가를 균일하게 만드는 것으로, 상황이나 대상에 따라 질문 내용 및 방법을 유연하게 적용할 수 있는 질적 연구에서는 표준화된 측정도구가 중요하지 않습니다.

| 오답 해설 |

㉠, ㉡ 질문 내용 및 방법의 표준화 정도가 높은 자료수집 방법이다.

143 ▶ ①

| 오답 해설 |

② 대면면접법은 우편조사법에 비해 조사자의 편견을 배제하기 힘들다.

③ 대면면접법은 전화면접법에 비해 익명성 보장이 어렵다.

④ 대면면접법은 복잡한 질문을 사용할 수 있어 정확한 응답을 얻어 낼 수 있다.

⑤ 대면면접법 중 구조화(표준화)된 면접은 질문의 순서, 질문 문항 등을 명확하게 제시해야 한다.

144 ▶ ②

| 오답 해설 |

① 관찰자에 의해 자료가 생성된다.

③ 자료 수집 상황을 통제하기 어렵다.

④ 내면적 의식의 파악이 곤란하다.

⑤ 수집된 자료를 해석하는 과정에서 관찰자의 주관이 개입되므로 객관성이 저하된다.

145 ▶ ④

| 정답해설 |

④ 완전참여자는 연구자가 자신의 신분과 목적을 알리지 않고 연구대상집단의 구성원이 되어 그들을 관찰하기 때문에 연구윤리문제가 제기될 수 있다.

| 오답 해설 |

① 비참여관찰에 관한 설명이다.
② 완전관찰자에 관한 설명이다.
③ 참여관찰자에 관한 설명이다.
⑤ 통제관찰에 관한 설명이다.

146 ▶ ②

| 정답해설 |

② 내용분석은 분석대상에 영향을 미치지 않는 비관여적·비반응적 연구 방법이지만, 내러티브 탐구는 이야기들이 다양한 방식으로 분석됨으로써 연구자가 연구대상에 영향을 미치는 관여적 연구 방법이다.

147 ▶ ⑤

| 정답 해설 |

⑤ 내용분석법은 의사소통 기록물의 현재적·잠재적 내용을 객관적·체계적·양적으로 분석하기 위한 조사 방법으로, 신문, 책, 일기 등의 간접자료를 수집하고 분석하는 방법(비참여 조사)이다.

148 ▶ ①

| 정답해설 |

① 내용분석은 역사적 연구에 적용 가능한 방법으로, 장기간에 걸쳐서 발생하는 현상을 연구할 수 있어 시계열 분석도 가능하다.

149 ▶ ③

| 정답 해설 |

③ ㉠ 내용분석법은 기존 자료에 의존하기 때문에 연구의 범위가 제한적이다.

㉣ 내용분석법은 양적 조사와 질적 조사에서 공통으로 사용할 수 있는 방법으로, 가설 검증이 필요하다.

| 오답 해설 |

㉡ 자료 수집 과정에서 선정 편향이 발생할 수 있다.

㉢ 비관여적 연구 방법으로 연구대상자의 반응성을 배제할 수 있다.

150 ▶ ①

| 정답 해설 |

① 독립변수는 사회복지기관에서 근무하는 사회복지사, 종속변수는 사회복지사의 직무만족도이므로 독립변수와 종속변수의 관찰단위는 모두 사회복지사 개인이다.

참고 관찰단위는 자료 수집의 단위이고, 분석단위는 자료 수집 내용에서 실제 분석하는 단위를 말합니다. 일반적으로 관찰단위와 분석단위는 일치하지만, 항상 그런 것은 아닙니다.

관/련/개/념

관찰단위의 분류
- **개인**: 가장 전형적인 분석단위로, 개인의 특성을 수집하는 분석단위이다. 간혹 사회집단 또는 사회와의 상호작용을 연구하는 경우에도 개인을 분석단위로 이용하기도 한다.
  예 여자들은 남자보다 TV를 더 많이 본다.
- **집단**: 사회집단을 연구하거나 집단 간의 특성을 비교연구할 때 사용하는 분석단위이다.
  예 가족, 학급, 학과 등
- **사회적 생성물**: 문화적 항목으로 구분되는 여러 형태의 사회적 대상물을 연구할 때 분석단위로 사용할 수 있다.
  예 책, 그림, 결혼생활, 직장생활, 정치활동 등
- **조직 또는 제도**: 조직을 구성하는 개인 또는 제도 자체의 특성을 연구할 때 사용하는 분석단위이다.
  예 기업, 학교 등
- **지역사회, 지자체, 국가**: 지역사회, 지자체, 국가도 분석단위로 사용할 수 있다.

151 ▶ ⑤

| 정답 해설 |

⑤ ㉠ 사회적 가공물은 책, 소설, 신문기사와 같은 사회적 존재에 의해 가공된 행위나 결과, 매체뿐만 아니라 이혼, 폭력, 범죄와 같은 사회적 상호작용을 모두 포함하는 개념이다.
㉡ 생태학적 오류는 집단을 대상으로 한 조사 결과에 근거하여 개인 단위의 결론을 내리는 것이다.
㉢ 환원주의란 넓은 범위의 인간행위를 이해하는 데 적합한 개념이나 변수를 지나치게 한정시키거나 한 가지로 귀착시키려는 경향이다. 즉, 인간을 둘러싼 현상과 사건에는 매우 다양한 변수가 영향을 미치게 되는데, 이를 지나치게 단순화하면서 발생하는 오류를 말한다.

152 ▶ ①

| 정답 해설 |

① 내용분석은 분석대상에 영향을 미치지 않는 비관여적·비반응적 연구 방법이다.

153 ▶ ①

| 오답 해설 |

② 온라인 설문은 인터넷 접근이 가능한 환경에서만 표집이 가능하다.
③ 대면설문보다 비용은 저렴하고 시간도 절약할 수 있다.
④ 온라인 설문이나 전화조사는 간단하거나 문항수가 적을 때 적합하다.
⑤ 표적집단을 정확하게 알 수 없기 때문에 동일인의 중복 응답에 대한 통제가 어렵다.

154 ▶ ④

| 정답 해설 |

④ 온라인조사는 인터넷을 이용하여 자료를 수집하는 방법이다. 거리와 시간의 제약이 없고, 인건비와 코딩비가 절감되어 조사 비용이 비교적 저렴하며, 신속한 결과 도출과 다양한 매체 사용이 가능하다.

155 ▶ ⑤

| 정답 해설 |

⑤ 신뢰도 측정을 위한 질문은 가능한 한 서로 떨어뜨려 배치해야 한다.

관/련/개/념

설문지의 질문 배열 시 유의사항
- 흥미롭거나 쉬운 질문을 먼저 배치한다.
- 질문을 논리적으로 배열한다.
- 일정한 유형의 응답군이 발생하지 않도록 문항을 배치한다.
- 신뢰도 검사를 염두에 둔 문항들은 분리하여 배치한다.
- 질문 항목의 길이와 유형을 다양하게 배치하여 응답자의 지루함을 방지한다.
- 개연성 질문들은 적합한 순서대로 배열한다.
- 민감한 내용의 문제나 주관식 문제는 뒤쪽에 배치한다.

156 ▶ ⑤

| 정답 해설 |

⑤ 다항선택식 질문은 여러 개의 응답범주를 나열해 놓고 그중에서 몇 개를 선택하도록 하는 방법이다.

| 오답 해설 |

① 개방형 질문이란 질문에 자유롭게 응답할 수 있도록 하는 질문으로, 자유응답 질문이라고도 한다.
② 행렬식 질문이란 부수적 질문으로서, 일련의 동일한 응답범주를 가지고 있는 여러 개의 질문들을 제시할 경우 사용한다.
③ 설문지를 작성할 때는 이중 질문을 피해야 한다.
④ 신뢰도 측정을 위해 짝으로 된 문항들은 띨어뜨려 배치하는 것이 좋다.

157 ▶ ①

| 오답 해설 |

② 설문문항을 작성할 때는 이중 질문을 피해야 한다.
③ 연구자(관찰자)가 관찰대상과 상호작용을 유지하는 것이 중요한 것은 참여관찰법이다. 비참여관찰법은 관찰자가 대상집단 성원으로서의 역할을 수행하지 않고 제3자의 입장에서 관찰하는 것으로 관찰대상과의 상호작용을 하지 않는다.
④ 설문지에서 신뢰도를 측정하는 질문은 서로 떨어뜨려 배치하고, 앞에 있는 질문이 뒤에 나올 질문의 대답에 영향을 줄 수 있는 경우는 가급적 피하는 등 질문 순서는 의도를 가지고 배치되어야 한다.
⑤ 프로빙(캐묻기)이란 응답자의 대답이 불충분하거나 정확하지 않을 때, 추가 질문을 함으로써 충분하고 정확한 대답을 얻는 기술이다. 이 기술은 우편조사에서는 활용하기 어려우며 면접조사에서 활용하는 것이 중요하다.

158 ▶ ⑤

| 정답 해설 |

⑤ ㉠, ㉡, ㉢, ㉣ 모두 설문조사 결과를 해석할 때 유의해야 할 사항이다.

UNIT 10 욕구조사

159	②	160	②	161	④		

159 ▶ ②

| 정답 해설 |

② 델파이기법은 익명성이 보장되는 무기명으로 진행되기 때문에 참여자들의 책임성이 낮아질 수 있다.

160 ▶ ②

| 정답 해설 |

② 델파이 기법에 관한 설명이다.

161 ▶ ④

| 정답 해설 |

④ 델파이조사는 전문가들로부터 우편으로 의견이나 정보를 수집하여 분석한 결과를 다시 응답자들에게 보내 합의에 이를 때까지 의견을 묻는 방식으로, 패널 참가자의 익명성 보장이 용이하다.

UNIT 11 질적 연구

162	③	163	④	164	③	165	④	166	②
167	④	168	⑤	169	④	170	③	171	⑤
172	⑤	173	⑤	174	②	175	⑤		

162 ▶ ③

| 정답 해설 |

③ 서베이 연구는 사람들을 대상으로 설문지(질문지)를 활용하여 자료를 수집하는 방식으로 양적 연구에 해당한다.

163 ▶ ④

| 정답 해설 |

④ 질적 조사는 소수 사례에 대한 심층 관찰이 주를 이루기 때문에 조사결과의 일반화 가능성이 낮다.

164 ▶ ③

| 정답 해설 |

③ 질적 조사의 유형에는 근거이론연구, 민속지학연구(문화기술지연구), 현상학적 연구, 내러티브연구, 참여행동연구 등이 있다. 솔로몬설계연구는 실험설계로, 질적 조사보다는 양적 조사와 관련이 있다.

> **관/련/개/념**
>
> **질적 조사의 종류**
> - **민속지학(문화기술지)연구**: 특정 문화를 공유하는 집단의 체계, 관습, 생활방식, 규범 등에 대해 기술하는 연구이다.
> - **현실기반이론(근거이론)연구**: 귀납적인 과정을 거쳐 현실적인 자료에 근거하여 개발된 이론으로, 기존에 이론적 기반이 갖추어지지 않은 분야를 연구하는 데 적합하다.
> - **현상학적 연구**: 사물이나 현상에 대한 경험의 본질을 탐구하는 것으로, 어떤 경험이 주는 의미를 밝히는 것이다.
> - **내러티브연구**: 개인이 살아온 경험과 그에 대한 이야기를 수집하는 것이다.
> - **참여행동연구**: 연구대상자들에게 연구의 목적과 절차에 대한 통제권이 주어진 사회조사 방법이다.

165 ▶ ④

| 정답 해설 |

④ 질적 연구는 일반화 가능성이 낮기 때문에 다른 연구자들이 재연하기 어렵다.

166 ▶ ②

| 정답 해설 |

② 혼합 연구 방법은 양적 연구와 질적 연구가 결합된 것으로, 설계 유형으로는 삼각화설계, 내재설계, 설명적 설계, 탐색적 설계 등이 있다.

167 ▶ ④

| 오답 해설 |

ⓒ 제시된 연구 주제는 어떤 현상에 대한 경험의 본질을 알기 위해 실시하는 현상학적 연구에 해당한다.

168 ▶ ③

| 정답 해설 |

③ 축 코딩은 근거이론의 분석 방법으로, 개방 코딩에서 분해되었던 자료를 재조합하는 과정이다. 축 코딩은 범주들을 속성과 차원의 선을 따라서 그 하위범주들과 연결시키며 현상과 연관되는 다양한 조건, 상호작용, 결과 등을 통해 패러다임을 밝힌다.

| 오답 해설 |

① 조건 매트릭스는 중심현상과 관련된 조건들과 그 결과를 시각화하는 근거이론의 분석 방법이다.
② 개방 코딩은 개념을 추출하여 범주화하는 근거이론의 기초 단계이다.
④ 괄호치기는 현상에 대한 선입견 배제 원칙으로, 현상학적 연구와 관련 있다.
⑤ 선택 코딩은 범주들을 연결하는 이야기를 구성하는 근거이론의 분석 방법이다.

169 ▶ ④

| 오답 해설 |

ⓒ 객관적으로 표준화된 척도는 양적 조사에서 사용한다.

170 ▶ ③

| 정답 해설 |

③ 사회지표조사는 양적 연구이다.

> **관/련/개/념**
>
> **양적 연구와 질적 연구의 종류**
>
> | | | |
> |---|---|---|
> | 양적 연구 | • 실험연구
• 조사연구
• 구조화된 서베이 | • 상관연구
• 사회지표조사
• 프로그램 모니터링 |
> | 질적 연구 | • 현상학적 연구
• 사례연구
• 내러티브연구
• 참여행동연구
• 참여관찰연구 | • 문화기술지연구
• 근거이론연구
• 해석학적 연구
• 심층면접
• 분석연구 |

171 ▶ ⑤

| 오답 해설 |

①, ②, ③ 개방 코딩에 관한 설명이다.
④ 선택 코딩에 관한 설명이다.

172 ▶ ⑤

| 정답 해설 |

⑤ 제시된 연구는 참여행동연구이다. 참여행동연구는 조사보다는 문제의 해결, 사회변화, 임파워먼트에 초점을 둔 연구로, 연구대상자는 단순히 연구대상자에 머무르는 것이 아니라 연구자와 동등한 위치에서 자신과 관련된 중요한 문제를 함께 탐구하고 문제 해결을 위한 실천 방안을 적극 모색한다.

173 ▶ ⑤

| 정답 해설 |

⑤ ㉠, ㉡, ㉢, ㉣ 모두 연구의 엄격성을 높이는 방법으로 옳다.

> **참고** 질적 연구는 양적 연구에 비해 상대적으로 표본의 수가 적어 신뢰도가 낮습니다. 신뢰도가 낮으면 결과의 일반화가 어렵기 때문에 연구에 신뢰도를 높이기 위해 엄격하게 검증하는 방법이 필요합니다.

관/련/개/념

질적 연구의 엄격성을 높이기 위한 방법

- **삼각측정(다원화, 다각화)**: 고정된 하나의 점 또는 사항에 대해 포괄적인 이해를 얻고자 다양한 자원을 활용한다.
- **예외사례 표본추출**: 예외적인 사례분석을 통해 연구자는 자료 분석 과정에서 스스로 미비점을 찾아낼 수 있다.
- **장기적 관찰**: 연구자와 연구대상 간의 장기간에 걸친 관계 형성은 연구대상의 반응성과 연구자의 편견을 줄이는 데 도움이 된다.
- **연구윤리 강화**: 연구자가 수시로 연구현장을 찾아가서 자신의 연구가 올바른 방향으로 나아가고 있는지 확인하는 방법으로, 연구자의 편견을 줄일 수 있다.
- **동료집단의 조언 및 지지**: 동료집단은 연구자가 편견에 빠지지 않게 하는 감시기제로서의 역할을 한다. 연구자에게 연구의 전 과정에 걸쳐 정직성을 유지할 수 있게 하는 역할이다.
- **감사자료 남기기**: 연구자는 다른 사람이 자신의 연구결과를 살펴볼 수 있도록 자료 수집 및 분석 과정을 기록으로 남기고, 이를 공개함으로써 연구의 엄격성을 높일 수 있다.

174 ▶ ②

| 정답 해설 |

② 체계적 표집은 양적 연구에서 일반적으로 사용되는 표집 방법이다.

| 오답 해설 |

① 판단 표집은 비확률표집 방법으로, 연구자가 모집단을 잘 대표한다고 생각하는 일부 대상(지역)에 한하여 표집하는 방법이다.
③ 결정적 사례 표집은 어떤 상황이나 문제에 대한 구체적인 정보를 제공하는 결정적인 사례를 표집하는 방법이다.
④ 극단적 사례 표집은 연구자가 관심을 보이고 있는 현상이 전형적으로 나타나는 사례와 매우 특이하고 예외적인 극단적 사례를 표집하여 주요 현상에 대한 이해를 넓히는 방법이다.
⑤ 최대변이 표집은 적은 수의 표본이지만 다양한 속성을 가진 사례들을 골고루 확보하기 위한 방법이다.

175 ▶ ⑤

| 정답 해설 |

⑤ 질적 연구는 심층면접, 관찰 등을 활용하여 자료를 수집하며, 양적 연구에 비해 귀납적 경향이 강하다.

| 오답 해설 |

①, ②, ③, ④ 모두 양적 연구에 관한 설명이다.

CHAPTER 3 사회복지실천론

UNIT 01 사회복지실천의 개관

001	③	002	⑤	003	⑤	004	①	005	②
006	④	007	⑤	008	④	009	⑤	010	①
011	⑤	012	①	013	①	014	①	015	⑤
016	④	017	④	018	③	019	⑤	020	③
021	⑤	022	④	023	⑤	024	④	025	①
026	③	027	③	028	⑤	029	②	030	②
031	⑤	032	①	033	⑤	034	⑤	035	②
036	④	037	⑤	038	④	039	②	040	⑤

001 ▶ ③

| 오답 해설 |
ⓒ 수혜자격의 축소는 개인주의 및 자유방임주의 사상과 관련된 내용으로, 복지증진을 위한 국가의 개입은 개인의 자유를 침해하지 않는 선에서 최소화되어야 한다는 이념이 밑바탕에 깔려 있다.

002 ▶ ⑤

| 정답 해설 |
⑤ 사회복지실천의 목적은 개인의 삶의 질을 향상시키고, 개인과 환경 간의 유익한 상호작용을 회복·촉진시키는 것이다. 개인이 조직에게 효과적으로 순응하도록 원조하는 것은 사회복지실천의 목적과 기능으로 적절하지 않다.

003 ▶ ⑤

| 정답 해설 |
⑤ ㉠ 인도주의는 모든 인간의 존엄성을 인정하고 동등한 자격을 부여하며, 인류의 공존을 도모하고 복지를 실현시키는 사상이다(박애사상).
㉡ 민주주의는 클라이언트의 원조를 결정할 때 클라이언트의 적극 참여를 강조하며, 사회진화론과 달리 모든 인간은 평등하다는 관점이다.
㉢ 개인주의는 개인 권리 존중을 기반으로 클라이언트의 개인적 특성, 개별화를 중시하는 이념이다.

㉣ 문화 다양성은 인종, 계층, 성별, 문화, 이념 등을 하나의 기준이나 관점에서 보는 것이 아니라 상대적으로 바라보고 인정하는 것이다(다원주의).

| 관/련/개/념 |

그 밖에 사회복지실천에 영향을 미친 이념 및 철학적 배경

상부상조 정신	사회복지의 제도적 수립 이전 빈곤과 개인의 문제에 대처해 온 원조적 방식이다. 예 품앗이, 두레, 계, 향약 등
자선 (종교적 윤리)	사회복지실천이 전문화되기 이전 서구 기독교의 자선, 사랑 등 종교적 윤리를 토대로 사회적 약자를 도왔다.
사회진화론	적자생존의 자연법칙이 사회에도 적용되어 사회적 우월계층은 살아남고, 사회부적응 계층은 자연스럽게 도태된다는 이념이다. 사회복지실천의 사회통제적 측면에 영향을 미쳤다.

004 ▶ ①

| 정답 해설 |
① 개인주의는 인간 존재의 존엄성(개인 권리의 옹호), 자율성(자기결정의 권리와 책임), 프라이버시(사생활 보호와 비밀 준수), 개인 발달(자기 가능성의 발달) 등의 이념과 관련이 있다. 이에 따라 개인주의는 사회복지실천에서 클라이언트의 개인적 특성을 고려하는 개별화(㉠)를 중시하고, 개인의 권리와 의무를 강조(㉡)하며, 최소한의 수혜자격의 원칙(㉢)을 확립하는 데 영향을 주었다.

| 오답 해설 |
㉣ 개인의 권리와 의무를 강조하는 개인주의는 빈곤의 원인이 개인에게 있다고 보며, 개인의 책임을 중시한다.

005 ▶ ②

| 정답 해설 |
② 개인적으로 의미 있는 상호관계인 치료집단 등 소집단에의 개입과 실천활동인 중간 수준의 사회복지실천에 관한 내용이다.

| 오답 해설 |
①, ③, ④, ⑤ 거시 수준의 사회복지실천은 간접적 실천을 포함하는 전체 지역사회기관이나 조직 등을 대상으로 하는 사회복지실천 활동이다.

006 ▶ ④

| 정답 해설 |

④ 사회진화론은 사회복지실천의 사회통제적 측면으로서, 사회에 잘 적응하는 사회적합계층과 그렇지 않은 사회부적합계층으로 구분한다.

| 오답 해설 |

① 인도주의는 사회복지의 근간이 되는 이념으로, 봉사정신과 이타주의를 토대로 한다.
② 민주주의는 사회진화론과 달리 인간은 누구나 평등하다는 것을 전제로 하여 클라이언트도 평등하게 처우받을 권리가 있음을 강조하며 클라이언트의 자기결정권에 영향을 미쳤다.
③ 박애사상은 인도주의와 함께 사회복지실천의 가장 기본적인 이념으로, 모든 인간은 평등하다는 생각에서 인종, 종교, 관습, 국적 등을 초월하여 어려움을 같이 나누려는 인간애를 의미한다.
⑤ 다양화(다원주의)는 사회 및 시대 변화에 따라 인간과 관련된 다양한 욕구와 복합적인 문제가 발생하면서 상대적인 관점에서 바라보고 개인의 고유성을 중시하는 사회복지실천을 강조하였다.

007 ▶ ⑤

| 정답 해설 |

⑤ ⓒ 사회복지실천에 관한 이론과 방법을 최초로 체계화한 사회진단 출간(1917)
ⓛ 밀포드 회의에서 개별사회사업 방법론을 기본으로 하는 사회복지실천의 공통요소 제시(1929)
㉠ 기능주의 학파와 진단주의 학파의 갈등(1930년대 ~ 1950년대)
㉣ 사회복지실천 방법으로 통합적 방법론 등장(1957)

008 ▶ ④

| 오답 해설 |

㉣ 사회복지 전문직으로서 고유한 정체성을 발전시키고 타 분야의 전문가와 공유하여야 한다.

009 ▶ ⑤

| 정답 해설 |

⑤ 제시된 사회복지실천 접근은 사회복지실천의 통합기(1950~1970년)에 해당하는 내용이다. 따라서 그 이전인 전문직 성장기(1900~1920년)와 전문직 분화기(1921~ 1950년)에 해당하는 내용을 순서대로 찾으면 다음과 같다.
• 1915년 플렉스너의 사회복지직 전문성 비판
• 1917년 리치몬드의 ≪사회진단≫ 출간
• 1920년대 사회복지실천 3대 방법론으로 분화

참고
• 1920년대 진단주의 등장
• 1930년대 후반 기능주의 등장
• 1970년 한국 사회복지사업법 제정

010 ▶ ①

| 오답 해설 |

②, ③, ④, ⑤ 인보관 운동에 관한 설명이다.

011 ▶ ⑤

| 정답 해설 |

⑤ 자원봉사 형태였던 사회복지실천이 전문직으로 확립된 시기는 1900~1920년이다. 사회복지실천에서 통합적 방법론이 등장한 시기는 1951~1960년이다.

| 오답 해설 |

①, ②, ③ 자선조직협회의 활동이 전문화·조직화되면서 우애방문자들의 무급 자원봉사만으로는 한계가 있다는 인식이 커졌다. 이에 따라 사회복지실천이 봉사활동의 형태에서 나아가 점차 보수체계가 정립되고, 교육 및 훈련제도가 확립되었다.
④ 1905년 매사추세츠 병원에서 의료사회복지사를 정식으로 채용하여 전문적 사회복지실천 활동을 전개하였다.

012 ▶ ①

| 정답 해설 |

① ㉠ 1947년 이화여자대학교에 기독교사회사업학과가 개설되면서 사회복지 전문 인력의 양성교육을 시작하였다.

ⓒ 1983년 사회복지사업법 개정으로 기존 사회사업종사자의 명칭을 사회복지사로 변경해 사용하기 시작하였다.
ⓒ 1987년 사회복지전문요원을 행정기관에 배치하기 시작하였다.
ⓔ 2016년 정신건강증진 및 정신질환자 복지서비스 지원에 관한 법률 개정에 따라 정신건강사회복지사 명칭을 사용하기 시작하였다(2017년 시행).

013 ▶ ①

| 정답 해설 |
① 그린우드가 제시한 전문직의 다섯 가지 속성(전문적인 권위, 체계적인 이론, 사회적인 인가, 전문직 문화, 윤리강령) 중 윤리강령에 관한 설명이다.

| 오답 해설 |
② 전문직 문화란 전문직은 고유한 가치나 규범, 상징을 만들어서 공유하고 이를 보존해야 한다는 것이다.
③ 사회적인 인가는 사회적으로 전문직에게 부여된 특권으로, 전문가 집단의 힘과 특권, 사회적 승인이라고도 한다. 공동체나 일반사회의 인가 여부에 따라 전문직에 부여되는 권한과 특권이 다르다.
④ 전문적인 권위란 클라이언트와의 관계에서 사회복지사에게 부여된 전문적 권위와 신뢰가 있어야 한다는 것이다.
⑤ 체계적인 이론은 탁월성을 갖춘 기술의 사용 여부와 관련된 것으로, 전문직과 비전문직을 구별하는 기준이 된다.

014 ▶ ①

| 정답 해설 |
① 자선조직협회에 관한 내용이다. 인보관 운동은 사회개혁에 무게를 두었다.

015 ▶ ⑤

| 정답 해설 |
⑤ 프로이트의 정신분석이론을 기반으로 한 진단주의 학파의 접근 방법이다. 기능주의 학파는 현재의 경험과 개인의 성장 가능성을 강조하였다.

016 ▶ ④

| 오답 해설 |
ⓒ 사회 개혁은 인보관 운동의 바탕이 된 사회복지실천의 이념으로, 인보관 운동은 빈곤의 원인과 책임이 사회 구조에 있다고 보며 사회 개혁과 입법 활동을 추진하였다.

017 ▶ ④

| 정답 해설 |
④ ⓒ 1921년 우리나라 최초의 사회복지관으로 태화여자관이 설립되었다.
㉠ 1929년 5년마다 주기적으로 개최되는 밀포드 회의에서 사회복지실천의 공통요소를 발표하였다.
ⓒ 1983년 사회복지사업법 개정에 따라 기존 사회사업종사자에서 사회복지사로 명칭을 변경하여 사용하기 시작하였다.
　참고　사회사업종사자는 1970년 사회복지사업법 제정에 따라 자격제도가 마련되었습니다.
ⓔ 1987년 사회복지전문요원이 부산, 대구, 인천, 광주, 대전의 행정기관에 배치되었다.

018 ▶ ③

| 정답 해설 |
③ 인보관 운동에 관한 설명이다.

019 ▶ ③

| 오답 해설 |
ⓒ 개인에 대한 심리 내적 진단은 진단주의에서 강조한 내용이다.

관/련/개/념

진단주의와 기능주의 실천 비교

진단주의	기능주의
• 리치몬드 중심의 개별사회사업적 접근 • 기계적·결정론적 관점과 실천의 전통적 접근방법 • 대공황(1929) 이전에 등장	• 신프로이트학파 오토 랭크의 인지심리학에 기초 • 치료의 개념보다 원조과정을 더욱 중시 • 클라이언트 내부의 힘(의지)을 중시

020 ▶ ③

| 정답 해설 |

③ 1980년대에 해당하는 내용이다. 1960년대와 1970년대 외원단체 활동은 학교, 병원, 고아원 등의 시설 중심 사회복지를 발전시켰다.

021 ▶ ⑤

| 정답 해설 |

⑤ 집단사회사업이 아니라 개별사회사업의 목적, 윤리, 의무를 결정하는 철학적 배경 이해 요소이다.

> **관/련/개/념**
>
> **1929년 밀포드 회의에서 발표한 사회복지사가 갖추어야 할 기본 지식 및 방법론**
> - 사회복지실천이 공통된 지식기반을 가진 전문직이라는 점을 확인한 사건
> - 사회규범 행동으로부터 벗어난 행동에 관한 지식
> - 인간관계 규범의 활용도
> - 클라이언트 사회력의 중요성
> - 클라이언트 치료를 위한 방법론
> - 사회치료에 지역사회자원 활용
> - 개별사회사업이 요구하는 과학적 지식과 경험 적용
> - 개별사회사업의 목적, 윤리, 의무를 결정하는 철학적 배경 이해

022 ▶ ④

| 정답 해설 |

④ 인간 존엄성 존중은 한국 사회복지사 윤리기준 중 기본적 윤리기준에서 전문가로서의 자세 영역에 해당한다.

023 ▶ ⑤

| 정답 해설 |

⑤ 자유권 중 신체의 자유에 대한 설명이다. 평등권은 모든 사람은 평등하다는 것을 의미한다. 정치적 견해·성별·인종 및 민족·나이·종교·출신 국가 및 지역·신체·사회적 신분·성적 지향·신체조건·정신적 혹은 신체적 장애 여부 등에 상관없이 평등하다.

024 ▶ ④

| 정답 해설 |

④ 기관의 목표가 클라이언트 이익에 위배될 때에는 의무 상충에 따른 윤리적 딜레마가 발생한다. 가치상충은 2개 이상의 가치가 상충될 때 나타나는 윤리적 딜레마이다.

> **참고** 의무 상충은 기관에 대한 의무와 클라이언트에 대한 의무가 상충할 때 나타나는 윤리적 딜레마입니다.

025 ▶ ①

| 오답 해설 |

ⓒ 윤리강령은 윤리적 갈등이 생겼을 때 전문직으로서의 판단 근거를 제공한다.
ⓓ 윤리강령은 한국사회복지사협회에서 채택·선포하였다.

026 ▶ ③

| 오답 해설 |

① 기본적 윤리기준은 전문가로서의 자세(인간 존엄성 존중, 사회정의 실현), 전문성 개발을 위한 노력(직무 능력개발, 지식기반의 실천 증진), 전문가로서의 실천(품위와 자질 유지, 자기 관리, 이해충돌에 대한 대처, 경제적 이득에 대한 실천)에 관한 내용이다.
② 사회복지사의 동료에 대한 윤리기준은 동료, 슈퍼바이저에 관한 내용이다.
④ 클라이언트에 대한 윤리기준은 클라이언트의 권익보호, 클라이언트의자기 결정권 존중, 클라이언트의 사생활 보호 및 비밀보장, 정보에 입각한 동의, 기록·정보 관리, 직업적 경계 유지, 서비스의 종결에 관한 내용이다.
⑤ 기관에 대한 윤리기준은 기관의 정책과 사업 목표를 달성하기 위한 노력, 기관의 부당한 정책이나 요구를 법령과 규정에 따라 해결하려는 노력 등에 관한 내용이다.

027 ▶ ③

| 정답 해설 |

③ 윤리적 의사결정 과정은 해당 문제와 관련된 사람과 제도를 확인하고(ⓒ), 문제를 해결하거나 문제의 정도를 경감할 수 있는 개입목표를 명확히 한 후(ⓓ), 확인

된 목표에 따라 설정된 개입 방안의 효과성과 효율성을 평가하고(ⓒ), 가장 적절한 전략이나 개입 방법을 선택(㉠)하는 순서로 진행된다.

관/련/개/념

돌고프, 로웬버그와 해링턴의 윤리적 의사결정 과정
1. 문제가 무엇이고, 문제를 야기하는 요인은 무엇인지를 파악한다.
2. 누가 클라이언트인지를 확인하고 해당 문제와 관련된 사람, 단체, 제도를 파악한다.
3. 파악한 주체들이 주어진 문제에 대해 가지고 있는 가치(전문가 가치, 클라이언트 가치, 사회적 가치, 사회복지사의 개인적 가치)를 확인한다.
4. 주어진 문제를 해결하거나 문제를 경감시킬 수 있는 개입목표를 명확히 한다.
5. 개입수단과 개입 대상을 분명하게 확인한다.
6. 확정된 목표에 따라 설정된 개입 방안의 효과성과 효율성을 평가한다.
7. 누가 의사결정에 참여할 것인지를 결정한다.
8. 가장 적절한 개입 방법을 선택한다.
9. 선택된 개입 방법을 수행한다.
10. 선택된 개입 방법의 수행을 검토하며, 예상하지 못했던 결과가 나타나는지 주시한다.
11. 결과를 평가하고 추가적인 문제가 무엇인지 확인한다.

028 ▶ ⑤

| 정답 해설 |

⑤ ㉠, ㉡, ㉢, ㉣ 모두 사회복지사가 경험할 수 있는 윤리적 딜레마 상황이다.

관/련/개/념

사회복지사가 경험하는 윤리적 딜레마
- 가치의 상충
- 의무의 상충
- 클라이언트체계의 다중성
- 결과의 모호성
- 능력 또는 권력의 불균형

029 ▶ ②

| 정답 해설 |

② 소속기관에서 사회복지사에게 요구하는 의무와 클라이언트에게 사회복지사가 행해야 할 의무가 상충했기 때문에 의무 상충에 해당한다.

| 오답 해설 |

① 가치 상충은 사회복지사가 가장 빈번하게 겪는 윤리적 딜레마로, 2개 이상의 가치가 상충할 때 발생하는 딜레마이다.
③ 결과의 모호성은 클라이언트 스스로 자기결정을 할 수 없는 경우에 클라이언트를 위한 최선책이 무엇인지 불분명할 때 발생하는 딜레마이다.
④ 힘 또는 권력의 불균형은 클라이언트와 사회복지사 또는 사회복지사 간의 정보, 능력, 권력의 불균형으로 초래되는 윤리적인 딜레마이다.
⑤ 클라이언트체계의 다중성은 클라이언트가 여러 명일 때 누가 클라이언트인가, 누구의 이익이 최우선인가, 어떤 문제가 우선인가, 개입의 초점은 무엇인가 판단하기 어려운 경우 발생하는 딜레마이다.

030 ▶ ②

| 정답 해설 |

② 사회복지사의 클라이언트에 대한 윤리기준 중 서비스의 종결에 관한 내용이다.

031 ▶ ⑤

| 정답 해설 |

⑤ ㉠, ㉡, ㉢, ㉣ 모두 인권의 특성으로 옳다.

관/련/개/념

인권의 특성
- 인간이 갖는 기본적인 권리이다.
- 인간이 갖는 보편적인 권리이다.
- 약자를 위한 권리이다.
- 책임을 동반한 권리이다.
- 개인과 집단을 포괄하는 권리이다.
- 정당성의 기준으로서 국가 권력을 제한하는 권리이다.
- 사회 변화를 요구하는 권리이다.

032 ▶ ①

| 오답 해설 |

② 사회복지사는 클라이언트의 입장에서 출발해 클라이언트의 문제해결을 위해 활동한다.
③ 전문적 관계는 구체적으로 한정된 기간을 갖고 관계를 맺는다. 즉, 시간에 제한을 둔다. 목적이 달성되었거나 달성될 수 없다고 생각될 때에는 관계가 종결된다.

④ 사회복지사에게는 특화된 지식 및 기술, 전문직 윤리강령에서 비롯된 전문가로서의 권위와 권한이 수반된다.
⑤ 전문적 관계를 맺을 때는 클라이언트의 동의가 반드시 필요하다.

> **관/련/개/념**
>
> **전문적 관계의 특성**
> - 권위성
> - 통제된 관계
> - 목적 지향적 관계
> - 시간 제한적 관계
> - 클라이언트에 대한 헌신

033 ▶ ①

| 오답 해설 |

② 평등과 불평등의 원칙이란 능력이나 권력이 동등한 사람들은 똑같이 대우받을 권리가 있고, 능력이나 권력이 다른 사람들은 불평등하게 처우 받을 권리가 있다는 것이다.
③ 최소 손실의 원칙이란 선택 가능한 대안이 모두 유해할 경우에는 항상 최소한의 손실, 즉 가장 쉽게 회복할 수 있는 대안을 선택해야 한다는 것이다.
④ 사생활과 비밀보장의 원칙이란 사회복지사는 클라이언트에 대해서 알게 된 사실을 타인에게 공개하지 않아야 한다는 것이다.
⑤ 진실성과 정보개방의 원칙이란 클라이언트와 관련자에게는 오로지 진실만을 언급하고 관련된 모든 정보를 공개해야 한다는 것이다.

034 ▶ ⑤

| 정답 해설 |

⑤ ㉠, ㉡, ㉢, ㉣ 모두 사회복지사 윤리강령의 기능에 해당한다.

> **관/련/개/념**
>
> **사회복지사 윤리강령의 기능**
> - 실천현장에서 윤리적 갈등 발생 시 지침과 원칙을 제공한다.
> - 비윤리적 실천으로부터 클라이언트를 보호한다.
> - 전문성을 확보하고 외부 통제로부터 전문직을 보호한다.
> - 사회복지의 기본 업무 및 자세를 알리는 일차적 수단이다.
> - 윤리적 민감성 고양을 통해 윤리적 실천을 제고한다.
> - 전문직의 행동강령과 원칙을 제시한다.

035 ▶ ②

| 정답 해설 |

② 노인의 의사결정을 사회복지사가 대신할 수 없다는 것에서 한 사람의 권리는 남에게 양도할 수 없고(불가양성), 나누어 가질 수 없다(불가분성)는 인권 특성이 나타나 있다.

036 ▶ ④

| 정답 해설 |

④ 동등한 사회 참여 기회 제공은 결과 우선 가치에 해당한다. 결과 우선 가치는 인간을 위한 서비스를 제공한 후 바람직한 결과 성취를 위해 가져야 할 가치로서, 개인 발전을 위한 사회적 책임에 대한 믿음을 말한다.

| 오답 해설 |

①, ③ 수단 우선 가치에 해당한다. 수단 우선 가치는 서비스를 수행하는 방법에 대한 가치로, 인간 중심의 바람직한 수단 선택의 가치이다.
②, ⑤ 사람 우선 가치에 해당한다. 사람 우선 가치는 클라이언트에 대해 전문직이 갖추고 있어야 할 기본적인 가치로서, 인간의 본성을 제시해 줄 수 있는 가치이다.

037 ▶ ⑤

| 정답 해설 |

⑤ 클라이언트의 자기결정권은 사회복지실천의 개입과정에서, 클라이언트에게 자신의 삶을 스스로 결정할 수 있는 권리와 욕구가 있다는 원리에 바탕을 둔 것이다.

| 오답 해설 |

① 비밀보장은 사회복지사가 전문적인 관계에서 알게 된 클라이언트에 대한 정보를 누설해서는 안 된다는 원칙이다. 다만, 동료들과의 사례회의를 하는 경우, 비밀보장이 불법적·비윤리적인 경우 등은 예외로 한다.
② 진실성 고수와 알 권리의 윤리적 쟁점으로는 클라이언트를 두고 하는 말이나 정보를 여과 없이 그대로 클라이언트에게 알려주어야 하는가의 문제가 있다.
③ 제한된 자원의 공정한 분배는 모든 클라이언트에게 모든 자원을 공평하게 배분할 수 없기 때문에 현실적으로 제한된 자원을 어떻게 배분하느냐 하는 문제가 발생하게 된다.

④ 전문적 관계 유지란 사회복지사는 전문가로서 친근감을 가지고 클라이언트를 자연스럽게 대하는 지지적이고 허용적인 관계를 유지해야 한다는 개념인데, 자칫 잘못하면 이런 태도를 클라이언트가 사적인 관계로 오해할 소지가 있기 때문에 전문가로서의 자세를 유지하는 것과 충돌하는 경우가 있다.

038 ▶ ④

| 정답 해설 |

④ 자기소유권에 관한 설명이다. 보편성이란 모든 사람은 인종, 피부색, 성별, 언어, 종교, 정치적 또는 기타의 견해, 민족적 또는 사회적 출신, 재산, 출생 또는 기타의 신분 등 어떠한 종류의 차별이 없이, 누구나 보편적으로 향유해야 할 권리를 말한다(세계인권선언 제2조).

관/련/개/념

인간이 기본적으로 가지고 있는 권리(기본권)

- 인권의 세대별 유형

1세대 인권 (자유권적 인권)	자유권(시민적, 정치적 권리), 사상의 자유, 양심의 자유, 종교의 자유, 선거권
2세대 인권 (사회권적 인권)	평등권(경제적, 사회적 문화적 권리), 노동권, 적절한 생활 수준을 누릴 권리(의식주와 의료 등), 교육권
3세대 인권 (집단권 또는 발전권)	평화권(인도주의적 연대와 단결의 권리), 지속 가능한 환경에 대한 권리

- 기본권의 종류

자유권	자유롭게 생각하고 행동할 수 있는 권리
평등권	성별, 종교, 사회적 지위 등에 따라 누구도 차별을 받지 않을 권리
참정권	정치에 참여할 수 있는 권리
청구권	자신의 권리가 침해된 경우 국가에 요구할 수 있는 권리
사회권	국민이 진정 인간다운 생활을 할 수 있는 권리

039 ▶ ②

| 정답 해설 |

② 최소 손실의 원칙은 선택 가능한 대안이 모두 유해할 때 가장 최소한으로 유해한 것을 선택해야 한다는 원칙이다.

| 오답 해설 |

① 평등과 불평등의 원칙은 능력이나 권력이 같은 사람들은 '똑같이 취급받을 권리'가 있고, 능력이나 권력이 다른 사람들은 '다르게 취급받을 권리'가 있다는 원칙이다.
③ 사회정의 실현의 원칙은 로웬버그와 돌고프의 윤리적 원칙과 관련이 없다.
④ 진실성과 정보 개방의 원칙은 클라이언트와 여타 관련된 당사자에게 오직 진실만을 이야기하며, 모든 관련 정보를 완전히 공개해야 한다는 원칙이다.
⑤ 사생활 보호와 비밀보장의 원칙은 사회복지사가 클라이언트에 대해 알게 된 사실을 다른 사람에게 공개해서는 안 된다는 원칙이다.

040 ▶ ⑤

| 정답 해설 |

⑤ 이해 충돌에 대한 대처는 기본적 윤리기준 중 전문가로서의 실천 영역에 해당한다.

UNIT 02 사회복지실천의 관점

041	①	042	⑤	043	②	044	④	045	②
046	④	047	②	048	①	049	⑤	050	⑤
051	②	052	⑤	053	④	054	③	055	④
056	④	057	④	058	②	059	②	060	③
061	③	062	①	063	②	064	②	065	①
066	④	067	④	068	②	069	②	070	⑤
071	⑤	072	⑤	073	②	074	⑤	075	①
076	④	077	④	078	②	079	③	080	④
081	④	082	②	083	①	084	③		

041 ▶ ①

| 오답 해설 |

② 행정복지센터는 2차 현장이면서 이용시설이다.
③ 노인요양공동생활가정은 2차 현장이면서 생활시설이다.
④ 아동보호전문기관은 1차 현장이면서 이용시설이다.
⑤ 지역자활센터는 1차 현장이면서 이용시설이다.

042 ▶ ⑤

| 정답 해설 |

⑤ '이용시설 – 간접서비스기관 – 민간기관'의 예를 순서대로 바르게 나열한 것은 '다문화가족지원센터 – 사회복지공동모금회 – 한국사회복지사협회'이다.

관/련/개/념

공공기관과 민간기관

공공기관	정부 지원에 따라 운영된다. 공공의 정책을 추진하는 행정체계와 사회복지 대상자에게 일정한 급여와 서비스를 제공하는 집행체계로 나눌 수 있다. 예 읍·면·동 행정복지센터 등
민간기관	사회복지 관련 사업을 목적으로 하는 기관이다. 예 사회복지재단, 사회복지협의회, 사회복지공동모금회, 지역아동센터 등

043 ▶ ②

| 오답 해설 |

① 장애인복지관은 1차 현장이면서 이용시설, 보건소는 2차 현장이면서 이용시설이다.
③ 아동양육시설은 1차 현장이면서 생활시설, 사회복지관은 1차 현장이면서 이용시설이다.
④ 노인요양시설은 2차 현장이면서 생활시설, 장애인공동생활가정은 1차 현장이면서 생활시설이다.
⑤ 정신건강복지센터와 학교는 2차 현장이면서 이용시설이다.

관/련/개/념

1차 현장과 2차 현장

1차 현장	클라이언트가 필요로 하는 사회복지서비스의 제공을 주로 담당하는 기관이다.
2차 현장	전문적으로 사회복지실천을 수행하기 위해 설립된 기관은 아니지만 필요한 경우 부분적으로 사회복지실천 활동이 이루어지는 실천현장이다.

044 ▶ ④

| 정답 해설 |

④ 아동양육시설은 보호대상아동을 입소시켜 주거서비스를 제공하며 보호, 양육 및 취업훈련, 자립지원서비스를 제공하는 시설로, 생활시설에 해당한다.

045 ▶ ②

| 정답 해설 |

② 교정시설은 전문적으로 사회복지실천을 수행하기 위해 설립된 기관은 아니지만, 부분적으로 사회복지실천 활동이 이루어지는 2차 현장에 해당한다.

046 ▶ ④

| 정답 해설 |

④ 노인보호전문기관은 1차 현장이면서 이용시설이다.

047 ▶ ②

| 정답 해설 |

② 이용시설은 클라이언트가 지역사회에 거주하면서 필요한 서비스가 있을 경우에 활용하는 시설이다. 아동보호치료시설은 생활시설이다.

관/련/개/념

1차 현장과 2차 현장의 종류

1차 현장	이용 시설	노인복지관, 아동상담소, 사회복지관, 지역자활센터, 지역아동센터, 장애인복지관, 가정위탁지원센터
	생활 시설	부랑인시설, 청소년쉼터, 공동생활가정, 장애인거주시설, 아동보호치료시설
2차 현장	이용 시설	학교, 보호관찰소, 정신건강복지센터, 보건소, 행정복지센터
	생활 시설	노인전문병원, 교정시설, 소년원, 노인요양원

048 ▶ ①

| 오답 해설 |

② 중개자는 개인, 집단이 지역사회 서비스를 이용할 수 있도록 도와주는 역할이다.
③ 중재자는 분쟁이나 다툼에서 타협점을 찾아내고 서로의 차이점을 조정하여 상호 만족스러운 동의를 이루어내는 역할로, 중립적인 역할을 수행한다.
④ 조력자는 개인이나 가족, 지역사회가 욕구를 명확하게 파악하고 표현하도록 도우며, 지역사회 수준에서 조직을 형성할 수 있도록 원조하는 능력부여자 역할을 수행한다.
⑤ 교육자는 클라이언트에게 정보를 주고 적응기술을 가르치는 역할이다.

049 ▶ ⑤

| 정답 해설 |

⑤ 분쟁이나 다툼에서 타협점을 찾아내고 서로의 차이점을 조정하여 조직이나 집단의 갈등을 해결하는 역할은 중재자이다. 중개자란 문제에 노출된 개인이나 집단이 지역사회서비스를 이용할 수 있도록 도와주는 역할로, 클라이언트가 필요로 하는 자원을 연결시킨다.

050 ▶ ⑤

| 정답 해설 |

⑤ 한국사회복지사 윤리강령 기본적 윤리기준 중 전문가로서의 자세(인간 존엄성 존중)에서 사회복지사는 다양한 문화의 강점을 인식하고 존중하며, 문화적 역량을 바탕으로 사회복지를 실천한다고 규정하고 있다.

| 오답 해설 |

① 다문화주의는 문화상대주의이다.
② 다문화 사회복지실천에서 지식과 기술은 모두 중요하게 다루어지며 조화를 이루어야 한다.
③ 소수자의 문화를 무시하고 사회통합을 위해 일방적으로 동화를 유도하는 것은 바람직하지 않다.
④ 다문화 사회복지실천은 문화적 다양성을 인정하고 클라이언트가 지닌 차이를 인정하는 실천이다.

051 ▶ ②

| 정답 해설 |

② 동화주의는 소수문화가 주류문화에 적응하고 통합되어야 한다는 입장으로, 이주민을 주류사회에 편입 및 흡수시키고자 한다. 이는 다문화 사회복지실천에서 요구되는 사회복지사의 문화적 역량과 거리가 멀다. 다문화 사회복지실천은 서로 다른 문화가 공존하고 존중받으며 함께 발전해야 한다는 관점을 지닌다.

052 ▶ ③

| 정답 해설 |

③ 사회복지사는 클라이언트 집단의 권리 및 이익 보장을 위해 그들의 입장을 대변할 수 있지만, 클라이언트의 자기결정권을 존중해야 하므로 집단의 대표로 나서서 협상을 주도하는 것은 옳지 않다.

| 오답 해설 |

①, ②, ④, ⑤ 옹호자는 불리한 위치에 있거나 약한 클라이언트를 대변하여 클라이언트의 요구사항을 구체화시키고, 자원이 클라이언트에게 적절히 공급될 수 있도록 활동한다.

053 ▶ ④

| 정답 해설 |

④ 사례관리자가 사례회의를 통해 클라이언트가 필요한 자원을 다양한 기관 및 시설에서 적절하게 받을 수 있도록 조정하는 것은 조정자의 역할이다.

| 오답 해설 |

① 중개자는 클라이언트가 필요로 하는 자원이나 서비스를 연결시키는 역할을 한다.
② 훈련가는 필요한 자원을 개발하고 통제 및 관리할 수 있도록 클라이언트를 훈련시키는 역할을 한다.
③ 중재자는 분쟁 등에서 중립적 입장에 서서 타협을 이끌어 내는 역할을 한다.
⑤ 옹호자는 클라이언트를 대변하여 클라이언트의 요구사항을 구체화하고, 클라이언트의 권리를 지지, 보호하는 역할을 한다.

054 ▶ ③

| 오답 해설 |

① 중개자는 개인, 집단이 지역사회서비스를 이용할 수 있도록 도와주는 역할을 수행한다.
② 조정자는 다양한 자원과 서비스를 적절히 배분하고, 조직화된 방법으로 필요한 구성요소를 한데 모으는 역할을 수행한다.
④ 옹호자는 클라이언트가 자원과 서비스를 받을 권리를 유지하도록 돕거나, 클라이언트나 클라이언트집단에게 부정적 효과를 주는 프로그램과 정책을 변화시키는 운동을 적극적으로 지지하는 역할을 수행한다.
⑤ 교육자는 클라이언트에게 정보를 알려 주고 적응기술을 가르치는 역할을 수행한다.

055 ▶ ④

| 정답 해설 |

④ 지문의 내용은 사회복지사의 자기인식에 관한 설명으로, 자기인식은 사회복지사의 자기성찰과 관련된 부분이다.

| 오답 해설 |

① 자기지시란 클라이언트가 변화하기를 원하는 행동을 대상으로 구체적인 목표를 설정하고 실천행동 지침을 작성하며 실행에 옮기는 과정을 말한다. 클라이언트는 과제 수행 시 단계별로 자신의 진술을 활용하여 자신감을 얻는다.

참고 예를 들어, "나는 할 수 없어. 실패하고 말거야."라고 말하는 클라이언트에게 '힘들겠지만 후회없도록 최선을 다할 것이야.'라는 말을 마음속으로 반복하게 함으로써 부적응적 행동의 원인이 되는 자기패배적 사고에서 벗어나게 하는 것입니다.

② 자기규제란 스스로를 통제하는 것이다.
③ 자기노출이란 사회복지사가 클라이언트의 문제와 관련하여 자신의 경험을 이야기하는 것이다.
⑤ 자기결정이란 클라이언트가 모든 의사결정과정에 참여하여 스스로 선택하고 결정하는 것을 말한다.

056 ▶ ④

| 정답 해설 |

④ 개인과 환경 간 불균형 발생 시 문제를 감소하도록 돕는다.

057 ▶ ④

| 정답 해설 |

④ 적합성은 생태체계이론의 주요 개념으로, 개인의 욕구 및 사회의 욕구 사이의 조화와 균형의 정도, 즉 적응에 대한 욕구와 환경자원이 부합하는 정도를 의미한다.

| 오답 해설 |

① 경계는 체계를 외부로부터 구분하여 눈에 보이지 않는 선 혹은 테두리를 말한다.
② 엔트로피는 체계 구성요소 간의 상호작용 감소에 따라 유용한 에너지가 감소하는 상태를 말하며, 체계가 서서히 무질서와 혼돈 상태로 가는 것을 말한다.
③ 상호교류는 인간이 환경 속의 다른 구성원과 소통하고 관계를 형성하는 것을 말한다.
⑤ 대처는 클라이언트가 스스로 어려움을 극복하고자 노력하는 것을 말한다.

058 ▶ ②

| 오답 해설 |

ⓒ 전통적 방법의 지나친 분화와 전문화는 서비스의 파편화 현상을 초래하였고, 이는 다양하고 복합적인 문제와 욕구를 가진 클라이언트에게 도움이 되지 않았다. 이로 인해 통합적 접근방법이 등장하였다.

059 ▶ ②

| 정답 해설 |

② 학교사회복지사협회는 전문가체계로, 전문가 단체, 전문가를 육성하는 교육체계, 전문적 실천의 가치 등으로 구성된 체계이다.

| 오답 해설 |

① 클라이언트체계에 해당한다.
③ 변화매개체계에 해당한다.
④ 행동체계에 해당한다.
⑤ 표적체계에 해당한다.

060 ▶ ③

| 정답 해설 |

③ 체계이론은 개인, 환경, 상호작용의 분석틀을 제공할 뿐, 구체적인 개입 방법은 제시하지 않는다.

061 ▶ ③

| 정답 해설 |

③ 행동체계에 관한 설명이다. 변화매개체계는 클라이언트를 지원하는 사회복지사와 사회복지사를 고용하고 있는 기관 및 조직이다.

관/련/개념

콤튼과 갤러웨이의 6체계 모델

콤튼과 갤러웨이는 핀커스와 미나한이 제시한 4가지 체계에 전문체계와 문제인식체계까지 덧붙여 총 6체계를 제시하였다.

변화매개체계	사회복지사와 사회복지사를 고용하고 있는 기관 및 조직이다.
클라이언트체계	서비스나 도움을 필요로 하는 사람이다.
표적체계	목표 달성을 위해 변화가 필요한 사람(주로 클라이언트)이다.
행동체계	변화를 달성하기 위해 사회복지사가 상호작용하는 사람으로 이웃, 가족 또는 타인이다.
전문체계	전문가 단체, 전문가를 육성하는 교육체계, 전문적 실천의 가치 등으로 구성된다.
문제인식체계 (의뢰-응답체계)	클라이언트가 다른 사람의 요청이나 법원, 경찰 등에 의해 강제로 오게 되는 경우, 클라이언트체계와 구별하기 위해 사용한다.

062 ▶ ①

| 오답 해설 |

② 외부체계에 관한 설명이다.
③ 브론펜브레너는 내부체계에 대해 다루지 않았다.
④ 거시체계에 관한 설명이다.
⑤ 중간체계에 관한 설명이다.

063 ▶ ②

| 오답 해설 |

① 변화과정에 동참할 수 있는 이웃이나 가족 등은 행동체계이다.
③ 핀커스와 미나한의 4체계모델에서 가족이나 친구에 의해 의뢰된 비자발적인 클라이언트는 표적체계에 해당한다. 반면, 콤튼과 갤러웨이의 6체계모델에서 사법당국 등에 의해 강제로 클라이언트가 된 경우, 일반 클라이언트와 구별하기 위해 사용하는 것을 의뢰-응답체계(문제인식체계)라고 한다.
④ 목표 달성을 위해 변화가 필요한 사람들은 표적체계에 해당한다.
⑤ 전문체계(전문가체계)는 콤튼과 갤러웨이가 제시한 6체계모델에 해당한다.

064 ▶ ②

| 오답 해설 |

① 통합적 방법은 1929년 밀포드 회의 이후 등장하였다. 사례관리는 탈시설화의 영향으로 등장한 것으로, 실천 현장에서 일반화된 것은 1960년대이다.
③ 사회 변화에 따라 사회문제가 복잡해지면서 특정 문제 중심의 제한적 접근 방법으로는 적절히 대응할 수 없다는 한계에 부딪히며 통합적 방법이 등장하였다.
④ 전통적인 방법의 지나친 분화와 전문화는 서비스를 파편화시켜 다양한 문제와 욕구를 가진 클라이언트의 문제를 해결하기 어려웠기 때문에 통합적 방법이 등장하였다.
⑤ 통합적 접근은 생태체계적 준거틀을 사용하며, 광범위한 이론과 개입 방법을 자유롭게 선택하고 서로 다른 다양한 체계와 수준에서도 용이하게 실천할 수 있다. 즉, 다양한 클라이언트에게 맞춰 통합적으로 실천하는 방법으로, 클라이언트를 통합한다는 의미는 아니다.

065 ▶ ①

| 오답 해설 |

② B(학생)는 표적체계이다.
③, ④ C(학교사회복지사), D(경찰)는 행동체계이다.
⑤ E(학교사회복지사협회)는 전문가체계이다.

066 ▶ ②

| 정답 해설 |

② 통합적 접근에서는 클라이언트의 강점에 집중하며 클라이언트의 참여와 자기결정 및 개별화를 극대화할 것을 강조한다.

067 ▶ ④

| 정답 해설 |

④ 바슐라르의 상상력 연구에 관한 내용이다. 통합적 접근 방법은 다양한 방법론을 활용한 해결 방법을 지향한다.

068 ▶ ③

| 정답 해설 |

③ 체계는 '투입(㉠) - 전환(㉣) - 산출(㉢) - 환류(㉡)'의 과정을 거친다.

069 ▶ ②

| 정답 해설 |

② 펄만은 사회복지실천의 구성요소(4P)로 사람(Person), 문제(Problem), 장소(Place), 과정(Process)을 제시하였다.

> 참고 펄만은 4P 이후 전문가(Professional), 제공물(Provisions)이 추가된 6P를 제시하였습니다.

070 ▶ ⑤

| 정답 해설 |

⑤ 통합적 접근은 개별사회사업, 집단사회사업, 지역사회조직사업의 분절적 실천에 대한 비판이 제기되며 등장하였다.

071 ▶ ⑤

| 정답 해설 |

⑤ 사회복지사협회는 전문가체계이다. 전문가체계는 전문가 단체, 전문가를 육성하는 교육체계, 전문적 실천의 가치 등을 말한다.

| 오답 해설 |

① 변화매개체계는 사회복지사와 사회복지사를 고용하고 있는 기관 및 조직이다.
② 클라이언트체계는 서비스나 도움을 필요로 하는 사람이다.
③ 표적체계는 변화가 필요한 사람(주로 클라이언트)이다.
④ 행동체계는 변화를 달성하기 위해 상호작용하는 사람으로, 이웃, 가족 또는 타인이다.

072 ▶ ⑤

| 정답 해설 |

⑤ 사회복지사(C)가 시어머니(E)의 변화를 통해 상황을 개선하고자 하므로, 시어머니(E)는 표적체계이다. 표적체계란 변화가 필요한 사람(주로 클라이언트)으로 변화되어야 할 대상을 말한다.

| 오답 해설 |

① 결혼이민자(A)가 사회복지사(C)에게 도움을 요청하였으므로, 클라이언트체계이다.
② 변호사(B)는 사회복지사(C)에게 결혼이민자(A)의 근황을 전달하였으므로, 행동체계이다.
③ 사회복지사(C)는 시어머니(E)의 변화를 통해 상황을 개선하고자 하므로, 변화매개체계이다.
④ 남편(D)은 시어머니(E)의 눈치를 보느라 소극적으로 행동하지만, 결혼이민자(A)를 지지하므로 행동체계이다.

> 참고 전문가체계, 의뢰–응답체계는 콤튼과 갤러웨이의 6체계 모델에 해당합니다.

073 ▶ ④

| 정답 해설 |

④ 전통적 접근 방법(개별사회사업, 집단사회사업, 지역사회조직사업)은 인간이나 환경에 초점을 두었다. 이를 모두 통합한 통합적 방법은 인간과 환경의 상호작용에 초점을 둠으로써 인간과 환경의 공유 영역인 '사회적 기능 수행' 영역에 개입하는 것을 강조한다.

074 ▶ ⑤

| 정답 해설 |

⑤ 병리적 관점에 대한 내용이다. 임파워먼트모델에서 사회복지사는 변화과정의 동반자로서 클라이언트와 협력하고, 클라이언트는 적극적인 참여의 권리를 가진 소비자로 여긴다.

075 ▶ ①

| 정답 해설 |

ⓛ 발견단계의 실천과업은 자원역량 사정 및 강점 확인, 해결방안 수립이다.

관/련/개/념

임파워먼트모델의 실천단계(개입 과정)	
대화단계	• 파트너십 형성(동맹관계 창출) • 현재 상황 명확화 • 방향 설정
발견단계	• 강점 확인 • 자원 역량 사정 • 해결방안 수립
발전단계 (발달단계)	• 기회 확대 • 성과 집대성 • 자원 활성화 • 성공 확인

076 ▶ ④

| 오답 해설 |

①, ②, ③ 병리 관점의 특징이다.
⑤ 강점 관점에서는 개인 내적인 요소뿐만 아니라 가족 혹은 지역사회의 강점과 적응기술까지 모든 자원을 강점으로 아우른다.

077 ▶ ④

| 오답 해설 |

ㄹ 임파워먼트모델은 인보관 운동을 토대로 체스탕, 솔로몬, 핀더허그 등의 학자들이 정립한 이론이다. 레이놀즈(1951)는 급진주의적 정신의료사회사업가로, 개별사회사업 실천과 교육에 영향을 미쳤다. 그는 사회복지사와 클라이언트의 전문적 관계를 '협동관계'에서 확장된 '동맹관계'라는 개념으로 제시하였다.

078 ▶ ④

| 정답 해설 |

④ 임파워먼트모델은 개입의 초점을 가능성에 맞춘다. 클라이언트의 상황에 강점 관점을 적용하여 다양한 차원을 반영하고, 클라이언트의 강점을 현실화시키고자 한다. 이를 통해 무력한 상태의 클라이언트는 스스로 삶에 대한 결정력과 통제력을 지닐 수 있게 된다.

079 ▶ ③

| 오답 해설 |

ㄴ, ㄹ 발전단계에서 실천해야 할 과정이다.
ㄷ 발견단계에서 실천해야 할 과정이다.

080 ▶ ④

| 정답 해설 |

④ 강점 관점은 클라이언트의 성장과 변화에는 제한이 없다는 전제를 두고 개인, 집단, 지역사회가 원하는 바를 받아들인다.

081 ▶ ④

| 정답 해설 |

④ 병리 관점에 관한 설명이다.

082 ▶ ②

| 정답 해설 |

② 제시된 활동은 임파워먼트모델을 적용하고 있다. 임파워먼트모델은 개입의 초점을 가능성에 맞추고 개인적, 관계적, 정치적 측면에서 힘을 키우는 사회복지실천 방법을 활용한다.

| 오답 해설 |

① 의료모델은 위기에 의한 병리적 반응과 영구적 손상을 치료하는 것에 초점을 둔다.
③ 사례관리모델은 다양하고 복합적인 문제를 가진 클라이언트가 자신의 문제를 스스로 해결하기 위한 자원을 지니고 있지 않거나 가지고 있는 자원을 활용할 능력이 부족한 경우, 클라이언트의 문제와 욕구를 해결할 서비스를 발굴·연계·조정하여 클라이언트에게 지속적이고 포괄적인 도움을 제공한다.
④ 생활모델은 인간과 환경 간 상호교류 속의 적응 균형에 초점을 둔다.
⑤ 문제해결모델은 인간의 삶 자체를 문제해결의 과정으로 보며 클라이언트 스스로 자신의 문제를 해결할 수 있도록 원조하는 것을 목표로 한다.

083 ▶ ①

| 오답 해설 |

ㄴ 강점관점은 전문가의 지식보다 클라이언트의 능력이 우선시된다.
ㄷ 강점관점은 사회복지사가 클라이언트의 진술을 있는 그대로 긍정적으로 받아들이고 재해석하지 않는다.
ㄹ 병리관점에 관한 설명이다.

084 ▶ ③

| 정답 해설 |

③ 임파워먼트모델은 클라이언트의 적극적인 참여를 강조한다. 즉, 적극적인 참여의 권리를 가진 소비자로서의 클라이언트를 원조하며, 변화과정의 동반자로서 클라이언트와 협력을 추구한다.

| 오답 해설 |

① 강점관점에 기초를 둔다.
② 클라이언트의 강점과 환경적 자원에 초점을 두고 변화를 추구한다.
④ 전문성을 기반으로 사회복지사는 클라이언트가 필요한 자원을 얻거나 스스로 통제하도록 원조하는 것을 강조한다.
⑤ 클라이언트에 대한 진단보다는 클라이언트가 가진 강점을 발휘할 수 있도록 돕는다.

UNIT 03 관계론

085	①	086	④	087	②	088	④	089	③
090	②	091	③	092	④	093	①	094	③
095	④	096	①	097	②	098	①	099	②
100	⑤	101	③	102	⑤	103	②	104	①
105	③								

085 ▶ ①

| 정답 해설 |

① 공감은 클라이언트의 감정과 그 감정의 의미를 정확하고 민감하게 인식하여 전달하는 사회복지사의 능력이다.

| 오답 해설 |

② 진실성은 사회복지사는 클라이언트와의 관계에서 순수하고 진실해야 하는 것을 의미한다.
③ 문화적 민감성은 특정한 단서 없이도 클라이언트의 내면세계를 느끼고 감지할 수 있는 능력을 의미한다.
④ 자기를 관찰하는 능력은 자신의 목표에 관해 신중히 생각하고 자신을 신뢰하며, 자신을 복잡한 개입활동의 한 부분으로 관찰할 수 있는 능력을 의미한다.
⑤ 헌신은 원조과정에서의 책임감을 의미하며, 일관성을 포함하는 개념이다.

086 ▶ ④

| 오답 해설 |

① 수용이란 비심판적 태도를 가지고 클라이언트를 있는 그대로 받아들이는 것이다.
② 존중이란 클라이언트의 의견, 태도, 행동 등을 인정하고 존중하는 것이다.
③ 일치성이란 클라이언트와의 관계에서 순수하고 진실되며 언행을 일관성 있게 하는 것이다.
⑤ 권위와 권한이란 전문직으로서의 지식과 경험을 통해 클라이언트에게 영향력을 행사하는 것으로, 클라이언트와 기관에 의하여 사회복지사에게 위임된 권한이다.

087 ▶ ②

| 정답 해설 |

② 전문적 원조관계는 계약에 따라 종결 시기가 정해져 있으므로 시간제한적이다.

| 오답 해설 |

① 사회복지사와 클라이언트는 동등한 협력적 관계이다.
③ 사회복지사는 자신의 이익보다 클라이언트의 이익을 위해 헌신해야 한다. 따라서 사회복지사는 클라이언트의 욕구에 초점을 두어야 한다.
④ 사회복지사는 클라이언트와 전문적 관계를 유지할 책임이 있다.
⑤ 사회복지사는 클라이언트의 감정과 행동의 변화를 통제하지 않고 수용하며 원조해야 한다.

참고 사회복지사 자신의 감정과 행동은 자각하고 통제할 수 있어야 합니다.

088 ▶ ④

| 정답 해설 |

④ 사회복지실천에서 전문적 관계는 사회복지사와 클라이언트가 합의하여 설정한 목표를 지향한다.

089 ▶ ③

| 정답 해설 |

③ 질환에 대해 진단은 의학적 지식과 기술이 있는 의료인에게 필요로 하는 역량이다.

090 ▶ ②

| 오답 해설 |

① 구체성은 클라이언트가 자신의 행동, 사고, 감정을 독자적인 방법으로 정확하게 표현하도록 도와줄 수 있는 사회복지사의 능력이다.
③ 감정이입은 클라이언트의 입장과 시각에서 클라이언트가 느끼는 감정의 의미를 민감하게 인식하고 전달하는 것이다.
④ 자아노출은 사회복지사가 도움의 상황에서 적절하다고 생각하는 자신의 경험을 클라이언트와 함께 나누는 것이다.
⑤ 수용과 기대는 비심판적 태도로 클라이언트의 권리와 감정을 존중하고 클라이언트에게 성장과 성숙 능력이 있음을 믿는 것이다.

091 ▶ ③

| 오답 해설 |

① 사회복지사는 자신의 감정·반응·충동을 자각하며 클라이언트와 통제된 관계를 맺는다.
② 사회복지사는 전문성에서 비롯된 권위를 가진다.
④ 사회복지사와 클라이언트는 구체적으로 한정된 기간을 갖는 시간제한적 관계를 맺는다.
⑤ 사회복지사는 자신의 이익이 아닌 클라이언트의 이익을 위해 자신을 헌신한다.

092 ▶ ④

| 오답 해설 |

① 사회복지사는 비자발적인 클라이언트와 관계 형성을 한 후 적절히 동기를 부여하며 클라이언트의 자발성을 촉진해야 한다.
② 사회복지사는 전문성에서 비롯되는 권위를 갖는다.
③ 사회복지사는 클라이언트와의 문화적 차이를 수용해야 한다.
⑤ 사회복지사는 기본적으로 클라이언트와의 관계에서 진실하여야 한다. 불가피하게 진실을 감추어야 하는 경우에는 윤리적 의사결정의 우선순위에 따라 판단하여야 한다.

093 ▶ ①

| 정답 해설 |

① 제시된 내용은 민감성에 관한 설명이다. 민감성은 특정한 단서 없이도 클라이언트의 내면세계를 느끼고 감지할 수 있는 사회복지사의 능력을 말한다.

| 오답 해설 |

② 진실성이란 사회복지사는 클라이언트와의 관계에서 순수하고 진실해야 한다는 것이다.
③ 헌신이란 원조 과정에서 사회복지사가 느끼는 책임감으로서, 관계의 목적을 이루기 위해 사회복지사는 클라이언트에게 헌신해야 한다.
④ 수용이란 클라이언트를 있는 그대로 이해하며 받아들이는 것이다.
⑤ 일치성이란 사회복지사는 클라이언트와 관계를 맺을 때 일관성 있는 자세로 정직함과 개방성을 유지해야 한다는 것이다.

094 ▶ ③

| 정답 해설 |

③ 사회복지사는 자신의 이익이 아닌 클라이언트의 이익을 위해 헌신한다.

095 ▶ ④

| 정답 해설 |

④ 비밀 보장의 원칙은 법률과 상충될 수 있으며 어떤 상황에서도 반드시 지켜져야 하는 원칙은 아니다. 법정으로부터 정보공개 명령을 받았을 때는 해당 클라이언트의 정보를 제공하여야 한다.

096 ▶ ①

| 정답 해설 |

① 전문적 원조관계란 클라이언트의 문제와 욕구를 중심으로, 서로 합의한 명확한 목적에 따라 클라이언트의 보다 나은 적응 및 문제해결을 위한 원조를 말한다.

| 오답 해설 |

② 클라이언트와 구체적으로 한정된 기간을 갖고 관계를 맺는다. 목적이 달성되었거나 달성될 수 없다고 생각될 때 관계는 종결된다.
③ 사회복지사는 특화된 지식 및 기술 그리고 전문직 윤리강령에서 비롯되는 권위를 갖는다.
④ 사회복지사는 사례를 대할 때 객관성을 유지하고, 자기 자신의 감정·반응·충동을 자각하며, 그에 대한 책임을 진다.
⑤ 클라이언트의 문제나 욕구를 해결하기 위해 합의된 계획과 고지된 동의, 클라이언트의 이익을 위해서만 전문가의 지시를 따를 수 있다.

097 ▶ ②

| 오답 해설 |

ⓐ 전문적 관계에서 관계의 목적을 이루기 위해서는 사회복지사뿐 아니라 클라이언트 역시 헌신과 의무를 가져야 한다.

관/련/개/념

헌신과 의무의 특징
- 원조과정에서의 책임감을 말한다.
- 일관성을 포함한 개념이다.
- 원조절차상 시간을 준수하고, 문제의 초점을 유지하면서 원조하여 성장과 발전을 가져올 수 있는 관계를 유지하는 것을 말한다.

098 ▶ ①

| 정답 해설 |

① 전문가의 권위는 전문적 관계의 특성이다.

099 ▶ ②

| 오답 해설 |

ⓒ 의도적 감정 표현에 대한 내용이다. 통제된 정서적 관여는 클라이언트의 감정에 민감성과 이해로서 반응해야 한다.
ⓐ 통제된 정서적 관여에 대한 내용이다. 개별화는 클라이언트가 특별한 개인으로서 처우받고 싶어 하는 욕구를 말한다.

100 ▶ ⑤

| 정답 해설 |

⑤ 클라이언트의 자기결정권이란 클라이언트가 모든 의사결정 과정에 참여해 스스로 자신의 삶을 결정할 수 있는 권리로, 사회복지사는 이를 최대한 존중하여야 한다. 사회복지사는 클라이언트가 바람직한 결정을 내릴 수 있도록 서비스의 목적, 내용, 한계 등을 분명히 고지하고, 이에 동의한 클라이언트가 스스로 문제를 해결할 수 있도록 다양한 대안을 제시해야 한다.

101 ▶ ③

| 오답 해설 |

ⓐ 사회복지사는 클라이언트의 자기결정을 돕기 위해 클라이언트의 권리와 욕구를 인정해야 한다. 사회복지사의 결정을 관철시키는 능력은 오히려 클라이언트의 자기결정을 방해할 가능성이 있다.

102 ▶ ⑤

| 정답 해설 |

⑤ 사회복지사는 클라이언트가 표현한 감정에 대해 민감성과 이해를 바탕으로 적절하게 반응해야 한다. 이는 통제된 정서적 관여로, 클라이언트의 감정에 대한 반응은 목적과 방향성을 지닌 의도적인 것이면서도 내면에서 우러나와야 한다.

| 오답 해설 |

① 수용은 클라이언트를 있는 그대로 받아들이는 것이다.
② 개별화는 클라이언트가 가지고 있는 독특한 자질을 인정하고 이해하며, 클라이언트가 보다 나은 적응을 하도록 최적화된 방법을 적용하여 도움을 주는 것이다.
③ 비심판적 태도는 클라이언트의 태도, 기준 등을 사회복지사가 심판하거나 비난하지 않는 것이다.
④ 의도적인 감정표현은 클라이언트가 자신의 감정, 특히 비난받게 될지도 모르는 부정적 감정을 자유롭게 표현하도록 하는 것이다.

103 ▶ ②

| 정답 해설 |

② 클라이언트의 욕구를 범주화하는 것은 비스텍이 제시한 관계형성 7대 원칙에 해당하지 않는다. 비스텍은 오히려 클라이언트를 어떠한 범주에 국한하지 않고 개별화할 것을 강조하였다.

104 ▶ ①

| 정답 해설 |

① 클라이언트가 자신의 감정, 특히 비난받을지도 모르는 부정적 감정을 자유롭게 표현하도록 지지하는 것은 의도적 감정표현에 해당한다.

| 오답 해설 |

② 비스텍의 관계의 원칙 중 수용에 해당한다.
③ 비스텍의 관계의 원칙 중 클라이언트의 자기결정에 해당한다.
④ 비스텍의 관계의 원칙 중 통제된 정서적 관여에 해당한다.
⑤ 사회복지사의 자기노출에 관한 설명이다.

> 참고 사회복지사의 자기노출은 비스텍의 관계의 원칙에 해당하지 않습니다.

105 ▶ ③

| 정답 해설 |

③ 사회규범에서 벗어난 행동은 허용할 수 없다. 수용은 사회복지사가 클라이언트의 장점과 단점, 잠재력과 제한, 바람직한 행동이나 바람직하지 않은 행동, 긍정적 감정과 부정적 감정 등을 있는 그대로 받아들이는 것을 말한다. 그러나 불법적이거나 비윤리적인 행동까지 이해하고 받아들이는 것은 아니다.

UNIT 04 면접론

106	③	107	①	108	③	109	①	110	⑤
111	⑤	112	①	113	③	114	②	115	③
116	④	117	①	118	④	119	③	120	①
121	②	122	②						

106 ▶ ③

| 정답 해설 |

③ 제시된 〈사례〉에 나타난 면접은 정보수집면접이다. 사회복지사는 클라이언트와 그를 둘러싼 상황에 대한 정보를 수집함으로써 클라이언트의 문제에 대한 이해도를 높일 수 있다.

107 ▶ ①

| 정답 해설 |

① 폐쇄형 질문의 예시이다. 이는 '예', '아니요' 또는 단답형의 대답을 요구하는 질문으로, 답변 경험이 부족하거나 지나치게 수다스러운 클라이언트 등에게 유용하다. 개방형 질문은 광범위한 표현의 대답이 가능한 클라이언트가 자신의 문제에 대해 이야기할 수 있는 질문이다.

108 ▶ ③

| 정답 해설 |

③ 면접은 목적지향적 활동으로, 개입 목적에 따라 의사소통의 내용에 제한을 둔다.

109 ▶ ①

| 정답 해설 |

① 사회복지사는 클라이언트와 라포를 형성한 이후 클라이언트의 생각, 감정, 신념 등을 확인하기 위해 개방형 질문을 활용할 수 있다. 면접 시 피해야 할 질문 기술에는 중첩형 질문, 유도형 질문, '왜?'라는 질문, 모호한 질문 등이 있다.

110 ▶ ⑤

| 정답 해설 |

⑤ 면접은 한정적·계약적이라는 특징이 있으며 공식적·의도적인 차원에서 이루어지는 활동으로서 시간제한을 두고 목적에 따라 의사소통의 내용이 제한된다.

111 ▶ ⑤

| 오답 해설 |
① 개방형 질문에 해당하는 내용이다.
② 유도형 질문은 사회복지사가 클라이언트의 응답의 방향을 미리 정해 놓고 이끌어나가는 질문의 유형으로, 면접에서 피해야 할 질문 유형이다.
③ '왜'로 시작하는 질문은 클라이언트가 잘못을 추궁당하는 것 같은 느낌을 받기 때문에 클라이언트가 마음을 닫고 방어적 태도를 취하게 되어 관계를 발전시키거나 문제 해결을 위한 협조를 얻기가 어려워지므로 피하는 것이 좋다.
④ 폐쇄형 질문에 해당하는 내용이다.

112 ▶ ①

| 정답 해설 |
① '왜'라는 질문은 클라이언트를 비난하는 듯한 느낌을 주어 클라이언트가 자기방어적인 답변을 하거나 자기방어적 태도를 취하게 만든다.

| 오답 해설 |
② 클라이언트가 자신의 감정, 생각, 신념 등을 자유롭게 이야기할 수 있도록 개방형 질문을 활용한다.
③ 사회복지사가 의도하는 특정 방향으로 이끌기 위한 유도 질문을 사용해서는 안 된다.
④ 클라이언트에게 이중 또는 삼중 질문 등 중첩형 질문을 하여서는 안된다. 여러 가지 질문을 한꺼번에 하는 중첩형 질문은 클라이언트를 혼란스럽게 하여 구체적이지 않은 답변을 하게 만든다.
⑤ 클라이언트가 개인적으로 궁금해 하는 사적인 질문은 솔직하고 정직하게 답변하되, 간단명료하게 답변하며 면접의 초점을 다시 클라이언트에게 맞추는 것이 좋다.

113 ▶ ③

| 오답 해설 |
ⓛ 치료면접에 관한 예이다. 사정면접은 자료를 해석하고 의미를 부여하여 실천 방향을 결정하기 위한 것으로, 서비스 제공에 대한 의사결정을 하기 위해 실시한다.

114 ▶ ②

| 정답 해설 |
② 해석기술에 대한 설명이다.

115 ▶ ③

| 정답 해설 |
③ 자기노출은 사회복지사가 자신의 생각과 감정, 삶의 경험을 적절하게 노출함으로써 클라이언트의 표현을 촉진시킨다.

| 오답 해설 |
① 직면은 클라이언트가 무언가를 잘못하고 있거나 말과 행동이 불일치 혹은 모순될 때 그것을 의식하도록 지적하는 기술이다.
② 경청은 사회복지사가 클라이언트의 문제를 성급하게 해결하려는 것을 막는 데 도움이 되는 기술이다.
④ 해석은 클라이언트가 자신에 대해 미처 알지 못한 것을 깨달을 수 있도록 설명해 주는 기술이다.
⑤ 질문은 클라이언트에게 필요한 정보를 얻기 위하여 가장 많이 적용하는 기술로, 폐쇄형 질문과 개방형 질문으로 구분된다.

116 ▶ ④

| 오답 해설 |
① 재명명은 클라이언트가 부여하는 의미를 수정해 주면서 클라이언트의 시각을 긍정적인 방향으로 변화시키는 기술이다.
② 초점화는 클라이언트가 두서없이 말을 장황하게 하거나 어떤 주제를 회피하려고 할 때, 사회복지사는 간단한 질문을 하거나 문제를 다시 언급함으로써 초점을 맞추는 기술이다.
③ 직면은 클라이언트가 무언가를 잘못하고 있거나 말과 행동이 불일치하거나 모순될 때 의식하도록 지적해 주는 기술이다.
⑤ 조언은 문제해결 과정에서 여러 대안을 모색하고 활용하도록 하였지만, 별 효과를 거두지 못하여 더 이상 다른 선택이나 개입의 여지가 없을 때, 최후의 수단으로 활용되는 기술이다.

117 ▶ ①

| 오답 해설 |

② 요약이란 클라이언트가 말하는 내용을 압축해서 그동안 토의해 온 항목의 주제를 명확하게 하는 것이다.
③ 직면이란 클라이언트가 무언가를 잘못하고 있거나 말과 행동이 불일치하거나 모순될 때 그것을 의식하도록 지적하여, 클라이언트 스스로 자신의 문제와 어떻게 관련되는지 생각하게 하는 것이다.
④ 관찰이란 클라이언트의 비언어적 행동에 주의를 기울이는 것이다.
⑤ 초점화란 클라이언트가 회피하려고 하거나 말을 장황하게 할 때 간단한 질문을 하거나 문제를 다시 언급함으로써 초점을 맞추는 것이다.

118 ▶ ④

| 정답 해설 |

④ 명료화란 클라이언트의 말과 행동에서 표현된 기본적인 감정, 생각 및 태도를 사회복지사가 다른 참신한 말로 부연 설명해 주는 기술이다. 이는 혼란스럽고 갈등이 되는 느낌을 가려내어 분명히 해 줌으로써 클라이언트의 통찰력을 향상시킨다.

| 오답 해설 |

① 재명명은 클라이언트가 부여한 의미를 사회복지사가 긍정적인 방향의 새로운 의미로 바꿔 주는 것이다.
② 재보증은 클라이언트를 안심시키는 것으로, 합리적이고 현실적인 생각과 결정에 대해 클라이언트가 의구심을 갖고 있을 때 사용하는 것이다.
③ 세분화란 클라이언트의 문제나 관심, 복잡한 현상을 다루기 쉽도록 전체적인 내용을 하나씩 부분화하고 정리하도록 돕는 것이다.
⑤ 모델링은 바람직한 언행을 보여 주고 이를 모방함으로써 학습하도록 하는 것이다.

119 ▶ ③

| 오답 해설 |

ㄹ. 침묵은 저항, 불만, 거절 등 부정적 반응일 수도 있지만 감정 정리 등 긍정적 반응에 따른 현상 혹은 생각을 정리하는 중일 수도 있으므로, 사회복지사는 질문을 한 후에 클라이언트가 응답을 할 때까지 기다려야 한다. 그러나 어색한 긴 침묵이 이어지면 그 침묵이 무엇을 의미하는지 질문하는 것도 좋다.

120 ▶ ①

| 정답 해설 |

① 경청은 사회복지사가 클라이언트의 문제를 성급하게 해결하려는 것을 막는 데 도움이 되는 기술로, 클라이언트의 진술을 즉각적으로 교정하는 것과 거리가 멀다.

121 ▶ ②

| 오답 해설 |

① 해석이란 클라이언트의 겉으로 나타나는 문제가 내부의 정신작용에 관련되어 있는데도 이를 의식하지 못하거나 깨닫지 못할 때 그 관련성을 설명하여 이해시키는 기법이다.
③ 직면이란 클라이언트의 말과 행동이 불일치하거나 모순될 때 그것을 의식하도록 지적해 주는 기법이다.
④ 반영이란 클라이언트에 의해서 표현된 기본적인 태도, 주요 감정을 새로운 용어로 정리해 주는 기법이다.
⑤ 재보증이란 사회복지사가 신뢰를 표현함으로써 클라이언트의 자신감을 향상시키는 기법이다.

122 ▶ ②

| 정답 해설 |

② 사회복지사는 클라이언트의 이야기를 비언어적·언어적으로 경청하고 반응을 해줌으로써 클라이언트가 감정의 정화와 안정을 얻도록 해야 한다.

UNIT 05 과정론

123	④	124	①	125	③	126	①	127	③
128	③	129	⑤	130	③	131	④	132	⑤
133	③	134	⑤	135	①	136	②	137	①
138	⑤	139	⑤	140	①	141	④	142	⑤
143	⑤	144	③	145	④	146	①	147	②
148	⑤	149	②	150	①	151	②	152	⑤
153	④	154	⑤	155	②				

123 ▶ ④

| 정답 해설 |

④ 계획수립단계에 해당한다.

124 ▶ ①

| 정답 해설 |

① 사회복지실천의 과정은 '접수 → 자료수집 → 사정 → 계획수립 → 개입 → 평가와 종결 → 사후관리'로 이루어진다. 이 중 접수는 클라이언트의 문제와 욕구를 확인하여 기관의 정책과 서비스에 부합되는지의 여부를 판단하는 과정이다.

125 ▶ ③

| 오답 해설 |

ⓒ 기관이나 서비스를 의뢰할 때는 반드시 클라이언트의 동의를 받아야 한다.

126 ▶ ①

| 정답 해설 |

① 사회복지사가 개입단계에서 수행하는 역할이다.

127 ▶ ③

| 오답 해설 |

㉠ 계획수립단계에서 수행해야 할 과제이다.
㉡ 사정단계에서 수행해야 할 과제이다.

128 ▶ ③

| 정답 해설 |

③ 종결 및 평가단계의 주요 과업이다.

129 ▶ ⑤

| 정답 해설 |

⑤ ㉠, ㉡, ㉢ 모두 자료수집에 관한 예시로 옳다.

130 ▶ ③

| 정답 해설 |

③ 상반된 정보를 제공하는 자료라고 해서 폐기해서는 안 되며 자료 수집 과정에서의 오류나 정보의 출처 등을 확인하는 과정을 거쳐야 한다.

131 ▶ ④

| 오답 해설 |

① 자료수집 시 클라이언트를 둘러싼 주변체계에 대한 정보도 수집해야 한다.
② 자료는 클라이언트 및 주변 관계에서뿐만 아니라 심리검사와 같은 검사 도구를 사용해 얻을 수도 있다.
③ 초기 면접 과정에서는 구조화된 양식을 가지고 폐쇄형 질문으로 기본적인 정보를 수집하고, 비구조화된 질문 및 개방형 질문으로 심층적인 정보를 얻어야 한다.
⑤ 클라이언트로부터 얻은 정보뿐만 아니라, 친척, 친구, 선생님 등 클라이언트의 주변인에게서 수집된 정보도 중요하게 다뤄야 한다.

132 ▶ ⑤

| 정답 해설 |

⑤ ㉠, ㉡, ㉢, ㉣ 모두 자료의 출처가 될 수 있다.

133 ▶ ③

| 정답 해설 |

③ 담임선생님으로부터 A와 반 학생들 사이에 갈등관계가 있음을 들었고, 어머니와의 전화 상담을 통해 A가 가족들과 대화를 하지 않고 방안에서만 지내고 있다는 것을 알게 되었으므로 상호작용을 간접적으로 관찰할 것이다.

| 오답 해설 |

① 상담을 통해 A가 반 학생들로부터 따돌림 당하고 있음을 알게 되었다.
② 상담 과정에서 A가 사회복지사와 눈을 맞추지 못하고 본인의 이야기를 하는 것에 주저하는 모습을 보이며 매우 위축된 모습이었다.
④ 사회복지사가 담임선생님과의 상담, 어머니와의 전화 상담을 통해 정보를 획득하였다.
⑤ 사회복지사가 A와 상담을 진행하였다.

134 ▶ ⑤

| 정답 해설 |

⑤ 접수단계에 해당한다.

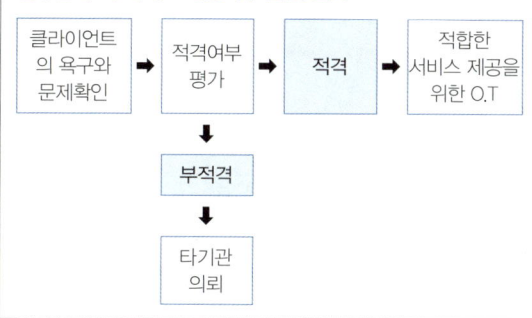

135 ▶ ①

| 정답 해설 |

① 가계도에 대한 내용이다. 가계도는 가족의 구성과 구조, 생애주기, 가족 내에서 반복되는 정서적·행동적 패턴 등을 알아볼 수 있는 도구이다.

136 ▶ ②

| 정답 해설 |

② 사정단계에서 클라이언트가 제시한 문제를 다르게 바꾸어 진술하여 문제를 규정하는 것은 문제 형성에 해당한다.

137 ▶ ①

| 정답 해설 |

① 생태도에 관한 설명이다. 가계도는 가족관계에 대한 정보를 도식화한 것으로, 복잡한 가족의 형태와 가족 간 관계를 쉽게 파악할 수 있지만 가족과 환경의 상호작용을 볼 수는 없다.

138 ▶ ⑤

| 정답 해설 |

⑤ 생활력도표를 통하여 파악할 수 있는 내용이다.

139 ▶ ⑤

| 정답 해설 |

⑤ PIE 분류체계는 '환경 속의 인간' 관점에서 문제를 분류하는 체계로, 개인의 사회적 역할 기능 수행 및 주변의 지지상황 모두를 고려한다. 주변인과의 접촉 빈도는 사회적 관계망 격자로 확인할 수 있다.

140 ▶ ①

| 정답 해설 |

① 가계도는 클라이언트와 클라이언트의 가족들이 제시하고 있는 문제의 근원을 조사하는 방법으로, 적어도 2~3세대 이상의 가족 구성원과 가족관계에 대한 정보를 기록하여 세대 간 반복되는 가족 특성을 파악할 수 있다.

| 오답 해설 |

② 생태도는 사회적 맥락에 초점을 두고 가족과 좀 더 큰 외부체계 간의 상호작용을 파악한다.
③ 소시오그램은 집단 구성원이 다른 집단이나 조직의 구성원들에 대해 어떻게 느끼는지, 어떻게 제휴하는지, 어떻게 저항하는지를 나타내는 그림이다.
④ 생활력도표는 가족 구성원의 삶을 사건이나 시기별로 시계열적으로 도표화한다.
⑤ 사회적 관계망 그리드는 한 개인이 지속적으로 관계를 맺고 있는 사람들이나 집단을 사정한다.

141 ▶ ④

| 오답 해설 |

ⓒ 생태도에서 자원의 양은 '원'으로, 관계의 속성은 '선'으로 표시한다.

| 관/련/개/념 |

생태도의 작성

- **중앙**: 가족체계를 상징하는 큰 원을 용지의 중앙에 그리고, 그 안에 클라이언트 또는 동거가족을 그린다.
- **주변**: 가족과 관련한 외부환경 체계를 각각의 원으로 주변에 표시한다.
- **원의 크기**: 자원의 양을 의미한다.
- **선**: 영향력의 정도를 의미한다. 굵은 실선일수록 강력한 관계, 점선일수록 약한 관계이다. 실선 위 사선은 갈등 관계를 의미한다.
- **화살표**: 에너지의 흐름을 의미한다.

142 ▶ ⑤

| 정답 해설 |

⑤ 사회복지실천 과정의 초기 단계는 접수단계로, 잠재적 클라이언트의 욕구가 기관의 목적과 서비스 내용에 적합한지 아닌지를 판단하여 접수 여부를 결정하고, 접수사례의 개입 과정에 클라이언트가 참여하도록 유도한다.

143 ▶ ⑤

| 정답 해설 |

⑤ 사회복지실천은 일반적으로 '접수 → 자료수집 → 사정 → 계획수립 → 개입 → 평가와 종결 → 사후관리'의 단계를 거친다. 따라서 사회복지사는 사정결과를 요약한 후 클라이언트와 함께 문제의 우선순위를 정하며 계획을 수립해야 한다.

| 오답 해설 |

①, ②, ③, ④ 개입단계에서 수행하는 과업이다.

144 ▶ ③

| 정답 해설 |

③ 사회복지서비스 계획수립단계에서는 사회복지사와 클라이언트가 함께 계약서를 작성하면서 목표를 달성하기 위한 서로의 과업과 의무를 공식화해야 한다.

145 ▶ ④

| 정답 해설 |

④ 개입 목표 설정은 클라이언트와 사회복지사가 함께 목표를 달성하기 위한 일들을 구체화하고 필요한 변화를 달성하기 위해 행해야 할 활동에 대해 합의하는 계획수립단계에서의 과업으로, 개입을 위한 목표를 설정하고 계약을 하는 과정을 말한다.

| 오답 해설 |

① 사후관리단계에서 수행한다.
② 종결 및 평가단계 중 평가단계에서 수행한다. 동료검토는 사회복지사의 수행에 대해 기관의 클라이언트, 정책, 절차를 이해하고 있는 다른 동료 사회복지사가 정기적으로 평가하는 것이다.
③, ⑤ 종결 및 평가단계에서 수행한다.

146 ▶ ③

| 정답 해설 |

③ 간접적 개입기법 중 환경 조정은 환경 내 유의미한 사람과 클라이언트의 개인적 능력 및 대인관계능력을 증진하는 것을 말한다. 해당 상황은 환경 조정과 관련이 없다.

147 ▶ ②

| 오답 해설 |

ⓒ 계획수립단계에서 수행하는 과업이다.
ⓔ 평가 및 종결단계에서 수행하는 과업이다.

148 ▶ ⑤

| 정답 해설 |

⑤ 사회복지사의 직접적 개입 활동은 욕구나 문제가 있는 클라이언트에게 관계형성을 위한 기술을 활용하거나 상담과 치료, 지지를 제공하고 프로그램을 실행하는 등의 활동을 말한다. 클라이언트가 역기능적인 가족규칙을 재구성하도록 개입하는 것 역시 직접적인 개입 활동이다.

| 오답 해설 |

① 아동학대 예방 캠페인 진행은 잠재적인 아동학대를 예방하자는 취지로 펼치는 간접적 개입 활동이다.
② 다른 기관과 협력체계를 구축하는 것은 클라이언트에게 필요한 서비스가 원활하게 제공될 수 있도록 하는 사전적 조치로 간접적 개입 활동이다.
③ 지역사회 전달체계 재정립은 지역사회 내의 다양한 전달체계 간 서비스 제공이 원활하게 작동할 수 있도록 사전적 조치를 취하는 것으로 간접적 개입 활동이다.
④ 가출청소년 보호 네트워크 형성은 가출청소년을 보호하기 위한 사전적 조치로, 지역사회·유관기관 간 네트워크를 형성하는 간접적 개입 활동이다.

149 ▶ ②

| 오답 해설 |

㉠ 재명명에 관한 설명이다. 재보증은 사회복지사가 신뢰를 표현함으로써 클라이언트의 자신감을 향상시키는 기법이다.
㉡ 모델링은 직접 관찰뿐만 아니라 녹화된 영상 자료 시청 등을 통해서도 가능하다.
㉢ 직면에 관한 설명이다. 격려 기법은 대상자를 변화시키고 스스로에 대한 신뢰와 자신감을 갖도록 지원하는 기법이다.

150 ▶ ②

| 정답 해설 |

② 프로그램 개발은 간접적 개입이다. 사회복지실천의 간접적 개입은 사회복지사가 클라이언트를 직접 대면하지 않으면서 클라이언트의 문제 해결에 간접적으로 도움을 제공하는 것을 말한다.

| 오답 해설 |

①, ③, ④, ⑤ 직접적 개입에 해당한다. 사회복지실천의 직접적 개입은 사회복지사가 클라이언트와 직접 접촉하여 서비스를 제공하거나 개입하는 것으로, 클라이언트 자체를 변화시키는 것을 목적으로 한다.

151 ▶ ②

| 정답 해설 |

② 모델링은 관찰학습 과정을 통해 클라이언트가 시행착오 없이 원하는 행동을 학습할 수 있도록 돕는 개입 방법이다.

152 ▶ ⑤

| 정답 해설 |

⑤ 종결단계에서 사회복지사는 클라이언트가 느낄 수 있는 상실, 분노와 같은 부정적 감정을 주의 깊게 다루어야 한다. 사회복지사와의 분리 및 이별을 두려워하는 클라이언트는 사후관리 면접, 전화 통화 등의 방법으로 안심시킬 수 있다.

153 ▶ ④

| 정답 해설 |

④ 계획수립단계에서 수행하는 사회복지사의 과업이다.

154 ▶ ⑤

| 정답 해설 |

⑤ 종결단계에 관한 설명이다. 종결단계에서는 클라이언트의 진전 수준 검토 및 결과의 안정화, 정서적 반응 다루기, 사후관리 계획 등이 이루어진다.

155 ▶ ②

| 정답 해설 |

② 개입단계에서 수행하는 사회복지사의 과업이다.

UNIT 06	사례관리								
156	⑤	157	④	158	③	159	⑤	160	④
161	③	162	②	163	④	164	②	165	①
166	⑤	167	②	168	⑤	169	③	170	⑤
171	⑤	172	①	173	③	174	①	175	④

156 ▶ ⑤

| 정답 해설 |

⑤ ㉠, ㉡, ㉢, ㉣ 모두 사례관리과정 중 사정단계에 해당한다. 사정단계는 사례관리 클라이언트의 현재 기능에 관한 광범위하고 구조화된 평가과정으로, 현재 기능수준과 욕구를 파악하는 단계이다.

157 ▶ ④

| 오답 해설 |

① 개입 또는 실행 과정에서 수행하는 업무이다. 인테이크(접수)는 서비스가 필요한 클라이언트의 욕구 확인, 사례관리 대상자의 적격성 판정 업무를 한다.

② 인테이크 과정에서 수행하는 업무이다. 사정은 클라이언트의 문제와 상황 검토, 클라이언트의 욕구와 자원에 관한 정보수집 업무를 한다.
③ 사정 과정에서 수행하는 업무이다. 서비스 계획은 해결할 수 있는 자원 연결 등의 일련의 개입 계획 수립, 사례실천의 공급주체, 사례실천의 서비스 구분 업무를 한다.
⑤ 인테이크 과정에서 수행하는 업무이다. 평가는 사례관리 대상자에게 제공된 서비스의 효과성 등을 제시하는 주요한 근거이다.

158 ▶ ③

| 정답 해설 |
③ 지역사회중심의 통합적 서비스 제공에 대한 요구가 증가하였다.

159 ▶ ⑤

| 정답 해설 |
⑤ 가족상담은 직접실천기술 중 하나로, 클라이언트가 위기상황에 처했을 때 개입하는 서비스를 말한다.

| 오답 해설 |
①, ②, ③, ④ 간접실천기술에 해당하는 것으로, 클라이언트를 공식·비공식적 기관에 연결·조정·점검·옹호하는 서비스를 말한다.

160 ▶ ④

| 정답 해설 |
④ 사례관리는 클라이언트의 문제에 포괄적으로 개입하는 통합적 실천 방법이다. 전통적인 사회복지방법론을 계승하며, 클라이언트의 문제 해결을 위해 기관의 서비스뿐만 아니라 지역사회와 연계된 모든 자원을 활용한다.

161 ▶ ③

| 오답 해설 |
ⓒ 계획된 서비스의 전달과정 추적(트래킹)은 서비스가 계획대로 잘 실행되었는지를 확인하는 점검단계에서 이루어진다.

162 ▶ ②

| 정답 해설 |
② 점검은 서비스가 계획대로 잘 실행되었는지를 살펴보는 것(점검 및 재사정단계)으로, 서비스의 최종 효과성을 검토하는 것은 평가와 관련이 있다.

163 ▶ ④

| 정답 해설 |
④ 사례관리는 '접수 → 조사 및 사정 → 계획 → 개입(실행) → 점검 및 재사정 → 평가 및 종결'의 순서로 이루어진다.

164 ▶ ②

| 정답 해설 |
② 중재자로서 사례관리자는 집단 내 성원들 간에 갈등이 일어났거나 조직 간에 분쟁이 발생했을 경우 원조하는 역할을 수행한다. 이러한 역할은 제시된 〈사례〉에 나타나 있지 않다.

| 오답 해설 |
① 알코올, 가정폭력, 실직 문제가 있는 클라이언트를 면담하여 상담가의 역할을 수행하였다.
③ 알코올 중독의 영향에 대해서 체계적으로 가르쳐 줌으로써 교육자의 역할을 수행하였다.
④ 가정폭력상담소에 연계하여 전문상담을 받도록 함으로써 중개자의 역할을 수행하였다.
⑤ 지역자활센터 이용 방법을 설명함으로써 정보제공자의 역할을 수행하였다.

165 ▶ ①

| 오답 해설 |
② 계획단계의 과업이다.
③, ④ 접수단계의 과업이다.
⑤ 평가 및 종결단계의 과업이다.

166 ▶ ⑤

| 정답 해설 |

⑤ 임상적인 치료와 관련된 서비스뿐만 아니라 클라이언트의 다양한 욕구를 충족시킬 수 있도록 포괄적 서비스를 제공해야 한다.

167 ▶ ②

| 정답 해설 |

② 사례관리는 개별화와 지속성의 원칙에 따라 각 클라이언트의 상황에 적합한 서비스를 장기적인 접근으로 제공한다. 따라서 장기보호에서 단기개입 중심으로 전환된 것은 사례관리의 등장 배경과 관련이 없다.

168 ▶ ⑤

| 정답 해설 |

⑤ ㉠, ㉡, ㉢, ㉣ 모두 사례관리의 목적에 해당한다.

169 ▶ ③

| 정답 해설 |

③ 조정자에 관한 내용이다. 정보제공자는 클라이언트가 지역사회에서 이용 가능한 서비스, 급여체계, 기회들에 대한 정보를 제공하는 역할을 한다.

170 ▶ ⑤

| 오답 해설 |

① 서비스의 체계성이란 서비스와 자원을 효율적으로 조정·관리함으로써 중복된 서비스를 줄이고 자원의 낭비를 방지해야 한다는 것이다.
② 서비스의 접근성이란 클라이언트가 필요한 자원이나 서비스를 손쉽게 이용할 수 있도록 해야 한다는 것이다.
③ 서비스의 개별화란 클라이언트의 신체적, 정신적, 사회적 상황에 따른 욕구에 적합한 개별화된 서비스를 제공해야 한다는 것이다.
④ 서비스의 연계성이란 복잡하고 분절된 서비스 전달체계를 연결하는 것이다.

171 ▶ ⑤

| 정답 해설 |

⑤ 1980년대 신자유주의(신보수주의) 기조에 따라 공공지출이 삭감되면서 사회복지서비스의 공급주체가 중앙정부에서 지방정부로 전환되었다. 이에 한정된 자원으로 효율적인 자원 배분을 위해 사례관리의 필요성이 대두되었다.

172 ▶ ①

| 오답 해설 |

② 계획은 의미 있는 목표를 확인하고 이러한 목표에 부합하는 활동과 서비스를 개발하는 체계적인 과정이다.
③ 사후관리는 개입 과정이 종료된 이후에도 클라이언트가 원조 과정에서 획득한 변화를 유지할 수 있도록 사회복지사가 관심을 가지고 확인하는 과정이다.
④ 아웃리치는 욕구의 우선적인 파악을 위해 실시하는 찾아가는 서비스로, 사례발견에 역점을 둔다.
⑤ 사정은 대상자 욕구의 내용이나 정도, 자신의 욕구에 대응하는 대상자의 능력, 욕구에 대응하는 공식·비공식적인 서비스의 역량을 조사하는 활동이다.

173 ▶ ③

| 정답 해설 |

③ 중개자의 역할에 해당한다. 협상가는 분쟁의 당사자들을 모이게 하여 상호 수용할 수 있는 타협안과 협상안을 이끌어내는 역할로, 사회복지사는 어느 한편의 입장에 서서 역할을 수행한다.

174 ▶ ①

| 정답 해설 |

① 중개자는 클라이언트가 필요로 하는 자원을 연결시키는 역할을 한다.

| 오답 해설 |

② 계획가의 역할에 관한 예이다. 상담가는 클라이언트 스스로 지지망을 개발하고 유지하는 방법을 알 필요가 있음을 알리며, 상담을 통해 신뢰관계 발전과 역기능적인 측면을 점검하고, 보다 유용한 측면의 개발을 촉진하는 역할이다.

③ 옹호자의 역할에 관한 예이다. 조정자는 클라이언트의 욕구와 자원과의 관계에서 필요한 수준의 자원을 조정하는 역할이다.
④ 조정자의 역할에 관한 예이다. 옹호자는 클라이언트를 대변하여 클라이언트의 요구사항을 구체화시키고, 자원이 클라이언트에게 적절히 공급될 수 있도록 활동하는 역할이다.
⑤ 중재자의 역할에 관한 예이다. 평가자는 프로그램의 효과성, 효율성을 평가하여 사례관리 과정 전반에 관한 정보와 자료를 수집하고 분석하는 역할이다.

175 ▶ ④

| 정답 해설 |
④ 서비스의 분절성은 서비스가 서로 연결되어 있지 않고 각각 나누어진 상태를 말하는데, 이는 사례관리의 원칙에 해당하지 않는다.

CHAPTER 4 사회복지실천기술론

UNIT 01 개인 대상 실천기법 Ⅰ

| 001 | ③ | 002 | ⑤ | 003 | ① | 004 | ③ | 005 | ③ |
| 006 | ⑤ | 007 | ④ |

001 ▶ ③

| 정답 해설 |
③ 모델에 대한 설명이다.

002 ▶ ⑤

| 정답 해설 |
⑤ ㉠, ㉡, ㉢, ㉣ 모두 사회복지실천의 지식과 기술을 습득하는 방법으로 옳다.

003 ▶ ①

| 정답 해설 |
① 이론과 실천의 준거틀을 적절하게 이용하는 것은 과학적 기반에 해당한다. 예술적 기반은 학습만으로는 배울 수 없는 직관을 발휘하는 것을 말한다.

004 ▶ ③

| 정답 해설 |
③ 사회복지실천은 심리학, 사회학, 정치, 경제, 철학, 문화, 역사 등 여러 학문 분야와 밀접한 관계를 맺고 있다.

005 ▶ ③

| 정답 해설 |
③ 모델에 관한 설명이다. 실천지혜란 사회복지실천현장에서 귀납적 또는 경험적으로 만들어진 지식의 종류를 말한다.

관/련/개/념

실천지식의 차원

실천에 영향을 주는 구체성의 정도에 따라 패러다임, 관점(시각), 이론, 모델, 실천지혜의 형태로 구분된다.

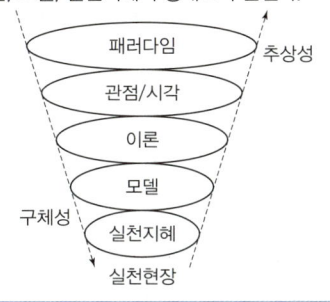

패러다임	가장 추상적인 수준의 개념적 틀로, 세계관과 현실에 대한 인식의 방향을 결정
관점/시각	개념적 준거틀로서 관심 영역과 가치, 대상들을 규정하는 사고체계
이론	특정현상을 설명하기 위한 가설이나 개념, 의미의 집합체
모델	일관된 실천활동의 원칙과 방식을 구조화시킨 것으로서, 실천과정에 직접적으로 필요한 기법이나 기술을 제시
실천지혜	구체화시키는 마지막 과정으로, 사회복지실천현장에서 귀납적 또는 경험적으로 만들어진 지식의 종류

006 ▶ ⑤

| 정답 해설 |

⑤ ㉠, ㉡, ㉢, ㉣ 모두 사회복지사가 가져야 할 지식의 내용이다. 사회복지사에게 필요한 전문지식은 사회복지대상자에 관한 이해로부터 실천과정, 사회정책에 이르기까지 다양하다.

관/련/개/념

사회복지사가 가져야 할 지식(전문적 기반)

- 인간행동과 발달에 관한 지식
- 인간관계와 상호작용에 관한 지식(효과적인 의사소통)
- 실천이론과 모델에 관한 지식
- 특정 분야나 대상집단에 관한 지식
- 사회정책과 서비스에 대한 지식

007 ▶ ④

| 오답 해설 |

㉡ 비자발적 클라이언트의 경우에는 클라이언트의 행동을 클라이언트의 변화 속도에 맞추어 평가해야 한다.

UNIT 02	개인 대상 실천기법 Ⅱ								
008	②	009	②	010	⑤	011	③	012	②
013	④	014	④	015	④	016	③	017	②
018	②	019	②	020	②	021	①	022	⑤
023	④	024	③	025	⑤	026	④	027	⑤
028	⑤	029	④	030	③	031	④	032	②
033	①	034	③	035	③	036	⑤	037	①
038	⑤	039	⑤	040	⑤	041	⑤	042	①
043	③	044	⑤	045	⑤	046	③	047	④
048	②	049	⑤	050	⑤	051	⑤	052	④
053	①	054	②	055	⑤	056	⑤	057	⑤
058	②	059	②	060	②	061	①	062	④
063	④	064	③	065	④	066	③		

008 ▶ ②

| 오답 해설 |

① 전이는 과거의 인물에게 느꼈던 사랑이나 증오의 감정을 현재의 사회복지사(치료자)에게 전치(또는 투사)하는 것을 말한다.
③ 직면은 클라이언트의 말과 행동 사이의 불일치나 모순이 있을 때 직접적인 방법으로 이를 알리는 것이다.
④ 해석은 클라이언트의 통찰력을 향상시키는 효과가 있다.
⑤ 자유연상은 클라이언트의 마음속에 떠오르는 감정, 생각, 기억, 환상, 꿈 등을 자유롭게 말하게 하는 개입기술이다.

009 ▶ ②

| 오답 해설 |

㉡ 직면에 관한 설명이다. 훈습은 클라이언트의 문제에 대한 통찰 수준을 높여 경험적 확신을 갖도록 클라이언트에게 반복적으로 설명하고 분석해 주는 일련의 과정으로, 단회성 기법이 아닌 지속적으로 이루어지는 기법이다.

참고 단회성 기법이란 서비스가 일회성 또는 단일성으로 제공되는 기법을 말합니다.

㉣ 자유연상은 내담자의 마음속에 떠오르는 생각, 감정, 기억들을 아무런 수정도 가하지 않고 이야기하도록 하는 기법으로, 주제와 관련 없는 내용일지라도 억제시켜서는 안 된다.

010 ▶ ⑤

| 오답 해설 |

① 정신역동모델은 치료적 처방보다 통찰을 획득하는 것에 초점을 둔다.
② 정신역동모델은 인간의 행동은 무의식적 본능에 의해 동기가 유발되며 모든 정신적 활동은 과거의 경험에 의해 결정된다고 본다.
③ 정신역동모델은 20세기 초에 본격화된 정신분석이론의 영향을 받았다. 사회구성주의적 관점은 1960년대에 등장한 사회학적 관점으로, 이에 영향을 받은 실천모델은 내담자의 견해를 강조하는 해결중심모델이다.
④ 정신역동모델은 1920년대에 등장한 진단주의 학파의 이론적 기초가 되었다. 기능주의 학파는 1930년대에 진단주의를 비판하면서 등장하였다.

011 ▶ ③

| 정답 해설 |

③ 단기개입모델에는 과제중심모델(㉠), 위기개입모델(㉡), 해결중심모델(㉢), 행동수정모델, 인지행동모델, 전략적 가족치료모델 등이 있다.

| 오답 해설 |

㉣ 정신역동모델은 장기개입모델이다.
　참고　이 외에도 심리사회모델 등이 장기적 접근을 합니다.

012 ▶ ②

| 오답 해설 |

㉠ 전이는 클라이언트가 부모나 다른 사람들에게 지녔던 부정적이고 적대적인 감정과 사고를 치료자에게 투사하는 것을 말한다. 전이 현상에 대한 해석은 치료 과정에서 중요하게 다루어진다.
㉢ 치료자와 클라이언트의 라포가 형성되지 않은 채 섣불리 시도하는 해석은 클라이언트의 거부 반응을 일으킬 수 있다.

013 ▶ ④

| 오답 해설 |

㉣ 훈습에 관한 설명이다. 명료화는 클라이언트의 문제에서 클라이언트가 혼란과 갈등을 느끼고 있는 부분을 가려내어 분명하게 해주는 기술로, 클라이언트의 통찰력 향상에 도움을 준다.

014 ▶ ④

| 정답 해설 |

④ 정신역동모델의 개입 과정은 '관계형성단계(㉢) → 동일시를 통한 자아구축 단계(㉠) → 클라이언트가 독립된 자아정체감을 형성하도록 원조하는 단계(㉣) → 클라이언트의 자기이해를 원조하는 단계(㉡)' 등으로 이루어져 있다.

015 ▶ ④

| 정답 해설 |

④ 유형-역동성 고찰은 클라이언트의 성격과 행동, 심리내적 역동을 고찰하는 개입기법이다. 사건에 대하여 특정한 방식으로 생각하거나 행동하도록 이끄는 클라이언트의 행동 경향, 사고나 감정의 패턴을 확인하도록 한다.

| 오답 해설 |

① 직접적 영향 주기는 제안이나 조언 등을 통해 클라이언트에게 직접 영향을 주는 개입기법이다.
② 탐색-기술(묘사)-환기는 클라이언트가 사실을 말하고 감정을 탐색하며 환기할 수 있게 하는 기법이다.
③ 지지하기는 클라이언트의 감정과 행동을 지지하는 기법이다.
⑤ 발달적 고찰은 클라이언트의 과거 경험이 현재 기능에 미치는 영향을 고찰하는 개입기법이다.

016 ▶ ③

| 정답 해설 |

③ 인지행동모델의 대표적 개입기법인 엘리스의 합리적 정서치료에 관한 설명이다. 합리적 정서치료의 목표는 부정적 감정의 뿌리가 되는 비합리적 신념을 규명하고 이를 논박함으로써 비합리적 신념을 합리적 신념으로 재구조화하는 것이다.

017 ▶ ②

| 정답 해설 |

② 심리사회모델의 기법 중 '개인-환경에 관한 고찰'에 관한 설명이다. 지지하기는 클라이언트의 문제 해결 능력에 대한 신뢰를 표현함으로써 클라이언트의 불안을 감소시키고 동기화를 촉진하는 과정이다. 사회복지사는 격려, 재보증 등의 기법으로 클라이언트의 감정과 행동을 수용하고 지지함을 나타낼 수 있다.

018 ▶ ②

| 정답 해설 |

② 직접적 영향 주기는 주변인에게 영향력을 행사하여 환경을 변화시키는 것이 아니라 사회복지사와 클라이언트 간의 신뢰관계를 바탕으로 사회복지사가 클라이언트에게 직접 조언·지시·설득을 함으로써 행동을 변화시키는 것이다.

019 ▶ ②

| 정답 해설 |

② 클라이언트에게 직접적으로 조언이나 지시 등을 함으로써 클라이언트가 특정 행동을 하도록 촉진시키고 있다. 이는 직접적 영향주기에 해당한다.

| 오답 해설 |

① 지지하기는 클라이언트의 행동과 감정을 지지하여 클라이언트의 불안을 감소시키고 동기화를 촉진하여 원조관계를 수립하는 기법이다.
③ 탐색-기술-환기는 클라이언트가 사실 및 사실과 관련된 감정을 이해하도록 돕고 감정을 표출하게 하여 긴장을 완화시키는 기법이다.
④ 인간-환경에 관한 고찰은 클라이언트를 둘러싼 현재 또는 최근의 사건에 대해 고찰하게 만들어 현실적으로 파악하게 하는 기법이다.
⑤ 유형-역동성 고찰은 변화의 동기를 촉진시키면서 클라이언트가 자신의 심리 내적 역동에 대하여 이해하도록 원조하는 기법이다.

020 ▶ ②

| 정답 해설 |

② 요약이란 면접 중에 특정 주제에 초점을 맞추거나 다른 주제로 전환하고자 할 때 사용하는 기술로, 클라이언트 메시지의 정서와 내용이 문장 안에 잘 축약되도록 하는 것이다.

| 오답 해설 |

① 반영은 클라이언트가 면접에 임하는 기본적인 태도, 클라이언트가 표현한 주요 감정을 사회복지사가 클라이언트에게 정리해 주는 것이다.
③ 해석은 문제를 새로운 방식으로 접근하거나 보다 객관적인 시선으로 바라보도록 도와줌으로써 클라이언트가 표현한 문제에 숨겨진 의미를 발견할 수 있도록 돕는 기술이다.
④ 직면은 클라이언트가 말한 내용과 행동 또는 말한 내용들 간에 일치하지 않는 부분이 있을 때 왜곡된 부분을 살피며 상황을 명확히 인식하도록 돕는 기술이다.
⑤ 초점화는 클라이언트가 두서없이 장황하게 말을 하거나 말하기를 회피하려고 할 때, 사회복지사가 간단한 질문을 하거나 문제를 다시 언급함으로써 초점을 맞추는 기술이다.

021 ▶ ①

| 오답 해설 |

ⓒ 직접적 영향주기는 심리사회모델의 개입기법으로 제안이나 조언 등으로 클라이언트에게 직접 영향을 주며 심리적 변화를 추구하는 기법이지만 언제나 사용 가능한 것은 아니다.
ⓒ 환기는 심리사회모델에서 '탐색-기술(묘사)-환기' 영역으로, 클라이언트의 부정적 감정을 표출시켜 감정의 정화(카타르시스)를 경험하도록 원조한다.

022 ▶ ⑤

| 정답 해설 |

⑤ 임의적 추론은 자의적 추론이라고도 하며, 근거가 없는 성급한 추론을 말한다.

| 오답 해설 |

① 이분법적 사고는 흑백논리라고도 하며, 어떤 사물이나 현상을 단순히 둘로 나누어 해석하려는 사고를 말한다.
② 개인화는 관련 없는 외적 상황까지 자신과 관련짓는 것이다.
③ 과잉 일반화는 한두 번의 사건으로 일반적인 결론을 내리고 그것과는 관련 없는 상황에 적용하는 것이다.
④ 재앙화는 파국화라고도 하며, 항상 최악을 생각하고 그것이 언제든지 자신에게 일어날 수 있다고 생각하는 것이다.

023 ▶ ④

| 정답 해설 |

④ 타임아웃은 부적 처벌 원리를 이용한 것으로, 문제 행동을 감소시키거나 제거하기 위해 문제 상황으로부터 대상자를 일정 시간 분리시키는 기법이다.

024 ▶ ③

| 오답 해설 |

① 해결중심모델에 관한 설명이다. 인지행동모델은 인지이론, 행동주의이론을 이론적 기반으로 삼는다.
② 인지행동모델은 구조화된 접근을 강조한다.
④ 인지행동모델은 클라이언트가 능동적으로 참여한다.
⑤ 정신역동모델에 관한 설명이다.

025 ▶ ⑤

| 정답 해설 |

⑤ ㉠ 코칭은 치료자의 중립적이고 객관적인 조언을 통해 개인의 분화를 돕고 과제 등을 수행하게 하여 클라이언트가 자율적으로 변화하도록 하는 것이다.
㉡ 과제 제시란 성원 간의 상호 교류에서 자연스럽게 발전될 수 없는 행위를 실연해 보도록 한 후, 성원들이 수행할 수 있는 과제를 부여하는 기법이다.
㉢ 모델링이란 성원들이 어떻게 행동해야 하는지 실제로 역할행동을 통해 보여 주거나 비디오와 같은 기존의 모델 도구를 사용하여 새로운 행동을 학습하게 하는 기법이다.

㉣ 자기옹호란 클라이언트가 스스로 자신을 옹호하는 활동으로, 이를 통해 클라이언트가 자신의 감정과 의견을 표현하고 자신의 이익을 실현할 수 있도록 하는 권익옹호기법이다.

026 ▶ ④

| 오답 해설 |

① 과잉일반화는 하나 또는 별개의 사건들을 가지고 결론을 내린 후 비논리적으로 확장하는 것이다.
② 임의적 추론은 결론을 지지하는 증거가 없음에도 불구하고 주관적으로 결론을 내리는 것이다.
③ 개인화는 자신과 관련이 없는 사건에 자신을 관련시키려는 것으로, 실제로 자신 때문에 생긴 일이 아닌데도 그 원인을 자신에게서 찾는 경우를 말한다.
⑤ 과장과 축소는 어떤 사건의 의미나 중요성을 실제보다 지나치게 확대하거나 축소하는 오류로, 의미확대 또는 의미축소라고도 한다.

027 ▶ ②

| 정답 해설 |

② 정신역동모델에 관한 설명이다.

028 ▶ ⑤

| 정답 해설 |

⑤ ㉠ 내적 의사소통의 명료화는 클라이언트가 스스로에게 피드백을 함으로써 인지오류와 비합리적 신념에 대한 통찰력을 가지게 하고 이를 이해하도록 돕는 것이다.
㉡ 모델링은 다른 사람이 행동하는 것을 봄으로써 새로운 행동을 학습하는 기법이다.
㉢ 기록과제는 엘리스의 ABCDE모델에서 'A(사건) – B(신념) – C(정서적 결과)'를 활용해 정해진 양식을 제공하여 클라이언트가 자신의 문제를 기록할 수 있도록 하는 것이다.
㉣ 자기지시는 클라이언트가 변화시키고자 하는 행동을 대상으로 구체적인 목표를 정하고 이에 따라 실천 행동지침을 작성하며 실행에 옮기도록 하는 기법이다.

029 ▶ ④

| 오답 해설 |

①, ⑤ 논리성과 관련된 질문이다.
② 실용성과 거리가 멀다.
③ 현실성과 관련된 질문이다.

관/련/개/념

비합리적 신념과 합리적 신념

구분	비합리적 신념	합리적 신념
경직성	절대적·극단적이다.	유연하고 융통성 있다.
논리성	논리적 모순이 많다.	논리적 모순이 없다.
현실성	경험적 현실과 일치하지 않는다.	경험적 현실과 일치한다.
실용성	삶의 목적에 도움이 되지 않는다.	삶의 목적에 도움이 된다.

030 ▶ ③

| 정답 해설 |

③ ㉠ 정적 강화는 보상 등 긍정적인 결과를 제공하여 바람직한 행동의 빈도를 증가시키는 것이다.
㉡ 역할 연습은 특정 상황에서의 역할을 연습해 보는 기법이다.
㉣ 과제를 통한 연습은 과제를 수행하는 방법을 전혀 알지 못하는 상황에서 적절한 자극을 제시함으로써 기대하는 반응을 유도하는 방법이다.

| 오답 해설 |

㉢ 직면은 정신역동모델의 개입 기법으로, 클라이언트의 언행이 불일치 혹은 모순될 때 이를 지적하는 기법이다.

031 ▶ ④

| 정답 해설 |

④ 임의적 추론에 해당하는 예이다. 과잉일반화란 한두 가지 사건에 근거해서 결론을 내리고 그것을 서로 관계 없는 상황에 적용하는 것을 말한다.

| 오답 해설 |

① 임의적 추론이란 어떤 결론을 내리기까지 충분한 증거가 없거나, 그 증거가 결론과 무관함에도 그러한 결론을 내리는 것을 말한다.

② 개인화란 자신과 관계가 없는 외부사건을 자신과 관련시키려는 것으로, 실제로는 다른 원인으로 발생한 일에 대해 자기 자신을 원인으로 삼고 그 일을 책임져야 한다고 생각하는 것을 말한다.
③ 이분법적 사고란 모든 경험을 한두 개의 범주로만 이해하고 이분법적인 흑백논리로써 현실을 파악하는 것을 말한다.
⑤ 선택적 요약이란 다른 중요한 요소들은 무시한 채 일부분에 초점을 맞추어 전체를 잘못 요약하는 것을 말한다.

032 ▶ ②

| 정답 해설 |

② 해결중심모델에 관한 설명이다. 해결중심모델은 클라이언트가 과거에 겪었던 성공경험을 자원으로 삼는다. 문제의 진단, 처방보다는 클라이언트 스스로가 자원을 발견하여 문제를 해결할 수 있는 방안을 찾아주는 것을 목적으로 한다.

033 ▶ ①

| 정답 해설 |

① 타임아웃에 관한 설명이다. 소거란 어떠한 강화도 제공하지 않음으로써 바람직하지 않은 행동을 중단시키는 것이다.

034 ▶ ③

| 정답 해설 |

③ 내적 의사소통 명료화는 클라이언트가 스스로에게 피드백을 줌으로써 자신의 생각과 이야기 속에 숨겨진 인지적 오류와 비합리적 신념에 대한 통찰력을 발전시키고 이해할 수 있도록 돕는다.

| 오답 해설 |

① 모델링에 관한 설명이다. 행동시연은 발달시키고자 하는 행동을 반복적으로 연습함으로써 행동으로 숙달되도록 한다.
② 인지치료에 관한 설명이다. 유머사용은 클라이언트의 비합리적 신념을 지적하기 위해 유머를 사용함으로써 클라이언트로 하여금 실수를 웃어넘기고 인간적인 약점을 수용하도록 한다.

④ 인지재구조화에 관한 설명이다. 역설적 의도는 특정 행동에 대한 클라이언트의 불안이 그 행동을 유발할 때, 클라이언트가 두려워하는 행동을 하도록 지시함으로써 클라이언트의 인지적 오류에 도전하고 불안을 감소시킨다.
⑤ 체계적 둔감법에 관한 설명이다. 이완훈련은 클라이언트가 겪을 수 있는 스트레스 상황에 적절히 대처할 수 있도록 돕는다.

035 ▶ ③

| 정답 해설 |
③ 행동주의모델에서 클라이언트의 문제는 클라이언트의 행동과 환경에 기인한다고 전제하면서 클라이언트의 문제를 병리적으로 보지 않고 중립적 입장을 취한다.

036 ▶ ②

| 오답 해설 |
① 인지행동모델에 해당하는 내용이다.
③ 인지행동모델(엘리스의 합리적 정서치료)에 해당하는 내용이다.
④ 역량강화모델에 해당하는 내용이다.
⑤ 해결중심모델에 해당하는 내용이다.

037 ▶ ①

| 정답 해설 |
① 심리사회모델의 개입 방법인 유형-역동성 고찰과 관련이 있다.

| 오답 해설 |
② 과제중심모델에서는 클라이언트가 문제 해결에 필요한 지역사회의 자원을 얻을 수 있도록 원조한다.
③ 과제중심모델의 문제규명단계에서 실시하는 활동이다.
④, ⑤ 과제중심모델에서는 클라이언트가 인식한 문제를 중심으로 클라이언트 스스로 실행 가능한 과제를 부여한다.

038 ▶ ⑤

| 정답 해설 |
⑤ 과제중심모델에서 클라이언트는 주체적인 역할을 수행하며, 사회복지사는 클라이언트의 공식적·비공식적 환경에 적극적으로 개입한다.

039 ▶ ⑤

| 정답 해설 |
⑤ 과제중심모델은 클라이언트가 과제를 정하고 직접 과제를 달성할 수 있게 원조하는 것이 중요하다. 따라서 사회복지사는 클라이언트가 과제를 달성할 수 있도록 중기단계(실행단계)에서 과제 수행 도중 발생하는 어려움을 점검해야 한다.

040 ▶ ⑤

| 오답 해설 |
① 심리사회모델의 개입기법에는 직접적 개입[지지하기, 직접 영향주기, 탐색-기술(묘사)-환기, 개인-환경에 관한 (반성적) 고찰, 유형-역동성 고찰, 발달적 고찰], 간접적 개입(환경조성) 등이 있다.
② 위기개입모델은 단기원조중심, 즉각적 개입(행동기술), 제한된 목표, 초점적 문제해결 등의 특징이 있다.
③ 해결중심모델은 강점 활용, 변화의 불가피성과 작은 변화의 중요성 강조, 현재와 미래 지향, 탈이론적·비규범적 입장 등의 특징이 있다.
④ 인지행동모델은 클라이언트의 주관적 경험의 독특성 중시, 클라이언트의 능동적(적극적)인 참여, 소크라테스식 문답법, 시간제한적 개입, 다양한 개입 방법 사용 등의 특징이 있다.

041 ▶ ③

| 정답 해설 |
③ 심리사회모델의 실천기법이다. 과제중심모델은 구조화된 개입, 개입의 책임성 강조, 클라이언트의 자기결정권 강조, 클라이언트의 환경에 대한 개입 등을 활용한다.

042 ▶ ③

| 오답 해설 |

ㄹ. 합류하기는 미누친의 구조적 가족치료의 기법 중 하나로, 사회복지사가 가족의 현실적 상황에 들어가 함께 경험하거나 가족 성원들의 스타일에 맞추어 언어적·비언어적 의사소통을 하는 것이다.

043 ▶ ③

| 정답 해설 |

③ 역량강화모델은 사회복지사와 클라이언트의 동반자적 관계를 강조하는 실천모델이다. 클라이언트의 문제를 클라이언트의 결함으로 보지 않고 클라이언트의 개인적 역량과 환경적 요구 사이의 불일치 때문에 발생한 것으로 본다. 따라서 클라이언트의 역량과 환경적 자원에 초점을 두며, 의사결정 과정에서 클라이언트의 적극적·능동적 참여와 자기결정권을 강조한다.

044 ▶ ③

| 오답 해설 |

ㄹ. 병리 관점에 관한 설명이다. 역량강화모델은 클라이언트의 역량과 욕구에 초점을 두는 강점 관점을 중심으로 접근한다.

관/련/개/념
병리 관점
- 클라이언트를 증상을 가진 자로 규정하고 클라이언트가 겪고 있는 문제에 초점을 둔다.
- 전문가의 계획에 따라 치료 계획이 이루어진다.

045 ▶ ⑤

| 정답 해설 |

⑤ 골란은 '위험사건 → 취약단계 → 촉발요인 → 위기단계 → 재통합단계' 순으로 위기가 발달한다고 주장하였다.

관/련/개/념
골란의 위기발달단계

사회적 위험 (위험한 사건)	특정 스트레스 사건이 발생하는 단계
취약단계 (혼란단계)	최초의 쇼크에 대한 개인의 주관적 반응의 단계
위기촉진요인 발생	취약단계를 불균형상태로 전환시키는 연쇄적인 스트레스 유발 사건들
실제 위기단계	긴장과 불안이 최고조에 달하여 불균형에 이르는 단계
재통합단계	긴장과 불안이 점차 가라앉고 개인의 기능이 다소 재구성되는 단계

046 ▶ ③

| 정답 해설 |

③ 위기개입모델의 일차적 목표는 위기에 대한 반응에 두고, 위기가 유발한 불균형 상태를 이전 상태로 회복하는 데 집중한다.

047 ▶ ④

| 정답 해설 |

④ 사회복지사가 A씨의 안전 확보를 위해 즉각적으로 개입(지지체계 구성)한 것에서 위기개입모델을 적용하고 있음을 확인할 수 있다. 위기개입모델은 위기에 처한 개인, 가족을 초기에 발견하여 위기가 유발한 불균형 상태의 회복을 위해 초기단계부터 원조 수단을 제공하는 모형으로, 위기상황에 즉각적으로 개입한다.

048 ▶ ④

| 오답 해설 |

① 위기개입모델은 즉각적이고 신속하게 개입하여 6주 이내에 해결한다.
② 위기개입모델은 클라이언트를 위기 이전의 상태로 회복시킨다는 제한된 목표를 가진다.
③ 위기개입모델에서 사회복지사는 지시적인 역할을 수행한다.
⑤ 문제 파악과 해결을 위해 클라이언트가 조종할 수 있을 만큼의 현실에 직면하도록 하며 현재 문제에 초점을 맞춘다.

049 ▶ ②

| 정답 해설 |

② 클라이언트가 겪고 있는 위기상황에 즉각 개입하는 위기개입모델을 활용하여 위기 이전 상태로 회복하는 제한된 목표를 가지고 접근하는 것이 적절하다.

| 오답 해설 |

① 발달적 위기는 발달단계마다 요구되는 발달과업으로 인한 위기를 말하는 것으로, 제시된 클라이언트에 대한 개입으로는 적절하지 않다.
③ A씨가 처한 상황에서는 장기 교육 프로그램을 실시하기보다 위기상황에 즉각적으로 개입하여 단기 전문 원조를 제공하는 것이 적절하다.
④ 위기상황이므로 A씨 스스로 도움을 요청할 때까지 개입을 유보하지 않고 사회복지사가 적극적으로 개입해야 한다.
⑤ 위기개입모델은 증상을 제거하고, 위기 이전의 수준으로 기능을 회복하는 데 목표를 둔다. 따라서 긴장과 불안을 점차 가라앉히고 사고를 재구성하는 과정은 필요하나, 삶의 태도를 근본적으로 재조직화하는 것은 장기적 접근이 필요한 일이므로 현재 시점에서는 적절하지 않다.

050 ▶ ⑤

| 정답 해설 |

⑤ 의료모델에 관한 설명이다. 위기개입모델은 위기상황에 즉각적으로 개입하여 단기 전문 원조를 제공하는 데 초점을 둔다.

051 ▶ ④

| 정답 해설 |

④ 위기개입모델에서 위기 발달은 취약단계를 거친 후 촉발요인을 마주하게 된다.

052 ▶ ④

| 오답 해설 |

㉠ 위기개입모델에서는 사건 자체보다는 사건에 대한 클라이언트의 주관적인 인식을 중시하며, 위기에 처한 클라이언트가 자신의 심리적 능력과 사회적 자원을 동원할 수 있도록 원조한다.

053 ▶ ①

| 정답 해설 |

① 위기상황에 대한 초기사정은 시작단계의 활동으로, 위기상황을 파악하고, 계약을 실행하는 시기이다.

관/련/개/념

골란의 위기개입모델 단계별 활동

시작단계 (형성)	계약형성, 위기파악(초기 사정)
중간단계 (수행)	• 현재 위기와 관련된 과거 경험 탐색 • 위기사건 이후 상황과 관련된 자료 보충 • 목표달성을 위한 구체적인 과제들에 대한 작업 • 클라이언트의 일상생활에 활용할 수 있는 자원과 지지체계 • 계약이행, 과업확인 및 이해, 자료의 조직과 이에 따른 활동, 행동변화 초래
종결단계 (종료)	개입상황 점검, 성취한 과업 확인, 미래에 대한 계획 수립, 종료시기 결정

054 ▶ ②

| 정답 해설 |

② 위기개입모델의 주요 원리에 해당하는 내용이다.

055 ▶ ⑤

| 정답 해설 |

⑤ 문제가 해결된 상태를 가정하는 것은 기적질문이다. 대처질문은 문제나 욕구가 만성화되어 더 이상 희망이 없다고 생각하는 클라이언트에게 자신이 과거 힘든 상황에 대처했던 경험을 질문해 이를 활용하게 하고, 자신의 자원과 강점을 발견하도록 돕는 방법이다.

056 ▶ ③

| 오답 해설 |

① 정신역동모델에 관한 설명이다.
②, ④ 전통적 실천모델에 관한 설명이다.
⑤ 행동수정모델에 관한 설명이다.

057 ▶ ⑤

| 정답 해설 |

⑤ 해결중심모델에서는 현재와 미래에 적응하는 것을 돕는 데 관심을 두고, 클라이언트의 과거에 관해서는 깊이 연구하지 않는다. 즉, 클라이언트를 과거와 문제로부터 멀어지게 하고 현재와 미래를 강조하면서 해결방안을 구축하는 데 집중하도록 한다.

058 ▶ ②

| 정답 해설 |

② 관계성 질문은 클라이언트와 중요한 관계를 맺고 있는 사람들의 시각에서 클라이언트 자신과 문제상황을 바라보게 하는 질문으로, 해결중심모델에서 사용하는 질문기법과 이에 관한 예로 적절하다.

| 오답 해설 |

① 예외질문은 문제 해결을 위해 우연적·성공적으로 실시한 방법을 발견하는 것이다.
③ 기적질문은 기적이 일어나서 문제가 해결되었다고 상상하게 함으로써 문제 자체보다는 해결책을 생각하고 기적이 일어났을 때 달라질 수 있는 일들을 실제 행동으로 옮겨 보게 하는 것이다.
④ 대처질문은 클라이언트가 과거 힘든 상황에 대처했던 경험을 파악하는 질문이다.
⑤ 척도질문은 숫자를 이용하여 자신이 느끼는 문제의 정도, 변화 정도, 변화에 대한 의지 등을 구체적으로 표현해 보게 하는 질문이다.

059 ▶ ②

| 정답 해설 |

② 해결중심모델에 관한 설명이다. 해결중심모델은 대표적인 단기치료 개입 방법으로, 클라이언트의 문제가 무엇인지를 파악하기보다는 클라이언트가 원하는 해결이 무엇인지에 관심을 가지며 클라이언트의 강점과 성공 경험을 중시한다.

060 ▶ ②

| 오답 해설 |

① 인지행동모델에 해당한다.
③ 정신역동모델에 해당한다.
④ 과제중심모델에 해당한다.
⑤ 역량강화모델에 해당한다.

061 ▶ ①

| 정답 해설 |

① 관계성 질문이란 클라이언트와 중요한 관계에 있는 사람들의 관점에서, 그들이 클라이언트의 문제에 대해 어떻게 생각할지 추측해 보도록 하는 기법이다.

| 오답 해설 |

② 척도질문에 해당한다. 기적질문은 문제가 해결된 상태를 상상해 보게 하는 질문으로, 해결에 필요한 요구사항들을 구체화·명료화하는 데 도움을 준다.
③ 예외질문에 해당한다. 대처질문은 어려운 상황에서의 적절한 대처경험을 상기시키는 질문으로, 클라이언트가 스스로 자신의 강점을 발견하도록 돕는다.
④ 대처질문에 해당한다. 예외질문은 내담자가 문제로 생각하고 있는 행동이 일어나지 않은 상황에 대한 질문으로, 문제해결을 위해 우연적이며 성공적으로 실행한 방법을 찾아내어 이를 의도적으로 실행하도록 한다.
⑤ 치료면담 전의 변화에 대한 질문에 해당한다. 척도질문은 숫자를 이용하여 클라이언트가 자신의 문제, 문제의 우선순위, 성공에 대한 태도, 정서적 친밀도, 자아존중감, 치료에 대한 확신, 변화를 위해 투자할 수 있는 노력 등의 수준을 수치로 표현하도록 돕는 질문이다.

062 ▶ ④

| 정답 해설 |

④ 해결중심모델의 개입목표 설정 원칙에는 없는 것(문제를 없애는 것)보다는 있는 것(바람직한·긍정적인 행동들)에 관심두기가 있다.

063 ▶ ④

| 정답 해설 |

④ 내적 의사소통 명료화하기는 인지행동모델의 주요 기술에 해당한다.

> 관/련/개/념
>
> **밀러와 롤닉의 동기강화모델 기본원리**
> - **공감 표현하기**: 공감 표현하기를 위해 사회복지사에게 요구되는 태도와 기술은 경청이다. 공감을 표현하려면 사회복지사는 반영적 경청을 하면서 클라이언트를 판단·비판·비난하지 않고 클라이언트의 느낌이나 관점을 이해하는 수용하는 자세이다.
> - **불일치감 만들기**: 동기강화모델은 의도적·지시적으로 양가감정에 묶여 꼼짝 못하고 있는 사람을 움직일 수 있게 하는 쪽으로 지원한다.
> - **저항과 함께 구르기**: 새로운 관점은 유도되어야 하는 것이지 강요되어서는 안 된다. 클라이언트는 해답과 해결책을 찾아가는 제1자원이다.
> - **자기효능감 지지해 주기**: 자기효능감은 어떤 행동이나 활동을 수행하며 특정 목표를 성공적으로 해낼 수 있다는 자신의 능력에 대한 신념이다. 사람의 변화 능력에 대한 사회복지사의 믿음은 클라이언트의 자기효능감을 지지해 주는 기반이 된다.

064 ▶ ③

| 정답 해설 |

③ 인지행동모델에 해당한다. 인지행동모델은 비합리적 신념이나 인지적 오류, 자기패배적인 사고를 변화시킴으로써 감정이나 행동을 변화시키는 것을 목표로 한다.

> 관/련/개/념
>
> **클라이언트중심모델의 주요 개념**
> - **실현화 경향**: 유기체를 유지하거나 고양시키는 방식으로 발달해 가려는 유기체의 생득적인 경향이 나온다.
> - **자아실현 욕구**: 자아가 형성됨에 따라 일부 실현화 경향이 자아실현으로 표현된다.
> - **조건부 가치**: 중요한 타인들의 긍정적인 관심이 조건부로 주어짐에 따라 어떤 측면에서는 자신이 존중되고 있지만, 다른 측면에서는 그렇지 않다고 느낄 때 일어난다.
> - **긍정적 관심**: 다른 사람들로부터 긍정적 존경을 받고자 하는 욕구가 생긴다.

065 ▶ ④

| 오답 해설 |

ㄹ. 클라이언트중심모델은 사회복지사와 클라이언트가 협력적 관계를 맺고 클라이언트의 성장적 변화를 추구한다. 따라서 사회복지사의 권위적인 역할을 강조하기보다는 클라이언트가 현재 직면하고 있는 문제들을 살피고 미래에 발생할 수 있는 여러 가지 문제를 극복·대처할 수 있도록 클라이언트의 성장에 초점을 둔다.

066 ▶ ③

| 정답 해설 |

③ 초기 접근에서는 비협조적 태도를 보이는 학교폭력 가해학생 B의 감정을 표현할 수 있는 기회를 제공하고, 효과적인 프로그램 진행을 위해 관계를 형성하며 친밀감을 높여야 한다.

| 오답 해설 |

① 클라이언트의 견해에 초점을 맞춰 개입한다.
② 비협조적 태도는 저항에서 비롯된 것으로, 저항의 이유를 해석하기 위해 원인을 탐색할 필요가 있다.
④ 시간이 소모되더라도 효과적인 프로그램 진행을 위해 클라이언트가 억울함을 표현할 수 있는 기회를 제공하고 비협조적 태도를 개선한 후 개입이 진행되어야 한다.
⑤ 사회복지사는 비밀보장 원칙과 학교에 보고해야 할 사항에 대해 설명하여야 한다.

UNIT 03 가족 대상 실천기법 Ⅰ

067	068	069	070	071
④	①	②	②	⑤
072	073	074	075	076
⑤	⑤	③	⑤	④
077	078	079	080	081
⑤	⑤	④	⑤	⑤
082	083	084	085	086
④	②	⑤	③	④

067 ▶ ④

| 정답 해설 |

④ 환류는 욕구를 재확인하여 서비스 계획이나 개입전략을 수정하는 과정을 말하며, 평가와 종결단계에 해당한다.

068 ▶ ①

| 오답 해설 |

② 일탈행동이나 갈등상황에 대해 정적 환류를 적용하면 최초의 일탈이나 갈등을 증폭시키는 작용을 한다. 반면, 부적 환류는 어떤 상태나 변화, 새로운 행동이 부적절하므로 원래의 상태로 돌아가게 하는 환류이다.
③ 가족이라는 상위체계가 존재하며 그 안에 다양한 하위체계를 포함한다.
④ 혼돈된 경계의 가족에 관한 설명이다. 경직된 경계의 가족은 가족원의 무관심, 소외감, 거리감이 발생하여 유리된 관계가 형성된다.
⑤ 부모하위체계에 관한 설명이다. 부모-자녀하위체계는 세대가 서로 다른 가족원들로 구성되어 있는 하위체계로, 부모가 자녀에게 엄격함과 허용을 적절히 조화시키는 것이 중요하다.

069 ▶ ②

| 오답 해설 |

ⓒ 부모와 자녀 간의 밀착된 관계는 가족 성원 간 혼돈된 경계로, 가족원 간의 독립심과 자율성이 결여되고 과도한 가족 응집력을 요구한다. 따라서, 하위체계 간 불균형상태가 발생한다.
ⓔ 기능적 가족은 환경체계와 분명히 구분되는 동시에 개방적이고 융통적이며 적응적 경계가 있다. 따라서 가족성원에게 분명한 경계와 자율성을 부여하게 된다.

070 ▶ ②

| 오답 해설 |

ⓒ 가족의사소통은 가족집단 또는 두 사람 이상의 가족원 간에 언어나 표정, 신체 동작 등으로 메시지를 주고받는 상호작용 과정이며, 관계기능이 내용기능보다 더 중요하다.
ⓔ 가족규칙이란 가족 내 권력, 역할, 의사소통, 문제 해결, 의식 등에 관한 규칙으로, 가족을 지배하고 있는 명백하고 은밀한 규칙을 말한다. 가족규칙은 명시적 규칙과 암묵적 규칙으로 구분되는데, 암묵적 규칙은 눈에 보이지 않으므로 오히려 더 강한 규칙이자 행동지침이 된다. 그러나 암묵적 규칙이 무조건 역기능적이라고 단정할 수는 없다.

071 ▶ ⑤

| 정답 해설 |

⑤ 전통적인 한국의 부부관계는 직계가족을 이상적인 형태로 여기는 특성 때문에 남편은 높은 지위의 가부장권을 가지고, 부인은 낮은 지위의 주부권을 가짐으로써 불평등한 지위관계를 형성하는 것이 보편적인 형태였다. 따라서 가족은 권력구조를 가지며, 애정공동체이기도 하다.

> 참고 현대사회에서 가족 내 권력구조의 불평등은 약화되는 추세입니다.

072 ▶ ⑤

| 정답 해설 |

⑤ ㉠, ㉡, ㉢, ㉣ 모두 가족의 특성으로 옳은 설명이다.

073 ▶ ⑤

| 정답 해설 |

⑤ 동기화되어 있는 가족 성원을 관련 모임에 참여시켜 변화를 주면, 그 영향이 다른 가족 성원에게도 미친다. 이는 순환적 인과성을 고려한 것으로, 결국 가족 전체에 순환적으로 영향을 주어 알코올 중독 당사자의 변화를 일으킬 수 있다.

| 오답 해설 |

① 가족항상성은 현상을 유지하려는 가족체계의 속성을 말한다.
② 가족모델링은 바람직한 행동을 보여주고 그 행동을 모방하도록 하는 것을 말한다.
③ 가족재구조화는 가족구조를 변화시키는 것을 말한다.
④ 다세대 간 연합은 가족 내 한 구성원에게 대항하기 위해 두 세대 이상의 구성원들이 협력하는 것을 말한다.

074 ▶ ③

| 오답 해설 |

① 실존적 위기는 삶의 목적이나 중요한 삶의 이슈 등과 관련된 갈등이나 불안을 내포하고 있는 위기를 말한다.
② 상황적 위기는 예견할 수도 없고 통제할 수도 없는 이례적 사건으로 인한 위기로, 교통사고나 갑작스런 질병, 실업 등으로 인한 위기를 말한다.

④ 부정적 위기는 생애 주기에 따른 위기에 포함되지 않는다.
⑤ 환경적 위기는 태풍 등의 자연재해나 전쟁과 같은 인재(人災)로 인한 위기를 말한다.

참고 위기는 유형에 따라 발달적 위기, 상황적 위기, 실존적 위기, 환경적 위기로 구분됩니다.

075 ▶ ⑤

| 정답 해설 |
⑤ ㉠, ㉡, ㉢, ㉣ 모두 가족 대상 사회복지실천 과정에 관한 설명으로 옳다.

076 ▶ ④

| 오답 해설 |
① 한 가족 성원의 문제는 다른 성원에게 영향을 미치는 자극이 되고 이 자극은 가족 전체에게 영향을 미치며 다시 처음 변화를 유발한 성원에게 순환적으로 영향을 미친다. 따라서 가족문제의 원인제공자를 확인하기 위해 순환적 인과관계를 적용한다는 것은 적절하지 않다. 그보다는 문제를 유지하려는 현재의 상호적 인과관계에 초점을 두어야 한다.
② 어떤 결과에 어떤 하나의 원인이 작용하는 관계를 단선적 인과관계라고 한다. 동귀결성이란 같은 결과도 다른 시작으로부터 나올 수 있다는 원칙이다.

참고 다중귀결성이라는 개념도 있습니다. 이는 시작은 같아도 다른 결과를 가져올 수 있다는 원칙입니다.

③ 가족은 사회환경의 하위체계이며, 가족 안에도 다양한 하위체계가 존재한다. 개인은 가족의 하위체계이고, 부부, 부모, 어머니와 딸, 형과 동생 등과 같은 하위체계도 존재한다.
⑤ 이차적 사이버네틱스에 관한 설명이다.

077 ▶ ⑤

| 정답 해설 |
⑤ 해결중심 가족치료의 개입 기법에 관한 설명이다. 해결중심 가족치료모델에서는 클라이언트를 문제해결의 주체로 본다.

078 ▶ ④

| 정답 해설 |
④ 가족 개입을 할 때는 가족문제의 원인을 순환적 관점과 유기체적인 관점으로 파악해야 한다. 가족사회복지실천은 인간과 환경이 상호작용의 시스템 속에서 영향을 받고, 영향을 주기도 한다는 시각으로 접근한다.

079 ▶ ④

| 오답 해설 |
㉢ 소시오그램은 집단 성원 간의 상호작용을 파악할 수 있는 사정도구이다. 가족 구성원의 사회적 활동을 측정할 때는 클라이언트의 환경을 사정할 수 있는 생태도를 활용하는 것이 적절하다.

080 ▶ ⑤

| 정답 해설 |
⑤ ㉠ 현재 원가족의 생활 주기가 어떤 단계에 있는지, 어떤 과업이 수행되어야 하는지 등을 확인한다.
㉡ 원가족에게 노출되어 있는 스트레스가 무엇이며, 문제를 극복하거나 해결하기 위한 원가족의 회복력 수준(레질리언스)이 어느 정도인지 탐색한다.
㉢ 원가족 구성원 간의 관계가 경직 혹은 밀착되어 있는지를 살펴보고, 원가족 구성원의 자아분화가 적절히 이루어졌는지를 확인한다.
㉣ 가족 내 과거에서부터 해결되지 않은 과거 관계의 잔재들이 현재 시점까지 반복적으로 발생하고 있는지를 확인한다.

관/련/개/념
레질리언스(resilience)
탄력성, 신축성, 유연성, 회복력 등의 뜻을 가지고 있는 용어로, 역동적이고 학습이 가능한 성장과 희망의 의미를 포함하는 개념이다. 이는 역경이라는 전제 조건에서 개인의 내적·외적 자원을 활용해 긍정적으로 발달·성장하고 강해지는 능력을 말한다.

081 ▶ ⑤

| 정답 해설 |
⑤ 가계도에는 결혼이나 별거, 이혼, 재혼, 질병, 사망 등 중요한 생활사건(㉣)이나 인종, 민족, 종교, 직업 등

인구사회학적 특성이 표시되어 있어 각 세대의 가족에 대한 객관적이고 중요한 정보를 얻을 수 있고(ⓒ), 가족 내에서 반복되는 정서적·행동적 패턴을 분석할 수 있다(㉠). 또한 여러 세대에 걸쳐 발전된 가족 구성원의 역할(㉣), 유형, 관계 등을 알아볼 수 있으며 가족 기능의 불균형과 그것에 기여하는 요인을 분석할 수 있다(ⓒ).

082 ▶ ④

| 오답 해설 |

ⓒ 가계도는 3세대 이상에 걸친 가족 성원에 관한 정보와 가족 성원 간의 관계를 도표화한 가족 사정도구이다. 가계도로 가족이 위치한 지역사회의 안정성과 쾌적성을 분석할 수는 없다.

083 ▶ ②

| 정답 해설 |

② 생태도는 한 가족이 집단, 자원, 단체, 다른 가족 및 개인과 맺는 상호작용에 초점을 두어 가족과 외부 환경체계 간의 에너지 흐름을 확인하는 사정도구이다. 자녀 양육의 어려움을 호소하는 가족의 생태도를 통해 가족과 외부 환경체계 간에 어떤 어려움이 있는지 확인할 수 있으나, 회복탄력성과 문제 해결 능력은 알 수 없다.

084 ▶ ⑤

| 정답 해설 |

⑤ ㉠, ⓒ, ⓒ, ㉣ 모두 가족사정에 관한 설명으로 옳다.

085 ▶ ③

| 정답 해설 |

③ 알코올 중독 진단을 받은 A씨는 부모와 함께 살지만, 몇 년 전부터 대화가 단절되고 술을 마실 때면 아버지로부터 학대가 발생하고 있다고 했다. A씨의 알코올 중독 문제가 일차적인 원인이 되었으므로, 사회복지사가 우선적으로 개입해야 하는 사항이다.

086 ▶ ④

| 정답 해설 |

④ 단독으로 생계를 유지하는 경우는 대표적으로 1인 가구가 있으며, 이는 가구의 범위에 속한다.

UNIT 04	가족 대상 실천기법 Ⅱ								
087	⑤	088	①	089	③	090	③	091	⑤
092	①	093	②	094	②	095	④	096	⑤
097	①	098	①	099	④	100	④	101	①
102	④	103	②	104	④	105	①	106	③
107	④	108	①	109	⑤	110	③	111	②
112	③	113	②	114	②	115	③	116	②
117	①								

087 ▶ ⑤

| 정답 해설 |

⑤ 전략적 가족치료는 다양한 전략을 활용하여 문제의 해결에 초점을 둔다.

088 ▶ ①

| 오답 해설 |

② 가족그림은 사티어의 경험적 가족치료에 해당한다.
③ 탈삼각화는 보웬의 다세대 가족치료에 해당한다.
④ 역설적 지시는 헤일리의 전략적 가족치료에 해당한다.
⑤ 순환적 질문은 헤일리의 전략적 가족치료에 해당한다.

089 ▶ ③

| 정답 해설 |

③ 역설적 지시는 문제를 유지하는 연쇄를 변화시키기 위해서 가족이 역설적이라고 생각하는 행동, 즉 문제 행동을 유지하거나 강화하는 행동을 수행하도록 지시하는 기법이다.

| 오답 해설 |
① 실연은 미누친의 구조적 가족치료기법 중 하나로, 치료 면담 중에 가족에게 역기능적인 가족 성원 간의 교류를 실제로 재현시키는 기법이다.
② 재구성은 헤일리의 전략적 가족치료기법 중 하나로, 가족 성원의 문제를 다른 관점으로 이해할 수 있도록 돕는 기법이다
④ 순환적 질문하기는 헤일리의 전략적 가족치료기법 중 하나로, 가족 성원들이 문제에 대해 제한적이고 단선적인 시각에서 벗어나 문제의 순환성을 깨닫도록 돕는 질문을 연속적으로 던지는 기법이다.
⑤ 긍정적 의미부여는 헤일리의 전략적 가족치료기법 중 하나로, 가족응집력을 향상시키고 치료에 대한 저항을 줄이기 위해 가족의 문제나 행동을 긍정적으로 재해석하는 기법이다.

090 ▶ ③

| 오답 해설 |
㉣ 자아분화 수준이 높을수록 가족원의 자율성이 증가하여 독립적으로 행동한다. 반면, 자아분화 수준이 낮을수록 가족원을 끌어들여 삼각관계를 형성하고, 근본적인 문제의 원인을 회피하려 한다.

091 ▶ ⑤

| 정답 해설 |
⑤ 이야기치료모델에 관한 설명이다. 이야기치료 기법 중 하나인 문제의 외현화(외재화)는 문제가 개인의 속성이나 내부에 존재하는 것이 아니라 외부에 존재하는 것으로 보며, 가족문제를 가족을 괴롭히는 존재로 보고 이야기하는 형식이다.

092 ▶ ①

| 정답 해설 |
① 대화에 나타난 기법은 문제의 외현화이다. 문제의 외현화는 문제가 외부에 존재한다고 보아 자신을 병리적이라고 생각하는 것으로부터 자유롭게 하기 때문에 인간이 지닌 잠재력과 가능성을 인식하게 하며 강점을 개발할 수 있도록 촉진한다.

| 오답 해설 |
② 재보증이란 클라이언트가 가진 죄의식, 불안, 분노의 감정에 대하여 이해를 표현함으로써 클라이언트를 안심시키는 것이다.
③ 코칭이란 객관적인 조언을 통해 클라이언트가 지닌 능력을 최대한 발휘하여 목표를 이룰 수 있도록 돕는 것이다.
④ 가족지도란 자신이 바라보는 관점에서 지도를 그리듯이 가족 구성원을 표현하는 방법이다. 가족 구성원들의 특징을 간략히 표현하고, 자신이 원하는 이상적인 역할과 성향을 글로 표현한다.
⑤ 체험기법이란 현실과 근접한 상황을 설정하여 참가자에게 특정 역할을 연기하게 함으로써 각각의 역할과 입장을 이해하게 하거나, 현실에 맞서는 주체성과 창조성을 높일 수 있도록 하는 방법이다.

093 ▶ ②

| 정답 해설 |
② 빙산기법은 경험적 가족치료의 대표적 기법이다. 헤일리의 전략적 가족치료에서 사용되는 이중구속 기법은 상담자가 상호 모순되는 요구를 동시에 전달함으로써 가족 성원의 자발적인 행동 변화를 유도한다.

관/련/개/념

빙산기법(빙산탐색 치료기법)
겉으로 보이는 인간의 행동은 수면 위에 드러난 빙산의 일부분에 불과하다고 보고, 개인의 수면 아래를 탐색하여 내담자의 변화를 목표로 하는 기법이다. 탐색을 위한 심층적인 질문을 통해 열망을 자각하고, 자기를 만날 수 있을 때 비로소 변화가 일어날 수 있다고 본다.

094 ▶ ②

| 정답 해설 |
② 해당 문제는 가족의 역기능적 의사소통의 맥락을 확인하고 의사소통 방법을 교정하는 경험적 가족치료의 모델로 개입하기가 적절하다.

095 ▶ ④

| 오답 해설 |

ⓒ 재정의의 예시에 해당한다. 경계 만들기는 가족 내 하위체계 간 경계선이 모호하거나 너무 경직되어 있어 이를 수정하는 개입이 필요할 때, 가족 성원 각자가 체계 내에서 적절한 위치에 있도록 하위체계 간 경계를 분명히 유지하게 하는 기법이다.

096 ▶ ⑤

| 정답 해설 |

⑤ 클라이언트는 어머니와 딸 사이에서 삼각관계를 형성하고 있다. 보웬의 다세대 가족치료에서 이는 미분화된 가족 자아덩어리로, 불안을 경감시켜 자아분화를 촉진함으로써 탈삼각화하는 것을 개입의 목표로 삼는다.

097 ▶ ①

| 정답 해설 |

① 사회복지사가 가족문제의 원인을 경제적 이유로 보고 양육비 이행 지원서비스를 받을 수 있도록 지원한 것에서 가족옹호임을 알 수 있다. 가족옹호란 가족이 정당한 권리가 있음에도 불구하고 권리보장이 이루어지지 않거나 서비스가 확대되어야 할 필요가 있는 경우, 사회복지사가 가족의 권리를 대변하고 서비스를 확충하는 것을 말한다.

| 오답 해설 |

②, ③ 가족 재구성과 재정의하기는 전략적 가족치료 기법으로, 가족 성원들의 문제 혹은 이슈를 다른 시각에서 보거나 다른 방법으로 이해하도록 돕는 것이다.
④ 탈삼각화 기법은 다세대 가족치료 기법으로 삼각관계에 속한 제3자를 두 성원의 감정 영역에서 분리시키는 과정이다.
⑤ 균형 깨뜨리기는 구조적 가족치료 기법으로, 가족 내 하위체계들 간의 역기능적 균형을 깨뜨리기 위한 기법이다.

098 ▶ ①

| 정답 해설 |

① 비난형 의사소통 유형은 잘못을 남의 탓으로 돌리며 자신에게 충성과 복종을 요구하는 역기능적 의사소통 유형이다. 개입을 거부하며 방어적인 클라이언트의 의사소통 유형에 관한 분석으로는 적절하지 않다.

099 ▶ ④

| 정답 해설 |

④ 클라이언트인 은옥 씨가 서비스뿐만 아니라 접근 자체도 거부하고 있는 상황에서 사회복지사는 우선 클라이언트의 가족에 합류할 수 있는 방법을 탐색하는 것이 적절하다. 합류하기란 사회복지사가 가족들에게 인간적 관여를 하거나 가족의 현실적 상황에 들어가 함께 경험하거나 가족 특성에 맞추어 언어적·비언어적 의사소통을 하는 것을 말한다.

| 오답 해설 |

① 치료적 삼각관계 형성하기는 가족치료자가 가족에 합류한 후에 시도할 수 있다. 치료적 삼각관계는 두 명의 구성원들과 치료자로 이루어진 삼각관계 안에서 분화 및 문제 해결 방법을 찾게 된다.
② 가족 하위체계 간의 경계 만들기는 구조적 가족치료 기법으로, 가족 내 하위체계 간 경계가 모호하여 너무 밀착되어 있거나 경계가 경직되어 너무 유리된 상태일 때 적절한 경계를 만들도록 하는 기법이다.
③ 가족의 기능적 분화수준 향상시키기는 자신과 타인을 구분하고, 정서적 과정과 지적 과정을 구분하는 능력을 향상시키는 기법이다.
⑤ 역설적 개입(역설적 지시)이란 내담자의 저항성을 역이용하여 치료자의 지시에 저항하도록 하는 전략적 가족치료 기법으로, 내담자가 현재 하고 있는 문제 행동을 지속하도록 지시하는 기법이다.

100 ▶ ③

| 정답 해설 |

③ 재명명하기는 특정 문제에 대해 클라이언트가 부여한 의미를 수정해 줌으로써 클라이언트의 시각을 긍정적인 방향으로 변화시키는 기법이다.

| 오답 해설 |
① 명료화하기는 클라이언트가 진술한 내용의 실체를 요약하고, 클라이언트가 모르는 사실, 알면서도 회피하려던 내용, 알고 있지만 애매하게 느끼던 내용을 사회복지사가 분명하게 언급해 주는 기법이다.
② 초점화하기는 클라이언트가 이야기를 장황하게 하거나 어떤 주제를 회피하려고 할 때, 간단한 질문을 하거나 문제를 다시 언급함으로써 초점을 맞추는 기법이다.
④ 재보증하기는 클라이언트의 능력에 대해 사회복지사가 신뢰를 표현함으로써 클라이언트의 자신감을 키우는 기법이다.
⑤ 해석하기는 클라이언트가 직접 언급하지 않은 내용이나 개념을 그의 과거의 경험 혹은 언급된 내용을 토대로 추론하여 말하는 기법이다.

101 ▶ ①

| 정답 해설 |
① 실연은 미누친의 구조적 가족치료의 개입기법으로, 가족이 경험하고 있는 문제를 사회복지사가 보다 정확히 이해할 수 있도록 가족 구성원이 문제나 갈등상황을 재현해 보는 것이다.

| 오답 해설 |
② 추적하기는 미누친의 구조적 가족치료의 개입기법으로, 합류하기에서 사용하는 구체적 기법이다. 이는 가족이 어떻게 행동하는지, 어떤 방식으로 이야기하는지를 주의 깊게 관찰하고 기존 교류의 흐름을 뒤따라가며 정보를 수집하는 활동이다.
③ 빙산치료는 사티어의 경험적 가족치료의 개입기법으로, 겉으로 보이는 인간행동은 수면 위에 드러난 빙산처럼 일부에 불과하다고 본다. 사회복지사는 수면 아래에 있는 개인의 행동, 감정, 지각, 기대, 열망, 자기에 대해 탐색함으로써 개인의 내적 과정을 이끌어 낸다.
④ 치료 삼각관계는 보웬의 세대 간 가족치료의 개입기법으로, 두 사람 사이에서 스트레스나 긴장관계가 발생했을 때 그들과 치료자가 삼각관계를 형성해 분화를 촉진하고 긴장의 수준을 완화하는 것이다.
⑤ 경계선 만들기는 미누친의 구조적 가족치료의 개입기법으로, 가족 간의 경계가 너무 모호하거나 경직된 경우 적절한 경계를 만들도록 돕는 것이다.

102 ▶ ④

| 정답 해설 |
④ 가족 조각은 사티어의 경험적 가족치료의 개입기법으로, 가족 구성원들이 몸을 이용해 가족의 상호작용 양상을 표현하게 함으로써 가족에 대한 이해를 돕는 것이다. 이는 특정 시점에서의 느낌, 감정 등을 동작과 공간을 사용하여 표현하는 비언어적 기법이다.

| 오답 해설 |
① 연합은 특정 가족원이 제3의 구성원에 대항하기 위해 맺는 동맹이다(구조적 가족치료).
② 은유는 치료자가 직접적으로 지시하거나 평가하기보다는 간접이고 비유적인 표현을 사용하는 것이다(사티어의 경험적 가족치료).
③ 외현화는 가족문제를 내부에 있다고 보지 않고 가족을 둘러싼 외부에 존재하는 것으로 생각하는 것이다(이야기치료).
⑤ 원가족 도표는 원가족의 맥락 속에서 개인 심리의 내적 과정뿐만 아니라 가족과의 상호작용 및 가족 역동성을 이해하고 평가하게 해 준다(사티어의 경험적 가족치료).

103 ▶ ②

| 정답 해설 |
② 제지는 클라이언트의 행동 변화의 속도가 빠를 때 사회복지사가 그만하거나 천천히 하라고 말하는 역설적인 태도를 취하는 것으로, 클라이언트의 저항 심리를 자극해 변화에 더욱 속도를 붙이는 기법이다.

| 오답 해설 |
① 시련은 클라이언트가 가진 증상보다 더 고된 체험을 하도록 과제를 주어 증상을 포기하게 하는 기법이다.
③, ④ 재정의 및 재구조화는 가족 성원의 문제를 다른 관점에서 보거나 다른 방법으로 이해하도록 돕는 기법이다.
⑤ 가족옹호는 가족이 정당한 권리가 있음에도 불구하고 권리보장이 이루어지지 않거나 서비스가 확대되어야 할 필요가 있는 경우 가족의 권리를 대변하고 서비스를 확충하는 것이다.

104 ▶ ④

| 오답 해설 |

ⓒ 가족 생활주기와 그에 따른 발달과업을 구체적으로 제시한 학자는 듀발이다. 사티어는 가족의 의사소통 체계가 가족이 기능적으로 움직이는지 혹은 병리적 가족인지를 결정하는 중요한 요인이라고 보았다.

105 ▶ ①

| 오답 해설 |

②, ④ 비난형에 관한 설명이다. 일치형은 언어적 메시지와 비언어적 메시지가 일치하는 유형이다.
③, ⑤ 초이성형에 관한 설명이다. 산만형은 자신과 타인, 상황을 모두 무시하는 유형이다.

106 ▶ ③

| 정답 해설 |

③ 보웬의 세대 간 가족치료의 주요 개념 중 자아분화에 대한 설명이다.

| 오답 해설 |

① 가족투사는 부부 사이에 불안이 증가할 때 자신의 미분화된 정서문제를 자녀에게 투사하는 것이다.
② 삼각관계는 두 사람 사이에서 스트레스나 긴장이 발생했을 때 제3자를 두 사람의 상호작용체계로 끌어들여 긴장의 수준을 완화하려는 것으로, 가족의 분화수준이 낮을수록 삼각관계를 형성하려는 경향이 높다.
④ 핵가족 정서는 해소되지 못한 개인의 불안들이 가족에게 투사되는 것이다.
⑤ 다세대 전수는 가족 정서 과정(자아분화, 삼각관계, 융합 등)이 그 세대에서 그치는 것이 아니라 대를 이어 전개되는 것이다.

107 ▶ ④

| 정답 해설 |

④ 탈삼각화는 보웬의 세대 간 가족치료모델의 개입기법이다.

108 ▶ ①

| 정답 해설 |

① 우연적·성공적으로 실시한 방법을 발견하려는 예외 질문의 예시이다. 관계성 질문은 클라이언트가 자기중심적 생각에서 벗어나 클라이언트에게 중요한 타인의 시각으로 문제상황을 보게 하여 문제 해결에 대한 새로운 가능성을 찾는 데 도움을 주는 질문이다.

109 ▶ ⑤

| 정답 해설 |

⑤ 재명명(재구성)기법은 헤일리의 전략적 가족치료의 대표적인 기법으로, 가족 내 한 성원이 다른 성원에 대해 가지고 있는 생각을 새로운 시각으로 변화하도록 돕는다.

| 오답 해설 |

①, ④ 미누친의 구조적 가족치료모델에 대한 설명이다.
② 증상처방과 고된 체험기법(시련)은 헤일리의 전략적 가족치료 기법 중 역설적 개입으로, 사회복지사는 가족에게 특정한 행동을 할 것 혹은 하지 말 것을 지시한다.
③ 전략적 가족치료모델은 문제의 원인보다는 문제 해결에 초점을 두고 행동을 변화시키는 다양한 전략을 시도한다.

110 ▶ ③

| 정답 해설 |

③ 사회복지사는 문제해결을 위해 대신 자녀가 스스로 할 수 있도록 부모가 함께 기다려 주는 것이 어떻겠냐고 제안하고 있다. 이는 가족성원 각자가 체계 내 적절한 위치에 있도록 하위체계 간 경계를 분명히 유지하게 하는 경계선 만들기를 적용하고 있는 사례이다.

| 오답 해설 |

① 합류는 구조적 가족치료모델의 개입기법으로, 사회복지사가 개입 장면에서 가족의 분위기를 파악하여 그에 맞추어 행동하거나 감정을 표현하는 것이다.
② 역설적 지시는 전략적 가족치료모델의 개입기법으로, 문제를 유지하는 연쇄를 변화시키기 위해서 가족이 역설적이라고 생각하는 행동, 즉 문제행동을 유지하거나 강화하는 행동을 수행하도록 지시하는 것이다.

④ 증상처방은 전략적 가족치료모델의 개입기법 중 역설적 개입(지시)의 세부 기법이다. 클라이언트에게 증상 행동을 오히려 계속하도록 격려하는 지시나 과제를 부여한다.
⑤ 가족조각은 경험적 가족치료모델의 개입기법으로, 공간 속에서 가족 구성원들이 몸을 이용해 가족의 상호작용 양상을 표현하게 함으로써 가족에 대한 이해를 돕는 기법이다.

111 ▶ ②

| 정답 해설 |

② 하위체계의 경계가 희미한 경우, 즉 밀착된 가족 형태에서는 감정의 합일 현상이 증가하며 가족 성원에게 생각이나 감정을 강요하는 현상이 나타난다.

| 오답 해설 |

① 하위체계의 경계가 희미한(모호한) 경우에는 지나친 간섭이 증가한다.
③ 하위체계의 경계가 경직된 경우에는 가족의 보호 기능 수행이 어렵다.
④ 하위체계의 경계가 경직된 경우에는 가족 간 의사소통이 감소한다.
⑤ 하위체계의 경계가 희미한(모호한) 경우에는 가족 구성원이 독립적으로 행동하기 어렵다.

112 ▶ ③

| 정답 해설 |

③ 외현화는 이야기치료모델의 기법으로, 가족문제를 다룰 때 개별 성원이나 가족을 문제로 보지 않고 문제만을 문제로 보는 것이다.

113 ▶ ②

| 정답 해설 |

② 경직된 경계는 소외감, 거리감, 무관심, 최소한의 접촉과 의사소통을 말한다.

114 ▶ ②

| 정답 해설 |

② 초이성형은 매사에 비판적이고 분석적이며, 평가하는 반응을 많이 하는 의사소통 유형이다.

| 오답 해설 |

① 회유형은 상대방의 의견에 무조건 동의하고 상대방이 원하는 대로 행동하며, 자기 탓을 많이 하여 상대방에게 죄의식을 갖게 함으로써 상대방으로부터 거부당하는 것을 방어하는 의사소통 유형이다.
③ 비난형은 자기주장이 강하고 독선적·명령적이고 지시적인 사람들이 많이 사용하는 의사소통 유형이다.
④ 산만형(혼란형)은 타인의 말이나 행동과는 상관없는 의사소통을 한다.
⑤ 일치형은 언어적 메시지와 비언어적 메시지가 일치하는 의사소통 유형이다.

115 ▶ ③

| 정답 해설 |

③ 사티어의 경험적 가족치료는 가족관계를 긍정적 측면에 초점을 두고, 가족의 특유한 갈등과 행동양식에 맞는 경험을 제공하려고 노력한다. 반면, 보웬의 세대 간 가족치료는 가족이 미분화에서 벗어나 가족체계의 변화를 달성하기 위해 노력한다.

116 ▶ ②

| 정답 해설 |

② 삼각관계는 두 사람 사이에서 스트레스나 긴장관계가 발생했을 때 제3자를 두 사람의 상호작용체계로 끌어들여 긴장의 수준을 완화하려는 것으로, 가족의 분화 수준이 낮을수록 삼각관계를 형성하려는 경향이 있다.

117 ▶ ①

| 오답 해설 |

② 해결중심 가족치료모델은 대표적인 단기치료 개입 방법으로, 가족의 문제가 무엇인가를 파악하기보다는 가족이 원하는 해결방안이 무엇인가에 초점을 두고 개입한다.

③ 구조적 가족치료모델은 가족을 재구조화함으로써 가족이 적절한 기능을 수행할 수 있도록 돕는 가족치료 기법이다.
④ 다세대 가족치료모델은 가족을 다세대적 현상으로 보아 다세대적 분석을 통해 현재의 가족문제를 파악하고자 한다.
⑤ 경험적 가족치료모델은 가족의 특유한 갈등과 행동양식에 맞는 경험을 제공하려고 노력한다.

UNIT 05 집단 대상 실천기법 I

118	④	119	①	120	⑤	121	③	122	①
123	②	124	①	125	⑤	126	①	127	④
128	①	129	⑤	130	⑤	131	①	132	⑤
133	⑤	134	④	135	③	136	③	137	②
138	⑤	139	④	140	①				

118 ▶ ④

| 정답 해설 |

④ 집단문화는 집단 구성원들이 공유하는 가치, 신념, 관습, 전통 등을 의미한다. 이는 유사한 성원들이 참여하는 폐쇄형 집단에서 빠르게 형성되지만, 다양한 성원들이 참여하는 개방형 집단에서는 느리게 형성된다.

119 ▶ ①

| 오답 해설 |

ⓒ, ⓓ 치료집단의 특징에 해당한다.
ⓔ 노아방주의 원칙은 사회복지사가 집단을 구성할 때 다양성과 공통성 사이에 균형을 이루도록 해야 한다는 원칙을 말한다. 집단성원이 동질적일수록 빠르게 집단이 형성되지만, 이질적일 경우 집단의 기능을 하지 못할 수 있다.

120 ▶ ⑤

| 정답 해설 |

⑤ ⓐ, ⓑ, ⓒ, ⓓ 모두 얄롬(Yalom)의 11가지 집단치료 효과에 해당한다.

ⓐ 유사한 문제에 대해 다른 집단 성원들은 어떤 방식으로 그 문제를 극복했는지, 도움을 받을 곳은 어디인지 등에 대한 정보를 주고받게 된다.
ⓑ 집단상담에서 자신의 고민과 생각을 이야기함으로써 다른 사람도 자신과 유사한 생각과 고민을 가지고 있음을 알게 된다. 즉, 자신이 그렇게 이상하거나 유별나지만은 않다는 것을 알게 된다.
ⓒ 각 집단 성원은 다른 집단 성원에게 도움을 주고 있는 자신을 발견하게 되고, 남에게 도움을 주는 경험은 개인의 자긍심을 고양시킨다.
ⓓ 내면에 억압되어 있는 다양한 감정과 생각을 집단상담을 통해서 노출하고, 이러한 감정과 생각이 다른 집단 성원에게 수용되면서 클라이언트는 감정의 정화(카타르시스)를 경험한다.

| 관/련/개/념 |

집단 사회복지실천의 치료적 요소(얄롬)
- 희망의 고취
- 보편성
- 정보 전달(공유)
- 이타심
- 사회화 기술 발달
- 모방행동
- 대인관계 학습
- 집단 응집력
- 감정 정화
- 실존적 요인
- 초기 가족의 교정적 재현

121 ▶ ③

| 정답 해설 |

③ 집단 구성원의 동질성이 강할수록 성원 간 방어와 저항이 줄어들며 의사소통이 촉진될 수 있다.

122 ▶ ①

| 오답 해설 |

② 집단 성원들 간 의사소통과 사회복지사와의 의사소통 모두 중시해야 한다.
③ 사회복지사는 특정한 집단 과정에 선택적으로 반응해야 한다.
④ 직면은 클라이언트가 자신의 문제를 보증하거나 합리화하여 변화를 거부할 때 사용하는 기법이다. 집단에 대한 신뢰감이 형성되지 않은 집단 초반에 사용하면 오히려 거부감을 불러일으켜 구성원의 참여도를 낮출 수 있다.
⑤ 집단의 목표는 집단의 목적을 성취하기 위한 기준으로, 처음부터 설명되어야 한다.

123 ▶ ②

| 오답 해설 |

㉠ 하위집단은 집단 활동이 진행될 때 성원 간 상호작용이 일어나면서 발생한다. 하위집단은 집단 응집력을 촉진할 수도 있고 저해할 수도 있다.

참고 집단 초기단계는 집단을 계획하고 조직하며 집단 성원을 모으는 단계입니다. 집단 응집력이 촉진되는 단계는 집단 중간단계로, 집단 성원 간의 상호작용과 관계가 발달하면서 집단 응집력도 커집니다.

㉢ 하위집단은 최소 둘 이상의 구성원 간의 상호작용으로 형성된다.

124 ▶ ①

| 정답 해설 |

① 고유성은 얄롬이 제시한 집단을 활용한 사회복지실천의 치료적인 효과 요인에 해당하지 않는다.

125 ▶ ⑤

| 정답 해설 |

⑤ ㉠, ㉡, ㉢, ㉣ 모두 집단 회기를 마무리하는 방식으로 적절하다.

126 ▶ ①

| 정답 해설 |

① ㉠ 자조 집단은 특정 목적 성취와 성원 간 상호 원조를 목적으로 형성되는 자발적 소집단으로, 성원들에게 당면한 문제를 성원들 스스로가 해결해 가는 집단이다.
㉡ 성장 집단은 개인적 변화를 이끌어낼 수 있는 기회를 구성원에게 제공하면서 자아 향상을 강조하는 집단으로, 사회정서적 문제를 교정하기보다는 사회정서적 건강을 증진시키는 데 초점을 둔다.
㉢ 교육 집단은 구성원의 지식, 정보, 기술 향상을 목적으로 하는 집단으로, 집단을 통해 새로운 정보를 습득하는 데 초점을 둔다.
㉣ 치료 집단은 집단 성원의 문제를 사회복지사가 주체가 되어 해결해 가는 집단이다.

127 ▶ ④

| 정답 해설 |

④ 과업 집단에 관한 설명이다. 성장 집단은 성원들의 자기인식 증진과 사고의 변화가 목적이다.

128 ▶ ①

| 정답 해설 |

① 모든 하위집단이 집단 활동에 부정적 영향을 미치는 것은 아니며, 하위집단의 형성 자체는 자연스러운 현상이다. 하위집단은 성원 간 친밀감을 증가시키거나 협력적 관계를 만들기도 하고 다른 하위집단과 경쟁하며 갈등을 빚기도 한다.

129 ▶ ⑤

| 정답 해설 |

⑤ 지지 집단에 관한 설명이다. 자조 집단은 유사한 어려움을 가진 성원들이 자발적으로 모여 집단을 형성한다.

130 ▶ ⑤

| 정답 해설 |

⑤ 집단 내 상호작용 과정에서 원가족과의 역기능적 상황을 재현하는 재경험의 기회를 얻음으로써 행동패턴을 수정하고 성장할 수 있는 치료적 효과를 갖게 된다.

| 오답 해설 |

① 집단 활동에서 내면에 억압된 여러 가지 감정과 생각을 노출했을 때, 다른 집단 구성원들에게 수용되면 내담자에게 감정의 정화(카타르시스)라고 하는 정서적 변화가 생긴다.
② 자신과 비슷한 문제를 지닌 집단 성원을 보며 누구에게나 일어날 수 있는 문제라고 일반화시킬 수 있고, 공동체에 속한 느낌을 가질 수 있다.
③ 집단 성원들의 문제가 조금씩 해결되는 것을 보며 클라이언트 자신의 문제도 개선되고 해결될 수 있다는 희망을 갖게 된다.
④ 자기중심적인 상황에서 벗어나 타인에게 도움을 준다는 점에서 이타성을 기를 수 있고, 이로 인해 타인에게 의존하던 것에서 벗어나 보다 독립적으로 성장할 수 있다.

131 ▶ ①

| 정답 해설 |

① 집단 응집력(결속력)은 동질적 집단으로 구성될 때 향상된다.

132 ▶ ①

| 정답 해설 |

① 집단의 크기가 작을수록 구성원의 참여의식이 증가하고 통제와 개입이 쉽다.

133 ▶ ⑤

| 정답 해설 |

⑤ 지지 집단은 자기개방(노출) 정도가 높고 집단 구성원끼리 유대감 형성이 용이한 집단으로, 집단 활동에서 각자의 경험을 공유하며 문제 해결 방법을 모색한다.

| 오답 해설 |

① 성장 집단의 주요 목적이다.
② 치료 집단의 주요 목적이다.
③ 교육 집단의 주요 목적이다.
④ 사회화 집단의 주요 목적이다.

134 ▶ ④

| 오답 해설 |

ⓒ 집단 응집력이란 집단에 계속 참여하도록 하는 신뢰, 공감적 이해, 수용과 같은 모든 요인의 합을 말한다. 응집력이 높은 집단은 자기노출의 정도가 높은 편이다.

135 ▶ ③

| 정답 해설 |

③ 다양한 성원들로부터 새로운 행동을 학습하는 것은 모방행동이다. 집단은 다양한 문화적 배경과 행동양식을 가진 사람들로 구성되어 있고, 집단 구성원들을 새로운 행동을 학습하는 모델로써 활용할 수 있다. 정화효과(카타르시스)는 마음속에 억압된 감정의 응어리를 언어나 행동으로 외부에 표출함으로써 정신적 안정을 찾는 일을 말한다.

136 ▶ ③

| 정답 해설 |

③ 상호작용모델에 관한 내용이다. 사회목표모델은 민주주의와 지역사회의 정의 유지 및 개발, 구성원의 사회의식과 사회적 책임 향상을 목적으로 하며, 활동의 초점을 개인의 성숙과 민주시민으로서의 역량 개발에 둔다.

137 ▶ ②

| 오답 해설 |

①, ③, ④, ⑤ 잘 기능하는 집단의 특성이다.

138 ▶ ⑤

| 정답 해설 |

⑤ 폐쇄형 집단은 집단 성원의 역할과 집단 규범이 안정적이며, 집단 응집력이 강하다는 장점이 있다.

| 오답 해설 |

① 개방형 집단은 폐쇄형 집단에 비해 집단 성원의 중도 가입이 쉽다.
② 개방형 집단은 폐쇄형 집단에 비해 응집력이 약하다.
③ 개방형 집단은 폐쇄형 집단에 비해 가입과 탈퇴가 유연하기 때문에 소속감을 갖는 데 어려움이 있어 집단 성원의 역할이 불안정하다.
④ 폐쇄형 집단은 개방형 집단에 비해 기존 성원을 유지한 채 집단프로그램이 진행되므로 집단 발달단계를 예측하기 용이하다. 반면, 개방형 집단은 집단 프로그램이 진행되는 동안 신규 성원이 참여 가능하기 때문에 집단 발달단계를 예측하기 어렵다.

139 ▶ ④

| 정답 해설 |

④ 사회적 목표모델은 민주시민으로서의 역량 개발과 성원 간 소속감 및 결속력에 초점을 둔다.

| 오답 해설 |

① 사회적 목표모델에 관한 설명이다. 치료모델은 집단 내 개인의 치료에 목적을 둔다.
②, ③ 치료모델에 관한 설명이다. 상호작용모델은 성원 간의 자조 및 상호원조체계 개발에 초점을 두고, 개인과 집단 간의 상호 또는 공생 관계를 목적으로 한다.

⑤ 상호작용모델에 관한 설명이다. 사회적 목표모델은 성원 간 소속감과 결속력을 활용한다.

관/련/개/념

집단 사회복지실천모델

구분	사회적 목표모델	상호작용모델	치료모델
목적	민주주의와 구성원의 시민의식 향상	상호작용 또는 공생관계	개인의 치료
초점	개인의 성숙과 민주시민의 역량 개발	성원 간의 자조, 상호원조 체계 개발	개인적 역기능 변화
역할	지도자	중재자, 조력자	변화매개자
주요 현장	지역복지관, 시민조직 등	사회복지관, 상담소 등	사회복지사, 사회복지시설 등
예	청소년 유해환경 감시단	지지집단	치료집단

140 ▶ ①

| 정답 해설 |

① 확증편향에 관한 설명으로, 확증편향은 자신의 신념과 일치하는 정보는 받아들이고 신념과 일치하지 않는 정보는 무시하는 경향을 말한다. 모방행동의 장점은 다른 집단 성원이나 집단 리더를 모방함으로써 바람직한 사고, 행동, 감정을 습득할 수 있다는 점이다.

UNIT 06 집단 대상 실천기법 Ⅱ

141	④	142	③	143	⑤	144	③	145	③
146	③	147	②	148	②	149	④	150	②
151	④	152	②	153	③	154	②	155	①
156	⑤	157	②	158	⑤	159	①	160	⑤
161	②	162	④						

141 ▶ ④

| 정답 해설 |

④ 상호작용차트는 성원의 집단참여 수준을 분석하는 사정도구로, 집단성원들 간의 상호작용 또는 집단성원과 사회복지사 간의 상호작용의 빈도를 기록하는 그림이다. 특정 행동이 발생할 때마다 해당 행동을 한 성원의 빈도를 기록하거나 일정한 시간 동안 특정 행동의 발생빈도를 기록하기도 한다.

| 오답 해설 |

① 소시오메트리는 집단 내 대인 간의 관계에 대한 매력을 기술하고 측정하는 사정도구이다.
② 소시오그램은 하위집단 형성여부, 집단성원 간 수용 및 거부, 집단 내의 소외자 등을 알 수 있는 사정도구이다.
③ 사회적 관계망표는 개인, 가족의 사회적 관계망 혹은 사회적 지지를 사정하는 도구이다. 클라이언트의 사회적 관계망 내에 있는 사람들이 클라이언트와 어떤 관계이고, 이들이 클라이언트에게 물질적·정서적·정보적 지지를 어느 정도 주고 있으며, 도움은 일방적인지 쌍방적인지, 관계망 구성원과의 접근성과 접촉빈도 및 최초 접촉시기 등이 표시된다.
⑤ 의의차별척도는 집단사정도구의 하나로, 5개 혹은 7개의 응답범주를 가지고 2개의 상반된 입장에서 하나를 선택하는 사정도구이다.

142 ▶ ③

| 오답 해설 |

㉠ 초기단계에 해당한다.
㉢ 중간단계에 해당한다.

143 ▶ ⑤

| 정답 해설 |

⑤ 집단의 중간단계에서 수행해야 하는 과업이다. 종결단계에서는 그동안의 진전 과정을 클라이언트와 평가하고, 어려움이나 미진함이 있었다면 원인을 분석하고 필요한 과정에 대해 논의한다.

144 ▶ ③

| 오답 해설 |

㉠ 집단 외부 환경 차원에 대한 사정이다.
㉢ 개별 성원 환경 차원에 대한 사정이다.

145 ▶ ③

| 오답 해설 |
ㄹ 종결단계에 해당하는 내용이다.

146 ▶ ③

| 오답 해설 |
① 소시오메트리는 성원 간의 상호작용 관계를 파악하는 것이다.
② 상호작용차트는 성원 간 혹은 성원과 사회복지사 간 상호작용의 빈도를 기록하는 것이다.
④ 목적달성척도는 클라이언트가 목표에 달성한 정도를 측정한다.
⑤ 의의차별척도는 어떤 대상이 개인에게 주는 주관적인 의미를 측정하는 것으로 집단 성원이 동료 성원을 사정하는 데 사용할 수 있지만 호감도를 파악하기 위해 실시하는 것은 아니다.

참고 예를 들어 '적극적이다/소극적이다'라는 상반된 입장을 제시하여 선택하게 한 결과는 그 대상에 대한 개인의 주관적 의미를 확인할 수 있으나, 호감도가 높은지 혹은 낮은지를 알 수 있는 것은 아닙니다.

147 ▶ ②

| 정답 해설 |
② 자기노출은 사회복지사가 클라이언트에게 언어적·비언어적 표현 등으로 자신의 생각과 감정, 삶의 경험 등을 의도적 또는 의식적으로 밝히는 것이다. 사회복지사가 개인적인 감정과 경험을 클라이언트와 함께 나누면 클라이언트가 사회복지사를 신뢰하고 자신의 경험을 공유하는 데 도움이 된다.

148 ▶ ②

| 정답 해설 |
② 초기면접에서는 구조화된 질문지를 사용하기도 하지만, 대화를 통해서 새로운 상황이나 문제에 접근하기도 하고 추가 질문을 하기도 하는 등 융통성을 발휘할 수도 있다. 따라서 모든 질문을 사전에 확정해 놓는 것은 적절하지 않다.

149 ▶ ④

| 정답 해설 |
④ 집단 규칙은 집단 상황에서 행하는 적절한 행동에 대한 성원들 간의 합의로, 사회복지사는 구체적인 행위뿐 아니라 집단 내에서 허용 가능한 전반적 행동패턴을 성원들과 함께 논의하고 결정하여야 한다.

150 ▶ ②

| 오답 해설 |
ㄷ, ㄹ 집단 중간단계에 나타나는 특성이다.

151 ▶ ④

| 오답 해설 |
ㄱ 직면하기는 집단 성원과의 신뢰관계가 형성된 사정 단계에서 사용하여야 한다.

152 ▶ ④

| 오답 해설 |
ㄹ 종결단계에서 사회복지사의 역할이다.

153 ▶ ③

| 정답 해설 |
③ 불안감과 저항감이 강할수록 집단의식이 감소될 수 있기 때문에 집단목표를 달성하기 위해서는 집단 내에서 저항이 발생하는 이유를 파악하고 그것을 적절하게 다룸으로써 신뢰감을 조성해야 한다.

154 ▶ ③

| 정답 해설 |
③ 소시오메트리는 집단 성원들 간의 관심의 정도를 측정하기 위한 방법으로, 각 성원에 대한 호감도를 1점에서 5점으로 평가하여 행렬표로 나타낸 것이다. 소시오그램은 이러한 소시오메트리 질문에서 도출된 관계를 그림으로 시각화시킨 것이다.

| 오답 해설 |

① 소시오그램은 구성원 간 호감도 질문을 활용한다. 또한 집단 활동에서 하위집단의 형성은 자연스러운 현상이다.
② 소시오그램은 사회집단에서 개인 간 대인관계를 그림으로 나타내는 데 목적이 있다. 구성원 모두가 관심을 갖는 주제를 발견하고자 사용하는 것은 아니다.
④ 구성원 간 상호작용을 그림으로 시각화한다.
⑤ 의의차별척도에 관한 설명이다.

155 ▶ ①

| 오답 해설 |

② 목표는 필요할 경우 수정할 수 있다.
③ 집단 크기나 기간을 정할 때는 목표를 고려해야 한다.
④ 집단목표는 구성원의 목표와 관련이 있다.
⑤ 집단의 목표는 집단의 목적을 성취하기 위해 처음부터 설명되어야 하므로 집단 계획단계부터 의도적인 노력이 필요하다.

156 ▶ ⑤

| 정답 해설 |

⑤ ㉠, ㉡, ㉢, ㉣ 모두 집단을 준비 또는 계획하는 단계에서 고려할 사항이다.

157 ▶ ④

| 정답 해설 |

④ 델파이조사는 각각의 전문가들에게 설문지를 우편으로 전달하여 의견을 수렴한 후 그 결과를 다시 응답자들에게 보내 합의가 이루어질 때까지 반복적으로 실시하는 조사 방법이다. 의사의 합의 도출을 목적으로 실시하기 때문에 집단의 성과를 평가하는 방법으로 적절하지 않다.

158 ▶ ⑤

| 정답 해설 |

⑤ 사회기술훈련을 위한 단계는 다음과 같다.
- 1단계: 사회기술훈련의 필요성과 표적사회기술에 관해 설명한다.
- 2단계: 표적사회기술의 구성요소들을 밝힌다.
- 3단계: 사회기술을 시연(㉢)한다.
- 4단계: 역할극(㉠)을 통해 표적사회기술의 각 요소를 연습한다.
- 5단계: 평가(㉣)를 실시한다.
- 6단계: 역할극에 기술요소를 결합한다.
- 7단계: 표적사회기술을 실제 상황에 적용(㉡)한다.

159 ▶ ①

| 오답 해설 |

㉡ 피드백은 집단발달의 중간단계에 적합한 실전기술이다.
㉢ 자기노출은 집단발달의 초기단계 이후에 적합한 실전기술이다. 집단 활동이 본격적으로 시작된 이후 구성원들의 참여가 소극적인 경우 사회복지사는 자기노출을 통해 구성원들의 적극적 참여를 촉진할 수 있다.
㉣ 직면은 집단발달의 초기단계 이후에 적합한 실전기술이다. 사회복지사와 클라이언트의 관계가 미처 형성되지 못하였을 때 직면을 사용하면 클라이언트를 위축시킬 수 있다.

160 ▶ ⑤

| 정답 해설 |

⑤ ㉠, ㉡, ㉢, ㉣ 모두 집단 사회복지실천 사정에 활용할 수 있다.

161 ▶ ②

| 정답 해설 |

② 종결단계의 개입기술에 관한 설명이다.

162 ▶ ④

| 오답 해설 |

㉡ 초기단계에서 사회복지사의 역할이다. 초기단계에서는 개별 성원마다 집단에 참여함으로써 달성하고자 하는 목표가 있으므로, 각 성원들은 자신의 욕구에 따라 개별적인 목표를 수립한다.

UNIT 07	사회복지실천 기록							
163	②	164	④	165	④	166	②	167	①
168	③	169	⑤						

163 ▶ ②

| 정답 해설 |

② 서비스 신청에 개인정보가 필요하다면, 민감한 사적 정보도 동의를 받아 포함되어야 한다.

164 ▶ ④

| 정답 해설 |

④ 문제중심기록이란 기록을 표준화하고 수행 정도를 검토하여 문제 해결에 도움을 주기 위해 만든 기록 형식으로, 'S(주관적 정보) – O(객관적 정보) – A(사정) – P(계획)' 순서로 이루어진다.
ⓒ 클라이언트가 느끼는 주관적 정보(S)이다.
㉠ 사회복지사가 관찰한 클라이언트의 객관적 정보(O)이다.
㉣ 각 정보를 바탕으로 한 문제의 사정(A)이다.
ⓒ 문제를 해결하는 방법에 대한 계획(P)이다.

165 ▶ ④

| 정답 해설 |

④ 문제중심기록은 클라이언트가 지각하는 문제, 즉 자신의 상황과 문제에 대해 스스로 어떻게 생각하고 느끼고 있는가에 대한 주관적 정보(S)와 함께 사회복지사가 객관적으로 관찰한 내용(O)을 바탕으로 한 사정(A), 개입계획(P)을 포함시켜야 한다.

관/련/개/념

문제중심기록의 장단점

장점	• 기록이 간결하고 형식이 통일되어 기관감독자, 조사연구자, 외부의 자문가 등이 보다 쉽고 질 높은 기록 검토를 할 수 있다. • 각 전문직 간의 의사소통이 용이하여 여러 분야들 간의 협력을 원활하게 한다.
단점	• 개인과 환경의 상호작용보다는 개인을 강조하여 관련 현상을 단순화시킬 우려가 있다. • 부분화를 강조하므로 통합적이며 체계적인 쟁점들을 왜곡시킬 우려가 있다. • 클라이언트의 강점보다는 문제에 초점을 두기 때문에 클라이언트의 능력을 경시하는 경향이 있다.

166 ▶ ②

| 오답 해설 |

① 과정기록은 클라이언트가 실제로 말한 것을 정확하게 상기할 수 있게 사회복지사와 클라이언트의 의사소통을 있는 그대로 기록하는 방식이다.
③ 이야기체기록은 이야기하듯이 서술하는 기록방식으로, 면담 내용 혹은 서비스 제공 과정에서 이야기한 것을 재정리(재구성)하여 서술한다.
④ 문제중심기록은 현재 제시된 문제를 중심으로 문제 영역을 규명하고 사정하여 그 문제에 대해 무엇을 할 것인지를 기록하는 방식이다.
⑤ 최소기본기록은 가장 단순하고 경제적인 기록양식으로, 기본적인 신상정보, 면담 날짜, 주요한 클라이언트 문제, 목적, 개입계획 등을 기록하는 방식이다.

167 ▶ ①

| 정답 해설 |

① 과정기록은 사회복지사와 클라이언트의 상호작용을 있는 그대로 기록하는 방법으로, 클라이언트와의 면접에서 일어난 내용을 시간의 흐름에 따라 그대로 기술하는 것이다. 사회복지실습이나 교육방법으로 유용하게 사용된다.

168 ▶ ③

| 오답 해설 |

ⓒ 기록은 기관 내·외부 의사소통에 활용되며, 동료 전문가나 다른 전문직과 공유하며 협력을 도모할 수 있다.

169 ▶ ⑤

| 정답 해설 |

⑤ 종결단계(평가) 기록에 포함되어야 한다. 종결 또는 의뢰의 이유, 클라이언트와 문제에 대한 재검토, 개입 효과에 대한 평가, 향후 서비스를 위한 계획, 추후관리 등을 기록한다.

> **관/련/개/념**
>
> **개입단계에서의 기록**
> - 클라이언트와의 활동 또는 클라이언트를 대신한 활동을 기록한다.
> - 토의된 주제, 결정내용, 날짜, 장소, 참석자, 가족 성원, 다른 서비스 제공자들과의 면접에 대한 내용도 기록한다.
> - 클라이언트와 문제상황에 관한 새로운 정보를 기록한다.
> - 중요한 사건은 즉시 기록해야 하며, 동시에 슈퍼바이저나 다른 관리책임자에게 보고해야 한다.
> - 개입과정에 대한 평가를 기록한다.

UNIT 08 사회복지실천 평가

170	①	171	④	172	⑤	173	②	174	⑤
175	②								

170 ▶ ①

| 정답 해설 |

① 동시에 여러 문제의 변화를 측정하는 것이 가능하다. 기초선 관찰 또는 개입 후 관찰을 통해 여러 문제의 변화를 측정할 수 있다.

171 ▶ ④

| 정답 해설 |

④ 재훈이와 수지가 3주라는 시간차를 두고 사회기술훈련(동일한 개입 방법)을 시작한 것에서 다중(복수)기초선설계임을 알 수 있다. 이 유형은 동시에 기초선을 측정한 후 개입을 각기 다른 시점에서 진행함으로써 연구에 영향을 미치는 외부변수를 통제하고 개입효과를 측정한다.

172 ▶ ⑤

| 정답 해설 |

⑤ ABAC설계(다중요소설계)는 하나의 기초선 자료(A, 어르신들)에 대해 개입(B, 정서지원 프로그램 실시)한 후 제2 기초선(A, 같은 어르신들)에 새로운 형태의 개입(C, 명상 프로그램 진행)을 연속적으로 도입하는 방법이다.

| 오답 해설 |

① AB설계(기본단일설계)는 기초선(A) → 개입(B)의 순서로 이루어지는 가장 단순한 형태의 단일사례설계이다.
② BAB설계는 기초선 기간을 설정하지 않고 처음부터 개입(B)한 후, 개입을 중단하는 기초선단계(A)를 갖고, 다시 개입을 재개(B)하는 설계이다.
③ ABA설계는 AB설계에 개입을 중단하는 제2 기초선단계(A)를 추가한 설계이다.
④ ABAB설계(반전설계)는 AB설계의 개입을 중단한 국면에서 동일 대상에 대해 다시 기초선(A)과 개입(B)을 추가한 설계이다.

173 ▶ ②

| 정답 해설 |

② 제시된 사례에서는 프로그램 시작 전 우울증검사를 실시(A, 기초선)하였고, 5주간의 전화상담(B, 개입)에 이어 5주간의 집단활동(C, 개입)을 하였다. 이는 '기초선(A) → 개입(B) → 새로운 개입(C)'의 형태로, ABC설계에 해당한다.

| 오답 해설 |

① AB설계는 단일사례설계의 가장 기본적 유형 중 하나로, 기초선(A)과 개입(B)의 두 축으로 이루어진 설계이다.
③ ABAB설계는 AB설계의 개입을 중단한 국면에서 동일 대상에 대해 다시 기초선(A)과 개입(B)을 추가한 설계이다.
④ ABAC설계는 다중요소(복수요소)설계 유형으로, '기초선(A) → 개입(B) → 제2 기초선(A) → 새로운 형태의 개입(C)'으로 진행되는 설계이다.
⑤ 다중(복수)기초선설계는 하나의 동일한 개입 방법을 여러 문제, 대상, 상황에 적용하여 개입효과가 나타나는지 파악하는 설계이다.

174 ▶ ⑤

| 정답 해설 |

⑤ 여름이는 곧바로 대인관계훈련을 시작했고, 겨울이는 여름이와 3주간의 시간차를 두고 대인관계훈련을 시작했다. 시간차를 두어 동일한 개입 방법을 여러 대상에 적용하여 개입의 효과를 측정하고 있으므로, 이는 AB설계를 여러 문제, 상황, 사람에게 적용할 때 사용하는 기법인 다중기초선설계에 해당한다.

| 오답 해설 |

① AB설계(기초선 → 개입)는 하나의 기초선단계(A)와 하나의 개입단계(B)의 두 부분으로 이루어진 가장 기본적인 설계이다.
② BAB설계(개입 → 기초선 → 개입)는 처음 기초선 기간을 설정하지 않고 바로 개입단계(B)로 들어간다. 다시 개입을 중단하고(A) 또 다시 개입(B)한다. 이는 바로 개입단계로 들어가므로 신속한 개입에 유용하다.
③ ABC설계(복수요소설계)는 하나의 기초선 자료(A)에 대해서 서로 다른 복수의 다른 개입방법들(B, C)을 연속적으로 도입해 보는 것이다.
④ ABAB설계(기초선 → 개입 → 제2 기초선 → 개입)는 동일 대상에게 AB설계의 과정을 한 번 더 반복해 보는 것이다.

175 ▶ ②

| 정답 해설 |

② 단일사례설계유형은 클라이언트 스스로가 통제집단이 되기 때문에 별도의 통제집단이 없다.

CHAPTER 5 지역사회복지론

UNIT 01 지역사회에 대한 이해

001	⑤	002	②	003	④	004	⑤	005	②
006	③	007	③	008	⑤	009	①	010	③
011	①	012	⑤	013	③						

001 ▶ ⑤

| 정답 해설 |

⑤ 던햄은 지역사회유형을 크게 인구 크기, 인구구성의 사회적 특수성, 산업구조 및 경제적 기반, 행정구역으로 구분하였는데, ㉠, ㉡, ㉢, ㉣ 모두 각 유형의 예시로 옳다.

002 ▶ ②

| 정답 해설 |

② 힐러리는 지역사회가 사회·문화적 상호작용, 공동의 유대, 지리적 영역이라는 세 가지 요소로 이루어진다고 보았다.

003 ▶ ④

| 오답 해설 |

㉡ 하위집단과 같은 특정 집단의 집합적인 동질성을 강조하면 지역사회 내의 분열이 발생하거나 사회통합에 어려움이 생길 수 있다. 즉, 지역사회의 역량을 향상시키는 것과 거리가 멀다.

004 ▶ ⑤

| 정답 해설 |

⑤ 지역사회의 기능을 생산·분배·소비, 사회화, 사회통제, 사회통합, 상부상조의 다섯 가지 기능으로 구분한 학자는 길버트와 스펙트이다. 로스는 지역사회를 지리적 의미와 기능적 의미로 구분하였다.

005 ▶ ②

| 오답 해설 |

① UN 지역사회개발 원칙은 중앙정부로부터 적절한 지원이 있어야 함을 명시하였다. 또한 지역사회개발은 주민의 기본적 욕구에 기초하여 합의된 행동과 다목적 계획을 통해 균형 있게 수행되어야 함을 강조한다.
③ 로스는 모든 지역주민이 합의하는 문제를 해결하기 위한 수단이 지역사회사업이라 보았으며, 추진회 활동 초기에는 지역사회 주민들이 공통적으로 문제라고 인식하는 사안을 다루어야 한다고 보았다. 소수집단을 위한 사업은 추진회가 성숙된 이후에 다루는 것이 적절하다.
④ 존스와 디마치는 지역사회도 자기결정의 권리가 있어 강요에 의한 사업추진은 거부해야 한다고 하였다.
⑤ 워렌은 지역사회조직사업의 주요 목적은 지역사회 이익 옹호와 권력의 분산과 배분이라고 보았다.

006 ▶ ③

| 정답 해설 |

③ 던햄은 지역사회의 유형을 인구 크기, 산업구조 및 경제적 기반, 정부의 행정구역, 인구 구성의 사회적 특수성에 따라 분류하였다. 연대성 수준은 해당하지 않는다.

007 ▶ ③

| 오답 해설 |

① 상부상조 기능은 사회 구성원들이 주요 사회제도에 의해 자기들의 욕구를 충족할 수 없는 경우, 서로의 안녕을 위하여 도움을 주고받는 과정의 기능이다.
② 생산·분배·소비 기능은 의식주와 같이 일상생활을 하는 데 필요한 재화와 서비스를 생산·분배·소비하는 1차적 분배의 기능이 이에 해당한다.
④ 사회통합 기능은 사회참여의 기능이라고도 하며, 지역사회 구성원들의 상호 간 협력, 결속력 등을 강조하는 기능이다.
⑤ 사회통제 기능은 지역사회가 구성원들에게 사회의 규범(법, 도덕, 규칙 등)을 지키도록 하는 기능이다.

008 ▶ ⑤

| 정답 해설 |

⑤ 기능적 공동체는 멤버십 공동체 개념(㉠)으로서, 지역 주민들이 공동의 관심사를 가지고 상호 유대감(㉣)을 가져야만 그 교류단위를 지역사회라고 할 수 있고, 동일한 지리적 공간에서 생활하더라도 단절된 생활로 공동체 의식이 형성되지 않으면 온전한 지역사회라고 할 수 없다는 것이다. 기능적 공동체에는 외국인 근로자 공동체(㉡), 가상 공동체(㉢ 온라인 커뮤니티) 등도 포함된다.

009 ▶ ①

| 정답 해설 |

① 사회적 자본(자원)이란 지역사회 구성원의 연대감, 상호 신뢰, 공동체 의식 등을 말한다. 이러한 사회적 자본은 지역사회 문제 해결 능력에 영향을 미친다.

010 ▶ ③

| 정답 해설 |

③ 수평적 유형은 지역사회 내 상이한 단위조직(개인, 사회조직)들이 구조적·기능적으로 얼마나 강한 관련성을 갖고 있는지, 기능적으로 얼마나 상호 대등한 관계를 가지고 있는지를 확인하기 위한 척도이다.

| 오답 해설 |

① 지역적 자치성은 지역사회가 제 기능을 수행하는 데 다른 지역에 어느 정도 의존하는지, 개방체계로서의 지역사회가 어느 정도의 자립도와 의존도를 가지는지 파악하기 위한 척도이다.
② 서비스 영역의 일치성은 상점, 학교, 공공시설, 교회 등의 서비스 영역이 어느 정도 같은 지역 내에서 이루어지고 있는지, 주민들이 서비스에 얼마나 쉽게 접근할 수 있는지를 파악하기 위한 척도이다.
④ 심리적 동일성은 지역사회 주민들이 자기 지역을 어느 정도로 중요한 준거집단으로 생각하며, 어느 정도로 소속감을 느끼는지를 파악하기 위한 척도이다.
⑤ 시민통제는 워렌이 제시한 지역사회 비교척도에 해당하지 않는다.

011 ▶ ①

| 정답 해설 |

① ㉠ 생산·분배·소비 기능은 지역주민들이 필요한 재화와 서비스를 어느 정도 제공받을 수 있느냐를 결정하는 것이다(경제제도).
㉡ 사회통제 기능은 구성원들이 사회의 규범(법, 도덕, 규칙 등)에 순응하게 하는 것이다(정치제도).

| 오답 해설 |

- 사회통합 기능: 지역사회 구성원들의 상호 간 협력, 결속력 등을 강조하는 기능으로, 구성원 간의 신뢰를 바탕으로 상호 존중, 사회봉사 참여 등을 강조한다(종교제도).
- 상부상조 기능: 사회 구성원들이 주요 사회제도에 의해 자신의 욕구를 충족할 수 없는 경우 서로의 안녕을 위하여 도움을 주고받는 기능이다(사회복지제도).

012 ▶ ⑤

| 정답 해설 |

⑤ 제시된 내용은 지역사회 구성원들에게 어떠한 행동을 하도록 강제력을 발휘하여 지배하는 사회통제 기능에 관한 설명이다.

| 오답 해설 |

① 생산·분배·소비 기능은 일상생활에 필요한 재화와 서비스를 생산, 분배, 소비하는 기능이다.
②, ③ 의사소통 기능, 사회치료 기능은 길버트와 스펙트가 제시한 지역사회 기능에 해당하지 않는다.
④ 상부상조 기능은 구성원들이 기존 사회제도에 의해 자신들의 욕구를 충족할 수 없는 경우, 서로의 안녕을 위해 도움을 주고받는 기능이다.

013 ▶ ③

| 정답 해설 |

③ 상부상조의 기능은 사회복지제도로, 사회 구성원들이 주요 사회제도에 의해 자기들의 욕구를 충족할 수 없는 경우, 서로의 안녕을 위하여 도움을 주고받는 과정의 기능이다.

| 오답 해설 |

① 생산·분배·소비의 기능은 경제제도로, 의식주와 같이 일상생활을 하는 데 필요한 재화와 서비스를 생산·분배·소비하는 1차적 분배의 기능이 이에 해당한다.
② 사회화의 기능은 가족제도로, 사회를 구성하는 가족, 집단, 조직 등을 통해 사회가 향유하고 있는 일반적 지식, 사회적 가치, 행동 양태(사회적 기대, 관습, 가치, 신념, 역할, 태도 등)를 구성원들에게 전달하는 기능이다.
④ 사회통합(사회참여)의 기능은 종교제도로, 지역사회 구성원들의 상호 간 협력, 결속력 등을 강조하는 기능이다.
⑤ 사회통제의 기능은 정치제도로, 지역사회가 구성원들에게 사회의 규범(법, 도덕, 규칙 등)을 지키도록 하는 기능이다.

UNIT 02 지역사회복지의 정의

014	④	015	②	016	③	017	⑤	018	①
019	③	020	①	021	④	022	⑤	023	④
024	④	025	⑤	026	②	027	①	028	④
029	④	030	②	031	②				

014 ▶ ④

| 오답 해설 |

① 전문화는 조직의 직무가 개별 업무로 세분화되어 있는 정도를 말한다. 전문화 정도가 높으면 구성원들은 매우 제한된 업무만을 수행하게 되고 반대로, 전문화의 정도가 낮은 경우 구성원들은 다양한 직무를 수행할 기회를 가지게 된다. 그러나 전문화는 지역사회복지 이념에 해당하지 않는다.
② 정상화는 특별한 장애나 욕구를 가진 사람도 강제적·폐쇄적·집권적인 시설보호를 벗어나 일상적인 삶을 유지하면서 자신의 삶을 선택할 수 있는 자유를 가지도록 인간의 존엄성을 지키려는 이념이다.
③ 탈시설화는 무시설주의가 아닌 시설의 지역사회 개방화와 지역사회 내 보호를 지향해 나가야 한다는 이념이다.
⑤ 사회통합은 세대 간, 지역 간 발생하는 사회 전반적인 불평등을 감소시키기 위해 노력하여야 한다는 이념이다.

015 ▶ ②

| 오답 해설 |

① 정상화란 특별한 장애나 욕구를 가진 사람도 강제적·폐쇄적·집권적인 시설보호를 벗어나 일상적인 삶을 유지하면서 자신의 삶을 선택할 수 있는 자유를 가지도록 인간의 존엄성을 지키려는 이념이다.
③ 네트워크란 다양한 욕구를 지닌 이용자에게 원하는 서비스를 제공하기 위해 서비스 공급체계의 네트워크 및 관련 기관과의 연계, 이용자의 조직화 등 다양한 네트워크체계를 구축하는 것이다.
④ 전문화는 지역사회복지 이념에 해당하지 않는다.
⑤ 탈시설화란 폐쇄적인 대규모 시설보호에서 그룹홈, 주간보호시설, 단기보호시설 등 다양한 형태로의 전환과 지역사회의 적극적 참여가 이루어지는 것이다.

016 ▶ ③

| 정답 해설 |

③ 각각의 지역사회는 고유한 특성과 문제를 가지므로 개별화하여야 한다.

017 ▶ ⑤

| 정답 해설 |

⑤ 사회복지실천에는 인간의 존엄성이나 사회적 정의와 같이 사회적·시대적 상황에 관계없이 불변하는 일반적이고 절대적인 가치가 존재한다. 따라서 지역사회복지 실천은 다양한 문화에 대한 이해를 바탕으로 하되, 궁극적 가치를 침해하는 억압을 인정해선 안 된다.

018 ▶ ①

| 정답 해설 |

① 각각의 지역사회는 고유한 특성과 문제를 지니므로 개별화하여야 한다.

019 ▶ ③

| 정답 해설 |

③ 지역사회복지 실천은 지역사회 문제 인식의 다면화(입체적 분석)를 추구한다.

020 ▶ ①

| 정답 해설 |

① 상호학습은 지역사회복지 실천과정에서 사회복지사와 지역사회 주민 간 관계를 평등하게 유지하기 위한 기술이다. 사회복지사는 지역주민들의 문화적 배경을 배우려고 하는 적극적인 학습자가 되어야 하며, 지역주민들은 클라이언트의 입장을 뛰어넘어 교육자이자 파트너로서의 역할을 수행하기 위한 동기부여를 해야 한다.

| 오답 해설 |

② 의사통제란 개인 또는 집단 구성원들 사이에서 의사소통 전달과 요구사항 충족을 위한 정보교환을 감시하고 통제하는 것을 말한다.
③ 우월의식이란 특정 대상에 대하여 자신이 더욱 뛰어난 위치에 있다고 생각하며 만족을 얻으려는 본능적 또는 집단적인 의식이다.
④ 지역의 자치성은 워렌이 제시한 지역사회 기능의 비교척도 중 개방체계로서의 지역사회가 어느 정도의 자립도와 의존도를 가지는지 파악하기 위한 척도이다.
⑤ 서비스 영역의 일치성은 워렌이 제시한 지역사회 기능의 비교척도 중 주민들이 서비스에 얼마나 쉽게 접근할 수 있는지를 확인하기 위한 척도이다.

021 ▶ ④

| 오답 해설 |

ⓒ 지역사회복지 실천에서는 지역사회의 다양성이 존중되어야 한다.

022 ▶ ⑤

| 정답 해설 |

⑤ 형성평가에 관한 설명이다. 총괄평가는 프로그램이 수행된 이후에 목적을 효과적으로 달성하였는지를 평가하는 방법으로, 결과나 성과가 주요 평가대상이기 때문에 결과평가라고도 한다.

023 ▶ ④

| 오답 해설 |

ⓒ 델파이기법에 관한 설명이다. 초점집단기법은 문제와 관련된 소수의 사람들이 한자리에 모여 토론하는 방식이다.

024 ▶ ④

| 정답 해설 |

④ 형성평가에 관한 설명이다. 총괄평가는 프로그램이 효과적으로 달성되었는지를 확인하기 위해 프로그램 수행 이후에 실시한다.

025 ▶ ⑤

| 정답 해설 |

⑤ 저항과 갈등 관리는 실행단계의 활동이다. 평가단계에서는 지역사회복지 실천에 따른 변화를 확인한다.

026 ▶ ②

| 정답 해설 |

② 제시된 활동 방법은 프로그램 기획에 해당한다. 이는 전문화된 지식체계에 기반을 두고 구체적인 실행 방법을 명시하여 프로그램 수행의 책임성을 높이는 데 도움이 된다.

| 오답 해설 |

① 사회지표 분석은 정부기관이나 관련 조직의 전문가가 발표한 자료를 분석하여 지역사회의 욕구를 파악하는 방법이다.
③ 커뮤니티 프로파일링은 욕구조사의 한 방법으로, 지역주민의 의견이 정책 등에 반영될 수 있도록 지역주민과 함께하는 지역조사이다.
④ 지역사회 지도 그리기는 커뮤니티 프로파일링과 관련된 기법으로, 지역사회의 사회복지자원을 한눈에 파악할 수 있는 방법이다.
⑤ 청원은 국가기관에 대하여 의견 등을 개진하는 방법으로, 서명지에 지역주민의 서명을 받아 해당 문제를 지지하거나 공감하는 사람이 많다는 것을 알리는 활동이다.

027 ▶ ①

| 오답 해설 |

② 자원동원단계는 변화를 위한 자원을 어디에서 구할 것이며, 어떤 방법으로 보다 효과적이고 효율적으로 연결지을 것인가를 결정하는 단계이다.
③ 실행단계는 행정 및 관리 측면에서 계획을 진행해 나가고 실제적 변화를 위해 업무에 착수하는 단계이다.
④ 모니터링단계는 평가단계 내 형성평가 영역에 해당한다.
⑤ 평가단계는 실천에 따른 변화나 가치에 대해 판단을 내리는 과정으로, 투입, 처리, 산출, 결과에 대한 내용을 파악하는 단계이다.

028 ▶ ④

| 정답 해설 |

④ 실천계획의 목표 설정은 계획수립단계에서 실시한다.

029 ▶ ④

| 오답 해설 |

① 문제발견 및 분석단계에서는 지역사회에 바람직하지 않은 사회적 조건이 무엇인지, 그 사회적 조건이 어느 인구집단의 욕구로 존재하는지를 조사함으로써 문제(이슈)의 특성을 알아낸다.
② 사정 및 욕구 파악단계에서는 문제발견 및 분석단계를 통해 선정된 문제를 구체적으로 진단하는 과정으로, 지역사회의 욕구와 자원을 파악한다.
③ 계획단계에서는 조사를 통해 발견한 문제에 관해 토의하고 문제의 우선순위를 결정한 후 구체적 대책이나 활동계획을 수립한다.
⑤ 점검 및 평가단계에서는 투입, 처리, 산출에 대한 내용을 파악한다.

| 관/련/개/념 |

지역사회복지 실천과정의 단계별 순서

문제발견단계 (문제분석단계, 문제확인단계)	지역사회문제에 대한 진단, 표적집단에 대한 이해
지역사회 사정단계	지역사회 욕구사정을 위한 자료수집
실행계획수립 및 자원동원단계	계획수립 및 홍보, 지역사회의 자원동원과 조직화
실행단계	재원, 추진인력, 추진기관의 리더십 확보, 협력·조정을 위한 네트워크 구축
평가단계	양적/질적평가, 총괄/형성평가, 성과평가 실시

030 ▶ ②

| 정답 해설 |

② 협력·조정을 위한 네트워크 구축은 실행단계의 과업이다.

031 ▶ ②

| 정답 해설 |

② 지역사회복지실천 과정은 '문제발견 → 지역사회 사정(㉠) → 실행계획 수립 및 자원동원(㉣) → 실행(㉡) → 성과평가(㉢)'의 순서이다.

UNIT 03 지역사회복지의 역사

032	②	033	②	034	⑤	035	③	036	④
037	①	038	③	039	⑤	040	②	041	④
042	③	043	④	044	④	045	②	046	④
047	②	048	④						

032 ▶ ②

| 정답 해설 |

② ㉠ 토인비 홀 설립(1884)
　㉢ 정신보건법 제정(1959)
　㉡ 시봄 보고서(1968)
　㉤ 하버트 보고서(1971)
　㉣ 바클레이 보고서(1982)

033 ▶ ②

| 정답 해설 |

② ㉠ 토인비 홀 설립(1884)
　㉡ 정신보건법 제정(1959)
　㉤ 시봄 보고서(1968)
　㉣ 하버트 보고서(1971)
　㉢ 그리피스 보고서(1988)

034 ▶ ⑤

| 오답 해설 |

①, ③ 자선조직협회(COS)에 관한 설명이다.
② 인보관 운동은 기존 사회질서를 비판하고 개혁을 주장하였다.
④ '빈곤과의 전쟁'은 미국 연방정부 차원에서 빈곤을 퇴치하기 위하여 실시한 정책이다.

035 ▶ ③

| 정답 해설 |

③ 지역사회보호가 강조되면서 민간서비스, 비공식서비스의 역할이 점차 증대되었다.

036 ▶ ④

| 정답 해설 |

④ 헐하우스는 미국의 제인 아담스가 영국의 토인비 홀의 정신과 이념에 기초하여 설립한 인보관이다. 하버트 보고서는 자조집단의 서비스에는 한계가 있기 때문에 재정적인 원조와 지원이 필요하다고 보고, 가족체계와 지역사회의 근린에 초점을 둔 비공식서비스가 중요하다고 주장한 보고서이다.

037 ▶ ①

| 정답 해설 |

① 지역사회보호는 1950년대 영국의 정신장애인과 지적장애인 시설수용보호에 대한 문제제기로 등장하였으며, 탈시설화를 기반으로 하는 지역사회복지의 가치인 정상화와 관련이 있다. 특히, 1959년 정신보건법의 제정으로 정신장애인의 지역사회보호가 공식화되었다.

| 오답 해설 |

② 지역사회 사회·경제적 개발은 웨일과 갬블의 지역사회복지 실천모델로, 저소득층과 불이익을 받는 계층의 효과성을 제고시키기 위해서는 지역사회의 경제개발과 사회개발이 동시에 이루어져야 한다는 인식을 전제하고 있다.
③ 자원개발은 지역주민의 욕구충족과 문제해결을 위해 자원이 필요한 경우 자원을 발굴하고 동원하는 기술이다.

④ 정치·사회행동은 웨일과 갬블의 지역사회복지 실천 모델이다. 지역사회에서 기회불평등과 지역사회의 욕구를 무시하는 정책 결정자에 대항하며, 조직의 효과성에 대한 신념을 강화하고 불공정한 조건을 변화시키려는 기술을 개발함으로써 사람들의 권한을 부여한다.
⑤ 주민조직은 주민이 지역사회문제에 스스로 참여하고 공동체 의식을 갖도록 주민조직의 육성을 지원하는 것이다.

038 ▶ ③

| 정답 해설 |
③ 헐하우스는 1889년에 제인 아담스가 미국 시카고 빈민가 지역에 설립한 인보관이다.

039 ▶ ⑤

| 정답 해설 |
⑤ 시·군·구 희망복지지원단은 2010년대인 2012년에 설치 및 운영 되었다. 반면, 2020년대에는 2020년에 사회서비스원이 6개 시·도로 확대되었고, 2022년에 전국으로 확대되었다.

040 ▶ ②

| 정답 해설 |
ⓒ 2012년 시·군·구에 희망복지지원단이 설치되었다.
ⓔ 2007년 지역사회서비스투자사업이 실시되었다.

| 오답 해설 |
㉠ 1995년 지방자치단체의 장 직접 선출이 실시되었다.
ⓒ 1989년 영구임대아파트단지 내 사회복지관 건립이 의무화되었다.

041 ▶ ④

| 정답 해설 |
ⓒ 1997년에 사회복지공동모금법이 제정되며 사회복지공동모금제도가 실시되었다.
참고 사회복지공동모금법은 1999년에 사회복지공동모금회법으로 개정되었습니다.

ⓒ 2003년 사회복지사업법 개정으로 지역사회복지계획 수립이 법제화되었다.
참고 지역사회복지계획은 2015년 사회보장급여법이 시행되면서 지역사회보장계획으로 변경되었습니다.

| 오답 해설 |
㉠ 1980년대 말 한국노인복지회의 가정봉사원 파견 사업으로 재가복지서비스가 도입되었다.

042 ▶ ③

| 오답 해설 |
① 2000년에 국민기초생활 보장제도가 시행되어 정부의 책임성이 강화되었다.
② 2012년에 협동조합 기본법이 제정되어 자활공동체가 보다 쉽게 협동조합을 결성할 수 있게 되었다.
④ 2012년에 시·군·구 희망복지지원단 운영으로 통합 사례관리가 시행되었다.
⑤ 2016년에 일부 주민자치센터의 명칭을 행정복지센터로 변경하였다.
참고 2018년에 전국 주민자치센터가 행정복지센터로 명칭이 전면 변경되었습니다.

043 ▶ ④

| 정답 해설 |
④ 사회복지사업법에 따라 운영되던 시·군·구 지역사회복지협의체가 사회보장급여법 제정에 따라 시·군·구 지역사회보장협의체로 대체되었다.

044 ▶ ④

| 정답 해설 |
④ ⓒ 사회복지통합관리망(행복e음) 구축(2010)
참고 2013년 사회보장정보시스템과 통합되어 2018년 사회보장정보시스템(행복e음)으로 변경되었습니다.
ⓒ 희망복지지원단 운영(2012)
ⓔ 찾아가는 보건복지서비스(2016)
참고 찾아가는 보건복지서비스는 '2016년 82개 읍·면·동 → 2017년 153개 읍·면·동 → 2018년 207개 완료' 순으로 확대되었습니다.
㉠ 사회서비스원 시범사업(2019)
참고 사회서비스원은 2022년 17개 광역자치단체로 확대되었습니다.

045 ▶ ②

| 정답 해설 |

② ㉠ 1989년 영구임대 주택단지 내 사회복지관 건립이 의무화되었다.
　㉢ 1999년 국민기초생활 보장법 제정으로 공공의 책임성이 강화되었다.
　㉡ 2015년 지역사회복지협의체가 지역사회보장협의체로 명칭이 변경되었다.

046 ▶ ④

| 정답 해설 |

④ 재가복지봉사센터 설치·운영(1992년)

| 오답 해설 |

① 지역자활센터 설치·운영(2006년 자활후견기관에서 개칭, 2007년 운영)
② 사회복지관 운영 국고보조금 지원(1983년)
③ 희망복지지원단 설치·운영(2012년)
⑤ 사회복지사무소 시범 설치·운영(2004년)

047 ▶ ②

| 정답 해설 |

② 오가통 제도(오가작통법, 오가통법)는 조선 시대에 다섯 집을 하나의 통(統)으로 묶어 연대책임을 지게 한 행정자치조직이다. 오가통 제도가 언제부터 실시되었는지는 확실하지 않으나, 최초의 기록은 1428년(세종 10년)의 『세종실록』에서 찾아볼 수 있다.

048 ▶ ④

| 정답 해설 |

④ ㉡ 사회복지통합관리망(행복e음) 구축(2010)
　㉠ 희망복지지원단 설치·운영(2012)
　㉣ '읍·면·동 복지 허브화' 사업 시행(2016)
　㉢ 지역사회통합돌봄(커뮤니티 케어) 선도사업 시행(2019)

UNIT 04 지역사회복지 실천이론의 종류와 특징

049	④	050	②	051	③	052	①	053	①
054	③	055	⑤	056	②	057	⑤	058	①
059	②	060	①	061	④	062	⑤		

049 ▶ ④

| 정답 해설 |

④ 권력의존이론은 지역사회의 집단이나 조직들이 힘을 얻고 분산시키면서 지역사회가 발전한다는 점을 강조한다. 지역사회의 발전은 권력의 소유 여부에 달려 있다고 본다.

| 오답 해설 |

① 갈등이론은 외부와의 갈등이 지역사회 내부의 결속력을 높여주기도 한다고 본다.
② 엘리트주의이론은 소수 엘리트에 의한 주도적 가치판단을 중시한다. 소수의 지배 엘리트집단이 국가의 정책을 좌우하는 권력을 장악하고 있다고 주장한다.
③ 사회체계이론은 지역사회를 구성하는 크고 작은 모든 체계는 서로 연결되어 상호작용을 나누는 부분들의 합으로, 하나의 전체로서 살아있는 개방체계를 이루고 있다.
⑤ 사회자본이론은 지역사회 내 사회관계에 내재된 자원을 사회자본이라고 하며 신뢰(보상에 대한 믿음), 호혜성, 네트워크, 공유된 인지 등을 강조한다.

050 ▶ ②

| 오답 해설 |

㉠ 갈등이론에 관한 설명이다. 사회체계이론은 지역사회는 상호의존적인 부분들로 구성되어 있다고 본다.
㉢ 사회학습이론에 관한 설명이다. 자원동원이론은 돈, 정보, 사람, 조직원 간의 연대, 사회운동의 목적과 방법에 대한 정당성 등이 자원에 포함된다고 본다.

051 ▶ ③

| 정답 해설 |

③ 결혼이주여성들을 지원하는 사회복지사가 그들의 문화와 규범 등을 이해하는 것은 사회구성론에 기반한다. 사회구성론은 개인이 처한 사회나 문화 속 맥락에 따라

클라이언트의 문제나 상황을 구성할 수 있다는 관점이다. 그러므로 사회복지사는 지역사회의 경제 및 정치적 구조를 이해하고 클라이언트의 문화적 가치와 규범에 관심을 기울여야 한다.

052 ▶ ①

| 오답 해설 |
ⓒ 엘리트이론에 관한 설명이다.
ⓒ 사회교환이론에 관한 설명이다.
ⓔ 기능주의이론에 관한 설명이다.

053 ▶ ①

| 정답 해설 |
① 교육을 통해 주민들의 역량을 강화시켜 복지관 사업에 참여하도록 하는 것에서 사회학습이론임을 알 수 있다. 또한 B 단체로부터 많은 후원금을 받았으나 최근 후원금과 자원봉사자가 감소하여 다양한 후원기관을 발굴하고자 하는 노력은 A 사회복지관이 외부의 재정 지원에 의존하고 있는 것으로, 권력의존이론에 해당한다.

054 ▶ ③

| 오답 해설 |
① 생태체계이론에 해당하는 내용이다.
② 갈등이론에 해당하는 내용이다.
④ 구조기능이론에 해당하는 내용이다.
⑤ 엘리트이론에 해당하는 내용이다.

055 ▶ ⑤

| 정답 해설 |
⑤ 자기효능감과 집단효능감은 반두라의 사회학습이론의 주요 개념이다. 사회교환이론은 힘 의존이론(권력의존이론)의 영향을 받았으며, 인간의 행동 유형이 자신의 사회적 신분, 비용과 보상의 정도에 따라 다르게 나타난다고 보았다.

| 관/련/개/념 |
반두라가 제시한 자기효능감과 집단효능감
- **자기효능감**: 어떤 상황에서 적절한 행동을 할 수 있다는 기대와 신념이다.
- **집단효능감**: 자신이 속한 집단이 특정 임무를 수행하여 일정한 성과를 창출할 수 있을 것이라는 개인 차원의 믿음이다.

056 ▶ ②

| 오답 해설 |
① 지역사회 보존이론에 관한 설명이다. 지역사회 상실이론은 산업화 이후 개인주의 경향의 팽배와 인간관계 단절 등으로 지역사회에서 가족을 비롯한 1차 집단이 해체되었다고 보는 관점이다.
③ 자원동원이론은 자원이 집단행동의 성패에 영향을 미친다고 본다.
④ 갈등주의이론에 관한 설명이다. 다원주의이론은 다양한 이익집단이 사회를 이끌어 가고 있다고 본다.
⑤ 사회구성주의이론에 관한 설명이다. 권력의존이론은 지역주민이나 집단 또는 조직의 힘의 소유 여부가 지역사회 발전에 영향을 미친다는 것을 강조한다.

057 ▶ ⑤

| 오답 해설 |
① 사회교환이론에 관한 설명이다.
② 사회구성주의이론에 관한 설명이다.
③ 사회체계이론에 관한 설명이다.
④ 자원동원이론에 관한 설명이다.

058 ▶ ①

| 정답 해설 |
① 특정 국적의 외국인 주거 공동체가 형성되기 시작하면서 주민 간 갈등이 발생한 A 지역은 생태학이론을 활용하여 분석하기 적절하다. 생태학이론은 개인을 환경과 상황 속에서 이해하는 이론으로, 생활상의 문제를 전체적 생활공간 내에서 이해한다.

059 ▶ ②

| 정답 해설 |

ⓒ 권력의존이론은 지역사회조직들은 생존을 위해 외부의 재정지원에 의존할 수밖에 없다는 이론이다. 사회복지관이 지방정부로부터 보조금 집행에 대한 지도점검을 받은 것은 권력의존이론에 해당한다.

| 오답 해설 |

㉠ 다원주의이론의 관점이다. 다원주의이론은 정책결정 시 대중의 참여와 경쟁을 강조하며 다양한 이익집단들이 사회를 이끌어가고 있다고 본다.
ⓑ 교환이론의 관점이다.

060 ▶ ①

| 오답 해설 |

② 다원주의이론에 관한 설명이다. 자원동원이론은 돈, 정보, 사람, 조직원 간의 연대, 사회운동의 목적과 방법에 대한 정당성 등이 자원에 포함된다고 본다.
③ 엘리트이론에 관한 설명이다. 다원주의이론은 이익집단들 간의 갈등과 타협을 강조한다.
④ 갈등주의이론에 관한 설명이다. 기능주의이론은 사회가 다수의 체계로 구성되어 있고 체계를 구성하고 있는 부분들은 상호 연관되어 있으며, 합의된 가치와 규범에 따라 조절·조정·통합을 통해 조화·적응·안정·균형을 지향하며 움직인다는 관점이다.
⑤ 기능주의이론에 관한 설명이다. 사회자본이론은 개인이나 조직 및 지역사회의 연결이 지역사회의 협조와 협력을 토대로 형성된다고 본다.

061 ▶ ④

| 오답 해설 |

ⓒ 경계는 사회체계이론과 관련된 개념이다. 사회체계이론에서는 자신을 환경과 구별하는 동시에 연결하는 경계선이 존재하며, 이러한 경계는 변형성과 항상성을 가진다고 본다.

참고 사회자본은 집단 간 혹은 집단 내에서 협동을 촉진하는 공유된 규범으로서 가치, 신뢰 및 상호 이해를 수반하는 네트워크라고 합의된 것입니다.

062 ▶ ⑤

| 정답 해설 |

⑤ 다원주의이론은 다양한 이익집단이 사회를 이끌어가고 있다고 보며, 정책결정 시 대중의 참여와 경쟁을 강조한다. 지방자치단체별로 구성원의 특성에 맞게 예산이 배분되는 것은 다원주의이론에 입각한 예산배분의 방법이다.

| 오답 해설 |

① 교환이론은 개인이나 집단이 다른 사람이나 집단에게 무엇인가를 주는 대신 다른 보상을 얻으려고 하거나 얻을 수 있다고 생각할 때 상호작용이 일어난다고 보는 이론이다.
② 갈등주의이론은 사회의 권력과 자원이 불평등하게 배분된 상황에서 갈등은 불가피하다고 보고, 불평등한 관계에서 발생하는 갈등을 해결하는 과정에서 사회변화가 발생한다고 본다.
③ 사회체계이론은 지역사회를 구성하는 크고 작은 모든 체계는 서로 연결되어 상호작용을 나누는 부분들의 합으로, 체계는 내부 구성원들의 관계뿐만 아니라 외부 환경과의 상호 교환관계를 통해 유지된다고 본다.
④ 사회자본이론은 개인이나 조직 및 지역사회의 연결과 참여를 구축하는 행위가 지역사회의 협조와 협력을 토대로 형성된다고 본다.

UNIT 05 지역사회복지 실천모델

063	064	065	066	067
①	①	⑤	②	②
068	069	070	071	072
①	③	④	①	③
073	074	075	076	077
④	④	④	②	②
078	079	080		
①	③	①		

063 ▶ ①

| 정답 해설 |

① 지역사회연계는 테일러와 로버츠의 지역사회복지 실천모델에 해당한다.

관/련/개/념

포플의 지역사회복지 실천모델
- 지역사회보호
- 지역사회조직
- 지역사회개발
- 사회·지역계획
- 지역사회교육
- 지역사회행동
- 여권주의적 지역사회사업
- 인종차별철폐 지역사회사업

064 ▶ ①

| 오답 해설 |

ⓒ 지역사회개발모델에 관한 설명이다. 사회계획모델은 변화의 매개체로 공식조직과 객관적 자료를 활용한다.
ⓔ 사회계획모델에 관한 설명이다. 지역사회개발모델은 지역사회 문제해결을 위해 전문가의 주도적 개입을 지양하고, 지역주민들이 스스로 문제 해결할 수 있도록 능력을 향상시키는 것이 주된 목적이다.

065 ▶ ⑤

| 정답 해설 |

⑤ 기능적 지역사회조직모델에 해당한다.

066 ▶ ②

| 오답 해설 |

① 계획모델은 조사연구와 객관적 분석 등을 통해 지역사회문제를 해결하고자 하는 데 초점을 둔다.
③ 지역사회개발모델은 지역사회문제를 주민 스스로 해결할 수 있도록 지지하고 지원하는 것에 초점을 둔다.
④ 정치적 역량강화모델은 사회적으로 소외된 집단과 그 구성원의 역량 강화에 초점을 둔다.
⑤ 프로그램 개발 및 조정모델은 지역사회 주민이 원하는 서비스를 기획·개발·실행하는 데 초점을 둔다.

067 ▶ ②

| 정답 해설 |

② 웨일과 갬블이 제안한 프로그램 개발과 지역사회 연계모델은 사회복지사가 지역사회의 욕구를 충족시키기 위해 지역주민, 잠재적 클라이언트, 전문가집단 등과 연계하여 프로그램을 개발하는 역할을 수행한다. 이에 따른 사회복지사의 역할은 계획가, 대변자, 관리자, 프로포절 제안자이다.

068 ▶ ①

| 정답 해설 |

① 지역사회 내의 자원 배분과 권력 이양의 성취를 위해서는 사회행동모델(ⓐ)을, 고도로 복잡한 지역사회 문제를 조사·분석하고 해결방안을 모색하기 위해서는 사회계획모델(ⓑ)을 적용할 수 있다.

069 ▶ ③

| 정답 해설 |

③ 권력구조에 대항하는 것은 사회행동모델이다. 사회계획모델은 주택이나 정신건강 등의 이슈를 명확히 하는 것을 가정하고 있지만, 권력구조에 대항하는 것과는 거리가 멀다.

070 ▶ ④

| 정답 해설 |

④ 제시된 설명은 지역사회 사회·경제 개발모델에 관한 내용이다. 지역사회 사회·경제 개발모델은 주민의 관점에서 개발계획을 수립하고, 개인과 집단의 소득, 자원, 교육 및 리더십 기술의 향상을 추구한다. 또한 주민들이 투자된 자원을 이용할 수 있는 능력을 배양하는 것에 초점을 맞춘다.

071 ▶ ①

| 오답 해설 |

② 프로그램 개발모형은 지역사회 주민들의 욕구를 충족시키기 위한 서비스 개발 과정에서 지역주민, 잠재적 클라이언트, 기관의 직원, 전문가집단과 연계된 다양한 수준의 프로그램을 개발하고 확대한다.

③ 정치사회적 행동모형은 불평등과 부당한 결정에 도전하고 주민의 능력에 대한 믿음을 강화시킨다.
④ 연합모형은 다양한 조직의 독립성을 유지하면서 공동의 목표를 위해 연대하거나 새로운 조직을 구성하는 것에 초점을 둔다.
⑤ 사회운동모형은 인간 존엄성과 보편적 가치를 강조하면서 사회정의를 실현시키기 위해 사회 전체의 변화를 이끄는 행동을 한다.

072 ▶ ③

| 정답 해설 |

③ 제시된 〈사례〉는 포플의 커뮤니티 케어(지역사회보호) 모형에 해당한다. 커뮤니티 케어모형은 보호가 필요한 주민이 집, 그룹홈 등 자신이 살던 곳에서 서비스를 누리고 지역사회와 함께 어울려 살아갈 수 있도록 주거, 보건의료, 요양, 돌봄, 독립생활 지원이 통합적으로 이루어지는 지역주도형 사회서비스 정책을 추진한다.

073 ▶ ④

| 오답 해설 |

ⓔ 연합은 웨일과 갬블의 지역사회복지 실천모델에 해당한다.

074 ▶ ④

| 정답 해설 |

④ 사회행동모델에 관한 설명이다.

075 ▶ ④

| 오답 해설 |

① 근린·지역사회 조직화모델은 지역주민의 조직능력을 개발하고 외부 개발자들이 지역에 미칠 영향을 조절한다. 표적체계는 지방정부, 외부 개발자, 지역사회 주민이다.
② 지역사회 사회·경제 개발모델은 주민의 관점에서 개발계획을 시작하여 지역주민의 활용 역량을 제고한다. 표적체계는 금융기관, 재단, 외부 개발자, 지역사회 주민이다.
③ 프로그램 개발과 지역사회 연계모델은 지역사회서비스의 효과성 증진을 위해 새로운 프로그램의 개발 및 기존 프로그램을 확대·재조명한다. 표적체계는 기관 프로그램의 자금 지원자, 기관 서비스의 혜택을 받는 사람이다.
⑤ 사회계획모델은 사회문제를 해결하고자 공식적 계획과 정책을 개발한다. 표적체계는 지역사회 지도자의 관점, 휴먼서비스 지도자의 관점이다.

076 ▶ ②

| 오답 해설 |

① 사회계획모델은 객관성과 합리성에 기반을 두고 지역사회문제를 해결하고자 한다. 주요 전략은 지역사회의 사회적 욕구 통합과 사회서비스 관계망을 조정하는 것이다.
③ 프로그램 개발과 지역사회 연계모델은 지역사회 주민들의 욕구를 충족시키기 위한 서비스 개발 과정에서 지역주민, 잠재적 클라이언트, 기관의 직원, 전문가 집단과 연계된 다양한 수준의 프로그램을 개발하고 확대한다.
④ 연합모델은 지역사회가 처한 문제가 한 조직의 노력만으로 해결되기 어렵다고 보며, 분리된 집단 및 조직이 연합하여 사회변화에 동참하는 것을 강조한다.
⑤ 정치사회행동모델은 정책 또는 정책 결정자의 변화, 기업체의 행동 변화와 사회 정의 실현에 초점을 둔다.

077 ▶ ②

| 오답 해설 |

ⓛ 사회계획모델의 변화 매개체이다. 지역사회개발모델의 변화 매개체는 과업지향적 소집단이다.
ⓒ 사회행동모델에서 사회복지사의 핵심 역할이다. 사회계획모델에서 사회복지사의 핵심 역할은 계획가, 분석가이다.

078 ▶ ①

| 정답 해설 |

① 지역사회개발모델에 관한 설명이다. 프로그램 개발과 조정모델은 지역주민이 원하는 서비스의 기획·개발·실행에 초점을 둔다.

079 ▶ ③

| 오답 해설 |

㉣ 지역사회연계는 테일러와 로버츠의 지역사회복지 실천모델 중 하나로, 클라이언트 개인의 문제를 지역사회와 연계하여 지역사회의 문제를 해결하고자 한다.

관/련/개/념

테일러와 로버츠와 포플의 지역사회복지 실천모델 비교

테일러와 로버츠	포플
• 지역사회개발모델 • 계획모델 • 프로그램개발 및 조정모델 • 정치적 역량(권력)강화모델 • 지역사회연계모델	• 지역사회보호 • 지역사회조직 • 지역사회개발 • 사회·지역계획 • 지역사회교육 • 지역사회행동 • 여권주의적 지역사회사업 • 인종차별철폐 지역사회사업

080 ▶ ①

| 정답 해설 |

① 클라이언트 집단을 소비자로 보는 것은 사회계획모델이다. 사회계획모델에서는 클라이언트 집단을 '서비스의 혜택을 받는 소비자'로 보고 있으며, 클라이언트는 '소비자 혹은 수령자'로 표현되며, 임파워먼트 활용에서는 '소비자의 서비스 욕구 규명'으로 정의하고 있다. 반면, 사회행동모델은 클라이언트 집단을 체제의 희생자, 특정 불이익집단으로 본다.

UNIT 06 사회행동의 전략

| 081 | ② | | | | |

081 ▶ ②

| 정답 해설 |

② 사회행동모델에서는 지역사회 변화를 위해 협상 기술뿐만 아니라 갈등, 대결, 시위 등의 전술을 활용할 수 있다.

UNIT 07 사회복지사의 역할과 지역사회 실천기술

082	①	083	③	084	③	085	④	086	②
087	①	088	②	089	④	090	①	091	②
092	④	093	⑤	094	②	095	⑤	096	①
097	①	098	①	099	②	100	⑤	101	④
102	②	103	⑤	104	③	105	③	106	⑤
107	①	108	③	109	③	110	④		

082 ▶ ①

| 정답 해설 |

① 로스만은 지역사회개발모델에서 사회복지사의 역할로 조력자, 촉진자, 안내자, 교육자, 능력부여자, 격려자, 조정자 등을 주장하였다.

참고 해당 문제는 수험생들의 이의제기가 있었던 문제로, 본 교재에서는 논란을 방지하고자 발문을 수정하였습니다.

083 ▶ ③

| 정답 해설 |

③ 조정자로서 사회복지사는 클라이언트가 다른 체계에 의뢰될 때, 능력·기술·지식·자원이 부족한 경우, 이를 조정하는 역할을 한다.

| 오답 해설 |

① 옹호자로서 사회복지사는 개인이나 집단, 지역사회의 입장을 대변하고 보호하며 사회정의를 지키고 유지하는 역할을 한다.
② 교육자로서 사회복지사는 지역사회와 클라이언트에게 정보를 제공하며 기술을 가르치는 역할을 한다.
④ 자원개발자로서 사회복지사는 학생, 가족, 학교 등이 필요로 하는 지역사회자원을 발굴하고 개발하는 역할을 한다.
⑤ 협상가로서 사회복지사는 갈등상황에 놓인 사람들 사이에서 상호 합의를 이끌어 내기 위해 타협하는 역할을 한다.

084 ▶ ③

| 정답 해설 |

③ ㉠, ㉣ 지역사회복지 실천에서 조력자의 역할은 지역사회 내 불만 집약, 공동의 목표 강조, 좋은 인간관계 조성, 조직화 격려 등이 있다.

| 오답 해설 |
ⓒ 지역사회 문제를 조사하고 평가하는 것은 분석가의 역할이다.
ⓒ 지역사회 내 불이익을 당하는 주민을 옹호하고 대변하는 것은 옹호자의 역할이다.

085 ▶ ④

| 정답 해설 |
④ 평가자는 사회복지실천의 기능과 효과성을 평가하는 역할을 수행한다. 자금 제공은 사회복지사의 기술에 해당하지 않는다.

086 ▶ ②

| 정답 해설 |
② 후보자는 사회복지사의 역할에 해당하지 않는다.

| 오답 해설 |
① 관리자로서 사회복지사는 주거지원서비스를 제공하기 위해 재정·자원 확보, 지역사회의 지지 확보 등 기관 실무자로서 관리 및 조정 역할을 한다.
③ 정보 전달자로서 사회복지사는 주거지원서비스에 대한 정보를 클라이언트에게 알리고, 클라이언트의 주거 상태에 대한 정보를 전달한다.
④ 네트워커로서 사회복지사는 클라이언트에게 주거지원서비스를 제공하기 위해서 지역사회 내의 다양한 자원 간 네트워킹(연계)을 한다.
⑤ 계획가로서 사회복지사는 효과적으로 주거지원서비스를 제공하기 위해 목표 달성을 위한 계획을 수립한다.

087 ▶ ①

| 정답 해설 |
① 옹호자로서 사회복지사는 불이익을 받는 클라이언트를 위하여 직접 나서서 클라이언트의 입장을 대변하고 보호하며 개입한다. 사회복지사가 아동돌봄시설 확충을 위한 서명운동 및 조례제정 입법 활동을 하는 것에서 옹호자의 역할을 수행하고 있음을 알 수 있다.

| 오답 해설 |
② 교육자로서 사회복지사는 클라이언트의 사회적 기능이나 문제 해결 능력이 향상될 수 있도록 프로그램이나 정보를 제공하고 기술을 가르치는 역할을 수행한다.
③ 중재자로서 사회복지사는 양자 간의 논쟁에 개입하여 상호 간 만족스러운 합의점을 도출해 내는 역할을 수행한다.
④ 자원연결자로서 사회복지사는 클라이언트에게 필요한 자원을 소개해 주고 이용할 수 있도록 지원하는 역할을 수행한다.
⑤ 조정자로서 사회복지사는 다양한 자원과 서비스를 적절히 배분하고, 조직화된 방법으로 필요한 구성요소를 한데 모으는 역할을 수행한다.

088 ▶ ②

| 정답 해설 |
② 지역사회개발모델 중 전문가의 역할에 해당한다.

089 ▶ ④

| 정답 해설 |
④ 옹호자(대변자)는 그로서(Grosser)가 주장한 사회복지사의 역할이다. 옹호자로서의 사회복지사는 주민의 입장에서 정당성을 주장하고, 기관 입장에 도전할 수 있는 지도력과 자원을 제공한다.

관/련/개/념

지역사회복지 실천모델별 사회복지사의 역할

실천모델	학자	사회복지사의 역할
지역사회개발모델	로스	안내자, 조력자, 전문가, 치료자
사회계획모델	모리스와 빈스톡	계획가
	샌더스	분석가, 계획가, 조직가, 행정가
사회행동모델	그로서	조력자, 중개자, 옹호자, 행동가
	그로스만	행동조직가

090 ▶ ①

| 정답 해설 |
① 임파워먼트 기술에 해당한다.

091 ▶ ②

| 정답 해설 |
② 자원개발 및 동원 기술은 지역주민의 욕구충족과 문제해결을 위해 자원이 필요한 경우 자원을 발굴하고 동원하는 기술이다.

| 오답 해설 |
① 협상 기술은 갈등상황에 놓인 사람들 사이에서 상호 합의를 이끌어 내는 기술이다. 프루이트는 협상에 시한을 두어 요구하는 입장을 확고히 하고, 상대방의 제안에 대응함에 있어 신중해야 한다고 하였다.
③ 옹호 기술은 클라이언트가 정당한 처우나 서비스를 받지 못하는 경우 지역주민이나 지역사회의 입장에서 직접적으로 전문적인 대변, 보호, 개입, 지지를 하는 기술이다.
④ 조직화 기술은 클라이언트의 문제를 해결하기 위해 필요로 하는 인력이나 서비스를 규합하고, 나아가 조직의 목표를 성취하도록 합당하게 운영해 나가는 기술이다.
⑤ 지역사회교육 기술은 지역주민의 관심사와 관련된 행사를 계획·시행하여 지역사회의 실정에 맞는 교육과정을 제공하는 기술이다.

092 ▶ ④

| 정답 해설 |
④ 제시된 상황에 나타난 지역사회복지 실천기술은 조직화 기술이다. 조직화는 사회적 약자가 지역사회 주민들과 마찬가지로 사회에 참여하고, 자립·자활하도록 클라이언트의 문제를 해결하기 위해 필요한 인력이나 서비스를 규합하고, 조직의 목표를 성취하도록 합당하게 운영해 나가는 과정이다.

093 ▶ ⑤

| 정답 해설 |
⑤ 임파워먼트 기술에 해당한다. 연계 기술(네트워킹)은 사회복지사가 클라이언트를 적절한 지역사회 자원과 연계하는 기술이다.

094 ▶ ②

| 정답 해설 |
② 서명지에 지역주민의 서명을 받아 국가기관에 해당 문제를 지지하거나 공감하는 사람이 많다는 것을 알리는 활동은 청원이다.

095 ▶ ⑤

| 정답 해설 |
⑤ 임파워먼트 기술은 개인의 권한 혹은 지역사회 집단의 능력을 향상시키고자 할 때 활용한다. 이를 위해서 사회복지사는 권력 키우기(㉠), 의식 제고(㉡), 자기 주장, 공공의제의 틀 갖추기(㉢), 역량 건설, 사회자본의 확장(㉣) 등의 기술을 활용할 수 있다.

096 ▶ ①

| 정답 해설 |
㉠ 네트워크는 자발적인 참여로 구성하는 것을 원칙으로 하기 때문에 항상 강한 결속력이 필요한 것은 아니다.

097 ▶ ①

| 정답 해설 |
① 네트워크(연계) 활동에 해당한다.

098 ▶ ①

| 오답 해설 |
② 자원개발과 동원은 지역주민의 욕구 충족과 문제 해결을 위해 필요한 자원을 발굴하고 동원하는 기술이다.
③ 조직화는 클라이언트의 문제를 해결하기 위해 필요로 하는 인력이나 서비스를 규합하고, 나아가 조직의 목표를 성취하도록 합당하게 운영해 나가는 과정이다.
④ 네트워크는 사회복지사가 클라이언트를 적절한 지역사회 자원과 연계하는 기술로서, 관련 기관들 간의 상호 신뢰와 호혜성의 원칙에 의해 유지된다. 상호 의존적이면서도 수평적인 관계가 강조된다.
⑤ 지역사회 연계는 지역문제를 공동으로 대응하고 협력하기 위한 것으로, 지역사회 내 자원을 동원하고 의사소통을 원활하게 수행할 수 있도록 하는 연계 기술이 강조된다.

099 ▶ ②

| 정답 해설 |
② 옹호(대변) 기술의 특성이다.

100 ▶ ⑤

| 정답 해설 |
⑤ 사회복지사가 프로그램 운영에 필요한 예산(물적 자원)과 자원봉사자(인적 자원)를 확보하기 위하여 모임 개최를 요청한 것은 자원개발 및 동원 기술을 활용한 것이다. 자원개발 및 동원 기술은 지역주민의 욕구 충족과 문제해결을 위해 필요한 자원을 발굴하고 동원하는 기술이다.

101 ▶ ④

| 오답 해설 |
① 프로그램 개발 기술은 지역사회가 필요로 하는 재화와 서비스 제공 활동과 관련한 프로그램을 개발한다.
② 기획 기술은 서비스를 개발하기 위해 목표 및 과업, 활동 방법 등을 결정하는 기술이다.
③ 자원동원 기술은 지역주민의 욕구 충족과 문제 해결에 필요한 자원을 발굴하고 동원하는 기술이다.
⑤ 지역사회 사정 기술은 지역사회의 문제를 분석하고 해석하여 이에 필요한 자원을 파악하는 기술이다.

102 ▶ ②

| 오답 해설 |
ⓒ 지역사회 역량강화를 위해 조직화 기술을 활용해 지역사회복지 거버넌스 구조와 기능을 확대시킨다.

103 ▶ ⑤

| 정답 해설 |
⑤ 옹호에 관한 내용이다. 연계(네트워크)는 사회복지사가 클라이언트를 적절한 지역사회 자원과 연계하는 기술이다.

104 ▶ ③

| 정답 해설 |
③ 자원개발 및 동원은 지역주민의 욕구 충족과 문제 해결을 위해 자원이 필요한 경우 자원을 발굴하고 동원하는 기술이다. 지역 내 종교단체에 예산과 자원봉사자를 지원해 줄 것을 요청한 것을 통해 사회복지사가 자원개발 및 동원 기술을 활용하고 있음을 알 수 있다.

| 오답 해설 |
① 조직화는 클라이언트의 문제를 해결하기 위해 필요로 하는 인력이나 서비스를 규합하고, 나아가 조직의 목표를 성취하도록 합당하게 운영해 나가는 과정이다.
② 옹호는 클라이언트가 정당한 처우나 서비스를 받지 못하는 경우 자원과 서비스를 받을 수 있도록 직접적으로 전문적인 대변, 보호, 개입, 지지를 하는 기술이다.
④ 협상은 갈등상황에 놓인 사람들 사이에서 상호 합의를 이끌어 내는 것으로, 사회복지사는 어느 한편의 입장에서 역할을 수행한다.
⑤ 교육은 지역주민의 관심사와 관련된 행사를 계획, 시행하여 지역사회의 실정에 맞는 교육과정을 제공하는 기술이다.

105 ▶ ③

| 정답 해설 |
③ 임파워먼트 기술은 현상을 타파할 수 있는 개인의 능력을 향상시키고자 할 때 또는 지역사회의 집합적 목표 달성을 위해 지역사회 집단의 능력을 향상시키고자 할 때 활용하는 기술이다.

| 오답 해설 |
①, ② 자원개발·동원 기술은 지역주민의 욕구충족과 문제해결을 위해 자원이 필요한 경우 자원을 발굴하고 동원하는 기술이다.
④ 조직화 기술은 클라이언트의 문제를 해결하기 위해 필요로 하는 인력이나 서비스를 규합하고, 나아가 조직의 목표를 성취하도록 합당하게 운영해 나가는 기술이다.
⑤ 네트워크(연계) 기술은 사회복지사가 클라이언트를 적절한 지역사회 자원과 연계하는 기술로, 관련 기관들 간의 상호 신뢰와 호혜성의 원칙에 의해 유지된다. 상호 의존관계를 가지면서도 수평적인 관계가 강조된다.

106 ▶ ⑤

| 정답 해설 |

⑤ 임파워먼트 기술에 해당하는 설명이다.

관/련/개/념

임파워먼트 구체적 기술

주민의식 제고	무력감을 느끼는 개인 또는 주민들을 한데 모아 문제의 원인이 자신들에게 있는 것이 아니라는 점을 알게 하는 것
자기 주장	문제의 원인과 소재를 파악한 다음 공개적으로 자기의 목소리를 내어 자신의 주장을 전개하게 하는 것
공공의제의 틀 갖추기	쟁점이 공공의제가 될 수 있도록 쟁점을 정리하고 대중의 관심을 확보할 수 있도록 의제화함

107 ▶ ①

| 정답 해설 |

① 제시된 지역사회 욕구사정 방법은 델파이 기법이다. 델파이 기법은 전문가 집단의 지역사회 문제에 관한 의견을 우편이나 이메일 등을 통해 익명으로 수렴하고, 응답 내용이 합의에 이를 때까지 다시 질문과 응답 수렴의 과정을 반복하는 기법이다.

참고 제시된 설명에서 '지역사회 문제에 대한 전문지식', '합의에 이르기까지 여러 번에 걸쳐 설문과정 반복'이 중요한 단서입니다.

| 오답 해설 |

② 초점집단 기법이란 소수의 사람들에게 조사자가 제공한 주제에 대해 토론을 하게 함으로써 의견을 도출해 내는 방법이다.
③ 공청회란 공식 석상에서 해당 분야의 전문가의 의견을 듣는 방법이다.
④ 지역포럼 기법이란 토론자들이 찬성과 반대 의견으로 나뉘어 토론을 진행한 후 질의응답을 진행하고 방청 주민이 개진한 의견 등을 듣는 방법이다.
⑤ 사회지표 분석이란 2차 자료를 활용하여 자료를 수집하는 방법이다.

108 ▶ ③

| 오답 해설 |

① 하위체계 사정은 지역 전체 차원이 아닌 하위체계의 욕구를 중심으로 이루어지며, 하위체계의 역동성을 고려한다.
② 포괄적 사정은 지역사회의 전반적인 복지욕구에 대한 사정으로, 이에 대한 자료가 마련되어 있지 않은 경우 공공기관에서 실시할 수 있다.
④ 문제중심 사정은 지역사회에서 우선적으로 해결해야 할 특정 문제에 초점을 두는 사정이다.
⑤ 협력적 사정은 지역사회에 의해 수행되는 사정으로, 지역사회 참여자들이 완전한 파트너로서 조사계획, 참여관찰, 분석과 실행국면 등에 관여한다.

109 ▶ ③

| 오답 해설 |

① 명목집단 기법은 다양한 배경을 가진 지역사회 내 집단의 이익을 수렴하여 욕구를 조사하고 우선순위를 결정하는 방법이다.
② 2차자료 분석은 통계청이나 보건복지 관련 기관, 정부에서 이미 발표한 통계나 수치화된 자료 등을 활용하여 욕구조사를 실시하는 방법이다.
④ 지역사회포럼은 공개적인 모임을 개최해 지역주민의 의견 등을 직접 청취하여 자료를 수집하는 방법이다.
⑤ 초점집단 기법은 문제와 관련된 소수의 사람들을 모아 자유롭게 의견을 개진하고 토론하게 하여 문제를 깊이 파악하는 방법이다.

110 ▶ ④

| 오답 해설 |

① 서베이에 관한 설명이다.
② 델파이 기법에 관한 설명이다.
③ 사회지표분석에 관한 설명이다.
⑤ 초점집단 기법에 관한 설명이다.

UNIT 08 지방 분권화와 지역사회복지

111	②	112	⑤	113	③	114	③	115	②
116	④	117	③	118	②	119	⑤	120	③
121	⑤	122	⑤	123	⑤	124	②	125	⑤
126	③	127	⑤	128	④	129	④	130	⑤
131	⑤	132	⑤	133	⑤	134	⑤		

111 ▶ ②

| 정답 해설 |

② 복지예산의 지방분권화로 정책 효과성이 강화된다.

관/련/개/념

지방자치제도의 특징

지방자치제도는 지역 주민들이 자치단체를 구성해 지역의 사무를 자율적으로 처리하는 제도로, 지역의 균형 발전과 주민 복지 증진을 목적으로 한다.
- 지역 주민이 스스로 지역의 사무를 처리한다.
- 국가의 일정한 감독 아래에서 자율적인 행정을 수행한다.
- 지역의 여건과 주민들의 요구에 맞는 행정을 펼칠 수 있다.
- 정치적, 행정적, 사회적, 경제적 측면에서 다양한 효과를 가지고 있다.

112 ▶ ⑤

| 정답 해설 |

⑤ 지방분권은 중앙정부에 집중되어 있는 권한을 지방정부와 나누고, 그 권한을 지방 스스로 결정하는 것이다. 따라서 지방의회의 사회적 책임성이 강화된다.

113 ▶ ③

| 정답 해설 |

③ 지방자치가 발달하면서 중앙정부의 사회복지 책임과 권한이 분산 및 약화되었다.

114 ▶ ③

| 정답 해설 |

③ 1987년 사회복지전문요원이 처음 임용되어 서울, 부산, 대구, 인천, 광주, 대전에 배치되기 시작하였다. 이후 1992년 사회복지사업법 개정을 통해 사회복지전담 공무원에 대한 법적 근거가 마련되었고, 1999년 세부지침이 마련되어 2000년에 사회복지전담공무원으로 전환되었다.

115 ▶ ②

| 정답 해설 |

② 중앙정부의 권한을 지방정부로 이양 및 분산시킴으로써 지방자치제 실현의 기초가 마련된다. 즉, 지방분권이 실시되면 중앙정부의 책임성은 약화된다.

116 ▶ ④

| 정답 해설 |

④ 지방자치제는 일정 지역을 토대로 하는 단체가 그 지역의 주민들이 필요로 하는 일들을 주민들이 직접 선출한 기관을 통해 처리하게 하는 제도이다. 우리나라의 지방자치제는 1949년에 최초로 지방자치법이 제정되면서 시작되었으나 독재정권하에 잠시 중단되었다. 이후 1991년에 다시 지방선거를 통해 지방의회가 부활하고, 1995년에 동시 지방자치선거가 실시되며 지방의회 의원 및 지방자치단체장 모두를 주민이 직접 선출하는 지방자치제가 실시되었다.

117 ▶ ③

| 오답 해설 |

① 지방자치제도는 지방정부의 책임을 강조하고 있다.
② 지방자치단체의 재정자립도 등에 따라 지역 간 복지 수준의 격차가 발생할 수 있다.
④ 지방자치단체장은 지역주민의 투표로 선출된다.
⑤ 지방정부의 복지예산 확대로 민간의 참여가 확대된다.

118 ▶ ②

| 정답 해설 |

② 지방분권은 중앙정부에 집중된 권력을 지방에 분산함으로써 지방정부의 자율성을 확대하고 주민참여를 활성화하여 권력의 재분배가 이루어지게 한다.

| 오답 해설 |

① 공공부조와 사회서비스제도 영역에서 지방분권이 확대되고 있다. 사회보험제도는 중앙정부에서 운영한다.

③ 지역주민의 욕구에 대한 민감성이 강화된다.
④ 지방자치단체의 재정자립도에 따라 복지수준의 지역 간 불균형이 발생하고, 지방정부 간 경쟁 심화에 따른 지역 이기주의가 확대될 수 있다.
⑤ 중앙정부의 사회적 책임성이 약화된다.

- 사회보장급여의 사각지대 발굴 및 지원 방안
- 지역사회보장에 필요한 재원의 규모와 조달 방안
- 지역사회보장에 관련한 통계 수집 및 관리 방안
- 지역 내 부정수급 발생 현황 및 방지대책
- 그 밖에 대통령령으로 정하는 사항

119 ▶ ⑤

| 정답 해설 |
⑤ ㉠, ㉡, ㉢, ㉣ 모두 지방자치제에 관해 옳은 설명이다.

123 ▶ ⑤

| 정답 해설 |
⑤ ㉠, ㉡, ㉢, ㉣ 모두 시·군·구 지역사회보장계획에 포함되어야 할 내용이다.

120 ▶ ③

| 오답 해설 |
㉡ 지역사회보장협의체의 심의와 지방의회 보고를 거쳐 시·도지사에게 제출한다.
㉢ 지역사회보장계획에는 지역사회보장에 필요한 재원 규모와 조달방안이 포함된다.

124 ▶ ②

| 오답 해설 |
① 시·도지사 또는 시장·군수·구청장은 사회보장의 환경 변화, 사회보장기본법에 따른 사회보장에 관한 기본계획의 변경 등이 있는 경우에는 지역사회보장계획을 변경할 수 있다(사회보장급여법 제38조).
③ 특별시장·광역시장·특별자치시장·도지사·특별자치도지사 및 시장·군수·구청장은 지역사회보장에 관한 계획을 4년마다 수립하고, 매년 지역사회보장계획에 따라 연차별 시행계획을 수립하여야 한다. 이 경우 사회보장에 관한 기본계획과 연계되도록 하여야 한다. (동법 제35조 제1항).
④ 시장·군수·구청장은 해당 시·군·구의 지역사회보장계획을 지역주민 등 이해관계인의 의견을 들은 후 수립하고, 지역사회보장협의체의 심의와 해당 시·군·구 의회의 보고를 거쳐 시·도지사에게 제출하여야 한다(동법 제35조 제2항).
⑤ 보건복지부장관은 시·도 및 시·군·구의 사회보장 추진 현황 분석, 지역사회보장계획의 평가, 지역 간 사회보장의 균형 발전 지원 등의 업무를 효과적으로 수행하기 위하여 지역사회보장균형발전지원센터를 설치·운영할 수 있다(동법 제46조 제1항).

121 ▶ ⑤

| 정답 해설 |
⑤ 지역사회보장계획을 수립하기 위해서는 우선 지역사회보장조사(㉢)를 실시하여, 문제를 규정한 후 추진 비전 및 목표를 수립(㉤)한다. 이후 세부사업 계획 수립(㉠)에 이어, 행·재정계획을 수립(㉣)하고, 지역사회보장협의체 심의(㉡)를 거쳐 의회에 보고(㉥)한다.

122 ▶ ⑤

| 정답 해설 |
⑤ 기초지방자치단체 간 사회보장의 균형 발전 노력은 시·군·구 지역사회보장계획의 내용에 포함되지 않는다.

관/련/개/념
시·군·구 지역사회보장계획의 내용
- 지역사회보장 수요의 측정, 목표 및 추진전략
- 지역사회보장의 목표를 점검할 수 있는 지표의 설정 및 목표
- 지역사회보장의 분야별 추진전략, 중점 추진사업 및 연계협력 방안
- 지역사회보장 전달체계의 조직과 운영

125 ▶ ⑤

| 정답 해설 |
⑤ ㉠, ㉡, ㉢, ㉣ 모두 시·군·구 지역사회보장계획에 포함되어야 하는 사항이다.

126 ▶ ③

| 오답 해설 |
㉠ 시·군·구 지역사회보장협의체의 심의와 의회의 보고를 거쳐야 한다.
㉢ 시·군·구 지역사회보장계획은 시행연도의 전년도 9월 30일까지, 그 연차별 시행계획은 시행연도의 전년도 11월 30일까지 확정해 각각 시·도지사에게 제출하여야 한다.

127 ▶ ⑤

| 정답 해설 |
⑤ 지역사회보장계획의 수립 및 지역사회보장조사의 시기·방법 등에 필요한 사항은 대통령령으로 정한다(사회보장급여법 제35조 제9항).

| 오답 해설 |
① 시장·군수·구청장은 4년마다 지역사회보장계획을 수립한 후 시·도지사에게 제출하고, 시·도지사는 지역사회보장계획을 보건복지부장관에게 제출하여야 한다.
② 시·군·구의 지역사회보장계획은 지역사회보장협의체의 심의를 거친다.
③ 지역사회보장계획은 사회보장급여법에 의거 4년마다 수립하고 매년 연차별 시행계획을 의무적으로 수립한다.
④ 시·도의 지역사회보장계획은 시·도 사회보장위원회의 심의를 거친다.

128 ▶ ④

| 정답 해설 |
④ 실무협의체 위원은 위원장 1명을 포함하여 10명 이상 40명 이하로 구성한다(사회보장급여법 시행규칙 제6조 제1항).

| 오답 해설 |
① 보장기관의 장은 지원계획의 수립 및 사회보장급여의 제공 등에 필요한 사항은 대통령령으로 정한다.
② 대표협의체 위원에는 공무원이 포함한다.
③ 지역사회보장협의체(대표협의체)는 시·군·구의 사회보장급여 제공에 관한 사항을 심의·자문한다.
⑤ 보건복지부장관 및 시·도지사는 지역사회보장계획의 시행결과를 평가한다.

129 ▶ ④

| 정답 해설 |
④ 지역사회보장계획의 연차별 시행계획 모니터링은 실무분과 중 하나인 지역사회보장균형발전지원센터의 업무이다.

| 오답 해설 |
① 대표협의체는 지역사회보장계획 수립·시행 및 평가에 관한 사항, 지역사회보장조사 및 지역사회보장지표에 관한 사항, 사회보장급여 제공 및 사회보장 추진에 관한 사항, 읍·면·동 단위 지역사회보장협의체의 구성 및 운영에 관한 사항에 대해 심의·자문하는 역할을 담당한다.
② 실무협의체는 해당 시·군·구의 조례에 따라 공동사업 개발 및 건의, 지역사회보장계획 수립·시행 및 평가에 관한 전문 연구, 지역사회서비스 제공 및 연계 협력에 관한 협의, 대표협의체 심의(건의) 안건 사전 검토, 실무분과 간 역할 조정 및 협력 도모를 담당한다.
⑤ 읍·면·동 지역사회보장협의체는 해당 특별자치시 및 시·군·구의 조례에 따라 사회보장사업에 의한 도움을 필요로 하는 사람 발굴, 사회보장자원 발굴 및 연계, 지역사회보호체계 구축 및 운영, 그 밖에 관할 지역주민의 사회보장 증진을 위하여 필요한 업무를 담당한다.

130 ▶ ⑤

| 정답 해설 |
⑤ 지역사회보장지표의 생성, 즉 지역사회보장지표의 설정 및 목표 수립은 시·군·구 지역사회보장계획의 내용에 해당한다(사회보장급여법 제36조 제1항 제2호).

관/련/개/념

읍·면·동 단위 지역사회보장협의체의 업무
- 관할 지역의 저소득 주민·아동·노인·장애인·한부모가족·다문화가족 등 사회보장사업에 의한 도움을 필요로 하는 사람 발굴 업무
- 사회보장 자원 발굴 및 연계 업무
- 지역사회보호체계 구축 및 운영 업무
- 그 밖에 관할 지역주민의 사회보장 증진을 위하여 필요한 업무

131 ▶ ⑤

| 정답 해설 |

⑤ 특별자치시의 사회보장과 관련된 서비스를 제공하는 관계 기관·법인·단체·시설과의 연계·협력 강화에 관한 내용을 심의·자문하는 기관은 시·도 사회보장위원회이다(사회보장급여법 제40조 제2항 제6호).

132 ▶ ⑤

| 오답 해설 |

① 지역사회보장협의체는 사회보장급여의 이용·제공 및 수급권자 발굴에 관한 법률에 법적 근거를 두고 있다.
② 지역사회보장협의체는 위원장 1명을 포함하여 10명 이상 40명 이하의 위원으로 구성한다. 위원의 임기는 2년으로 하되, 위원장은 한 차례만 연임할 수 있다. 다만, 공무원인 위원의 임기는 그 재직기간으로 한다(사회보장급여법 시행규칙 제5조 제1항, 제3항).
③ 지역사회보장협의체는 법률로 정해진 업무에 관해 심의·자문하는 역할을 한다. 해당 업무는 지역사회보장협의체의 업무가 아니다.
④ 민·관 네트워크를 통한 지역복지 거버넌스(협력적 네트워크) 구조와 기능을 확대시킨다.

133 ▶ ⑤

| 정답 해설 |

⑤ 시·군·구 지역사회보장협의체는 시·군·구 지역사회보장조사 및 지역사회보장지표에 관한 사항을 심의·자문한다(사회보장급여법 제41조 제2항 제2호).

134 ▶ ⑤

| 정답 해설 |

⑤ 실무협의체는 포괄성, 전문성의 원칙을 가지고 공공부문, 지역사회보장협의체의 업무를 효율적으로 수행하기 위하여 구성·운영된다.

| 오답 해설 |

① 사회보장업무를 담당하는 공무원도 포함된다.
② 위원장 1명을 포함하여 10명 이상 40명 이하의 위원으로 구성한다.
③ 조례는 지방자치단체가 지방의회의 의결을 거쳐 제정한다.

④ 시·군·구의 사회보장급여 제공에 관한 사항을 심의·자문하는 일은 지역사회보장협의체(대표협의체)에서 수행한다.

UNIT 09	지역사회복지 서비스 전달 조직								
135	③	136	④	137	⑤	138	⑤	139	⑤
140	②	141	③	142	①	143	⑤	144	④
145	③	146	②	147	⑤	148	⑤	149	①
150	③	151	⑤	152	③	153	⑤	154	⑤
155	⑤	156	①	157	④	158	⑤	159	②
160	④	161	①	162	⑤	163	⑤	164	⑤
165	⑤	166	②	167	①	168	④	169	④
170	②	171	④	172	③	173	③	174	③
175	③								

135 ▶ ③

| 정답 해설 |

③ 자활지원사업의 원활한 추진을 위하여 자활기금을 설치·운영·적립하는 곳은 보장기관이다. 지역자활센터는 자활사업을 실시하는 보건복지부 민간위탁 사회복지기관으로, 저소득층의 자활과 자립을 위해 일자리를 만들고 협동조합 형태의 공동창업(자활기업)을 지원한다.

| 관/련/개/념 |

지역자활센터 업무
1. 자활의욕 고취를 위한 교육
2. 자활을 위한 정보제공, 상담, 직업교육 및 취업알선
3. 생업을 위한 자금융자 알선
4. 자영창업 지원 및 기술·경영 지도
5. 자활기업의 설립·운영 지원
6. 그 밖에 자활을 위한 각종 사업

136 ▶ ④

| 정답 해설 |

④ 서비스 제공 기능 중 지역사회보호사업(일상생활지원 및 정서서비스)에 해당한다.

| 오답 해설 |

①, ③ 지역조직화 기능 중 복지네트워크 구축에 해당한다.
②, ⑤ 지역조직화 기능 중 자원개발 및 관리에 해당한다.

137 ▶ ⑤

| 정답 해설 |

⑤ ㉠ 인근 독거노인의 욕구를 사정하고 통합적인 서비스 제공 및 점검계획을 수립한 것은 사회복지관의 사례관리 기능 중 사례발굴에 관한 설명이다.
㉡ 주민봉사단을 조직한 것은 사회복지관의 지역조직화 기능 중 주민조직화에 관한 설명이다.

138 ▶ ⑤

| 정답 해설 |

⑤ 기초생활 수급자인 A씨, 75세 노인인 어머니, 취업 알선이 필요한 배우자, 보호가 필요한 유아, 교육이 필요한 청소년 자녀 모두 사회복지사업법에서 규정하고 있는 사회복지서비스 우선 제공 대상에 해당한다.

관/련/법/령

사회복지사업법에 명시된 사회복지관 사업의 우선 제공 대상

제34조의5 ② 사회복지관은 모든 지역주민을 대상으로 사회복지서비스를 실시하되, 다음 각 호의 지역주민에게 우선 제공하여야 한다.
1. 국민기초생활 보장법에 따른 수급자 및 차상위계층
2. 장애인, 노인, 한부모가족 및 다문화가족
3. 직업 및 취업 알선이 필요한 사람
4. 보호와 교육이 필요한 유아·아동 및 청소년
5. 그 밖에 사회복지관의 사회복지서비스를 우선 제공할 필요가 있다고 인정되는 사람

139 ▶ ⑤

| 정답 해설 |

⑤ 제시된 설명은 행복시(市)에서 직영하는 A 사회복지관에 대한 내용이다. 국가나 지방자치단체는 사회복지시설(사회복지관 포함)을 설치·운영할 수 있다(사회복지사업법 제34조 제1항).

140 ▶ ②

| 정답 해설 |

② 사례관리는 사회복지관의 3대 기능 중 사례관리 기능에 해당한다.

141 ▶ ③

| 정답 해설 |

③ 아동 자립생활 지원을 위한 후원자 개발은 자원 개발 및 관리 활동을 통해 지역사회조직화 기능을 실천하는 것이다.

> 참고 사회복지관의 기능에는 사례관리 기능, 서비스 제공 기능, 지역조직화 기능이 있습니다.

142 ▶ ①

| 정답 해설 |

① 사회복지사업법 제34조의5(사회복지관의 설치 등)에 의거 사회복지관은 지역복지증진을 위하여 다음의 사업을 실시할 수 있다.
- 지역사회의 특성과 지역주민의 복지욕구를 고려한 서비스 제공(㉠) 사업
- 국가·지방자치단체 및 민간 부문의 사회복지서비스를 연계·제공하는 사례관리(㉡) 사업
- 지역사회 복지공동체 활성화를 위한 복지자원 관리, 주민교육 및 조직화(㉢) 사업
- 그 밖에 복지증진을 위한 사업으로서 지역사회에서 요청하는 사업

143 ▶ ⑤

| 정답 해설 |

⑤ 지역조직화 기능 중 주민조직화에 해당한다.

| 오답 해설 |

①, ④ 사례관리 기능 중 사례 발굴에 해당한다.
② 사례관리 기능 중 사례 개입에 해당한다.
③ 사례관리 기능 중 서비스 연계에 해당한다.

144 ▶ ④

| 오답 해설 |

① 사회복지협의회에서는 지역사회의 민간 기관, 단체, 사람들이 모여 지역사회복지 문제를 협의하고 조정한다. 즉, 공공부문 전달체계 구축·운영과는 관련이 없다.
② 지역사회보장협의체에 관한 설명이다. 중앙협의회, 시·도 협의회 및 시·군·구 협의회는 임원으로 대표이사 1인을 포함한 15인 이상 30인 이하의 이사와 감사 2인을 둔다.
③ 사회복지협의회는 중앙협의회, 시·도 협의회, 시·군·구 협의회로 구성되어 있으며, 각 단위의 사회복지협의회는 의무적으로 설치하여야 한다.
  참고 2024년 사회복지사업법 개정으로 시·군·구 협의회 설치가 의무화되었습니다.
⑤ 사회복지협의회는 사회복지사업법에 근거하여 설립된다.

145 ▶ ③

| 정답 해설 |

③ 사회복지에 관한 업무를 수행하기 위하여 전국 단위의 한국사회복지협회, 시·도 단위의 시·도 사회복지협의회, 시·군·구 단위의 시·군·구 사회복지협의회를 둔다(사회복지사업법 제33조 제1항).

146 ▶ ②

| 정답 해설 |

② 사회복지협의회는 민·관 협력을 위해 필요한 경우 시·군·구 사회복지협의회를 법인화하고 있다. 즉, 시·군·구 사회복지협의회는 공공기관이 아니다.

147 ▶ ⑤

| 정답 해설 |

⑤ 한국사회복지협의회는 보건복지부장관이 위탁하는 사회복지에 관한 업무를 수행한다.

148 ▶ ⑤

| 오답 해설 |

㉠ 사회적 경제주체는 사회적기업, 협동조합, 마을기업, 자활기업 등이다. 해당 기업은 사회적 가치를 창출하기 위해 재화와 용역을 생산하고 판매하는 민간의 경제 활동을 한다.

관/련/개/념

사회적 경제의 주체
- **사회적기업**: 취약계층에게 일자리를 제공하거나 사회서비스를 제공하는 등 사회적 목적 추구
- **협동조합**: 조합원의 필요에 의해 자발적으로 결성되어 공동으로 소유되고 민주적으로 운영
- **마을기업**: 지역주민이 지역 자원을 활용해 지역 문제를 해결하고 소득과 일자리 창출
- **자활기업**: 지역자활센터의 자활근로사업을 통해 습득한 기술을 바탕으로 운영

149 ▶ ①

| 정답 해설 |

① 사회복지공동모금회의 신청사업은 프로그램사업과 기능보강사업으로 나뉘어 공모형태로 진행된다.

150 ▶ ③

| 정답 해설 |

③ 사회적 기업은 사회적 기업 육성법에 따라 사회적 목적을 추구하면서 재화 및 서비스의 생산·판매 등 영업활동을 하는 기업으로, 영리를 추구할 수 있다.

151 ▶ ⑤

| 정답 해설 |

㉠ 사회적 협동조합을 설립하고자 하는 때에는 5인 이상의 조합원 자격을 가진 자가 발기인이 되어야 한다(협동조합 기본법 제85조 제1항).
㉡ 마을기업은 마을기업의 이익과 함께 지역사회 전체의 이익을 실현해야 하며, 지역사회 공헌을 반드시 이행해야 함을 원칙으로 한다. 따라서 회원 외에도 지역주민의 의견을 적극 반영해야 한다.

ⓒ 자활기업은 조합 또는 부가가치세법상의 사업자의 형태를 갖추어 보장기관의 인정을 받아야 한다(국민기초생활 보장법 제18조 제2항 제1호).

152 ▶ ③

| 정답 해설 |

③ 사회복지공동모금회는 사회복지공동모금회법에 따른 법정기부금 모금단체이다. 지정기부금은 기부자가 배분지역, 배분대상 또는 사용 용도를 지정하는 것을 말한다.

153 ▶ ⑤

| 정답 해설 |

⑤ ⓐ 사회적 기업은 영리기업과 비영리기업의 중간 형태로, 사회적 목적을 우선적으로 추구하면서 재화·서비스의 생산·판매 등 영업활동을 수행하는 기업(조직)을 말한다.
ⓑ 마을기업은 마을 주민의 참여와 협동적 관계망에 기초해 주민욕구와 지역문제 해결을 추구하는 마을 단위의 기업을 말한다.
ⓒ 사회적 협동조합은 공동소유, 민주적 운영을 통하여 경제적·사회적·문화적 필요와 욕구를 충족하기 위해 자발적으로 결성한 기업을 말한다.
ⓓ 자활기업은 국민기초생활 보장법에 따라 탈빈곤을 위한 자활사업을 운영하는 기업을 말한다.

154 ▶ ⑤

| 정답 해설 |

⑤ 사회복지사업이나 그 밖의 사회복지활동 등을 지원하기 위한 재원을 조성하기 위하여 보건복지부장관의 승인을 받아 복권을 발행할 수 있다(사회복지공동모금회법 제18조의2 제1항, 제2항).

155 ▶ ⑤

| 정답 해설 |

⑤ ⓐ, ⓑ, ⓒ 모두 사회적 경제에 관한 설명으로 옳은 내용이다.

156 ▶ ①

| 정답 해설 |

① 행정안전부는 자원봉사활동기본법에 따라 자원봉사활동의 진흥을 위한 국가기본계획을 5년마다 수립한다.

관/련/개/념

중앙자원봉사센터
- 2010년: 사단법인 중앙자원봉사센터중앙회 출범(행정안전부 위탁체결)
- 2020년: 재단법인 중앙자원봉사센터(명칭변경) 출범

157 ▶ ④

| 오답 해설 |

ⓒ 고용노동부로부터 사회적 기업으로 인증을 받아야 활동할 수 있다.

158 ▶ ③

| 정답 해설 |

③ 사회복지공동모금회 임원의 임기는 3년으로 하며, 한 차례만 연임할 수 있다.

159 ▶ ②

| 오답 해설 |

① 사회적 기업은 취약계층에게 사회서비스 또는 일자리를 제공하거나 지역사회에 공헌함으로써 지역주민의 삶의 질을 높이는 등의 사회적 목적을 추구하면서 재화 및 서비스의 생산·판매 등 영업활동을 수행하는 기업을 말한다(사회적 기업 육성법 제2조 제1호).
③ 자활기업은 2인 이상의 수급자 또는 차상위자가 생산자협동조합이나 공동사업자 형태로 운영하는 기업이다.
④ 협동조합은 재화 또는 용역의 구매·생산·판매·제공 등을 협동으로 영위함으로써 조합원의 권익을 향상하고 지역사회에 공헌하고자 하는 사업조직을 말한다(협동조합 기본법 제2조 제1호).
⑤ 자선단체는 자선 사업을 펼치는 비영리적 단체를 말하며, 주로 기부금으로 운영된다.

160 ▶ ④

| 정답 해설 |
④ 지역사회복지운동은 지역사회문제를 해결하기 위해 특정 계층이 아닌 지역사회주민의 욕구를 충족시키는 조직적·집합적·수단지향적인 활동이다.

관/련/개/념
지역사회복지운동의 의의
- 지역사회주민의 주체성과 역량 강화
- 지역사회의 역할 강조와 지역공동체성 함양
- 지역사회주민의 의식화와 주체적인 참여 확대
- 지역사회주민 간 연대의식 상승
- 사회복지정책 결정에 영향
- 지역사회조직의 활성화
- 주민 권리의식 제고

161 ▶ ①

| 정답 해설 |
① 지역사회복지 운동은 지역사회복지서비스 제공기관의 주도성을 강화하기 위함이 아니라, 지역사회 주민의 역량을 강화하고 주체성을 향상시키기 위해 필요하다.

162 ▶ ⑤

| 정답 해설 |
⑤ 제시된 설명은 아른스테인이 분류한 주민참여단계 중 조작으로, 비참여단계에 해당한다.

| 오답 해설 |
①, ③ 형식적 참여단계에 해당한다.
②, ④ 주민권력단계에 해당한다.

163 ▶ ⑤

| 정답 해설 |
⑤ ㉠, ㉡, ㉢, ㉣ 모두 지역사회복지 운동이 갖는 의의에 관한 설명으로 옳다.

164 ▶ ③

| 오답 해설 |
㉡ 공식 사회복지조직에서는 사회계획모델, 주민조직에서는 사회행동모델이 주로 쓰인다.

㉢ 공식 사회복지조직은 법령을 근거로 하기 때문에 정부 통제로부터의 자율성이 상대적으로 낮으며, 주민조직은 자생하기 때문에 정부 통제로부터의 자율성이 상대적으로 높다.

165 ▶ ⑤

| 오답 해설 |
① 지역사회복지 운동은 계획적·의도적인 조직 활동이다.
② 지역사회복지 운동은 사회복지 전문가는 물론이고 다양한 영역의 전문가들을 포함하여 지역사회 주민이 함께 참여한다.
③ 지역사회의 성장 및 사회 변화에 우선적인 초점을 둔다.
④ 지역사회 주민 전체를 대상으로 한다.

166 ▶ ②

| 정답 해설 |
② B씨가 추진위원회에 주민대표로 참여하였으나 최종 결정은 A시의 의도대로 이루어진 것에서 주민참여 수준은 회유임을 알 수 있다. 회유는 형식적 참여 단계로, 각종 위원회 등을 통해 주민의 참여범위가 확대되지만, 최종 판단은 행정기관이 한다는 점에서 제한적이다.

167 ▶ ①

| 정답 해설 |
① 지역사회복지 운동은 지역사회 주민 전체를 대상으로 하기에 포괄적이며, 지역사회복지의 확산과 발전을 위한 생활운동이자 주민운동의 성격을 띤다.

168 ▶ ④

| 정답 해설 |
④ 공무원 중심의 복지정책 결정권은 주민참여가 아닌 비참여 범주에 해당한다. 주민참여는 주민이 욕구 및 문제를 해결하기 위한 주체가 되어 의사결정과정에 참여하는 것으로, 주민과 지방자치단체가 동등한 파트너십을 형성한다.

169 ▶ ④

| 정답 해설 |

④ ㉣ 의사결정권 행사는 권한 위임단계로, 주민권력 범주에 해당한다.
　㉠ 계획단계에 참여하는 것은 회유단계로, 형식적 참여 범주에 해당한다.
　㉡ 조직대상자는 상담단계로, 형식적 참여 범주에 해당한다.
　㉢ 단순 정보수혜자는 정보제공단계로, 형식적 참여 범주에 해당한다.

| 관/련/개/념 |

아른스테인이 분류한 주민참여단계

단계	구분	범주
1	조작	비참여
2	치료	
3	정보제공	형식적 참여
4	상담	
5	주민회유	
6	협동관계	주민권력
7	권한위임	
8	주민통제	

170 ▶ ②

| 오답 해설 |

① 지역사회복지 운동은 지역사회주민이 중심이 되며, 사회복지전문가, 지역사회활동가, 사회복지실무자, 지역사회의 클라이언트 또한 주체가 될 수 있다.
③ 지역사회복지 운동의 초점은 지역주민의 욕구 충족과 사회 연대의식의 고취, 지역공동체 형성이다.
④ 지역사회복지 운동은 지역사회의 구조적 문제를 포함하여 의식적이고 조직적인 활동을 한다.
⑤ 지역사회복지 운동단체는 직접서비스 제공, 사회복지 이벤트 사업, 사회복지교육 등 다양한 지역운동단체 간의 관계망 형성을 통하여 서비스 제공 활동을 한다.

| 관/련/개/념 |

지역사회복지 운동의 특징
- 운동의 주체가 지역사회주민이다.
- 비제도적인 참여형태이다.
- 집단적 참여를 전제로 한다.
- 사회운동의 일환이다.
- 주민의 생활근거지로서 지역사회를 기반으로 한다.
- 지역사회문제를 해결하고자 하는 목적지향적인 운동이다.

171 ▶ ④

| 정답 해설 |

④ 주민동원은 아른스테인이 분류한 주민참여 8단계에 해당하지 않는다.

172 ▶ ③

| 정답 해설 |

③ 사회보장정보시스템(행복e음)의 개시는 2010년이며, 공공 사회복지전달체계가 읍·면·동 중심으로 개편된 것은 2016년 이후로, 직접적인 관련은 없다. 추후 행복e음의 개편과정과 관련되었을 수 있으나, 개시 당시와는 관련이 없다.

173 ▶ ③

| 오답 해설 |

㉠ 사회서비스원은 중앙정부가 아닌 광역자치단체에서 설립·운영하고 있는 기관이다. 2019년에 서울, 경기, 대구, 경남 등 4개 시·도에서 실시되었고, 2022년에 전국으로 확대 실시되었다.
㉡ 복지허브화 사업은 읍·면·동을 중심으로 실시되고 있다.

174 ▶ ③

| 정답 해설 |

③ 2019년에 지역사회통합돌봄사업이 추진되면서 지역사회통합돌봄사업이 확대되고 있다.

175 ▶ ③

| 정답 해설 |

③ 민·관 협력체계 구축에 따라 통합사례관리가 확대되고 있다.

CHAPTER 6 | 사회복지정책론

UNIT 01 사회복지정책의 개념과 가치

001	⑤	002	④	003	④	004	⑤	005	①
006	②	007	③	008	①	009	①	010	①
011	④								

001 ▶ ⑤

| 정답 해설 |

⑤ 개인의 능력에 따른 분배구조 확대는 능력주의와 관련된 내용이다. 능력주의자는 능력이나 성과에 따른 분배를 차별로 인식하지 않고, 공정으로 인식하여 이를 당연시한다. 즉 능력에 따른 차등적인 배분을 불평등하다고 느끼지 않고, 오히려 공정하게 여기며 당연하게 받아들인다. 이러한 능력주의는 사회복지정책의 목적과 관련이 없다.

관/련/개/념

사회복지정책의 목적
- 국민의 삶의 질 향상
- 사회적 안전망 구축
- 경제성장과 조정
- 개인의 자립과 성장
- 사회통합과 질서유지
- 소득재분배에 의한 평등 추구
- 사회문제 해결과 사회적 욕구 충족
- 경제적 불평등 해소 및 사회적 불안요소 제거

002 ▶ ④

| 정답 해설 |

④ 최근 우리나라에서는 노동시장의 변화로 노동자들 간 동질성보단 이질성이 강화되고, 노동자들 내 동질성이 더욱 강화되면서 양극화 현상이 나타나고 있다.

003 ▶ ④

| 정답 해설 |

④ 보편주의 범주에 따른 사회복지제도는 욕구조사·자산조사의 과정을 거치지 않고 전 국민을 대상으로 실시한다. 보편주의 범주에 포함되는 사회복지제도는 사회보험으로, 실업급여가 이에 해당한다.

| 오답 해설 |

①, ②, ③, ⑤ 공공부조로서 선별주의 범주에 포함된다.

004 ▶ ⑤

| 정답 해설 |

⑤ 비례적 평등은 개인의 욕구, 노력, 능력, 기여에 따라 사회적 자원을 다르게 배분하는 것으로, 형평 또는 공평이라고도 한다. 반면, 결과의 평등(수량적 평등, 산술적 평등)이란 모든 사람을 똑같이 취급하여 사람들의 욕구나 능력의 차이에 관계없이 사회적 자원을 똑같이 분배하는 것을 의미한다.

005 ▶ ①

| 정답 해설 |

① 사회적 연대는 전체를 위한 개인의 희생을 원하지 않는다. 공적 이익을 위한 개인의 희생은 벤담이 주장한 양적 공리주의와 관련이 있다.

관/련/개/념

사회적 연대
사회적 관계의 일종으로 사회나 집단에서 보이는 통합 또는 그 정도를 의미한다. 수평적 사회연대 입장에서 보면, 빈부격차를 막론하고 모든 국민은 동등한 복지의 권리를 가진다. 보편적 복지의 권리 역시 수평적 연대로서, 질병과 실업, 노후의 위기에 처한 국민은 누구나 타인과 사회의 도움을 받아야 한다고 본다. 이러한 사회적 연대는 사회복지정책의 가치 중 하나이자 복지국가의 핵심가치로 여겨지고 있다.

006 ▶ ②

| 정답 해설 |

② 파레토 효율은 최소한의 개념으로, 다른 배분 상태와 비교했을 때 더 이상 효율적인 배분이 불가능한 배분 상태를 말한다. 파레토 효율에 따르면 소득 재분배는 효율적이지 않다.

사회복지정책론 **219**

007 ▶ ③

| 오답 해설 |

① 자유지상주의 관점은 자유시장경제를 지지하며, 소극적 자유를 옹호한다.
② 적극적 자유 보장을 위해서는 국가의 역할이 많을수록 좋다.
④ 적극적 자유의 관점에서는 임차인의 주거 안정을 위해 임대인의 자유를 제약할 수 있다.
⑤ 개인의 행동에 대한 외적 강제가 없는 상태는 소극적 자유의 핵심이다.

관/련/개/념

소극적 자유와 적극적 자유

소극적 자유	• 원하지 않는 것을 하지 않을 자유이다. • 국가의 개입을 자유의 침해로 간주한다.
적극적 자유	• 원하는 것을 할 수 있는 자유이다. • 복지혜택을 누릴 수 있는 자유이다.

008 ▶ ①

| 정답 해설 |

① 사회복지정책은 국가가 사회에 개입하여 보다 더 평등한 사회, 즉 복지공동체를 만들고자 시행한다. 능력에 따라 상이하게 배분하는 것은 비례적 평등이고, 능력에 따라 배분하는 것은 자유방임주의 사상이다.

009 ▶ ①

| 오답 해설 |

② 소극적 자유에 관한 설명이다. 적극적 자유는 원하는 것을 할 수 있는 자유이다.
③ 결과의 평등을 추구하기 위해 소득 재분배와 같은 국가의 개입이 증가하면 부유층의 소극적 자유를 침해한다.
④ 기회의 평등은 과정상의 기회만 평등하다면 결과의 불평등은 개의치 않는다.
⑤ 결과의 평등(수량적 평등)이 적극적인 평등의 개념이다.

010 ▶ ①

| 정답 해설 |

① 적극적 자유에 관한 설명이다. 소극적 자유는 원하지 않는 것을 하지 않을 자유로, 기회의 측면을 강조한다.

011 ▶ ④

| 오답 해설 |

㉣ 능력에 따른 분배는 자본주의 시장에 의한 분배와 관련 있다. 사회복지정책은 시장에서 배분된 소득(1차적 분배)을 다양한 방향으로 재분배하는 기능을 한다.

UNIT 02	사회복지 발달사			
012 ③	013 ③	014 ②	015 ④	016 ③
017 ③	018 ③	019 ④	020 ③	021 ④

012 ▶ ③

| 오답 해설 |

㉢ 인구증가 억제정책은 영국의 성공회 성직자이자 고전파 경제학자였던 토머스 맬서가 자신의 저서인 《인구론, (1798)》에서 주장한 사회 이론으로, 인구 증가 속도를 식량 생산 증가 속도가 따라잡을 수 없기 때문에 인구 증가를 억제해야 한다는 내용이다. 따라서 중상주의와는 관련이 없다.

관/련/개/념

중상주의

15세기 중엽부터 18세기 중엽까지 유럽에서 절대왕정이 성립한 국가들이 채택했던 경제정책과 사상으로, 국가의 부를 무역을 중심으로 식민지 개척과 무역정책을 추진하였다.
중상주의의 특징은 다음과 같다.
• 수출을 장려하고 수입을 억제하여 무역의 차액을 통해 국가의 재력 증가
• 수입품에 대한 높은 보호 관세 부과
• 국제 무역을 제로섬 게임으로 간주하여 식민지 개척
• 주변국을 궁핍화하는 정책 실시
• 초기 산업자본의 형성을 위해 국내시장과 국내산업 보호
• 자원의 확보를 위해 해외 식민지 건설

013 ▶ ③

| 정답 해설 |

③ ㉠ 빈민법 시대의 사회복지정책의 주체는 국가, 교회, 영주이다.
  ㉡ 사회보험 시대의 권리수준은 계약에 입각한 권리이다.
  ㉢ 복지국가에서 복지정책 대상자는 시민과 개인이다.

014 ▶ ②

| 정답 해설 |
② 길버트법(1782)은 작업장에서 일하는 빈민의 비참한 생활과 착취를 개선할 목적으로 제정되었으며, 인도주의적 구빈제도로 평가받고 있다. 길버트법은 원내구제를 중심으로 하되, 노동능력이 있는 빈민의 원외구제는 허용하였다.

| 오답 해설 |
① 열등처우의 원칙은 신구빈법(1834, 신빈민법)의 3가지 원칙 중 하나이다.
  참고 나머지 2가지는 전국 균일처우의 원칙, 작업장 수용의 원칙입니다.
③ 독일 비스마르크 3대 사회보험은 질병보험(1883), 재해보험(1884), 노령폐질보험(1889)이다.
④ 미국 사회보장법(1935)은 사회보험, 공공부조, 보건복지서비스 프로그램으로 구성되었으나, 의료계 등의 반대로 의료보험제도는 도입되지 않았다.
⑤ 베버리지 보고서(1942)는 정액 급여, 정액 부담 원칙을 주장하였다.

관/련/개/념
원내구제와 원외구제

원내구제	• 작업장이나 구빈원과 같은 시설에 빈민들을 입소시켜 구제를 행하는 것이다. • 구제의 대가로 시설 입소 및 노동을 강제함으로써 빈민 통제의 성격을 강하게 지닌다. • 관련 법률: 구빈법, 작업장법, 개정 구빈법(신빈민법) 등
원외구제	• 빈민들을 시설에 입소시키지 않고 구제를 행하는 것이다. • 관련 법률: 정주법, 스핀햄랜드법, 길버트법 등

015 ▶ ④

| 정답 해설 |
④ 베버리지 보고서(1942)에서 제시한 사회보장(소득보장)을 위한 3대 전제조건은 아동(가족)수당(㉠), 완전고용(㉡), 포괄적 의료 및 재활서비스(㉢)이다.

016 ▶ ③

| 정답 해설 |
③ 신빈민법은 작업장 수용의 원칙에 따라 원내구제를 원칙으로 삼았다.

017 ▶ ③

| 오답 해설 |
㉡ 특권적 지배계급을 위한 법은 정주법에 해당한다. 신빈민법(1834)은 빈민이 보다 나은 구제를 찾아 교구에서 교구로 이동하는 것을 방지하기 위해 전국 균일처우의 원칙(전국 통일의 원칙)을 세우고 행정기구를 개혁하여 구빈행정의 중앙집권화를 지향하였다.
㉢ 미국의 사회보장법(1935)은 미국 최초의 연방정부 차원의 복지 프로그램으로, 연방정부의 책임을 강화하고 지방정부(주정부)의 책임도 확대하였다.

018 ▶ ③

| 정답 해설 |
③ 산업재해는 베버리지 보고서에서 규정한 5대 악에 해당되지 않는다.

관/련/개/념
베버리지 보고서의 5대 악과 해결 방안

5대 악	해결 방안
결핍(궁핍 · 빈곤, Want)	소득 보장 정책
질병(Disease)	의료 보장 정책
무지(Ignorance)	교육 보장 정책
불결(Squalor)	주택 보장 정책 또는 공중위생 개선
나태(무위, Idleness)	고용 보장 정책 또는 정신 교육

019 ▶ ④

| 정답 해설 |
④ 1834년 개정 구빈법을 제정하면서 보충급여 형식인 열등처우의 원칙을 명문화하였다.

관/련/개/념
스핀햄랜드법(1795)
한 가정의 생계에 필요한 그 지역의 음식(빵) 가격에 기초해서 구호의 양을 결정하였다. 일명 음식물 척도로 불리는 이 방법은 빵의 가격과 부양가족의 수에 대응하여 지방세에서 임금을 보조하여 최저생계비를 보장한다.

020 ▶ ③

| 오답 해설 |

ⓒ 신빈민법(개정 구빈법)은 국가의 부조를 받는 자의 처우는 부조를 받지 않고 자활하는 최하급 노동자의 처우보다 낮아야 한다는 열등처우의 원칙을 적용하였다. 또한, 노동능력자 및 그 가족에 대한 구제는 기본적으로 작업장 내에 한정시키는 원내구제를 원칙으로 적용하였다.

ⓓ 왕립빈민법위원회(1905년)의 다수파보고서는 구빈법의 폐지보다는 구빈법의 개혁을 주장한 반면, 소수파보고서는 구빈법의 완전한 폐지를 주장하였다.

관/련/개/념

다수파보고서와 소수파보고서

구분	다수파보고서	소수파보고서
빈곤 원인	개인 생활태도, 빈민의 나태와 무책임	불합리하고 불건전한 사회구조(질서)
정책 방향	빈민에게 관대한 동정보다는 가혹한 조치가 필요	빈곤해결을 위해 공공지출 필요
행정 운영	구빈법 개혁을 통한 유지(존속) 주장	구빈법의 완전한 폐지 주장

021 ▶ ④

| 정답 해설 |

④ 미국은 1935년에 요보호아동부조(ADC)로 시작하여 1961년에 한부모를 포함한 요보호아동가족부조(AFDC)로 운영하다가 1996년에 AFDC제도를 폐지하고 빈곤가구를 위한 빈곤가족한시지원 프로그램(한시부조 프로그램, TANF)을 실시하였다.

UNIT 03 사회복지정책 발달이론

| 022 | ① | 023 | ④ | 024 | ④ | 025 | ③ | 026 | ① |
| 027 | ② | 028 | ④ | | | | | | |

022 ▶ ①

| 정답 해설 |

① 존 롤스의 사회정의론에 관한 설명이다.

| 오답 해설 |

② 마이클 샌델은 회피하는 정치보다 상호존중을 바탕으로 한 도덕적인 참여 정치로 시민에게 더 많은 이상을 불어넣고 정의로운 사회건설에 더 유망한 기반을 제공해야 한다고 지적하였다.

③, ⑤ 마이클 샌델은 불평등 해소를 위해 시민의 연대와 미덕을 강조하고 시민의식과 희생, 봉사를 장려할 것을 제안하였다.

④ 마이클 샌델은 시장의 도덕적 한계를 탐구하고, 시장 지상주의의 맹점을 지적하였다.

관/련/개/념

마이클의 '정의'를 판단하는 3가지 기준

- **공리주의**: 사람들의 행복을 극대화하는 것이 정의라고 주장 → 복지, 행복
- **자유주의**: 개인의 자유를 보장하는 것이 정의라고 주장 → 자유 존중, 자유 지상주의 인권
- **공동체주의**: 정의를 행복의 합계나 자유보장으로 단순히 설명할 수 없으며, 오히려 다양한 도덕적·종교적 가치에 대한 논의로부터 공동체 구성원의 좋은 삶과 공동선에 대한 답을 천천히 찾아보자고 주장 → 미덕, 시민의식 성숙

023 ▶ ④

| 정답 해설 |

④ 엘리트이론에 관한 설명이다. 권력자원론(사회민주주의이론)은 사회복지를 노동계급과 자본계급간의 투쟁의 결과로, 노동계급의 쟁취한 승리의 전리품으로 인식하는 이론이다.

024 ▶ ④

| 정답 해설 |

④ 시민권론은 시민권의 요소가 공민권(자유권, 18세기), 정치권(참정권, 19세기), 사회권(복지권, 20세기) 순으로 발전했다고 설명한다.

참고 사회복지정책은 사회권이 발달한 결과입니다.

025 ▶ ③

| 정답 해설 |

③ 사회양심이론에 관한 설명이다. 수렴이론은 국가의 경제발전이 일정 수준에 도달하면, 궁극적으로 특정

사회복지모형으로 수렴한다고 본다. 모든 국가가 복지국가로 수렴한다는 설명과는 초점이 다르다.

026 ▶ ①

| 정답 해설 |
① 롤스의 정의의 원칙 중 제1원칙은 무지의 베일 및 원초적 상황을 전제로, 사회 구성원들이 각자 평등한 기본권과 자유에 대한 권리를 동등하게 가진다는 것이다.

| 오답 해설 |
② 롤스는 정의의 제2원칙(차등의 원칙)으로 기회 균등의 원칙과 최소 극대화의 원칙을 제시하였다. 즉, 결과의 평등보다 기회의 균등을 더 중요시하였다.
③ 롤스는 불평등의 계기가 되는 사회적 직위를 용인한다. 즉, 사회경제적 불평등을 허용한다.
④ 벤담이 제시한 양적 공리주의와 관련이 있다.
⑤ 노직의 분배적 정의과 관련이 있다. 노직은 재화에 대한 정당한 소유권을 가진 사람이 개인의 자유로운 교환으로 합법적으로 재화를 이전했다면 정당한 소유권을 가지게 된다고 본다.

참고 노직은 롤스의 제2원칙을 비판한 학자입니다.

027 ▶ ②

| 정답 해설 |
② 권력자원이론은 복지국가의 발전을 노동자계급의 정치적 권력이 확대된 결과로 본다. 자본과 노동의 계급 갈등에 초점을 맞추며, 복지국가의 발전요인으로 좌파정당, 노동조합의 성장 등 정치적 변수에 주목한다.

| 오답 해설 |
① 산업화론은 산업화 과정에서 사회경제적 변화에 따른 새로운 욕구와 사회문제가 생겨났고, 이에 따라 사회복지 재원이 증가하면서 사회복지정책이 필요하게 되었다는 이론이다.
③ 확산이론은 한 국가의 발전이 확대되어 인접 국가들에게 영향을 미친다고 보는 이론이다.
④ 사회양심이론은 인도주의 사상에 기초한 이타주의와 사회적 책임의 관점에서 사회복지정책의 형성과 변화를 설명한 이론이다.

⑤ 국가중심이론은 사회복지의 수요(사회문제의 발생, 노동계급의 요구 등) 측면보다 사회복지를 제공하는 공급자로서의 국가의 역할을 강조한 이론이다.

028 ▶ ④

| 오답 해설 |
㉠ 시민권이론은 시민권의 변천을 진화론적 입장에서 분석하며, '공민권(자유권, 18세기) → 정치권(참정권, 19세기) → 사회권(복지권, 20세기)'의 순서로 발달한 것으로 본다.
㉣ 국가중심이론은 사회복지정책에서 적극적 행위자로서의 국가를 강조한다.

UNIT 04 제 학자의 사회복지모형

| 029 | ④ | 030 | ③ | 031 | ③ | 032 | ④ | 033 | ② |
| 034 | ⑤ | 035 | ② | 036 | ③ | 037 | ① | | |

029 ▶ ④

| 정답 해설 |
④ 길버트가 주장한 복지국가 재편의 핵심으로 신자유주의(권능부여국가)에 해당한다.

관/련/개/념

길버트의 신자유주의(권능부여국가)

사회민주주의 (복지국가)	→	신자유주의 (권능부여국가)
노동자 보호 • 사회적 지원 • 노동의 탈상품화 • 무조건적 급여	→	**근로촉진** • 사회적 포섭 • 노동의 재상품화 • 유인과 제재의 활용
보편적 권리 • 낙인 방지	→	**선별주의적 표적화** • 사회적 형평성 회복
공공의 복지 제공 • 공공기관을 통한 전달 • 서비스 형태의 이전 • 직접지출에 중점	→	**민영화** • 민간기관을 통한 전달 • 현금이나 증서 형태의 이전 • 간접지출에 중점
사회권으로서의 급여 • 공유된 권리라는 연대의식	→	**의무를 동반한 급여** • 공유된 가치와 시민의 의무

030 ▶ ③

| 정답 해설 |

③ 조지와 윌딩이 제시한 사회복지모형(4분법) 중 반집합주의가 선호하는 가치 영역은 자유, 시장, 경쟁, 가족, 개인주의, 불평등이다. 평등은 사회복지모형 중 페이비언 사회주의와 마르크스주의가 선호하는 가치이다.

031 ▶ ③

| 오답 해설 |

ⓒ 보수주의 복지국가는 조합주의적 경향으로, 국가가 주된 사회복지 제공자 역할을 하며 사회보험에 크게 의존한다.

032 ▶ ④

| 정답 해설 |

④ 페이비언 사회주의는 복지국가를 궁극적으로 도달해야 할 사회주의로 가는 과정으로 본다. 복지국가는 자본주의를 변화시킬 수 있기 때문에 경제성장, 평등, 사회통합을 위하여 복지국가의 확대가 필요하다고 본다.

| 오답 해설 |

①, ② 신우파(6분법)와 반집합주의(4분법)는 복지국가가 자유시장 경제를 왜곡한다고 보고, 정부의 복지 제공을 최소화해야 한다는 입장이다.
③ 마르크스주의는 복지국가는 자본주의의 모순을 해결하기 위한 것으로, 자본가의 이익을 위하여 복지국가가 존재한다고 보아 복지국가에 반대하는 입장이다.
⑤ 녹색주의는 복지국가가 환경문제를 야기한다고 보아 복지국가를 반대하는 입장이다.

033 ▶ ②

| 정답 해설 |

② 에스핑-앤더슨의 복지체제 유형 중 자유주의 복지체제 국가의 탈상품화 정도가 가장 낮다.

관/련/개/념

에스핑-앤더슨 복지체제 유형

구분	가족의 역할	국가의 역할
자유주의적 복지체제	가족 스스로의 책임과 전통적 가족 기능 강조	개입 최소화
조합주의적 복지체제	보호와 양육 기능의 주체로서의 역할 강화	상당 부분 개입
사회민주주의적 복지체제	국가가 가족에게 부양과 양육의 책임을 전가하지 않음.	

034 ▶ ⑤

| 오답 해설 |

① 반집합주의에 관한 설명이다.
② 마르크스주의에 관한 설명이다.
③ 녹색주의(생태주의)에 관한 설명이다.
④ 페미니즘에 관한 설명이다.

035 ▶ ②

| 정답 해설 |

② 탈상품화는 노동자가 자신의 노동력을 상품으로 시장에 내다 팔지 않고도 살아갈 수 있는 정도를 의미한다.

036 ▶ ③

| 오답 해설 |

ⓒ 잔여적 개념(보충적 모형)에 관한 설명이다. 제도적 개념(제도적 모형)은 가족과 시장에 의한 개인의 욕구 충족이 실패했을 때 국가가 보편적·일반적·예방적·사전적·적극적으로 그 기능을 대신한다고 본다.
ⓔ 제도적 개념은 사회복지를 시혜나 자선이 아니라 국가에 의해 주어진 것으로 보기 때문에 권리성이 강하다. 반면, 잔여적 개념은 사회복지를 최후에 기댈 수 있는 자선이나 시혜로서, 문제를 일시적으로 완화시킬 뿐이고 가급적 단기간에 종결된다고 보기 때문에 권리성이 약하다.

037 ▶ ①

| 오답 해설 |

② 보수주의 복지국가(조합주의 복지국가)는 전통적 가족의 기능을 유지하는 데 중점을 두는 이원적 가족주의와 직업별 사회보험을 강조한다.
③ 자유주의 복지국가는 시장 메커니즘의 기본적 역할을 인정하며, 보호대상을 가장 취약한 계층에 한정하는 엄격한 선별주의 원칙을 적용하기 때문에 자산조사에 의한 공공부조 프로그램의 비중이 높다. 또한 탈상품화 수준이 낮은 편이고 사회계층은 다원화되면서 불평등이 심하게 나타나며 계층 간에 대립적 관계가 형성된다.
④ 자유주의 복지국가에 관한 설명이다. 사회민주주의 복지국가는 모든 사람이 급여를 받고 국가에 의존하며, 모든 사람이 지불해야 할 의무를 가진다.
⑤ 보수주의 복지국가의 예로는 독일, 프랑스, 오스트리아 등이 있다. 영국, 미국은 자유주의 복지국가에 속하며, 이 외에도 캐나다, 호주 등이 있다.

UNIT 05 복지국가

038	②	039	⑤	040	②	041	④	042	①
043	④	044	②	045	⑤	046	④	047	④
048	⑤	049	③	050	①				

038 ▶ ②

| 정답 해설 |

② 케인즈는 대공황에서 벗어나기 위해서는 정부의 지출을 늘려 소비를 살려야 하고, 완전 고용을 실현하기 위해서는 자유방임주의가 아닌 정부의 개입이 필요하며, 임금의 경직성은 실업을 증가시키므로 정부는 적극적인 수요 확장 정책을 해야 한다고 주장하였다. 이에 따라 제2차 세계대전 이후 서구 복지국가에서는 국가의 적극적인 시장개입을 추구하게 되었다.

| 오답 해설 |

① 자본의 규제와 노동자 중심의 시장으로 개편되었다.
③ 사회민주주의, 수정자본주의 사상이 확산되었다.
④ 빈곤의 책임에 대한 인식이 사회구조로 전환되면서, 보편적 복지서비스 위주의 사회보장체계를 구축하였다.
⑤ 국가의 책임을 강조하였다.

039 ▶ ⑤

| 정답 해설 |

⑤ 국가가 시장에 개입하는 이유는 시장이 실패하였기 때문이다. 시장 실패의 대표적인 예로 1929년 세계 대공황을 들 수 있다. 세계 대공황은 미국 뉴욕 주식시장의 주가 대폭락으로 시작되어 자본주의 국가 전체에 파급된 세계적인 경제 공황으로, 4년간 지속되었다. 이에 따라 자유시장 경제체제로는 국민들의 복지를 책임질 수 없다는 기조 아래, 복지국가가 등장하였다. 국가의 시장 개입의 근거로는 사회복지재화의 공공재적 성격, 긍정적·부정적 외부효과(㉠, ㉡), 정보의 비대칭성(㉢)에 따른 역선택(㉣), 위험 발생의 상호의존, 규모의 경제 등이 있다.

040 ▶ ②

| 정답 해설 |

② 공공재(사회재, 집합재)는 사유재와 달리 비경쟁적(비경합적)이고 비배타적(비배제적)인 성격을 갖고 있어 모든 구성원이 그 재화를 소비할 수 있다.

| 오답 해설 |

① 비대칭적 정보로 재화에 대한 정보가 충분하지 않으면 수요자가 원하는 재화를 제공하더라도 비효율적 선택이 이루어질 가능성이 높다.
③ 외부효과는 어떤 사람의 행동이 시장기제 밖에서 다른 사람의 복지에 영향을 주는 것으로, 긍정적 외부효과와 부정적 외부효과로 나눌 수 있다.
④ 도덕적 해이는 보험시장에서 사용하던 용어로, 현재는 넓게 통용되어 사용되고 있다. 일반적으로 보험회사는 개인 가입자를 완전히 감독할 수 없으므로, 가입자는 보험회사가 기대하는 만큼의 위험발생 예방 행위를 하지 않고, 그에 따라 위험발생률이 높아지는 도덕적 해이가 발생한다.
⑤ 역선택은 의사결정에 필요한 정보가 충분하지 않아서 불리한 선택을 하게 되는 것이다.

041 ▶ ④

| 정답 해설 |

④ 경제성장의 낙수효과는 고소득층의 소득이 증대되면 전체 경기가 활성화되어 저소득층의 소득 증대와 소비에 기여한다는 이론이다. 이는 사회복지 재화나 서비스를 국가가 제공해야 한다는 주장의 근거가 될 수 없다.

관/련/개/념

낙수효과와 분수효과

낙수효과	• 고소득층의 소득 증대가 전체 경기를 활성화시켜 저소득층의 소득 증대와 소비에 기여한다는 이론이다. • 정부 정책을 통해 대기업과 고소득층의 소득과 부를 증대시키면, 이들의 소비와 투자가 늘어나 경기가 부양되어 중소기업 및 저소득층에게 혜택이 돌아감은 물론, 국가 전반적인 경제발전을 이루는 데 도움이 된다고 본다. • 이론적으로는 가능하나 실현하기 어려워 폐기된 이론이다.
분수효과	• 저소득층의 소비 증대가 생산, 투자, 고용의 활성화로 이어져 경기를 부양시킨다는 이론으로, 저소득층의 소득과 소비의 증가가 점차 상위의 계층으로 확산된다고 본다. • 고소득층에 세금을 많이 부과하고 저소득층과 중산층의 소득을 먼저 증대시키면, 이들의 경제활동이 활성화되어 고소득층으로 이어진다는 주장이다.

042 ▶ ①

| 정답 해설 |

① 외부효과란 어떤 사람의 행동이 시장기제 밖에서 다른 사람의 복지에 영향을 주는 것이다. 따라서 긍정적 외부효과가 큰 영역은 공공부문이 담당하는 것이 바람직하다.

043 ▶ ④

| 정답 해설 |

④ 자유방임주의(자유주의)는 국가의 최소개입과 개인주의를 바탕으로 능력에 따른 분배를 강조한다. 자유방임주의는 개인이나 가족의 욕구를 개인의 비용과 자유선택으로 충족시켜야 한다고 주장하며, 시장을 기회와 소득의 배분자로 인정하면서도 국가의 최소한의 복지 기능을 인정하고 있다.

044 ▶ ②

| 정답 해설 |

② 도덕적 해이는 보험가입 집단의 크기와는 관련이 없다. 도덕적 해이는 보험에 가입한 사람들이 보험에 가입하기 전보다 위험발생 예방 행위를 게을리 하여 위험발생이 높아지는 현상을 말한다.

045 ▶ ⑤

| 정답 해설 |

⑤ 케인즈 경제이론에서는 소득이 증가하면 소비가 증가하고, 투자의 활성화로 이어진다고 본다.

관/련/개/념

케인즈(J. M. Keynes)

• 1929년 세계 대공황의 실업과 불황의 원인을 유효수요의 부족으로 보았다. 대공황을 타개하기 위해서 금리 인하(통화정책), 정부의 인프라 투자(재정정책)를 제시하였다.
• 케인즈에 따르면 금리를 낮출 경우 투자가 활성화되며, 소비가 촉진된다. 또한, 중앙은행의 원칙적인 역할은 다양한 통화정책을 바탕으로 금리에 영향을 미치는 것이다.

046 ▶ ④

| 정답 해설 |

④ 서비스 이용자의 선택권이 작은 것부터 나열하면 '계약 – 증서(이용권) – 세제혜택' 순이다.
• 계약은 공급자와 서비스 이용자 간의 의사표시(권리와 의무의 발생, 변경 및 소멸)를 말한다.
• 증서는 사용 용도와 비용을 제한해 두고 서비스 이용자가 제한된 범위에서 자유롭게 서비스를 선택하는 것을 말한다.
• 세제혜택은 일정 한도 내에서 서비스 이용자에게 세액공제, 조세감면 또는 면제 등의 혜택을 부여하는 것을 말한다.

047 ▶ ④

| 정답 해설 |

㉠ 실업보험이 민영화가 된다면 가입에 강제성이 없으므로 실업 위험이 없는 근로자는 가입을 선택하지 않고 실업 위험이 있는 근로자만 가입을 선택하는 즉, 근로

자에게만 유리하고 보험회사에는 불리한 역의 선택이 나타날 것이다. 또한 실업 고위험군 근로자만이 실업보험 가입을 선택하게 된다면, 보험료는 기존보다 높아질 것이고 저위험군 근로자는 높은 보험료의 실업보험을 선택하지 않는 문제가 발생한다.
ⓒ 민간시장에서 제공하는 실업보험에 가입한 근로자는 실업 예방에 대한 주의를 게을리하여 오히려 실업이 발생하는 경우가 있다. 보험회사는 보험가입자의 실업 예방 노력을 일일이 파악할 수 없기 때문에 도덕적 해이가 발생할 가능성이 크다.
ⓒ 민간시장에서 제공하는 실업보험은 실업 고위험군 근로자만 가입하게 되고, 가입한 근로자는 근무 시 실업 위험성에 민감하지 않고 보험금을 쉽게 받으려 할 것이다. 또한 위험 발생을 예방할 동기가 적어져 보험료율 계산이 어려워진다.

| 오답 해설 |
ⓔ 무임승차자 문제는 정당한 대가를 지불하지 않고 재화나 서비스를 소비하면서 발생하는 문제를 말한다. 이는 복지국가 영역(보편주의)의 공공재 등에서 발생한다.

048 ▶ ⑤

| 정답 해설 |
⑤ 민영화는 자유시장 경제체제와 관련된 것으로, 소극적 자유와도 관련된다. 사회복지서비스가 상업화되면 구매 및 지불능력이 없거나 부족한 취약계층의 사회복지서비스 접근성이 낮아진다.

049 ▶ ③

| 오답 해설 |
① 인적 자원에 대한 투자는 기회의 평등을 목적으로 한다.
② 사회적 약자 집단을 새로운 지식기반 경제에 적응시키는 것을 중시한다.
④ 사회정책과 경제정책을 통합한 전략이다.
⑤ 소득 재분배와 사회투자(투자적 지출)를 강조한다.

050 ▶ ①

| 정답 해설 |
① 복지다원주의(혼합경제)는 경제활동을 민간부문이 전적으로 담당하는 자유방임주의와 달리, 국가가 적극적으로 경제에 관여함으로써 사적 경제와 공적 경제가 병존하는 경제체제이다. 복지다원주의는 사회복지에 대한 국가의 책임과 역할을 지방정부, 민간영역, 비영리부문, 기업, 지역사회, 개인 등 다양한 공급주체가 대체해야 한다고 주장한다.

UNIT 06 사회복지정책의 분석틀

051	⑤	052	⑤	053	④	054	②	055	②
056	③	057	⑤	058	②	059	⑤	060	②
061	⑤	062	②	063	③	064	④	065	④
066	⑤	067	⑤	068	②	069	②	070	④
071	①	072	⑤	073	②	074	⑤	075	⑤
076	③	077	⑤	078	⑤	079	③	080	⑤
081	①	082	④						

051 ▶ ⑤

| 오답 해설 |
① 성과분석에 관한 설명이다.
② 과정분석에 관한 설명이다.
③, ④ 산물분석에 관한 설명이다.

052 ▶ ⑤

| 정답 해설 |
⑤ 성과분석에 관한 설명이다. 성과분석은 정책 프로그램이 실행된 결과나 영향을 평가하는 것으로, 객관적이고 체계적인 분석이 이루어져야 한다.

053 ▶ ④

| 정답 해설 |
④ 산물분석은 산출분석이라고도 하며, 기획과정에서 얻게 되는 산물로서의 프로그램안이나 법률안에 대한 여러 재정을 분석한다. 따라서 기존의 사회주류적 입장을 대변할 가능성이 높다.

| 오답 해설 |
①, ②, ③, ⑤ 성과분석에 관한 설명이다.

054 ▶ ②

| 정답 해설 |

② 기초연금은 만 65세 이상이면서 가구의 소득인정액이 선정기준액 이하인 경우에 지급되는 공공부조로, 선별주의적 성격이다.

055 ▶ ②

| 정답 해설 |

② 아동수당은 부모의 소득 및 재산과 상관없이 만 8세 미만의 모든 아동에게 지급하는 것으로, 이는 연령에 제한을 둔 인구학적 기준을 적용한 것이다.

| 오답 해설 |

① 소득이나 자산을 조사하여 대상을 선정하는 것은 선별주의 원칙에 부합한다.
③ 장애수당은 전문가의 진단을 고려한다(진단적 차등).
④ 긴급복지지원제도는 선별주의 원칙에 부합한다(공공부조).
⑤ 기초연금의 대상 선정기준에 부양의무자 유무는 포함되지 않으며, 소득 및 재산 기준만 적용된다.

056 ▶ ③

| 오답 해설 |

ⓒ 아동수당은 보편주의에 근거한 제도로, 만 8세 미만의 모든 아동에게 지급한다.

057 ▶ ⑤

| 정답 해설 |

⑤ 사회복지정책의 수급조건으로는 귀속적 욕구, 인구학적 조건(연령 등), 기여 여부, 근로능력 조건, 자산조사(소득), 전문가의 진단이 있다. 최종 학력은 해당하지 않는다.

058 ▶ ②

| 오답 해설 |

① 기초연금에 관한 설명이다. 국민연금은 전 국민을 대상으로 하는 보편주의 제도이므로 자산조사 방식이 적용되지 않는다.
③ 아동수당은 만 8세 미만의 모든 아동을 대상으로 하므로 보편주의 제도이다.
④ 국민기초생활 보장제도는 부양의무자 조건을 완화하였으나 여전히 자산조사에 의거한 선별주의 제도이다.
⑤ 장애인연금은 18세 이상의 중증장애인 중에서 소득수준 하위 70%를 기준으로 급여자격을 부여하는 선별주의 제도이다.

059 ▶ ⑤

| 정답 해설 |

⑤ ㉠ 할당은 보험료를 납부한(기여조건) 가입자 및 피부양자가 적용대상이 된다.
㉡ 급여에는 현금급여(요양비, 장애인 보조기기 구입비), 현물급여(요양급여, 건강검진) 및 부가급여(임신·출산진료비)가 있다.
㉢ 전달체계는 민간전달체계(민간의료기관), 공공전달체계(공공의료기관)에서 의료서비스를 제공한다.
㉣ 재정은 국민건강증진기금(보험료, 국고보조금, 출연금), 가입자 및 피부양자의 본인부담금(이용료)을 재원으로 한다.

060 ▶ ②

| 정답 해설 |

② 대상 선정 기준을 선택할 때 고려해야 할 가치로 비용효과성과 사회 효과성을 들 수 있다. 일반적으로 보편주의는 사회적 효과성을 강조하고, 선별주의는 비용효과성을 강조하는 경향이 있다. 사회적 효과성은 정책을 시행하는 과정에서 나타날 수 있는 다양한 사회적 효과 등을 포괄하여 정책의 효과를 평가한다. 이러한 사회적 효과성에는 평등이나 소득 재분배, 인간의 존엄성, 사회통합 등이 있다.

| 오답 해설 |

①, ③, ④ 비용 효과성을 강조하는 선별주의에 관한 설명이다.
⑤ 사회적 효과성은 복지서비스의 대상을 모든 사람으로 포괄하는 것에 초점을 두며, 단기적 비용절감은 비용효과성과 관련된다.

061 ▶ ⑤

| 오답 해설 |
㉠ 보편주의는 시민권에 입각해 권리로서 복지를 제공하므로 비납세자를 포함한 전 국민을 사회복지 대상으로 본다.

062 ▶ ②

| 정답 해설 |
㉠ 현금(교환가치)은 운영효율성이 높고, 행정관리 비용이 낮다.
㉢ 현물(사용가치)는 목표효율성과 대상효율성이 높다.

| 오답 해설 |
㉡ 증서(바우처)는 사용범위와 사용금액이 제한되어 있으며, 일정한도 내에서 수급자로 하여금 원하는 재화나 서비스를 자유롭게 선택할 수 있게 하는 방법이다.
㉣ 사회적으로 취약한 위치에 있는 집단이나 불평등한 처우 혹은 차별을 받는 집단에게 기회를 제공한다.

063 ▶ ③

| 오답 해설 |
㉣ 현금급여에 해당한다.

064 ▶ ④

| 정답 해설 |
④ 쌍방적 교환관계는 급여에 대한 대가를 반드시 지불해야 하는 이전관계로서, 사회보험이 이에 해당한다. 사회복지서비스는 일방적 이전의 형태이다.

065 ▶ ④

| 오답 해설 |
① 현물급여에 관한 설명이다.
② 현금급여에 관한 설명이다.
③ 바우처는 수요자(수급자)에게 서비스 이용권을 직접 지원한다.
⑤ 소비자 선택권은 현물급여, 바우처, 현금급여 순서로 높아진다.

066 ▶ ⑤

| 정답 해설 |
⑤ 적절성에 대한 기준은 시간과 환경에 따라 변화한다.

> 참고 사회보험·공공부조의 급여는 매년 전국 소비자물가 변동률, 국민의 인식수준, 경제적 수준을 고려하여 정해집니다.

067 ▶ ⑤

| 오답 해설 |
㉠ 현금급여(교환가치)는 선택의 자유를 보장하지만 용도 외 사용을 막을 수 없다. 반면, 현물급여(사용가치)는 용도 외의 사용을 막아 목표달성에 효과적이지만 사회적 통제가 부과된다.
㉤ 권력에 대한 설명이다. 기회는 사회의 불이익집단에게 진학, 취업 등에서 유리한 조건을 제시하여 시장의 경쟁에서 평등을 추구하는 형태로, 긍정적 차별과 관련이 있다.

068 ▶ ②

| 정답 해설 |
② 전자바우처는 이용 가능한 서비스의 금액이나 수량이 기재된 증표(이용권)로서, 수요자 중심의 직접지원 또는 직접지불 방식이다.

069 ▶ ②

| 정답 해설 |
② 고용보험의 상병급여는 수급자격을 갖춘 사람이 실업신고를 한 이후에 질병·부상 또는 출산으로 취업이 불가능하여 실업의 인정을 받지 못한 날에 대하여 구직급여를 갈음하여 지급하는 현금급여이다.

070 ▶ ④

| 정답 해설 |
④ 소득세 누진성이 높을수록 재분배 효과가 크다. 소득세 누진성이 높다는 것은 소득이 높을수록 조세부담률이 높아지는 것을 말한다. 즉, 소득세 누진성을 높이면 빈부격차가 줄어 재분배 효과를 높일 수 있다.

071 ▶ ①

| 정답 해설 |

① 일반세 중 계층 간 소득 재분배 효과가 가장 큰 것은 소득세이다. 재산세는 주택소유층에게만 세금을 부과하기 때문에 비교적 소득 재분배 효과가 미약하다.

072 ▶ ⑤

| 정답 해설 |

⑤ ㉠ 정률의 사회보험료는 소득상한선이 있어 소득세에 비해 역진적이다.
㉡ 사회보험료는 재산권적 성격이 있어 조세에 비해 징수에 대한 저항이 적다.
㉢ 소득세와 사회보험료는 정률제로 납부하기 때문에 소득이 높은 사람이 더 많이 부담한다. 단, 사회보험료에는 상한선이 있어 상한선 이상의 소득자들은 동일한 금액을 납부한다.
㉣ 조세는 경제활동 등을 통해 지불 및 구매능력을 가진 사람은 납부하고, 반대로 지불 및 구매능력이 없는 취약계층은 납부하지 않는다. 따라서 지불능력과 관련되어 있다.

073 ▶ ②

| 오답 해설 |

① 한국의 사회복지정책 재원은 주로 공공재원(조세, 사회보험료 등)에 의존한다.
③ 조세가 역진적일수록 소득 재분배 기능이 작거나 약하다.
④ 한국의 조세부담률은 OECD 회원국가의 평균보다 낮다.
⑤ 사회복지 재원으로서 이용료는 정액제보다 연동제일 때 소득 재분배 효과가 크다.
> 참고 연동제는 해마다 전년 대비 전국 소비자 물가변동률을 반영하는 제도로, 시간이 지날수록 화폐의 가치는 떨어지며 물가가 꾸준히 오르는 상황에서 연금액의 가치가 점점 떨어지는 것을 방지하고 연금액의 실질적인 가치를 보장할 수 있습니다.

074 ▶ ⑤

| 정답 해설 |

⑤ 기업복지는 기업의 사용자가 피고용자에게 주는 임금 이외의 사회복지적인 혜택이다. 기업복지의 규모는 대기업이 영세기업보다 크기 때문에 기업복지의 규모가 커질수록 노동자들 사이의 불평등이 증가한다.

| 오답 해설 |

① 조세지출은 공공재원에 해당한다. 사회복지의 민간 재원에는 기부금, 기업복지, 퇴직금 등이 있다.
② 기부금 규모는 국세청이 추산한 액수보다 더 많을 것으로 추정된다.
③ 이용료는 클라이언트가 직접 지불한 것으로, 사회복지서비스의 오남용을 막기 위한 하나의 방편으로 활용된다. 사회보험은 위험의 책임을, 사회보장기관 등과 같은 제3자가 비용을 부담하도록 하는 것으로, 손해를 겪은 사람은 보험의 수혜자가 되고, 그렇지 않은 사람은 부담자가 되는 방식이다.
④ 기업복지는 기업이 그 피용자들에게 주는 임금 외 급여 또는 부가급여 등의 사회복지적인 혜택이다.

075 ▶ ⑤

| 정답 해설 |

⑤ 개인소득세는 소득구간에 따라 소득세율이 구분되어 소득이 높을수록 더 높은 세율을 적용하는 구조로, 누진성이 강하다. 반면, 일반소비세는 주로 상품이나 서비스 가격에 포함되는 일률적인 세금으로 소득에 상관없이 동일한 세율을 적용하기 때문에 비중이 높을수록 소득 재분배 기능이 약화되어 역진성이 강하다고 할 수 있다.

| 오답 해설 |

① 사회보험료에는 소득상한선이 있어 조세에 비해 소득 역진적이다.
② 사회보험료는 빈곤완화, 위험분산, 소득유지, 불평등 완화의 기능을 수행한다. 조세는 국가 또는 지방자치단체가 경비를 충당하기 위해 걷는 세금이다.
③ 조세에는 소득상한선이 없다. 사회보험료에는 소득상한선이 있기 때문에 고소득층에 유리하다.
④ 사회보험료는 피보험자에게 보험료 납부의 의무가 있으며, 보험자에게는 보험료 징수가 강제되어 사회보장

성 조세의 성격이 있지만 조세로 보지는 않는다. 또한 사회보험료는 근로자에게 실제로 지급되지는 않지만 사용자가 원천징수한 것에 불과하므로 임금에 포함된다.

076 ▶ ③

| 오답 해설 |
①, ② 지방정부가 공급주체이다.
④, ⑤ 민간 부문이 공급주체이다.

077 ▶ ⑤

| 정답 해설 |
⑤ ㉠, ㉡, ㉢, ㉣ 모두 사회복지전달체계에 관련된 설명으로 옳다.

078 ▶ ⑤

| 오답 해설 |
㉠ 사회복지 급여체계에 관한 설명이다.

079 ▶ ③

| 오답 해설 |
① 사회복지 재화나 서비스를 단일한 전달체계에서 독점하는 것은 바람직하지 않다.
② 모든 국민에게 적용되는 의료, 교육서비스 등은 공공재적 성격을 가지며, 이러한 서비스는 공공부문에서 제공하는 것이 바람직하다.
④ 공공부문, 즉 중앙정부 또는 지방정부에서 전달하는 복지정책은 경쟁체제가 이루어지지 않는다.
⑤ 사회복지 재화나 서비스는 대상과 급여 형태에 따라 오용과 남용의 문제가 발생하기도 한다.

080 ▶ ⑤

| 오답 해설 |
①, ②, ④ 민간 비영리기관이 사회서비스를 전달하는 사례이다.
③ 공공 비영리기관이 사회서비스를 전달하는 사례이다.

081 ▶ ①

| 정답 해설 |
① 수급자 수요 강화는 길버트와 테렐이 주장한 사회복지 전달체계 재구조화 전략에 해당하지 않는다.

| 오답 해설 |
②, ④ 업무 배치의 재구조화 전략이다.
③, ⑤ 정책결정 권한과 통제력의 재구조화 전략이다.

082 ▶ ④

| 정답 해설 |
④ 전문화된 접근구조는 전달체계의 개선전략 중 전달체계 조직 구성의 변화전략의 하나로, 전달체계 조직의 단위 및 수를 어떻게 할 것인가에 대한 전략이다. 서비스로의 접근을 촉진하는 것 자체를 하나의 특별한 서비스로 마련하는 것을 말한다.

| 오답 해설 |
① 중앙집중화는 의사결정의 권한 및 통제의 재구조화 전략 중 조정 및 협조체제의 구축에 해당하는 것으로, 각종 업무 부서를 하나로 통합하여 새로운 부서를 만드는 것이다.
② 사례수준 협력은 의사결정의 권한 및 통제의 재구조화 전략 중 조정 및 협조체제의 구축에 해당하는 것으로, 전술한 조정체계가 잘 구축되지 않을 때 각 기관의 최일선 사회복지사들 간 원조 네트워크를 필요로 하는데, 이러한 아래로부터의 조정을 말한다.
③ 시민 참여는 의사소통 권한을 기관과 클라이언트에게 재분배하는 전략이다.
⑤ 경쟁은 길버트와 테렐이 주장한 전달체계의 개선전략과 관련이 없다.

UNIT 07	사회복지정책(문제 형성, 대안 형성과 정책 결정, 평가)							
083	③	084	④	085	①	086	③	087	⑤
088	③	089	⑤						

083 ▶ ③

| 오답 해설 |

① 쓰레기통모형은 정책결정과정이 쓰레기통처럼 불규칙하고 독립적으로 이루어지며, 4가지 요소(문제, 해결책, 선택 기회, 참여자)와 3가지 흐름(정치적 흐름, 문제의 흐름, 정책대안의 흐름)이 통 안에서 각자 떠다니다가 우연히 동시에 한 곳에서 모일 때 비로소 결정이 이루어는 정책결정모형이다.
② 점증모형은 기존의 상황과 유사한 것들을 각각 비교하여 기존의 정책보다 약간 개선된 수준을 대안으로 선택하는 정책결정모형이다.
④ 만족모형은 주관적 합리성을 추구하고, 최적의 대안이 아니라 현실적으로 만족할 만한 대안을 선택하는 정책결정모형이다.
⑤ 최적모형은 경제적 합리성과 직관·판단력·창의성과 같은 초합리성을 함께 고려하여 제시한 거시적 정책결정모형이다.

084 ▶ ④

| 오답 해설 |

㉠ 킹돈의 쓰레기통모형에서 정책 결정은 의사결정에 필요한 문제, 해결책, 선택 기회, 참여자의 네 가지 요소가 쓰레기통 속과 같은 조직화된 무정부 상태 속에서 우연히 이루어진다고 보았다.

085 ▶ ①

| 오답 해설 |

㉡ 점증모형은 정책 결정 과정이 점증적(점진적)으로 수정·개선된다고 보며, 합리모형과 반대로 인간의 비합리성을 전제로 한다.
㉣ 혼합모형은 합리모형(완전한 합리성)과 점증모형(비합리성)을 혼합하여 최선의 정책 결정에 도달하는 정책 결정 모형이다.

086 ▶ ③

| 오답 해설 |

㉢ 최적모형은 초합리성의 구체적인 달성 방법에 대한 명확한 설명을 제시하지 못한다.

087 ▶ ⑤

| 정답 해설 |

⑤ ㉠, ㉡, ㉢, ㉣ 모두 사회복지정책 평가가 필요한 이유이다.

088 ▶ ③

| 오답 해설 |

① 총괄평가(결과평가)에 관한 설명이다.
② 과정평가(형성평가)는 정책집행 중간의 평가로 전략을 수정·보완할 목적으로 진행한다.
④ 효과성평가에 관한 설명이다.
⑤ 효율성평가에 관한 설명이다.

089 ▶ ⑤

| 정답 해설 |

⑤ 사회복지정책 평가는 가치지향적이다. 결정된 정책 프로그램의 무엇이 잘되고 무엇이 잘못되었는지 또는 앞으로 어떻게 하는 것이 바람직한가를 포함하여 이루어지기 때문이다.

UNIT 08 사회보장의 이론									
090	①	091	①	092	③	093	①	094	⑤
095	③	096	②	097	①	098	②	099	④
100	②	101	⑤	102	③	103	③	104	④
105	②	106	⑤	107	④	108	②	109	①
110	①								

090 ▶ ①

| 오답 해설 |

② 고용보험은 세대 내 재분배 중 수평적 재분배 효과가 크다.
③ 존 롤스가 제시한 정의론에서 정부는 최소극대화의 원칙에 따라 불평등을 완화하기 위해 사회적 취약계층에게 가장 많은 자원을 제공해야 한다고 강조하였다.

사회보험료는 모든 대상자에게 동일한 보험료를 부과하는 것이 아닌 소득활동을 하는 대상자에게 차등 보험료를 부과하는 것이다.
④ 민간에서 이루어지는 자산활동에서는 파레토 개선 효과가 나타난다.
   참고 파레토 개선은 하나의 자원배분상태에서 어느 누구에게도 손해가 가지 않게 하면서 최소한 한 사람 이상에게 이득을 가져다주는 변화를 의미한다. 파레토 최적(파레토 효율)은 파레토 개선이 불가능한 상태, 즉, 다른 사람에게 손해가 가도록 하지 않고서는 어떤 한 사람에게 이득이 되는 변화를 만들어내는 것이 불가능할 때 이르는 배분상태이다. 반대로 파레토 비효율은 파레토 개선이 가능한 상태를 말한다.
⑤ 자유주의에 관한 설명이다. 사회민주주의에서는 사회적 효용관점에서 재분배를 정당화한다.

091 ▶ ①

| 오답 해설 |

②, ③ 공공부조와 사회서비스는 국가와 지방자치단체의 책임으로 시행하는 것을 원칙으로 한다(사회보장기본법 제25조 제5항).
④ 국가와 지방자치단체는 사회보장에 대한 민간부문의 참여를 유도할 수 있도록 정책을 개발·시행하고 그 여건을 조성하여야 한다(동법 제27조 제1항).
⑤ 사회보험에 드는 비용은 사용자, 피용자 및 자영업자가 부담하는 것을 원칙으로 하되, 관계 법령에서 정하는 바에 따라 국가가 그 비용의 일부를 부담할 수 있다(동법 제28조 제2항).

092 ▶ ③

| 오답 해설 |

① 사회서비스는 국가·지방자치단체 및 민간부문의 도움이 필요한 모든 국민에게 인간다운 생활을 보장하고 국민의 삶이 향상되도록 지원하는 제도이다.
② 사회서비스의 목적은 국민의 삶의 질 향상이다.
   참고 사회서비스는 일차적으로 비영리이며, 부담능력이 있는 국민은 수익자 부담 원칙으로 제공됩니다.
④ 사회서비스 대상자의 노동시장 참여를 강조한다.
⑤ 사회서비스 수요자 중심의 지원이 증가하였다.

093 ▶ ①

| 정답 해설 |

① • 정액제는 소득자의 소득과 관계없이 정해진 금액을 기여하는 것이다.
   • 정률제는 소득자의 소득수준에 따른 일정 비율을 기여하는 것이다.
   • 연동제는 해마다 전년 대비 전국 소비자 물가변동률을 연금액에 반영하는 것이다.

094 ▶ ⑤

| 정답 해설 |

⑤ ㉠, ㉡, ㉢, ㉣ 모두 소득 재분배에 관해 옳은 설명이다.

095 ▶ ③

| 오답 해설 |

① 소득 재분배는 1차적으로 국가를 통해서 발생한다.
② 한 세대에서 다음 세대로 소득이 이전되는 것은 세대 간 재분배이다.
④ 누진적 재분배의 효과가 가장 큰 것은 수직적 재분배이다.
⑤ 세대 간 재분배는 부과방식을 통해 운영된다.

096 ▶ ②

| 오답 해설 |

① 정부의 일반 세입(조세)을 재원으로 하는 공공부조제도는 수직적 재분배에 해당한다. 수평적 재분배의 대표적인 예는 일반적인 사회보험제도이다.
③ 아동수당은 자녀가 없는 계층으로부터 자녀가 있는 계층으로 재분배되므로 수평적 재분배이다. 수직적 재분배에는 공공부조제도 등이 있다.
④ 공적연금은 장기적 재분배 방식이다. 단기적 재분배의 대표적인 예로 공공부조제도를 들 수 있다.
⑤ 소득 재분배는 조세 및 사회보험을 통해서 발생한다.

097 ▶ ①

| 정답 해설 |

① 사회보장기본법상 사회서비스의 주체는 국가와 지방자치단체 및 민간부문으로 규정되어 있다.

관/련/법/령

사회보장기본법에 명시된 사회서비스의 정의

제3조 4. '사회서비스'란 국가·지방자치단체 및 민간부문의 도움이 필요한 모든 국민에게 복지, 보건의료, 교육, 고용, 주거, 문화, 환경 등의 분야에서 인간다운 생활을 보장하고 상담, 재활, 돌봄, 정보의 제공, 관련 시설의 이용, 역량 개발, 사회참여 지원 등을 통하여 국민의 삶의 질이 향상되도록 지원하는 제도를 말한다.

098 ▶ ②

| 오답 해설 |

ⓒ 사회수당은 수급자의 기여 여부, 소득, 고용, 재산과 관계없이 인구학적 조건(노인, 아동, 장애인 등)을 급여 지급 요건으로 한다.
ⓔ 사회보험은 빈곤 예방을 위한 방빈제도이고, 공공부조는 구빈제도이며, 사회수당은 보편적 복지제도이다.

099 ▶ ④

| 정답 해설 |

④ 사회적 배제 개념은 빈곤에 이르는 결과적인 상태보다는 빈곤에 이르는 과정에 초점을 둔다.

100 ▶ ②

| 정답 해설 |

② 지니 계수는 0에 가까울수록 소득 분포가 평등한 상태를 의미하고, 1에 가까울수록 불평등한 상태를 의미한다.

101 ▶ ⑤

| 정답 해설 |

⑤ 센(sen) 지수는 기존 빈곤 측정 지수들을 재구성하여 빈곤집단 내 불평등 정도를 반영하는 것으로, 0(평등)과 1(불평등) 사이의 값을 갖는다.

| 오답 해설 |

① 완전 평등 사회에서 로렌츠 곡선은 45° 각도의 직선과 거리가 가장 가깝다.
② 지니 계수의 최댓값은 1(불평등), 최솟값은 0(평등)이다.
③ 빈곤 갭은 모든 빈곤층의 소득을 빈곤선 수준으로 끌어 올리는 데 필요한 총소득을 의미한다.

④ 빈곤율은 빈곤선 소득 이하 빈곤가구가 전체 인구에서 차지하는 비율을 말한다.

102 ▶ ③

| 정답 해설 |

③ 국민기초생활 보장제도는 상대적 빈곤개념을 적용하여 기준 중위소득을 활용해 대상자를 선정한다.

관/련/개/념

객관적 빈곤과 주관적 빈곤

- **객관적 빈곤**
  - 절대적 빈곤: 개인 및 가족이 최저 한도의 생활을 유지할 수 없는 수준이다.
  - 상대적 빈곤: 한 사회의 평균 또는 일정한 생활 수준과 비교하여 상대적으로 적게 가지고 있는 상태이다.
- **주관적 빈곤**: 객관적 기준 없이 주관적 판단에 의하여 정의되는 빈곤이다.

103 ▶ ③

| 정답 해설 |

③ 사회적 배제는 특정 그룹 내의 개인이 누릴 수 있는 다양한 권리, 기회, 자원으로부터 체계적으로 배제되어 있는 상태이다. 사회적 배제론은 1980년대 이후 유럽의 빈곤정책과 연관이 있다.

104 ▶ ④

| 정답 해설 |

④ 새로운 사회적 위험이란 후기 산업사회로 접어들면서 사회 구조 등의 변화와 관련하여 사람들이 생애기간 동안 직면하는 위험이다. 후기 산업사회 이후 국가 간의 노동인구 이동은 증가하고 있다.

105 ▶ ②

| 오답 해설 |

① 반물량 방식에 관한 설명이다. 전물량 방식은 인간 생활에 필수적인 모든 품목에 관하여 최저한의 수준을 정하고, 이를 화폐가치로 환산한 총합으로 최저생계비를 구하는 방식이다.
③ 라이덴 방식은 주관적 빈곤 측정 방식이다.

④ 반물량 방식은 식료품비를 기준으로 측정하는 방식이다.
⑤ 중위소득 또는 평균소득을 근거로 빈곤선을 측정하는 것은 상대적 빈곤 측정 방식이다.

106 ▶ ⑤

| 정답 해설 |

⑤ 절대적 빈곤에 관한 설명이다. 상대적 박탈은 자신보다 상위계층 혹은 상위집단의 말과 행동, 혹은 상위집단의 평균치와 자신의 처지를 비교해 보고 박탈감 및 소외감을 느끼는 현상으로, 이는 사회불평등 수준과 관련이 있다.

107 ▶ ④

| 오답 해설 |

ⓒ 빈곤 갭에 관한 설명이다. 빈곤율은 빈곤선 소득 이하 빈곤가구의 숫자를 전체인구로 나눈 값으로, 빈곤층의 규모를 파악할 수 있으나 빈곤의 심도는 알 수 없다.

108 ▶ ②

| 정답 해설 |

② 상대적 빈곤선을 측정하는 방식은 빈곤선을 측정하는 객관적 방식 중 하나로, 평균 또는 중위소득의 비율(㉠), 소득 분배상의 일정 비율로 측정한다. 타운센드 방식(㉢) 외에도 상대적 방식으로 박탈 지표 방법 등이 있다.

| 오답 해설 |

ⓒ 라이덴 방식은 주관적 방식이다.
ⓒ 반물량 방식은 절대적 방식으로, 객관적 방식이다.
㉣ 라운트리 방식은 전물량 방식으로, 객관적 방식이다.

109 ▶ ①

| 정답 해설 |

① 반물량 방식은 객관적으로 빈곤선을 측정하는 방식으로, 식료품비가 전체 소득에서 차지하는 비율인 엥겔계수를 활용한다.

| 오답 해설 |

② 절대적 빈곤에 관한 설명이다. 상대적 빈곤은 한 사회의 평균 또는 일정한 생활 수준과 비교하여 상대적으로 적게 가지고 있는 상태를 말한다.
③ 라이덴 방식은 주관적 방식(평가)에 기초하여 빈곤선을 측정하는 것이다. 주관적 방식에는 여론조사(사회조사), 창의적 접근 방법 등이 있다.
④ 빈곤 갭에 관한 설명이다. 빈곤율은 빈곤선 이하 빈곤가구의 숫자를 전체 인구로 나눈 값으로, 빈곤층의 규모를 파악할 수 있다.
⑤ 지니 계수가 0에 가까울수록, 즉 지니 계수의 값이 작을수록 소득 분포가 평등하다고 보며, 반대로 1에 가까울수록, 즉 지니 계수의 값이 클수록 불평등하다고 본다. 그러므로 지니 계수가 0일 경우에 완전 평등한 분배상태를 의미한다.

110 ▶ ①

| 정답 해설 |

① 사회적 배제는 사회나 개인이 특정 그룹 내의 사회적 통합에 필수적이면서도 다른 그룹의 구성원들이 일반적으로 누릴 수 있는 다양한 권리·기회·자원으로부터 체계적으로 배제되어 있는 상태, 즉 빈곤을 포함한 다차원적 결핍 상태이다.

UNIT 09 사회보험제도와 공공부조제도									
111	⑤	112	④	113	④	114	⑤	115	①
116	⑤	117	②	118	④	119	②	120	③
121	③	122	④	123	①	124	③	125	①
126	②	127	①	128	④	129	②	130	①
131	⑤	132	②	133	②	134	①	135	②
136	④	137	①	138	⑤	139	②	140	④
141	③	142	③	143	②	144	①	145	②
146	②	147	②	148	⑤	149	④	150	⑤
151	④	152	⑤	153	⑤	154	①	155	④
156	③	157	③						

111 ▶ ⑤

| 정답 해설 |

⑤ ㉠, ㉡, ㉢, ㉣ 모두 산업재해보상보험에서 업무상 재해로 인정되는 기준이다.

112 ▶ ④

| 정답 해설 |

㉡ 기본연금액의 균등부분은 연금수급 전 3년간 전체 가입자 평균소득월액의 평균액이다.
㉢ 국민연금의 균등부분은 각 가입자의 소득수준과 무관하게 결정되며, 소득재분배 효과를 일부 담고 있다.
㉣ 2028년 이후 국민연금의 소득대체율은 40년 가입 기준 40%이다. 국민연금 기금의 안정화를 위해 매년 0.5%씩 낮아져 2028년 이후에는 40%가 될 전망이다.

| 오답 해설 |

㉠ 국민연금공단의 관리운영과 보험료 징수는 건강보험공단이 담당한다.

> 참고 사회보험 징수통합에 따라 건강보험공단은 보험료 고지, 수납, 징수를 담당하고 있습니다.

㉣ 기본연금액의 소득비례부분은 가입자의 기준소득월액의 평균액이다.

113 ▶ ④

| 오답 해설 |

①, ③ 포괄수가제에 관한 설명이다.
② 인두제에 관한 설명이다.
⑤ 총액계약제에 관한 설명이다.

114 ▶ ⑤

| 정답 해설 |

⑤ 노인요양공동생활가정은 5인 이상 9인 이하로 운영된다(입소정원 1명당 연면적 20.5㎡ 이상의 공간을 확보).

115 ▶ ①

| 오답 해설 |

② 공공부조는 사후적인 성격이 강한 반면, 사회보험은 예방적인 성격이 강하다.
③ 사회보험은 미래에 발생할 수 있는 사회적 위험을 보험의 원리로 대비하기 위한 목적이 있는 반면, 공공부조는 사회적 위험이 발생한 이후 이를 해결하기 위한 목적이 있다.
④ 계약적 권리성이 강한 것은 민간보험이다. 사회보험은 보험의 원리로 강제보험이며, 공공부조는 취약계층이 보장기관에 신청을 하면 자산조사를 통해 대상자를 선정하고 지원하는 방식이다.
⑤ 공공부조는 중앙과 지방정부가, 사회보험은 정부가 위임한 관리운영기구가 운영주체이다.

116 ▶ ⑤

| 오답 해설 |

① 사회보험은 기여금, 부담금을 주된 재원으로 하고, 일부 조세를 충당하여 운영된다.
② 사회보험은 민간보험보다 사회적 적절성이 중요하다.
③ 사회보험은 개인에게 발생할 수 있는 사회적 위험을 대상으로 한다.
④ 사회보험은 물가상승에 따른 실질가치의 변동을 보장한다.

117 ▶ ②

| 정답 해설 |

② 산업재해보상보험법 제37조에 따라 출퇴근 재해(㉠), 업무상 질병(㉡), 업무상 사고(㉢)를 업무상의 재해로 본다.

| 오답 해설 |

㉣ 장애등급은 업무상 재해의 인정 기준과는 관련이 없다. 산업재해보상보험법상 보험급여 중에는 장해급여가 있으며, 근로자가 업무상의 사유로 부상을 당하거나 질병에 걸려 치유된 후 신체 등에 장해가 있는 경우 그 근로자에게 지급한다. 장해등급은 1~14급으로 분류하고 있다.

> 참고 장애등급은 장애인복지법에 명시되어 있던 개념이었으나 2019년에 장애인복지법상 장애등급제는 폐지되었습니다.

118 ▶ ④

| 오답 해설 |

①, ③ 민영보험에 관한 설명이다.
② 사회보험에 관한 설명이다.
⑤ 사회보험 중에서도 공적연금에 관한 설명이다.

119 ▶ ②

| 정답 해설 |

② 가입기간의 추가 산입에 따른 비용의 비율은 요건에 따라 정해진다.

> **관/련/개/념**
>
> **국민연금제도상 가입기간의 추가 산입에 따른 비용 부담**
> - **군 복무기간에 대한 가입기간 추가 산입**: 6개월을 가입기간에 추가로 산입하고, 그 재원은 국가가 전부 부담한다.
> - **출산에 대한 가입기간 추가 산입**: 2명 이상의 자녀가 있는 가입자 또는 가입자였던 자에게 자녀 수에 따라 12개월에서 최대 50개월까지 가입기간을 추가로 산입하고, 그 재원은 국가가 전부 또는 일부를 부담한다.
> - **실업에 대한 가입기간 추가 산입**: 구직급여 수급자가 본인 부담분의 연금보험료(25%)를 납부하면 75%의 연금보험료는 국가가 부담한다.

120 ▶ ③

| 정답 해설 |

③ 노인요양병원은 노인장기요양보험의 급여를 제공하는 장기요양기관에 해당하지 않는다.

121 ▶ ③

| 정답 해설 |

③ 산업재해보상보험법 제37조 제1항 제2호에 따라 업무상 재해로 인정된다.

| 오답 해설 |

⑤ 건강보험, 국민연금, 고용·산재보험료는 국민건강보험공단에서 통합 징수(보험료 고지, 수납, 체납 관리)한다.

122 ▶ ④

| 정답 해설 |

④ 국민건강보험공단은 국민건강보험법에서 정한 요양급여 외에 부가급여로 임신·출산 진료비, 장제비, 상병수당, 그 밖의 급여를 실시할 수 있다(국민건강보험법 제50조). 그러나 2008년에 장제비 지급제도가 폐지되었으므로 현재는 지급하지 않는다.

> **참고** 한국형 상병수당은 2025년 도입 예정으로, 2022년 7월부터 일부 지자체에서 시범사업으로 실시되고 있습니다.

123 ▶ ①

| 오답 해설 |

② 구직급여의 급여일수는 실업의 신고일부터 계산하기 시작하여 7일간은 대기기간으로 보아 구직급여를 지급하지 아니한다(고용보험법 제49조 제1항).
③ 육아휴직 시작일부터 3개월까지는 육아휴직 시작일을 기준으로 한 월 통상임금에 해당하는 금액을 지급한다. 다만, 급여의 상한액은 250만 원, 하한액은 70만 원으로 한다(동법 시행령 제95조 제1항 1호)

> **참고** 육아휴직 기간에 따라 급여액 및 상·하한액 기준이 다릅니다.

④ 자영업자인 피보험자의 실업급여에서 연장급여, 조기재취업 수당은 제외한다(동법 제69조의2).
⑤ 구직급여는 65세 이후에 고용(65세 전부터 피보험 자격을 유지하던 사람이 65세 이후에 계속하여 고용된 경우는 제외)되거나 자영업을 개시한 사람에게는 적용하지 아니한다(동법 제10조 제2항).

> **참고** 구직급여뿐만 아니라 육아휴직 급여도 적용되지 않습니다.

124 ▶ ③

| 오답 해설 |

① 장기요양보험사업의 보험자는 국민건강보험공단으로 한다(노인장기요양보험법 제7조 제2항).
② 등급판정에 따른 장기요양인정의 유효기간은 최소 1년 이상으로서 대통령령으로 정한다(동법 제19조 제1항).
④ 재가급여 비용은 수급자가 100분의 15, 시설급여 비용은 수급자가 100분의 20을 부담한다(동법 시행령 제15조의8).

⑤ 수급자는 재가급여, 시설급여 및 특별현금급여를 중복하여 받을 수 없다(동법 시행규칙 제17조 제1항).

125 ▶ ①

| 정답 해설 |
① 고용보험법상 구직급여는 현금급여이다.

126 ▶ ②

| 정답 해설 |
② 공공부조제도에 관한 설명이다. 공공부조는 빈민에 대한 현금급여 및 기타 서비스로서, 빈민 여부를 가리기 위하여 사산조사를 실시한다.

127 ▶ ①

| 오답 해설 |
ⓒ 부과방식은 적립방식에 비해 자본축적 효과가 작다.
ⓒ 부과방식은 적립방식에 비해 기금확보가 용이하지 않다.
  참고 우리나라의 국민연금은 적립방식과 부과방식을 절충한 수정적립방식으로 운영되고 있습니다.

128 ▶ ④

| 오답 해설 |
① 고용보험료는 국민건강보험공단에서 부과·징수한다.
  참고 2011년부터 사회보험 징수 통합에 따라 고용·산재보험의 보험료 징수업무(고지·수납 및 체납관리)는 국민건강보험공단에서 수행하고 있습니다.
② 고용보험의 가입대상은 사업장에 취업한 근로자와 외국인근로자의 고용 등에 관한 법률의 적용을 받는 외국인근로자이다.
③ 고용보험 구직급여는 실업의 신고일부터 7일간은 대기기간으로 보아 지급하지 아니한다.
⑤ 고용보험의 재원은 사업자와 근로자가 공동으로 부담하고, 고용안정사업 및 직업능력개발사업의 비용은 사업주가 전액 부담한다.

129 ▶ ②

| 오답 해설 |
① 국민건강보험제도는 의무 가입으로, 임의 해지를 금지한다.

③ 건강보험료는 소득에 따라 정률제로 납부하므로 수직적 소득 재분배 기능을 한다.
④ 국민건강보험사업은 보건복지부장관이 주관하며, 국민건강보험의 보험자는 국민건강보험공단이다.
⑤ 직장가입자의 보험료는 보수월액에 보험료율을 곱하며, 지역가입자는 보험료 부과점수당 금액으로 소득월액에 보험료율을 곱하여 얻은 금액이다.

130 ▶ ①

| 정답 해설 |
① 국민연금의 연금 크레딧제도는 사회적으로 가치 있는 행위에 대한 보상 혹은 실업자의 노후 소득 보상을 위해 국민연금 가입기간을 추가 인정해 주는 제도이다. 군복무 크레딧, 출산 크레딧, 실업 크레딧 3가지 종류가 있으며, 실업 크레딧은 2016년부터 구직급여 수급자를 대상으로 시행되었다.

| 오답 해설 |
④, ⑤ 군복무 크레딧, 출산 크레딧은 2008년부터 시행되었다.

131 ▶ ⑤

| 정답 해설 |
⑤ ㉠, ㉡ 행위별수가제는 약재 또는 재료비를 별도로 산정하고 의료인이 제공하는 진료행위 항목별로 진료비를 책정하여 지불하는 제도이다. 의료진의 진료행위에 대한 자율성을 확보할 수 있지만, 의료기관의 과잉진료를 유도할 수 있다.
㉢, ㉣ 포괄수가제는 발생빈도가 높은 질병군(환자군)별로 미리 책정된 일정액의 진료비를 지불하는 제도로, 불필요한 과잉진료를 막아 환자의 본인부담금이 감소할 수 있다.

132 ▶ ②

| 정답 해설 |
② 노인장기요양보험료와 국민건강보험료는 통합하여 징수하되, 각각의 독립회계로 관리하여야 한다(노인장기요양보험법 제8조 제2항, 제3항).

133 ▶ ②

| 정답 해설 |

② ㉠ 직업능력개발훈련 지원은 구직자를 위한 지원과 사업주를 위한 지원으로 구분할 수 있다. 따라서 사업주를 지원할 수 있다.
㉢ 수급자격자가 실업의 신고를 한 이후에 질병·부상 또는 출산으로 취업이 불가능하여 실업의 인정을 받지 못한 날에 대하여는 수급자격자의 청구에 의하여 구직급여일액에 해당하는 금액(상병급여)을 구직급여로 갈음하여 지급할 수 있다(고용보험법 제63조 제1항).

| 오답 해설 |

㉡ 근로자가 아니면서 예술인 등 대통령령으로 정하는 사람 중 문화예술용역 관련 계약을 체결하고 다른 사람을 사용하지 아니하고 자신이 직접 노무를 제공하는 사람(예술인)과 이들을 상대방으로 하여 문화예술용역 관련 계약을 체결한 사업에 대해서는 고용보험 특례를 적용한다(동법 제77조의2 제1항).
㉣ 고용안정 및 직업능력개발사업의 보험료는 사업주가 전액 부담한다. 고용보험의 재원은 사업자와 근로자가 공동으로 부담한다.

134 ▶ ①

| 정답 해설 |

① 사회보험은 현금급여, 현물급여, 바우처로 구성되어 있으며, 민영보험은 현금급여로 지급한다.

관/련/개/념

사회보험과 민영보험

사회보험	• 대부분 정부 독점으로 국가 또는 공법인이 운영한다. • 비용 지출 예측이 곤란하다. • 재정의 완전 적립이 불필요하다. • 목적·결과에 대한 의견이 다양하다. • 물가 상승에 적절히 대응한다. • 평균적 위험 또는 소득 수준에 따른 차등 보험료가 부과된다.
민영보험	• 사기업이 자유 경쟁을 하며 운영한다. • 개인의 의사와 지불능력에 좌우된다. • 비용 지출 예측이 가능하다. • 재정의 완전 적립이 필요하다. • 목적·결과에 대한 의견이 일치한다. • 물가 상승에 대응이 곤란하다. • 개별적 위험 또는 급여 수준에 따른 차등 보험료가 부과된다.

135 ▶ ②

| 정답 해설 |

② 상병수당은 국민건강보험제도의 급여 중 부가급여에 속한다. 현재 우리나라는 2025년 상병수당제도 도입을 목표로 2022년 7월부터 단계별 시범사업을 실시하고 있다.

136 ▶ ④

| 정답 해설 |

④ 행위별 수가제는 의료인이 제공하는 진료 행위의 가격을 항목별로 책정하는 제도로, 우리나라에서 운영하는 방식이다. 이 방식은 의료인의 과잉 진료에 따른 과다한 의료비 지출의 문제가 발생할 수 있다.

137 ▶ ①

| 정답 해설 |

① 고용보험은 비자발적 실업 등의 일정 조건에 해당하면 실업급여를 지급하고, 산업재해보상보험은 근로자가 업무상 재해를 입으면 요양급여 등을 지급함으로써 소득상실 위험에 대한 사회안전망의 역할을 수행하고 있다.

| 오답 해설 |

② 구직급여는 재취업을 위한 노력을 적극적으로 할 것이라는 전제하에 지급되어, 구직활동을 증명해야 한다.
③ 고용보험 및 산업재해보상보험은 고용 형태 및 근로시간에 따라 적용 제외 대상이 될 수 있다.
④ 장해급여는 근로자가 업무상의 사유로 부상을 당하거나 질병에 걸려 치유된 후 신체 등에 장해가 있는 경우에 지급한다. 산업재해를 입은 모든 근로자에게 지급되는 것은 아니다.
⑤ 고용보험과 산업재해보상보험의 보험료율은 상이하다.

138 ▶ ⑤

| 정답 해설 |

⑤ 국민건강보험공단이 사회보험의 징수통합(고지, 수납, 체납관리)을 담당하지만, 모든 사회보험 업무를 통합하여 운영하는 것은 아니다.

139 ▶ ②

| 오답 해설 |

ⓛ 1960년 특수직역연금인 공무원연금이 가장 먼저 제정 및 시행되었고, 1986년 국민연금이 제정되어 1988년 시행되었다.
ⓒ 국민연금은 출생연도에 따라 지급되며 공무원연금은 퇴직연도에 따라 지급되므로 수급개시연령에 차이가 있다.

140 ▶ ④

| 정답 해설 |

④ 국민건강보험의 직장가입자 보험료는 노사가 반반씩 부담하지만, 사립학교 교원은 본인이 50%, 학교(법인)가 30%, 국가가 20%를 각각 부담한다. 다만, 사립학교 직원은 일반 직장가입자와 동일하게 본인이 50%, 학교(법인)가 50%를 부담한다.

관/련/법/령
국민건강보험법상 보험료의 부담

제76조 ① 직장가입자의 보수월액보험료는 직장가입자와 다음 각 호의 구분에 따른 자가 각각 보험료액의 100분의 50씩 부담한다. 다만, 직장가입자가 교직원으로서 사립학교에 근무하는 교원이면 보험료액은 그 직장가입자가 100분의 50을, 교직원이 소속되어 있는 사립학교 설립·운영하는 자가 100분의 30을, 국가가 100분의 20을 각각 부담한다.

| 오답 해설 |

① 기여방식 공적연금은 국민연금, 특수직역연금(공무원연금, 군인연금, 사립학교 교직원연금, 별정우체국직원연금)으로 구분되어 운영된다. 반면, 기초연금, 장애인연금과 같은 공공부조는 무기여방식이므로 공적연금에는 포함되지 않는다.
② 고용보험제도에서 실업급여 보험료는 노사가 반씩 부담하고, 고용안정 및 직업능력개발사업 보험료는 사업주가 전액 부담한다.
③ 노인장기요양보험제도에서 시설급여를 제공할 수 있는 장기요양기관에는 노인요양시설, 노인요양공동생활가정이 있다. 노인전문요양병원은 의료법에 의한 의료기관이다.
⑤ 산업재해보상보험의 급여에는 상병보상연금이 있다. 국민건강보험의 급여 중 상병수당은 2022년 7월부터 6개 시·군·구에서 1단계 시범사업을 실시하였으며, 2025년 도입을 목표로 하고 있다.

> 참고 출제오류로 전항 정답 처리된 문제입니다. 본책은 출제 의도를 살리는 방향으로 문제를 변형하여 수록하였습니다.

141 ▶ ③

| 오답 해설 |

ⓒ, ⓔ 고용노동부장관이 관장하는 사회보험제도이다.

142 ▶ ③

| 정답 해설 |

③ 장애인연금은 18세 이상의 중증장애인 중 소득 하위 70%에 해당하는 장애인에게 지급되는 것으로, 이는 공공부조에 해당한다.

| 오답 해설 |

①, ⑤ 국민연금 급여의 종류이다.
②, ④ 산업재해보상보험 급여의 종류이다.

143 ▶ ②

| 정답 해설 |

ⓒ 권리성 측면에서 사회보험은 권리성이 구체적이고 강하며, 공공부조는 권리성이 추상적이고 약하다.
ⓑ 특징 측면에서 사회보험은 사전적, 예방적, 적극적, 보편적 성격을 가지며, 공공부조는 사후적, 치료적, 소극적, 선별적, 보충적, 제한적 성격을 가진다.

144 ▶ ①

| 오답 해설 |

② 생계급여 수급권자의 선정기준은 기준 중위소득의 100분의 30 이상으로 한다.
③ 주거급여는 국토교통부가 주관한다.
④ 교육급여 수급권자의 선정기준은 기준 중위소득의 100분의 50 이상으로 한다.
⑤ 생계급여는 수급자의 주거에서 실시한다. 다만, 수급자의 주거가 없거나 주거가 있어도 그곳에서는 급여의 목적을 달성할 수 없는 경우 또는 수급자가 희망하는 경우에는 수급자를 보장시설이나 타인의 가정에 위탁하여 급여를 실시할 수 있다.

145 ▶ ②

| 정답 해설 |

② 국민기초생활 보장법에 북한이탈주민과 그 가족을 의료급여 2종 수급권자로 정한다는 규정은 없으나, 의료급여법 시행령에서 북한이탈주민과 그 가족을 의료급여 1종 수급권자로 규정하고 있다.

146 ▶ ②

| 정답 해설 |

② 문제에서 2025년 4인 가구의 기준 중위소득을 600만 원으로 가정하였다. 국민기초생활 보장제도상 생계급여는 기준 중위소득의 32%이므로 생계급여액은 '600만 원×32%=192만 원'이다. 이 가구의 소득인정액은 100만 원이므로 보충성의 원칙에 따라 생계급여액(192만 원)에서 4인 가구 소득인정액(100만 원)을 공제하면 해당 가구의 월 생계급여액은 92만 원이다.

147 ▶ ②

| 오답 해설 |

① 기초연금은 65세 이상인 사람으로서 소득인정액이 선정기준액 이하인 사람에게 지급하는 공공부조이다.
③ 기초연금의 금액은 기준연금액과 국민연금 급여액 등을 고려하여 산정한다.
④ 기초연금액은 가구유형(단독가구, 부부가구), 소득(기준연금액에 따른 산정 혹은 소득 재분배 급여에 따른 산식, 국민연금 급여액 고려)에 따라 다르다.
⑤ 기초연금의 수급권자가 사망해도 별도의 유족급여는 지급하지 않는다.

148 ▶ ⑤

| 정답 해설 |

⑤ 운영 효율성은 사회보험이 가장 높다. 공공부조는 생활 능력이 없거나 생활 유지 능력이 부족한 국민에 대하여 자산조사를 실시하여 소득인정액과 부양의무자 기준을 확인한 다음 선정 여부를 결정하기 때문에 운영 효율성이 상대적으로 낮다.

149 ▶ ④

| 정답 해설 |

④ 자산형성지원 프로그램으로 형성된 자산은 소득환산액 산정 시 포함되지 않는다.

> **참고** 소득환산액 산정 시 소득으로 환산하는 재산의 범위는 일반재산(금융재산 및 자동차를 제외한 재산), 금융재산, 자동차입니다(국민기초생활 보장법 제6조의3 제2항).

150 ▶ ⑤

| 정답 해설 |

⑤ 긴급복지지원법 제3조 제2항에 따르면 국민기초생활 보장법에 따른 지원을 받고 있는 경우에는 긴급복지지원법에 따른 지원은 적용되지 않는다.

151 ▶ ④

| 정답 해설 |

④ 국민기초생활 보장제도 수급자 중 보장시설에서 급여를 받는 시설수급자는 1종 수급자로 분류된다.

152 ▶ ⑤

| 정답 해설 |

⑤ 사회복지전담공무원은 국민기초생활 보장법에 따른 급여를 필요로 하는 사람이 누락되지 아니하도록 관할 지역에 거주하는 수급권자에 대한 급여를 직권으로 신청할 수 있다. 이 경우 수급권자의 동의를 구하여야 하며 수급권자의 동의는 수급권자의 신청으로 볼 수 있다(국민기초생활 보장법 제21조 제2항).

| 오답 해설 |

① 의료급여 선정기준은 기준 중위소득의 100분의 40 이상으로 한다.
② 교육급여 선정기준은 기준 중위소득의 100분의 50 이상으로 한다.
③ 수급자에 관한 설명이다. 수급권자란 국민기초생활 보장법에 따른 급여를 받을 수 있는 자격을 가진 사람을 말한다.
④ 국민기초생활 보장제도에서의 보장기관은 급여를 실시하는 국가 또는 지방자치단체를 말한다.

153 ▶ ⑤

| 오답 해설 |

ⓒ 1961년 생활보호법상 보호의 종류 중 교육보호가 있었으며, 1999년 국민기초생활 보장법으로 전면 개정되면서 교육급여로 명칭이 변경되었고, 2015년 교육부 소관으로 개정되었다.

154 ▶ ①

| 정답 해설 |

① 공공부조제도는 선별주의 형식이다. 생활능력이 없거나 생활유지가 어려운 국민으로 그 대상을 한정하여 자산조사를 실시한 후 욕구가 있는 대상자에게만 급여를 지급하기 때문에 대상효율성이 높다.

| 오답 해설 |

②, ③, ④, ⑤ 사회보험의 장점이다.

155 ▶ ④

| 정답 해설 |

④ 2025년 국민기초생활 보장제도 수급자 선정 소득기준에서 생계급여는 기준 중위소득의 32%(㉠) 이하이며, 의료급여는 기준 중위소득의 40%(㉡) 이하이다.

156 ▶ ③

| 정답 해설 |

③ 긴급복지지원제도는 단기 지원의 원칙, 선지원 후심사(후처리)의 원칙, 다른 법률 지원 우선의 원칙이 적용된다.

157 ▶ ③

| 정답 해설 |

③ 긴급복지지원제도의 생계급여 지원은 최대 6회(개월, ㉠), 의료급여 지원은 최대 2회(㉡), 주거급여는 최대 12회(개월), 복지시설 이용은 최대 6회(개월) 지원된다.

관/련/개/념

긴급지원 종류 및 내용

종류			지원내용	최대
금전·현물지원	위기상황 주지원	생계	식료품비, 의복비 등 3개월 생계유지비	6개월
		의료	각종 검사, 치료 등 의료서비스 (300만 원 이내)	2회
		주거	국가·지자체 소유 또는 타인 소유의 임시 거소 1개월	12개월
		복지시설 이용	사회복지시설 입소 또는 이용 서비스 1개월	6개월
	부가지원	교육	초·중·고등학생의 수업료 등 필요한 비용 1회 지원	4회
		그 밖의 지원	위기상황 발생으로 생계유지가 곤란한 사람에게 1개월 지원	연료비 6개월
민간기관·단체 연계지원 등			사회복지공동모금회, 대한적십자사 등 민간 긴급지원프로그램과 연계, 상담 등 기타 지원	횟수 제한 없음

UNIT 10 우리나라 사회복지서비스 정책의 변화

158	②	159	①	160	⑤	161	①	162	④
163	①	164	③	165	①	166	①	167	③
168	②	169	③	170	①	171	③	172	⑤
173	③	174	④	175	⑤				

158 ▶ ②

| 오답 해설 |

① 사회서비스의 대상은 수급자 등 빈곤층뿐만 아니라, 국가, 지방자치단체, 민간 부문의 도움이 필요한 모든 국민이다.
③ 공공재원(국비 등)의 비중이 가장 높으며, 민간재원(사용자부담금 등)도 함께 병행하여 지원한다.
④ 국가·지방자치단체 및 민간부문이 주체가 되어 공급한다.
⑤ 상담, 재활, 돌봄, 정보제공, 시설이용, 역량 개발, 사회참여 지원 등 다양한 서비스를 제공한다.

159 ▶ ①

| 정답 해설 |

① 우리나라에서는 1986년에 최저임금법이 제정되었고, 이 법을 근거로 1988년부터 최저임금제가 시행되었다.

160 ▶ ⑤

| 정답 해설 |

⑤ 국가나 지방자치단체는 사회복지시설을 설치·운영할 수 있다(사회복지사업법 제34조 제1항).

| 오답 해설 |

① 국가와 지방자치단체는 민간부문의 사회복지 증진활동이 활성화되고 국가 및 지방자치단체의 사회복지사업과 민간부문의 사회복지 증진활동이 원활하게 연계될 수 있도록 노력하여야 한다(동법 제4조 제5항).
② 복지업무에 종사하는 사람은 그 업무를 수행할 때에 사회복지를 필요로 하는 사람을 위하여 인권을 존중하고 차별 없이 최대로 봉사하여야 한다(동법 제5조 제1항).
③ 보건복지부장관은 시설에서 제공하는 서비스의 최저기준을 마련하여야 한다(동법 제43조 제1항).
④ 국가나 지방자치단체가 설치한 사회복지시설은 필요한 경우 사회복지법인이나 비영리법인에 위탁하여 운영하게 할 수 있다(동법 제34조 제5항).

161 ▶ ①

| 정답 해설 |

① 국가 및 지방자치단체는 입양 의뢰된 아동의 양친될 사람을 국내에서 찾기 위한 시책을 최우선적으로 시행하여야 한다(국내입양에 관한 특별법 제7조 제1항). 즉, 국내입양을 활성화하여야 한다.

162 ▶ ④

| 정답 해설 |

④ 사회적 기업이란 취약계층에게 사회서비스 또는 일자리를 제공하거나 지역사회에 공헌함으로써 지역주민의 삶의 질을 높이는 등의 사회적 목적을 추구하면서 재화 및 서비스의 생산·판매 등 영업활동을 하는 기업으로서 고용정책심의회의 심의를 거쳐 고용노동부장관의 인증을 받은 자를 말한다(사회적 기업 육성법 제2조 제1호).

163 ▶ ①

| 오답 해설 |

ⓒ 확정기여식 연금에 관한 설명이다.
ⓓ 확정급여식 연금에 관한 설명이다.

관/련/개/념

퇴직연금 방식

확정급여식 퇴직연금 (DB형)	• 금융회사가 운용한다. • 근로자가 퇴직할 때 받을 퇴직급여가 사전에 확정된 퇴직연금제도로, 사용자가 매년 부담금을 금융회사에 적립하여 책임지고 운용하며 운용 결과와 관계없이 근로자는 사전에 정해진 수준의 퇴직급여를 수령한다.
확정기여식 퇴직연금 (DC형)	• 가입자가 운용한다. • 사용자가 납입할 부담금(매년 연간 임금총액의 1/12 이상)이 사전에 확정된 퇴직연금제도이다. • 사용자가 근로자 개별 계좌에 부담금을 정기적으로 납입하면, 근로자가 직접 적립금을 운용하며, 근로자 본인의 추가부담금 납입도 가능하다. • 근로자는 사용자가 납입한 부담금과 운용손익을 최종 급여로 지급받는다.

164 ▶ ③

| 오답 해설 |

ⓑ 사회보험 가입률은 비정규직이 정규직에 비해 현저히 낮다. 고용불안정과 저임금이라는 불리한 노동환경에서 근무하는 많은 비정규직 노동자들이 사회보험의 사각지대에 놓여있다.

165 ▶ ①

| 정답 해설 |

① 근로장려금 신청 접수는 국세청에서 담당한다.

166 ▶ ①

| 정답 해설 |

① 생태주의 관점이란 생태환경주의를 말한다. 일련의 환경지표인 대기 오염, 자원 고갈, 지구 온난화, 오존층 파괴, 산림 파괴 등으로부터 지구를 보호하며 비산업화로 환경과 생태를 지키자는 관점으로, 성장 패러다임 옹호와는 상반된다. 복지국가의 성장 패러다임을 옹호한 관점은 정치경제적 관점이다.

167 ▶ ③

| 정답 해설 |

③ 사회복지시설 종사자는 사회복지운동의 주체가 될 수 있다.

168 ▶ ②

| 정답 해설 |

ⓒ 아동의 건강한 성장을 도모하고, 범국민적으로 아동학대의 예방과 방지에 관한 관심을 높이기 위하여 매년 11월 19일을 아동학대예방의 날로 지정하고, 아동학대예방의 날부터 1주일을 아동학대예방주간으로 한다(아동복지법 제23조 제1항).

ⓔ 시·도지사, 시장·군수·구청장, 보장원의 장 또는 아동보호전문기관의 장은 아동학대행위자에 대하여 상담·교육 및 심리적 치료 등 필요한 지원을 제공하여야 하며, 이 경우 아동학대행위자는 상담·교육 및 심리적 치료 등에 성실히 참여하여야 한다(동법 제29조의2 제1항).

| 오답 해설 |

ⓐ 동법 제22조 제2항에 명시되어 있다.
ⓑ 동법 제22조 제3항에 명시되어 있다.

참고 법령 시행일과 맞지 않는 내용으로 전항 정답 처리된 문제입니다. 본책에서는 최신 법령에 맞게 변형하여 수록하였습니다.

관/련/법/령

아동복지법에 명시된 아동학대의 예방 및 방지 의무

제22조 ① 국가와 지방자치단체는 아동학대의 예방과 방지를 위하여 다음 각 호의 조치를 취하여야 한다.
  1. 아동학대의 예방과 방지를 위한 각종 정책의 수립 및 시행
  2. 아동학대의 예방과 방지를 위한 연구·교육·홍보 및 아동학대 실태조사
  3. 아동학대에 관한 신고체제의 구축·운영
  4. 피해아동의 보호와 치료 및 피해아동의 가정에 대한 지원
  5. 그 밖에 대통령령으로 정하는 아동학대의 예방과 방지를 위한 사항

② 지방자치단체는 아동학대를 예방하고 수시로 신고를 받을 수 있도록 긴급전화를 설치하여야 한다. 이 경우 그 설치·운영 등에 필요한 사항은 대통령령으로 정한다.

③ 시·도지사 또는 시장·군수·구청장은 피해아동의 발견 및 보호 등을 위하여 다음 각 호의 업무를 수행하여야 한다.
  1. 아동학대 신고접수, 현장조사 및 응급보호
  2. 피해아동, 피해아동의 가족 및 아동학대행위자에 대한 상담·조사
  3. 그 밖에 대통령령으로 정하는 아동학대 관련 업무

④ 시·도지사 또는 시장·군수·구청장은 제3항 각 호의 업무를 수행하기 위하여 아동학대전담공무원을 두어야 한다.

169 ▶ ③

| 정답 해설 |

③ 최저임금제는 헌법 제32조 제1항에 명시되어 있으며 최저임금법에 따른다.

170 ▶ ①

| 정답 해설 |

① 기업복지는 기업의 규모, 기업주(사업주)의 의지와 기업복지에 필요한 자금에 따라 달라질 수 있기 때문에 재분배 효과가 상대적으로 크지 않다. 반면, 조세 방식은 정책과 제도의 지속성과 안정성이 보장되어 기업복지에 비해 재분배 효과가 크다.

171 ▶ ③

| 정답 해설 |

③ 총급여액 등이 1,800만 원일 때 근로장려금은 '200만 원 − (1,800만 원 − 1,200만 원) × 100분의 10 = 200만 원 − 60만 원 = 140만 원'이다.

172 ▶ ③

| 정답 해설 |

③ 국민취업지원제도는 취약계층 취업지원서비스이다. 맞춤형 취업지원서비스는 취업알선 서비스, 채용지원 서비스, 직업지도 서비스로 구분된다.

| 오답 해설 |

① 노인 일자리사업은 보건복지부가 정책 결정을 수행하고, 각 지방자치단체에서 사업을 총괄한다.
② 장애인 고용의무제도는 국가, 지방자치단체, 상시 근로자수 50명 이상인 공공기관 및 민간기업을 대상으로 한다.

④ 조건부 수급자는 반드시 자활사업에 참여해야 한다.

참고 자활사업은 조건부 수급자, 자활급여특례자, 차상위 자활 대상자를 대상으로 하며, 일반 수급자도 희망할 경우 참여할 수 있습니다.

⑤ 고령자를 채용하지 않는 기업이라고 해서 정부에 부담금을 납부하지는 않는다. 다만, 고령자를 채용한 기업은 국가로부터 고령자 계속고용장려금을 받을 수 있다.

173 ▶ ③

| 오답 해설 |

ㄹ. 과거 중앙집권화 시기에는 사회복지운동단체의 의견을 수용하지 않은 채 일방적으로 사회복지정책을 결정하였다. 최근 들어 조금씩 사회복지운동단체의 의견을 수용하는 실정이지만, 모두 수용하는 것은 아니다.

174 ▶ ④

| 정답 해설 |

④ 아동수당은 8세 미만의 모든 아동에게 지급되는 보편적 사회수당이다.

175 ▶ ⑤

| 정답 해설 |

⑤ 사업자도 근로장려금을 받을 수 있지만, 전문직 사업자(그 배우자 포함)는 받을 수 없다.

관/련/개/념

근로장려세제의 목적

근로장려세제는 열심히 일은 하지만 소득이 적어 생활이 어려운 근로자, 사업자(전문직 제외) 또는 종교인 가구에 대하여 가구원 구성과 근로소득, 사업소득 또는 종교인소득에 따라 산정된 근로장려금을 지급함으로써 근로를 장려하고 실질소득을 지원하는 근로연계형 소득지원 제도이다.

CHAPTER 7 사회복지행정론

UNIT 01 사회복지행정의 개념

| 001 | ⑤ | 002 | ③ | 003 | ② | 004 | ④ | 005 | ① |
| 006 | ⑤ | 007 | ① | 008 | ① | 009 | ⑤ | 010 | ③ |

001 ▶ ⑤

| 오답 해설 |

① 협의의 개념에서는 민간기관 및 시설, 광의의 개념에서는 공공 및 민간기관을 포함하여 모든 사회복지조직의 구성원들이 수행하는 총체적 활동이다.
② 조직의 효과성과 효율성 모두가 중요하다.
③ 정부 재정 외에 민간자원(인적, 물적자원 및 기부금, 후원금, 수익자부담 등)도 활용한다.
④ 사회문제 해결과정에서 가치지향적이다. 가치판단을 배제한다는 것은 사물이나 성질에 대해 좋다, 나쁘다, 옳다, 틀렸다 등의 가치를 판단하지 않는다는 의미이다.

002 ▶ ③

| 정답 해설 |

③ 사회복지조직은 목표가 모호하고 애매하며 조직 성과가 불확실하다. 또한 성과에 대한 효과성과 효율성의 척도가 거의 없기 때문에 조직 성과를 객관적으로 증명하기 쉽지 않다.

| 오답 해설 |

① 사회복지조직은 휴먼서비스를 제공하므로 클라이언트와 직간접적 접촉이 필수적이다.
② 정부보조금 외에도 기부금, 후원금 등 다양한 지원을 받는다.
④ 사회복지조직은 법률과 규칙에 의해 국가와 지방자치단체의 위탁을 받은 조직으로 전문성을 갖춰야 한다.
⑤ 기업조직과 사회복지조직 모두 효율성을 중요하게 여긴다.

003 ▶ ②

| 정답 해설 |

② 사회서비스 활동은 공공조직과 민간조직이 각각 수행하되, 필요에 따라 협력체계를 구축하여 함께 활동하기도 한다.

004 ▶ ④

| 정답 해설 |

④ 사회복지행정은 휴먼서비스조직이라는 특성이 있기 때문에 조직 내부 부서 간 관료적이고 위계적인 조직관리 기술보다는 민주적 형태의 조직관리 기술의 사용이 적합하다.

005 ▶ ①

| 오답 해설 |

② 효율성에 관한 설명이다.
③ 집중성에 관한 설명이다.
④ 편의성에 관한 설명이다.
⑤ 활용성(활용 가능성)에 관한 설명이다.

006 ▶ ⑤

| 정답 해설 |

⑤ 사회복지행정은 'ⓔ 과업 기획 – ⓒ 과업 조직화 – ⓛ 과업 촉진 – ⓖ 과업 평가 – ⓜ 환류' 순으로 실행된다.

007 ▶ ①

| 정답 해설 |

① 배타적 사고는 타인을 배척하는 사고방식으로, 사회복지행정가가 가져야 할 능력과는 거리가 멀다.

관/련/개/념

사회복지행정가가 가져야 할 지식
- 기관의 목표, 정책, 서비스에 대한 지식
- 인간행동의 역동성에 관한 지식
- 지역사회의 자원, 특히 기관과 관련된 자원에 대한 지식
- 기관에서 활용 가능한 대안을 모색하고 우선순위를 결정하게 하는 사회복지방법론에 대한 지식
- 권한위임과 권한실행에 필요한 관리의 원칙, 과정, 기술에 관한 지식
- 사회복지 관련 전문단체 및 협회에 관한 지식
- 조직이론에 대한 지식
- 평가 과정과 기법에 관한 지식

008 ▶ ①

| 정답 해설 |

① 사회복지행정은 서비스의 효과성·효율성을 객관적으로 측정할 수 있는 척도가 거의 없으므로 서비스 성과를 정확하게 평가하기 어렵다.

| 오답 해설 |

② 사회복지행정가는 가치지향적이어야 한다.
③ 서비스 효율성을 고려하여야 한다.
④ 재정관리는 사회복지행정에 포함된다.
⑤ 사회복지행정은 획일적·고정적이지 않고 직무환경 변화에 따라 역동적·탄력적으로 대응할 수 있도록 운영되어야 한다.

009 ▶ ⑤

| 정답 해설 |

⑤ 하센필드는 사회복지조직에서 사용하는 서비스 기술이 다양하며 불확실하다고 보았다.

010 ▶ ③

| 정답 해설 |

③ 사회복지조직의 서비스는 객관적으로 측정할 수 있는 척도가 없기 때문에 효과성을 객관적으로 입증하기가 어렵다.

합격을 위한 단 한 권

UNIT 02	사회복지행정의 역사						
011	⑤	012	⑤	013	②	014	⑤	015	③
016	⑤	017	①	018	②		

011 ▶ ⑤

| 정답 해설 |

⑤ 2008년에 도입된 노인장기요양보험제도는 국가주도의 요양서비스 민간창출을 통해 장기요양대상 노인의 삶의 질 향상과 가족의 부양부담을 완화하는 것을 목적으로 한다.

012 ▶ ⑤

| 정답 해설 |

⑤ 외국민간원조기관협의회(KAVA)를 통해 외원기관들이 정보를 교환하고 사업 내용을 상호 조정하며, 합동조사 등을 통해 단체교섭을 하고 정부에 건의활동을 하였다. 지역사회 조직화나 공동체 형성을 위한 조직관리 기술의 활용과는 관련이 없다.

관/련/개/념

외국민간원조기관협의회(KAVA, 외국민간원조단체협의회)
- 1952년에 부산에서 7개 외원기관이 모여 설립되었다.
- 한국전쟁 시기와 그 이후 시기 이루어진 긴급구호를 총괄하였고, 밀가루, 옥수수가루 등 외국의 잉여 농산물, 의약품과 헌옷 등을 가난한 한국인에게 제공하였으며, 선진국의 전문 사회사업을 한국에 토착화시키는 데 기여하였다.

013 ▶ ②

| 정답 해설 |

② ㉢ 사회복지전문요원(1987년)
　㉣ 보건복지사무소 시범사업(1995년)
　㉠ 사회복지사무소 시범사업(2004년)
　㉡ 희망복지지원단(2012년)
　㉤ 지역사회보장협의체(2015년)

014 ▶ ⑤

| 정답 해설 |

⑤ ㉤ 보건복지사무소 시범사업(1995년)
　㉠ 사회복지사무소 시범사업(2004년)
　㉣ 사회복지통합관리망(행복e음) 개통(2010년)
　㉢ 읍·면·동 복지허브화(2016년)
　㉡ 지역사회 통합돌봄(2019년)

015 ▶ ③

| 정답 해설 |

③ ㉡ 시·군·구 지역사회복지협의체 설치(2005년)
　㉠ 희망복지지원단 설치(2012년)
　㉢ 읍·면·동 복지허브화 사업 실행(2016년)

016 ▶ ⑤

| 정답 해설 |

⑤ 1983년 사회복지사업법 개정으로 사회복지관 운영 국고보조금 지원이 시작되었다.

017 ▶ ①

| 정답 해설 |

① ㉠ 주민생활지원서비스 전달체계(2006년)
　㉡ 사회복지통합관리망(행복e음) 개통(2010년)
　㉢ 읍·면·동 복지허브화(2016년)
　㉣ 지역사회 통합돌봄(2019년)

018 ▶ ②

| 정답 해설 |

② 1960년대에는 저소득층을 위한 공공부조, 외원단체 중심의 사회복지서비스가 제공되었다. 1970년대에는 외국원조기관 철수 후 국가가 이를 대신하여 지원하였고, 토착적인 사회복지단체들이 발달하지 못하였다.

사회복지행정론 **247**

UNIT 03 사회복지서비스 전달체계

019	④	020	①	021	⑤	022	①	023	②
024	②	025	④	026	①	027	③	028	①
029	④	030	④	031	②	032	④		

019 ▶ ④

| 정답 해설 |

④ 클라이언트의 문제는 대부분 복합적이고 서로 연관되어 있기 때문에 문제해결을 위한 서비스들도 서로 연관되어야 한다.

| 오답 해설 |

① 서비스의 효율성 및 효과성 여부, 서비스 전달과정에서의 불편과 불만의 수렴장치가 적합하였는지 등과 관하여 책임을 진다.
② 사회복지서비스는 누구나 쉽게 이용할 수 있어야 하므로 클라이언트가 접근하기에 용이해야 한다.
③ 문제가 해결되는 동안 필요한 서비스를 일정 기간 계속해서 제공해야 한다.
⑤ 사회복지서비스는 그 양과 질, 제공기간이 서비스의 목표를 달성하기에 충분해야 한다.

관/련/개/념

스태핑과 크리밍

- **스태핑(staffing, 인사)**: 직원의 채용, 승진, 해고, 교육, 협력적인 근무조건 유지 등을 위한 활동이다.
- **크리밍(creaming)**: 비협조적이거나 목표달성 가능성이 낮을 것으로 생각되는 클라이언트는 배척되는 현상이다.

021 ▶ ⑤

| 정답 해설 |

⑤ 통합성의 원칙은 클라이언트의 문제가 대부분의 경우 복합적이고 상호 연관되어 있으므로 문제 해결을 위해 필요한 서비스 프로그램을 서로 연계하여 서비스가 중복되거나 누락되지 않도록 해야 한다는 것이다. 치매 예방서비스를 적극적으로 홍보하는 것은 통합성과 큰 관련이 없다.

022 ▶ ①

| 정답 해설 |

① 사회복지조직은 투명성과 책임성을 확보하기 위하여 후원금의 사용 정보를 공개하여야 한다.

023 ▶ ②

| 정답 해설 |

② 포괄성은 클라이언트의 다양한 욕구와 문제 해결을 위해 다양한 서비스를 제공해야 한다는 것이다. 따라서 클라이언트의 다양하고 복잡한 욕구나 문제에 동시에 접근하고 순차적으로 해결하기 위하여 전문가 집단이 개입한다.

020 ▶ ①

| 정답 해설 |

① 서비스 과활용은 욕구가 없는 사람에게도 서비스를 제공하는 것으로, 자원의 낭비를 초래한다. 제시된 사례에는 나타나지 않은 현상이다.

| 오답 해설 |

②, ③ 몇몇 대상자들은 A 센터의 취업 성공률을 낮출 것이라고 보고 타기관으로 보낼 방안을 검토하고 이를 요청하였다.
④ 대상자를 개별적으로 사정, 상담하여 취업 방해요인을 분석하였다.
⑤ A 지역자활센터는 대상자의 취업 성공률을 높이기 위해 전담직원을 신규 채용해서 맞춤형 프로그램 기획을 담당하도록 하였다.

024 ▶ ②

| 정답 해설 |

② 책임성은 사회복지서비스의 전달에 대한 책임을 져야 한다는 것으로, 사회복지조직은 효과성과 효율성 모두 극대화해야 한다.

025 ▶ ④

| 정답 해설 |

④ 최소 비용으로 최대 효과를 얻는 것은 효율성으로, 사회복지전달체계 구축 원칙에는 포함되지 않는다. 전문성이란 사회복지서비스의 핵심적인 주요 업무는 반드시 전문가가 담당해야 한다는 것을 말한다.

026 ▶ ①

| 정답 해설 |

① 서비스 과활용이란 관련 욕구를 가지지 않은 사람들이 서비스를 이용하는 현상이다. 비표적 인구가 서비스에 접근하여 나타나는 문제로, 사회적 자원의 낭비가 유발될 수 있다.

| 오답 해설 |

② 크리밍은 목표달성 가능성이 가장 높아 보이는 클라이언트에게 사회서비스 혜택이 집중되는 것으로, 비협조적이거나 목표달성 가능성이 낮다고 생각되는 클라이언트는 배척된다.
③ 레드테이프란 관공서의 번거로운 형식주의(요식행위)를 뜻하며, 형식주의 때문에 시간이 지체되어 서비스 대상에게 적절한 시기에 적절한 수준의 서비스를 제공하기 어렵다.
④ 기준행동이란 기존 형식에만 맞추어 업무를 진행하고, 기준 이상의 더 많은 조사·노력 및 창의적인 행동 등에는 주의를 기울이지 않는 것을 말한다.
⑤ 매몰비용은 업무를 개발하고 유지하는 데 드는 비용, 시간, 노력 등을 의미하며, 일반 지출이 되면 회수할 수 없는 비용이다. 매몰비용이 클수록 변화에 대한 직원들의 저항이 크다.

027 ▶ ③

| 정답 해설 |

③ 행정복지센터와 공단은 공공 전달체계인 반면, 사회복지법인은 민간 비영리법인으로 민간 전달체계이다.

028 ▶ ①

| 정답 해설 |

① 사회적 기업은 취약계층에게 사회서비스 또는 일자리를 제공하거나 지역사회에 공헌함으로써 지역주민의 삶의 질을 높이는 등의 사회적 목적을 추구하면서 재화 및 서비스의 생산·판매 등 영업활동을 한다. 따라서 사회적 기업은 사회서비스 공급에 적극 참여하고 있다.

029 ▶ ④

| 정답 해설 |

④ 민간 사회복지기관은 비영리법인으로 국가보조금을 받는다.

참고 비영리법인에는 사회복지법인도 포함됩니다.

030 ▶ ④

| 정답 해설 |

④ 사회복지서비스 급여의 유형(현금급여, 현물급여, 바우처, 기회, 권력)과 사회복지서비스 전달체계(공공 전달체계, 민간 전달체계)의 특성은 서로 관련이 있다.

031 ▶ ②

| 정답 해설 |

② 사회서비스는 국가, 지방자치단체 및 민간부문 등 다양한 공급주체에 의해 제공된다.

032 ▶ ④

| 정답 해설 |

④ 2015년 사회보장급여법의 시행으로 지역사회복지협의체가 지역사회보장협의체로 명칭이 변경되었다.

| 오답 해설 |

① 1987년에 시행된 사회복지전문요원 제도 이후 1992년에 사회복지사업법을 개정하여 사회복지전담공무원 도입에 대한 법적 근거를 마련하였다.
② 1995년에 전국 5개 지역에서 보건복지사무소 시범사업이 실시되었다. 이후 2004년에 사회복지사무소 시범사업이 실시되었다.

③ 2007년에 읍·면·동사무소가 주민센터로 명칭이 변경되었고, 2016년에 읍·면·동 복지허브화 사업 이후 행정복지센터로 명칭이 변경되었다.
⑤ 2007년에 전자바우처 방식의 사회서비스 사업이 시작되었고, 2019년에 4개 지역(서울, 경기, 경남, 대구)에서 사회서비스원 설립 시범사업이 시행되었다. 이후 2022년에 중앙사회서비스원이 개원하였다.

- **고객이 서비스를 평가할 때 고려하는 5가지 구성 차원**

유형성	물리적인 시설(건물, 매장, 인테리어 등), 장비, 종업원들의 외양
신뢰성	약속한 서비스를 믿을 수 있고 정확히 수행할 수 있는 종업원들의 능력
즉응성	즉각적 서비스를 제공해 줄 수 있는 종업원들의 능력
확신성	종업원들의 지식, 예절, 고객들에게 신뢰와 자신감을 심어줄 수 있는 능력
공감성	고객 각각에 대한 개인적 관심과 배려

UNIT 04 서비스의 품질관리와 위험관리

| 033 | ② | 034 | ① | 035 | ① | 036 | ② | 037 | ② |
| 038 | ④ | 039 | ① | 040 | ⑤ |

033 ▶ ②

| 오답 해설 |
① 즉응성은 즉각적으로 서비스를 제공해줄 수 있는 종업원들의 능력을 말한다.
③ 신뢰성은 약속한 서비스를 믿을 수 있고 정확히 수행할 수 있는 종업원들의 능력을 말한다.
④ 유형성은 물리적인 시설(건물, 매장, 인테리어 등), 장비, 직원들의 외양(서비스 제공자의 용모)을 말한다.
⑤ 공감성은 고객 각각에 대한 개인적 관심과 배려를 말한다.

034 ▶ ①

| 정답 해설 |
① 서브퀄(SERVQUAL)의 구성 차원에는 유형성, 신뢰성, 즉응성(반응성, 대응성), 확신성, 공감성이 있다. 중립성은 해당하지 않는다.

관/련/개/념
서브퀄(SERVQUAL)
- 서비스 품질을 측정하기 위한 도구로, 패러슈라만 등의 학자가 서비스에 대한 고객의 기대와 자각 및 정도를 분석하기 위해 공동 연구하여 개발한 측정도구이다.

035 ▶ ①

| 오답 해설 |
② 총체적 품질관리에서 조직의 목표는 고객의 욕구에 따라 설정되므로, 현상을 개선하기 위한 조직의 지속적인 노력과 참여가 중요하다.
③ 총체적 품질관리에서 의사결정은 리더의 강력한 의지로 주도되지만, 조직 내 구성원도 의사결정에 참여한다. 또한 의사결정은 자료 분석을 기반으로 이루어진다.
④ 총체적 품질관리에서 구성원들과 각 부서는 상호 협력적 관계를 형성한다.
⑤ 총체적 품질관리에서 품질 결정은 고객이 주도한다.

036 ▶ ②

| 정답 해설 |
② 사회복지기관이 고객에게 제공하는 사회복지서비스의 질은 사회복지평가의 기준이 된다.

037 ▶ ②

| 오답 해설 |
① 신뢰성은 약속한 서비스를 믿을 수 있고, 정확히 수행할 수 있는 종업원들의 능력이다.
③ 확신성은 종업원들의 지식, 예절, 이용자들에게 신뢰와 자신감을 심어 주는 능력이다.
④ 공감성은 각각의 이용자에 대한 개인적 관심과 배려이다.
⑤ 대응성(반응성, 즉응성)은 즉각적으로 서비스를 제공해 줄 수 있는 종업원들의 능력이다.

038 ▶ ④

| 정답 해설 |

④ 고품질의 서비스는 개인의 노력보다는 조직의 다양한 직원들의 협력적 활동의 결과로 나타난다고 본다.

039 ▶ ①

| 오답 해설 |

② 총체적 품질관리(TQM)는 서비스의 품질은 궁극적으로 고객이 결정한다는 고객중심관리로, 사회복지기관에 적용하기에 적합한 품질관리 기법이다.
③ 총체적 품질관리는 지속적인 개선에 초점을 둔다.
④ 서브퀄은 유형성, 신뢰성, 즉응성, 확신성, 공감성의 요소로 구성되어 있다. 확신성은 종업원들의 지식, 예절, 고객들에게 신뢰와 자신감을 심어줄 수 있는 능력을 말한다.
⑤ 서브퀄의 5가지 구성 중 즉응성에 대한 내용이다. 서브퀄에서 유형성은 물리적인 시설, 장비, 종업원들의 외양과 관련된다.

040 ▶ ⑤

| 정답 해설 |

㉠ 신뢰성 차원에 대한 내용이다.
㉢ 확신성 차원에 대한 내용이다.
㉣ 유형성 차원에 대한 내용이다.

| 오답 해설 |

㉡ 서브퀄 구성차원에 해당하지 않는다.

UNIT 05 조직이론

041	③	042	②	043	④	044	④	045	①
046	⑤	047	②	048	③	049	①	050	②
051	⑤	052	②	053	③	054	③	055	②
056	④	057	③	058	②	059	③	060	②

041 ▶ ③

| 오답 해설 |

㉣ 폐쇄체계이론인 고전모형(관료제이론, 과학적 관리론, 인간관계이론)은 조직의 상황에 관계없이 효율성을 극대화할 수 있는 이상적 방법 추구를 강조하였다. 반면, 개방체계이론인 상황이론은 조직의 환경적 요인을 강조하면서 고도의 불확실성 아래 어느 경우에나 적용되는 최선의 조직관리방법이나 이상적 방법 추구란 있을 수 없고 효과적인 방법만이 있을 뿐이라는 점을 강조하는 입장이다.

042 ▶ ②

| 정답 해설 |

② 조직규모 확장과 중앙집권화를 지향한 것은 1930년대 복지국가의 형태이다. 신공공관리는 전통적인 관료제를 극복하고 작은 정부를 구현하는 것으로, 경쟁의 원리에 기반한 시장 체제를 모방해 정부 관료제의 효율성을 높이자는 취지이다.

043 ▶ ④

| 오답 해설 |

① 레드테이프는 관료제적 형식주의 또는 문서주의를 의미한다.
② 모듈화는 조직 내 독립적 기능을 갖춘 단위 요소들을 필요에 따라 테트리스처럼 재구성하는 것이다.
③ 옴부즈맨은 국가 행정권에 대한 감시와 견제의 목적으로 도입된 일종의 행정 감찰관 제도이다.
⑤ 분절성은 서비스의 파편화 현상과 관련이 있다.

044 ▶ ④

| 오답 해설 |

㉠ 관료제에서 조직 내 권위는 위계질서에 따라 수직적으로 구조화된다.

045 ▶ ①

| 정답 해설 |

① 조직 내 비공식집단이 개인의 생산성에 미치는 영향을 설명하는 이론은 인간관계이론으로, 그중 대표적인 이론인 메이요의 호손실험에 관한 설명이다.

046 ▶ ⑤

| 정답 해설 |

⑤ 관료제는 조직의 복잡한 규칙을 적용하기 때문에 창조성을 발휘하기 어렵다.

047 ▶ ②

| 오답 해설 |

① 관료제이론은 효율성, 위계, 규칙, 통제, 분업, 안정성이라는 개념을 가지고 조직의 생산성 향상에 초점을 둔다.
③ 인간관계이론은 메이요의 호손실험, 맥그리거의 X·Y이론이 대표적이며, 인간관계에 초점을 맞춰 조직의 생산성 향상에 초점을 둔다.
④ 목표관리이론(MBO)은 명확한 목표 설정과 참여, 평가가 주요 개념이다.
⑤ 총체적 품질관리(TQM)는 지속적인 개선, 고객 중심의 서비스, 집단적 노력이 주요 개념이다.

048 ▶ ③

| 오답 해설 |

ⓒ 관료제이론에 관한 설명이다. 관료제이론은 인간의 개성보다 공적인 지위에 기반을 둔 위계적인 조직구조로서 고도로 전문화된 명확한 분업을 바탕으로 합리화와 효율성 증대를 목적으로 한다.
ⓒ 인간관계이론 중 메이요의 호손실험에 관한 설명이다. 근로자의 작업 능률은 물리적 환경 조건에 좌우되는 것이 아니라 동료 또는 상사와의 인간관계에 좌우된다는 것으로 사회복지조직에 적용하기 적합한 이론이다.

049 ▶ ①

| 오답 해설 |

② 관료제이론은 조직구조의 지배 유형을 전통적 지배, 합법적·합리적 지배, 카리스마적 지배로 나누고, 조직의 생산성을 추구하는 이론이다.
③ 논리적합이론(상황적합이론)은 리더의 유형과 상황적 조건을 결합시키려는 이론이다.
④ 인지이론은 인간의 경험과 사회적 상호작용의 결과로 인간의 인지 능력이 발달한다고 보는 이론이다.
⑤ 인간관계이론은 사람 간의 관계가 조직의 생산성과 연관되어 있다는 이론이다.

050 ▶ ②

| 정답 해설 |

② 테일러가 개발한 과학적 관리론은 관리자(㉠)에게만 조직의 목표를 설정할 수 있는 책임(㉡)을 부여하기 때문에 직원(㉢)의 의사결정 참여(㉣)를 지향하는 사회복지조직에 적용하는 데는 한계가 있을 수 있다.

> 참고 사회복지조직이 과학적 관리론을 활용할 수 있는 분야는 업무분담과 과업분석 분야입니다.

051 ▶ ⑤

| 정답 해설 |

⑤ 균형성과표는 조직의 비전과 전략으로부터 도출된 성과지표의 조합으로, 측정지표인 고객, 공급자, 종업원, 프로세스 및 혁신에 대한 지표를 통하여 미래 가치를 창출하도록 관리하는 시스템이다.

052 ▶ ⑤

| 오답 해설 |

① 자기숙련은 개인이 지향하는 본질적 가치 추구를 위해 스스로 능력을 심화시켜 나가는 것으로, 임파워먼트, 동기부여 등이 필요하다.
② 공유비전은 조직이 추구하는 방향성과 중요성에 대해 구성원들이 공감대를 형성하는 것이다.
③ 사고모형은 경험하는 현상들을 이해하는 준거틀로서, 개인과 조직의 사고체계 및 행동양식에 영향을 미친다.

④ 팀 학습은 팀 구성원들이 바람직한 결과를 얻기 위해 개개인의 열망과 의지를 바탕으로 지속하는 의도적·체계적 학습을 말한다.

053 ▶ ③

| 오답해설 |

ⓒ 보고에 관한 설명이다. 조직화는 공식적인 구조를 설정하고 과업을 할당 및 조정한다.

054 ▶ ③

| 오답해설 |

① 과학적 관리론은 최소의 비용으로 최대의 생산효과를 낸다는 원칙하에 개개인의 과업기준을 산출하고, 이를 바탕으로 과학적 관점에서의 관리를 시도하였다.
② 관료제론은 인간의 개성보다 공적인 지위에 기반을 둔 위계적인 조직 구조로서 고도로 전문화된 명확한 분업을 바탕으로 합리화와 효율성 증대를 목적으로 한다.
④ 행정관리론은 행정의 능률을 위해 행정의 관리적 기능인 분업, 통제의 통일을 강조하였다.
⑤ 자원의존론은 조직의 생존에 필요한 인적·물적·무형적 자원에 초점을 두면서 조직과 환경과의 관계를 설명하고자 하는 이론이다.

055 ▶ ②

| 정답 해설 |

② 조직의 목적(프로그램 운영 성과)보다 그것을 달성하기 위한 수단(직원 직무평가에 기부금 모금실적 반영)이 더 중요시되면서 수단 자체가 목적이 되어버리는 목적전치현상이 나타나 있다.

| 오답 해설 |

① 리스트럭쳐링이란 기업의 비전을 설정하기 위해 사업구조를 조정하는 것이다.
③ 크리밍이란 성공가능성이 높은 클라이언트에게 서비스가 제공되고, 자원의 소모가 많은 클라이언트는 배척되는 현상이다.
④ 소진이란 정서적·육체적·태도적 고갈 상태를 뜻한다.
⑤ 다운사이징이란 효율성 달성을 위해 조직을 축소하는 것이다.

056 ▶ ④

| 정답 해설 |

④ 신공공관리론은 정부가 공급하던 서비스를 민간이 직접 공급하도록 하였다.

057 ▶ ③

| 정답 해설 |

③ 전통적 권위에 의한 조직 통제는 전근대적 사회(가산관료제)에 해당한다. 이는 봉건체제와 절대주의체제 아래 존재하던 조직형태이다. 베버가 제시한 관료제란 전통적인 권위나 카리스마적 인물에 의한 지배가 아닌 합법성, 합리성에 의한 지배의 전형적 형태이다.

058 ▶ ②

| 정답 해설 |

② 메이요는 호손실험에서 인간의 사회적·심리적·정서적 욕구를 강조하였으며, 조직 내 비공식집단 등에 의한 심리적 요인이 개인의 태도와 생산성에 강력한 영향을 미친다고 보았다.

| 오답 해설 |

① 생산성은 근로조건과 환경뿐만 아니라 인간의 사회적·심리적·정서적 욕구 등에 영향을 받는다.
③ 사회적 상호작용은 생산성 향상에 긍정적인 영향을 미친다.
④ 비공식적인 부서(비공식집단)의 형성은 생산성 향상으로 이어진다.
⑤ 근로자는 개인이 아닌 집단 구성원으로서 행동하고 반응한다.

059 ▶ ③

| 정답 해설 |

③ 상황이론은 조직을 개방체계로 보며, 조직 내부의 상황(조직의 목적·기술·규모, 과업의 종류 등)에 초점을 둔다.

060 ▶ ②

| 오답 해설 |

ⓒ, ⓔ 관료제이론에 관한 설명이다.

UNIT 06 사회복지조직의 구조와 조직문화

061	①	062	④	063	②	064	④	065	④
066	①	067	⑤	068	②	069	①	070	⑤
071	⑤	072	④	073	⑤	074	④		

061 ▶ ①

| 정답 해설 |

① 사회적 경제 중 협동조합에 해당한다.

062 ▶ ④

| 정답 해설 |

④ 집권화의 특징에 해당한다.

관/련/개/념

분권화와 집권화의 특징

분권화	• 의사결정 권한이 하급기관(아래)에 분산된 정도 • 형성: 조직이 장기계획이나 정책문제에 더 많은 노력을 들이고자 할 때 높아짐
집권화	• 권한의 분배 정도 • 의사결정 권한이 조직의 상위기관(위)에 집중되어 있는 정도(공식화되면 높아짐) • 형성: 조직의 규모가 작을수록, 조직이 특정 개인의 리더십에 의존할수록 정도가 높아짐

063 ▶ ②

| 오답 해설 |

① 라인-스탭에서 라인은 수직조직을, 스탭(스태프)은 수평조직을 의미한다. 수직조직이란 상하명령·복종관계가 조직의 중심 구조를 이루는 조직을 말한다.
③ 감사조직은 특정조직의 비리 등을 잡기 위해 의사결정기구의 직속이거나 특별한 수준의 독립성을 보장받으며, 감사유형에 따라 외부감사, 내부감사로 구분된다.
④ 거버넌스 조직은 조직의 전략적 방향과 의사 결정을 체계적으로 관리하는 구조와 프로세스를 의미하며, 다양한 문제를 해결하는 다양한 방법을 포함한다.
⑤ 위계 조직은 직급에 따라 의사결정권이 상위 직급에 집중되어 있는 조직 구조를 의미한다.

064 ▶ ④

| 오답 해설 |

① 행렬조직은 일차적으로는 분과에 소속되어 있으면서 수직적인 위계에 통제를 받는 비전형적 조직이다.
② 조직 운영을 지원하는 공식적 조직이다.
③ 조직구조의 집중화와 분권화를 동시에 이룰 수 있어 조직 유연성이 향상된다.
⑤ 가상의 사업조직이 아니라 현실에서 작동하는 조직의 형태이다.

> 참고 행렬조직은 수직적이고 정형화된 구조의 장점인 안정성과 수평적 구조의 장점인 탄력성을 동시에 가집니다.

065 ▶ ④

| 정답 해설 |

④ 분권화에 관한 설명이다. 집권화는 의사결정 권한이 조직의 상층부에 집중된다.

066 ▶ ①

| 오답 해설 |

②, ③ 공식조직의 순기능이다.
④ 비공식조직의 역기능이다.

> 참고 정실인사란 조직 안의 업무 배치를 사사로운 의리나 인정에 끌려 하는 일을 말합니다.

⑤ 분권형 조직의 순기능이다.

067 ▶ ⑤

| 정답 해설 |

⑤ ㉠ 태스크 포스는 정규조직이 수행하기 어려운 일들을 제한된 기간 동안 효율적으로 해결하기 위해 임시로 편성한 팀이다.
㉡ 구성원들에게는 전문적인 지식이나 능력이 요구되며, 할당된 과업을 달성하거나 기한을 넘기면 조직을 해산하고 구성원들은 자신이 속해 있던 부서로 복귀한다.
㉢ 기존 조직의 직제를 넘어 여러 부서에서 인원을 선발하기 때문에 유동적인 특성을 가지며, 때로는 새로운 조직을 구성하는 근원이 되기도 한다.

068 ▶ ②

| 정답 해설 |

② 공식화란 조직 내 직무가 표준화되어 있는 정도를 말한다. 어떤 직무가 고도로 공식화되어 있다면 그 직무의 수행자는 최소한의 재량권밖에 갖지 못한다.

| 오답 해설 |

① 조직규모가 커질수록 공식화 정도가 높아진다.
③ 과업의 종류가 많을수록 수평적 분화가 늘어난다.
④ 분권화 정도가 높을수록 부하직원들에게 권한이 분산된다.
⑤ 집권화 정도가 높을수록 직원의 권한과 책임의 범위가 명확해진다.

069 ▶ ①

| 정답 해설 |

① 비영리 사회복지조직은 수익성을 고려하지 않고 운영하더라도, 클라이언트에게 제공되는 서비스 질은 반드시 고려해야 한다.

070 ▶ ⑤

| 오답 해설 |

① 분권화 수준을 높이면 의사결정의 권한이 분산된다.
② 업무가 복잡할수록 직원들의 재량권이 축소되어 전문적인 서비스를 적용하기 어려워지기 때문에 공식화의 효과는 더 작다.
  참고 공식화 수준을 높일수록 업무가 표준화되고, 직원의 자율성은 낮아집니다.
③ 공식화 수준을 낮추면 직무의 사적 영향력이 높아지고, 공식화 수준을 높이면 직무의 공적 영향력이 높아진다.
④ 과업분화가 적을수록 수직적 분화가 더 이루어진다.

071 ▶ ⑤

| 오답 해설 |

① 기계적 관료제 구조의 주요 구성 부분은 기술구조이지만 최고 관리층도 강한 권력을 행사하고, 조정기제는 작업과정의 표준화를 채택한다. 높은 수준의 분화와 집권화·공식화 등을 특징으로 한다.
② 사업부제 구조는 주로 산출의 표준화에 의해서 조정되는 독자적인 구조를 가진 분립된 조직이며, 중간 관리층이 핵심역할을 한다. 규모가 큰 대기업이 이에 속한다.
③ 전문적 관료제 구조는 주로 기술의 표준화에 의해서 조정된다. 직원의 나이와 조직의 규모는 다양하며, 높은 수준의 수평적 분화와 직원의 전문성 등을 특징으로 한다.
④ 단순구조는 보통 최고 관리층과 실무계층의 두 개의 계층으로 구성되어 있다. 주요 구성 부분은 최고 관리층이며 직접적인 감독에 의해서 조정된다. 낮은 수준의 분화, 높은 수준의 집권화, 높은 수준의 융통성 등을 특징으로 한다.

072 ▶ ④

| 정답 해설 |

④ 사회복지조직 혁신의 필요 요인이다.

073 ▶ ⑤

| 정답 해설 |

⑤ ㉠, ㉡, ㉢ 모두 옳은 설명이다. 이 외에도 조직문화는 실체가 없는 무형적인 관념체계이며, 대내외 환경에 대한 조직의 적응 과정을 통해 역사적으로 형성되고, 조직과 조직 구성원들에 의해 학습된다는 특징이 있다.

관/련/개념
조직문화의 기능
- 일상적으로 일어나는 업무 관행이나 의사결정에 영향을 미친다.
- 조직이 정책이나 전략을 선택하는 데 영향을 미친다.
- 조직이 처한 내·외부 환경에 대처하거나 조직에 적합한 기술을 선택하는 데 영향을 미쳐 조직의 성과를 극대화할 수 있도록 한다.
- 조직 내에 성격이 다른 소집단을 통합하거나 상이한 두 조직을 합병하는 데 결정적인 요소가 된다.

074 ▶ ④

| 정답 해설 |

④ 경직된 조직문화는 불확실한 환경에 대처하는 데 도움이 되지 않는다.

UNIT 07 사회복지조직과 환경

075	①	076	②	077	⑤	078	⑤	079	⑤
080	③	081	⑤	082	①	083	①	084	④
085	④	086	②	087	⑤				

075 ▶ ①

| 정답 해설 |

① 최근에는 기업경영 방식의 활용이 늘어나고 있다. 특히, 사회복지조직의 운영 시 기업경영적 관리기법 도입, 마케팅 활성화, 품질관리 강화, 산출 강조 등의 시장의 경쟁적 구조에 적합한 조직 운영을 모색하고 있다.

| 오답 해설 |

② 1980년대 이후, 신자유주의(신연방주의)가 확산됨에 따라 국가가 직접 제공하는 서비스가 줄고, 민영화 경향이 증가하였다.
③ 산출(output) 중심 평가에서 성과(outcome) 중심 평가로 전환되고 있다.
④ 사회복지행정의 이론적 준거틀이 필요하게 되었다.
⑤ 사회복지서비스가 다양화되면서 전문가 활용이 증가하고 있다.

076 ▶ ②

| 정답 해설 |

② 최근 한국의 사회복지행정은 시설보호에서 탈시설화로 변화하는 추세로, 클라이언트가 자신의 집에 거주하면서 지역사회 내의 다양한 사회복지시설을 이용하는 이용시설 중심의 보호가 강조되고 있다.

077 ▶ ⑤

| 정답 해설 |

⑤ ㉠, ㉡, ㉢, ㉣ 모두 사회복지조직의 환경에 관해 옳은 설명이다.

078 ▶ ⑤

| 정답 해설 |

⑤ 하센펠트가 주장하는 사회복지조직의 환경관리(대응) 전략은 권위주의전략, 경쟁전략, 협동전략, 방해전략이다. 전문화전략은 해당하지 않는다.

| 오답 해설 |

① 권위주의전략은 조직이 자금과 권위를 충분히 획득할 경우 권력을 사용하여 다른 조직의 행동을 이끌고 명령을 내리는 전략이다.
② 경쟁전략은 다른 조직들과 경쟁하여 세력을 증가시켜 서비스의 질을 향상시키고 서비스 절차 등을 매력적으로 만드는 전략이다.
③ 협동전략은 다른 조직들에게 필요한 서비스를 제공하여 상호 불안감을 해소시키고 이에 대한 보답으로 권력을 증가시키는 전략이다.
④ 방해전략은 자신의 조직과 경쟁적 위치에 있는 다른 조직의 활동을 방해하거나 다른 조직의 세력을 약화시키는 전략이다.

079 ▶ ⑤

| 정답 해설 |

⑤ 최근 사회복지행정의 환경은 복지다원주의 패러다임의 등장으로 공공과 민간의 협력체제 강화를 통해 복지서비스 공급의 다원화가 이루어지고 있다.

080 ▶ ③

| 오답 해설 |

① 시·도지사 및 시장·군수·구청장은 관내의 저소득층 밀집지역, 요보호대상자 및 인구수, 기타 지역의 특성 등을 고려하여 사회복지관의 설치·운영에 관한 중·장기 육성계획을 수립하고, 동 계획에 의하여 사회복지관이 설치·운영되도록 한다. 즉, 기초 지방자치단체마다 설치해야 한다는 규정은 없다.
② 사회복지전담공무원은 지방직 공무원으로서 시·도, 시·군·구, 읍·면·동 및 사회보장사무전담기구에 배치한다.
④ 사회복지관은 사회복지서비스 욕구를 가지고 있는 모든 지역사회 주민을 대상으로 복지서비스를 제공한다.
⑤ 조직구조는 일반적으로 부서화되어 있으며, 필요에 따라서는 프로젝트 팀 구조를 활용할 수 있다.

081 ▶ ⑤

| 정답 해설 |

⑤ 한국에서 비영리 사회복지서비스업은 창업 후 일정 기간 동안 소득세와 법인세가 감면되며, 지방세도 감면된다.

082 ▶ ①

| 정답 해설 |
① 사회복지시설의 설치가 허가제에서 신고제로 전환됨에 따라 기관의 수가 증가하였고, 시설평가제도가 실시되면서 사회복지조직은 다른 기관과 경쟁하여 서비스 품질 향상과 수요자 중심의 복지서비스를 추구한다.

083 ▶ ①

| 정답 해설 |
① 제시된 내용은 지역복지 거버넌스를 구축하고 있는 상황이다. 지역복지 거버넌스란 지역사회복지 서비스 공급을 위해 지방정부와 기업, 학계, 비정부기구(NGO), 언론 등 지역사회 구성인자 간 협력적 네트워크를 구축하는 것을 말한다. 새마을운동, 지역포럼, 지역사회 청소년 통합지원체계(청소년 CYS-Net), 맞춤형 서비스 통합·연계 등이 이에 해당한다.

084 ▶ ④

| 정답 해설 |
④ 지역사회 통합돌봄(커뮤니티 케어)은 돌봄이 필요한 주민이 거주하는 곳에서 개개인의 욕구에 맞는 복지서비스를 누리고 지역사회와 함께 어울려 살아갈 수 있도록 주거, 보건의료, 요양, 돌봄, 일상생활의 지원을 통합적으로 확보하는 지역주도형 정책이다. 따라서 지역사회 통합돌봄 추진에 따라 생활시설 거주자의 퇴소를 금지하고 있다는 것은 적절하지 않다.

085 ▶ ④

| 오답 해설 |
ⓒ 사회복지조직의 행정관리능력 향상으로 지역 중심 강화(탈시설화)가 이루어져 시설복지에서 지역사회 통합돌봄으로 전환하고 지역사회 내의 다양한 자원을 활용하기 위한 노력이 증가하고 있다.

086 ▶ ②

| 정답 해설 |
② 사회복지시설(사회복지관 포함)의 서비스 최저기준에는 시설 이용자의 인권, 시설의 환경, 시설의 운영, 시설의 안전관리, 시설의 인력관리, 지역사회 연계, 서비스의 과정 및 결과 등이 있다(사회복지사업법 시행규칙 제27조). 시설의 규모는 포함되지 않는다.

087 ▶ ⑤

| 정답 해설 |
⑤ 사회복지행정에 기업의 경영관리 기법 도입이 증가하며, 성과 강조와 마케팅 활성화가 이루어졌다.

UNIT 08 리더십

088	④	089	④	090	①	091	①	092	⑤
093	②	094	③	095	③	096	③	097	①
098	②	099	②	100	①				

088 ▶ ④

| 오답 해설 |
① 인간(구성원)과 생산성(과업)에 대한 관심을 교차하여 유형화하였다.
② 이상적 유형은 팀형(9.9)이다. 컨트리클럽형(1.9)은 인간(구성원)에 대한 관심은 높지만, 생산성에 대한 관심은 없는 유형이다.
③ 컨트리클럽형(1.9)에 관한 설명이다. 팀형(9.9)은 과업성과, 인간(구성원) 사기 모두를 중시하는 유형이다.
⑤ 컨트리클럽형(1.9)에 관한 설명이다. 무기력형(1.1)은 인간(구성원)과 생산성 모두에 관심이 낮은 유형이다.

관/련/개/념

관리격자이론의 리더십 유형

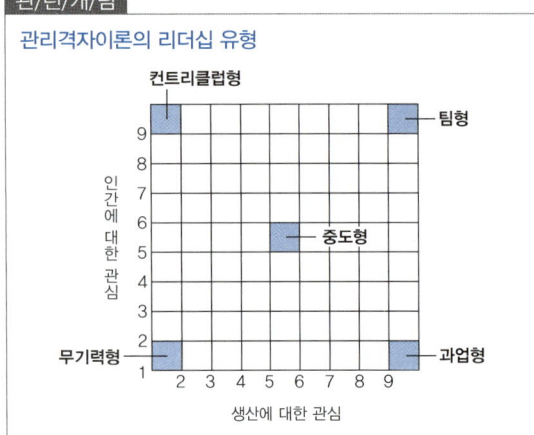

089 ▶ ④

| 정답 해설 |

④ 퀸은 리더십 유형을 '외부 지향, 내부 지향'과 '통제성 위주, 유연성 위주'의 축을 기준으로 한 4개 영역으로 제시하였는데, '내부 지향/유연성 위주'의 유형은 동기부여형 리더십(인간관계모형)에 해당한다. 이와 상반된 '외부 지향/통제성 위주'의 유형은 목표달성가 리더십(합리적 목표모형)에 해당한다.

| 오답 해설 |

① 블레이크와 머튼은 관리격자이론을 통해 리더십 유형을 각각 무기력형(무관심형), 컨트리클럽형(호인형), 과업형(강제형), 중도형, 팀형으로 구분하였는데, 팀형 리더가 이끄는 집단이 가장 높은 성과를 보인다고 하였다.
② 피들러는 과업 지향적 리더는 매우 호의적이거나 매우 비호의적인 상황에서 더 좋은 성과를 올리는 경향이 있으며, 관계 지향적 리더는 호의성이 중간 정도일 때 더 높은 성과를 올릴 수 있다고 보았다.
③ 허시와 블랜차드는 적절한 리더십의 선택이 구성원의 성숙도에 따라 이루어지며, 구성원의 성숙도는 과업수행 능력과 관련한 직무의 성숙도와 직무수행 의지와 관련한 심리적 성숙도로 구성된다고 보았다. 지시형 리더십은 능력(낮음)/의지(낮음) 유형으로, 구성원의 성숙도가 낮을 경우(미성숙) 적합하다. 위임형 리더십은 능력(높음)/의지(높음) 유형으로, 구성원의 성숙도가 높을 경우(성숙)에는 구성원들이 자율적으로 과업을 수행하도록 한다.
⑤ 배스의 변혁적 리더십은 리더와 구성원이 협력하는 과정에서 리더십이 형성된다고 보는 이론이다. 구성원의 욕구와 보상에 관심을 갖는 것은 거래적 리더십이다.

090 ▶ ①

| 정답 해설 |

① 하우스의 경로-목표이론에 대한 설명이다. 경로-목표이론은 하급자의 특성과 환경적 요소를 고려하여 적절한 리더십 행동 유형을 선택 및 활용함으로써 하급자의 성취동기를 자극하고 성과와 만족감을 높일 수 있다고 보는 이론이다. 관리격자이론은 리더십 행동을 인간에 대한 관심, 생산에 대한 관심이라는 두 가지 차원에서 고려한다.

091 ▶ ①

| 오답 해설 |

ㄴ, ㄷ 거래적 리더십에 관한 설명이다.

092 ▶ ⑤

| 정답 해설 |

⑤ 사회복지관의 관장이 직원 개인의 문제와 상황에 관심을 갖고 적극적으로 지원하며 조직 내 인간관계도 중요하게 여긴다는 점을 통해 인간에 대한 관심이 높음을 알 수 있다. 또한, 사업관리는 서비스 제공 팀장에게 일임하고, 화기애애한 조직 분위기를 조성하는 역할에 전념한다는 점을 통해 생산에 대한 관심은 낮음을 알 수 있다. 이는 리더십 유형 중 컨트리클럽형에 해당한다.

093 ▶ ②

| 정답 해설 |

② 칼리슬은 리더십의 유형을 지시적 리더십, 참여적 리더십, 자율적 리더십으로 구분하였다. 제시된 내용은 참여적 리더십에 관한 설명이다. 이는 민주적 리더십으로서 성원들의 지식과 기술 활용이 용이하며 참여 동기와 사명감이 향상될 수 있으나, 책임이 분산되어 조직이 무기력해질 수 있다는 특징이 있다.

| 오답 해설 |

① 지시적 리더십은 명령과 복종을 강조하는 유형으로, 리더는 독선적이며 조직 구성원들을 보상과 처벌로써 통제하고 관리한다.
③ 방임적(자율적) 리더십은 자율적 리더십으로 대부분의 의사결정권을 하급자에게 위임한다.

094 ▶ ③

| 정답 해설 |

③ ⓒ 상황이론은 개방체계로서의 조직환경의 중요성을 강조하고 정치, 경제, 사회, 문화, 기술 등 조직을 둘러싼 환경변수를 본격적으로 고려하기 시작한 이론이다. 조직의 양식, 과정들은 고정적이지 않고 상황적이며 환경에 의존한다는 인식에 기초한다.

| 오답 해설 |

㉠ 막스 베버의 관료제이론에 관한 설명이다.
ⓒ 테일러의 과학적 관리론에 관한 설명이다.

095 ▶ ③

| 정답 해설 |

③ 허시와 블랜차드의 상황이론은 구성원의 성숙도(능력과 의지)를 강조하며, 리더십의 유형을 지시형, 설득형, 참여형, 위임형으로 구분한다.

| 오답 해설 |

① 블레이크와 머튼의 관리격자모형은 행동이론 중 하나이다.
② 블레이크와 머튼의 관리격자모형에서 가장 바람직한 행동 유형은 인간과 생산성 두 가지 차원 모두에 관심이 높은 팀형이다.
④ 퀸의 경쟁가치 리더십모형은 여러 경영이론을 정리한 포괄적 리더십모형이다.
⑤ 퀸의 경쟁가치 리더십모형에서는 조직환경의 변화에 따라 리더십이 달라진다.

096 ▶ ③

| 오답 해설 |

㉠ 서번트 리더십에 관한 설명이다.
ⓒ 거래적 리더십에 관한 설명이다.

097 ▶ ①

| 정답 해설 |

① 참여적(참여형) 리더십은 의사결정 과정에 성원들을 참여시켜 동기를 부여하고 사명감을 향상시킬 수 있지만, 책임이 분산되어 조직이 무기력해지거나 의사결정에 시간과 에너지가 많이 소요될 수도 있다.

098 ▶ ②

| 정답 해설 |

② 컨트리클럽형은 일에 대한 관심은 없고, 사람에 대한 관심만 높은 리더이다. 사람에 대한 관심과 일에 대한 관심이 모두 높은 리더는 팀형이다.

099 ▶ ②

| 오답 해설 |

① 변혁적 리더십은 리더와 부하 직원이 협력하는 과정에서 형성되는 것으로, 부하 직원의 내면을 변화시키는 리더십이다.
③ 사회환경 변화는 조직 혁신과 매우 밀접한 관계이다.
④ 조직 내부환경을 고려하지 않고 변화를 추진하면 혁신은 성공할 수 없다.
⑤ 거래적 리더십에 관한 설명이다.

100 ▶ ①

| 정답 해설 |

㉠ 섬김 리더십은 리더가 부하 직원을 섬기는 자세로 봉사하며 부하의 성장 및 발전을 돕고 조직의 목표달성에 부하 스스로 기여하도록 만들기 때문에 생산성 측면에서 부하 직원의 자발적 행동의 정도를 중시한다. 또한, 인간 존중, 정의, 정직성, 공동체적 윤리성을 강조한다.
ⓒ 섬김 리더십에서 경청은 리더의 가장 기본적인 자질이다. 리더는 구성원에게 관심을 가지고 구성원이 무엇을 말하고자 하는지 파악하며, 그들에게 공감하는 수용적인 태도를 가지고 청지기 책무 활동을 수행해야 한다.

| 오답 해설 |

ⓒ 거래적(선택적) 리더십에 관한 설명이다.
ⓔ 특성(자질)이론에서 리더십은 타고나는 것으로 지능, 사회적 지위, 교육 정도, 외모 등이 중요하게 작용하며 어떤 특별한 특성들을 갖추게 되면 효과적인 리더가 될 수 있다고 본다.

UNIT 09 인사관리

101	①	102	②	103	⑤	104	②	105	②
106	③	107	⑤	108	⑤	109	④	110	①
111	④	112	①	113	③	114	③	115	④
116	⑤	117	③	118	①	119	②	120	④
121	④	122	①	123	②				

101 ▶ ①

| 오답 해설 |

② 직군에 대한 설명이다. 직무분석은 어느 특정한 직무의 성질을 결정하고 그 직무에 포함되는 일의 내용, 필요로 하는 숙련·지식·능력 및 책임, 직위의 구분 기준 등 직무내용을 분석하는 것이다.
③ 인사평가에 대한 설명이다. 직무평가는 조직 내의 각 직무의 상대적 가치를 평가하여 직무가치체계로 종합하는 것을 말한다.
④ 직무명세서에 대한 설명이다.
⑤ 직무기술서에 대한 설명이다.

102 ▶ ②

| 정답 해설 |

② 지지적 기능에 대한 설명이다. 교육적 기능은 교육을 통해 사회복지사의 문제해결능력과 실천기술 향상을 도모한다.

103 ▶ ⑤

| 오답 해설 |

① 직무만족은 조직몰입에 긍정적인 영향을 미친다.
② 신규채용은 공개모집을 원칙으로 한다.
③ 브레인스토밍은 주제와 다소 무관한 의견이라도 새로운 아이디어로 연결될 수 있다는 점을 감안하기 때문에 제약 없이 의견을 제시할 수 있다. 즉, 아이디어의 질보다는 양을 중시한다.
④ 갈등은 조직 내에 비능률을 가져오는 역기능적 측면도 있지만, 더 나은 개선안이 도출되는 등의 순기능적 측면도 존재한다. 구조주의이론에서는 갈등을 순기능으로 보고 있다.

104 ▶ ②

| 정답 해설 |

② 직무분석에 관한 설명이다.

105 ▶ ②

| 오답 해설 |

① 기준은 평가의 초기단계에서 평가자 및 평가를 받는 자가 동의할 수 있는 기준으로 확립하여 평가를 실시하는 것이 바람직하다.
③ 도표 평정식 평가는 주관적 직무수행평가로 5점 평정 척도가 일반적이며, 단순한 척도로서 직원들 간의 인기투표로 전락하기 쉽기 때문에 관대화 오류가 발생할 수 있다.

  참고 관대화 오류란 평가자가 평가 대상자의 수행이나 성과를 실제보다 더 높게 평가하는 오류를 말합니다.

④ 자기평가는 자기 자신을 제일 잘 아는 사람은 자신일 것이라는 전제하에 자신의 직무수행을 스스로 평가하는 것으로, 서비스 이용자에 의한 평가(고객평가)보다 비용 소모가 적다.
⑤ 동료평가란 한 집단에서 함께 지내는 동료들이 주변에 있는 동료를 평가하는 것으로, 동료와의 우정으로 인해 사실보다 더 후한 점수를 주거나 적대적인 동료에게 낮은 점수로 보복하는 경우가 발생할 수 있다. 또한, 직무에 대해서 평가자가 평가 대상자보다 넓은 지식과 이해를 지니고 있다고 단언할 수 없다.

106 ▶ ③

| 정답 해설 |
③ 계속교육은 정규교육을 다 마친 개인에게 교육을 받을 수 있는 기회를 제공하는 평생교육의 한 형태이다.

| 오답 해설 |
① 패널토의는 토의에 참가하는 약 3~4명의 패널과 다수의 일반 청중으로 구성되며, 특정 주제에 대해 상반되는 견해를 대표하는 몇몇 사람들이 사회자의 진행에 따라 토의하는 형태이다.
② 순환보직은 조직 구성원을 일정한 시간 간격을 두고 다른 직위 및 직급에 전보 또는 배치시키는 것이다.
④ 역할연기는 일상생활에서의 여러 역할을 모의로 실연하는 것이다.
⑤ 분임토의는 토의에 참가해야 하는 사람들이 많을 때 사용하는 방법으로, 소그룹으로 나누어서 의견을 모은 후 소그룹의 대표들이 모여서 소그룹의 의견을 중심으로 전체회의에서 의견을 개진하는 형식이다.

107 ▶ ⑤

| 정답 해설 |
⑤ ㉠, ㉡, ㉢ 모두 직무소진에 관해 옳은 설명이다.

관/련/개/념

직무소진
- 직무와 관련된 스트레스에 효과적으로 대처하지 못함으로써 표출되는 정서적, 육체적, 태도적 고갈 상태를 말한다.
- '열성의 단계 → 침체의 단계 → 좌절의 단계 → 무관심의 단계'를 거친다.
- **직무소진의 측정도구**: 정서적 고갈, 비인격화, 성취감 감소

108 ▶ ⑤

| 정답 해설 |
⑤ 인적자원관리란 조직의 목표를 달성하는 데 가장 도움이 되는 방향으로 직원을 채용하고 능력을 개발하며 직원이 근무 의욕을 갖고 조직에 헌신할 수 있도록 하는 동기 부여·유지의 목적으로 직무배치, 승진, 평가를 하는 활동이다. 재무는 재정관리와 관련이 있다.

109 ▶ ④

| 정답 해설 |
④ ㉡, ㉢ 직무를 통한 연수(OJT)는 실제 현장에서 일상적인 직무를 수행하는 과정을 통해 피훈련자가 감독자 또는 선임자로부터 업무 수행에 관한 지식과 기술을 학습하는 방법이다.

| 오답 해설 |
㉠ 자기계발비 지원에 관한 설명이다.
㉣ 직장 외 훈련(Off the Job Training, Off-JT)에 관한 설명이다. 이는 직장 밖에서 강의 또는 토의를 통해 실시하는 교육훈련 방식이다.

110 ▶ ①

| 정답 해설 |
① 직무기술서는 직무 자체에 대한 기술로, 직무의 명칭 및 개요, 직무 내용, 직무 수행 방법, 핵심 과업 및 장비, 환경, 직무 활동 등이 내용에 포함된다. 급여 수준은 포함되지 않는다.

111 ▶ ④

| 오답 해설 |
㉠ 인적자원관리는 '직무분석 → 직무기술서 작성 → 직무명세서(채용 공고문) 작성 → 모집과 선발' 순으로 실행된다. 따라서 직무분석은 가장 처음 이루어진다.

112 ▶ ①

| 정답 해설 |
① 사회복지조직은 인적자원관리 차원에서 동기부여를 위해 보상체계로 인정, 성과급, 승진 등을 제시한다.

113 ▶ ③

| 오답 해설 |
㉢ 직무명세서에 관한 설명이다.

114 ▶ ③

| 정답 해설 |

③ 사회복지사들이 동등한 자격으로 서로에게 슈퍼바이저 역할을 수행하는 동료집단 슈퍼비전이 있다.

115 ▶ ④

| 정답 해설 |

④ 정치는 인적자원관리의 구성요소가 아니며, 승진과 근태관리는 인적자원관리의 구성요소 중 개발에 해당한다.

> 참고 인적자원관리의 구성요소는 기본, 확보, 개발, 보상, 유지입니다.

116 ▶ ⑤

| 오답 해설 |

① 멘토링이란 직장에서 다양하고 많은 경험을 한 사람들이 멘토가 되어 그렇지 않은 직원(멘티)에게 업무기술, 대인관계, 조직적인 기술 등을 안내 및 전수해 주는 방법이다.
② 감수성 훈련이란 자신이 조직 내 다른 구성원들로부터 어떻게 인지되고 있는지 파악하는 능력을 개발하여 자신의 역할이 상호작용 등에 미치는 영향을 깨닫게 하는 방법이다.
③ 역할연기는 특정 역할을 연기해 봄으로써 각 역할에 대한 이해를 높이기 위해 사용한다.
④ 소시오 드라마는 '사회극'이라 불리며, 조직 내 문제와 갈등을 일으키는 상황을 집단 앞에서 연출하는 것이다.

117 ▶ ③

| 정답 해설 |

③ 직무수행평가를 위해서는 우선 직무수행 기준을 확립(ㄹ)해야 한다. 수행 기준이 확립되면 직무수행 기대치를 직원에게 전달(ㅁ)하고, 평가도구를 사용하여 직원의 실제 직무수행을 측정(ㄷ)한다. 측정된 실제 직무수행은 직무수행 평가기준과 비교(ㄱ)한 후, 직원과 함께 평가결과에 대한 회의를 진행(ㄴ)한다.

118 ▶ ①

| 정답 해설 |

① 동기유발요인에는 성취에 대한 인정 외에도 책임(증대되는 책임성), 향상(승진), 일(직무) 그 자체, 성장(발전) 가능성 등이 있다.

| 오답 해설 |

②, ③, ④, ⑤ 위생유발요인에 해당한다.

119 ▶ ②

| 정답 해설 |

② 맥클리랜드의 성취동기이론은 권력 욕구, 친교 욕구(친화 욕구), 성취 욕구로 구성되어 있다. 제시문의 빈칸에는 순서대로 친교, 권력, 성취가 들어가야 한다.

관/련/개/념

맥클리랜드의 성취동기이론(성취욕구이론)

권력 욕구	다른 구성원에게 통제력을 행사하거나 행동에 영향을 미치려는 욕구 또는 다른 구성원에 대한 책임을 지거나 그들 위에 권위로 군림하려는 욕구이다.
친화 욕구	• 다른 사람과 우호적이고 따뜻한 관계를 유지하려는 욕구이다. • 친화 욕구가 강한 구성원은 사회적 관계를 유지하는 데 관심을 갖고 친밀감과 이해를 증진시킬 수 있다.
성취 욕구	• 우수한 결과를 얻기 위해 높은 기준을 설정하고 이를 달성하고자 하는 욕구이다. • 어려운 과제를 해결하고 일을 보다 효율적으로 처리하며 복잡한 직무를 숙달하고자 하는 욕구이다.

120 ▶ ④

| 정답 해설 |

④ 맥클리랜드의 성취동기이론은 권력 욕구, 친화 욕구, 성취 욕구로 구성되어 있으며, 성취 욕구가 친화 욕구, 권력 욕구보다 상위단계이다. 욕구를 성장 욕구, 관계 욕구, 존재 욕구로 나누어 본 것은 알더퍼의 ERG이론이다.

관/련/개/념

동기부여이론의 비교

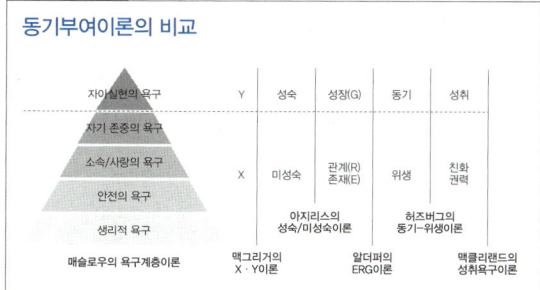

121 ▶ ④

| 정답 해설 |

④ 자신보다 승진이 빠른 입사 동기와 비교하여 자신이 보충해야 할 업무역량을 분석하고 직무 향상과 승진을 위해 대학원 진학을 결정한 것은 형평성이론에 가깝다. 형평성이론은 사람은 자신이 투입한 것과 대비하여 그 보상이 어느 정도인지를 보고 다른 사람과 비교한다는 것에 주목한다. 자신과 조건이 비슷한 동료 종업원과 비교하여 그 대우에 차이가 있다고 지각하면 형평성에 어긋난다고 깨닫게 되고, 과소 지급 혹은 과다 지급으로 불평등을 경험하면 이를 평형 상태로 만들기 위해서 동기가 발생한다고 본다.

122 ▶ ①

| 오답 해설 |

② 맥그리거의 X·Y이론은 인간의 본질에 대한 가정을 중심으로 제기되었다.
③ 허즈버그의 동기·위생요인이론은 불만초래요인을 위생요인으로 규정한다.
④ 아담스의 공평성(형평성)이론에 관한 설명이다.
⑤ 알더퍼의 ERG이론에 관한 설명이다. 매슬로우의 욕구단계이론은 인간의 욕구를 생리적 욕구, 안전의 욕구, 소속과 사랑의 욕구, 자아존중의 욕구, 자아실현의 욕구의 5단계로 구분한다.

123 ▶ ②

| 정답 해설 |

② 허즈버그의 동기위생이론은 직무불만족을 가져다주는 내용을 위생요인(불만족요인), 직무만족을 가져다주는 내용을 동기요인(만족요인)으로 설명한다. 즉 위생요인인 조직의 정책, 근로(작업) 조건, 기술적 슈퍼비전(감독), 동료·상사·부하 직원과의 관계, 급여, 직무에 대한 안정감 등에 변화를 주면 '불만족하지 않은 상태'로 바뀌게 된다고 본다.

| 오답 해설 |

① 브룸의 기대이론은 사람의 동기는 그것이 적극적이든 소극적이든 자신이 노력한 결과에 대하여 스스로 부여하는 가치에 의해 결정된다는 이론이다.
③ 스위스의 TQM이론은 서비스의 품질은 궁극적으로 고객이 결정하며, 이는 초기단계부터 계획되어야 하고, 직원들의 적극적인 참여로 품질개선이 가능하다는 이론이다.
④ 맥그리거의 XY이론은 인간의 본성에 대한 가정을 X이론, Y이론의 2가지로 나누어 각 특성에 따른 관리전략을 처방한 이론이다.
⑤ 아담스의 형평성 이론은 일종의 사회적 비교이론으로서 한 개인이 다른 사람에 비해 어느 정도 공정하게 대우를 받고 있는가에 관한 지각의 중요성을 강조한 이론이다.

UNIT 10	재정관리								
124	⑤	125	②	126	③	127	④	128	③
129	④	130	③	131	⑤	132	④		

124 ▶ ⑤

| 오답 해설 |

①, ④ 예산 사전의결의 원칙에 따라 예산은 회계연도가 개시되기 이전, 즉 예산이 집행되기 전에 의결을 거쳐야 한다.
② 건전재정 운영의 원칙에 따라 재정은 수지 균형의 원칙에 따라 건전하게 운영하여야 한다.

③ 회계연도 독립의 원칙에 따라 각 회계연도의 경비는 당해연도의 세입으로 충당해야 하며, 매 회계연도의 세출예산은 다음 연도에 사용할 수 없다.

관/련/개/념

예산의 원칙

공개성	예산 과정의 주요 단계는 공개해야 한다.
사전의결	예산은 집행 전에 의결을 거쳐야 한다.
정확성	예산과 결산은 가급적 일치해야 한다.
한정성	정해진 목적을 위해 정해진 금액을 정해진 기간 내에 사용해야 한다.
포괄성 (완전성)	예산총계주의 원칙으로, 모든 수입과 지출이 예산에 나타나야 한다.
통일성	기부금, 후원금, 사업수익 등 모든 수입을 하나의 창구로 모아서 지출해야 한다는 원칙으로, 특정한 수입과 특정한 사업을 직접 연결시켜서는 안 된다.

125 ▶ ②

| 오답 해설 |

① 사회복지조직은 비영리조직으로, 국가와 지방자치단체의 보조금이 사회복지조직의 재원으로 포함된다.
③ 사회복지조직은 국가와 지방자치단체의 보조금뿐만 아니라 기부금, 후원금, 수익 사업, 서비스 이용료 등으로도 재원을 충당한다.
④ 별도의 재원 확보를 위한 모금 전략으로 다이렉트 마케팅, 데이터베이스 마케팅, 인터넷 마케팅, 고객관계관리 마케팅 등이 필요하다.
⑤ 사회복지법인이 지방자치단체의 위탁을 받아 비영리시설을 운영할 때 사회복지법인이 비영리시설에 내려보내는 법인 전입금은 민간 재원이다.

126 ▶ ③

| 정답 해설 |

③ 시설운영 사회복지법인인 경우 시설회계와 법인회계는 각각 구분하여 관리한다. 법인의 회계는 법인회계, 해당 법인이 설치·운영하는 시설의 시설회계 및 수익사업회계로 구분하여야 하며, 시설의 회계는 해당 시설의 시설회계로 한다(사회복지법인 및 사회복지시설 재무·회계 규칙 제6조 제2항).

127 ▶ ④

| 정답 해설 |

④ 품목별 예산에 대한 설명이다. 프로그램 예산은 동일한 정책을 수행하는 사업단위로 묶어 편성하는 예산제도이다.

128 ▶ ③

| 정답 해설 |

③ 품목별 예산은 예산이 회계 계정별, 구입 품목별로 편성되기 때문에 신축성 있는 집행이 곤란하다.

129 ▶ ④

| 정답 해설 |

④ 기획예산제도는 목표설정 이후 달성을 위한 각종 대안을 체계적으로 검토하고 현재의 결정에 대한 미래의 비용을 고려한다.

130 ▶ ③

| 정답 해설 |

③ 로만이 제시한 예산 통제의 원칙에는 강제의 원칙, 개별화의 원칙, 효율성의 원칙, 예외의 원칙, 보고(환류)의 원칙, 개정의 원칙이 있다. 접근성의 원칙은 해당하지 않는다.

131 ▶ ⑤

| 오답 해설 |

① 영기준 예산은 전년도 예산을 전혀 고려하지 않고 프로그램의 정당성을 매년 새로이 마련한다.
② 계획 예산은 국가의 장기적 계획을 수립하고 기본계획을 연차적으로 실행하기 위해 프로그램별로 예산을 편성한다.
③ 영기준 예산은 최적의 대안을 선택하기 위해 비용-편익분석, 비용-효과분석을 거쳐 수립한다.
④ 성과주의 예산은 산출물 또는 성과를 중심으로 예산을 운용하는 제도로, 전년도 사업의 성과를 고려하여 수립한다.

132 ▶ ④

| 정답 해설 |

④ 효과적인 예산 집행을 위해서는 강제성을 가진 규정을 두어야 한다(강제성의 원칙).

UNIT 11 정보 관리 시스템

| 133 | ② | 134 | ② | 135 | ④ |

133 ▶ ②

| 정답 해설 |

② 사회복지조직에서 정보관리가 최우선은 아니지만, 업무효율성, 신속한 서비스 제공, 서비스 연계, 정확성·객관성·타당성 확보 측면에서 그 중요성이 높아졌다.

134 ▶ ②

| 오답 해설 |

① 복지로는 보건복지부가 운영하는 복지포털사이트로, 복지서비스 소개 및 찾기, 서비스 신청, 복지시설 검색 기능, 복지소식 등을 제공한다.
③ 사회복지시설정보시스템은 사회복지법인 및 시설의 회계·인사·급여·후원금 관리 등의 업무를 전자적으로 처리하고, 행복e음과 연계하여 각종 온라인 보고를 처리할 수 있는 사회복지시설 통합업무관리시스템이다.
④ 사회서비스 전자바우처시스템은 이용 가능한 서비스의 금액이나 수량이 기재된 증표(이용권)를 전자화하여 서비스 신청, 이용, 비용 지불, 정산 등의 전 과정을 처리하는 전산시스템이다.
⑤ 보건복지정보시스템은 운영하고 있지 않다.

135 ▶ ④

| 정답 해설 |

④ 사회복지정보화에 따라 다양하고 능동적인 복지정책에 순응하기 위해 학습조직의 필요성이 증가하였다.

UNIT 12 기획과 의사결정

| 136 | ④ | 137 | ③ | 138 | ④ | 139 | ③ | 140 | ④ |
| 141 | ① | 142 | ⑤ | 143 | ④ | 144 | ① | | |

136 ▶ ④

| 정답 해설 |

④ 프로그램평가검토기법(PERT)은 일정변경 등 유동적인 상황을 대처하는 데 편리하다.

| 관/련/개/념 |

프로그램평가검토기법(PERT)의 장·단점

장점	• 활동 간 상관관계가 나타나기 때문에 전반적인 진행의 흐름을 파악하는데 용이함 • 활동의 순서가 나타나기 때문에 업무를 체계적으로 수행하는 데 도움이 됨 • 활동을 진행하면서 특정 활동의 소요시간 증감, 일정 변경 등 유동적인 상황에 대해 대처하는 데 편리함
단점	• 소요시간 예측이 어렵기 때문에 치밀한 계산이 필요함 • 모든 활동을 활동 간 연결성을 파악하여 순서대로 배치해야 하기 때문에 도식화를 하는 과정에서 너무 많은 시간과 비용이 낭비될 수 있음

137 ▶ ③

| 오답 해설 |

① PERT(프로그램 평가 검토 기법)는 목표달성의 기한을 정해 놓고 설정된 주요 목표나 활동의 상호 관계와 시간계획을 연결시켜 도표로 나타내는 것으로, 최초로 시도되는 프로그램 관리에도 유용하다.
② 간트 차트(시간별 활동계획 도표)는 시간을 통제함으로써 하나의 프로젝트가 정해진 시간에 완성될 수 있도록 하는 관리 기법이다. 임계통로는 PERT와 관련이 있다.
④ 사례 모델링은 내담자에게 바람직한 행동의 실제적·상징적 본보기를 제공함으로써 모방 및 관찰을 통해 소기의 목표행동을 학습하도록 하는 방법이다.
⑤ 월별 활동계획 카드(shed u-graph)에 관한 설명이다. 마일스톤이란 프로젝트 진행 과정에서 특기할 만한 사건이나 이정표를 말한다.

138 ▶ ④

| 오답 해설 |

㉠ 목표관리제(MBO)에 대한 설명으로, 목표관리제는 순환적 과정(환류)과 구성원의 참여를 강조하며 결과 지향적인 기법이다.
㉢ 프로그램 평가 검토 기법(PERT)에 관한 설명이다.

139 ▶ ③

| 정답 해설 |

③ 체계이론을 적용한 모델은 논리모델이다. 방침관리기획(PDCA)은 '계획(Plan) – 실행(Do) – 확인(Check) – 조정(Act)' 사이클에 따른 프로그램 기획 기법으로, 한 조직의 문제를 해결하고 핵심 목표를 달성하기 위해 조직의 자원을 동원시키는 데 중점을 둔다.

140 ▶ ④

| 정답 해설 |

④ 스키드모어의 기획 과정은 '목표 설정(㉤ 구체적 목표 설정) → 자원 고려(㉡ 가용자원 검토) → 대안 모색(㉠) → 결과 예측(㉢ 대안결과 예측) → 계획 결정(㉣ 최종대안 선택) → 구체적 프로그램 수립(㉥ 프로그램 실행계획 수립) → 개방성 유지' 순으로 이루어진다.

141 ▶ ①

| 오답 해설 |

② 간트 차트는 세로에는 사업의 세부 목표 및 관련 활동을 기입하고 가로에는 월별/주별/일별 시간을 기입하여 목표별·활동별 수행현황을 막대 모양으로 나타낸 도표이다.
③ 논리모델은 프로그램이 어떻게 작동하는지를 보여 주는 도표로, 프로그램 이론과 프로그램이 기반하고 있는 과정들을 체계적으로 표시한 모델이다.
④ 임팩트모델은 사회문제 해결의 주체로 기업의 역할이 확대되며, 기업의 수익과 사회적 가치가 만나는 지점이 비즈니스모델이 된다고 본다.
⑤ 플로우 차트는 순서도 또는 흐름도라고도 하며, 어떠한 일을 처리하는 과정을 순서대로 간단한 기호와 도형으로 도식화한 것이다.

142 ▶ ⑤

| 오답 해설 |

①, ③ '합리모형'에 관한 설명이다.
② 객관적인 상황적 조건보다는 결정자의 행동에 더 많은 주의를 기울이는 것은 만족모형이다.
④ '혼합모형'에 관한 설명이다.

143 ▶ ④

| 정답 해설 |

④ 쓰레기통모형은 조직의 목표 및 이를 달성하는 기술 등이 모호하고 구성원들이 이동이 많은 조직에서 문제, 해결책, 선택 기회, 참여자의 네 가지 요소가 독자적으로 움직이다가 우연히 마주치게 될 때 의사결정이 이루어진다는 모형이다.

| 오답 해설 |

① 점증모형에서 의사결정은 관례나 기존의 정책을 토대로 이를 점진적으로 개선할 수 있는 대안을 찾는 선에서 이루어진다.
② 연합모형(옹호연합모형)은 상향식 접근방법의 분석단위(신념체계)에 하향식 접근방법의 변수(법적·사회경제적 요인)를 결합해 사용하는 접근 방법이다.
③ 만족모형은 정책목표 및 기준은 불확정 상황에 있으므로 최적의 대안보다는 만족스러운 대안을 선택할 수밖에 없다는 점을 밝힌 모형이다.
⑤ 공공선택모형은 시민들을 소비자로 규정하고 정부를 공공재의 생산자로 규정한다.

144 ▶ ①

| 오답 해설 |

② 브레인스토밍은 집단적 창의적 발상 기법으로, 어떤 안건(주제)과 관련된 사람들이 모여 집단의 효과로 아이디어의 연쇄반응을 일으키게 함으로써 자유분방하게 아이디어를 내는 방법이다.
③ 델파이 기법은 여러 명의 전문가로부터 우편으로 의견이나 정보를 수집하여 그 결과를 분석한 후, 그것을 다시 응답자들에게 보내어 의견을 묻는 식으로 만족스러운 결과를 얻을 때까지 반복하는 방법이다.

④ SWOT 기법은 비즈니스나 특정 프로젝트의 내부 환경과 외부 환경을 분석하여 강점(Strength), 약점(Weakness), 기회(Opportunity), 위협(Threat)을 식별하고 이를 토대로 전략을 수립하는 기법이다.
⑤ 초점집단면접은 유사한 배경과 경험을 가진 소수의 사람들(6~12명)을 선정하여 의견을 개진하기 위해 적극적인 토론을 시켜 의견을 도출하는 방식이다.

UNIT 13 사회복지조직의 마케팅

145	③	146	①	147	③	148	③	149	⑤
150	③	151	⑤	152	⑤	153	②	154	⑤
155	①								

145 ▶ ③

| 오답 해설 |
① 판매보다는 고객 욕구충족에 집중하는 고객지향성이 중요하다.
② 비영리조직은 영리(이윤)추구를 목적으로 하지 않으며, 조직의 목표달성에 초점을 둔다.
④ 후원자뿐만 아니라, 서비스 이용자에게도 초점을 맞춰야 한다.
⑤ 비영리조직 마케팅 목적은 프로그램을 알리는 홍보뿐만 아니라, 후원금 모금을 위해서도 이루어지며 후원금 모금은 조직의 재정확충과 연결된다.

146 ▶ ①

| 오답 해설 |
② 세분화는 잠재고객의 다양한 욕구를 발견하기 위해서 전체 시장을 여러 세분 시장으로 나누는 것을 말한다.
③ 클라이언트 집단은 마케팅전략의 대상이 될 수 있다.
④ 마케팅 과정은 '고객 및 시장 조사 → STP 전략 설계 → 마케팅 믹스 → 마케팅기법 활용'의 순서로 진행된다. 따라서 시장조사를 실시한다.
⑤ 영리마케팅에 비하여 사회복지조직(비영리조직)의 마케팅은 재정확보, 조직 간의 경쟁 유도, 서비스 개발 및 책임성을 높이기 위한 전략을 수립한다.

147 ▶ ③

| 정답 해설 |
③ 성과(Performance)는 마케팅 믹스(4P) 전략에 포함되지 않는다.

> **관/련/개/념**
>
> **마케팅 믹스(4P)**
> - 상품(제품, Product): 어떤 상품(서비스)을 제공할 것인가?
> - 가격(Price): 서비스의 가격(비용)을 어떻게 결정할 것인가?
> - 판매 촉진(판촉, Promotion): 서비스의 유용성을 어떻게 전달할 것인가?
> - 유통(장소, Place): 클라이언트가 조직을 얼마나 쉽게 찾을 수 있는가?

148 ▶ ③

| 오답 해설 |
① 고객관계관리 마케팅은 고객의 욕구를 파악하여 이른바 '맞춤형 서비스'를 지속적으로 제공함으로써 모금 효과를 극대화하여 후원자 관리에 유용하다.
② 데이터베이스 마케팅은 고객의 지리적·인구적·심리적 특성, 생활양식, 행동양식, 시장에 관한 각종 정보를 수집·분석하고 데이터베이스를 구축하여 마케팅 전략을 수립하는 기법이다.
④ 소셜 마케팅은 기업의 이익 추구뿐만 아니라 사회적 책임을 다하기 위해 행하는 마케팅 활동이다.
⑤ 크라우드 펀딩은 온라인이나 모바일 네트워크 등을 통해 다수의 개인으로부터 자금을 모으는 행위이다.

149 ▶ ⑤

| 정답 해설 |
⑤ 마케팅 믹스의 4P는 제품(Product), 가격(Price), 판매촉진(Promotion), 유통(Place)로 구성된다. 성과(Performance)는 해당하지 않는다.

150 ▶ ③

| 오답 해설 |
① 비영리조직은 재정의 확보, 조직 간 경쟁, 서비스 개발, 책임성 측면에서 마케팅을 추진한다.
② 비영리조직이 증가함에 따라 질 높은 서비스를 제공하는 비영리조직 간의 경쟁에 대응할 필요가 있다.

④ 사회복지조직이 제공하는 물질적·비물질적인 서비스 모두가 마케팅 대상이 된다.
⑤ 비영리조직은 재정 확보를 위해 마케팅을 실시할 수 있다.

151 ▶ ⑤

| 정답 해설 |

⑤ 사회복지사가 학부모들의 요구에 맞춰 프로그램을 기획한 것은 고객관계관리 마케팅 방법이다. 고객관계관리 마케팅은 고객과 관련된 자료를 분석하고 그들의 욕구를 파악하여 이른바 '맞춤 서비스'를 지속적으로 제공함으로써, 모금 효과를 극대화하며 후원자 관리에 유용하다.

| 오답 해설 |

① 사회 마케팅은 정부나 지방자치단체, 시민과 지역사회를 위한 대중의 행동변화를 도모하고 사회문제로부터 도출된 사회적 목표를 달성하기 위하여 아이디어를 개발하는 집단적이고 조직적인 노력이다.
② 공익연계 마케팅은 기업의 이미지를 높여 주어 기업의 상품 판매에 긍정적 영향을 미치면서 동시에 사회복지기관의 후원자 개발에도 기여하는 방식으로 활용하는 마케팅 방법이다.
③ 다이렉트 마케팅은 잠재적 후원자들에게 우편으로 후원을 요청하는 편지를 발송하여 후원자를 개발하는 가장 전통적인 마케팅 방법이다.
④ 데이터베이스 마케팅은 고객의 지리적·인구통계학적·심리적 특성, 생활양식, 행동양식이나 구매 기록뿐만 아니라 경쟁사 정보, 산업 정보 등 시장에 관한 각종 정보를 직접 수집·분석하고 이를 데이터베이스화하여 전략을 수립하는 마케팅 방법이다.

152 ▶ ⑤

| 정답 해설 |

⑤ 비영리조직의 마케팅은 고객에게 초점을 맞추는 영리조직의 마케팅과는 달리, 재정지원자, 내부 조직원, 서비스 공급 지원자, 클라이언트 등 다양한 대상에 초점을 맞춘다. 따라서 다중의 이해관계와 성격에 따라 목표 설정 및 달성에 어려움이 있을 수 있고, 성과 측정도 용이하지 않다.

153 ▶ ②

| 오답 해설 |

ⓒ 가격은 클라이언트가 그 서비스를 받기 위해 지불하고자 하는 대가로서, 서비스 제공자는 비용을 결정하기 전에 사람들이 그 서비스에 어떤 가치를 부여하고 있는지를 알아야 한다.
ⓔ 촉진은 서비스에 대한 클라이언트의 관심을 자극하기 위해 활용되는 모든 홍보, 의사소통 및 촉진 기술이다.

154 ▶ ⑤

| 정답 해설 |

⑤ 사회복지서비스 마케팅은 'ⓔ 고객 및 시장 조사 – ⓐ STP 전략 설계 – ⓒ 마케팅 믹스 – ⓑ 고객관계관리(CRM)'의 순서로 진행한다.

155 ▶ ①

| 정답 해설 |

① 다이렉트 마케팅(DM)은 잠재적 후원자들에게 우편으로 후원을 요청하는 편지를 발송하여 후원자를 개발하는 가장 전통적인 마케팅 방법이다.

UNIT 14 프로그램의 설계

| 156 | ② | 157 | ② | 158 | ③ | | |

156 ▶ ②

| 오답 해설 |

① 표적인구에 관한 설명이다.
③ 위험인구에 관한 설명이다.
④ 일반적으로 표적인구가 일반인구보다 적다.
⑤ 자원이 부족하면 표적인구가 클라이언트인구보다 많아진다.

관/련/개/념

사회복지 프로그램의 대상인구
- **일반인구**: 대상지역의 전체인구를 말한다.
- **위험인구(위기인구)**: 일반인구의 하위집단이자 특정 사회문제에 노출된 인구로, 프로그램이 해결하려는 문제에 취약성이 있는 인구를 말한다.
- **표적인구**: 위험인구의 하위집단이자 프로그램 수혜인구로, 프로그램 수급 자격을 갖춘 인구를 말한다.
- **클라이언트인구**: 표적인구의 하위집단으로, 프로그램 참여 인구를 말한다.

157 ▶ ②

| 오답 해설 |
ⓒ 프로그램 참여자의 스트레스 완화는 참여자들이 얻은 이익이므로 성과에 해당한다.
ⓔ 상담전문가 10인은 프로그램에 투여된 자원이므로 투입에 해당한다.

158 ▶ ③

| 정답 해설 |
③ '자아존중감 10% 이상 향상'은 특정 활동이 클라이언트 및 사회에 미치는 영향이므로, 프로그램 실행 후 일어난 변화 양상을 나타내는 성과목표로 적절하다.

| 오답 해설 |
①, ②, ④, ⑤ 모두 활동목표에 해당한다. 활동목표란 공급자 입장에서 얼마나 많은 서비스를 제공할 것인가(시간) 결정하는 것이다.

UNIT 15 욕구조사와 평가조사

159	②	160	③	161	⑤	162	⑤	163	⑤
164	③	165	①	166	②	167	④	168	①
169	④	170	②						

159 ▶ ②

| 정답 해설 |
② 초점집단조사는 중요한 정보를 얻을 수 있는 사람을 추출해 소수의 응답자와 집중적인 대화를 나누면서 자료를 수집하는 방법이다.

| 오답 해설 |
① 패널조사는 동일한 조사대상에게 조사시점마다 동일한 질문을 반복 실시하여 조사하는 방법이다.
③ 델파이 기법은 전문가를 대상으로 우편이나 이메일로 익명의 설문을 진행하면서 의견을 수집·교환함으로써 합의에 이를 때까지 설문을 반복하는 방법이다.
④ 사회지표조사는 정부기관이나 사회복지 관련 조직의 기존 자료를 분석하여 욕구를 알아내는 방법이다.
⑤ 서베이조사는 전체를 대표할 수 있는 표본을 선정하여 이들에게 설문 또는 면접을 실시하여 자료를 수집하는 방법이다.

160 ▶ ③

| 오답 해설 |
ⓒ 비용-효과분석은 효율성 평가이다.
> **참고** 비용-편익분석, 비용-효과분석 모두 효율성 평가입니다.

161 ▶ ⑤

| 정답 해설 |
⑤ 책임성 요구가 증가하면서 사회복지서비스에 대한 양적평가와 질적평가를 병행하여 실시한다.

162 ▶ ⑤

| 오답 해설 |
① 영향성에 관한 설명이다.
② 효과성에 관한 설명이다.
③ 효율성에 관한 설명이다.
④ 사회적 형평성에 관한 설명이다.

163 ▶ ⑤

| 오답 해설 |
①, ③ 형성평가에 관한 설명이다.
②, ④ 총괄평가에 관한 설명이다.

164 ▶ ③

| 정답 해설 |

③ 사회복지시설의 평가지표는 시설 및 환경, 재정 및 조직운영, 프로그램 및 서비스, 이용자의 권리, 지역사회 관계, 시설운영 전반으로, 이러한 지표는 모든 시설에 공통으로 적용된다.

165 ▶ ①

| 정답 해설 |

① 비용편익분석은 정책집행 비용과 집행이 가져올 예상 편익을 비교하는 방법으로, 효율성을 평가한다.

166 ▶ ②

| 정답 해설 |

② 사회복지사업법에 따라 모든 사회복지시설은 3년마다 평가를 실시(㉠)하며, 그 평가 결과를 공개하고 시설 지원에 반영(㉣)한다.

167 ▶ ④

| 정답 해설 |

④ 비용 절감은 효율성을 극대화(저비용-고효율)하여 클라이언트의 욕구를 고려한 다양한 복지서비스 제공을 가능하게 한다. 따라서 비용 절감은 서비스 이용자의 욕구충족을 위한 목표와 관련이 있다.

168 ▶ ①

| 오답 해설 |

② 영향은 프로그램이 사회문제나 클라이언트의 변화에 미친 정도이다. 사회문제나 클라이언트가 변화하는데 프로그램이 얼마나 영향을 미쳤는가를 평가한다.
③ 효과성은 프로그램의 목표달성 정도이다. 프로그램의 목적(목표)을 얼마나 달성하였는가를 평가한다.
④ 효율성은 투입과 산출의 비율이다. 프로그램에 투입된 시간, 비용, 노력 등의 자원과 산출물의 비율(투입 대비 산출량)을 평가한다.

⑤ 서비스의 질은 서비스가 전문적인 지식과 기술을 가진 직원들에 의해서 제공되었는지 여부와 클라이언트의 신체적·정서적·인지적·사회적·경제적 욕구를 충족시킬 수 있는 수준으로 제공되었는가를 평가한다.

169 ▶ ④

| 오답 해설 |

㉠ 비용-효과분석은 프로그램 비용의 금전적 가치를 고려하지만, 결과의 금전적 가치는 고려하지 않는다. 즉, 투입(비용)은 화폐가치, 결과(효과)는 비화폐적 가치로 분석한다.

170 ▶ ②

| 정답 해설 |

② 사회복지 프로그램 평가는 기관 운영의 재무·회계적, 전문적 책임을 이행하기 위함이다.

UNIT 16 사회복지법인 및 사회복지시설 재무·회계 규칙

| 171 | ⑤ | 172 | ③ | 173 | ③ | 174 | ④ | 175 | ③ |

171 ▶ ⑤

| 정답 해설 |

⑤ 사회복지법인 대표이사는 관·항·목간 예산을 전용할 수 있다.

> 관/련/법/령
>
> **사회복지법인 및 사회복지시설 재무·회계 규칙에 명시된 예산의 전용**
>
> 제16조 ① 법인의 대표이사 및 시설의 장은 관·항·목간의 예산을 전용할 수 있다. 다만, 법인 및 시설(소규모 시설은 제외한다.)의 관간 전용 또는 동일 관내의 항간 전용을 하려면 이사회의 의결 또는 시설운영위원회에의 보고를 거쳐야 하되, 법인이 설치·운영하는 시설인 경우에는 시설운영위원회에 보고한 후 법인 이사회의 의결을 거쳐야 한다.
> ③ 예산 전용 시 시·군·구청장에게 결산보고서를 제출할 때에 과목 전용조서를 첨부하여야 한다.

172 ▶ ③

| 정답 해설 |

③ 사회복지법인 및 사회복지시설 재무·회계 규칙 제10조에 따라 법인의 대표이사 및 시설의 장은 예산을 편성(ⓒ)하여 시설운영위원회에 보고(㉠)한 후 이사회의 의결(㉣)을 거쳐 확정한다. 이후, 확정된 예산을 회계연도 개시 5일 전까지 관할 시장·군수·구청장에게 제출(㉤)하며, 관할 시장·군수·구청장은 제출받은 예산을 공고(㉡)하여야 한다.

173 ▶ ③

| 정답 해설 |

③ 사회복지법인 및 사회복지시설 재무·회계 규칙 제12조에 따라 임·직원의 보수(㉠), 법인 및 시설운영에 직접 사용되는 필수적인 경비(ⓒ), 법령상 지급의무가 있는 경비(㉣)를 전년도 예산에 준하여 집행할 수 있다.

174 ▶ ④

| 정답 해설 |

④ 세입·세출명세서는 예산에 첨부하여야 할 서류이며, 결산보고서에 첨부해야 할 서류는 세입·세출결산서이다.

175 ▶ ③

| 정답 해설 |

③ 사업수입명세서는 사업에 관한 내역, 금액 등을 정리한 것이다. 사업 진행 이후 산출 내역에 대해 작성하는 것이기 때문에 사업 시작 전인 예산 작성 시에는 작성할 수가 없다. 이는 사업이 종료된 후 결산에 첨부하는 서류이다.

| 오답 해설 |

①, ②, ④, ⑤ 사회복지관에서 예산 서류를 제출할 때 첨부하는 서류는 예산총칙, 세입·세출명세서, 추정재무상태표, 추정수지계산서, 임직원보수 일람표, 예산을 의결한 이사회 회의록 또는 예산을 보고받은 시설운영위원회 회의록 사본이다(사회복지법인 및 사회복지시설 재무·회계규칙 제11조).

CHAPTER 8 사회복지법제론

UNIT 01 사회복지법의 개념

001	002	003	004	005
①	③	④	③	①
006	007	008	009	010
④	④	③	④	⑤
011	012			
③	④			

001 ▶ ①

| 정답 해설 |

① 사회적 기본권은 국민이 인간다운 생활을 할 수 있도록 보장하는 권리로, 헌법 제34조 제1항의 인간다운 생활권(생존권)을 그 목적 조항으로 한다. '모든 국민은 신체의 자유를 가진다'고 명시한 헌법 제12조 제1항은 신체의 자유를 보장하는 권리로, 사회적 기본권으로 보기 어렵다.

| 오답 해설 |

② 헌법 제32조 제1항에 규정된 근로의 권리이다.
③ 헌법 제34조 제1항에 규정된 생존권에 대한 내용이다.
④ 헌법 제31조 제1항에 규정된 교육을 받을 권리이다.
⑤ 헌법 제35조 제1항에 규정된 환경권에 대한 내용이다.

> **관/련/개/념**
>
> **우리나라 헌법에 명시된 사회적 기본권**
> - 교육을 받을 권리(제31조)
> - 근로의 권리(제32조)
> - 노동3권(제33조)
> - 인간다운 생활권(제34조 제1항)
> - 환경권(제35조)
> - 보건권(제36조 제3항)

002 ▶ ③

| 정답 해설 |

③ • 신체장애자 및 질병·노령 기타의 사유로 생활능력이 없는 국민은 법률이 정하는 바에 의하여 국가의 보호를 받는다(헌법 제34조 제5항).
• 지방자치단체는 주민의 복리에 관한 사무를 처리하고 재산을 관리하며, 법령의 범위 안에서 자치에 관한 규정을 제정할 수 있다(헌법 제117조 제1항).

003 ▶ ④

| 정답 해설 |

④ • 국가는 사회보장·사회복지의 증진에 노력할 의무를 진다(헌법 제34조 제2항).
• 신체장애자 및 질병·노령 기타의 사유로 생활능력이 없는 국민은 법률이 정하는 바에 의하여 국가의 보호를 받는다(헌법 제34조 제5항).

004 ▶ ③

| 정답 해설 |

③ 헌법 제33조(노동3권)에 따르면 공무원인 근로자는 법률이 정하는 자에 한하여 단결권·단체교섭권 및 단체행동권을 가진다. 다만, 법률이 정하는 주요방위산업체에 종사하는 근로자의 단체행동권은 법률이 정하는 바에 의하여 이를 제한하거나 인정하지 아니할 수 있다.

005 ▶ ①

| 정답 해설 |

① • 국가는 사회보장·사회복지의 증진에 노력할 의무를 진다(헌법 제34조 제2항).
• 신체장애자 및 질병·노령 기타의 사유로 생활능력이 없는 국민은 법률이 정하는 바에 의하여 국가의 보호를 받는다(헌법 제34조 제5항).

006 ▶ ④

| 정답 해설 |

④ 모든 국민은 인간으로서의 존엄과 가치를 가지며, 행복을 추구할 권리를 가진다. 국가는 개인이 가지는 불가침의 기본적 인권을 확인하고 이를 보장할 의무를 진다(헌법 제10조).

007 ▶ ④

| 오답 해설 |

① 불문법원에 관한 설명이다. 성문법원의 종류에는 헌법, 법률, 명령, 자치법규 등이 있다.

② 시행령과 시행규칙은 국회의 의결을 거치지 않는다. 하지만 법률은 국회의 의결을 거쳐 제정, 공포된 법원이다.
③ 시행령보다 시행규칙이 하위 법규범이다. 반대로, 시행규칙보다 시행령이 상위 법규범이다.
⑤ 정부는 법률안을 제출할 수 있다.

> 참고 법률안 제출은 국회의원(발의자 포함하여 10인 이상) 또는 정부(국무회의 거쳐 대통령)가 합니다.

008 ▶ ③

| 정답 해설 |

③ 성문법원에는 헌법, 법률, 명령(시행령, 시행규칙), 자치법규(조례, 규칙)가 있다.

009 ▶ ④

| 정답 해설 |

④ 시행령은 대통령이 발할 수 있는 명령(대통령령)이다. 국무총리나 행정 각 부의 장관이 소관 사무에 대하여 발하는 명령은 시행규칙(총리령, 부령)이다.

010 ▶ ⑤

| 정답 해설 |

⑤ ㉠, ㉡, ㉢, ㉣ 모두 우리나라 사회복지법의 법원에 해당한다.

011 ▶ ③

| 오답 해설 |

① 관습법은 사회복지법의 법원이 될 수 있다. 다만, 관습법은 성문법에 대하여 보충적 효력으로만 인정된다.
② 법률은 국회의 의결을 거쳐서 대통령이 서명·공포함으로써 성립하는 법이다.
④ 명령은 국회의 의결을 거치지 아니하고 권한 있는 행정기관이 단독으로 정하는 법규이다.
⑤ 헌법에 의하여 체결·공포된 조약과 일반적으로 승인된 국제법규는 국내법과 같은 효력을 가진다(헌법 제6조 제1항).

> 참고 국민연금법은 제127조를 통해 외국과의 사회보장협정 규정을 두고 있습니다.

012 ▶ ④

| 정답 해설 |
④ 정부가 법률안을 제출하고자 할 경우 국무회의의 심의를 거쳐 국무총리와 관계 국무위원의 부서를 받은 후, 대통령이 국회의장에게 제출한다.

| 오답 해설 |
① 국무총리는 총리령을 발할 수 있다.
② 지방자치단체의 장은 규칙을 발할 수 있다.
③ 국회의원과 정부는 법률안을 제출할 수 있다(헌법 제52조).
⑤ 법률은 특별한 규정이 없는 한 공포한 날로부터 20일을 경과함으로써 효력이 발생한다(헌법 제53조 제7항).

UNIT 02 사회복지법의 발달 과정

| 013 | ① | 014 | ③ | 015 | ③ | 016 | ⑤ | 017 | ③ |
| 018 | ⑤ | 019 | ③ | 020 | ③ | 021 | ⑤ | | |

013 ▶ ①

| 정답 해설 |
① 산업재해보상보험법(1963년)

| 오답 해설 |
② 국민기초생활 보장법(1999년)
③ 고용보험법(1993년)
④ 국민연금법(1986년)
⑤ 국민건강보험법(1999년)

014 ▶ ③

| 오답 해설 |
ⓒ 1961년에 제정된 아동복리법은 1981년에 아동복지법으로 개정되었다.

015 ▶ ③

| 정답 해설 |
③ ㉢ 산업재해보상보험법(1963년)
  ㉠ 국민연금법(1986년)
  ㉡ 고용보험법(1993년)
  ㉣ 국민건강보험법(1999년)

016 ▶ ⑤

| 정답 해설 |
⑤ ㉢ 노인복지법(1981년)
  ㉣ 기초연금법(2014년)

| 오답 해설 |
㉠ 긴급복지지원법(2005년)
㉡ 고용보험법(1993년)

017 ▶ ③

| 정답 해설 |
③ 고용보험법(1993년), 사회복지공동모금회법(1999년)

| 오답 해설 |
① 산업재해보상보험법(1963년), 장애인복지법(1989년)
② 사회복지사업법(1970년), 국민기초생활 보장법(1999년)
④ 국민연금법(1986년), 노인복지법(1981년)
⑤ 아동복지법(1981년), 국민건강보험법(1999년)

018 ▶ ⑤

| 정답 해설 |
⑤ 노인복지법(1981년)

| 오답 해설 |
① 사회보장기본법(1995년)
② 국민건강보험법(1999년)
③ 고용보험법(1993년)
④ 영유아보육법(1991년)

019 ▶ ③

| 정답 해설 |
③ ㉡ 산업재해보상보험법(1963년)
  ㉢ 사회복지사업법(1970년)
  ㉤ 노인복지법(1981년)
  ㉣ 고용보험법(1993년)
  ㉠ 국민기초생활 보장법(1999년)

020 ▶ ③

| 오답 해설 |

㉠ 2014년 기초연금법이 제정되면서 2007년 제정되었던 기초노령연금법은 폐지되었다.
㉡ 1999년 제정된 국민건강보험법은 1997년 제정되었던 국민의료보험법을 대체한 것이다.

021 ▶ ⑤

| 정답 해설 |

⑤ 다문화가족지원법(2008년)

| 오답 해설 |

① 아동복지법(1981년)
② 노인복지법(1981년)
③ 장애인복지법(1989년)
④ 한부모가족지원법(2007년)

UNIT 03 사회복지법의 체계와 권리성

022	023	024	025
④	②	①	①

022 ▶ ④

| 정답 해설 |

④ 시·군 및 자치구의 규칙은 시·도의 규칙보다 하위 법규범이다. 반대로 시·도의 규칙은 시·군 및 자치구의 규칙보다 상위 법규범이다.

023 ▶ ②

| 정답 해설 |

② 지방자치단체는 주민의 복리에 관한 사무를 처리하고 재산을 관리하며, 법령의 범위 안에서 자치에 관한 규정을 제정할 수 있다(헌법 제117조 제1항). 즉, 조례는 지방자치단체가 법령의 범위 내에서 지방의회의 의결을 거쳐 그 사무에 관하여 제정한 법이다.

024 ▶ ①

| 정답 해설 |

① 지방의회는 조례 제정권을 갖고 지방자치단체의 장은 규칙 제정권을 갖는다.

관/련/법/령

지방자치법상 조례와 규칙

제28조 ① 지방자치단체는 법령의 범위에서 그 사무에 관하여 조례를 제정할 수 있다. 다만, 주민의 권리 제한 또는 의무 부과에 관한 사항이나 벌칙을 정할 때에는 법률의 위임이 있어야 한다.
제29조 지방자치단체의 장은 법령 또는 조례의 범위에서 그 권한에 속하는 사무에 관하여 규칙을 제정할 수 있다.

025 ▶ ①

| 정답 해설 |

① 국민연금공단 또는 건강보험공단의 처분에 이의가 있는 자는 그 처분을 한 국민연금공단 또는 건강보험공단에 심사청구를 할 수 있다(국민연금법 제108조 제1항). 심사청구에 대한 결정에 불복하는 자는 그 결정통지를 받은 날부터 90일 이내에 대통령령으로 정하는 사항을 적은 재심사청구서에 따라 국민연금재심사위원회에 재심사를 청구할 수 있다(동법 제110조 제1항).

| 오답 해설 |

② 국민건강보험법상 권리구제 절차는 이의신청과 심판청구이다.
③ 고용보험법상 권리구제 절차는 심사청구와 재심사청구이다.
④ 한부모가족지원법상 권리구제 절차는 심사청구이다.
⑤ 기초연금법상 권리구제 절차는 이의신청이다.

UNIT 04 사회보장기본법

026	027	028	029	030
②	④	①	③	①
031	032	033	034	035
⑤	③	⑤	①	⑤
036	037	038	039	040
①	②	①	④	④
041	042	043	044	045
①	④	②	②	②
046				
④				

026 ▶ ②

| 오답 해설 |

- 사회보장이란 출산, 양육, 실업, 노령, 장애, 질병, 빈곤 및 사망 등의 사회적 위험으로부터 모든 국민을 보호하고 국민 삶의 질을 향상시키는 데 필요한 소득·서비스를 보장하는 사회보험, 공공부조, 사회서비스를 말한다(사회보장기본법 제3조 제1호).
- 사회서비스란 국가·지방자치단체 및 민간부문의 도움이 필요한 모든 국민에게 복지, 보건의료, 교육, 고용, 주거, 문화, 환경 등의 분야에서 인간다운 생활을 보장하고 상담, 재활, 돌봄, 정보의 제공, 관련 시설의 이용, 역량 개발, 사회참여 지원 등을 통하여 국민의 삶의 질이 향상되도록 지원하는 제도를 말한다(동법 제4호).

027 ▶ ④

| 정답 해설 |

④ 위원의 임기는 2년으로 한다. 다만, 공무원인 위원의 임기는 그 재임 기간으로 하고, 근로자·사용자를 대표하거나 사회보장에 관한 학식과 경험이 풍부하거나, 변호사 자격이 있는 위원이 기관·단체의 대표자 자격으로 위촉된 경우에는 그 임기는 대표의 지위를 유지하는 기간으로 한다(사회보장기본법 제21조 제4항).

028 ▶ ①

| 정답 해설 |

① 사회보장기본법상 사회보장급여의 관리체계에 사회보장제도의 평가 및 개선은 명시되어 있지 않다.

관/련/법/령
사회보장기본법에 명시된 사회보장급여의 관리
제30조 ① 국가와 지방자치단체는 국민의 사회보장수급권의 보장 및 재정의 효율적 운용을 위하여 다음 각 호에 관한 사회보장급여의 관리체계를 구축·운영하여야 한다.
1. 사회보장수급권자 권리구제
2. 사회보장급여의 사각지대 발굴
3. 사회보장급여의 부정·오류 관리
4. 사회보장급여의 과오지급액의 환수 등 관리

029 ▶ ③

| 정답 해설 |

③ 사회보장정보의 보호 및 관리는 사회보장기본법 제20조 제2항 제11호에 명시된 사회보장위원회의 심의·조정 사항이다.

관/련/법/령
사회보장기본법에 명시된 사회보장위원회의 심의·조정 사항
제20조 ② 위원회는 다음 각 호의 사항을 심의·조정한다.
1. 사회보장 증진을 위한 기본계획
2. 사회보장 관련 주요 계획
3. 사회보장제도의 평가 및 개선
4. 사회보장제도의 신설 또는 변경에 따른 우선순위
5. 둘 이상의 중앙행정기관이 관련된 주요 사회보장정책
6. 사회보장급여 및 비용 부담
7. 국가와 지방자치단체의 역할 및 비용 분담
8. 사회보장의 재정추계 및 재원조달 방안
9. 사회보장 전달체계 운영 및 개선
10. 사회보장통계
11. 사회보장정보의 보호 및 관리
12. 사회보장제도의 신설 및 변경에 따른 조정
13. 그 밖에 위원장이 심의에 부치는 사항

030 ▶ ①

| 정답 해설 |

① 사회보장위원회의 위원장은 국무총리가 되고 부위원장은 기획재정부장관, 교육부장관 및 보건복지부장관이 된다(사회보장기본법 제21조 제2항).

031 ▶ ⑤

| 정답 해설 |

⑤ ㉠, ㉡, ㉢ 모두 사회보장기본법상 용어의 정의로 옳다.

032 ▶ ③

| 정답 해설 |

③ 보건복지부 장관은 사회보장제도의 안정적인 운영을 위하여 중장기 사회보장 재정추계를 적어도 3년마다 실시하고 이를 공표하여야 한다(사회보장기본법 제30조3 제1항).

033 ▶ ⑤

| 정답 해설 |

⑤ 사회보장위원회는 위원장 1명, 부위원장 3명과 행정안전부장관(㉠), 고용노동부장관(㉡), 여성가족부장관, 국토교통부장관(㉣)을 포함한 30명 이내의 위원으로 구성한다. 위원장은 국무총리가 되고 부위원장은 기획재정부장관(㉢), 교육부장관 및 보건복지부장관이 된다(사회보장기본법 제21조 제1항, 제2항).

참고 본 문제에서 묻는 위원의 범위는 위원장과 부위원장을 모두 포함하여 기획재정부장관까지 정답이 되지만, 위원이 되는 중앙행정기관의 장과 위원장·부위원장이 되는 중앙행정기관의 장을 구분하여 알고 있어야 합니다.

034 ▶ ①

| 정답 해설 |

① 사회보험은 국가의 책임으로 시행하는 것을 원칙으로 한다(사회보장기본법 제25조 제5항).

035 ▶ ⑤

| 오답 해설 |

① 국무총리 소속으로 사회보장위원회를 둔다(사회보장기본법 제20조 제1항).
② 위원장 1명, 부위원장 3명과 행정안전부장관, 고용노동부장관, 여성가족부장관, 국토교통부장관을 포함한 30명 이내의 위원으로 구성한다(동법 제21조 제1항).
③ 위원의 임기는 2년으로 하되, 공무원인 위원의 임기는 그 재임기간으로 한다(동법 제21조 제4항).
④ 보건복지부에 사무국을 둔다(동법 제21조 제8항).

036 ▶ ①

| 정답 해설 |

㉠ 국가는 최저보장수준과 최저임금을 매년 공표하여야 한다(사회보장기본법 제10조 제2항).
㉡ 사회보장수급권은 정당한 권한이 있는 기관에 서면으로 통지하여 포기할 수 있다(동법 제14조 제1항).

037 ▶ ②

| 정답 해설 |

② 사회보장기본법 제35조에 명시되어 있다.

| 오답 해설 |

① 사회보험은 국가의 책임으로 시행하고, 공공부조와 사회서비스는 국가와 지방자치단체의 책임으로 시행하는 것을 원칙으로 한다. 다만, 국가와 지방자치단체의 재정 형편 등을 고려하여 이를 협의·조정할 수 있다(사회보장기본법 제25조 제5항).
③ 공공부조 및 관계 법령에서 정하는 일정 소득 수준 이하의 국민에 대한 사회서비스에 드는 비용의 전부 또는 일부는 국가와 지방자치단체가 부담한다. 다만, 부담 능력이 있는 국민에 대한 사회서비스에 드는 비용은 그 수익자가 부담함을 원칙으로 하되, 국가와 지방자치단체가 그 비용의 일부를 부담할 수 있다(동법 제28조 제3항, 제4항).
④ 보건복지부장관은 제출된 사회보장통계를 종합하여 사회보장위원회에 제출하여야 한다(동법 제32조 제3항).
⑤ 중앙행정기관의 장과 지방자치단체의 장은 사회보장제도를 신설하거나 변경할 경우 신설 또는 변경의 타당성, 기존 제도와의 관계, 사회보장 전달체계에 미치는 영향, 지역복지 활성화에 미치는 영향 및 운영방안 등에 대하여 보건복지부장관과 협의하여야 한다(동법 제26조 제2항).

038 ▶ ①

| 정답 해설 |

① 사회보장위원회 위원의 임기는 2년으로 한다. 다만, 공무원인 위원의 임기는 그 재임기간으로 하고 위원회의 위원이 기관·단체의 대표자 자격으로 위촉된 경우에는 그 임기는 대표의 지위를 유지하는 기간으로 한다(사회보장기본법 제21조 제4항).

039 ▶ ④

| 정답 해설 |

④ 사회보장수급권의 포기는 취소할 수 있다(사회보장기본법 제14조 제2항).

040 ▶ ④

| 정답 해설 |

④ 사회보장수급권은 다른 사람에게 양도하거나 담보로 제공할 수 없으며, 이를 압류할 수 없다(사회보장기본법 제12조).

041 ▶ ①

| 오답 해설 |

ⓒ 사회보장수급권은 정당한 권한이 있는 기관에 서면으로 통지하여 포기할 수 있다(사회보장기본법 제14조 제1항).
ⓒ 사회보장수급권은 다른 사람에게 양도하거나 담보로 제공할 수 없으며, 이를 압류할 수 없다(동법 제12조).
ⓔ 사회보장수급권의 포기는 취소할 수 있다(동법 제14조 제2항).

042 ▶ ④

| 정답 해설 |

④ 사회보장수급권은 정당한 권한이 있는 기관에 서면으로 통지하여 포기할 수 있다(사회보장기본법 제14조 제1항).

043 ▶ ②

| 오답 해설 |

① 사회보장 기본계획은 5년 주기로 수립된다(사회보장기본법 제16조 제1항).
③ 사회보장 기본계획은 사회보장위원회의 심의·조정사항에 해당한다(사회보장기본법 제20조 제2항 제1호).
④ 지방자치단체의 장은 지역사회보장계획을 4년마다 수립해야 한다(사회보장급여법 제35조 제1항).
⑤ 시·도의 시·도 사회보장위원회와 시·군·구의 지역사회보장협의체는 지역사회보장계획을 심의·자문한다(사회보장급여법 제40조, 제41조 제2항 제1호).

044 ▶ ②

| 정답 해설 |

② 공공부조에 드는 비용은 국가와 지방자치단체가 전부 또는 일부를 부담한다(사회보장기본법 제28조 제3항).

045 ▶ ②

| 정답 해설 |

② 중앙행정기관의 장과 지방자치단체의 장은 사회보장제도를 신설하거나 변경할 경우 신설 또는 변경의 타당성, 기존 제도와의 관계, 사회보장 전달체계에 미치는 영향, 지역복지 활성화에 미치는 영향 및 운영방안 등에 대하여 보건복지부장관과 협의하여야 한다(사회보장기본법 제26조 제2항).

| 오답 해설 |

①, ④ 동조 제1항에 규정되어 있다.
③ 동조 제2항에 규정되어 있다.
⑤ 동조 제3항에 규정되어 있다.

046 ▶ ④

| 정답 해설 |

④ 사회보험은 국가의 책임으로 시행하고, 공공부조와 사회서비스는 국가와 지방자치단체의 책임으로 시행하는 것을 원칙으로 한다. 다만, 국가와 지방자치단체의 재정 형편 등을 고려하여 이를 협의·조정할 수 있다(사회보장기본법 제25조 제5항).

UNIT 05	사회복지사업법								
047	①	048	②	049	④	050	⑤	051	②
052	④	053	⑤	054	②	055	⑤	056	②
057	⑤	058	④	059	④	060	③	061	①
062	①	063	③	064	⑤	065	⑤	066	③
067	③	068	④	069	②				

047 ▶ ①

| 정답 해설 |

① 기존의 사회복지사 결격사유 중 하나인 '피성년후견인 또는 피한정후견인'에서 2024년 1월 23일 일부개정 및 2024년 4월 24일 시행에 따라 피한정 후견인이 삭제되었다.

048 ▶ ②

| 정답 해설 |

② 사회복지서비스를 필요로 하는 사람에 대한 사회복지서비스 제공은 현물로 제공하는 것을 원칙으로 한다(사회복지사업법 제5조의2 제1항).

- 그 밖에 대통령령으로 정하는 법률
  - 건강가정기본법
  - 북한이탈주민의 보호 및 정착지원에 관한 법률
  - 자살예방 및 생명존중문화 조성을 위한 법률
  - 장애인·노인 등을 위한 보조기기 지원 및 활용촉진에 관한 법률

049 ▶ ④

| 정답 해설 |

④ 국민건강보험법은 사회복지사업법 제2조에서 열거하고 있는 사회복지사업 관련 법률에 해당하지 않는다.

관/련/개/념

사회복지사업법상 사회복지사업 관련 법률(복지 27법)
- 국민기초생활 보장법
- 아동복지법
- 노인복지법
- 장애인복지법
- 한부모가족지원법
- 영유아보육법
- 성매매방지 및 피해자보호 등에 관한 법률
- 정신건강증진 및 정신질환자 복지서비스 지원에 관한 법률
- 성폭력방지 및 피해자보호 등에 관한 법률
- 국내입양에 관한 특별법 및 국제입양에 관한 법률
- 일제하 일본군위안부 피해자에 대한 생활안정지원 및 기념사업 등에 관한 법률
- 사회복지공동모금회법
- 장애인·노인·임산부 등의 편의증진 보장에 관한 법률
- 가정폭력방지 및 피해자보호 등에 관한 법률
- 농어촌주민의 보건복지증진을 위한 특별법
- 식품 등 기부 활성화에 관한 법률
- 의료급여법
- 기초연금법
- 긴급복지지원법
- 다문화가족지원법
- 장애인연금법
- 장애인활동 지원에 관한 법률
- 노숙인 등의 복지 및 자립지원에 관한 법률
- 보호관찰 등에 관한 법률
- 장애아동 복지지원법
- 발달장애인 권리보장 및 지원에 관한 법률
- 청소년복지 지원법

050 ▶ ⑤

| 정답 해설 |

⑤ 사회복지서비스를 제공하는 자는 필요한 정보를 제공하는 등 사회복지서비스를 이용하는 사람의 선택권을 보장하여야 한다(사회복지사업법 제1조의2 제4항).

| 오답 해설 |

①, ② 사회보장기본법과 관련이 있다.
③ 국민기초생활 보장법과 관련이 있다.
④ 장애인복지법과 관련이 있다.

051 ▶ ②

| 정답 해설 |

② 사회복지서비스를 필요로 하는 사람에 대한 사회복지서비스 제공은 현물로 제공하는 것을 원칙으로 한다(사회복지사업법 제5조의2 제1항).

| 오답 해설 |

① 사회복지사업법에서는 사회복지서비스를 사회보장기본법에 따른 사회서비스 중 사회복지사업을 통해 제공하는 서비스라고 정의하고 있다. 즉, 사회보장기본법상의 사회서비스는 광의의 개념이며, 사회서비스 안에 사회복지사업법상의 사회복지서비스가 협의의 개념으로 포함된다.
③ 사회복지사의 자격은 1년의 범위에서 정지시킬 수 있다(동법 제11조의3 제1항).
④ 사회복지법인은 시·도지사의 허가를 받아 설립한다(동법 제16조 제1항).
⑤ 보건복지부장관은 시설에서 제공하는 서비스의 최저기준을 마련하여야 한다(동법 제43조 제1항).

관/련/개/념

사회서비스와 사회복지서비스
- **사회보장기본법상 사회서비스**: 국가·지방자치단체 및 민간부문의 도움이 필요한 모든 국민에게 복지, 보건 의료, 교육, 고용, 주거, 문화, 환경 등의 분야에서 인간다운 생활을 보장하고 상담, 재활, 돌봄, 정보의 제공, 관련 시설의 이용, 역량 개발, 사회 참여 지원 등을 통하여 국민의 삶의 질이 향상되도록 지원하는 제도를 말한다.
- **사회복지사업법상 사회복지서비스**: 국가·지방자치단체 및 민간부문의 도움을 필요로 하는 모든 국민에게 사회보장기본법에 따른 사회서비스 중 사회복지사업을 통한 서비스를 제공하여 삶의 질이 향상되도록 제도적으로 지원하는 것을 말한다.

052 ▶ ④

| 정답 해설 |
④ 국가는 국민의 사회복지에 대한 이해를 증진하고 사회복지사업 종사자의 활동을 장려하기 위하여 매년 9월 7일을 사회복지의 날로 하고, 사회복지의 날부터 1주간을 사회복지주간으로 한다(사회복지사업법 제15조의2 제1항).

| 오답 해설 |
① 장애인복지법 제14조 제1항에 규정되어 있다.
② 노인복지법 제6조 제1항에 규정되어 있다.
③ 아동복지법 제23조 제1항에 규정되어 있다.
⑤ 노인복지법 제6조 제2항에 규정되어 있다.

053 ▶ ⑤

| 정답 해설 |
⑤ 보건복지부장관은 사회복지서비스의 품질관리에 따른 평가를 위하여 평가기관을 설치·운영하거나, 평가의 전부 또는 일부를 관계 기관 또는 단체에 위탁할 수 있다(사회복지사업법 제5조의2 제5항).

054 ▶ ②

| 정답 해설 |
② 자원봉사센터는 자원봉사활동 기본법에 따른 기관으로, 행정안전부장관이 관할한다.

055 ▶ ⑤

| 정답 해설 |
⑤ ㉠, ㉡, ㉢, ㉣ 모두 사회복지사업법상 사회복지사업 관련 법률이다.

056 ▶ ②

| 정답 해설 |
② 사회복지사업법 제9조에 명시되어 있다.

| 오답 해설 |
① 사회복지서비스를 필요로 하는 사람에 대한 사회복지서비스 제공은 현물로 제공하는 것을 원칙으로 한다(사회복지사업법 제5조의2 제1항).
③ 사회복지에 관한 조사·연구 및 정책 건의를 위하여 사회복지협의회를 둔다(동법 제33조 제1항 제1호).
④ 사회복지사 자격증을 다른 사람에게 빌려주거나 빌린 사람은 1년 이하의 징역 또는 1천만 원 이하의 벌금에 처한다(동법 제54조 제1의2호).
⑤ 보건복지부장관은 사회복지에 관한 전문지식과 기술을 가진 사람에게 사회복지사 자격증을 발급할 수 있다(동법 제11조 제1항).

057 ▶ ⑤

| 정답 해설 |
⑤ 시·도지사는 법인이 거짓이나 부정한 방법(㉢) 또는 법인 설립 후 기본재산 미출연(㉣)에 해당할 때에는 설립허가를 취소하여야 한다(사회복지사업법 제26조 제1항 제1호, 제7호).

| 오답 해설 |
㉠, ㉡ 설립허가 조건을 위반, 목적 달성 불가능 등에는 시·도지사는 기간을 정하여 시정명령을 하거나 위반사실 수위에 따라 설립허가의 취소 여부를 결정하게 된다(사회복지사업법 제26조 제1항).

058 ▶ ④

| 오답 해설 |
① 사회복지법인을 설립하려는 자는 시·도지사의 허가를 받아야 한다(사회복지사업법 제16조 제1항).
② 법인은 대표이사를 포함한 이사 7명 이상과 감사 2명 이상을 두어야 한다(동법 제18조 제1항).
③ 이사의 임기는 3년으로 하고 감사의 임기는 2년으로 하며, 각각 연임할 수 있다(동법 제18조 제4항).
⑤ 이사는 법인이 설치한 사회복지시설의 장을 제외한 그 시설의 직원을 겸할 수 없다(동법 제21조 제1항).

059 ▶ ④

| 오답 해설 |
① 사회복지법인을 설립하려는 자는 시·도지사의 허가를 받아야 한다(사회복지사업법 제16조 제1항).
② 국가 또는 지방자치단체 외의 자가 시설을 설치·운영하려는 경우에는 시장·군수·구청장에게 신고하여야 한다(사회복지사업법 제34조 제2항). 즉, 국가와 지방자치단체는 신고하지 않아도 된다.
③ 해산한 법인의 남은 재산은 국가 또는 지방자치단체에 귀속된다(동법 제27조 제1항).
⑤ 법인은 시·도지사의 허가를 받아 다른 법인과 합병할 수 있다. 다만, 주된 사무소가 서로 다른 특별시·광역시·특별자치시·도·특별자치도에 소재한 법인 간의 합병의 경우에는 보건복지부장관의 허가를 받아야 한다(동법 제30조 제1항).

060 ▶ ③

| 정답 해설 |
③ 시·도지사는 사회복지법인이 설립 후 기본재산을 출연하지 아니한 때에는 설립허가를 취소하여야 한다(사회복지사업법 제26조 제1항 제7호).
  참고 시·도지사가 기간을 정하여 시정명령을 할 수 있는 경우는 사회복지법인이 설립허가 조건을 위반하거나 목적 달성이 불가능하게 되었을 때, 목적사업 외의 사업을 하였을 때 등입니다.

061 ▶ ①

| 정답 해설 |
① 이사는 법인이 설치한 사회복지시설의 장을 제외한 그 시설의 직원을 겸할 수 없다(사회복지사업법 제21조 제1항). 즉, 사회복지시설의 장은 법인의 이사를 겸할 수 있다.

062 ▶ ③

| 정답 해설 |
③ 이사 또는 감사 중에 결원이 생겼을 때에는 2개월 이내에 보충하여야 한다(사회복지사업법 제20조).

063 ▶ ③

| 오답 해설 |
① 사회복지관은 사회복지서비스를 직업 및 취업 알선이 필요한 사람에게 우선 제공하여야 한다(사회복지사업법 제34조의5 제2항 제3호).
② 시설의 장은 시설의 운영에 관한 사항을 심의하기 위하여 시설에 운영위원회를 두어야 한다(동법 제36조).
④ 대통령령으로 정하는 경우를 제외하고, 각 시설의 수용인원은 300명을 초과할 수 없다(동법 제41조).
⑤ 시설의 장은 상근(常勤)하여야 한다(동법 제35조 제1항).

064 ▶ ⑤

| 오답 해설 |
① 국가 또는 지방자치단체 외의 자가 시설을 설치·운영하려는 경우에는 시장·군수·구청장에게 신고하여야 한다(사회복지사업법 제34조 제2항). 즉, 국가와 지방자치단체는 신고하지 않아도 된다.
② 시설의 운영자는 화재로 인한 손해배상책임 또는 화재 외의 안전사고로 인하여 생명·신체에 피해를 입은 보호대상자에 대한 손해배상책임을 이행하기 위하여 손해보험회사의 책임보험에 가입하거나 한국사회복지공제회의 책임공제에 가입하여야 한다(동법 제34조의3 제1항). 즉, 각각 가입할 필요는 없다.
③ 시·도지사의 해임명령에 따라 해임된 날부터 5년이 지나지 아니한 사람은 시설의 장이 될 수 없다(동법 제35조 제2항 제2호).

④ 시설의 장은 시설에 대하여 정기 및 수시 안전점검을 실시한 후 그 결과를 시장·군수·구청장에게 제출하여야 한다(동법 제34조의4 제1항, 제2항).

065 ▶ ⑤

| 오답 해설 |

①, ②, ③ 운영위원회의 위원은 시설의 장, 시설 거주자 대표 등 사회복지사업법에 따른 규정에 해당하는 사람 중에서 관할 시장·군수·구청장이 임명하거나 위촉한다(사회복지사업법 제36조 제2항).
④ 시설의 장은 시설의 운영에 관한 사항을 심의하기 위하여 시설에 운영위원회를 두어야 한다(동조 제1항). 즉, 운영위원회는 의결권을 가지지 않는다.

066 ▶ ③

| 오답 해설 |

① 국가 또는 지방자치단체 외의 자가 시설을 설치·운영하려는 경우에는 시장·군수·구청장에게 신고하여야 한다(사회복지사업법 제34조 제2항). 즉, 지방자치단체가 사회복지시설을 설치·운영할 경우에는 신고의 의무가 없다.
② 시설의 장은 시설에 대하여 정기 및 수시 안전점검을 실시하여야 한다(동법 제34조의4 제1항).
④ 시설의 장은 시설의 운영에 관한 사항을 심의하기 위하여 시설에 운영위원회를 두어야 한다(동법 제36조 제1항).
⑤ 국가나 지방자치단체는 예산의 범위에서 사회복지시설의 책임보험 또는 책임공제의 가입에 드는 비용의 전부 또는 일부를 보조할 수 있다(동법 제34조의3 제2항).

067 ▶ ③

| 정답 해설 |

③ 보건복지부장관은 사회복지사가 거짓이나 그 밖의 부정한 방법으로 자격을 취득한 경우 그 자격을 취소하여야 한다(사회복지사업법 제11조의3 제1항).

> **관/련/법/령**
>
> **사회복지사업법에 명시된 사회복지사의 자격 취소 및 정지 사유**
>
> **제11조의3** ① 보건복지부장관은 사회복지사가 다음 어느 하나에 해당하는 경우 그 자격을 취소하거나 1년의 범위에서 자격을 정지시킬 수 있다. 다만, 제1호부터 제3호까지에 해당하면 그 자격은 취소하여야 한다.
>
> 1. 거짓이나 그 밖의 부정한 방법으로 자격을 취득한 경우(반드시 자격 취소)
> 2. 사회복지사의 결격사유의 어느 하나에 해당하게 된 경우(반드시 자격 취소)
> 3. 자격증을 대여·양도 또는 위조·변조한 경우(반드시 자격 취소)
> 4. 사회복지사의 업무수행 중 그 자격과 관련하여 고의나 중대한 과실로 다른 사람에게 손해를 입힌 경우(보건복지부장관은 이와 관련해 한국사회복지사협회의 장 등 관계 전문가의 의견을 들을 수 있음.)
> 5. 자격정지 처분을 3회 이상 받았거나, 정지 기간 종료 후 3년 이내에 다시 자격정지 처분에 해당하는 행위를 한 경우
> 6. 자격정지 처분 기간에 자격증을 사용하여 자격 관련 업무를 수행한 경우

068 ▶ ④

| 오답 해설 |

① 시설의 장은 시설의 운영에 관한 사항을 심의하기 위하여 시설에 운영위원회를 두어야 한다(사회복지사업법 제36조 제1항). 즉, 운영위원회는 의결권을 가지지 않는다.
② 사회복지시설의 운영자는 손해배상책임을 이행하기 위하여 손해보험회사의 책임보험에 가입하거나 한국사회복지공제회의 책임공제에 가입하여야 한다(동법 제34조의3 제1항). 따라서 면책사업자는 아니다.
③ 사회복지시설의 장은 상근하여야 한다(동법 제35조 제1항).
⑤ 국가나 지방자치단체는 사회복지시설을 설치·운영할 수 있다(동법 제34조 제1항).

069 ▶ ②

| 정답 해설 |

② 국가나 지방자치단체는 예산의 범위에서 사회복지시설의 책임보험 또는 책임공제의 가입에 드는 비용의 전부 또는 일부를 보조할 수 있다(사회복지사업법 제34조의3 제2항).

관/련/법/령

사회복지사업법에 명시된 보험가입 의무

제34조의3 ① 시설의 운영자는 다음의 손해배상책임을 이행하기 위하여 손해보험회사의 책임보험에 가입하거나 사회복지사 등의 처우 및 지위 향상을 위한 법률에 따른 한국사회복지공제회의 책임공제에 가입하여야 한다.
  1. 화재로 인한 손해배상책임
  2. 화재 외의 안전사고로 인하여 생명·신체에 피해를 입은 보호대상자에 대한 손해배상책임
② 국가나 지방자치단체는 예산의 범위에서 제1항에 따른 책임보험 또는 책임공제의 가입에 드는 비용의 전부 또는 일부를 보조할 수 있다.

UNIT 06 사회보장급여법

070	⑤	071	③	072	①	073	③	074	①
075	⑤	076	②	077	④	078	⑤		

070 ▶ ⑤

| 정답 해설 |

⑤ ㉠ 사회보장급여법 제2조 제4호에 명시되어 있다.
㉡ 동법 제2조 제5호에 명시되어 있다.
㉢ 동법 제42조의2 제2항에 명시되어 있다.

071 ▶ ③

| 정답 해설 |

③ 정부는 사회보장급여의 이용 및 제공이 원활히 이루어질 수 있도록 한국사회보장정보원의 설립·운영에 필요한 비용을 출연하거나 지원할 수 있다(사회보장급여법 제29조 제4항).

072 ▶ ①

| 정답 해설 |

㉠ 사회복지사업에 관한 업무를 담당하게 하기 위하여 시·도, 시·군·구, 읍·면·동 또는 사회보장사무 전담기구에 사회복지전담공무원을 둘 수 있다(사회보장급여법 제43조 제1항).

073 ▶ ③

| 오답 해설 |

① 사회보장급여법은 2014년 12월 30일 제정되어 2015년 7월 1일부터 시행되었다.
② 보장기관의 업무담당자는 지원대상자가 누락되지 아니하도록 하기 위하여 관할 지역에 거주하는 지원대상자에 대한 사회보장급여의 제공을 직권으로 신청할 수 있다. 이 경우 지원대상자의 동의를 받아야 하며, 동의를 받은 경우에는 지원대상자가 신청한 것으로 본다(사회보장급여법 제5조 제2항).

참고 지원대상자가 심신미약 또는 심신상실 등 대통령령으로 정하는 경우에 해당하면 지원대상자의 동의 없이 직권으로 사회보장급여의 제공을 신청할 수 있습니다(동법 제5조 제3항).

④ 보건복지부장관은 속임수 등의 부정한 방법으로 사회보장급여를 받거나 타인으로 하여금 사회보장급여를 받게 한 경우에 대하여 보장기관이 효과적인 대책을 세울 수 있도록 그 발생 현황, 피해사례 등에 관한 실태조사를 3년마다 실시하고, 그 결과를 공개하여야 한다(동법 제19조의2 제1항).
⑤ 사회보장급여법에 따른 처분에 이의가 있는 수급권자 등은 그 처분을 받은 날로부터 90일 이내에 처분을 결정한 보장기관의 장에게 이의신청을 할 수 있다(동법 제17조 제1항).

074 ▶ ①

| 정답 해설 |

① 보장기관의 장은 지원대상자에 대한 발굴조사를 분기마다 정기적으로 실시하여야 한다. 다만, 긴급복지지원법 제7조의2에 따라 발굴조사를 실시한 경우에는 그러하지 아니하다(사회보장급여법 제12조의2 제1항).

075 ▶ ⑤

| 정답 해설 |

⑤ ㉠, ㉡, ㉢, ㉣ 모두 수급자격 확인을 위해 지원대상자와 그 부양의무자에 대하여 조사·처리할 수 있는 사항이다(사회보장급여법 제7조 제1항).

참고 부양의무자란 배우자와 1촌의 직계혈족 및 그 배우자를 말합니다.

076 ▶ ②

| 오답 해설 |
① 시장·군수·구청장은 지역사회보장협의체를 둔다(사회보장급여법 제41조 제1항). 중앙생활보장위원회는 국민기초생활 보장법에 따라 보건복지부에 둔다.
③ 수급권자란 사회보장급여를 제공받을 권리를 가진 사람을 말한다(사회보장급여법 제2조 제2호).
④ 보장기관의 업무담당자는 지원대상자가 심신미약 또는 심신상실 등 대통령령으로 정하는 경우에 해당하면 지원대상자의 동의 없이 직권으로 사회보장급여의 제공을 신청할 수 있다(동법 제5조 제3항).
⑤ 보건복지부장관은 지원대상자 발굴체계의 운영 실태를 매년 점검하고 개선방안을 마련하여야 한다(동법 제12조의2 제2항).

077 ▶ ④

| 정답 해설 |
④ 정부는 사회보장급여의 이용 및 제공이 원활히 이루어질 수 있도록 한국사회보장정보원의 설립·운영에 필요한 비용을 출연하거나 지원할 수 있다(사회보장급여법 제29조 제4항).

078 ▶ ⑤

| 정답 해설 |
⑤ 보장기관의 장은 지원대상자를 발굴하기 위하여 사회보장급여의 내용 및 제공규모, 수급자가 되기 위한 요건과 절차, 그 밖에 사회보장급여 수급을 위하여 필요한 정보에 대한 자료 또는 정보의 제공과 홍보에 노력하여야 한다(사회보장급여법 제10조).

| 오답 해설 |
① 지원대상자란 사회보장급여를 필요로 하는 사람을 말한다(동법 제2조).
② 보장기관의 업무담당자는 지원대상자가 누락되지 아니하도록 하기 위하여 관할 지역에 거주하는 지원대상자에 대한 사회보장급여의 제공을 직권으로 신청할 수 있다. 이 경우 지원대상자의 동의를 받아야 하며, 동의를 받은 경우에는 지원대상자가 신청한 것으로 본다(동법 제5조 제2항).
③ 보건복지부장관은 보장기관이 업무를 효율적으로 수행할 수 있도록 지원하기 위하여 국민건강보험법에 따른 보험료를 3개월 이상 체납한 사람의 가구정보를 사회보장정보시스템을 통하여 처리할 수 있다(동법 제12조 제1항 제3호).
④ 보장기관의 장은 지원대상자에 대한 발굴조사를 분기마다 정기적으로 실시하여야 한다(동법 제12조의2 제1항).

UNIT 07 사회보험법

079	②	080	③	081	④	082	①	083	③
084	②	085	①	086	④	087	②	088	④
089	④	090	②	091	⑤	092	④	093	②
094	⑤	095	④	096	⑤	097	③	098	①
099	③	100	⑤	101	①	102	⑤	103	①
104	④	105	⑤	106	①	107	④	108	⑤

079 ▶ ②

| 오답 해설 |
① 이 법을 적용할 때 배우자, 남편 또는 아내에는 사실상의 혼인관계에 있는 자를 포함한다(국민연금법 제3조 제2항).
③ 가입자는 사업장가입자, 지역가입자, 임의가입자 및 임의계속가입자로 구분한다(동법 제7조).
④ 지역가입자가 사업장가입자의 자격을 취득한 때에는 그에 해당하게 된 날에 지역가입자의 자격을 상실한다(동법 제12조 제2항 제4호).
⑤ 미지급 급여를 받을 순위는 배우자, 자녀, 부모, 손자녀, 조부모, 형제자매의 순으로 한다(동법 제55조 제2항).

080 ▶ ③

| 정답 해설 |
③ 국민연금법상 급여의 종류로는 노령연금(㉠), 장애연금, 유족연금(㉢), 반환일시금(㉣)이 있다.

| 오답 해설 |
㉡ 장해급여는 산업재해보상보험법상 보험급여이다.

081 ▶ ④

| 정답 해설 |

④ 국민연금법상의 급여의 종류에는 노령연금(㉠), 장애연금(㉣), 유족연금, 반환일시금(㉤)이 있다.

| 오답 해설 |

㉡ 장애인연금은 장애인연금법상의 급여이다.
㉢ 장해급여는 산업재해보상보험법상의 급여이다.

082 ▶ ①

| 오답 해설 |

② 국민연금사업은 보건복지부장관이 맡아 주관한다(국민연금법 제2조).
③ 수급권자란 수급권을 가진 자를 말한다(동법 제3조 제15호).
④ 국내에 거주하는 국민으로서 18세 이상 60세 미만인 자는 국민연금 가입 대상이 된다(동법 제6조).
⑤ 국민연금법을 적용할 때 배우자에는 사실상의 혼인관계에 있는 자를 포함한다(동법 제3조 제2항).

083 ▶ ③

| 정답 해설 |

③ 예방·재활급여는 산업재해보상보험법상의 보험급여 종류에 해당하지 않는다.

> **관/련/개/념**
> **산업재해보상보험법상의 보험급여 종류**
> 1. 요양급여
> 2. 휴업급여
> 3. 장해급여
> 4. 간병급여
> 5. 유족급여
> 6. 상병(傷病)보상연금
> 7. 장례비
> 8. 직업재활급여

084 ▶ ②

| 정답 해설 |

② 구직급여는 고용보험법상의 급여이다.

085 ▶ ①

| 정답 해설 |

① 출장기간 중 발생한 사고라도, 업무와 재해 사이에 상당인과관계가 없을 경우에는 업무상 사고로 보지 않는다(산업재해보상보험법 제37조 제1항).

086 ▶ ④

| 정답 해설 |

④ 비통상적인 경로와 방법으로 출퇴근하는 중 발생한 사고는 업무상 사고에 해당하지 않으며, 출퇴근 재해에도 해당하지 않는다. 업무상 재해(업무상 사고, 업무상 질병, 출퇴근 재해) 중에서 출퇴근 재해는 사업주가 제공한 교통수단이나 그에 준하는 교통수단을 이용하여 출퇴근하는 중 발생한 사고, 통상적인 경로와 방법으로 출퇴근하는 중 발생한 사고를 말한다(산업재해보상보험법 제37조 제1항 제3호).

> **참고** 통상적인 출퇴근 경로의 일탈 또는 중단이 있는 경우 이동 중의 사고는 업무상 재해로 보지 않으나, 그 일탈 혹은 중단이 일상생활에 필요한 행위라면 예외로 적용합니다.

087 ▶ ②

| 정답 해설 |

② 산업재해보상보험법상 보험급여의 종류에는 요양급여, 휴업급여, 장해급여, 간병급여, 유족급여, 상병보상연금, 장례비, 직업재활급여가 있다(산업재해보상보험법 제36조). 실업급여는 고용보험법상의 급여이다.

088 ▶ ④

| 정답 해설 |

④ 근로자의 소득으로 생계의 전부 또는 상당 부분을 유지하고 있던 유족으로서 학업·취업·요양, 그 밖에 주거상의 형편 등으로 주민등록을 달리하였거나 동거하지 않았던 사람도 유족에 해당한다(산업재해보상보험법 시행령 제61조 제2호).

089 ▶ ④

| 정답 해설 |

④ 고용보험법 제4조에 명시되어 있는 고용보험사업에는 고용안정·직업능력개발 사업(㉠), 실업급여(㉡), 육아휴직급여(㉢)가 있으며, 이 외에 출산전후휴가 급여도 실시하고 있다.

| 오답 해설 |

㉣ 자활급여는 국민기초생활 보장법상의 급여의 유형이다.

090 ▶ ②

| 정답 해설 |

② 실업급여는 구직급여와 취업촉진 수당으로 구분한다(고용보험법 제37조 제1항).

| 오답 해설 |

⑤ 65세 이후에 고용되거나 자영업을 개시한 사람에게는 실업급여, 육아휴직급여 등을 적용하지 아니한다(동법 제10조 제2항). 즉, 고용안정·직업능력개발 사업에 관하여는 고용보험법이 적용된다.

091 ▶ ⑤

| 오답 해설 |

① 고용노동부장관은 보험사업에 대하여 상시적이고 체계적인 평가를 하여야 한다(고용보험법 제11조의2 제1항).
② 국가는 매년 보험사업에 드는 비용의 일부를 일반회계에서 부담하여야 한다(동법 제5조 제1항).
③ 근로자인 피보험자는 고용보험법이 적용되는 사업에 고용된 날에 피보험자격을 취득한다(동법 제13조 제1항).
④ 실업급여로서 지급된 금품에 대하여는 국가나 지방자치단체의 공과금을 부과하지 아니한다(동법 제38조의2).

092 ▶ ①

| 오답 해설 |

② 고용보험법은 근로자를 사용하는 모든 사업 또는 사업장에 적용하지만, 일부 근로자 중 농업·임업 및 어업 중 법인이 아닌 자가 상시 4명의 근로자를 사용하는 사업에 종사하는 근로자는 고용보험법이 적용되지 않는다. 다만, 본인의 의사로 고용보험에 가입을 신청하는 사람은 고용보험에 가입할 수 있다(고용보험법 제10조 제1항, 동법 시행령 제3조 제3항).
③ 기준기간은 이직일 이전 18개월로 한다(동법 제40조 제2항).
④ 실업의 신고일부터 계산하기 시작하여 7일간은 대기기간으로 보아 구직급여를 지급하지 아니한다(동법 제49조 제1항).
   참고 건설일용근로자였던 사람에 대해서는 실업의 신고일부터 계산하여 구직급여를 지급합니다.
⑤ 실업급여는 구직급여와 취업촉진 수당으로 구분한다. 그중 취업촉진 수당의 종류는 조기재취업 수당, 직업능력개발 수당, 광역 구직활동비, 이주비가 있다(동법 제37조 제1항, 제2항).

093 ▶ ②

| 오답 해설 |

① 고용보험기금은 고용노동부장관이 관리·운용한다(고용보험법 제79조 제1항).
③ 실업급여는 구직급여와 취업촉진 수당(조기재취업 수당, 직업능력개발 수당, 광역 구직활동비, 이주비)으로 구분된다(동법 제37조). 따라서 구직급여는 취업촉진 수당에 포함되지 않는다.
④ 실업이란 근로의 의사와 능력이 있음에도 불구하고 취업하지 못한 상태에 있는 것을 말한다(동법 제2조 제3호).
⑤ 일용근로자란 1개월 미만 동안 고용되는 사람을 말한다(동법 제2조 제6호).

094 ▶ ⑤

| 정답 해설 |

⑤ ㉠, ㉡, ㉢ 모두 중대한 귀책사유로 해고된 피보험자의 구직급여 수급자격 제한사유로, 고용보험법 제58조 제1호에 명시되어 있다.

095 ▶ ④

| 정답 해설 |

④ 고용보험법 제79조 제1항에 명시되어 있다.

| 오답 해설 |

① 실업의 인정이란 직업안정기관의 장이 수급자격자가 실업한 상태에서 적극적으로 직업을 구하기 위하여 노력하고 있다고 인정하는 것을 말한다(고용보험법 제2조 제4호).
② 일용근로자란 1개월 미만 동안 고용된 근로자를 말한다(동법 제2조 제6호).
③ 국가는 매년 보험사업에 드는 비용의 일부를 일반회계에서 부담하여야 한다(동법 제5조).
⑤ 실업급여를 받을 권리는 양도 또는 압류하거나 담보로 제공할 수 없다(동법 제38조).

096 ▶ ⑤

| 정답 해설 |

⑤ ㉠, ㉡, ㉢, ㉣ 모두 실업급여의 한 종류인 취업촉진수당으로 고용보험법 제37조 제2항에 명시되어 있다.

097 ▶ ③

| 정답 해설 |

③ 회계연도마다 예산안을 독자적으로 편성하고 지출하는 것이 아니라, 예산안을 편성하여 이사회의 의결을 거친 후 보건복지부장관의 승인을 받아야 한다. 예산을 변경할 때에도 또한 같다(국민건강보험법 제36조).

관/련/법/령

국민건강보험법상 부가급여

제50조 공단은 이 법에서 정한 요양급여 외에 대통령령으로 정하는 바에 따라 임신·출산 진료비, 장제비, 상병수당, 그 밖의 급여를 실시할 수 있다.

098 ▶ ①

| 오답 해설 |

② 국적을 잃은 날의 다음 날이다.
③ 국내에 거주하지 아니하게 된 날의 다음 날이다.
④ 직장가입자의 피부양자가 된 날이다.
⑤ 수급권자가 된 날이다.

099 ▶ ③

| 정답 해설 |

③ 요양병원간병비는 노인장기요양보험법상의 특별현금급여에 해당한다.

관/련/법/령

국민건강보험법에 명시된 요양급여의 종류

제41조 ① 가입자와 피부양자의 질병, 부상, 출산 등에 대하여 다음 각 호의 요양급여를 실시한다.
1. 진찰·검사
2. 약제(藥劑)·치료재료의 지급
3. 처치·수술 및 그 밖의 치료
4. 예방·재활
5. 입원
6. 간호
7. 이송(移送)

100 ▶ ⑤

| 정답 해설 |

⑤ 요양급여 비용의 심사는 건강보험심사평가원이 관장하는 업무이다(국민건강보험법 제63조 제1항).

101 ▶ ①

| 오답 해설 |

②, ③, ④, ⑤ 모두 국민건강보험공단의 업무에 해당한다(국민건강보험법 제14조 제1항).

관/련/법/령

국민건강보험법에 명시된 업무 등에 관한 규정

제63조 ① 심사평가원은 다음 각 호의 업무를 관장한다.
1. 요양급여비용의 심사
2. 요양급여의 적정성 평가
3. 심사기준 및 평가기준의 개발
4. 제1호부터 제3호까지의 규정에 따른 업무와 관련된 조사연구 및 국제협력
5. 다른 법률에 따라 지급되는 급여비용의 심사 또는 의료의 적정성 평가에 관하여 위탁받은 업무
6. 그 밖에 이 법 또는 다른 법령에 따라 위탁받은 업무
7. 건강보험과 관련하여 보건복지부장관이 필요하다고 인정한 업무
8. 그 밖에 보험급여 비용의 심사와 보험급여의 적정성 평가와 관련하여 대통령령으로 정하는 업무

102 ▶ ③

| 정답 해설 |

③ 건강보험 가입자는 국내에 거주하지 아니하게 된 날의 다음 날에 그 자격을 잃는다(국민건강보험법 제10조 제3호).

| 관/련/개/념 |

건강보험 가입자의 자격 상실 시기

다음 날	• 사망한 날의 다음 날 • 국적을 잃은 날의 다음 날 • 국내에 거주하지 아니하게 된 날의 다음 날
당일	• 직장가입자의 피부양자가 된 날 • 수급권자가 된 날 • 건강보험을 적용받고 있던 사람이 유공자 등 의료보호대상자가 되어 건강보험의 적용배제신청을 한 날

103 ▶ ①

| 정답 해설 |

① 장기요양기관은 수급자를 대리하여 장기요양인정을 신청할 수 없다.

| 관/련/개/념 |

노인장기요양보험법에 명시된 장기요양인정 신청 등에 대한 대리자

장기요양급여를 받고자 하는 자 또는 수급자가 직접 신청을 하지 못하는 경우를 전제하여 아래 해당하는 사람은 장기요양인정 신청 등에 대한 대리가 가능하다.
1. 본인의 가족이나 친족, 그 밖의 이해관계인
2. 본인 또는 가족의 동의를 받은 사회복지전담공무원, 치매안심센터의 장
3. 특별자치시장·특별자치도지사·시장·군수·구청장이 지정하는 자

104 ▶ ④

| 정답 해설 |

④ 장기요양인정을 신청할 수 있는 자는 65세 이상의 노인 또는 65세 미만의 자로서 치매·뇌혈관성질환 등 대통령령으로 정하는 노인성 질환을 가진 자로 장기요양보험가입자 또는 그 피부양자(ⓒ), 의료급여법 제3조 제1항에 따른 수급권자(㉠)이다(노인장기요양보험법 제12조 제1호).

105 ▶ ⑤

| 정답 해설 |

⑤ ㉠, ㉡, ㉢, ㉣ 모두 장기요양급여 제공의 기본원칙으로, 노인장기요양보험법 제3조에 명시되어 있다.

106 ▶ ①

| 오답 해설 |

② 장기요양급여란 장기요양등급판정 결과에 따라 6개월 이상 동안 혼자서 일상생활을 수행하기 어렵다고 인정되는 자에게 신체활동·가사활동의 지원 또는 간병 등의 서비스나 이에 갈음하여 지급하는 현금 등을 말한다(노인장기요양보험법 제2조 제2호).
③ 장기요양기관은 수급자에게 재가급여 또는 시설급여를 제공한 경우 국민건강보험공단에 장기요양급여 비용을 청구하여야 한다(동법 제38조 제1항).
④ 노인 등이란 65세 이상의 노인 또는 65세 미만의 자로서 치매·뇌혈관성질환 등 대통령령으로 정하는 노인성 질병을 가진 자를 말한다(동법 제2조 제1호).
⑤ 장기요양급여는 재가급여, 시설급여, 특별현금급여가 있다(동법 제23조 제1항). 따라서 특별현금급여는 재가급여에 포함되지 않는다.

107 ▶ ④

| 정답 해설 |

④ 노인장기요양보험법상 장기요양요원지원센터의 역할이다.

| 관/련/법/령 |

노인장기요양보험법상 장기요양요원지원센터의 업무

제47조의2 ① 국가와 지방자치단체는 장기요양요원의 권리를 보호하기 위하여 장기요양요원지원센터를 설치·운영할 수 있다.
② 장기요양요원지원센터는 다음의 업무를 수행한다.
1. 장기요양요원의 권리 침해에 관한 상담 및 지원
2. 장기요양요원의 역량강화를 위한 교육지원
3. 장기요양요원에 대한 건강검진 등 건강관리를 위한 사업
4. 그 밖에 장기요양요원의 업무 등에 필요하여 대통령령으로 정하는 사항

108 ▶ ⑤

| 정답 해설 |

⑤ 장기요양급여의 종류에는 재가급여, 시설급여, 특별현금급여가 있다(노인장기요양보험법 제23조 제1항). 따라서 특별현금급여는 재가급여에 포함되지 않는다. 재가급여에는 방문요양, 방문목욕, 방문간호, 주·야간보호, 단기보호 등이 포함된다.

UNIT 08 공공부조법

109	⑤	110	①	111	⑤	112	④	113	⑤
114	③	115	②	116	③	117	②	118	③
119	②	120	④	121	①	122	②	123	⑤
124	③	125	④	126	②	127	④	128	⑤
129	②	130	①	131	③	132	②	133	④
134	①								

109 ▶ ⑤

| 정답 해설 |

⑤ 대한민국 국적의 성인 장애인과 함께 생활하고 있는 자는 국민기초생활 보장법상 국내에 체류하고 있는 외국인에 해당하지 않는다.

> **관/련/개/념**
>
> **국민기초생활 보장법과 시행령에 명시된 수급권자에 해당하는 외국인 범위**
> - 대한민국 국민과 혼인 중인 사람
>   - 본인 또는 대한민국 국적의 배우자가 임신 중인 사람
>   - 대한민국 국적의 미성년 자녀를 양육하고 있는 사람
>   - 배우자의 대한민국 국적인 직계존속과 생계나 주거를 같이 하는 사람
> - 대한민국 국민인 배우자와 이혼하거나 그 배우자가 사망한 사람
>   - 대한민국 국적의 미성년 자녀를 양육하고 있는 사람
>   - 사망한 배우자의 태아를 임신하고 있는 사람

110 ▶ ①

| 정답 해설 |

① 보건복지부장관은 수행기관의 통합정보전산망 사용 요청에 대하여 사업자등록부, 사회보험 등 급여이력, 사회보장급여 수급이력, 국가기술자격 취득 정보 중 업무에 필요한 최소한의 정보만 제공하여야 한다(국민기초생활 보장법 제18조의11).

111 ▶ ⑤

| 정답 해설 |

⑤ 교육급여는 교육부장관의 소관으로 한다(국민기초생활 보장법 제12조 제2항).

112 ▶ ④

| 오답 해설 |

① 수급권자란 이 법에 따른 급여를 받을 수 있는 자격을 가진 사람을 말한다(국민기초생활 보장법 제2조 제1호).
② 기준 중위소득이란 국민 가구소득의 중위값을 말한다(동조 제11호).
③ 보장기관이란 이 법에 따른 급여를 실시하는 국가 또는 지방자치단체를 말한다(동조 제4호).
⑤ 최저생계비란 국민이 건강하고 문화적인 생활을 유지하기 위하여 필요한 최소한의 비용으로서 보건복지부장관이 계측하는 금액을 말한다(동조 제7호).

113 ▶ ⑤

| 정답 해설 |

⑤ 수급자 및 차상위자(소득인정액이 기준 중위소득의 100분의 50 이하인 사람)는 상호 협력하여 자활기업을 설립·운영할 수 있다(국민기초생활 보장법 제18조 제1항).

114 ▶ ③

| 정답 해설 |

③ 국내에 체류하고 있는 외국인 중 대한민국 국민과 혼인(㉠)하여 본인 또는 배우자가 임신 중이거나 대한민국 국적의 미성년 자녀를 양육(㉡)하고 있거나 배우자의 대한민국 국적인 직계존속(㉢)과 생계나 주거를 같이하고 있는 사람(㉣)으로서 대통령령(㉤)으로 정하는 사람이 이 법에 따른 급여를 받을 수 있는 자격을 가진 경우에는 수급권자가 된다(국민기초생활 보장법 제5조의2).

115 ▶ ②

| 정답 해설 |

② 목적 외 다른 용도로 금융정보 등을 사용·제공 또는 누설한 자는 5년 이하의 징역 또는 5천만 원 이하의 벌금에 처한다(국민기초생활 보장법 제48조 제1항).

| 오답 해설 |

① 부정한 방법으로 급여를 받은 경우는 1년 이하의 징역, 1천만 원 이하의 벌금, 구류 또는 과료에 처한다(동법 제49조 제1호).
③ 지급받은 급여를 목적 외의 용도로 사용한 경우는 1년 이하의 징역, 1천만 원 이하의 벌금, 구류 또는 과료에 처한다(동법 제49조 제2호).
④ 직무상 알게 된 비밀을 누설한 경우는 1년 이하의 징역 또는 1천만 원 이하의 벌금에 처한다(동법 제49조의2).
⑤ 종교상의 행위를 강제한 경우는 300만 원 이하의 벌금, 구류 또는 과료에 처한다(동법 제50조).

116 ▶ ③

| 정답 해설 |

③ ㉢ 보장기관이란 국민기초생활 보장법에 따른 급여를 실시하는 국가 또는 지방자치단체를 말한다(국민기초생활 보장법 제2조 제4호). 이때 급여는 수급권자 또는 수급자의 거주지를 관할하는 시·도지사와 시장·군수·구청장(교육급여인 경우 특별시·광역시·특별자치시·도·특별자치도의 교육감)이 실시한다. 다만, 주거가 일정하지 아니한 경우에는 수급권자 또는 수급자가 실제 거주하는 지역을 관할하는 시장·군수·구청장이 실시한다(동법 제19조 제1항).
㉠ 보장시설이란 급여를 실시하는 사회복지시설로서 보건복지부령으로 정하는 시설을 말한다(동법 제32조).

관/련/개/념
국민기초생활 보장법상 보장시설의 종류
- 장애인 거주시설
- 노인주거복지시설 및 노인의료복지시설
- 아동복지시설 및 통합 시설
- 정신요양시설 및 정신재활시설
- 노숙인재활시설 및 노숙인요양시설
- 가정폭력피해자 보호시설
- 성매매피해자 등을 위한 지원시설
- 성폭력피해자보호시설
- 한부모가족복지시설
- 사회복지시설 중 결핵 및 한센병요양시설
- 그 밖에 보건복지부령으로 정하는 시설(청소년복지 지원법상의 청소년 회복지원시설)

117 ▶ ②

| 오답 해설 |

① 부양의무자가 병역법에 따라 징집되거나 소집된 경우에는 부양을 받을 수 없는 것으로 본다(국민기초생활 보장법 제8조의2 제2항 제1호).
③ 생계급여 선정기준은 기준 중위소득의 100분의 30 이상으로 한다(동법 제8조 제2항).
④ 생계급여는 매월 정기적으로 지급하여야 한다(동법 제9조 제2항).
⑤ 주거급여는 수급자에게 주거 안정에 필요한 임차료, 수선유지비, 그 밖의 수급품을 지급하는 것으로 한다(동법 제11조 제1항). 주택 매입비는 포함되지 않는다.

118 ▶ ③

| 정답 해설 |

③ ㉠, ㉡ 급여는 수급자가 자신의 생활의 유지·향상을 위하여 그의 소득, 재산, 근로능력 등을 활용하여 최대한 노력하는 것을 전제로 이를 보충·발전시키는 것을 기본원칙으로 한다(국민기초생활 보장법 제3조 제1항).
㉢ 부양의무자의 부양과 다른 법령에 따른 보호는 이 법에 따른 급여에 우선하여 행하여지는 것으로 한다(동조 제2항).

119 ▶ ②

| 오답 해설 |

① 교육급여는 교육부장관 소관이며 시·도교육감이 실시하고, 의료급여는 시·도지사와 시장·군수·구청장이 실시한다.
③ 보장기관인 시·도, 시·군·구 등에는 사회복지전담공무원을 배치하여야 한다.
④ 생활보장위원회는 생활보장사업의 기획·조사·실시 등에 관한 사항을 심의·의결하는 기구이다.

⑤ 소관 중앙행정기관의 장은 3년마다 기초생활보장 시행계획을 수립하여야 한다.

120 ▶ ④

| 정답 해설 |

④ 자활급여는 관련 공공기관·비영리법인·시설과 그 밖에 대통령령으로 정하는 기관에 위탁하여 실시할 수 있다. 이 경우 그에 드는 비용은 보장기관이 부담한다(국민기초생활 보장법 제15조 제2항).

| 오답 해설 |

① 생계급여는 금전을 지급하는 것으로 한다. 다만, 금전으로 지급할 수 없거나 금전으로 지급하는 것이 적당하지 아니하다고 인정하는 경우에는 물품을 지급할 수 있다(동법 제9조 제1항).
② 주거급여는 수급자에게 주거 안정에 필요한 임차료, 수선유지비, 그 밖의 수급품을 지급하는 것으로 한다(동법 제11조 제1항).
③ 장제급여는 생계급여, 의료급여, 주거급여 중 하나 이상의 급여를 받는 수급자가 사망한 경우 사체의 검안(檢案)·운반·화장 또는 매장, 그 밖의 장제조치를 하는 것으로 한다(동법 제14조 제1항).
⑤ 교육급여는 교육부장관의 소관으로 한다(동법 제12조 제2항).

121 ▶ ①

| 정답 해설 |

① 보장기관은 자활기업에게 직접 또는 자활복지개발원, 광역자활센터 및 지역자활센터를 통하여 자활을 위한 사업자금 융자를 지원할 수 있다(국민기초생활 보장법 제18조 제3항 제1호).

| 관/련/개/념 |

국민기초생활 보장법상 지역자활센터의 사업
- 자활의욕 고취를 위한 교육
- 자활을 위한 정보제공, 상담, 직업교육 및 취업알선
- 생업을 위한 자금융자 알선
- 자영창업 지원 및 기술·경영 지도
- 자활기업의 설립·운영 지원
- 그 밖에 자활을 위한 각종 사업

122 ▶ ②

| 오답 해설 |

① 국내입양에 관한 특별법에 따라 국내에 입양된 아동은 18세 미만 수급권자로 특례 적용된다.
③ 의료급여에 관한 업무는 수급권자의 거주지를 관할하는 특별시장·광역시장·도지사와 시장·군수·구청장이 한다(의료급여법 제5조 제1항).
④ 지역보건법에 따라 설치된 보건소, 보건의료원 및 보건지소는 의료급여기관이 된다(동법 제9조 제1항 제2호).
⑤ 시장·군수·구청장은 수급권자가 정당한 이유 없이 의료급여기관의 진료에 관한 지시에 따르지 아니한 경우 의료급여를 하지 아니한다(동법 제15조 제1항 2호).

123 ▶ ⑤

| 정답 해설 |

⑤ 의료급여법상 의료급여에는 진찰·검사, 약제·치료재료의 지급, 처치·수술과 그 밖의 치료, 예방·재활, 입원, 간호, 이송과 그 밖의 의료목적 달성을 위한 조치가 포함된다(의료급여법 제7조 제1항). 화장 또는 매장 등 장제 조치는 장제급여로, 국민기초생활 보장법상의 급여이다.

124 ▶ ③

| 정답 해설 |

③ 의료급여법 제6조 제2항에 명시되어 있다.

| 오답 해설 |

① 시장·군수·구청장은 수급권자가 신청하는 경우 의료급여증을 발급하여야 한다(의료급여법 제8조 제1항).
② 급여비용의 재원에 충당하기 위하여 시·도에 의료급여기금을 설치한다(동법 제25조 제1항).
④ 대지급금을 상환받은 시장·군수·구청장은 의료급여기금에 납입하여야 한다(동법 제21조 제3항).
⑤ 시장·군수·구청장은 수급권자가 의료급여를 거부한 경우 의료급여를 중지해야 한다(동법 제17조 제1항).

| 관/련/개/념 |

의료급여법상 의료급여심의위원회의 심의 사항
- 의료급여사업의 기본방향 및 대책 수립에 관한 사항
- 의료급여의 기준 및 수가에 관한 사항
- 그 밖에 보건복지부장관 또는 위원장이 부의하는 사항

125 ▶ ④

| 정답 해설 |

④ 정보제공 지원은 긴급복지지원법 제9조 제1항 제2호에 명시된 민간기관·단체와의 연계 등의 지원에 해당한다.

관/련/개/념

긴급복지지원법에 명시된 긴급지원의 종류 및 내용

1. 금전 또는 현물 등의 직접지원
   - 생계지원: 식료품비·의복비 등 생계유지에 필요한 비용 또는 현물 지원
   - 의료지원: 각종 검사 및 치료 등 의료서비스 지원
   - 주거지원: 임시거소 제공 또는 이에 해당하는 비용 지원
   - 사회복지시설 이용 지원: 사회복지시설 입소 또는 이용서비스 제공이나 이에 필요한 비용 지원
   - 교육지원: 초·중·고등학생의 수업료, 입학금, 학교운영지원비 및 학용품비 등 필요한 비용 지원
   - 그 밖의 지원: 연료비나 그 밖에 위기상황의 극복에 필요한 비용 또는 현물 지원
2. 민간기관·단체와의 연계 등의 지원
   - 대한적십자사, 사회복지공동모금회 등의 사회복지기관·단체와의 연계 지원
   - 상담·정보제공, 그 밖의 지원

126 ▶ ②

| 정답 해설 |

② 국내에 체류하고 있는 외국인 중 대통령령으로 정하는 사람에 해당하는 경우에는 긴급지원대상자가 된다(긴급복지지원법 제5조의2).

관/련/개/념

긴급지원대상자에 해당하는 외국인의 범위(시행령)

- 대한민국 국민과 혼인 중인 사람
- 대한민국 국민인 배우자와 이혼하거나 그 배우자가 사망한 사람으로서 대한민국 국적을 가진 직계존비속을 돌보고 있는 사람
- 난민으로 인정된 사람
- 본인의 귀책사유 없이 화재, 범죄, 천재지변으로 피해를 입은 사람
- 그 밖에 보건복지부장관이 긴급한 지원이 필요하다고 인정하는 사람

127 ▶ ④

| 정답 해설 |

④ 국가무형문화재의 보유자는 긴급복지지원법상 신고의무자에 해당하지 않는다.

관/련/개/념

긴급복지지원법에 명시된 신고의무자

- 의료기관의 종사자
- 교원, 직원, 산학겸임교사, 강사
- 사회복지시설의 종사자
- 공무원
- 장애인활동지원기관의 장 및 그 종사자와 활동지원인력
- 학원의 운영자·강사·직원 및 교습소의 교습자·직원
- 건강가정지원센터의 장과 그 종사자
- 청소년시설 및 청소년단체의 장과 그 종사자
- 청소년 보호·재활센터의 장과 그 종사자
- 평생교육기관의 장과 그 종사자
- 그 밖에 긴급지원대상자를 발견할 수 있는 자로서 보건복지부령으로 정하는 자

128 ▶ ⑤

| 정답 해설 |

⑤ ㉠, ㉡, ㉢, ㉣ 모두 긴급복지지원법상 위기상황으로, 긴급복지지원법 제2조에 명시되어 있다.

관/련/법/령

긴급복지지원법상 위기상황

제2조 위기상황이란 본인 또는 본인과 생계 및 주거를 같이 하고 있는 가구구성원이 다음 각 호의 어느 하나에 해당하는 사유로 인하여 생계유지 등이 어렵게 된 것을 말한다.
1. 주소득자가 사망, 가출, 행방불명, 구금시설에 수용되는 등의 사유로 소득을 상실한 경우
2. 중한 질병 또는 부상을 당한 경우
3. 가구구성원으로부터 방임 또는 유기되거나 학대 등을 당한 경우
4. 가정폭력을 당하여 가구구성원과 함께 원만한 가정생활을 하기 곤란하거나 가구구성원으로부터 성폭력을 당한 경우
5. 화재 또는 자연재해 등으로 인하여 거주하는 주택 또는 건물에서 생활하기 곤란하게 된 경우
6. 주소득자 또는 부소득자의 휴업, 폐업 또는 사업장의 화재 등으로 인하여 실질적인 영업이 곤란하게 된 경우
7. 주소득자 또는 부소득자의 실직으로 소득을 상실한 경우
8. 보건복지부령으로 정하는 기준에 따라 지방자치단체의 조례로 정한 사유가 발생한 경우
9. 그 밖에 보건복지부장관이 정하여 고시하는 사유가 발생한 경우

129 ▶ ②

| 정답 해설 |

② 기초연금 수급권을 상실하게 되는 경우는 기초연금 수급권자가 사망한 때, 국적을 상실하거나 국외로 이주한 때, 공무원연금·군인연금·사립학교교직원연금·별정우체국직원연금 등의 자격에 해당하는 경우이다(기초연금법 제17조). 장기요양등급판정을 받은 때는 기초연금 수급권을 상실하는 규정에 해당되지 않는다.

130 ▶ ①

| 오답 해설 |

② 기초연금 수급권자가 국적을 상실하거나 국외로 이주한 때에는 기초연금 수급권을 상실한다(기초연금법 제17조 제2호).
③ 기초연금으로 지급받은 금품은 압류할 수 없다(동법 제21조 제2항).
④ 기초연금의 지급을 신청한 날이 속하는 달부터 기초연금 수급권을 상실한 날이 속하는 달까지 매월 정기적으로 기초연금을 지급한다(동법 제14조 제1항).
⑤ 본인과 그 배우자가 모두 기초연금 수급권자인 경우에는 각각의 기초연금액에서 기초연금액의 100분의 20에 해당하는 금액을 감액한다(동법 제8조 제1항).

131 ▶ ③

| 정답 해설 |

③ • 보건복지부장관은 선정기준액을 정하는 경우 65세 이상인 사람 중 기초연금 수급자가 100분의 70 수준이 되도록 한다(기초연금법 제3조 제2항).
• 본인과 그 배우자가 모두 기초연금 수급권자인 경우에는 각각의 기초연금액에서 기초연금액의 100분의 20에 해당하는 금액을 감액한다(동법 제8조 제1항).

132 ▶ ②

| 정답 해설 |

② • 기초연금은 65세(㉠) 이상인 사람으로서 소득인정액이 보건복지부장관이 정하여 고시하는 금액 이하인 사람에게 지급한다(기초연금법 제3조 제1항).

• 보건복지부장관은 선정기준액을 정하는 경우 65세 이상인 사람 중 기초연금 수급자가 100분의 70(㉡) 수준이 되도록 한다(동법 제3조 제2항).

133 ▶ ④

| 오답 해설 |

㉢ 기초연금 수급권자가 국적을 상실한 때에는 기초연금 수급권을 상실한다. 그 밖에 사망한 때, 국외로 이주한 때, 기초연금 수급권에 해당하지 아니하게 된 때에도 수급권을 상실한다(기초연금법 제17조).

134 ▶ ①

| 오답 해설 |

㉡ 기초연금 수급권자의 권리는 5년간 행사하지 아니하면 시효의 완성으로 소멸한다(기초연금법 제23조).
㉢ 기초연금 수급자가 대통령령으로 정하는 바에 따라 사망한 것으로 추정되는 경우 그 사유가 발생한 날이 속하는 달의 다음 달부터 그 사유가 소멸한 날이 속하는 달까지 기초연금의 지급을 정지한다(동법 제16조 제1항 제2호).

UNIT 09 사회복지서비스법									
135	⑤	136	③	137	④	138	④	139	①
140	⑤	141	②	142	②	143	②	144	②
145	①	146	⑤	147	④	148	④	149	②
150	⑤	151	②	152	②	153	③	154	④
155	⑤	156	①	157	④	158	①	159	④
160	②	161	②	162	⑤	163	②	164	①
165	④	166	③	167	④	168	②	169	④
170	⑤	171	③	172	①				

135 ▶ ⑤

| 오답 해설 |

① 국무총리 소속하에 장애인정책조정위원회를 둔다(장애인복지법 제11조).

② 장애인실태조사는 3년마다 실시하여야 한다(동법 31조).
③ 재외동포 및 외국인은 장애인 등록을 할 수 있다(동법 제32조의2).
④ 장애인의 날은 매년 4월 20일이다(동법 제14조).

136 ▶ ③

| 정답 해설 |

③ 장애인의 신체에 폭행을 가한 사람은 5년 이하의 징역 또는 5천만 원 이하의 벌금에 처한다(장애인복지법 제86조 제3항 제3호).

관/련/법/령

장애인복지법에 명시된 벌칙

제86조 ③ 다음의 어느 하나에 해당하는 사람은 5년 이하의 징역 또는 5천만 원 이하의 벌금에 처한다.
1. 금융정보 등을 이 법에서 정한 목적 외의 용도로 사용하거나 다른 사람 또는 기관에 제공 또는 누설한 사람
2. 업무를 수행 중인 장애인권익옹호기관의 직원에 대하여 폭행 또는 협박하거나 위계 또는 위력으로써 그 업무를 방해한 사람
3. 신체적 폭행, 유기 혹은 방임, 구걸, 체포 또는 감금, 정서적 학대에 해당하는 행위를 한 사람

137 ▶ ④

| 정답 해설 |

④ 발달장애인지원센터는 발달장애인 권리보장 및 지원에 관한 법률에 근거하여 설치한다.

관/련/법/령

발달장애인 권리보장 및 지원에 관한 법률에 명시된 발달장애인지원센터

제33조 ① 보건복지부장관은 국가와 지방자치단체의 책무를 효과적으로 수행하고 발달장애인에 대한 통합적 지원체계를 마련하기 위하여 중앙발달장애인지원센터를 설치하여야 한다.
② 시·도지사는 발달장애인의 권리보호 활동, 당사자와 그 가족에 대한 상담 등을 담당하는 지역발달장애인지원센터를 시·도에 설치하여야 한다. 이 경우 시·도지사는 필요성을 고려하여 지역발달장애인지원센터를 시·군·구에 설치할 수 있다.

138 ▶ ④

| 오답 해설 |

㉠ 장애인학대란 장애인에 대하여 신체적·정신적·정서적·언어적·성적 폭력이나 가혹행위, 경제적 착취, 유기 또는 방임을 하는 것을 말한다(장애인복지법 제2조 제3항).

139 ▶ ①

| 오답 해설 |

② 보건복지부장관은 5년마다 장애인정책종합계획을 수립·시행하여야 한다(장애인복지법 제10조의2 제1항).
③ 보건복지부장관은 3년마다 장애실태조사를 실시하여야 한다(동법 제31조 제1항).
④ 특별시장·광역시장·특별자치시장·도지사·특별자치도지사는 피해장애인의 임시 보호 및 사회복귀 지원을 위하여 장애인 쉼터를 설치·운영할 수 있다(동법 제59조의13 제1항).
⑤ 보건복지부장관은 장애인 거주시설에서 제공하여야 하는 서비스의 최저기준을 마련하여야 하며, 장애인복지실시기관은 그 기준이 충족될 수 있도록 필요한 조치를 취하여야 한다(동법 제60조의3 제1항).

140 ▶ ⑤

| 오답 해설 |

⑤ ㉠, ㉡, ㉢ 모두 노인복지법상 금지행위에 해당한다.

관/련/법/령

노인복지법에 명시된 금지행위

제39조의9 누구든지 65세 이상의 사람(이하 이 조에서 "노인"이라 한다)에 대하여 다음 각 호의 어느 하나에 해당하는 행위를 하여서는 아니된다.
1. 노인의 신체에 폭행을 가하거나 상해를 입히는 행위
2. 노인에게 성적 수치심을 주는 성폭행·성희롱 등의 행위
3. 자신의 보호·감독을 받는 노인을 유기하거나 의식주를 포함한 기본적 보호 및 치료를 소홀히 하는 방임행위
4. 노인에게 구걸을 하게 하거나 노인을 이용하여 구걸하는 행위
5. 노인을 위하여 증여 또는 급여된 금품을 그 목적외의 용도에 사용하는 행위
6. 폭언, 협박, 위협 등으로 노인의 정신건강에 해를 끼치는 정서적 학대행위

141 ▶ ②

| 정답 해설 |

② 누구든지 노인학대를 알게 된 때에는 노인보호전문기관 또는 수사기관에 신고할 수 있다(노인복지법 제39조의6 제1항).

142 ▶ ②

| 정답 해설 |

② 노인복지시설에는 노인주거복지시설, 노인의료복지시설, 노인여가복지시설, 재가노인복지시설, 노인보호전문기관, 노인일자리지원기관, 학대피해노인 전용쉼터가 있다(노인복지법 제31소).

참고 노인일자리지원기관은 노인인력개발기관, 노인취업알선기관과 함께 노인일자리전담기관에 속합니다.

143 ▶ ②

| 정답 해설 |

② 시·도지사는 요양보호사가 거짓이나 그 밖의 부정한 방법으로 자격증을 취득한 경우 그 자격을 취소하여야 한다(노인복지법 제39조의14 제1항 제3호).

144 ▶ ②

| 정답 해설 |

② 노인복지법 제39조의5 제1항에 명시되어 있다.

| 오답 해설 |

① 노인복지주택에 입소할 수 있는 자는 60세 이상의 노인으로 한다(노인복지법 제33조의2 제1항).
③ 노인일자리지원기관에 대한 설명이다. 노인취업알선기관은 노인에게 취업 상담 및 정보를 제공하거나 노인일자리를 알선하는 기관이다(노인 일자리 및 사회활동 지원에 관한 법률 제9조 제1항 제3호).
④ 노인공동생활가정에 대한 설명이다. 노인요양공동생활가정은 치매·중풍 등 노인성질환 등으로 심신에 상당한 장애가 발생하여 도움을 필요로 하는 노인에게 가정과 같은 주거여건과 급식·요양, 그 밖에 일상생활에 필요한 편의를 제공함을 목적으로 하는 노인의료복지시설이다(노인복지법 제34조 제1항 제2호).
⑤ 지역노인보호전문기관은 특별시·광역시·도·특별자치도에 둔다(노인복지법 제39조의5 제2항).

145 ▶ ①

| 정답 해설 |

① 2020년 10월 1일 개정 시 삭제된 업무이다.

참고 아동보호전문기관의 업무에서 삭제된 세 가지
- 아동학대 신고접수, 현장조사 및 응급보호
- 피해아동 상담·조사를 위한 진술녹화실 설치·운영
- 자체사례회의 운영 및 아동학대사례전문위원회의 설치·운영

146 ▶ ⑤

| 정답 해설 |

⑤ 국가기관과 지방자치단체의 장, 공공기관과 공공단체의 장은 아동학대의 예방과 방지를 위하여 필요한 교육을 연 1회 이상 실시하고, 그 결과를 보건복지부장관에게 제출하여야 한다(아동복지법 제26조의2 제1항).

147 ▶ ④

| 정답 해설 |

④ • 국무총리 소속으로 아동정책조정위원회를 둔다(아동복지법 제10조 제1항).
• 시·도지사, 시장·군수·구청장 소속으로 아동복지심의위원회를 각각 둔다(아동복지법 제12조 제1항).
• 보건복지부장관은 아동정책기본계획을 5년마다 수립하여야 한다(아동복지법 제7조 제1항).
• 보건복지부장관은 아동종합실태를 3년마다 조사하여 그 결과를 공표하여야 한다(아동복지법 제11조 제1항).

148 ▶ ④

| 정답 해설 |

④ 아동권리보장원의 장 또는 아동보호전문기관의 장은 아동학대가 종료된 이후에도 가정방문, 전화상담 등을 통하여 아동학대의 재발 여부를 확인하여야 한다(아동복지법 제28조 제1항).

| 오답 해설 |

① 시·도지사 또는 시장·군수·구청장은 보호조치 중인 보호대상아동의 양육상황을 보건복지부령으로 정하는 바에 따라 매년 점검하여야 한다(동법 제15조의3 제1항).
② 시·군·구에 두는 아동위원은 명예직으로 하되, 수당을 지급할 수 있다(동법 제14조 제4항).

③ 국무총리 소속으로 아동정책조정위원회를 둔다(동법 제10조 제1항).
⑤ 아동권리보장원의 장, 가정위탁지원센터의 장 및 아동복지시설의 장은 보호하고 있는 15세 이상의 아동을 대상으로 매년 개별 아동에 대한 자립지원계획을 수립하여야 한다(동법 제39조 제1항).

149 ▶ ②

| 정답 해설 |
② 아동복지법상 다함께돌봄센터의 역할이다.

관/련/법/령

아동복지법상 다함께돌봄센터의 돌봄서비스
제44조의2 ① 시·도지사 및 시장·군수·구청장은 초등학교의 정규교육 이외의 시간 동안 다음 각 호의 돌봄서비스를 실시하기 위하여 다함께돌봄센터를 설치·운영할 수 있다.
 1. 아동의 안전한 보호
 2. 안전하고 균형 있는 급식 및 간식의 제공
 3. 등·하교 전후, 야간 또는 긴급상황 발생 시 돌봄서비스 제공
 4. 체험활동 등 교육·문화·예술·체육 프로그램의 연계·제공
 5. 돌봄 상담, 관련 정보의 제공 및 서비스의 연계
 6. 그 밖에 보건복지부령으로 정하는 방과 후 돌봄서비스의 제공

150 ▶ ⑤

| 정답 해설 |
⑤ ㉠, ㉡, ㉢, ㉣ 모두 이용할 수 있다. 보건복지부장관은 보호가 필요한 아동을 발견하고 양육환경을 개선할 수 있도록 지원하기 위하여 사회보장정보시스템을 통하여 자료 또는 정보를 처리할 수 있으며, 해당 자료를 토대로 아동보호를 위한 실태조사 대상 아동을 선정할 수 있다(아동복지법 제15조의4 제1항).

151 ▶ ②

| 정답 해설 |
② 시·도지사 또는 시장·군수·구청장은 보호조치 중인 보호대상아동의 양육상황을 매년 점검하여야 한다(아동복지법 제15조의3 제1항).

152 ▶ ③

| 정답 해설 |
③ 아동이란 18세 미만의 자를 말하되, 병역 면제인 자가 취학 중인 경우에는 22세 미만을 말한다. 다만, 병역법에 따른 병역의무를 이행하고 취학 중인 경우에는 병역의무를 이행한 기간을 가산한 연령 미만을 말한다(한부모가족지원법 제4조 제5호).

| 오답 해설 |
① 여성가족부장관은 한부모가족 지원을 위하여 한부모가족 정책에 관한 기본계획 5년마다 수립하여야 한다(동법 제5조의5 제1항).
② 청소년 한부모란 24세 이하의 모 또는 부를 말한다(동법 제4조 제1의2호).
④ 혼인 관계에 있지 아니한 자로서 출산 전 임신부는 출산지원시설을 이용할 때에도 이 법에 따른 지원대상자가 된다(동법 제5조의2 제1항).
⑤ 이 법에 따른 복지 급여는 생계비, 아동교육지원비, 아동양육비이다(동법 제12조). 다만, '아동수당'은 아동수당법에 따라 8세 미만의 모든 아동에게 지급되며, '아동교육비'는 한부모가족의 생활 안정과 자립을 촉진하기 위한 복지자금대여에 해당한다(동법 제13조).

153 ▶ ③

| 오답 해설 |
① 장애인복지법상 장애실태조사: 보건복지부장관, 3년
② 아동복지법상 아동종합실태조사: 보건복지부장관, 3년
④ 노인복지법상 노인실태조사: 보건복지부장관, 3년
⑤ 다문화가족지원법상 다문화가족 실태조사: 여성가족부장관, 3년

154 ▶ ④

| 정답 해설 |
④ 한부모가족지원법상 취학 중인 경우의 아동은 22세 미만의 사람을 말한다.

155 ▶ ⑤

| 정답 해설 |

⑤ 국가나 지방자치단체는 복지 급여의 신청이 있으면 생계비, 아동교육지원비, 아동양육비의 급여를 실시하여야 한다(한부모가족지원법 제12조 제1항). 즉, 아동양육비를 대여하지는 않는다.

> **참고** 국가나 지방자치단체는 사업에 필요한 자금, 아동교육비, 의료비, 주택자금, 그 밖에 대통령령으로 정하는 한부모가족의 복지를 위하여 필요한 자금을 대여할 수 있습니다(동법 제13조 제1항).

156 ▶ ①

| 오답 해설 |

② 출산지원시설은 아동인 자녀를 양육하는 '모', 혼인 관계에 있지 아니한 자로서 출산 전 임신부, 혼인 관계에 있지 아니한 자로서 출산 후 해당 아동을 양육하지 아니하는 '모' 중 어느 하나에 해당하는 자의 임신·출산 및 그 출산 아동(3세 미만에 한정)의 양육을 위하여 주거 등을 지원하는 시설이다(한부모가족지원법 제19조 제1항 제1호).

③ 양육지원시설은 6세 미만 자녀를 동반한 한부모가족에게 자녀를 양육할 수 있도록 주거 등을 지원하는 시설이다(동항 제2호).

④ 한부모가족복지상담소는 한부모가족에 대한 위기·자립 상담 또는 문제해결 지원 등을 목적으로 하는 시설이다(동항 제5호).

⑤ 생활지원시설은 18세 미만(취학 중인 경우에는 22세 미만을 말하되, 병역법에 따른 병역의무를 이행하고 취학 중인 경우에는 병역의무를 이행한 기간을 가산한 연령 미만을 말함) 자녀를 동반한 한부모가족에게 자립을 준비할 수 있도록 주거 등을 지원하는 시설이다(동항 제3호).

157 ▶ ④

| 오답 해설 |

① 여성가족부장관은 한부모가족 지원을 위한 정책수립에 활용하기 위하여 3년마다 한부모가족에 대한 실태조사를 실시하고 그 결과를 공표하여야 한다(한부모가족지원법 제6조 제1항).

② 청소년 한부모란 24세 이하의 모 또는 부를 말한다(동법 제4조 제1의2호).

③ 여성가족부장관은 청소년 한부모가 학업을 계속할 수 있도록 교육부장관에게 협조를 요청하여야 한다(동법 제17조의2 제4항).

⑤ 한부모가족에 대한 국민의 이해와 관심을 제고하기 위하여 매년 5월 10일을 한부모가족의 날로 한다(동법 제5조의4 제1항).

158 ▶ ①

| 정답 해설 |

① 다문화가족지원법 제2조 제1호에 따르면 재한외국인 처우 기본법의 결혼이민자와 국적법 규정에 따라 대한민국 국적을 취득한 자로 이루어진 가족도 다문화가족으로 인정한다.

159 ▶ ④

| 정답 해설 |

④ 국가기관, 지방자치단체 및 초·중등교육법에 따른 각급 학교의 장, 그 밖에 대통령령으로 정하는 공공단체의 장은 가정폭력의 예방과 방지를 위하여 필요한 교육을 실시하고, 그 결과를 여성가족부장관에게 제출하여야 한다.

160 ▶ ②

| 정답 해설 |

② 국가나 지방자치단체는 상담소나 보호시설의 설치·운영에 드는 경비의 일부를 보조할 수 있다(가정폭력방지법 제13조 제1항).

161 ▶ ②

| 정답 해설 |

② 여성가족부장관은 3년마다 가정폭력에 대한 실태조사를 실시하여 그 결과를 발표하고, 이를 가정폭력을 예방하기 위한 정책수립의 기초자료로 활용하여야 한다(가정폭력방지법 제4조의2 제1항).

162 ▶ ⑤

| 정답 해설 |

⑤ ㉠, ㉡, ㉢, ㉣ 성폭력방지법 제3조에 따르면 모두 국가와 지방자치단체의 책무에 해당한다.

관/련/법/령

성폭력방지 및 피해자보호 등에 관한 법률에 명시된 국가 등의 책무

제3조 ① 국가와 지방자치단체는 성폭력을 방지하고 성폭력피해자를 보호·지원하기 위하여 다음 각 호의 조치를 하여야 한다.
1. 성폭력 신고체계의 구축·운영
2. 성폭력 예방을 위한 조사·연구, 교육 및 홍보
3. 피해자를 보호·지원하기 위한 시설의 설치·운영
4. 피해자에 대한 주거지원, 직업훈련 및 법률구조 등 사회복귀 지원
5. 피해자에 대한 보호·지원을 원활히 하기 위한 관련 기관 간 협력체계의 구축·운영
6. 성폭력 예방을 위한 유해환경 개선
7. 피해자 보호·지원을 위한 관계 법령의 정비와 각종 정책의 수립·시행 및 평가
8. 불법촬영물 등·신상정보의 삭제지원 및 피해자에 대한 일상회복 지원

163 ▶ ②

| 정답 해설 |

② 성폭력피해자보호시설의 종류에는 일반보호시설, 장애인보호시설, 특별지원 보호시설, 외국인보호시설, 자립지원 공동생활시설, 장애인 자립지원 공동생활시설이 있다(성폭력방지법 제12조 제3항). 상담지원시설은 해당하지 않는다.

164 ▶ ①

| 정답 해설 |

① 상담소, 보호시설, 통합지원센터 및 중앙디지털성범죄피해자지원센터 등의 장과 종사자는 피해자 등이 분명히 밝힌 의사에 반하여 중앙디지털성범죄피해자지원센터 등의 설치·운영, 상담소의 업무 및 보호시설의 업무 등을 할 수 없다(성폭력방지법 제24조).

165 ▶ ④

| 오답 해설 |

① 사회복지공동모금회에는 15명 이상 20명 이하의 이사(회장·부회장 및 사무총장을 포함한다)를 둔다(사회복지공동모금회법 제7조 제1항).
② 사회복지공동모금회는 복권을 발행하려면 그 종류·조건·금액 및 방법 등에 관하여 미리 보건복지부장관의 승인을 받아야 한다(동법 제18조의2 제2항).
③ 사회복지공동모금회는 기부금품의 접수를 효율적이고 공정하게 하기 위하여 언론기관을 모금창구로 지정하고, 지정된 언론기관의 명의로 모금계좌를 개설할 수 있다(동법 제19조).
⑤ 기부금품의 기부자는 배분지역, 배분대상자 또는 사용용도를 지정할 수 있다(동법 제27조 제1항).

166 ▶ ③

| 정답 해설 |

③ 공동모금재원 배분기준에 포함되어야 하는 사항은 공동모금재원의 배분대상, 배분한도액, 배분신청기간 및 배분신청서 제출 장소, 배분심사기준, 배분재원의 과부족(過不足) 시 조정방법, 배분신청 시 제출할 서류, 그 밖에 공동모금재원의 배분에 필요한 사항이다(사회복지공동모금회법 제20조 제1항). 배분신청자의 재산은 명시되어 있지 않다.

167 ▶ ④

| 정답 해설 |

④ 사회복지공동모금회법 또는 모금회의 정관으로 규정하지 아니한 사항은 민법 중 재단법인에 관한 규정을 준용한다(사회복지공동모금회법 제34조).

168 ▶ ②

| 오답 해설 |

① 분과실행위원회는 위원장 1명을 포함하여 20명 이내의 위원으로 구성한다. 다만, 모금분과실행위원회 및 배분분과실행위원회는 각각 20명 이상의 위원으로 구성한다(사회복지공동모금회법 제13조 제3항).

③ 기부금품의 기부자는 배분지역, 배분대상자 또는 사용용도를 지정할 수 있다(동법 제27조 제1항).
④ 모금회는 기부금품의 접수를 효율적이고 공정하게 하기 위하여 언론기관을 모금창구로 지정하고, 지정된 언론기관의 명의로 모금계좌를 개설할 수 있다(동법 제19조).
⑤ 사회복지공동모금회법 또는 모금회의 정관으로 규정하지 아니한 사항은 민법 중 재단법인에 관한 규정을 준용한다(동법 제34조).

> 관/련/개/념
> **정신건강복지법상 보호의무자가 될 수 없는 사람**
> - 피성년후견인 및 피한정후견인
> - 파산선고를 받고 복권되지 아니한 사람
> - 해당 정신질환자를 상대로 한 소송이 계속 중인 사람 또는 소송한 사실이 있었던 사람과 그 배우자
> - 미성년자
> - 행방불명자
> - 그 밖에 보건복지부령으로 정하는 부득이한 사유로 보호의무자로서의 의무를 이행할 수 없는 사람

169 ▶ ④

| 정답 해설 |
④ 모금회는 정관을 작성하여 보건복지부장관의 인가를 받아 등기함으로써 설립된다(사회복지공동모금회법, 제4조 제3항).

170 ▶ ⑤

| 오답 해설 |
①, ②, ③, ④ 자원봉사활동은 무보수성, 자발성, 공익성, 비영리성, 비정파성, 비종파성의 원칙 아래 수행될 수 있도록 하여야 한다(자원봉사활동 기본법 제2조 제2호).

171 ▶ ③

| 정답 해설 |
③ 1인가구라 함은 1명이 단독으로 생계를 유지하고 있는 생활단위를 말한다(건강가정기본법 제3조 제2의2호).

172 ▶ ①

| 정답 해설 |
① 민법에 따른 후견인 또는 부양의무자는 정신질환자의 보호의무자가 될 수 있다(정신건강복지법 제39조 제1항).

UNIT 10 판례

| 173 | ④ | 174 | ⑤ | 175 | ⑤ |

173 ▶ ④

| 오답 해설 |
① 노후소득보장을 위한 국민연금의 강제징수는 재산권 보장에 위배되지 않는다(헌재결 2001.2.22. 99헌마365).
② 체납에 따른 건강보험급여의 제한기간 중 발생한 보험료의 강제징수는 건강보험의 목적을 달성하기 위하여 적합하고 반드시 필요한 조치라는 점에서 이로 인해 달성되는 공익이 침해되는 사익보다 훨씬 크다고 할 수 있으므로 재산권을 침해한다고 볼 수 없다(헌재결 2009.10.29. 2008헌바86).
③ 국민기초생활 보장법상 무기여(조세)로 급여를 제공함에 있어 급여신청자의 자산 여부를 확인하기 위한 자산조사는 평등권을 침해한다고 볼 수 없다(헌재결 2005.11.24. 2005헌마112).
⑤ 사회복지법인 설립 시 기본재산(보유하고 있는 재산으로 부동산, 정관에 정한 재산, 이사회 결의에 의해 편입된 재산 등)과 보통재산(운영을 위해 소비되는 재산으로 목적사업비, 운영비 등)을 구분하도록 한 것은 운영에 있어 명확성의 원칙을 위한 부분으로 위반되지 않는다(헌재결 2005.2.3. 2004헌바10).

174 ▶ ⑤

| 정답 해설 |

⑤ 대통령령이 정하는 일정수 이상의 근로자를 고용하는 사업주는 기준고용률 이상에 해당하는 장애인을 고용해야 한다고 규정한 구 장애인 고용촉진 등에 관한 법률 제35조 제1항 본문은 헌법에 위반되지 아니한다(헌재결 2003.7.24. 2001헌바96).

175 ▶ ⑤

| 정답 해설 |

⑤ 업무상의 사유로 근로자가 장착한 의족이 파손된 경우는 산업재해보상보험법상 요양급여의 대상인 근로자의 부상에 포함된다(대법원 2014.7.10. 2012두20991).

정답 & 해설

PART II 최신기출 모의고사

1교시 | 사회복지기초

인간행동과 사회환경

01	②	02	③	03	⑤	04	④	05	④
06	①	07	④	08	③	09	②	10	①
11	②	12	⑤	13	②	14	④	15	③
16	②	17	①	18	①	19	⑤	20	④
21	④	22	③	23	⑤	24	①	25	③

사회복지조사론

26	③	27	②	28	④	29	⑤	30	④
31	⑤	32	①	33	③	34	④	35	①
36	④	37	③	38	②	39	②	40	④
41	①	42	⑤	43	④	44	⑤	45	②
46	④	47	④	48	①	49	③	50	②

01 ▶ ②

| 오답 해설 |

① 인간 발달단계마다, 특히 영아기부터 노년기까지는 수행해야 할 역할이나 해결해야 할 중요한 과업이 있기 때문에, 인간 발달이론은 사회복지실천의 모든 단계에서 유용하다.
③ 인간 발달이론은 클라이언트를 둘러싼 환경의 영향력을 평가할 수 있다.
④ 개인의 신체적·심리적·사회적 영역과 사회환경이 상호작용하며 인간 발달이 이루어지므로 특정 요인을 더 중시하지 않는다.
⑤ 발달과업은 사회에서 요구하는 각 연령에 따른 사회·정서발달을 제시하기 때문에 획일적이지 않다.

02 ▶ ③

| 오답 해설 |

① 발달에는 개인차가 존재하므로 최적의 시기(결정적 시기)가 존재한다.
② 발달은 일정한 순서와 방향성을 가지고 진행되므로 예측이 가능하다.
④ 발달은 상부에서 하부, 대근육에서 소근육, 중심부위에서 말초부위로 진행된다.
⑤ 성숙에 관한 설명이다. 성장은 시간의 흐름에 따른 신체나 지적 능력의 양적 증가를 포함한다.

03 ▶ ⑤

| 정답 해설 |

⑤ 개인의 무의식을 강조하는 이론은 융의 분석심리이론이다. 융은 인간행동이 의식과 무의식의 두 가지 힘으로 구성되며, 무의식에는 개인 무의식과 집단 무의식이 있다고 보았다. 반면, 행동주의이론에서는 인간행동은 내적 자극보다 외적 자극에 의해 동기화되기 때문에 환경이 중요하다고 보았다.

04 ▶ ④

| 오답 해설 |

① 인본주의이론의 대표적인 학자는 매슬로우(욕구이론)와 로저스(현상학이론)이다. 융은 분석심리이론을 주장한 학자이며, 동화는 피아제가 주장한 인지발달이론의 주요개념이다.
② 정신분석이론의 대표적인 학자는 프로이트이다. 매슬로우는 욕구이론을 주장한 학자이며, 열등감은 아들러의 개인심리이론의 주요개념이다.
③ 결핍동기는 매슬로우가 주장한 욕구(계층)이론의 주요 개념으로, 1단계 생리적 욕구에서 4단계 자기존중의 욕구 영역에 해당한다.
⑤ 분석심리이론의 대표적 학자인 융은 아니마·아니무스 등에 대한 주요 개념을 제시하였고, 로저스는 현상학이론을 주장한 학자이다.

05 ▶ ④

| 오답 해설 |

㉠ 피아제의 인지발달이론에 해당하는 내용이다.
㉡ 매슬로우의 욕구이론에 해당하는 내용이다.

06 ▶ ①

| 정답 해설 |

① 부적강화는 바람직한 행동의 빈도를 증가시킨다.

07 ▶ ④

| 정답 해설 |

④ 융의 분석심리이론에 관한 설명이다. 융은 기본적인 태도와 기능을 제시하고, 그 태도와 기능을 조합하여 인간의 모든 성격 유형을 설명하려 하였다.

08 ▶ ③

| 정답 해설 |

③ 방어기제 중 신체화에 대한 설명이다. 내면화는 투입이라고도 하며, 외부의 대상을 자기 내면의 자아체계로 받아들이는 방어기제이다.

09 ▶ ②

| 정답 해설 |

② 매슬로우의 욕구(계층)이론에 관한 설명이다. 로저스는 인간의 욕구발달단계를 제시하지 않았다.

10 ▶ ①

| 정답 해설 |

① 물활론적 사고는 전조작기의 대표적인 사고이다. 전조작기의 대표적인 사고에는 물활론적 사고 외에도 상징놀이, 자아중심성 등이 있다.

11 ▶ ②

| 정답 해설 |

② 매슬로우는 인본주의학자로, 인간을 긍정적이고 성장지향적인 인간의 본질에 초점을 두었고 인간의 본성은 본래 선하다고 주장하였다.

| 오답 해설 |

① 프로이트의 정신분석이론에 관한 설명이다.
③ 스키너의 행동주의이론에 관한 설명이다.
④ 아들러의 개인심리이론에 관한 설명이다.
⑤ 반두라의 사회학습이론에 관한 설명이다.

12 ▶ ⑤

| 정답 해설 |

⑤ 원인과 결과의 상호적(순환적) 인과관계를 강조한다.

13 ▶ ②

| 오답 해설 |

ⓒ 항상성은 균형을 위협받았을 때 회복하고자 하는 체계의 경향으로, 안정적이며 지속적인 균형상태를 유지하기 위한 체계의 속성이다.
ⓔ 균형은 체계의 구조 변화가 거의 없고 현상 유지를 바람직한 상태로 여기는 폐쇄체계에서 나타난다.

14 ▶ ④

| 오답 해설 |

① 인습적 수준(3단계)에 해당하는 내용이다.
② 후인습적 수준(6단계)에 해당하는 내용이다.
③ 전인습적 수준(1단계)에 해당하는 내용이다.
⑤ 인습적 수준(4단계)에 해당하는 내용이다.

15 ▶ ③

| 오답 해설 |

① 미시체계는 개인이 속한 가장 직접적인 사회적·물리적 환경으로, 개인의 성장과 활동범위에 따라 달라질 수 있다. 인간에게 영향력을 미치며 미시체계 내 각 구성원 간의 직접적 상호작용이 이루어진다.
② 중간체계는 두 가지 이상의 미시체계 간의 관계 혹은 특정 시점에서 미시체계들 간의 상호작용을 의미한다.
④ 외체계는 개인과 직접 상호작용하지는 않지만, 미시체계에 영향을 주는 사회적 환경이다.
⑤ 시간체계는 개인의 생애에 걸쳐 일어나는 변화와 역사적 환경을 포함하는 체계로, 언제 태어났는지에 따라 개인의 삶은 큰 영향을 받는다.

16 ▶ ②

| 오답 해설 |

① 미시체계에 대한 내용이다.
③ 거시체계에 대한 내용이다.
④ 외체계에 대한 내용이다.
⑤ 시간체계에 대한 내용이다.

17 ▶ ①

| 오답 해설 |

ⓒ 시간체계에 대한 내용이다.
ⓓ 외체계에 대한 내용이다.

18 ▶ ①

| 정답 해설 |

① 영아기 정서발달에는 정서분화, 애착관계 형성, 낯가림과 분리불안 등을 경험하게 된다.

| 오답 해설 |

②, ③ 아동기에 해당하다.
④ 유아기(학령전기)에 해당한다.
⑤ 유아기(걸음마기)에 해당한다.

19 ▶ ⑤

| 정답 해설 |

⑤ 피아제의 자율적 도덕성 단계는 아동기(구체적 조작기)에 해당한다. 유아기(걸음마기)는 피아제의 전개념적 사고단계(전조작기 전기)에 해당한다.

20 ▶ ④

| 정답 해설 |

④ 아동기(7~12세)에는 피아제의 구체적 조작사고가 진행된다. 구체적 조작사고란 논리적 사고의 발달, 조합기술, 보존개념 확립, 분류화, 서열화, 탈중심화, 가역적 사고, 자율적 도덕성 등을 포함한다. 형식적 조작사고는 청소년기(13~19세)에 들어서면서 진행된다.

21 ▶ ③

| 정답 해설 |

③ 마샤는 청소년기 주요 발달과업인 자아정체감을 4가지 유형(성취, 유예, 유실, 혼란)으로 구분하였다.

| 오답 해설 |

① 아동기에 해당하는 내용이다.
② 논리적 사고발달은 경험귀납적 사고에서 가설연역적 사고로 전환된다.
④ 2차 성징은 생식기능의 발달과 관련된 성적 성숙의 결과이다.
⑤ 상상적 청중과 개인적 우화를 통해 급격한 변화를 겪으면서 자신에게 몰두하는 자아중심성이 커지게 된다.

22 ▶ ⑤

| 오답 해설 |

① 노년기(에릭슨의 통합성)에 해당한다.
② 유아기(걸음마기)에 해당한다.
③ 부모로부터 독립에 대한 양가감정을 가진다.
④ 아동기에 해당한다.

23 ▶ ⑤

| 정답 해설 |

⑤ 중년기(40~64세)는 새로운 것을 학습하는 능력은 저하되지만, 실제적인 문제해결능력은 향상되어 결정성 지능이 계속 발달한다.

| 오답 해설 |

① 중년기는 에릭슨의 심리사회적 위기 중 생산성 대 침체 단계에 해당된다.
② 중년기의 갱년기는 남녀 모두에게 나타나며, 이 시기에는 신진대사가 둔화되고 성적 능력이 저하된다.
③ 여성은 에스트로겐 분비가 감소되고, 남성은 테스토스테론 분비가 감소한다.
④ 영아기에 해당하는 내용이다.

24 ▶ ①

| 정답 해설 |

① 노년기는 조심성, 경직성, 수동성, 내향성이 증가한다.

25 ▶ ③

| 오답 해설 |

① 유아기(3~6세)에 해당하는 특징이다. 영아기(0~2세)에는 애착관계가 형성되는 특징이 있다.
② 영아기(0~2세)에 해당하는 특징이다. 아동기(7~12세)에는 보존개념 확립, 분류화, 서열화, 조합기술 획득 등의 특징이 있다.

④ 노년기(65세 이상)에 해당하는 특징이다. 중년기(40~64세)에는 결정성 지능의 발달, 개성화 등의 특징이 있다.
⑤ 청년기(20~35세)에 해당하는 특징이다. 노년기(65세 이상)에는 노화로 인한 변화가 발생하는 특징이 있다.

26 ▶ ③

| 정답 해설 |

③ 사회복지실천을 위한 조사연구는 과학적인 절차와 타당한 논리적 원칙에 입각하여 기존의 지식을 기각 또는 강화하거나 새로운 지식을 만들어내려는 실천적인 지식 탐구활동이다.

27 ▶ ②

| 오답 해설 |

① 설명연구(설명적 조사)에 관한 설명이다. 기술연구(기술적 조사)는 현상의 모양이나 분포, 크기, 비율 등 단순 통계적인 것에 대한 조사이다. 연구문제와 가설을 설정한 이후에 실시되며, 어떤 정책을 결정하기 위해 필요한 정보를 얻고자 할 때 많이 사용된다.
③ 가설 검증 결과가 연구자의 기대와 달라서 가설을 연구결과에 맞추어 수정할 경우, 연구윤리 및 결과의 왜곡을 발생시킨다.
④ 연구자의 객관적 논리에 입각하여 연구결과를 해석하여야 한다.
⑤ 조사를 통해 검증된 인과관계에 입각하여 문제의 발생을 확률적 결정론으로 예측하여야 한다.

28 ▶ ④

| 정답 해설 |

㉠ 종단조사는 시간간격을 두고 반복적으로 조사하는 연구방법이다. 2022년과 2025년에 전국가정폭력실태조사를 진행한 점에서 종단조사에 해당한다.
㉡ 표본조사는 표본추출과정을 거쳐 모집단의 일부를 표본으로 선정한 후 그 표본에 대해서만 실시되는 조사이다. 전국의 가구 중 일부를 선정했다는 점에서 표본조사에 해당한다.
㉢ 경향조사는 동일한 주제로 장기간 반복적인 조사를 하지만, 매번 다른 응답자를 대상으로 하는 연구방법이다. 지문에 2022년과 2025년의 조사 대상이 동일하다는 내용이 없으므로 경향조사에 해당한다.

| 오답 해설 |

㉣ 패널조사는 동일한 주제에 대해 동일한 대상을 일정한 시간 간격을 두고 반복적으로 조사하는 연구방법이다. 지문에 '동일한 대상'이라는 내용이 없기 때문에 해당하지 않는다.

29 ▶ ⑤

| 오답 해설 |

⑤ 사회복지조사의 과정은 문제 설정(㉢) → 가설 설정(㉡) → 조사 설계(㉠) → 자료 수집(㉣) → 자료 분석 및 해석(㉤) → 보고서 작성 순으로 진행된다.

30 ▶ ④

| 오답 해설 |

① 가설의 지지여부는 영가설(귀무가설)을 직접 검증하여 반증한다.
② 신뢰수준을 95%에서 99%로 높이면 제1종 오류를 줄일 수 있다. 제1종 오류는 영가설이 참인데도 이를 부정·기각하는 오류이다.
③ 영가설(귀무가설)에 관한 설명이다. 연구가설은 조사과정을 통해 연구자가 검증하고자 하는 가설이다.
⑤ 신뢰수준을 낮추면 유의수준이 높아지고, 제1종 오류의 가능성은 높아진다.

참고 신뢰수준을 높이면 제1종 오류를 줄일 수 있습니다.

31 ▶ ⑤

| 오답 해설 |

①, ③ 종속변수(Y)에 속한다.
②, ④ 독립변수(X)에 속한다.

32 ▶ ①

| 정답 해설 |

① 내용타당도는 측정도구에 포함된 설문 문항들이나 관찰 내용들이 측정하려고 하는 속성이나 개념을 얼마나 대표성 있게 포함하고 있는가에 대해 주관적 또는 상호 주관적으로 판단하는 것이다.

| 오답 해설 |
② 판별타당도는 서로 다른 개념을 측정할 경우 측정결과가 상이해야 한다는 것이다.
③ 예측타당도는 척도가 미래에 발생할 어떤 사건(기준변수)을 얼마나 잘 예측하는가에 관한 것이다.
④ 동시타당도는 척도가 현재의 어떤 사건을 얼마나 잘 나타내는가에 관한 것이다.
⑤ 수렴타당도는 동일한 개념을 측정하기 위하여 서로 다른 측정방법을 사용하여 측정한 결과는 높은 상관관계를 보여야 한다는 것이다.

33 ▶ ③

| 정답 해설 |
③ 보가더스척도는 연구자가 측정하고자 하는 특정 현상이나 사회 이슈에 대해 개인이 어느 정도의 수준까지 수용할 수 있는지를 측정하는 척도로, 사회집단 간 심리적 거리감을 측정하는 데 적절하다.

| 오답 해설 |
① 리커트척도는 하나의 개념을 측정하기 위해 여러 개의 문장을 이용하는 척도로, 각 항목의 단순 합산을 통해 서열성을 산출하며 보통 3~7점으로 구성된다.
② 어의적 분화척도는 의미 분화척도라고도 하며, 한 쌍의 대조되는 형용사를 사용하여 응답자들이 평소 자신의 생각이나 태도, 느낌 등의 정도(위치)를 표현하게 하는 척도이다.
④ 소시오매트릭스는 소시오매트릭 테스트에 의하여 밝혀진 소시오매트릭 매트릭스(일정범위의 사람들의 집합 내에서 상호작인 선택이나 배척의 배치)를 양적 처리가 용이하도록 행렬형으로 정리한 것이다.
⑤ 서스톤척도는 가장 부정적인 생각(1점)부터 가장 긍정적인 생각(11점)까지 등간격으로 구분하여 만든 척도이다.

34 ▶ ④

| 정답 해설 |
④ 신뢰도는 타당도를 위한 필요조건이지만, 충분조건은 아닌 반면, 타당도는 신뢰도를 확보하기 위한 충분조건이다.

35 ▶ ①

| 오답 해설 |
② 조작적 정의는 질적 조사에 비해 양적 조사에서 더욱 중요하다.
③ 측정하고자 하는 개념의 의미는 개념적 정의를 통해 확장된다.
④ '개념적 정의 → 조작적 정의 → 측정'의 순서로 이루어진다.
⑤ 조작적 정의를 통해 변수를 직접 측정할 수 있다.

36 ▶ ③

| 정답 해설 |
③ 전수 연구는 표본 연구에 비해 비표본오차가 큰 반면, 표본 연구는 전수 연구에 비해 표본오차가 크다.

37 ▶ ④

| 정답 해설 |
④ ㉠, ㉢, ㉣ 산술평균의 산출이 적합한 비율변수에 해당한다.

| 오답 해설 |
㉡ 서열변수에 해당한다.

38 ▶ ②

| 정답 해설 |
② 노인복지관별 등록자명단에서 등록인원 수에 비례하여 난수표(무작위 할당)를 활용했다는 점에서 확률표집방법, 그중에서도 비례층화표집으로 연구가 진행되었다는 것을 알 수 있다. 이러한 층화표집은 군집표집보다 표집오차가 적게 발생한다.

| 오답 해설 |
① 해당 연구에서 최종적인 표본 선정은 난수표를 활용한 확률표집방법(무작위 할당)으로 이루어졌다.
③ 해당 연구는 비례층화표집으로 진행되어 편향성이 발생하지 않는다. 반면, 비비례층화표집은 비율을 고려하지 않고 추출하기 때문에 편향성이 발생한다. 그래서 분석단계에서 가중치를 활용할 수밖에 없다.
④ 노인복지관별 등록자명단이라는 표집틀이 존재한다.
⑤ 비확률표집방법 중 할당표집에 대한 설명이다.

39 ▶ ②

| 오답 해설 |
① 추정치가 모수에 근접할 확률은 표본의 크기에 비례한다.
③ 조사비용과 시간의 한계는 표본의 크기와 관련이 있다. 즉, 표본의 크기가 크면 조사비용과 시간이 증가하고, 표본의 크기가 작으면 조사비용과 시간이 감소한다.
④ 표본의 크기와 표본오차는 반비례한다. 즉, 표본의 크기가 클수록 표본오차는 작아지고, 표본의 크기가 작을수록 표본오차는 커진다.
⑤ 통계분석방법은 분석 방법에 따라 표본의 크기가 다르다. 즉, 서로 관련이 있다. 예를 들어, 변량분석의 경우는 표본의 크기로 10~15명 정도, 다변량분석의 경우는 표본의 크기로 20명 정도가 필요하다.

40 ▶ ④

| 정답 해설 |
④ 단순시계열설계는 실험처치를 기준으로 최소 3번 이상 사전검사와 사후검사를 실시하여 실험효과를 검증한다.

| 오답 해설 |
① 비동일 비교집단설계는 순수실험설계의 통제집단 사전·사후검사설계와 유사하지만, 무작위 할당에 의해 실험집단과 통제집단이 선택되지 않는 점이 다르며, 임의적인 방법으로 양 집단을 선정하고 사전·사후검사를 실시하여 종속변수의 변화를 비교한다.
② 분리표본 사전사후검사설계는 유사실험설계(준실험설계)로, 무작위 할당을 통해 통제집단과 실험집단을 배치하며, 통제집단에 대해서는 사전검사만을 실시한다.
③ 솔로몬 4집단설계는 순수실험설계로, 통제집단 사전·사후검사설계와 통제집단 사후검사설계를 합하여 상호작용 검사효과를 제거한 완벽한 설계디자인이다.
⑤ 단일집단 사전사후검사설계는 원시실험설계(전 실험설계)로, 조사 대상자에 대해서 사전검사를 실시하고 독립변수를 도입한 후 사후검사를 실시하여 인과관계를 추정하려는 연구이다.

41 ▶ ①

| 오답 해설 |
② 온라인 설문은 인터넷 접근이 가능한 환경에서만 표집이 가능하다.
③ 대면설문보다 비용은 저렴하고 시간도 절약할 수 있다.
④ 온라인 설문이나 전화조사는 간단하거나 문항수가 적을 때 적합하다.
⑤ 표적집단을 정확하게 알 수 없기 때문에 동일인의 중복응답에 대한 통제가 어렵다.

42 ▶ ⑤

| 정답 해설 |
⑤ 외적 타당도(일반화 정도)에서 실험에 대한 반동효과(호손효과)에 해당한다.

| 오답 해설 |
① 모방에 해당한다.
② 실험대상의 상실(탈락)에 해당한다.
③ 조사대상자의 선정편향에 해당한다.
④ 검사효과에 해당한다.

43 ▶ ①

| 정답 해설 |
① 솔로몬 4집단설계란 통제집단 사전사후검사설계와 통제집단 사후검사설계가 결합된 연구방법이다. 현실적으로 4집단을 무작위할당하기가 어렵고, 비용이 많이 소요되기 때문에 사회복지 현장에서 실제 활용하기에 부적합하다.

44 ▶ ⑤

| 정답 해설 |
⑤ 해당 조사설계는 순수실험설계이다. 순수실험설계는 실험설계의 기본 조건인 무작위 할당, 독립변수의 조작, 종속변수의 비교, 외생변수 통제가 가능할 때 성립하며 전실험설계(원시실험설계)보다 내적타당도가 높다.

| 오답 해설 |
① 인과적 추론 정도가 무작위 배정을 하지 않은 실험설계보다 높다.

② 외생변수 통제, 독립변수 조작, 종속변수의 비교 등이 모두 가능할 때 사용되는 것이 순수실험설계이다.
③ 유사실험설계에 관한 설명이다. 순수실험설계는 무작위 할당이 가능하기 때문에 개입 전에 두 집단(실험집단과 통제집단)의 동질성을 가정할 수 있다.
④ 전실험설계(원시실험설계)에 관한 설명이다.

45 ▶ ②

| 정답 해설 |

② 델파이기법은 익명성이 보장되는 무기명으로 진행되기 때문에 참여자들의 책임성이 낮아질 수 있다.

46 ▶ ②

| 정답 해설 |

② 질적연구에 관한 설명이다. 양적연구는 객관적이고 논리적인 관점에서 접근한다.

47 ▶ ④

| 오답 해설 |

ⓒ 단일사례설계는 실험설계 유형 중 하나로, 하나의 사례를 기반으로 연구를 진행하여 내적타당도가 높아 개입의 효과를 검증하는 데 도움이 된다. 즉, 단일사례설계는 외적타당도가 낮아 일반화의 가능성이 낮다.

48 ▶ ①

| 오답 해설 |

② 대면면접법은 우편조사법에 비해 조사자의 편견을 배제하기 힘들다.
③ 대면면접법은 전화면접법에 비해 익명성 보장이 어렵다.
④ 대면면접법은 복잡한 질문을 사용할 수 있어, 정확한 응답을 얻어 낼 수 있다.
⑤ 대면면접법 중 구조화(표준화)된 면접은 질문의 순서, 질문 문항 등을 명확하게 제시해야 한다.

49 ▶ ③

| 정답 해설 |

③ 서베이 연구는 사람들을 대상으로 설문지(질문지)를 활용하여 자료를 수집하는 방식으로 양적 연구에 해당한다.

50 ▶ ②

| 정답 해설 |

② 내용분석은 분석대상에 영향을 미치지 않는 비관여적·비반응적 연구 방법이지만, 내러티브 탐구는 이야기들이 다양한 방식으로 분석됨으로써 연구자가 연구대상에 영향을 미치는 관여적 연구 방법이다.

2교시 | 사회복지실천

사회복지실천론

01	⑤	02	⑤	03	④	04	①	05	⑤
06	④	07	①	08	③	09	②	10	③
11	②	12	④	13	①	14	⑤	15	②
16	②	17	①	18	④	19	③	20	④
21	④	22	⑤	23	③	24	⑤	25	①

사회복지실천기술론

26	③	27	②	28	④	29	⑤	30	③
31	②	32	②	33	④	34	③	35	⑤
36	④	37	③	38	①	39	③	40	③
41	⑤	42	①	43	②	44	④	45	①
46	⑤	47	④	48	③	49	①	50	②

지역사회복지론

51	④	52	③	53	⑤	54	⑤	55	②
56	④	57	②	58	①	59	①	60	⑤
61	②	62	①	63	⑤	64	④	65	①
66	②	67	②	68	②	69	⑤	70	④
71	③	72	③	73	①	74	⑤	75	③

01 ▶ ⑤

| 정답 해설 |

⑤ 병리적 관점에 대한 내용이다. 임파워먼트모델에서 사회복지사는 변화과정의 동반자로서 클라이언트와 협력하고, 클라이언트는 적극적인 참여의 권리를 가진 소비자로 여긴다.

02 ▶ ⑤

| 정답 해설 |

⑤ ㉠, ㉡, ㉢, ㉣ 모두 사례관리과정 중 사정단계에 해당한다. 사정단계는 사례관리 클라이언트의 현재 기능에 관한 광범위하고 구조화된 평가과정으로, 현재 기능수준과 욕구를 파악하는 단계이다.

03 ▶ ④

| 정답 해설 |

④ 개인과 환경 간 불균형 발생 시 문제를 감소하도록 돕는다.

04 ▶ ①

| 정답 해설 |

㉡ 발견단계의 실천과업은 자원역량 사정 및 강점 확인, 해결방안 수립이다.

05 ▶ ⑤

| 정답 해설 |

㉢ 사회복지실천에 관한 이론과 방법을 최초로 체계화한 사회진단 출간(1917)
㉡ 밀포드 회의에서 개별사회사업 방법론을 기본으로 하는 사회복지실천의 공동요소 제시(1929)
㉠ 기능주의 학파와 진단주의 학파의 갈등(1930년대~1950년대)
㉣ 사회복지실천 방법으로 통합적 방법론 등장(1957)

06 ▶ ④

| 정답 해설 |

④ 적합성은 생태체계이론의 주요 개념으로, 개인의 욕구 및 사회의 욕구 사이의 조화와 균형의 정도, 즉 적응에 대한 욕구와 환경자원이 부합하는 정도를 의미한다.

| 오답 해설 |

① 경계는 체계를 외부로부터 구분하여 눈에 보이지 않는 선 혹은 테두리를 말한다.
② 엔트로피는 체계 구성요소 간의 상호작용 감소에 따라 유용한 에너지가 감소하는 상태를 말하며, 체계가 서서히 무질서와 혼돈 상태로 가는 것을 말한다.
③ 상호교류는 인간이 환경 속의 다른 구성원과 소통하고 관계를 형성하는 것을 말한다.
⑤ 대처는 클라이언트가 스스로 어려움을 극복하고자 노력하는 능력을 향상시키는 것을 말한다.

07 ▶ ①

| 오답 해설 |

② 행정복지센터는 2차 현장이면서 이용시설이다.
③ 노인요양공동생활가정은 2차 현장이면서 생활시설이다.
④ 아동보호전문기관은 1차 현장이면서 이용시설이다.
⑤ 지역자활센터는 1차 현장이면서 이용시설이다.

08 ▶ ③

| 오답 해설 |

㉡ 수혜자격의 축소는 개인주의 및 자유방임주의 사상과 관련된 내용으로, 복지증진을 위한 국가의 개입은 개인의 자유를 침해하지 않는 선에서 최소화되어야 한다는 이념이 밑바탕에 깔려 있다.

09 ▶ ②

| 정답 해설 |

② 해석기술에 대한 설명이다.

10 ▶ ③

| 정답 해설 |

③ 자기노출은 사회복지사가 자신의 생각과 감정, 삶의 경험을 적절하게 노출함으로써 클라이언트의 표현을 촉진시킨다.

| 오답 해설 |

① 직면은 클라이언트가 무언가를 잘못하고 있거나 말과 행동이 불일치 혹은 모순될 때 그것을 의식하도록 지적하는 기술이다.
② 경청은 사회복지사가 클라이언트의 문제를 성급하게 해결하려는 것을 막는 데 도움이 되는 기술이다.
④ 해석은 클라이언트가 자신에 대해 미처 알지 못한 것을 깨달을 수 있도록 설명해 주는 기술이다.

사회복지사 1급

⑤ 질문은 클라이언트에게 필요한 정보를 얻기 위하여 가장 많이 적용하는 기술로, 폐쇄형 질문과 개방형 질문으로 구분된다.

11 ▶ ②

| 오답 해설 |

ⓒ 의도적 감정 표현에 대한 내용이다. 통제된 정서적 관여는 클라이언트의 감정에 민감성과 이해로서 반응해야 한다.
ⓔ 통제된 정서적 관여에 대한 내용이다. 개별화는 클라이언트가 특별한 개인으로 처우받고 싶은 욕구를 말한다.

12 ▶ ④

| 정답 해설 |

④ 인간 존엄성 존중은 한국 사회복지사 윤리기준에서 전문가로서의 자세 영역에 해당한다.

13 ▶ ①

| 오답 해설 |

② 중개자는 개인, 집단이 지역사회 서비스를 이용할 수 있도록 도와주는 역할을 수행한다.
③ 중재자는 분쟁이나 다툼에서 타협점을 찾아내고 서로의 차이점을 조정하여 상호 만족스러운 동의를 이루어내는 역할로, 중립적인 역할을 수행한다.
④ 조력자는 개인이나 가족, 지역사회가 욕구를 명확하게 파악하고 표현하도록 도우며, 지역사회 수준에서 조직을 형성할 수 있도록 원조하는 능력부여자 역할을 수행한다.
⑤ 교육자는 클라이언트에게 정보를 주고 적응기술을 가르치는 역할을 수행한다.

14 ▶ ⑤

| 정답 해설 |

⑤ 자유권 중 신체의 자유에 대한 설명이다. 평등권은 모든 사람은 평등하다는 것을 의미한다. 정치적 견해·성별·인종 및 민족·나이·종교·출신 국가 및 지역·신체·사회적 신분·성적 지향·신체조건·정신적 혹은 신체적 장애 여부 등에 상관없이 평등하다.

15 ▶ ②

| 오답 해설 |

ⓒ 전통적 방법의 지나친 분화와 전문화는 서비스의 파편화 현상을 초래하였고, 다양하고 복합적인 문제와 욕구를 가진 클라이언트에게 도움이 되지 않았다. 이로 인해 통합적 접근방법이 등장하였다.

16 ▶ ②

| 정답 해설 |

② 학교사회복지사협회는 전문가체계로, 전문가 단체, 전문가를 육성하는 교육체계, 전문적 실천의 가치 등으로 구성된 체계이다.

| 오답 해설 |

① 클라이언트체계에 해당한다.
③ 변화매개체계에 해당한다.
④ 행동체계에 해당한다.
⑤ 표적체계에 해당한다.

17 ▶ ①

| 정답 해설 |

① 공감은 클라이언트의 감정과 그 감정의 의미를 정확하고, 민감하게 인식하여 전달하는 사회복지사의 능력이다.

| 오답 해설 |

② 진실성은 사회복지사는 클라이언트와의 관계에서 순수하고 진실해야 하는 것을 의미한다.
③ 문화적 민감성은 특정한 단서 없이도 클라이언트의 내면세계를 느끼고 감지할 수 있는 능력을 의미한다.
④ 자기를 관찰하는 능력은 자신의 목표에 관해 신중히 생각하고 자신을 신뢰하며, 자신을 복잡한 개입활동의 한 부분으로 관찰할 수 있는 능력을 의미한다.
⑤ 헌신은 원조과정에서의 책임감을 의미하며 일관성을 포함하는 개념이다.

18 ▶ ④

| 오답 해설 |

① 재명명은 클라이언트가 부여하는 의미를 수정해 주면서 클라이언트의 시각을 긍정적인 방향으로 변화시키는 기술이다.

② 초점화은 클라이언트가 두서없이 말을 장황하게 하거나 어떤 주제를 회피하려고 할 때, 사회복지사가 간단한 질문을 하거나 문제를 다시 언급함으로써 초점을 맞추는 기술이다.
③ 직면은 클라이언트가 무언가를 잘못하고 있거나 말과 행동이 불일치 혹은 모순될 때 그것을 의식하도록 지적해 주는 기술이다.
⑤ 조언은 문제해결 과정에서 여러 대안을 모색하고 활용하도록 하였지만, 별 효과를 거두지 못하여 더 이상 다른 선택이나 개입의 여지가 없을 때, 최후의 수단으로 활용되는 기술이다.

19 ▶ ③

| 정답 해설 |
③ 간접적 개입기법 중 환경 조정은 환경 내 유의미한 사람과 클라이언트의 개인적 능력 및 대인관계능력을 증진하는 것을 말한다. 해당 상황은 환경 조정과 관련이 없다.

20 ▶ ④

| 오답 해설 |
① 개입 또는 실행 과정에서 수행되는 업무이다. 인테이크(접수)는 서비스가 필요한 클라이언트의 욕구 확인, 사례관리 대상자의 적격성 판정 업무를 한다.
② 사정은 클라이언트의 문제와 상황 검토, 클라이언트의 욕구와 자원에 관한 정보수집 업무를 한다.
③ 서비스 계획은 해결할 수 있는 자원 연결 등의 일련의 개입 계획 수립, 사례실천의 공급주체 및 서비스 내용 제시 업무를 한다.
⑤ 평가는 사례관리 대상자에게 제공된 서비스의 효과성 등을 제시하는 주요한 근거이다.

21 ▶ ④

| 정답 해설 |
④ 계획수립단계에 해당한다.

22 ▶ ⑤

| 정답 해설 |
⑤ 접수단계의 특성에 해당한다.

23 ▶ ③

| 정답 해설 |
③ 지역사회중심의 통합적 서비스 제공에 대한 요구가 증가하였다.

24 ▶ ⑤

| 정답 해설 |
⑤ 가족상담은 직접실천기술 중 하나로, 클라이언트가 위기상황에 처했을 때 개입하는 서비스이다.

| 오답 해설 |
①, ②, ③, ④ 간접실천기술에 해당하는 것으로, 클라이언트를 공식·비공식적 기관에 연결·조정·점검·옹호하는 서비스를 말한다.

25 ▶ ①

| 정답 해설 |
① 가계도에 대한 내용이다. 가계도는 가족의 구성과 구조, 생애주기, 가족 내에서 반복되는 정서적·행동적 패턴 등을 알아볼 수 있는 도구이다.

26 ▶ ③

| 정답 해설 |
③ 모델에 해당하는 내용이다.

27 ▶ ②

| 오답 해설 |
① 전이는 과거의 인물에게 느끼던 사랑이나 증오의 감정을 현재의 사회복지사(치료자)에게 전치(또는 투사)하는 것을 말한다.
③ 직면은 클라이언트의 말과 행동 사이의 불일치나 모순이 있을 때 직접적인 방법으로 이를 알리는 것이다.
④ 해석은 클라이언트의 통찰력을 향상시키는 효과가 있다.
⑤ 자유연상은 클라이언트의 마음속에 떠오르는 감정, 생각, 기억, 환상, 꿈 등을 자유롭게 말하게 하는 개입기술이다.

28 ▶ ④

| 정답 해설 |

④ 유형-역동성 고찰은 클라이언트의 성격과 행동, 심리 내적 역동을 고찰하는 개입기법이다. 사건에 대하여 특정한 방식으로 생각하거나 행동하도록 이끄는 클라이언트의 행동 경향, 사고나 감정의 패턴을 확인하도록 한다.

| 오답 해설 |

① 직접적 영향 주기는 제안이나 조언 등을 통해 클라이언트에게 직접적인 영향을 주는 개입기법이다.
② 탐색-기술(묘사)-환기는 클라이언트가 사실을 말하고 감정을 탐색하며 환기할 수 있게 하는 기법이다.
③ 지지하기는 클라이언트의 감정과 행동을 지지하는 기법이다.
⑤ 발달적 고찰은 클라이언트의 과거 경험이 현재 기능에 미치는 영향을 고찰하는 개입기법이다.

29 ▶ ⑤

| 정답 해설 |

⑤ 임의적 추론은 자의적 추론이라고도 하며, 근거가 없는 성급한 추론을 말한다.

| 오답 해설 |

① 이분법적 사고는 흑백논리라고도 하며, 어떤 사물이나 현상을 단순히 둘로 나누어 해석하려는 사고를 말한다.
② 개인화는 관련 없는 외적 상황까지 자신과 관련짓는 것을 말한다.
③ 과잉 일반화는 한두 번의 사건으로 일반적인 결론을 내리고 그것과는 관련 없는 상황에 적용하는 것이다.
④ 재앙화는 파국화라고도 하며, 항상 최악을 생각하고 그것이 언제든지 자신에게 일어날 수 있다고 생각하는 것이다.

30 ▶ ③

| 정답 해설 |

③ 인지행동모델에 해당한다. 인지행동모델은 비합리적 신념이나 인지적 오류, 자기패배적인 사고를 변화시킴으로써 감정이나 행동을 변화시키는 것을 목표로 한다.

31 ▶ ②

| 오답 해설 |

① 인지행동모델에 관한 설명이다.
③ 인지행동모델(엘리스의 합리적 정서치료)에 관한 설명이다.
④ 역량강화모델에 관한 설명이다.
⑤ 해결중심모델에 관한 설명이다.

32 ▶ ②

| 정답 해설 |

② 위기개입모델의 주요 원리에 해당한다.

33 ▶ ④

| 정답 해설 |

④ 내적 의사소통 명료화하기는 인지행동모델의 주요 기술에 해당한다.

34 ▶ ③

| 오답 해설 |

ⓒ 합류하기는 미누친의 구조적 가족치료의 기법 중 하나로, 사회복지사가 가족의 현실적 상황에 들어가 함께 경험하거나 가족 성원들의 스타일에 맞추어 언어적·비언어적 의사소통을 하는 것이다.

35 ▶ ⑤

| 정답 해설 |

⑤ 골란은 '위험사건 → 취약단계 → 촉발요인 → 위기단계 → 재통합단계' 순으로 위기가 발달한다고 주장하였다.

36 ▶ ④

| 정답 해설 |

④ 환류는 욕구를 재확인하여 서비스 계획이나 개입전략을 수정하는 과정을 말하며, 평가와 종결단계에 해당한다.

37 ▶ ⑤

| 정답 해설 |

⑤ 전략적 가족치료는 다양한 전략을 활용하여 이론보다는 문제해결에 초점을 둔다.

38 ▶ ①

| 오답 해설 |

② 가족그림은 사티어의 경험적 가족치료에 해당한다.
③ 탈삼각화는 보웬의 다세대 가족치료에 해당한다.
④ 역설적 지시는 헤일리의 전략적 가족치료에 해당한다.
⑤ 순환적 질문은 헤일리의 전략적 가족치료에 해당한다.

39 ▶ ③

| 정답 해설 |

③ 역설적 지시는 문제를 유지하는 연쇄를 변화시키기 위해서 가족이 역설적이라고 생각하는 행동, 즉 문제행동을 유지하거나 강화하는 행동을 수행하도록 지시하는 기법이다.

| 오답 해설 |

① 실연은 미누친의 구조적 가족치료기법 중 하나로, 치료면담 중에 가족에게 역기능적인 가족 성원 간의 교류를 실제로 재현시키는 기법이다.
② 재구성은 헤일리의 전략적 가족치료기법 중 하나로, 가족 성원의 문제를 다른 관점으로 이해할 수 있도록 돕는 기법이다
④ 순환적 질문하기는 헤일리의 전략적 가족치료기법 중 하나로, 가족 성원들이 문제에 대해 제한적이고 단선적인 시각에서 벗어나 문제의 순환성을 깨닫도록 돕는 질문을 연속적으로 던지는 기법이다.
⑤ 긍정적 의미부여는 헤일리의 전략적 가족치료기법 중 하나로, 가족응집력을 향상시키고 치료에 대한 저항을 줄이기 위해 가족의 문제나 행동을 긍정적으로 재해석하는 기법이다.

40 ▶ ③

| 오답 해설 |

ㄹ 자아분화 수준이 높을수록 가족원의 자율성이 증가하여 독립적으로 행동한다. 반면, 자아분화 수준이 낮을수록 가족원을 끌어들여 삼각관계를 형성하고 근본적인 문제의 원인을 회피하려 한다.

41 ▶ ⑤

| 정답 해설 |

⑤ 이야기치료모델에 관한 설명이다. 이야기치료기법 중 하나인 문제의 외현화(외재화)는 문제가 개인의 속성이나 내부에 존재하는 것이 아니라 외부에 존재하는 것으로 보며, 가족문제를 가족을 괴롭히는 존재로 보고 이야기하는 형식이다.

42 ▶ ①

| 오답 해설 |

② 일탈행동이나 갈등상황에 대해 정적 환류를 적용하면 최초의 일탈이나 갈등을 증폭시키는 작용을 한다. 반면, 부적 환류는 어떤 상태나 변화, 새로운 행동이 부적절하므로 원래의 상태로 돌아가게 하는 환류이다.
③ 가족이라는 상위체계가 존재하며 그 안에 다양한 하위체계를 포함한다.
④ 혼돈된 경계의 가족에 관한 설명이다. 경직된 경계의 가족은 가족원의 무관심, 소외감, 거리감이 발생하여 유리된 관계가 형성된다.
⑤ 부모하위체계에 관한 설명이다. 부모-자녀하위체계는 세대가 서로 다른 가족원들로 구성되어 있는 하위체계로, 부모가 자녀에게 엄격함과 허용을 적절히 조화시키는 것이 중요하다.

43 ▶ ②

| 오답 해설 |

ㄴ 부모와 자녀 간의 밀착된 관계는 가족 성원 간 혼돈된 경계로, 가족원 간의 독립심과 자율성이 결여되고 과도한 가족 응집력을 요구한다. 따라서, 하위체계 간 불균형상태가 발생한다.
ㄹ 기능적 가족은 환경체계와 분명히 구분되는 동시에 개방적이고 융통적이며 적응적 경계가 있다. 따라서 가족성원에게 분명한 경계와 자율성을 부여하게 된다.

44 ▶ ④

| 정답 해설 |

④ 집단문화는 집단 구성원들이 공유하는 가치, 신념, 관습, 전통 등을 의미한다. 이는 유사한 성원들이 참여하는 폐쇄형 집단에서 빠르게 형성되지만, 다양한 성원들이 참여하는 개방형 집단에서는 느리게 형성된다.

45 ▶ ①

| 오답 해설 |

ⓒ, ⓓ 치료집단의 특징에 해당한다.
ⓔ 노아방주의 원칙은 사회복지사가 집단을 구성할 때 다양성과 공통성 사이에 균형을 이루도록 해야 한다는 원칙을 말한다. 집단성원이 동질적일수록 빠르게 집단이 형성되지만, 이질적일 경우 집단의 기능을 하지 못할 수 있다.

46 ▶ ⑤

| 정답 해설 |

⑤ ㉠, ㉡, ㉢, ㉣ 모두 얄롬의 11가지 집단치료의 효과에 해당한다.
㉠ 유사한 문제에 대해 다른 집단 성원들은 어떤 방식으로 그 문제를 극복했는지, 도움을 받을 곳은 어디인지 등에 대한 정보를 주고받게 된다.
㉡ 집단상담에서 자신의 고민과 생각을 이야기함으로써 다른 사람도 자신과 유사한 생각과 고민을 가지고 있음을 알게 된다. 즉, 자신이 그렇게 이상하거나 유별나지만은 않다는 것을 알게 된다.
㉢ 각 집단 성원은 다른 집단 성원에게 도움을 주고 있는 자신을 발견하게 되고, 남에게 도움을 주는 경험은 개인의 자긍심을 고양시킨다.
㉣ 내면에 억압되어 있는 다양한 감정과 생각을 집단상담을 통해서 노출하고, 이러한 감정과 생각이 다른 집단 성원에게 수용되면서 클라이언트는 감정의 정화(카타르시스)를 경험한다.

47 ▶ ④

| 정답 해설 |

④ 상호작용차트는 성원의 집단참여 수준을 분석하는 사정도구로, 집단성원들 간의 상호작용 또는 집단성원과 사회복지사 간의 상호작용의 빈도를 기록하는 그림이다. 특정 행동이 발생할 때마다 해당 행동을 한 성원의 빈도를 기록하거나 일정한 시간 동안 특정 행동의 발생빈도를 기록하기도 한다.

| 오답 해설 |

① 소시오메트리는 집단 내 대인 간의 관계에 대한 매력을 기술하고 측정하는 사정도구이다.
② 소시오그램은 하위집단 형성여부, 집단성원 간 수용 및 거부, 집단 내의 소외자 등을 알 수 있는 사정도구이다.
③ 사회적 관계망표는 개인, 가족의 사회적 관계망 혹은 사회적 지지를 사정하는 도구이다. 클라이언트의 사회적 관계망 내에 있는 사람들이 클라이언트와 어떤 관계에 있는 사람들이고, 이들이 클라이언트에게 물질적·정서적·정보적 지지를 어느 정도 주고 있으며, 도움은 일방적인지 쌍방적인지, 관계망 구성원과의 접근성과 접촉빈도 및 최초 접촉시기 등이 표시된다.
⑤ 의의차별척도는 집단사정도구의 하나로, 5개 혹은 7개의 응답범주를 가지고 2개의 상반된 입장에서 하나를 선택하는 사정도구이다.

48 ▶ ③

| 오답 해설 |

㉠ 초기단계에 해당한다.
㉢ 중간단계에 해당한다.

49 ▶ ①

| 정답 해설 |

① 동시에 여러 문제의 변화를 측정하는 것이 가능하다. 기초선 관찰 또는 개입 후 관찰을 통해 여러 문제의 변화를 측정할 수 있다.

50 ▶ ②

| 정답 해설 |

② 서비스 신청에 개인정보가 필요하다면, 민감한 사적 정보도 동의를 받아 포함되어야 한다.

51 ▶ ④

| 오답 해설 |

① 전문화는 조직의 직무가 개별 업무로 세분화되어 있는 정도를 말한다. 전문화 정도가 높으면 구성원들은 매우 제한된 업무만을 수행하게 되고 반대로, 전문화의 정도가 낮으면 구성원들은 다양한 직무를 수행할 기회를 가지게 된다. 다만, 전문화는 지역사회복지 이념에 해당하지 않는다.
② 정상화는 특별한 장애나 욕구를 가진 사람도 강제적·폐쇄적·집권적인 시설보호를 벗어나 일상적인 삶을 유지하면서 자신의 삶을 선택할 수 있는 자유를 가지도록 인간의 존엄성을 지키려는 이념이다.
③ 탈시설화는 무시설주의가 아닌 시설의 지역사회 개방화와 지역사회 내 보호를 지향해 나가야 한다는 이념이다.
⑤ 사회통합은 세대 간, 지역 간 발생하는 사회 전반적인 불평등을 감소시키기 위해 노력하여야 한다는 이념이다.

52 ▶ ③

| 오답 해설 |

① 상부상조 기능은 사회 구성원들이 주요 사회제도에 의해 자기들의 욕구를 충족할 수 없는 경우, 서로의 안녕을 위하여 도움을 주고받는 과정의 기능이다.
② 생산·분배·소비 기능은 의식주와 같이 일상생활을 하는 데 필요한 재화와 서비스를 생산·분배·소비하는 1차적 분배의 기능이 이에 해당한다.
④ 사회통합 기능은 사회참여의 기능이라고도 하며, 지역사회 구성원들의 상호 간 협력, 결속력 등을 강조하는 기능이다.
⑤ 사회통제 기능은 지역사회가 구성원들에게 사회의 규범(법, 도덕, 규칙 등)을 지키도록 하는 기능이다.

53 ▶ ⑤

| 정답 해설 |

⑤ 던햄은 지역사회유형을 크게 인구 크기, 인구구성의 사회적 특수성, 산업구조 및 경제적 기반, 행정구역으로 구분하였는데, ㉠, ㉡, ㉢, ㉣ 모두 각 유형의 예시로 옳다.

54 ▶ ⑤

| 정답 해설 |

⑤ 시·군·구 희망복지지원단은 2010년대인 2012년에 설치 및 운영되었다. 2020년대에는 2020년에 사회서비스원이 6개 시·도로 확대되었고, 2022년에 전국으로 확대되었다.

55 ▶ ②

| 정답 해설 |

㉠ 토인비 홀 설립(1884) - ㉢ 정신보건법 제정(1959) - ㉡ 시봄 보고서(1968) - ㉣ 하버트 보고서(1971) - ㉤ 바클레이 보고서(1982)

56 ▶ ④

| 정답 해설 |

④ 권력의존이론은 지역사회의 집단이나 조직들이 힘을 얻고 분산시키면서 지역사회가 발전한다는 점을 강조한다.

| 오답 해설 |

① 갈등이론은 외부와의 갈등이 지역사회 내부의 결속력을 높여주기도 한다고 본다.
② 엘리트주의이론은 소수 엘리트에 의한 주도적 가치판단을 중시한다. 소수의 지배 엘리트집단이 국가의 정책을 좌우하는 권력을 장악하고 있다고 주장한다.
③ 사회체계이론은 지역사회를 구성하는 크고 작은 모든 체계는 서로 연결되어 상호작용을 나누는 부분들의 합으로, 하나의 전체로서 살아있는 개방체계를 이루고 있다고 주장한다.
⑤ 사회자본이론은 지역사회 내 사회관계에 내재된 자원을 사회자본이라고 하며 신뢰(보상에 대한 믿음), 호혜성, 네트워크, 공유된 인지 등을 강조한다.

57 ▶ ②

| 오답 해설 |

㉠ 갈등이론에 관한 설명이다. 사회체계이론은 지역사회는 상호의존적인 부분들로 구성되어 있다고 본다.
㉢ 사회학습이론에 관한 설명이다. 자원동원이론은 돈, 정보, 사람, 조직원 간의 연대, 사회운동의 목적과 방법에 대한 정당성 등이 자원에 포함된다고 본다.

58 ▶ ①

| 정답 해설 |
① 지역사회연계는 테일러와 로버츠의 지역사회복지 실천모델에 해당한다.

59 ▶ ①

| 오답 해설 |
ⓒ 지역사회개발모델에 관한 설명이다. 사회계획모델은 변화의 매개체로 공식조직과 객관적 자료를 활용한다.
ⓔ 사회계획모델에 관한 설명이다. 지역사회개발모델은 지역사회 문제 해결을 위해 전문가의 주도적 개입을 지양하고, 지역주민들이 스스로 문제 해결할 수 있도록 능력을 향상시키는 것이 주된 목적이다.

60 ▶ ⑤

| 정답 해설 |
⑤ 기능적 지역사회조직모델에 관한 설명이다.

61 ▶ ②

| 오답 해설 |
① 계획모델은 조사연구와 객관적 분석 등을 통해 지역사회문제를 해결하고자 하는 데 초점을 둔다.
③ 지역사회개발모델은 지역사회문제를 주민 스스로 해결할 수 있도록 지지하고 지원하는 것에 초점을 둔다.
④ 정치적 역량강화모델은 사회적으로 소외된 집단과 그 구성원의 역량 강화에 초점을 둔다.
⑤ 프로그램 개발 및 조정모델은 지역사회 주민이 원하는 서비스를 기획·개발·실행하는 데 초점을 둔다.

62 ▶ ①

| 정답 해설 |
① 로스만은 지역사회개발모델에서 사회복지사의 역할로 조력자, 촉진자, 안내자, 교육자, 능력부여자, 격려자, 조정자 등을 주장하였다.

참고 해당 문제는 수험생들의 이의제기가 있었던 문제로, 본 교재에서는 논란을 방지하고자 발문을 수정하였습니다.

63 ▶ ⑤

| 정답 해설 |
⑤ 형성평가에 관한 설명이다. 총괄평가는 프로그램이 수행된 이후에 목적을 효과적으로 달성하였는지를 평가하는 방법으로, 결과나 성과가 주요 평가대상이기 때문에 결과평가라고도 한다.

64 ▶ ④

| 오답 해설 |
ⓒ 델파이기법에 관한 설명이다. 초점집단기법은 문제와 관련된 소수의 사람들이 한자리에 모여 토론하는 방식이다.

65 ▶ ①

| 정답 해설 |
① 임파워먼트 기술에 해당한다.

66 ▶ ②

| 정답 해설 |
② 자원개발 및 동원 기술은 지역주민의 욕구충족과 문제 해결을 위해 자원이 필요한 경우 자원을 발굴하고 동원하는 기술이다.

| 오답 해설 |
① 협상 기술은 갈등상황에 놓인 사람들 사이에서 상호 합의를 이끌어 내는 기술이다. 프루이트는 협상에 시한을 두어 요구하는 입장을 확고히 하고, 상대방의 제안에 대응함에 있어 신중해야 한다고 하였다.
③ 옹호 기술은 클라이언트가 정당한 처우나 서비스를 받지 못하는 경우 지역주민이나 지역사회의 입장에서 직접적으로 전문적인 대변, 보호, 개입, 지지를 하는 기술이다.
④ 조직화 기술은 클라이언트의 문제를 해결하기 위해 필요로 하는 인력이나 서비스를 규합하고, 나아가 조직의 목표를 성취하도록 합당하게 운영해 나가는 기술이다.
⑤ 지역사회교육 기술은 지역주민의 관심사와 관련된 행사를 계획·시행하여 지역사회의 실정에 맞는 교육과정을 제공하는 기술이다.

67 ▶ ③

| 정답 해설 |

③ 조정자로서 사회복지사는 클라이언트가 다른 체계에 의뢰될 때, 능력·기술·지식·자원이 부족한 경우, 이를 조정하는 역할이다.

| 오답 해설 |

① 옹호자로서 사회복지사는 개인이나 집단, 지역사회의 입장을 대변하고 보호하며 사회정의를 지키고 유지하는 역할이다.
② 교육자로서 사회복지사는 지역사회와 클라이언트에게 정보를 제공하며 기술을 가르치는 역할이다.
④ 자원개발자로서 사회복지사는 학생, 가족, 학교 등이 필요로 하는 지역사회자원을 발굴하고 개발하는 역할이다.
⑤ 협상가로서 사회복지사는 갈등상황에 놓인 사람들 사이에서 상호 합의를 이끌어 내기 위해 타협하는 역할이다.

68 ▶ ②

| 정답 해설 |

② 복지예산의 지방분권화로 정책 효과성이 강화된다.

69 ▶ ⑤

| 정답 해설 |

⑤ 지방분권은 중앙정부에 집중되어 있는 권한을 지방정부와 나누고, 그 권한을 지방 스스로 결정하는 것이다. 따라서 지방의회의 사회적 책임성이 강화된다.

70 ▶ ④

| 정답 해설 |

④ 실무협의체 위원은 위원장 1명을 포함하여 10명 이상 40명 이하로 구성한다(사회보장급여법 시행규칙 제6조 제1항).

| 오답 해설 |

① 보장기관의 장은 지원계획의 수립 및 사회보장급여의 제공 등에 필요한 사항은 대통령령으로 정한다.
② 대표협의체 위원에는 공무원이 포함한다.
③ 지역사회보장협의체(대표협의체)는 시·군·구의 사회보장급여 제공에 관한 사항을 심의·자문한다.
⑤ 보건복지부장관 및 시·도지사는 지역사회보장계획의 시행결과를 평가한다.

71 ▶ ③

| 오답 해설 |

ⓒ 지역사회보장협의체의 심의와 지방의회 보고를 거쳐 시·도지사에게 제출한다.
ⓒ 지역사회보장계획에는 지역사회보장에 필요한 재원 규모와 조달방안이 포함된다.

72 ▶ ③

| 정답 해설 |

③ 자활지원사업의 원활한 추진을 위하여 자활기금을 설치·운영·적립하는 곳은 보장기관이다. 지역자활센터는 자활사업을 실시하는 보건복지부 민간위탁 사회복지기관으로, 저소득층의 자활과 자립을 위해 일자리를 만들고 협동조합 형태의 공동창업(자활기업)을 지원한다.

73 ▶ ④

| 정답 해설 |

④ 서비스 제공 기능 중 지역사회보호사업(일상생활지원 및 정서서비스)에 해당한다.

| 오답 해설 |

①, ③ 지역조직화 기능 중 복지네트워크 구축에 해당한다.
②, ⑤ 지역조직화 기능 중 자원개발 및 관리에 해당한다.

74 ▶ ⑤

| 오답 해설 |

㉠ 사회적 경제주체는 사회적기업, 협동조합, 마을기업, 자활기업 등이다. 해당 기업은 사회적 가치를 창출하기 위해 재화와 용역을 생산하고 판매하는 민간의 경제활동을 한다.

75 ▶ ④

| 정답 해설 |

④ 지역사회복지운동은 지역사회문제를 해결하기 위해 지역사회주민의 욕구를 충족시키는 조직적·집합적·수단지향적인 활동이다.

3교시 | 사회복지정책과 제도

사회복지정책론

01	⑤	02	④	03	①	04	③	05	②
06	③	07	①	08	④	09	④	10	③
11	②	12	④	13	③	14	⑤	15	③
16	④	17	②	18	④	19	④	20	⑤
21	①	22	②	23	①	24	②	25	⑤

사회복지행정론

26	⑤	27	⑤	28	③	29	②	30	①
31	④	32	④	33	①	34	④	35	①
36	②	37	④	38	⑤	39	③	40	②
41	④	42	③	43	④	44	②	45	⑤
46	③	47	⑤	48	①	49	③	50	①

사회복지법제론

51	①	52	④	53	③	54	④	55	②
56	②	57	④	58	④	59	②	60	②
61	⑤	62	③	63	①	64	⑤	65	⑤
66	③	67	④	68	⑤	69	①	70	②
71	②	72	③	73	③	74	④	75	①

01 ▶ ⑤

| 정답 해설 |

⑤ 개인의 능력에 따른 분배구조 확대는 능력주의와 관련된 내용이다. 사회복지정책은 국민의 삶의 질을 향상시키고 사회적 안전망을 구축하여, 이를 통해 경제적 불평등을 해소하고 사회적 불안요소를 제거하며, 사회통합을 촉진하는 데 목적을 두고 있다.

| 관/련/개/념 |

능력주의 특징
능력주의로 인한 불평등과 양극화로 윤리적 문제가 심화되고 있다. 특히 능력주의자는 능력이나 성과에 따른 분배를 차별로 인식하지 않고, 공정으로 인식하여 이를 당연시한다. 즉 능력에 따른 차등적인 배분을 불평등하다고 느끼지 않고, 오히려 공정하게 여기며 당연하게 받아들인다. 문제는 '평등'과 '공정'이라는 두 가치가 충돌할 경우 능력주의자들은 '불공정한 평등(unfair equality)' 보다는 '공정한 불평등(fair inequality)'을 더 선호한다는 것이다.

02 ▶ ④

| 정답 해설 |

④ 최근 우리나라에서는 노동시장의 변화로 노동자들 간 이질성이 강화되고, 노동자들 내 동질성이 더욱 강화되면서 양극화 현상이 나타나고 있다.

| 관/련/개/념 |

사회적 연대(유기적 연대)
에밀 뒤르켐(Emile Durkheim, 1858~1917)은 급격한 사회변동으로 분업, 사회선격, 아노미(규범부재 상태), 이질성, 다양성, 개인화, 고도 분화 그리고 사회적 연대(유기적 연대)를 강조하였다.

03 ▶ ①

| 정답 해설 |

① 존 롤스의 사회정의론에 관한 설명이다.

| 오답 해설 |

② 마이클 샌델은 회피하는 정치보다 상호존중을 바탕으로 한 도덕적인 참여 정치로 시민에게 더 많은 이상을 불어넣고 정의로운 사회건설에 더 유망한 기반을 제공해야 한다고 지적하였다.

③, ⑤ 마이클 샌델은 불평등 해소를 위해 시민의 연대와 미덕을 강조하고 시민의식과 희생, 봉사를 장려할 것을 제안하였다.

④ 마이클 샌델은 시장의 도덕적 한계를 탐구하고, 시장지상주의의 맹점을 지적하였다.

참고 마이클 샌델은 정의로운 사회를 위해서 강한 공동체 의식이 필요하다면, 시민들이 사회 전체를 염려하고 공동선에 헌신하는 태도를 키울 방법을 찾아야 한다고 지적하였습니다.

04 ▶ ③

| 정답 해설 |

③ ㉠ 빈민법 시대의 사회복지정책의 주체는 국가, 교회, 영주이다.
㉡ 사회보험 시대의 권리수준은 계약에 입각한 권리이다.
㉢ 복지국가에서 복지정책 대상자는 시민과 개인이다.

05 ▶ ②

| 정답 해설 |

② 케인즈는 대공황에서 벗어나기 위해서는 정부의 지출을 늘려 소비를 살려야 하고, 완전 고용을 실현하기 위해서는 자유방임주의가 아닌 정부의 개입이 필요하며, 임금의 경직성은 실업을 증가시키므로 정부는 적극적인 수요 확장 정책을 해야 한다고 주장하였다. 이에 따라 제2차 세계대전 이후 서구 복지국가에서는 국가의 적극적인 시장개입을 추구하게 되었다.

| 오답 해설 |

① 자본의 규제와 노동자 중심의 시장으로 개편되었다.
③ 사회민주주의, 수정자본주의 사상이 확산되었다.
④ 빈곤의 책임에 대한 인식이 사회구조로 전환되면서, 보편적 복지서비스 위주의 사회보장체계를 구축하였다.
⑤ 국가의 책임을 강조하였다.

06 ▶ ③

| 오답 해설 |

ⓒ 인구증가 억제정책은 영국의 성공회 성직자이자 고전파 경제학자였던 토머스 맬서스가 자신의 저서인 《인구론, (1798)》에서 주장한 사회 이론으로, 인구 증가 속도를 식량 생산 증가 속도가 따라잡을 수 없기 때문에 인구 증가를 억제해야 한다는 내용이다. 따라서 중상주의와는 관련이 없다.

07 ▶ ①

| 오답 해설 |

② 고용보험은 세대 내 재분배 중 수평적 재분배 효과가 크다.
③ 존 롤스가 제시한 정의론에서 정부는 최소극대화의 원칙에 따라 불평등을 완화하기 위해 사회적 취약계층에게 가장 많은 자원을 제공해야 한다고 강조하였다. 사회보험료는 모든 대상자에게 동일한 보험료를 부과하는 것이 아닌 소득활동을 하는 대상자에게 차등 보험료를 부과하는 것이다.
④ 민간에서 이루어지는 자산활동에서는 파레토 개선 효과가 나타난다.
⑤ 자유주의에 관한 설명이다. 사회민주주의에서는 사회적 효용관점에서 재분배를 정당화한다.

08 ▶ ④

| 정답 해설 |

④ 사회적 배제 개념은 빈곤에 이르는 결과적인 상태보다는 빈곤에 이르는 과정에 초점을 둔다.

09 ▶ ④

| 정답 해설 |

④ 길버트가 주장한 복지국가 재편의 핵심으로 신자유주의(권능부여국가)에 해당한다.

10 ▶ ③

| 오답 해설 |

① 쓰레기통모형은 정책결정과정이 쓰레기통처럼 불규칙하고 독립적으로 이루어지며, 4가지 요소(문제, 해결책, 선택 기회, 참여자)와 3가지 흐름(정치적 흐름, 문제의 흐름, 정책대안의 흐름)이 통 안에서 각자 떠다니다가 우연히 동시에 한 곳에서 모일 때 비로소 결정이 이루어지는 정책결정모형이다.
② 점증모형은 기존의 상황과 유사한 것들을 각각 비교하여 기존의 정책보다 약간 개선된 수준을 대안으로 선택하는 정책결정모형이다.
④ 만족모형은 주관적 합리성을 추구하고 최적의 대안이 아니라 현실적으로 만족할 만한 대안을 선택하는 정책결정모형이다.
⑤ 최적모형은 경제적 합리성과 직관·판단력·창의성과 같은 초합리성을 함께 고려하여 제시한 거시적 정책결정모형이다.

11 ▶ ②

| 정답 해설 |

㉠ 현금(교환가치)은 운영효율성이 높고, 행정관리 비용이 낮다.
㉢ 현물(사용가치)은 목표효율성과 대상효율성이 높다.

| 오답 해설 |

㉡ 증서(바우처)는 사용범위와 사용금액이 제한되어 있으며, 일정한도 내에서 수급자로 하여금 원하는 재화나 서비스를 자유롭게 선택할 수 있게 하는 방법이다.
㉣ 사회적으로 취약한 위치에 있는 집단이나 불평등한 처우 혹은 차별을 받는 집단에게 기회를 제공한다.

12 ▶ ④

| 정답 해설 |

④ 소득세 누진성이 높을수록 재분배 효과가 크다. 소득세 누진성이 높다는 것은 소득이 높을수록 조세부담률이 높아지는 것을 말한다. 즉, 소득세 누진성을 높이면 빈부격차가 줄어 재분배 효과를 높일 수 있다.

13 ▶ ③

| 오답 해설 |

①, ② 지방정부가 공급주체이다.
④, ⑤ 민간 부문이 공급주체이다.

14 ▶ ⑤

| 정답 해설 |

⑤ ㉠, ㉡, ㉢, ㉣ 모두 사회복지전달체계와 관련된 설명으로 옳다.

15 ▶ ③

| 오답 해설 |

㉣ 현금급여에 해당한다.

16 ▶ ②

| 정답 해설 |

② 기초연금은 만 65세 이상이면서 가구의 소득인정액이 선정기준액 이하인 경우에 지급되는 공공부조로, 선별주의적 성격이다.

17 ▶ ⑤

| 정답 해설 |

⑤ ㉠, ㉡, ㉢, ㉣ 모두 산업재해보상보험에서 업무상 재해로 인정되는 기준이다.

18 ▶ ④

| 정답 해설 |

㉡ 기본연금액의 균등부분은 연금수급 전 3년간 전체 가입자 평균소득월액의 평균액이다.
㉢ 국민연금의 균등부분은 각 가입자의 소득수준과 무관하게 결정되며, 소득재분배 효과를 일부 담고 있다.
㉤ 2028년 이후 국민연금의 소득대체율은 40년 가입 기준 40%이다. 국민연금 기금의 안정화를 위해 매년 0.5%씩 낮아져 2028년 이후에는 40%가 될 전망이다.

| 오답 해설 |

㉠ 국민연금공단의 관리운영과 보험료 징수는 건강보험공단이 담당한다.
> 참고 사회보험 징수통합에 따라 건강보험공단은 보험료 고지, 수납, 징수를 담당하고 있다.

㉣ 기본연금액의 소득비례부분은 가입자의 기준소득월액의 평균액이다.

19 ▶ ④

| 오답 해설 |

①, ③ 포괄수가제에 관한 설명이다.
② 인두제에 관한 설명이다.
⑤ 총액계약제에 관한 설명이다.

20 ▶ ⑤

| 정답 해설 |

⑤ 노인요양공동생활가정은 5인 이상 9인 이하로 운영된다(입소정원 1명당 연면적 20.5㎡ 이상의 공간을 확보).

21 ▶ ①

| 오답 해설 |

② 공공부조는 사후적인 성격이 강한 반면, 사회보험은 예방적인 성격이 강하다.
③ 사회보험은 미래에 발생할 수 있는 사회적 위험을 보험의 원리로 대비하기 위한 목적이 있는 반면, 공공부조는 사회적 위험이 발생한 이후 이를 해결하기 위한 목적이 있다.
④ 계약적 권리성이 강한 것은 민간보험이다. 사회보험은 보험의 원리로 강제보험이며, 공공부조는 취약계층이 보장기관에 신청을 하면 자산조사를 통해 대상자를 선정하고 지원하는 방식이다.
⑤ 공공부조는 중앙과 지방정부가, 사회보험은 정부가 위임한 관리운영기구가 운영주체이다.

22 ▶ ②

| 오답 해설 |
① 사회서비스의 대상은 수급자 등 빈곤층뿐만 아니라, 국가, 지방자치단체, 민간 부문의 도움이 필요한 모든 국민이다.
③ 공공재원(국비 등)의 비중이 가장 높으며, 민간재원(사용자부담금 등)도 함께 병행하여 지원한다.
④ 국가·지방자치단체 및 민간부문이 주체가 되어 공급한다.
⑤ 상담, 재활, 돌봄, 정보제공, 시설이용, 역량 개발, 사회참여 지원 등 다양한 서비스를 제공한다.

23 ▶ ①

| 정답 해설 |
① 우리나라에서는 1986년에 최저임금법이 제정되었고, 이 법을 근거로 1988년부터 최저임금제가 시행되었다.

24 ▶ ②

| 정답 해설 |
② 도덕적 해이는 보험가입 집단의 크기와 관련이 없다. 도덕적 해이는 보험에 가입한 사람들이 보험에 가입하기 전보다 위험발생을 예방하는 행위를 적게 하여 위험발생이 높아지는 현상을 말한다.

25 ▶ ⑤

| 오답 해설 |
① 사회보험은 기여금, 부담금을 주된 재원으로 하고, 일부 조세를 충당하여 운영된다.
② 사회보험은 민간보험보다 사회적 적절성이 중요하다.
③ 사회보험은 개인에게 발생할 수 있는 사회적 위험을 대상으로 한다.
④ 사회보험은 물가상승에 따른 실질가치의 변동을 보장한다.

26 ▶ ⑤

| 오답 해설 |
① 협의의 개념에서는 민간기관 및 시설, 광의의 개념에서는 공공 및 민간기관을 포함하여 모든 사회복지조직의 구성원들이 수행하는 총체적 활동이다.
② 조직의 효과성과 효율성 모두가 중요하다.
③ 정부 재정 외에 민간자원(인적, 물적자원 및 기부금, 후원금, 수익자부담 등)도 활용한다.
④ 사회문제 해결과정에서 가치지향적이다. 가치판단을 배제한다는 것은 사물이나 성질에 대해 좋다, 나쁘다, 옳다, 틀렸다 등의 가치를 판단하지 않는다는 의미이다.

27 ▶ ⑤

| 정답 해설 |
⑤ 2008년에 도입된 노인장기요양보험제도는 국가주도의 요양서비스 민간창출을 통해 장기요양대상 노인의 삶의 질 향상과 가족의 부양부담을 완화하는 것을 목적으로 한다.

28 ▶ ③

| 오답 해설 |
ㄹ. 폐쇄체계이론인 고전모형(관료제이론, 과학적 관리론, 인간관계이론)은 조직의 상황에 관계없이 효율성을 극대화할 수 있는 이상적 방법 추구를 강조하였다. 반면, 개방체계이론인 상황이론은 조직의 환경적 요인을 강조하면서 고도의 불확실성 아래 어느 경우에나 적용되는 최선의 조직관리방법이나 이상적 방법 추구란 있을 수 없고 효과적인 방법만이 있을 뿐이라는 점을 강조하는 입장이다.

29 ▶ ②

| 정답 해설 |
② 조직규모 확장과 중앙집권화를 지향한 것은 1930년대 복지국가의 형태이다. 신공공관리는 전통적인 관료제를 극복하여 작은 정부를 구현하는 것으로, 경쟁의 원리에 기반한 시장 체제를 모방해 정부 관료제의 효율성을 높이자는 취지이다.

30 ▶ ①

| 정답 해설 |
① 사회적 경제 중 협동조합에 해당한다.

31 ▶ ④

| 정답 해설 |
④ 집권화의 특징에 해당한다.

32 ▶ ②

| 오답 해설 |
① 라인-스탭에서 라인은 수직조직을, 스탭(스태프)은 수평조직을 의미한다. 수직조직이란 상하명령·복종 관계가 조직의 중심 구조를 이루는 조직을 말한다.
③ 감사 조직은 특정조직의 비리 등을 잡기 위해 의사결정 기구의 직속이거나 특별한 수준의 독립성을 보장받으며, 감사유형에 따라 외부감사, 내부감사로 구분된다.
④ 거버넌스 조직은 조직의 전략적 방향과 의사 결정을 체계적으로 관리하는 구조와 프로세스를 의미하며, 다양한 문제를 해결하는 다양한 방법을 포함한다.
⑤ 위계 조직은 직급에 따라 의사결정권이 상위 직급에 집중되어 있는 조직 구조를 의미한다.

33 ▶ ①

| 정답 해설 |
① 동기유발요인에는 성취에 대한 인정 외에도 책임(증대되는 책임성), 향상(승진), 일(직무) 그 자체, 성장(발전) 가능성 등이 있다.

| 오답 해설 |
②, ③, ④, ⑤ 위생유발요인에 해당한다.

34 ▶ ④

| 오답 해설 |
① 인간(구성원)과 생산성(과업)에 대한 관심을 교차하여 유형화하였다.
② 이상적 유형은 팀형(9.9)이다. 컨트리클럽형(1.9)은 인간(구성원)에 대한 관심은 높지만, 생산성에 대한 관심은 없는 유형이다.
③ 컨트리클럽형(1.9)에 관한 설명이다. 팀형(9.9)은 과업성과, 인간(구성원) 사기 모두를 중시하는 유형이다.
⑤ 컨트리클럽형(1.9)에 관한 설명이다. 무기력형(1.1)은 인간(구성원)과 생산성 모두에 관심이 낮은 유형이다.

35 ▶ ①

| 오답 해설 |
② 직군에 대한 설명이다. 직무분석은 어느 특정한 직무의 성질을 결정하고 그 직무에 포함되는 일의 내용, 필요로 하는 숙련·지식·능력 및 책임, 직위의 구분 기준 등 직무내용을 분석하는 것이다.
③ 인사평가에 대한 설명이다. 직무평가는 조직 내의 각 직무의 상대적 가치를 평가하여 직무가치체계로 종합하는 것을 말한다.
④ 직무명세서에 대한 설명이다.
⑤ 직무기술서에 대한 설명이다.

36 ▶ ②

| 정답 해설 |
② 지지적 기능에 대한 설명이다. 교육적 기능은 교육을 통해 사회복지사의 문제해결능력과 실천기술 향상을 도모한다.

37 ▶ ④

| 정답 해설 |
④ 품목별 예산에 대한 설명이다. 프로그램 예산은 동일한 정책을 수행하는 사업단위로 묶어 편성하는 예산제도이다.

38 ▶ ⑤

| 정답 해설 |
⑤ 사회복지법인 대표이사는 관·항·목간 예산을 전용할 수 있다.

39 ▶ ③

| 정답 해설 |
③ 사회복지법인 및 사회복지시설 재무·회계 규칙 제10조에 따라 법인의 대표이사 및 시설의 장은 예산을 편성(ⓒ)하여 시설운영위원회에 보고(㉠)한 후 이사회의 의결(㉣)을 거쳐 확정한다. 이후, 확정된 예산을 회계연도 개시 5일 전까지 관할 시장·군수·구청장에게 제출(㉤)하며, 관할 시장·군수·구청장은 제출받은 예산을 공고(ⓒ)하여야 한다.

40 ▶ ②

| 오답 해설 |

① 즉응성은 즉각적으로 서비스를 제공해줄 수 있는 종업원들의 능력을 말한다.
③ 신뢰성은 약속한 서비스를 믿을 수 있고 정확히 수행할 수 있는 종업원들의 능력을 말한다.
④ 유형성은 물리적인 시설(건물, 매장, 인테리어 등), 장비, 직원들의 외양(서비스 제공자의 용모)을 말한다.
⑤ 공감성은 고객 각각에 대한 개인적 관심과 배려를 말한다.

41 ▶ ④

| 정답 해설 |

④ 클라이언트의 문제는 대부분 복합적이고 서로 연관되어 있기 때문에 문제해결을 위한 서비스들도 서로 연관되어야 한다.

| 오답 해설 |

① 서비스의 효율성 및 효과성 여부, 서비스 전달과정에서의 불편과 불만의 수렴장치가 적합했는지 등에 관한 책임을 진다.
② 사회복지서비스는 누구나 쉽게 이용할 수 있어야 하므로 클라이언트가 접근하기에 용이해야 한다.
③ 문제가 해결되는 동안 필요한 서비스를 일정 기간 계속해서 제공해야 한다.
⑤ 사회복지서비스는 그 양과 질, 제공기간이 서비스의 목표를 달성하기에 충분해야 한다.

42 ▶ ③

| 정답 해설 |

③ 행정복지센터와 공단은 공공 전달체계인 반면, 사회복지법인은 민간 비영리법인으로 민간 전달체계이다.

43 ▶ ④

| 정답 해설 |

④ 프로그램평가검토기법(PERT)은 일정변경 등 유동적인 상황을 대처하는 데 편리하다.

44 ▶ ②

| 정답 해설 |

② 사회복지조직에서 정보관리가 최우선은 아니지만, 업무효율성, 신속한 서비스 제공, 서비스 연계, 정확성·객관성·타당성 확보 측면에서 그 중요성이 높아졌다.

45 ▶ ⑤

| 오답 해설 |

①, ③ 합리모형에 관한 설명이다.
② 객관적인 상황적 조건보다는 결정자의 행동에 더 많은 주의를 기울이는 것은 만족모형이다.
④ 혼합모형에 대한 설명이다.

46 ▶ ③

| 오답 해설 |

① 판매보다는 고객 욕구충족에 집중하는 고객지향성이 중요하다.
② 비영리조직은 영리(이윤)추구를 목적으로 하지 않으며, 조직의 목표달성에 초점을 둔다.
④ 후원자뿐만 아니라, 서비스 이용자에게도 초점을 맞춰야 한다.
⑤ 비영리조직 마케팅 목적은 프로그램을 알리는 홍보뿐만 아니라, 후원금 모금을 위해서도 이루어지며 후원금 모금은 조직의 재정확충과 연결된다.

47 ▶ ⑤

| 정답 해설 |

⑤ 책임성 요구가 증가하면서 사회복지서비스에 대한 양적평가와 질적평가를 병행하여 실시한다.

48 ▶ ①

| 정답 해설 |

① 최근에는 기업경영 방식의 활용이 늘어나고 있다. 특히, 사회복지조직의 운영 시 기업경영적 관리기법 도입, 마케팅 활성화, 품질관리 강화, 산출 강조 등의 시장의 경쟁적 구조에 적합한 조직 운영을 모색하고 있다.

| 오답 해설 |

② 1980년대 이후, 신자유주의(신연방주의)가 확산됨에 따라 국가가 직접 제공하는 서비스가 줄고, 민영화 경향이 증가하였다.
③ 산출 중심 평가에서 성과 중심 평가로 전환되고 있다.
④ 사회복지행정의 이론적 준거틀이 필요하게 되었다.
⑤ 사회복지서비스가 다양화되면서 전문가 활용이 증가하고 있다.

49 ▶ ③

| 오답 해설 |

ⓛ 비용-효과분석은 효율성 평가이다.
> 참고 비용-편익분석, 비용-효과분석 모두 효율성 평가입니다.

50 ▶ ①

| 오답 해설 |

② 세분화는 잠재고객의 다양한 욕구를 발견하기 위해서 전체 시장을 여러 세분 시장으로 나누는 것을 말한다.
③ 클라이언트 집단은 마케팅전략의 대상이 될 수 있다.
④ 마케팅 과정은 '고객 및 시장 조사 → STP 전략 설계 → 마케팅 믹스 → 마케팅기법 활용'의 순서로 진행된다. 따라서 시장조사를 실시한다.
⑤ 영리마케팅에 비하여 사회복지조직(비영리조직)의 마케팅은 재정확보, 조직 간의 경쟁 유도, 서비스 개발 및 책임성을 높이기 위한 전략을 수립한다.

51 ▶ ①

| 정답 해설 |

① 산업재해보상보험법(1963년)

| 오답 해설 |

② 국민기초생활 보장법(1999년)
③ 고용보험법(1993년)
④ 국민연금법(1986년)
⑤ 국민건강보험법(1999년)

52 ▶ ④

| 오답 해설 |

① 불문법원에 관한 설명이다. 성문법원의 종류에는 헌법, 법률, 명령, 자치법규 등이 있다.
② 시행령과 시행규칙은 국회의 의결을 거치지 않는다. 하지만 법률은 국회의 의결을 거쳐 제정, 공포된 법원이다.
③ 시행령보다 시행규칙이 하위 법규범이다. 반대로, 시행규칙보다 시행령이 상위 법규범이다.
⑤ 정부는 법률안을 제출할 수 있다.
> 참고 법률안 제출은 국회의원(발의자 포함하여 10인 이상) 또는 정부(국무회의 거쳐 대통령)가 합니다.

53 ▶ ③

| 오답 해설 |

ⓒ 1961년에 제정된 아동복리법은 1981년에 아동복지법으로 개정되었다.

54 ▶ ④

| 정답 해설 |

④ 사회보장수급권의 포기는 취소할 수 있다(사회보장기본법 제14조 제2항).

55 ▶ ②

| 오답 해설 |

① 사회보장 기본계획은 5년 주기로 수립된다(사회보장기본법 제16조 제1항).
③ 사회보장 기본계획은 사회보장위원회의 심의·조정 사항에 해당한다(사회보장기본법 제20조 제2항 제1호).
④ 지방자치단체의 장은 지역사회보장계획을 4년마다 수립해야 한다(사회보장급여법 제35조 제1항).
⑤ 시·도 사회보장위원회와 시·군·구의 지역사회보장협의체는 지역사회보장계획을 심의·자문한다(사회보장급여법 제40조, 제41조 제2항 제1호).

56 ▶ ②

| 오답 해설 |
- 사회보장이란 출산, 양육, 실업, 노령, 장애, 질병, 빈곤 및 사망 등의 사회적 위험으로부터 모든 국민을 보호하고 국민 삶의 질을 향상시키는 데 필요한 소득·서비스를 보장하는 사회보험, 공공부조, 사회서비스를 말한다(사회보장기본법 제3조 제1호).
- 사회서비스란 국가·지방자치단체 및 민간부문의 도움이 필요한 모든 국민에게 복지, 보건의료, 교육, 고용, 주거, 문화, 환경 등의 분야에서 인간다운 생활을 보장하고 상담, 재활, 돌봄, 정보의 제공, 관련 시설의 이용, 역량 개발, 사회참여 지원 등을 통하여 국민의 삶의 질이 향상되도록 지원하는 제도를 말한다(동법 제3조 제4호).

57 ▶ ④

| 정답 해설 |
④ 위원의 임기는 2년으로 한다. 다만, 공무원인 위원의 임기는 그 재임 기간으로 하고, 근로자·사용자를 대표하거나 사회보장에 관한 학식과 경험이 풍부하거나, 변호사 자격이 있는 위원이 기관·단체의 대표자 자격으로 위촉된 경우에는 그 임기는 대표의 지위를 유지하는 기간으로 한다(사회보장기본법 제21조 제4항).

58 ▶ ④

| 정답 해설 |
④ 시·군 및 자치구의 규칙은 시·도의 규칙보다 하위 법규범이다. 반대로 시·도의 규칙은 시·군 및 자치구의 규칙보다 상위 법규범이다.

59 ▶ ②

| 정답 해설 |
② 공공부조에 드는 비용은 국가와 지방자치단체가 전부 또는 일부를 부담한다.

60 ▶ ①

| 정답 해설 |
① 기존의 사회복지사 결격사유 중 하나인 '피성년후견인 또는 피한정후견인'에서 2024년 1월 23일 일부개정 및 2024년 4월 24일 시행에 따라 피한정 후견인이 삭제되었다.

61 ▶ ⑤

| 정답 해설 |
⑤ 시·도지사는 법인이 거짓이나 부정한 방법(ⓒ) 또는 법인 설립후 기본재산 미출연(ⓔ)에 해당할 때에는 설립허가를 취소하여야 한다(사회복지사업법 제26조 제1항 제1호, 제7호).

| 오답 해설 |
㉠, ㉡ 설립허가 조건을 위반, 목적 달성 불가능 등에는 시·도지사는 기간을 정하여 시정명령을 하거나 위반 사실 수위에 따라 설립허가의 취소 여부를 결정하게 된다(사회복지사업법 제26조 제1항).

62 ▶ ③

| 오답 해설 |
① 사회복지관은 사회복지서비스를 직업 및 취업 알선이 필요한 사람에게 우선 제공하여야 한다(사회복지사업법 제34조의5 제2항 제3호).
② 시설의 장은 시설의 운영에 관한 사항을 심의하기 위하여 시설에 운영위원회를 두어야 한다(동법 제36조).
④ 대통령령으로 정하는 경우를 제외하고, 각 시설의 수용인원은 300명을 초과할 수 없다(동법 제41조).
⑤ 시설의 장은 상근(常勤)하여야 한다(동법 제35조).

63 ▶ ①

| 정답 해설 |
① 2020년 10월 1일 개정 시 삭제된 업무이다.

> **참고** 아동보호전문기관의 업무에서 삭제된 세 가지
> - 아동학대 신고접수, 현장조사 및 응급보호
> - 피해아동 상담·조사를 위한 진술녹화실 설치·운영
> - 자체사례회의 운영 및 아동학대사례전문위원회의 설치·운영

64 ▶ ⑤

| 오답 해설 |

⑤ ㉠, ㉡, ㉢ 모두 노인복지법상 금지행위에 해당한다.

65 ▶ ⑤

| 오답 해설 |

① 국무총리 소속하에 장애인정책조정위원회를 둔다 (장애인복지법 제11조).
② 장애인실태조사는 3년마다 실시하여야 한다(동법 31조).
③ 재외동포 및 외국인은 장애인 등록을 할 수 있다(동법 제32조의2).
④ 장애인의 날은 매년 4월 20일이다(동법 제14조).

66 ▶ ③

| 정답 해설 |

③ 아동이란 18세 미만의 자를 말하되, 병역 면제인 자가 취학 중인 경우에는 22세 미만을 말한다. 다만, 병역법에 따른 병역의무를 이행하고 취학 중인 경우에는 병역의무를 이행한 기간을 가산한 연령 미만을 말한다 (한부모가족지원법 제4조 제5호).

| 오답 해설 |

① 여성가족부장관은 한부모가족 지원을 위하여 한부모가족 정책에 관한 기본계획 5년마다 수립하여야 한다 (동법 제5조의5 제1항).
② 청소년 한부모란 24세 이하의 모 또는 부를 말한다 (동법 제4조 제1의2호).
④ 혼인 관계에 있지 아니한 자로서 출산 전 임신부는 출산지원시설을 이용할 때에도 이 법에 따른 지원대상자가 된다(동법 제5조의2 제1항).
⑤ 이 법에 따른 복지 급여는 생계비, 아동교육지원비, 아동양육비이다(동법 제12조). 다만, '아동수당'은 아동수당법에 따라 8세 미만의 모든 아동에게 지급되며, '아동교육비'는 한부모가족의 생활 안정과 자립을 촉진하기 위한 복지자금대여에 해당한다(동법 제13조).

67 ▶ ④

| 정답 해설 |

④ 국가기관, 지방자치단체 및 초·중등교육법에 따른 각급 학교의 장, 그 밖에 대통령령으로 정하는 공공단체의 장은 가정폭력의 예방과 방지를 위하여 필요한 교육을 실시하고, 그 결과를 여성가족부장관에게 제출하여야 한다.

68 ▶ ⑤

| 정답 해설 |

⑤ 대한민국 국적의 성인 장애인과 함께 생활하고 있는 자는 국민기초생활 보장법상 국내에 체류하고 있는 외국인에 해당하지 않는다.

> **참고** 국민기초생활 보장법에서 규정하고 있는 국내에 체류하고 있는 외국인에는 대한민국 국민과 혼인하여 본인 또는 배우자가 임신 중이거나 대한민국 국적의 미성년 자녀를 양육하고 있거나 배우자의 대한민국 국적인 직계존속과 생계나 주거를 같이하고 있는 사람이 해당합니다.

69 ▶ ①

| 정답 해설 |

① 보건복지부장관은 수행기관의 통합정보전산망 사용 요청에 대하여 사업자등록부, 사회보험 등 급여이력, 사회보장급여 수급이력, 국가기술자격 취득 정보 중 업무에 필요한 최소한의 정보만 제공하여야 한다(국민기초생활 보장법 제18조의11).

70 ▶ ②

| 정답 해설 |

② 기초연금 수급권을 상실하게 되는 경우는 기초연금 수급권자가 사망한 때, 국적을 상실하거나 국외로 이주한 때, 공무원연금·군인연금·사립학교교직원연금·별정우체국직원연금 등의 자격에 해당하는 경우이다(기초연금법 제17조). 장기요양등급판정을 받은 때는 기초연금 수급권을 상실하는 규정에 해당되지 않는다.

71 ▶ ②

| 오답 해설 |

① 국내입양에 관한 특별법에 따라 국내에 입양된 아동은 18세 미만 수급권자로 특례 적용된다(의료급여법 제3조 제1항 제4호).
③ 의료급여에 관한 업무는 수급권자의 거주지를 관할하는 특별시장·광역시장·도지사와 시장·군수·구청장이 한다(동법 제5조 제1항).

④ 지역보건법에 따라 설치된 보건소, 보건의료원 및 보건지소는 의료급여기관이 된다(동법 제9조 제1항 제2호).
⑤ 시장·군수·구청장은 수급권자가 정당한 이유 없이 의료급여기관의 진료에 관한 지시에 따르지 아니한 경우 의료급여를 하지 아니한다(동법 제15조 제1항 제2호).

72 ▶ ③

| 정답 해설 |
③ 회계연도마다 예산안을 독자적으로 편성하고 지출하는 것이 아니라, 예산안을 편성하여 이사회의 의결을 거친 후 보건복지부장관의 승인을 받아야 한다. 예산을 변경할 때에도 또한 같다(국민건강보험법 제36조).

73 ▶ ③

| 정답 해설 |
③ 예방·재활급여는 산업재해보상보험법상의 보험급여 종류에 해당하지 않는다.
참고 산업재해보상보험법상 보험급여의 종류에는 요양급여, 휴업급여, 장해급여, 간병급여, 유족급여, 상병보상연금, 장례비, 직업재활급여가 있습니다.

74 ▶ ④

| 정답 해설 |
④ 고용보험법 제4조에 명시되어 있는 고용보험사업에는 고용안정·직업능력개발 사업(㉠), 실업급여(㉡), 육아휴직급여(㉢)가 있으며, 이 외에 출산전후휴가 급여도 실시하고 있다.

| 오답 해설 |
㉣ 자활급여는 국민기초생활 보장법상의 급여의 유형이다.

75 ▶ ①

| 정답 해설 |
① 장기요양기관은 수급자를 대리하여 장기요양인정을 신청할 수 없다.
참고 장기요양인정 신청 등에 대해 본인이 직접 수행할 수 없을 때에는 본인의 가족이나 친족, 그밖의 이해관계인, 본인 또는 가족의 동의를 받은 사회복지전담공무원, 치매안심센터의 장, 특별자치시장·특별자치도지사·시장·군수·구청장이 지정하는 자가 대리할 수 있습니다.

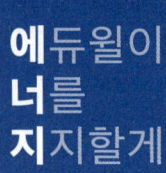

끝이 좋아야 시작이 빛난다.

– 마리아노 리베라(Mariano Rivera)

2026 에듀윌 사회복지사 1급 단원별 기출문제집

발 행 일	2025년 3월 28일 초판
저　　자	손용근
펴 낸 이	양형남
개　　발	정상욱, 김민서, 최승철
펴 낸 곳	(주)에듀윌
등록번호	제25100-2002-000052호
주　　소	08378 서울특별시 구로구 디지털로34길 55 코오롱싸이언스밸리 2차 3층
I S B N	979-11-360-3717-6(13330)

* 이 책의 무단 인용 · 전재 · 복제를 금합니다.

www.eduwill.net

대표전화 1600-6700

여러분의 작은 소리
에듀윌은 크게 듣겠습니다.

본 교재에 대한 여러분의 목소리를 들려주세요.
공부하시면서 어려웠던 점, 궁금한 점,
칭찬하고 싶은 점, 개선할 점, 어떤 것이라도 좋습니다.

에듀윌은 여러분께서 나누어 주신 의견을
통해 끊임없이 발전하고 있습니다.

에듀윌 도서몰 book.eduwill.net
- 부가학습자료 및 정오표: 에듀윌 도서몰 → 도서자료실
- 교재 문의: 에듀윌 도서몰 → 문의하기 → 교재(내용, 출간) / 주문 및 배송

업계 최초 대통령상 3관왕, 정부기관상 19관왕 달성!

2010 대통령상 　 2019 대통령상 　 2019 대통령상

대한민국 브랜드대상 국무총리상 　 국무총리상 　 문화체육관광부 장관상 　 농림축산식품부 장관상 　 과학기술정보통신부 장관상 　 여성가족부장관상

서울특별시장상 　 과학기술부장관상 　 정보통신부장관상 　 산업자원부장관상 　 고용노동부장관상 　 미래창조과학부장관상 　 법무부장관상

- **2004**
  서울특별시장상 우수벤처기업 대상

- **2006**
  부총리 겸 과학기술부장관 표창 국가 과학 기술 발전 유공

- **2007**
  정보통신부장관상 디지털콘텐츠 대상
  산업자원부장관 표창 대한민국 e비즈니스대상

- **2010**
  대통령 표창 대한민국 IT 이노베이션 대상

- **2013**
  고용노동부장관 표창 일자리 창출 공로

- **2014**
  미래창조과학부장관 표창 ICT Innovation 대상

- **2015**
  법무부장관 표창 사회공헌 유공

- **2017**
  여성가족부장관상 사회공헌 유공
  2016 합격자 수 최고 기록 KRI 한국기록원 공식 인증

- **2018**
  2017 합격자 수 최고 기록 KRI 한국기록원 공식 인증

- **2019**
  대통령 표창 범죄예방대상
  대통령 표창 일자리 창출 유공
  과학기술정보통신부장관상 대한민국 ICT 대상

- **2020**
  국무총리상 대한민국 브랜드대상
  2019 합격자 수 최고 기록 KRI 한국기록원 공식 인증

- **2021**
  고용노동부장관상 일·생활 균형 우수 기업 공모전 대상
  문화체육관광부장관 표창 근로자휴가지원사업 우수 참여 기업
  농림축산식품부장관상 대한민국 사회공헌 대상
  문화체육관광부장관 표창 여가친화기업 인증 우수 기업

- **2022**
  국무총리 표창 일자리 창출 유공
  농림축산식품부장관상 대한민국 ESG 대상

YES24 수험서 자격증 국가자격/전문사무 사회복지사 베스트셀러 1위
(2018년 12월, 2019년 1, 9~12월, 2020년 1~3, 7~12월, 2021년 1~4, 7~12월, 2022년 1~4, 7~12월, 2023년 1~2, 7~12월, 2024년 1~2, 6~12월 월별베스트)
2023, 2022, 2021 대한민국 브랜드만족도 사회복지사 교육 1위(한경비즈니스)
2020, 2019 한국브랜드만족지수 사회복지사1급 교육 1위(주간동아, G밸리뉴스)
2016년 1월~2025년 1월 사회복지사1급 시리즈 출고 기준

2026 에듀윌 사회복지사 1급 단원별 기출문제집 +무료특강

1 사회복지사 1급 입문특강(8강)+7개년 기출족보특강(8강)
　　이용경로　에듀윌 도서몰(book.eduwill.net) ▶ 동영상강의실 ▶ '사회복지사' 검색

2 2025~2022년 최신 회차별 기출 4회분
　　이용경로　· 2025년 기출: 교재 내 수록
　　　　　　· 2024~2022년 기출: 에듀윌 도서몰(book.eduwill.net) ▶ 도서자료실 ▶ 부가학습자료 ▶ '사회복지사' 검색

3 7개년(2025~2019) 기출에서 뽑아낸 〈과락 탈출 키워드〉
　　이용경로　교재 내 수록

4 온라인 기출 모의고사 2회분
　　이용경로　교재 내 QR코드 수록

고객의 꿈, 직원의 꿈, 지역사회의 꿈을 실현한다

에듀윌 도서몰
book.eduwill.net
· 부가학습자료 및 정오표: 에듀윌 도서몰 > 도서자료실
· 교재 문의: 에듀윌 도서몰 > 문의하기 > 교재(내용, 출간) / 주문 및 배송